国家"十三五"重点图书

当代经济学系列丛书

Contemporary Economics Series

主编 陈昕

高级微观经济学教程

[美] 戴维·克雷普斯 著

李井奎　　王维维　　汪晓辉　　任晓猛 译

李井奎 统校

当代经济学
教学参考书系

格致出版社

上海三联书店

上海人民出版社

主编的话

上世纪 80 年代,为了全面地、系统地反映当代经济学的全貌及其进程,总结与挖掘当代经济学已有的和潜在的成果,展示当代经济学新的发展方向,我们决定出版"当代经济学系列丛书"。

"当代经济学系列丛书"是大型的、高层次的、综合性的经济学术理论丛书。它包括三个子系列:(1)当代经济学文库;(2)当代经济学译库;(3)当代经济学教学参考书系。本丛书在学科领域方面,不仅着眼于各传统经济学科的新成果,更注重经济学前沿学科、边缘学科和综合学科的新成就;在选题的采择上,广泛联系海内外学者,努力开掘学术功力深厚、思想新颖独到、作品水平拔尖的著作。"文库"力求达到中国经济学界当前的最高水平;"译库"翻译当代经济学的名人名著;"教学参考书系"主要出版国内外著名高等院校最新的经济学通用教材。

20 多年过去了,本丛书先后出版了 200 多种著作,在很大程度上推动了中国经济学的现代化和国际标准化。这主要体现在两个方面:一是从研究范围、研究内容、研究方法、分析技术等方面完成了中国经济学从传统向现代的转轨;二是培养了整整一代青年经济学人,如今他们大都成长为中国第一线的经济学家,活跃在国内外的学术舞台上。

为了进一步推动中国经济学的发展,我们将继续引进翻译出版国际上经济学的最新研究成果,加强中国经济学家与世界各国经济学家之间的交流;同时,我们更鼓励中国经济学家创建自己的理论体系,在自主的理论框架内消化和吸收世界上最优秀的理论成果,并把它放到中国经济改革发展的实践中进行筛选和检验,进而寻找属于中国的又面向未来世界的经济制度和经济理论,使中国经济学真正立足于世界经济学之林。

我们渴望经济学家支持我们的追求;我们和经济学家一起瞻望中国经济学的未来。

2014 年 1 月 1 日

前　言

本书对微观经济理论的内容和方法进行了介绍,其主要目标受众是一群这样的一年级研究生们——他们正在寻找一本超越了传统的消费者、企业和市场模型的微观经济学入门教材。对于那些主修过中级微观经济学之后,意欲学习一些高级理论的本科生们,这本书也是适合的。而对那些数学功底相对较好的学生而言,它也可以作为一本非传统的中级微观经济学教材使用。不过,本书还是假定读者业已修过一般的中级微观经济学课程,如果没有修过这类课程,那么在学习本书的过程中经常参阅传统的中级教材,必有裨益。这方面的优秀教材早已不少;我推荐其中的四本给同学们:弗里德曼的《价格理论》、赫舒拉发的《价格理论及其应用》、尼克尔森的《微观经济理论——基本原理与扩展》以及平迪克与鲁宾费尔德的《微观经济学》。

本书的突出特点在于,尽管它也处理传统的模型(第一部分和第二部分),但它更强调最近的理论发展,尤其是特别关注了非合作博弈理论对竞争性互动建模的应用(第三部分)、存在私人信息条件下的交易(第四部分)以及企业理论和其他非市场制度(第五部分)。

就本书大部分内容而言,对数学的要求并不高。只要会解不等式约束下的最优化问题,会使用拉格朗日乘子法以及互补松弛条件就可以了。在本书的附录里,给出了有关这些技术的简要介绍,并举了一些例子。向读者保证,本书中任何一个问题,除非特别提及,均满足一阶条件和互补松弛条件的解即全局最优解。也就是说,除了极个别的例外情况,我们仅仅考虑"凸"问题。当然,读者们也需了解一些基本的概率论知识。

出于完备性的考虑,本书有时也会深入论述一些"选读"内容,这些内容要么需要大量的数学知识,要么处理的是些高级和/或艰深的论题。这些材料会以脚注或文中小字的形式给出。对于这其中绝大部分而言,已经给读者提供了必需的数学背景知识。其中有一个例外,就是动态规划;附录 B 较为充分地介绍了动态规划技术的知识背景,这已经足以应付本书相关章节的需要。对于那些因更多的技术原因所带来的挫折感，我深表歉意。我竭力让本书变得易于理解，即便读者将这些选读内容全部跳过，也丝毫不会影响阅读。

随着本书的逐步展开，数学难度（而不是数学工具的数量）会不断加大。在我的脑海里，本书是写给一年级研究生的，所以我预期随着第一个学年的行进，这些学生对于抽象事物的容忍度也会不断增加。

本书的整体风格并不是那么正式，定理以及证明的数量都相对较少。本书意欲展示的是微观经济理论的总概式架构，或者更准确地说，展示的是微观经济理论的技术和一些主题的大致轮廓。根据学生和老师的不同研究方向及兴趣，可以据此框架加以增补。我在每章末尾，都试着给出一些就本章主题而言更为高级而全面的材料。[1]本教程在第三部分，即对非合作博弈部分的介绍相对更为全面和正式，因为这部分内容除了原始论文外尚且缺乏较好的高级别的处理。

由于本书所采取的风格，这里我有两点说明。首先，尽管本书篇幅已然不少，而且每页中的概念数目又相对低于标准教材，但我个人仍然这样认为，而且我认为可能会有不少同学认同这一点，教材宁愿写得唠叨一点，也要说得详尽明白。这本书就是这样的。（这是我称本书为教程的借口，也许把它称为讲义更合适。）我希望那些对某些知识已经有所了解的读者，不必再做过多的纠缠，可以直接学习自己尚不甚懂的地方。其次，我曾写过一本还算不错的教材，在我的印象里，写教材和写参考书还是大为不同的。不断回头翻阅前面的教材内容，读者一定可以找到课后习题所涉的知识点。尤其是很多重要概念只是在一些特定问题的讨论中才涉及的时候，留给读者的只能是通过一般性结构来进行思考。我认为本书虽然可以是一部好的教科书，却未必是一本优秀的参考书。除了不经常给出一些概念的一般性表述之外，还不给出文献中可以找到的应用内容的全部综述。我希望那些业已消化了我的文中举例的读者，已经为深入研究本书之外的其他例子和情况做好了准备。而且我也并没有尝试在不同的主题下进行分散性的讨论。通过使用一些具有相互关联性的例子，从而使得有些经济问题可以得到较快理解（这些例子很多取自产业组织方面的文献），这样可以节约阅读的精力。

由于时间上（还有不是那么重要的篇幅上）的限制，我没有讨论一些我本来很想讨论的内容。这主要是在第四部分和第五两个部分里，其中包括：具有不同信息的理性预期、搜寻、协调失败、市场制度的微观模型（包括拍卖）、政治制度模型。如果要更新第二版，可能篇幅还要再加。

就一本教材所具有的框架、故事或信息而言，本书确已做到，它绝非只是一些有趣且相联的模型之概览。我相信，在前言里给出一部教材整体"信息"本当是一个传统。但是，我还是把这一内容移到第1章的最后来介绍，这是希望有更多的读者可以看到对本书结构的介绍。

关于各专题的排列次序，没有刻意进行安排（老师们在使用此书时也必有自己的计划）。为了展示技术上大获发展的博弈论应用，我这样安排第三部分和第四部分当是合乎

---

[1] 阅读清单乃是出于就近就便，这意味着它们更注重我本人以及关系较近同事的工作；这些清单对斯坦福大学和美国本土的学术成果的确有一定的倾斜。这些清单并不打算穷尽所有文献，排名亦不分先后。不可避免的是，清单中可能会遗漏很多优秀而且重要的文献，在此给那些可能被冒犯到的作者致以歉意。

情理的。在第12章结束之后，就可以开始第16章前面各节，然后是第17章，在处理完信号发送博弈理论之后再回到第13章。不足之处在于，这打断了"寡头垄断故事"的讲述过程，这个故事本当贯穿于第三部分始终的。我个人的体会是，寡头理论会生发出足够的兴趣来突破这些技术难关，而后第四部分和第五部分为回顾第三部分的技术内容提供了良机。更为一般地来说，本书有不少内容，不同的老师可能认为对于入门教程来说是次要的，或过于详尽了。我教过的课程是形成这本书的基础，在十周之内，完全可以完成从第一页到最后一页的教学内容，但这只能涵盖大约三分之一到一半的内容。

在每章结尾，大多数章都给出了习题集。认真的学生应当尽量多做习题。习题中几乎是书上不曾讨论到的内容，题干比较长的，通常是由其他教材所不曾涵盖的基本主题的变体。留作习题的理论变体遵循着这样的原则："做"模型是比阅读模型更好的学习方法。有一些习题需要的数学技巧的确超出了阅读本书所需要的数学水平，能够完成所有题目的同学真的是太棒了！

基于本书进行教学时，我还将其他传统的微观经济学教材以及哈佛商学院的案例讨论作为上课的补充材料。我发现这样做大有裨益。在讨论完全竞争时用到了《1983年的石油航运业》（案例♯9-384-034）；在讨论噪音环境中的隐性勾结问题时，使用到了《在大型涡轮发电机方面通用电气公司与西屋电气公司的竞争（A）、（B）和（C）》（♯9-380-128，129，130）；在讨论激励、甄别和非新古典企业模型时使用了《林肯电力公司》（♯376-028）；在讨论内部组织、隐性契约、交易费用等时使用到了《华盛顿邮报（A）和（B）》（♯667-076，077）。

我要感谢很多同行（其中有些是匿名的评议人）和学生，他们对本书草稿给出过很多评论和建议。①要想列出其中全部的名单几乎是不可能完成的任务，但是以下诸位值得特别提及：Dilip Abreu、Anat Admati、David Baron、Elchanan Ben Holmstrom、David Levine、Nachum Melumad、Andrew McLennan、Paul Milgrom、Barry Nalebuff、John Pencavel、Stefan Reichelstein、Peter Reiss、John Roberts、Ariel Rubinstein、José Scheinkman、Jean Tirole、Guy Weyns、Jin Whang、Bob Wilson、Mark Wolfson、Alex Benos、Marco Li Calzi和Janet Spitz。我也要感谢本书编辑Virginia Barker，正是她出色的编辑才华和优雅的风格造就了本书；还要感谢普林斯顿大学出版社的Jack Repcheck，感谢他为本书的出版所做的孜孜不倦的工作以及他对本书的信心，即便在不知道本书篇幅的情况下也未曾丧失这一信心。

不得不说的是，我从很多老师、同事以及学生身上学到了本书中的大部分内容。这一名单如此之长，难以一一枚举，因此我在这里只特别提一下——我显然欠Robert Wilson的恩情太多，感谢他，也感谢你们所有人！

注：对于第二次及之后的印刷补遗，参看本书末尾的补遗部分。

---

① 很多评议人可能会不太高兴，因为我没有更坦率地谈及他们的批评。但借此机会，我向他们保证，我将这些批评皆已铭记在心，而且我认为正是他们所有人的帮助才打造了这样一部更好的著作。

目 录

第一部分 个体与社会选择

第二部分　价格机制

第三部分　非合作博弈理论

第四部分　信息经济学专题

第五部分 厂商与交易

▶1

总 论

此开卷第一章，不但要给出一些基本概念，还要奠定本书的哲学取向。特别给出四个问题：微观经济理论的基本范畴是什么？微观经济理论的目标是什么？我们的研究目的是如何影响模型的范围、细节和着重点这些层面上的选择的？在本书里，理论的发展又是如何得到展开的？

1.1 基本范畴：行为人、行为、制度和均衡

微观经济理论是研究个体经济行为人的行为以及他们在不同制度框架下表现出来的行为之加总。这一描述性的语句引出了四个范畴：个体行为人（actor），传统上来说指的要么是一个消费者，要么是一家企业；行为人的**行为**（behavior），传统上对消费者指的是效用最大化，对企业指的是利润最大化；**制度框架**（institutional framework），描述的是个体行为人所具有的选项以及作为其他人行动的函数可取得什么样的结果，一般来说在非人格化的市场上即所实施的价格机制；对不同行为人的行为在一个给定的框架内如何予以加总这个问题进行建模，这种分析模式传统上被称为**均衡**（equilibrium）分析。

1.1.1 行为人

在标准的微观经济学中，有两类行为人比较典型，那就是作为个体的**消费者**（consumer）和**企业**（firm）。我们现在把消费者看成是一个行为人，以遵循这种标准的做法。对于企业，稍后我们也会以同样的办法来处理它。但是企业还可以被看成是一种制度，其间将各种不同类型的消费者（工人、经理人、供应商、顾客）行为予以加总。从后一种观点来看，企业的确是由构成它的不同消费者的欲望和行为所产生，企业提供制度框架，组成企业的各种行为人在这个制度框架内达至均衡。微观经济学中很多近期工作已经开始以这种方式来处理企业，在本书最后一部分我们会来探讨这种研究方法。

1.1.2 行为

在标准方法中,行为总是在某个约束下求目标最大化这种形式。行为人从某个具体的选项集合中进行选择,挑出一个能够最大化某个目标函数的选项。在这种传统理论当中,消费者具有**偏好**(preference),这个偏好可以由**效用函数**(utility function)来表达,消费者以某种方式来根据**预算约束**(budget constraint)最大化其效用。另一方面,企业则被建模为一个根据其**技术生产可能性集**(technological production possibilities set)所施加的限制,来最大化利润的实体。

这些有关消费者和企业的模型常常受人诟病。我们找不到一个消费者会在超市的通道里来回踱步,在做决策时思谋着根据效用函数来最大化其效用;也不可能找到一个完全而且独一地(甚或是主要地)根据对企业利润的影响情况来制定决策的企业。尽管如此,贯穿本书始末,我们仍然使用这个消费者行为的标准模型,在本书大部分章节里我们也会使用这个标准的企业模型。那么,读者一定有充分的理由来问:为什么我们会认为这样的模型是有用的呢?

通常,有三个理由。第一,我们的模型没有预先假设消费者积极的最大化某个确切可知的效用函数;我们只是假设,消费者表现得好像他们是这样做的。因此,个体行为理论的一个重要部分就是处理我们使用的模型**可检验性局限条件**(testable restrictions)的:如果可以观察得到,那么什么样的行为可以显然证伪我们的模型呢?如果这些模型没有被我们的观察所证伪,那么该模型就是良好的具有积极意义的模型——可能不是关于事情为何发生的描述,但必然在发生什么的描述上各擅胜场。

遗憾的是,对我们所用的模型而言,从证伪方面看,已然有大量的数据,尤其是实验数据。关于此点,我们要借助于第二条辩护,即这些违背我们模型的数据可能微不足道,不至于影响大局。也就是说,这些标准模型可能仍然是对个体行为的良好近似,建立在这样的近似之上,模型的这些结论仍然大致有效。这就需要一场观念上的跃迁,但是这一跃迁还是有着某种直观上的吸引力。实际上,我们还可以将这一步跨得更远:在我们的众多(不是全部)模型中,个体的行为是不重要的;相反,众多个体的加总行为才具有举足轻重的地位。如果我们相信对这些模型的违背并没有倾向于表现出系统性的偏差,从而在总体行为层面上可以彼此抵消,那么这些模型仍然可以运行良好。如果我们所关心的只是模型对于总体行为的意义所在,那么在总体行为层面上寻求可检验(和可证伪)的意义,将可令我们感到心满意足了。

第三条辩护理由最为巧妙。即便我们认识到在个体层面上存在对模型的系统性违背,这些违背的情况无法相互抵消,我们仍然可以通过研究那些将这些违背情况给假设掉了的模型,从而取得对所研究问题的某些洞识。这一条辩护理由之所以微妙,乃在于它要求学者必须深入理解何种假设会导出那些由该理论得到的结论;在下面两节,我们还会回来讨论它。

1.1.3 制度框架

任何一个个体采取的行动总是取决于呈现在他面前的那些机会,这些机会通常又取决于其他人的集体行动。对于个体而言其后果是，个体的行动通常要依赖于其他人做出了何种选择。"制度框架"这个术语在本书中一直得到使用，用它来指模型中的这些部分：(1)个体具有的选项的一般性质；(2)对于每个个体来说，可获得的选项以及随之而来的作为其他个体行动函数的结果。

在微观经济学的这些传统模型中，非人格化市场中的价格构成了这一制度框架；消费者选择任何一个他们能支付得起的消费束，这里何谓"支付得起"是由价格决定的。说这个市场是非人格化的，乃是在所有消费者都面对同一系列的价格这个意义上说的。对于一个消费者而言可以取得的正确选择，取决于所有消费者通过这些价格所做出的消费选择（以及企业的生产选择）。

正如我们将充分讨论的那样，价格机制的运作非常含混不清。价格从何而来？它们是如何被设定的，它们又是怎样反映了个体消费者的行动的？还要注意的是，这里面还存在着潜在的循环决定论的可能性：价格约束了个体消费者的选择，而那些选择又同时决定了价格。

受这些问题的刺激，我们会更加具体而详尽地审视一些这样的制度框架，其间可以更为精审地理解某些个体的选择与其他参与人可取得的选项与由之带来的结果之间存在的联系。有一种更为具体的机制可为其例，在某种意义上它给出了"价格"的确立过程，那就是第一价格密封拍卖制度：有人希望给出某种标的物，竞拍者出价最高的赢得该标的物。出于同样的目的，还有一个不同的制度框架，那就是累进口头拍卖——这一拍卖的标的是公开的，每一个新的出价必须至少以某个最小的单位量击败之前的竞拍价。

1.1.4　预测结果：均衡分析

将个体的行为、他们所具有的选择之性质以及其行动如何彼此影响的方式纳入模型予以考虑之后，剩下的工作就是问这样的结果将会如何。也就是说，我们要预测何种行动将会被选中，何种结果将得到确立。我们将使用均衡分析的不同形式来完成这一工作。一般而言，均衡指的是这样一种情况，给定其他人所采取的行为系列以及限定了个体的选项和行动关联，其中每个个体行为人都做到了所能做到的最佳。

尽管这的确远离了现实生活中我们的实际行为，但还是可以将它看成是一个反馈系统（feedback system）：个体做个体的决策，制度框架将这些行动加总成一个总体结果，然后这又决定了个体面对的约束和他们可以取得的结果。如果个体在加总完成并得到反馈之后，于行动上采取"尝试性的行为"（trial shot），他们可能会发现他们的行动是不相容的，或者并不会达至他们之前预期的那种后果。这会使得个体改变他们的行为，从而改变反馈，如此等等。均衡是个体选择的合集，这些选择借助反馈过程将不再能得到行为上的后续变化。

你可能会认为，我们不是只研究这样系统的均衡，而是一头扎进了反馈的动态过程中，行为改变，反馈改变，……，如此循环往复，也就是说，我们要研究所给制度的非均衡动态过程。在有些情况下，我们的确会像这样来做点什么。但是当我们这么做的时候，我们还是将它转化为对均衡动态问题的研究，这样制度框架就可以被扩展，以涵纳所产生的反馈环(feedback loops)以及个体行为在均衡中以动态呈现这样的问题——在既定制度框架和其他人的动态行为条件下每个个体都尽可能地做到最好。

使用均衡分析,会提出这样的问题:何以均衡如此诱人?换言之,何以我们认为与均衡相应地会有某些事情发生?我们并非只做了一个无足轻重的假设。在第12章你将会很清楚地看到,依赖于直觉和经验即可判断何时这类分析是恰如其分的,在那里我们将给出均衡或可达致以及均衡分析或许相关的各色原因,而我们则从不试图在某个特定应用中假设这样的均衡结果。

1.2　微观经济理论的目标

我们已经给出了微观经济理论的基本范畴(至少在本书中通行),接下来的问题是:从这个理论中我们试图得到什么?答案很简单,那就是要从中更好地理解经济活动和结果。

我们为什么要寻求更好的理解呢?原因之一无须解释,那就是简简单单地由智力上的好奇心所致。而舍此之外,对经济活动的更好理解至少在两个方面是很有用处的。第一,作为经济体系的参与者之一,更好地理解经济活动可以让我们自己能够有一个更好的结果。这就是何以初出茅庐的企业经理被告知学习微观经济学的原因所在;更好地理解市场运行的方式,可以让他们将市场运行得对自己来说更好一些。第二,微观经济学学习涉及在不同制度框架下如何评价政策的效率和具体的非效率情况。通过小修小补的改良或者大刀阔斧的改革,我们可以尝试一种特定的制度能否取得对社会更好的结果;增进社会福利的变革可以经由社会和政治过程来实现,这种说法空洞而又语焉不详,我们需要着眼于具体的制度实践。在这本书里,我们会触及各种不同的制度之效率,尽管我们相对不会那么重视这一点。

那么什么才是更好的理解呢?换种说法,我们如何才能知道何时我们已从微观经济理论的练习中学到了知识呢?标准的试金石就是,这个理论应当(1)可检验,(2)可以被经验所检验,要么在实验室里,要么在真实世界当中,必有一种被检验的可能。[①]但本书中给出的很多模型和理论并没有受到严格的经验检验,其中有一些可能永远也不会得到检验。然而,我还是要坚持说,不能被严格检验的模型仍可能为我们带来更好的理解,它可以通过结合了因果性经验主义和直觉这样的过程而实现。

对于因果性经验主义与直觉相结合,我的意思是说,读者应该详审任何一个既定的模型或思想,并且这样发问:基于个人经验和直觉,这讲得通吗?它有助于形成对所观察到的事物的看法吗?它有助于组织我们对若干"事实"的认识吗?如果确实有助于此,那么理论建构的工作就是有用的。

假设你正试图用两个相互竞争的理论中的一个来解释某一特定现象。它们都无法完美地拟合数据,但是根据标准的统计学衡量指标,第一个做得要更好一些。而与此同时,第一个理论所依据的有关个体行为的假说完全是特设的,第二个理论所依据的行为模型更符合你的直觉,你也认为人们确如其所假设的那样在这类情境中行事。我要断言的是,

---

① 如果对于实验室检验经济理论这样的概念感到陌生的话,参看第3章、第6章和第15章。

如何决定哪一个模型更为胜任"解释"工作绝非仅仅看何者在统计上拟合得更好了事，第二个模型应该会受到信任，因为它具有更大的有效性，在一个非正式的意义上来说，第二个模型可以用来产生其他数据。①

　　毋庸讳言，一个人的直觉总是个人的事情。根据直觉的可信任程度来判定模型优劣，总是一件冒风险的事情。我们可能会被模型误导，尤其是在我们自己是该模型的创造者时更是如此，而且模型越是复杂，我们就越可能被误导。经验证实应当胜过口惠而实不至的空想；我们应该老老实实地尝试着构建（甚至还要检验）可检验的模型。不过诚实地运用直觉也并非一无是处，不应完全摈弃。此外，这样的操练可以看出到底是什么导出了模型的结论；为了检验结果到底稳健性程度如何，可以在具体的规定和确切的假设上稍作变化以观之。

　　这里还有一个"市场检验"的说法，即一个人能使其他人相信他那些表现在具体模型中的、个人直觉上的洞识之能力。微观经济学家总有一种过多研究"时髦"主题的倾向；很多时候这些主题之所以能够让人接受，只是由于它的时髦，而不是它的真实，这对于市场检验来说，它们不可能是理想之物。不过，那些较少理论而较多经验取向的同行们（有时称之为实践者似乎更佳），对于一个特定模型的价值，往往会有良好的判断和质疑。尝试着让这些人信服，尽管有时会让人倍感挫折，但是这对于理解和改良我们的模型通常还是颇有裨益的。

1.2.1　错误模型的有用性

　　进一步深入下去，我们认为有时候一个其预测显然错误的模型仍然是有用的。至少有三个方面可以说明这一点。第一，如果我们对假设如何导出错误结论都了解，那么就等于理解了什么样的假设不会得到"真理"。知道了什么是无用的，通常是认识到什么才是有用的这一过程的开始。

　　第二，理论建构是一个累积的过程。我们总是假设大部分的经济情境总是共享着某些基本特征，在这样的假设之下，那些符合"一般性可接受的原理"的模型，在其他情况下才会运行良好，这才是模型的价值所在。与那些和标准模型殊为不同的模型相比，符合标准假设和原理的模型可以得到更好的理解，这不但对于理论的创造者如此，对于听众亦是如此。此外，理论的统一之所以具有价值，有其自身的原因，这样可以取得对共同特征的更好理解。当然，并非所有情况都是相同的，有时候经济学家认为的"一般性可接受和普遍性的应用原理"其应用边界往往被推出太远，反而不美。经济学家在社会科学家中的学科帝国主义者名声，本就蜚声在外，这意思是说经济学家总是试图将一切都化约为经济概念和范式。但是，在经济（和其他）理论的发展中，传统和保守主义仍将留有一席之地，却也是不争的事实。

　　明乎此，当我们看取一个尚不为人所充分理解的经济现象时，经济学家会尝试着建立模型，以涵盖进这一学科的一般规则之内。这样的尝试不可能一蹴而就。但是只要有第

---

　　①　了解贝叶斯推断的读者应会将此看成是：第一个模型的可能性更大，但第二个模型具有更高的先验概率。谁具有一个更大的后验概率还不清楚，这取决于先验概率和可能性的相对优势如何。

一次,必有第二次、第三次,每一次我们就会理解得更多一些。第一次尝试是有意义的,而学习别人第一次尝试的经验教训,有助于我们构建第二次和第三次的尝试。[①]

经济学家讲过一个有关理论的寓言故事,其中也牵涉了理论家。一个经济学家在马路边某个区域丢失了钱包,他在灯火通明的马路上徒劳无功地寻找钱包,原因只是"马路上有灯光"。因此,这个众口相传的故事,讽刺的是只用理论上"正确"而并不适用于实际的学说这种拘泥于理论的行为。José Scheinkman 曾对这个故事做了点改动:他不是为那个徒劳的经济学家辩护,而是建议我们也许可以在马路两侧建设灯带,最终灯光可以触及那片区域,这样在有灯光的地方寻找钱包就不再是那么荒唐可笑之举了。

第三,可能也是最为微妙的,那些由于缺乏某些现实特征而不良于预测的模型,仍然能够有助于澄清分析者所思虑的模型确实涵纳的那些特征,只要分析者能够将模型中所忽略的那些内容与模型中已知的内容以直观而非正式的形式予以结合即可。当然,在其他条件不变的情况下,如果能够拥有一个可以正式地把握现实情况重要方面的模型,总归要比忽略这些方面的模型要好。但是,其他条件总是很难保持不变,我们不应该排除直觉上感觉正确、但是模型却要做出一些错误假设或给出一些错误结论的情况,只要能够以非形式化的方式,使那些被形式化的表达遗漏的东西能够得到理解和整合即可。

1.3 范围、细节、着重点和复杂度

这会带给我们有关本书中会遇到的理论以及模型的第三个要点:它们的范围、细节、着重点和复杂度问题。

关于范围,第 8 章将会给出一个出色的阐释。第 8 章处理的是完全竞争理论,它以对单个商品市场的分析开篇——完全竞争理论在中级微观经济学中已经被反复介绍过。可以回忆一下,在中级微观经济学中,行业供给曲线是企业的个体供给曲线的水平加总,而企业的供给曲线则是其边际成本曲线。(如果你记不得这一点或者之前从未听说过这个概念,也可以继续读下去,并无大碍。)如果所讨论的商品生产中的一种要素来自一个具有向上斜率的供给曲线的市场,那么这会给出关于价格将会如何沿着需求运动的不正确预测。为了说明这一点,在第 8 章将从传统的单个商品市场模型转而考虑两个相联市场,这两个市场都是完全竞争的。可是,我们又为何止于两种商品呢? 因何不考虑所有的市场? 在第 8 章的末尾,在所有市场都是完全竞争的条件之下,我们将会看到就(所谓的)这种一般均衡而言,又将有何话说。

那么,对于一个既定模型而言,合适的尺度又在哪里呢? 有一种自然的取向,认为范围越大越好。不过,大也有大的坏处。范围越大,模型越难处理,得出尖锐而且/或者直观上可理解的结论也就更困难。在具有较小范围的模型中,针对"外部"如何影响模型内部的问题做出强假设的话,我们可能会感觉相对惬意一些,而那些假设也就更可能(或者看起来)是真实可信的,因之也会是良好的模型假设,而且也不会在模型的扩展范围内被轻

[①] 不得不说,我很无奈地留意到,很多学术期刊里的论文一上来就说"本文在……方面给出了第一步尝试",这样的论文太多了,远远多于那些做出第二步或第三步尝试的。并非每一项拓宽经济理论范围的尝试都是成功的!

易地予以一般性的演绎。

就细节程度来说，可以考虑我们该如何处理消费者需求模型中的家庭单位问题。消费者需求的标准模型预示，单个个体会根据预算约束来最大化其效用。几乎生活在家庭内的每一个人都会认识到，家庭支出决策远比这要来得复杂。家庭的个体成员一般而言总有其自己的偏爱。但是他们也知道，在彼此的个人消费决策上存在着很强的相互关联性。（比如说，家庭成员可能喜欢或不喜欢在同一个地方度过他们的假期。）而他们通常将资源汇聚在一起使用，因此个体的预算约束势必混在一起。我们是否应该将家庭单位处理成一个单一的消费者，或者应不应就家庭内部成员的互动建立一个更为详尽的模型呢？答案取决于我们试图解释的现象是什么。在大多数模型中，对家庭的处理总是比较"粗糙的"，即将它视为消费单位，每个家庭都与消费者的标准范型是一样的。不过对于家庭的劳动供给决策模型这类情况来说，针对家庭互动给出更为详尽的模型，则对于那些要被解释的现象而言是至关重要的，因此家庭内部的互动行为必须要被包含在正式模型之内。一般而言，模型越是详尽，我们需付出的可处理性和可理解性的代价就越高。不过在有些情况下，更为详尽的模型则对得到所讨论问题的要点必不可少。

着重点问题则意味着，像范围和细节这样的情况鱼和熊掌不可得兼。当我们审视某一个现象时，分析者可能希望着重强调某些方面。为了做到这一点，模型势必变得不是那么平衡一致——在某些细节方面有所倾斜，或者在范围方面有所拓宽，但是在其他方面都保持简略和范围收窄。尤其是当建立一个模型来发展关于一个更大问题的侧面时，我们会借助不那么形式化的方法来整合其他侧面，从而保证模型能够（更为）注重我们所直接感兴趣的那个侧面。

这个讨论意在警示读者关注微观经济学模型的关键层面，以及微观经济学家的看家本领：建立一个模型既要选择适当的范围、细节程度，又要有所侧重。做到这一点本无定法，因为适当的水平取决于模型意图达成的工作是什么。当"证明"市场体制的效率（参看第 6 章和第 8 章）时，范围宽一些是比较适当的，因为总体效率是整个经济的现象。为了证明在某个特定形式市场上，非效率的某种形式存在的可能性，收窄范围，更多侧重一些关键的细节是比较靠谱的。在这本书里，你会看到种类繁多的模型，它们在范围、细节和着重点方面均有差异，我希望读者既能摸到微观经济学家用到的各类模型的口味，又能理解这些不同类模型的优劣短长。

再增加两个进一步的思考，这要用到关于一个模型的复杂水平这样的一般性概念。复杂性综合了范围、细节以及其他方面，比如要用到的数学知识程度。就模型意欲产生洞见和建立直觉而言，复杂性太高通常不是好事。洞见和直觉当建立在易于理解之上——要认识到（在模型中）哪些假设是至关重要的，是哪些原因导致了哪些结果。一个模型越是复杂，要想达成某种理解就越困难。与此同时，简单的模型又常常会导致有瑕疵的见识，因为这些结论过度依赖于所假定的简单环境。分离地讨论单个市场的模型，其教训是明摆着的，一旦考虑市场之间的互动关系，那结论就太容易被推翻了。因此，对这些考虑进行平衡绝非易事。

以此推之，建立模型将自己的观点解释给他人，需要在复杂和简略之间进行平衡。回想一下我们曾提及的"市场检验"，即你能否让一个经济学家或那些可能并不时刻追逐经济理论中的新近时髦主题、相反对现实情况有着良好的直觉理解力的实践者,相信你的模型所表达的观点。非常复杂的模型不仅要求你运用最新的技术知识,也需要非同寻常的对数学细节的耐心,非此不足以通过这种市场检验。而与此同时,在微观经济学中很多更为复杂的技术,均是来检查模型的一致性的;不过,结论越是吸引人,根据逻辑上前后不一或与大多数标准理论不一致而设定的假设为基础,进行预测的模型,定然越是不能令人满意。最好的理论和模型是那些通过了(可能是复杂的)一致性或有效性检验,同时又给出了清晰而直观的洞识,并不依赖数学上的花拳绣腿这样的理论和模型。本书给出的所有理论和模型,并非都能通过这一双重的检验。我希望它们可以都通过一致性检验,因此你可以预期,那些失败的理论和模型必是败在太过复杂以至不够直观上。①而那些过分复杂的理论和模型,之所以失败,必然是理论和模型的品质相对较次。

1.4 脉络简图

这本书可以看成是让我们感兴趣的各种相互交关的模型之总汇。而与之相随的是,本书对于微观经济理论所给出的工具之优劣短长做一展示。从本书目录中可以看到具体章次,应该不会觉得有问题,但是我想讨论一下我意在指出的更为全局的发展,这还是颇有裨益的。

首先,我们可以将微观经济学理论的主题分为(1)行为人及其行为,(2)制度和均衡,这的确是一本强调制度和均衡的书。我不打算贬损构成微观经济理论基石的有关个体行为的诸般理论。在那方面,我甚至可以写出一本完全不同的书。但是我相信,对这一专题进行详尽研究是可以等到学习完制度和均衡的知识之后再来开展的,而且后面这些主题也有着仍然感到更为直接的兴趣和吸引力。值得强调的是,在能够理解均衡模型之前,理解标准的消费者(和企业)行为模型是基础,此绝不可偏废,在第一部分和第二部分的第 7 章我们给出了必要的介绍。本书的一些读者可能已经学习过偏重消费者和企业标准理论的课程。这样的读者对第 2 章和第 7 章稍事浏览既已足备,但是第 3 章至第 5 章则为本书后续部分——以比传统微观经济学基础教程更深的深度来处理的主题——打下了重要的基础。

第二部分给出的是那个经典的"机制",通过它,个体的不同意愿终可达至均衡,这就是价格机制。我们从完全竞争的情况下继续推进,在这一情况下,除了价格如何设定这一问题语焉不详之外,价格机制的运行是明晰而优良的;紧接着推进到垄断和寡头,这里价格单独可以实现均衡就不是那么明确了。待到读完寡头部分,你会发现,在价格机制如何运行的理解上有着相当大的漏洞,我们权且将这些漏洞归为对何谓"价格机制"的精确定义的缺乏所致。

在第三部分,我们来检视那些意在帮助我们填补漏洞的方法技术,它们来自于非合作博弈理论。博弈理论分析自 20 世纪 70 年代中期以来,已是微观经济理论中极为时兴的领域,因为其分析在处理制度框架问题上颇为精准,也因为它可以帮助我们看到制度何以重

---

① 在这个句子旁边打上一个"×"以示标记。在第 14 章我们分析蜈蚣博弈的时候,还会提醒你我是给出过警示的。

要。实际上,我们从中可以看到在很多情况下,根据这一理论,制度框架看起来是举足轻重的。不过与此同时我们还给出了这一分析的弱点。其一,在很多重要的情况下,这个理论并非决定性的——可能有很多"均衡"存在,到底是哪一个均衡会出现,取决于理论之外所提供的猜想。其二,制度的确重要,我们还需思考的是,现存制度到底源自何方。博弈理论分析将制度视为是外生给定的。只能等到我们理解了制度源自何方以及它们是如何演化的,这个谜团的重要部分才有可能被解开。

第四部分展示的是微观经济理论在 20 世纪 70—80 年代最为重要的成果,这就是所谓的信息经济学的发展。读毕第四部分,你会感到印象深刻的是,那些被市场制度分析(不管有没有非合作博弈理论的知识作为支撑)所遗落的如此硕大无朋的麦穗是多么喜人。可以肯定,我们在第三部分通篇所予以讨论的分析技术问题并未在此得到解决,这个问题和很多其他问题一样还没有得到回答。但是,在过去二十年里,微观经济理论已经提出了很多重大的问题,这是一个生气勃勃的领域。

在第五部分,我们给出了企业理论。在标准的微观经济理论中,企业和消费者一样是一个行为人。我们将对这一古典观点进行批评,与之相反,提出一个将企业视为某种市场范畴的观点——在该制度内各类消费者的不同意愿可以达至均衡。我们可以阐明企业和其他非市场结构所起的作用,而且我们还将看到,就这一极为重要的问题上,我们使用的工具还是经得起检验的。某种意义上,我们是绕了一个大圈又回到了个体行为上来。除非或者只有等到我们能够再形成和提炼出关于个体行为的模型,否则是无法在研究企业和其他制度方面,尤其是这些制度的源起和演化方面,进行充分的工作的。

所有这一切,大概若不以大量的内容予以充实,要想深入理解还是颇有些难度的。而这正是接下来洋洋洒洒八百余页的任务所在。*

---

* 英文原书正文有 839 页。——译者注

第一部分　个体与社会选择

第一编　个人与社会进化

▶2

消费者选择和需求理论

　　微观经济学的核心角色是消费者,而第一步总是要提供一个关于消费者行为的模型。这一模型可能相当隐晦(见第 8.1 节中关于需求曲线的讨论),但它总是在某一层面上发挥着作用。我们经常把消费者看成是从一些给定的可行选择集合中进行选择的实体,因此我们的第一项工作是给出关于消费者选择的模型,这占据了第一部分的大部分篇章。

　　你会从中级微观经济学(以及多数基本课程)中回想起图 2.1 中给出的关于消费者选择的表述。我们假设一个消费者消费两种商品,如葡萄酒(用瓶数表示)和啤酒(用罐数表示)。假设该消费者有 1 000 美元可花,啤酒的价格是每罐 1 美元,葡萄酒的价格是每瓶 10 美元。则该消费者可以购买图 2.1 阴影部分中的任何一个啤酒和葡萄酒的商品组合。

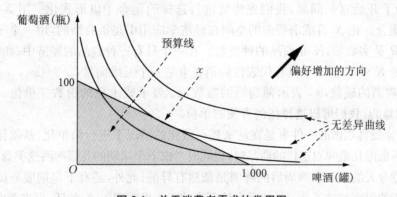

图 2.1　关于消费者需求的常用图

　　该消费者对啤酒和葡萄酒的商品组合有偏好,用**无差异曲线**(indifference curve)表示;这些就是图 2.1 中的曲线。任一条给定曲线上的所有点都是该消费者认为一样好的啤酒和葡萄酒的商品组合(因此它们对她来说是无差异的),而该消费者的偏好随着粗箭头的方向向外增强。因此该消费者会选择 x 点,这个点是她在给定价格和收入条件的情况下所能达到的最高无差异曲线上的点。

　　根据这幅图,可能会考虑当该消费者的收入水平发生变化、葡萄酒的价格下降、某一种商品或另一种要被征以特许权税,以及其他情况发生时,她会做出什么样的反应。这幅图概述了一个简单的消费者选择模型,即该消费者会从可行集合中选择在最高可达无差异曲线上的点。在本章中,我们通过抽象地考虑选择和偏好来探究这幅图的基础(以及关于它的更为复杂的一般化理论),同时我们考察这一理论在微观经济学中的基础运用——**马歇尔需求**(Marshallian demand)。在第 3 章中,我们研究要进行选择的对象其价格面临不确定时的决策问题。在第 4 章中,我们来看看如何对在连续时间段上而不是即时的选择行为进行建模。

在大多数情况下,当不止有一个消费者时,各个消费者希望做出的选择在某种程度上可能是彼此相互冲突的。本书的剩下部分内容(除了第 7 章)即关注解决这些冲突的方法。大体上,我们会假设这些冲突都是通过特定的制度安排来解决的(比如价格机制);我们会去对具体的制度进行建模,并且研究这些冲突是如何被解决的。而在第一部分的最后,我们会抽象地来简要浏览一下**社会选择**(social choice)问题,研究一下那些可能会被用来描述特定解决方案的原则,甚至是给出一个具体的解决方案。

接下来,将图 2.1 铭记于心,我们开始提出问题:这些无差异曲线是怎么来的,它们又代表了什么?

2.1　偏好和选择

2.1.1　选择的对象

这里我们关注个体——即消费者——的行为,他面临从对象的一个集合中进行选择的问题。为了开始这一问题,我们先将要进行选择的集合予以形式化。用 X 表示**对象**(object)的集合。把 X 看成消费束的空间在经济学应用中是很典型的,用一个子集 R^K 来表示,这里 R 是实数轴,K 是商品的种类数。在一个只有三种商品的经济中,如啤酒、葡萄酒和威士忌,$K=3$,而一个具有代表性的消费束是一个三维向量,$x=(x_1, x_2, x_3)$,其中,x_1 表示啤酒的罐数,x_2 表示葡萄酒的瓶数,x_3 表示威士忌的份数。单位——罐、瓶、份——是随意的;我们可以选择任何方便的单位。

经济学家最喜欢做的一件事是在越来越一般化的情况下进行简单化、基础化的建构性工作;当你考虑像几罐啤酒这样的商品时,也同时考虑下个星期的几罐啤酒这类商品,二者势必不同,毕竟今天的啤酒和两周后的啤酒是截然有异的;此外,还有下星期服务员的开瓶服务;如果明天的温度超过了 21 ℃,然后在接下来的四天里跌到 18 ℃的话,再来考虑一下下个星期酒吧男招待会提供哪种啤酒的服务。这些事情乃至一些更为稀奇古怪的情况,都被硬塞进基础框架中。现在来看啤酒、葡萄酒、威士忌问题(当我们像图 2.1 那样画二维图时,就去掉威士忌)。要记住,经济学理论经常是遍布陷阱(shell game),它通过一些简单的、具体的例子来说服你,然后让你对那些更有问题的设定不经过太多的思考就推断出结论。

2.1.2　基本的偏好关系

对消费者建模的标准方法是通过一个偏好关系来达成。假设我们呈现给消费者的是一对选择：x 和 y，问他们如何进行比较。我们的问题是，在你看来 x 或者 y 比另外一个要好吗？如果该消费者说 x 比 y 要好，我们记作 $x \succ y$，并且称其为 x **严格偏好**(strictly prefer)于 y。

对于每一对 x 和 y，可以想见，关于我们的问题有四种可能回答：(1)该消费者可能会说 x 比 y 要好，但反过来不成立。(2)她可能会说 y 比 x 要好，但反过来不成立。(3)她可能会说没有一个对她来说是更好的；她不愿作出判断。(4)她可能会说 x 比 y 要好且 y 比 x 要好。我们希望马上排除掉第四种可能性。从逻辑上来说该消费者声称每一个选择都比另外一个要好是可能的，但是这会使语言的内涵延伸得太远，更重要的一点是，这对后面的目的来说很不方便。因此我们要做出假设：

假设 2.1 偏好是**非对称的**(asymmetric)：不存在来自于 X 的一对 x 和 y 使得 $x \succ y$ 且 $y \succ x$。

但在你得出结论认为这显然成立之前，根据我们的整个论述，来看两个与这一假设有关的问题。首先，我们没有说过该消费者要在何时做出这些判断。我们的论述听起来似乎这些判断都是在一些单独的时间点上做出的，在这种情况下，假设 2.1 看起来是合理的。但当我们应用基于假设 2.1 的模型时，我们有时会假设该消费者在某一时间点上做出的判断在接下去的时间里也是有效的。如果一个消费者决定从现在起的一星期里她会偏向于 x 而不是 y，前三天过去之后，接下来的四天里她必然会继续偏向于 x 而不是 y，因此这样的假设应当不会有什么好争议的。但在某些情形下，情况可能更为复杂，不过，当消费者是在许多不同的日期里做出选择时，我们仍依例使用假设 2.1 和应用该标准模型，假设她就是在进行这样的决策。(关于这一点的更多内容见第 4 章。)

对假设 2.1 有所质疑的第二个原因是关于特定选择的框架问题。要对这一点进行说明，最简单的方法是给出一个取自 Kahneman 和 Tversky(1979)的例子：

> 作为一名在政府部门里担任权威职务的医生，你被告知一种新的流行病会在下个冬天袭击你的国家，它会造成 600 人死亡。(每一例的结果都是死亡或痊愈。)你可以从事两项可能的疫苗研制计划，两项计划不能同时进行。第一项肯定能拯救 400 人。第二项有 1/3 的概率拯救不了任何人，有 2/3 的概率能拯救 600 人。你会偏好于哪项计划？

给出这一问题的一个答案，然后尝试回答下面这个问题：

> 作为一名在政府部门里担任权威职务的医生，你被告知一种新的流行病会在下个冬天袭击你的国家。为了对抗这一流行病，你要在两项可能的疫苗研制计划中选择一项，从事了其中一项就不能尝试另一项。在第一项计划中，200 人确定会死。在第二项中，有 2/3 的几率一个人都不会死，还有 1/3 的几率会死 600 人。你会偏好于哪项计划？

这些问题因为包含了一些不确定因素而被复杂化了，这是第 3 章的主题。但它们很好地切中了要害。去问医学专家，他们对于这一对问题的动态反应是：在第一个问题中偏好于第一个计划，而在第二个问题中偏好于第二个计划。关键是就结果而言，这两个问题是完全相同的——唯一的区别在于这两个问题的设计或是表述的方式。在第一个问题中，有600 人可能都会死，因而大多数人选择一定能救回其中部分人的方法。在第二个问题中，现在毕竟还没有死人，而让 200 人确定去死看起来实在过于冷漠无情。[①]表述的框架可以影响比较判断，就好比我们向消费者发问，尤其是在要考虑的项目很复杂时，发问的方式会影响消费者的判断。当项目很复杂时，支撑一个最终排序的认知过程可能更多地关注确定性方面的因素，选择项的表述方式会影响我们所聚焦的东西，从而影响我们的选择。给定一个特定的选择项表述方式，我们可能不会同时听到 $x \succ y$ 和 $y \succ x$，而且对这两个"彼此矛盾"判断之间的迟疑时间也的确可能太短了。

尽管存在着这些反对的声音，事实上，在经济学里的每一个消费者选择模型中都会用到假设 2.1。与之相联的是第二个假设，它说如果一个消费者做出了判断 $x \succ y$，她就可以将任意其他的选择 z 放到由这两个选择所设定的序数量表里：比 y 好，或比 x 差（或两者兼之）。正式地：

假设 2.2 偏好具有**负传递性**（negatively transitive）：若 $x \succ y$，则对于任意一个第三元素 z，要么 $x \succ z$，要么 $z \succ y$，要么两者兼之。

（如果你没有做过课后习题 1，术语负传递性理解起来就会有所困难。）这一假设的内容最好通过一个想要质疑它的例子来说明。假设像 x 和 y 这样的对象是由几罐啤酒和几瓶葡萄酒组成的商品组合：向量 (x_1, x_2)，这里的第一个元素是啤酒的罐数，第二个元素是葡萄酒的瓶数。我们的消费者对于比较 $(20, 8)$ 和 $(21, 9)$ 这两个商品组合可能不会有什么问题。想来（假设不存在戒酒之类的情况）当有：$(21, 9) \succ (20, 8)$。但在假设 2.2 中，令 $x = (21, 9)$，$y = (20, 8)$，$z = (40, 2)$。由于 $x \succ y$，该假设仍然是要么 $x \succ z$，要么 $z \succ y$，要么两者同时成立；也就是说，要么 $(21, 9) \succ (40, 2)$，要么 $(40, 2) \succ (20, 8)$，要么两者同时成立。然而，我们的消费者可能会说她能给 $(21, 9)$ 和 $(20, 8)$ 这两个商品组合进行排序，但将这两个中的任意一个和 $(40, 2)$ 进行比较都是很困难的，因而我们的消费者拒绝做出任何排序。这是假设 2.2 被排除的情形。

在假设 2.1 和假设 2.2 之外，对于严格偏好来说，还有一些其他的性质看起来也是很自然的。这三条自然性质是：

(1) **非自反性**（irreflexivity）：不存在 x，使得 $x \succ x$。

(2) **传递性**（transitivity）：若 $x \succ y$ 且 $y \succ z$，则 $x \succ z$。

(3) **非循环性**（acyclicity）：若对于给定的有限个整数 n，$x_1 \succ x_2$，$x_2 \succ x_3$，…，$x_{n-1} \succ x_n$，则 $x_n \neq x_1$。

这三条性质都是由假设 2.1 和假设 2.2 推出来的。我们用一个命题来陈述它：

命题 2.1 若"$\succ$"是非对称且负传递的，则"$\succ$"具有非自反性、传递性和非循环性。

我们几乎把这一小节中所有命题的证明都留给了你，但这个命题的证明很简单，因此我们会给出它。首先，非自反性可以通过非对称性直接推得：若 $x \succ x$，则"$\succ$"就不是非对称的了。（注意在非对称性的定义中，我们没有说过 $x \neq y$。）对于传递性，假设 $x \succ y$ 且 $y \succ z$。由负传递性和 $x \succ y$，我们可知要么 $x \succ z$，要么 $z \succ y$。但是由于 $y \succ z$，非对称性排除了 $z \succ y$。因此 $x \succ z$。对于非循环性，若 $x_1 \succ x_2$，$x_2 \succ x_3$，…，$x_{n-1} \succ x_n$，则由传递性可以推得 $x_1 \succ x_n$。然后由非对称性可得 $x_1 \neq x_n$。

这些就是微观经济学中有关偏好的基本标准模型之全部内容:消费者在满足假设 2.1 和假设 2.2 的条件下在各对选择之间进行排序。从这一点出发接下去还有四条路径:第一,根据所表示的严格偏好"≻",经济学家创造了相关的弱偏好和无差异关系。第二,当消费者在她的列表中有超过两种选择时,这一用来对每一对选择进行排序的模型与该消费者的选择相联。第三,为了分析上的方便,对于偏好我们要寻求一个数值表示。第四,我们寻求可以使个体偏好(并产生选择)的模型更加易于分析的额外假设,例如,我们可以得到类似图 2.1 这样的图,里面有造型"漂亮"的无差异曲线,这里的"漂亮"仍待定义。我们依次来考察它们中的每一条。

2.1.3 弱偏好和无差异

假设我们的消费者偏好由关系"≻"给定。根据这一点,我们可以在 X 中的各对选择之间定义两条更进一步的关系:

定义 2.1 对于 X 中的 x 和 y,若 $y \succ x$ 不成立,则记作 $x \succsim y$,读作 x **弱偏好于**(weakly preferred)y。若 $x \succ y$ 和 $y \succ x$ 两者均不成立,则记作 $x \sim y$,读作 x 与 y **无差异**(indifferent)。

注意我们在这里做了什么:弱偏好是在"另一方向"没有严格偏好的情况下定义的,而无差异是"在两个方向"都没有严格偏好的情况下定义的。这和我们关于弱偏好和无差异意涵的直觉相一致吗? 在个体难以做出判断的范围内,不完全一致。我们的消费者在选择啤酒和葡萄酒数量时可能会觉得很难说究竟是 $(40, 2) \succ (20, 8)$ 还是 $(20, 8) \succ (40, 2)$,但这并不会导致她在这两者之间是明确无差异的。如果是这样的话,无差异就会变成一个很奇怪的东西:若这表明 $(20, 8) \sim (40, 2)$,并且如果类似地,$(21, 9)$ 和 $(40, 2)$ 之间难以排序也表明 $(21, 9) \sim (40, 2)$ 的话,则两个商品组合($(20, 8)$ 和 $(21, 9)$),这里其中一个是严格偏好于另一个的,却会同时与第三个商品组合无差异。

(正如在序言中所说的那样,这本书中难以理解的问题会转移到像这里一样的段落中去:空间紧凑、小字,以及略微缩进去一些。这些内容对于接下来的大部分内容来说都不是必需的,而读者在第一次阅读的时候如果能先看一遍这些段落,然后再回去阅读,可能就会少一些疑惑。)基于这些考虑,我们乐于对弱偏好和无差异作如下定义:除了表达严格偏好"≻"之外,消费者还会表达明确无差异"∼",而弱偏好被定义为两者的结合:若 $x \succ y$ 或 $x \sim y$,则有 $x \succsim y$。我们可能会强调 $x \sim y$ 同 $x \succ y$ 或 $y \succ x$ 都不兼容,于是根据假设 2.1,对于任意一对 x 和 y,这三种可能中至少有一种为真。但我们并没有排除第四种可能,即 x 和 y 是简单的不可比较的关系。这是一条有趣但非标准的研究进路,我们在这里就不深入追寻了,详见 Fishburn(1970)。

尽管有这些担忧在,弱偏好和无差异还是经常通过严格偏好来定义,就像上面所给出的定义方式一样。如果我们有假设 2.1 和假设 2.2 在手,则相关的弱偏好和无差异关系就是良态的(well behaved)。

命题 2.2 如果严格偏好"≻"是非对称且负传递的,而弱偏好和无差异是根据上面所定义的严格偏好来定义的,则:

（1）弱偏好"$\succsim$"是**完备的**（complete）：对于每一对 x 和 y，要么 $x\succsim y$，要么 $y\succsim x$，要么两者都是。

（2）弱偏好"$\succsim$"是**传递的**（transitive）：若 $x\succsim y$ 且 $y\succsim z$，则 $x\succsim z$。

（3）无差异"$\sim$"是**自反的**（reflexive），对于所有的 x，都有 $x\sim x$；**对称的**（symmetric），$x\sim y$ 表明 $y\sim x$；**传递的**，$x\sim y$ 且 $y\sim z$ 表明 $x\sim z$。[a]

（4）若 $w\sim x$，$x\succ y$，且 $y\sim z$，则 $w\succ y$ 且 $x\succ z$。

关于严格偏好和弱偏好还有一点要讲。我们把严格偏好作为原始定义（消费者所表达的），并由它来定义弱偏好。大多数的教科书都是从弱偏好开始再引出严格偏好。我之所以倾向于从严格偏好开始，是因为这样一来在讨论不可比较性的可能性问题时会更容易一些。大多数作者倾向于从弱偏好开始，我对此表示怀疑，因为负传递性很难让人理解。但是在标准处理过程中，这两条途径是完全等价的。假设你从弱偏好"$\succsim$"开始，然后通过当 $y\succsim x$ 不成立时，有 $x\succ y$，来定义严格偏好"$\succ$"；同时通过当 $x\succsim y$ 且 $y\succsim x$ 时，有 $x\sim y$，来定义无差异。这样一来，从"$\succ$"开始或是从"$\succsim$"开始就没有区别了。此外，若你从"$\succsim$"开始，它是完备且传递的，则由此得到的关系"$\succ$"是非对称且负传递的。因此对于标准处理过程来说，你是从非对称且负传递的严格偏好"$\succ$"开始还是从完备且传递的弱偏好"$\succsim$"开始是没有区别的，只要你将另一个按上面那样定义就行。[b]

当我们讨论"$\succ$"的负传递性时，我们通过一个无法对商品组合进行比较的例子来说明什么可能是错的。如果我们已经从"$\succsim$"开始讨论偏好，根据假设"$\succsim$"是完备的，用一个类似的例子来说明什么是错的是很自然的。从这里你可能会得出结论："$\succ$"的负传递性在某种程度上与"$\succsim$"的完备性相一致。然而如果你去做课后习题 1，你会发现这是错的；"$\succ$"的负传递性与"$\succsim$"的传递性相一致，而"$\succ$"的非对称性与"$\succsim$"的完备性相一致。关于这一貌似难以理解的问题的理由是：我们在 $y\succ x$ 不成立时定义 $x\succsim y$（反之亦然）。在这一定义中，当我们从"$\succ$"开始时，我们把所有不可比较性的情况都包括进了"$\succsim$"。换一种说法，如果我们承认存在不可比较组合的可能性，并因此定义了一个独立于"$\succ$"的关系"$\sim$"，用它来表示明确无差异，然后我们不是通过当 $y\succ x$ 不成立时，有 $x\succsim y$ 来定义"$\succsim$"，而是通过当 $x\succ y$ 或 $x\sim y$ 时，有 $x\succsim y$ 来定义"$\succsim$"，则"$\succ$"的负传递性和"$\succsim$"的完备性之间的关系会更符合我们的直觉。（你只有花时间去寻找并找到一个处理偏好的方法，才有可能搞清楚全部这些内容的意思，这里明确无差异（positive indifference）和不可比较性（noncomparability）之间要有一个形式上的差别。）

2.1.4　从偏好到选择

到目前为止，我们的消费者已经在从 X 中得到的各对选择之间给出了她的排序。在

---

a　（有时候难解的数学过程会出现在脚注里。用字母标记的脚注更具有技术性，用数字标记的脚注是全部都要阅读的。）在数学用语里，一个自反的、对称的、传递的二元关系被称为是等价关系。于是我们可以把（3）部分改述为：给定两个关于"$\succ$"的假设，无差异是一个等价关系。更多关于这一点的内容见课后习题 2。

b　当作者从"$\succsim$"开始时，他们有时会加入第三个假设，即"$\succsim$"是自反的，或者说对于所有的 x，都有 $x\succsim x$。这可以由完备性推出，因此是多余的。

典型情况下,她要从一个包含超过两个元素的集合中进行选择。因此我们如何来将她的偏好与其选择行为联系起来呢? 根据下面的正式定义,假设选择由偏好而来很具有代表性。

定义 2.2 给定对象集合 X 上的一个偏好关系"$\succ$"以及 X 的一个非空子集 A,根据"$\succ$",从 A 中所得到的**合意选择集合**(set of acceptable alternatives)的定义为:

$$c(A;\succ)=\{x\in A:\text{不存在}\ y\in A\ \text{使得}\ y\succ x\}$$

这一定义的内容是:该消费者乐于选择所有不比其他可以得到的东西差的东西。关于这一点,我们要注意以下几点:

(1) 根据定义,集合 $c(A;\succ)$ 是 A 的一个子集。给定我们的解释,在这些选择之外的其他选择都是不可理喻的。

(2) 集合 $c(A;\succ)$ 可能包含不止一个元素。当 $c(A;\succ)$ 包含不止一个元素时,这一解释是:该消费者愿意接受这些元素中的任意一个;她并不讲究得到的是哪一个。①

(3) 在有些情况下,集合 $c(A;\succ)$ 可能不包含任何元素。例如,假设 $X=[0,\infty]$,$x\in X$ 表示 x 美元。再假设 A 是子集$\{1,2,3,\cdots\}$。如果你总是偏好于更多的钱而不是更少的,或者说每当 $x>y$ 时,都有 $x\succ y$,则 $c(A;\succ)$ 就会是一个空集。不管你拿到多少钱,在 A 中总有更多数额的钱,因而也就更好。或者假设,在同一背景下,$A=[0,10)$。对于你们中没有用过这一记号的那些人来说,我们略说一下,这表示 A 包含所有以 10 为上限(但不包括)10 的钱的数额。然后如果钱可以被划分为任意合适的单位,则 A 中不存在不比其他所有元素差的元素。c

(4) 在刚才给出的例子中,$c(A;\succ)$ 是空集,乃是因为 A 太大或"不够好"。在下一小节中,我们会看到如何来避免这一问题(通过限制集合 A 的范围,把 $c(\cdot;\succ)$ 应用于 A)。但是若"$\succ$"不是良态的,我们仍旧可能得到空的选择集合;假设 $X=\{x,y,z,w\}$,同时 $x\succ y,y\succ z$,且 $z\succ x$,则 $c(\{x,y,z\};\succ)=\varnothing$。

(5) 从一个针对这一方法的完全不同的反对角度来看,你可能会期望我们的消费者从选择集合 A 中所选取的东西取决于这些因素:比如时刻、选择的表述方式,甚至是可供选择的范围;相对于樱桃她选择苹果派,除非在她能选择拥有香蕉的情况下,樱桃才会被选择。所有这些选择行为在现实生活中都能被观察到,而给定我们基于偏好的关于选择的定义,它们却是不可模型化的。我们还会回到这一点上来。

假定"$\succ$"遵循标准假设,那么它会对选择造成什么结果? 关于这一点,我还什么都没

---

① 有些同学有时会对这一点感到困惑,因此让我来卖弄下学问。在大部分的应用中,选择 x 是一个商品组合——即用一个向量表示的许多葡萄酒、许多金枪鱼罐头,等等。若 $c(A;\succ)$ 包含两个元素,比方说 x 和 x',我们不会把它解释成该个体会同时选择 x 和 x'。如果有可能同时获得两个商品组合,则向量和 $x+x'$ 也会是 A 中的元素。相反,$c(A;\succ)=\{x,x'\}$ 意味着这个个体乐于选择 x 或 x' 的其中一个。

c 你可能会反对,在(1)中我们不可能拥有无限数量的钱,在(2)中钱不可能划分为比美分更小的单位,因此这两个例子都是不现实的。既然这样,让我们来看一个更进一步的例子。我会掷 N 次硬币,这里 N 是一个正整数。在第一次出现正面的时候,我给你 10 美元。若一连出现了 N 个反面,你不会得到任何东西。你必须从集合$\{1,2,\cdots\}$中选择 N。现在你可能会说,你在 $N=10^{100}$ 和任意比这更大的数字之间是无差异的。但如果你总是偏好于让 N 变得更大,你就不会取得一个最佳选择。

有说。这增添了我们关于这一点的担忧。

命题 2.3 假设"$\succ$"是非对称且负传递的。则：

(1) 对于任意有限集合 A，$c(A; \succ)$ 是非空的。

(2) 假设 x 和 y 都包含在 A 和 B 中，$x \in c(A; \succ)$ 且 $y \in c(B; \succ)$。则 $x \in c(B; \succ)$ 且 $y \in c(A; \succ)$。

在课后习题 3 中要求你对此给出一个证明。这一命题仍旧遗留下了从无限集合 A 中进行选择的问题。我们接下来会深入处理它。

2.1.5 从选择到偏好

到目前为止关于这块内容的一个快速回顾是：我们从严格偏好开始，然后找出了它和弱偏好以及无差异之间的联系。接着我们讨论选择行为是如何从偏好中推出的。但是从描述性理论的角度来看（即我们试图建立一个模型用来和观察到的东西相匹配），决策者也可能会很自然地以另外一种方式来进行选择。除非我们给消费者提供一个调查表，直接询问她的偏好，否则我们所能看到的关于她偏好的唯一信息，就是她所做出的选择。换句话说，根据前面小节所给出的公式，我们关于她行为的模型表明该消费者具有用来解释其选择的偏好，而如果把她的行为看作是更为原初和根本的话，也许会更有意义。然后我们要问的是：什么时候她的选择行为会和我们基于偏好的选择模型相一致？

我们接下来将在一个抽象而且也还不是完全令人满意的意义上继续这一问题。由于我们所使用的方法尚显朴拙，所以这个方法还不能让我们完全满意；现在假设我们手上有该消费者整个的选择函数。考虑下面这个正式定义：

定义 2.3 X 上的一个**选择函数**（choice function）是函数 c，它的定义域是 X 所有非空子集的集合，值域是 X 所有子集的集合，并且满足对于所有的 $A \subseteq X$，$c(A) \subseteq A$ 均成立。

再重复一下，对此的解释是：给定该消费者要从 A 中做出选择，她愿意接受 $c(A)$ 中的任意一个元素。将这一定义和为偏好关系"$\succ$"而给出的定义 $c(\cdot, \succ)$ 进行比较。如果把它看成一个数学对象，那么对于某个固定的"$\succ$"来说，$c(\cdot, \succ)$ 就是一个选择函数。也即在前面小节中，我们从一个原始的偏好关系出发构建了一个选择函数（根据刚才所给出的定义）。在这一小节中，选择函数成了更为原初的对象。

和那些涉及"$\succ$"时的反对意见相类似，对于这一方法我们也可以提出一些类似的反对意见；照这样把选择行为视作更为根本，就没有留意到选择行为会随选择时间或选择的表述方式改变而发生变化的可能性。像前面一样，大多数经济学家忽略了这些可能性。他们通常对 c 再加上如下两个假设了事（你应当将它们和命题 2.3 进行比较）。

假设 2.3 选择函数 c 不是空集：对于所有的 A 都有 $c(A) \neq \varnothing$。

假设 2.4 选择函数 c 满足**霍撒克显示性偏好公理**（Houthakker's axiom of revealed preference）：若 x 和 y 都包含在 A 和 B 中，同时 $x \in c(A)$ 且 $y \in c(B)$，则 $x \in c(B)$ 且 $y \in c(A)$。

在给定"$\succ$"的情况下，谈到 $c(\cdot, \succ)$ 时，假设 2.3 已经被讨论过，在此我们再多说几句。当集合 A 是无限集时所当遭遇的问题仍旧存在,因此我们暂时将注意力局限在 X 为有限集的情形上来。尽管给出了这一假设,在选择行为成为更为原初的对象这种情况下,当消费者面临一个较为困难的决策时,我们仍将会对消费者的行动有所疑虑。考虑一下我们的消费者要选择啤酒和葡萄酒的数量这种情况,并假设已经给定她要在集合 $\{(40, 2), (20, 9)\}$ 中做出选择。如果难以比较这两个商品组合,她可能会陷入困境,从而无所适从。而这一点已经被假设 2.3 所排除。当然,我们并没有排除她"两者"都选的可能性;也就是说,$c(\{(40, 2), (20, 9)\}) = \{(40, 2), (20, 9)\}$,这意味着她会乐于选择这两个商品组合中的任意一个。但我们会把它解释成这是在两个商品组合之间无差异的一种明确表达。

接下来检验假设 2.4。它蕴含了以下这一解释。在 x 和 y 同时包含在 A 中,以及 $x \in c(A)$ 这两个条件下,我们的消费者通过 x(弱)偏好于 y 这一点显示出偏好。现在若 $y \in c(B)$ 且 $x \in B$,由于 x 不比 y 差,x 也必须被包含在 B 中最受偏好的元素之列。[通过一个对称性论证,$y \in c(A)$ 也必然成立。]再说一次,要想抓住其中深意的最为简便的办法,就是考虑一个它可能会不成立的情况。假设 x 代表一顿在一个经典法式餐厅中享用的美妙大餐,而 y 代表一顿在一个经典日式餐厅中享用的同样美妙的大餐。这一选择让人颇为踌躇,不过在给定要于 $A = \{x, y\}$ 中做出选择的情况下,我们的消费者还是给出了判断:她更偏好于 x。也就是说,$c(\{x, y\}) = \{x\}$。现在假设 z 是一顿在一个稍微小一点的法式餐厅中享用的大餐,在这家餐厅里,我们的消费者在最近的一次用餐中碰到了一件不幸的事,因为那里的油腻食物曾导致了她肚子痛。假设 $B = \{x, y, z\}$。现在如果我们让我们的消费者在 B 中做出选择,在其中由于 z 的出现可能会让她想起在经典法式烹饪中用到的大量黄油和乳脂,而当她在 z 餐厅用餐时,这些都让她感到不适。这相应地影响到了她对 x 的估计;可能她最终会偏好日式料理。这就会导致这样一种行为:用 $c(B) = \{y\}$ 给出,它和 $c(A) = \{x\}$ 一起违反了假设 2.4。这与框架效应有些相像;另一个选择的出现会改变某人对一个既定选择的看法,并因此改变他的选择。这是假设 2.4 被排除的情况。

在非空性和显示性偏好之间有一个有趣的相互关联,很值得一提。通过非空性假设,我们排除了消费者在面对集合 A 时无法做出选择的可能性。我们可以通过假设不做选择也是一个选择把它浓缩为一个恒真命题;也就是说,在集合 A 中追加一个元素,"不做任何选择",然后每当选择难以做出时,将它解释为选择"不做任何选择"这一元素。如果允许"不做任何选择"成为一个可能选项来继续这一问题,那么我们就会碰到两个问题。第一,c 已经被假设是定义在 X 的所有子集上的函数,而我们刚才又假设它只定义在包含"不做任何选择"这一选项的那些子集上。不过我们可以把 c 只定义在 X 的一些子集上;参见课后习题 4(3)。第二,也是更本质的一点,如果非空性实在是一个问题,我们还可能通过这样一个技巧,让它违反显示性偏好公理。假设 x 和 y 难以排序,以致该消费者要在 $\{x, y\}$ 中做出选择时陷入了困境。我们把它解释成 $c(\{x, y, "不做任何选择"\}) = \{"不做任何选择"\}$。但是有人会假设 $c(\{x, "不做任何选择"\}) = \{x\}$;如果 x 是实际上提供的唯一东西,它会被接受,只要它不是有害的话,这一点必然成立。而这会构成一个对显示性偏好公理的违背。

在同一点上,假设一个优柔寡断的消费者,她希望遵守假设 2.3。当面对一个困难的选择时,该消费者通过自愿接受任何她不能取消的选项来克服了她的优柔寡断。喝葡萄酒和啤酒的朋友会说明这一点。她难以比较 $(40, 2)$ 和 $(20, 8)$ 这两个商品组合,因此她的选择函数指定为 $c\left(\{(40, 2), (20, 8)\}\right) = \{(40, 2), (20, 8)\}$。她同样难以比较 $(40, 2)$ 和 $(21, 9)$ 这两个商品组合,因此她的选择函数指定为 $c\left(\{(40, 2), (21, 9)\}\right) = \{(40, 2), (21, 9)\}$。但是接下来假设让她在 $\{(40, 2), (21, 9), (20, 8)\}$ 这三者之间做出选择。她可能会选择这三者中前两者的其中一者——商品组合 $(20, 8)$ 被排除了,因为 $(21, 9)$ 无疑更好。但如果这是她根据这三者得出的选择函数,她就违背了霍撒克显示性偏好公理。(证明这一点!)根据标准模型,一个优柔寡断的消费者显然是无药可救。

在命题 2.3 中我们已经看到,如果我们的消费者有严格偏好,它由一个非对称且负传递的关系“$>$”给出,同时如果我们根据“$>$”来定义一个选择函数 $c(\cdot, >)$(在一个有限集 X 上),则该选择函数满足假设 2.3 和假设 2.4。它的逆命题也是正确的,如下所示:给定一个选择函数 c,若对于所有的 $A \subseteq X$ 以及 $x, y \in X$,都有 $x \in c(A)$ 且 $y \notin c(A)$,则我们可以通过 $x \succ_c y$ 定义一个引致严格偏好关系(induced strict preference relation)“$\succ_c$”。总而言之,如果当 x 和 y 都可得时,x 被选择了而 y 没有被选择,则在所有这种情况下,都有 $x \succ_c y$。或者简要地说,如果选择总是显示出这样一种情形,即 x 看起来严格偏好于 y,则有 $x \succ_c y$。

命题 2.4 给定一个满足假设 2.3 和假设 2.4 的选择函数 c 如上,由 c 定义的关系“$\succ_c$”是非对称且负传递的。此外,如果你从满足假设 2.3 和假设 2.4 的 c 开始,引致得到“$\succ_c$”,然后再定义 $c(\cdot, >)$,你会回到你开始的地方:$c(\cdot, \succ_c) \equiv c$。而如果你从“$>$”开始,引致得到 $c(\cdot, >)$,然后再由此引致得到“$\succ_{c(\cdot, >)}$”,这同样会回到你开始的地方。也就是说,把非对称且负传递的“$>$”视为根本,等价于把非空且满足霍撒克显示性偏好公理的选择函数 c 视为根本。我们把对它的证明留作习题。

这里要给出两点评论。第一,命题 2.4 在 X 是有限集的假设下是正确的。我们还可以发展出把 X 拓展到无限集时的情况,但这样一来你就要当心选择函数的非空性。除了下一小节中的简评外,我们不会再继续这一主题,而是把它留给有兴趣的读者到对这一主题更进一步的论述中去进行探讨。(可以通过查看参考文献来概括显示性偏好理论。)第二,命题 2.3 可以被看做是为从偏好中产生的标准选择模型提供可检验性局限条件;我们需要找出违背非空性或是霍撒克显示性偏好公理的情况。只要所得数据与满足这两个假设的某个选择函数相一致,它们也就必然与基于偏好的标准消费者行为理论相一致。(课后习题 4 中有关于这一点更多的内容。)

我们在下面小节中讲到消费者需求的具体应用时,会重新回到将显示性偏好解释成标准消费者行为模型的可检验性局限条件这一点上来。

2.1.6 效用表示

从消费者偏好开始的第三个主题涉及数值表示。我们需要一个定义。

定义 2.4 给定集合 X 上的偏好"$\succ$",对于这些偏好的一个**数值表示**(numerical representation)是:对于所有以 X 为定义域,以全体实数为值域的函数 U,都有:

$$x \succ y \text{ 当且仅当 } U(x) > U(y)$$

也就是说,U 通过一个数值尺度衡量了所有的选择对象,在这一尺度上更大的测度意味着消费者更喜欢这一对象。将这样一个函数 U 归为消费者(或者她的偏好)的**效用函数**(utility function)是很典型的。

为什么我们会想知道"$\succ$"是否有一个数值表示?本质上说,在应用中使用效用函数就是为了方便。就像我们在本章的后面小节和课后习题中将会看到的那样,通过写出一个效用函数来指定一个消费者的偏好相对容易。然后,我们就可以把一个选择问题转化为一个数值上的最大化问题。也就是说,如果"$\succ$"有数值表示 U,则根据"$\succ$"从一个集合 $A \subseteq X$ 中做出的"最佳"选择恰好是 A 中具有最大效用的那些元素。如果我们足够幸运,已知用来做选择的效用函数 U 和集合 A 是"良态"的(例如,U 是可导的且 A 是一个凸紧集),那么我们就可以应用最优化理论给出的方法来求解该选择问题。

对偏好进行数值表示,可以得到很多好处。因此我们想知道:给定偏好"$\succ$"的一个集合,什么时候这些偏好允许一个数值表示的存在。

命题 2.5 为使"$\succ$"存在一个数值表示,"$\succ$"必须是非对称且负传递的。
但这两条性质并不是充分条件;你同样还需要集合 X 是"小"的或偏好是"良态"的这两个条件中的其中一个。[d] 我们会给出关于命题 2.5 的两点简洁有力的说明,尽管第二点需要你了解一些数学知识,因此可作为选读内容。对命题 2.5 和命题 2.6 的证明,应该不会有什么问题。对于命题 2.7 及其变形的证明,可以参考一下关于选择和效用理论的经典书籍。

命题 2.6 如果用来定义"$\succ$"的集合 X 是有限的,则当且仅当"$\succ$"是非对称且负传递的,它存在一个数值表示。[e]

对于命题 2.5 的第二点说明,我们试举一例,其中被选择的对象是消费束:R^K 中的元素,K 为某一整数。我们假设负消费水平是不可能的,因此 X 是 R^K 中的正象限。[①] 在这一设定中,我们称由"$\succ$"所给定的偏好是连续的。

(1) 若 $\{x^n\}$ 是一系列消费束,它的极限为 x,同时若 $x \succ y$,则对于所有足够大的 n,都有 $x^n \succ y$。

(2) 若 $\{x^n\}$ 是一系列消费束,它的极限为 x,同时若 $y \succ x$,则对于所有足够大的 n,都有 $y \succ x^n$。

命题 2.7 在这一设定中,若"$\succ$"是非对称、负传递且连续的,则"$\succ$"可以用一个连续函数 U 来表示。此外,若"$\succ$"是用一个连续函数 U 来表示的,则"$\succ$"必须是连续的,同时也是非对称且负传递的。

---

d 关于可能出现错误的例子见课后习题 5。
e 事实上,只要 X 是可数无穷集时,这就是正确的。
① 我们会尽可能地仔细,并在严格为正和非负的数值之间做区分。但是很多约定俗成的语言混淆了这些区别;尤其是在提到可以包含零元素的向量时,R^K 的正象限一词经常会被用到。我们会对其他遵照约定俗成的语言从而导致这类含糊问题的情况做出示意。

X 是 R^K 的正象限(K 为某一整数)这一限制对于该结果来说并不重要。我们需要这一设定提供的一些拓扑性质,而这一结果已经基本被概括出来,见 Fishburn(1970)。如果你更喜欢阅读原始资料,见 Debreu(1954)。

假设"$>$"有一个数值表示 U。关于其他可能的数值表示我们还有何要说呢? 假设 $f: R \to R$ 是一个严格递增函数[试举一些例子:$f(r) = r^3 + 3r^5$;$f(r) = e^r$;$f(r) = -e^{-r^3}$]。然后通过 $V(x) = f\big(U(x)\big)$ 定义一个函数 $V: X \to R$,这给出了"$>$"的另一个数值表示。容易看到:$V(x) > V(y)$ 当且仅当 $U(x) > U(y)$。由于 V 和 U 在 X 上能推出相同的序数,任何 U 所代表的(序数)也就是 V 所代表的。它的逆命题并不正确:也就是说,若 V 和 U 都代表"$>$",则并不一定存在一个严格递增函数 $f: R \to R$,其中对于所有的 x 都有 $V(x) = f(U(x))$。但是它近乎是正确的。总是存在这样一个函数 $f: R \to R$,它是非递减的,并且在集合 $\{r \in R : r = U(x),$ 对于某个 $x \in X\}$ 上是严格递增的,该函数可使得 $V(\cdot) \equiv f(U(\cdot))$。[f] 关于这一情况的一个简单释义是:"$>$"的数值表示只适用严格递增变换。

关键之处在于,衡量效用的尺度单位,甚或在相对差距上存在不小差别,也并没有什么特别的含义在。我们不能在看到了从 x 到 y 的改变后就说该消费者的境况得到了其量为 $U(y) - U(x)$ 或其他诸如此类的指标之改善。在这一点上(当我们在第 3 章讲到不确定性时会有所改变),引入效用函数是为了分析上的方便。它并没有特定的基数意义。尤其是"效用水平"不可观测,任何需要我们知道"效用水平"的东西都会是不可检验的。在需求理论中这一点是很重要的;对我们所做出的诸多理论建构,需要谨慎的注意,要让其建立在可观察的基础之上,毕竟理论构造的东西仅仅存在于经济学家的脑海中。

2.1.7 关于消费束的偏好之性质

在即将进入关于消费者需求的主题时,我们需要对表示消费者偏好的效用函数做出各种假设。例如,我们可能会问:究竟怎样才能得到像图 2.1 那样"漂亮"的图示呢?

由于我们的兴趣集中在消费者需求问题上,所以在这一小节我们自始至终都把 X 设定为 R^K 的正象限,K 是某一整数。也就是说,有 K 种商品,而偏好则被定义在这些商品组合上,这里任一商品组合中每一种商品的数量都必须是非负的。[g] 我们自始至终都假定对于一些消费者来说,偏好"$>$"是给定的,并且这些偏好是非对称且负传递的。

只根据这些,我们就能给出关于图 2.1 的某种解释。对于每一个 $x \in X$,我们定义 x 的**无差异类**(indifference class),记作 Indiff(x),Indiff(x) = $\{y \in X : y \sim x\}$。由于"$\sim$"是自反的、对称的、传递的,这表明无差异类族,或者说随不同的 x 而不同的 Indiff(x),划分了 X。在课后习题 2 中要求证明这一点。这样一来,图 2.1 中的无差异曲线就成了通过调查得出的消费者隐含着偏好排序的无差异类。

在这一背景下我们希望处理的问题是:关于"$>$"的假设,在我们看来,哪些更进一步

---

f   如果你的数学很好,证明这一点应该会很容易。

g   对于懂得一些实分析的那些读者来说,把 X 拓展到线性空间上应该不会有什么困难。

的性质会是合理的？如何把这些性质转换成关于"≻"的数值表示的性质和像图？1那样的图？

1. 单调性和局部非饱和性

在多数情况下，假设消费者偏好多而不是少是合理的，或者至少他们不是严格偏好少而不是多。我们有如下定义和结论：

定义 2.5 若对于任意两个商品组合 x 和 y，都有 $x \geqq y$ 时，$x \succsim y$，则偏好"≻"是**单调的**（monotone）。（通过 $x \geqq y$，我们表明 x 中的每一个分量都至少和 y 中相应的分量一样大。）若对于任意两个商品组合 x 和 y，都有 $x \geqq y$ 且 $x \neq y$ 时，$x \succ y$，则偏好"≻"是**严格单调的**（strictly monotone）。

若对于任意两个商品组合 x 和 y，都有 $x \geqq y$ 时，$U(x) \geqq U(y)$，则函数 $U: X \to R$ 是**非递减的**（nondecreasing）。若对于任意两个商品组合 x 和 y，都有 $x \geqq y$ 且 $x \neq y$ 时，$U(x) > U(y)$，则 U 是**严格递增的**（strictly increasing）。

命题 2.8 若 U 代表偏好"≻"，这些偏好是单调的当且仅当 U 是非递减的，而这些偏好是严格单调的当且仅当 U 是严格递增的。

对这一命题的证明实际上是一个定义比较的问题。

有人在某种程度上可能会希望少获得一点某些商品，我们会想到那些放了一周之久的鱼和污水。对于其他人来说有些商品虽令人满意，但是超过一个确定的点以后任何额外的数量都不合需要，比如那些特别油腻或过甜的食物。对于很多商品，某人不会做更多的估价；虽然我不介意拥有更多的盐酸或轧制钢，但对于这些商品我并不是严格偏好多而不是少。前两类例子对偏好是单调的这一假设提出了质疑，而最后一个例子质疑了严格单调性。对于我们随后要做的事情来说，这两个假设没有一个是必需的。但是为了后面的目的，我们需要这样一个假设：存在任意接近于消费束 x 的另一个消费束严格偏好于 x。这一性质被称为**局部非饱和性**（local insatiability）。

定义 2.6 若对于任意一个 $x = (x_1, x_2, \cdots, x_k) \in X$ 以及 $\varepsilon > 0$，都存在另一个束 $y = (y_1, y_2, \cdots, y_k) \in X$，使得(1)对于每一个 $j = 1, 2, \cdots, K$ 都有 $|x_j - y_j| < \varepsilon$，并且(2)$y \succ x$，则偏好"≻"是**局部非饱和的**（locally insatiable）。[h]

有兴趣的读者可以把这一性质转换为相应的关于"≻"数值表示的陈述。

2. 凸性

下一个我们要考虑的性质是偏好的**凸性**（convexity）。

定义 2.7 (1)若对于任意一对来自于 X 的 x 和 y，都有 $x \succsim y$，且对于任意 $a \in [0, 1]$，都有组合 $ax + (1-a)y \succsim y$，则偏好"≻"是**凸的**（convex）。

(2)若对于任意上述的 x 和 y，$x \neq y$，且对于任意 $a \in (0, 1)$，都有 $ax + (1-a)y \succ y$，则偏好"≻"是**严格为凸的**（strictly convex）。

(3)若对于任意一对 x 和 y，都有 $x \succ y$，且对于任意 $a \in (0, 1)$，都有 $ax + (1-a)y \succ y$，则偏好"≻"是**半严格为凸的**（semi-strictly convex）。

---

h 注意对于某一种商品感到满足，比方说蜜糖果仁千层饼，并不一定会对局部非饱和性造成问题；所需的只是，从任意消费束中，消费者会偏向于少量增加（或减少）某些商品的数量。

通过 $ax+(1-a)y$，我们按逐个分量产生了这两个消费束的凸组合。

为什么有人可能会考虑偏好是或者应该是凸的？个中故事和边际效用递减的概念或者"万事适可而止"这样的经典思想有关。在假设 $x \succsim y$ 下，我们知道沿着线段从 y 移动到 x，会到达一个点（x），这个点至少和我们开始的点（y）一样好。凸性的多种表达形式其实就是其一般概念的不同演变而已，这一概念是：在沿着路径的每一步上，我们的境况从来都不会比我们开始的地方还要差。这恰恰就是凸性的含义所在。半严格凸性坚持若 $x \succ y$，则我们的境况在整个过程的结尾处会好转，因此我们的境况在每一步都会严格好转。而严格凸性坚持即使 $x \sim y$，若我们在这两者之间的点上有严格偏好，我们的境况就会比在这两个端点处要好。

有时候你会看到我们用一种有些不同的方式来定义偏好的凸性。对于每一个点 $x \in X$，定义集合 $\text{AsGood}(x) = \{y \in X : y \succsim x\}$。回忆一下，若对于任意来自于 Z 的 x 和 y 以及任意 $a \in [0,1]$，都有 $ax+(1-a)y \in Z$，则集合 $Z \subseteq R^k$ 是凸的。（如果你在之前从来没有看到过或听到过关于凸集的定义，去找看到过它的人给你画几幅图。）然后我们可得：

命题 2.9 偏好"$\succsim$"是凸的当且仅当对于任意点 x，集合 $\text{AsGood}(x)$ 是凸的。
对这一命题的证明留为作业。

说起偏好的凸性对数值表示所产生的结果，我们必须给出一些数学定义。这些定义在这本书中自始至终都要被用到，因此，若它们对于你来说颇感陌生，你要格外注意：

定义 2.8 设 Z 是 R^K 的一个凸子集，K 为某一整数，并且设 f 是一个以 Z 为定义域，以 R 为值域的函数。

若对于所有的 $x, y \in Z$ 和 $a \in [0,1]$，都有 $f(ax+(1-a)y) \geq af(x)+(1-a)f(y)$，则函数 f 是**凹的**（concave）。若对于所有这样的 x 和 y，$x \neq y$，且对于所有 $a \in (0,1)$，都有 $f(ax+(1-a)y) > af(x)+(1-a)f(y)$，则该函数是**严格凹的**（strictly concave）。

若对于所有的 $x, y \in Z$ 和 $a \in [0,1]$，都有 $f(ax+(1-a)y) \leq af(x)+(1-a)f(y)$，则函数 f 是**凸的**（convex）。若对于所有这样的 x 和 y，$x \neq y$，且对于所有 $a \in (0,1)$，都有 $f(ax+(1-a)y) < af(x)+(1-a)f(y)$，则该函数是**严格凸的**（strictly convex）。

若对于所有的 $x, y \in Z$，都有 $f(x) \geq f(y)$，且对于所有 $a \in [0,1]$，都有 $f(ax+(1-a)y) \geq f(y)$，则函数 f 是**拟凹的**（quasi-concave）。若对于这样的 x 和 y，$x \neq y$，且对于所有 $a \in (0,1)$，都有 $f(ax+(1-a)y) > f(y)$，则该函数是**严格拟凹的**（strictly quasi-concave）。若对于所有的 x 和 y，都有 $f(x) > f(y)$，且对于所有 $a \in (0,1)$，都有 $f(ax+(1-a)y) > f(y)$，则 f 是**半严格拟凹的**（semi-strictly quasi-concave）。

若对于所有的 $x, y \in Z$，都有 $f(x) \geq f(y)$，且对于所有 $a \in [0,1]$，都有 $f(ax+(1-a)y) \leq f(x)$，则函数 f 是**拟凸的**（quasi-convex）。若对于这样的 x 和 y，$x \neq y$，且

对于所有 $a \in (0,1)$，都有 $f(ax + (1-a)y) < f(x)$，则该函数是**严格拟凸的**(strictly quasi-convex)。[i]

命题 2.10 (1) 若偏好"≻"用一个凹函数 U 来表示，则该偏好是凸的。若它们用一个严格凹函数 U 来表示，则它们是严格凸的。

(2) 假设 U 是偏好"≻"的一个数值表示。则 U 是拟凹的当且仅当偏好"≻"是凸的；U 是严格拟凹的当且仅当偏好"≻"是严格凸的；U 是半严格拟凹的当且仅当偏好"≻"是半严格凸的。[①]

我把对这些命题的证明再一次留给你。注意(1)部分仅从一个方向上成立；若偏好有一个凹表示，则它们是凸的。但是凸偏好可以有非凹的数值表示。我们可以很简单地来论证这一点：假设 U 是一个表示"≻"的凹函数。我们可以从命题 2.5 和命题 2.6 后面的讨论得知，若 $f: R \to R$ 是一个严格递增函数，则通过 $V(x) = f(U(x))$ 定义的函数 V 是"≻"的另一个数值表示。但是对于一个给定的凹函数 U，我们很容易构造一个严格递增函数 f，使得 $f(U(\cdot))$ 是非凹的。如果这一点对于你来说不是显而易见的，那么就自己找一个这样的例子。基本指导想法是让 f 的凸性比 U 的凹性更大。

相比之下，(2)部分表明每一个凸偏好"≻"的表示都是拟凹的。因此我们可以得出结论：若 U 是一个拟凹函数且 f 是严格递增的，则 $f(U(\cdot))$ 也是拟凹的。（同样明确的还有，对于严格和半严格拟凹性来说，类似的结论也是成立的。）你会发现直接证明这一点很有好处，尽管你应该先确证一下你能理解让我们得出这一结论的间接逻辑途径。

这还留下了一个悬而未决的问题。我们知道（或者，若你在两段话以前构建了一个例子，你就一定会知道）凸偏好可以有不是凹函数的数值表示。但这只是个例子还不能说明我们不能证明下面这个陈述：若偏好"≻"是凸的，则它们至少允许一个凹的数值表示。但事实上我们的确无法证明这一点；这个陈述是完全错误的。关于这一点，见课后习题 7。[j]

连续性(continuity)。我们已经提到过连续偏好的性质。在前面它被当做一个方法，用来确保当集合 X 不是有限集时，偏好有一个数值表示，而实际上我们断言它保证了一个连续数值表示的存在。我们其实并不需要偏好的连续性来保证一个数值表示的存在。但同时，连续性本身具有直观的吸引力。注意，连续偏好总是允许一个连续的数值表示。但并不是每一个连续偏好的数值表示都是连续的。

3. 关于图 2.1

隐含在标准的图 2.1 中的偏好是严格单调并且严格凸的。根据无差异曲线相对于原

---

i 我们不需要半严格拟凸函数，我们同样也不定义函数的半严格凹性。试着画出一个不是半严格拟凹的凹函数，然后你就明白这是为什么了。

① 对于凸偏好和(拟)凹效用函数之间相互关联这一事实，你可能会感到有些不适应。如果我们把这一性质称为偏好的凹性，这会使记忆变得更容易。但是，正如你会在第 6 章中看到的那样，集合 AsGood 的凸性在数学上扮演了关键性的角色，而正是出于这一原因，在凸集 AsGood 上的偏好被称为是凸的，哪怕它们有(拟)凹表示。

j 在第 3 章中，我们会给出一个关于消费者偏好的直观性质，用以确保这些偏好允许一个凹的数值表示存在。

点严格凸这一事实,你可以看出严格凸性;如果我们取任意两个点以及它们之间的线段,这一线段全部都会在这两点中"较低"一点所在的无差异曲线之上。严格单调性隐含在这一事实中:曲线是向右下方倾斜的,从来都没有变平使之成为完全的水平线或垂直线,因此从任何一点出发,任取在其上面和/或右边的第二个点都处在一条严格"更高"的无差异曲线之上。

图 2.1 中所表示的偏好是连续的。我们之所以能看到这一点,是因为对于每一个点 x,所设定的"弱优于"和"弱劣于"都是闭的;请你验证这等价于我们所给出的关于偏好的连续性的定义。

数学上更为敏感的读者可能会希望研究图 2.1 所代表的连续、严格凸,以及严格单调偏好的程度。这些读者可能还会希望研究:若我们把严格凸性乃至凸性全都去掉,或者如果我们去掉(严格)单调性,这幅图会发生什么变化。关于这个一般性问题,见本章后面出现的其他图示。

2.2 不含导数的马歇尔需求

我们所发展的一般选择模型的典型应用是**马歇尔需求**(Marshallian demand)。马歇尔(消费者)需求理论在微观经济学理论发展中扮演着一个核心角色;在传统上它被视作微观经济学学习中最重要的主题之一,所得到的结论在许多应用情境中都很有用。

对于马歇尔需求,要做一个完整而精确的论述颇需花费笔墨和时间。因为马歇尔需求在本书的以后部分中所起作用十分有限,同时参考文献里提供了许多非常经典的教科书(见本章结尾处的书目提要),我们在这里只会相对简短地来论述这一主题。这里的讨论足以让你熟悉一些要处理的问题及其答案的基本范畴。但它并不提供更为精深的阐释,这些你可以在其他地方找到,还不熟悉这一主题的同学可以去更集中、更广泛地去学习它。

我们将对这一主题的处理划分为两个小节。在这一小节中我们不使用导数。在下一小节中,我们会一直使用导数。

2.2.1 消费者问题

马歇尔需求理论处理的是一个有着如第 2.1 节所述偏好的消费者,他寻求购买一个商品组合用来消费。我们假设消费束的空间 X 是 R^K 的正象限,K 为某一正整数,通常的解释是 K 为商品的种数。使用文字表述,则消费者问题是:

根据偏好选择最佳消费束 x,所受的约束条件为 x 的总花费不能超过该消费者的收入。

我们可以相当容易地表达这一问题的约束条件。我们用 R^K 中的 p 表示价格向量;也就是说,$p = (p_1, p_2, \cdots, p_k)$,这里 p_j 是商品 j 每单位的价格。我们假设该消费者有一笔固定数额的钱可以用来购买他的[①]消费束:设 Y 表示该消费者的收入。然后我们将约

---

① 在这本书中,对一般消费者的指称偶尔会改变人称中的性别属性——我希望并不是很多,但是混用的确存在,其频繁的互换可以表明我多少是一视同仁的。特别地,在本书的后面,当我们给个体编号时,所有奇数号的个体都会是女性,而所有偶数号的个体都会是男性。

束条件写为 $\sum_{j=1}^{K} p_j x_j \leqslant Y$，或者，简写为 $p \cdot x \leqslant Y$，这里的"·"是点积或数量枳。①

这一公式中隐含了一点，就是该消费者关于消费数量的选择不会改变商品的单位价格，该消费者面临一个**线性价格表**(linear price schedule)（没有数量折扣，价格也不会因为他企图购买更多商品而上涨，等等）。这在微观经济学中是一个标准假设。数量折扣被排除了，因为若它们确实重要，则某一消费者就能以一个折扣价格购买大量这种商品，然后再将它转售给其他消费者。（但要是转售是不可能的又会怎样？我们会在第 9 章中讨论这类问题。）价格不会随着一个消费者需求的增长而增长这一假设的理论基础是：该消费者的需求仅仅是这种商品总需求的一小部分。线性价格假设对于这一理论的很多内容来说都不是必需的，但是它用起来很方便，故而我们在本章中自始至终都会坚持使用这一假设。

然后仔细来看预算约束条件。我们可以将该消费者问题重新写成：

给定 $p \cdot x \leqslant Y$，根据偏好选择最优消费束 x。

这个表述不错，但仍然不是非常令人满意。我们依然有需要达成的目标（根据"偏好选择最优"）。回到前一小节，假设我们的消费者有非对称、负传递且连续的偏好。这表明存在一个关于该消费者偏好的连续数值表示 U②，那么我们就可以将该消费者问题写成：

$$\text{给定 } p \cdot x \leqslant Y \text{ 和 } x \geqslant 0 \text{，选择 } x \text{ 使得 } U(x) \text{ 最大化。} \tag{CP}$$

（$x \geqslant 0$ 部分来自于我们的假设：可行消费束的集合或者 X，是 R^K 的正象限。）如果假设 U 是良态的，比方说它是凹的且可微的，那么我们甚至可以开始构造拉格朗日函数，进行微分，等等。

然而，在作其他更进一步的假设之前，我们来看看能从消费者的偏好是非对称、负传递且连续的，或者，等价的说，存在一个连续函数 U 表示这些偏好的假设中得出什么。

我们必须马上搞清楚(CP)到底是否有解。

命题 2.11 若偏好是非对称、负传递且连续的，或者等价的说，若它们用一个连续函数 U 来表示，则：

(1) 对于所有严格为正的价格和非负的收入水平，问题(CP)至少有一个解。

(2) 给定 p 和 Y，若 x 是(CP)的一个解，则对于任意正数 λ，x 也是 $(\lambda p, \lambda Y)$ 的一个解。

(3) 若除了关于偏好的三条基本假设外，我们还假设偏好是凸的，则对于给定的 p 和 Y，(CP)的解集是一个凸集。若偏好是严格为凸的，则(CP)有唯一解。

(4) 若（除三条原始假设外还加上）偏好是局部非饱和的，并且若 x 是在 (p, Y) 时(CP)的一个解，则 $p \cdot x = Y$。

让我们来依次解释一下这四条论断。在这样做之前，我们先给出一个非常有用的术语：对于价格 p 和收入 Y，点集 $\{x \in R^K : p \cdot x \leqslant Y, x \geqslant 0\}$ 被称为消费者的**预**

---

① 术语"收入"的使用是约定俗成的，尽管"财富"或"资源"可能在某些应用中会表达出更恰当的含义。用大写的 Y 是为了防止和消费束混淆；我们有时会用 y 来替换 x。

② 对于那些跳过小字部分的读者来说，请记住我的话。

算集(budget set)。

首先,对(1)部分的证明需要一些数学知识:你需要知道在紧集上的连续函数有最大值。然后你需要证明:若价格是严格为正的且收入是非负的,则预算集是紧集。如果你知道紧集,那这个结论是很显然的;否则,你应该将(1)部分的结论视为既定。[k]

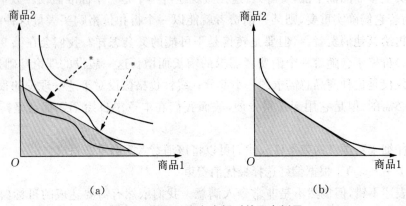

商品2　　　　　　　　　　　　　　商品2

O　　　　　　　　商品1　　　　O　　　　　　　　商品1

(a)　　　　　　　　　　　　　(b)

图2.2　当(CP)有多个解时的两个例子

(1)部分表明对于每一个 p 和 Y,(CP)至少有一个解,但是没有理由假设(CP)不会有多个解。在图2.2中,我们通过常见的无差异曲线图展示了作为阴影部分的预算集和偏好。在图2.2(a)中,我们有非凸的偏好以及两个用星号标记的(CP)的解。在图2.2(b)中,我们有凸偏好,但不是严格为凸的,这时我们看到一整条线段都是解。[l]

(2)部分应该是很显然的,因为如果价格和财富按相同比例同时增大或减小,预算集是不会变的。若(CP)有唯一解,并且我们将这个解记作 $x(p, Y)$,则(2)部分可以写成 $x(p, Y) = x(\lambda p, \lambda Y)$,$\lambda > 0$。也就是说,马歇尔需求(函数 $x(p, Y)$)是**零次齐次的**(homogeneous of degree zero)。

该命题的(3)部分很容易证明:预算集是凸的:若对于给定的 p 和 Y,x 和 x' 是(CP)的两个解,则对于任意 $a \in [0, 1]$,$ax + (1-a)x'$ 也在预算集中。同时若偏好是凸的,则 $ax + (1-a)x'$ 至少同 x 和 x' 中的较差者一样好。由于这两个都是(假设的)(CP)的解,故而它们是一样好的,并且同预算集中的其他元素也都是一样好的。但这样一来,$ax + (1-a)x'$ 也是(CP)的一个解。同时若偏好是严格为凸的并且有两个不同的解 x 和 x',则 $0.5x + 0.5x'$ 会严格好于 x 和 x' 这两者并且仍旧会在预算集中,推出矛盾,故原命题得证。

来看(4)部分,若 x 是(CP)的任意一个解,则 $p \cdot x \leqslant Y$,我们通过指出这一点来开始我们的讨论。(4)部分的内容在于论断:这一弱不等式实际上是一个等式。不等式

---

k　如果你知道紧集,你也会知道它足以让 U 变成上半连续的。事实上,我们可以定义上半连续的偏好,并在后面大部分的拓展中用这一假设来代替我们关于连续偏好的假设。同样地,我们在这里也不会担心当个别商品的价格可以为零时会发生什么,不过可以去第6章中看看我们对于这一问题的讨论。

l　在图2.2(b)中所表达的偏好是半严格凸的,因此这一性质不会有助于解决多重解问题。同时注意在图2.2中,我们只展示了单调偏好。画出不是单调偏好的图,尤其是对于该命题的(4)部分,画出不是局部非饱和偏好的图。

$p \cdot x \leqslant Y$ 被称为**瓦尔拉斯定律**（walras' law），而等式 $p \cdot x = Y$ 被称为**瓦尔拉斯定律等式**（waras' law holds with equality）：因此我们可以将（4）部分改述成：若消费者是局部非饱和的，则瓦尔拉斯定律等式成立。[①]证明如下：若对于给定的 p 和 Y，（CP）的解 x 满足 $p \cdot x < Y$，则该消费者可以买得起 x 的一些小邻域中的任意组合 x'，这里该邻域的大小和预算约束条件的松弛程度以及最高价格的大小有关。但是根据局部非饱和性，在任意点 x 的每一个邻域中总是存在严格偏好于 x 的点。因此，x 不是（CP）的解。[m]

2.2.2　GARP

（CP）的解集在特定的消费者需求背景中扮演的是选择函数 c 在抽象选择理论中所扮演的角色：它是有关选择的可观察元素。诚如我们之前所问：选择函数 c 是否与根据某些潜在偏好所做出的选择相一致；现在要问的则是：**对于某些偏好集合，观察到的需求是否与偏好最大化相一致？**注意和先前相比的两点变化：用来做选择的集合 A 现在是预算集，因而是无限的。对于所有的价格 p 和收入 Y，即使我们知道（CP）的全部解，我们也不知道从 X 的所有子集中做出的选择；我们只知道从预算集中做出的选择。对于所有的子集，由于我们不知道"c"，回答上面所提出的问题可能会更加困难。

但是，由于很多经济学问题都是建立在消费者处在问题（CP）中的角色这一假设之上的，所以对可观察的需求进行检视，并设计和进行可能会使我们拒绝这一模型的检验，就是很自然的了。也就是说，试着回答上面所述的问题是自然而然之事。这已经成为消费者理论极为关注的问题，并且还出现了两类不同的回答。我们在这里给出第一类；第二类在形式上有很大的不同，我们会在第 2.3 节中给出。

为了这一子小节的平衡，假设我们观察到了一个有限的需求数据集合。也就是说，对于收集到的有限个价格和收入水平 (p^1, Y^1)，(p^2, Y^2)，…，(p^n, Y^n)，我们观察到了消费者的相应需求 x^1，x^2，…，x^n。我们并**没有**排除在价格为 p^i、收入为 Y^i 时，（CP）有不同于 x^i 的解的可能性。我们来着手回答这一问题：给定这一有限数据集合，我们所观察到的选择是否与用来解决（CP）的某个局部非饱和消费者的标准模型相一致？

该回答在某种程度上与我们在第 2.1 节中讨论过的显示性偏好公理相似。首先，若 x 在 (p, Y) 上被选中，且 $p \cdot x' \leqslant Y$，则我们会得出结论：$x \succsim x'$，因为 x 是在 x' 可得时被选中的。假设局部非饱和性成立，若其他条件都相同，只是 $p \cdot x' < Y$，则我们可知 $x \succ x'$，因为否则的话有些接近于 x' 的点会严格好于 x' 并且在价格为 p，收入为 Y 时仍旧可行，而 x 正是在 (p, Y) 上被选中的。我们可以画出这幅图。在图 2.3 中，我们给出了由 $p \cdot x \leqslant Y$ 和 $x \geqslant 0$ 所定义的预算集。假设 x 被选择。由于在预算集（阴影部分）中的所

---

①　术语瓦尔拉斯定律有时只用于总需求。因此你可能会碰到关于需求理论的如下论述，其中（4）部分会被改述成：消费者的预算约束条件满足等式。

m　有数学倾向的读者应当补充一些细节。读者们有时会担心在这一证明中会被困在轴线上；而预算约束条件可能是松弛的，可能是其中一个非负约束条件紧束并阻止消费者获得更高的效用。但是注意局部非饱和性是关于非负约束条件定义的。它表明在 X 中并且邻近于每一个 x 存在严格好于 x 的一些点。因此我们不可能被困在其中一条轴线上。

有点都是可行的,则 x 必然至少和这些点一样好。特别的,x 必然至少和 x' 一样好。而且若该消费者是局部非饱和的,则 x 必然严格好于点 x''。

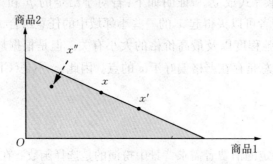

图 2.3　来自于需求数据的显示性偏好

若点 x 是阴影部分的预算集上的需求,则 x 至少要和像 x' 这样的点一样好,若再假设该消费者是局部非饱和的,则 x 要严格好于像 x'' 这样的点。

现在假设对于一系列消费束 x^1,x^2,x^3 和 x^4,经由此类考虑,"显示出" $x^1 \succ x^2 \succsim x^3 \succsim x^4 \succsim x^1$。我们显然不能根据具有我们已经假设过的性质的偏好对此予以合理化;由于需要有 $U(x^1) > U(x^2) \geqslant U(x^3) \geqslant U(x^4) \geqslant U(x^1)$,所以数值表示是不可能的。这引出了所谓的**显示性偏好的广义公理**(Generalized Axiom of Revealed Preference),或简称为 GARP,所述如下:

定义 2.9　取任意有限需求数据集合:x^1 在 (p^1,Y^1) 上被选中,x^2 在 (p^2,Y^2) 上被选中,……,x^n 在 (p^n,Y^n) 上被选中。若 $p^j \cdot x^i \leqslant Y^j$,则数据显示出 x^j **弱偏好**于 x^i,记作 $x^j \succsim x^i$。同时若 $p^j \cdot x^i < Y^j$,则数据显示出 x^j **严格偏好**于 x^i,记作 $x^j \succ x^i$。若对于数据所显示出来的偏好(弱的或强的),你不能构造一个循环 $x^{n_1} \succsim x^{n_2} \succsim \cdots \succsim x^{n_1}$,其中有一个或多个"$\succsim$"是"$\succ$",则这类数据满足 GARP。

命题 2.12　一个有限需求数据集合满足 GARP 当且仅当这些数据与局部非饱和偏好的最大化相一致。

刚才所简述的论证表明满足 GARP 是存在潜在的良态偏好的必要条件。GARP 的充分条件更加难以展示,并且可能令人感到不可思议。但尽管如此,对于一个有限的需求数据集合来说,只要 GARP 被满足,你就不能拒绝我们所提出的消费者模型。[n]

这些都非常抽象,因此让我们来举一个例子。假设我们的消费者生活在一个只有三种商品的世界中。

当价格是(10,10,10)且收入是 300 时,该消费者选择消费束(10,10,10)。

当价格是(10,1,2)且收入是 130 时,该消费者选择消费束(9,25,7.5)。

当价格是(1,1,10)且收入是 110 时,该消费者选择消费束(15,5,9)。

通过这些数据,我们可以计算出从这三个价格集合中各自选出来的每一个消费束的

---

n　如果你对此感到介意,尝试给出一个证明。你能否表明这些偏好可以被假设成是连续的? 你能否表明这些偏好可以被假设成是凸的? 也就是说,从偏好是连续的且/或凸的这一假设中是否能得出更多的可测性限制? 关于严格凸性又会怎么样? 如果你尝试去做,将你得到的任何结论与课后习题 4 进行比较。

花费。这已经在表2.1中为你给出来了。在每种情况下,所选出的消费束都用尽了该消费者的收入;给定局部非饱和性,必然如此。

表 2.1　在三个价格集合里的三个消费束的花费

		消费束		
		(10，10，10)	(9，25，7.5)	(15，5，9)
价	(10，10，10)	300	415	290
	(10，1，2)	130	130	173
格	(1，1，10)	120	109	110

需要注意的重要之点在于:

当(10，10，10)被选择时[在价格为(10，10，10),收入为300时],消费束(15，5，9)可以被买到,同时还有剩余的钱。显然,该消费者严格偏好于(10，10，10)而不是(15，5，9)。

在第二个价格集合(10，1，2)中,由于(10，10，10)和(9，25，7.5)都要花费130,而(9，25，7.5)被选择,则后者必然至少和(10，10，10)一样好。

在第三个价格集合(1，1，10)中,消费束(9，25，7.5)花费109,而(15，5，9)花费110。同时我们被告知在收入为110的情况下,该消费者选择了(15，5，9)。因此(15，5，9)≻(9，25，7.5)。

哎哟! 这些数据告诉我们(10，10，10)≻(15，5，9)≻(9，25，7.5)$\succsim$(10，10，10)。因此这些数据与基于标准的偏好最大化模型的消费者行为不相符。另一方面,假设数据的第三部分不是如上面所说的那样,而是在价格为(1，2，10),收入为115时,所选择的消费束为(15，5，9)。则我们会得出非负结论。在第一个价格和收入集合中,消费束(10，10，10)和(15，5，9)能被买到,同时由于第一个消费束被选择,它是显示性(严格)偏好于第二个的。在第二个价格和收入水平集合中,(10，10，10)和(9，25，7.5)能被买到而第二个被选择,因此它是显示性(弱)偏好于第一个的。这和先前一样。但是现在,在第三个价格和收入水平集合中,只有(15，5，9)(在这三个消费束中)是能被买到的。要知道它被选择不会告诉我们任何关于它和另外两个消费束进行比较所得到的排序;它可能会在排序的最底下。我们从上面所断言的结论中可知,因为我们在这些数据中没有观察到违背 GARP 的地方,这些数据确实能符合所有消费束上的那类常规的偏好排序。

2.2.3　间接效用函数

我们将问题(CP)的值记作 $v(p，Y)$。也就是说,

$$v(p，Y) = \max\{U(x)：p \cdot x \leqslant Y \text{ 且 } x \geqslant 0\}$$

总而言之,函数 v 被称为**间接效用函数**(indirect utility function),它表明消费者在价格为 p,收入为 Y 时通过最优选择可以获得多少效用。当然,v 的定义并不取决于(CP)是否有唯一解。同时注意 v 的单位取决于所使用的特定数值表示 U。如果我们改变 U 的尺度,比方说用 $V(\cdot) \equiv f(U(\cdot))$ 来替换 U,则我们就通过相同的尺度改变函数 f 转换了 v。换

句话说,由于 v 的值域是完全任意的和无法确定的,我们无法观察到 v。

命题 2.13 假设 U 是一个表示局部非饱和偏好的连续函数。则间接效用函数 v:

(1) 在 p 和 Y 上是零次齐次的;

(2) 在 p 和 Y 上是连续的(对于 $p > 0$ 且 $Y \geqslant 0$);

(3) 在 Y 上是严格递增的且在 p 上是非递增的;

(4) 在 (p, Y) 上是拟凸的。

部分证明:(1)部分是显然的。用来证明(2)部分的技巧在微观经济学理论中经常反复出现;因此如果你懂得足够所需的数学知识,请密切关注它。我们采取两个步骤:

步骤 1:假设 (p^n, Y^n) 是一个(有界的)极限为 (p, Y) 的序列,$p > 0$。设 x^n 是 (CP) 在 (p^n, Y^n) 上的一个解,使得 $v(p^n, Y^n) = U(x^n)$。设 n' 是一个序列,在这个序列上有 $\lim_{n'} U(x^{n'}) = \limsup_n v(p^n, Y^n)$。由于 $p > 0$,我们能表明(对于足够大的 n')由 $(p^{n'}, Y^{n'})$ 和 (p, Y) 所定义的预算集的并集是有界的。因此序列 $x^{n'}$ 在一个紧空间上并且有极限点——称之为 x。由于 $p^{n'} \cdot x^{n'} \leqslant Y^{n'}$,通过连续性我们可知 $p \cdot x \leqslant Y$。因此 $v(p, Y) \geqslant U(x) = \lim_{n'} U(x^{n'}) = \limsup_n v(p^n, Y^n)$。

步骤 2:现在设 x 代表 (p, Y) 上 (CP) 的一个解,因此 $v(p, Y) = U(x)$。由局部非饱和性,我们可知 $p \cdot x = Y$。设 a^n 为标量 $Y^n/(p^n \cdot x)$。由连续性可得,$\lim_n a^n = Y/(p \cdot x) = 1$。因此根据 U 的连续性可知,$\lim_n U(a^n x) = U(x)$。与此同时,$p^n \cdot a^n x = Y^n$,因此 $a^n x$ 对于通过 (p^n, Y^n) 所定义的问题来说是可行的。由此可得 $v(p^n, Y^n) \geqslant U(a^n x)$,且 $\liminf_n v(p^n, Y^n) \geqslant \lim_n U(a^n x) = U(x) = v(p, x)$。

现在结合步骤 1 和步骤 2,我们看到 $\liminf_n v(p^n, Y^n) \geqslant v(p, x) \geqslant \limsup_n v(p^n, Y^n)$,它表明 $\lim_n v(p^n, Y^n)$ 存在,并且等于 $v(p, Y)$。

(3) 部分的证明留给你去做。对于(3)部分的前面一半内容,记住我们的消费者被假设为局部非饱和的。(如何才能得出结论:v 在 p 时是严格递减的?)

对于(4)部分,取定某个 (p^i, Y^i),$i = 1, 2$ 以及某个 $a \in [0, 1]$。设 x 是 $\left(ap^1 + (1-a)p^2, aY^1 + (1-a)Y^2\right)$ 上 (CP) 的一个解。我们断言:x 对于 (p^1, Y^1) 或 (p^2, Y^2) 中的其中之一(或两者)是可行的;非负约束条件不会成为一个问题,同时若 $p^1 \cdot x > Y^1$ 且 $p^2 \cdot x > Y^2$,则 $\left(ap^1 + (1-a)p^2\right) \cdot x > aY^1 + (1-a)Y^2$,这与假设 x 是 $\left(ap^1 + (1-a)p^2, aY^1 + (1-a)Y^2\right)$ 上的一个解相矛盾。若 x 在 (p^1, Y^1) 上可行,则 $v\left(ap^1 + (1-a)p^2, aY^1 + (1-a)Y^2\right) = U(x) \leqslant v(p^1, Y^1)$,而若 x 在 (p^2, Y^2) 上可行,我们能得出结论:$v\left(ap^1 + (1-a)p^2, aY^1 + (1-a)Y^2\right) \leqslant v(p^2, Y^2)$。这两个里面必有一个为真,因此:

$$v\left(ap^1 + (1-a)p^2, aY^1 + (1-a)Y^2\right) \leqslant \max\{v(p^1, Y^1), v(p^2, Y^2)\}$$

这正是拟凸性。

你可能会问:那又怎样?不过,我们能从 v 的定义以及下一小节和下一章的全部工作中得到一些东西。

2.2.4 消费者的对偶问题和支出函数

为了继续给下一小节作准备（同时继续不使用导数），对于给定的效用函数 $U(\cdot)$、价格 p 和实数 u，我们检验如下最优化问题：

$$\min p \cdot x$$
$$\text{s.t.} \quad U(x) \geqslant u, \ x \geqslant 0 \tag{DCP}$$

总而言之，我们寻求该消费者在价格为 p 时，为了让他的效用水平达到 u 所需支出的最小金额。恰当的图示在图 2.4 中。阴影部分是满足 $U(x) \geqslant u$ 的组合 x 的集合；这是沿着无差异曲线 $U(x) = u$ 以及在其之上的点的集合。我们可以得出等支出线；这些是其形式为 $p \cdot x = $ 常数的直线，其中常数可以取不同值。注意这些直线越接近于原点，它们所代表的恒定支出就越少。而图中的点 x 是问题（DCP）的解。[o]

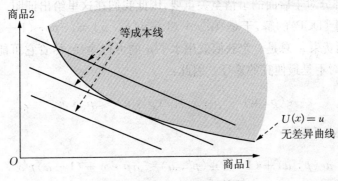

图 2.4 关于问题（DCP）的图

问题（DCP）通过价格 p 和可达的效用水平 u 被参数化。[它同样通过效用函数 $U(\cdot)$ 参数化，但是我们在讨论中自始至终都会将它的值固定。]如果我们改变 p 和 u 的值，我们就会得到其他的解。我们会将该问题的值记作一个关于 (p, u) 的函数 $e(p, u)$；也就是说：

$$e(p, u) = \min\{p \cdot x : U(x) \geqslant u, \ x \geqslant 0\}$$

同时我们会将函数 e 称为**支出函数**（expenditure function）。

与命题 2.11 和命题 2.13 平行的是下面的命题，我们有：

命题 2.14 假设 p 严格为正且 u 是一个可达的效用水平，同时 u 大于或等于消费零向量时的效用水平；也就是说，对于某个 $x \geqslant 0$，$u = U(x)$，且 $u \geqslant U(0)$。则：

(1) 问题（DCP）在 (p, u) 上有一个解。若 x 是 (p, u) 上（DCP）的解，则 $U(x) = u$。若 U 表示凸偏好，则（DCP）的解集是凸的。若 U 表示严格为凸的偏好，则对于每一个 (p, u)，（DCP）有唯一解。若 x 是 (p, u) 上（DCP）的解，则 x 也是 $(\lambda p, u)$ 上（DCP）的一

---

[o] 这涉及一些我们在本书中不会解释到的原因，这一问题被称为消费者的对偶问题（为了方便记忆，记作 [DCP]），因为在数学意义上它和问题（CP）是对偶的。

个解,这里 λ 是任意严格为正的标量。

(2) 支出函数 $e(p, u)$ 对于 p 来说是一次齐次的,或者说对于 $\lambda > 0, e(\lambda p, u) = \lambda e(p, u)$。支出函数对于 u 来说是严格递增的,对于 p 来说是非递增的。

(3) 支出函数对于 p 来说是凹的。

对(1)部分和(2)部分的证明留给你去做,我们仅给出一些线索和提示。回忆一下,我们需要局部非饱和性来证明瓦尔拉斯定律在(CP)的任意解处取等号。但是在这里我们不需要局部非饱和性来表明:在一个解 x 处,$U(x) = u$。(事实上,我们在这一命题中根本就不需要假设局部非饱和性! 但是我们假设 U 是一个连续函数。)于是论证会变成怎样呢? 假设 x 是 (p, u) 上(DCP)的解,$U(x) > u$。若 $u > U(0)$,则我们的消费者在 x 上花费了一定的钱来获得 u。但是接下来考虑形式为 αx 的组合,α 略小于 1。这些消费束的花费成比例地小于 x,并且根据 U 的连续性,对于足够接近于 1 的 α,会给出大于 u 的效用 [因为 $U(x) > u$]。这与假设 x 是(DCP)的解相矛盾。并且若 $u = U(0)$,在 (p, u) 上(DCP)的解显然是 $x = 0$。[p]

命题的(3)部分对于后面的事情至关重要,因此我们在这里给出证明。设 x 是 $(ap + (1-a)p', u)$ 上(DCP)的解,于是 $e(ap + (1-a)p', u) = (ap + (1-a)p') \cdot x$。由于 $U(x) = u$,消费束 x 总是一个获取效用水平 u 的可行途径,尽管它可能在价格不同于 $ap + (1-a)p'$ 时不是最便宜的途径。因此:

$$e(p, u) \leqslant p \cdot x \text{ 且} e(p', u) \leqslant p' \cdot x$$

结合这两个不等式可得:

$$ae(p, u) + (1-a)e(p', u) \leqslant ap \cdot x + (1-a)p'x$$
$$= (ap + (1-a)p') \cdot x = e(ap + (1-a)p', u) \qquad \square$$

2.2.5 比较静态分析

我们几乎已经准备好开始使用导数了,但在这样做之前,我们先来进一步浏览一下定义和基本概念。

在消费者需求理论中的一个标准练习就是:试问需求如何根据一系列诸如价格和收入之类的参数的变化而作出反应。当(CP)有不止一个解时,这一工作有点难以解释,因此为了论述方便,我们假设(CP)有唯一解。[①]我们将该解记作 $x(p, Y) = (x_1(p, Y), \cdots, x_K(p, Y))$;也就是说,$x_j(p, Y)$ 是我们的消费者在面对价格 p 和收入 Y 时所购买的商品 j 的数量。

---

p 如果 $u \leqslant U(0)$ 将会发生什么?

① 它的一个充分条件是偏好是严格为凸的,见命题 2.11。但是严格凸性在有些情况下令人讨厌。例如,盐酸对于我来说没有任何用处。我的偏好完全不会受到消费束中盐酸的量的影响。因此我的偏好在盐酸这个维度上不是严格为凸的。在另一方面,对于我来说,这不会影响到(CP)的解的唯一性,因为当盐酸的价格为正时我根本不会买任何盐酸。关于这一点,见课后习题 10。

我们关心 $x(p, Y)$（以及它的组成部分）如何随不同的 p_i 和 Y 的变化而变化。

（1）例如，$x_j(p, Y)$ 如何随 p_j 的变化而变化？若商品 j 变得更加昂贵，我们"预期"更少的 j 会被需求；事实上，我们完全有理由得到这一结论，因为能使它成立的商品被称为**正常商品**（normal good）。当商品 j 的需求量随着它的价格的上升而上升时，我们称商品 j 是一个**吉芬商品**（Giffen good）。我们在第 2.3 节中会简单回顾一下正常商品和吉芬商品以及**自价格效应**（own price effects）这个一般性的主题。

（2）对于 $i \neq j$，固定其他商品的价格和收入，$x_j(p, Y)$ 如何随 p_i 的变化而变化？这首先取决于商品 i 和 j 之间的关系。比方说，若商品 i 是爆米花，j 是爆米花机，i 的价格上升可能会导致商品 j 的需求量下降。若商品 i 是爆米花而 j 是花生，j 的需求量可能会随 i 的价格的上升而上升。我们在第 2.3 节中同样会讲一下这一关于**交叉价格效应**（cross-price effects）的主题。

（3）$x_j(p, Y)$ 如何随收入 Y 的变化而变化？如果我们考虑两种商品，商品 1 和商品 2，我们会得到像图 2.5 那样的图示；每一种情况下的粗曲线表明需求如何随 Y 的变化而变化。这些曲线被称为**收入扩展路径**（income expansion paths）或恩格尔曲线（Engel curves）。在大部分情况下，我们预期 x_j 会随收入的增加而上升，但是 j 的需求量随 Y 的增加而下降也是有可能的；x_j 随 Y 的增加而下降的商品 j 被称为**劣质商品**（inferior good）。土豆可能会是一个例子，收入增加到某种程度意味着该消费者可以买得起更贵、更高"品质"的食物，比如说肉类来代替土豆。图 2.5(a) 中的商品 1 就是一个劣质商品的例子，至少对于一定范围内的 Y 来说是这样的。在 x_j 随 Y 的增加而上升的情况下，我们关心 x_j 上升的比例是比 Y 多还是比 Y 少。当 $x_j(p, Y)/Y$ 随着 Y 的增加而增大时（随着 Y 的增加，更大部分的收入被花在了 j 上），j 被称为**奢侈品**（luxury good）；当 $x_j(p, Y)/Y$ 随着 Y 的增加而减小时，j 被称为**必需品**（necessary good）。在图 2.5(b) 中，商品 1 是一种奢侈品，而商品 2 是一种必需品。对于所有的 j，当 $x_j(p, Y)/Y$ 不随 Y 的变化而变化时，该消费者的偏好被称为是**位似的**（homothetic），如图 2.5(c) 所示。

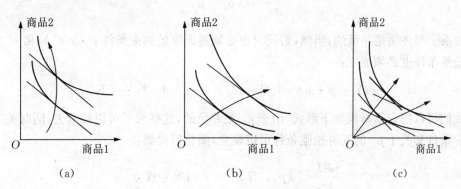

图 2.5　各种收入扩展路径或恩格尔曲线

在 (a) 中，商品 1 在 Y 的一定范围内是一种劣质商品。在 (b) 中，商品 1 是一种奢侈品，而商品 2 是一种必需品。在 (c) 中，需求是位似的。

这些是最简单的比较静态分析练习的例子——即求消费者行为如何随基础参数的变化而变化。术语"静态分析"被用在这里是因为我们假设消费者根据参数的变化而进行充分的调整。实际上,我们还可以更好地来表述这个问题:如果我们观察到两个独立且完全相同的消费者处在两个不同的环境下,我们又能观察到什么不同呢? 建立在这些简单练习基础之上的,是那些更加困难的比较静态分析,即求消费者行为如何随模型中其他"参数"的变化而变化。如果我们对香烟征收一项特许权税,香烟的需求会如何变化? 如果我们对消费者征收一项所得税,香烟的需求又将如何变化?

我们应该予以强调的是:这些工作中每一个都涉及一个参数变化而其他参数固定时,需求的变化。如果我们假设需求函数 $x(p, Y)$ 是可微的,我们会问关于 x 的偏导数的问题。马上我们会假设 $x(p, Y)$ 是可微的,因此当我们回到这些问题上来时,它们会用偏导数语言来阐述。在你继续阅读之前,你可能会发现用偏导数语言重塑一下刚才所给出的术语会很有帮助。

2.3 含导数的马歇尔需求

2.3.1 (CP)的一阶条件

我们如何来解决问题(CP)? 标准方法是假设效用函数 U 是可微的;构造一个拉格朗日函数;再考虑一阶条件和互补松弛条件。(如果你不知道这是什么意思,或者你需要一个快速的回顾,可以马上浏览一下附录1。)设 λ 是预算约束条件 $p \cdot x \leqslant Y$ 的乘子,$\mu_j(j = 1, 2, \cdots, K)$ 是约束条件 $x_j \geqslant 0$ 的乘子,则拉格朗日函数为:

$$U(x) + \lambda\left(Y - \sum_{j=1}^{K} p_j x_j\right) + \sum_{j=1}^{K} \mu_j x_j$$

其一阶条件为:

$$\frac{\partial U}{\partial x_j} = \lambda p_j - \mu_j$$

所有的乘子都必须是非负的,当然,解同时也必须遵循原始约束条件 $p \cdot x \leqslant Y$ 和 $x \geqslant 0$。互补松弛条件也必须成立:

$$\lambda(Y - p \cdot x) = 0 \text{ 且 } \mu_j x_j = 0, \ j = 1, 2, \cdots, K$$

我们可以把它重写成如下形式:由于 μ_j 是非负的,这些乘子可以被消去,同时关于 x_j 的一阶条件和关于 μ_j 的互补松弛条件可以联立,简化后得到:

$$\frac{\partial U}{\partial x_j} \leqslant \lambda p_j, \text{ 当 } x_j > 0 \text{ 时等号成立}$$

(你需要绝对确信你明白了为什么它等价于包含 μ_j 的联立一阶条件和 μ_j 上的互补松弛条件。)假设价格都是严格为正的(我们在本章中自始至终都这么做),我们能再一次将它重写为:

$$\frac{1}{p_j} \frac{\partial U}{\partial x_j} \leqslant \lambda, \text{ 当 } x_j > 0 \text{ 时等号成立}$$

或者用文字来说就是,对于消费水平为正的商品,商品的边际效用和它们各自的价格之间的比值必然相等,同时这些比值要大于那些没有被消费的商品的相应比值。

如果我们知道了 $\lambda > 0$,我们可以将它重写成另一种形式,这种形式你可能会从中级微观甚至是基础课程中回忆起来。对于两种消费量为正且最优化的商品 i 和 j,我们有:

$$\frac{\partial U}{\partial x_i} \Big/ \frac{\partial U}{\partial x_j} = p_i / p_j$$

或者用文字表述就是:边际效用比等于价格比。你可能会回忆起来这常被叙述为:商品 i 对商品 j 的边际替代率(沿着一条无差异曲线)等于它们的价格比。事实上,即使 $\lambda = 0$,我们也有这一关系,只要我们承认当 $\lambda = 0$ 时,对于消费量为正的商品,其一阶条件记作 $\partial U / \partial x_i = 0$,同时我们将 $0/0$ 解释成任何我们所希望的数值。

但是 $\lambda > 0$ 成立吗? 因为我们在这一小节的剩下部分中自始至终都会假设它成立,有一些理由必须给出。回忆一下,间接效用函数 $v(p, Y)$ 给出了问题(CP)的值,它是一个关于参数 p 和 Y 的函数。如果你比较了解约束最优化,你马上会注意到 λ 就是 $\partial v / \partial Y$。(暂且假设 v 是可微的;我们在后面会讨论它。)命题 2.13 表明 v 在 Y 上是严格递增的,假设局部非饱和性成立,则情况看起来还不错。但是也有一些严格递增且可微的函数,在一些孤立的点上它们的导数为 0。所以 $\partial v / \partial Y$ 和 λ 就是这样的情况;根据我们所使用的偏好表示 U,我们能构造出乘子有时为 0 的例子。即使 U 表示凸偏好时,这也是正确的;只要我们坚持 U 是拟凹的就行了;存在严格递增且拟凹的函数,它们的导数在某些点上为 0。现在若 U 是一个凹函数,我们无疑就有事可做了。接下来我们能表明 $v(p, Y)$ 在 Y 上是凹的,同时一个严格递增的凹函数不可能有零导数。但是在第一原理上假设 U 的凹性是很难的(直到下一章之前)。结论:在任意你指定一个凹函数 U 的应用中,你能自由假设并且总是会发现乘子 λ 是严格为正的。但是如果你假设 U 是拟凹的,该假设建立在一个正好严格递增且严格为凸偏好的假设之上,那么你需要做更多的工作来确信乘子是严格为正的。

通过写出一阶条件和互补松弛条件,我们得到了这些结论。但是它们和问题(CP)之间的关系是什么? 如果你找到了(CP)的一个解,这些条件必须成立吗(对于某些乘子来说)? 如果你找到了一阶条件和互补松弛条件的一个解(满足乘子的符号约束条件和变量 x_i 的各种可行性约束条件),它会是(CP)的一个解吗? 那些已经学习过约束最优化的读者会知道,对于这一问题,若 U 是凹的,这些条件是一个解的充分必要条件。那些还没有学习过约束最优化的读者现在会更有动力去学习这部分内容。

但是假设 U 是凹函数时情况又会怎样呢? 所有的这些都是以假设 U 是可微的为条件的;这些假设能以一些偏好"$\succ$"的假设为条件吗? 我不知道"$\succ$"上可以用来保证"$\succ$"允许一个可微表示的任何自然条件。注意这里所提出的方法。我们不会指望给定的"$\succ$"其每一个表示都是可微的,因为我们已经看到了"$\succ$"的一些表示的确不是连续的。这和凹性是一样的,这一点我们已经注意到。通过单调变换,U 的凹性不一定会被保存下来,因此我们不能说它会使"$\succ$"的每一个表示都是凹的。正如我们在第 2.1 节的结尾处所看到的那样,"$\succ$"的凸性的"自然"概念只会保证"$\succ$"有一个拟凹表示。如果你能解决课后习题 7,你会发现否则的话良态凸偏好可能根本不会存在凹表示。因此,承认可微性,对于一

个拟凹函数 U，我们仍旧可以找寻其一阶条件和互补松弛条件。这些是最优性的必要条件，但不是充分条件；那些已经学习过约束最优化的读者现在有动力去回顾你学过的教材最后那些关于拟凹性（或拟凸性）的章节了。

2.3.2　充足的假设

现在我们来做出一些重要的假设。从今以后，我们假设对于每一个 $(p，Y)$ 和 $(p，u)$，(CP) 和 (DCP) 都有唯一解。偏好的严格凸性能使这一点得到满足，但它是一个对现实来说过于严格的假设。我们将 (CP) 的解记作 $x(p，Y)$，它是一个关于 $(p，Y)$ 的函数，将 (DCP) 的解记作 $h(p，u)$，它是一个关于 $(p，u)$ 的函数。函数 $x(p，Y)$ 被称为**马歇尔需求函数**（Marshallian demand function），而 $h(p，u)$ 被称为**希克斯需求函数**（Hicksian demand function）。

我们进一步假设马歇尔需求、希克斯需求、间接效用函数以及支出函数在所有论证中都是连续可微函数。

这些假设有什么理由？如果你遵循对命题 2.13(2) 的证明（间接效用函数的连续性），你应该能根据 (CP) 和 (DCP) 都有唯一解这一假设来用该技巧表明这四个函数都是连续的。而可微性这个假设会更进一步。我们在这里不给出缘由。在关于该主题的更高级的论述中，你会发现，在本质上，我们需要 U 是二阶连续可微的（并且在数轴上是良态的）。同时由于我们没有理由根据涉及"＞"的基本原理来假设 U 是可微的，所以我们就更没有理由来假设它是二阶可微的。你还可以问将来会有多少例子可以被拓展到我们关于可微性的假设没有被满足的情况中去。这些东西我们都只是简单地过一遍，主要是因为这个原因，这里所述的需求理论仅仅只是一个梗概。

2.3.3　希克斯需求和支出函数

命题 2.15　支出函数和希克斯需求函数有如下关系：

$$h_i(p，u) = \frac{\partial e(p，u)}{\partial p_i}$$

证明：我们首先给出这一结论的一个非常精妙的图形证明。固定效用参数 u^* 和除 p_i 外的所有价格 p_j^*，然后用曲线图表示函数：

$$p_i \rightarrow e((p_1^*，p_2^*，\cdots，p_{i-1}^*，p_i，p_{i+1}^*，\cdots，p_K^*)，u^*)$$

我们假设这一函数是可微的。[q] 现在在 $p_i = p_i^*$ 处，它的导数是什么？由于知道我们能根据消费束 $h(p^*，u^*)$ 得出效用 u^*，我们可知：

$$e((p_1^*，p_2^*，\cdots，p_{i-1}^*，p_i，p_{i+1}^*，\cdots，p_K^*)，u^*) \leqslant p_i h_i(p^*，u^*) + \sum_{j \neq i} p_j^* h_j(p^*，u^*)$$

---

[q]　事实上，由命题 2.14 我们可知这是一个凹函数，它几乎处处可微，但不是完全可微的；见下面的函数。

因此,右边的函数处处都在函数 $e(p, u^*)$ 之上,并且在 p^* 处相接触,故而它们必然是相切的,如图 2.6 所示。而它是关于 p_i 的一个线性函数,同时它的斜率(在 p_i 方向上)为 $h_i(p^*, u^*)$。证毕。[r]

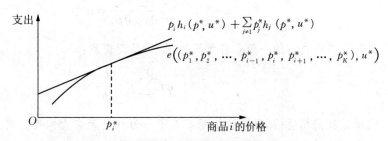

图 2.6　将希克斯需求和支出函数联系起来

　　这一证明非常精妙,以至于你可能无法将它复制到其他情况中去。因此我们会给出一个更为枯燥的代数证明,它被证明是在这一微观经济学分支中经常被用到的一个技巧。作为第一步,对会计恒等式 $e(p, u) = p \cdot h(p, u)$ 的两边取关于 p_i 的微分,可得:

$$\frac{\partial e}{\partial p_i} = h_i(p, u) + \sum_{j=1}^{k} p_j \frac{\partial h_j}{\partial p_i}$$

用文字表述即如果我们提升商品 i 的价格,则因要达到效用水平 u 而导致的支出的最终变化来自于两个方面。第一,我们先前所购买的 h_i 数量的商品 i 现在变得更贵了;支出的增长率恰好是 $h_i(p, u)$。第二,我们可能会购买更少的 i 以及更多或更少的其他商品;上面等式中的加和项给出了所购买的最优消费束的"成本"变化。我们要表达的结论是该加和项等于 0。

　　想知道这是为什么,回忆 $h(p, u)$ 是(DCP)的解,或者说下式的解:

$$\min_x p \cdot x$$
$$\text{s.t.} \quad U(x) \geqslant u$$

若我们用 η 来表示该约束条件的拉格朗日乘子,则一阶条件(对于 x_i 来说)为:

$$p_i = \eta \frac{\partial U}{\partial x_i}$$

当然,通过最优化求值,可以得到 $h(p, u)$。(这里我们忽略了 x 的非负约束条件;勤奋的读者可能会希望重复一下带有该额外条件的论证。)这里含有一个 U 关于 x_i 的偏导数,然而我们关注的是如何去掉含有 h 关于 p_i 的偏导数的加和项;因此我们还没有达到目的。但是现在有一些技巧能起作用。首先我们将该会计恒等式写为:

---

r　(1)如果我们不假设 $e(p, u)$ 是可微的又当如何?它在 p_i 上依旧是凹的,因此我们可以得到相同的图示,除了我们可能会发现 e 在 p_i^* 处有一个弯折。然后我们可以得到一个关于 $h_i(p^*, u^*)$ 位于 e 的左右偏导数之间的陈述,这里左右偏导数的存在是由凸性得到保证的。(2)假定我们假设 e 是可微的,但是我们不直接假设(DCP)有唯一解。那么这个命题又会告诉我们什么呢?

$$U(h(p, u)) = u$$

无疑对两边取关于 p_i 的偏导数,你会得到:

$$\sum_{j=1}^{K} \frac{\partial U}{\partial x_j} \frac{\partial h_j}{\partial p_i} = 0$$

我们可以将我们的一阶条件加到这里来,从而得到:

$$(1/\eta) \sum_{j=1}^{K} p_j \frac{\partial h_j}{\partial p_i} = 0$$

这就是我们想要的,只要拉格朗日乘子不为 0 或无穷大即可。有方法能确保这一点,见上面关于(CP)中预算约束条件的乘子的讨论。

粗略地说,这里我们所使用的技巧是:在一个等式中用一个一阶条件来取代约束最优化问题中最优化的那部分东西。这一技巧和我们所画的图紧密相联:在本质上,我们利用了这样一个事实:在最优化情况下,当价格 p_i 发生变化时,就像我们在完全重新最优化中会做的那样,通过将所有的变化"吸收"进商品 i,我们在支出上会有相同的边际效应。如果完全重新最优化我们的消费束,我们会比单单将变化吸收进商品 i 做得更好;这就是为什么图2.6中的支出函数处处都在直线下面的原因。但是因为在(DPC)的一个解上,商品的边际效用和价格的比值都是相等的,完全重新最优化和单单使用商品 i 之间的边际差别就是它们的二阶导数(假设支出函数的可微性成立,同时忽略掉非负约束条件,它是留给你自己去处理的)。这一技巧通常被称为**包络定理**(envelope theorem),之所以这么叫是因为支出函数是线性函数的下包络线,就像我们所画的那样。如果你还没有学习过一般的包络定理,可能需要你(在其他地方)学习一下它。

2.3.4 罗伊恒等式

对支出函数取关于第 i 个价格的偏导数,会给出我们关于第 i 种商品的希克斯需求。通过对间接效用函数取偏导数,我们能得到什么有用的东西吗?**罗伊恒等式**(Roy's identity)给出了一个肯定的回答。

命题 2.16 马歇尔需求和间接效用函数有如下关系:

$$x_i(p, Y) = -\frac{\partial v}{\partial p_i} \bigg/ \frac{\partial v}{\partial Y}$$

证明:假设 $x^* = x(p, Y)$。设 $u^* = U(x^*)$,然后我们断言 $x^* = h(p, u^*)$,且 $Y = e(p, u^*)$。[这一步骤留给你去做。记住我们已经假设(CP)和(DCP)有唯一解。]因此对于固定的 u^* 和所有的 p,我们可得 $u^* = v(p, e(p, u^*))$。对它取关于 p_i 的微分,你会得到:

$$0 = \frac{\partial v}{\partial p_i} + \frac{\partial v}{\partial Y} \frac{\partial e}{\partial p_i}$$

根据命题 2.15,用 $h_i(p, u^*) = x_i^* = x_i(p, Y)$ 来代替 $\partial e/\partial p_i$ 并整理各项。

罗伊恒等式看起来可能会有点令人难以理解,但它有一个相当直观的解释,这需要你知道 $\partial v/\partial Y$ 就是(CP)中的乘子 λ。假设 $x_i(p, Y) > 0$,则(CP)中关于 x_i 的一阶条件可以写成:

$$\frac{1}{p_i}\frac{\partial U}{\partial x_i} = \lambda$$

罗伊恒等式可以写成:

$$-\frac{\partial v}{\partial p_i} = \frac{\partial v}{\partial Y}x_i$$

因此用 λ 代替 $\partial v/\partial Y$ 并将两式联立,我们可得:

$$-\frac{\partial v}{\partial p_i} = \lambda x_i = \frac{x_i}{p_i}\frac{\partial U}{\partial x_i} \qquad (\spadesuit)$$

(若 $x_i = 0$ 会发生什么?)这意味着什么? 假设商品 i 的价格下降了 1 美分,我们的消费者能得到多少额外的效用呢? 该消费者有收入 Y 可花,如果他买了他之前买过的消费束,他会剩下 x_i 美分,因而商品 i 变得更便宜了。他能单纯地使用这些"额外的"收入,将它们都花在商品 i 上。如果他这样做了,他能多买(大约)1 美分乘以 x_i/p_i 数量的商品 i,这会使他的效用增加 1 美分乘以 $(x_i/p_i)(\partial U/\partial x_i)$。现在这是对商品 i 价格下降的一个天真的回应;我们的消费者可能会在各种商品中做一些更进一步的替代。但是,罗伊恒等式表明,这些替代不会对该消费者的效用产生一个一阶效应;主效应是由该消费者单纯地将他的"意外之财"全部花到商品 i 上引起的。(你需要从两条相关的途径来得到($\spadesuit$),从而再来补充这一讨论:画一幅像图 2.6 那样的图示并且构造一个论证,这里所使用的一阶条件和我们在前面的子小节中所用过的一样。)

2.3.5 斯拉茨基方程:将马歇尔需求和希克斯需求联系起来

对于商品 j,它的起始价格为 p,收入为 Y,若商品 i 的价格上升,那么商品 j 的马歇尔需求会发生什么变化呢? 有两点:第一,该消费者实际上变得更穷了;总的"价格指数"上升了。大体上,由于该消费者要购买 $x_i(p, Y)$ 数量的商品 i,他的"实际收入"下降的速率大约为 $x_i(p, Y)$[i 的价格上升 1 美分意味着能花的钱减少了 $x_i(p, Y)$ 美分]。这会导致我们的消费者改变他对 j 的需求,其改变的速率(大致)为 $-(\partial x_j/\partial Y)x_i(p, Y)$。也就是说,我们将每单位收入变化所引起的 j 的消费变化率乘以我们刚才计算得到的实际收入的变化率,就得到了这个值。

第二,商品 i 看起来不再那么吸引人了——它的相对价格上升了。因此该消费者(可能)会消费更少的 i。同时根据 i 和 j 之间的关系,这会导致该消费者接受更多或更少数量的 j。在任何情况下,在 j 的消费上都存在着一个"交叉替代效应"。我们想把这一替代效应和由于实际收入变化而引起的 j 的消费变化分离开来,因此我们希望得到某种补偿需求函数——改变商品 i 的价格,补偿该消费者,使得他的实际收入仍旧相同,然后再来看 p_i 的变化是如何影响 j 的补偿需求的。

有两条明显的途径可以用来补偿我们的消费者。我们可以充分增大 Y 的值,使得该消费者能买得起他先前所购买的组合——斯拉茨基补偿。或者我们可以给该消费者充足的收入,使得他在最优化后,就他的偏好而言,他和先前一样好——希克斯补偿。如果你学过中级微观,或者哪怕是一个良好的基础课程,你可能也会记得一些与这类似的内容。

我们的朋友——希克斯需求函数是基于希克斯补偿的。事实上做希克斯补偿是不可能的,因为它取决于不可观察的效用函数;它仅仅是一个理论上的概念。不管这些,由于我们已经定义了这一需求函数,我们就接受希克斯补偿。希克斯补偿替代项很简单,即 $\partial h_j / \partial p_i$。(斯拉茨基补偿可以作为一个很好的家庭作业问题。)

因此我们预期当 p_i 变化时,j 的马歇尔需求的变化是收入效应和补偿替代效应的总和。让我们将我们的预期用命题的形式记录下来。

命题 2.17 马歇尔需求和希克斯需求有如下关系:

$$\frac{\partial x_j}{\partial p_i} = \frac{\partial h_j}{\partial p_i} - \frac{\partial x_j}{\partial Y} x_i \qquad (\ast)$$

这里,对于给定的价格 p 和收入水平 Y,我们可求这些价格和收入上马歇尔需求的值,同时,对于希克斯需求函数,可求其在该马歇尔需求点上所获得的效用水平。

预期这一等式成立和证明它是两码事。我们在上面所给出的文字论证有两点模糊的地方:我们并不知道希克斯补偿是否正确,同时因为所替代的 x_i,我们的收入调整 x_i 也不是非常准确。但是一个正式的证明相对来说还是容易的。写出恒等式 $x_j(p, e(p, u)) \equiv h_j(p, u)$,并且对两边取关于 p_i 的微分。我们得到:

$$\frac{\partial x_j}{\partial p_i} + \frac{\partial x_j}{\partial Y} \frac{\partial e}{\partial p_i} = \frac{\partial h_j}{\partial p_i}$$

由于 $\partial e/\partial p_i$ 就是 $h_i(p, u) = x_i(p, e(p, u))$,这可以写成:

$$\frac{\partial x_j}{\partial p_i} + \frac{\partial x_j}{\partial Y} x_i(p, e(p, u)) = \frac{\partial h_j}{\partial p_i}$$

一旦我们对虚拟变量作出了合适的替换,它就成了方程($\ast$)。方程($\ast$)被称为**斯拉茨基方程**(Slutsky equation)。

2.3.6 关于可微凹函数

(你可能想知道所有这些都意欲何指。我们确实取了很多导数,但我们最终要做什么还一点尚不明确。有些结果就要出来了,但我们需要一些更多的设定来得到它们。请耐心一点。)

为了促使更快得到接下来要出现的结论,考虑一个只含有一个变量的二阶连续可微凹函数。一个凹函数(只含有一个变量)是一个导数非递增的函数;因此它是一个二阶导数非正的函数。

对于含有数个变量的凹函数来说,这一结论可以概括为如下形式:对于一个给定的二阶连续可微函数 $f: R^K \to R$ 以及任意点 $z \in R^K$,设 $H(z)$ 是 $K \times K$ 阶矩阵,它的第 (i, j) 个元素为:

$$\frac{\partial^2 f}{\partial z_i \partial z_j}\bigg|_z$$

也就是说,$H(z)$ 是关于 f 的二阶混合偏导数在点 z 处的值的矩阵。这一矩阵被称为 f 的**海塞矩阵**(Hessian matrix)。注意海塞矩阵是自然而然对称的;f 关于 z_i 和 z_j 的二阶混合偏导数与 f 关于 z_j 和 z_i 的二阶混合偏导数是相同的。

定义 2.10 若对于所有的 $\zeta \in R^K$,都有 $\zeta H \zeta \leqslant 0$,则 $k \times k$ 阶矩阵 H 是**半负定**(negative semi-definite)的。

(通过 $\zeta H \zeta$,我们表示了 $\zeta^T H \zeta$,这里的上标 T 表示转置矩阵,同时我们将 ζ 考虑成一个 $K \times 1$ 维的列向量。)

推论 若 H 是一个半负定的 $K \times K$ 阶矩阵,则 $H_{ii} \leqslant 0$,$i = 1, 2, \cdots, K$。

若我们取 ζ 为一个第 i 个元素为 1,其他元素都为 0 的向量,这一推论可由定义直接得出。

数学事实 一个二阶连续可微函数 $f: R^K \to R$ 是凹的当且仅当它的海塞矩阵(在 f 的定义域中每一个点上求值)是半负定的。[s]

2.3.7 主要结论及其在比较静态分析中的应用

我们现在可以把所有的部分都联系起来,并得出一些结论。我们首先陈述结论,然后再给出产生该结论的逻辑链。

命题 2.18 若 $x(p, Y)$ 是一个马歇尔需求函数,则该 $K \times K$ 阶矩阵的第 ij 项为:

$$\frac{\partial x_i(p, Y)}{\partial p_j} + \frac{\partial x_i(p, Y)}{\partial Y} x_j(p, Y)$$

它被称为**替代项**(substitution terms)矩阵,它是对称且半负定的。

这一结论是这样得到的。根据斯拉茨基方程,矩阵的第 ij 项为 $\partial h_i(p, u)/\partial p_j$,求其在点 $\big(p, U(x(p, Y))\big)$ 处的值;根据命题 2.15,这是 $\partial^2 e/(\partial p_i \partial p_j)$。因此替代项矩阵就是支出函数的海塞矩阵。根据命题 2.14(3),支出函数在 p 上是凹的。因此该结论来自于凹函数的海塞矩阵的性质。

这有什么用?我们回到上一小节的结尾处所简述的比较静态分析的工作中来。若 $\partial x_j/\partial Y < 0$,则商品 j 是劣质的;若 $0 \leqslant \partial x_j/\partial Y < x_j/Y$,则它是一种必需品;若 $x_j/Y \leqslant \partial x_j/\partial Y$,则它是一种奢侈品。若 $\partial x_j/\partial p_j < 0$,则它是一种正常商品,若 $\partial x_j/\partial p_j > 0$,则它是一种吉芬商品。

考虑吉芬商品的可能性。根据斯拉茨基方程,可得:

---

s 若 f 是定义在 R^K 上的一个开定义域内的,则这也是正确的,事实上,这只在于我们会如何来使用它。

$$\frac{\partial x_j}{\partial p_j} = \frac{\partial h_j}{\partial p_j} - \frac{\partial x_j}{\partial Y} x_j$$

根据前一子小节中的推论和命题 2.18 我们可知 $\partial h_j/\partial p_j < 0$；也就是说，自身价格替代项总是非正的。因此一种商品可以成为吉芬商品的唯一途径为它是一个劣质商品。它必须要足够劣质，以致收入效应项 $-(\partial x_j/\partial Y)x_j$ 超过替代项 $\partial h_j/\partial p_j$。大体上说，如果一种劣质商品在消费者的消费束中所占的比重较大，则它就有一个更大的机会成为一种吉芬商品；注意 $\partial x_j/\partial Y$ 是乘以 x_j 的。因此如果有人想找出一种吉芬商品（同时还并不清楚它是否已经被确定），你要找的东西必是在消费者的消费束中占很大比重的劣质商品。

再来看交叉价格效应，也就是说，像 $\partial x_j/\partial p_i$ 这样的东西。在非正式经济学中，术语**替代品**（substitutes）被用来描述这样一对商品，这里一种商品的价格上升会引起第二种商品的需求量上升；而当一种商品的价格上升会引起另一种商品的需求量下降时，我们就用**互补品**（complements）一词。如果我们想就 $\partial x_j/\partial p_i$ 的符号而言来尝试使它形式化，就可能遭遇到不巧的情况，这里 $\partial x_j/\partial p_i < 0$，同时 $\partial x_i/\partial p_j > 0$。而当我们就 $\partial h_j/\partial p_i$ 的符号而言来定义替代和互补商品时，替代项的对称性会排除这种不巧的可能性。因此使用这一定义是很普遍的，从而允许存在这样的可能性。比方说，$\partial x_i/\partial p_j < 0$，即使 i 和 j 是形式上的替代品，因为收入效应项可能会超过替代项。

总的来说，斯拉茨基方程允许我们将价格中的比较静态分析看成是一个收入效应和一个替代效应的总和，这里后者由希克斯需求的偏导数（关于价格的）给出。同时我们的命题给了我们一些关于这些替代效应的本质的信息。

2.3.8 可积性

当我们提出这样一个问题时我们所有的努力都会有一个结果：给定一个已经声明的马歇尔需求函数 $x(p, Y)$，在它的背后是某个局部非饱和且偏好最大化的消费者吗？

为什么有人会问这样一个问题？在应用（计量经济学）工作中，对于一个消费者的需求函数，采用参数化的函数设定有时候会非常有用。现在对于效用函数 U，我们可以写出一个完美的闭合参数化形式，然后解出（CP）来得到马歇尔需求。但是对于大多数在分析上易于处理的对 U 的设定来说，得到的马歇尔需求函数是很杂乱的。对于马歇尔需求来说，直接指定一个参数化的形式通常会更加方便，我们要确定这一参数化在分析上是易于处理的。但是之后，为了确定我们的参数化遵循微观经济学理论的法则，我们可能想要知道在前一段落中所问的问题是否有一个肯定的回答。

假设我们有整个可微马歇尔需求函数的一个函数设定。根据简单的基本原理，我们可知马歇尔需求必须是零次齐次的，并且必须遵循瓦尔拉斯定律等式。同时我们现在还能知道替代项矩阵（它是马歇尔需求的函数）必须是对称且半负定的。受到一些技术规定的限制，这些东西也是充分条件：假设马歇尔需求遵循瓦尔拉斯定律等式，并且是零次齐次的，若替代项矩阵是对称且半负定的，则它是"可积"的，从而得到间接效用函数，由此我们可以构造出一个具有代表性的间接效用函数。在这里我们甚至不求给出证明的要略；认真的同学会希望参考一本关于需求理论的标准教科书来看看它是怎么做的。

2.4 总需求

一个更进一步的主题在本书的后续发展中会出现，应当予以提及，那就是**加总消费者需求**（aggregate consumer demand）。

到现在为止，我们已经考虑了单个消费者的需求。但是在本书中的许多地方，我们关注的是一群消费者的需求，在价格为 p 时，给定他们的个体收入，这会是他们个体需求的总和。我们会格外关注这一点，因为获得单一消费者的需求数据是很困难的（不可能的）。

当然，作为个体收入分布状况的函数，即使我们固定总（社会）收入，总需求也是会移动的。因此将总需求说成是一个关于价格和社会收入的函数会显得毫无意义。

即使有了这一说明，类似于斯拉茨基约束（命题 2.18）或 GARP 的结论对于总需求来说也不一定是成立的。考虑一下 GARP。假设一个由两个人、两种商品组成的经济，在这里我们将每个人的收入固定为 1 000。在价格为（10，10）时，我们可能会有一个人选择（25，75），而第二个人选择（75，25）。因此总需求为（100，100）。假设在价格为（15，5）时，第一个人选择了（40，80），而第二个人选择了（64，8）。没有个体违背 GARP；第一个人在价格为（10，10）时买不起（40，80），因此我们假设他在这些价格时不得不满足于（25，75）。而第二个人在价格为（15，5）时无法购买（75，25），因此我们假设他在第二个价格集合上必须满足于更差的组合（64，8）。

但是在第一种情况下，总需求为（100，100），这在两个价格集合上都是买得起的，而在第二种情况下的总需求（104，88）在两个价格集合上都是买得起的，并且在它没有被选择的价格上是在"社会预算集"内部的。社会不遵循 GARP，即使两个个体都遵循它。

那么基于个体都追求偏好/效用最大化这一假设，关于总需求我们能说些什么呢？除非我们在整个经济中处处都想要做关于偏好或收入分布的强假设（例如，每个人都有相同的位似偏好），否则我们就没有什么可说的。总需求在价格和（每个人的）收入上会是零次齐次的。同时若所有的消费者都是局部非饱和的，则对于整个经济来说，瓦尔拉斯定律等式会成立。但除此之外，对于总需求来说，几乎任何事情都是有可能的。在关于需求理论的更高级的文献中，这一结论会被正式地予以陈述和证明。

2.5 书目提要

第 2.1 节中的内容，包括偏好、选择以及数值表示，都属于抽象选择理论这一主题。关于这一主题的一个相对完整的论述，见 Fishburn（1970）；完整度差一点（尤其是缺少连续偏好关系允许一个连续的数值表示这一结论的证明）但可能更容易阅读的是 Kreps（1988）。

我们在第 2.1 节中提到了涉及框架的标准选择模型问题。如果你对此感兴趣，你可以从 Kahneman 和 Tversky（1984）的简单介绍性文章开始。对于一个更广泛的论述以及一些应用来说，见 1987 年 *Journal of Business* 上的专题研讨会文章。我们也提到了"一天中的时间"这一问题，这在第 4 章中会被进一步地讨论，同时参考文献也会在那里给出。

关于需求理论的标准参考文献,Deaton 和 Muellbauer(1980)以及 Varian(1984)都是这里所省略的细节和主题的很好的来源。尤其是两者都涵盖了偏好的函数可分离性,这对于计量经济学中的应用是非常重要的。Katzner(1970)是领会如何考虑可微性和其他数学细节的一个很好的来源。

参考文献

Deaton, A., and J. Muellbauer. 1980. *Economics and Consumer Behavior*. Cambridge: Cambridge University Press.

Debreu, G. 1954. "Representation of a Preference Ordering by a Numerical Function." In *Decision Processes*, R. Thrall, C. Coombs, and R. Davis, eds. New York: John Wiley and Sons.

Fishburn, P. [1970] 1979. *Utility Theory for Decision Making*. New York: John Wiley and Sons. Reprint. Huntington, N. Y.: R. E. Krieger Publishing.

Kahneman, D., and A. Tversky. 1979. "Prospect Theory: An Analysis of Decision Under Risk." *Econometrica*, 47: 263—291; 1984. "Choices, Values, and Frames." *American Psychologist*, 39: 341—350.

Kannai, Y. 1977. "Concavifiability and Constructions of Concave Utility Functions." *Journal of Mathematical Economics*, 4: 1—56.

Kreps, D. 1988. *Notes on the Theory of Choice*. Boulder, Colo.: Westview Press.

Varian, H. 1984. *Microeconomic Analysis*. 2d edition. New York: W. W. Norton.

课后习题

1. 设"$\succ$"是集合 X 上的一个二元关系,同时如第 2.1 节中那样来定义"$\succsim$";只要不是 $y \succ x$,就有 $x \succsim y$。证明"$\succ$"是非对称的当且仅当"$\succsim$"是完备的。证明"$\succ$"是负传递的当且仅当"$\succsim$"是传递的。(提示:关于第二部分,知道陈述"A 表明 B"和"非 B 表明非 A"在逻辑上是等价的可能会有帮助。后者被称为前者的逆否命题。我们用如下形式给出负传递性:如果 $x \succ y$,则对于任意 z,要么 $x \succ z$,要么 $z \succ y$。关于这一"如果—那么"命题的逆否命题是什么呢?现在你是否理解了为什么它被称为负传递性?)

2. 证明若"$\succ$"是非对称且负传递的,则如课本中所定义的"$\sim$"是自反的、对称的、传递的。然后对于每一个 $x \in X$,回忆 Indiff$(x)=\{y \in X: y \sim x\}$。证明集合 Indiff$(x)$,在 $x \in X$ 范围内,划分了集合 X。也就是说,证明每一个 $x \in X$ 至少在其中一个 Indiff(y) 中,并且对于任意一对 x 和 y,要么 Indiff$(x)=$ Indiff(y),要么 Indiff$(x) \bigcap$ Indiff$(y)=\varnothing$。

3. 证明命题 2.3。(提示:使用命题 2.1。)

4.(1)证明命题2.4。

命题2.4的一个"问题"是它假设了我们有整个函数c。如果我们要尝试根据观察到的数据去检验基于偏好的基本选择模型,则我们所拥有的数据在两个方面会比全部的c要少。首先,对于集合$A \subseteq X$,这里$c(A)$所包含的元素多于一个,我们会倾向于只观察其中的一个元素。其次,我们不会看到关于所有子集$A \subseteq X$的$c(A)$,而是只能看到关于X的一些子集的$c(A)$。

(2)证明这些问题中的第一个实际上是无解的。假设当我们看到从A中选出的$x \in A$时,这并没有排除一个或多个$y \in A$且$y \neq x$仅仅只和x一样好的可能性。证明在这种情况下,我们所看到过的数据不会与第2.1节中基于偏好的选择模型相矛盾。(提示:这是一个带有陷阱的问题。如果你看到了其中的陷阱,它需要从两个方面来证明。)

根据(2)的结论,我们会需要假设:要么对于那些我们用于观察选择的子集A,我们可以看到所有的$c(A)$,要么我们需要一些像局部非饱和性那样的东西来告诉我们什么时候没有被选择的东西会显示性严格劣于被选择的东西。

(3)假设对于一些(但不是全部)子集$A \subseteq X$,我们观察到了$c(A)$。证明这些关于函数c的部分数据可能满足霍撒克公理,并且仍旧是与基于偏好的标准选择模型不一致的。根据这些数据构造一个条件,使得如果这些数据满足该条件,这些数据就与标准模型不一致。如果对你有帮助,你可以假设X是一个有限集。(提示:命题2.12可能会帮你得出正确的想法。)

5.考虑如下偏好:$X = [0,1] \times [0,1]$,若$x_1 > x_1'$,或者若$x_1 = x_1'$且$x_2 > x_2'$这两者有一者成立,就有$(x_1, x_2) \succ (x_1', x_2')$。这被称为**字典式偏好**(lexicographic preferences),因为它们与字母表的顺序相似;为了给任意两个对象排序,每一个对象的第一个组成部分(字母)先被比较,若第一个组成部分相同,再考虑第二个组成部分。证明这一偏好关系是非对称且负传递的,但没有一个数值表示。(提示:对于该证明的第一部分你应该不会有什么问题,但是第二部分比较困难,并且需要你懂得可数集和不可数集的概念。这一例子在几乎每一本关于选择理论的书中都会出现,因此如果你陷入了困境,你可以去参看这些书籍。)

6.证明命题2.9。

7.如果你知道所需的数学知识,(1)部分不会太困难,(2)部分非常困难;若你无法解决它并且有很强的求知欲,可去参看Kannai(1977)。

(1)考虑如下两个定义在R^2的正象限上的效用函数:

$$U_1(x_1, x_2) = \begin{cases} x_1 x_2, & \text{若 } x_1 x_2 < 4 \\ 4, & \text{若 } 4 \leqslant x_1 x_2 \leqslant 8 \\ x_1 x_2, & \text{若 } 8 \leqslant x_1 x_2 \end{cases}$$

$$U_2(x_1, x_2) = \begin{cases} x_1 x_2, & \text{若 } x_1 x_2 < 4 \\ 4, & \text{若 } x_1 x_2 = 4 \text{ 且 } x_1 \geqslant x_2 \\ 5, & \text{若 } x_1 x_2 = 4 \text{ 且 } x_1 < x_2 \\ x_1 x_2 + 1, & \text{若 } x_1 x_2 > 4 \end{cases}$$

证明与之相应的两个偏好都是凸的。证明这两者都不能用一个凹的效用函数来表示。与之相应的两个偏好中有一个是或者两个都是半严格凸的吗？与之相应的两个偏好中有一个是或者两个都是连续的吗？

（2）存在同时满足半严格凸性和连续性，但不允许任何凹的数值表示的偏好。其中一个这样的效用函数是：

$$U_3(x_1, x_2) = \begin{cases} \dfrac{2(1+x_2)}{2-x_1} - 1, & 若\ x_1 + x_2 \leqslant 1 \\ x_1 + x_2, & 若\ x_1 + x_2 \geqslant 1 \end{cases}$$

证明由这一效用函数所给出的偏好不能用任何凹函数来表示。

8. 我们在关于马歇尔需求的讨论中自始至终都假设局部非饱和性成立。一个可以间接得到这一性质的途径是假设：(1)偏好是半严格凸的；(2)偏好是总体非饱和的——对于所有的 $x \in X$，都存在一些 $y \in X$，使得 $y \succ x$；(3)消费集 X 是凸的。证明：(1)、(2)以及(3)表明偏好是局部非饱和的。

9. 马歇尔需求在价格和收入上必然是零次齐次的，并且只要偏好是局部非饱和的，它也必须满足瓦尔拉斯定律等式。命题2.12断言：一个有限的需求数据集合与局部非饱和偏好的最大化相一致当且仅当这些数据满足 GARP。因此满足 GARP 必须排除不是零次齐次或者不满足瓦尔拉斯定律等式的需求。如果你喜欢数学难题，可以去证明这是为什么。满足 GARP 为何会排除这些东西？（提示：在命题2.12之前的关于显示性偏好的定义中，关于上标 i 和 j，我们假设了什么样的关系？）

10. 假设在一个有 K 种商品的世界里，一个局部非饱和消费者的偏好"$\succ$"有如下性质：她的偏好在前 j 种商品上是严格凸的。也就是说，若 x^1 和 x^2 是两个不同的商品组合，对于所有的 $i = j+1, j+2, \cdots, K$，都有 $x^1 \underset{\sim}{\succ} x^2$ 且 $x_i^1 = x_i^2$，同时若 $a \in (0, 1)$，则 $ax^1 + ax^2 \succ x^2$。任何指数大于 j 的商品对于她来说都是没有用的。若 x^1 和 x^2 是两个商品束，对于 $i = 1, 2, \cdots, j$，都有 $x_i^1 = x_i^2$，则 $x^1 \sim x^2$。证明：如果价格是严格为正的，则该消费者关于(CP)的解唯一。

11. 一个特定的消费者对于两种商品的马歇尔需求如下：

$$x_1(p_1, p_2, Y) = \frac{Y}{p_1 + 2p_2}, \quad x_2(p_1, p_2, Y) = \frac{2Y}{p_1 + 2p_2}$$

这对于所有严格为正的价格和收入水平来说都是有效的。顺便提及的是，该消费者使我确信，在价格为 (p_1, p_2) 且收入为 Y 时，他的马歇尔需求对于他来说要严格好于任何其他他能买到的东西。

该消费者遵循本章中所使用的消费者模型吗？也就是说，是否存在某个偏好集合，它们由一个效用函数给出，使得在预算约束条件下该效用的最大化产生了这一需求函数。

如果对该问题第一部分的回答是肯定的，关于该消费者的效用函数和/或偏好，你能告诉我多少东西？你能准确地弄清楚该消费者的效用函数吗？（如果你回答能，并且如果你曾经玩过棋盘游戏大富翁，"直接去监狱"吧。）你能准确地弄清楚该消费者在消费束上的偏好吗？如果不能，关于该消费者的偏好你又能说些什么？

12. 补偿需求函数的作用是试图把由价格变化而产生的需求上的替代效应和收入效应分离开来。希克斯补偿将该消费者维持在一个给定的效用水平上,因此我们有希克斯需求函数 $h(p, u)$,它是一个关于价格水平 p 和我们想要让该消费者维持的效用水平 u 的函数。另一个可供选择的是斯拉茨基补偿,这里我们将该消费者维持在购买一个给定的商品束所需的收入水平上。正式地,如果在价格为 p 时,该消费者刚好有足够的收入用来购买组合 x,定义 $s(p, x)$ 为该消费者在价格为 p 时的需求。

我们已知希克斯替代项矩阵的第 (i, j) 个元素为 $\partial h_i / \partial p_j$,它是对称且半负定的。假设我们考虑斯拉茨基替代项矩阵,它的第 (i, j) 项为 $\partial s_i / \partial p_j$。这一矩阵同样也是对称且半负定的。证明这一点。(提示:用马歇尔需求函数来表示 $s(p, x)$,然后再看看关于斯拉茨基替代项矩阵,这会告诉你什么?)

13. 在一个有三种商品的世界里,一个消费者有如表 2.2 所示的马歇尔需求。这些选择与一个局部非饱和,且效用最大化的消费者的常用模型相一致吗?

表 2.2 马歇尔需求的四个值

价　　　格			收入	需　　　求		
p_1	p_2	p_3	y	x_1	x_2	x_3
1	1	1	20	10	5	5
3	1	1	25	3	5	6
1	1	1	25	13	5	3
1	1	2	20	15	3	1

14. 设 Σ 表示某一给定的马歇尔需求系统的替代项矩阵。也就是说,

$$\Sigma_{ij} = \frac{\partial x_i(p, Y)}{\partial p_j} + \frac{\partial x_i(p, Y)}{\partial Y} x_j(p, Y)$$

证明 $p\Sigma = 0$,这里 p 是一个 $1 \times K$ 维向量,Σ 是一个 $K \times K$ 阶矩阵,同时 0 也是一个 $1 \times K$ 维向量。(提示:首先试着证明 $\Sigma p' = 0$,这里 p' 是 p 的转置向量。另外,见本书有关欧拉定律的论述。)

15. 构造一个马歇尔需求函数,这里有一种商品是吉芬商品。构造一个需求函数,这里的两种商品 i 和 j 是替代品,但是 $\partial x_i / \partial p_j < 0$。确信你已经给出了一个马歇尔需求函数!

▶ 3

不确定性下的选择

截至目前，我们一直认为消费者进行选择的消费束或消费对象是"确定事物"（sure things），消费者是在诸如众多的葡萄酒、啤酒和威士忌之间进行选择。但是，还有很多重要的消费决策其结果在选择做出之时并不确定。例如，当你去买一辆汽车（无论新旧）时，你并不能确切地知晓车的质量如何。当你在选择接受某种教育时，你对自己是否有能力完成学业、将来的就业机会以及你的指导教师的技能水平等等情况也不完全可以确定。不管是在金融市场还是在商品市场上，具有风险或不确定性特征的商品总是在不断地被交易。

现有的理论并未排除这样的商品。一罐奥林匹克啤酒是一件确定的物品，通用公司的股票则是另外一回事，但是只需要将消费者在包括奥林匹克牌啤酒和通用公司股票等的消费束上建立偏好，我们就可以将工作继续下去。不过，由于通用公司的股票这种商品所具有的特殊结构（毋宁说是由于我们可以以其拥有一种特殊结构来对之进行建模），所以我们须：（1）对消费者关于这类物品的偏好做出进一步的假设，（2）由此摆脱消费者对这些类商品需求的具体情况的束缚而能更为一般化的处理消费者的需求。这就是本章的基本结构。

我们在第 3.1 节开始讨论冯·诺依曼—摩根斯坦期望效用函数。在这个理论中，不确定性的前景作为定义在奖品的某一给定集合上的概率分布而被纳入模型。也就是说，不同的奖品其概率作为对客体对象描述的一部分给出——概率是**客观的**（objective）。第 3.2 节讨论的是第 3.1 节中的一类特殊情况，即这些奖品均以一定量货币奖金的形式呈现出来；这样我们就可以对表示偏好的效用函数的性质能够有更多的阐述。在第 3.3 节，我们简短地讨论了这一理论对市场需求的若干应用。在第 3.4 节，我们转向一种更为丰富的理论，以之作为消费者偏好的表示，其中不确定性的前景是从"自然状态"（states of nature）到奖品的函数，这里的概率则是以**主观形式**（subjectively）出现的。在第 3.5 节，我们来探讨这些模型的理论和经验问题。最后，我们简要地对这一理论发展进行一种规范性解释。我们重点放在把这些模型作为选择的描述模型进行的运用上，但它们也可以被用作帮助消费者进行决策制定的指导。在第 3.6 节进行总结概括。

3.1 冯·诺依曼—摩根斯坦期望效用

3.1.1 框架

一开始我们先来思考一下"奖品"的集合 X——它们就像之前讨论的消费束的集合——然后,再来思考一下建立在奖品之上的**概率分布**(probability distributions)。令 P 表示 X 中奖品的概率分布集。我们暂时假定 P 中只包含具有有限个可能结果的概率分布——这种概率分布我们称之为简单概率分布。正式地,有下面这个定义:

定义 3.1 X 上的**简单概率分布**(simple probability distribution) p 由以下条件规定:(1)X 的一个有限子集,被称为 p 的**支撑**(support),标示为 $\mathrm{supp}(p)$;(2)对于每一个 $x \in \mathrm{supp}(p)$,有数 $p(x) > 0$,且 $\sum_{x \in \mathrm{supp}(p)} p(x) = 1$。$X$ 上的简单概率分布集标示为 P。

举一个例子,假设 X 是 R^2 的正象限,其中 $x = (x_1, x_2)$ 表示 x_1 罐啤酒、x_2 瓶红酒。具有支撑$\{(10, 2), (4, 4)\}$的一个典型简单概率分布为 $p((10, 2)) = 1/3$ 和 $p((4, 4)) = 2/3$。这表示有 1/3 的机会可以得到 10 罐啤酒和 2 瓶红酒,2/3 的机会可以得到 4 罐啤酒和 4 瓶红酒。我们可以用**机会结**(chance nodes)来描述简单概率分布;其例子由图 3.1 给出。注意,每个枝上的数字表示概率值,在枝的终点写出了奖品数。

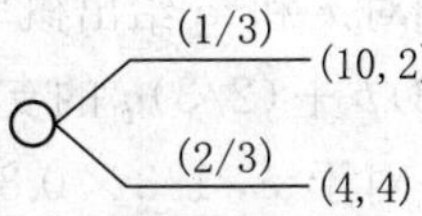

图 3.1 一个简单的概率分布

于此要介绍一些术语表达;X 中的元素 x 表示**奖品或结果**(prize or outcomes)。P 中的元素 p 可称之为**彩票**(lotteries),**赌局**(gambles),或**概率分布**(probability distributions),这些都是可以互换的。[a]

下面给出一个记号:使奖品 x 的概率为 1 的彩票会被记作 δ_x。

作为一个我们假设为"一定存在"的商品空间的模型,这该怎么办? 在这里,我们有三点可说:第一点,如果你把商品束考虑成许多罐啤酒、许多股 GM 公司的股票,等等,则你可能会就关于概率分布的一个向量来考虑问题,而不是就向量上的一个概率分布来考虑。也就是说,就我们的例子而言,我们会把一个具有代表性的商品束写成一个向量(p_1, p_2),这里 p_1 是在啤酒罐数上的一个概率分布,p_2 是在红酒瓶数上的一个概率分布。但是我们做事情的方式更佳。在第 3.3 节中你会知道这是为什么,而眼下(如果它是合理的)请注意:如果你有一个关于概率分布的向量,你不会知道任何它们所给出的奖品上的相关性。一个奖品向量上的概率分布不仅会告诉你每一个组成部分上的边缘分布,还会告诉你所有的条件概率和联合概率。

第二点,每一个分布都有有限支撑的假设看起来会有相当的局限性。首先,在这一框架中,我们不能表示一个具有如下结构的赌局:我抛一枚硬币,直到它第一次出现反面,然

---

a 对于那些了解概率论术语的读者来说,当术语随机变量适用时,我们倾向于使用彩票和赌局,而当术语概率分布适用时,我们会使用这一术语。

后给你等于我所抛过的硬币次数的美元,它给你 1 美元的概率为 1/2,2 美元的概率为 1/4,以此类推。或者说,如果奖品空间 X 为 R,表示钱的一个数额,用正态概率分布在分析上比较方便,我们所取的形式显然并不足够。在本小节的结尾处,我们会处理这一缺点。

第三点,所有的概率都是对对象进行描述的一部分——概率是"客观"的,而不是"主观"的。但是在现实世界的应用中,对于一个随机事件,可能不存在客观概率。例如,一个企业家正在考虑一个风险项目,如果一个确定的基因剪接技术有效,这会让她赚到一笔给定数额的钱。为了在描述她的选择问题时应用我们的模型,我们需要知道这一技术能够奏效的概率,有充足信息的客体可能不同意这一点。在第 3.4 节中我们会论述主观概率。

为了完成这一框架,我们还需要一个概念。假设我们有两个简单概率分布 p 和 q,以及一个 α,它在 0 到 1 之间,包含两个端点。这样,我们就可以分两步形成一个新的概率分布,写作 $\alpha p + (1-\alpha)q$:

(1) 这一新的概率分布的支撑是 p 和 q 的支撑的并集;

(2) 如果 x 是这个并集中的某一元素,那么由 $\alpha p + (1-\alpha)q$ 赋予 x 的概率为 $\alpha p(x) + (1-\alpha)q(x)$,当 x 不在 p 的支撑中时,$p(x)$ 可以理解为零,对于 q 也是一样。

举一个例子可能会有帮助。假设对奖品 x、y、z,p 分别给出概率 0.3、0.1、0.6,而 q 分别对 x 和 w 给出概率 0.6 和 0.4。那么,我们可以形成新的概率 $(1/3)p + (2/3)q$ 如下:$(1/3)p + (2/3)q$ 的支撑是 $\{x, y, z, w\}$,它分别对四个可能奖品给出了概率:

对于 x,$1/3 \times 0.3 + 2/3 \times 0.6 = 0.5$;

对于 y,$1/3 \times 0.1 + 2/3 \times 0 = 0.333\cdots$;

对于 z,$1/3 \times 0.6 + 2/3 \times 0 = 0.2$;

对于 w,$1/3 \times 0 + 2/3 \times 0.4 = 0.266\,66\cdots$。

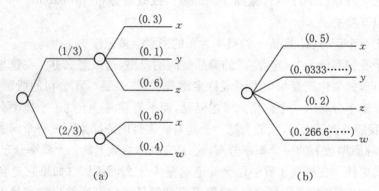

注:复合彩票(1)可以通过概率论法则约简为单阶段彩票(2)。在我们的理论中,消费者要么可以识别这两个彩票为一个相同的事物,或者至少认为它们彼此是无差异的。

图 3.2　复合彩票和简约彩票

当我们在刚才的例子里像 $(1/3)p + (2/3)q$ 这样来表述概率分布时,我们是给出了一个**复合彩票**(compound lottery)的概念。举例来说,在图 3.2(a)中,我们可以表明 $(1/3)p + (2/3)q$ 是一个复合彩票:即一个结果是 p 和 q 两个彩票的彩票。在图 3.2(b)中,我们把这个复合彩票约简为一个**一阶段彩票**(one-stage lottery)。在我们的框架中,图 3.2(a)和(b)

确切地说描述的是同一件事情。我们可以立刻对个体在所有简单彩票上的偏好进行假设,一个隐含的结论是,如果个体不认为图3.2(a)和(b)的确是同一件事情,那么至少他也会在偏好上对二者无差异。正如我们将在第3.5节所要讨论的,这多少有点反事实的味道。面对包含在图3.2中的各类图示进行选择的个体,有时确实会根据"图示"到底是图3.2(a)或(b)来做出有差异的选择。我们试图发展的标准理论并不允许这一点。

3.1.2　偏好公理

现在,假设我们的消费者对 X 上所有简单概率分布的集合 P 有偏好,和之前一样,我们用表达严格偏好关系的">"表示。我们可以随即沿用两个性质。

假设 3.1　">"必须是**非对称的和负传递的**(asymmetric and negatively transitive)。

这一点和之前一样。同样和之前相同的是,我们由">"可以构造弱偏好关系"$\succsim$"和无差异关系"~"。

我们可以在这两个性质之上再加上某些性质以探讨选择的目标是概率分布这种情况。首先考虑下面这个假设:

假设 3.2　设 p 和 q 是两个概率分布,满足 $p > q$。设 α 为来自开区间 $(0, 1)$ 的一个数,而 r 是另外某个概率分布。那么,$\alpha p + (1-\alpha)r > \alpha q + (1-\alpha)r$。

这被称为**替代公理**(substitution axiom)。其思想是这样的,在两个最终概率分布里,消费者以 $1-\alpha$ 的概率取得 r,因此这一"相同的部分"并不会影响消费者的偏好。总的偏好取决于消费者对这两者——p 对 q——无差异是如何感受的。由于我们假设该消费者偏好 p 甚于 q,而且由于 $\alpha > 0$,这意味着这种差别会继续被保持,因此可以得出结论,该消费者偏好 $\alpha p + (1-\alpha)r$ 甚于 $> \alpha q + (1-\alpha)r$。

假设 3.3　设 p、q、r 是三个概率分布,且满足 $p > q > r$。那么,必有来自开区间 $(0, 1)$ 的两个数 α、β,满足 $\alpha p + (1-\alpha)r > q > \beta p + (1-\beta)r$。

(出于某些相对晦涩的原因)这个假设被称为**阿基米德公理**(Archimedean axiom)。这个公理可以这样理解:由于 p 严格优于 q,那么无论 r 多么不如人意,我们总能找到某个 p 和 r 的"混合",写作 $\alpha p + (1-\alpha)r$,有关 p 的权重充分接近于 1,所以这一混合优于 q。同样,无论 p 比 q 好多少,我们也总能找到某一个 β 充分接近于 0,以致 $\beta p + (1-\beta)r$ 要劣于 q。为了帮助我们理解这一点,我们举一个你可能会认为是错误的例子。假设 p 确定的给你 100 美元,q 确定的给你 10 美元,r 表示你会死掉。那么,你可能会说,r 比 q 劣得太多,以致无论 α 多么接近于 1 都没办法使得 $\alpha p + (1-\alpha)r$ 优于 q。如果你真是这么认为的,那还容你再加思量。假设你被告知你马上可以得到 10 美元,或者如果你驱车到某一个较近的地方,可以得到一张 100 美元的支票。如果你和绝大多数人一样的话,你很可能会马上驱车去取这 100 美元。而这总是会增加你死掉的概率,无论这种概率多么小。

3.1.3　表征

消费者选择与这些公理都一致吗?很多实验证据表明,对此问题的回答是:不一致;

具体可以参看接下来的第 3.5 节。尽管如此,大量的经济理论仍然是建立在消费者选择的确符合这些公理这一假设之上,这就导出了下面这个对偏好的表示:

命题 3.1 定义在简单概率分布集 P 上的偏好关系“$\succ$”,其中这些概率分布是建立在空间 X 之上的,该偏好关系满足假设 1、2 和 3,当且仅当存在一个函数 $u: X \to R$ 满足:

$$p \succ q \text{ 当且仅当 } \sum_{x \in \text{supp}(p)} u(x)p(x) > \sum_{x \in \text{supp}(q)} u(x)q(x)$$

此外,如果 u 给出了这种意义上“$\succ$”的表示,那么 v 同样可以给出“$\succ$”的表示,当且仅当常数 $a > 0$ 和 b 存在,满足 $v(\cdot) \equiv au(\cdot) + b$。

概而言之,即“$\succ$”具有期望效用表示。每一个可能的奖品都有一个对应的效用水平,概率分布的值由它所给出的效用的期望水平予以测度。此外,这一效用函数唯一适用于正仿射变换(这是该命题最后一部分给出的一种特别的方式)。

这有时候也被称为是一个冯·诺依曼—摩根斯坦期望效用表示,因为这个理论最初的现代发展首先出现在冯·诺依曼和摩根斯坦的《博弈论和经济行为》(*Theory of Games and Economic Behavior*)一书中。但是这种理论形式可以追溯得更远,可以远抵 18 世纪的丹尼尔·伯努利。

值得一提的是,这一命题给出了对 p 的偏好进行数值表达的可能性。也就是说,存在一个函数 $U: P \to R$,满足 $p \succ q$ 当且仅当 $U(p) > U(q)$。该命题所蕴含的还远不止这些。它还说明,我们可以假设这一函数 U 采取了有关奖品的期望效用形式:对于某个 $u: X \to R, U(p) = \sum_{x \in \text{supp}(p)} u(x)p(x)$。

你可以回忆一下,数值表示唯一的适用于严格递增的刻度变化。也就是说,如果 $U: X \to R$ 给出了对“$\succ$”的数值表示,那么对于任意一个严格递增的 f,有 $V(\cdot) \equiv f(U(\cdot))$。但是,如果 U 具有期望效用,因此对于某个 $u: X \to R, U(p) = \sum_{x \in \text{supp}(p)} u(x)p(x)$,如果 f 是一个任取的递增函数,那么函数 V 是 f 和 U 复合而得到的,它可能不具备期望效用形式。当且仅当 f 是一个单调仿射函数或 $f(r) = ar + b(a > 0)$ 时,此时伴随 V 的 $v: X \to R$ 将是 $v(\cdot) \equiv au(\cdot) + b$,对于 V 的这种变换具备期望效用性质的表示。

对于这一一般化的观点我们继续深入来看,回忆一下在前一章我们曾讲过效用差别并无基数含义这一知识。也就是说,如果 $U(x) - U(x'') = 2(U(x') - U(x'')) > 0$(这里 U 定义在 X 上),这并不意味着 x 优于 x'' 的程度是 x' 优于 x'' 的程度的两倍。它只是说明 $x \succ x' \succ x''$。但是,在期望效用情况下,如果 $u(x) - u(x'') = 2(u(x') - u(x''))$,其中 u 给出了 P 期望效用表示,这是有基数意义的。它说明,一张各以 1/2 的概率要么给出 x 要么给出 x'' 的彩票,与确定无疑地得到 x' 无差异。

命题 3.1 如何证明呢? 我们在这里给出证明的梗概;如果你有进一步的进取心,而且了解一些实分析的话,习题 1 会给你若干如何填充其间细节的提示。(这并不是很困难。)首先,我们会增加一个假设(在习题 1 中没有这个假设):在 X 中,有一个最好的奖品 b 和最差的奖品 w;消费者至少弱偏好 b 甚于 X 上的其他任一概率分布,而 X 上的其他任一

概率分布至少和 w 一样好,这里 b、w 都是确定情形,也即其概率均为 1。如果该消费者对确定的 b、w 无差异,那么这一表示显然成立,因此我们可以假设 $\delta_b > \delta_w$。 现在,我们可以使用假设 1、假设 2 和假设 3 来取得三个引理。

引理 3.1　对于来自区间 $[0,1]$ 上的任意两个数 α、β,有 $\alpha\delta_b + (1-\alpha)\delta_w > \beta\delta_b + (1-\beta)\delta_w$,当且仅当 $\alpha > \beta$。

或者用文字来表述就是,如果我们面对只包含两个奖品 b、w 的彩票,该消费者总是(严格)偏好赢得更好奖品的概率较高的那一个彩票。

引理 3.2　对于任一彩票 $p \in P$,存在一个数 $\alpha \in [0,1]$,满足 $p \sim \alpha\delta_b + (1-\alpha)\delta_w$。

这一结果有时候会被简单地当做假设来对待,它被称为**校准**(calibration)性质,就是说我们能够根据只包含最好和最差奖品的彩票来校准消费者对任意彩票的偏好。注意,根据引理 3.1,我们知道确实存在一个值 α 在引理 3.2 中也成立;如果 p 无差异于对最好和最差奖品的两个不同的混合,那么它这两个混合也是无差异的。

引理 3.3　如果 $p \sim q$,r 是任意的第三张彩票,α 是取自闭区间 $[0,1]$ 的任一数,那么有:$\alpha p + (1-\alpha)r \sim \alpha q + (1-\alpha)r$。

这个引理很像替代公理,不同的是 ">" 这里是由 "$\sim$" 代替的。有时候这也被称作是一个公理,其本身有时也的确被叫做替代公理。

剩下的事情就很容易了。对于每一个奖品 x,定义 $u(x)$ 为 0 到 1 之间(包括 0 和 1)的一个数,满足:

$$\delta_x \sim u(x)\delta_b + (1-u(x))\delta_w$$

这个数 $u(x)$ 就是奖品 x 的效用。根据引理 3.2,我们知道确有这样一个数存在,根据引理 3.1 还知道这个数是唯一的。任取一个彩票 p,有:

引理 3.4　对于如上所定义的 $u: X \to R$,任一彩票 p 与下面这个彩票无差异:赋予奖品 b 以概率 $\sum u(x)p(x)$,赋予奖品 w 以互补的概率[即 $1 - \sum u(x)p(x)$],其中求和是在 p 的支撑上所有的 x 上进行的。

一旦有了这一结果,我们就可以使用引理 3.1 来完成证明的主要部分:比较任意两个彩票 p 和 q。彩票 p 与下面这个彩票无差异:赋予奖品 b 以概率 $\sum u(x)p(x)$,赋予奖品 w 以互补的概率[即 $1 - \sum u(x)p(x)$];彩票 q 与下面这个彩票无差异:赋予奖品 b 以概率 $\sum u(x)q(x)$,赋予奖品 w 以互补的概率[即 $1 - \sum u(x)q(x)$]。根据引理 3.1,我们知道如何比较包含 b、w 的两个彩票:谁赋予 b 的概率更高谁更好。而且这正好是偏好表示。

对引理 3.4 的证明在概念上相对简单,但是使用起符号来却极为繁琐。其基本思想是,我们在 p 的支撑中取的每一个奖品 x,都用下面这个彩票来替换它:赋予奖品 b 以概率 $u(x)$,赋予奖品 w 以概率 $1-u(x)$。 根据引理 3.3,每一次我们做这种替代时,我们都会得到一个与 p 无差异的新的彩票。当我们做完所有这种替代时,我们就可以得到下面这张彩票:赋予奖品 b 以概率 $\sum u(x)p(x)$,赋予奖品 w 以互补的概率[即 $1 - \sum u(x)p(x)$]。图 3.3 给出了对于一张特定彩票这一过程是如何完成的:我们从 p 开始,它有三个奖品 x、

x'、x''，概率分别为 $1/2$、$1/3$ 和 $1/6$。这由图 3.3(1) 给出。在图 3.3(2) 中，我们用一张赋予奖品 b 以概率 $u(x'')$，赋予奖品 w 以概率 $1-u(x'')$ 的彩票来代替奖品 x''；这是彩票 p_1，我们可以表明这不仅是一张"复合"彩票也是一张"一阶段"彩票。根据引理 3.3，我们有 $p \sim p_1$：将 p 写作 $(5/6)[(3/5)\delta_x + (2/5)\delta_{x'}] + (1/6)\delta_{x''}$；根据引理 3.3，这与下面这个彩票 p_1 是无差异的：$(5/6)[(3/5)\delta_x + (2/5)\delta_{x'}] + (1/6)[u(x'')\delta_b + (1-u(x''))\delta_w]$。

继续这一过程，可以从 p_1 创造出 p_2，只要在 p_1 中用一张赋予奖品 b 以概率 $u(x')$，赋予奖品 w 以概率 $1-u(x')$ 的彩票来代替奖品 x' 即可；我们知道 $p_1 \sim p_2$。然后我们从 p_2 中创造出 p_3，只要在 p_2 中取代 x 即可。引理 3.3 再一次告诉我们 $p_2 \sim p_3$。这样，我们有 $p \sim p_1 \sim p_2 \sim p_3$，根据无差异偏好的传递性，有 $p \sim p_3$，对于彩票 p 而言，这正是引理 3.4 所蕴含的结果。

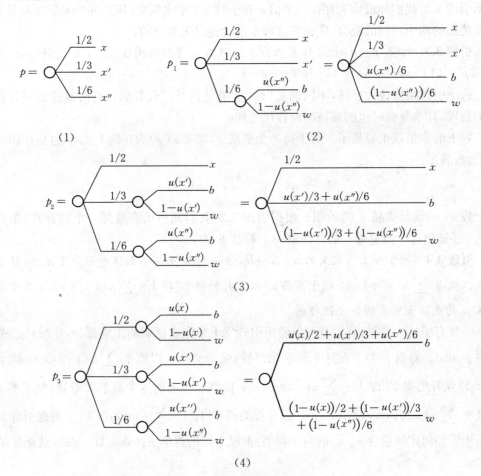

图 3.3 应用中的引理 3.3

在图 3.3 里，我们在每一个奖品上持续地用 b、w 进行混合的彩票来取代彩票 p，其中混合彩票和彩票 p 在奖品结果上是无差异的。引理 3.3 保证，在每一步，这张被替换的彩票与替换它的彩票都是无差异的。因此，最终我们可以得到一张 b、w 进行混合的彩票与原彩票无差异。这张最终的彩票赋予奖品 b 以概率 $\sum_x u(x)p(x)$，而且由于我们根据引理 3.1 知道 b、w 上彩票是由它们取得 b 的概率大小来排序的,所以我们也可以知道所有彩票都是以其期望效用进行排序的。

当然,这只是以一个特定的例子来说明引理 3.4,并不是一个证明。确切的证明我们留作习题[习题 1(4)];如果你打算一试的话,你应该使用 p 的支撑大小上的归纳法。

所有这些我们都是以新增的假设——存在最优和最劣奖品——为基础的。但是这一假设也不是必需的;你可以查阅一本标准参考书,或者动手做一下习题 1(5)。

为了完成对这个命题的证明,我们需要证明如果偏好具有期望效用数值表示,那么这些偏好就满足假设 3.1—3.3,而且我们还需要证明这个效用表示函数 u 唯一适用于正仿射变换。(也就是说,任一其他的函数 v 对某一给定的偏好"$\succ$"赋予了期望效用表示,必满足 $v \equiv au+b$,其中 $a>0$ 和 b 为常数。)这部分的证明留给读者来做。

总结一下:我们以取定具有特殊结构的选择空间为始,这类特殊空间是概率分布的集合。我们根据该结构对消费者偏好提出了若干公理,以求利用这一结构。然后,使用这些公理,我们证明消费者偏好的数值表示可以被创造出来以利用这一结构:也就是说,P 上的表示函数 U 对定义在 X 上的某一函数 u 采取了期望效用的形式。我们在下一节通过对 X 和 $\succ$ 做出更进一步的假设来继续探讨。

不过我们首先要提前声明一下:在这个理论发展中,我们只是取得了具有有限支撑的概率分布的表示。这类表示能否扩展到诸如正态分布这类概率分布上来呢? 可以,回答是肯定的。我们可以大致描述一种方法,这需要你了解一些高级概率论的知识。假设 X 为 R^k 或 R^k 的正象限。(如果你具备足够的数学知识,可以设 X 是一个完备可分测度空间的紧子集。)令 P 为 X 上所有波雷尔测度的空间,并假设在测度的弱拓扑上偏好是连续的。如果假设 3.1、3.2 和 3.3 对于 P 中所有概率分布都成立,那么他们对简单概率分布的子空间也是成立的,所以我们可以得到关于某个函数 u: $X \to R$ 的期望效用表示,这个表示适用于简单概率分布。然后,我们可以使用连续性假设证明 u 必然是有界的。(如果 u 是无界的,那么我们就可以找到一个奖品的数列 $\{x_n\}$,其中 $u(x_n) > 2^n$。构造一个彩票,它赋予奖品 x_n 的概率为 $1/2^n$。这就具有了"期望效用"无限性。如果你很聪明,你应该能够表明这对阿基米德公理和弱连续性提出了真正的问题。)再然后,我们利用在弱拓扑中波雷尔概率中的简单概率分布是稠密的(dense)这一点,来扩展期望效用表示到 P 中所有的概率分布上。你可以进一步证明 u 必然(在 X 上)是连续的且有界的。

u 的有界性在应用中多少是个限制。举例来说,就稍后将会探讨到的那些原因而言,应用中有一个非常好的效用函数是指数函数,或 $u(x) = -e^{-\lambda x}$,其中 X 为实数轴。这个效用函数向下无界。因此我们希望通过一种方式,对超越了简单概率分布而不要求 u 的有界性的概率分布,取得一个期望效用表示。这同样也可以做到。我们本来就可以得到有界的 u,因为我们将 P 取为所有波雷尔概率分布的集合,而且我们还假定了在 P 的所有概率上的连续性。如果限制了 P,也就是说限制了分布必须满足某些尾部条件,那么符合条件的效用函数集就会变成那些相对于尾部概率逐步趋弱的给定比率而言不会增长的"太快"的那些 u。进一步的细节,可以参看 Fishburn (1970)或 Kreps(1988)。

3.2 货币的效用

现在,我们进而专注于一种情况:奖品是以美元衡量的值。也就是说,X 是实数轴,或者是其上的某一个区间。我们继续将概率分布 p 看成是一个彩票,继续只将注意力集中在简单概率分布上。贯穿始终的是,我们总是假设具有前一节所给出的三个引理,因而具有期望效用表示。

在这种情况下,假设我们的消费者总是偏好更多的金钱看起来应该是比较合理的。对于表征而言,这是一个非常直接的结果,证明这一点你应该不会遇到什么困难。

命题 3.2 假设对于 X 中所有满足 $x > y$ 的 x, y, $\delta_x > \delta_y$。当且仅当函数 u 严格增时才会如此。

3.2.1 风险厌恶

有一个更为精细的性质就是风险厌恶。首先我们需要一个符号的介绍。对于彩票 p,令 Ep 代表 p 的期望值,或 $Ep = \sum_x x p(x)$。[b]

命题 3.3 假设对于所有的彩票 p, $\delta_{Ep} \gtrsim p$。当且仅当效用函数 u 是凹的才会如此。

消费者总是更喜欢得到一个赌局的期望值的确定数额,而不是去参加一个有风险的赌局,(因之其效用函数为凹)这就是所谓的**风险厌恶**(risk averse)。我们也可以来定义一个**风险喜好**(risk-seeking)的消费者,他对所有的 p 均有 $p \gtrsim \delta_{Ep}$;这种行为伴随着的是凸效用函数 u。如果 $p \sim \delta_{Ep}$,则该消费者是**风险中性**(risk neutral)的,伴随着的是线性效用函数。在经济理论中,风险厌恶包括风险中性,作为一种特定的情况经常被如此假设。

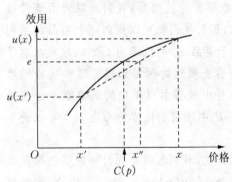

注:对于一张赋予奖品 x 以概率 $2/3$、奖品 x' 以概率 $1/3$ 的彩票而言,我们把这张彩票的期望值标记为 x'',它的期望效用为 e,那么该彩票的确定性等价为 $C(p)$。

图 3.4 凹性、风险厌恶和确定性等价

命题 3.3 的证明留作一个练习。我们画一幅图来表示其间的含义。考虑图 3.4。在这里,我们画出了凹效用函数 u 的图像,而且我们还在两点 $(x, u(x))$ 和 $(x', u(x'))$ 之间进行了连接。任取 $\alpha \in (0, 1)$,比如 $\alpha = 2/3$,考虑彩票 $p = \alpha\delta_x + (1-\alpha)\delta_{x'}$;也就是说,得到 x 有 α 的几率,得到 x' 有 $1-\alpha$ 的机率。p 的期望值可以准确的写为:$x'' = \alpha x + (1-\alpha)x'$。[①] 我们的消费者偏好 $\delta_{x''}$ 还是彩票 p 呢? 我们可以通过比较这两者的期望效用来回答这一问题。对于 $\delta_{x''}$,我们有效用 $u(\alpha x + (1-\alpha)x')$,而 p 的期望效用为 $\alpha u(x) + (1-\alpha)u(x')$。 根据凹性,

---

b 我们后面会用 $E\theta$ 表示随机变量 θ 的期望值。应该不会带来混淆。

① 要小心! 彩票 $p = \alpha\delta_x + (1-\alpha)\delta_{x'}$ 表示两个可能结果的概率分布,而 $x'' = \alpha x + (1-\alpha)x'$ 则是两个数的凸组合。我们暂时性地来表示:$\delta_{x'}$ 是只有一个可能结果的概率分布,即 x''。

前者至少和后者一样大，这正是我们想要的结果。当然，风险厌恶的性质对于所有此彩票都是成立的，并不只是对只有两个结果支撑的彩票才如此。不过 u 的凹性一般而言总是需要的。

我们已经根据对彩票期望值的比较定义了风险厌恶。我们可以将这种情况予以一般化。根据彩票的风险程度对彩票进行排序完全可能，也即对于某一对彩票 p 和 p'，我们说 p 比 p' 风险程度更高是可以为我们所理解的。举例而言，假设 p' 给奖品 10 和 20 赋予概率 2/3 和 1/3，而 p 赋予奖品 5、15 和 30 以概率 1/3、5/9 以及 1/9。我说 p 比 p' 风险程度更高。在论证这一观点的诸多方法中，有一种是这样，它认为 p 是 p'"加上噪音"(noise)。假设实现了 p'，如果结果是 10，那么要么拿走 5(留下 5) 要么再给你 5(留下 15)，每种情况的概率都是 1/2。如果结果是 20，要么以 2/3 的概率拿走 5(留下 15)，要么以 1/3 的概率再给你 10。将这看成是一个复合彩票，你会发现我首先实现了 p'，然后以此结果为条件，我又实现了一个期望值为 0 的彩票。不过这张复合彩票也就约简到了 p。由于 p 是以这种方式从 p' 中得到，所以如果一个消费者是风险厌恶的，那么她会(弱)偏好 p' 甚于 p。(为什么?)一般而言，如果 p' 和 p 是以这种方式相联系(p 是 p' 加上零条件均值噪音得到的)，那么任何风险厌恶决策者都将会(弱)偏好 p' 甚于 p。而且如果 p 是 p_1 加上零条件均值噪音得到的，p_1 是 p_2 加上零条件均值噪音得到的，……，p' 是 p_n 加上零条件均值噪音得到的，这也成立。

另外一种相反的情况是，我们可以通过 p 比 p' 风险程度高来定义"风险高于"(riskier than)，如果 p 和 p' 具有同样的期望值，且每一个风险厌恶的消费者都(弱)偏好 p' 甚于 p。有趣的问题在于，"风险高于"和包含零条件均值噪音的特征之间到底是什么关系? 有关风险赌局的更为一般化的概念是不确定性经济学文献中一个重要概念，尽管在此我们不会深入探讨之;参看 Rothschild 和 Stiglitz(1970，1971，1973)，Diamond 和 Stiglitz(1974)或者 Machina(forthcoming)。

3.2.2 确定性等价

由于图 3.4 中的效用函数 u 是连续的，(由微积分中的中值定理)我们知道对于每一个 $\alpha \in [0,1]$，存在某个值 x^*，有 $u(x^*) = \alpha u(x) + (1-\alpha)u(x')$。对任一这样的 x^*，我们从期望效用表示中知道:$\delta_{x^*} \sim p$。这样的 x^* 被称为是 p 的确定性等价。一般而言，有下面的定义:

定义 3.2   彩票 p 的**确定性等价**(certainty equivalent)是任何满足 $\delta_x \sim p$ 的奖品 x。

命题 3.4   如果 X 是 R 上的一个区间，而且 u 是连续的，那么每张彩票 p 都至少有一个确定性等价。如果 u 是严格递增的，那么每张彩票至多有一个确定性等价。

(对本命题的证明留作练习。)今后我们总是假设所考虑的效用函数是连续的、严格递增和凹的，后两个性质反映了递增和风险厌恶的偏好。因此，每一个 p 都有一个独一无二的确定性等价，我们将它标示为 $C(p)$。值得一提的是，在这种情况下风险厌恶可以由下面这个不等式来概括之:$C(p) \leq Ep$。

我们何以要假设 u 是连续的呢? 可以知道的是，u 的凹性意味着 u 在区间 X 之内是连续的，尽管在区间的端点处可能并非如此。(你能证明这一点吗? u 是严格递增的这一假设是否有助于以任一种方式实现在端点附近的连续性呢?)我们希望 u 即便在端点处也是连续的,而且我们可能也希望即便 u 不能表示风险厌恶偏好时也还是连续的:我们可以证明 u 必然是连续的,当且仅当相对于简单概率空间,偏好在弱拓扑意义上是连续的。因此,如果你了解(相对)弱拓扑知识,那么你应当知道对此点的充要条件常常正好是关于 u 的有用假设。

3.2.3 绝对(和相对)风险厌恶

今后假设我们所考虑的任一冯·诺依曼—摩根斯坦效用函数 u 都是严格递增的、凹的以及至少存在二阶连续导数。[c]当然,这也意味着 u 是连续的,因此每个彩票 p 都有一个小于或等于 Ep 的独一无二的确定性等价 $C(p)$。我们称这个差额 $Ep - C(p)$ 为 p 的**风险报酬**(risk premium),写作 $R(p)$。

现在,我们来考虑彩票 p 和一定量的资金(以美元计)z。将一张赋予奖金 $x+z$ 以概率 $p(x)$ 的彩票写作 $p \oplus z$。也就是说,$p \oplus z$ 是一张通过对 p 的每一奖品增加 z 量而从 p 中构造出来的彩票。我们把这些奖金看成是"赌局之后"我们消费者的财富水平,随着我们在 $p \oplus z$ 中不断增加 z,我们可以增加消费者总的财富水平。下面这个假设应该还是比较自然的:随着人们变得更加富裕,他应该越来越少地去关心在给定赌局中所冒的风险。用符号来表述就是,随着 z 不断增加,$R(p \oplus z)$ 应该不再增加;消费者对一个固定的赌局的风险报酬应该不会随着消费者变得越来越富有而递增。我们可以将这一观念和两个与此相关的概念定义如下:

定义 3.3 对于具有效用函数 u 的某个给定的消费者,如果 $R(p \oplus z)$ 在 z 上非增,那么该消费者具有**非增风险厌恶**(nonincreasingly risk averse)。[d]如果 $R(p \oplus z)$ 在 z 上恒定不变,我们称该消费者具有**不变风险厌恶**(constant risk averse)。如果 $R(p \oplus z)$ 在 z 上非减,我们称该消费者具有**非减风险厌恶**(nondecreasingly risk averse)。

所谓看起来还是"比较自然"的假设,是说消费者具有非增或可能不变风险厌恶。

所有这些对于效用函数 u 意味着什么呢? 我们先给出一个定义,然后再给出一个结果。

定义 3.4 给定一个(二阶连续可微、凹的、严格递增的)效用函数 u,令 $\lambda(x) = -u''(x)/u'(x)$,而称函数 λ 为消费者的**绝对风险厌恶系数**(coefficient of absolute risk aversion)。

由于 u 是凹的和严格递增的,所以 $\lambda(x) \geqslant 0$。

命题 3.5 消费者是非增风险厌恶的,当且仅当 λ(定义自其冯·诺依曼—摩根斯坦效用函数 u)是 x 的一个非增函数。消费者是非减风险厌恶的,当且仅当 λ 是 x 的一个非减函数。消费者是不变风险厌恶的,当且仅当 λ 是 x 的一个常函数,在这种情况下效用函数

---

c u 是二阶可微的这一假设的合理性在哪里呢? 我们可以为连续性和凹性给出理由。那么,这也意味着 u 在处处都有左右导数。因之非减或非增的风险厌恶的性质可以充分说明 u 是连续可微的。(这会是一个很好的课后作业。)凹性再一次说明 u' 是递减的,没有对连续二阶导数的假设我们的确通过复杂的过程也可以取得同样的结果,但是那实在有点复杂。除非一个人对此远比我们来的仔细,否则这并不值得花费那么大的力气来做。

d 有时候会用到一些有些随便不那么正式的术语,这个性质被称为递减的风险厌恶。

u 是效用函数 $-\mathrm{e}^{-\lambda x}$ 的一个正仿射变换。（如果 λ 恒为零，那么 $u(x)$ 就是函数 x 的一个正仿射变换；消费者是风险中性的。）

在这一小节我们不打算对此和之后的命题进行证明。在本章末尾我们给出了一些参考文献。

我们可以使用风险厌恶系数这一一般性概念去比较两个不同的消费者的风险厌恶程度。假设我们有两个消费者，他们都遵照我们所研究的模型行事。令 u 表示第一个消费者的冯·诺依曼—摩根斯坦效用函数，且有 $\lambda(x)=-u''(x)/u'(x)$ [*]；令 v 表示第二个消费者的冯·诺依曼—摩根斯坦效用函数，且有 $\eta(x)=-v''(x)/v'(x)$。我们希望相对正式的表述如下思想：第一个消费者至少和第二个消费者一样风险厌恶。一个比较自然的定义[e]是这样的：

定义 3.5　如果对于每一个彩票 p 和确定事件（sure thing）x 满足第一个消费者弱偏好彩票 p 甚于 x，第二个消费者也同样偏好该彩票，第一个消费者至少和第二个消费者一样风险厌恶。

换一种说法，任何时候，至少一样风险厌恶的（at-least-as-risk-averse）消费者都更乐意去冒风险，对于至多一样风险厌恶的（at-most-as-risk-averse）消费者也是如此。

命题 3.6　当且仅当对于每一个 x，有 $\lambda(x)\geqslant\eta(x)$，这就等于说对于某一个严格递增的凹函数 f 有 $v(\cdot)\equiv f(u(\cdot))$，第一个消费者至少和第二个消费者一样风险厌恶。

有关一个消费者如何就与其财富成比例的赌局予以反应，有时候还有另外一个不同的方法来处理。为了讨论的目的，我们假设 $X=(0,\infty)$，消费者的冯·诺依曼—摩根斯坦效用函数 u 是凹的、严格递增的而且是二阶连续可微的。我们假设该消费者可任意处置的财富为 x，所有这些他都作为赌注，玩一个随机支付总收入的赌局。这个随机总收入是由定义域 X 上的简单概率分布 p 指定的随机总收入，其中我们的消费者的财富在赌局结束之后以概率 $p(\theta)$ 取得 θx[其中 $\theta\in\mathrm{supp}(p)$]。我们可以定义收入的确定性等价 $CRR(p;x)$，它是使得我们的消费者在以下两者之间无差异的一个数 $\hat{\theta}$：根据总收入分布 p 押上其财富，或确定地得到 $\hat{\theta}x$。我们可以看 $CRR(p;x)$ 到底是如何随着该消费者的初始财富水平 x 的变化而变化的。一般我们假设 $CRR(p;x)$ 在 x 上非减，这样考虑也是比较自然的——我们的消费者越是富裕，她在押上其所有财富做赌注上就会变得越来越保守。如果我们定义 $\mu(x)=-xu''(x)/u'(x)$，可以得到结果如 $CRR(p;x)$，它在 x 上非减，当且仅当 $\mu(x)$ 在 x 上非减。函数 μ 被称为相对风险厌恶系数，以与绝对风险厌恶系数 $\lambda\equiv-u''/u'$ 相区分。

更多内容，查阅本章结束的参考文献。

3.3　对市场需求的应用

就以上所发展的模型，其应用是非常广泛的，很多书籍也都满是这种应用。下面我们随便给出几个应用举例。第一个例子目的在于对前一节的松散结尾做出一个了结；后面

---

[*]　原文为：$\lambda(x)=-u''(x)/u(x)$，疑误。——译者注

[e]　可以参看 Ross(1981) 对这个定义的批评。

的两个例子是为了燃起你进一步探究的欲望。

3.3.1　对收入的引致偏好

在第 3.2 节,我们关注了一种特殊情况,那就是其奖品空间 X 是单维的。一个很容易想到的例子就是货币奖金。但是消费者又不会吃钱——钱只是因为我们能够用它买到商品才会有用。因此,一个非常显然的问题就摆在了我们面前:如果一个消费者对消费束具有冯·诺依曼—摩根斯坦偏好,而且如果他对货币的偏好全然来自货币的购买力,那么就消费束而言有关他的偏好需要哪些条件才可以转成我们在第 3.2 节所讨论的那些类性质呢?

为了探讨这一问题,我们先给出如下场景。有 k 种商品,对于我们的消费者而言,消费空间 X 是 R^k 中的正象限。我们假设消费者服从第 3.1 节中的三个假设条件,来考虑建立在她可能会消费的那些消费束上的简单彩票。这样,就有该消费者在 X 上的简单彩票的冯·诺依曼—摩根斯坦效用函数 $u : X \rightarrow R$。值得一提的是,u 是对该消费者关于确定消费束上的偏好的一个十分良好的序数表示。也就是说,u 可以在第 2 章的所有发展中得到使用;尤其是与 u 相对应的间接效用函数 $v(p, Y)$,它给出了在价格 p 上从收入 Y 中得到的(以 u 为刻度)效用的量。但是 u 不只是一种对 X 上偏好的序数数值表示。我们可以使用 u(以及 u 的正仿射变换)来计算 X 上简单彩票的期望效用,来对我们的消费者对这些简单彩票的偏好进行排序。

我们也可以暂时假设价格是固定的,由某一价格向量 p 给出。(我们稍后会来研究价格不确定的情况。)

在本章早前所使用的那些符号与第 2 章的符号有些冲突,我们会努力与第 2 章的用法保持一致。我们用 Y 表示收入水平,故而收入上的简单彩票所拥有的奖品标示为 Y。收入空间可以取 $[0, \infty)$。收入空间上的彩票或简单概率分布标示为 π。

现在,我们引出基本问题:假设我们的消费者试图比较分布在其收入上的两个简单概率分布,比如说 π 和 π'。假设我们的消费者了解到在她做出消费束购买的决策之前她必须花费的收入为多少,那么做出以下假设就很自然:如果她有 Y 的收入可以花费,她购买了 $x(p, Y)$(其马歇尔需求),带给她效用为 $v(p, Y)$。相应地,她从 π 中得到的期望效用为:

$$\sum_{Y \in \text{supp}(\pi)} v(p, Y)\pi(Y)$$

因此,$\pi \succ \pi'$,当且仅当:

$$\sum_{Y \in \text{supp}(\pi)} v(p, Y)\pi(Y) > \sum_{Y \in \text{supp}(\pi')} v(p, Y)\pi'(Y)$$

这就是说,$v(p, Y)$ 可以看成是在给定价格 p 的情况下 Y 的函数,对于我们的消费者而言,当她来检视其关于定义在收入水平上的彩票的偏好时,这就是冯·诺依曼—摩根斯坦效用函数。[f]

---

[f]　仅仅是出于说明上的目的,我们业已将马歇尔需求函数标示为 $x(p, Y)$。应当更清楚的是,我们并不要求消费者问题(CP)具有唯一解。

上文内容所断言的比呈现出来的要更为精深。首先,关于所有有关收入的不确定性都在消费决策制定之前予以解决这一假设是很关键的。参看第 3.5 节中有关不确定性的跨时解决方案中的评论。其次,在这里,本书第一次给出一个动态选择结构。消费者(大概)正在选择收入上的某一彩票,而这一收入她将用做消费目标之用。该种不确定性解决后,则她会选择如何去花掉这一收入。在前面这一段中,很自然地可以假定当我们的消费者选择其收入彩票时,她会提前思考如何在这些收入成为可能的情况下去花掉这笔钱,而她在今天收入水平上的偏好与其以后关于消费束的偏好将是完全一致的。整个第 4 章我们都用来探讨这究竟将会如何发生。你应该确保出于现在论证的原因这样假设是很正常的,不应感到奇怪,但是至少直到第 4 章结束你可能才会非常确信这一点。

因此,有关消费者对收入的效用函数性质的问题就变成了关于其间接效用函数的性质的问题。我们在如下命题中给出若干基本结论。通过总结诸般事务的基本状态我们来展开表述。

命题 3.7 假设消费者对满足第 3.1 节三个假设的消费束上的彩票具有偏好。令 u 表示关于消费束最终的冯·诺依曼—摩根斯坦效用函数,令 $v(p, Y)$ 表示其相应的间接效用函数。那么,消费者在关于收入的彩票上的偏好满足三个冯·诺依曼—摩根斯坦假设,而且 $Y \to v(p, Y)$ 是一个关于收入的冯·诺依曼—摩根斯坦效用函数。此外:

(1) 假设该消费者是局部非饱和的,$v(p, Y)$ 在 Y 上是严格递增的。如果 u 是连续的,那么 $v(p, Y)$ 在 Y 上是连续的。

(2) 如果 u 是一个凹函数,那么 $v(p, Y)$ 在 Y 上也是凹函数;也即是说我们的消费者是风险厌恶的。

证明:注意在本命题题干中所称的该消费者在收入彩票上的偏好满足三个冯·诺依曼—摩根斯坦假设。我们所以知道这一点,是因为她在收入彩票上的偏好具有期望效用表示;也需注意的是,命题 3.1 认为,这三个假设是期望效用的充分必要条件。(1)部分是从命题 2.13(2)和(3)导出的。至于(2)部分,我们可以任取两个收入水平 Y 和 Y',以及 $\alpha \in (0, 1)$。令 x 表示(p, Y)条件下(CP)的解,x' 表示(p, Y')条件下(CP)的解。那么,在收入为 $aY + (1-a)Y'$,价格 p 的可行消费束为:$ax + (1-a)x'$,而且有:

$$av(p, Y) + (1-a)v(p, Y')$$
$$= au(x) + (1-a)u(x') \leqslant u(ax + (1-a)x')$$
$$\leqslant v(p, aY + (1-a)Y')$$

这里第一个不等式是从 u 的凹性这一性质中导出的,第二个不等式则是从 v 的定义中得到:v 是给定收入水平上 p 价格上获得的最大效用。

在第 2 章我们对消费束上效用函数的凹性说了很多;基本上在那里我们所说的,并没有什么特别的根本原因认为它是一个有效的假设。现在,似乎我们更需要这一假设了。不过目前我们能通过在第 2 章中我们无法做出的考虑来引出这一假设。现在我们来问消费者:给定任意两个消费束 x 和 x',你是愿意拥有消费束 $0.5x + 0.5x'$(此处我们去消费束的凸组合)还是愿意拥有这样一种彩票:以 $1/2$ 的概率取得 x,$1/2$ 的概率取得 x'?如果消费者总是(弱)偏好确定选择,而且总是遵守冯·诺依曼—摩根斯坦理论,那么她的冯·

诺依曼一摩根斯塔效用函数作为其在 X 上的（序数）偏好的良好表示将会是凹的。[g]

我们留给读者一个有趣的任务，那就是去探讨关于 u 的哪些条件可以给出对 Y 上彩票具有的不变绝对风险厌恶性质。

在以上的推导过程中，我们假设价格是确定的，从而给定一个固定的价格 p。那么如果价格存在不确定性时该怎么办呢？具体来说，我们假设消费者面对着一个彩票来决定其收入 Y，同时价格由彩票 ρ 决定。所有这些不确定性解决之后，则我们的消费者应当选择如何消费。

如果我们打算就此种环境下消费者在其收入上的彩票之偏好多做些探讨的话，我们需假定这种影响其收入的不确定性在统计上与影响价格的不确定性是彼此独立的。有一个简单的例子可以说明这一点。假设有一个消费者他在评价一张收入彩票，该彩票以 1/2 的概率给她 10 000 美元，1/2 的概率给她 20 000 美元。假设价格要么会是 p，要么似乎是 $2p$，每一个的概率都是 1/2。如果消费者的收入水平与价格水平完全正相关，她就不会面临什么真正的不确定性；她真正的购买力是不会改变的。另一方面，如果其收入水平和价格水平是完全负相关的，她在其购买力上的确会面临很多的不确定性。很少有消费者在这两种情况下会感到无差别的，即便就（名义）收入上的彩票来说这两种情况确实是一样的。或者我们必须来考虑消费者如何就价格和收入上的联合彩票是如何感受的（在这种情况下第 3.2 节的所有取决于一维奖品的发展并不成功），或者我们不得不再做出一个假设以预防这类问题的出现。独立性就是这样的一个假设。

假设价格和收入水平是彼此独立的，令 ρ 表示价格上的概率分布，我们的消费者从 Y 上的概率分布 π 所得到的引致期望效用由下式给出：

$$\sum_{Y \in \text{supp}(\pi)} \sum_{p \in \text{supp}(\rho)} \nu(p, Y)\rho(p)\pi(Y)$$

这样，这个消费者关于收入的冯·诺依曼一摩根斯坦效用函数，现在可以写作 $v(Y)$，有：

$$v(Y) = \sum_{p \in \text{supp}(\rho)} \nu(p, Y)\rho(p)$$

你可以快速检验一下在这种情况下，命题 3.6 在除了这一效用函数的再定义之外没有任何变化的情况下仍然成立这一结论。

这里，我们可以换一个问题来问。消费者在价格水平上是如何对不确定性做出反应的？假设我们将消费者的收入固定在 Y 上，让消费者在不同的经济体中选择购买，其中不同的经济体有着不同的价格上的分布。为了简化分析，假设我们问这个消费者：给定两个价格向量 p 和 p'，你是宁肯生活在一个价格确定的以 $0.5p + 0.5p'$ 给出的经济体中，还是生活在一个价格要么是 p 要么是 p'，每一个都以 1/2 的概率出现的经济体中呢？对于这个问题并没有明确的答案；参看习题 3。

---

g 假设其偏好在弱拓扑上是连续的，那么，检查 50—50 这样的凸组合对于取得凹性假设是充分足够的了。换一种思路，我们也可以就 $a \in (0, 1)$ 问同样的问题。

3.3.2　对保险的需求

不确定性扮演重要角色的一个最重要的市场就是保险市场。在本书的第四篇中,当我们研究关于保险的更高级的问题时,我们会回到这一市场上来。但是目前,让我们先来了解一些关于保险需求的简单的基本性质。

假设 a 是一个消费者,她的收入水平受到一些不确定性因素的影响。特别地,她的收入为 Y 的概率是 π,为 Y' 的概率是 $1-\pi$,这里 $Y>Y'$。将差 $\Delta=Y>Y'$ 考虑成该消费者可能遭受的损失,其原因可能是因为事故、疾病、盗窃,或者其他不幸的事件。一个保险公司乐于为这一损失提供保险;如果该消费者会支付一笔 δ 数额的保险费,则若该消费者遭受了这笔损失,该保险公司就准备赔付给该消费者 Δ。该消费者可能会购买部分赔付;如果她支付了 $a\delta$,则如果她遭受了这笔损失,她能拿回 $a\Delta$。我们不会把 a 限制在 $[0,1]$ 上。关于为什么这样一个限制或一个更强的限制会是恰如其分的,我们有很好的理由,但它们必须和我们在本书后面要讨论的问题一起给出。

我们假设该消费者满足冯·诺依曼—摩根斯坦理论的三条假设,这三条假设涉及她的最终收入水平上的彩票,支付给保险公司/从保险公司处得到的净付款,同时她的效用函数 v 是严格递增的、凹的,并且可微的。然后,该消费者的问题涉及她该购买多少保险,这可以写成:

$$\max_a \pi v(Y-a\delta)+(1-\pi)v(Y'+a\Delta-a\delta)$$

将 $Y'+a\Delta$ 重写成 $Y-(1-a)\Delta$,则关于这一问题的一阶条件就会变成:

$$\pi\delta v'(Y-a\delta)=(1-\pi)(\Delta-\delta)v'(Y-(1-a)\Delta-a\delta)$$

注意由于 u 是凹的,同时 a 是不受约束的,故而该一阶条件是唯一解的充分必要条件。

如果期望赔付 $(1-\pi)\Delta$ 等于保险费 δ,则该保险契约就被称为是**精算公平的**(actuarially fair)。该等式可以被重写成 $\pi\delta=(1-\pi)(\Delta-\delta)$;因此,若该契约是精算公平的,则一阶条件就会变成:

$$v'(Y-a\delta)=v'(Y-(1-a)\Delta-a\delta)$$

同时我们会看到,当 $a=1$ 时,该等式成立。

如果期望赔付少于保险费,则该契约就是**非精算公平的**(actuarially unfair)。设 $\beta=\pi\delta/((1-\pi)(\Delta-\delta))$,因此,对于一个非精算公平的契约,$\beta>1$。其一阶条件可以写成:

$$\beta v'(Y-a\delta)=v'(Y-(1-a)\Delta-a\delta)$$

因此,在关于一阶条件方程的任意解上,我们需要:

$$v'(Y-a\delta)<v'(Y-(1-a)\Delta-a\delta)$$

由于 v 已经被假设为凹的,它的导数是递减的,因此我们会在某点上找到该一阶方程的一个解,这里:

$$Y - a\delta > Y - (1-a)\Delta - a\delta$$

它在某个 $a < 1$ 处。

我们可以得到结论：如果该保险契约是精算公平的，则该消费者会购买全额保险。如果该保险契约是非精算公平的，则该消费者只会购买部分保险。（如果该契约是超精算公平的，则该消费者会购买超额保险。）这些在某种程度上只是粗略的结论，因为我们担心的是一阶条件和该问题到底是否有一个解。[①]同时我们还须担心这一问题是否会有多个解。[②]但是除了这些担心以外，这些都是准确的陈述，同时我们也能从本质上对它们进行概括。基本观点是：当遇到损失时，在保险保证实打实赔付的范围内，消费者们会希望补足他们的收入。如果该保险是非精算公平的，这样做会有代价，消费者们不会完全补足他们的收入。而且相反地，在这种情况下，他们会选择承受某种风险。（参见课后习题 4 和习题 5。）

3.3.3　对金融资产的需求

假设一个消费者在一年后会完成她的全部消费。该消费者有 W 美元可以用来投资，下一年她用来消费的收入由她从投资中得到的收益组成。用 Y 来表示她从投资中得到的收益，我们假设她在 Y 的彩票上的偏好满足冯·诺依曼—摩根斯坦假设，她在 Y 上的冯·诺依曼—摩根斯坦效用函数为 v，它是严格递增的、凹的，并且可微的。

假设我们的消费者可以将她的钱投资到两种资产中的一种上去。第一种是一种无风险资产——对于所投资的每一美元，到了下一年，我们的消费者都会得到 $r > 1$ 美元。第二种资产是有风险的，它的总回报记作 θ，它有一个简单概率分布 π，因此 $\pi(\theta)$ 表示该风险资产得到的总回报为 θ 的概率。总回报表示投资到风险资产中的 1 美元到了第二年会偿还 θ 美元。

然后，该消费者的问题是：决定在两种资产中分别投资多少钱。由于投资到第二种资产中的每一美元恰好就是在第一种资产中少投资的一美元，我们可以将她的决策问题写成一个关于单一变量 α 的问题，α 是她投资到第二种风险资产中的钱的数额。现在若 θ 是风险资产的总回报，则在该风险资产中投资 α 意味着她会得到 $Y = \theta\alpha + r(W-\alpha) = \alpha(\theta - r) + rW$ 美元用于下一阶段的消费。因此她的问题是：

$$\max_{\alpha} \sum_{\theta \in \text{supp}(\pi)} v(\alpha(\theta - r) + rW)\pi(\theta)$$

我们应该限制 α 的值吗？这取决于该消费者**卖空**（short-sell）一种或两种资产的能力。如果她能以无风险利率 r 借到她想要的数额的钱来投资该风险资产，则我们就不会限制 α 的上限。（更为现实地，如果她能借入钱，但是又要在一个超过她借出钱的利率上，该问题就会变得更加困难，不过并不难处理。）如果她能卖空该风险资产，这意味着她在该

---

①　如果该消费者是风险中性的，同时该契约是非精算公平的，会发生什么？如果我们加入约束条件 $a \geqslant 0$，会发生什么？

②　假设该消费者是风险中性的，同时该契约是精算公平的。全部解的集合是什么？

资产上的购买价格被给定为今天的价格（用来投资无风险资产），但是在 午中必须确保该资产的回报，这样我们就不会限制 α 的下限。我们会继续假设她不能卖空该资产，但是她能以无风险利率借钱；你自己可能也会希望尝试一些其他的变形。

因此我们在该问题中加入约束条件 $\alpha \geqslant 0$。由于 v 是凹的，我们通过找出如下一阶条件的一个解来找出该问题的解：

$$\sum_{\theta \in \text{supp}(\pi)} (\theta - r)v'(\alpha(\theta - r) + rW)\pi(\theta) \leqslant 0$$

若 $\alpha > 0$，则这里的不等式必为一个等式。

关于这一问题的解，我们能说些什么呢？一些显然的结论是：

(1) 若对于所有的 $\theta \in \text{supp}(\pi)$，均有 $\theta > r$，则该问题可能会无解。从数学上来说，之所以会这样是因为 v' 总是严格为正的。（也就是说，v 是严格递增的。）在这背后的直观经济学意义很明确。若对于所有 θ 的可能值，均有 $\theta > r$，则该消费者一定能够通过借钱（卖出无风险资产）并购买风险资产来赚钱。由于我们没有限制借钱，该消费者会希望无限制地这样做，从而获得无限的利润。这样的事情被称为**套利机会**(arbitrage opportunity)，同时我们会假设套利机会很少见。（注意若 $\theta \geqslant r$，并且至少对于一个 $\theta \in \text{supp}(\pi)$，严格不等号成立，则我们有完全相同的问题。）

(2) 假设该消费者是风险中性的。也就是说，对于 $a > 0$，有 $v(Y) = aY + b$。则一阶条件为 $\sum_{\theta \in \text{supp}(\pi)} (\theta - r)a\pi(\theta) \leqslant 0$。如果我们将风险资产的期望总回报记为 $E\theta$，或者说 $E\theta = \sum_{\theta \in \text{supp}(\pi)} \theta\pi(\theta)$，则一阶条件就会变成 $E\theta \leqslant r$，当 $\alpha > 0$ 时，等号成立。由于 α 已经完全从一阶条件中移除了，这样就会有三种可能的情况：若 $E\theta < r$，则该消费者会选择 $\alpha = 0$。若 $E\theta = r$，则任意 α 都是一个解。若 $E\theta > r$，则该问题无解。其直观经济学意义为：如果该消费者是风险中性的，她只会根据它们的期望总回报来比较资产。如果风险资产的期望总回报和无风险资产相同（中间一种情况），则她会乐于用任何方式进行投资。如果风险资产的期望总回报超过了无风险资产，她会希望以无风险利率借无限数额的钱，再将这些钱投资到风险资产上去。如果风险资产的期望总回报少于无风险资产，她不会投资任何风险资产，事实上，如果允许的话，她会希望卖空无限数额的风险资产。

(3) 现在回到消费者是严格风险厌恶的情况上来。假设该一阶条件有一个解。（关于一个这一点能被保证的情况，见课后习题 6。）假设 $E\theta < r$，则我们可以断言：该一阶条件的唯一可能解是 $\alpha = 0$。也就是说，如果风险资产的期望总回报少于无风险资产，一个风险厌恶型的消费者一定不会购买它。[h] 关于这一点，我们把构造一个准确而又详细的论证工作留为作业。但是其基本观点是容易描述的。回忆一下，若 v 是凹的，则 v' 就是递减的。假设 $\alpha > 0$。在一阶条件中，我们用 $v'(\cdots)\pi(\theta)$ 来乘以 $(\theta - r)$。v' 里面的内容随着 θ 的增大而增大，因此对于更小的 θ 值，和 v'（它会随着里面东西的增大而减小）相乘会赋予 $(\theta - r)$ 更多的权重。但是如果权重只是概率 $\pi(\theta)$，这时我们考虑 $(\theta - r)$ 的加权和，我们会得到某个严格为负的结果。赋予较小项更多的权重会让加权和变得更小，因此对于

---

h　在你因此而感到兴奋之前，去看一下后面的讨论，它涉及不止一种风险资产时的情况。

任意 $\alpha > 0$，该和都是严格为负的。只有 $\alpha = 0$ 可以成为一个解。[i]

（4）最后，假设 $E\theta > r$，则一阶条件的唯一解有 $\alpha > 0$。在数学上，这是显而易见的；将 $\alpha = 0$ 代入一阶条件中，你会发现加和项为 $v'(Wr)(E\theta - r)$。就其直观经济学意义而言，对于该消费者所购买的风险资产，首先她是近似于风险中性的。若 $E\theta > r$，则对于一个风险中性的投资者来说，该风险资产是一笔不错的交易。只有当她在风险资产上的投资数额大到某一个相当显著的程度，使得她的风险厌恶因素开始占据上风时，她才可能会发现：在边际上来说，继续购买更多的风险资产已经没有价值了。

事实上，前面那句话已经完全抓住了这一问题的直观意义。考虑开始时该投资者没有风险资产的情况，则对于她所持有资产的小幅变化，她是风险中性的，同时她希望前进的方向取决于 $E\theta - r$ 的符号。如果这一符号是正的，同时她增加了风险资产的持有量，则她继续增持风险资产的期望效用上的边际冲击由一阶条件中的加和项给出。正如上面所指出的那样，当 α 增大时，这会赋予 $\theta - r$ 的较小值越来越多的相对权重。现在如果每一项都是正的，这一过程就永无止境[这是（1）]。如果权重上的变化一直都不足以让她的期望效用上的边际冲击变为非正，这一过程就永远不会停止[这包括（2）]。当然，如果我们从符号为负时开始，我们就根本不会开始这一过程[这是（3）]。如果符号是正的，在风险资产的边际价值到达零之前，我们必须离开 $\alpha = 0$ 一段距离[这是（4）]。一旦你理解了为什么该加和项是风险资产的边际价值，同时还理解了当 u 为凹函数时，相对权重作为一个关于 α 的函数会如何变化，那么这种情形下的直观意义就能搞清楚了。

当有不止一种风险资产时，结论（3）和结论（4）就不再有效了，除非各种风险资产的回报在统计上都是相互独立的。我们会在一个有两种风险资产的背景下来说明这一基本问题。就像前面那样，我们假设有一种无风险资产，它的总回报率为 r。两种风险资产会被标记为 $i = 1, 2$，θ^i 表示资产 i 的总回报。我们没有假设这两种资产的回报在统计上是相互独立的；取而代之的是，我们取它们的总回报的联合分布。这由一个概率分布 π 所给出，对于有限个二维向量 (θ^1, θ^2)，它指定了 $\pi(\theta^1, \theta^2)$ 为联合概率，其中第一种资产的总回报为 θ^1，第二种资产的总回报为 θ^2。[我希望你会记得：这两个随机回报在统计上是相互独立的当且仅当存在一维概率分布 π^1 和 π^2，使得 $\pi(\theta^1, \theta^2) = \pi^1(\theta^1)\pi^2(\theta^2)$。]这两种资产的总回报的期望值会被记作 $E\theta^i$，$i = 1, 2$。

我们的消费者的问题是：用剩余的钱来投资风险资产，决定在这两种风险资产中分别投资多少数额的钱。我们设 α^i 为投资到资产 i 中的钱的数额。就像在前面小节中那样，我们研究风险资产不能被卖空，但是无风险资产可以被卖空时的情况（也就是说，该消费者能以无风险利率借钱），因此该消费者的问题是：

$$\max_{\alpha^1, \alpha^2} \sum_{(\theta^1, \theta^2)} v\big(\alpha^1(\theta^1 - r) + \alpha^2(\theta^2 - r) + Wr\big)\pi(\theta^1, \theta^2)$$

已知 $\alpha^1 \geq 0$，$\alpha^2 \geq 0$。（我会假设，如果你能挺过这里，你一定能克服马虎的毛病，而在这一讨论中关于分布的支撑，我会比较草率地对它进行处理。）关于 α^i 的一阶

---

i　如果我们假设 v 是严格为凹的，我们就能简化这一论述。利用严格为凹性，只要该风险资产是有风险的，我们就可以很简单地证明该问题在 α 上有唯一解。同时证明在 $\alpha = 0$ 时，该一阶条件被满足是很容易的。

条件为：

$$\sum_{(\theta^1, \theta^2)} (\theta^i - r) v'(a^1(\theta^1 - r) + a^2(\theta^2 - r) + Wr) \pi(\theta^1, \theta^2) \leqslant 0$$

若 $a^i > 0$，则该式取等号。

如果(1′)这两种资产中有一种满足 $\theta^i > r$ 的概率为1，或者(2′)该消费者是风险中性的并且这两种资产中有一种满足 $E\theta^i > r$，只要这两者中有一者成立，我们就不难看到这些一阶条件会是无解的。这些结论推广之后仍然不会有所改变，还是普遍适用的。事实上，我们可以将(1′)稍微加强一些：根据一个概率为正的严格不等式，找出非负的 β^1 和 β^2，使得 $\beta^1 + \beta^2 = 1$ 且 $\beta^1\theta^1 + \beta^2\theta^2 \geqslant r$ 的概率为1必然是不可能的。如果我们能找出这样的 β^1 和 β^2，则套利就是可能的。（证明这一点！）

然而，与只有一种风险资产的情况相比，我们断言：(3′)当 $E\theta^1 < r$ 时，$a^1 > 0$，以及(4′)当 $E\theta^1 > r$ 时，$a^1 = 0$ 是有可能的。[j]"问题"是：在一个特定的 a^1 和 a^2 上，我们并不知道 $v'(\cdots)$ 项是如何改变 $\theta^1 - r$ 项的权重的。例如，如果 a^1 和 a^2 都是正的，同时 θ^1 和 θ^2 是负相关的，则当 θ^1 的值"较大"时，v' 里面的东西会趋向于变小，这是因为 $a^2(\theta^2 - r)$ 部分的关系，该部分在 θ^1 的值较大时会使 v' 的值较大。然后，这就可以得到(3′)。作为另一种选择，如果这两种资产的总回报是正相关的，即使在 $a^1 = 0$ 时，从 $a^2(\theta^2 - r)$ 项中，我们也可以得到权重的某个相对变化，它是往 θ^1 的较低值移动的，这会允许(4′)。

诚然，用以论证(3′)和(4′)中所提到的可能性，这是一个相当令人费解的方法。事实上，这根本就没有完成证明。一个合适的说明可以由一对具体的（并且，我们希望是简单的）例子组成。这一任务留给你去做，关于它的一些提示，见课后习题8。此外，我们在开始时断言：如果资产1和资产2有在统计上相互独立的总回报分布，那么所有的东西都会和前面小节中的一样。这一点同样留给你。

我们关于两种风险资产问题中的一阶条件告诉我们：当某人持有一个特定的投资组合时，往风险资产 i 中投钱的边际效应取决于在给定投资组合的情况下，资产 i 的回报如何随着消费的边际效用发生"共变"。非常粗略地说，由于这意味着权重会移向一阶条件中的较小项，"协方差"越小，往资产 i 中投入额外资金的结果就越差。这背后的直观意义并不难理解。如果资产 i 在较好的时期（当消费的边际效用较低时）回报相对较好，并且在较差的时期回报相对较差，那么持有更多的 i 会加重该投资者所面临的风险。但是如果资产 i 大体上在较差的时期回报较好，并且在较好的时期回报（相对）较差，则相对于其他所持有的资产，资产 i 充当了一份保险。正如我们在第3.3.2节中所看到的那样，某人可能会希望接受某份保险，即使它是非精算公平的。

此外，由于在给定投资组合的情况下，消费的边际效用是一个关于某人的投资组合的总体回报的减函数，这一直观意义表明：在给定投资组合的情况下，一种资产的"边际价值"与该资产的回报和该投资组合的回报之间的"协方差"相关；其他条件都

---

j 断言(3′)的出现不应该让人感到过于吃惊。记住可能存在对保险的需求，即使该保险是非精算公平的。但是由于某人通过购买保险来对抗的风险是外生的，同时该消费者在这里所面临的所有风险都是她自己选择的，这里的问题显得更加微妙。

相同时,一种资产的回报和投资组合的总体回报之间的"协方差"越大,该资产的边际价值就越小。

如果我们假设我们的消费者是就投资组合的平均值和方差来评价她的可能投资组合的,这一直观意义就会非常清晰(这是说,我们可以把名词协方差上的引号去掉)。固定方差,平均回报越高越好;固定平均值,方差越低越好。如果我们的消费者在投资组合上的偏好可以简单地归纳为这一点,则我们就可以得到一个非常漂亮的理论。考虑任意风险资产的有限集合(以及,为了简单起见,一种无风险资产),当我们要计算一个给定投资组合的平均值和方差时,我们所需要的就是期望回报的向量和这些回报的方差——协方差矩阵。

在这里,我们不会深入探究均值—方差有效投资组合理论;这是现代金融学理论的一个出发点,你可以在众多关于这一主题的教科书中参考一本看看。(想要建议的话,见本章结尾处的书目提要。)但是我希望在下一步就给出建议,同时评论一下哪一本金融学教科书比较详尽。

从冯·诺依曼—摩根斯坦偏好变到由均值—方差驱使的偏好不是一个无价值的步骤。某个效用函数 v 是定义在一个消费者通过投资所得到的收入上的,总的来说,将 v 的期望值最大化的消费者不会有这样的偏好,该偏好能被归纳为一对她可能持有的各种投资组合的均值—方差的比较。如果她的效用函数是二次的,$v(Y)=a+bY-cY^2$(这里 b,$c>0$),则这一点就是有效的。(为什么?)但是二次效用函数并不是那么漂亮;它们是凹的,但是对于 $Y \geqslant b/(2c)$,它们是递减的。作为另一种选择,我们可以将注意力限制在这样的资产上来,这里它们的分布会使得风险厌恶型的期望效用最大化者在方差不变时,总是偏好于更高的期望回报,而在期望回报不变时,总是偏好于更低的方差。例如,如果这些资产有一个联合正态(多元)分布,则这些资产的任意一个投资组合都有一个正态分布。同时对于任意一个风险厌恶型的期望效用最大化者来说(她的效用函数是递增的),方差相同的两个正态分布会根据它们的平均值来排序(越高越好),而平均值相同的两个正态分布会根据它们的方差来排序(越低越好)。懂得一些数学以及多元正态分布的读者可能会希望构建一个证明。

3.4 自然状态和主观概率

在前面的探讨中,选择的对象是奖品上的概率分布。也就是说,概率——可能性的数值表示——是外生的。正如在第 3.1 节中所讨论过的那样,这对确定的情况进行建模尚有不足。在有些背景下,各种结果的可能性根本就是不清楚的,一个消费者所选择的东西很大程度上取决于她对结果的可能性所做的主观估计。举一个很简单的例子,假设你要在两个赌局中做出选择:在第一个赌局中,如果一支拉丁美洲的球队赢得了下一届世界杯,你会赢得 100 美元,否则你就得不到任何钱。在第二个赌局中,如果一支欧洲球队赢得了下一届世界杯,你会赢得 100 美元。如果我们试图在这一问题中应用冯·诺依曼—摩根斯坦模型,事情就会变得毫无价值。冯·诺依曼—摩根斯坦模型会把这两个赌局看作包含客观指定概率的彩票。然后我们的消费者会采纳任何一个有更大机会能让她得到 100 美元奖励的选择。任何(理性的)消费者都会以相同的方式去赌博,但是让这类赌局变得有趣的是某人或其他人估计出来的可能性。我们不会期望所有的消费者在这一问题上都会以相同的方式去赌博(但是第 3.4.5 节)。因此我们需要一个不确定性下的选择模型,它本身是由一个面临这类不确定性的消费者所估计的主观概率发展而来的。(为了区分概率是客观的还是主观的这两种情形,我们有时会遇到以下术语:前一种情形是存在风险的情况,而后一种情形是存在不确定性的情况。)

3.4.1　框架

关于存在主观不确定性选择的经典正式论述是 Savage(1954)。Savage 所采用的框架如下。我们有一个奖品的集合 X,就像前面那样。同时我们有一个**自然状态**(states of nature)的集合 S。每一个 $s \in S$ 都是任意(相关的)不确定性的结局的一个描述。S 中的状态必然是互斥且完备的。你可能会就一场赛马来进行考虑(或者,如果你愿意的话,也可以用下一届世界杯比赛为例)。每一个 s 都会描述所有马匹在比赛中完成的顺序,而 S 会是所有这些完成顺序的集合。

由于该形式可能有点令人生畏,让我们来采用一个简单的例子。假设一个只有两匹马参加的比赛,这两匹马的名字是 Secretariat 和 Kelso。这场比赛有三种可能的结果:Kelso 获胜、Secretariat 获胜,或不分胜负。我们会将这三种结果分别标记为 s_1、s_2 和 s_3。

我们接下来根据 X 和 S 来建立所有**赛马彩票**(horse race lotteries)的集合 H。对于每一种状态 s,若 s 是本场比赛的结果,赛马彩票 h 描述的是赢得的奖品 x。正式地,H 是所有 S 到 X 的函数的集合;用一个非常正式的记号,$H=X^S$。如果状态是 s,我们用 $h(s)$ 来表示在本场赛马中赢得的奖品。

因此,例如,假设你可以花 2 美元购买一张投注彩票,如果 Secretariat 获胜,它会偿还3.85 美元,如果 Kelso 获胜,它会偿还 0 美元。如果这场比赛不分胜负,则你可以拿回你的 2 美元。扣除这张彩票的成本,这一赌局由函数 h 来表示,这里 $h(s_1)=-2$,$h(s_2)=1.85$,$h(s_3)=0$。我们会用"机会结"来描述赛马赌局;在图 3.5 中你会看到这一特定的赛马赌局。

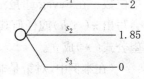

图 3.5　一个赛马机会结

如果我们少点幻想——将 S 考虑成世界中所有状态的集合——而是将 X 考虑成一个商品束的空间——然后标准术语会将 H 称为**状态依存商品束**(state contingent commodity bundles)或**状态依存索取权**(state contingent claims)的集合。

在 Savage 的经典理论中,H 是选择对象的集合。(他将它们称为行动,而不是赛马彩票。)该消费者的偏好由定义在 H 上的"≻"所给出;我们会假设"≻"的某些性质,并且导出"≻"的一个表示。

3.4.2　表征和一个弱一些的选择

哪一类表征是我们要探寻的? Savage 探寻了(并且大多数经济学家采用了)一个具有

如下形式的表示。存在一个 S 上的概率分布 π 和一个效用函数 $u: X \to R$，使得：

$$h \succ h' \text{ 当且仅当 } \sum_{s \in S} u(h(s))\pi(s) > \sum_{s \in S} u(h'(s))\pi(s) \qquad (*)$$

（这一表示是建立在假设 S 是一个有限集的基础上的。事实上，Savage 的论述要求 S 是无限集，而刚才所给出的加和项会变成适当定义下的积分。）这就像冯·诺依曼—摩根斯坦效用一样，除了各种奖品的概率分两步得到：对于各种自然状态，其概率是主观估计的。若赛马彩票 h 被选择，那么得到一个特定奖品 x 的概率就是使得 $h(s)=x$ 的那些状态 $s \in S$ 的概率和。

如果我们能够得到公式（*），我们就做得很好了。为了理解有多好，考虑如下两种公式（*）不适用的情况：

（1）假设你正在推销一种特定的产品，并且试着决定要做多少广告。为了简单起见，假设该产品要么会卖出 1 000 单位，要么会卖出 10 000 单位。如果它卖出了 1 000 单位，你会损失 1 000 美元，不包括广告成本。如果它卖出了 10 000 单位，你会赚到 3 000 美元。你可以选择做很多广告或根本不做。不做广告就没有成本，而做很多广告会花掉你 1 000 美元。

创建以下模型。奖品是你的净利润，其可能值为 −2 000 美元、−1 000 美元、2 000 美元和 3 000 美元，因此这四个数额组成了 X。状态是你的销售水平：你卖出 1 000 单位（状态 s_1）或 10 000 单位（状态 s_2），因此在 S 中有两种状态。你能考虑的两个行动是："做广告"，记为 h，这里 $h(s_1)=-2\,000$ 美元，$h(s_2)=2\,000$ 美元；"不做广告"，记为 h'，这里 $h'(s_1)=-1\,000$ 美元，$h'(s_2)=3\,000$ 美元。

只要你的效用函数 u 随着利润的增加而增大，那么如果式（*）成立，你就不会选择做广告。对于 s_1 和 s_2，无论你所估计的概率是什么，在这两种状态下，h' 总是会给出一个更好的结果（根据 1 000 美元的广告成本）。问题是你对行动的选择可能会影响你所卖出的单位数。在 Savage 的公式（*）中，状态的概率不取决于所选择的行动。也就是说，我们不会写出 $\pi(s; h)$ 或任何其他类似的东西。因此在行动影响状态概率的情况下，我们不能期望公式（*）成立。

（在本例中，对策是非常简单的。问题是我们的状态空间是有缺陷的。事实上，我们需要三种状态：s_1，不管你是否做广告，这是该产品卖出 1 000 单位的状态；s_2，如果你不做广告，这是该产品卖出 1 000 单位的状态，如果你做广告，这是该产品卖出 10 000 单位的状态；s_3，不管你是否做广告，这是该产品卖出 10 000 单位的状态。[①]是否要做广告的问题变成了其中一个状态 s_2 的可能性问题，在这里，如果你做广告，你的利润会增加 3 000 美元，并与状态 s_1 和 s_3 下的广告费"损失"1 000 美元进行比较。）

（2）假设你正在考虑着手这两个赌局中的其中一个。在第一个赌局中，如果日元：美元的汇率（即用 1 美元可能购买的日元的数额）在接下来的一个月中上升，你会赢得 100 美元，否则你会损失 100 美元。在第二个赌局中，如果日元：美元的汇率没有上升，你会赢得 100 美元，如果它上升了，你会损失 100 美元。我们创建一个模型，这里的自然状态

---

① 如果广告可能会激怒潜在消费者，我们会加入第四种状态。

$(s \in S)$ 是各种可能的日元：美元的汇率，奖品 $(x \in X)$ 是－100 美元和 100 美元。对你来说，领会（给定今天的日元：美元的汇率）该如何模拟你打算选择的彩票应该是容易的。

在这种情况下，我们会期望公式（＊）成立吗？可能不会。在公式（＊）中，任意奖品的价值 $u(x)$ 都是与赢得该奖品的自然状态无关的。但是在日元：美元的汇率较低时赢得 100 美元不如在日元：美元的汇率较高时赢得 100 美元。如果你生活在日本，这是很显然的。但是，你考虑一下，如果你生活在除日本之外的某个国家，这也可能是正确的。[①] 换句话说，为了论证我们假设你认为日元：美元的汇率上升的可能性与下降的可能性相等。然后根据公式（＊），你在这两个赌局之间应该是无差异的。但是因为 100 美元在日元：美元的汇率较高时价值更高，而在该汇率较低时价值较低，这两个赌局中的第一个（显然）相对较好。

在这种情况下，我们该如何来维持公式（＊）呢？其中一件可以尝试的事情是用让一份给定奖品的价值与赢得它的状态无关的方法来重新定义奖品集合 X。我们会考虑就该奖品所代表的购买力而言来记录奖品，使用某个商品的标准市场组合，而不是用美元数额。但这可能会很复杂、很短暂。因此，作为另一种选择，我们可能会考虑放弃公式（＊），并尝试一个弱一点的表达式。我们可能会要求一个 S 上的概率分布 π 以及一个"状态依存效用函数" $u: X \times S \rightarrow R$，使得：

$$h \succ h' \text{ 当且仅当 } \sum_{s \in S} u(h(s), s)\pi(s) > \sum_{s \in S} u(h'(s), s)\pi(s)$$

如果这就是我们所追求的，我们可以做更进一步的简化。给定 π 和 u，根据 $v(x, s) = u(x, s)\pi(s)$ 来定义 $v: X \times S \rightarrow R$。则刚才所给出的表达式就变成了：

$$h \succ h' \text{ 当且仅当 } \sum_{s \in S} v(h(s), s) > \sum_{s \in S} v(h'(s), s) \tag{＊＊}$$

由于这一形式表达了在这一更弱类型的表示中重要的东西，我们会使用它。然而公式（＊）被称为一个**主观期望效用**（subjective expected utility）表达式，而更弱的公式（＊＊）被称为一个**加和交叉状态**（additive across states）表达式。[k]

3.4.3　Savage 的确定事件原则

既然我们知道了我们所追求的是哪一类表达式，我们就能看到如何来得到它。正如我们在前面所说的那样，公式（＊）的经典来源是 Savage(1954)。Savage 从定义在 H 上的偏好"$\succ$"出发，并发展出了许多关于"$\succ$"的性质，由这些性质可以得到公式（＊）。有些性质就是你在前面看到过的那些；"$\succ$"是不对称且负传递的。[l] 其他的性质利用了我们在这里

---

① 假设你生活在美国。在 150 日元兑 1 美元时，100 美元可以买到的商品的"市场组合"会比在 125 日元兑 1 美元时，100 美元可以买到的组合要好。在这个范围内，更低的汇率意味着市场组合中的日本商品会变得更贵。

k 如果我们允许 u 是状态依存的，那么概率分布 π 会表达出任何信息吗？更多关于这一点的内容，见课后习题 10。

l 由于我们得到了一个数值表示，这些都是必须的。

的特定结构。尽管在这里,我们不会去论证 Savage 的论述,但是给出他所提出的其他性质中"最重要"的内容可能会有帮助(给主题增加点味道),它被称为**独立性公理**(independence axiom)或**确定事件原则**(sure thing principle)。(这与第 3.1 节的理论中的替代公理最为接近。)其内容如下:

Savage 的确定事件原则 假设我们正在比较两个赛马彩票 h 和 g。此外再假设状态的集合 S 包含一个子集 T,在这上面 h 和 g 是相同的;对于每一个 $s \in T$,都有 $h(s) = g(s)$,则该消费者关于 h 和 g 的比较结果只取决于在不属于 T 的状态上的比较结果。正式地,如果 $h \succ g$,同时如果 h' 和 g' 是另外两个赛马彩票,使得(1)在 $S \backslash T$ 上,h 与 h' 相同,g 与 g' 相同,并且(2)在 T 上,h' 与 g' 相同,则 $h' \succ g'$ 必定成立。

这比它看起来的还要简单。其观点是 h 和 g 的排序不取决于它们在 T 上相同的具体方式——只要相同的就足够了。图 3.6 用形象化的方式展示了这一观点。

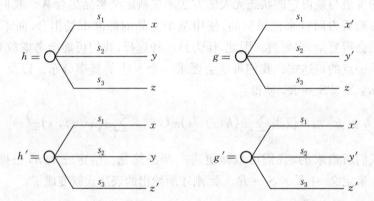

注:由于在 s_3 下,h 和 g 会给出相同的奖品,它们之间的比较结果只取决于它们在其他状态下所给出的奖品。它们在 s_3 下所给出的奖品与该比较无关。因此,无论 h 和 g 怎样排序,h' 和 g' 都会以相同方式排序。

图 3.6 在行动上的 Savage 独立性公理

Savage 的确定事件原则隐含在公式($*$)甚至公式($**$)中,对你来说,看到这一点应该不会有什么困难。本着公式($**$)的精神,我们写出 $U(h) = \sum_{s \in S} v(h(s), s) = \sum_{s \in T} v(h(s), s) + \sum_{s \in S \backslash T} v(h(s), s)$,同时对于 g,写出一个类似的式子,然后由于 $h(s) = g(s)$,$s \in T$,则 $U(h)$ 和 $U(g)$ 的比较结果取决于 $\sum_{s \in S \backslash T} v(h(s), s)$ 和 $\sum_{s \in S \backslash T} v(g(s), s)$ 的比较结果。这一比较与 h 和 g 在 T 上是什么完全无关。

3.4.4 Anscombe 和 Aumann 的理论

Savage 的理论从确定事件原则出发,再到其他更复杂的假设,然后用在数学上非常复杂的方式来发展这些假设。对于第一次看这一主题的人来说,看懂他的论述有一点困难,因此我们会以一个虽然不同但却更容易的形式来继续我们的讨论,它取自于 Anscombe 和 Aumann(1963)。

Anscombe 和 Aumann 通过充实偏好定义的空间来避免 Savage 所遇到的复杂性。和 Savage 一样,他们也是取一个给定的奖品空间 X 和一个状态空间 S。我们会假设 S 是一个有限集。

他们在这一点上进行创新。设 P 为 X 上所有简单概率分布的集合,同时重新定义 H,使得它是所有 S 到 P 的函数的集合。相比之下,Savage 将 H 作为 S 到 X 的函数的集合。我们试举一个描述可以告诉你 Anscombe-Aumann 结构,如下所示:假设我们有一个可以自由支配的"客观随机化装置"的集合——我们可以掷的硬币、我们可以抛的骰子、我们可以转动的轮盘赌——它允许我们构建任何我们所希望的"客观"概率分布。也就是说,给定任意 $p \in P$,以一种使得我们可能会遇到的每一个消费者都同意 p 中的客观概率的方式,我们可以自由使用这些装置来筹划赌局 p。例如,如果我们希望创建一个彩票,它有 4/5 的概率给出奖品 10 美元,有 1/5 的概率给出 0 美元;我们可能会抛一个对称的骰子,如果抛出了 1 到 4 点,其回报就是 10 美元,如果抛出了 5 点,其回报为 0 美元,如果抛出了 6 点,就再抛一遍(直到我们得到一个 1 到 5 之间的结果)。我们假设每一个我们可能会遇到的消费者都会把它看成一个客观概率彩票,它的奖品分别是 10 美元和 0 美元,概率分别是 4/5 和 1/5。

我们会将这样的客观赌局称为**轮盘赌**(roulette wheel gambles)或**轮盘彩票**(roulette wheel lotteries)。下一步是构建所有从 S 到 P 的函数的集合 H。用文字表述,即对于这场赛马的每一个可能结果,来自于 H 的 h 是一个投注彩票,它指定了一个该投注彩票的持有者赢得的轮盘赌彩票。嵌入这一新设想的 H 是原来的(Savage)H,这里依每一种状态 s 而定的奖品是一个经过变形的轮盘彩票,它无疑会给出 X 中的某个奖品。但是这一新的 H 比原来更大,因为可能奖品的集合变得更大了;现在,一份赛马彩票中的奖品变成了一个轮盘彩票。

为了给出一个例子,假设一个(非常复杂的)投注彩票,它的回报如下:在状态 s_1 下(Kelso 获胜),你确定会得到 -2 美元。(也就是说,你确定会损失 2 美元。)在状态 s_2 下(Secretariat 获胜),你有 1/2 的概率得到 3 美元,有 1/2 的概率得到 1 美元。在状态 s_3 下(不分胜负),你有 1/3 的概率得到 6 美元,有 2/3 概率损失 4 美元。这类结果由一个复合机会结来描述,如图 3.7 所示,这里的复合物现在是数学形式主义的重要一部分。

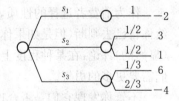

图 3.7 一个根据轮盘彩票设置奖品的赛马彩票

(点睛之笔是)Anscombe 和 Aumann(以及我们)假设该消费者有这样的偏好,它是由定义在这一设想的 H 上的"$\succ$"所给出的。

在讨论那些偏好之前,我们先引入一些记号。首先,在新的、扩大的意义上,若 $h \in H$ 是赛马彩票,我们用 $h(\cdot \mid s)$ 来表示 P 中的元素,它是在状态 s 下 h 的奖品,同时我们用 $h(x \mid s)$ 来表示在 h 下赢得 $x \in X$ 的客观概率,它是依状态 s 而定的。其次,假设 h 和 g 是两个赛马彩票(在新的、扩大的意义上),同时 α 是一个介于 0 到 1 之间的数值。定义一个新的赛马彩票,记为 $\alpha h + (1-\alpha)g$,如下所示:对于每一种状态 s,新的赛马彩票给出的奖品为轮盘彩票 $\alpha h(\cdot \mid s) + (1-\alpha)g(\cdot \mid s)$,这里的最后一个对象如第 3.1 节中所定义的那样。图 3.8 给出了这类运算的一个例子。

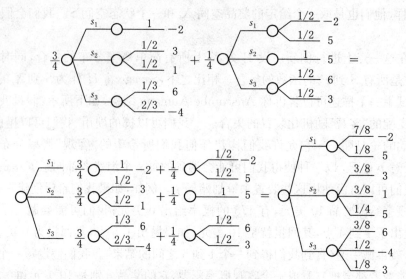

注:当你混合了赛马彩票时,你也混合了每一个赛马结果的奖品。

图 3.8 赛马彩票的混合体

现在我们可以开始提出关于该消费者偏好"≻"的性质。

假设 3.4 (1)"≻"是不对称的。

(2)"≻"是负传递的。

(3)"≻"满足第 3.1 节中的替代公理。

(4)"≻"满足第 3.1 节中的阿基米德公理。

这一假设的前两部分应该不会让人感到惊讶,但是后两条性质可能需要解释一下。回顾第 3.1 节中的替代公理和阿基米德公理。事实上,它们与 p、q,以及 r 概率分布无关——只有选择对象的凸组合能被接受。[m] 同时在前面的段落中,你已经被告知该如何来取赛马彩票的凸组合。因此,后两条性质是有数学意义的。

作为消费者选择的性质,它们有意义吗?这当然是一个更加难以回答的问题。这留给你自己去判断(但是如果你过于乐观或过于悲观,去读一下第 3.5 节),我们只留下一个(显然的)评论:在某种程度上,在这一背景下接受这些性质比在第 3.1 节的背景下接受它们需要更多的勇气。

不管你发现它们是否合理,它们都产生了一个相当漂亮的结论。

命题 3.8 假设 S 是有限的。则假设 3.4 中的四条性质是"≻"有一个如下形式的数值表示 U 的充分必要条件。对于每一种状态 s,都存在一个从 X 到全体实数的函数 u_s,使得对于 $h \in H$,我们有:

$$U(h) = \sum_{s \in S} \sum_x u_s(x) h(x \mid s)$$

---

m 在更高级的教科书中,这些性质被称为代数对象,我们称其为混合空间,同时这些关于一般混合空间的性质的结论只是缺少了冯·诺依曼—摩根斯坦期望效用表示,它们是由所谓的混合空间理论给出的。见任意一本第 3.7 节中提及的高级教科书。

为了理解这一结论，我们需要注意一些东西。当然，当我们称 U 是"$\succ$"的一个数值表示时，我们的意思是：

$$h \succ g \text{ 当且仅当} U(h) > U(g)$$

这里的结论确立了这样一个数值表示的存在性，并且告诉了我们一些可以假设的关于函数 U 的结构的内容：对于每一种状态，都存在一个状态依存效用函数 u_s。为了评价 h，首先，对于每一种状态 s，用关于状态 s 的效用函数来计算轮盘赌 $h(\cdot \mid s)$ 的期望效用。这是 $\sum_x u_s(x)h(x \mid s)$ 项。然后在状态 s 上将这些期望效用加起来。

例 3.1 假设你的效用函数取决于赛马的结果，在状态 s_1 下，它是 $u_{s_1}(x) = x/2$；在状态 s_2 下，它是 $u_{s_2}(x) = -2e^{-0.2x}$；在状态 s_3 下，它是 $u_{s_3}(x) = -0.01e^{-0.1x}$。然后，图 3.7 中所描述的赌局的总体效用的计算如下。在状态 s_1 下，你确定会得到 -2 美元，因此，在状态 s_1 下，你的状态依存期望效用为 $-2/2 = -1$。在状态 s_2 下，你的状态依存期望效用为 $(1/2)(-2e^{-0.2 \times 3}) + (1/2)(-2e^{-0.2 \times 1}) = -1.3675$。同时在状态 s_3 下，你的状态依存期望效用为 $(1/3)(-0.01e^{-0.1 \times 6}) + (2/3)(-0.01e^{-0.1 \times (-4)}) = -0.0118$。因此这一赌局的总体指数（效用）为 $(-1) + (-1.3675) + (-0.0118) = -2.3793$。

这里吸引人的是(1)我们在赛马结果上得到了可加可分性，以及(2)对于每一个赛马结果，我们像第 3.1 节中那样计算期望效用。美中不足的是我们只在赛马结果上得到了可加可分性；状态依存效用函数不需要承担任何与另一个之间的特定关系。换句话说，这一表达式与表达式($**$)很像，在这里，对于每一个 s，定义在 $P \times S$ 上的状态依存效用函数 $v(h(\cdot \mid s), s)$ 具有冯·诺依曼—摩根斯坦期望效用的形式。现在我们可以停在这里了（同时继续看看这一表达式对需求行为会有什么样的结果——这一结果是很重要的）；或者对于每一个状态依存效用函数，我们都可以加入性质（若奖品是一定数额的钱，如递减的风险厌恶等）。但是作为替代，我们会加入另一条关于"$\succ$"的性质，它会和各种 u_s 联系起来。

这需要一些记号。对于 $p \in P$（一个轮盘彩票），用 p 来表示 H 中的一个元素（一个赛马彩票），不管赛马的结果是什么，它都表示给出奖品 p 的赛马彩票。根据这一点，我们可以给出一条新的性质：

假设 3.5 固定 P 中的任意 p 和 q，固定任意状态 s^*，构建如下赛马彩票 h 和 g：取（任意）$r \in P$，同时若 $s \neq s^*$，令 $h(s) = r$，若 $s \neq s^*$，且 $g(s^*) = q$，令 $h(s^*) = p$，$g(s) = r$。则 $p \succ q$ 当且仅当 $h \succ g$。

这意味着什么？首先，我们来理解 h 和 g 是什么。如果赛马结果是除 s^* 以外的任何东西，则 h 和 g 都会给出奖品 r；如果结果是 s^*，则 h 的奖品为 p；同时如果结果是 s^*，则 g 的奖品为 q。注意只要另外四条性质成立，r 的选择（因此）就与 h 和 g 之间的偏好关系无关；$U(h)$ 和 $U(g)$ 之间的差就是 $\sum_x u_{s^*}(x)p(x)$ 和 $\sum_x u_{s^*}(x)q(x)$ 之间的差。

根据这一点，我们可以重新解释所给出的性质：它说上述两项之间的差的符号与特定的状态 s^* 无关。如果对于其中一个 s^*，这个差的符号是什么，那么对于所有的状态，它的符号都是相同的。（这与该性质所说的不完全一样，但是你应该能使你确信它们是等价的。）换句话说，该消费者在一对轮盘彩票之间的偏好与这两者被比较时的状态无关。关于这一点的一个说明,见图 3.9。

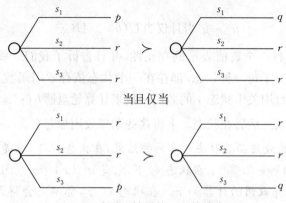

图 3.9 该附加性质的一个等价表述

结论可由以下命题给出:

命题 3.9 对于有限集合 S,"$\succ$"满足假设 3.4 和 3.5 当且仅当我们有一个如下类型 U 的表示。存在一个函数 $u: X \rightarrow R$ 和一个 S 上的严格为正的概率分布 π,使得:

$$U(h) = \sum_{s \in S} \pi(s) \sum_x u(x) h(x \mid s)$$

在这一表示中,π 是唯一的,并且 u 是唯一的一个正仿射变换。

该附加性质与如下假设等价:在给定任意赛马结果的情况下,该消费者在轮盘彩票上的偏好与结果无关。(我们通过固定所有其他结果上赢得的奖品来找出在一个给定结果的情况下,该消费者在轮盘彩票上的偏好。)

其解释为:我们的消费者将赛马结果会是 s 的主观概率估计为 $\pi(s)$,同时对于奖品,他有一个(否则)与状态无关的效用函数 u。用文字表述即,一个赛马赌局与它的主观期望效用一样好。除去这些赌局的客观彩票部分,我们有 Savage 的表达式($*$)。

例如,在我们的赛马例子中,一个"典型的"的表示可能会是 $u(x) = -e^{-x}$, $\pi(s_1) = 0.6$, $\pi(s_2) = 0.399$,以及 $\pi(s_3) = 0.001$。 我们会将这一点解释成:该消费者有恒定的绝对风险厌恶(回忆前面的小节),同时将 Kelso 获胜的概率估计为 0.6,将 Secretariat 获胜的概率估计为 0.399,将本场比赛不分胜负的概率估计为 0.001。

如果你喜欢挑战,你应该能根据前面的命题来证明这一命题,并且不会遇到什么困难;记住第 3.1 节命题中的唯一性部分。在这一版本中,我们要求每一种状态 s 的主观概率都是严格为正的。我们这样做是为了方便;它是很容易省掉的。最后,所有的这些都需要一个有限状态空间 S。无限状态空间是很难处理的。

Anscombe-Aumann 的论述,尤其是命题 3.7 的结论,比它第一眼看起来更加微妙。让我用一个更具体的东西来支持该论点:马匹是在轮盘彩票开转前起跑的,对于这一理论来说,这一点很关键。也就是说,某人可以假设从 $H = X^S$ 开始,就像 Savage 所论述的那样,然后再设"$\succ$"是定义在 H 上的所有简单概率分布上的。将假设 3.4 放到这一空间上来,在这里,我们或多或少根据一开始出现的客观不确定性构建了复合彩票,这会引出一个远弱于命题 3.7 中表示的结论。在你理解这是为什么之前,你漏掉了一个对 Anscombe-Aumann 表达式至关重要的隐含假设。在这里,我不会试着去解释它,但是会叫你去看 Kreps(1988,105—108)。

3.4.5 海萨尼方法

关于主观期望效用和主观概率,我们要给出一个最终哲学观点。在经济学中,我们通常会把消费者的口味和偏好看作是外生数据。这并不是说,例如,若某些信息会导致该消费者意识到一个特定的商品是好的或是他喜欢的,你就不能用这样的信息来表示一个消费者;但是在最后,这在口味上是没有争论的。关于主观概率估计,也是如此吗? 主观概率估计和口味是一样主观和个性化的吗?

容我在此卖弄下学问,回到在下届世界杯投注的问题上来。我们会考虑这样的赌局,它的结果只取决于下届世界杯的优胜者是来自于欧洲(包括苏联),或者拉丁美洲,或者世界上的其他地方,因此我们取一个包含 3 个元素的状态空间 $S=\{s_1,s_2,s_3\}$,这里 s_1 是一支欧洲球队赢得下一届世界杯的状态,s_2 是一支拉丁美洲球队获胜的状态,s_3 是某支其他球队获胜的状态。我们会将奖品空间 X 取为[0,100],用数额来表示赢得的美元。现在假设我们让某个消费者从图 3.10 所描述的三个赌局(根据 H 的 Anscombe-Aumann 版本)中进行选择。假设她对这三者的排序为 $h \succ h' \succ h''$。 然后如果她的偏好遵循 Anscombe-Aumann 公理(同时如果她偏好于更多的钱而不是更少的),我们会将这一点解释成:我们的消费者估计一支拉丁美洲球队获胜的概率大于 0.48,一支欧洲球队获胜的概率小于 0.48。实际上,通过改变 h' 中的概率,并且找出一个她在 h 和 h'(修改过的)之间无差异的值,我们会发现她所估计的一支拉丁美洲球队会获胜的主观概率。所有这些关于她所估计的主观概率的讨论完全是一个由 Anscombe-Aumann 公理所保证的表达式的结构,同时它完全是由我们的消费者在上述彩票上的偏好产生的。一个不同的消费者可能会表示出偏好 $h'' \succ h' \succ h$,因此,如果每一个偏好集合都满足 Anscombe-Aumann 公理,我们会知道这些消费者的偏好是由他们在状态空间 S 上的不同主观估计所表示的。

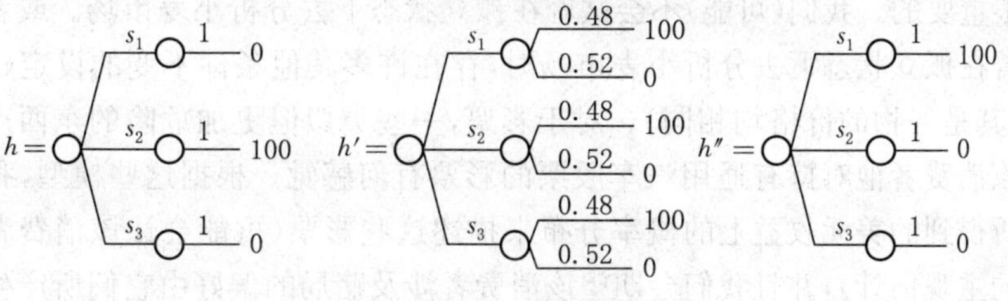

图 3.10 三个复合彩票

经济学家(新古典学派)一般不会坚持消费者在商品束上有相同的序数偏好或有相同的风险厌恶或风险承受水平。个体消费者被允许有个体偏好。然后,看起来我们似乎会允许主观概率,用它来作为个人偏好表达的另一部分,来使之与其他个体不同。如果对你来说,它看起来是这样的,那么对我来说,它肯定也是这样的,你被事先告知:在许多经济学家中,两个拥有相同信息的个体必定会得出相同的主观概率估计这一点是信条。任何主观概率估计中的差异一定是由信息上的差异造成的。我们的两个消费者可能会表示出上面所给出的偏好,但是只有当他们见到不同的信息以后才可以,如关于各支球队的质量等。这一假设对代理商之间的交易来说有重大意义;在本书的后面,我们还会遇到这些内容。我会将它留给其他人来维护这一假设——例如,见 Aumann(1987, section 5)——尽管我没法这样做。但是我们应该提醒读者这一模型假设,它在现代微观经济学理论的某些部分中扮演了一个非常重要的角色;它被称为**共同先验假设**(common prior assumption)或者**海萨尼方法**(Harsanyi doctrine)。

3.5 这些模型的问题

冯·诺依曼—摩根斯坦模型的概率是客观的,而 Savage(或者 Anscombe-Aumann)模型的概率是主观的,在微观经济学中,这两者是不确定性下最重要的消费者选择的模型。实际上,"最重要的"是一个保守的陈述;"占主导地位的"更好,但仍旧不够强。然后,某人会想知道:(1)存在理论上的理由可以怀疑这些模型吗?(2)根据经验,它们有多好?(3)如果有这些模型下存在的问题,我们将作何选择? 在本小节中,我们开始来回答这些问题。

3.5.1 理论上的问题

存在许多理论上的理由来怀疑这些模型。这些理由通常来自于这些模型在应用中的使用方式;只有有限一部分消费者的总体决策问题能被模拟,同时还要假设该消费者在有限问题上的选择行为遵循这类模型。即使该消费者的总体选择行为会遵循这类模型,在孤立状态下来看选择行为时,它仍旧可能不遵循这类模型。关于这一点的两个最重要的理由与投资组合效应和不确定性的跨期结局有关。

投资组合效应与确定性下的常规消费者选择理论中的互补/替代效应,在内在精神上是相同的。如果我们希望进行建模,比方说对于小麦的需求,意识到谷物的价格是一个关键变量是很重要的。我们(可能)不会试着在孤立状态下去分析小麦市场。或者,相反地,当我们试着在孤立状态下去分析小麦市场时,存在许多其他条件不变的设定(或者说,其他条件,尤其是谷物的价格均相同)。对于彩票,一些类似但更加危险的东西产生了。假设我们问该消费者他对持有通用汽车股票的彩票有何感觉。根据这些模型,我们会根据持有股票所得到的美元收益上的概率分布来描述这些彩票(可能会让该消费者给出它对那些分布的主观估计),并且我们会期望该消费者涉及赌局的偏好由它们所产生的期望效用给出。但是如果该消费者已经持有了通用汽车的股票,或者比如持有了福特的股票,我们会预期他的偏好会受到影响。换句话说,给定该消费者最初持有一份福特的股票,如果我们有两个赌局,它们的概率分布是完全相同的,但是其中一个包含了通用汽车的股票,而另一个包含了通用磨坊的股票,因为福特和通用汽车收益之间的相关性与福特和通用磨坊之间的不同,我们会预期该消费者在它们之间会感到差异。如果我们对该个体的整个投资组合选择问题进行建模,我们会看到这样的结果——将所有组成该个体所面对的一个总体彩票的单独赌局都包括进一个模型里。但是我们不能在孤立的情况下来考虑包含通用汽车股票和包含通用磨坊股票的赌局之间的偏好,并预期该模型有效。同时在这里,我们不能很确定地设定其他条件均相同——固定该消费者在福特股票上的净头寸不是问题。问题反而是所研究的赌局和在模型之外的赌局之间在相关性上的差异。正在考虑的赌局的(边缘)概率分布不足以描述要进行选择的对象;具有相同边缘分布(但是在该消费者未被建模的投资组合上有不同联合分布)的两个赌局会有不同的排序。[n]

至于不确定性的跨期结局,最简单的介绍方法是举一个例子。假设我们会抛一枚硬币(与世界上的任何其他因素都无关)。如果它出现了正面,你会得到一张 10 000 美元的支票;如果它出现了反面,你不会得到任何东西,或者你可以得到一张 3 000 美元的支票。(你可能会希望提供一个不是 3 000 美元的数字,使得你刚好略微偏好于该赌局。)一个难题出现了:这笔钱会在下一年的 9 月 1 日给你。这不是很复杂,以致我们不能改进前一小节中的选择模型。假设它是一枚公平的硬币,这听起来像是一个有 0.5 的概率赢得 10 000 美元,有 0.5 的概率得不到任何东西的赌局,或相对应的是一笔确定能得到的 3 000 美元。

但是考虑一个现实的难题。我们来看你可能会被给予的三个赌局。第一个如上所述,一个抛硬币的赌局,这里该硬币是在今天抛的,同时你在今天就会被告知结果。第二个也是如上所述,一个抛硬币的赌局,这里该硬币会在下一年的 9 月 1 日去抛,同时你会在那天被告知结果。在第三个赌局中,我们有同样一枚硬币,在今天抛,同时你会在下一年的 9 月 1 日被告知结果。你该如何对这三个赌局进行排序?

如果当你在这一选择问题中单独进行应用时,你遵循上述模型,那么你对它们的排序就是完全相同的。它们在奖品上都有相同的概率分布。(还要注意,它们与其他你可能会面临的赌局是无关的;这不是一个投资组合问题。)但是如果你和大多数人一样,那么相比后面两个赌局,你会更喜欢第一个赌局,同时你在后面两个赌局之间是无差异的。这里有两个因素在起作用:

(1) 尽快得到信息对你来说是很有价值的。

(2) 重要的时间点是对你这个决策者来说,不确定性何时消失,而不是不确定性何时"完全"消失。

当我们简单地将这些赌局考虑成你可能会得到的某份收入上的概率分布时,这两条陈述是根据我们留在模型之外的东西得出的。例如,在现在和下一年的 9 月 1 号之间,你有许多消费选择要做——在住房上、在食物上、在假日上花多少钱。从现在到那时,你会做什么至少在部分上取决于你现在拥有的资金和你认为你之后会得到的资金。如果对你来说,赌局中的不确定性在现在就已经消失了,则你可以更好地利用这些信息来根据你的(现在更加清楚了)资金分配你在现在和明年 9 月 1 日之间的消费选择。如果对你来说,不确定性在下一年的 9 月 1 日才消失,你在此期间就必须拖延决策。注意驱使它的是你必须做出的(消费)决策的存在性,如果我们孤立地来考虑这些赌局,这些决策是不会被分析的。和前面一样,这是一个问题,它是关于你的总体选择问题的一个部分或不完全模型的。(这就是为什么在我们关于对收入的引致偏好和对消费的引致偏好的讨论中,我们要说关于收入的不确定性在任何消费选择被做出之前消失是很重要的。)

---

n 我们在先前讨论了对包含不止一种风险资产的投资组合的需求,那些跟随这一讨论的读者会把该讨论当作这里所描述过的内容的一个更准确的说法。

这表明不确定性消失的时间是可以有重大影响的。[1]当孤立地来看这些赌局时，我们不足以描述可能的奖品及其概率。不太明显（但仍旧正确）的是：如果我们准备在一个指定的后续日期来决定所有的赌局，我们可能不会预期在比较赌局时，常规类型的模型会有效。（课后习题 11 会证实这一点。）

面对这些问题时，我们要做些什么？一个解决方案是将所有消费者的总体选择问题的相关部分都包括进我们的模型。这是相当令人难以接受的；把所有的东西都放进去会让模型变得庞大，而且经常会难以处理。或者你可以只把注意力限制到那些标准模型适用的部分上来。这也是令人难以接受的，因为标准模型适用所需的条件是非常严格的（见下文）。一个更好的选择是寻找一个选择模型，它适用于一个更大模型的一部分。这样的模型结构必然比冯·诺依曼—摩根斯坦或 Savage 模型要少，但仍旧有充足的结构来允许一些分析。例如，在处理投资组合效应时，如果你选择了一个"世界的状态"模型，然后你就能得到状态上的可加可分性，以及（甚至）一些各种状态依存效用函数的可比性。在处理包含不确定性的时间分辨率的问题时，你能得到"在概率上局部线性"的偏好；Machina 的近期工作（1982，1984）表明：在不确定性经济学中，这足以回到一些标准结论上来。

3.5.2 在简单背景下的经验性证据

因为上述两个原因（以及其他的原因），我们会担心在研究一个消费者的总体选择问题的孤立部分的背景下，这些选择模型是否适用。但是，有一点可以表明的是：如果该消费者遵循总体选择模型，同时如果该部分有最简单的可能结构，那么孤立一个部分出来是可以的；赌局中的风险与该决策者可能会面临的其他风险无关，同时赌局中的不确定性会马上消失。但是我们仍旧可以怀疑：作为不确定性下的个体选择的描述性模型，这些模型的表现会如何，即使是在这一极其简单的结构的背景下。

研究这一问题的典型方法是在对象人群中进行实验。实验对象由大学生所组成，他们在心理导论课中被告知需要参加一定数量的这种实验来通过这门课程。这些对象被问及这样一类假设问题：如果给你提供了一个选择，该选择是在_____和_____之间的；在_____和_____之间的，等等，你会如何进行选择？同时我们来查看违背常规选择模型的情况。这类研究经常会因为它们是人为设置的而受到批评：对象人群不常处理这类被问及的问题；对象人群没有合适的动机来认真对待该问题（这些问题是假想的）；而对于在重要的经济背景下做出的选择，我们不清楚这些实验是否能说明一些东西，等等。（由于这些研究招致了许多攻击，所以你可能早就能猜出他们会说什么。）但是实验经济学家和心理学家已经在他们有限的预算范围内就实验设计应对了这些批评，同时这些实验再三给出了一些与上述模型不符的结果，并且使得经济学家有责任为他们自己和他

---

[1] 不确定性消失的时间同样可能会因为"心理上"的原因而显得重要，即使就它能改变他必须做出的某些决策而言，该消费者在这一信息上没有特定的用途。悬而未决的不确定性本身就能成为一件好事或坏事。平常的观点是当有小概率出现好消息，而没有可能出现坏消息时，悬而未决的不确定性通常是件好事，而任何关于一个可能坏消息的不确定性本身就是一件坏事。这些是值得注意的重要效应。但是它们与这里关系到我们的效应不同。

们的模型提供辩解。

我们会讨论三个由实验文献提出的最重要的"影响"。它们都与不确定性下的选择有关。这并不是说确定条件下的选择模型没有以这种方式进行详查——它们也被详查了——但还是出现了问题,这也关系到了那些个体会如何做出选择的非常漂亮的感性或理性模型。

1. 阿莱悖论

最著名的违背冯·诺依曼—摩根斯坦期望效用模型的情况是以它的发现者——莫里斯·阿莱(Maurice Allais)的名字命名的。它的其中一个变形如下:

在两个赌局之间进行选择。第一个赌局有 0.33 的概率会给出 27 500 美元,有 0.66 的概率会给出 24 000 美元,有 0.01 的概率不会给出任何东西。第二个赌局确定给出 24 000 美元。

在两个赌局之间进行选择。第一个赌局有 0.33 的概率会给出 27 500 美元,有 0.67 的概率不会给出任何东西。第二个赌局有 0.34 的概率会给出 24 000 美元,有 0.66 的概率不会给出任何东西。

典型的(形式上的)回答方式是:在第一种情况下,接受确定给钱的那个赌局,在第二种情况下,接受第一个赌局。这一特定的回答方式违背了替代公理。①

为了这一点,我们已经给出了一系列的假说予以解释。它们中大多数的指导精神都是:个体重新调整了概率,赋予小概率事件更多的权重(按比例)。

2. 埃尔斯伯格悖论

这是丹尼尔·埃尔斯伯格(Daniel Ellsberg)提出来的,如下所示:

一个缸里有 300 粒彩色弹珠,其中的 100 粒弹珠是红色的,另外的 200 粒弹珠是蓝色和绿色的某个组合。我们将手伸进这个缸中,然后随机挑选一粒弹珠:

如果被选中的弹珠是指定颜色的,你会得到 1 000 美元。你会希望该指定颜色是红色还是蓝色?

如果被选中的弹珠不是指定颜色的,你会得到 1 000 美元。你会希望该指定颜色是蓝色还是红色?

形式上的回答是:在第一种情况下,该指定颜色是红色,在第二种情况下,该指定颜色也是红色。并且这些偏好都是严格的。

这违背了 Savage 或 Anscombe-Aumann 公理。如果这些公理得到满足的话,那么该决策者会根据他主观估计的被选中的弹珠是红色、蓝色还是绿色的概率来进行选择。(将红色的概率估计为 1/3 看起来是自然的,至少对于我来说,将蓝色和绿色的概率分别估计为 1/3 也是自然的。但是这一估计取决于消费者。)如果在第一种情况下,该消费者严格偏好于红色,那么他必然会给红色估计一个比蓝色更高的概率。但这样一来,他就会给事件"弹珠不是蓝色的"估计一个比事件"弹珠不是红色的"更高的概率。因此在第二个问题中,如果他遵循该模型,他就会严格偏好于回答蓝色。

埃尔斯伯格(以及在他之前和之后的其他人)用这类行为来断言:存在风险的情形(客

---

① 尝试自己证明这一点,或者去看看关于表述的讨论。作为另一个选择,你能表明没有期望效用最大化者可以表达出上述两个选择。

观不确定性)和存在不确定性的情形(主观不确定性)之间是有实际区别的。情况是这样的:人们不喜欢不确定性下的选择所带来的模糊性;他们同样不喜欢他们可能会弄错这其中的几率,从而导致一个错误的选择。因此在本例中的每一种情况下,他们都是在知道几率的情况下来进行赌博的——为是或不是红色进行投注。

3. 框架

在前面的第 2 章中,我们讨论了框架可能对选择造成的影响。事实上,那里所给出的关于各种疫苗计划的例子就是一个不确定下选择的例子。在那个例子中,对选项的两种不同的表述方式演变成了一个"现状"上的改变——那 600 人是还活着还是已经死了?——而实验结果表明:总的来说,在不确定性下做出的选择在很大程度上会受到决策者对现状认识的影响。[见 Kahneman 和 Tversky(1979)。]

关于框架,还有许多令人关注的方面,它在选择上也会造成许多冲击,远比我们在这里所描述的要来得多。但是框架的其中一个方面与我们先前的讨论格外相关。考虑图 3.11(1)和图 3.11(2)中的两个复合赌局。你会选择哪一个? 同时在图 3.12 中的两个复合彩票之间,你会如何进行选择?

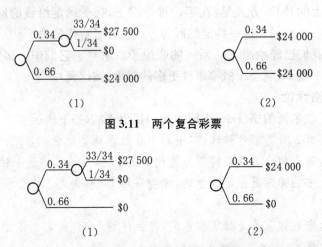

图 3.11　两个复合彩票

图 3.12　两个更多的复合彩票

这些赌局是不分胜负的,使得决策者会自然而然地关注每一对的两个赌局之间的"差异"——在图 3.12(1)中,有 33/34 的概率赢得 27 500 美元(同时有 1/34 的概率得不到任何东西),与之相对的是在图 3.12(2)中,确定能得到 24 000 美元。"一致选择"在两种情况下都是图 3.12(1)或图 3.12(2)的发生概率要高于阿莱悖论中的情况。[1]但是这些复合赌局恰好"是"阿莱悖论中的赌局;也就是说,如果概率论原则适用,它们就会简化为阿莱悖论中的单阶段赌局。[2]与赌局被描述成单阶段彩票时的情况相比,将这些赌局表述成复合彩票会使选择发生变化,在框架问题而言,这使得构建标准理论的整个结构开始动摇。

当然,近期有许多致力于重塑冯·诺依曼—摩根斯坦期望效用理论的工作,它们是以能允许偏好容纳阿莱悖论的方式来进行的。在某种程度上更少一些的,但仍旧有一些的

① 例如,见 Tversky 和 Kahneman(1986)。

② 当然,这表明阿莱悖论是如何成为一个违背冯·诺依曼—摩根斯坦替代公理的情况的。

工作致力于修改标准 Savage 和 Anscombe Aumann 模型，来允许如同埃尔斯伯格悖论的偏好。Machina(即将发表的论文)包含了对这方面材料的一个经典概述，以及对标准模型和可得的实验证据的一个阐述。在处理一般性的框架问题上，很少有人去做这样的工作(至少在经济学文献中是这样)。这是经济学中一个非常重要的前沿领域。

3.5.3 在复杂背景下模型的有效性

另一个怀疑这些选择模型的理由关系到它们所应用的决策问题的复杂性，尤其是在这些选择模型在经济背景下应该如何应用时更是值得保留怀疑的态度。例如，它们被用来对某一个体在他的整个人生上的消费——投资预算问题进行建模。它们被用来对这样的个体进行建模，这些个体被假设成想要解决写下该模型的经济学家无法解决的统计推断问题。它们被用来对个体之间特别复杂的相互作用进行建模，即便写下该模型的人无法做出估计时，这里每一个个体都在(正确地)估计作为对他们所拥有的信息的反应，其他人会做些什么，如此等等不一而足。(未免你认为我是在嘲笑这些愚蠢的应用，实际上这在微观经济学家中相当普遍，上面所列的三个错误都是我自己所曾犯过的。)

在经济模型中，这一问题有时会被描述成一个在个体部分上假设的**无限理性**(unlimited rationality)问题。个体被假设成对他们所处的环境有惊人的了解，同时他们还被假设成能进行极强的计算来找出最佳的行动方案，并且不需要花费金钱和时间。这当然是极端荒谬的。面对复杂性，个体会依赖经验法则、"粗略的"计算、满意度行为(satisficing behavior)[可以用"满意度"(satisfactory)来替代刚才所出现的单词]，以及其他类似的方法。在处于一个复杂经济背景之下时，像这样的**有限理性**(limited rationality)行为显然会有重要的应用。

我们在第 1 章中以一个很具有代表性的托辞方式给出了一些提示。实证经济学会这样来为自己辩护：唯一需要关注的只是行为"好像"是被这些计算所完成。例如(这种辩护论调经常出现)，在开车时，要决定超过前面的某人是否安全，所需要的计算是极为复杂的。然而我们会看到个体们——即使是那些没有受过高中教育的人，每天都能成功进行这样的计算。(我们偶尔也会看到他们失败，但是在存在不确定性的情况下，任何时候都有可能出现坏的结果。)我们可能会反驳：这些选择虽然被做出，但它们是试探性的，并且(可能)会比所建立的最优安全边界更大。这一理念的拥护者会回应：这"好像"是个体正在用一个风险厌恶程度更大的效用函数来进行最优化。

此外(这一理念的拥护者会说)，如果这一理论在个体水平上的小幅变动在总体上相互抵消，那么它们就是无关紧要的。当然，这假设了总体结果是重要的。同时它还假设：在假定的行为偏差中，不存在系统偏差。而系统偏差会(可能)造成重大的总体影响。

这一理念的拥护者还有一道在第 1 章中没有被提到过的防线：没有其他更合适的理论可供选择，那么这个理论就是最可被接受的。所给出的其他理论选择都因为是特设的，并且没有任何可检验性约束而受到了批评：如果我们可以允许任何行为，或者如果这些被允许的行为是因为模型作者的一时兴起，其预测力就会消失得无影无踪。但是这一回答是一个不合逻辑的推论。如果到目前为止所产生的选择都是特设的(而且我根本不打算预先判断这一问题),这并不意味着可以接受的其他理论选择就无法给出。有人经常希望能出现一些经典的并且能被广泛接受的有限理性行为模型。(偶尔还会有一些这一方向上的尝试。实际上,正如此间所给出的激辩所示,在这方面人们所做的工作比通常认为的还要多。)但是我们只能是静待这样的模型横空出世的那一天……

最后(同时这是一道最令我个人感到满意的防线),你不应当排除这样的可能性,就是你能通过给出像这样关于经济行为人能力的夸张假设来得到一些有价值的东西。这并不是说你不会被误导,或者你不能从更合理的假设中学到其他东西。但是这两者都不妨碍从行为模型中得出洞见,从某种程度上来说,该洞见在这个维度上来看常常令人感到难以置信。

3.6 理论规范性应用

另一种看待本章中模型的方式是将它们解释成规范性的理论,而不是描述性的理论。规范性的观点是:

(0) 假设你处在这样一个情形下:在这里,你必须做出一个具体而又相当复杂的选择。问题中的选择可能会涉及不含"客观"概率的随机事件、许多不同的结果,如此等等。

(1) 问你自己:这一情形能被嵌入到具有其中上述模型之一的结构的一般选择情形中去吗?

(2) 如果对第一个问题的回答是肯定的,那么在这种情形下,我们所讨论过的"偏好的性质"是否合理? 换句话说,基于符合这些性质的偏好来采取一个选择是否合理?

(3) 如果回答再次是肯定的,则我们可知:你想让你的选择基于由特定的框架和性质所表明的那类标准——期望效用最大化或主观期望效用最大化——来做出。

(4) (这里的点睛之笔是)通过详审你自己不太复杂的具体选择和你的偏好的总体性质,要得到效用表示所需要的数据是有可能的。它会给你关于效用表示的数据——然后根据这些数据,你能计算出在复杂情形下的最佳选择。

例如,假设给你一个赌局,这里的奖品是 1 000 美元、700 美元、470 美元、225 美元、32 美元、−87 美元、−385 美元、−642 美元以及−745 美元。其概率取决于下星期五下午的道·琼斯工业指数(DJIA)确切的收盘水平。例如,如果 DJIA 比当前水平要高出 100点,则该赌局会指定你得到 1 000 美元,如果它比当前水平要高出 80 点至 100 点,则你会得到 700 美元,等等。

(1) 我们能否用上述的一个模型来对此进行形式化? 这是非常肯定的——Anscombe-Aumann 模型适用于这种情况,在这里世界的状态就是 DJIA 的各种水平。

(2) 你认同这一公理是非常恰切的吗? 在这种情况下,你可能会。不确定性消失得很快,同时你可能不会大量持有与这一不确定性相关的资产。(如果你持有了,你可以使用一个更复杂的规范模型。)

(3) 因此你对是否接受该赌局的选择应该根据 Anscombe-Aumann 框架表征而做出。我们需要得到你对未来 DJIA 水平的主观概率估计,同时还需要得到你对金钱的效用函数。

迄今为止,我们还没有从这一工作中得到任何有用的东西。实际上,在(1)和(2)中,你被问及了一些很难的问题,(我们希望)你会对它们苦苦思索。但是现在:

(4a) 首先考虑你对 DJIA 的主观估计。有一些程序性办法可以帮到你。其中的一些,包括从过去的数据中进行推断,对你来说可能已经很熟悉了。其他的还包括用容易理解并能消除系统偏差的方式来表述这些问题。最后,你仍旧必须给出你的主观估计,但是有方法可以增加你在你所作估计的"有效性"上的信心。

(4b) 从某种程度上来说,描述该如何单纯得到你的效用函数显得更加容易。首先,假设你的偏好在金钱上是递增的应该很保险;你的效用函数是单调的。其次,只要你能"负担得起"损失 745 美元,你或许就能确信你是风险厌恶的;你的效用函数会是凹的。Kahneman 和 Tversky(以及在他们之前的其他人)告诉我们在零水平附近要特别小心——你可能会表现出"零假象"——一旦指明了这一点,你会更加重视这一赌局收益和损失的差额。°我们需要你在 1 000 美元到 -745 美元之间的效用函数,并且我们可以通过问你相对简单的问题来得到它,至少在大体上可以做到这一点,比如:你对一个奖品为 1 000 美元和 -800 美元的抛硬币赌局的确定性等价是什么?注意我们在这里所做的。我们问了一个最简单的确定性等价问题,它涉及的是一个抛硬币赌局。根据对这样相对简单问题的回答,我们可以在整个范围内建立你的效用函数,同时可以完成对你所给出回答的一致性审查。

此外,现在你知道了递增、递减以及恒定的风险厌恶。很可能你能确信你在总体上会希望是(弱)非递增风险厌恶的。同时如果奖品的范围对你来说不是太重要,可能就像这一特定问题的情况,然后你甚至能确信你在这一范围内会希望表示出几乎恒定的绝对风险厌恶。如果你接受了这一点,则我们实际上已经准备好了一切;我们已经确定了你的效用函数,并以此来找出一个单一的常数,它是通过一个关于抛硬币赌局的单一问题来确定的(尽管我们会问几个问题,比如一个一致性审查)。你希望归入这一问题的定性性质的数量越多(在这一奖品范围内,恒定的风险厌恶是一条容易理解的并且令人难以置信的有力性质),进行概率和效用函数估计就越容易。一旦我们得到了你的主观概率估计和你的效用函数,我们就能很快地理解所给出的复杂赌局,并以此来看看你是否会"想要"接受它。

3.7 书目提要

本章中的内容结合了很多不确定性下的选择理论和一些不确定性经济学理论。在关于不确定性下选择的主题上,我向你推荐三本教科书/参考文献:Fishburn(1970)、Kreps(1988),以及 Machina(即将发表)。想要得到所有关于标准模型的详细内容,Fishburn 是强烈推荐的。Kreps(1988)省略了一些详细的证明,但是它可能比 Fishburn 更好理解。

° 一个途径是用几种不同的方式来表述同一个赌局。例如,对于一个抛硬币赌局,这里的奖品是 -1 000 美元和 0 美元,我们问你的确定性等价,然后对于另一个抛硬币赌局,这里的奖品是 0 美元和 1 000 美元,但是你必须先支付 1 000 美元,我们问你的确定性等价。就你的银行账户的最终平衡而言,这些是"相同"的问题,同时,再三考虑之后,你可能会决定你想给出相同的最终回答。

Machina(即将发表),除了提供标准理论的一个完整论述外,还给读者提供了选择理论在近期的最新发展,它想要处理阿莱和埃尔斯伯格悖论。如果你喜欢参看原始资料,见 von Neumann 和 Morgenstern(1944)、Savage(1954),以及 Anscombe 和 Aumann(1963)。

关于对金钱效用函数的内容(尤其是绝对和相对风险厌恶)在上面所列的三本书中都有(不同程度的)更深层次的发展。经典的参考文献是 Arrow(1974)和 Pratt(1964)(绝对风险厌恶系数有时也因此被称为风险厌恶的 Arrow-Pratt 测度)。我们非常简要地(用小字部分)接触了关于更多或更少风险赌局的主题;Machina(即将发表)给出了一个关于这一点的特别经典的论述。

不确定性经济学(对保险的需求、对风险资产的需求)在许多不同的地方都有发展。Borch(1968)提供了一个非常具有可读性的介绍,同时 Arrow(1974)包含了一些经典的拓展。涉及资产市场的问题很快就融入金融学中去;一本关于这一主题的经典教科书是 Huang 和 Litzenberger(1988)。

所引述的涉及这些模型经验性问题的文章是 Allais(1953)、Ellsberg(1961)以及 Kahneman 和 Tversky(1979)。Machina(即将发表)给关于这一部分的大部分内容提供了一个概述,同时还给出了一些近期的想要应对阿莱和埃尔斯伯格悖论的理论发展。

参考文献

Allais,M. 1953. "Le Comportement de l'Homme Rationnel devant le Risque,Critique des Postulates et Axiomes de l'École Americaine." *Econometrica*,21:503—546.

Anscombe,F.,and R. Auman. 1963. "A Definition of Subjective Probability." *Annals of Mathematical Statistics*,34:199—205.

Arrow,K. 1974. *Essays in the Theory of Risk Bearing*. Amsterdam:North Holland.

Aumann,R. 1987. "Correlated Equilibrium as an Expression of Bayesian Rationality." *Econometrica*,55:1—18.

Borch,K. 1968. *The Economics of Uncertainty*. Princeton,N.J.:Princeton University Press.

Diamond,P.,and J. Stiglitz. 1974. "Increases in Risk and in Risk Aversion." *Journal of Economic Theory*,8:337—360.

Ellsberg,D. 1961. "Risk,Ambiguity,and the Savage Axioms." *Quarterly Journal of Economics*,75:643—669.

Fishburn,P. [1970] 1979. *Utility Theory for Decision Making*. New York:John Wiley and Sons. Reprint. Huntington,N.Y.:R.E.Krieger Publishing.

Huang,C-f.,and R.Litzenberger. 1988. *Foundations for Financial Economics*. New York:Elsevier Science Publishing Company.

Kahneman,D.,and A.Tversky. 1979. "Prospect Theory:An Analysis of Decision

Under Risk." *Econometrica*, 47:263—291.

Kreps, D. 1988. *Notes on the Theory of Choice*. Boulder, Colo.: Westview Press.

Machina, M. 1982. "Expected Utility Analysis without the Independence Axiom." *Econometrica*, 50:277—323.

Machina, M. 1984. "Temporal Risk and the Nature of Induced Preferences." *Journal of Economic Theory*, 33:199—231.

Machina, M. (Forthcoming). *The Economic Theory of Individual Choice Under Uncertainty: Theory, Evidence, and New Directions*. Cambridge: Cambridge University Press.

Pratt, J. 1964. "Risk Aversion in the Small and in the Large." *Econometrica*, 32:122—136.

Ross, S. 1981. "Some Stronger Measures of Risk Aversion in the Small and in the Large with Applications." *Econometrica*, 49:621—638.

Rothschild, M., and J. Stiglitz. 1970. "Increasing Risk: I. A Definition." *Journal of Economic Theory*, 2:225—243.

Rothschild, M., and J. Stiglitz. 1971. "Increasing Risk: II. Its Economic Consequences." *Journal of Economic Theory*, 3:66—84.

Rothschild, M., and J. Stiglitz. 1973. "Addendum to Increasing Risk." *Journal of Economic Theory*, 5:306.

Savage, L. 1954. *The Foundations of Statistics*. New York: John Wiley and Sons. Rev. and enl. ed. New York: Dover Publications, 1972.

Tversky, A., and D. Kahneman. 1986. "Rational Choice and the Framing of Decisions." *Journal of Business*, 59:S251—278.

Von Neumann, J., and O. Morgenstern. 1944. *Theory of Games and Economic Behavior*. Princeton, N.J.: Princeton University Press. (2d edition, 1947; 3d edition, 1953).

课后习题

1. (1) 证明引理 3.1。(假设 3.2 在你的证明中会扮演非常重要的角色。从 $\alpha = 1$ 的情况开始。)

(2) 证明引理 3.2。(首先处理 $p \sim \delta_b$ 和 $p \sim \delta_w$ 的情况,然后定义 $\alpha = \inf\{\beta: \beta\delta_b + (1-\beta)\delta_w \succ p\}$。用阿基米德性质来证明:$\alpha\delta_b + (1-\alpha)\delta_w \sim p$。)

(3) 证明引理 3.3。(这比引理 3.1 和 3.2 要难,我们将它留作一个挑战。考虑三种情况:对于所有的 $s \in P$,均有 $p \sim q \sim s$;存在某个 $s \in P$,使得 $s \succ p$;存在某个 $s \in P$,使得 $p \succ s$。)

(4) 给出引理 3.4 的一个正式证明。(使用关于支撑 p 的测度的介绍。在这里,回忆我们假设问题中的所有概率分布都有有限支撑。)

(5) 将引理 3.4 的证明拓展到没有最佳和最差奖品的情况中去。(假设有两个奖品，$\delta_b \succ \delta_w$。任设 $u(b)=1$ 且 $u(0)=0$。若 $\delta_b \succsim \delta_x \succsim \delta_w$，则像引理 3.2 中那样定义 $u(x)$。若 $\delta_x \succ \delta_b$，用引理 3.2 来证明存在一个唯一的 α，使得 $\alpha\delta_x + (1-\alpha)\delta_w \sim \delta_b$，并且定义 $u(x)=1/\alpha$。若 $\delta_w \succ \delta_x$，用引理 3.2 来证明存在一个唯一的 α，使得 $\alpha\delta_b + (1-\alpha)\delta_x \sim \delta_w$，并且定义 $u(x)=-\alpha/(1-\alpha)$。然后证明这一 u 有效。一旦你弄明白了为什么这会给出 u 的合适定义，所有的事情就都应该很清楚了，虽然会有一些枯燥。)

(6) 证明命题 3.1 的"唯一性"部分。(提示：以如下方式开始你的证明。假设 u 和 v（其定义域为 X）都给出了关于"$\succ$"的期望效用表示。假设对于常数 $a > 0$ 和 b，并非是 $v(\cdot) \equiv au(\cdot) + b$。然后存在 3 个 X 中的元素，使得……)

2. 设 p' 是一个概率分布，它给出奖品 10 美元和 20 美元的概率分别为 2/3 和 1/3，同时设 p 是一个概率分布，它给出奖品 5 美元、15 美元和 30 美元的概率分别为 1/3、5/9 和 1/9。证明任何风险厌恶型的期望效用最大化者都会（弱）偏好于 p' 而不是 p。(提示：就像在关于风险厌恶的小节的结尾处所讨论的那样，构建 p，使之成为一个复合彩票。)在这一具体例子的工作中，你能提供一个关于该原则的一般性陈述吗？

3. 在第 3.3.1 节的结尾处，我们问了这样一个问题：根据关于消费束的彩票上的冯·诺依曼—摩根斯坦偏好，固定一个消费者，并且将该消费者的收入固定在某个水平 Y 上。给定两个价格向量 p 和 p'，该消费者是愿意在价格为 p 或 p'，两者概率均为 1/2 的一个经济中，还是愿意在价格确定为 $0.5p + 0.5p'$ 的一个经济中？我们断言这一问题没有一个明确的回答。在这一问题中，你被要求发展两个例子，它们会表明沿着这几条线会发生什么。

(1) 假设有两种商品，同时该消费者的序数偏好由 $U(x_1, x_2) = x_1 + x_2$ 所给出。也就是说，对于某个在实数轴上严格递增的函数 f，该消费者的冯·诺依曼—摩根斯坦效用函数为 $u(x_1, x_2) = f(x_1 + x_2)$。假设 $p = (1, 3)$，同时 $p' = (3, 1)$。证明：不管函数 f 是什么，该消费者都偏好于接受风险价格。

(2) 假设有两种商品，同时对于某个在实数轴上凹的，并且严格递增的函数 f，该消费者的冯·诺依曼—摩根斯坦效用函数为 $u(x_1, x_2) = f(\min\{x_1, x_2\})$。假设 $f(0)$ 是有限的。现在假设价格上的风险完全是总体价格水平上的风险：对于某个标量 $\gamma > 1$，$p = (\gamma, \gamma)$ 且 $p' = (1/\gamma, 1/\gamma)$。证明：对于固定的 γ，你总是能找到一个函数 f，使得该消费者偏好于确定价格 $0.5p + 0.5p'$ 而不是风险价格。并且证明：对于每一个凹的，严格递增的函数 f，这里 $f(0)$ 是有限的，都存在一个足够大的 γ，使得该消费者偏好于风险价格而不是确定价格。

4. 回忆第 3.3 节中关于一个购买保险的消费者的分析。假设该消费者对净收入有一个凹的，但不一定可微的效用函数。对于我们在讨论中所给出的结论，这会引起什么变化？

5. 假设一个保险政策会补偿一个受害者的损失，但是从某种程度上来说是不完全的。也就是说，假设在给出的关于购买保险的消费者的故事中，我们的消费者在任何保险之前的收入为 $Y - \Delta$，这里的 Δ 是一个简单彩票，它的支撑包含 0 和一些严格为正的数值。在任何损失事件中，也就是说，在 Δ 超过 0 的事件中，现有的保险政策都会支付一笔完全的

补偿 B。保险费仍旧是 δ，设 π 为该消费者遭受损失的概率。若 $\delta = \pi B$，则该契约是精算公平的。假设出现损失时，它是这样的，并且 B 是损失的期望值。如果该消费者有一个凹的、可微的效用函数，她会购买全额保险吗？（如果你没法在一般情况下来做这个问题，你可以使用一个简单的参数化例子。）

课后习题 6—9 都涉及第 3.3 节中对风险资产需求的讨论。

6. 考虑如下第 3.3 节中讨论的特殊情况：该消费者有 W 美元可以用来投资，他必须在两种可能的投资之间来分配这笔钱。第一种是确定的——投入 1 美元，然后拿回 $r > 1$ 美元。第二种是有风险的——对于所投资的每一美元，它都会随机回报 θ 美元，这里的 θ 是一个在 $(0, \infty)$ 上的简单彩票，它的概率分布为 π。我们假设 θ 的期望值严格大于 r，但是 θ 取某些严格小于 r 的值的概率为正。我们允许该投资者卖空无风险资产，但是不能卖空风险资产。同时我们不用担心净回报是负的；该消费者的效用函数会对负参数做出定义。

该投资者根据投资组合对他的净回报所产生的期望效用来评价他对投资组合的初始选择。此外，该消费者有一个恒定的绝对风险厌恶系数 $\lambda > 0$。也就是说，他选择投资到风险资产中的财富的数额（将剩下的投资到安全资产中去），来使 $-e^{-\lambda Y}$ 的期望最大化，在这里，Y 是他从他所选择的投资组合中得到的（随机）净回报。让我们用 $\alpha(W, \lambda)$ 来表示投资到风险资产中的钱的最优化数额，它是一个关于该消费者的初始财富 W 和风险厌恶系数 λ 的函数。

(1) 证明对于所有的 W 和 α，$\alpha(W, \lambda)$ 都是有限的。也就是说，该消费者的投资问题有一个明确的解。

即使你解决不了 (1) 部分，假设它的结论成立，然后继续来做 (2) 部分和 (3) 部分。

(2) 证明 $\alpha(W, \lambda)$ 与 W 无关；不管他的初始财富是多少，该消费者都会在风险资产上投资相同数额的钱。

(3) 证明 $\alpha(W, \lambda)$ 在 λ 上是非递增的；该个体的风险厌恶程度越高，他投资到风险资产中的钱就越少。

7. 考虑只有一种风险资产时，该消费者的问题的一般阐述方式。证明：如果该风险资产有真正的风险——也就是说，它有非零方差——同时，如果该消费者的冯·诺依曼—摩根斯坦效用函数是严格为凹的，则如果该消费者的问题有解，那么它必定有唯一解。

8. 回忆在有不止一种风险资产时，我们在对风险资产的需求的讨论中断言：一种资产的期望回报小于 r 并且仍旧被需求是有可能的，同时一种资产的期望回报大于 r 并且完全没有被需求也是有可能的。（回忆我们不允许卖空风险资产。）构建一些例子来支持这些论断。（提示：对于第一个例子，回忆你在这两种风险资产的回报之间想要负相关性。假设每一种风险资产的回报要么是 $\theta = 1$，要么是 $\theta = 5$，同时 $r = 2$。你应该能根据这来构建一个例子。第二个例子更加简单。如果 θ^1 和 θ^2 是完全正相关的，并且 θ^2 总是比 θ^1 大，则会发生什么？）

9. 证明：如果我们有两种风险资产，它们在回报上的概率分布是相互独立的，则我们在课本中得到的在只有一种风险资产的情况下的结论都能被延伸到这里。

10. 关于第 3.4 节中在状态上可叠加的表达式 $(**)$，我们可能会想知道根据状态上的主观概率来得到表达式是否有价值，因此表达式变成了一个主观状态依存期望效用。

证明如下结论:如果我们有一个表达式(**),则对于任意 S 上的严格为正的概率分布 π 来说,都存在一个状态依存效用函数 $u: X \times S \to R$,使得主观状态依存期望效用能用这一概率分布 π 和效用函数 u 来表示"$\succ$"。[由于这里的 π 是完全任意的,直到它严格为正,这一课后习题开始时所提的那个问题的回答都是:没有多少价值。这就是为什么我们不把主观概率包括进表达式(**)的原因。]

11. 考虑一个消费者会生活在今天和明天。在每一天中,该消费者都会消费一种单一的商品(食物);它在每天的价格都是每单位 100 美元。我们用 c_0 来表示该消费者在今天消费的食物的量,用 c_1 来表示他在明天消费的量。在他能买得起多少食物的问题上,该消费者面临一些不确定性(在下一段中会做出解释),同时他在不确定性消费束 (c_0, c_1) 上的偏好由冯·诺依曼—摩根斯坦效用函数 $u(c_0, c_1) = \ln(c_0) + \ln(c_1)$ 的期望值给出,这里的 $\ln$ 是以 e 为底的对数。

该消费者目前拥有 100 美元的财富。他能在今天把这笔钱都花掉,或者把一些钱存到银行里,到了明天再将其取出,用来购买食物。该银行不提供任何利息,也没有存款或取款费用——今天存进的 1 美元到了明天还是 1 美元。除了他结转的任何储蓄外,到了明天,该消费者还会得到一份随机数额的额外收入。如果在这笔收入上有任何不确定性,该不确定性在明天之前都不会消失——直到今天的消费和储蓄水平被确定为止。

(1) 假设到了明天,该消费者确定会得到一笔 34 美元的额外收入。他在今天要选择的消费水平是什么?他的总体期望效用是什么?

(2) 假设到了明天,该消费者有 1/2 的概率会得到一笔 100 美元的额外收入,同时有 1/2 的概率得不到任何额外收入。他在今天要选择的消费水平是什么?他的总体期望效用是什么?(想用分析法来解决这一问题,你就必须解一个二次方程。)

(3) 假设到了明天,该消费者有 1/4 的概率得不到任何额外收入,有 1/2 的概率会得到 34 美元,有 1/4 的概率会得到 100 美元。他在今天要选择的消费水平是什么?他的总体期望效用是什么?(在这里,一个好的近似解也是可以被接受的,因为想要得到精确解,你就必须要解一个三次方程。你在计算中必须非常精确;第三位有效数字是很重要的。)

(4) 假设你在这一问题上走远了,是什么影响了你对(1)、(2)和(3)部分的回答?特别地,如果我们想要得到该消费者在关于"额外收入"的彩票上的偏好,在这里,我们已知所有的不确定性都会在明天消失,那么该消费者会满足冯·诺依曼—摩根斯坦公理吗?

12. Kahneman 和 Tversky(1979)给出了一个如下关于违背冯·诺依曼—摩根斯坦理论的例子。95 个调查对象被问及:

假设你考虑给一些财产上灾害保险的可能性,如火灾或盗窃。在你调查了风险和保险费之后,你发现你在选择购买保险和不购买保险之间没有明确的偏好。

然后引起你注意的是保险公司提供了一个新的计划,称之为概率保险。在这一计划中,你支付常规保费的一半。如果发生灾害,你有 50% 的概率可以支付另一半的保费,然后保险公司赔偿所有的损失,还有 50% 的概率你拿回所支付的保费,然后自己承担所有的损失……

回忆保险费是你发现该保险刚好与它等值的费用。

在这种情况下,你会购买概率保险吗?

80％的调查对象都说他们不会。

忽略"金钱的时间价值"。①如果我们假设(就像我们经常做的那样)所有的期望效用最大化者都是风险中性或风险厌恶的,那么这会提供一个违背冯·诺依曼—摩根斯坦模型的情况吗? 明确拒绝概率保险的某人会展现出不符合该模型的行为吗(维持风险厌恶/中性假设)? 如果你严格地回答"是",你就答对了一半。但是如果你能提供一个理由,来说明为什么像我这样的一个完全符合的冯·诺依曼—摩根斯坦期望效用最大化者,会对概率保险说"不",你就能搞清楚这一问题的全部要点。(提示:见课后习题11。)

13. 我们在先前通过提及埃尔斯伯格悖论的偏好表达式,表明了埃尔斯伯格悖论是一个违背 Savage-Anscombe-Aumann 理论的情况。直接证明埃尔斯伯格悖论是一个违背这些公理的情况;也就是说,展示(通过举例)一个遭到违背的具体公理。你可以选择 Savage 公理或 Anscombe-Aumann 公理——这两者之中只有一者是必需的。(在关于 Savage 的例子中,你只知道三条公理:偏好是不对称的、负传递的,以及确定事件原则。这三条中的其中一条被埃尔斯伯格的例子所违背。在关于 Anscombe-Aumann 的例子中有五条公理可以选择,因此,它可能会比研究 Savage 的三条公理更加容易,因为 Savage 的公理更少。)

14. 以下的废话经常被听到:

假设我完全免费地提供给你一个赌局,在这里,你有 0.4 的概率赢得 1 000 美元,有 0.6 的概率损失 500 美元。如果你是风险厌恶的,你很可能会选择不接受这一赌局(如果另一个选择是不接受);尽管这一赌局有一个正的期望值[$0.4 \times 1\,000 + 0.6 \times (-500) = 100$(美元)],它仍旧有重大的风险。但是如果我提供给你的是,比方说,对这一赌局的 100 个相互独立的试验,则你无疑可能就会希望接受它们;大数定律说:你会在结束时领先。也就是说,当考虑一个单一的赌局时,风险厌恶可能会很敏感。但是当我们考虑许多相互独立的相同赌局时,它是不敏感的;然后唯一有意义的东西是长期的平均值。

这是废话吗? 你能创造一个特定的"消费者"吗,根据冯·诺依曼—摩根斯坦公理,他是理性的,同时不管所提供的赌局的数量有多少,他都会拒绝所有这些相互独立的相同赌局? 或者说,如果被提供了足够多的相互独立的相同赌局,会有任何冯·诺依曼—摩根斯坦期望效用最大化者接受这些赌局吗? [两种回答都可能是正确的,这取决于你如何来解读短语"足够多的相同赌局"。如果我们将这一短语解读成:我们给该消费者提供了许多相同的赌局,这个数字事先就确定好了,但是很大;那么这个问题就是最简单的。然后你就应该就能创造一个消费者,他不会接受任何这些赌局。如果你担心该消费者破产,你可以挑一个选择:(1)该消费者永远不会破产——他的效用函数在所有的金钱水平上都有定义,不管是正的还是负的;(2)如果该消费者的财富从 2 000 美元开始,一旦到达 0 美元,他就破产了;同时当他破产时,我们会停止与该消费者的赌局。解释(1)更容易研究,但两者都是可以的。]

---

① 因为保险公司是在现在就得到保费,或者在现在得到一半的保费,以后再得到另一半,这笔保费可能会赚得的利息可以是间接的。我想让你忽略这些影响。想要做到这一点,你可以假设如果该保险公司给你提供保险,那么第二部分的那一半保费必须加上该保险公司所预估的利息。而如果他们不提供保险,那么当他们退还第一部分的那一半保费时,他们就必须同时退还这笔钱所赚得的利息。但是总而言之,简单地忽略这些复杂因素是最容易的。

同时,如果你喜欢挑战,尝试证明如下结论:假设我们根据规则(2)进行赌博:该消费者被提供了"最多 N 个赌局",同时还有一个附加条款,就是如果一旦该消费者的财富降到 0 美元,我们就会停止赌博。假设该消费者有一个对最终财富的效用函数,它是严格递增的,并且在 0 点上是有限的。(a)如果该消费者的效用函数是无界的,则存在一个足够大的 N,使得当被提供 N 或更多个赌局时,该消费者会接受它们。(b)而如果该消费者的效用函数有上界,则结果会有两种可能:对于所有足够大的 N,该消费者都会拒绝这些赌局;或者对于所有足够大的 N,该消费者都会接受这些赌局。如果你能更进一步地描述(b)中的两种情况,那就更好了。

15. 我所知道的一个特定的消费者必须在这三者之间做出选择:(1)一份确定为 200 美元的回报;(2)一个赌局,它的奖品为 0 美元、200 美元、450 美元和 1 000 美元,它们的概率分别为 0.5、0.3、0.1 和 0.1;(3)一个赌局,它的奖品为 0 美元、100 美元、200 美元和 520 美元,每一种情况出现的概率均为 1/4。该消费者,在这些选择的背景下,遵循冯·诺依曼—摩根斯坦公理。此外,该消费者,经过再三考虑之后,希望表明:她的偏好在这一奖品范围上展示出恒定的绝对风险厌恶,同时她对一个奖品为 1 000 美元和 0 美元,两者概率相等的赌局的确定性等价为 470 美元。在给定的三个赌局中,对于这一消费者来说,哪一个是最好的(对她的全部判断,都承认其有效性)?

▶ 4

动态选择

在经济背景下的许多重要选择都是经由时间来做出的。消费者在今天采取了一些行动,同时他知道在明天和后天会需要一些后续选择,以此类推。今天的选择会影响该消费者对后续选择的看法或后续可得的选择,或者两者都会被影响。我们将这称为**动态选择**(dynamic choice)问题,在这一简短的章节中,我们会讨论经济学家是如何针对动态选择过程进行建模的。

事实上,这里有两个不同的理论议题。当一个消费者在今天做出选择时,她大概会根据其未来计划要做的后续选择来这样做。我们可以问这些计划是如何影响当前要做的选择的。也就是说,**静态选择**(static choice)事实上是一个更大的动态选择问题的一部分,那么静态选择的后果是什么?然后第二天到了,我们的消费者做出了一个后续选择。我们要问后续日期的选择是如何与先前日期的选择相联系的。也就是说,动态选择的结构是什么?

在微观经济学中,动态选择的议题经常会通过将动态选择简化为一个静态选择来处理,这一静态选择是接下来将被执行的一个**最优动态策略**(optimal dynamic choice)的静态选择。在第 4.1 节中,我们会通过举例来讨论这一标准方法。(我们已经在第 3 章中见过一些例子,但是在这里我们会更加明确将要发生的事情。)然后在第 4.2 节中,我们将在一个不同的例子的背景下同时讨论该标准方法和一对备选方案。一般性的讨论会在接下来的第 4.3 节中给出。

4.1 最优动态策略

4.1.1 一个简例

假设一个消费者面临如下问题。该消费者生活两个时期,在每一个时期都会进行消费。她只消费两样东西:洋蓟和西兰花。因此对于她来说一个完全的消费束是一个四元向量 $x = (a_0, b_0, a_1, b_1)$,这里 a_t 是在日期 t 时她所消费的洋蓟的量,而 b_t 是在日期 t 时她所消费的西兰花的量，$t=0,1$。我们会将今天称为日期 0，将明天称为日期 1。

这一消费者在向量消费束 x 上的偏好由某个序数效用函数 $U(a_0,b_0,a_1,b_1)$ 给出。（我们暂时不考虑她在一系列随机消费束上的偏好。）

我们可以假设在日期 0 时市场开张，在这里该消费者能购买她所希望（并且能买得起）的任意组合 x；也就是说，她能订立在明天递送洋蓟和西兰花的**远期合同**（forward contract）。这会把她所面临的选择问题变成一个像第 2 章中那样的简单静态问题，这一点你不会遇到什么困难。但是我们假设今天市场开张交易当前的洋蓟和西兰花；到了明天，新的市场又会对接下来当前的洋蓟和西兰花进行交易；而在今天该消费者可以将钱存到一家银行里（或向银行借钱），在明天她又能将钱取出（或偿还）用于后续的消费目的。[a] 假如使用美元作为结算的单位，我们假设该消费者在今天有 Y_0 美元可花或可存，而她在明天会得到另外 Y_1 美元作为收入，她可能会将所有的存款转账到这上面，或者将要偿还的所有贷款从这里面扣除。我们假设在今天洋蓟和西兰花的美元价格分别是 p_0^a 和 p_0^b，而到了明天价格会变成 p_1^a 和 p_1^b，同时我们的消费者所惠顾的银行对于在今天所投资的每一美元都会在明天给出 r 美元作为回报（或者会在今天借出 1 美元，并要求一个在明天偿还 r 美元作为回报的承诺）。

了解了所有这些之后，我们的消费者会从策略上来考虑问题。

（1）她在今天必须决定消费多少数量的洋蓟和西兰花以及向银行借（或借给银行）多少钱。我们用 a_0 和 b_0 来表示前两个决策变量，同时我们用 z 来表示今天银行中的净状态，这里 $z>0$ 意味着她在今天借给银行 z，而 $z<0$ 意味着她向银行借了 $-z$。我们假设她只能消费非负数量的蔬菜，因此 a_0 和 b_0 都受到非负约束。同时她必须用她的当前收入 Y_0 来为她的所有购买和银行活动提供资金；她面临预算约束条件是：

$$p_0^a a_0 + p_0^b b_0 + z \leqslant Y_0 \tag{BC1}$$

要注意在预算约束条件中出现的 z；若 $z>0$，则她在为明天存钱，而这会增加她在明天的"支出额"；反之，若 $z<0$，则她在今天有额外的钱可花，这会使她在蔬菜上的预算约束条件变得宽松。

（2）明天她必须决定消费多少数量的洋蓟和西兰花。她这么做的财力由她在明天的收入 Y_1 和她从银行处所得到的净收益，rz 组成。因此她预计到了明天她会选择 a_1 和 b_1，这时的预算约束条件为：

$$p_1^a a_1 + p_1^b b_1 \leqslant Y_1 + rz \tag{BC2}$$

再次注意 z 的符号发生了改变；若 $z>0$，则她在第一个时段里存钱，使得她在明天有更多的钱可以用于购买蔬菜；反之，若 $z<0$，则她向银行借钱，使得她在明天可花的钱变少。

（3）在预计了所有这些之后，我们的消费者发现她能选择她所希望的任意组合 $x=(a_0,b_0,a_1,b_1)$，这时的单一预算约束条件为：

$$p_0^a a_0 + p_0^b b_0 + (p_1^a/r)a_1 + (p_1^b/r)b_1 \leqslant Y_0 + (Y_1/r) \tag{BC}$$

---

a 为了保持问题的简单性，我们假设蔬菜会很快变质，因此所有在今天购买的蔬菜必须在今天被吃光；它们不能留到明天再吃。

我们通过将(BC1)中的 z 移到右边,将(BC2)两边同除以 r,再将两式相加得到了这一单一的、联合的约束条件。

重点是我们将该消费者的动态选择问题转化为了一个静态选择问题,这类问题在第 2 章中讨论过。我们假设我们的消费者会选择受到(BC)(以及隐含的非负约束条件)约束的 x,来使她从消费中得到的效用最大化。一旦我们得到了这一静态总体选择问题的一个解,我们就能计算出该消费者必须存或借多少钱来执行该解;也就是说,给定 a_0 和 b_0 的最优化水平,该消费者在今天会设定:

$$z = Y_0 - p_0^a a_0 - p_0^b b_0$$

这一例子说明了动态选择中所采用的具有代表性的基本方法。我们假设该消费者展望所有她会被要求做出的选择,并且将她在今天的选择考虑成总体选择策略的一部分。她根据总体结果计算出每一个策略接下来会产生的结果;她在可能的总体结果上来考虑她的偏好;同时她再相应地来评估策略。她根据其偏好来选择最优策略并且继续执行这一策略。关键性的隐藏假设是她的偏好是针对总体结果的;这些在总体结果上的偏好遵循一个标准选择模型,我们在第 2 章和第 3 章中探究过这类模型,同时这些偏好始终都是稳定的。该消费者幸运地拥有一个有远见的决策感官:她能预见其未来的选择是什么;当前决策会如何影响后面的选择;她可用的总体决策是什么;以及她的策略性选择的结果是什么。

4.1.2 包含不确定性的例子

我们不能因为这一例子就误以为该消费者有远见的决策感官能表明她拥有完美的预知能力。可能存在她无法确定的东西,包括她的一些行动所带来的后果。但是她用了一个像第 3 章中那样包含不确定性的模型来容纳这些。我们可以改编我们的基本例子来说明这是如何做到的。

假设在我们的例子中该消费者不仅能把钱存到银行里,还能把钱投到一项风险资产中去,该风险资产在下一时段的回报为 $\bar{\theta}$ 或 $\underline{\theta}$,两者出现的概率均为 1/2。(我们假设 $\bar{\theta} > r > \underline{\theta}$。)她在短期内不能卖掉该风险资产,但是她能从银行手中借钱。同时假设该消费者无法确定明天洋蓟的价格;该价格有 1/3 的概率为 $\bar{p}_1^a$,有 2/3 的概率为 $\underline{p}_1^a$。(为了保持例子的简单性,我们假设关于明天西兰花的价格没有不确定性。)最后,风险资产的回报和洋蓟的价格是相关的:洋蓟的价格为 $\bar{p}_1^a$ 且风险资产的回报为 $\bar{\theta}$ 的联合概率为 1/4。

由于现在有了不确定性,我们假设我们的消费者在一系列随机消费束 x 上的偏好满足冯·诺依曼—摩根斯坦期望效用理论的假设,并且 $u(x)$ 是该消费者的冯·诺依曼—摩根斯坦效用函数。

就像在刚才的简例中那样,我们的消费者会从策略上来考虑她的选择问题。

(1) 今天她必须决定多少钱用于消费、多少钱投资到风险资产中去,以及向银行借或借给银行多少钱。我们像前面一样将她的消费决策变量记作 a_0 和 b_0,同时我们设 ζ 为她投资到风险资产中去的钱的数量。所有的这些都必须是非负的。由于我们的消费者通常喜欢吃得更多,我们可以安全地假设她在今天会满足预算约束条件的等式。因此她借给银行的钱的数量为：

$$z = Y_0 - \zeta - p_0^a a_0 - p_0^b b_0$$

（注意若 $z < 0$，则她在借款。）

（2）下一时段她的资产和所消费商品的价格都是随机的。有四种可能的"情况"：她可以支配的钱为 $Y_1 + rz + \zeta\bar\theta$ 且洋蓟的价格为 $\bar p_1^a$ 的概率是 1/4；她可以支配的钱为 $Y_1 + rz + \zeta\bar\theta$ 且洋蓟的价格为 p_1^a 的概率是 1/4；她有 $Y_1 + rz + \zeta\underline\theta$ 可花且洋蓟的价格为 $\bar p_1^a$ 的概率是 1/12；她有 $Y_1 + rz + \zeta\underline\theta$ 且洋蓟的价格为 p_1^a 的概率是 5/12。[①]

我们假设我们的消费者在明天必须要决定如何在洋蓟和西兰花之间分配资金时会知道这四种情况中出现的是哪种情况。这样一来她在明天就会有八个决策变量：在第一种情况下分别消费多少数量的洋蓟和西兰花（作为一个她在今天的决策的函数，因为它们决定了她在明天必须花在蔬菜上的资金）；多少钱用于第二种情况下的消费；以此类推。由于她总是喜欢更多的蔬菜而不是更少，对于明天的情况，我们可以将该问题简化成四个决策变量。给定她在第一种情况下所购买的洋蓟的量 a_1^1，这里的下标是关于时间的，而上标是关于情况 1 的，我们可以假设她所消费的西兰花的量为：

$$b_1^1 = \frac{Y_1 + rz + \zeta\bar\theta - a_1^1 \bar p_1^a}{p_1^b}$$

对于情况 2、情况 3 和情况 4 也可以以此类推，只要对 $\bar\theta$ 和 $\bar p_1^a$ 做合适的替换即可。[b]

（3）因此我们可以将她的决策问题归纳为一个含有七个变量的问题：a_0、b_0、ζ 以及 a_1^n，$n = 1, 2, 3, 4$。给定这七个决策变量的值，我们可以计算出该消费者消费的期望效用；只是为了记录，这是四项之和，其中的第一项（对于第一种情况来说）为：

$$\frac{1}{4} u\left(a_0, b_0, a_1^1, \frac{Y_1 + r(Y_0 - \zeta - p_0^a a_0 - p_0^b b_0) + \zeta\bar\theta - a_1^1 \bar p_1^a}{p_1^b}\right)$$

（这是第一种情况的概率 1/4 乘以我们的消费者在第一种情况下消费的冯·诺依曼—摩根斯坦效用的值，这是一个关于她的决策的函数。确定你能想出这一项并且你知道另外三项是什么。）我们需要当心非负约束条件，并且在每一种情况下，明天西兰花消费的非负约束条件变成了上面所列的 u 的第四个参数以及与它同类的非负约束条件。但是给定所有的这些，如果我们有了 u，我们就有了一个因此而产生的静态最优化问题要解决。这不是一个像第一个例子那般简单的问题；尤其是我们不能将该问题简化为一个只含单一预算约束条件的问题。但是这仍旧是一个不太难解决的最优化问题。

就像在该问题的简单版本中一样，我们也遵循将动态问题简化为一个寻找最优策略的静态问题的基本模式。这里的一个策略是一个七元向量（受到一些约束条件的限制）；

---

① 这些概率是怎么来的？在本书中这是我们第一次得到一个二乘二的结果空间，同时你会得到两个边缘分布和一个联合概率，但这离最终目标还很远。如果你在复制早前所给数据中的那些概率时感到还存在一定的困难，那请你即刻去寻求一些帮助，参看有关教材！

b 当然，当我们用这种方式消去决策变量 b_1^i 时，在这些变量上的非负约束条件必须作为更多的约束条件被合并到我们留在该问题中的决策变量上去。例如，约束条件 $b_1^i \geqslant 0$，即 $(Y_1 + rz + \zeta\bar\theta - a_1^i \bar p_1^a)/p_1^a \geqslant 0$，现在被重新表示为 $Y_1 + rz + \zeta\bar\theta \geqslant a_1^i \bar p_1^a$。

对于每一个策略,我们都知道如何用总体期望效用来评价它的结果,同时我们假设我们的消费者根据一个与既定的最优总体策略相一致的方式来选择她要消费的是什么以及在今天和明天如何进行投资。在微观经济学理论中这是动态选择的标准方法。

此时此刻我们可以采取两条途径来进行进一步的拓展和讨论。常规的途径是开始思考我们如何才能有效地解决如刚才所提的最优化问题。在这里**动态规划**(dynamic programming)这一数学工具显得格外有用。一个非常规的途径是弄清楚模拟动态选择的标准方法的替代选项。在本章中,我们会沿着非常规途径前进,并且假设你已经遵循过或者会遵循前者。附录 B 简要归纳了在本书中非常重要的动态规划的一部分内容;所有的读者都应当掌握有限期界动态规划,这在附录 B 的前两个小节中会被讨论。同时会去看所有小字部分的读者需要知道一些解决无限期界问题的方法,这涉及附录 B 的后两个小节。假使你希望测试你对于这些主题的掌握程度,课后习题 3 会提供一个合适的诊断结论。

4.2 菜单和食物

4.2.1 背景

不同于前面小节中的动态消费预算问题的处理,在这里我们会处理一个更简单的、离散背景下的问题。就像在前面小节中那样,我们考虑一个两时期问题,这里日期为 $t=0$(今天)、$t=1$(明天)。明天该消费者会发现她在一个餐馆里,同时她会从餐馆所提供的菜单中选择一些食物。今天该消费者选择餐馆,这(事实上)可以归结为选择菜单,明天的选择要从该菜单中做出。为了保持问题的简单性,我们会假设菜单项完全由所供应的主菜来描述,在不同餐馆中的相同主菜是同一种食物。氛围、厨师的技术等因素不予考虑;菜单/餐馆之间的唯一区别在于他们所提供的菜单上的食物。

正式地,我们假设所有可能主菜的集合由某一有限集 X 给出,同时所有可能菜单的集合是所有 X 的非空子集的集合,我们将它记作 M。今天我们的消费者从 M 的一些子集中做出了她的选择;我们用 M' 来表示这一可行菜单的集合。若她在今天选择了 $m \in M'$,则在明天她要从 m 中选择一些 x。

不可否认,这是一个非常程式化的例子。但是对于我们所希望呈现的例子来说,它抓住了动态选择的主要方面:今天的选择限制了某人进行后续选择的**机会集合**(opportunity set)。(今天的选择如何影响后续选择的另一个方面是改变某人在这之后的口味。这是我们在我们的例子中会忽略掉的因素,但是在课后习题 5 中要求你简要地来看看它。)如果读者的想象力若能被我们接下来给出的假想例子所激活,更现实的应用也就不难想象了。

4.2.2 标准策略途径

为了开发标准途径的备选项,我们首先来看看在这一背景中的标准途径是什么样子的。这非常简单。我们假设该消费者有定义在"最终消费"空间 X 上的偏好。这些偏好会被假设成满足标准性质并且（由于 X 是有限的）由某一（序数）效用函数 $U: X \to R$ 来表示。正在考虑 M' 中的所有菜单的该消费者认为动态选择的一个策略是首先选择一个 $m \in M'$，然后再选择一些 $x \in m$，它的结果是 x。这样一来她就能得到任意食物 $x \in X' = \bigcup_{m \in M'} m$。如果我们设 x^* 为 X' 中拥有最大效用的食物（根据指数 U），我们的消费者就会计划选择 x^*，并且通过选择任意包含 x^* 的 $m \in M'$ 来执行这一计划。正如我们所说的那样，这本身是很简单的。

在这一背景下我们可以采取一个我们在前一小节中没有采取过的步骤，并且提问：对于我们的消费者在今天的静态选择行为来说，这一动态选择模型会有什么样的结果。该消费者在今天的选择行为表示起来非常简单：比较任意两个菜单 m 和 m'，她严格偏好于 m 而不是 m' 当且仅当 m 中的 U—最佳食物严格好于 m' 中的 U—最佳食物。也就是说，如果我们根据 U 定义了一个函数 $V: M \to R$，有：

$$V(m) = \max_{x \in m} U(x)$$

则 V 就是我们的消费者在菜单上的静态偏好的一个数值表示。

注意照此定义的 V 具有这样的性质：若 $V(m) \geqslant V(m')$，则 $V(m \bigcup m') = V(m)$。用文字表述即，若 m 至少和 m' 一样好，则 $m \bigcup m'$ 和 m 无差异。或者说，用符号表示，根据 V，如果我们设"$\succ$"表示定义在 M 上的偏好（并且我们用"$\succsim$"来表示弱偏好，用"$\sim$"来表示无差异），则我们有：

$$m \succsim m' \text{ 蕴含 } m \sim m \bigcup m' \tag{♣}$$

注意，$\succ$ 是定义在 M 上的偏好；其他紧密相关的偏好是定义在 X 上的，并且用 U 来表示。

4.2.3　显示性偏好和标准模型

现在我们在某种程度上可以给我们之前被问到的问题开个头。遵循动态选择的标准途径，我们已经从消费者的观点这一角度上来考虑过该问题；基于她的总体目标，她在今天以及之后应该做什么（这里有一个持续性的假设：她有总体目标）。假设我们观察到了一个消费者在今天做出选择，并且我们问：这一选择行为是否显示她在根据标准模型行动，或者它是否拒绝了该模型？

假设我们在一个令人羡慕的位置上，拥有大量的数据可以用来回答这一问题。特别假设我们知道该消费者定义在 M 上的偏好 $\succ$。由于在标准模型中，"$\succ$"有一个数值表示 V，我们可知该消费者的偏好必然（如果要应用标准模型）是不对称且负传递的。此外，先前的讨论表明式(♣)是标准模型的一个必要条件。事实上，这些条件也是充分的。

命题 4.1　一个消费者在 M 上的偏好 $\succ$ 是不对称、负传递、且满足式(♣)，当且仅当该消费者的偏好是根据标准模型从某个函数 $U: X \to R$ 中产生的（正如在前面的子小节中所简述的那样）。[c]

我们对这一命题的陈述不是一个简洁的数学模型，但是它的意义应该是很明确的。

---

[c]　你会在课后习题 4 中被要求来证明这一点。这并不困难。

该标准模型对 M 上的静态选择行为产生了非常具体的"可检验约束"。当我们采用与这些约束相一致的方法来观察在今天做出选择的个体时,我们会得到选择行为与该标准模型相一致的个体。

4.2.4 意志薄弱的节食者

用这个作为开头,我们可以给出第一个与该标准模型相一致的选择行为的例子。假设 X 恰好由两种食物组成,鱼和意大利面。因此 M 包含 3 个元素:〈鱼,意大利面〉、〈鱼〉,以及〈意大利面〉。考虑一个消费者,她的静态选择行为由下列偏好给出:

$$\langle \text{鱼} \rangle > \langle \text{鱼},\text{意大利面} \rangle \sim \langle \text{意大利面} \rangle$$

该消费者的偏好(在 M 上的)满足 M 上的标准假设;也就是说,她的严格偏好是不对称且负传递的。但是她严格偏好于只有鱼的菜单而不是可以让她选择鱼或意大利面的菜单。显然这并不符合式(♣),因此该标准模型是不适用的。

但是我们的消费者有一个非常简单的解释:她正在节食并且是意志薄弱的。今天,当她选择她在之后要从中选择一份食物的菜单时,她的意志是强烈的,并且她知道她应该避开意大利面。同时她还知道当她涉及必须要选择一份食物的事件时,她的意志会变得薄弱;若意大利面是可得的,她就会选择它。因此她偏好于在今天用一种可以消除在明天能选择意大利面的机会的方法来进行选择。

这是所谓的当预计到一个口味上的改变时复杂选择的一个例子。对这类模型进行拓展的参考文献会在下一小节中给出,但是给出一个先期的例子是难以抗拒的。当奥德修斯的船驶过塞壬岛时,他希望听到她们的歌声,但与此同时又不希望屈服于她们的诅咒,于是他就把他自己绑在了桅杆上。这一行为表明了一个对于更小的机会集合的明确偏好,它不能用经济学中的标准动态选择模型来解释。

4.2.5 不确定的未来口味和灵活性的保持

我们的第二个例子涉及一个有三种可能食物的情况,$X = \langle \text{鸡肉},\text{鱼},\text{意大利面} \rangle$,同时一个消费者在 M 上的即时偏好为:

$$\langle \text{鸡肉},\text{鱼},\text{意大利面} \rangle > \langle \text{鸡肉},\text{鱼} \rangle \sim \langle \text{鸡肉},\text{意大利面} \rangle$$
$$\sim \langle \text{鱼},\text{意大利面} \rangle > \langle \text{鸡肉} \rangle$$
$$> \langle \text{鱼} \rangle > \langle \text{意大利面} \rangle。$$

我们再一次拥有不对称且负传递的静态(严格)偏好。同时我们也再一次发现式(♣)遭到了违背;〈鸡肉〉 > 〈鱼〉,因此若式(♣)成立,我们会得到〈鸡肉〉 ~ 〈鸡肉,鱼〉。实际上,若式(♣)成立,则一些单元素集合必然要和包含所有选项的菜单无差异。而在这里这一点确实不成立。

在这种情况下,我们的消费者所给出的解释又是很简单的。她无法确定当她在明天坐下来要用餐时她的口味会如何变化。可能她在所有的食物中会最喜欢鸡肉,然后是鱼,最后是意大利面。但也有可能她的偏好会是鱼,然后鸡肉,最后意大利面。同时它们也有可能会是意大利面,然后鸡肉,最后鱼。她相信每一种情况出现的可能性都与另外两种相同,并且她用如下方法来评价一份菜单:给定菜单和她(之后)的偏好,若她的第一个选择是可得的,她会得到三个效用,若她的第二个选择是最佳可得的,她会得到两个效用,若她只有第三个选择,她只会得到一个效用。如果你根据这一体系计算"期望效用",你会达成上面所述的偏好。

读者有权提出这样的反对意见:我们正在将不确定性颇为诡秘地引入到我们的故事中去。当我们在一开始提到这一关于未来偏好的不确定性时,我们不会期望式(♣)成为该标准模型的充分必要条件。这一反对是可以被接受的,但是之后让我们反过来再问:根据"标准模型",我们能解释 M 上的哪些偏好关系≻,这里我们允许这类不确定性内生性的被予以涵纳吗?

命题 4.2 假设 X 是一个有限集。M 上的一个(严格)偏好关系"≻"是不对称且负传递的,同时对于相关的弱偏好和无差异关系"$\succsim$"和"$\sim$",满足:

$$m \supseteq m' \text{ 蕴含 } m \succsim m', \text{ 同时} \tag{*}$$

$$m \supseteq m' \text{ 且 } m \sim m' \text{ 蕴含对于所有的} m'', \text{都有 } m \bigcup m'' \sim m' \bigcup m'' \tag{**}$$

当且仅当存在一个有限集 S 和一个函数 $u: S \times X \to R$,使得:

$$m \succ m' \text{ 当且仅当 } \sum_{s \in S} \max_{x \in m} u(s, x) > \sum_{s \in S} \max_{x \in m'} u(s, x)$$

在这里我们不会尝试来证明它;它出现在这里只是为了说明性的目的,并且在本书的后面内容中不会再出现。[1]但是还是让我们来解释一下它。当你将菜单考虑成基本对象时,我们从菜单上满足第 2 章中标准假设的偏好≻开始。另外,我们的消费者总是(至少弱)偏好于留给她更多的选择[这是式(*)]。同时如果在有些情况下更多的选择是没有价值的,"向两边"加入更多的选项不会让那些初始的额外选项变得有价值。[这是对式(**)的一个粗略描述。]在这之后(也只有在这之后)我们可以通过一个在食物上的偏好模型来表明这一消费者在菜单上的偏好,该模型取决于一些隐含的"未来偏好的状态"以及在何处得到这些菜单上的偏好,这些偏好是通过将每种状态下菜单上所提供的"最佳"食物的效用相加而得到的。

4.3 书目提要

来重复一下之前所说过的内容,动态选择的标准方法是将动态选择简化为一个关于最优化策略的静态选择问题,它是以如下假设为前提的:(1)在每一个时间点上,该消费者都有在总体结果上的一致偏好;(2)她相信在每一个时间点上这些偏好不会随着时间或环境的变化而变化;(3)她足够聪明,可以计算出她的选择的结果,因此她可以根据(1)中所假设的偏好来找出一个最优策略;(4)该消费者在接下来会执行她假设要寻找的最优策略,就这一点而言,第二条假设是正确的。这一方法在几乎所有的经济学理论中都是如此

---

[1] 关于它的一个证明,见 Kreps(1979)。

的根深蒂固,以致它在一些教材中经常会不加任何讨论就被使用。在关于选择理论的开创性工作中,从仔细考虑这些问题的角度上来说,这是一个倒退;例如,见 Savage(1972: 15—17)中所给出的关于标准方法的讨论和解释。

至少对于一些消费者来说,假设其口味和欲望会随时间变化可能是更符合现实的;(4)看起来像是错的。暂时承认这样的一个消费者在每一个时间点上都是有一致偏好的。也就是说,承认(1)。同时承认她能计算出她行为的结果,或者说(3)。承认(1)和(3),某人可以弄清楚她是否在(2)的"错误"假设下行动。如果她假设了(2)并且照此行动,则根据动态选择的标准途径,她在每一个时间点上的静态行为看起来都会是合理的,但是她的动态行为是与之不一致的。在另一方面,如果她足够得老练,可以拒绝(2),同时如果她的当前口味支配她的当前行动,她可能会像我们的意志薄弱的节食者那样行动,因此她的静态选择并不符合该标准模型。这类问题通常在关于口味变化的文献中进行讨论和解决。这类文献的一个样本(对这种模型的价值持各种立场)包括 Strotz(1955—1956)、Peleg 和 Yaari(1973)、Hammond(1976)、Stigler 和 Becker(1977),以及 Thaler(1980)。

假设我们拒绝了标准方法的假设(3)——个体可以预见他们行为的所有结果。然后我们该如何来对动态选择行为进行建模呢?考虑如下的一般计划:(1)在每一个给定的时间点上,根据第 2 章和第 3 章中的基本选择模型来对选择进行建模,这里的严格偏好是不对称且负传递的,等等。但是在一个给定的时间点上对选择进行建模,该选择是在只在该时刻被选择的东西上做出的,比如我们可以在一个关于被选项的描述中将当前选择留给后续选择的机会涵纳进来。一旦这样做,(2)关注个体的有限理性会如何影响她的静态选择,尤其是在她能意识到她自身的局限时她是如何做到的。然后,(3)考虑在不同时间点上的选择行为是如何会或者不会结合到一起的。

我们的第二个非标准例子在某种程度上就有这种特征。我们可以假设消费者在选择一份菜单时,无法想象出她对菜单所做出的选择的所有结果。但是在选择一份菜单的层面上,她仍旧有"标准偏好"。也就是说,她满足(1)。由于她无法想象出她对菜单所做出的选择的所有结果,她一般会偏好于留给她自己更多的灵活性。也就是说,她在菜单上的偏好满足命题 4.2 中的式(∗),这是一个我们为(2)而准备的例子。然后若她的静态偏好也遵循式(∗∗),根据该命题我们可以得到一个关于她在菜单上的偏好相当漂亮(并且看起来非常标准)的数值表达式,这是一个最早由 Koopmans(1964)提出的数值表示。同时我们可以设想来考虑她在不同时间点上的静态偏好如何进行演变。

如果我们允许存在这样的可能性:该消费者无法预见她当前决策的所有结果,就这一点而言她是有限理性的。这本身就会导致我们拒绝刚刚在背景中所简述的方法,即使是她的静态选择行为也可能不遵循常规假设;在一个复杂的动态环境中,她无法计算出策略计划会导致她根据经验法则(或机缘)所做出的即时选择不能被一个单一的数值指标所表示。即使在这一层面上我们也还是可以寻求有意义的静态(然后是动态)选择模型:例如,Bewley(1986)提出了一个模型,在这里,一旦一个消费者选择了一个关于行动的策略计划,只有在一些备选项看起来确实好于当前计划时,她才会背离该计划(由于意想不到的选项的出现)。Bewley 用了一个模型将它形式化,这里静态弱偏好不是完备的,并且有一个"惯性"假设会赋予现状优先权,然后他再考虑这会如何影响动态选择行为。

在提过这些关于动态选择标准方法的可能备选项之后,通览全书我们都会遵循该标准方法,而不再涉及那些备选方法。本章的这一讨论打算完成两件事情:让你注意到标准方法中的强假设;同时表明有意义的关于标准方法的备选方法是可能存在的。在我写这些的时候,这些备选方法还远离主流微观经济学理论。但是当我们在本书后面来探究当前主流理论所使用的工具的重要缺陷时,我们会回到动态选择中的问题和标准方法的强假设上来。

参考文献

Bewley, T. 1986. "Knightian Decision Theory: Part I." Cowles Foundation discussion paper no.807, Yale University. Mimeo.

Hammond, P. 1976. "Changing Tastes and Coherent Dynamic Choice." *Review of Economic Studies*, 43:159—173.

Koopmans, T. 1964. "On the Flexibility of Future Preference." In *Human Judgments and Optimality*, M.Shelly and G.Bryan, eds. New York: John Wiley and Sons.

Kreps, D. 1979. "A Representation Theorem for Preference for Flexibility." *Econometrica*, 47:565—577.

Peleg, B., and M.Yaari. 1973. "On the Existence of a Consistent Course of Action when Tastes Are Changing." *Review of Economic Studies*, 40:391—401.

Savage, L. [1954] 1972. *The Foundations of Statistics*. New York: John Wiley and Sons. Rev. and enl. ed. New York: Dover Publications.

Stigler, G., and Becker. 1977. "De Gustibus Non Est Disputandum." *American Economic Review*, 67:76—90.

Strotz, R. 1955—1956. "Myopia and Inconsistency in Dynamic Utility Maximization." *Review of Economic Studies*, 23:165—180.

Thaler, R. 1980. "Toward a Positive Theory of Consumer Choice." *Journal of Economic Behavior and Organization*, 1:39—60.

课后习题

1.(1)考虑第一个例子,在这个例子中该消费者必须决定在今天和明天分别消费多少数量的洋蓟和西兰花,以及在今天存(或借)多少钱,这里没有不确定性。假设该消费者的偏好由如下的效用函数给出:

$$U(a_0, b_0, a_1, b_1) = \ln(a_0) + 0.9\ln(b_0) + 0.8\ln(a_1) + 0.7\ln(b_1)$$

求解该消费者的动态消费——储蓄问题,用一个关于价格 p_0^a、p_0^b、p_1^a、p_1^b,借给银行/向银行借的钱的总回报率 r 以及该消费者的收入 Y_0 和 Y_1 的函数来表示。回忆一下,前文我们假设该消费者能以总回报率 r 向银行借或借给银行钱。

(2) 假定我们已经假设该消费者只能以总回报率 r 借给银行钱,但不能向银行借钱。在这种情况下的解又是什么呢?

2. 假设在课后习题 1(1) 所描述的问题中,该消费者能将蔬菜从今天保存到明天。假设没有任何的变质或其他类似的情况发生——今天放在冰箱中的蔬菜到了明天要吃的时候会和在明天所购买的新鲜蔬菜一样好。则该消费者的动态消费——储蓄问题的解是什么?

3. 以下 (1) 部分检验你对有限期界动态规划的掌握程度。如果你无法用动态规划这一工具来解决该问题,去参考附录 B 的前两个小节。(在那里对这一问题所给出的分析是很详细的,因此在你看该附录之前先试着去做一下这一问题。)(2) 部分检验你对无限期界动态规划的掌握程度。这要难上许多,并且你只在后面章节的一些选读材料中会需要用到解决该问题的技巧。但如果你有很强的求知欲,可以参看这一问题在附录 B 的后两个小节中进行的详细解答。

(1) 一个消费者生活在三个时段,记作 $t=0, 1, 2$,他每天要消费洋蓟和西兰花。我们设 a_t 为他在日期 t 所消费的洋蓟的量,b_t 为西兰花的量。该消费者在一系列消费束上有偏好[这里的一个消费束是一个六元向量 $(a_0, b_0, a_1, b_1, a_2, b_2)$],它满足冯·诺依曼—摩根斯坦公理,并且由如下的冯·诺依曼—摩根斯坦效用函数来表示:

$$U(a_0, b_0, a_1, b_1, a_2, b_2) = (a_0 b_0)^{0.25} + 0.9(a_1 b_1)^{0.25} + 0.8(a_2 b_2)^{0.25}$$

该消费者每天都能在市场上购买洋蓟和西兰花。又由于两种蔬菜都会很快变质,他在任意给定的一天里所购买的蔬菜就是他在当天要吃掉的。(他所消费的蔬菜量受到非负约束条件的限制。)洋蓟的价格每天都是每单位 1 美元。西兰花的价格比较复杂:在 $t=0$ 时它的价格是每单位 1 美元。但是到了 $t=1$ 时,它可能是 1.10 美元或 0.90 美元,两者出现的几率相等。到了 $t=2$ 时,西兰花的价格再一次是随机的并且取决于前一天的价格:若 $t=1$ 时它的价格是 1.10 美元,则 $t=2$ 时的价格可能是 1.20 美元或 1.00 美元,两者出现的几率相等。若 $t=1$ 时它的价格是 0.90 美元,则到了 $t=2$ 时,它会是 0.98 美元或 0.80 美元,两者出现的几率相等。在日期 $t=0$ 时,该消费者没有关于西兰花的后续价格的信息(超出上述范围的)。在日期 $t=1$ 时,他只知道当前西兰花的价格,不知道其他更多的信息。在日期 $t=2$ 时,他知道当前价格。

该消费者在这三天里有 300 美元可以用来购买洋蓟和西兰花,他可以用任何他所希望的方式来划分这笔钱。所有他在给定的一天里没有花掉的钱都会放在他的口袋里,不会产生任何利息。

(2) 假设在每一天中,我们的消费者在时刻 $t=0, 1, 2, \cdots$ 都要吃东西,他同时消费洋蓟和西兰花。他的效用函数由一连串无限的消费 $(a_0, b_0, a_1, b_1, \cdots)$ 所定义,记作:

$$U(a_0, b_0, a_1, b_1, \cdots) = \sum_{t=0}^{\infty} (0.95)^t (a_t b_t)^{0.25}$$

该消费者在一开始拥有 1000 美元的财富,他可以用这笔钱来购买蔬菜或者存到当地的银行里。所有存到银行里的钱在每一时段都会赚取2%的利息，因此在 t 时刻存入的 1 美元到了 $t+1$ 时刻会变成 1.02 美元。

洋蓟的价格固定为 1 美元。西兰花的价格是随机的。它开始为 1 美元，然后，在每一个时段，它或增或减。具体而言，若日期 t 时西兰花的价格为 p_t，则：

$$p_{t+1}=\begin{cases}1.1p_t,& \text{概率为 } 0.5\\0.9p_t,& \text{概率为 } 0.5\end{cases}$$

该消费者希望用一种可以使他的期望效用最大化的方法来管理他初始的 1 000 美元财富。他该怎么做？

4. 证明命题 4.1。

5. 考虑本章第一个例子中的消费者，这里我们使情况特殊化，使得 $p_0^a=p_0^b=p_1^a=p_1^b=r=1$，且 $Y_0=Y_1=3$。假设该消费者是一个（在微观经济学理论中）标准类型的消费者，她的偏好由如下效用函数给出：

$$U(a_0,b_0,a_1,b_1)=\ln(a_0)+\ln(b_0)+\ln(a_1)+\ln(b_1)$$

（1）假设该消费者是一个完全正常的消费者，那么她的消费—储蓄问题的解是什么？

接下来这个不是一个正常的消费者，她非常的不正常，因为她容易对西兰花上瘾！特别地，若她在今天吃了 (a_0,b_0)，则到了明天她去购买蔬菜时，她会根据如下效用函数来进行选择：

$$U^1(a_1,b_1;a_0,b_0)=\ln(a_1)+b_0\ln(b_1)$$

注意在这里发生了什么。她在今天消费的西兰花越多，到了明天她对西兰花消费的评价就越高。

（2）假设该消费者在今天寻求一种可以使她在其动态选择的消费束 x 上 U—效用最大化的方法来进行消费和储蓄，同时她意识到在明天她会用能使她的 U^1—效用最大化的方法来花费她的资金。那么她在今天该如何来进行（最优化的）消费和储蓄，她所能得到的总体结果又是什么？

▶ 5

社会选择和效率

迄今为止我们已经在一般环境和市场环境两个背景下讨论了单个消费者的选择行为。在本书的余下部分里,我们会关注当许多消费者在一起做选择时会发生什么。每一个消费者都有我们在第 2 章和第 3 章中所描述的那类偏好,同时给定这些偏好,每个人都尝试用一种最优化方法来进行选择。通常消费者们的不同偏好之间会相互冲突。(例如,每一个消费者通常都会希望他的同类消费者的消费支出能"更多"。)我们会考虑各种各样的制度安排,通过这些制度安排那些冲突会得到解决。但是在开始讨论制度安排之前,我们先来简要地看一下抽象的**社会选择理论**(theory of social choice)。

当许多个体有多种偏好,并且这些偏好相互冲突时,社会选择理论关注对能影响这些个体的某一社会结果的选择。我们尝试描述这些会被选择结果的理想性质,那些经常会包含(以及混杂)**效率**(efficiency)和**公平**(equity)这两个概念的性质。在有些情况下,这些性质不足以确定一个单一的社会结果,而是会把关注点限定在一些可行结果的子集上。加入更多的性质有时能确定一个具有所有所希望特性的单一社会结果。同时在某些背景下,我们会发现不存在可以同时满足所有理想性质的方法。

在这里我们不会公平对待这一十分广泛的话题。在本章中,我们会让你熟悉一些基本概念,重点强调效率的概念,同时我们会给出一个对经典结论的粗浅认识。但我们仅仅只是触及了一些皮毛。

5.1 问题

我们在一个非常一般的背景下来阐述这一问题。有限数量的消费者个体,用 $i = 1$, $2, \cdots, I$ 来表示,组成了一个社会。**社会结果**(social outcomes)的一个集合 X 中的每一个元素 x 描述了这一社会中的每一个成员是如何被对待的。每一个消费者在可能的社会结果上都有偏好。我们假设这些偏好可以用数值来表示,我们设 $V_i : X \to R$ 表示 i 的偏好。

最终,我们要关注如何来回答这样一个问题:对于每一个可行社会结果的子集 $X' \subset X$,哪个(些)社会结果应当被选择?遵循我们关于选择的一般途径,沿途我们会进行二元

比较——尝试说明何时一个结果会好于另外一个。[a]

5.1.1 效用归属

对于每一个消费者的偏好都固定一个具体的数值表示，对于每一个社会结果 x 都有一个相应的关于这 I 个消费者的效用向量 $v=(V_1(x), V_2(x), \cdots, V_I(x)) \in R^I$。我们称这样的一个效用水平向量为一个**效用归属**（utility imputations）。给定一个可行社会结果的集合 X'，我们就有一个相应的可行效用归属的集合。对于每一个社会结果 x，我们将 I 维向量 $(V_1(x), V_2(x), \cdots, V_I(x))$ 记作 $V(x)$，同时对于一个可行社会结果的集合 X'，我们会用 $V(X')$ 来表示可行效用归属的集合：

$$V(X') = \{v \in R^I : v = V(x), x \in X'\}$$

关于两个消费者情况下的可行效用归属的图示会在后文用到，因此在图 5.1 中我们给出了两个例子。在图 5.1(1) 中，阴影部分给出了一个典型的图示，而在图 5.1(2) 中的有限个点相当于集合 X' 是有限集时的情况。当然，这些图示都与消费者个体偏好的具体数值表示相关；当我们改变了这些数值表示时，我们也要相应地改变像图 5.1 那样的图示。

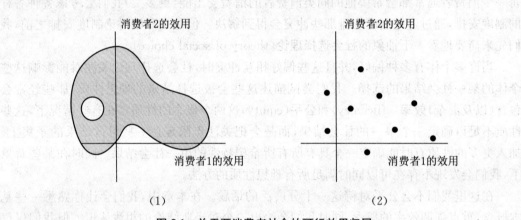

图 5.1　关于两消费者社会的可行效用归属

5.1.2 商品交换

刚才所描述的一般性问题考虑起来可能过于抽象，因此让我们来简述一个更具体的情况。假设有 K 种商品；将 R^K 的正象限记作 Z；同时假设每一个消费者 i 都会消费一些商品组合 $z \in Z$。完全就像在第 2 章中那样，假设消费者 i 对于他自己的消费水平有偏好，这些偏好由一个效用函数 $U_i: Z \to R$ 给出。

在这种情况下，一个社会结果就是一个向量 $x = (z_1, z_2, \cdots, z_I) \in X = Z^I$，它指明

---

a　这里有一些需要怀疑的地方。因为个体选择通常会被建模成由这样的二元比较来驱使，我们就没有理由假设当需要进行社会选择时，这一方法必然会被采用。我们还会回来讨论这一点。

了消费者 1 所消费的商品组合 z_1,消费者 2 所消费的商品组合 z_2,以此类推。注意每一个 z_i 本身就是一个(非负)K 维向量。

在这种情况下,消费者 i 在社会结果 x 上的偏好由函数 V_i 来表示,它的定义域为 X,定义为:

$$V_i(x) = U_i(z_i), \quad x = (z_1, z_2, \cdots, z_I)$$

注意,在这一特定情况下,根据假设消费者 i 的偏好只取决于他所消费的东西而不取决于任何其他人所消费的东西。在我们对该问题的一般性阐述中,这一假设并没有被强加进去,而对于你来说这看起来可能会是一个相当愚蠢的假设(除非你在此之前上过经济学课程并且因此非常适应该学科)。但是这是一个在第 6 章的拓展中会扮演关键性角色的假设。

关于在这一特殊情况下的可行社会结果的集合,具有代表性的是假设社会有一堆给定的可任意支配的消费品,称之为**社会禀赋**(social endowment),用一个元素 $e \in Z$ 来表示,它可以在这 I 个消费者之间进行分配。因此可行社会结果的集合在这一背景下被称为(社会资源的)**可行分配**(feasible allocation)集合,它是:

$$Z' = \{x = (z_1, z_2, \cdots, z_I) \in Z^I : z_1 + z_2 + \cdots + z_I \leqslant e\}$$

注意分配给消费者的东西的总和必须小于或等于社会禀赋;如果这些商品中的一种或多种是有害的,而且我们不能随意清理这些商品,则我们可能会希望用一个等式来替换该不等式。

5.1.3 埃奇沃斯盒状图

在有两个消费者和两种商品的情况下,我们可以画出一幅标准图示,称之为**埃奇沃斯盒状图**(Edgeworth box)。我们将这两个消费者标记为 1 和 2,将这两种商品标记为 a 和 b,有 $x = ((z_{1a}, z_{1b}), (z_{2a}, z_{2b}))$。考虑图 5.2。在图 5.2(1)中,我们用常规的无差异曲线图来表示消费者 1 的偏好。注意那个粗圆点;这代表社会禀赋 $e = (e_a, e_b)$ 的位置。

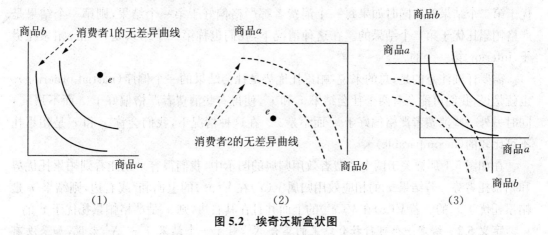

图 5.2　埃奇沃斯盒状图

图 5.2(1)和图 5.2(2)给出了组成埃奇沃斯盒状图的两个数据集合:社会禀赋和两个成员的无差异曲线。图 5.2(1)是关于消费者 1 的,图 5.2(2)是关于消费者 2 的。在图 5.2(3)中,无差异曲线是相互叠加的。

在图 5.2(2)中,消费者 2 的偏好用一个常规的无差异曲线图来表示,除了我们将该常规图旋转了 180 度并且将原点放到了图 5.2(1)中的 e 点"之上",因此在这幅图中,社会禀赋 e 在图 5.2(1)中的原点之下。

给定 e,可行分配是什么? 它们是所有满足 $z_{1a} + z_{2a} \leqslant e_a$ 且 $z_{1b} + z_{2b} \leqslant e_b$ 的分配 x。由于(根据图 5.2)我们的消费者对于这两种商品总是偏好于更多而不是更少,让我们将注意力限定在所有的社会禀赋都没有被浪费的分配上来——在这里,上述两个不等式都是等式。然后给定 z_{1a} 和 z_{1b}(并且固定 e),我们可知 $z_{2a} = e_a - z_{1a}$ 且 $z_{2b} = e_b - z_{1b}$。

在图 5.2(3)中,我们非常简洁利索地记录了这些。首先,注意我们已经将图 5.2(1)和图 5.2(2)叠加起来,将消费者 2 的坐标系中的原点放置到消费者 1 的坐标系中的 e 点上来,这样一来消费者 2 的坐标系中的 e 点就是消费者 1 的坐标系中的原点。然后由这两个轴的集合所形成的盒子代表了 e 的所有可行分配(假设社会禀赋中不存在浪费);1 的坐标系中的每一个点(z_{1a},z_{1b})同时也是 2 的坐标系中的点($e_a - z_{1a}$,$e_b - z_{1b}$)。

5.2 帕累托效率和最优性:定义

回到第 5.1 节第一部分中的一般背景上来。也就是说,有一个社会结果的集合 X 和 I 个消费者,他们在社会结果上的偏好由函数 V_i 来表示。我们从两个社会结果 x 和 x' 的成对比较开始。

定义 5.1 若对于每一个消费者 i,$V_i(x) \geqslant V_i(x')$ 均成立,并且至少对于一个 i 来说,该式取严格不等号,则结果 x 被称为**帕累托优于**(Pareto superior)结果 x'。若对于所有的 i,均有 $V_i(x) > V_i(x')$,则结果 x 被称为**严格帕累托优于**(strictly Pareto superior)结果 x'。

或者,用文字表述即,如果没有消费者发现第一个结果有任何比第二个结果不好的地方,并且至少有一个消费者发现第一个结果要严格好于第二个结果,则第一个结果是帕累托优于第二个结果的。同时如果每一个消费者都严格偏好于第一个结果,则第一个结果是严格帕累托优于第二个结果的。在这种情况下,我们也称第二个结果是(严格)帕累托**劣于**(inferior)第一个的。

需要仔细注意的是,总的来说,帕累托优势是社会结果的一个**偏序**(partial ordering)。也就是说,我们可能会有两个社会结果 x 和 x',使得有些消费者严格偏好于 x 而不是 x',同时另外一些消费者严格偏好于 x' 而不是 x。在这种情况下,我们会称 x 和 x' 是帕累托**不可比较的**(incomparable)。

在如图 5.1 那样关于两个消费者效用归属的图示中,我们很容易就能看到帕累托优势和帕累托劣势。若结果 x 的相应效用归属 $V(x)$ 在 $V(x')$ 的上面和/或右边,则结果 x 是帕累托优于 x' 的。若 $V(x)$ 在 $V(x')$ 的上面并且在其右边,则 x 是严格帕累托优于 x' 的。

定义 5.2 给定一个可行社会结果的集合 X',对于一个结果 $x \in X'$ 来说,如果没有其他的可行结果 $x' \in X'$ 是帕累托优于 x 的,则在 X' 中,x 被称为是**帕累托有效**(Pareto efficient)或**帕累托最优的**(Pareto optimal)。在 X' 中,帕累托有效结果的子集被称为 X' 的**帕累托边界**(Pareto frontier)。

在关于帕累托效率的定义中,关于帕累托劣势或严格帕累托劣势是否应当成为判断一个点好与坏的标准问题,有一个很值得关注之处。也就是说,假设我们有一个点 x,它对一些其他的可行点 x' 是帕累托劣势的,但它不是严格帕累托劣于任一可行点的。我们能说 x' 是帕累托有效的吗? 在我们所给出的定义中,我们不能这样说。但是在关于这一主题的其他论述中,这样的一个点是会被包括进去的。在这样的地方,你必须小心注意所给出的定义。

在关于效用归属的图示中,我们很容易就能看出帕累托效率。考虑图 5.3 中的可行效用归属的集合。这些和图 5.1 中的集合是一样的。在图 5.3(1) 和图 5.3(2) 中我们都展示了一个标记为 v' 的效用归属,它不是帕累托有效的,同时还有另外一个标记为 v 的效用归属,它是帕累托有效的。[①]在每种情况下都有一个简单的检验方法。从任意效用归属点开始,比方说图 5.3(1) 中的 v 点,以 v 点作为原点画一个“正象限”。如果没有可行效用归属点落在这个象限内(包括它的边界),则 v 是帕累托有效的。在图 5.3(2) 中,我们对 v' 做同样的事情,然后我们会看到,由于点 v'' 的关系,它是帕累托优于 v' 的,则 v' 不是帕累托有效的。在图 5.4 中,我们画出了[在图 5.4(1) 中用粗曲线,在图 5.4(2) 中用更大的圆点]这两个帕累托边界。

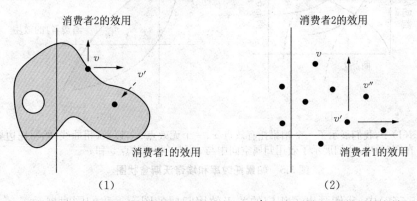

注:在每幅图中,用 v 标记的点都是帕累托有效的,而用 v' 标记的点都不是帕累托有效的。

图 5.3 效用归属空间上的帕累托效率

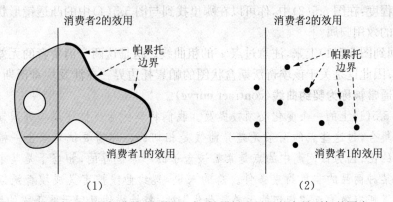

注:在图(1)中,帕累托边界是粗曲线;在图(2)中,帕累托边界上的点是更粗的圆点。

图 5.4 效用归属空间上的帕累托边界

---

① 我们会同时研究社会状态和它们的效用归属。同时我们在语言上会混用,对于社会状态和它们的效用归属我们都会使用诸如帕累托效率、帕累托优势,以及帕累托边界这样的术语。

5.2.1 帕累托效率和埃奇沃斯盒状图

为了说明这些概念,考虑图 5.5(1)中所描述的埃奇沃斯盒状图。尤其是考虑这里用 x 和 x' 所标记的点。从点 x' 开始,找到能同时带给这两个消费者更多效用的点是有可能的——这样的点的集合是图中凸透镜形状的阴影部分区域中的点的集合。在另一方面,点 x 位于这两个消费者的无差异曲线的切点上,它是帕累托有效的。如果要让其中一个消费者的境况变好(仍旧停留在该消费者过点 x 的无差异曲线之上或者移动到该曲线的上面),你就必须要进入一个在另外一个消费者过点 x 的无差异曲线之下的区域。因此 x 是帕累托有效的而 x' 不是。

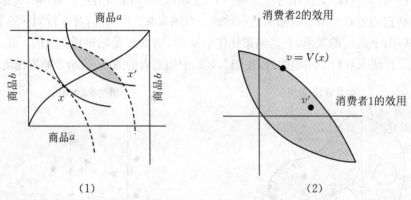

注:在图(1)中,我们展示了一个帕累托有效点 x、一个无效点 x',以及(粗曲线)帕累托边界,或者说契约曲线。在图(2)中,我们展示了效用归属空间中与 x 和 x' 相应的点 v 和 v'。

图 5.5　帕累托效率和埃奇沃斯盒状图

在图 5.5(2)中,我们画出了相应的关于效用归属的图示。我们同时展示了 $v'=V(x')$ 和 $v=V(x)$。注意 v 在帕累托边界上而 v' 不在。[通过回答如下问题你可以检测你对这幅图的理解程度:在图 5.5(2)中,你可以在哪里找到与图 5.5(1)中的凸透镜形状的阴影部分区域相应的效用归属?]

最后,回到图 5.5(1)上来,注意过点 x 的粗曲线。这是这两个消费者的无差异曲线的切点的集合;因此这是关于该埃奇沃斯盒状图的帕累托边界。在涉及埃奇沃斯盒状图时,帕累托边界通常被称为**契约曲线**(contract curve)。

图 5.5(1)上的一个变化必须被提及。我们将契约曲线描述成埃奇沃斯盒状图中的点的集合,过这些点的两条无差异曲线是相切的。你需要试着画出一幅该特性并不符合的图,因为该问题中的点是紧靠该盒子的一条边界的,相当于是某个消费者所消费的某种商品的非负约束条件。总的来说,契约曲线被定义成埃奇沃斯盒状图中那些帕累托有效的点;"相切的无差异曲线"这一特性描述只用于非正式的场合。

5.3　仁慈的社会独裁者和社会福利函数

假设你是一个局外人(不是其中一个消费者),你被指定为一个给定社会的独裁者;你可以决定如何从那些可行社会结果中做出一个选择。我们会假设你希望成为一个仁慈的独裁者,然后我们来探寻你应当如何进行选择。

第一个显然要问的问题是,我们是否应当预期你的选择会根据一些社会结果的集合 X 上的(不对称且负传递的)偏好关系 $\succ$ 合理化。为了看到这为什么可能不是一件那么合理的事情,我们来假设在这个社会中有三个个体和两个可行结果: $X' = \{x, x'\}$。假设其中的两个消费者严格偏好于 x 而不是 x',同时另外一个消费者严格偏好于 x' 而不是 x。你可能会担心这些严格偏好的相对强度,但是这种人际之间的比较可能难以进行,因此你可能会理性地假设你会选择 x。但是现在假设第三种选择 x'' 也是可得的。前两个消费者的排序为 $x \succ x' \succ x''$,而第三个消费者的排序为 $x' \succ x'' \succ x$。由于每个人都偏好于 x' 而不是 x'',选择 x'' 看起来是不合理的。①但是现在假设你会采纳 x 而不是 x' 是合理的吗?结果 x' 不差于每个人的第二选择,而 x 是第三个消费者的最差选择。在这种情况下 x' 是否应当被选择无疑是不明确的,但是 x 是否应当被选择同样也是不明确的;无疑 x 是否应当被选择不像它在只有 x 和 x' 可得时那么明确。②

然而,如果你的选择行为(作为一个仁慈的独裁者)可以根据一个偏好关系合理化,在第一个例子中选择 x 必定表明在第二个例子中也要选择 x(假设 x'' 没有被选择);这是霍撒克显示性偏好公理的一个简单结果。

关于我们对于这一例子的讨论的反对意见也很容易提出。可能你会发现 x 在第二种情况下是一个显然的选择,并且(我个人发现的更加引人注目的东西)可能在第一个例子中,x 不是一个很显然的选择;作为一个仁慈的社会独裁者,你(可能)会觉得你必须设法考虑偏好的强度。然而,我们却是基于如下假设来进行考虑的,尽管你可能会怀疑该假设在这一背景下究竟是否合理。

假设 5.1 社会独裁者的选择行为可以根据 X 上的一个不对称且负传递的严格偏好关系 $\succ$ 合理化。此外,$\succ$ 足够良态,使得它能允许一个数值表示 $V^*: X \to R$ 存在。

若 X 是一个有限集,假设 5.1 的最后一部分马上就会得到满足。但是若 X 是无限的,我们可能会需要更多的条件,比如要求 $\succ$ 的连续性。[b]

因为这一点,我们加入了两条假设,这两条假设和你作为那些社会成员的独裁者的偏好有关。

假设 5.2 若 x 是帕累托优于 x' 的,则 $x \succ x'$,或者等价地说,$V^*(x) > V^*(x')$。

假设 5.3 若对于所有的 $i = 1, 2, \cdots, I$,都有 $V_i(x) = V_i(x')$,则 $V^*(x) = V^*(x')$。
如果你打算接受让社会成员都能有权选择他们自己的口味,假设 5.2 事实上是一个关于仁慈的"公理"。给定这些,我们如何来证明这样一个论断:若某一个社会结果是帕累托优于第二个结果的——即如果社会中的每个人都至少弱偏好于第一个结果,并且有些人严格偏好于它——则如果该独裁者是仁慈的,她会偏好于第一个结果吗?我们可以想象一个

---

① 我们马上就会将这一在你的选择行为上的限制予以形式化;现在我们只是先来举一个例子。

② 你的直觉可能会是在两种情况下 x 都应当偏好于 x',因为在这两种情况下,对于社会的多数人来说,x 都是偏好于 x' 的。我们在下面会讨论多数原则。

b 我们不会在该社会独裁者的偏好的连续性上花时间,但是你可能会考虑如果在这一社会中,那些消费者的偏好不是连续的,这是否还会是合理的。

稍微弱一点的假设,这里在我们得出结论 $x \succ x'$ 之前,x 必然严格帕累托优于 x',而刚才所陈述的假设 5.2 看起来是相当合理的。

假设 5.3 在某种程度上将假设 5.2 推到了一个"极限"上。^{c} 如果每个人对于 x 和 x' 都是无差异的,那么一个仁慈的社会独裁者在这两者之间进行选择时会有哪些工作要做呢?有人可能会反驳:如果每个人对于 x 和 x' 都是无差异的,则没有人会介意该独裁者是否会根据他或她自己的口味进行选择。但是我们仍旧会继续假设这一点。

命题 5.1 取定那些消费者的偏好的数值表示 V_i。则该社会独裁者的偏好满足假设 5.1、假设 5.2 和假设 5.3 当且仅当该社会独裁者的偏好由一个函数 $V^*: X \to R$ 来表示,该函数有如下形式:

$$V^*(x) = W(V(x))$$

这里函数 $W: R^I \to R$ 在向量函数 $V = (V_1, V_2, \cdots, V_I): X \to R^I$ 的值域上是严格递增的。^{①}

关于"严格递增……"的说明可能不会像它看起来的那么强而有力。这一概念是:如果我们有来自于 X 的 x 和 x',使得对于所有的 i,都有 $V_i(x) \geqslant V_i(x')$,并且至少对于其中的一个 i,该式取严格不等号,则 $W(V(x)) > W(V(x'))$。

证明这一命题的其中一个方向是很容易的。假设对于一些给定的具有所推定性质的 W,我们根据 $V^*(x) = W(V(x))$ 来定义 V^*,然后我们再根据 V^* 来定义该独裁者的偏好。证明这些社会偏好满足假设 5.1、假设 5.2 和假设 5.3 仅仅只是一个定义比较的问题。另一个方向的证明(从这些假设出发证明这样一个 W 的存在性)要难一些,但只是稍微难一点点。假设 5.1 保证了一些 V^* 能表示 $\succ$。对于每一个向量 $r \in R^I$,使得 $r = V(x)$,这里 $x \in X$,将 $W(r)$ 定义为 $V^*(x)$。则根据假设 5.3,我们很好地定义了 W,同时根据假设 5.2,W 在 V 的值域上是严格递增的。你可以用任何你喜欢的方式来将 W 延拓到整个 R^I 上去。有人可能会希望 W 能被延拓成在整个 R^I 上都是递增或严格递增的,而那些精于数学的读者会发现考虑这两个愿望中的一个或两个在大体上是否能被实现很有意思。

注意定义在 R^I 上的函数 W 特别受制于所选择的用来表示消费者个体偏好的特定的 V_i。例如,我们可以用一个函数 V'_1 来替换 V_1,这里 V'_1 由 $V'_1(x) = (V_1(x) + 1000)^3$ 给出(这是一个严格递增的变换),然后我们就必须改变 W 对它的第一个参数的反应情况。这一概念仍旧是简单的。固定这些消费者的偏好的数值表示,每一个"理性的"仁慈的社会独裁者都会有这样的偏好,这些偏好是由效用归属空间上的一个严格递增函数 W 所给出的,同时每一个这样的函数 W 定义了一个"理性的"仁慈的社会独裁者,这里理性的定义是

---

c 假设社会结果来自于一个有限维欧几里得空间的一些凸子集,同时对于每一个 x 和 $\varepsilon > 0$,都存在一个 $\hat{x}$,在 x 以 ε 为半径的邻域内,它是帕累托优于 x 的。例如,若社会结果是消费配置,个体的偏好只取决于他们所消费的东西,并且至少有一个消费者是局部非饱和的,这一点会成立。此外,假设该独裁者的偏好是连续的,则恰好从一个极限的意义上来说,假设 5.3 是根据假设 5.2(以及连续性)得出的。

① 回忆一下,$V(x)$ 是向量 $(V_1(x), V_2(x), \cdots, V_I(x))$ 的简写。

该独裁者遵循假设 5.1、假设 5.2 和假设 5.3。

这类函数 W 有时候会被称为**社会福利函数**(social welfare functional)。标准的例子是：

(1) $W(r_1, r_2, \cdots, r_I) = \sum_{i=1}^{I} r_i$，这是所谓的**功利主义的**(utilitarian)社会福利函数。

(2) $W(r_1, r_2, \cdots, r_I) = \sum_{i=1}^{I} \alpha_i r_i$，这里的 $\{\alpha_i\}$ 是一个严格为正的权重的集合，这是所谓的**加权功利主义的**(weighted utilitarian)社会福利函数。这类函数也被称为**柏格森社会福利函数**(Bergsonian social welfare functional)。它们在后面还会再次出现。

在(1)例中，社会的所有成员都被赋予了相同的权重。[d] 在(2)例中，我们可能会赋予那些消费者不同的权重。例如，我们可能会同意：赋予教授十倍于本科生的效用权重，他们反过来再得到十倍于研究生的效用权重是合理的。[①]

作为加权效用的一个备选途径，你可能会考虑根据该消费者所获得的相对效用来赋予某个消费者一个权重。

(3) 设 $\alpha_1 \geqslant \alpha_2 \geqslant \cdots \geqslant \alpha_I \geqslant 0$ 是一系列非递增的正权重，并且对于任意向量 $(r_1, r_2, \cdots, r_I)$，设 $r_{[i]}$ 是集合 $\{r_1, r_2, \cdots, r_I\}$ 中第 i 小的数值。(也就是说，若 $I=4$ 并且 $r = (4, 5, 4, 3)$，则我们有 $r_{[1]}=3$、$r_{[2]}=r_{[3]}=4$，以及 $r_{[4]}=5$。)同时设定 $W(r_1, r_2, \cdots, r_I) = \sum_{i=1}^{I} \alpha_i r_{[i]}$。这赋予了社会中"境况较差"的成员相对更多的权重。

(4) 为了获取(3)例的一个极端情况，设 $W(r_1, r_2, \cdots, r_I) = \min\{r_i : i=1, 2, \cdots, I\}$。也就是说，社会中境况最差的成员获得所有的权重。由于它不是严格递增的，这完全不打算给出一个我们所定义的社会福利函数。(它造就了一个仁慈的社会独裁者，关于该独裁者的假设 5.2 被一个更弱的假设所替代：如果 x 对 x' 有严格帕累托优势，则 $x \succ x'$。)这一(近乎)社会福利函数有时会被称为**罗尔斯社会福利函数**(Rawlsian social welfare functional)。

5.3.1 一个社会福利函数的可能选择的范围

我们该如何来看待这些社会福利函数？换句话说，如果我们相信社会选择由一些满足假设 5.1、假设 5.2 和假设 5.3 的偏好排序所决定，我们能得出什么结论？

命题 5.2 假设从任意可行社会状态的集合 X' 中所做出的选择都是通过将函数 $W(V_1(x), V_2(x), \cdots, V_I(x))$ 最大化而得到的，这里 W 在每个参数上都是严格递增的。这样一来，所选择的社会状态总是帕累托有效的(在 X' 中)。

关于这一点几乎没有什么可说的；它事实上就是一个定义比较的问题。因此我们可以改述该问题：是否存在这样的帕累托有效结果，它们不是通过选择合适的社会福利函数选出的？对于所有的实际应用来说，对这一问题的回答是否定的。事实上，在一定条件

---

d　当然，由于这完全和一些固定的消费者偏好的数值表示相关，这一说法并不是非常合理。

①　你可能会决定对于助理教授来说，多少权重是合适的。

下,如果我们将注意力限定在柏格森社会福利函数上,我们确能得到一个几乎完全否定的回答。

为了看清它背后的原理,我们需要集合的**凸包**(convex hull)这一数学概念。对于 R^K(K 为任意整数)中的任意点集 A,A 的凸包是所有点 $z \in R^K$ 的集合,使得 $z = \sum_{n=1}^{N} \alpha_n z_n$,这里 N 为某一整数,$z_n \in A$ 是某个选定的点,$\alpha_n > 0$ 是某个选定的标量,满足 $\sum_{n=1}^{N} \alpha_n = 1$。不要被这些符号所干扰;任意集合的凸包就是包含该初始集合的最小凸集。它是通过将该集合中的所有洞孔和凹面"填满"而得到的。[①]

命题 5.3 假设 x^* 在集合 X' 中是帕累托有效的,同时与 x^* 相应的效用归属,或者说 $V(x^*)$,在 $V(X')$ 的凸包中是帕累托有效的。[②]则对于一些选定的非负权重 $\{\alpha_i\}_{i=1,2,\cdots,I}$,其中至少有一个是正的,$x^*$ 在集合 X' 上将 $\sum_{i=1}^{I} \alpha_i V_i(x)$ 最大化。

(我们马上就会简述该证明。)

关于这一命题有两点需要注意:第一,是关于 $V(x^*)$ 在 $V(X')$ 的凸包中帕累托有效这一附加条件。由于 x^* 在 X' 中帕累托有效,我们可知:$V(x^*)$ 在 $V(X')$ 中本身就是帕累托有效的。因此,例如,如果我们知道 $V(X')$ 是一个凸集,则这一附加条件就是不必要的。我们非常希望 $V(X')$ 会是一个凸集,但是我们仍旧可以通过一些非常标准的假设来去掉该附加条件。

命题 5.4 假设 X' 是一个凸集并且每一个 $V_i: X \to R$ 都是凹的,则若 x^* 在 X' 上是帕累托有效的,那么效用归属 $V(x^*)$ 在 $V(X')$ 的凸包上也是帕累托有效的。

(该证明留为作业。)例如,考虑一下在 I 个消费者之间对某一商品禀赋进行划分这一具体应用,这里每个消费者都只在乎他所消费的数量。那么 X' 是凸的,而且我们所需要的就是一个关于这些消费者的效用函数都是凹的这一假设。我们已经相当详细地讨论过这样一个关于消费者效用假设的合理性问题,在这里我们就不再重复该讨论了。而这一假设在许多应用中都会被满足。[e]

关于命题 5.3 第二个需要注意的地方是,在效用总和中的权重只是非负的;我们无法保证它们都是正的。如果有一个或多个权重为零,则我们就无法得到一个如我们所定义的社会福利函数,因为该函数在那些总和中权重为零的消费者的效用上不是严格递增的。如果我们想要得到所有的帕累托有效点,允许零权重就很必要。在这点上,考虑图 5.6(1)。这里我们有一个关于两人社会的集合 $V(X')$,同时我们假设 $V(X')$ 是一个圆。由于在点 v^* 处帕累托边界的斜率为 0,如果我们在一个加权和中赋予消费者 1 的效用任意(正)权重,我们就不会选择 v^* 作为一个最大化点。但是如果我们允许零权重,同时若 $V(X')$ 如图 5.6(2)所示,则像 v' 这样的点就有可能会被选为最大化的社会结果。就我们的定义而言,这样的点对任意其他的点都不是严格帕累托劣势的(只要有一个权重是严格为正的,我们就无法

[①] 如果你在此之前从来没有见过这一概念,去找人给你画几幅图。

[②] 回忆一下,$V(X') = \{v \in R^I : v = V(x), x \in X'\}$。

[e] 要是该附加条件没有被满足又会怎样?你仍旧能保证每一个帕累托有效点都会被一些合理的社会福利函数所选定吗,即使不是一个柏格森社会福利函数?事实上这一回答是肯定的,这里因为和命题 5.3 中我们允许零权重相同的原因,所以我们多说几句。把解决这一问题的任务留给那些更有数学兴趣的读者。

选出一个具有严格帕累托优势的点），但它们同样也不是帕累托有效的。我们可以放弃保证像 v^* 这样的点能被作为最大化点，或者允许像 v' 这样的点有成为最大化点的可能性；这两个关于零权重问题的"解"在文献中都能被找到。

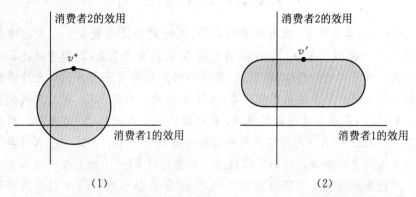

消费者2的效用　　　　　消费者2的效用

v^*　　　　　v'

消费者1的效用　　　　　消费者1的效用

（1）　　　　　　　　　（2）

图 5.6　为什么在命题 5.3 的证明中零权重是必需的

现在我们给出命题 5.3 的一个证明。它会用小字部分给出，因而是选读材料，而且我希望所有的读者都能够坚持读完。我们即将介绍分离超平面定理，这在经济学理论中是一个非常有用的工具。

我们从论述分离超平面定理开始。假设 A 和 B 是 R^2 中两个不相交的凸集。通过画图，你应该能使你确信在它们之间画出这样一条直线总是可能的，这里，A 中的所有点都置于该直线的一侧，同时 B 中的所有点都置于该直线的另一侧。如果你确实擅于画图，你可以画出这样一种情况，这里，必须有来自于其中一个或两个集合的点在这条直线上，因此我们会允许这一点。总是让你能够画出这样一条直线，或者，在更高维度的空间中画出一个恰当的直线类似物。其背后的数学理论是：

分离超平面定理　若 A 和 B 是 R^K 中两个不相交的凸集，则必定存在一个非零向量 $\alpha = (\alpha_1, \alpha_2, \cdots, \alpha_K) \in R^K$，以及一个标量 β，使得对于所有的 $a \in A$，均有 $\alpha \cdot a \leqslant \beta$，并且对于所有的 $b \in B$，均有 $\alpha \cdot b \geqslant \beta$，这里"·"代表点积或内积。

根据这一点要证明命题 5.3 是很容易的。取任意满足该命题假设的帕累托有效点 x^*。考虑如下两个 R^I 中的凸集。设 $A = V(X')$ 的凸包；同时设 $B = \{v \in R^I : v > V(x^*)\}$。在关于 B 的定义中，该严格不等号（在两个 I 维向量之间的）应当读作 v 在每个分量上都大于或等于 $V(x^*)$，并且至少在一个分量上是严格大于 $V(x^*)$ 的。因为 x^* 在 $V(X')$ 的凸包中是帕累托有效的，并且 B 是对与 x^* 相关的效用归属具有帕累托优势的效用向量的集合，所以 A 和 B 是不相交的。根据定义，集合 A 是凸的，证明集合 B 也是凸的应该不会耗费你很多时间。因此必定存在一个向量 $\alpha = (\alpha_1, \alpha_2, \cdots, \alpha_I)$，以及一个标量 β，使得对于所有的 $a \in A$，均有 $\alpha \cdot a \leqslant \beta$，并且对于所有的 $b \in B$，均有 $\alpha \cdot b \geqslant \beta$。由于 $V(x^*)$ "几乎处处"都在 B 中，则 $\alpha \cdot V(x^*) = \beta$。（确切地讲，根据连续性。）因此在 A 中，$V(x^*)$ 在 v 上将函数 $\alpha \cdot v$ 最大化，因而在 $v \in V(X')$ 上也是如此。所以 x^* 也在 $x \in X'$ 将函数 $\sum_{i=1}^{I} \alpha_i V_i(x)$ 最大化。只要我们证明了对于每个 i，都有 $\alpha_i \geqslant 0$，我们就完成了证明。为了这一点，使用我们关

于集合 B 的定义。假设对于一些 i，有 $\alpha_i < 0$。对于每一个整数 N，设：

$$v^N = (V_1(x^*), V_2(x^*), \cdots, V_{i-1}(x^*), V_i(x^*)+N,$$
$$V_{i+1}(x^*), V_{i+2}(x^*), \cdots, V_I(x^*))$$

也就是说，我们考虑从 x^* 而来的效用归属，同时我们让消费者 i 的效用增加 N。则根据定义，$v^N \in B$。若 $\alpha_i < 0$，则通过将 N 的值变得很大，我们可以让 $\alpha \cdot v^N$ 的值变得和我们所希望的一样小，特别地，可以小于 β，这会与 α 和 β 的定义性质相矛盾。

如果你对这一数学证明感到迷惑，来简单地看一下图 5.7。在这里我们已经画出了集合 $V(X')$，它是有限个点的集合，可能是从一个有限集 X' 而来的。然后我们用阴影部分来表示 $V(X')$ 的凸包以及对效用归属 $v^* = V(x^*)(x^* \in X')$ 具有帕累托优势的效用向量的集合。我们可以通过一条必定过 $V(x^*)$ 的直线将这两个集合分离开来。用这条直线和与它平行的直线来定义"等社会福利"线，我们发现对于一些线性的社会福利函数，x^* 在全社会中是最优的。由于该分割线必须停留在集合 B 的外部，它不可能有正的斜率。同时注意点 v'，它在 $V(X')$ 中是帕累托有效的，但是在 $V(X')$ 的凸包中，它不是帕累托有效的。因此，我们不能将 v' 作为一个柏格森社会福利函数的选择。最后，画出与图 5.6 中的点 v^* 相应的图示。它会再一次向你表明为什么我们有时会需要零权重。

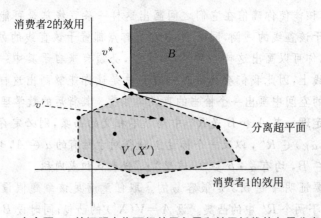

图 5.7　在命题 5.4 的证明中将可行效用向量和帕累托优势向量分离开来

显然，假设 3.1、假设 3.2 和假设 3.3 对确定社会选择没有多大帮助。它们只是告诉我们如何将社会选择限制在帕累托边界上，但是（根据命题 5.3 和命题 5.4）在许多我们关心的情况中，即使是柏格森社会福利函数也会让我们得到几乎整个帕累托边界以作为"全社会的最优选择"。因此我们该如何来继续进行选择呢？

关于社会选择在大体上应该如何根据消费者偏好组来决定这一点，我们可能试着多说几句。也就是说，我们要处理的可能不只是单一的消费者偏好组，而是一族消费者偏好组，并以此来讨论社会偏好该如何根据消费者偏好组的变化而变化。这一途径会在第 5.5 节中进行讨论，沿着这些路线我们会得到一个最有名的结论——**阿罗可能性定理**（Arrow's possibility theorem）。

5.4　描绘有效社会结果的特征

不过在这样做之前,我们先来说明社会福利函数是如何能被用作一种分析工具的。它们在分析上的作用恰恰来自于它们在标准选择理论中的弱点:它们可以用来找出整个帕累托边界来作为一个参数最优化问题的解。也就是说,假设我们有一个社会选择问题,在这里(为了简单起见)命题 5.4 适用。则我们可知帕累托边界上的每一个点都是最大化社会福利函数问题的一个解,对于某一选定的权重,该函数使用一个柏格森社会福利函数。只要我们改变这些权重的值,我们就能画出整个帕累托边界。在一个特定的背景下,看看在一个有效结果上哪些条件必须成立可能会是一件有意义的事情,这于是又可以归结为在一个最大化个体效用的加权和问题的解上必须成立的条件。

为了说明这一技巧,我们会举三个例子,它们在本书剩下部分的一些章节中也会被用到。

5.4.1　私有品的生产和分配

第一个例子发生在商品的生产和配置背景下。假设一个有 K 种商品和 I 个个体的情况。设 Z 为 R^K 的正象限,同时将一个社会结果记作 $x = (z_1, z_2, \cdots, z_I)$ ——对这些个体的一个商品配置。每一个 z_i 都是 Z 中的一个元素,它是一个非负的 K 维向量,同时我们用 z_{ik} 来表示分配给个体 i 的商品 k 的数量。

眼下,我们先把注意力限制在这些商品都是**私有品**(private good)的情况上来,这意味着个体 i 涉及社会结果 x 的偏好只取决于 i 自身的商品组合。更确切地说,若 $V_i: X \rightarrow R$ 表示 i 在 X 上的偏好,则对于某一函数 $U_i: Z \rightarrow R$, V_i 可以被写成 $V_i(z_1, z_2, \cdots, z_I) = U_i(z_i)$ 。我们假设 U_i 是凹的并且是连续可微的;关于这些假设的常规评论就如前文我们所读到的那样。我们还假设这些商品都不是有害物品,因此每一个 U_i 都是非递减的。

迄今为止所有的内容都和第 5.1 节中介绍的一样。但是现在我们要加入一项使问题复杂化的因素。我们不假设一个社会禀赋组合将要被配置,而是假设该社会在一开始得到了一项供应第 $K+1$ 种商品的资助,这种商品没有人愿意消费,但是它们可以被转换成各种大家愿意消费的那 K 种商品的组合。[f]我们假设该社会有一项可以自由支配的生产或转换技术,它由一个函数 $\phi: Z \rightarrow [0, \infty)$ 来描述,对它的解释如下:对于每一个商品组合 $z \in Z$,用来生产 z 所需的第 $K+1$ 种商品的数量为 $\phi(z)$ 。我们假设该社会所拥有的可自由支配的第 $K+1$ 种商品的数量为 e_0 ,因此该社会选择问题是:(1)在 Z 中选择一个商品组合,再用社会所供应的 e_0 数量的第 $K+1$ 种商品来生产它,然后(2)将所生产的商品组合在这 I 个个体之间进行划分。也就是说,可行社会结果空间 X' 为:

$$X' = \{x \in X: x = (z_1, z_2, \cdots, z_I), \phi(\sum_{i=1}^{I} z_i) \leqslant e_0\}$$

---

f　这里的商品 $K+1$ 只是一个说明上的技巧。懂一些建模方法的读者会发现我们能略掉它。

我们必须清楚：$\sum_{i=1}^{I} z_i$ 是分配给这些个体的商品组合的向量和；它是一个 K 维向量。因此该约束条件可以读作：根据 e_0 来生产那些要被分配的商品必须是可行的。

我们假设函数 ϕ 是严格递增的（生产更多总是消耗更多）、连续可微的以及拟凸的。假设 ϕ 的可微性是为了说明上的方便[g]，但是 ϕ 的拟凸性对接下来的事情来说是必需的。拟凸性主要是说：若 z 和 z' 都能由这 e_0 单位的商品 $K+1$ 生产而来，则 z 和 z' 的任意凸组合也能由这 e_0 单位的商品 $K+1$ 生产而来。[①]我们可以得到这一假设的理由：上面所定义的集合 X' 是凸集，因此命题 5.4 是适用的。我们将这一点留给读者去证明。我们继续去看取结果，该结果是：每一个有效社会结果都能被视为如下最大化问题的解：

$$\max \sum_{i=1}^{I} \alpha_i U_i(z_i)$$

$$\text{s.t.} \quad \phi\left(\sum_{i=1}^{I} z_i\right) \leqslant e_0$$

这里 (α_i) 均为非负权重。

为了不使问题复杂化，我们会假设所有的权重 α_i 都是严格为正的，上述问题的解由一阶条件来描述，在这些解上相关的乘数和偏导数都是严格为正的，以及唯一紧束的约束条件是社会可行性约束条件，或者说 $\phi\left(\sum_{i=1}^{I} z_i\right) \leqslant e_0$。这三条假设中的第一条，在进行了一些分析之后，可以被省略掉。第二条相对无害（同时若函数 ϕ 是凸的，它就是完全无害的）。第三条需要一些工作，但是对于大部分的应用来说，它都会是成立的。[h]但是第四条假设是非常强的。事实上，我们正在描述有效配置，这里每一个消费者被分配到的这 K 种商品中的每一种的数量都是正的。勤奋的读者可能会希望不用该假设来再做一遍我们的分析。

该特性描述现在很容易得出了。设 λ 为社会可行性约束条件的乘数，关于 z_{ik}，也就是分配给消费者 i 的商品 k 的数量的一阶条件为：

$$\alpha_i \frac{\partial U_i}{\partial z_{ik}} = \lambda \frac{\partial \phi}{\partial z_k}$$

这里的偏导数当然是在最优解上计算的。在该一阶条件上，我们需要注意一件事情。当我们解读等式右边的 $\partial\phi/\partial z_k$ 时，记住 ϕ 是一个含有 K 个变量的函数；这里我们用它来表示 ϕ 关于商品 k 的社会总产量的偏导数。

取任意两种商品 k 和 k'，并求出关于 z_{ik} 和 $z_{ik'}$ 的两个一阶条件。根据所有我们所做的假设，我们可以用其中的一个去除以另一个，消去一边的 α_i 和另一边的 λ，然后得到：

$$\frac{\partial U_i}{\partial z_{ik}} \bigg/ \frac{\partial U_i}{\partial z_{ik'}} = \frac{\partial \phi}{\partial z_k} \bigg/ \frac{\partial \phi}{\partial z_{k'}}$$

---

g　精通数学的读者可以尽量不用它。

①　该假设本质上是说生产技术是凸的，更多关于这一假设的内容，见第 7 章。

h　它包含一个隐含的假设：每一个消费者的效用都会随着每一种商品数量的增加而上升，至少对于一些商品的消费水平来说是这样的。

等式左边的比率被称为个体 i 关于商品 k 对商品 k' 的**边际替代率**(rate of substitution for individual),而等式右边的比率被称为 k 对 k' 的**边际技术替代率**(marginal rate of technical substitution),同时我们可以得到这样一个结论:在一个有效社会结果上,对于每一个消费者来说,关于每一对商品,这些比率都必然相等。此外,由于等式的右边与消费者 i 无关,我们会看到:对于每一对消费者来说,每一对商品的边际替代率都必然相等。

这些关于有效社会生产和分配的特征描述很容易解释。首先,假设对于两个消费者 i 和 i' 来说,他们关于 k 对 k' 的边际替代率是不同的;假设 i 的边际替代率更大,则我们可以从 i 那里取走一些 k',再补偿给她刚好足够数量的 k,使得她和之前无差异,然后再将这些 k' 交给 i' 用以交换我们补偿给 i 的那些 k。由于我们已经假设这些比率是不同的,使得 i 和之前无差异的 k 对 k' 的边际替代率会严格使 i' 受益。因此我们没有得到一个有效社会分配。其次,假设对于消费者 i 来说,k 对 k' 的边际替代率与边际技术替代率不相等。假设她的边际替代率更大,则在一个技术上可行的比率范围内,我们可以少生产一些 k',多生产一些 k,再将额外的 k 交给 i 用以交换我们生产这些额外的 k 所需要减少的 k'。给定我们关于她的边际替代率相对于边际技术替代率的假设,这会让她的境况得到严格的改善,因此就我们关于生产计划的选择而言,我们不是有效的。[i]

5.4.2 私有品和公共品的生产及分配

如果你已经上过中级微观经济学的课程,你可能已经知道了所有这些内容,至少会了解一些。但是现在我们来考虑一种你在此之前可能没有见过的变化。我们假设在我们的 K 种商品中,第一种商品是一种**公共品**(public goods)。公共品是这样一种商品,这里某一个体消费这种商品不会阻碍其他人也消费这种商品,同时也不会减少他们在这种商品上所得到的享受。公共品的传统例子包括清洁的空气和国防。公园和高速公路有公共品的部分特征,但是它们并不完全符合条件——越多的人消费黄石国家公园或者宾夕法尼亚高速公路,他们中的每个人从中得到的效用就越少。[j]

我们用如下方式将这种情况形式化。现在一个社会结果是一个 $(1 + I(K-1))$ 维向量,

$$x = \left(y, (z_{12}, z_{13}, \cdots, z_{1K}), (z_{22}, z_{23}, \cdots, z_{2K}), \cdots, (z_{I2}, z_{I3}, \cdots, z_{IK})\right)$$

这里 y 为该公共品的数量,$z_1 = (z_{12}, z_{13}, \cdots, z_{1K})$ 为个体 1 所消费的私有品的数量,以此类推。个体 i 在社会状态上的偏好由一个定义在向量空间 $(y, z_1) = (y, (z_{12}, z_{13}, \cdots, z_{1K}))$ 上的效用函数 U_i 所给出。另外,关于这一社会的技术可能性的表述仍旧是相同的,因此,现在可行社会结果的空间是:

---

i 注意从第二个消费者那里取走 k 并且从第一个消费者那里取走 k' 用来做这些变动一定是可能的。这就是我们关于非负约束条件不紧这一假设起作用的地方,同时若非负约束条件不紧,这也是我们需要修改这些简单的特征描述的地方。

j 公共品是具有外部性的商品的极端例子,我们会在下一章中进行讨论。一旦你在下一章中读到了关于外部性的讨论,一项有用的工作是在存在外部性的情况下,用本小节中的方式来描述商品的有效配置。

$$X' = \left\{ x = (y, z_1, z_2, \cdots, z_I) \in R^{1+I(K-1)} : \phi\left(y, \sum_{i=1}^{I} z_i\right) \leqslant e_0 \right\}$$

X' 的凸性不会受到影响,同时如果我们做类似于前一子小节中所做过的假设,为了在这一背景下描述有效社会结果,我们必须解决如下问题:

$$\max \sum_{i=1}^{I} \alpha_i U_i(y, z_i)$$

$$\text{s.t.} \quad \phi\left(y, \sum_{i=1}^{I} z_i\right) \leqslant e_0$$

对于 $i = 1, 2, \cdots, I$ 和 $k = 2, 3, \cdots, K$,关于 z_{ik} 的一阶方程与之前是一样的,但是关于该公共品我们可以得到的一阶条件为:

$$\sum_{i=1}^{I} \alpha_i \frac{\partial U_i}{\partial y} = \lambda \frac{\partial \phi}{\partial y}$$

现在考虑其中的任意一种私有品,比方说商品♯2。通过处理关于 z_{i2} 的一阶条件,我们可得:

$$\alpha_i = \lambda \left. \frac{\partial \phi}{\partial z_2} \right/ \frac{\partial U_i}{\partial z_{i2}}$$

在关于 y 的一阶条件中替换掉 α_i,可得:

$$\sum_{i=1}^{I} \left(\lambda \left. \frac{\partial \phi}{\partial z_2} \right/ \frac{\partial U_i}{\partial z_{i2}} \right) \frac{\partial U_i}{\partial y} = \lambda \frac{\partial \phi}{\partial y}$$

然后通过将两边同除以 $\lambda(\partial \phi / \partial z_2)$,我们可得:

$$\sum_{i=1}^{I} \left(\left. \frac{\partial U_i}{\partial y} \right/ \frac{\partial U_i}{\partial z_{i2}} \right) = \left. \frac{\partial \phi}{\partial y} \right/ \frac{\partial \phi}{\partial z_2}$$

或者,用文字表述即公共品对任意私有品的边际技术替代率(等式的右边)必须等于所有消费者关于公共品对私有品的边际替代率的总和。

5.4.3 辛迪加理论

我们关于这一技巧的第三个说明——**辛迪加理论**(syndicate theory)(Wilson,1968),来自于不确定性经济学。有 I 个消费者共同拥有一份赌注,它在 N 种不同的自然状态下能获取不同数额的回报。我们将这 N 种自然状态记为 $\{s_1, s_2, \cdots, s_N\}$,并且在状态 s_n 时该赌注的回报为 Y_n 美元。一个"社会结果"由一个关于如何在每种状态之间对这笔赌注的回报进行划分的分配规则所构成。我们用 y_{in} 来表示消费者 i 在状态 n 时所得到的钱的数额,因此所有可行社会结果的集合就是所有向量 $(y_{in})_{i=1, 2, \cdots, I; n=1, 2, \cdots, N} \in R^{IN}$ 的集合,这些向量满足对于每一个 n,都有 $\sum_{i=1}^{I} y_{in} = Y_n$。最后一个约束条件是"加和"约束条件;这些消费者不能在他们自己之间划分超过他们所拥有的数额的钱。[因此,在该一般公式的记号中,所有满足这一约束条件的向量 (y_{in}) 组成了可行社会结果的集合 X'。]注意我们并没有将 y_{in} 限制成非负的;在一些状态下我们会允许消费者捐献资金。

每一个消费者(或者说辛迪加的成员)都只在乎他所得到的东西。每个人都用一个包含概率$\{\pi_n\}$和效用函数u_i的期望效用估计来计算在任意划分$(y_{in})_{n=1,2,\cdots,N}$中他所占有的份额。也就是说,在分配规则$(y_{in})$中,$i$所得到的效用由如下式子给出:

$$\sum_{n=1}^{N}\pi_n u_i(y_{in})$$

注意:我们已经假设不同的消费者在这N种状态下都有相同的概率分布。你可能会希望考虑:如果我们假设不同的消费者对于各种状态出现的可能性都有不同的主观估计,接下来的事情会如何变化。我们还假设这些消费者个体在计算他们在这一赌注中所得到的份额时,不会考虑所有他们可能拥有的其他风险资产;这(可能)只有在该风险与所有其他他们可能会面临的风险无关时才能讲得通。我们假设所有的消费者都是风险规避型的(包括有限的风险中性的情况);也就是说,所有的函数u_i都是凹的。同时出于技术上的原因,我们假设所有的函数u_i都是连续可微的。

现在提出我们所关注的问题。哪一个分配规则是帕累托有效的?

可行分配规则的集合显然是凸的。同时这些个体的效用函数被认为是分配规则上的函数,它们都是凹的,因为每一个效用函数u_i都是凹的。[k]因此命题5.4适用;然后根据命题5.3,我们可以通过将这些消费者的期望效用的各种加权平均数最大化来找出所有的有效分配规则。

也就是说,如果我们设$(\alpha_i)_{i=1,2,\cdots,I}$为一个由非负权重所组成的向量,则对于每一个$n$来说:

$$\max \sum_{i=1}^{I}\alpha_i\left[\sum_{n=1}^{N}\pi_n u_i(y_{in})\right]$$
$$\text{s.t.} \sum_{i=1}^{I}y_{in}=Y_n$$

这一问题的解是一个帕累托有效分配规则,同时只要我们改变α_i的值,我们就能得到所有的帕累托有效分配规则。

如果其中的一些权重为零会发生什么?假设$\alpha_i=0$,则我们没有赋予消费者i的期望效用任何权重。同时由于我们没有将分配到的份额限定为非负的,刚才所给出的最大化问题的"解"是让y_{in}变得负无穷大,将加在i身上的"税"分配给那些具有正权重的消费者。更确切地说,所给出的最大化问题根本就没有解。[l]因此我们可以把注意力限定在严格为正的权重上。[m]

---

k 精通数学的读者会发现u_i的凹性与函数"V_i"的凹性不完全相同,但是它能马上表明"V_i"的凹性。如果这令人感到费解,不用为它担心。

l 如果u_i没有被定义成非负参数,则尝试弄明白该最大化问题的意义是一个很有意义的数学难题。我们会通过将注意力限定在严格为正的权重上,并且通过假设所给出的问题有一个解,该解只受到u_i定义域范围内的加和约束条件约束,来避开这一难题。

m 即使所有的权重都是严格为正的,我们也无法保证该最大化问题能有一个解。我们会继续假设存在一个解,然后,由于我们没有对y_{in}进行约束,该解会由该一阶条件的联立解给出。但是这一假设对于有些参数化问题来说是无法得到保证的,我们会把它留给细心的读者来加入必要的附加说明。

现在让我们通过交换加和项的顺序来重写该最大化问题的目标函数。也就是说:

$$\sum_{i=1}^{I} \alpha_i \left[\sum_{n=1}^{N} \pi_n u_i(y_{in}) \right] = \sum_{n=1}^{N} \pi_n \left[\sum_{i=1}^{I} \alpha_i u_i(y_{in}) \right]$$

因此我们可以将上述问题重写为,对于每一个 n:

$$\max \sum_{n=1}^{N} \pi_n \left[\sum_{i=1}^{I} \alpha_i u_i(y_{in}) \right]$$

$$s.t. \quad \sum_{i=1}^{I} y_{in} = Y_n$$

如果你对这一经过重组的问题感到困难,你会看到我们可以通过将每一种状态分开来考虑来解决它;如果我们将该问题分开来解决,则对于每一种状态 n:

$$\max \sum_{i=1}^{I} \alpha_i u_i(y_{in})$$

$$s.t. \quad \sum_{i=1}^{I} y_{in} = Y_n$$

然后我们就能得到总问题的解。只要我们同意,让我们将这一点和我们所遇到的其他"事实"记录下来。

事实 5.1 辛迪加成员之间的有效配置是在逐个状态(state by state)的基础上进行的。所估计的各种状态的出现几率在这一配置中不起任何作用。在一个特定状态下,与该分配规则有关的只有在该状态下的总回报(以及赋予这些消费者的权重,它们在任意有效分配规则中都是固定的)。也就是说,在一个有效分配规则中,有人不会在一种状态下奖赏彼得,而在另一种状态下补偿保罗。[n]

在状态 s_n 下,我们该如何来进行分配? 设 μ_n 为状态 s_n 下加和约束条件的乘数,我们可得一阶条件为:

$$\alpha_i u_i'(y_{in}) = \mu_n, \quad i = 1, 2, \cdots, I$$

暂且假设每一个 u_i 都是严格为凹的(因此 u_i' 是一个严格递减的函数)。则对于每一个固定值的乘数 μ_n 来说,方程 $\alpha_i u_i'(y) = \mu_n$ 在 y 上有唯一解。[①][o] 让我们将该解写成一个关于乘数 μ_n 的函数 $y_i(\mu_n)$。因为 u_i' 是严格递减的,所以 $y_i(\mu_n)$ 的值在 μ_n 上也是严格递减的。因为我们已经假设 u_i 是连续可微的,所以该解在 μ_n 上也是连续的。因此函数 $\sum_{i=1}^{I} y_i(\mu_n)$ 在 μ_n 上是严格递减且连续的。将自变量的值取为 μ_n,同时令 y_i 的和为 Y_n,我们可以得到状态 s_n 下该一阶条件的唯一解。

事实 5.2 如果所有的消费者都是严格风险规避型的(也就是说,如果所有的 u_i 都是

---

n　那些考虑如果消费者们对不同的状态有不同的概率估计,这会如何变化的读者应该认真考虑一下第一个事实!

①　在这一讨论中,权重 α_i 自始至终都是固定的,当它们发生变化时,也会改变帕累托边界上我们正在研究的点,留给读者去做一个比较静态分析。

o　我们可能会得到 $+\infty$ 或 $-\infty$ 来作为解,细心的读者会担心接下来会发生什么。

严格为凹的),则在每一种自然状态下,一阶条件都有唯一解。同时存在一个唯一的有效分配规则(对于固定的权重来说)。

接下来考虑消费者 i 的份额会如何根据状态的变化而变化。考虑两种状态 s_n 和 $s_{n'}$,使得 $Y_n > Y_{n'}$。状态 n 下的解在 $\sum_{i=1}^{I} y_i(\mu_n) = Y_n$ 处,状态 $s_{n'}$ 下的解在 $\sum_{i=1}^{I} y_i(\mu_{n'}) = Y_{n'}$ 处。由于函数 $y_i(\cdot)$ 是严格递减的,我们可得 $\mu_n < \mu_{n'}$。因此在状态 n 下,每一个消费者 i 的份额 $y_{in} = y_i(\mu_n)$ 都会严格大于他在状态 n' 下的份额。

事实 5.3 如果所有的消费者都是严格风险规避型的,则在一种状态下,任意消费者的份额在该状态下的总体回报上都是严格递增的。

迄今为止,我们已经考虑了当所有的消费者都是严格风险规避型时的有效配置。现在让我们来考虑当其中一个消费者是风险中性而其他消费者都是(严格)风险规避型时会发生什么。对于我们的风险中性消费者,比方说消费者1,我们有 $u_1' \equiv c$,这里 c 为某个常数。因此在状态 s_n 下,关于该消费者的一阶条件为 $\alpha_1 c = \mu_n$。但是该一阶条件等式的左边与 n 无关。因此我们可以得出结论:在各种状态 n 下的乘数 μ_n 都必须是相同的;它们都必须是 $\alpha_1 c$。因此在状态 n 下,消费者 $i = 2, 3, \cdots, I$ 的份额 y_{in} 必为 $\alpha_i u_i'(y) = \alpha_1 c$ 的(唯一)解。由于我们已经假设除了消费者 1 外,其他所有的消费者都是严格风险规避型的,则对于 i,该方程有唯一解。因此除了消费者 1 外,其他消费者的份额都是恒定的;消费者 1 承担了所有的风险。

事实 5.4 如果其中一个消费者是风险中性的,而其他消费者都是严格风险规避型的,则在任意有效分配下,那些风险规避型的消费者在各种状态下都会得到一份恒定的回报。那个风险中性的消费者会承担所有的风险;在状态 s_n 下,他的回报是 Y_n 加上或减去某个常数(与 n 无关的)。

这一事实在第 16 章中是非常重要的。

现在,为了表明有人能在多大程度上接受这类事实,我们换到一个非常具体的参数化问题上来。我们假设每一个消费者都是严格风险规避型的,并且都有恒定的绝对风险厌恶,或者说 $u_i(y) = -e^{-\lambda_i y}$,这里 $\lambda_i > 0$。回忆 λ_i 被称为消费者 i 的(绝对)风险厌恶系数。λ_i 的倒数,我们记为 τ_i,习惯上被称为 i 的**风险承受能力系数**(coefficient of risk tolerance);使用风险承受能力比使用风险厌恶更加方便,因此我们将 $u_i(y)$ 重写成 $u_i(y) = -e^{-y/\tau_i}$。将 $\sum_{i=1}^{I} \tau_i$ 称为**社会风险承受能力**(society risk tolerance)同样也是惯例;我们会使用这一术语以及符号 T 来表示该和。我们可以得到如下结论:

事实 5.5 如果所有的消费者都有恒定的绝对风险承受能力,则有效分配具有如下形式:

$$y_{in} = \frac{\tau_i}{T} Y_n + k_i, \ i = 1, 2, \cdots, I$$

这里的常数 k_i 取决于该最大化问题的所有参数,包括权重(α_i)。

在课后习题 6 中,我们将这一点的证明留给你;在这里我们会给出一些提示。但是,注意这是多么显著的。在这个十分特殊的情况下,在任意有效分配规则下,消费者 i 都会得到一份和总回报成比例的份额,再加上一份恒定的回报(它也可能会是一项税)。他的比例份额的大小由其风险承受能力与社会风险承受能力的比率给出。我们仅仅只是通过调整恒定回报来使得我们在帕累托边界上来回移动；有效分配总是包含有效分配规则中的相同"风险部分"。

5.5　社会选择规则和阿罗可能性定理

现在我们回到标准社会选择问题上来。在第 5.3 节中，我们考虑了单一的消费者偏好组，它们由一组社会结果的集合 X 上的数值排序 $(V_i)_{i=1,2,\cdots,I}$ 所给出，同时我们尝试描述"理性"社会偏好。如果我们扩大我们的分析范围，我们可能会在标准社会选择的总体规划上走得更远。特别地，我们可能会考虑一族可能的消费者偏好组，并且对于族类中的每一个消费者偏好组都描述其理性社会偏好。重点是这一拓展范围允许我们提出这样的条件，该条件涉及社会偏好会如何响应一个消费者偏好组的变化。

例如，我们可能会提出如下性质：

正的社会响应　假设对于一个给定的消费者偏好组，以此得到的社会偏好认为 x 好于 x'。假设这个消费者偏好组发生了变化，使得 x 在所有人的排序中都没有下降，同时 x' 在所有人的排序中都没有上升。则该社会排序会继续认为 x 好于 x'。

对于这一定义我们并不是十分精确，因为我们并没有给该问题设定一个背景。但是读者可以从这里收集到我们将要努力去做的事情的精神。

我们会使用如下术语。一个从某个给定族类的消费者偏好组到由此得到的社会偏好的映射或函数被称为是一个**社会选择规则**（social choice rule）。

5.5.1　一个背景和三个例子

我们会通过考虑如下背景中的总体规划来开始我们的论述。假设我们有一个给定的社会结果的有限集合 X，以及有限个消费者，用 $i=1,2,\cdots,I$ 来表示，同时对于每一个消费者，都有一个 X 上的不对称且负传递的严格偏好关系"$>_i$"。根据"$>_i$"我们可以用常规方式来定义弱偏好"$\gtrsim_i$"和无差异 $\sim_i$。我们会直接根据偏好关系"$>_i$"来进行研究；关于这些偏好的具体数值表示暂时不做考虑。在这一背景下，一个消费者偏好组是一个关于偏好排序的 I 维向量，$(>_1,>_2,\cdots,>_I)$，这里的每一个偏好排序都是不对称且负传递的。有人可能会对考虑中的可能消费者偏好组加上限制条件；然而，我们会假设 X 上的任意不对称且负传递的排序向量都是被允许的。

一个社会选择规则把一个数组 $(>_1,>_2,\cdots,>_I)$ 看作输入信息，同时产生社会偏好作为输出结果；我们假设该输出结果的形式为一个二元关系"$>^*$"。[p]

在这一背景下，我们来考虑如下关于社会选择规则的例子。

例 5.1　帕累托原则（Paretorule）　在帕累托原则中，$x>^*x'$ 当且仅当 x 对 x' 具有帕累托优势。（或者我们可以坚持 x 对 x' 具有严格帕累托优势。）

---

p　如果我们想更正规一点，我们会将"$>^*$"写成一个关于 $(>_1,>_2,\cdots,>_I)$ 的函数。我们不会耽于这样的正规标记；我不希望因此而给结论造成混淆。这样我就可以考虑以一些其他形式出现的社会选择规则的输出结果——比方说一个不需要从任何二元偏好关系导出的选择函数。关于这一点，见下一个注释。

帕累托原则会产生非负传递的社会偏好。也就是说,我们可能会发现两个结果 x 和 x',这里 x 对 x' 具有帕累托优势,因此 $x \succ^* x'$,然而 x 和 x' 与第三个结果 x'' 之间都是帕累托不可比较的,因此既得不到 $x'' \succ^* x'$,也得不到 $x \succ^* x''$。根据我们在第 2 章中关于负传递性的讨论,你可以很容易地构造出一个具体的例子。

例 5.2　多数原则及其变形(majority rule and variation)　对于每一对社会结果 x 和 x',设 $P(x, x')$ 为表示出 $x \succ_i x'$ 的个体 i 的人数。在**简单多数原则**(simple majority rule)中,我们定义若 $P(x, x') > I/2$,则 $x \succ^* x'$。它的变形包括相对多数原则,或者说,若 $P(x, x') > P(x', x)$,则 $x \succ^* x'$;以及 α-多数原则,这里对于 $\alpha > 1/2$,若 $P(x, x') > \alpha I$,则 $x \succ^* x'$。

我们同样可以有 α-相对多数原则,等等。我们可以有加权多数原则,这里不同的社会成员被允许投出的选票的数量是不同的。

多数原则的问题在于偏好循环是有可能存在的。特别地,假设我们有 X 上的三个结果,称之为 x、y 和 z,同时我们有三个消费者。第一个消费者的排序为 $x \succ_1 y \succ_1 z$。第二个消费者的排序为 $y \succ_2 z \succ_2 x$。第三个消费者排序为 $z \succ_3 x \succ_3 y$。则根据多数原则,我们有 $x \succ^* y$。(消费者 1 和消费者 3 认为如此。)同时根据多数原则,我们还有 $y \succ^* z$(根据消费者 1 和消费者 2)。再根据多数原则,我们还可得 $z \succ^* x$(根据消费者 2 和消费者 3)。这可不太妙,尤其是要在 $\{x, y, z\}$ 中进行选择时。[q]

例 5.3　波达法则(Borda rule)　假设有 N 个社会结果。对于每一个消费者 i 都从"$\succ_i$"出发构造一个关于这 N 个结果的数值排序,该排序如下:如果根据"$\succ_i$",存在某个单一的最佳社会结果 x,则设 $U_i(x) = N$。更一般地,假设 i 认为 m 个社会结果 x_1, x_2, …, x_m 都是一样好的,并且它们比任何其他结果都要好,则设 $U_i(x_1) = U_i(x_2) = \cdots = U_i(x_m) = [N + (N-1) + \cdots + (N-m+1)]/m$。总的来说,第 n 好的社会结果的数值排序为 n,这里关系到它们的平均排序。然后定义 $U^*(x) = \sum_{i=1}^{I} U_i(x)$,再定义"$\succ^*$"与 U^* 相一致。

从事全美大学生运动的读者(同时,据我所知,还有其他人)会知道一些像大学生橄榄球队和篮球队排名系统这样的东西。体育新闻记者或教练会对前 20 名的队伍进行排名,给最好的队伍 20 分,给第二好的队伍 19 分,以此类推,然后这些分数会被加起来,从而得到"一致"排名。(我们并不清楚这些排名者是否被允许表达关系,而在传统的波达法则中,这些排名者必须对所有的队伍进行排名。)

波达法则存在什么问题?我们把它留到你的作业中去探寻。

5.5.2　四条性质和阿罗定理

在前一子小节的背景中考虑如下四条性质,这些性质是关于一个社会选择规则的。

---

q　如果我们允许社会选择规则对一个消费者偏好组指定一个选择规则,而不是一些二元偏好,我们会对它做如下定义:对于任意一对 $x, y \in X$,设 $m(x, y)$ 为严格偏好于 y 而不是 x 的消费者的人数。然后给定一个集合 X',选择必须从该集合中做出,对于每一个 $x \in X$,设 $M(x, X') = \max_{y \in x'} m(x, y)$。从 X' 中做出的选择被定义为那些使得 $M(x, X')$ 最小化的 $x \in X'$。口头上说,我们选择与之相比,在任意一对比较中"反对意见"都最少的结果。关于一个大体上由此开始的分析(以及关于引用来源),见 Caplin 和 Nalebuff(1988)。

性质 5.1　对于每一组个体偏好($\succ_i$),社会选择规则都应该在社会结果 X 上指定一个不对称且负传递的次序"$\succ^*$"。

这一性质有两个部分。第一点,社会选择规则的输出结果本身就应该是社会结果上的一个不对称且负传递的次序。正如我们在第 5.3 节中所讨论过的那样,这并不是完全没有争议的。第二点,不管个体偏好的轮廓被如何指定,社会选择规则都必须起作用。这有时会被称为**万有域**(universal domain)性质;社会选择规则的定义域必须是所有可能的个体偏好组。

性质 5.2　帕累托效率(Pareto efficiency)　若对于所有的 i,都有 $x \succ_i x'$,则 $x \succ^* x'$。

这和第 5.3 节中的假设 5.2 类似,除了我们要求 x 对 x' 具有严格帕累托优势,并以此来得出结论:$x \succ^* x'$。

性质 5.1 和性质 5.2 涉及社会选择规则对于一个给定的消费者偏好组是如何起作用的。在另一方面,性质 5.3 和性质 5.4 涉及当我们改变消费者偏好组时这一规则所起的作用。

性质 5.3　不相关选择的独立性(independence of irrelevant alternative)　在 X 中任取一对 x 和 x'。关于 x 和 x' 的社会排序不会随着其他社会结果的消费者排序组的变化而变化。也就是说,若($\succ_i$)和($\succ'_i$)是满足 $x \succ_i x'$ 的消费者排序组当且仅当对于所有的 i,都有 $x \succ'_i x'$,则在这两种情况下,关于 x 和 x' 的社会排序是相同的。

这条性质是要抓住这样一个概念:在我们的社会选择规则中,所有的问题都在于每一对选择之间的相对排序;不存在人与人之间的排序"强度"的比较。为了理解这一点,考虑一个包含三个人和三种结果的社会。考虑一个个体偏好组,在这里,前两个消费者的排序为 $x \succ_i x' \succ_i x''$,而第三个消费者的排序为 $x' \succ_i x \succ_i x''$。在这种情况下,期望 $x \succ^* x'$ 看起来是很"自然的"。现在考虑一个个体偏好组,这里前两个消费者的排序仍旧是 $x \succ_i x' \succ_i x''$,而第三个消费者的排序是 $x' \succ_i x'' \succ_i x$。性质 5.3 会保证社会应当仍旧偏好于 x 和 x'。在第 5.3 节的开头部分中,我们表明:如果我们考虑到在第二组偏好中,x 是消费者 3 的最差选择,则我们应当更多地考虑 x' 来作为社会选择,那么这一点就不再那么显然了。但是我们该如何来判断消费者 3 的最差结果对他而言差的程度(代替他的最好结果)相对于消费者 1 和消费者 2 的最好结果对他们而言好的程度(代替他们第二好的结果)? 如果我们不去主动进行这样的比较,则性质 5.3 看起来就是合理的。

性质 5.4　独裁者的不存在性(absence of a dictator)　不管其他消费者的偏好是什么,$x \succ_i x'$ 都表明 $x \succ^* x'$,就这一点而言,任何一个单一的消费者 i 都不是一个独裁者。

只要有超过两个消费者,这看起来就是合理的;假设其中一个消费者偏好于 x 而不是 x',而其他消费者都偏好于 x' 而不是 x。如果接下来社会选择 x 而不是 x',我们可能会觉得不舒服。如果社会为了单单一个消费者对于任意一对 x 和 x' 都这样做,我们会觉得更加不舒服。注意有人是一个独裁者,即使他没有将他的意愿强加到无差异问题上去。也就是说,我们不需要取消 i 作为一个独裁者的资格就能允许 $x \sim_i x'$ 且 $x \succ^* x'$。(见课后习题 9。)

现在,作为点睛之笔,我们有:

阿罗可能性定理(Arrow's possibility theorem)　假设至少有三个社会结果,则不存在能同时满足性质 5.1、性质 5.2、性质 5.3 和性质 5.4 的社会选择规则。

该定理是阿罗定理 2(1963:97)。在文献中有很多关于这一基本结论的变形,在这些变形中,这四条性质以各种形式被加以改变和/或削弱,有些时候甚至会以使结论发生略微的改变为代价。[后面一种类型的处理方式的一个经典例子是 Wilson(1972),在这里他去掉了帕累托性质,但是结果是把独裁者的不存在性换成了一个稍微弱一些性质。]在所有的这些变形中,相同的基本结论都会出现;没有一个社会选择规则能同时满足与我们所给出的这四条性质的描述大体相同的四条性质。

因此为了保持一个"合理的"社会选择规则存在的可能性,这四条性质中的其中一条(或多条)必须被满足。去掉性质 5.1 的第一部分会去掉整个工作的要点,除非我们能找到一些合理的方法来削弱性质 5.1 的这一部分,同时又不会失去它的整个内容。去掉帕累托效率看起来并没有什么吸引力[同时也确实没有解决任何东西;见 Wilson(1972)]。因此我们必须考虑我们是否要放弃得到一个赋予良态社会偏好的社会选择规则,或是放弃性质 5.1 中关于万有域的部分,或是性质 5.3,或是性质 5.4。由于独裁者在某种程度上已经过时了,性质 5.1 中的万有域部分和性质 5.3 在文献中受到的关注度最高。在第 5.5 节中所列出的参考文献会引领你进入这些丰富的文献中去。

我们继续来简述上述版本的阿罗定理的证明过程。[我们大体上遵照 Arrow (1963:97ff)。]假设我们有一个同时满足假设 5.1、假设 5.2 和假设 5.3 的社会选择规则。(我们会论证存在一个独裁者。)

步骤 1:对于任意一对结果 x 和 y 来说,对于一个给定的消费者偏好组,所有与 x 和 y 的社会排序相关的就是三个个体的集合,它们分别满足 $x \succ_i y$、$x \sim_i y$ 和 $y \succ_i x$。 也就是说,若一个划分将 I 个消费者分配到这三个集合中去,则对于任意两个具有相同划分的消费者偏好组来说,x 和 y 会有相同的社会排序。这只是不相关选择的独立性的一个重述。

步骤 2:对于任意一对不同的结果 x 和 y,假设对于所有的 $i \in J$,都有 $x \succ_i y$,且对于所有的 $i \notin J$,都有 $y \succ_i x$,若在这种情况下,我们可得 $x \succ^* y$,则我们称一个子集 $J \subseteq I$ 在 y 上对 x 具有**决定性**(decisive)。我们断言存在某对结果 x 和 y,以及某一单一个体 i,使得 $\{i\}$ 在 y 上对 x 具有决定性。

这一论断的证明如下。查看每一对不同结果 x 和 y,以及所有在 y 上对 x 具有决定性的消费者的集合。注意根据帕累托效率,I 在每一个 y 上对每一个 x 都具有决定性,因此我们正在查看一系列非空的各对 x 和 y 以及消费者的集合。由于 I 是一个有限集,则存在某个最小的(用成员的个数衡量)消费者集合,它对某对 x 和 y 具有决定性。(我们正在取最小决定性集合,同时涉及每一对 x 和 y 以及所有的决定性集合。)设 J 为该最小集合,假设 J 的元素个数多于一个。将 J 划分为两个非平凡子集,称之为 J'、J''。取任意第三个元素 z。(假设存在第三个元素。)考虑任意社会偏好组,这里 x、y 和 z 的排序如下:

$$对于 i \in J' 来说,z \succ_i x \succ_i y$$
$$对于 i \in J'' 来说,x \succ_i y \succ_i z$$
$$对于 i \notin J 来说,y \succ_i z \succ_i x$$

由于 J 在 y 上对 x 具有决定性,则在这一轮廓下,$x \succ^* y$。 由于社会偏好是负传递的,则要么 $x \succ^* z$,要么 $z \succ^* y$(要么两者都成立)。但是若 $x \succ^* z$,则 J'' 在 z 上对 x 具有决定性。同时若 $z \succ^* y$,则 J' 在 x 上对 z 具有决定性。在任意一种情况下,我们都能得到一对结果和一个关于这些结果的决定性集合,它是严格小于最小决定性集合的,得出矛盾结论。因此该最小决定性集合必须只包含一个元素。

步骤 3:设 i 对某一对 x 和 y 具有决定性,则 i 是一个独裁者。

为了说明这一点我们需要考虑多种情况。

(1) 我们会表明:对于任意满足 $x \succ_i z$ 的消费者偏好组,它都遵循 $x \succ^* z$。首先考虑 $z \neq y$ 时的情况。对于任意满足 $x \succ_i z$ 的偏好组,重排(使用万有域)y 的相对次序,如下所示:对于 i 来说,排序为 $x \succ_i y \succ_i z$,而对于每一个其他人来说,排序为 $y \succ_j x$ 且 $y \succ_j z$。由于对于所有的 $j \in I$,都有 $y \succ_j z$,则根据帕累托效率,我们有 $y \succ^* z$。由于 i 在 y 上对 x 具有决定性,则 $x \succ^* y$。因此根据"$\succ^*$"的传递性,我们可得 $x \succ^* z$。现在还剩下 $z = y$ 时的情况。但是在这种情况下,取任意第三个元素 w。我们只需要证明 i 在 w 上对 x 具有决定性(以及更多的),因此让我们来重复上述论据,只要将涉及 $z = y$ 的 z 替换成 y,将 y 替换成 w 即可。

(2) 我们断言如果在某个消费者偏好组中,对于任意 z,都有 $z \succ_i y$,则 $z \succ^* y$。若 $z \neq x$,建立一个偏好组,它保存了 z 和 y 的初始排序,同时有 $z \succ_i x \succ_i y$,并且对于 $j \neq i$,有 $z, y \succ_j x$。根据帕累托效率,我们可得 $z \succ^* x$。因为 i 在 y 上对 x 具有决定性,我们可得 $x \succ^* y$。因此 $z \succ^* y$。若 $z = x$,取任意第三个元素 w。刚才所表明的结论证实 i 在 y 上对 w 具有决定性,因此再应用上述论据,我们可以得到结论:$x \succ^* y$。

(3) 我们断言如果在某个消费者偏好组中,对于任意 z,都有 $z \succ_i x$,则 $z \succ^* x$。为了理解这一点,对于任意第三个结果 $w \neq x, y$,建立一个消费者偏好组,在这里,我们有 $w \succ_i y \succ_i x$,同时对于 $j \neq i$,有 $y \succ_j x \succ_j w$。根据帕累托效率,我们可得 $y \succ^* x$。根据(2),我们可得 $w \succ^* y$。因此 i 在 x 上对 w 具有决定性,同时再一次应用(2)(用 x 来替换 y),我们可以得到想要的结论。

(4) 现在假设我们有两个结果 w 和 z,使得 $w \succ_i z$。若 $w = x$,根据(1)我们可以得到结论:$w \succ^* z$。若 $z = x$,根据(3)我们可以得到结论:$w \succ^* z$。然而如果 w 和 z 都不等于 x,不改变 w 和 z 的相对排序,我们可以对问题进行整理,使得对于 i,有 $w \succ_i x \succ_i z$。则根据(1),我们可得 $x \succ^* z$。根据(3),我们可得 $w \succ^* x$。因此根据传递性,我们可得 $w \succ^* z$。

步骤 3 现在已经完成了,与此同时整个证明也完成了。

5.5.3 包含人与人之间的偏好强度比较的社会选择规则

试图避免阿罗定理的否定结论的其中一条途径是进行人与人之间关于偏好强度的比较,至少在某些程度上进行。关于这一点的其中一条途径涉及我们所知道的**纳什社会选择规则**(Nash social choice rules),这是来自于合作博弈理论(Nash, 1953)的**纳什谈判解**(Nash bargaining solution)的改编。在这里我们不会给出这一主题的完整论述;这不是主流微观经济学。但是一些关于该问题是如何建立起来的评论可能会给那些勤奋的读者一种至少有一个方向可以被采纳的感觉。接下来的内容大体上是转录自 Kaneko 和 Nakamura(1979)中所给出的论述的。

和之前一样,在这种情况下的背景设定从一个社会结果的有限集合 X 和一个消费者的有限集合 I 开始。在这里我们做出三条特殊的假设。

我们允许可行社会结果包括从 X 中所选出的社会结果上的概率分布。也就是说,如果 X' 列举了可行社会结果,我们会考虑根据支集 X' 来选择一个概率分布。我们用 $P(X')$ 来表示 X' 上的概率分布的集合。

每一个消费者个体在 $P(X)$ 上的偏好满足冯·诺依曼—摩根斯坦公理,因此它们是由期望效用来表示的。我们用 u_i 来表示 i 在 X 上的冯·诺依曼—摩根斯坦效用函数。

存在一个重要的社会结果 x_0,使得对于每一个消费者来说,每一个其他的社会结果都严格偏好于 x_0。

你可以将 x_0 考虑成"所有人都死了",或者"没有人得到吃的东西"。

拥有冯·诺依曼—摩根斯坦偏好和这一重要的社会结果会给我们一个用以衡量偏好强度的"尺度"。假设一个消费者偏好于 x 而不是 y,而另一个消费者偏好于 y 而不是 x,这里 x 和 y 都不是 x_0。我们可以通过问以下问题来考虑衡量这两个消费者中,哪一个"更"喜欢他们所偏好的结果:对于第一个消费者来说,哪一个数值 α 能满足 $\alpha\delta_x+(1-\alpha)\delta_{x_0}\sim\delta_y$;对于第二个消费者来说,哪一个数值 β 能满足 $\beta\delta_y+(1-\beta)\delta_{x_0}\sim\delta_x$?(这里如同在第 3 章中那样,$\delta_x$ 表示赋予价格 x 确定性的彩票。)若 $\alpha>\beta$,则在某种程度上,第二个消费者获得 y 而不是 x 比第一个消费者获得 x 而不是 y 更为重要。换句话说,我们可以使用冯·诺依曼—摩根斯坦偏好的基数特性和这一重要的参考点 x_0 来准确估计偏好的强度,至少在某种意义上可以。

关于一个社会选择规则的定义域现在可以取为所有 X 上的 I 维冯·诺依曼—摩根斯坦效用函数组 $(u_1, u_2, \cdots, u_I)$,这里我们坚持:对于每一个人来说,x_0 在每一个效用函数上都是最差的。然后我们就可以根据这一利用所提供的结构的定义域来尝试提出关于社会选择的性质。感兴趣的读者可以参考 Kaneko 和 Nakamura(1979)来看看这一点,它至少是用一种方式来进行的。[为了满足好奇心,他们会给出可以得到以下结论的性质:从 $P(X')$ 中做出的社会选择必须是使得 $\prod_{i=1}^{I}(u_i(p)-u_i(x_0))$ 最大化的彩票 p,这里 $u_i(p)$ 是关于 p 的期望效用的简写,它是关于 u_i 来进行计算的。]在这里我们所希望展示的就是一个方法,通过这一方法,人与人之间关于"偏好强度"的比较可以被纳入到一个理论中去;你不能认定这是不可能的。

5.5.4　本书的剩余部分

我们不会再去探讨抽象社会选择理论。下面所列出的书籍和文章会指引你进入这一庞大的主题。(在第 18 章中,我们会在我们可能不知道个体的偏好,因而必须探出那些偏好的条件下来简要地再访关于社会选择的主题。)作为替代,本书的剩余部分主要采用了一个截然不同的方法。我们会把"社会选择"看作是在各种制度化的环境下,个体之间相互作用的结果,而不是标准化地来考虑关于社会选择的合意性质。我们会描述那些制度,并且在那些制度范围内来预测个体行为的结果。尤其是在第6章和第8章中,本着这一章中的精神,关于据此选出的"社会结果"的效率,我们会进行一些论述。但是我们的方法是将制度看作是外生的,同时来描述(尽我们所能)什么样的"社会选择"会被做出。

5.6 书目提要

关于社会选择理论的经典参考文献是 Arrow(1963)。在 Arrow 之后还有很多关于这一主题的优秀书籍;你可能会特别希望参考 Sen(1970)。想要知道更多最新的进展,许多文章都可以用来参考;我推荐 Sen(1986)以及一个更简短的论述——Sen(1988)。Sen 写的这两本书的后面都会提供一个详尽的书目提要。

在这里,关于辛迪加理论的分析被用来说明在实际应用中该如何来"找出"帕累托边界,它来自于 Wilson(1968),他还发掘出了许多关于这一分析的更深层次的结论。

参考文献

Arrow, K. 1963. *Social Choice and Individual Values*, 2d ed. New Haven: Cowles Foundation.

Caplin, A., and B. Nalebuff. 1988. "On 64% Majority Rule." *Econometrica*, 56: 787—815.

Kaneko, M., and K. Nakamura. 1979. "The Nash Social Welfare Function." *Econometrica*, 47:423—436.

Nash, J. 1953. "Two-person Cooperative Games." *Econometrica*, 21:128—140.

Sen, A. 1970. *Collective Choice and Social Welfare*. San Francisco: Holden-Day.

Sen, A. 1986. "Social Choice Theory." In *Handbook of Mathematical Economics*, vol.3, K. Arrow and M. Intrilligator, eds. Amsterdam: North Holland.

Sen, A. 1988. "Social Choice." In *The New Palgrave*, vol. 4, J. Eatwell, M. Milgate, and P. Newman, eds. London: Macmillan.

Wilson, R. 1968. "The Theory of Syndicates." *Econometrica*, 36:119—132.

Wilson, R. 1972. "The Game-Theoretic Structure of Arrow's General Possibility Theorem." *Journal of Economic Theory*, 5:14—20.

课后习题

1. 假设我们有关于 I 个消费者的偏好("$\succ_i$")的数值表示 $(V_1, V_2, \cdots, V_I)$,同时对

于一系列给定的权重(α_i)，我们使用一个加权功利主义社会福利函数来进行社会选择。证明：我们不需要通过改变这些偏好（"$\succ_i$"）的数值表示的同时，来改变所做出的选择就能将该函数转换成（等权重的）功利主义社会福利函数。

2. 在有两个消费者消费两种商品的背景下来考虑如下社会选择问题。这两种商品被称为 tillip 和 quillip，同时这两个消费者被称为 1 和 2。消费者 1 的效用函数为 $U_1(t, q) = 6 + 0.4\ln(t) + 0.6\ln(q)$（这里 t 是消费者 1 所消费的 tillip 的量，而 q 是消费者 1 消费 quillip 的量）。消费者 2 的效用函数为 $U_2(t, q) = 8 + \ln(t) + \ln(q)$。社会禀赋由 15 单位的 tillip 和 20 单位的 quillip 所组成。

(1) 假设一个社会独裁者有如下形式的社会福利函数：社会福利是一个关于（u^1, u^2）的函数，它是一个加权和，其中 u^1 和 u^2 这两者之间的较小者的权重为 2，较大者的权重为 1。那么该社会规划者所选择的最佳福利规划会是什么？

(2) 对于这一社会来说，关于消费品的所有可行帕累托有效分配的集合是什么？

3. 证明命题 5.4。

4. 在 R^2 上构造两个不相交的凸集，使得这两个集合之间的唯一分离超平面必定与这两个集合都相交。

5. 假设在辛迪加理论的背景中，我们有一个风险中性的消费者和（$I-1$）个严格风险规避型的消费者。就像在原文中那样，设该风险中性的消费者的标记为 1。我们知道（根据事实 5.4），在任意有效分配规则中，不管所出现的状态是什么，那些风险规避型的消费者的份额都由一份恒定的回报所组成。当然，这些回报的大小取决于该问题中的所有数据；特别地，它们取决于柏格森社会福利函数中的那些消费者的权重。固定所有的其他条件（也就是说，那些消费者的效用函数以及在每一种自然状态下的回报），用 $y_i(\alpha_1, \alpha_2, \cdots, \alpha_I)$ 来表示消费者 i（对于 $i \geq 2$）的回报，它是一个关于权重向量的函数。当我们改变任意一个个体权重时，关于函数 y_i 会如何随之改变我们能说些什么？

6. 证明关于辛迪加理论的子小节中的第五个事实。这里的关键在于找出常数 k_i 的准确值。k_i 的定义使得所有的一阶条件都成立，并且该加和条件也成立。这里有（$I+N$）个未知数（每一个 k_i 的值以及每一个乘数 μ_n）和（$IN+1$）个方程（IN 个一阶条件以及一个加和约束条件），因此你会看到有些方程必定是多余的，这就是为什么这是一个如此特殊的例子。

7. 在涉及辛迪加理论的第五个事实的背景下，假设该辛迪加有许多可用的赌注可以用来承担项目。特别地，对于 $m=1, 2, \cdots, M$，该辛迪加可能会承担一个项目，在状态 s_n 下，它的回报是 Y_{mn}。该辛迪加只能承担这 M 个可选项目中的其中一个，并且它必须要承担一个项目，同时关于要承担哪一个项目的决定必须在任意涉及自然状态的不确定性因素被消除之前做出。在这种情况下，可行社会结果的集合由分配规则（y_{in}）所组成，使得对于一些 $m=1, 2, \cdots, M$，$\sum_{i=1}^{I} y_{in} = Y_{mn}$ 对于所有的 n 均成立。现在有效分配规则的集合是什么？（由于变量 m 的离散性，你看起来似乎无法只通过运算技巧来解决这一问题。但是你仍旧应该进一步考虑扩大可行社会结果的范围，来将所采取的赌注的选择是随机做出的可能性包括进去。）

8. 对于第 5.4 节中所给出的关于社会选择规则的三个例子中的每一个来说（也就是

说,帕累托原则、多数原则和波达法则),该规则遵循阿罗定理的四条性质中的哪一条,又违反了哪一条?

9. 假设我们将性质 5.4 中关于一个独裁者的定义改为:如果对于任意消费者偏好组来说,都有 $\succ_i \implies \succ^*$,则 i 是一个独裁者(在一个给定的社会选择规则中)。也就是说,我们在该定义中加入了以下内容:当 i 无差异时,社会也是无差异的。证明:如果性质 5.4 用这种方式进行改变,则找到一个能同时满足这四条性质的社会选择规则是有可能的。(如果你喜欢挑战:你该如何对所有遵循前三条性质的社会选择规则进行准确的分类?从最初的性质 5.4 的意义上来说,我们可知必定存在一个独裁者。但是关于这一独裁者在两个结果之间无差异时的情况,你又能说些什么呢?)

第二部分　价格机制

本书第二部分是关于**价格调节**(price-mediated)的市场交换的一系列经典模型的。本章我们由**纯交换**(pure exchange)的情形开始,在这种情形中,消费者们想要用他们在开始时持有的商品束,去交换随后将消费的其他商品束。我们将利用这一背景来向读者介绍**价格调节的市场交易**的理论,更具体地说,即**一般均衡**(general equilibrium)理论,在其中所有商品的所有市场都被同时考虑。然后,对于第二部分的余下章节,**厂商**(firms)将被引入到这个故事中来。第 7 章将给出关于经典的厂商理论的一些基本概念,与第 2 章的消费者理论非常类似。第 8 章将既在局部均衡的背景下又在一般均衡的背景下,考虑竞争性厂商和市场的模型。在第 9 章我们将介绍垄断厂商,第 10 章介绍寡头垄断。

除了处理这些关于经典的微观经济学的基本部分之外,我们将始终回到一个特定的要旨上:我们使用的价格调节的市场交换的概念,尤其是均衡的概念,是对某些非特定的交换的制度机制来说的"约简型"(reduced form)。尤其当我们遇到第 9 章和第 10 章中的不完全竞争市场的模型时,关于为什么(以及是否)这些是合适的"约简型"的问题就会产生,这些问题似乎只有当我们对涉及的制度机制设定得更具体的情况下才能够被解决。

▶6

纯交换与一般均衡

6.1 纯交换与价格均衡

6.1.1 问题

我们假设一个有着有限的 I 个消费者的世界。这 I 个消费者将被标记为 $i=1$，2，$\cdots$，I。这些消费者将全部（马上）在一个盛大的宴会上坐下来，在这个宴会上他们将进行所有的消费。有 K 种商品，记为 $k=1$，2，$\cdots$，K，消费者们可能对它们消费各不相同的数量。因此，对 I 个消费者中的任何一个来说，一个消费束是来自 R^K 的一个向量 x。我们将假定，消费者们对任何商品都不能消费负的数量，不过他们可以消费来自 R^K 的任何非负向量 x，所以我们把注意力限制在来自 R^K 正象限的消费束，我们用 X 表示。我们的 I 个消费者中的每一个，都有着对她将消费的商品的偏好；消费者 i 的偏好被假定为（以第 2 章的形式）由效用函数 $U_i: X \to R$ 来表示。我们假定消费者都是**局部非饱和**（locally insatiable）的，而且所有的商品都是无害的，因此偏好（以及效用函数 U_i）是非递减的。我们假定每个消费者拥有连续的偏好。

我们也假设这些消费者带来**禀赋**（endowments），禀赋以一个来自 X 的商品束的形式存在。我们让 $e^i \in X$ 代表消费者 i 的禀赋。[1]

我们的消费者可以直接落座，来消费他们的禀赋。但是，举个例子，某个消费者可能拥有很多她不是特别热衷的某种商品。她可能想要用其中一些这种商品，来交换她更加偏爱的商品。因此我们想知道，哪些交换将会发生？每个消费者最后将消费什么？

这个问题是一个**纯交换**（pure exchange）问题，因为最终被消费的所有商品都来自于某个人的禀赋。如果我们写出 $e = \sum_{i=1}^{I} e^i$，那么 e 就是这个社会中所有消费者的全部禀赋，而且消费者们最后消费的商品在总数上不能超过 e。

---

[1] 我们使用上标 i，从而我们可以写出比如 e_k^i 来代表消费者 i 被赋予的商品 k 的数量。

在两个消费者的情形中,我们可以用一个埃奇沃思盒状图来描述这种情况．创建一个和上一章一样的埃奇沃思盒状图,这里消费者 2 的坐标系的原点,被放置在消费者 1 坐标系中的点 $e = e^1 + e^2$ 处。如果我们在消费者 1 的坐标系中标出点 e^1(这个点也是消费者 2 坐标系中的 e^2 点)我们就得到图 6.1 中的图形。尤其注意阴影的"透镜"部分和契约曲线加粗的部分。"透镜"部分代表所有的,在两个消费者之间进行的,使得他们至少和消费各自的禀赋一样好的对社会禀赋的再分配。而契约曲线的加粗部分,代表所有使得其中一人或两人同时都比消费各自的禀赋要好的帕累托有效的点。

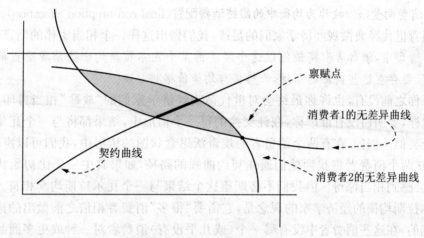

注:我们这里展示了一个埃奇沃思盒状图,两个消费者的禀赋点也在图中标出。阴影的"透镜"部分,给出所有的,使得每个消费者至少获得和从她的初始禀赋中获得的一样多的效用的,对社会禀赋的(非浪费的)再分配。而契约曲线的加粗部分,代表具有此种性质的所有有效率的再分配。

图 6.1　带有禀赋点的埃奇沃思盒状图

我们把上述这一堆东西——一系列的消费品、一系列的消费者,以及每个消费者的效用函数与禀赋——称作一个**纯交换**经济。

6.1.2　价格均衡

现在假设这些商品在市场中被交易,这里 p_k 是商品 k 的价格,$p = (p_1, p_2, \cdots, p_k)$ 被用来表示**价格向量**(price vector)。假设我们的 I 个消费者中的每一个都知道由 p 给出的价格,而且每个人都认为她无法通过自己的行动来影响这些价格中的任何一个。于是消费者 i 拥有由她自由支配的财富 $Y_i = p \cdot e^i$。也就是说,她可以把自己的禀赋带到每个市场上然后卖出去。她将由自己商品 k 的禀赋获得 $p_k e_k^i$;在所有的 k 上加总就得到 Y^i。然后,她可以花费这笔财富来购买任何最大化她的效用的消费束 x^i,服从于她的预算约束 $p \cdot x^i \leqslant Y^i$。当然,如果她想要省事,减少出行次数,她可以在一个来回中就完成所有的事情。算出她想要消费哪个消费束之后,她先卖掉那些禀赋超过其合意的消费的商品,然后买进更多禀赋少于其合意消费的商品。

不过,我们假设这种情况发生,我们就有以下的,在价格 p 上的消费者 i 的问题:

$$\max U_i(x)$$

$$\text{s.t.} \quad x \in X, \ p \cdot x \leqslant p \cdot e^i \qquad \qquad \text{CP}(i, p)$$

定义 6.1 对于一个给定的纯交换经济而言,一个**一般均衡**(general equilibrium),也被称作一个**瓦尔拉斯均衡**(Walrasian equilibrium),包含一个价格向量 p 和每个消费者的消费束 x^i 使得:

(1) 在价格 p 上,x^i 是 $\text{CP}(i, p)$ 问题的解。

(2) 市场出清: $\sum_{i=1}^{I} x^i \leqslant \sum_{i=1}^{I} e^i$。

这组最终消费向量 (x^i) 被称为均衡中的**最终消费配置**(final consumption allocation)。

追随着世代经典微观经济学家们的足迹,我们做出这样一个相当宏伟的断言:在纯交换的很多情形中,消费者们将最终以这个经济的某个瓦尔拉斯均衡的消费配置部分而结束,而且只要存在这些商品的市场,价格将与均衡价格相一致。

如果你之前没有,也许你最终会对世代微观经济学家们的"放肆"相当得印象深刻。如果是这样,要明白没有谁声称,在纯交换的每一个情形中,结果都将与一个瓦尔拉斯的构成部分类似。例如,在有两个消费者的埃奇沃思盒状图的情形中,我们可以声称(或至少希望)这两个消费者将找到他们通往契约曲线的路径,如果其中一个比初始状况更糟了,我们会感到相当惊讶。但我们不必期望这个结果与一个瓦尔拉斯均衡相符。大多数信奉瓦尔拉斯均衡的经济学家的观念是,它需要"很多"消费者相信之前做出的论断倾向于是正确的,在这些消费者中没有哪一个(或几乎没有)消费者对一种或更多商品持有垄断地位,而且它需要一个有某种类似价格的东西出现——确立一种商品可以交换另一种商品的比率的制度性框架。

在下一节我们将讨论(a)相信这一论断的理由,(b)有时给出的不促使相信的理由,(c)怀疑的一些理由。不过首先,我们给出一些简单的技术性说明。

(1) 如果我们用一个正的标量乘以一个瓦尔拉斯均衡中的所有价格,消费者问题的解不变,因此我们仍然有一个均衡。换句话说,如果 $(p, (x^i))$ 是一个瓦尔拉斯均衡,那么对任意的(严格)正的标量 λ 来说,$(\lambda p, (x^i))$ 也是一个瓦尔拉斯均衡。再换句话说,在一个瓦尔拉斯均衡中重要的是相对价格——一种商品可以被用来交换另一种商品的比率。

(2) 我们已经假定消费者的偏好是非递减(nondecreasing)的。从这个假定我们可以推断出,在任何均衡中每个价格 p_k 都必须是非负的。之所以如此是因为,如果 $p_k < 0$,那么一个消费者就可以买进大量的商品 k,而不降低她的效用,而且购买一种有负价格的商品意味着她有更多的资源用来购买其他商品。我们假定消费者是局部非饱和的,所以如果某个价格是负的,消费者们将永远都找不到他们消费问题的最优解,当然我们也不会看到这种商品的市场出清。[a]

(3) 因为我们已经假定消费者是局部非饱和的,所以在 $\text{CP}(i, p)$ 的任何解上,他们肯定

---

a 要得到这个结论,有一个消费者拥有局部非饱和的且非递减的偏好就足够了。因为在均衡的定义中暗含着每个消费者的问题都有一个有限的解。对于某些商品来说,比如污染,假定偏好是非递减的可能是不明智的。为了将这种商品考虑在内,我们必须允许有负价格,并且把"市场出清"关系中的不等式改为等式。你将发现这个变形在大部分详细研究一般均衡的书中都有讨论。

会把全部财富花光；也就是说，$p \cdot x^i = p \cdot e^i$。把所有消费者的预算约束加总，我们得到：

$$\sum_i p \cdot x^i = \sum_i p \cdot e^i$$

然而我们只要求 $\sum_i x^i \leqslant \sum_i e^i$。由（2）我们知道价格是非负的，所以我们推断出使得 $\sum_i x^i_k < \sum_i e^i_k$ 可能成立的仅有的商品 k，是那些价格 p_k 等于 0 的商品。〔要确保你明白为什么这可以由（2）得出。〕

（4）只要消费者们（甚至仅有一个消费者）是局部非饱和的，在所有价格都为零的情况下，我们永远无法得到一个瓦尔拉斯均衡。

（5）虽然我们在一个两人经济中没有非常重视瓦尔拉斯均衡的概念，但看一下这些均衡在一个埃奇沃思盒状图中看起来是怎样的可能是有启发的。参见图 6.2(1)。我们已经画出一条穿过禀赋点的斜率为负的直线；这条直线的斜率代表这两种商品的一个特定的相对价格集，阴影的三角形代表在这些相对价格下消费者 1 的预算可行（budget-feasible）的消费束的集合。因此，消费者 1 为了在这些相对价格下解决她的消费者问题，将选择星号标记的那个点。关键的事情是，在这些相对价格下，同样的"预算线"（budget line）对消费者 2 在他的坐标系中也适用。要明白为什么这是正确的，可能需要你思考片刻。为了帮助你明白这一点，我们已经在图 6.2(1)、图 6.2(2) 和图 6.2(3) 中画出相对价格，从而商品 1 的价格是商品 2 价格的一半。因此，消费者 2 的预算可行集（budget feasible set）就是图 6.2(2) 中的阴影区域，而且他选择小方块标记的那一点。如果我们把这两幅图叠加，就如图 6.2(3) 那样，我们看到在这些相对价格下，我们没有一个均衡；消费者 1 和消费者 2 一起想要的第一种商品超过了可得的数量。

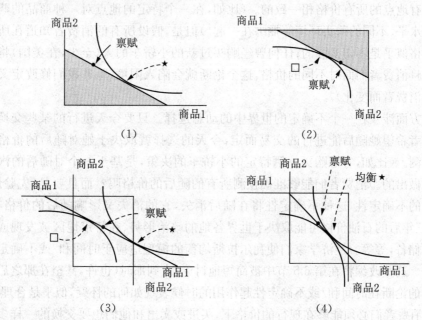

注：在图(1)中我们展示了在一个特定的相对价格集下的消费者 1 的需求，在图(2)中，我们看到消费者 2 在那些价格下的需求。把这两幅图叠加在图(3)中，我们看到这些需求是不一致的；这不是一个瓦尔拉斯均衡。在图(4)中我们看到一个瓦尔拉斯均衡的图形，特别是，我们看到一个瓦尔拉斯均衡处在契约曲线上。

图 6.2　瓦尔拉斯均衡与埃奇沃思盒状图

在图 6.2(4)中,我们展示了在一个均衡上事情看起来是怎样的。在那里所示的相对价格下,两个消费者都选择星号标记的那个点,尽管这个星号在这两个不同的坐标系中代表不同的消费束。仔细注意,每个消费者的穿过★点的无差异曲线与预算线在那一点处相切,因此,这两条无差异曲线在★处彼此相切。也就是说,此瓦尔拉斯均衡配置处在契约曲线上;它是帕累托有效的(Pareto efficient)。这是对我们将在第 6.3 节证明的一个非常一般化的事实的一个"图形上的证明"。

6.2　为什么(不)相信瓦尔拉斯均衡

为什么有人相信交换的结果将看起来像一个瓦尔拉斯均衡? 或者,更确切地说,在什么情况下,相信这个论断是明智的? 我们首先想到一个自由市场经济(free-market economy),在其中商品以某些价格出售,在那里消费者们知道那些价格,而且在现行价格下,消费者们可以买进和卖出他们希望的任何数量的商品。若是我们发现消费者们处在这样一种情形中,那么我们就有消费者们知道每种商品交换所有其他商品的相对比率。如果所有的消费者都把这些交换比率看作给定的,如果所有的消费者都面对相同的交换比率,如果所有的消费者都像第 2 章中那样最大化他们的效用,并且如果所有的消费者在最后都对他们做的交换感到满意,那么我们就必定有一个瓦尔拉斯均衡。让我们列出这意味着我们可能要担忧的一些事情。

(1) 每个消费者必须知道每种商品的所有价格。在现实中,一些商品在不同的地点以不止一种价格交易。有原因使得这一点能够持续存在,而且这些原因是和每个消费者都知道在所有地点的所有价格相一致的。(比如,在一个特定的地点对一种商品的购买和不同的服务水平、不同的购买环境等捆绑在一起。)但是,假设所有的消费者知道在所有地点的所有价格似乎是不切实际的;任何曾经购买过新的小轿车的人(至少,在美国)将知道这一点。一旦消费者们面对不同的价格,这个论断就会陷入困境(除非我们修改定义允许价格随单个消费者而变化)。

另一方面涉及在一个不确定的世界中的动态选择。只要今天进行的某些交换依赖于这个消费者希望她随后能进行的交易而定,今天的选择就取决于她对随后的价格和市场机会的预测。(比如,考虑购买一辆特定的小轿车的决策,是基于一个对随后的汽油价格的假设而做出的。)消费者们能够准确预测所有的随后的价格吗? 而且要是,先验地,存在关于未来的不确定性,这种不确定性将在随后消失,它的消失又影响随后的价格呢? (举个例子,三年后的石油价格可能取决于世界各地的政治形势、在特定地区被发现或未被发现的石油储备,等等。)经济学家们使瓦尔拉斯均衡的模型适应于时间和/或不确定性起作用的情况。这些改编将在第 6.5 节中被简短地讨论;直到那时(也许,甚至在那之后),对于这个基本的论断在时间和/或不确定性起作用的时候表现如何的怀疑,似乎是合理的。

(2) 消费者们必须能够在现行的价格下,买进或卖出和他们想要交换的一样多或一样少的商品。有(至少)两个理由让我们怀疑这点。首先,消费者们可能会想要交易如此巨大的数量,以至影响了他们所面对的价格。J.D.洛克菲勒(J.D.Rockefeller)试图卖掉他拥有的所有石油,他可能会发现这么做的一个企图就会改变石油的价格。让我们怀疑这点的第二个理由是在一个更平淡无奇的水平上的。在很多经济中,配给和短缺并非是不为人知的。在一些经济中,一个消费者可能想要购买一只小羊腿,而且可能知道小羊腿应该被索要的"价格",但是不能保证肉店里有小羊的存货。

(3) 消费者们可能不会理性地行动;也就是,以第 2 章中那样的方式行动。关于这点,我们已经说了很多,此处不再赘述。

(4) 在我们希望满足提到的所有条件的大部分经济中,这个经济不是一个在其中代理人简单地交换他们禀赋的经济。在大部分经济中,生产也会发生。如果所有好的候选经济体都有生产,那么前述的包含纯交换的定义,可能就几乎毫无意义了。

在接下来的几章中,我们将在私营企业经济的背景下介绍生产,但目前让我们谈及一个关于瓦尔拉斯均衡基本定义的变形,这个变形将至少部分地克服这种来源的担忧。我们假设一个经济,有 K 种商品、I 个消费者和一个"生产部门"——要么是一个厂商部门,要么是一个政府企业部门,或者某种混合体。我们可以把这个生产部门的总效应看作是:某一商品向量 z^I 被买进作为投入品,另一个向量 z^O 被作为产出品卖出。那么,

定义 6.2 对于一个有着固定的总生产投入 z^I 和产出 z^O 的给定的纯交换经济来说,一个瓦尔拉斯均衡包括一个价格向量 p 和每个消费者的消费束 x^i,使得下列内容成立:

(1) 对于每个 i 来说,在价格 p 上,x^i 是问题 CP(i,p) 的解;

(2) 市场出清:$z^I + \sum_{i=1}^{I} x^i \leqslant z^O + \sum_{i=1}^{I} e^i$。

换句话说,我们把这个生产计划看作是外生给定的,然后关注这个经济的"消费者交换"部分。在之后的章节中,我们将把生产计划移入内生选择的事物范畴里。不过我们可以,用上述的定义,至少研究对于每个固定的生产计划来说的消费者交换问题。[b]

由于以上给出的每一个以及除此之外的其他原因,你可能不会认为,即使在一个运行良好的市场经济中,交易的结果将导致一个瓦尔拉斯均衡。为了应对这些批评,关于这个基本模型的很多变形已经被创建出来。例如,关于在时间和/或不确定性起作用的市场中的价格均衡有大量的文献(稍后将会介绍给你)。有许多模型化均衡价格离散(由缺少完全信息造成的)的尝试。对于某些消费者可以通过他们的行动改变价格的情形,也有相关分析(尽管认为厂商们拥有这种势力是更加典型的,我们将在第 9 章和第 10 章中看到这种模型)。有一些文献是关于消费者们可以被配给的情况下的均衡的。所有这些都是关于以上定义的瓦尔拉斯均衡的主题的变形。所以,既为了理解不需要这些条件的情形,也为了设定一个让这些变形能够被衡量的基准(benchmark),我们继续对瓦尔拉斯均衡的研究。

---

b 冒着过于学究气和迷惑读者的风险,当你把生产部门看作是一个国有企业的时候,此处应该加入一个提醒。在这样的情形下,某些生产的投入品可能来自于对消费者们初始禀赋的征税,或者来自对特定项目,特别是劳动服务的出售或购买的税收。消费者问题将不得不加以改变,以反映任何这类税收。

6.2.1 瓦尔拉斯均衡背后的机制

虽然对于瓦尔拉斯均衡是一个合理的解概念（solution concept）的情形，我们可以看看市场经济，但是瓦尔拉斯均衡的概念没有给出的一点是，关于市场是如何运作的任何观念。这里没有关于谁设定价格、用什么交换什么、什么时候，以及在哪里的模型。在大多数市场经济中我们看得到的，而在这个故事中却是完全不见的一样东西是货币。（价格必须以某种记账单位来衡量，但正如我们已经看到过的，在这个理论中只有商品的相对价格起作用。）因为这一点，一个瓦尔拉斯均衡是一个约简型的解概念；它描绘了我们设想的一些隐含的且未建模的过程的结果将是什么。似乎自然地会认为，如果我们对市场实际上是如何运作的有一些观念，我们可以增加（或减少）我们对瓦尔拉斯均衡概念的信心。而且经济学家们已经研究过关于市场/交换机制的具体模型，试图弄清楚那些机制是否可以证实瓦尔拉斯均衡是一个合适的约简型的解概念。

一个相当不切实际的，但却占据有关一般均衡的一些文献的机制，是关于一个所谓的**瓦尔拉斯拍卖人**（Walrasian auctioneer）的。这个人站在一个经济的全体人面前，然后大声叫喊一个价格向量 p。每个消费者参照她的偏好，然后决定在这些价格上她想要买进和卖出什么；我们将写出 $z^i(p) = x^i(p) - e^i$ 来表示消费者 i 想要在价格 p 上进行的**净交易**（net trade）。每个消费者都把她想要的净交易报告给这位拍卖人，然后这个拍卖人把它们加起来；如果 $\sum_{i=1}^{I} z^i(p) \leqslant 0$，每个人都如释重负地松一口气，然后这些净交易被执行。但是如果在价格 p 上市场不能出清，那么这个拍卖人就会尝试一个不同的价格向量 p'，依此类推。我们可以提出各种各样的规则供拍卖人使用，来决定当 p 不起作用的时候，报什么样的价格 p'——比如他提高那些被过度需求的商品的价格（即，$\sum_{i=1}^{I} z_k^i(p) > 0$ 的任何商品 k），同时降低那些需求不足的商品的价格。我们可能想知道这个价格调整方案是否会导致一个均衡。你可以在文献中找到对此的讨论；寻找关于**摸索**（tatonnement）调整过程的参考文献。（关于这个主题我们不再进行更深入的探讨，因为在现实经济中瓦尔拉斯拍卖人并不常见。）

第二个不现实的机制需要每个消费者直接向中央权威们报告在每个价格 p 上她想要的超额需求。（如果在一个价格向量 p 上消费者在几个超额需求向量之间是无差异的，我们将允许她提交所有她乐意接受的替代方案。）这些权威们（之前雇佣瓦尔拉斯拍卖人）检查所有这些提交的报告，然后寻找使得市场出清的一个或更多价格 p。（我们不讲如果提交的超额需求函数和市场出清在任何价格上都不一致，权威们会做什么。）

为什么之前这两个机制看起来不现实，一个主要的原因是它们需要所有消费者的所有市场即刻达到均衡。考虑要么每个市场单独地运作、要么交易是在成对的个人中间进行的制度和机制是更加现实的。

举个例子，我们可以设想消费者们在一个大型的集市广场上游荡，他们把自己所有的财物都背在身上。他们彼此之间有偶尔的相遇，当两位消费者相遇时，他们检查每个人都提供什么,看看他们是否可以达成一个双方接受的交易①。非常准确地说,我们可以设想在每一次这种偶尔的相遇中,两人抛一枚硬币,然后根据抛硬币的结果,其中一人被允许提出一桩交易,另一个人则必须要么接受、要么拒绝。如果一桩交易达成,两人交换商品,然后继续游荡,以寻找更多在偶尔相遇中达成的有利的交易。这里的规则是,在你离开这个集市广场之前你不能吃东西,所以消费者会一直等到对自己拥有的商品感到满意为止,然后离开广场到邻近的公园里去野餐。在这个故事中,一个明智的消费者,虽然她不喜欢苹果,但如果苹果出价优惠的话,她却可能用自己的一些梨去交换别人的苹果,因为她投机性地希望她随后可以用苹果去交换她真正想要的樱桃。②

或者我们可以假设这样的模型,在其中各种商品的市场被假设是独立运作的。我们可以假设一个带有做市商(market makers)——专门生产一种特定商品或相关商品的个人——的模型。在集市广场的一个角落里是奶酪小贩,他愿意买进或卖出奶酪(交换货币或某种标准的商品,比如小麦或者黄金),在另一个角落里是专门贩卖玉米的小贩,等等。我们可以假设这个奶酪小贩在他的货摊前贴出价格,在这种情形中我们可能希望有几个奶酪小贩的摊位彼此邻近来提供一些竞争,或者我们可以假设在任何光临奶酪货摊的人和奶酪小贩之间有更多传统的讨价还价。这里的要点是所有奶酪的交易都是通过奶酪小贩进行的;如果消费者 1 拥有太多的奶酪,而消费者 2 拥有的太少,消费者 1 就把她多余的奶酪卖给奶酪小贩,奶酪小贩接着把其中一些奶酪转卖给消费者 2。

或者我们可以组织没有专门的奶酪小贩的奶酪市场。比如,把小麦作为交换的媒介,我们可以假设在上午 10∶05 是拍卖 Stilton 奶酪的时间。任何想要卖出 Stilton 奶酪的人被允许贴出一个"报价"(asking price);这个人愿意卖出一个标准数量的 Stilton 奶酪,来获得多少蒲式耳的小麦。与此同时,那些有兴趣买进 Stilton 奶酪的人被允许贴出"出价"(bids)——用多少蒲式耳的小麦来交换一块奶酪。在任何时间点上,一个消费者可以"接受"当前贴出的任何"报价":消费者们可以贴出新的开价(在市场的任何一方那里),他们可以提高他们已经贴出的开价,他们也可以撤回他们之前给出的开价。开价的公布可以通过公开叫价或者通过某种新奇的电子宣传服务。(消费者们全都坐在 CRT 终端前,可以输入"出价"或"报价";CRT 总是显示当前"最好的"出价和报价;而且一个消费者一碰键盘上一个特定的键就可以接受最好的出价。)所有这些都发生在 10∶05 到 10∶20 之间,在这之后是 Camembert 奶酪的交易时间,依此类推。

对于更符合现实的市场模型的探讨还处于相对初级的阶段。这类文献的很大一部分出现在货币经济学(货币的经济理论)中,而且首先是关于这些类型的市场中的货币使用的。对于偶然相遇的市场("random meetings" marketplace)的分析,最近十分流行,而且已有的分析为瓦尔拉斯均衡的概念提供了合格的支持。对于单一商品市场的分析,做市商和双边拍卖的类型(还有单边拍卖)也可以被找到,尽管这类研究很少从单一市场的情形扩展到与一般均衡相联系的问题。参考文献将在 6.6 节给出,虽然一般而言你将需要看完本书的第三部分才能读懂这些文献。

① 对于那些关注美国棒球的读者们来说,考虑总经理们交易球员的情形,不过是在一个更大的规模上。
② 棒球粉丝们可以回想一下基于这种算计的偶尔的球员交易。

6.2.2　实验证据

如果你查阅这些参考文献,你将会发现分析是困难的,而且那些结论要求消费者是极其精明的。因此,你可能会担心,我们得到的支持瓦尔拉斯均衡概念的结果不是非常可信的。为了减轻这些担忧,你应该查阅有关实验经济学的文献。许多研究者已经尝试过,想要看看在控制的条件下市场是否会按照经济学家们假定的那种方式运行。在通常的实验中,不同的被试(subjects)被诱使对某种商品,有不同的估价,相对于某种计价商品(货币)。其中一些起初拥有这种商品的被试,对它赋予一个相对低的价值;其他不拥有这种商品的人,对它赋予一个相对高的价值。根据实验条件的数据,我们可以计算出这种商品的“均衡价格”应该是多少(如果标准的微观经济理论是正确的话)。之后把这些被试放入一个交换的环境中,看他们是否会按照理论中说的那种方式进行交换。通常使用以 CRT 终端为媒介的双向“口头”拍卖市场机制。

得到的结果在支持瓦尔拉斯均衡方面通常是引人注目的。被试并没有被给予先验的计算均衡价格“应该”是多少的数据。所以,在市场第一次运行时,一些交易是在远离理论上的均衡的地方达成的。但是,如果这个市场是重复的(禀赋被复原),被试通常极其迅速地认识到这种商品的市场出清价格将是多少,然后他们以一种非常接近理论预测的方式来交易。

这些实验还尚未达到对于有着许多相互依赖的市场的一般均衡的瓦尔拉斯均衡的一般性水平。但是,实验的仓库在快速地增长,而且除了少数特别的情形外,那些已经实施的实验是和瓦尔拉斯均衡的概念相一致的。总的来说,它们使得瓦尔拉斯均衡看起来相当不错。

6.3　一般均衡的效率

现在我们转到瓦尔拉斯均衡的性质。我们回到第 6.1 节的设定,有 K 种商品和交换那些商品的 I 个消费者。我们假设一个瓦尔拉斯均衡被实现了。然后我们问:这个瓦尔拉斯均衡是配置这个经济中资源的一个好的方式吗?用稍微有点戏剧性且带有意识形态的话来说就是,我们能不能通过把每个人的禀赋充公、重新分配商品,从而得到比在一个瓦尔拉斯均衡中实现的配置更好的配置呢?

当然,要回答这个问题,我们需要弄清楚我们说的“更好”意味着什么。接着上一章的阐释,我们使用帕累托效率(Pareto efficiency)的概念。

6.3.1　福利经济学的两个定理

选择了帕累托效率作为我们的标准,我们可以回想在第 6.1 节中对埃奇沃斯盒状图做出的一个评论:在一个两人、两种商品的经济中,一个瓦尔拉斯均衡的配置部分是帕累托有效的(也就是说,处在契约曲线上)。这个结果非常巧妙地推广开来。

定理6.1　福利经济学第一定理（The First Theorem of Welfare Economics）　一个瓦尔拉斯均衡通常产生一个帕累托有效的对社会禀赋的配置。[①]

证明是非常简单的。假设$(p, (\hat{x}^i))$是一个瓦尔拉斯均衡，而$(\check{x}^i)$是一个帕累托更优（Pareto superior）的对社会禀赋的配置。我们将得到一个矛盾。

既然$(\check{x}^i)$是对社会禀赋$e = \sum_{i=1}^{I} e^i$的一个再分配，我们有$\sum_{i=1}^{I} \check{x}^i \leqslant e$。因为均衡价格是非负的，这意味着：

$$\sum_{i=1}^{I} p \cdot \check{x}^i \leqslant p \cdot e \qquad (\bigstar)$$

因为偏好是局部非饱和的，瓦尔拉斯法则对每个消费者以等式成立，然后把这些等式加总得到：

$$\sum_{i=1}^{I} p \cdot \hat{x}^i = p \cdot e \qquad (\bigstar\bigstar)$$

根据假定，每个消费者i都和喜欢$\hat{x}^i$一样喜欢$\check{x}^i$，而且某一个（或更多）消费者更喜欢$\check{x}^i$。考虑消费者i。因为这名消费者相比$\hat{x}^i$至少弱偏好$\check{x}^i$，一定有$p \cdot \check{x}^i \geqslant p \cdot \hat{x}^i = p \cdot e^i$。因为如果$p \cdot \check{x}^i < p \cdot \hat{x}^i$，那么根据局部非饱和性，在价格$p$上，消费者$i$可以负担得起严格优于$\check{x}^i$的消费束，这个消费束也将严格优于$\hat{x}^i$，那么这就会与对$i$来说在价格$p$上，$\hat{x}^i$的最优性的假设相矛盾。类似地（事实上，甚至更简单），对任何有$\check{x}^i$严格优于$\hat{x}^i$的消费者i，我们一定有$p \cdot \check{x}^i > p \cdot \hat{x}^i = p \cdot e^i$。这对至少一名消费者来说一定成立，因为我们假定$(\check{x}^i)$帕累托优于$(\hat{x}^i)$，因此通过加总这些弱的和严格的不等式，我们得到：

$$\sum_{i=1}^{I} p \cdot \check{x}^i > \sum_{i=1}^{I} p \cdot \hat{x}^i$$

把这个不等式与式$(\bigstar)$和式$(\bigstar\bigstar)$相比较，就给出我们想要的矛盾，证明完毕。

你现在应该听到天使唱诗班和小号合唱团的声音了。价格机制的"看不见的手"产生了无法再被改进的均衡。

当然，我们可能想知道这个价格机制是否能产生任何均衡；上述的结果是基于瓦尔拉斯均衡存在的基础上进行的预测。在下一节我们将处理均衡的存在性问题。不过，承认了存在性，仍然要强调的是，上一自然段中的"改进"指的是帕累托改进（Pareto improvements）。如果均衡配置是把大量的效用给予某些消费者、而把非常少的效用给予其余的人，没有理由认为这个均衡配置不是极大地不公平的。作为对这种考虑的回应，我们有以下的结果。

定理6.2　福利经济学第二定理（The Second Theorem of Welfare Economics）　假定偏好是凸的、连续的、非递减的、且局部非饱和的。让$(\hat{x}^i)$代表一个帕累托有效的对社会禀赋的配置，且是严格正的：对所有的i和k，有$\hat{x}^i_k > 0$。如果我们起初在消费者中间适当地重新分配禀赋，那么$(\hat{x}^i)$就是一个瓦尔拉斯均衡的配置部分。

---

① 这里我们维持先前的假设，消费者们都是局部非饱和的，而且有着非递减的偏好。如果我们在均衡的定义中把"市场出清"的条件和一个可行的配置作为等式列出，我们就不需要假定非递减的偏好。

换句话说,如果我们假设,对社会独裁者来说,找到一个公平且有效率的对社会禀赋的配置将是困难的,而且如果这个经济有着运行良好的市场,独裁者可以选择以一种公平的方式重新分配初始禀赋,然后让市场来接手。如果你想知道,社会独裁者如何能够先验地决定一个公平的对社会禀赋的初始再分配,参见课后习题3来获得至少一点想法。

这里是证明过程的简述。假设($\hat{x}^i$)是我们想要作为一个瓦尔拉斯均衡而获得的对社会禀赋 e 的帕累托有效配置。让 $\hat{e} = \sum_{i=1}^{I} \hat{x}^i$。注意 $\hat{e} \leqslant e$;对某些分量来说,一个严格的不等式是可能的。(我们将不得不围绕这种可能性来论证。)

定义:

$$X^* = \{x \in X : x\ \text{能够被以一种严格帕累托优于}(\hat{x}^i)\text{的方式在}\ I\ \text{个消费者中间分配}\}$$

我们断定(而且你可以作为家庭作业来证明)集合 X^* 是凸的,因为偏好是凸的。让:

$$X^{\dagger} = \{x \in R^K : x \leqslant e\}$$

这明显是一个凸集。

假设的"戴帽子"的配置的帕累托效率保证了 X^* 和 $X^{\dagger}$ 不相交。因此在它们中间有一个**分离超平面**(separating hyperplane)——一个非零的 K 维向量 $p = (p_1, p_2, \cdots, p_K)$ 以及一个标量 β 使得,对所有的 $x \in X^{\dagger}$,有 $p \cdot x \leqslant \beta$,而且对所有的 $x \in X^*$,有 $p \cdot x \geqslant \beta$。根据局部非饱和性和连续性,我们可以证明在 $X^{\dagger}$ 上的 $\hat{e}$ 处在 X^* 的边界上,所以 $p \cdot \hat{e} = \beta$。我们断言 $p \geqslant 0$;证明留给读者完成。(利用集合 $X^{\dagger}$ 的形状。)我们也断言 $p \cdot e = \beta$;因为偏好是非递减的,我们可以把配置(x^i)上从社会禀赋中剩下的任何商品拿走,然后把它们在消费者中间分配,再然后利用局部非饱和性和连续性来重复这个论证。因此我们知道,如果对某种商品 k,有 $\hat{e}_k < e_k$,那么 $p_k = 0$。

让 $\hat{e}^i$ 代表任何使得 $p \cdot \hat{e}^i = p \cdot \hat{x}^i$ 的对社会禀赋 e 的配置。我们知道这种配置存在,因为在配置(x^i)中没有被用光的商品一定有着零价格。

我们声称(p, ($\hat{x}^i$))是这个经济的一个瓦尔拉斯均衡,如果消费者们由禀赋($\hat{e}^i$)开始的话。为了弄明白这一点,假设它不是一个瓦尔拉斯均衡。把消费者集合分成两个子集:对一个子集中的消费者来说,$\hat{x}^i$ 是他们在拥有禀赋 $\hat{e}^i$ 的情况下,在价格 p 上能负担得起最好的,而对另一个子集中的消费者来说,他们可以负担得起更好的。既然根据假定(p, ($\hat{x}^i$))不是一个瓦尔拉斯均衡,在这个划分(partition)下的第二个集合是非空的。

对于来自这个划分下的第二个集合中的每一个 i 来说,让 x^i 代表 i 严格偏好于 $\hat{x}^i$ 的、且在禀赋为 $\hat{e}^i$ 的条件下在价格 p 上能够负担得起的任何商品束。根据偏好的连续性,对于某个正的标量 $\alpha^i < 1$,商品束 $\alpha^i x^i$ 是被严格偏好于 $\hat{x}^i$ 的,且满足 $p \cdot \alpha x^i < p \cdot x^i \leqslant p \cdot \hat{e}^i$。[c] 定义 $\breve{x}^i = \alpha x^i$。让 $s = \sum p \cdot (\hat{e}^i - \breve{x}^i)$,这里加总是在消费者的

---

c 这隐含地假定 $p \cdot x^i > 0$。但是如果 $p \cdot x^i = 0$,因为 $\hat{x}^i$ 是严格正的,$p \cdot \hat{e}^i = p \cdot \hat{x}^i > 0$。那么就有 $p \cdot x^i < p \cdot \hat{e}^i$,这是我们真正需要的。

第二个集合上进行的。根据构造，$s > 0$。利用这个"预算盈余（budget surplus）"和偏好的局部非饱和性，为第一组中的消费者 i 找到消费束 $\breve{x}^i$，使得 $\breve{x}^i$ 是被 i 严格偏好于 $\hat{x}^i$ 的，而且使得 $\sum_{i=1}^{I} p \cdot \breve{x}^i < \sum_{i=1}^{I} p \cdot \hat{x}^i = \beta$，是可能的。但是既然 $(\breve{x}^i)$ 是严格帕累托优于 $(\hat{x}^i)$ 的，$\sum_{i=1}^{I} \breve{x}^i \in X^*$。而对所有的 $x \in X^*$，有 $p \cdot x \geqslant \beta$。这就给出我们想要的矛盾，证毕。

对于这个定理和它的证明过程，有两点评论。首先，$(\hat{x}^i)$ 是严格正的配置这个假定太强了。很可能，有一个消费者根本不喜欢的商品；这些商品并不降低她的效用（我们假定非递减的偏好），但是这些商品对提高她的效用不起任何作用。如果这些商品被其他消费者所赏识，那么这个配置的严格为正就是和帕累托效率不一致的！为了挽救这一灾难，有很多种方法。最简单的一个是，如果每个消费者对某种商品的偏好都是严格递增的，我们就说这种商品是合意的（desirable）。然后我们可以用一个不那么令人讨厌的假定来代替 $(\hat{x}^i)$ 是严格正的假定，即在配置 $(\hat{x}^i)$ 中每个消费者都被给予至少一种合意商品的正的数量。在课后习题 4(3) 中，你被要求证明，这就足够得到福利经济学第二定理的结果。

第二，在前一章我们利用一个分离超平面的论证来证明命题 5.2，强调一下区别可能是有益的。这里，我们是在商品束空间 R^K 中分离出两个凸集。在此空间中的分离超平面具有成为价格的正确的维数。在命题 5.2 中，我们是在效用归属（utility imputations）空间 R^I 中分离出凸集，这个超平面给出我们要在各个消费者的效用上赋予的"权重"。同样注意在命题 5.2 中，我们从效用函数是凹函数的一个假定中，得到两个分离集合的其中之一的凸性。〔确切地说，在对命题 5.2 的证明中，通过观察 $V(X')$ 的凸包，我们强行假定了凸性。不过，通过假定效用函数是凹的，我们在命题 5.3 中对这种方法做出了解释。〕这里，我们做了偏好是凸的这一更弱的假定；不需要假定他们有一个凹的数值表示。

6.3.2 外部性

现在你听到天使们还有小号的声音了吗？有充足的理由还听不到它们的声音，因为我们不得不处理在瓦尔拉斯均衡的故事中做出的所有隐藏的假定。这里我们将较为详细地讨论其中之一——**外部性**（externalies）。

在上述的一个交换经济的模型中，给定价格每个消费者都是一个"小岛"。特别地，如果价格保持不变，每个消费者的效用不受其他消费者的消费决策影响。

在现实中，事情可能要复杂得多。消费者 i 可能喜欢用废旧物品填满他的前院，或者可能想要加入到某条高速公路的车流中，这些行为将降低邻居 i' 和同行司机 i'' 的效用。另一方面，消费者 j 可能把她的花园照料得很好，这会提高邻居 j' 的效用水平。

这些是外部性的简单例子，也就是一个消费者对某种（些）商品的消费会影响另一个消费者的效用的情况。在前两个例子中，消费者 i 对 i' 和 i'' 产生了负外部性。在第三个例子中，消费者 j 给 j' 带来了正外部性。当存在外部性时，我们不能说消费者 i 的效用由一个函数 $U_i: X \to R$ 代表；现在 i 的效用函数的定义域将可能是整个消费向量 $x = (x^1,$

$x^2, \cdots, x^I) \in X^I$。采用第 5 章的标记法,我们将用 V_i 来表示消费者 i 在整个消费配置上的偏好。

当存在外部性时,我们说一个瓦尔拉斯均衡意味着什么? 为了弄明白为什么这里有一个问题,假设如果邻居消费者 2 保持庭院整洁,消费者 1 就会对保持她的庭院状况良好赋予更高的价值。(准确地说,假定消费者 1 赋予在保持庭院整洁上的边际效用,随着消费者 2 庭院整洁程度的增加而增加。)于是在任何价格上,消费者 1 愿意在自己庭院上花费的货币数量,将依赖于她认为她的邻居将使庭院整洁到何种程度。如果她认为他会保持庭院状况良好,相比于她认为他的庭院状况会很糟的情况,她将愿意在自己的庭院上花费更多。如果我们不知道他会在庭院上花费多少的话,我们就无法说出她愿意花费多少。而且,假设外部性在两个方向上都起作用,在我们知道她将花费多少之前,我们也无法说出他将花费多少。关于这两个效用最大化,存在一个同时性(simultaneity)问题。

为了处理这一问题,在模型化带有外部性的一般均衡时,通常假设每个消费者把她同伴的均衡消费水平当作既定的,然后选择她自己的消费水平。我们定义:

定义 6.3 一个带有外部性的瓦尔拉斯均衡包括价格 p 和一个消费向量 $\hat{x} = (\hat{x}^1, \hat{x}^2, \cdots, \hat{x}^I)$ 使得:

(1) 对每个消费者 i 来说,$\hat{x}^i$ 是对以下问题中变量 x^i 的解:

$$\max V_i(\hat{x}^1, \cdots, \hat{x}^{i-1}, x^i, \hat{x}^{i+1}, \cdots, \hat{x}^I)$$
$$\text{s.t.} \quad x^i \in X, \ p \cdot x^i \leqslant p \cdot e^i$$

(2) 市场出清:$\sum_{i=1}^I x^i \leqslant \sum_{i=1}^I e^i$。

我们可能想知道这是否是合适的定义:在一个存在外部性的交换经济中,消费者们会找到他们通往瓦尔拉斯均衡的路径吗?[①]把这个问题搁在一边,我们可以问这种背景下的瓦尔拉斯均衡是否将是有效率的。

答案通常是否定的。如果存在外部性,我们对福利经济学第一定理的证明将失效。确切地说,证明是在我们说"如果 $(\breve{x}^i)$ 是帕累托优于 $(\hat{x}^i)$ 的,那么 $p \cdot \breve{x}^i \geqslant p \cdot \hat{x}^i$,对某些消费者 i 来说是严格的不等式"这一步失灵。之前,$(\breve{x}^i)$ 帕累托优于 $(\hat{x}^i)$ 意味着,不管她的同伴消费者们做什么,消费者 i 消费 $(\breve{x}^i)$ 将至少和消费 $(\hat{x}^i)$ 一样好,因为她的效用只取决于她自己的消费。但是,我们说对 i 来说 $(\breve{x}^i)$ 比 $(\hat{x}^i)$ 更好并不意味着:

$$V_i(\hat{x}^1, \hat{x}^2, \cdots, \hat{x}^{i-1}, \breve{x}^i, \hat{x}^{i+1}, \cdots, \hat{x}^I) > V_i(\hat{x}^1, \hat{x}^2, \cdots, \hat{x}^{i-1}, \hat{x}^i, \hat{x}^{i+1}, \cdots, \hat{x}^I)$$

也就是说,消费者 i 不一定能够通过只改变她自己的消费水平而做得更好(待在她的预算集内)。$(\breve{x}^i)$ 的分量可能全都是支付得起的,而且 $(\breve{x}^i)$ 可能是帕累托更优的,但是给定其他消费者选择他们的 $(\hat{x}^i)$ 部分,$(\hat{x}^i)$ 的分量仍可能解决这一单个消费者的最大化问题。

---

① 在本书第三部分之前先思考一下,我们可以说为什么至少在某些情况下他们可能不会。假设在均衡中,i 和 i' 在各自的庭院上花费很少,并且假设如果另外一个人花费更多的话,每个人都乐意花费更多。那么我们可以假设一个邻里大会,在这个大会上每个人都保证会花费更多,条件是另一个人会花费更多。我们不得不担忧这将如何被实施;不过在第 14 章我们将看到对这类协议的一个相当自然的实施机制。

　　证实证明过程失灵和证明均衡配置将是无效率的，并不是同一回事。我们将给出一个在特定背景下的不严谨的论证：由于外部性，每个均衡配置都将是无效率的。[①]既然这个论证适用于每一个均衡配置，就说明当存在外部性时，第一定理和第二定理都是无效的。（以下的不严谨的论证要求你至少有泰勒级数展开的观念。如果这类东西对你来说是完全陌生的，那么就跳过下一个自然段。）

　　假设一个三人经济，其中第一种商品是"园艺服务"，对它的消费可以让一个人的庭院更加漂亮。假设这个社会中的其中两个消费者住在相邻的房子里，而第三个消费者住在某一座大山的另一侧。第三个消费者对园艺服务的消费不会对其他消费者产生外部性，但是另外两个消费者都会通过对园艺服务的消费对彼此的邻居产生一个正外部性。在任何价格 p 上，每个消费者以一种"使得园艺服务的边际效用与消费其他商品的边际效用之比，等于它们的价格之比"的方式来选择要消费的园艺服务的水平。也就是说，每个人都设定：

$$\frac{\partial V_i}{\partial x_1^i}\bigg/\frac{\partial V_i}{\partial x_2^i}=\frac{p_1}{p_2}$$

这里 x_1^i 是 i 对园艺服务的消费水平，x_2^i 是 i 对其他不产生任何外部性的商品的消费水平。因此如果我们把消费者 1 消费的园艺服务的数量增加，比如某个小数量 δ，同时把她消费的商品 2 的数量减少 $(p_1/p_2)\delta$，对她效用的边际影响近似为：

$$\frac{\partial V_1}{\partial x_1^1}\delta-\frac{\partial V_1}{\partial x_2^1}\frac{p_1}{p_2}\delta=0$$

类似地，如果我们同时把消费者 3 对园艺服务的消费数量降低 δ，而且把他对商品 2 的消费数量增加 $(p_1/p_2)\delta$，对他效用的影响近似为零。所以这个小的再分配不改变消费者 1 的效用，也不改变消费者 3 的效用。但是因为提高消费者 1 对园艺服务的消费水平，对消费者 2 的效用产生的正外部性，这个小的再分配提高了消费者 2 的效用。因此这个小的再分配是帕累托改进的，说明瓦尔拉斯均衡将不是帕累托有效的。

　　我们将在第 8 章返回对外部性的讨论；还有其他可供讨论的有趣的例子，不过它们要求一个经济要有生产部门。目前，我们仅指出，外部性给出一个怀疑"市场导致有效率的配置"的理由。还有其他的理由来怀疑这两个定理的结论；我们把对其中一个（税收）的讨论也推迟到第 8 章。

6.4　均衡的存在性及数量

　　接下来我们转到对有关瓦尔拉斯均衡的两个高度数学化的要点的一个简短讨论。因为尤其第二点对本书的其中一个中心主旨是非常重要的，我劝你至少关注一下普通字体部分的讨论。

[①]　在课后习题 5 中，你被要求为这个论证提供一个与之相配的准确的例子，在课后习题 6 中我们给你另外一个具体的例子来完成。

6.4.1 存在性

到目前为止,我们已经在至少存在一个均衡的假定下,讨论了交换经济的瓦尔拉斯均衡的性质。当然,知道这些结果是否有关联是有趣的:对于一个给定的交换经济,存在瓦尔拉斯均衡吗?[d] 一般来说,答案会是否定的,所以这个问题实际上就变成:在关于交换经济的什么条件下,我们能够保证至少存在一个瓦尔拉斯均衡?

为了弄清回答这个问题的方法,考虑一个有两种商品的经济。我们继续维持之前做出的所有假定:消费者的偏好是连续的、局部非饱和的且非递减的。对于一个有两种商品的经济来说,这意味着我们可以画出由以下考虑因素构造出的一些非常简单的图形。

(1) 我们已经知道,如果(p_1, p_2)是一个均衡价格向量,那么对任意正常数λ,$(\lambda p_1, \lambda p_2)$也是一个均衡价格向量。因为偏好是非递减的,我们知道均衡价格将是非负的,而且因为均衡价格必定是非零的,我们知道在任何均衡上$p_1+p_2>0$。把这些事实放在一起,如果(p_1', p_2')是均衡价格,那么$p_1=p_1'/(p_1'+p_2')$和$p_2=p_2'/(p_1'+p_2')$也是均衡价格,当然$p_1+p_2=1$。换句话说,我们可以把注意力限定在使得$p_1+p_2=1$的价格(p_1, p_2)上。

(2) 固定价格p_1和$p_2=1-p_1$,使得$p_2>0$。假设对于一个给定的消费者i,x_1^i是在这些价格上消费者效用最大化问题解的一部分。因为局部非饱和性意味着在任何解上这个消费者会使她的预算约束以等式成立,我们知道对应的x_2^i一定是

$$x_2^i = \frac{p_1 e_1^i + p_2 e_2^i - p_1 x_1^i}{p_2}.$$

(3) 继续保持一对价格p_1和$p_2=1-p_1>0$固定不变。假设对于每个消费者i,x_1^i是在这些价格上消费者i的效用最大化问题的一个解的一部分,并且假设商品1的市场恰好出清:$\sum_{i=1}^{I} x_1^i = \sum_{i=1}^{I} e_1^i$。我们断言这保证我们有一个均衡。缺少的是商品2市场出清的知识。不过:

$$\sum_{i=1}^{I} x_2^i = \sum_{i=1}^{I} \frac{p_1 e_1^i + p_2 e_2^i - p_1 x_1^i}{p_2}$$

$$=\frac{1}{p_2}\left[p_1 \sum_{i=1}^{I}(e_1^i - x_1^i) + p_2 \sum_{i=1}^{I} e_2^i\right] = \frac{1}{p_2}\left[p_2 \sum_{i=1}^{I} e_2^i\right] = \sum_{i=1}^{I} e_2^i$$

在这个字符串中关键的等号是倒数第二个,那里我们利用了商品1市场出清的事实。

我们再做一个假定就可以准备好画图了。

假定 6.1 对于每对严格正的价格p_1和p_2,对于每个消费者i来说,消费者的效用最大化问题有唯一的解。

---

d 如果你关注一下更加技术性的材料,你会知道,在对福利经济学第二定理的证明中,我们证实至少对社会禀赋的某些初始配置来说,瓦尔拉斯均衡是存在的。为了和本节中之后的讨论做比较,注意这个定理假定所有消费者都拥有凸的偏好。

这个假定有两部分。首先,这个假定需要每个消费者的效用最大化问题的解存在。如果你回头看命题 2.11(1)(而且我们假定禀赋是非负的),你会看到我们已经为此做了充分的假定。这个假定的第二部分是:解是唯一的。这是更成问题的,不过命题 2.11(3)告诉我们,如果我们在关于消费者偏好的假定中增加严格凸性,这是可以保证的。

利用这个假定,我们可以写出 $x_1^i(p_1)$,表示在价格 p_1 和使得 $0 < p_1 < 1$ 上 $p_2 = 1 - p_1$, i 的效用最大化问题的唯一解的第一种商品的部分。仔细注意我们只把 p_1 作为这个函数的自变量,因为根据(1)我们可以把注意力限定在总和为 1 的价格上。同样,$x_1^i(p_1)$ 仅仅明确地给出对第一种商品的需求;不过根据(2)对第二种商品的需求是隐含的。

现在让 $X_1(p_1) = \sum_{i=1}^{I} x_1^i(p_1)$。这给出在价格 p_1(且 $p_2 = 1 - p_1$)上对第一种商品的**总需求**(aggregate demand)。这就是我们画的;在图 6.3 中,你看到自变量 p_1 处于 0 和 1 之间的函数 $p_1 \rightarrow X_1(p_1)$ 被画出。同样在图 6.3 中,你看到在每幅图中,在高度 $e_1 = \sum_{i=1}^{I} e_1^i$ 处,也就是在社会禀赋中的商品 1 的水平处,都画有一条水平线。根据(3),在任何使得 $X_1(p_1) = e_1$ 的价格 $p_1 < 1$ 上,我们有一个瓦尔拉斯均衡。

假设以下两个假定成立:

假定 6.2 对于某些(小的)$p_1 > 0$ 的值,有 $X_1(p_1) \geqslant e_1$,而对某些(大的)$p_1 < 1$ 的值,有 $X_1(p_1) \leqslant e_1$。

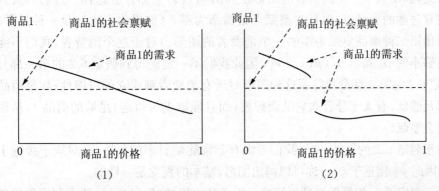

注:在任何处于 0 和 1 之间使得 $X_1(p_1) = e_1$(且 $p_2 = 1 - p_1$)的价格 p_1 上,我们有一个瓦尔拉斯均衡;也就是说,在商品 1 市场出清,因此商品 2 市场也出清的地方。在图(1)中,我们看到存在一个瓦尔拉斯均衡的一种情形,而在图(2)中我们看到不存在瓦尔拉斯均衡的一种情形。注意,与假定 6.2 相协调,我们在每种情形中画出满足"对足够小的 $p_1 > 0$ 有 $X_1(p_1) \geqslant e_1$,且对足够大的 $p_1 < 1$ 有 $X_1(p_1) \leqslant e_1$"的总需求。

图 6.3 两种商品情形下瓦尔拉斯均衡的存在性

假定 6.3 对于 $0 < p_1 < 1$,函数 $X_1(p_1)$ 在 p_1 上是连续的。

在这两个假定下,微分中值定理(intermediate value theorem of calculus)将保证瓦尔拉斯均衡的存在;一个连续函数无法从一个高于 e_1 的水平到达一个低于 e_1 的水平,而不穿过某个刚好等于 e_1 的点。

那么这两个假定是合理的吗? 由假定 6.2 的第一部分开始。我们想要得出结论说,对于较小的 p_1,对商品 1 的需求不少于社会禀赋。考虑图 6.4 中的无差异曲线的示意图。在图 6.4(1)中,我们有一个有着通常类型的无差异曲线的消费者。我们看到在那里,对于第一种商品足够低的价格————条典型的这种预算线被粗略画出————这名消费者必然会选择消费不少于她禀赋的商品 1。显然是这样的，因为所有能给她带来至少和她的禀赋一样多效用的并且支付得起的点（阴影的半透镜区域）都位于她禀赋点的右侧。如果对每个消费者我们都有这种图，那么每个消费（对于足够低的价格 p_1）将需要至少和她禀赋一样多的商品 1，证明 $X_1(p_1) \geqslant e_1$ 的假定是合理的。

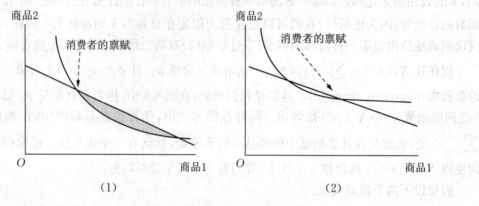

图 6.4　证明假定 6.2 是合理的

但是，倘使其中一个消费者的图形是如图 6.4（2）中那样会怎样？这名消费者的无差异曲线穿过她的禀赋点，而且在禀赋点处斜率为零。（如果你发现这是一种异常的情形，试着画出第二种商品禀赋为零的一个消费者的图形。）对于这个消费者，我们不能认为对所有足够小的 p_1 都有 $x^i(p_1) \geqslant e_1^i$，因此我们不一定能得到假定 6.2 的第一部分。实质上，假定 6.2 的第一部分排除了这种图形对所有消费者都成立的可能性；如果商品 1 的价格变得足够低，有人十分喜欢它从而想要（而且能够支付得起）足够的商品 1，从而总需求超过社会禀赋。

对于假定 6.2 的另外一半，我们考虑有非常陡峭斜率的预算线，对应于接近于 1 的价格 p_1（因此 p_2 接近于 0）。你可以画出图形，基本的直觉是一样的。

至于假定 6.3，如果偏好是连续的且需求是单值的（假定 6.1），那么利用类似证明命题 2.13（2）的技术，你可以证明对于严格正的价格，需求将是连续的。[e] 所以这个假定是由我们之前做出的假定必然带来的。

为了使这个结果一般化，实质上有三件事情需要考虑。首先，假定 6.1 太强了。我们想要减弱它，不过是以一种保留假定 6.3 的"观念"的方式。第二，可以被释义为"总需求在极端价格上是性质良好的"的假定 6.2 需要注意。第三，显然最好扩展到超越仅有两种商品的情形；我们将不得不处理不同于中值定理的一些东西。

在这个主题上我们将不再深究细节，而是给出一个快速的"内容提要"。在以下和别处给出的参考文献中，下列的事情发生：

（1）假定 6.1 被简单地放弃。消费者们被允许拥有在给定价格上准许有不止一个解

---

e　如果在第 2 章没有接受挑战的话，更有数学天分的读者可以试一试。或者稍后等到命题 6.1，那里我们将把这个结果进一步一般化。

的偏好。我们把 $X_1(p_1)$ 重新定义为作为 p_1 函数（同时，隐含地，$p_2=1-p_1$）的对第一种商品的所有可能的总需求的集合；也就是说，如果 $x=\sum_{i=1}^{I} x_1^i$，则 $x\in X_1(p_1)$，这里 x_1^i 是在价格 $(p_1, 1-p_1)$ 上消费者 i 效用最大化问题的某个解的第一个分量。取值为集合的函数通常被称作一个对应（correspondence）；当你听到经济理论学家们念叨总需求对应（aggregate demand correspondence）时，他们指的就是这个意思。

不是每一个总需求对应都将给出均衡。一旦我们放弃了消费者问题解的唯一性，我们就放弃了自动的连续性，于是我们需要某个东西来替代假定 6.3。为了明白这是有必要的，首先考虑图 6.5(1)。这里我们展示了在如图所示的价格上，一个消费者的问题恰好有两个解的情形。不难想象，填充无差异曲线从而在其他价格上，这个消费者问题有唯一的解，此外，对商品 1 的需求是（除了在这些相对价格上）随着商品 1 的相对价格而下降的。个人的这种类型的需求会形成如图 6.5(2)所示的总需求；把这看作是三个有着看起来像图 6.5(1)那样的无差异曲线的消费者的总需求，不过，是在三者的两个解互不相同的相对价格上。有这样的总需求，将不能保证均衡的存在，正如图 6.5(2)中描绘的那样。

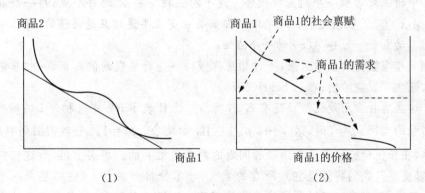

注：在图(1)中，我们展示了一个消费者对商品 1 的需求在一个临界价格上有两个值。这可以导致如图(2)中所示的这种总需求的不连续，这反过来可以意味着不存在均衡。

图 6.5　带有需求对应的瓦尔拉斯均衡的不存在性

事实证明，要替代一个连续的总需求函数，我们需要总需求是**上半连续的**（upper semi-continuous）且是**凸值**（convex valued）[f]。此外，我们有以下的命题：

命题 6.1　如果消费者偏好是连续的，总需求就是上半连续的。如果消费者偏好是凸的，总需求就是凸值的。[g]

所以在很多对存在性问题的一般化处理中，我们会发现偏好是连续的且是凸的这一

---

f　如果一个对应 $X(p_1)$ 的图——所有使得 $x\in X(p_1)$ 的点 (p_1, x) 的集合——是一个闭集的话，这个对应就是上半连续的。术语"上半连续"（upper hemicontinuous）有时候被替代使用，对函数来说仍保留"semi-"。而如果对每一个 p_1，集合 $X(p_1)$ 都是凸的，则此对应就是凸值的。

g　两个论断都是对严格正的价格来讲的，因为我们不确信总需求对于零价格是良好定义（well defined）的。对于更有数学天分的读者，这个命题是一个可供尝试证明的有用的结果。

假定。[h]

（2）极端价格上（或随着价格变得极端）性质良好的（well-behaved）总需求的问题，被以多种方式处理。当有两种以上的商品时，这些问题变得稍微更复杂，因为届时我们需要担忧当一种商品价格为零，当两种商品价格为零时，依此类推，直到比商品总数小一种的商品价格为零时的需求。这个问题相当快地变得相当技术性，所以我们把它留给你到别处阅读。

（3）当有两种以上的商品时，我们无法如此灵巧地利用中值定理。那下一步该怎么办？替代中值定理的数学工具是**不动点定理**（fixed point theorem）。（如果你不愿坚持阅读完下面的楷体字部分，那么你至少应该知道，当经济理论学家们讨论不动点定理的时候，有很大的可能性他们是在讨论一般均衡的存在性的结果）。

不动点定理有很多种。对于我们的目的，相关的两个是：

布劳威尔不动点定理（Brouwer's fixed point theorem）　定理给出两样东西：一个非空的、紧的凸集 Z（比方说某个欧几里得空间的一个子集），和一个连续函数 $\phi: Z \to Z$。在这种设定下，这个定理断言此函数有一个不动点；存在一个点 $z \in Z$ 使得 $\phi(z) = z$。

角谷不动点定理（Kakutani's Fixed Point Theorem）　布劳威尔不动点定理中的函数 ϕ 被一个对应所代替。这个对应把 $z \in Z$ 的每个点，与一个非空子集 $\phi(z) \subseteq Z$ 联系起来。此定理断言如果 ϕ 是上半连续且是凸值的，那么 ϕ 有一个不动点——$z \in \phi(z)$ 的一个点 z。

这些是相当繁重的数学结果，不过如果你懂得一些数学规划的知识，一些非常漂亮的算术证明可以被给出；参见 Scarf(1973)。

这些有什么用处呢？设想有 K 种商品。让 Π 表示 R^K 中总和为 1 的所有非负价格向量的空间：$p = (p_1, p_2, \cdots, p_K) \in \Pi$，如果 $\sum_k p_k = 1$。让我们回到假定 6.1 的世界，在任何价格集上每个消费者问题的解都是唯一的。事实上，因为这仅仅是一个"内容提要"，我们将假设它对所有的非负、非零价格都成立。（这明显是一个令人讨厌的假定，因为我们可以预期随着某种商品的价格趋近于零，对那种商品的需求将上升到无穷大。不过这仅仅是一个内容提要。）因此我们可以为每个消费者 i 和商品 k，写出 $x_k^i(p)$ 表示消费者 i 在价格 p 上对商品 k 的需求。写出 $X_k(p) = \sum_{i=1}^{I} x_k^i(p)$ 表示对商品 k 的总需求。

假定 $X_k(p)$ 对每个 k 都是连续的。（让我们再说一次，现在这是对所有的价格向量来说的，包括其中一些商品有着零价格的情形，所以这是一个过强的假定，仅仅是出于说明的目的而做出的。）考虑如下的从 Π 到 Π 的向量函数（vector function）$\phi = (\phi_1, \phi_2, \cdots, \phi_K)$：

$$\phi_k(p) = \frac{p_k + \max(0, X_k(p) - e_k)}{\sum_{k'=1}^{K} [p_{k'} + \max(0, X_{k'}(p) - e_{k'})]}$$

---

[h]　在更高层级的数理经济学中，你甚至会找到省掉消费者偏好凸性的方法。我们不描述细节，那里的思想是我们需要的是上半连续的且是凸值的总需求。如果我们有"许多"具有那样特征的消费者，即使个别的需求不是凸值的，我们也可以得到总需求凸值的性质。

不要恐慌——它并不像看起来那样糟糕。我们先看分子。如果在价格p上对商品k有超额需求，我们就在原来的价格p_k上加一个正的数量。（这是讲得通的；提高有过多需求的商品的价格。）然后分母采用这些新的相对价格而后对它们重定比例，从而使它们再一次总和为 1。

这显然是一个从 Π 到 Π 的函数。我们声称如果每个 $X_k(p)$ 都是连续的，那么每个 ϕ_k 也是连续的，因此 ϕ 也是连续的。这需要一点儿证明，不过有数学背景的读者应该对此没有问题。因此根据布劳威尔不动点定理，这个函数 ϕ 有一个不动点。

我们声称如果 p 是 ϕ 的一个不动点，那么 p 给出瓦尔拉斯均衡价格。为了弄清楚这点，注意在 ϕ 的一个不动点上：

$$p_k = \frac{p_k + \max(0, X_k(p) - e_k)}{\sum_{k'=1}^{K}[p_{k'} + \max(0, X_{k'}(p) - e_{k'})]}$$

注意 $\sum_{k'=1}^{K} p_{k'} = 1$，所以如果我们在这个方程两边都乘上分母，我们得到：

$$p_k\left[1 + \sum_{k'=1}^{K}\max(0, X_{k'}(p) - e_{k'})\right] = p_k + \max(0, X_k(p) - e_k)$$

消掉方程两边相同的项 p_k，你会得到对每个 k：

$$p_k \sum_{k'=1}^{K}\max(0, X_{k'}(p) - e_{k'}) = \max(0, X_k(p) - e_k)$$

在方程两边都乘以 $X_k(p) - e_k$，然后在 K 上加总，我们得到：

$$\left[\sum_{k=1}^{K} p_k(X_k - e_k)\right]\left[\sum_{k'=1}^{K}\max(0, X_{k'}(p) - e_{k'})\right]$$

$$= \sum_{k=1}^{K}(X_k - e_k)\max(0, X_k(p) - e_k)$$

因为瓦尔拉斯法则对每个消费者都以等式成立，它对总需求也以等式成立，这意味着这个方程的左边一定为零。方程右边加总符号下的每一项都是非负的，所以使得加总为零的唯一办法是每一项均为零，这只有在如果对每个 k 都有 $X_k(p) \leqslant e_k$ 的情况下才可能成立，这也是均衡的条件。

不要对这个"一般性的"证明太着迷。我们回过头来假定消费者的最大化问题有唯一解；如果是以需求对应（这是角谷不动点定理起作用的地方）来处理的话，这个证明会更好。而且，更重要地，我们的假定，$X_k(p)$ 在 Π 的边缘周围是良好定义且是连续的，实际上是相当反常的；一个更好的一般性的证明将付出相当艰苦的努力来避免这一点。

尽管如此，证明的"方式"应该是清楚的。我们创建一个从价格集到其自身的映射（map）使得任何不动点都是瓦尔拉斯均衡，然后我们做出充分的假定以保证此映射有一个不动点，在这个过程中要借助于一个一般的不动点定理。

6.4.2　有限性和局部唯一性

所以现在我们知道对于"性质良好"（well-behaved）的交换经济，瓦尔拉斯均衡会存在。接下来我们担心另一种极端的可能;对于一个给定的经济存在如此多的均衡,以至于我们对市场过程的结果是什么知之甚少(除了均衡配置是帕累托有效的之外)。举个例子,看一下图 6.6 中的埃奇沃斯盒状图。我们已经画图展示出三个均衡点,没有什么阻挡我们继续画出合适的无差异曲线,使得在契约曲线上的位于标记的 x 和 x' 点之间的每个点,都是对于图示的初始禀赋来说的瓦尔拉斯均衡配置。

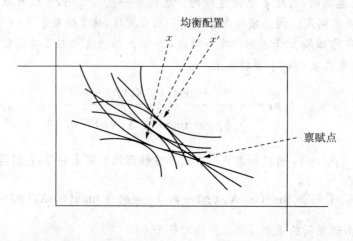

注:从标出的禀赋点开始,我们展示了三个均衡。我们可以继续引入无差异曲线,使得由这个禀赋点开始,在 x 和 x' 之间的契约曲线上的每个点,都是一个瓦尔拉斯均衡配置。注意如果我们这么做,那么对于任何其他邻近这个标出的禀赋点的点,仅仅有一个单一的瓦尔拉斯均衡。

图 6.6　太多均衡

但是,如果我们那样做,它只会说明对这个禀赋点来说我们有如此多的均衡。对任何其他禀赋点(靠近这个禀赋点的)来说,将仅有单一的均衡。(在继续阅读之前,在图形上使自己确信这一点。)所以,从某种意义上来说,如果对于一个给定的带有"随机选择"的初始禀赋的交换经济来说,有如此多的均衡,那将是一个相当不同寻常的"巧合"。

这幅图让人想起有关一个"随机选择"(randomly selected)的交换经济可能有的均衡数目的一些非常深刻的结果。我们必须定义一个经济是被随机选择的意味着什么(而且这么做的数学方法本身是非常高深的),不过这是可以完成的。然后可能得到如下的结果:

定理 6.3　一个"随机选择"的交换经济将有一个有限的,且实际上是奇数个均衡。

要证明这个定理需要使用微分拓扑的方法;这里我们也不试图解释如何进行证明。不过我们将试图说明为什么这类结果是有经济学(相对于数学的)意义的。

理想情况下,我们希望处理的每个交换经济都有唯一的瓦尔拉斯均衡。如果这点成立,那么瓦尔拉斯均衡存在的理论,将作出一个清晰且准确的预测;我们将有巨大的余地来实证检验这个理论。我们也许甚至能够进行经济总体上的(economy-wide)比较静态分析的练习——举个例子,对于一种给定的商品,如果我们增加一个消费者对这种商品的禀赋,或者如果我们增加某个其他消费者对这种商品的禀赋,这一单个消费者对这种商品的消费会如何变化? 如果我们能够追踪禀赋上的一个变化如何转化为唯一的均衡价格和配置上的变化,就可能(潜在地)回答这个问题。

另一方面,如果经济体通常有无数个均衡,那么一个均衡将被实现的命题将对我们帮助甚微。在某个给定的禀赋上,我们可能发现自己处在一个特定的均衡上。但是接下来,如果我们扰动一下那个禀赋,比如通过给予一个固定的消费者更多的一种特定商品,对于哪一个新的均衡将适用,我们没有什么概念。至少,知道某个均衡将适用,对于我们预测这个消费者的消费将如何对她禀赋的这个扰动(perturbation)作出反应帮助不大。

这里的要点是,为了能够做出明确的预测,对于每套初始数据都有一个单一的均衡是理想的,有无数个均衡则是糟糕的。

令人遗憾的是,对于一个一般的交换经济假设将有唯一的瓦尔拉斯均衡,这根本是不合理的。我们可以给出加在经济上的保证唯一性的条件,但它们是非常强的。① 以上略述的定理是说,虽然有唯一的均衡的理想情况也许是不合理的,不过存在有限数目的均衡这一"次好的"(next best)情形。此外,这个简述的定理可以被扩展如下:对于大多数经济来说,选择它的(有限多的)瓦尔拉斯均衡中的任何一个,随着我们轻微扰动这个经济的数据,对于扰动后的经济,有且仅有一个均衡将是"靠近"最初选择的均衡的。如果我们相信,对这个经济的数据的小的扰动,将由均衡上的小的变动来应对(如果可能的话),那么我们仍然可以对"随机选择"的经济做局部的比较静态分析。

要理解这一点,可能需要一个比我们已经给出的更完整的讨论。不过,在这里我们隐藏了重要的一点,在第 14 章和本书末尾对博弈论方法应用的批评部分,我们将返回到这一点。如果前述的讨论现在还是有些晦涩,不要担心;不久你将返回到这个子节,到那时(我希望而且期待)你会更加理解这些讨论。

6.5 时间、不确定性和一般均衡

正如我们已经指出的,一般均衡模型并不是明显地和选择是在一段时间内且是在不确定的条件下做出的情形相关。对于在一个动态的和不确定的环境下的选择,一般均衡理论告诉我们什么呢?

一种方法在选择是在任意单个时点上做出的这种有限的背景下起作用。

这并不是说,对这些选择来说,未来不重要。在给定的时间点上买进或卖出某些商品对于消费者的价值是和预期的未来价格强烈相关的。举个例子,对小汽车发动机尺寸的偏好,想必是和对未来汽油价格的预期相关的。实际上,一些当前的"商品"完全是从未来的考虑中获得价值。举个例子,任何形式的储蓄或金融投资给我们带来效用仅仅是因为它们之后将拥有的预期价值。

即使如此,在单个时间点上对当前商品的消费者偏好,包括对金融证券和耐用消费品,比如小汽车的偏好,可以被假定为符合第 2 章和第 3 章的基本模型。如果当前交易的商品有价格,没有什么可以阻挡我们按照以上讨论的方法分析在当前开放市场中的选择。[i]

这种方法在一些微观经济学的文献中被采用。这一类的作品往往去除更多的关于金

---

① 如果你去寻找这些结果,关键词是**总替代品**(gross substitutes)。

i 存在一些差别:我们可以借钱,或者在某些情形中,卖空证券。这将被正式模型化为对那些"商品"的一个负数量的"消费"。因此我们将不得不在一个允许对某些商品有负水平的消费的背景下进行研究。这会带来很多特殊的问题,尤其是对于均衡的存在性问题。

融资产结构之类的内容,然后把更多的有关这些东西偏好的内容放进模型中。而且这种方法往往不仅对在一个时间点上的选择起作用,也对连续做出的选择起作用,其中每个选择都是本章分析的那种类型,关注在一个日期做出的选择和在其他日期做出的选择之间的联系。不过,在任何单一时点上市场选择的基本模型,就是我们上面提到的,耐用品和金融资产被看作商品的模型。这方面的研究被归入**暂时的一般均衡**(temporary general equilibrium)这个一般的研究类别。

但是,与"把动态选择看作是对一个全局策略的静态选择"的总体趋势相一致,相比同时关注所有市场选择的方法,暂时的一般均衡的方法被采用的少得多。

6.5.1 阿罗—德布鲁未定权益市场

考虑同时关注所有市场选择的最简单的方法,是假设所有的市场选择事实上是同时做出的。一个虚构的市场,所谓的**阿罗—德布鲁未定权益**(Arrow-Debreu contingent claims)市场,是我们这里使用的核心的建模方法。

我们从布置舞台开始。我们假设一个有限系列的 K 种商品,每一种商品都可以,在标记为 $t=0, 1, 2, \cdots, T$ 的有限日期中的任何一个日期上被消费掉。此外,我们假定存在不确定性,它将会随着时间的流逝而消失。在日期 T 的消费发生之前,消费者们将知道,来自一个有限状态空间 S 的哪一个状态 s 将流行。在时间 0 和 T 之间,关于真实状态 s 的不确定性可能会消失。这由 S 的一个序列的非递减地更精细(nondecreasing finer)的划分所模型化,这些划分被标记为 $F_0, F_1, F_2, \cdots, F_T$,这里 $F_0=\{S\}$ 且 F_T 是最精细(fine)的划分,其中每个状态都处在它自身构成的一个集合中。

对于不习惯数学术语的读者来说,S 的一个**划分**(partition)是 S 子集的一个集合,具有每一个 $s \in S$ 是且仅是其中一个子集的性质。一个给定划分的组成分子被称作此划分的**胞腔**(cells)。如果对任意两个连续的日期 t 和 $t+1$,如果 f 是日期 $t+1$ 的一个胞腔(也就是说,如果 $f \in F_{t+1}$),那么对于某个日期 t 的胞腔 $f' \in F_t$,有 $f \subseteq f'$,一个序列的划分就是非递减地更精细的。

解释如下。在日期 t,消费者们都知道,F_t 的一个胞腔将流行,而且除此之外没有人知道更多。一个例子可能有助于说明。假设 S 有 5 个元素,$\{s_1, s_2, \cdots, s_5\}$。假设 $T=3$。那么我们可以假设:

$$F_0 = \{\{s_1, s_2, s_3, s_4, s_5\}\}$$

$$F_1 = \{\{s_1, s_2\}, \{s_3, s_4, s_5\}\}$$

$$F_2 = \{\{s_1, s_2\}, \{s_3\}, \{s_4, s_5\}\}$$

$$F_3 = \{\{s_1\}, \{s_2\}, \{s_3\}, \{s_4\}, \{s_5\}\}$$

这意味着在日期 0,消费者们完全不知道哪一个状态将流行。在日期 1,他们得知状态可能是前两个或后三个中的一个。在日期 2,如果状态是前两个中的一个,则他们没有获得任何新的信息。如果状态是后三个中的一个,他们得知这个状态要么是 s_3,要么是最后两个中的一个。最后，在日期 3 消费者们得知要知道哪个状态流行剩下的任何信息。

我们可以用一个树图（tree diagram）来描绘这个例子（以及这种类型的任何例子），如图 6.7 所示。时间从左往右移动，而且在每一个日期上，树枝反映到那个点上所积累的信息。所以，例如，在对应于日期 2 的树的水平上，这棵树已经分成三枝，其中一枝（在下一个日期）分支成 s_1 或 s_2，第二枝通向 s_3，第三枝分支（在下一个日期）成 s_4 和 s_5。

我们强调，我们假定在每个日期 t 上，所有消费者能够获得完全相同的信息。这个模型不允许某个消费者对于自然的状态拥有比其他人更好的信息。对这个基本模型的扩展允许消费者们拥有私人信息（在本书中我们不会触及这些扩展），不过基本模型禁止这一点。

现在我们补充一点记号和术语。对于一个给定的日期 t 和一个胞腔 $f \in F_t$，我们把 (t, f) 的配对称作一个**日期—事件**（date-event）配对。日期 t 的所有日期—事件配对的集合，也就是 $\{t\} \times F_t$ 被表示为 ε_t。同时，在所

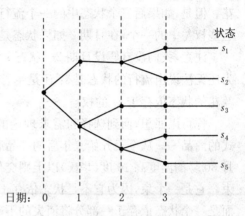

状态

s_1
s_2
s_3
s_4
s_5

日期：　0　　1　　2　　3

图 6.7　用树图描绘不确定性的消失

有日期 $t = 0, 1, 2, \cdots, T$ 上的所有日期—事件配对的并集被表示为 ε，也就是 $\bigcup_{t=1}^{T} \varepsilon_t$。不要让这里的形式主义打消你的兴趣；在我们的例子中，ε_0 有一个元素，ε_1 有两个元素，ε_2 有三个元素，ε_3 有五个元素，所以 ε 有 11 个元素，对应着图 6.7 中所示的 11 个加粗的小圆点。

有了所有这些，消费者们的消费空间，是在 $(R^K)^\varepsilon$ 的正象限 X 中的所有向量 x 组成的空间。这可能看起来很可怕，不过不是的。这里的思想是消费者在每个日期 t 上消费，而且她可以根据她在这个时间上获得的信息来改变她消费的东西。因此在日期 0，她消费 R^K 中的某个向量；这是从 F_0 包含一个单一的元素的事实中得出的。在日期 1，她消费 R^K 中的某个向量**状态依存于**（contingent upon）F_1 两个胞腔中的哪一个流行；这是空间 $(R^K)^{\varepsilon_1}$ 中的一个向量，依此类推。她全部的消费向量是，在她发现自己所处的每个日期—事件配对上她消费什么的一个列表，也就是 $(R^K)^\varepsilon$。

比如，假设在这个例子中有两种商品。那么这个消费者的一个消费束表示，在日期 0，她对每种商品消费多少；在日期 1，如果前两个状态的其中一个流行，她消费多少，如果后三个状态的其中一个流行，她消费多少；以此类推。因为在图 6.7 的树图中有 11 个日期—事件配对，所以对这个经济中的消费者来说，一个消费束将是在 R^{22}〔或 $(R^2)^{11}$〕正象限中的一个点。

我们假定每个消费者在如此定义的 X 上都有通常类型的偏好。完全自然地会想到，既然这个故事里存在不确定性，我们也许能够利用第 3 章的方法在某种程度上确定消费者偏好的性质。而且大部分应用都这样做了。不过我们将继续假定这个消费者在 X 上有由效用函数：$U_i : X \to R$ 给出的一般的偏好。

最后，我们来看最有英雄气概的假定。假设在日期 0 的消费之前，存在每种商品在每个日期、每个"可识别的"依存状态上可交付的市场。也就是说，假设在我们的例子中，两种商品是洋蓟和西兰花。那么，在日期 0 的消费之前，一个消费者可以买进或卖出洋蓟和

西兰花,即期交付。[术语**即期市场**(spot market)是用来表示即期交付商品的市场。]不过,这个消费者可以买进或卖出更多的商品。比如,这个消费者可以买进或卖出西兰花,在日期2事件$\{s_1, s_2\}$上交付。这种商品,被称作西兰花的一个阿罗—德布鲁未定权益(Arrow-Debreu contingent claim),应该被谨慎对待。故事是这样的,如果你买进10单位的这种商品,当日期2来临,如果状态是前两个中的一个,某人就会交给你10单位的西兰花。但是,如果后三个状态中的一个流行,这个权益就不会给予你任何权利。如果你卖出这些权益中的一个,在日期2如果状态是前两个中的一个,你必须支付它。

注意,我们没有假设日期2—状态s_1的西兰花市场。当日期2来临,消费者们被假定为还无法说出流行的状态是s_1还是s_2。因此,我们无法知道是否履行一个在日期2的西兰花的状态依存于s_1的权益。

你可以回想,回到选择和需求理论的开头,你被提醒说,最后你将被要求考虑这种形式的商品——从今天开始三年后的一品脱啤酒,如果下一个7月4号的温度比接下来的6月30号的温度高10度(华氏)以上则交付。这种"商品"就是一个阿罗—德布鲁未定权益束。它是一个束,因为它不是状态依存于将于现在和三年后之间消失的所有的不确定性。而是一个状态依存于一部分将消失的不确定性的未来消费的权益。

基本上,就是这样。如果我们在一开始,就假设存在每种阿罗—德布鲁未定权益的市场,而且如果偏好是定义在空间X上的(且禀赋处于空间X内),那么本章中前述的理论可以没有问题地被运用。在早些的阐释中,我们从来没说过一种商品的特征必须是什么样的;所以我们就把理论运用到包括各种这些未定权益的商品的情形中。时间和不确定性就在一般均衡理论之内被完全掌控了!

6.5.2 证券和即期市场

胡说八道,你可能会这样说。所有这些都是基于假设,在任何消费发生之前,存在一组完备的阿罗—德布鲁未定权益市场。在现实世界中,现在有一些期货市场,在这些市场中你可以签订合同,在一个固定的将来日期购买(或卖出)五花肉或冻鸡肉。但是,你不能买一个状态依存于8月份天气一年后交付的五花肉。甚至期货市场的数目在某种程度上是有限的。不存在任何西兰花的期货市场。

一般均衡的理论家对此有一个简洁的回应。假设在我们的例子中,洋蓟和西兰花的价格是以美元标价的。(一美元是什么?这种货币从哪里来?这些是在此理论中产生的很重要的问题,这里我将直接对它们置之不理。这并不是说这些问题对整个故事不是至关重要的。它们是至关重要的。不过这将仅仅是对此主题的一个介绍。)而且假设在日期0,同时存在洋蓟和西兰花的即期市场以及在树图中的每个日期—事件配对上的 \$1 的权益市场。也就是说,在日期0,对于一个给定的价格,你可以购买一个比如在日期2、如果状态是s_1或s_2的 \$1 的权益。注意除了日期0的配对外,还有10个日期—事件配对,所以这意味着有12个市场开放——两个即期市场和10个"金融"市场。此外,假设在每个日期上都将有这两种蔬菜的即期市场,不管依存状态是什么。

如果到目前为止做出的假定还不够有英雄气概,我们接下来给出一个真正重大的假设:假设回到日期0,每个消费者都可以准确无误地预测每个日期—事件配对上洋葱和西兰花的即期市场价格将是多少。举个例子,假设消费者们知道在日期2事件$\{s_1, s_2\}$上,西兰花的即期价格将是每单位 $0.75。也假设在日期0,一个日期2的状态依存于$\{s_1, s_2\}$的 $1 的权益的价格是 $0.40。那么如果一个消费者想要在日期0买入一单位的日期2—事件$\{s_1, s_2\}$的西兰花,她可以通过执行如下的方案来达到目的:买进 3/4 单位的日期2—事件$\{s_1, s_2\}$的 $1 的金融未定权益,这花费 $0.30。如果在日期2发生的事件是$\{s_1, s_2\}$,这将带给她 $0.75。然后她用这 $0.75,在即期市场上购买一单位的西兰花。另一方面,如果她拥有充裕的在此日期—事件配对上的西兰花,而且想要卖出其中一些,她可以在日期0卖出日期2—事件$\{s_1, s_2\}$的金融未定权益,然后如果在日期2此事件发生,她可以卖掉西兰花来支付她的金融债务(financial obligations)。

这里的要点是,如果消费者们事先知道所有未来的即期市场的价格,而且如果有一个完整系列的金融未定权益,通过设计一个合适的动态策略,消费者们可以从任意禀赋点 $e \in X$ 交易到任何合意的(且支付得起的)消费点 $x \in X$。利用这些金融未定权益,货币被在日期—事件配对之间转移,这些货币随后被分配在即期市场的消费品之间。这就意味着之前讨论的一般均衡的所有方法都适用。

注意我们多么强烈地使用消费者们准确地预见所有未来的即期市场的价格的假定。而且我们假定消费者们是采用第4章的标准模式,把一个动态选择问题简化成一个为动态行动选择一个最优策略的静态问题。换句话说,我们假定消费者们是**超级理性的**(hyperrational),在预测力和规划能力方面都是超级理性的。这些都是非常强的假定,你将不得不为你自己判断,这些假定是否太强了。(在作出这个判断之前,先等着看一些应用,我们这里没有提供。这些是强的假定,不过要看它们如何影响在一个特定的应用中得出的结论而定,你可能发现它们是可接受的。)

你可能仍然反对说,即使承认超级理性的代理人,这仍然是一个不现实的模型,因为这些金融未定权益不存在。(你从哪里能买到一个明年8月份的 $1 的权益,只有当纽约7月份的降雨量超过费城的降雨量少于1英寸才支付?)

我们不需要所有的金融未定权益一开始就被交易。在我们的例子中,假设在日期0有一对金融未定权益被交易,一个是在日期1—事件$\{s_1, s_2\}$上支付 $1,第二个是在日期1—事件$\{s_3, s_4, s_5\}$上支付 $1。在日期1—事件$\{s_1, s_2\}$上,存在一个在日期2支付 $1 的一个金融未定权益的市场;而在日期1—事件$\{s_3, s_4, s_5\}$上,有两个金融权益,一个是在日期2在依存状态$\{s_3\}$上支付 $1,另一个是在日期2在依存状态$\{s_4, s_5\}$上支付 $1,依此类推。这里的思想是,在每个日期上,在该日期的每个依存状态上,有在下一个日期在每个可能的之后的依存状态上支付的权益。

也假设消费者们在一开始,除了知道即期蔬菜的均衡价格将是多少以外,也知道这些权益的均衡价格将是多少。那么一个消费者就可以如存在一个完整系列的未定权益市场那样行事。举个例子,假设:

在日期0,一个在日期1—事件$\{s_3, s_4, s_5\}$上支付 $1 的权益,花费 $0.50。

在日期1—事件$\{s_3, s_4, s_5\}$上,一个在日期2—事件$\{s_4, s_5\}$上支付 $1 的权益,将花费 $0.60。

在日期 2—事件 $\{s_4, s_5\}$ 上,一个在日期 3—事件 $\{s_4\}$ 上支付 \$1 的权益,将花费 \$0.40。

在日期 0 上,西兰花每单位花费 \$2.00。

在日期 3—事件 $\{s_4\}$ 上,洋蓟每单位将花费 \$$\frac{2}{3}$。

然后,一个消费者知道所有这些,可以用日期 0 的西兰花"交易"日期 3—事件 $\{s_4\}$ 的洋蓟,过程如下:每卖出一单位日期 0 的西兰花(以 \$2 的价格卖出),他买入 4 个日期 1—事件 $\{s_3, s_4, s_5\}$ 支付 \$1 的权益。在日期 1,如果事件是 $\{s_3, s_4, s_5\}$,他计划用这 \$4 买入 $6\frac{2}{3}$ 个在日期 2—事件 $\{s_4, s_5\}$ 上支付 \$1 的权益。在日期 2,如果事件是 $\{s_4, s_5\}$,他计划用这 \$$6\frac{2}{3}$ 买入 $16\frac{2}{3}$ 个在日期 3—事件 $\{s_4\}$ 上支付 \$1 的权益。如果在日期 3,事件是 $\{s_4\}$,他计划用这 \$$16\frac{2}{3}$ 买入 25 单位的洋蓟。也就是说,通过买入和卖出,这个消费者能够以 1∶25 的比率,用即期的西兰花交换日期 3—事件 $\{s_4\}$ 上的洋蓟。如果我们给出所有在市场上出售的商品(既包括蔬菜市场也包括金融市场)的所有价格,你(以及、想必,我们非常聪明的消费者)能够计算出任意两个日期—事件配对上蔬菜的交换比率。(一个比以上例子更难的例子,参见课后习题 9。)

因此我们需要的所有东西是,蔬菜的即期市场和在"下一个日期"在每个可能的"接下来的依存状态"上支付未定货币(contingent money)的金融权益的市场(我们同样需要非常聪明的消费者们)。

你可能还是不满意。在周围不存在所描述的,在某一事件上支付 \$1 而在任何其他时候不支付,这种类型的金融权益。交易的金融权益有很多:公司的股权(equity)、债务工具(debt instrument)、普通股的期权(options on common stock),等等。但是,它们中没有一个具有这种简单的形式。热衷一般均衡的理论家以一个更深入的说明来对这种异议做出回应:在某些(并非全部)情形中,通过巧妙地以刚刚列出的金融工具的类型进行交易,一个消费者能够制造出在两个自然段之前假定的那些类型的金融权益。这要求消费者们知道现有的金融工具在每个日期—事件配对上将索要什么价格,而且要有"足够的"那些金融工具。("足够的"的含义在文献中有准确的描述。)我们就讲到这里,建议的进一步的阅读材料在书目提要中。要掌握的基本要旨是,借助于越来越精巧的构造,经济理论学家们把一般均衡的基本模型的作用范围,扩展到时间和不确定性起作用的情形中。不过,这往往需要消费者们既非常通晓未来,又非常善于规划。

6.6 书目提要

对一般均衡理论的经典处理是 Debreu(1959) 和 Arrow 和 Hahn(1971)。Debreu 的专著给出了基本的细节,而 Arrow 和 Hahn 对这里谈及的许多问题(以及其他这里根本没有提到的问题)给出一个更完整的处理。Scarf(1973) 介绍了计算瓦尔拉斯均衡的运算法则,

而 Scarf 和 Shoven(1984)展示了这些计算技巧可以被如何应用。对于诸如"随机选择的"经济的均衡的局部唯一性这类问题的处理,接受过良好数学训练的读者可以参考 Mas Colell(1985)。(最关键的工具来自微分拓扑学。)关于一般均衡理论的研究还在进行中,例如处理有无限多种商品和/或无限多个消费者的经济;一个新近的对无限多种商品情形的"最先进的"处理是 Aliprantis、Brown 和 Burkinshaw(1989)。

关于一般均衡的制度基础的理论研究多半是期刊文献,所以这里给出的参考文献很容易相当快地被取代。考虑到这一点,对于讨价还价的理论基础我将推荐 Osborne 和 Rubinstein(1990)。

在有限的背景中支持瓦尔拉斯均衡概念的实验研究,也散见于期刊中。一个好的起点是 Plott(1986)的综述文章。

把一般均衡的概念扩展到时间和不确定性起作用的模型中,在微观经济学和理论金融学的文献中都有发生。未定权益的概念应归功于 Arrow 和 Debreu(因此称作阿罗—德布鲁未定权益);有些阐述在 Debreu(1959)与 Arrow 和 Hahn(1971)中都可以被找到。对金融权益和"规划"的使用起源于 Arrow 用英语发表的一篇文章 Arrow(1964)。对一般的金融权益和基本的均衡概念的使用在 Radner(1972)中被正式化。从 Arrow 和 Radner 影响深远的贡献以来,关于这个主题有非常大量的文献;Huang 和 Litzenberger(1988, chaps.7,8)是一本易懂的入门书。当证券交易可以在时间上连续发生的时候,这种类型的模型变得格外强大。这个理论要求相当高的数学修养,不过读者可以品读一下 Kreps(1982)讲了些什么以及 Duffie(1988)中一个系统的阐述。

参考文献

Aliprantis, C., D. Brown, and O. Burkinshaw. 1989. *Existence and Optimality of Competitive Equilibria*. Berlin: Springer-Verlag.

Arrow, K. 1964. "The Role of Securities in the Optimal Allocation of Risk-Bearing." *Quarterly Journal of Economics*, 31:91—96.

Arrow, K., and F. Hahn. 1971. *General Competitive Analysis*. San Francisco: Holden-Day.

Debreu, G. 1959. *Theory of Value*. New Haven: Cowles Foundation.

Duffie, D. 1988. *Securities Markets: Stochastic Models*. Boston: Academic Press.

Huang, C-f., and R. Litzenberger. 1988. *Foundations for Financial Economics*. Amsterdam: North Holland.

Kreps, D. 1982. "Multiperiod Securities and the Efficient Allocation of Risk: A Comment on the Black-Scholes Option Pricing Model." In *The Economics of Information and Uncertainty*, J. McCall, ed. Chicago: University of Chicago Press: 203—332.

Mas Colell, A. 1985. *The Theory of General Equilibrium: A Differentiable*

Approach. Cambridge：Cambridge University Press.

Osborne, M., and A. Rubinstein. 1990. Bargaining and Markets. Boston：Academic Press.

Plott，C. 1986. "Rational Choice in Experimental Markets." *Journal of Business*，59：S301—327.

Radner，R. 1972. "Existence of Equilibrium of Plans, Prices, and Price Expectations." *Econometrica*，40：289—303.

Scarf，H. (in collaboration with T. Hansen). 1973. The Computation of Economic Equilibrium. New Haven：Cowles Foundation.

Scarf，H.，and J. Shoven. 1984. Applied General Equilibrium Analysis. Cambridge：Cambridge University Press.

课后习题

1. 回到两个消费者、两种商品情形下价格均衡的那张图。对于每个相对价格集，我们可以标出消费者 1 将需求的那个点。(假定消费者们有严格凸的偏好，所以他们的最大化问题通常有唯一解。)随着我们改变商品的相对价格，我们描绘出一条曲线——所谓的消费者 1 的**提供曲线**(offer curve)，在图 6.8 中给出。

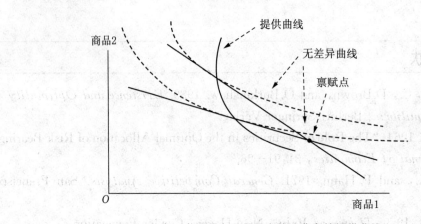

图 6.8 在一个两种商品世界中的消费者的提供曲线

我们可以为消费者 2 绘出一条类似的提供曲线，然后把消费者 2 的图旋转 180 度，而后把他的原点放在她(消费者 1)的坐标系中的社会禀赋处，我们就得到了带有两条提供曲线的埃奇沃斯盒状图。考虑此论断：瓦尔拉斯均衡配置对应于两条提供曲线相交的点。这种说法不是十分正确。为什么？如果你知道原因，请尝试对此论断进行修正。

2. 考虑以下的交换经济：有两种商品，两个消费者。两种商品被称作 tillip 和 quillip，两个消费者被称作 1 和 2。

消费者 1 有效用函数 $U_1(t, q) = 0.4\ln(t) + 0.6\ln(q)$ (这里 t 是 1 消费的 tillip 的数

量,q 是 1 消费的 quillip 的数量)。消费者 2 有效用函数 $U_2(t, q) = 0.5\ln(t) + 0.5\ln(q)$。消费者 1 拥有 tillip 和 quillip 各 10 单位的禀赋,消费者 2 拥有 10 单位 quillip 和 5 单位 tillip 的禀赋。

(1) 这个经济的瓦尔拉斯均衡是什么?(如果有不止一个均衡,给出全部的均衡。)

(2) 假设一个社会独裁者想要实行一个使得 $U_1(t, q) + U_2(t, q)$ 在均衡处尽可能大的分配。列出所有可能的对禀赋的再分配,它们把独裁者的最优禀赋作为一个瓦尔拉斯均衡给出。

3. 我知道的一个社会计划者非常热衷于让消费者们变得平和。特别地,她希望防止她的消费者们互相嫉妒。为此,她定义一个"无嫉妒"(envy-free)的资源配置。在这个配置上,没有哪个消费者宁愿拥有分配给其他消费者的消费束,而不是他或她自己的。我们的社会计划者想要实施一个"无嫉妒"的分配。她也希望此配置是有效率的。

这个社会计划者也很懒散。她不愿意弄清楚她的消费者的效用函数。(她有一份所有他们禀赋的商品清单。)她有幸拥有一个和交换经济一样运行良好的经济;不过她重新分配禀赋,这个经济找到一个瓦尔拉斯均衡。

你可以协助这位社会计划者吗?具体地,描述如何重新分配禀赋和股份,以使作为结果的瓦尔拉斯均衡被保证既是有效率的也是无嫉妒的。(提示:这里的技巧是,寻找某种方法来重新分配禀赋和股份,以使在每个价格集上,消费者们都从相同的用于消费的财富水平开始。有一种重新分配禀赋和股份的方法使得这点成立,它是什么?)

4. (1) 在对福利经济学第二定理的证明中,我们声称集合:

$$X^* = \{x \in X: x \text{ 可以被以一种严格帕累托优于}(\hat{x}^i)\text{的方式在 } I \text{ 个消费者中间分配}\}$$

是凸的,如果偏好是凸的话。证明这一点。

(2) 随后在那个证明中,我们断言分离超平面向量 p 是非负的。为此断言给出一个证明。

(3) 证明过程之后的评论声称,我们可以把配置 $(\hat{x}^i)$ 是严格正的假定替换为每个消费者被给予至少一种合意商品(desirable good)的正数量。证明这个假定就足够了。(提示:首先说明任何合意商品的价格一定是严格正的。尽管并非必要,为了实施这一步,你可以假定至少再有一种商品,它在社会禀赋中有正的供给。)

5. 假设一个三人经济,其中第一种商品是园艺服务,对它的消费可以使一个人的庭院更加美观;第二种商品是食物。假设此社会中的其中两个消费者住在相邻的房子中,而第三个消费者住在同一座大山的另一侧。第三个消费者对园艺服务的消费,不会对其他消费者产生外部性,但另外两人都会通过对园艺服务的消费对彼此的邻居产生正外部性。确切地说,假设消费者 1 和消费者 2 有如下形式的效用函数:

$$V^i(x) = w(x_1^1) + w(x_1^2) + x_2^i$$

这里 $w: [0, \infty] \to R$ 是一个严格递增的、严格凹、且可微的函数。注意消费者 1 和消费者 2 从邻居的庭院中得到的效用,和他们从自己的庭院中得到的效用一样多,同时他们对食物的效用是线性的。(你被提醒说这是一个非常特殊的设定。)也假设消费者 3 有形如 $V^3(x) = w(x_1^3) + x_2^3$ 的效用函数。存在一个园艺服务和食物的社会禀赋。

(1) 假设社会禀赋最初是在三个消费者中间平均分配的,对应的瓦尔拉斯均衡(带有外部性的)将是什么?

(2) 描述对社会禀赋的帕累托有效配置的集合的特征。(1)中的均衡配置是帕累托有效的吗?

6. 在一个两个消费者、两种商品的经济中,两种商品被标记为 x 和 y,两个消费者被称作 A 和 B。例如,让 x_A 表示 A 对商品 x 的消费量。每个人都拥有每种商品各 1 单位的初始禀赋。A 的偏好由效用函数:

$$u_A(x_A, y_A) = \frac{1}{3}\ln x_A + \frac{2}{3}\ln y_A$$

给出。B 的偏好稍微奇怪一点儿。它们由:

$$u_B(x_B, y_B, x_A) = \ln x_B + \ln y_B + \ln(2 - x_A)$$

给出。也就是说,B 从 A 对第一种商品的消费中得到"负效用"。你可以假定自始至终两位消费者都是局部非饱和的(而且他们确实是),而且你可以假定一阶条件和互补松弛的任何解都是一个全局极大值。

(1) 这个经济的瓦尔拉斯均衡是什么(或有哪些)?(这是一个带有外部性的经济,所以利用有关外部性的那部分给出的定义。)你会发现,如果你把两种商品的价格标准化为它们相加为 1,事情是相当简单的。让 p 代表商品 x 的价格,那么 $1 - p$ 就是商品 y 的价格。

(2) (1)部分的均衡配置是帕累托最优的吗?如果是,为什么?(也就是说,你怎么知道它是的?)如果它不是,你是如何知道的?

(3) 无论(1)部分的均衡配置是否是帕累托最优的,B 先生表达自己的抱怨说,A 小姐消费了太多符合他口味的 x。于是,一位名叫 Lindahl 的社会计划者提议按照如下的方式改变这个经济。将有 6 个价格,而不是两个价格(x 和 y 的)。这些将是和之前一样的 p 和 $1 - p$,还有 q_A、q_B、r_A,以及 r_B。这最后四个是"转移价格"(transfer prices);A 每消费 1 单位 x,她必须转移 q_A 个记账单位(货币)给 B。B 每消费 1 单位的 x,他必须转移 q_B 个记账单位给 A。如果 A 消费 y_A 单位的商品 y,她必须转移 $r_A y_A$ 个记账单位给 B,而且 r_B 给出 B 消费 y 从 B 到 A 的转移价格。价格 q_A、q_B、r_A、r_B 可以是正的、零,甚至是负的。

现在这个经济运行如下。把价格 p、$1 - p$、q_A、q_B、r_A,以及 r_B 当作给定的(通常的价格接受者假定),A 为此经济选择一个完整的配置 (x_A, y_A, x_B, y_B),服从于一个单一的约束:A 的记账单位净流入应该等于或超过她的记账单位的净流出。也就是说:

$$px_A + (1-p)y_A + q_A x_A + r_A y_A \leq p1 + (1-p)1 + q_B x_B + r_B y_B$$

(回想 A 的禀赋是两种商品各一个单位,这就解释了右手边的两项。)A 小姐选择完整的配置来最大化她的效用,仅服从于这个约束;她无须使她选择的配置可行。B 先生也选择一个完整的配置,服从类似的约束。

此经济的一个均衡是一组 6 个价格和一个单一的社会配置使得(1)面对那些价格,两个消费者独立地选择那个配置,且(2)这个配置在社会中是可行的。在其中一个消费者在许多不同水平的最优化问题之间无差异,而第二个消费者严格偏好其中一个水平的情形中,我们把这看作是与要求(1)相一致的情况。

就以上定义的这种类型的均衡,找到这个经济的一个均衡。

(4) 你在(3)部分计算出的均衡是帕累托有效的吗? 如果是,你是如何知道的? 如果不是,你是如何知道的?

(5) A 小姐在两个均衡中的效用相比较如何,一个来自(1)部分,一个来自(3)部分? 如果 A 小姐向 Lindahl 先生抱怨说,她在这种新形式的经济中是被不公平地对待的,Lindahl 先生可以做些什么来纠正问题呢?

(6) 如果我们让 Lindahl 先生接管习题5的经济,将会发生什么?

7. 这个习题中的有些部分可能直到第8章完成后你才能理解。Grapple Synthetics of Boonton(GSB)公司,有一个关于其电脑服务的问题。它的电脑服务用两台电脑为 600 个同样的用户提供服务。其中一台电脑比另一台有稍多的软件支持,不过也更容易拥堵。具体地说,如果其中一个用户使用第一台电脑,且使用这台电脑的用户总数为 n,这单个用户能够把她的产量提高 \$$(30-n/10)$ 的数量。而如果其中一个用户使用第二台电脑,且使用这台电脑的用户总数为 m,这个用户能够把她的日产量提高 \$$(10-m/30)$。假定这 600 个用户始终都在;没有新用户出现。为一个用户提供服务的边际成本是 0。如果你的答案甚至不是以整数的形式出现,不要担心;鉴于本习题的目的,小数形式表示用户个数将是可以的。

(1) 直到现在,GSB 还根本没有尝试过对其电脑的使用进行管制。每个用户都已经把她自己分配在两台电脑的其中一台上,在其他用户会坚持他们已选择的电脑的假定下,选择电脑来最大化她从电脑上获得的个人产出的增加。假设真是如此,把用户分配在这两台电脑上的均衡配置是什么? 多少用户使用电脑1;多少用户使用电脑2;另外多少用户不使用其中任何一台?

(2) GSB 电脑中心的负责人担心,当前的把个人分配到电脑上的无管制的方法,没有最大化 GSB 可能的总贡献。他提议如下的转移价格方案:电脑服务的一个"每日价格"将被给出,而且用户们应该被告知,只有当他们使用一台电脑获得的产出增加超过"转移价格"的时候,才去使用这台电脑。GSB 应该出什么样的(单一的)每日价格,假定它的电脑用户将诚实地把自己在电脑间分配(或不使用)来最大化个人产出的增加扣除转移价格? 最后对两台电脑的使用情况将是什么样的? [提示:如果你不知该如何开始,尝试去发现,如果(对每台电脑的)要价为每天 \$5 将发生什么。]

(3) GSB 财务部门的负责人认为这个转移价格方案是个好主意,不过她建议一个更复杂的方案,在其中两台电脑被索要不同的每日价格。这种类型的最优方案是什么? 最后对这两台电脑的使用模式是什么样的?

(4) GSB 经济分析部门的负责人对你在(2)部分和(3)部分得到的答案表示很困惑。他说回想从前他作为一名微观经济学家的时候,有一个被称作福利经济学第二定理的东西,其中声称资源的有效率配置应该遵循一个(瓦尔拉斯)市场机制的原则。他指出,如果电脑服务由竞争性的外部卖主提供(也就是说,用户将实际上为他们使用的服务支付一个市场价格),那么这个竞争性的价格将等于边际成本,也就是零。因此,零转移价格应该导致一个有效率的解。他建议你复查(2)部分和(3)部分的代数。用不多于 200 字向这个人解释为什么；相反地，他应该查看一下他的经济学教科书。

8. 关于命题6.1：

（1）证明如果消费者偏好是凸的，总需求就是凸值的。这应该是相当容易的。

（2）证明如果消费者偏好是连续的，总需求就是上半连续的。这是通过模仿为命题2.13(2)做的论证来完成的。

（3）利用(2)部分来给出一个快速的证明，如果消费者偏好是连续的且是单值的，总需求由一个连续函数给出。

在本习题的所有部分，我们仅处理严格正的价格。

9. 考虑图6.7中描绘的那一组日期—事件配对。回想之前给出的下列数据：

在日期0，一个在日期1—事件$\{s_3, s_4, s_5\}$上支付$1的权益，花费$0.50。

在日期1—事件$\{s_3, s_4, s_5\}$上，一个在日期2—事件$\{s_4, s_5\}$上支付$1的权益，将花费$0.60。

在日期2—事件$\{s_4, s_5\}$上，一个在日期3—事件$\{s_4\}$上支付$1的权益，将花费$0.40。

在日期0上，西兰花每单位花费$2.00。

在日期3—事件$\{s_4\}$上的洋蓟，每单位将花费$0.67。

在此基础上增加下列附加数据：

在日期0，一个在日期1—事件$\{s_1, s_2\}$上支付$1的权益，花费$0.40。

在日期1—事件$\{s_1, s_2\}$上，一个在日期2—事件$\{s_1, s_2\}$上支付$1的权益，将花费$0.90。

在日期2—事件$\{s_1, s_2\}$上，一个在日期3—事件$\{s_1\}$上支付$1的权益，将花费$0.40。

在日期3—事件$\{s_1\}$上，洋蓟将花费$1.33。

假设一个消费者想要卖出一些她拥有的日期3—事件$\{s_1\}$的洋蓟，然后利用这个收入购买日期3—事件$\{s_4\}$的洋蓟。对于她卖出的每一单位的日期3—事件$\{s_1\}$的洋蓟，她能够买入多少单位的日期3—事件$\{s_4\}$的洋蓟？为了影响这样一桩交易，她采用的是什么策略？（此策略应该只包含改变她在这两个日期—事件配对的蔬菜上的"位置"。关键是第一步。她卖出日期1—事件$\{s_1, s_2\}$的美元，然后用由此销售获得的收入购买日期1—事件$\{s_3, s_4, s_5\}$的美元。）

▶7

新古典厂商

在新古典经济理论中,就像消费者一样,厂商是一个实体。消费者有一个目标函数,在服从一个预算约束以及加在可行消费上的任何约束的条件下,使其效用最大化。厂商有一个目标函数,在服从由其技术能力施加的约束的条件下,使其利润最大化。

在第 2 章中,我们在消费者的目标函数上花费了很多时间,讨论偏好、选择,最后还有效用函数。在那里对预算集约束并没有讨论很多。对新古典厂商来说,情况通常相反。有大量的关于如何表示厂商的技术能力的讨论,而对利润最大化的讨论非常少。

我们将暂且遵守这一传统。在这一章,我们将描述模型化厂商技术能力的方法(第7.1节),然后我们将讨论厂商的行为,假定它选择投入和产出来最大化其利润(第7.2节和第7.3节)。我们不试图解释或为利润最大化做辩护;那些讨论被留到本书的非常后面的部分(第19章),因为那时我们将不会说利润最大化的什么好,而且只有到那时我们能够给出其他的选择。

读者可能理所当然地想知道,如果本书的后面部分将对利润最大化的评价不好,为什么现在(还有接下来的三章)还花费如此多的时间利用那个假定?有两个原因:首先,这是微观经济理论中传统的厂商模型,而且如果你理解了这些经典的前身,更现代的进展就可以被最大程度地理解。第二,我们反对利润最大化的理由将是由于"理论上的原因"——也就是说,我们没有看到一个理由充足的论证说厂商必定会或者应该最大化它们的利润。不过这并不意味着利润最大化不是一个非常有益的模型。只有数据能够说明,而且只有在我们看到利润最大化对可观察到的行为的含义之后。

7.1 关于厂商技术能力的模型

7.1.1 生产可能集

厂商被假定为拥有生产能力。也就是说,厂商们能够把一系列的商品转换成不同系列的商品。

173

　　像往常一样,标准的一般化模型被设定在有 K 种商品的世界里。这些商品的其中一些可能是厂商的投入品(input),一些可能是厂商的产出品(output),一些可能要么是投入品要么是产出品,还有其他一些可能和此厂商一点儿关系也没有。厂商的生产能力被 R^K 中的一组净生产(netput)向量所模型化。术语"净生产"(netput)被用作投入品和产出品的通称:对于每一种商品,我们记录厂商对这种商品的生产或者使用,用负数表示净投入,用正数表示净产出。举个例子,假设有五种商品:劳动(第 1 种)、钢丝(第 2 种)、直针(第 3 种)、安全别针(第 4 种)、还有小麦(第 5 种)。对于一个厂商(生产两种类型的别针)来说,一个典型的净生产向量会是 $(-5, -8, 10, 3, 0)$。解释如下:厂商可以用 5 单位的劳动(比如说,工作小时数)和 8 单位(比如说,英尺)的钢丝,把它们做成 10 单位的直针和 3 单位的安全别针。这个厂商的另一个可行的净生产向量可以是 $(-79, -120, 200, 0, 0)$;用 79 单位的劳动和 120 单位的钢丝,它可以做出 200 单位的直针和 0 单位的安全别针。或者假设我们拥有一个厂商,它利用投入品 1 和投入品 2 来生产中间产品 3,然后用更多的投入品 1 和中间产品 3 去生产产品 4。在这种情况下,它的净生产向量可以要么是 $(-, -, -, +, 0)$ 要么是 $(-, -, +, +, 0)$。如果除了它生产的中间产品的数量外,厂商从外部买入的更多,第一组符号将是合适的。那么它将是中间产品的一个净消费者,于是我们将把它的净消费(net consumption)记作一个负数。但是,如果它卖出一些中间产品,它将是一个净供给者(net supplier),那么第二组符号将是正确的。当然,如果它刚好用掉自己生产的中间产品的数量,它的净生产向量将很可能是 $(-, -, 0, +, 0)$。

　　于是,厂商的技术能力是它有能力达到的所有净生产向量的集合。我们把一个厂商所有可行的净生产向量的这个集合用 Z 表示,它是 R^K 的一个子集。集合 Z 被称作这个**厂商的生产可能集**(production possibility set),或者**技术集**(technology set)。元素 $z \in Z$ 被称作净生产向量或**生产计划**(production plans)。

　　当 $K=2$ 时,我们可以画出图形。假设这个厂商有一种投入品 x(横坐标分量),和一种产出品 y(纵坐标)。Z 的图形将如图 7.1 所示。

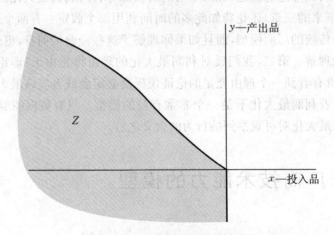

图 7.1　一个典型的生产可能集

　　我们有时把厂商的能力看作是随着厂商的经营时间而变化的。通常假定厂商在长期对于它能够做什么有更大的灵活性,所以某些净生产向量在长期是可行的,但在短期却不可行。

当我们想要做出这种区分，我们写出 Z^l 代表厂商的长期生产可能集，写山 Z^s 代表它的短期的生产可能集；厂商在长期比在短期可以做更多的假定于是被写作 $Z^s \subseteq Z^l$。

生产可能集 Z 可能具有的其中一些性质是：

凸性(convexity)：如果 z 和 z' 对厂商来说都是可能的，那么对每个在 0 和 1 之间的 α，$\alpha z + (1-\alpha)z'$ 也是可能的。通常难以相信此假定是符合现实的（参见下文中的非增的规模报酬），不过它是经济学里一个标准的假定。

自由处置(free disposal)：如果 $z \in Z$ 且 $z' \leqslant z$，那么 $z' \in Z$。这是生产的垃圾箱理论(dumpster theory of production)：厂商总是可以丢掉它不想要的东西。如果厂商的其中一种产出品是废水，我们可能会怀疑这个假定。不过只要一种商品对某人来说越多越好，足够好以致这个人会来把这种东西拖走，这种商品就没有那么糟糕。

停产的能力：$0 \in Z$，这里 **0** 表示全都为 0 的商品向量。如果我们把 Z 看作是一个长期的生产可能集，这看起来是合理的，而在短期就没那么合理了。（例如，在短期厂商可能有购买投入品的合同义务。）

非增的规模报酬(nonincreasing returns to scale)：如果 $z \in Z$ 且 $0 < \alpha < 1$，那么 $\alpha z \in Z$。用文字表述就是，如果美国钢铁公司(U.S. steel)能够在一个大高炉里冶炼钢铁，那么它也可以在等比例缩小的高炉里这样做。这个假定由凸性和 $0 \in Z$ 所暗含，因为它由对 **0** 和 z 取一个凸组合构成。[1]这个名称来表达此性质好像有些困难；称作"等比例缩小的非减的报酬"可能更好。（当我们讲到生产函数的时候，这个名称会更合理。）人们有时候说递减的规模报酬，意思是非增的报酬。因为在高炉技术上存在一个最小的有效率规模（一台有着每日一磅钢铁生产能力的高炉，不大可能是非常有效率的），这似乎是一个不可靠的假定。尽管如此，它通常都被假定。

非减的规模报酬(nondecreasing returns to scale)：如果 $z \in Z$ 且 $\alpha \geqslant 1$，那么 $\alpha z \in Z$。或者，如果美国钢铁公司(U.S. steel)能够运行一台大的高炉，它可以运行两台、三台，或 $5\frac{1}{4}$ 台高炉。这个性质有时被称作规模报酬递增(increasing returns to scale)。

规模报酬不变(constant returns to scale)：如果 $z \in Z$ 且 $\alpha > 0$，那么 $\alpha z \in Z$。这刚好是前两条性质的连接。

对于一种投入品、一种产出品的情形，规模报酬递增、递减和不变的适当图形很容易画出。如果这些图形没有即刻出现在你的脑海中，画出它们。

其他的假定通常被增加到这个清单中——保证厂商的最大化问题（马上被提出）有解的关于一个技术性质的假定。我们将等到这些假定是必要的时候，才给出我们要使用的那个。

7.1.2 投入品和产出品：投入要求集和等产量曲线

在很多应用中，作为厂商投入品的商品和那些潜在的产出品是明确分开的。假设我们把 K 种商品做上标记，商品 1 到 N 是投入品，商品 $N+1$ 到 $N+M$ 是产出品，而商品

---

① 不过它和这两者是等价的吗？画一幅图来看答案是否定的。

$N+M+1$ 到 K 和厂商没有任何关系。就厂商的生产可能集 Z 而言,这种对商品的区分转化为:如果 $z=(z_1, z_2, \cdots, z_k) \in Z$,那么对 $k=N+M+1, \cdots, K$,有 $z_k=0$,而对 $k=1, 2, \cdots, N$,则 $z_k \leqslant 0$。注意我们并没有排除厂商有负水平"产出品"的可能性;它可以买入一些它潜在的产出品,然后把它们扔掉,或者更现实一点,产出品可能会是随后生产阶段的潜在投入品。于是,这种区分实际上仅仅约束投入品和"无关品"(no-puts)。我们可能想要增加一个更进一步的假定:如果对某些 $k=N+1, N+2, \cdots, N+M$, $z_k>0$,那么,对至少一个处于 1 到 N 之间的 k,有 $z_k<0$。也就是说,一个正水平的任何产出品需要某个非零数量的投入品。

商品按照这种方式被区分为投入品、产出品和"无关品",我们将稍微改变一下标记法。我们将写出 $x=(x_1, x_2, \cdots, x_N)$ 来表示投入向量,现在这里投入品的数量被记为正数,$y=(y_1, y_2, \cdots, y_M)$ 代表产出水平。也就是说,$(x, y) \in R^{N+M}$ 对这个厂商来说是一个可行的投入—产出组合,如果:

$$z=(-x_1, -x_2, \cdots, -x_N, y_1, y_2, \cdots, y_M, 0, 0, \cdots, 0) \in Z$$

对于一个固定的产出水平 $y=(y_1, y_2, \cdots, y_M)$,我们可以问 y 是否是这个厂商的一个可行的产出水平:有没有某个可行的净生产向量 $z \in Z$ 给出这个产出向量? 也就是说,有没有某个投入向量 x 使得 $z=(-x, y, 0) \in Z$? 如果答案是肯定的,我们可以继续问,哪些投入向量 x 满足 $(-x, y, 0) \in Z$。我们把这种 $x \in R^N$ 的集合称作生产产出向量 y 的**投入要求集**(input requirement set),用 $V(y)$ 表示。[1]

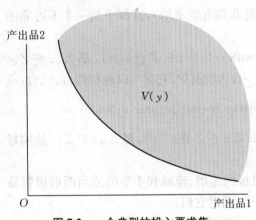

图 7.2 一个典型的投入要求集

对于有两种投入品的情形,一个典型的投入要求集在图 7.2 中被画出。它是典型的,因为它满足以下两条性质:

全面向上的(comprehensive upward):这是说如果 $x \in V(y)$ 且 $x' \geqslant x$,那么 $x' \in V(y)$ 的一种别致的方式。这类似于 Z 上的自由处置假定,不过它更弱一些。(你能否画图来说明这是一个更弱的假定?)

凸的(convex):这是明显的性质。每一个 $V(y)$ 的凸性由 Z 的凸性所暗含,但是反过来不成立。(你能否给出一个证明?)

这都涉及一个产出向量 y 的投入要求集。我们可能想要一次讨论多个水平的投入要求(input requirements),在这种情形下,自然的假定(而且自由处置保证)一个嵌套的(nesting)性质:如果 $y \geqslant y'$,那么 $V(y) \subseteq V(y')$;即生产更多要花费更多。(如果所有的投入要求集都是全面向上的,而且如果它们在这个意义上嵌套,自由处置是否被暗含?)

当我们有了这个嵌套的性质,投入要求集的"边界"被称作 y-产出的等产量线[a]。在中

---

[1] 正式地,$V(y)=\{x \in R^N: (-x, y, 0) \in Z\}$,如果这个厂商生产产出向量 y 是不可行的,那么,$V(y)=\varnothing$。

[a] 非常正式地说,这个边界是集合 $V(y) \backslash \bigcup_{y'>y} V(y')$。

级的教科书中,生产可能集通常是由等产量线刻画,看起来和无差异曲线非常相似。

7.1.3 一种产出品的情形:生产函数

我们可以更进一步地详细说明厂商有单一产出品,或者 $M=1$ 的情形。(接下来的其中一些论述对于一种以上产出品的情形也适用,但是画图和解释会相当混乱,所以我们将把注意力限定在一种产出品的厂商上。)

在这种情形中,自然的假定由给定的一系列挑选出来的投入品 $x=(x_1, x_2, \cdots, x_N)$ 厂商会生产尽可能多的 y。由此,我们得到所谓的生产函数 $f(x)$,它给出这个最大的数量。正式地,$f(x)=\max\{y: x \in V(y)\}$。$Z$ 的性质转换成 $f(x)$ 的性质如下:

自由处置意味着 f 是非减的(nondecreasing);如果你拥有更多,你可以生产同样多。

Z 的凸性意味着 f 是拟凹的(quasi-concave);用一个投入品的凸组合,你可以生产(至少)两个产出水平中较少的那个。或者说,如果每个 $V(y)$ 是凸的而且如果 $V(y)$ 嵌套,那么 f 是拟凹的。(我们通常会全力以赴假定 f 是凹的。)

Z 上非减的规模报酬(nondecreasing returns to scale)和 $f(\alpha x) \geqslant \alpha f(x)$,$\alpha>1$ 是相同的。如果一位作者是相当细心的,术语"递增的"规模报酬将意味着 $f(\alpha x)>\alpha f(x)$,$\alpha>1$。但是一些作者可能是粗枝大叶的,当仅指一个弱不等式的时候,他们说"递增的"规模报酬。

Z 上非增的规模报酬(nonincreasing returns to scale)和 $f(\alpha x) \leqslant \alpha f(x)$,$\alpha>1$ 是相同的。(等价地,我们可以说 $f(\beta x) \geqslant \beta f(x)$,$0 \leqslant \beta<1$。而且评论与在前面的性质中应用于术语"递减的报酬"的评论相类似。)

Z 上规模报酬不变(constant returns to scale)和 $f(\alpha x)=\alpha f(x)$ 相同,或者说 f 是一次齐次的。

7.2 利润函数

7.2.1 利润和竞争性厂商

描述完厂商的技术能力,我们问这个厂商将采用哪一个生产计划。正如之前指出的那样,我们暂时遵守厂商力图最大化利润的标准假定。

我们如何系统阐述这一目标? 我们从以生产可能集 Z 为特征的厂商的一般化模型开始。我们可以非常一般化,为某个函数 $\Pi: Z \to R$ 写出 $\Pi(z)$ 作为在生产计划 z 上获得的利润。不过我们可以更具体一些:利润是收益扣除成本。如果 K 种商品的价格由向量 $p=(p_1, p_2, \cdots, p_K)$ 给出,那么这个厂商在净生产向量 z 上的利润是 $\sum_{k=1}^{K} p_k z_k = p \cdot z$。注意在净生产向量中的符号惯例对这个公式是合适的。投入品被记作 z 中负的元素;如果 k 是一种投入品,那么 $z_k<0$,对利润的"贡献"$p_k z_k$ 就是负的(假定价格都是正的)。

把利润写作 $\Pi(z)=p \cdot z$ 包含一个隐含的假定:这个厂商,它对生产活动的选择,不改变它面对的价格。当我们分析消费者的时候,我们曾做了一个类似的假定,亦即一个消费者对消费束的选择不改变她面对的价格。我们的理由是,排除诸如 J.D.洛克菲勒这类的个人,任何单个消费者仅仅靠改变她自己的需求而能够使一种商品的价格发生任何值得关心的变化,是不太可能的。而在这里,此理由并不非常好使。当通用汽车公司改变它生产的雪佛莱汽车的数量时,它必定改变雪佛莱汽车的价格。而且当它改变自己生产水平的时候,它可能购买足够多的钢铁以致对钢铁的价格有一个显著的影响。所以对于能够改变它们面对的价格的大厂商,我们可以为商品 k 的价格写出 $p_k(z)$ 作为此厂商选择的生产计划的一个函数,因此这个厂商的利润写作 $\Pi(z) = \sum_{k=1}^{K} p_k(z)z_k = p(z) \cdot z$。

我们将很少如此一般化。在某些地方,我们想要考虑厂商通过自己的行动改变商品价格的情形。不过我们将几乎总是关注,厂商对商品 k 价格的影响仅仅取决于厂商对商品 k 的投入或者产出水平。也就是说,我们将假设 $p_k(z)$ 可以被写作 $p_k(z_k)$,从而 $\Pi(z) = \sum_{k=1}^{K} p_k(z_k)z_k$。

我们将使用下列术语。当厂商活动的水平对商品 k 的价格没有影响时,我们就说此厂商是商品 k 的一个**价格接受者**(price taker),或者说厂商在商品 k 的市场中是**竞争性**(competitive)的。当一个厂商在所有市场中都是价格接受者时(从而对于市场价格 p,它的利润就被非常简单地记为 $p \cdot z$),我们就说此厂商是**竞争性**的。

7.2.2 来自中级微观的图形

那么,一般而言,厂商解决如下的问题:

$$\max p(z) \cdot z$$
$$\text{s.t.} \quad z \in Z$$

我们可以非常容易地描述这个问题。

首先考虑厂商是竞争性的情形,那么厂商的问题简化为,对某个固定的 p,$\max_{z \in Z} p \cdot z$。图 7.3(1)给出了一种投入品,一种产出品情形的通常的图形。**等利润线**(iso-profit)被给出:$p \cdot z$ 等于某个常数的这种形式的线。向右上方移动利润增加,此厂商选择在此比例下的 Z 上最上方的那个点。这看起来与消费者问题相当类似,除了对于消费者来说,可行集有一个简单的形状(它是一个预算集,有一个平的表面),而且等目标(iso-objective)曲线,这里是直线,在消费者问题那里是等效用曲线,通常是曲线的。

如果厂商不是一个价格接受者,那么厂商的图形会更复杂一些。现在价格 p 将取决于(根据假定)厂商的活动水平 z。等利润线变成等利润曲线——在曲线上 $p(z) \cdot z$ 是不变的。在图 7.3(2)中,我们已经画出了典型的图形。注意等利润曲线的凸性。这一点可以被各种关于厂商市场势力的假定所证明,这里你将不受它们的约束。现在厂商看起来比消费者更复杂;可行集和等目标曲线都是曲线形的。不过如果我们考虑一个有市场势力的消费者,这个消费者将有一个凸的预算集(在正确的假定下),那么这两类问题在数学

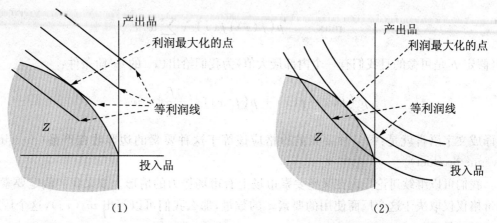

注：在图(1)中我们有一个无市场势力的厂商；图(2)给出一个有市场势力的厂商的图形。
图 7.3　一种投入品、一种产出品情形下厂商的利润最大化问题

上将是完全相同的。[b]这里的要点是，在这个水平上，厂商和消费者问题的数学运算是极其类似的。

7.2.3　来自中级微观的分析

除了画图以外，中级微观经济学的教科书（至少是那些使用微积分的教科书）继续对厂商问题进行一些基本的分析，至少对于生产一种单一产出品、因而由一个生产函数 f 刻画的厂商的情形。给定一个生产函数 f，并且假定厂商是竞争性的，我们可以把厂商的问题写作

$$\max_{x=(x_1,\,x_2,\,\cdots,\,x_N)\geq 0} pf(x)-\sum_{n=1}^{N}w_n x_n$$

这里 p 是产出品的价格，w_n 是投入要素 n 的价格。假设 f 是可微的，且解是处在一个内点上[①]，要素 n 的一阶条件是：

$$p\frac{\partial f}{\partial x_n}=w_n$$

相应地，用文字表达就是：要素 n 的**边际产品价值**（value of the marginal product）应该等于这种要素的价格。

假设厂商在它的要素市场上是竞争性的，但在它的产品市场上不是。简单起见，假定厂商的产出品价格仅仅取决于那种产出品的水平，而不（另外）取决于选择的投入品的水平，所以我们可以写出 $p(f(x))$ 作为产出品的价格。厂商的问题变为：

---

b　除了在厂商的情形中，我们不得不担心它的可行计划的集合是否足够"紧"以保证解的存在性，在对消费者的分析中，我们无需担心这一点。也请参考在对谢泼德引理（Shephard's lemma）的证明之后的讨论。

①　如果一个或更多非负约束是必须遵守的，给出需要的变化。

$$\max_{x=(x_1, x_2, \cdots, x_N) \geqslant 0} p(f(x)) f(x) - \sum_{n=1}^{N} w_n x_n$$

这(假定 p 是可微的且我们有一个内部最大值)为我们给出(x_n 的)一阶条件:

$$\left[p'(f(x)) f(x) + p(f(x)) \right] \left(\frac{\partial f}{\partial x_n} \right) = w_n$$

这译成文字语言就是:每一种要素的价格应该等于这种要素的**边际收益产品**(marginal revenue product)。

我们可以继续讨论厂商在某些要素市场上有市场势力的情形。如果我们假定要素 n 的价格仅仅取决于这个厂商使用的要素 n 的数量,那么我们可以写出 $w_n(x_n)$,这个厂商的问题就是:

$$\max_{x=(x_1, x_2, \cdots, x_N) \geqslant 0} p(f(x)) f(x) - \sum_{n=1}^{N} w_n(x_n) x_n$$

于是要素 n(在一个内点解上)的一阶条件是:

$$\left[p'(f(x)) f(x) + p(f(x)) \right] \left(\frac{\partial f}{\partial x_n} \right) = w'(x_n) x_n + w_n(x_n)$$

我们可以把这个方程的右手边称作要素 n 的**边际要素成本**(marginal factor cost),于是这个一阶条件翻译成文字语言就是:每一种要素的边际要素成本应该等于这种要素的边际收益产品。

7.2.4 竞争性厂商的利润函数

假设我们被给予一个竞争性厂商,由一个生产可能集 Z 刻画。在由 p 给出的价格(根据假定不取决于此厂商选择的 z)上,此厂商被假定为选择 z 以解决问题:

$$\max p \cdot z \qquad\qquad\qquad \text{FP}(p)$$
$$\text{s.t.} \quad z \in Z$$

当这个问题对给定的价格 p 有解的时候,我们写出 $\pi(p)$ 作为目标函数的值。这个函数 π 被称作此厂商的**利润函数**(profit function)。[c]

问题 FP(p) 对每一个价格向量 p,或者甚至对每一个严格正的价格向量都有解吗? 一般来说,答案是否定的。举个例子,如果一个厂商有一个规模报酬不变的技术,对任意的 n,它可以把 n 单位的单一投入品(商品 k)转化成 an 单位的单一产出品(商品 k'),而且如果 $p_k < (1/a) p_{k'}$,那么我们幸运的厂商能够获得无限的利润。于是,我们首先要做的是给出保证问题 FP(p) 有解的条件。

我们做一个非常强的(且不精致的)假定。对 R^K 上的任意两个集合 A 与 B,当我

---

[c] 请注意我们用 Π 表示作为生产计划 z 的一个函数的利润,而 π 给出作为(参数化的)价格的一个函数的最大利润。不要把两者混淆。

们写出 $A+B$ 我们是指集合：

$$\{x \in R^K : x = a+b, a \in A \text{ 及 } b \in B\}$$

我们写出 R^K_- 代表 R^K 的负象限，即所有元素都是非正的点 $x \in R^K$ 的集合。

假定 7.1 存在一个紧集 Z'，使得 $Z' \subseteq Z \subseteq Z' + R^K_-$。

注意如果 Z 自身是紧的，它满足这个假定。另一方面，对 Z 来说拥有自由处置的性质且满足这个假定是相当有可能的。但是递增的或不变的规模报酬（对任意的非平凡集合 Z）将违背此假定。这并非是出乎意料的；我们刚才看到不变的报酬导致麻烦的一个例子。

这个假定得到了我们想要的结果，我们把它叙述地在某种程度上比我们需要的更一般化。

命题 7.1 假设 Z 满足刚刚给出的假定，且 $\Pi : Z \to R$ 是一个连续且非减的函数。（非减的意味着 $\Pi(z) \geqslant \Pi(z')$ 如果 $z \geqslant z'$）。于是问题：

$$\max \Pi(z)$$
$$\text{s.t.} \quad z \in Z$$

有解，且（此外）解可能在 Z' 上被找到。特别地，如果对某个非负价格向量 p 有 $\Pi(z) = p \cdot z$，那么 Π 是连续的且非减的，因此 FP(p) 有解。

如果你了解相关的数学运算，证明是相当容易的，如此简单以致我们懒得把它作为一个问题给出。

为了获得我们想要的结论，这不是所可能的最弱的假定。你将在文献中发现其他更弱的假定。如果以上形式的假定没有被做出，要跟随的其中一些进展可以被扩展来给出部分结果；作为替代，对随后结果的陈述都用笨拙的程式加以描述诸如："如果FP(p)有解……"；或者"……对于 π 被定义的价格"。你被要求给出这些扩展。

如果你跳过了这些技术性的尝试，我们仅保证了对所有的非负价格 p，FP(p)有解。有了这一点，我们可以接着讲一些结果：

命题 7.2 利润函数的性质：

(1) 利润函数 π 在价格上是一次齐次的。

(2) 利润函数在 p 上是连续的。

(3) 利润函数在 p 上是凸的。

对(1)部分的证明相当简单。假设 z^* 是 FP(p) 的解。那么对于一个正的标量 λ，在价格 λp 上，z^* 给出利润 $\lambda p \cdot z^* = \lambda \pi(p)$，因此有 $\pi(\lambda p) \geqslant \lambda \pi(p)$。而且如果 $z^\dagger$ 是 FP(λp) 的解，那么在价格 p 上，$z^\dagger$ 给出利润 $p \cdot z^\dagger$，从而 $\pi(p) \geqslant p \cdot z^\dagger = (1/\lambda)\lambda p z^\dagger = (1/\lambda)\pi(\lambda p)$，或 $\lambda \pi(p) \geqslant \pi(\lambda p)$。把这两个不等式结合，即得证。

对(2)部分的证明有点儿技术性。让 $p^n \to p$。让 z^n 代表 FP(p^n) 的一个解，从而 $\pi(p^n) = p^n \cdot z^n$。根据命题 7.1，我们可以假定 z^n 是从紧集 Z' 中取出的，因此，$\{z^n\}$ 的任何子序列（subsequence）都有一个收敛的且极限在 Z 上的二级子序列（subsubsequence）。顺着看 n 的一个子序列 n' 使得 $\lim \pi(p^{n'}) = \lim \sup_n \pi(p^n)$。然后顺着看子序列 n' 的一个二级子序列 n''，这里 $z^{n''}$ 收敛于某个 $z^0 \in Z$，根据点积（dot product）的连续性我们有 $\lim \sup_n \pi(p^n) = \lim_{n''} \pi(p^{n''}) = \lim_{n''} p^{n''} z^{n''} = p \cdot z^0 \leqslant \pi(p)$。反之，如果 z

是 FP(p)的解,那么 $\lim \inf_n \pi(p^n) \geqslant \lim_n p^n \cdot z = p \cdot z = \pi(p)$。这样就得证。

对(3)部分的证明是十分简单的。取任意两个价格 p 和 p',还有任意的标量 $\alpha \in [0,1]$,且让 $p'' = \alpha p + (1-\alpha)p'$。假设 $z \in Z$ 是 FP(p'')的解,那么有 $\pi(p'') = p'' \cdot z$。当然,既然 z 在价格 p 和 p' 上依然是可行的,那么 $\pi(p) \geqslant p \cdot z$ 且 $\pi(p') \geqslant p' \cdot z$。因此,

$$\pi(p'') = p'' \cdot z = (\alpha p + (1-\alpha)p') \cdot z$$
$$= \alpha p \cdot z + (1-\alpha)p' \cdot z \leqslant \alpha \pi(p) + (1-\alpha)\pi(p')$$

我们继续讨论 FP(p)解的性质:

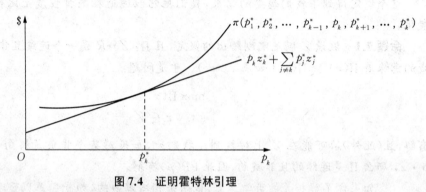

图 7.4 证明霍特林引理

命题 7.3 (1)如果 z^* 是 FP(p)的解,那么对任何正的标量 λ,z^* 是 FP(λp)的解。

(2)如果 Z 是凸的,那么对于每一个 p,FP(p)的解集是凸的。

这两条都留给你作为轻松的练习。[d]

最后,我们还有一个结果,它有一个名称。事实上,它有两个名称:

命题 7.4 导数性质(Derivative Property)或霍特林引理(Hotelling's Lemma) 假设利润函数 π 在价格向量 p^* 上是连续可微的。让 z^* 表示 FP(p^*)的任意解。那么对每一个 $k = 1, 2, \cdots, K$:

$$\left.\frac{\partial \pi}{\partial p_k}\right|_{p^*} = z_k^*$$

如果你对此思考片刻,你会明白这意味着,如果 π 在 p 上是连续可微的,那么 FP(p)有唯一解。[e]

证明可由一个简单的图形给出。(如果你记得我们证明支出函数的导数等于希克斯需求,你应该不用往下阅读就可以完成它。)如果 z^* 是 FP(p^*)的一个解,那么 $p^* \cdot z^* = \pi(p^*)$。因为 z^* 在任何价格 p 上都是可行的,$p \cdot z^* \leqslant \pi(p)$。固定 k,在图 7.4 中我们绘出了函数:

$$p_k \rightarrow \pi(p_1^*, p_2^*, \cdots, p_{k-1}^*, p_k, p_{k+1}^*, \cdots, p_K^*) \text{ 和 } p_k \rightarrow p_k z_k^* + \sum_{j \neq k} p_j^* z_j^*$$

---

d 如果你很有数学天分,你可能希望继续讨论更多 FP(p)解的性质。特别地,稍后我们想弄明白,什么条件保证 FP(p)有唯一解。参见课后习题 4 和课后习题 5。

e 数学高手们:逆命题成立吗?

我们已经看到了这些函数中的第二个是线性的,它在每 处都低于第一个函数或者与之相切,而且是在 $p_k = p_k^*$ 处相切。根据假定,π 在 p^* 上是可微的,所以这两个函数的导数一定是相等的。而且线性函数的导数是 z_k^*。

或者用文字表述为,假设商品 k 的价格发生变化,我们预期厂商将调整它的生产计划。但是如果这个变化很小,(从一个利润最大化的位置开始)停留在计划 z^* 处或移动到新的最优点处的差别,相对于总体上利润的变化来说是二阶的。

你也可以用代数方法证明这个结果,利用来自厂商利润最大化问题的一阶条件。

这个结果有什么用处呢?把这个结果与之前的关于 π 的凸性的结果结合起来,给出我们一些类似于第 2 章中的比较静态的结果。首先,我们记下一个数学事实。

事实 7.1 如果 $\phi: R^k \to R$ 是一个凸函数且 ϕ 在自变量 x^* 上是二次连续可微的,那么 ϕ 的二阶偏导数的 $K \times K$ 矩阵——第 (k,j) 元素是 $[\partial^2\phi/(\partial x_k\partial x_j)]|_{x^*}$ 是正半定的(positive semi-definite);如果 $M(x^*)$ 是这个矩阵,那么对所有的 $x \in R^k$,$xM(x^*)x \geq 0$。特别地,这个矩阵的对角线项是非负的。当然,这个矩阵也是对称的。

推论 7.1 假设一个厂商的利润函数 π 在价格 p^* 上是可微的。也假设,对 p^* 的一个邻域中的所有点 p,FP(p) 有唯一的解 $z^*(p)$,此外,$z^*(p)$ 在 p 上是连续可微的。那么第 (k,j) 元素为 $\partial z_j^*/\partial p_k$ 的 $K \times K$ 矩阵,是对称且正半定的。特别地:

(1) 对所有的 j 和 k,$\partial z_j^*/\partial p_k = \partial z_k^*/\partial p_j$;

(2) 对所有的 k,$\partial z_k^*/\partial p_k \geq 0$。

如果你理解了第 2 章中的阐释,你应该不难明白此推论是如何快速产生的。(1)部分和(2)部分值得用文字重述一下。(1)部分是有点令人吃惊的;它是说就净生产水平 z_j 来说,厂商对 k 价格的一分钱的变化作出的反应,等于它在 z_k 上对 j 价格的一分钱的变化作出的反应。你可以考虑 k 和 j 都是投入品的情形,或两者都是产出品的情形,不过仔细考虑 k 是一种产出品、j 是一种投入品的情形可能是最有益的。如果产出品 k 的价格提高一分钱,我们预期此厂商增加它的产出且因此增加它的投入水平。增加投入品 j 的水平,意味着 z_j 将变得更加负,所以在这种情形下,我们预期 $\partial z_j^*/\partial p_k < 0$。而如果投入品 j 的价格提高一分钱,我们预期此厂商削减它的产出;这就是简单明了的 $\partial z_k^*/\partial p_j < 0$。当然,(1)部分说明的不止这些;它不仅说这两个偏导数的符号相同,也说两者在水平上也刚好相等。(这部分是令人吃惊的。)

(2)部分是相当清晰的。如果 k 是一种产出品且它的价格上升,我们预期此厂商将提高这种产出品的水平。而如果 k 是一种投入品且它的价格上升,我们预期此厂商将减少对这种投入品的使用量,这意味着 z_k(它是负的)将向零靠近,它同样是一个正的偏导数。

你可能理所当然地想知道,FP(p) 在 p^* 的一个邻域中有唯一的且连续可微的解这个假定的重要性。我们不试图对可微性的部分做出解释。不过,对于解的连续性和唯一性,参见课后习题 4 和课后习题 5。

7.2.5　可检验的限制条件

在我们对消费者理论的研究中,我们提出问题:作为效用最大化者的消费者的模型所暗含的加在一组有限的需求数据上的条件是什么？这里我们可以问一个类似的问题。假设我们看到关于一个厂商生产决策的有限数量的数据，这些数据被假定为采取如下形式：在价格 p^i 上，厂商的净生产向量是 z^i，$i=1, 2, \cdots, I$。这些数据什么时候和我们的模型一致呢？

答案是非常容易给出的，如果我们维持假定：此厂商是竞争性的，且它的生产可能集 Z 在我们收集这些数据的时间框架内没有变化。[f]假设对某些 $j \neq i$，$p^j z^i > p^j z^j$。那么我们有一个问题：我们知道 z^i 对这个厂商是可行的，而且由给出的不等式，我们知道在价格 p^j 上，z^i 给出高于 z^j 的利润，那么为什么当价格是 p^j 时，厂商选择的是 z^j？

这个考虑给出了这个模型的所有限制条件：

命题 7.5 假定你被给予如下形式的一组有限数据：在价格 p^i 上，厂商选择净生产向量 z^i，$i=1, 2, \cdots, I$。这些数据与一个竞争性厂商（它的生产可能集不变）的利润最大化的模型是一致的，当且仅当没有一对 i，j 使得 $p^j z^i > p^j z^j$。

对此的证明是微不足道的。如果没有对利润最大化在这个命题意义上的任何明显违背，那么我们可以采取 $Z=\{z^1, z^2, \cdots, z^I\}$。也就是说，厂商恰好能够胜任这 I 个观察到的净生产向量且不能更多。（为什么这就证明了命题？）当然，这是一个看起来非常奇怪的生产可能集，不过我们可以填满所有的"洞"。如果我们假设 Z 是观察到的净生产向量的凸包，或者 Z 是小于或等于凸包中的点的所有净生产向量（假定所有价格都是非负的），我们有与数据一致的 Z 们。实际上，我们可能会问，和数据一致的最大的候选 Z 是什么？这是容易给出的。对每一个 i，让 H_i 代表半平面 $\{z \in R^K : p^i \cdot z \leqslant p^i \cdot z^i\}$，那么任何包含所有观察到的 z^i 且被包含在 $\bigcap_{i=1}^{I} H_i$ 中的 Z 是与观察值相一致的。

为两种商品的情形给出一个例子并且画出一些图形，可能会有所帮助。假设第一种商品是厂商的投入品，第二种商品是它的产出品。假设：

(1) 在价格 $(1, 1)$ 上，厂商的净生产向量是 $(-3, 5)$；

(2) 在价格 $(1, 2)$ 上，厂商的净生产向量是 $(-6, 7)$；

(3) 在价格 $(2, 1)$ 上，厂商的净生产向量是 $(0, 0)$。

首先检查这些数据是否和模型一致。在价格 $(1, 1)$ 上，此厂商选择一个带来利润为 2 的净生产向量；另外两个我们知道的可行的净生产向量（在这些价格上）给出利润 1 和 0。到目前为止，一切顺利。在价格 $(1, 2)$ 上，此厂商选择 $(-6, 7)$，它给出利润 8；另外两个我们知道的可行的净生产向量给出利润 7 和 0。再一次很好。在价格 $(2, 1)$ 上，此厂商选择一个给出 0 利润的生产计划；在这些价格上另外两个已知可行的生产计划分别给出损失 1 和 5。所以这些数据是和模型一致的。

现在我们画图。考虑第一条数据。在图 7.5(1) 中，我们画出点 $(-3, 5)$（用一个实心小圆点表示），然后穿过它我们画出对应于价格 $(1, 1)$ 的等利润线。我们也画出从厂商那

---

f 如果此厂商不是竞争性的，这个练习就变得相当复杂。谁在设定我们观察到的价格，有着什么样的目标？在第 9 章和第 10 章之后，你可以对非竞争性的厂商进行这种类型的分析。如果我们认为，厂商的生产能力可能会随着变化的价格而变化，或者在数据被观测的时间内发生变化，那么我们就没什么可以说的了。参见课后习题6。

里看到的另外两个生产计划,以空心小圆点表示。重要的是,它们处在画出的等利润线的左下方。我们也画出对应于价格(2,1)和价格(1,2)的穿过在这些价格上选择的生产计划的等利润线(用虚线表示)。再一次注意,在每一种情形中,"另外的"两点,都处在等利润线的左下方。

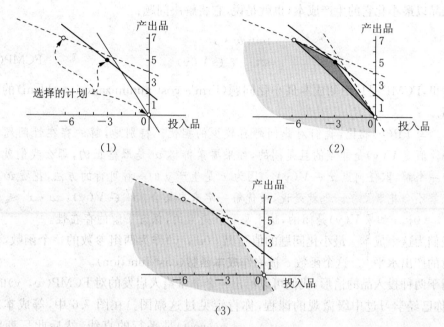

注:在图(1)中,我们展示了与厂商的标准模型相一致的三条数据。每一组数据包含一个生产计划和这个计划被选择时所处的价格。那些价格被用来为在那些价格下被选择的计划构造等利润线。而且数据和模型是一致的,因为在某个价格集上被选择的所有的点,都处在如此构造的等利润线上,或处在它的下方。在图(2)中,我们展示了与模型以及这三个数据点相一致的最小的可能的 Z,如果 Z 是凸的(较深色的阴影部分)和如果 Z 是凸的且满足自由处置(较浅色的阴影部分)。在图(3)中,我们展示了与模型以及这三个数据点相一致的最大的 Z:Z 一定被包含在图(1)中画出的等利润线左下方的半平面的交集中。

图 7.5 厂商模型中可检验的限制条件

对于和这三条数据以及模型相一致的生产可能集,我们能说些什么?当然,集合 Z 必须包含我们观察到的这三个生产计划。如果 Z 是凸的,它一定包含图 7.5(2)中深色阴影区域内的所有点——这三个点的凸包。如果 Z 是凸的且满足自由处置,它一定包含图 7.5(2)中浅色阴影区域内的所有点。

在图 7.5(3)中,我们展示了与数据和模型相一致的,这个生产可能集的最大可能范围。如果 Z 上的任何点处在穿过各自选定计划的三条等利润线其中之一的上方,这个点就会被利润最大化的厂商所选择,而不是假设被选择的那个计划。因此,Z 上的点一定处在这三条等利润线的下方。图 7.5(3)中的阴影区域就是之前提及的半平面的交集。

7.3 条件要素需求和成本函数

我们接下来转到厂商有 N 种被识别的投入品和 M 种产出品的模型。我们使用第 7.1 节中阐释的标记法:向量 x 将表示一个投入品向量;y 将表示一个产出品向量;$V(y)$ 将表

示为了获得由 y 给出的产出水平的投入要求集;而且,假定厂商在要素市场上是竞争性的(本节我们始终这样假定), $w = (w_1, w_2, \cdots, w_N) \in R^N$ 将表示各种投入品或生产要素的价格。

假设厂商,不管出于何种原因,打定主意它必须在 y 水平上生产产出品。它仍然会挑选投入品以最小化它的生产成本;也就是说,它将解决问题:

$$\min w \cdot x$$
$$\text{s.t.} \quad x \in V(y) \qquad\qquad \text{FCMP}(w, y)$$

这里,FCMP 是厂商的成本最小化问题(firm's cost-minimization problem)的首字母的缩写。

与 FP(p)相比,我们对此问题有较少的担忧。特别地,解的存在性问题也小得多。假定 $V(y)$ 是非空的且是闭的,如果要素价格 w 是严格正的,那么我们就被保证有一个解:取任何点 $x \in V(y)$。因为 x 是生产 y 的一种可行的方法,花费 $w \cdot x$,最优解不会花费更多。也就是说,最优解一定来自集合 $\{x' \in V(y): w \cdot x' \leqslant w \cdot x;$ $x' \geqslant 0\}$。如果 $V(y)$ 是闭的,这个集合就是紧的,保证了解的存在性。

我们为这个成本—最小化问题的值写出 $c(w, y)$ 作为两组参数的一个函数,价格 w 和合意的产出水平 y。这个函数 c 被称作**成本函数**(cost function)。

对于两种投入品的情形,我们可以给出一个非常给人启发的对 FCMP(w, y)的描述。(如果你已经学习过中级微观的课程,你肯定见过这幅图。)在图 7.6 中,等成本线(isocost)是平行的直线,然后此厂商将选择 $V(y)$ 上就成本来说尽可能下面的点。这幅图应该让你想起图 2.4,定义支出函数和希克斯需求的对偶消费问题的那幅图。代替对于给定生产水平的一条等产量曲线,那里我们有对于给定效用水平的一条无差异曲线。代替最小化成本,那里我们最小化支出。但是图形是相同的,而且事实证明,数学运算也是一样的。

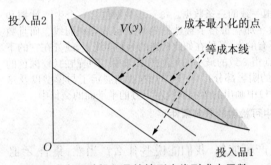

图 7.6 在两种投入品的情形中找到成本函数

命题 7.6 成本函数的性质:

(1) 对于每个固定的 y,成本函数在 w 上是一次齐次的。

(2) 对于每个固定的 y,成本函数在 w 上是非减的。

(3) 对于每个固定的 y,成本函数在 w 上是凹的。

(1)部分和(2)部分留给你去证明。(3)部分的证明到如今应该是老一套了,不过让我们最后一次给出它。选择任意两个要素价格 w 和 w',以及某个 $\alpha \in [0, 1]$,让 $w'' = \alpha w + (1-\alpha)w'$。让 x 代表 FCMP(w'', y)的任意解,那么 $x \in V(y)$,且 x 可以被用来在要素价格 w 和要素价格 w' 上生产 y。当然,在这两个要素价格集上,可能有比 x 更好的选择,所以有 $c(w', y) \leqslant w' \cdot x^*$ 和 $c(w'', y) \leqslant w' \cdot x$。因此

---

* 此处疑为 $c(w, y) \leqslant w \cdot x$。——译者注

$$ac(w, y) + (1-\alpha)c(w', y) \le \alpha w \cdot x + (1-\alpha)w' \cdot x = w'' \cdot x - \iota(w'', y)$$

FCMP(w, y)的解被称作**条件要素需求**(conditional factor demands),这里"条件"是指产出向量 y 是固定的这一事实。

命题 7.7 FCMP(w, y)解的性质:

(1) 如果 x 是 FCMP(w, y)的解,那么对于所有严格正的标量 λ, x 也是 FCMP(λw, y)的解。

(2) 如果 $V(y)$ 是凸的,那么 FCMP(w, y)的解集是凸的。[g]

证明留给你。到如今,你应该没有问题。

命题 7.8 谢泼德引理(Shephard's Lemma) 假设 $c(w, y)$ 在价格向量 w^* 处关于 w(对于固定的 y)是连续可微的。让 x^* 表示 FCMP(w^*, y)的任意解。那么:

$$\left.\frac{\partial c(w, y)}{\partial w_n}\right|_{(w^*, y)} = x_n^*$$

正如紧跟在霍特林引理之后指出的那样,这意味着如果 $c(w, y)$ 在 w^* 处关于 w 是连续可微的,那么 FCMP(w^*, y)必定有唯一解。[h]

应该把这个命题与命题 2.16 对照。它们实质上是相同的结果,虽然我们这里是稍微更精致的,通过指出如果 c 关于 w 是连续可微的则 FCMP(w^*, y)一定有唯一解,而不是假定解的唯一性。无论如何,证明是完全相同的;利用和图 2.6 一样的图形,尽管各种东西的名称要做变化。

到了插入一个非常技术性的题外话的时候了。我们对包络定理有四个应用,即命题 2.15、罗伊恒等式(命题 2.16)、霍特林引理(命题 7.4),以及现在的谢泼德引理。这四个应用中,除了罗伊恒等式之外都是极其简单的,而罗伊恒等式仅仅是简单的。罗伊恒等式与其他三者之间的一个区别,解释了为什么另外三者更简单。在命题 2.15 霍特林引理和谢泼德引理中,随着价格变化,价格会改变我们研究的最优化问题的目标函数,但是可行集保持不变。在罗伊恒等式中,随着价格变化,目标函数(效用)保持不变而可行集(消费者的预算集)发生变化。后者只是稍微更难一些。你不能就坐在旧的最优解上,然后看在新价格上它的值是多少;为了保持可行,你不得不从旧的最优解处移动一点儿。如果你能理解所有这些,充分考虑:下面这个(相当愚蠢的)对于有一种产出品的厂商的问题的相似结果将是什么?给定要花费在投入品上的一个固定的预算,最大化你能够生产的由投入品价格所参数化的产出品数量。

假设对于固定的产出 y,FCMP(w, y)对某一邻域中的每个 w 都有唯一解,同时假设,被看作一个函数 $w \to x_n^*(w, y)$ 的这些解是连续可微的。根据命题 7.6(3)和命题 7.8,我们现在可以开始阐释通常类型的基于观察的结果,第 (l, n) 项是 $\partial x_l^* / \partial w_n$ 的 $N \times N$ 的矩阵是一个对称的、负半定的矩阵。到目前为止,你应该能够洞察出它的含意。

7.4　从利润或成本函数到技术集

（这一整节是用小字体印刷的，供技术性的读者阅读。）在第 2 章中，我们提出问题：给定一组所谓的马歇尔需求函数，这些给定的函数实际上是某个符合标准模型的消费者的需求函数吗？问这个问题的原因，我们说过是为了构造易处理的模型。由给出我们可能喜欢的那种参数灵活性的效用函数得到闭合形式的（closed form）需求函数是困难的。但是如果我们有这个问题的答案，那么我们可以从具有我们合意的参数特征的需求函数开始，然后检验它们是否和标准模型一致。

出于同样的原因，我希望能够回答这个问题：给定一个利润函数 π，或给定一个成本函数 c，在什么样的条件下，我们可以肯定这些是由一个竞争性厂商的利润最大化行为产生的？我们对这些问题感兴趣，因为从一个利润函数或成本函数开始，而不是从一个生产可能集或一组投入要求集开始，可能会方便些。

我们也可以提出问题：给定的条件需求函数 x^*［它的自变量是成对的 (w, y)］与一个竞争性厂商的利润最大化一致吗？尽管之前我们没有介绍这个术语，我们可以问：假设我们被给予**供给/需求（supply/demand）**函数 z^*（定义域是价格空间 R_+^K，值域是净生产空间 R^K），它们是某个竞争性厂商 FP(p) 的所谓的解。它们事实上与标准模型一致吗？

这里我们将给出对于利润和供给/需求函数的答案。我们将假定这些给定的函数是平滑的（smooth）；利润函数（如果我们被给予的）是二阶连续可微的，而供给/需求函数（如果我们被给定的是）是连续可微的。你可能想要把我们的结果和分析应用到成本函数和条件要素需求函数，以及（更难一点儿的）应用到不那么平滑的候选的利润和供给/需求函数上。

命题 7.9　（1）如果一个候选的利润函数 π 是一次齐次的且是凸的，而且如果我们从 π 用 $z_k^*(p) = \partial\pi/\partial p_k$ 定义供给/需求函数 z^*，那么这些供给/需求函数是零次齐次的，且元素为 $\partial z_j^*/\partial p_k$，$j, k = 1, 2, \cdots, K$ 的 $K\times K$ 矩阵是对称的和正半定的。

（2）如果候选的供给/需求函数 z^* 是零次齐次的，且元素为 $\partial z_j^*/\partial p_k$，$j, k = 1, 2, \cdots, K$ 的 $K\times K$ 矩阵是对称且正半定的，那么由 $\pi(p) = p \cdot z^*(p)$ 定义的利润函数 π 是一次齐次的且是凸的。

（3）在要么（1）要么（2）的情形中，如果我们从 π 定义集合 Z，由下式给出：

$$Z = \{z \in R^k : p \cdot z \leqslant \pi(p), \ p \geqslant 0\}$$

那么 π 和 z^* 对应于一个有着生产可能集 Z 的竞争性厂商。

为了证明这个命题，我们需要知道：

（1）欧拉定律（Euler's law）：如果 $\phi : R^K \to R$ 是一个一次齐次的可微函数，那么 $\phi(x) = \sum_{k=1}^K x_k(\partial\phi/\partial x_k)$。

（2）如果 ϕ 是一次齐次的，那么函数 $\partial\phi/\partial x_k$ 全都是零次齐次的。

（3）如果 ϕ 是零次齐次的，那么 $\sum_{k=1}^K x_k(\partial\phi/\partial x_k) = 0$。

这些是容易证明的：首先对性质(1)，对恒等式 $\phi(\lambda x)=\lambda\phi(x)$ 关于 λ 求导，然后对性质(2)关于 x_k 求导。对于性质(3)，对恒等式 $\phi(\lambda x)=\phi(x)$ 关于 λ 求导。

因此，如果 π 是一次齐次的，命题 7.9(1)中定义的供给/需求函数就是零次齐次的，而且 ϕ 的凸性给出 z^* 的混合偏导数矩阵的对应的性质。这是命题 7.9(1)。

相反地，如果我们有零次齐次的供给/需求函数，就像在命题7.9(2)中那样从它们定义 π，清楚地给出我们一个一次齐次的函数。对于这个 π：

$$\left.\frac{\partial \pi}{\partial p_k}\right|_p = z_k^*(p) + \sum_{k'=1}^{K} p_{k'} \frac{\partial z_{k'}^*}{\partial p_k}$$

$$= z_k^*(p) + \sum_{k'=1}^{K} p_{k'} \frac{\partial z_k^*}{\partial p_{k'}}$$

$$= z_k^*(p)$$

这里倒数第二个等号来自于假定的对称性，而最后一个等号来自于(3)。于是 z^* 的混合偏导数矩阵的正半定性意味着 π 是凸的。这就给出命题7.9(2)。

最后，对于命题 7.9(3)，我们需要说明，对每一个 p，$z^*(p)$ 是利润最大化问题在价格 p 上的解，这里选择是来自我们定义的 Z。一目了然，Z 中没有其他可供选择的生产计划将给出比 $z^*(p)$ 更高的利润，因为 Z 恰好就是这么定义的，所以是这样的。关键是证明 $z^*(p)$ 处在我们已经定义的 Z 上，这意味着，对所有的 $p' \geqslant 0$，$p' \cdot z^*(p) \leqslant \pi(p')$。这可以被证明如下：因为 π 是凸的，我们可以证明：

$$\pi(p') \geqslant (p'-p) \cdot \boldsymbol{D}\pi(p) + \pi(p) = p \cdot \boldsymbol{D}\pi(p) - p \cdot \boldsymbol{D}\pi(p) + \pi(p)$$

这里 $\boldsymbol{D}\pi(p)=(\partial\pi/\partial p_1, \partial\pi/\partial p_2, \cdots, \partial\pi/\partial p_K)|_p$。（对此结果参考一本关于凸函数的好书。）不过，由(1)知，$p \cdot \boldsymbol{D}\pi(p)=\pi(p)$，所以此不等式化简为 $\pi(p') \geqslant p' \cdot \boldsymbol{D}\pi(p)$。而 $\boldsymbol{D}\pi(p)=z^*(p)$，所以这个不等式是 $\pi(p') \geqslant p \cdot z^*(p)$，这正是我们想要的。

除了给出当一个利润函数或一组供给/需求函数对应于一个竞争性的利润最大化厂商的时候的有用的检验条件，这个结果，或者更确切地说它的证明，阐明了我们如何从利润函数和/或供给/需求函数复原一个厂商"相关的技术"。命题中给出的 Z 的定义是关键。回想在关于可检验的限制条件的子节中，我们说过与一组给定的数据相一致的最大的可能的生产可能集，是由那些数据给出的半平面的交集。如果你查看给出的 Z 的定义，你会看到它只不过是由供给/需求函数为我们给出的无穷多个半平面的交集！于是证明中真正不可思议的是证明对每个 p，$z^*(p)$ 处在那个交集中，这是 π 的凸性发挥作用的地方。

7.5 成本函数与一时期

在第 7.3 节中，我们研究了对于固定的产出水平 y，在要素价格上的成本函数的性质。现在我们假设 w 是固定的(作为 x 的一个函数)并且把成本函数看作产出水平 y 的一个

函数。我们将始终处理生产单一产出品的厂商(one-output firm)的情形。[i]

假设我们有一个生产单一产品的厂商,且假设厂商的技术由生产函数 $f(x)$ 刻画。固定要素价格 w,我们将允许它随着要素投入品的水平而定。定义,对每个生产水平 y,

$$TC(y) = \min\{w(x) \cdot x : y = f(x)\}$$

也就是说,$TC(y)$ 给出了能够生产出 y 的要素投入品的最小成本组合的成本。TC 代表**总成本**(total cost);我们附加上 T 因为我们将马上处理其他的修饰语(平均的、边际的)。注意我们不要求厂商在要素市场上是竞争性的;与第 7.3 节中我们对成本函数的处理相比较。

假定我们有成本函数 TC,厂商的问题是要最大化 $p(y)y - TC(y)$。一阶条件是 $p'(y)y + p(y) = TC'(y)$,或边际收益等于边际成本。$\epsilon(y) = p(y)/yp'(y)$ 这一项被称作(由于各种原因)这个厂商面对的需求弹性;利用此定义,我们可以把一阶条件重新写作

$$p(y)\left[1 + \frac{1}{\epsilon(y)}\right] = TC'(y)$$

如果此厂商在产品市场上没有市场势力,那么 $p'(y) = 0$,从而 $1/\epsilon(y) = 0$(此厂商面对着一条完全弹性的需求曲线),一阶条件简化为 $p(y) = TC'(y)$,或价格等于边际成本。[①]

关于成本函数的几何图形,通常用 $AC(y) = TC(y)/y$ 定义平均成本函数(average cost function),用 $MC(y) = TC'(y)$ 定义边际成本(marginal cost),得到图 7.7 中的图形。当边际成本小于平均成本时,平均成本总是会下降,而当边际成本大于平均成本时,平均成本是上升的:为了弄清楚这一点,对 $AC(y)$ 求导数得到 $AC'(y) = TC'(y)/y - TC(y)/y^2 = (1/y)[MC(y) - AC(y)]$。因此每当 $MC(y) = AC(y)$,我们就处在 AC 的一个局部最小值或最大值(或者某个其他的临界点,如果我们想要列出所有情形的话)。

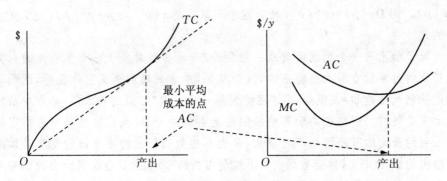

图 7.7　总成本、平均成本和边际成本曲线

假定我们的技术在某个区域上呈现出规模报酬递增。那么 AC 将是下降的(或者,至

---

i　之后关于总成本和边际成本的所有内容,都将很容易地对多产品厂商适用。不过我们对平均成本将进行的论述,扩展起来却一点儿也不容易;如果你曾经被卷入到多种产品之间联合成本的分配问题,你会立刻明白为什么。

①　如果"等式" $1/\epsilon = 0$,当 $\epsilon = k/0$ 时让你烦恼,就使用一阶条件 $p'(y)y + p(y) = TC'(y)$。

少不会上升)，因此 $MC \leqslant AC$。这需要一个证明，在课后习题 10 中你被要求给出证明。在课后习题 10 中你也被要求证明逆命题不一定是正确的。不过，当存在规模报酬不变时，AC 将是平的，即意味着 $AC = MC$。

7.5.1 作为长期和短期成本的固定成本与可变成本

在很多模型中，一个厂商在长期与在短期可以做什么的区别，是通过假定有某些投入品的水平在短期中根本不能变动，但是在长期中可以自由变动来模型化的。就对在其中厂商的技术是由 Z 来刻画的那种情形的一般化的阐述方式来说，我们将从一个长期生产可能集 Z^l 开始；将会有商品，比如 $k = 1, 2, \cdots, K'$，在短期中是固定的，那么对那些短期固定水平的净产出的 $(\hat{z}_1, \hat{z}_2, \cdots, \hat{z}_{k'})$ 水平来说，厂商的短期生产可能集将是：

$$Z^s = \{z \in Z^l : z_k = \hat{z}_k, \ k = 1, 2, \cdots, K'\}$$

注意我们应该用 $(\hat{z}_1, \hat{z}_2, \cdots, \hat{z}_{K'})$ 来标记这个集合 Z^s；随着这些水平的变化，Z^s 也变化。也注意这适应于短期固定的要素投入品水平以及短期固定的要求的产出水平。这不是完全一般化的：如果此厂商有短期必须履行但可以超过的承诺（比如，它必须供给 z_K 的商品 K），那么把 Z^s 定义为对 z_K 水平的限制是 $z_K \geqslant \hat{z}_K$ 将是更合理的。

现在考虑生产单一产出品厂商的特殊情形，这个厂商的技术由一个生产函数公式给出，且它在要素市场上是竞争性的。短期的限制条件是其中一些要素投入品的水平是固定的。像往常一样，我们用 $1, 2, \cdots, N$ 来标记要素投入品，而且我们假设 $1, 2, \cdots, N'$ 是那些在短期中固定的，$N'+1, N'+2, \cdots, N$ 表示那些在短期中可以自由变动的。那么在短期中，我们就在某个要素投入品水平 $(\hat{x}_1, \hat{x}_2, \cdots, \hat{x}_{N'})$ 上停滞不前，为它们支付账单 $\sum_{n=1}^{N'} w_n \hat{x}_n$。[1]如果我们想要生产 y 单位的产出品，我们通过求解以下问题来最小化短期成本：

$$\min_{x_{N'+1}, x_{N'+2}, \cdots, x_N} \left\{ \sum_{n=N'+1}^{N} w_n x_n : y = f(\hat{x}_1, \hat{x}_2, \cdots, \hat{x}_{N'}, x_{N'+1}, \cdots, x_N) \right\} \quad (\bigstar)$$

固定要素的成本，$\sum_{n=1}^{N'} w_n \hat{x}_n$，被称作**固定成本**(fixed cost)，或 FC。可变要素的最小成本，由式 $(\bigstar)$ 给出，被称作（短期，总）**可变成本**(variable costs)，或 $TVC(y)$。（隐含地，这个函数取决于固定要素的水平。）当然，只有 TVC 取决于 y。最后，总成本是 $TC(y) = FC + TVC(y)$。

此时此刻，我们可以定义平均可变成本、平均固定成本、平均固定＋可变成本，以及边际成本。图形如图 7.8 所示。因为可变成本，平均可变成本，平均总（固定＋可变）成本，以及边际成本，全都是基于其中一些要素不能被变动的短期考虑，它们有时候也被称作短期

---

[1] 对于本节余下的部分，我们将假定此厂商在它的要素市场上是一个价格接受者。你可能会思索什么将发生变化：如果(1)w_n 是 x_n 的一个函数；或(2)w_n 是整个向量 x 的一个函数。在(2)中，尤其考虑如果，对某些 $n \leqslant N'$，w_n 取决于 x'_n，对某些 $n' > N'$，将发生什么。

可变、短期平均可变、短期平均固定＋可变，以及短期边际成本。

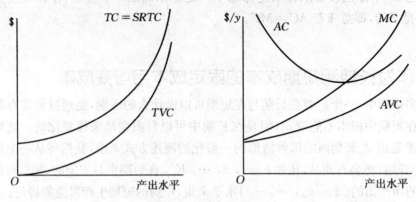

图 7.8　短期成本曲线

推断一下，在长期我们可以变动所有要素投入品来给出长期的总成本、平均成本，以及边际成本。随着我们改变固定要素的数量，我们描绘出所有可能的短期成本曲线。长期成本曲线（总成本曲线和平均成本曲线）是各个短期成本曲线的下包络线，参见图 7.9。注意，在图 7.9 中，一些短期平均成本曲线每一处都在长期平均成本的上方。只有当短期固定要素的固定数量对某个产出水平来说是全局最优的时候，一条 SRAC 曲线与 LRAC曲线相切。如果（因为，比如要素价格意外发生变化）这个厂商被"卡在"对任何长期生产水平都不是最优的固定要素的数量上，那么此厂商将会有 SRTC 和 SRAC 曲线在每一处都严格处在 LRTC 和 LRAC 曲线的上方。

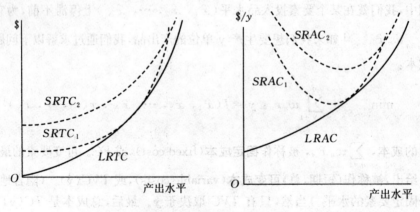

图 7.9　短期和长期成本曲线

7.6　书目提要

Varian(1984)涉及许多这里没有提到的话题，包括对成本函数、条件要素需求函数，以及投入要求集几何图形的评论。（如果一条等产量线是平的，这对条件要素需求来说意味着什么？如果一条等产量线是弯折的，含义是什么？）他也介绍了对生产函数和成本函数的经验估计的问题。

我们在对技术性的问题,比如需求/供给和条件要素需求函数的可微性的处理方面非常不严谨。所有这些都可以被严格地完成;参见 Sonnenschein(1987)来了解可怕的细节。

参考文献

Sonnenschein, H. 1987. *Lecture Notes in Microeconomic Theory*. Princeton University. Mimeo.

Varian, H. 1984. *Microeconomic Analysis*, 2d ed. New York: W.W.Norton.

课后习题

1. 下面是一个厂商的六种生产函数,把两种可变生产要素,资本 k 和劳 l,变成一种单一产出品 y。劳动在短期和长期都是自由变动的。资本在短期是固定的,但是在长期可以被变动。假定这个厂商在要素市场上是一个价格接受者,资本的价格是 r,劳动的价格是 w。对这六个生产函数中的每一个,此厂商的长期总(可变)成本函数是什么?此厂商的短期总(可变)成本函数(给定一个资本水平 k)是什么?在短期和在长期,此厂商呈现出递增的、递减的,或不变的规模报酬吗?

(1) $f(k, l) = k^\alpha l^\beta$, 对于 $\alpha > 0, \beta > 0$ 且 $\alpha + \beta < 1$。

(2) 与(1)相同,但是 $\alpha + \beta = 1$。

(3) $\alpha + \beta > 1$ 如何?

(4) $f(k, l) = (\min[k/\alpha, l/\beta])^\gamma$,这里 $\alpha > 0, \beta > 0$ 且 $0 < \gamma < 1$。

(5) 与(4)相同,但是 $\gamma = 1$。

(6) $f(k, l) = \alpha k + (1-\alpha)l$。

2. (1) 证明如果对于一个给定的厂商,Z 满足自由处置的性质,那么 $V(y)$ 对每个 y 都是全面向上的。(假定此厂商有 N 种投入品和 M 种产出品。)举例说明逆命题是假的。如果每个 $V(y)$ 是全面向上的且嵌套的性质成立(如果 $y \geqslant y'$,那么 $V(y) \subseteq V(y')$),对应的集合 Z 满足自由处置吗?

(2) 证明如果 Z 是凸的,那么每个 $V(y)$ 都是凸的。举例说明逆命题是假的。

3. 假设一个生产单一产出品的厂商由一个生产函数 $f(x)$ 刻画。证明如果此厂商满足自由处置的性质,那么 f 是非减的。证明 Z 的凸性意味着 f 是拟凹的。证明 Z 上非减的规模报酬意味着 $f(\alpha x) \geqslant \alpha f(x), \alpha > 1$。 逆命题是真的吗?

4. 让 $Z^*(p)$ 表示一个厂商的 FP(p) 所有解的集合,它的生产可能集 Z 是闭的。证明对应 $p \to Z^*(p)$ 是上半连续的。证明如果对于某个区域内的所有价格 FP(p) 都有唯一解,那么定义在那个区域上的函数 $z^*(p)$ 是连续的。陈述并证明对于 FCMP(w, y)解的对应 $p \to X^*(p)$ 的类似的结果。

5. 对于一个给定的生产可能集 Z，我们说 $z \in Z$ 是有效率的，如果没有 $z' \in Z$ 使得 $z' \geqslant z$ 且 $z' \neq z$。假设 Z 是凸的且具有这样的性质，如果 z 和 z' 都属于 Z 且 $\alpha \in (0, 1)$，那么 $\alpha z + (1-\alpha) z'$ 不是有效率的。证明这意味着，对于一个面对着严格正价格 p 的竞争性厂商，FP(p) 的解是唯一的。为投入要求集 $V(y)$ 构建一个类似的定义，然后就 FCMP(w, y) 解的唯一性给出一个类似的结果。

6. 假设我们已经得到由一个厂商在一系列价格上采用的生产计划的一系列观测数据。具体地，我们观测到在某一时间，在价格 p^1 上，此厂商选择生产计划 z^1；在随后的一个时间，在价格 p^2 上，此厂商选择计划 z^2；依此类推，最后一个观测数据是，在价格 p^I 上，此厂商选择计划 z^I。我们拥有的模型是，厂商是竞争性的且在每个时间点上从它的生产可能集上选择一个利润最大化的计划，但是生产可能集可能因为技术的进步而随着时间增大。也就是说，在第一次选择的时间点上，厂商有生产可能集 Z^1；在第二个时间点上，厂商有生产可能集 Z^2, $Z^1 \subseteq Z^2$，依此类推。本着命题 7.5 的精神，给出使得这一系列观测值与这种模型相一致的必要条件和充分条件。

7. 假设由于某种原因我们对研究以下问题的解感兴趣：一个厂商用 N 种投入品 $x = (x_1, x_2, \cdots, x_N)$ 生产一种单一产出品 y。此厂商被给予某一个可以花费在投入品上的预算，给定那个预算此厂商将生产尽可能多的产出品。让 B 表示预算，且假定此厂商由一个生产函数 $f(x)$ 刻画，厂商是竞争性的，而且面对着要素价格 w，我们可以定义：

$$y^*(w, B) = \max\{f(x) : w \cdot x \leqslant B\}$$

本着我们已经给出的结果的精神，对此问题，就 y^* 的偏导数和刚刚提出的问题的解，设计一个理论。

8. 完成对在命题 7.9 的证明中使用的 (1)、(2)、(3) 的证明。

9. 本着命题 7.9 的精神，给出成本函数和条件要素需求函数的结果。如果能让事情简单一点儿，你可以把注意力限定在单一产出品的情形。（如果你可以完成这个题目，你也许想要更进一步的挑战，为马歇尔需求的"可积性"结果给出一个证明。）

10. 证明如果一个生产单一产出品的厂商的技术有非减的规模报酬，那么这个厂商的平均成本（作为产出品数量的一个函数）将是非增的。证明如果此技术有不变的规模报酬，那么平均成本是不变的。举例说明，一个生产单一产出品的厂商的技术可能有非增的规模报酬，可是至少对于某些产出水平来说，此厂商的平均成本随着产出的规模而下降。（所有这些都是就固定的要素价格和一个竞争性的厂商而言。）*

11. 考虑有 N 种投入品、1 种产出品，和生产函数 f 的竞争性厂商的模型。我们说此厂商有位似的条件要素需求 (homothetic conditional factor demands)，如果对于固定的要素价格 w，最优的条件要素需求不会随着我们改变产出的规模而改变比例；也就是说，如果 x^* 是 FCMP(w, 1) 的解，那么对每个 $y > 0$ 存在一个 $\alpha(y) > 0$，使得 $\alpha(y) x^*$ 是 FCMP(w, y) 的解。

(1) 证明厂商有位似的条件要素需求，如果 $f(x)$ 采取 $\phi(F(x))$ 的形式，其中函数

---

* 根据第二次及之后版次进行的更正：习题 10 的最后一部分至多算是晦涩的，而根据我可以想到的对此习题最合理的理解，它是错误的。教师们在布置这个习题的时候，应该要小心。——译者注

$F: R_+^N \rightarrow R$ 是一次齐次的且 $\phi: R \rightarrow R$ 是严格递增的。

（2）习题 1 中的哪些生产函数给出位似的条件要素需求？

（3）如果一个厂商有位似的条件要素需求和非增的规模报酬，对于随规模上升平均成本（对于固定的要素价格）的反应你能发表什么看法？*

（4）给出没有位似的条件要素需求的厂商的一个例子。

---

* 根据第二次及之后版次进行的更正：对习题 11 增加以下假定：$F: R_+^N \rightarrow R_+$, $\phi: R_+ \rightarrow R_+$, $\phi(0) = 0$，$\lim_{a \to \infty} \phi(a) = \infty$ 且 ϕ 是连续的（除了是严格递增的之外）。鉴于习题 10 中的错误，本习题的（3）部分是愚蠢的。——译者注

195

►8

竞争性厂商与完全竞争

既然我们有了一种模型化厂商的方法,我们就可以把它们纳入价格调节的,市场均衡的模型中。在这一章中,我们将考虑作为价格接受者的,竞争性厂商的市场均衡。

我们马上转到一个事先声明:在本章的所有模型中,将存在有限数目的厂商和(至少隐含地)有限数目的消费者。如果厂商和消费者的总供给和总需求决策有变化,价格将会变化,因此所有的厂商和所有的消费者不会由于他们的行动而影响价格的说法不会是正确的。如果有许多厂商和消费者,每个单个的厂商和消费者可能对价格有非常小的影响,但是这个影响不为零。我们阐释的理论不是基于厂商和消费者对价格没有影响的假设,而是基于他们就如同他们没有影响那样行动的假设;消费者们选择消费什么和厂商选择它们的生产计划是基于这样的信念,他们看到的价格不受他们决策的影响。那么,消费者和厂商是基于一个不正确的猜想而行动。这个故事注定要进行下去,但是如果有许多消费者和厂商,而且如果没有单个的像J.D.洛克菲勒那样的消费者,也没有像通用汽车那样的厂商,那么这些猜想只是稍微不正确的。

有两种方式来继续此理论。我们可以按照第6章的方式来继续一般均衡的分析,不过是把厂商纳入到故事中。或者,我们可以进行局部均衡(partial equilibrium)分析——保持我们有限的视野框架之外的因素不变,对单一商品(或几种相关的商品)市场的分析。这两者我们都会做,而且这样一来我们开始了本书风格的一个重要的转型。在本章的一般均衡部分之后,我们将通常总是关注一个更大的经济图画中相当小的部分;此后我们的注意力将通常是非常聚焦的。

这并不是说一般均衡是完全宽泛且无所不包的。即使我们有一个囊括所有市场的模型,市场行为仍然是植根于一个更大的社会和政治环境,一般均衡把这些都当作既定的。我们的局部均衡分析和一般均衡分析的差别是一个程度的差别,而不是类型的差别。不过,正如你将看到的,程度上的差别是巨大的。

我们从对完全竞争的经典的局部均衡分析开始,然后我们阐释一个例子来说明一个局部均衡的观点可以是多么具有误导性的,而且以此作为刺激,我们简略地讨论带有厂商的一般均衡。

8.1　一个完全竞争市场

在对完全竞争的标准的局部均衡分析中,我们假设有许多厂商,它们都生产一种单一商品,这种商品被卖给消费者来交换某种"计价物"商品,即货币。这个市场在下列定性的条件下运行。

(1) 我们所讨论的商品的消费者,乐意从众多此种商品的生产者/卖者中的任何一个那里购入商品。没有哪一个卖者拥有在向任何消费者出售方面的特别的优势;如果此商品能够被从另外的卖者那里以一个更低的价格获得的话,也没有消费者会故意付给某个卖者更高的价格。用专业术语来说就是,这种商品是**无差别的**(undifferentiated)而且/或者是一种**大宗商品**(commodity)。

(2) 消费者对此种商品的各个卖者索要的价格拥有完全信息。

(3) 此种商品的卖者愿意向任何买者出售,而且他们希望获得尽可能高的价格。他们对别处的消费者支付的价格拥有完全信息,而且他们有能力"把价格压得低于"竞争者,如果这样做是值得的话。

(4) 我们所讨论的商品的转售不能被控制,而且出售和转售都是无成本的。

这四个条件被用来暗示,所有的交换将在此商品的某个单一价格上发生。这些条件也被用来暗示价格是线性的;这种商品有一个单一的单位价格,而且如果一个消费者想要购买 n 单位的这种商品,他/她支付 n 倍的这种商品的单位要价。

为了正式地解释将有单一的价格而且价格将是线性的,我们将需要充实一个精确的市场制度的模型。我们将不得不说明这些交换的场所是什么、价格是如何被设定的,等等。在完全竞争的理论中,没有做这种明确说明。相反地,刚刚给出的用斜体字印刷的"结论"实际上是这个理论的假定,而作为"条件"列出的四条是我们对这些真正假定的托辞。通常认为在上述四个条件和之后的其他条件近似成立的真实市场上,以上列出的和之后的结论将会被证实。当然,这是一个经验问题。对某些行业来说这是成立的,而对其他行业则不然。[①]

换一种方法,从数量折扣或者加价可以记在单个消费者身上且消费者以最好的价格计划来购买的意义上来说,我们可以假设所讨论的商品能够被以非线性价格出售。要使得这类东西起作用,控制这种商品的转售必须是可能的。这点的一个可能的例子将是美国的电话服务。在美国,电话服务不是由一个(政府或其他的)垄断者提供;AT&T、MCI、Sprint 等,可能提供数量折扣,这里如果这项服务被绑定到一个特定地点的一台特定的电话机上,电话服务的"转售"就是不可能的。即使转售是不可能的,如果确实有关于各个运营商索要的价格的非常充分的信息,而且如果消费者并不介意他们从哪个运营商那里购买电话服务,那么我们可以假设这个行业是完全竞争的而

---

① 如果你想要了解在其中完全竞争的假定和预测都可以被检验的行业,阅读如哈佛商学院的案例#9-384-034 所描述的油轮航运业。[此案例在 Porter(1983)中被重印,那本书包含了许多其他案例,为本书讨论的概念给出有趣的例证。]如果你这么做,提前警告你这是一个完全竞争模型既起作用又不起作用的行业。我们会在随后的一个脚注里对这个警句做更多一些的说明。

不要求线性价格。不过我们不会在此主题的第一个关口就尝试那样做。

继续介绍非正式的条件：

（5）每个单个消费者都把价格当作给定的。没有消费者相信他或她能够以任何方式通过改变他或她对那种商品的需求水平来改变每件商品支付的价格。

（6）我们所讨论的商品的生产者/卖者(此后将被称作厂商)也把这种商品的市场价格当作给定的。他们认为在现行价格上，他们可以卖出和他们想要卖出的一样多的商品，而在稍高一点儿的价格上，他们将一件也卖不出去。

于是我们就被带到如下的内容：

定义 8.1　完全竞争市场中的均衡由这种商品的一个价格 p，以及每个消费者购买的数量和每个厂商供给的数量给出，它们使得在给定的价格上，每个消费者购买她偏好的数量且每个生产者最大化它的利润，而且购买的数量的总和等于供给的数量的总和。

对这个定义读者可能感到有些迷惑。我们能怎样说一个消费者需求什么，作为这一种商品的价格的函数？我们能怎样说一个厂商将供给什么？想必我们将使用来自第 2 章的消费者模型，不过那样我们需要知道其他价格是多少以及消费者的财富采取什么形式：也许是一定数量的计价物商品，就像第 2 章中的马歇尔需求的故事中讲述的那样；或者是某个禀赋束，就像在第 6 章中那样。至于厂商，想必它们都会被用上一章探讨的其中一种方法来刻画。不过我们将需要对它们面对的整个价格系列说点什么。

8.1.1　消费者方：需求曲线

在大部分对局部均衡分析的处理中，市场的消费者面相当多地被忽略了。在我们脑后的是如第 2 章那样的消费者以及消费者可能消费的其他商品的价格是固定的这一假定。[1]因此，在我们的脑后是这样一个假定，我们可以为所讨论的商品可能索要的每个价格 p，写出市场的消费者面将需求的总数量，表示为 $D(p)$。所有这些东西都留在我们的脑后，我们就简单地把一条需求曲线 $D(p)$ 当作给定的。此外，通常假定这条需求曲线是向下倾斜的——商品的价格越低，被需求的就越多。

没有什么阻挡我们把所有这些提到脑海前面。我们可以展示一个关于市场消费者方的详细的模型。随后，当我们关注在其中的商品并非全都是大宗商品的"竞争性"市场，而且当我们变得对总需求的形状和特征感兴趣的时候，就会这么做。另外，由于各种原因，当我们对一个更详细的对市场制度的考查变得有兴趣的时候，我们将这么做。[a]

但是，在对完全竞争的经典的局部均衡分析中，焦点是厂商的行为，所以通常简化消费者面然后仅仅假设一个向下倾斜的需求函数的存在。我们将遵守这一传统，直到我们到达本章后面的一般均衡。

---

① 不过参见第 8.3 节。

a　如果你想要对此有所了解，提前看一下第 10 章的课后习题 3。那里的问题是一个在许多消费者中间配给一个有限供给的问题。具体地，我们问用在一种商品上的配给方案如何影响对"第二种"商品的需求。因为配给方案在单个消费者的水平上起作用，我们不得不分解市场需求，然后考虑单个消费者的偏好，以及那些偏好和不同的配给方案怎样导致了对第二种商品的需求数量。

8.1.2 厂商:供给函数

下面我们更详细地处理厂商。我们将假定每个厂商用某个系列的生产要素仅生产我们所讨论的商品。将有 J 个厂商,标记为 $j,=1,2,\cdots,J$,而且厂商 j 现在将由一个总成本函数 $TC_j(y)$ 刻画。因为厂商 j 在产品市场上是竞争性的,如果这种商品的均衡价格是 p,厂商 j 供给数量 $y_j(p)$ 解决以下问题:

$$MC_j(y_j(p))=p$$

于是在价格 p 上的总供给是 $S(p)=\sum_{j=1}^{J}y_j(p)$。

通常假定总成本是凸的,所以边际成本是非减的,于是一阶条件 $MC_j(y)=p$ 给出一个最优的生产水平。如果总成本是严格凸的,边际成本是严格递增的,那么厂商在价格 p 上的供给 $y_j(p)$,是唯一定义的且在 p 上是递增的。

如果这点对所有的厂商都成立,$S(p)$ 此后被称作 **行业供给**(industry supply),是严格递增的。那么现在我们把未建模的、由需求函数 $D(p)$ 具体指定的市场的需求面,与稍微模型化了的以供给函数 $S(p)$ 为特征的供给面放在一起,在使得 $D(p)=S(p)$ 的价格 p 处,我们得到一个均衡。从中级甚至初级的教科书中,我们可以看到图 8.1 所示的标准

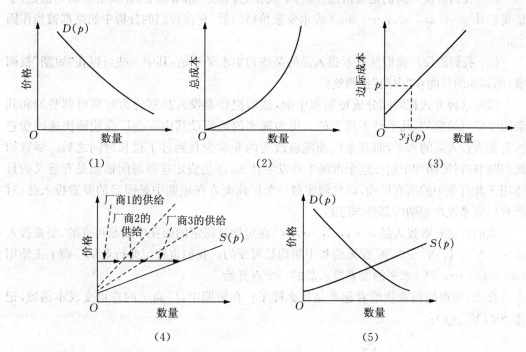

注:需求以一条向下倾斜的需求曲线的形式给出,如图(1)所示。每个厂商有一条如图(2)的总成本曲线和一条如图(3)的对应的边际成本曲线。在每个价格 p 上,厂商 j 供给的数量 $y_j(p)$ 使得边际成本和价格相等[如图(3)所示]。行业供给是作为单个厂商供给函数的水平加总而得到的,也刚好是单个厂商边际成本函数的水平加总[图(4)中所示]。均衡是供给[图(4)中计算的]与需求[图(1)中给出]相交的地方。把图(1)和图(4)叠加,我们得到图(5)以及均衡价格和数量。

图 8.1 在一个完全竞争市场中的均衡

图形。注意那里阐释的一个图形特征：行业供给曲线是单个厂商边际成本曲线的水平加总。

8.2 完全竞争与一时期

8.2.1 短期与中期

如果故事到那里就停止了，我们就不算有一个完整的故事。所以我们继续详尽阐述供给方的故事。

（1）我们假设厂商是以一个生产函数加上一个固定成本为特征的。如果厂商 j 从事这种商品的生产，它必须支付一个固定成本 K_j。即使选择生产零产出，它也必须支付这项成本；这项成本只有当厂商离开此行业才能被避免，目前我们还不给予厂商这种选择。如果厂商正在经营，它用 N 种要素投入品的各种组合来生产产出品，这里 $f_j(x_1, x_2, \cdots, x_N)$ 表示生产函数，是从要素投入品 $(x_1, x_2, \cdots, x_N)$ 中获得的产出品的数量。注意：如果厂商 j 使用要素投入品 $(x_1, x_2, \cdots, x_N)$，厂商 j 的总成本是这些投入品的成本的总和加上固定成本 K_j。

（2）我们假设厂商们是价格接受者，不仅在它们的产品市场上，在要素市场上也是，于是我们让 $w = (w_1, w_2, \cdots, w_N)$ 表示要素价格向量，它在我们的分析中始终都被当作固定的。

（3）我们假设厂商们从要素投入品的某些初始水平开始，其中一些可以在"短期"被调整，而其他的只能在"中期"被调整。

按照这种方式把时间分成短期和中期，然后把要素投入品划分为短期可调整的和其余的中期可调整的，几乎是不现实的。更为现实的是假设其中一些厂商能够快速改变它所有要素投入品的水平，而其余厂商能够改变的非常少直到过了很长时间之后。尽管如此，我们探讨短期和中期在这个市场中将发生什么，还是假定这些时间框架是有意义的且适用于此行业中的所有厂商，而且假定对一个厂商而言在短期中是固定的要素投入品，对所有厂商来说在短期内都是固定的。

我们假定要素投入品 $n = 1, 2, \cdots, N'$ 在短期是固定的而在中期是可变的，要素投入品 $n = N'+1, N'+2, N$ 在短期和中期均是可变的。我们也假定此行业从厂商 j 正使用 $(\hat{x}_1^j, \hat{x}_2^j, \cdots, \hat{x}_N^j)$ 水平的要素投入品的一个点开始。

那么，短期的行业供给看起来是什么样子？在短期中，厂商 j 的总可变成本函数，记作 $SRTVC_j(y)$：

$$\min_{(x_{N'+1}, x_{N'+2}, \cdots, x_N)} \left\{ \sum_{n=N'+1}^{M} w_n x_n : y = f_j(\hat{x}_1^j, \hat{x}_2^j, \cdots, \hat{x}_{N'}^j, x_{N'+1}, \cdots, x_N) \right\}$$

于是短期总成本函数是：

$$SRTC_j(y) = SRTVC_j(y) + \sum_{n=1}^{N'} w_n \hat{x}_n^j + K_j$$

厂商 j 的短期边际成本是短期总成本的导数(它和短期总可变成本的导数是相同的),另外,正如在前一节中讲的那样,短期行业供给是厂商短期边际成本曲线的水平加总。

要使 $SRTC$ 是严格凸的,需要什么条件?

命题 8.1 如果生产函数 f 是严格凹的,那么总成本函数(对于固定的要素价格在任何时期来说,只要其中一些要素是可变的)是严格凸的。

这个命题的证明留作家庭作业。*

在中期,厂商 j 的总可变成本函数是

$$IRTC_j(y) = \min_{(x_1, x_2, \cdots, x_N)} \left\{ \sum_{n=1}^{N} w_n x_n : y = f_j(x_1, x_2, \cdots, x_N) \right\} + K_j$$

这给出中期的边际成本曲线,而且中期的行业供给曲线是这些边际成本曲线的水平加总。

短期和中期的供给曲线比较起来会如何?考虑这点最容易的办法是从相关的短期和中期的总成本曲线开始。在短期,厂商仅能够调整可变的生产要素,生产的总成本将在每一处至少和中期的总成本一样多。只要短期固定的生产要素对某个产出水平来说是处在一个最优水平上,那么这两条总成本曲线将在那个产出水平上相切。我们假定上升的边际成本,所以总成本是凸的;图形如 8.2(1)所示。那么现在边际成本是总成本的斜率,

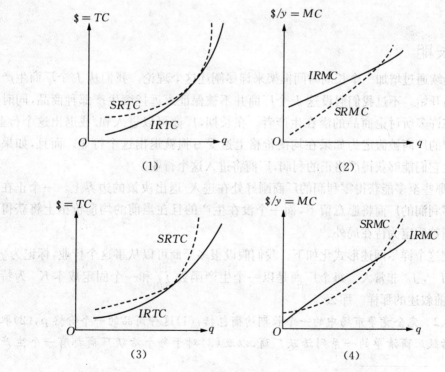

图 8.2　短期与中期总成本曲线和边际成本曲线

所以这两条边际成本曲线如图 8.2(2)所示。注意:这两条曲线在这里被画成是,对所有低水平的产出,短期边际成本低于中期边际成本;对所有高水平的产出,短期边际成本高于中期边际成本。不过图 8.2(1)并不必然意味着这种特别的画法。在图 8.2(3)和图 8.2(4)中,另外一种情形被给出。这里暗含的意思是,总的来说,在小于两条总成本曲线相切点的数量上,短期边际成本低于中期边际成本;在大于该切点的数量上,短期边际成本高于中期边际成本。[①]

这告诉我们从短期到中期供给是如何变化的。那么需求呢?当然有充足的理由认为短期需求将与在一个更长的中期时间框架的需求不同。以一种情形为例,如果所讨论的商品在某个下游生产工序中是一种可变生产要素,那么对它的短期需求将是基于这样的估计,在下游生产中不允许生产者用它代替(或者替代它)更固定的要素。在中期,对更固定的要素的替代可以起作用。在这类情形中,我们将预期需求会根据时期而变动。[②]即使所讨论的商品是一种最终消费品,我们也能够想出短期与中期需求将不同的原因。如果这种商品是稍微耐用的,那么一个价格变动,比如一个上升,相比在更长的时期,将可能在短期减少的需求更多。(为什么?)如果这种商品是一种上瘾品,相反的结论成立。(为什么?)尽管有这些例子,在理论中通常处理市场需求不随时间框架变化而变化的情形,而且我们从此以后将做那个假定。

8.2.2 长期

我们继续通过增加一个长期时间框架来详尽阐述这个理论。我们从 J 个厂商生产所讨论的商品开始。不过我们假设这 J 个厂商并不被保证永远持续生产那种商品,同时我们假设存在许多所讨论商品的潜在生产者。在长期,厂商可以进入和/或退出这个行业:这个行业中的厂商被假定为如果在均衡价格上遭受亏损就退出这个行业。而且,如果在均衡价格上它们能够获得严格正的利润,厂商将进入这个行业。

注意:那些至多能获得零利润的厂商刚好处在进入/退出决策的边界上。一个正在生产的获得零利润的厂商将愿意留下,而一个没在生产的且在当前的均衡价格上将获得零利润的厂商被假定为待在局外。[b]

我们把这个详尽阐述形式化如下。我们假设很多厂商可以从事这个行业,标记为 $j = 1, 2, \cdots, J^*$, J^* 非常大。每个厂商是以一个生产函数 f_j 和一个固定成本 K_j 为特征的,就像之前叙述的那样。那么

定义 8.2 完全竞争市场中的一个长期均衡包括:(1)这种商品的一个价格 p,(2)取自所有潜在活跃厂商清单的一系列活跃厂商,以及(3)对于每个活跃厂商都有一个生产计

---

① 你能证明这点吗?

② 诚然,这是有点"欺骗"的,因为我们在对市场需求面的讨论中,我们没有提及需求者是其他厂商的可能性。不过,当然有这种情形适用的市场。

b 回想之前关于完全竞争模型在邮轮航运业成立和不成立的警句式的评论。关于这个,注意在短期和中期,厂商们可能按照理论说的方式来行动,而与此同时,从理论的角度来看,厂商在长期中表现的非常疯狂。于是此理论的短期和中期的预测可以被证实,而我们将要阐释的长期预测将失败。

划,使得:

(4)把价格当作给定的,每个活跃的厂商都在(3)中指定的生产计划上最大化它的利润,

(5)每个活跃的厂商都用它的生产计划获得非负的利润,

(6)把价格当作给定的,每个闲置的厂商,如果它变成活跃的,将至多获得非正的利润,

(7)在均衡价格 p 上,通过加总由它们的生产计划具体指定的产出水平而得到的来自活跃厂商的总供给,等于市场需求。

注意:如果我们认为每个厂商的长期总成本在零生产水平上是零,而一旦开始生产就上升为 K_j 的话,这仅仅是我们对完全竞争市场均衡的一般化定义的一个特别限定。

这个定义似乎是一团糟,不过如果我们增加一个最后的假定,我们就在解决这个糟糕局面上取得相当一些进步。

假定 8.1 对于在此行业中的每一个潜在活跃的厂商来说,有"许多"其他拥有完全相同的生产函数和固定成本的潜在活跃的厂商。

非正式命题 如果假定 8.1 成立,那么在任何长期均衡中,所有活跃的厂商恰好获得零利润。

我们把此称作非正式命题,因为它是基于假定中非常不正式的"许多"。逻辑运行如下:对于在一个长期均衡中的任何活跃的厂商,让 π 代表它的利润水平。如果有"许多"像它一样的厂商,其中一些将是不活跃的。这就是"许多"的意思;一定是对于每个活跃的厂商来说,至少有一个和它完全相同的厂商是不活跃的。在一个长期均衡中,所有不活跃的厂商一定至多能够获得零利润。因为有一个与我们的活跃厂商完全相同的不活跃的厂商,它可以(如果他进入了)获得利润 π。所以如果这个活跃厂商要保持活跃的话,π 一定是非负的。同时 π 一定是非正的,如果不活跃的厂商要继续不活跃的话,这意味着 π 一定是零。

假设一个活跃厂商,事实上,在均衡价格 p 上获得零利润。考虑它在自己的长期平均成本曲线的何处生产。它一定是在它最小长期平均成本的点上生产而且这个长期平均成本的最小水平一定是均衡价格。为了弄清楚这点,首先注意会计恒等式:

$$利润 = [价格 - LRAC(数量)] \times 数量$$

这里 $LRAC$ 是长期平均成本函数。现在如果价格超过 $LRAC$ 的最小水平,通过在 $LRAC$ 的最小水平上生产,此厂商将获得正的利润。如果价格小于长期平均成本的最小水平,此厂商不能在任何产出水平上获得非负利润。一个利润最大化的竞争性厂商能够获得零利润的唯一方法是,当价格等于最小的 $LRAC$。于是此厂商只有通过在最小化 $LRAC$ 的数量上生产来获得零利润。

这个讨论立刻引出对此非正式命题的如下推论。

非正式推论 如果假定 8.1 成立,那么在任何长期均衡中,每个厂商都是在有效规模上生产,这里有效规模是指最小化厂商平均成本的任何规模。

假定 8.1 经常被作为一个完全竞争行业的定义的特征的一部分。对它的解释是在一个竞争性的行业中,没有哪个厂商相比任何其他厂商有技术上的优势——不管有什么样的技术,任何想要使用它们的人都可以免费获得。因此,我们总是会有和活跃在行业中的任何一个厂商完全相同的潜在进入者。

一旦我们有了假定 8.1,我们就得到结论:在一个长期均衡上,厂商们获得零利润并且在有效规模上生产。

当然,如果我们不做假定 8.1,此理论剩下的假定非常漂亮地连贯起来。举个例子,考虑小麦种植业。我们不妨认为小麦是一种大宗商品,有着众所周知的单一价格,所有的小麦农场主和小麦买主都把此价格当作给定的。尽管如此,还是有一些小麦农场主足够幸运,拥有那些特别适宜种植小麦的土地;这些农场主—厂商拥有一种优于那些耕种不那么肥沃土地的农场主—厂商的“技术”。所以,我们预期这些农场主会获得严格正的利润。

当我们不做假定 8.1 时,那么厂商能够在一个长期均衡上获得正的利润就是可能的,我们也不期待那些厂商在有效规模上生产。事实上,它们不会这么做;这些厂商将总是在大于有效的规模上生产。在课后习题 2 中,你被要求证明这点。

在这种情形中,我们可以(而且一些作者确实这么做)定义一些东西,使得即使不做假定8.1,在一个长期均衡上利润仍然等于零。这是通过说,一个有着“生产优势”的厂商获得的不是利润,而是它得天独厚的生产能力的“租金”做到的。这些租金作为要为有利的技术支付的成本扣除掉,从而这种厂商回到获得零利润。(如果你喜欢这类利用定义进行的证明,考虑为什么这意味着这种厂商现在是在最小的 *LRAC* 点上生产。)

8.2.3　一个例子

为了阐明提出的一些观点,考虑以下这个简单的例子。此例中的数字是经过挑选的,因为它们给出相对清晰和简单的答案;它们根本没有被假定是现实的。

在一个特定的经济中,一种被称作 pfillip 的产品,它是一种非麻醉的兴奋剂,由一个竞争性的行业生产。这个竞争性行业中的每个厂商有着同样的生产技术,由以下生产函数给出:

$$y = k^{1/6} l^{1/3}$$

这里 y 是生产的 pfillip 的数量,k 是生产中使用的 kapitose 的数量(一种专门的化学药品),l 是生产中使用的 legume(一种普通蔬菜)的数量。厂商也承担 \$1/6 的固定成本。

legume 被放在一个竞争性市场上交易,而且一单位 legume 的价格是固定的 \$1,不管为了 pfillip 的生产而需求的 legume 的数量是多少。legume 的数量在短期内可以被自由变动。Kapitose 在一个竞争性市场上,被以价格 \$1/2 交易。任何厂商在生产中使用的kapitose 的数量,在短期中不能被变动,但是在中期可以被调整。

许多厂商在长期中能够进入这个行业,同时厂商可以自由退出。所有的厂商,包括在行业中的以及潜在的进入者,都有着刚刚描述的技术和成本结构。

需求由需求函数 $D(p) = 400 - 100p$ 给出,这里 p 是 pfillip 的价格,$D(p)$ 是在这个价格上被需求的数量。[①]在这个完全竞争市场中的长期均衡是什么?

---

① 在本书中,我们将始终使用带有线性需求的模型,而且需求是非负的这点应该总是被了解;也就是说,在这个例子中 $D(p)$ 实际上是 $\max\{400 - 100p, 0\}$。我们也应该当心在一个零价格上的需求;重要的是在一个零价格上的收益是零。

作为第一步,让我们计算这个行业中每个厂商的总成本函数,这里我们假定厂商可以变动它的 kapitose 和 legume 的投入水平。

生产 y 单位产出品的成本最小化的方式是以下问题的解:

$$\min_{k,l} \frac{k}{2}+l$$
$$\text{s.t.} \quad k^{1/6}l^{1/3} \geqslant y$$

显然这个解将使得约束是束紧的。(我们应该插入非负约束,尽管它们不会束紧,因此我们已经把它们删除了。)既然这个约束将束紧,我们可以求解用 l 表示的 k,得到 $k=y^6/l^2$,因此这个问题变成:

$$\min_{l} \frac{y^6}{2l^2}+l$$

一阶条件是:

$$\frac{y^6}{l^3}=1,\text{或者}\ l=y^2,\ k=y^2$$

从而生产 y 的长期总成本是:

$$TC(y)=\frac{3}{2}y^2+\frac{1}{6}$$

由此我们可以容易地找到长期均衡价格:它一定是平均成本的最小值。平均成本由 $AC(y)=(3/2)y+1/(6y)$ 给出,它在 $3/2=1/(6y^2)$,或者 $y=1/3$ 处被最小化。也就是说,生产 $1/3$ 单位是这个行业中厂商的有效规模。而且当厂商生产 $1/3$ 单位时,他们有 \$1 的平均成本。所以长期均衡价格是 \$1。

在这个价格上,需求是 $400-100\times(1)=300$,所以总行业需求是 300。而且既然每个厂商将生产 $1/3$ 单位,那么将必须有 900 个活跃的厂商。

总而言之,在一个长期均衡上,对一个 300 单位的行业总供给来说,900 个厂商将是活跃的,每个厂商生产 $1/3$ 单位。均衡价格将是 \$1,而且每个厂商将是获得零利润。900 个厂商中的每一个将使用各 $1/9$ 单位的 legume 和 kapitose。

现在假设需求曲线突然移动,变成 $D(p)=750-150p$。在短期、长期和中期,行业的反应将是什么?

我们将首先讨论短期。在短期中,有 900 个厂商,每一个都固定在 $1/9$ 单位的 kapitose 上面。如果这些厂商中的任何一个想要拥有产出水平 y,他们必须使用足够的 legume l 以使:

$$(1/9)^{1/6}l^{1/3}=y \text{ 或者}(1/9)l^2=y^6 \text{ 或者 } l=3y^3$$

这给出总可变成本 $3y^3$。因此厂商的短期边际成本函数是 $MC(y)=9y^2$。因此,在价格 p 上,单个厂商供给使得 $9y(p)^2=p$ 的数量 $y(p)$ 或者 $y(p)=\sqrt{p}/3$。因为有 900 个相同的厂商,在价格 p 上的行业供给是它的 900 倍,或者 $S(p)=300\sqrt{p}$。短期均衡价格是短期供给等于需求处的价格：

$$300\sqrt{p} = 750 - 150p$$

如果你解此方程求 p，你得到（大约）$p = 2.1$。

短期均衡价格是 \$2.10。在这个价格上，总行业需求是 $750 - 150 \times (2.1) = 435$，在 900 个厂商中间划分，那么每个厂商生产大约 0.483 单位。这要求每个厂商使用大约 0.338 单位的 legume。每个厂商也必须支付固定的 1/9 单位的 kapitose 的成本和 1/6 的固定成本，总成本 $0.338 + (1/9) \times (1/2) + 1/6 = 0.56$，从每个厂商获得利润 $(2.1) \times (0.483) = 1.014$ 中扣除，每个厂商的利润是 0.454。

转到中期上来，我们仍然有 900 个厂商是活跃的，不过现在每个厂商有总成本函数 $(3/2)y^2 + 1/6$，或边际成本 $MC(y) = 3y$。因此在价格 p 上，每个厂商供给（在中期）$p/3$ 单位，而且中期的行业供给曲线是 $300p$。中期均衡是 $300p = 750 - 150p$ 或者 $p = 5/3 = 1.667$。所以我们得出结论：

中期均衡价格是 \$1.667。在这个价格上，总行业需求和供给等于 500 单位，并且每个厂商生产 5/9 单位。这花费厂商 $(3/2) \times (5/9)^2 + 1/6 = 34/54$，而收益为 $(5/3) \times (5/9) = 25/27$，于是净利润为 $16/54 = \$0.296$。（计算每个厂商对 kapitose 和 legume 的使用的任务留给你。）

长期的情形是最容易的。我们已经知道在长期均衡上，价格一定是 \$1，而且每个厂商一定生产 1/3 单位。所以：

长期均衡价格是 \$1，这意味着行业需求是 600 单位。每个厂商生产 1/3 单位，所以厂商的数量翻倍为 1 800。每个厂商获得零利润，而且每个厂商使用 kapitose 和 legume 各 1/9 单位。

我们在图 8.3 中画出这些"动态"。那里我们用实线展示了最初的需求曲线和长期供给曲线。注意在这类行业中长期供给曲线是水平的，因为它一定是那样。从初始均衡位置开始的短期和中期供给曲线被画成虚线；注意短期供给曲线有着最陡的斜率。我们也把"新的"需求曲线以虚线画出，然后我们标记出对需求变动的行业反应的阶段：(1) 标记最初的均衡，(2) 新的短期均衡，(3) 新的中期均衡，(4) 新的长期均衡。注意均衡数量在每个阶段都增加，而且价格先一下跳到很高处然后回落。还要注意（不是来自图形），最初活跃的 900 个厂商之一对 kapitose 和 legume 的使用模式。在短期，对 legume 的使用上升，

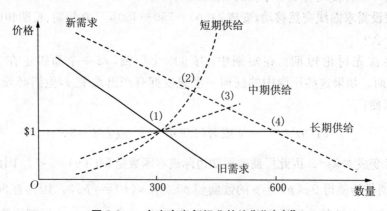

图 8.3 一个完全竞争行业的均衡"动态"

然后在中期和长期下降。每个厂商对 kapitose 的使用在短期保持不变(正如它被限制的那样),然后上升,再然后下降。

这个简单例子的质的特征大体上概括为:在关于潜在进入者的假定 8.1 成立的一个行业中(且要素价格不会随着行业产出规模而变化;参见下一节),长期供给将必然是完全弹性的(平的),所以需求上的变动不会改变这种商品的长期均衡价格。此外,正如第 8.2 节声称的那样,短期供给一般比中期供给更加缺乏弹性,至少对于数量上的小变化,对于固定数目的厂商来说是这样。因此图 8.3 的质的特征可以被预期会普遍成立(如果关于所有这些时期的故事是正确的);需求的一个向上的移动,在短期,由数量的一个小的增加和价格的一个大幅上升来满足,在中期,由数量的一个进一步的增加和价格的一个下降(仍然高于最初的水平)来满足,而在长期,价格会退回到最初的水平,产出(以及厂商的数目)扩张到满足这个上升了的需求。

其他的变化可以导致其他的动态。比如,在课后习题 6 中,你被要求概述如果其中一种要素价格突然变化会发生什么。那些动态也可以被在简单参数的例子以外推广,至少在成本和需求曲线被假定为是"典型的"情形中是这样。

这些练习说明了一般来说的局部均衡分析,具体来说的对完全竞争的局部均衡分析的令人惊叹的力量。如果成本和需求曲线是"典型的",也就是说需求是向下倾斜的且供给是非减的,那么这个理论预测一个唯一的均衡。(与一般均衡进行比较。另外,到时与利用本书第三部分的方法做的预测相比较。)只要我们能够经验地估计需求函数和成本函数,我们就可以构建理论上的行业供给曲线,然后得到对此理论非常好的检验。此外,此理论的这个时期版本,对于均衡价格和数量将如何对模型参数的变动动态地做出反应,做出非常明确的预测,再一次给我们许多经验上的优势。虽然我们的例子仅仅是一个例子,它表明这个理论可以是多么的强大。

8.3 局部均衡分析怎么了

与此同时,这个理论是基于许多未必证明成立的假定而被预测来的,特别是那些被一个局部均衡模型的狭小关注点所要求的假定。

举个例子,在我们已经进行的这种类型的一个局部均衡分析中,我们把模型中忽略的很多东西保持"不变"。在对单一商品市场的局部均衡分析中,通常说我们是保持所有不在这个市场中的商品价格不变。举个例子,如果我们要更坦诚地讨论市场的需求面,我们将本着第 2 章的精神来看待消费者需求函数。而且,通常在保持其他商品的价格不变,同时保持消费者必须花费的收入不变的情况下,来分析所讨论的商品的需求如何变化。翻译成符号语言,即如果 $x_k^i(p_1, p_2, \cdots, p_K, Y^i)$ 是作为所有价格和消费者收入 Y^i 的函数的,消费者 i 对商品 k 的需求函数,通常的惯例是把行业需求曲线看作是产生于,保持除了 p_k 之外的所有价格不变,比如保持在水平 $\hat{p}_k$ 上,保持所有的 Y^i 不变,于是,对商品 k 的每个价格 p_k,我们说:

$$D(p_k) = \sum_{i=1}^{I} x_k^i(\hat{p}_1, \hat{p}_2, \cdots, \hat{p}_{k-1}, p_k, \hat{p}_{k+1}, \cdots, \hat{p}_K, Y^i)$$

此处加总符号上的 $i=1,2,\cdots,I$ 表示消费者的集合。

在很多应用中,这么做将是错误的,如果你确实对行业需求感兴趣的话。假设被考虑的大宗商品是小麦。当然,对小麦的需求取决于其他的因素,比如玉米的价格。我们应该保持玉米的价格不变,写出小麦的需求曲线吗? 通常都是这么做的,而且上述的方案也是这么建议的。但是这种做法是对的吗? 随着小麦价格的变化,对玉米的需求水平将会变化。预期对玉米的需求将随着小麦价格的上升而上升,是非常自然的事情。除非玉米的供给是完全弹性的(是完全水平的),玉米的价格会变动。而这随后会改变多少小麦将是被需求的。至少在短期,假定玉米的供给是完全弹性的是毫无意义的。因此,至少在短期,假设小麦的需求曲线应该是在一个不变的玉米价格的基础上计算是毫无意义的。通过市场的运行,小麦价格的变化将改变玉米的价格,这随后又将影响对小麦的需求。因此,基于一个不变的玉米价格而对小麦需求(随着小麦价格的变化)的预测将是错误的。

如果你正在分析的一种商品市场,在其中它的价格(和相应的需求水平)的变化不会很多地改变其他商品的价格,那么在其他价格根本不变的假设下计算出的一条需求曲线就不会错得太离谱。不过除非这个条件对你感兴趣的那种商品成立,你会想要考虑是否会有其他的价格随着所讨论的商品价格的改变而发生大的移动,同时伴随着对所讨论的商品需求的反馈。如果其他价格可以合理地被预期会随着所讨论商品的价格变动而变动,那么如果要形成合理的预测,你必须分析不止这个单一的市场。

同样的考虑在市场的供给面上也会出现。举个例子,我们在第 8.2 节中的分析,是基于生产要素价格不变的假定而进行的预测。我们可能想到通过诉诸"行业中有很多厂商,因此每一个厂商在所有的要素市场上都是一个价格接受者"这样的概念来为这个假定做解释。不过,这根本就不是解释。随着我们改变行业供给水平,我们不会关注由单个厂商引起的一种给定要素需求的变化;相反我们关注由行业中很多厂商活动的变化所引起的对这种要素需求的变化。如果这种生产要素被行业中的很多厂商使用,如果此行业中的厂商对这种要素的需求占这种要素需求的一个很大的部分,而且如果这种要素的供给不是完全弹性的,那么基于这种要素价格不会随着行业供给水平的变化而变化的假设来构建行业供给曲线就是错误的。

8.3.1 一个详尽的例子

让我们继续使用上一节的例子来说明。我们会继续假设无论 pfillip 行业的生产者购买多少单位的 legume, legume 的价格是每单位 \$1。不过我们假设 kapitose 的价格会随着 pfillip 行业对 kapitose 需求的变化而变化。特别地,我们假设如果 pfillip 行业需要 K 单位的 kapitose,每单位 kapitose 将要价 $K/200$。

为什么会发生这种情况? 我们可以假设 kapitose 是由一个由完全竞争厂商组成的行业来生产,但是这个行业的进入由于法律上的原因而被限制——比如只有一组给定的厂商被许可生产 kapitose。如果行业进入由于这个或任何其他原因而被限制,那么即使当行业中的厂商都是价格接受者时,行业供给曲线也可能是上升的,参见课后习题 4。或者 kapitose 行业可以是完全竞争且是自由进入的,但是潜在进入者拥有日渐低效的生产 kapitose 的技术,参见课后习题 5。①

当 kapitose 被假定为,不管来自 pfillip 生产者对 kapitose 的需求是多少,都在每单位 \$0.50 上交易的时候,pfillip 的长期供给曲线是在价格 \$1 上完全弹性的。我们现在着手计算在新假定的条件下 pfillip 的长期供给曲线。这变得有点复杂,不过试着坚持。

假设 kapitose 的价格在某个时刻是 q。单个 pfillip 的生产者是(被假定为是)一个价格接受者,所以,给定这种要素的价格,每个生产者把生产 y 单位的长期总成本计算为:

$$\min_{k,l} qk + l + \frac{1}{6}$$
$$\text{s.t.} \quad k^{1/6}l^{1/3} \geqslant y$$

如果你完成数学运算,你会发现这导出一个总成本函数:

$$TC(y) = \frac{3}{2}(2q)^{1/3}y^2 + \frac{1}{6}$$

和一个平均成本函数:

$$AC(y) = \frac{3}{2}(2q)^{1/3}y + \frac{1}{6y}$$

对于有着这些平均成本的一个厂商来说,有效规模是 $(3/2)(2q)^{1/3}=1/(6y^2)$ 的解;如果你进行代数运算,你将会发现:

$$y^e(q) = \frac{1}{3(2q)^{1/6}}$$

这里上标 e 代表 efficient。在这个有效规模上,平均成本的水平是:

$$AC^e(q) = \frac{3}{2}(2q)^{1/3}\frac{1}{3(2q)^{1/6}} + \frac{1}{6/[3(2q)^{1/6}]} = (2q)^{1/6}$$

(不要偷懒;完成这些数学推导的所有步骤!)因此如果 q 是 kapitose 的长期均衡价格,$(2q)^{1/6}$ 就是 pfillip 的长期均衡价格。反过来,如果 p 是 pfillip 的长期价格,kapitose 的均衡价格一定是 $q(p) = p^6/2$。

与此同时,如果 $q = p^6/2$ 是 kapitose 的价格且如果 pfillip 行业的每个厂商都在有效规模 $y^e=1/[3(2q)^{1/6}]=1/(3p)$ 上最优地生产,每个厂商使用 $k^e = y^2/(2q)^{2/3}=1/(18q)=1/(9p^6)$ 单位的 kapitose。(要明白我们是如何得到这个结果的,你需要算出以上的成本最小化问题的解。)

这可能对你来说似乎是违反直觉的。我们已经发现单个厂商的生产水平是 pfillip 价格的减函数!但是只要你记得我们这里说的是均衡值,这就不是违反直觉

① 然而另外一种可能性是 kapitose 行业根本就不是竞争性的。在第 9 章的课后习题中,你将被要求考虑一个垄断的 kapitose 生产者的情形。这种情况是更难处理的,因为 kapitose 供给曲线的概念在一个垄断的情况中是没有被明确定义的。

的。pfillip 的价格在一个长期均衡中可以更高的唯一方法是倘使 kapitose 的价格是更高的话。而且 kapitose 一个更高的价格会降低所有厂商的有效规模。

假设当 pfillip 的价格是 p 时，pfillip 的长期行业供给是 S。既然每个厂商生产 $1/(3p)$，这意味着我们有 $J = 3pS$ 个厂商。这些厂商中的每一个都使用 $1/(9p^6)$ 单位的 kapitose，所以 pfillip 行业厂商对 kapitose 的总使用是：

$$K = \frac{J}{9p^6} = \frac{3pS}{9p^6} = \frac{S}{3p^5}$$

这导致 kapitose 的价格变成：

$$\frac{p^6}{2} = q = \frac{K}{200} = \frac{S}{200(3p^5)}$$

求解用 p 表示的 S 得出：

$$S(p) = 300p^{11}$$

这是 pfillip 的长期均衡供给曲线。

在图 8.4 中我们已经画出了我们的发现。这两条需求曲线是来自之前例子的两条曲线：最初的 $D(p) = 400 - 100p$ 和变动后的需求曲线 $D(p) = 750 - 150p$。我们已经用虚线画出在 kapitose 的价格一直是 \$0.50 的条件下的 pfillip 的长期供给曲线；这是在价格 $p = 1$ 上的完全弹性供给，因为如果 kapitose 的价格永不变化，厂商的长期平均成本曲线会总是不变的（在任何行业生产规模上），因此最小平均成本总是 \$1。我们已经画出，在 kapitose 的价格随着 kapitose 的需求而上升的情形下的长期行业供给曲线，即以上推导出的曲线 $S(p)$。

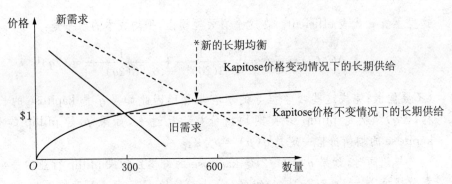

图 8.4 当 kapitose 的价格随着 pfillip 生产者对 kapitose 需求的增加而上升时的 pfillip 市场上的供给和长期均衡

注意这两条供给曲线在 $p = 1$ 处，在 $S(p) = 300$ 的水平上相交，这刚巧是两条供给曲线与最初的需求曲线形成的均衡数量。这不是巧合；这些数字都是经过挑选的，所以会发生这种现象。[c] 这里的要点是，在长期均衡价格的更高水平上，pfillip 的长期行业供

---

c 这并不难做到。知道第一个均衡有 $p = 1$，$q = 0.5$，$Y = 300$，和行业对 kapitose 的使用 $K = 100$，一条 kapitose 的供给曲线是精心挑选的使得在 $K = 100$ 时，q 将是 0.5。

给少于当 kapitose 花费一个固定的 \$0.50 时。因此如果需求以例子中的方式那样变动，而且 kapitose 的价格随着对 kapitose 的使用而上升，新的长期均衡在图中由 * 标记，有一个高于 \$1 的价格和一个少于我们之前得到的 600 的均衡数量。（新的长期均衡价格和数量留给你计算。因为这涉及一个 11 次的多项式，你将可能不得不诉诸数值逼近！）

这个推导对你来说可能看起来相当复杂难懂。它确实是，不过它必须是。我们在同时求解两个市场中的均衡。我们无法说出 kapitose 的价格将是多少，直到我们知道 pfillip 生产者需求多少。但是我们无法说出 pfillip 生产者需求多少，直到我们知道 kapitose 的价格。而且我们依赖于 pfillip 市场是处在一个长期均衡上。把所有这些放在一起不是一个容易的练习。（现在尝试一下课后习题 3。）

关于这个例子有一点应该被强调。单个厂商总是充当一个价格接受者。当我们求解单个厂商的成本最小化问题时，我们把 kapitose 的价格看作是一个不变的 q。正如我们在本章开头所指出的，这不是十分正确的。因为即使单个厂商增加它对 kapitose 的需求，kapitose 的价格也会上升。不过，给定价格 p，这不比在单个厂商的利润最大化问题中发生的情况差。给定向下倾斜的需求，随着单个厂商提高它的产出水平，它会压低市场价格，不过是轻微地，这是我们作为价格接受者的厂商忽略的另外的东西。

8.4　带有厂商的一般均衡

因为完全竞争市场可以如上一节中那样被联系在一起，我们可以试着把竞争性厂商放入一般均衡分析中。

如果你正要这么做来研究我们生活在其中的经济的行为，这不是一件明显要做的事情。在其中所有厂商都是价格接受者的一个一般均衡模型，不是完全现实的。一些厂商和一些行业，可能是完全竞争的（或者可能差不多是这样），但是如果被声称全都是竞争性的，我们可能会表示怀疑。那是局部均衡分析的优点之一；如果我们做出一个比如厂商是竞争性的这样一个假定，此假定不必适用于每个厂商，而只是那些当前被考察的厂商。

与此同时，我们要处理在上一节强调的局部均衡分析的问题。我们可以像在那个例子中那样做：试着拼凑出一个所有相对紧密地联系在一起的市场模型，而不用绝对地把每个存在的市场都引入到情景中。或者，如果我们确实对研究一般均衡感兴趣，我们可以"给出"那些非竞争性厂商的生产计划。回忆我们在第 6.2 节中给出的关于有着固定生产的一个交换均衡的定义。这里我们可以尝试一个类似的技巧：在以下简述的内容中，把不是价格接受者的厂商的生产计划（以及，如果存在的话，任何政府或准政府生产）看作是外生给定的，然后内生地模型化竞争性厂商的生产决策。

这里我们不会给出很多细节，相反我们给出在带有厂商的一般均衡中发生什么的一个快速概览。

8.4.1 经济

一个经济由以下条件具体指定：

(1) 有限数目的 K 种商品。

(2) 有限数目的 J 个厂商。每个厂商 j 由一个生产可能集 $Z^j \subseteq R^k$ 具体指定。

(3) 有限数目的 I 个消费者。我们假定每个消费者可以消费任意非负的 K 种商品的消费束，所以消费者的偏好被定义在 R^K 的正象限，用 X 表示。这些偏好被假定为由效用函数 $U_i: X \to R$ 代表。我们始终假定偏好是连续的且是局部非饱和的。每个消费者带着一个禀赋 $e^i \in X$ 而来。每个消费者也带着分享厂商利润的权利而来。（这是一个严格的资本主义经济。）消费者 i 被给予分享厂商 j 利润的 s^{ij} 份额的权利。这些份额被假定是非负的，且对每个 j 满足 $\sum_{i=1}^{I} s^{ij} = 1$；也就是说，把消费者们一并考虑，他们有权分享每个厂商创造的所有利润（且没有更多）。

以上列出的项目的总体被称作一个（一般均衡）经济。

8.4.2 瓦尔拉斯均衡

定义 8.3 对于一个给定的经济来说，一个**瓦尔拉斯均衡**包括一个价格向量 $p \in R^K$，一系列的生产计划 (z^j)，每个厂商 j 有一个生产计划，以及一系列的消费计划 (x^i)，每个消费者 i 对应一个消费计划，使得：

(1) 对于每个厂商 j，$z^j \in Z^j$（j 的生产计划是可行的），且 z^j 是以下问题的解：

$$\max \ p \cdot z$$
$$\text{s.t.} \quad z \in Z^j$$

(2) 对于每个消费者 i，$x^i \in X$，且 x^i 是以下问题的解：

$$\max U_i(x)$$
$$\text{s.t.} \quad x \in X, \ p \cdot x \leqslant p \cdot e^i + \sum_{j=1}^{I} s^{ij} p \cdot z^j$$

(3) 市场出清：$\sum_{i=1}^{I} x^i \leqslant \sum_{i=1}^{I} e^i + \sum_{j=1}^{J} z^j$。

或者用文字语言来表达，厂商们是在最大化利润，给定预算约束消费者们是在最大化他们的效用，而且对所有商品来说需求是小于供给的。特别注意消费者的预算约束；消费者从她的禀赋和厂商支付的利润那里获得财富。[d]

三个技术性的评论依次是：

(1) 这应该是明显的，对任意标量 $\lambda > 0$，如果 $(p, (z^j), (x^i))$ 是一个瓦尔拉斯均衡，

---

d 还没有假定利润是非负的；消费者被假定为要按照股权比例补足厂商遭受的亏损。不过通过增加对每个 j，$0 \in Z^j$ 这样一个假定，这个令人不快的可能性就被避免了。

那么$(\lambda_p, (z^j), (x^i))$也是一个瓦尔拉斯均衡。

(2) 我们将想要(因为阐述的方便)推断出均衡价格是非负的。在第6章中我们通过假定偏好是非递减的而得到这个结论。这里它将非常有效。不过我们可以同样地假定至少有一个厂商可以使用自由处置的技术。(证明留给你。)根据这两个原因中的一个,我们此后将假定均衡价格总是非负的。当然,局部非饱和性意味着均衡价格不能全都是零。

(3) 因为消费者是局部非饱和的,我们知道在任何均衡中,消费者将花费掉他们的全部预算,或 $p \cdot x^i = p \cdot e^i + \sum_{j=1}^{J} s^{ij} p \cdot z^j$。把这个在 i 上加总,利用 $\sum_{i=1}^{I} s^{ij} = 1$ 的事实,那么你将推断出:

$$p \sum_{i=1}^{I} x^i = p \cdot e + p \cdot \sum_{j=1}^{J} z^j$$

这里 $e = \sum_{i=1}^{I} e^i$ 是社会禀赋。那么,根据(2),在均衡中任何超额供给的商品一定有零价格。

我们在第6章中说的关于这种约简型的解概念的可信性的所有内容可以扩展到带有厂商的设定中。我们没有具体指定一个交易机制或交易制度,所以这是一个约简型的解概念。有很多现实的原因去怀疑一个经济中经济活动的结果将近似一个瓦尔拉斯均衡。但是有实验证据来支持这个概念,至少在非常周密的控制的条件下。

8.4.3 福利定理

当考虑一个瓦尔拉斯均衡的效率时,我们只关心消费者的偏好。相应地,对于一个固定的一般均衡经济,以下的定义被给出:

定义 8.4 (1) 这个经济的一个计划包括一系列生产计划 (z^j),每个厂商有一个生产计划,以及一系列消费计划 (x^i),每个消费者对应一个消费计划。一个计划 $((z^j), (x^i))$ 被称作可行的,如果对每个 j 有 $z^j \in Z^j$,对每个 i 有 $x^i \in X$,且 $\sum_{i=1}^{I} x^i \leqslant \sum_{i=1}^{I} e^i + \sum_{j=1}^{J} z^j$。

(2) 一个可行的计划 $((z^j), (x^i))$ 是帕累托有效的,如果没有其他可行的计划 $((\hat{z}^j), (\hat{x}^i))$ 使得配置 $(\hat{x}^i)$ 帕累托优于 (x^i)。

定理 8.1 福利经济学第一定理 如果 $(p, (z^j), (x^i))$ 是一个瓦尔拉斯均衡,那么 $((z^j), (x^i))$ 是一个帕累托有效的计划。

这个证明与在纯交换经济中的证明差不多。假定 $(p, (z^j), (x^i))$ 是一个瓦尔拉斯均衡而且存在某个可行的计划 $((\hat{z}^j), (\hat{x}^i))$ 使得配置 $(\hat{x}^i)$ 帕累托优于 (x^i)。因为"戴帽子"的计划是可行的,那么 $\sum_{i=1}^{I} \hat{x}^i \leqslant \sum_{i=1}^{I} e^i + \sum_{j=1}^{J} \hat{z}^j$。因为价格 p 是非负的,我们可以用 p 左乘这个向量不等式然后保持不等号:

$$\sum_{i=1}^{I} p \cdot \hat{x}^i \leqslant \sum_{i=1}^{I} p \cdot e^i + \sum_{j=1}^{J} p \cdot \hat{z}^j$$

如上面所指出的,因为消费者们是局部非饱和的,

$$\sum_{i=1}^{I} p \cdot x^i = \sum_{i=1}^{I} p \cdot e^i + \sum_{j=1}^{J} p \cdot z^j$$

根据来自第 6 章的论证,我们知道对每个 i 有 $p \cdot x^i \leqslant p \cdot x^i$,对至少一个消费者 i 严格的不等式成立。所以:

$$\sum_{i=1}^{I} p \cdot e^i + \sum_{j=1}^{J} p \cdot z^j = \sum_{i=1}^{I} p \cdot x^i < \sum_{i=1}^{I} p \cdot \hat{x}^i \leqslant \sum_{i=1}^{I} p \cdot e^i + \sum_{j=1}^{J} p \cdot \hat{z}^j$$

看两端的两项,消去共同的项 $\sum_{i=1}^{I} p \cdot e^i$,这就剩下:

$$\sum_{j=1}^{J} p \cdot z^j < \sum_{j=1}^{J} p \cdot \hat{z}^j$$

因此对至少一个 j,有 $p \cdot z^j < p \cdot \hat{z}^j$。但是这将说明在价格 p 上,z^j 对这个厂商 j 来说不是一个利润最大化的计划,这是与瓦尔拉斯均衡定义的一个矛盾。

定理 8.2　福利经济学第二定理　假定偏好是凸的、连续的、非递减的和局部非饱和的,而且生产集是凸的。让 $((z^j), (x^i))$ 表示一个帕累托有效计划,使得 x^i_k 对所有的 i 和 k 都是严格正的。如果我们起初在消费者中间重新分配禀赋和股份,那么计划 $((z^j), (x^i))$ 是一个瓦尔拉斯均衡的计划部分。

我们将不会描述证明的细节。在第 6 章中使用的证明非常奏效,除了你不得不修改 X^+ 的定义之外;令

$$X^+ = \left\{ x \in R^K : x = \sum_{i=1}^{I} x^i, \text{对于某个可行的计划} ((z^j), (x^i)) \right\}$$

正如我们在第 6 章中指出的,此计划的配置部分 (x^i) 是严格正的假定太强了,而对这个结果的严肃的演绎将弱化这个假定。

冒着迷惑你的风险,我们增加一个关于效率的评论。我们早前表明,当一个竞争性行业中的某些厂商能够使用一个比其他厂商"更好的"的技术时,更好的厂商将(1)获得利润且(2)在比有效规模更大的规模上运营。[在课后习题 2 中你将证明(1)意味着(2)。]如果对于能够进入一个完全竞争行业的厂商数目有一个限制的话,同样的事情可以发生;行业中的厂商能够获得正的利润,因此在大于有效规模的规模上生产。(参阅课后习题 4 中的一个例子。)这些"无效率"如何与福利经济学第一定理的结果相符?在定理中有没有一个隐含的假定(它保证一个瓦尔拉斯均衡是有效率的)说对于由任何厂商拥有的任何生产技术 Z,将总有一长队的潜在进入者拥有这种技术?是否意味着在一个瓦尔拉斯均衡中的厂商总是获得零利润?

最后两个问题的答案是完全的否定。关于这一点的任何困惑起源于因为"效率"被以两种不同的方式使用。福利经济学定理中的效率属于相对于经济的生产能力的

效率,它(部分地)由拥有每种技术的厂商数目所决定。在一个均衡中,如果一个厂商获得正的利润且在大于有效规模的规模上生产,那么我们将能够在均衡计划上(在帕累托意义上)改进,如果我们能够创造更多拥有这种技术的厂商的话。但是在福利经济学定理中效率不是这样被定义的;那些定理中的效率是相对于给定经济中现有的厂商的。

我们可以用两种方式来解读这个区别。一方面,早前对在超过有效规模的规模上生产的厂商的讨论,不应该被拿来说明市场体系(带有作为价格接受者的厂商)导致可校正的无效率;给定经济的技术,市场体系将会尽其所能地良好运行。另一方面,即使在一个经济中的所有厂商都是竞争性的,当有获利的厂商时,通过把获利厂商的技术转移给其他厂商,我们可以潜在地"改进"在一个瓦尔拉斯均衡中实现的商品配置。(这最后的建议并不是一个严肃的政策建议。我们不得不担心创新者对有利可图的创新的供给。如果政府把任何有利可图的创新立即从创新者那里转移给很多竞争者,对创新就不会有太多的激励。因为此时此刻这些问题是远超出我们讨论范围的,我们把它们留给感兴趣的读者去继续研究。)

8.4.4 外部性、税收和效率

正如我们在第 6 章中指出的,外部性能够推翻福利经济学两个定理的结论。这一点在这里和在纯交换的设定中一样成立。在第 6 章,我们考虑了消费的外部性;厂商增加了消费外部性的可能性,正如任何一个曾住在炼油厂或者化工厂附近的人可以证实的那样。[1]但是厂商的存在给我们一种要担心的新类别的外部性,亦即生产外部性。

生产外部性中的观点是,一个厂商通过它对生产计划的选择(或者,就此而言,一个消费者通过她对消费束的选择)改变了其他厂商的生产计划的可行集。一个坐落在河边的化工厂,必定会改变它下游邻居——一个软饮料制造商的可行的技术。当石油来自一个共同的地下石油层,一个厂商从一块土地上提炼石油,会影响它相邻的厂商提炼石油的容易程度。一个饲养绵羊的厂商,在乡村绿地上放牧绵羊,会影响想要在同一片乡村绿地上放牧山羊的邻居的前景。

当这种生产外部性存在时,福利经济学定理再一次出错。我们将指出福利经济学第一定理的证明将在哪里失效,留给你(更难的)任务证明,在这类情形中,一个瓦尔拉斯均衡绝对会是无效率的。这个定理刚好在末尾失效。回想我们假设一个可行的计划$((\hat{z}^j), (\hat{x}^i))$帕累托优于瓦尔拉斯均衡计划$((z^j), (x^i))$。我们推断出(而且将继续得到结论,假设没有消费外部性的问题)在这种情形中一定是:

$$\sum_{j=1}^{J} p \cdot \hat{z}^j > \sum_{j=1}^{J} p \cdot z^j$$

---

[1] 我们应该指出,只要来自炼油厂和化工厂的废水和有毒气体被模型化为商品,我们将不得不改写我们已经介绍的理论的很多部分;这些是对它们的偏好不是非递减的商品,而且它们不是被厂商自由处置的。如果你继续阅读有关一般均衡的理论,你会看到如何模型化像这样的有害商品。

这里 p 是瓦尔拉斯均衡价格。由此我们推断出,对至少一个厂商,有 $p \cdot \hat{z}^j > p \cdot z^j$,它被用来表明在价格 p 上,z^j 对厂商 j 来说不是利润最大化的。但是当存在生产外部性时,这最后一步不怎么奏效。当存在生产外部性时,厂商 j 能做什么取决于由其他厂商挑选的生产计划;我们将写出类似 $Z^j((z^j), (x^i))$ 的东西来表示厂商 j 的生产可能集。于是,$\hat{z}^j \notin Z^j((z^j), (x^i))$ 而 $\hat{z}^j \in Z^j((\hat{z}^j), (\hat{x}^i))$ 会是可能的。也就是说,$\hat{z}^j$ 将为厂商 j 给出更好的利润,但是给定其他厂商和消费者采用计划 $((z^j), (x^i))$,它是不可行的。

税收给出质疑这两个福利经济学定理的更进一步的理由。这种说法可能看起来相当反常,因为你可能已经阅读过福利经济学第二定理说道要改变在消费者中间的效用分配,你应该通过一个税收和补贴的系统来重新分配禀赋,然后让市场开始运行来实现效率。但是,在理解这个福利经济学第二定理以及和它一起的这种"税收和补贴"时,你需要非常小心。

在福利经济学第二定理中,人们从禀赋开始,而且对禀赋的一个重新分配被假定为在任何经济活动开始前就已经完成了。相反地,现实经济中再分配的税收和转移,是由对经济活动的产出/结果的税收来承担的。你用闲暇——你禀赋的一部分来交易用来购买消费品的工资,而且在美国经济中的主要税收形式——一种所得税将拿走那些工资的一部分。因此当你决定用多少闲暇交易工资时,你基于你的税后收入来做一个边际计算。你的雇主在决定购买多少劳动时,在税前工资的基础上进行计算。(事实上,雇主关注工资对她税后利润的影响,这混合了很多税收效应。)这里的要点是,在福利经济学定理中,所有消费者和厂商面对相同的一套价格——相同的一套边际权衡取舍,这对结果是至关重要的。在一开始重新分配禀赋不会引起问题,因为这类再分配不影响个人面对的(均衡)边际权衡取舍;特别是,所有厂商都面对相同的利润率。但是当我们对工资征税或者对商品征消费税或营业税时,买者和卖者面对的价格就被迫分离,于是没有特别的理由认为效率将作为结果发生。

这将导致福利经济学第一定理的证明在哪里失效呢?回想那里的证明以 $(p, (z^j), (x^i))$ 是一个瓦尔拉斯均衡,而 $((\hat{z}^j), (\hat{x}^i))$ 是一个帕累托更优的可行计划的假设开始。利用可行性约束和价格是非负的事实,我们用均衡价格左乘可行性约束的每一边,为"戴帽子"的计划得到一个"价值"不等式,同时(利用局部非饱和性)为均衡计划得到一个价值等式。从那里,通过逐个消费者、逐个厂商地比较消费束和生产计划的价值,我们接着又导出一个矛盾。

当经济中不同的参与者面对着同一种商品的不同价格时,我们要做什么?我们仍然可以利用厂商和消费者面对的价格,来做逐个消费者、逐个厂商的比较。但是从可行性不等式到价值等式/不等式的过程中,我们不能使用不同的系列价格。这整个证明方法失效。

有充分的理由对被一般均衡模型直接省掉的内生经济变量比如收入征税。把这种立场当作给定的:就能力或者运气方面来说,从更幸运的人那里重新分配某些数量给不那么幸运的人是公平的,如果必要的话,即使以一些效率损失为代价。福利经济学第二定理说,理想情况下,你不需要遭受任何效率损失;事先弄清楚谁处在更幸运的那一类之中,然后把他们的一些禀赋转移给不那么幸运的人。但是这个方案假定更幸运的人和不那么幸运的人能够在一开始就被识别出。禀赋和在厂商中的股份是公开可得的数据；在这些方面幸运的人无法"隐藏"她的财产以躲避收税员。在现实中，我们无法说出谁是更幸运的和谁是不那么幸运的——谁将是走运的、谁有更多能力，等等。我们获得的线索将是基于观测到的市场数据比如收入水平。那么，因此，公平的再分配很可能不得不以一些效率损失为代价来实现。

我们可以通过操控我们征收的税收类型，来尝试使效率损失尽可能得小。财政学的文献中有对此的讨论。你尤其被要求关注那些有关最优税收的文献；这里一个社会福利函数被给出，服从于一个更接近现实背景的信息约束，分析者利用第 5 章的方法来找到一个最优税收系统，即平衡来自更公平的收入分配的收益和效率损失的一个系统，其中收益由此社会福利函数得出，损失由约束束紧的程度所捕捉。

8.4.5 存在性和局部唯一性

最后，是关于带有厂商的经济的瓦尔拉斯均衡的数目问题。回想在第 6 章，我们讨论了类似于"满足某些条件的每个交换均衡[*]有至少一个均衡，而'大多数'交换经济只有有限多个均衡"的结果。对于带有竞争性厂商的经济可以得到类似的结果。关于"大多数"经济有着有限多个均衡的结果，需要的数学运算完全超出本书的范围，因此我们不做进一步的评论，不过对于那些仔细阅读了有关交换经济中均衡存在性子节的读者，我们把一些简短的技术性评论包括进来：

第 6 章中简述的那种不动点技术也适用于带有竞争性厂商的经济背景以证明存在性。除了关注在给定价格上的消费者需求之外，我们也必须关注厂商对净生产向量利润最大化的选择。这些选择将必须是在数学上性质良好的，正如消费者的需求选择被要求是性质良好的那样。不过我们已经看到这能够被完成：如果 Z 是凸的，那么在一套给定的价格上，厂商的利润最大化问题的解集是凸的［命题 7.3(2)］；而且如果 Z 是闭的，把每个价格向量与解的集合联系起来的对应是上半连续的(第 7 章中的课后习题 4)。事实上，在带有厂商的一般均衡方面进行的很多工作都是试图避免保证厂商的利润最大化问题对于任何价格都有解的关于 Z 的非常强的假定。特别地，一般均衡理论家们喜欢得到存在性的结果，即使当生产技术有着不变的规模报酬，这里存在性证明的一部分将是厂商能够获得无限利润的价格将会被避免。

8.5 书目提要

事实上，每本教科书对完全竞争市场的局部均衡分析的介绍方式，都与其他教科书稍微有所不同，所以你可能想要通过查看其他教科书中的处理来充实关于局部均衡的材料。我也强烈推荐查看大致完全竞争行业的一些例子；正如本教材中指出的，油轮航运业的案

---

[*] 原文为"exchange equilibrium"，但交换经济更合适。——译者注

例是一个有足够的事情发生使得与理论的对照非常有趣的例子。

至于带有厂商的一般均衡,标准的参考文献在第6章末尾将被给出,即 Debreu(1959) 以及 Arrow 和 Hahn(1971)依然是最好的去处。

关于完全竞争模型令人不满意的事情之一是厂商的猜测通常是错误的;厂商假定它们没有市场势力,而实际上它们有一些。我们可能希望得到正式的结果表明,作为在其中厂商有(且意识到它们有)少量市场势力的经济的一个近似模型,完全竞争是合适的。如果你是非常有雄心的,你可能想要处理这个主题,关于这个主题有一类文献。在查看这类文献之前,你可能应该先完成本书的第三部分的学习。不过,如果任何时候你准备好了,都可以从1980年4月份 *Journal of Economic Theory* 的专题论文那一期开始。

参考文献

Arrow, K., and F. Hahn. 1971. *General Competitive Analysis*. San Francisco: Holden-Day.

Debreu, G. 1959. *Theory of Value*. New Haven: Cowles Foundation.

Porter, M. 1983. Cases *in Competitive Strategy*. New York: Free Press.

课后习题

1. 证明命题8.1.

2. (1) 证明一个厂商在一个长期均衡中将永远生产一个(正的)数量,在这个数量上它的长期平均成本是下降的,这是和完全竞争的理论不一致的。对于在其中所有厂商都有着持续下降的平均成本的一个行业,这可能导致的后果是什么?

(2) 证明在任何长期均衡中,厂商们在有效规模或者更大的规模上生产,而且如果一个厂商获得正的利润,它一定是在大于有效规模的规模上生产。(你可以假定平均和边际成本曲线都是连续的。)

关于在第8.2节和第8.3节中给出的例子的无穷变形可以被做出。习题3是相当难的;在其中你考虑教材中第二个例子中的"均衡动态"。在习题4中,你看到如果对一个竞争性的行业存在有限制的进入会怎样;在习题5中,我们考虑厂商拥有许多不同技术的情形;而在习题6中,你要完成当一种要素价格改变时的"均衡动态"。

3. (1) 在对第8.3节的例子的分析中,我们完成了对于 kapitose 的价格取决于 pfillip 消费者对 kapitose 的需求的情形来说的 pfillip 的长期均衡供给曲线:kapitose 的价格 q 是 $K/200$,这里 K 是 pfillip 行业对作为一种生产要素的 kapitose 的需求。假设对 pfillip 的需求由 $D(p)=400-100p$ 给出。长期均衡是什么?(这应该是非常简单的。)

(2) 假设对 pfillip 的需求是由 $D(p)=750-150p$ 给出。长期均衡是什么?(这里以及冑穿此习题的余下部分,你将可能需要诉诸数值计算。)

(3) 假设对 kapitose 的需求由 $D(p)=400-100p$ 开始,而且你在(1)部分中计算的长期均衡达到了。那么,如果对 pfillip 的需求突然变为 $D(p)=750-150p$,那么新的短期均衡是什么?在短期中厂商不能进入或退出行业,也不能改变它们对 kapitose 的使用水平。(再一次,给定教材中的内容,这是非常简单的。)

(4) 由(3)部分继续,中期均衡是什么?在中期厂商不能进入或退出行业,但是可以改变它们对 kapitose 和 legume 的使用水平。(祝你好运!)

4. 假设由于某种原因,只能有 300 个厂商生产 pfillip;比如,只有这 300 个厂商有许可证。在长期,这 300 个厂商可以退出市场(而且如果条件许可,以后再进入),而且它们可以改变它们使用的 legume 和 kapitose 的数量。在中期,厂商不能退出(或进入),不过它们可以变动它们的要素使用。在短期,厂商只能改变它们的 legume 使用水平。假定 kapitose 价格是 $q=0.50$,无论被 pfillip 生产者使用的 kapitose 有多少。(也就是说,我们回到第 8.2 节中的设定。)

(1) 假设需求是由 $D(p)=400-100p$ 给出。这个行业的长期均衡是什么?

(2) 假设在(1)部分计算的均衡被达到了,然后需求突然变为 $D(p)=750-150p$。短期均衡的位置是什么?中期均衡的位置是什么?新的,长期均衡的位置是什么?

(3) 长期行业供给曲线是什么?

5. 假设生产 pfillip 有两种生产方法。在第一种里面,生产函数是 $y=k^{1/6}l^{1/3}$ 且固定成本是 $1/6$。在第二种里面,生产函数是 $y=k^{1/9}l^{2/9}$ 且固定成本是 $1/4$。有 100 个厂商能够使用第一种技术,不过只有这 100 个厂商可以使用这种技术。有无数的厂商可以利用第二种技术。假设 kapitose 价格是 \$0.50,无论被 pfillip 生产者使用的 kapitose 有多少。

(1) 这个行业的长期行业供给曲线是什么?

(2) 假设需求是由 $D(p)=400-100p$ 给出。这个行业的长期均衡是什么?

(3) 假设需求突然变为 $D(p)=750-150p$。解出短期、中期和新的长期均衡。

6. 在 psillip,一种非麻醉的松弛剂的生产中,有三种生产要素:legume、kapitose 和 jehosa。让 l 代表 legume 的数量,k 代表 kapitose 的数量,j 代表 jehosa 的数量,生产函数是:

$$y=f(j,k,l)=j^{1/6}k^{1/6}l^{1/6}$$

legume 的价格是固定的每单位 \$1;kapitose 每单位花费 \$4,而且,在此习题的开头,jehosa 每单位花费 \$2。很多厂商都可以进入这个行业,它们中所有的厂商都可以使用这种技术,而且它们中的每一个,如果是活跃的,必须支付 \$216 的固定成本(除了任何要素投入品的成本之外)。对 psillip 的需求是由 $D(p)=1440-10p$ 给出的,这里 p 是 psillip 的价格。

(1) 假定自由进入和退出的条件,同时假定所有的厂商在所有的市场上都是价格接受者,在这些条件下,psillip 市场的长期均衡是什么?计算:均衡价格、数量、厂商的数目、每个厂商的产出、每个厂商使用的要素的数量、每个厂商的利润。(提示:均衡价格是 \$72。)

(2) 突然 jehosa 的收成减少,于是 jehosa 的价格暴涨到每单位 \$4。在超短期内,厂商们能够改变它们投入到生产中的 legume 的数量,但是 jehosa 和 kapitose 的水平是固定的,而且厂商的数目也是固定的。在中短期,厂商们能够改变它们使用的 legume 和 jehosa 的数量,但是 kapitose 的水平是固定的,且厂商的数目也是固定的。在中期,kapitose 加入 legume 和 jehosa 成为一种可变的生产要素,但是厂商的数目是固定的。而在长期,存在 这个行业的自由进入和退出。求解这个行业的超短期、中短期、中期和长期均衡,从(1)部 分的均衡位置开始。当你求解长期均衡时,不要担心厂商的小数的数目。

下一个习题是在两个互相联系的市场的背景下变动一种要素价格。

7. rhillip 是一种非麻醉的营养品,在它的生产中,需要两个步骤。第一步,legume 和 kapitose 被用来生产 rhipigume。第二步,rhipigume 和更多数量的 kapitose 被用来制作 rhillip。rhipigume 除了用来制造 rhillip 之外,没有其他的用途;正如你到现在为止所清楚 知道的,legume 和 kapitose 是很多专门化学药品的主料。

为本习题起见,假设 legume 和 kapitose 是在完全竞争市场上被交易的。kapitose 的 价格是 \$1, legume 的价格是 \$4(暂且)。

rhipigume 是由一个完全竞争行业生产,此行业挤满了很多相同的厂商,每个厂商都 有生产函数:

$$r = k^{1/4} l^{1/4}$$

这里 r 是用 k 单位的 kapitose 和 l 单位的 legume 生产的 rhipigume 的数量。此行业中的 每个厂商也面对 \$16 的固定成本。对此行业有完全自由的进入和退出。

rhillip 是由另一个完全竞争行业生产。(由于法律上的原因,没有厂商能够既生产 rhillip 又生产 rhipigume。)这个行业中也有很多厂商,每一个都有生产函数:

$$R = k^{1/4} r^{1/4}$$

这里 R 是用 k 单位的 kapitose 和 r 单位的 rhipigume 生产的 rhillip 的数量。这个行 业中的每个厂商有着 \$72 的固定成本。对此行业有完全自由的进入和退出。对 rhillip 的 行业需求是由以下方程给出:

$$P = 96 - R/10$$

这里 P 是 rhillip 的价格,R 是带入市场的 rhillip 的总数量。

(1) 这两个行业中的长期均衡是什么? 我想要知道这两种商品的价格、在每个行业中 的厂商的数量、每个厂商的产出品供给和要素需求、每个厂商的利润,以及总的行业供给 和要素需求。

在短期,两个行业中的厂商都可以改变它们在生产中使用的 kapitose 的数量,但是不 能改变 legume 和 rhipigume 的数量。在中期,厂商能够改变它们的要素投入品的数量,但 是对任何一个行业的进入或退出是不可能的。在长期,进入和退出变得可能。

(2) 从你在(1)部分计算的位置开始,legume 的价格突然跌到 \$0.25。在短期,在这两 个行业中将发生什么? 在中期呢? 在长期呢? (对于长期,不要担心厂商的数目以小数形 式出现。)

下一个习题解决当存在规模报酬不变时发生什么。

8. 假设在一个用 kapitose 和 legume 生产一种非麻醉的止痛剂 zipple 的行业中,单个 厂商的生产函数是 $f(k, l) = k^{1/3} l^{2/3}$。 在这个问题中,厂商没有固定成本。假设 kapitose

的价格由 $q=1/2$ 给出且 legume 的价格是 \$1. 假设此行业中恰好有 100 个厂商；如果它们是无利可图的，它们可以退出，但是没有其他厂商能够进入。

(1) 如果对 zipple 的需求由 $D(p)=400-100p$ 给出，长期均衡是什么？有没有不确定的长期均衡的部分？（是的！）

(2) 需求变为 $D(p)=750-150p$. 新的短期均衡是什么，在那里厂商们能够改变对 legume 的使用但不能改变对 kapitose 的使用？你在 (1) 部分发现的不确定影响你对这部分的回答吗？

接下来我们有一个简单的指法练习，在第 19 章中它还会回来困扰你。

9. 假设有一个行业生产一种特殊产品，对这种产品的需求由 $P=100-X$ 给出。有两种生产要素，资本 K 和劳动 L；它们的价格始终都将是 \$1. 厂商们都拥有相同的技术，由一个固定系数的生产函数给出：

$$Y = \left(\min\left(\frac{K}{\alpha}, \frac{L}{1-\alpha} \right) \right)^{1/2}$$

这里 Y 是产出水平，α 是来自 $(0,1)$ 的某个常数。每个厂商有着 \$16 的固定成本。

(1) 假设此行业中恰好有 6 个厂商；如果它们无利可图可以退出，但是没有厂商能够进入。在这种情形下的长期均衡是什么？（尽管只有 6 个厂商，对于它们对各种价格的影响，它们都抱有竞争性的猜测。）

(2) 假设存在对此行业的自由进入。长期均衡是什么？

10. 假设在一个一般均衡经济中的一个厂商拥有一种满足自由处置性质的技术。证明瓦尔拉斯均衡价格是非负的。

11. 考虑以下的经济：有三种商品：legume、tillip 和 quillip；两个消费者（称作 1 和 2）；两个厂商（称作 x 和 y）。厂商 x 由消费者 1 完全拥有，按照简单的线性生产技术 $t \leqslant 3l$，用 legume 制造 tillip。也就是说，对于每单位 legume 的投入，此厂商生产 3 倍（或少于）单位的 tillip。厂商 y 被消费者 2 完全拥有，按照生产技术 $q=4l$，用 legume 生产 quillip。每个消费者最初拥有 5 单位的 legume。消费者 1 有效用函数 $u_1(t, q)=6+0.4\ln(t)+0.6\ln(q)$. 消费者 2 有效用函数为 $u_2(t, q)=8+\ln(t)+\ln(q)$.

(1) 这个经济的一般均衡是什么？假定厂商们把价格当作给定的且是利润最大化者，消费者也把价格当作给定的。当你给出价格时，把它们标准化，那么 legume 的价格为 \$1. 如果股权被调换，一般均衡将是什么？如果每个消费者持有每个厂商一半的股权呢？

(2) 这个经济的所有可行的，帕累托有效的配置的集合是什么？

▶9

垄　断

垄断理论表面上看起来是非常简单易懂的。但是这个简单易懂的理论背后存在着一些深刻而有趣的问题。这里我们将不能回答这些问题的大部分,但是我们可以提出这些问题,然后对答案可能看起来是什么样的给出一个大致的想法。稍后在本书中我们将看到一些已被发展出来的答案。

9.1　标准的理论

在一个垄断市场中,我们假设一种商品有很多买者和单一的卖者。这个单一的卖者被称作**垄断厂商**(monopoly)。[①]买者被假定为价格接受者,而且和在完全竞争的情形中一样,作为价格函数的其需求是由一个总需求函数给出的。我们将写出 $D(p)$ 代表在价格 p 上的需求水平,同时我们也写出 $P(d)$ 代表**反需求函数**(inverse demand function);也就是说,$P(D(p))=p$。为了保证一个明确定义的反需求函数存在,关于需求我们必须作出某些假定。不过我们心安理得的地作出那些假定:假定需求是向下倾斜的。事实上,为了保持数学运算简单,我们假定 D 是一个连续可微的函数,它的导数在任何使得 $D(p)>0$ 的自变量 $p>0$ 上是严格负的(且有限的)。为了适用于"边角情形"(corner cases),我们假定如果所讨论的商品价格被设定为 0,垄断厂商能够卖出和它想要卖出的一样多的商品。我们不要求需求函数在零价格处连续;也就是说,在任何正价格上,关于被需求的数量,可能存在一个有限上界。而且我们不要求在每个价格上的严格正的需求;在某个有限的价格上(以及在所有更高的价格上)需求可能是零。

垄断厂商被假定为由一个总成本函数 $TC(x)$ 来描述其特征,这里 x 是垄断厂商的产出水平。然后,标准的理论运行,垄断厂商设定产出数量 x 来最大化它的利润:

$$\max_x P(x)x - TC(x)$$

---

① 这是一个厂商,所以我们将使用非人格化的代词它。尽管这有时是难处理的,我们将指的是这个垄断厂商,就如同是它在做决策一样;我们应该指的是这个垄断厂商的经理,但是那样就变得太痛苦了。

这给出一阶条件：

$$P'(x)x + P(x) = MC(x)$$

也就是说,我们得到**边际收益等于边际成本**。[a]注意这里垄断厂商关于它的产品价格将如何随着产出水平的变化而变化的猜测(conjectures)(或者,换种说法,需求水平将如何随着他要价的变化而变化)是正确的;它们是由真实的市场需求曲线给出的。把这点和第8章中的完全竞争者作比较,那里它们的猜测是轻微错误的。

回想第 7 章我们可以把边际收益重新写作 $P(x)(1 + 1/\epsilon(x))$,这里 $\epsilon(x) = P(x)/(xP'(x))$ 是需求弹性。因为 $P(x)$ 是递减的(根据假定),ϵ 是一个负的函数。当 $-\epsilon(x) < 1$,需求被称作是**缺乏弹性的**(inelastic),当 $-\epsilon(x) > 1$;需求被称作是**富有弹性的**(elastic);而当 $-\epsilon(x) = 1$ 时,需求被称作是具有**单位弹性**(unit elasticity)。从以上给出的边际收益的公式,我们看出这意味着,当需求缺乏弹性时,垄断厂商的边际收益是负的;当需求具有单位弹性时,它是零;当需求富有弹性时,它是正的。注意,每当边际收益是负的,垄断厂商通过减少销售量来增加收益。因为通常假定,边际成本总是正的(或者,至少是非负的),这意味着一个垄断厂商决不会在需求缺乏弹性的数量上生产。如果边际成本在每处都是严格正的,那么生产将决不会是在需求具有单位弹性的水平上进行。

我们也可以考虑垄断者选择一个最优的价格 p。在这种情形中,垄断厂商的问题将被写作:

$$\max_p D(p)p - TC(D(p))$$

一阶条件是:

$$D'(p)p + D(p) = MC(D(p))D'(p)$$

如果你记得函数 $f(x)$ 的反函数的导数公式是 $df^{-1}(y)/dy\,|_{y_0} = 1/(df/dx)|_{x_0 = f^{-1}(y_0)}$,你将看到这是和之前一样的一阶方程。

没有假定说垄断厂商将在一个有效率的规模上生产(也就是说,在平均成本是最小的规模上)。在图 9.1(1)中,我们看到垄断厂商将在一个无效率的大规模上生产的一种情形,而在图 9.1(2)中是垄断厂商将在一个无效率的小规模上生产的一种情形。

我们如何知道这点的呢? 问题是找到边际收益曲线的位置。在图 9.2 中你被给出这么做的一个几何步骤;如果你使用这个步骤,你记得边际成本和平均成本的相对位置,而且你记得垄断厂商使得边际收益和边际成本相等,你应该对这些结论没有问题。不过这造成一个问题:为什么这个几何步骤是正确的? 课后习题1将要求证明。

---

a 我们是马马虎虎的,假定垄断厂商问题的一个解处在某个有限的产出水平 x 上。要证明这个假定是合理的,最容易的方法是假定超过某个有限的供给水平价格为零,而随着供给变为零,价格保持有界。不过我们不把注意力限定在例子中的这类情形中,细心的读者无疑会随着我们继续讨论检查我们的说法。此外,在边际收益等于边际成本的方程中,我们没有检验二阶条件。不过在例子中,TC 将是凸的且 TR 将是凹的,所以我们将一直平安无事。

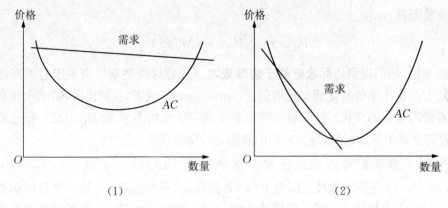

注:垄断厂商的最优规模在图(1)中是无效率的大,在图(2)中是无效率的小。

图 9.1　垄断厂商的最优规模

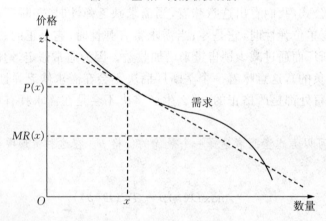

注:在数量轴的任意点 x 上,画出反需求曲线 $P(x)$ 的切线回到 p 轴。测量从点 z 即切线和 p 轴相交的点到 $P(x)$ 的距离,然后从 $P(x)$ 在另外一边移动一个相同的量,即 $MR(x)$。也就是说,$MR(x) = P(x) - \left(z - P(x)\right)$。

图 9.2　计算边际收益的值

好了,这就是垄断的标准理论的全部内容。我们认为垄断厂商能够选择它将供给的数量,或者等价地,它将索要的价格,然后作为结果的均衡价格或数量被从需求曲线上读出。但是,这个简单的经典理论受制于很多问题、注意事项、变形,以及详尽阐述。接下来的几节,简述其中一些。

9.2　维持垄断

你可能想知道,例如,垄断厂商是如何成为一个垄断厂商的,以及为什么它保持那样。如果垄断厂商获得利润,为什么此行业没有吸引新进入者? 可能是法律障碍阻止进入。垄断厂商可能持有关于某种特定的生产流程或者某种特定产品的一个专利。或者对于任何竞争者来说,进入这个市场可能是非法的。当生产技术偏爱唯一的非常大的公司——平均成本在所有产出水平上都是下降的时候,这尤其可能发生。(平均成本在每个产出水平上都下降的情形,有时候被称作一个"自然垄断"的情形。)在诸如这种情形中,垄断厂商易于受到管制，它不能随意要价，而是相反它必须为自己设定的价格获得某个管制机构的批准。在关注这种情况的管制经济学方面有非常多的文献。

我们可能发现一个垄断行业的另一个原因是，虽然其他公司能够进入这个行业，垄断厂商以一种预先阻止潜在竞争者的方式行动。一个与 Bain 和 Sylos-Labini 的名字联系在一起的这类经典故事运行如下：假设一个行业，对于任何一个厂商来说，有一个不变的可变生产成本，比如每单位 \$1，以及一个共计为 \$2.25 的固定成本。（这些数字是为了方便，不是现实的数字。）这种生产技术对全体厂商都是可获得的。这个行业的需求由 $D(p) = 9 - p$ 给出。眼下，在这个行业中有一个单一的厂商（看起来似乎是一个垄断厂商）。注意垄断的标准理论表明，这个垄断厂商将使得边际成本，也就是1，和边际收益相等，边际收益在产出水平 x 上是 $9 - 2x$。（根据总收益 $= 9x - x^2$ 求导。）这给出 $x = (9-1)/2 = 4$，$P = 5$，于是垄断利润为 $4 \times (5-1) - 2.25 = 13.75$。

但是尽管有标准理论的预测，经检验发现垄断厂商已经把产出数量设定为等于5，因此实现利润为 $5 \times (4-1) - 2.25 = 12.75$。当被问及为什么时，垄断厂商回应道：

> 外面有许多人将进入这个行业然后夺走我的利润，如果他们认为自己能够获得利润的话。所以假设你处在他们的位置。我（垄断厂商）在这里，产出量为5。如果你进入然后有一个 x' 的产出，假定我把产出水平保持在5上，价格将会是 $9-5-x'=4-x'$，所以你的赚头(margin)（不算你的固定成本）将是 $3-x'$。于是你将（最优地）设定 $x'=1.5$，所以你的毛利润将是 2.25。也就是说，至多你将只是刚刚足够支付你的固定成本。因为你不会获得一个正的利润，所以你不会进入，于是我将保持垄断地位。另一方面，如果我正生产4单位，而且潜在进入者认为我将维持在这个产出水平上，那么他们将能够支付他们的固定成本，于是他们将进入。我把产出水平选为5也许在短期看来是愚蠢的，但是如果它阻止你（以及其他潜在进入者）进入我的市场，它就是一个可采取的好策略。

这里的大意是垄断厂商对数量和/或价格的选择可能是基于保持垄断地位的策略，而不是最大化短期的利润。

请注意刚刚讲的故事有相当多的问题，主要涉及假定的跟随，如果你作为一个潜在进入者选择进入：为什么你假设在你进入之后垄断厂商将把它的产出数量维持在5单位？为什么它不容纳你的进入？如果你进入了它将做什么？我们目前还无法谈论这种事情（首先，因为它们涉及在一个双头垄断中会发生什么）。因此我们将把这个简单的**进入遏制**(entry deterrence)故事暂且搁置，在第13章再回来讨论它。不过核心问题仍然是：如果垄断势力不是被法律授予的，那么垄断厂商可能为了维持垄断势力而采取行动，这种行动可能是与短期利润最大化非常不同的。因此，想要分析垄断厂商在它的市场中将做什么，关键是得到以下问题的答案：垄断来自哪里？为了维持它，什么（如果有的话）是必须做的？

尽管这可能把这个主题一棍子打死，也应该被指出的是，即使当垄断产生于法律保护，比如一个专利，像刚刚提到的那些考虑因素也可能闯入。假设一个制造商持有一个关于某种特定产品的坚不可摧的专利。专利保护的范围不会总是扩展到对专利产品的近似替代品的保护。如果替代产品被生产和售卖，它们通过抚平和移入垄断厂商的需求曲线来限制垄断厂商的市场势力。也就是说,随着垄断厂商提高要价,它顾客中的很多人将转移到替代商品,于是它将看到可以售出的数量的一个急剧的下降。在这种情况下,观察到的将与标准理论相符;就是垄断厂商将面对相当富有弹性的需求。

但是(而且这是现在介绍这点的原因)假设那些替代商品没有被生产和售卖,那么垄断厂商可能以一种阻止那些替代品生产者进入的方式来行动。这个故事比以上简述的进入遏制的故事要更复杂一点,不过同样的基本观念适用。只要垄断厂商设定它的价格以阻止替代产品出现在市场上,我们根据标准理论,预期在短期中看到的,可能不会被观察到。

9.3 多产品垄断

有关垄断产品的替代品的想法在另一种背景——多产品垄断中被讨论。假设一个垄断厂商在互为替代品的两种不同的产品上持有垄断权利。通过提高一种产品的价格,就刺激了对另一种商品的需求;反之亦然。因此,我们很可能看到两种替代品的价格高于如果我们孤立地分析任何一个市场我们将预期的价格。

这种情形的一个极端形式,兼有我们以上讨论的那类进入遏制的特性,包含所谓的"沉睡的专利"(sleeping patents)。假设一个厂商在某种产品上持有垄断地位,它自己知道或听说一种近似替代品的存在,这种近似替代品还没有上市但可能被生产。这个垄断厂商于是可能力图获得这种替代品的专利(或者购买生产和销售的专有权。)然后,一旦它持有了生产这种替代品的专有权,它可能一点儿也不生产。尤其当存在巨大的固定生产成本时,垄断厂商可能通过仅生产数个近似替代品中的一个来最大化它的利润。因此,它获得专利以阻止其他任何人生产这种替代品,然后它把专利放在一边"睡觉"来最大化它的总体利润。

关于替代商品和垄断的第三个问题涉及产品种类的范围。一个垄断厂商经常提供它生产的基本产品的很多品种。在很多品种的供给中,垄断厂商是在和自己竞争;红的和蓝的小部件可能是近似替代品,而且只要垄断厂商出售红色小部件,通过提供蓝色的小部件,它减少了它自己的市场。如果没有额外的固定成本与提供多种颜色(或者,一般而言,不同的种类)相联系,就没有实际的问题。但是要么在生产要么在配送中,在存在增加的固定成本的情况下,那么垄断厂商必须决定提供多少(以及哪些)种类。我们把这些模糊的想法留在这里,尽管课后习题 9、10 和 11 将给你一些关于如何去模型和分析这个问题的意见。

另一方面,一个垄断厂商可能持有在两种互补商品上的垄断地位。降低其中一个的价格,会刺激对另外一种商品的需求。因此,我们可以预期看到价格比我们单独分析任一市场而预测的要低。举个例子,假设一个厂商同时为某种特定类型的照相术生产照相机和胶卷,对此它没有竞争对手。(考虑传统的照相术是一种替代品但不是一种完全替代品的一种情形。)不难想象这个厂商可能在一个相对低的价格上出售与它的胶卷配套的照相机,以刺激对它的胶卷的需求。

更有趣的是某种产品的一个垄断厂商也可以参与它并不持有垄断地位的第二个市场

的情形。举个例了，假设有潜在进入者准备好且乐意为第二个市场供给产品，同时假设涉及的产品是强互补品，那么垄断厂商也许能够利用它在第一种产品上的垄断地位来获得在第二个市场上的势力；我们得到一个所谓的**扩展的垄断**（extending monopoly）。举个例子，在一种特定类型的电脑上占有垄断地位的一个厂商，可能把电脑的销售和维修捆绑在一起（为了论证，我们假定任何人都能做到）。这家公司甚至可能走到完全拒绝出售它的电脑的极端——它将只租赁它们——从而它可以永远控制谁来维修这些机器。

9.4　非线性定价

标准的理论假定垄断厂商必须索要线性价格。也就是说，垄断厂商设定一个单位价格，消费者能够在那个价格上买入他们想要的尽可能多/少的单位。对于这个假定通常的解释是这种商品是被匿名购买的而且能够被转售。比如，如果这个垄断厂商，要给出一个数量折扣，那么有人可能买入一个很大的数量（在一个折扣上）然后以小批量转售给并不需要非常多数量的消费者。如果这个垄断厂商要对大的数量加价，那么想要一个大的数量的消费者将购买很多的小数量（或者让她的朋友购买小的数量，然后转卖给她）。但是，对很多种类的商品来说，对线性定价的这种解释并不说得通。电，或者电话服务，或者教育（或几乎任何种类的服务）的转售即使不是不可能也是困难的，而且对电或者电话服务的购买（至少）不是匿名的。当转售是不可能的且/或商品的购买不是匿名进行的时候，这个垄断厂商可能想要考虑使用非线性定价来增加它的利润。

这不仅仅对于垄断厂商来说是成立的。同样类型的考虑可能闯入寡头的情形，或者甚至是一个竞争性的行业。但是，就绝大部分而言，对非线性定价的分析被专用于垄断的背景，因为在不引入竞争的考虑因素的情况下，非线性定价已是足够难了。

对于一个垄断厂商来说，绝对最好的处境是：(1)知道每个消费者确切的效用函数，(2)能够为每个个体消费者量身打造一个"价格清单"，(3)能够绝对控制正在出售的这种商品的任何转售。然后垄断厂商可以向每个个体消费者给出一个"要么接受要么拒绝"的出价，这个出价将攫取消费者将通过消费我们讨论的这种商品而获得的所有剩余。也就是说，假设消费者的偏好可以由一个效用函数 $u(x,y)$ 来代表，这里 x 是这个消费者消费的这个垄断厂商生产的产品数量，y 是这个消费者拥有的用于购买其他产品的收入。所有其他价格保持不变。注意这个函数 u 类似于一个间接效用函数，而且它应该是被那些固定的其他价格所参数化。我们假设这个消费者拥有总收入（或财富）y^0，所以如果这个消费者不消费此垄断厂商的任何产品，这个消费者将有效用 $u^0 = u(0, y^0)$。现在假设这个垄断厂商向这个消费者给出一个"要么接受要么拒绝"的出价；这个消费者可能接受 x^* 单位的这种商品，总共支付 z^*。注意：这个消费者并不是被给予在一个每单位 z^*/x^* 的价格上接受他想要的尽可能多或尽可能少的产品的这种选择。这个消费者可能得到 x^* 或者一点儿没有，就是这样。于是，如果它给出的效用大于 u^0，这个消费者将接受这个出价；也就是说，如果 $u(x^*, y^0 - z^*) > u^0$ 的话。如果垄断厂商给出一个提供 x^* 的商品数量的"要么接受要么拒绝"的出价，我们可以看到这个垄断厂商，将在保持约束 $u(x^*, y^0 - z^*) > u^0$ 的同时把支付 z^* 定得尽可能高。[在对这个问题的数学分析中，我们将为这个严格不等式而苦恼。所以,在经济学中通常把此约束重写为 $u(x^*,y^0-z^*)\geqslant u^0$,而且如果无差异的话,要么假定这个消费者将购买,要么随后通过假定这个垄断厂商索要,比如,比 z^* 少 5 美分来回避。]

这是对单个消费者来说的。如果我们检查所有消费者,用下标 i 来标记它们,我们发现这个幸运的垄断厂商正力图解决问题:

$$\max \sum_i z_i^* - TC\left(\sum_i x_i^*\right)$$

$$\text{s.t.}\quad u_i(x_i^*,y_i^0-z_i^*)\geqslant u_i^0,\text{对于所有的 }i$$

这里 TC 是垄断厂商的总成本函数。让 λ_i 表示消费者 i 的效用约束上的乘子,在 z_i^* 和 x_i^* 处的一阶条件是:

$$1=\lambda_i\left.\frac{\partial u_i}{\partial y}\right|_{(x_i^*,z_i^*)}\text{ 和 }MC\left(\sum_i x_i^*\right)=\lambda_i\left.\frac{\partial u_i}{\partial x}\right|_{(x_i^*,z_i^*)}$$

把这两个式子结合起来,我们看到垄断厂商将使得每个消费者的商品对货币的边际替代率,等于它自己的"边际替代率",也就是它的边际成本。换句话说,垄断厂商将向每个消费者提供足够多的这种商品,所以消费者对此种商品的边际价值(就其他消费的美元来说)刚好等于垄断厂商的边际成本。(这与一个使用线性价格的垄断厂商的策略相比较如何呢?)于是垄断厂商通过把固定的"要么接受要么拒绝"的价格设定在消费者愿意支付的最大值处来攫取消费者获得的所有效用所得。这需要稍微多些的代数,但是可以被证明的是,除了强制之外,垄断厂商绝不可能做得比这更好了。

当然,支撑这个分析的假定是极端的。垄断厂商被假定为能够单独与每个消费者交易。它知道每个消费者的效用函数。它可以为每个消费者量身定制价格;一个消费者可能被要求为 100 单位的商品支付 $100,而第二个消费者从 50 单位的消费中获得更多效用,他可能被要求为那 50 单位支付 $500。(为了让这两者成为一个最优方案的一部分,第一个消费者对第 101 单位的边际估值,必须等于第二个消费者对第 51 单位的边际估值,而且这些中的每一个必须等于垄断厂商生产另一个单位的边际成本。)

事实上,一个垄断厂商有这么多的知识和能力看起来是不太可能的。即使垄断厂商知道每个个体消费者的效用函数,它可能被法律强制向任何消费者提供任何它向第二个消费者提供的交易。(在这种情形中,上述我们的第二位消费者将,看起来可能偏好为 100 单位支付 $100,而放弃为 50 单位支付 $500。)当然,如果垄断厂商不知道哪个消费者拥有哪个效用函数,那么它被迫向每个消费者提供同样一套交易,留给他们去挑选他们想要接受的交易。

然而,即使同样的一套交易必须被提供给所有的消费者(允许他们挑选他们想要的),非线性价格也可能派上用场。我们可以假设垄断厂商尝试线性价格,不过同时向每个消费者收取一个固定的费用;你可以在一个设定的每单位 p 的价格上购买和你想要的一样多的商品(作为一个消费者),不过只要你购买,你必须预先支付 k。或者我们可以设想一个方案,消费者在每单位 p_1 的价格上,最多能购买 n_1 单位,而更多的单位将每件花费 p_2。p_1 将比 p_2 小呢,还是比它大呢? 在某种程度上,它取决于垄断厂商对向谁出售多少能控制得多好。一方面,你或许对电话服务的数量折扣熟悉;另一方面,一项贷款的利率通常将随着贷款规模的增大而增加。

事实上求解最优的非线性定价方案会是一个非常棘手的问题。但是基本的方法是容易陈述的。我们假设消费者总体有一个给定的关于效用函数、财富水平等的分布。然后,对每个定价方案,我们可以计算出每个类型的消费者将如何反应,因此计算出消费者的反应在总体中将如何分布。由此,我们得到给定方案的利润。如果这个方案仅仅由几个参数来表示其特征(比如,一个价格加上固定费用的制度有两个参数,k 和 p;一个两部线性收费的制度有三个参数,p_1、n_1、p_2),我们也许可以用解析方法求解出最优方案。或者,我们可以至少在参数的值上进行一个数值搜索。一般而言,对于最优的非线性价格方案可能需要更高深的技术(变分法或者控制理论),不过利用的是同样的基本方法。

9.4.1　一个例子:一个垄断厂商向多个垄断厂商出售

为了说明非线性定价和价格歧视其中的一些概念,考虑下面的例子。一个制造业的垄断厂商能够以一个每单位 c 的不变的单位成本生产一种叫作 poiuyt 的特定商品。由于某种原因,这个制造商不能从事这种商品的零售业。作为替代,它必须通过一个零售商系统来运作,每一个零售商都持有在一个特定地区的零售业务上的垄断地位。更具体地,在由 $i=1, 2, \cdots, I$ 标记的 I 个地区中,每一个地区只有唯一一个厂商被允许从事 poiuyt 的零售业务。我们将假定零售业是一项简单的业务——如此简单以至于除了由零售商从制造商那里购买所发生的成本之外,它不需要任何成本。在地区 i,在零售水平上对 poiuyt 的需求由需求曲线 $x_i=(A-p_i)/B_i$ 给出,或者等价地,$p_i=A-B_i x_i$,这里 p_i 是在地区 i 的零售价格,x_i 是在地区 i 的售出水平,A 和 B_i 是正的常数。①我们将假定,制造商为零售商定出价格,然后零售商为每个地区的零售交易定出价格 p_i。为了简单起见,我们将假定不存在某个地区的顾客从另一个地区的零售商或中间商那里购买的可能,所以没有必要坚持认为在均衡处 $p_i=p_j$。此外,我们将假定在零售市场,只能索要线性价格而且任何歧视都是不可能的。但是,对于批发市场我们将不会坚持这些要求。相反,我们将对批发市场作出一系列不同的假定,来看事情将如何随着那些假定而变化。

首先,我们将假定制造商,此后我们将把她称作 M(使用代词"她",来与用"他"表示的零售商相区别),必须使用线性价格,不过她被允许在各个零售商中间实行价格歧视。也就是说,每个零售商 i 被报出一个批发价格 P_i,这就是此零售商在批发时购买每单位必须支付的价格。零售商被允许选择他想要购买然后转售多少单位(或者等价地,他将向他的顾客索要什么样的零售价格 p_i)。零售商 i,面对着批发价格 P_i,将把 P_i 看成他的边际成本,然后将设定价格 p_i 来

$$\max_{p_i} \frac{(p_i-P_i)(A-p_i)}{B_i}$$

因为这几乎是我们第一次处理线性需求和不完全竞争,而且它远不是最后一次,让我

①　我们始终假定 $A>c$。同样地,常数 A 适用于所有的地区是分析上的一个巨大的便利。如果你愿意,试着对 A_i 随地区而变化的情形重复接下来的分析。如果你这么做,准备好要做很多代数运算。

们十分详细地来求解这个问题。首先,因为需求由 $p_i = A - B_i x_i$ 给出,在销售水平 x_i 上的总收益是 $TR(x_i) = A x_i - B_i x_i^2$。因此边际收益是 $A - 2 B_i x_i$。在 $A - 2 B_i x_i = P_i$ 或 $x_i = (A - P_i)/2 B_i$ 处,边际收益等于(P_i 的)边际成本,这给出 $p_i = (A + P_i)/2$,以及利润 $\pi_i = (A - P_i)^2/4 B_i$。我们把所有这些描绘在图 9.3 中,需求由实线给出,边际收益是虚线;注意它在价格轴上有着同样的截距,而且它的斜率是需求曲线斜率的两倍。[①]边际成本由水平线 $MC = P_i$ 给出,所以我们在这条线和边际收益相交的地方得到 x_i。这个零售商把商品的价格提高到 p_i,于是零售商的利润等于浅色阴影的面积。深色阴影的面积下文将进行解释。

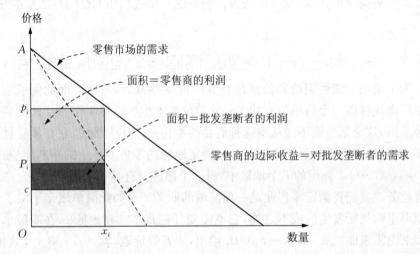

注:给定制造商向零售商 i 索要单位价格 P_i,零售商购买 $(A - P_i)/2 B_i = x_i$ 单位,然后把价格提高到 $(A + P_i)/2 = p_i$。浅色阴影区域给出零售商的利润,深色阴影区域给出制造商的利润。

图 9.3 零售商的需求以及在价格 P_i 上的加价

所以 M 应该如何设定 P_i 呢?如果她把批发价格设定在 P_i 上,零售商将购买 $(A - P_i)/2 B_i$。因此她的利润将是 $(P_i - c)(A - P_i)/2 B_i$。在图 9.3 中,这是深色阴影区域。她选择 P_i 来最大化这些利润,这导致 $P_i = (A + c)/2$,因此(参见图 9.4)$p_i = (3A + c)/4$、$x_i = (A - c)/4 B_i$、$\pi_i = (A - c)^2/(16 B_i)$,以及 $\Pi_i = (A - c)^2/(8 B_i)$,这里 π_i 是零售者的利润,而 Π_i 是 M 从她经营的这个特定部分获得的利润。

这里注意两件事情。首先,我们假定了 M 能够向各个零售商索要不同的单位价格。因为截距 A 在所有的地区都是相同的,她不使用歧视的力量;不管 i 是多少,她都索要 $P_i = (A + c)/2$。其次,如果 M 直接从事地区 i 的零售业务,她将设定零售价格 p_i 来最大化她的利润 $(p_i - c)(A - p_i)/B_i$,这给出 $p_i = (A + c)/2$。也就是说,如果 M 直接出售这种商品,相比 M 必须通过一个(垄断的)零售商来出售,会有更多的商品在一个更低的价格上被出售。

现在考虑非线性价格。特别地,假设 M 意识到她是唯一能够生产 poiuyts 的人,她决定向零售商索要一个每单位价格 P_i 和一个**特许权费**(franchising fee)F_i。当然,她不能

---

① 这和图 9.2 中给出的几何公式相符吗?

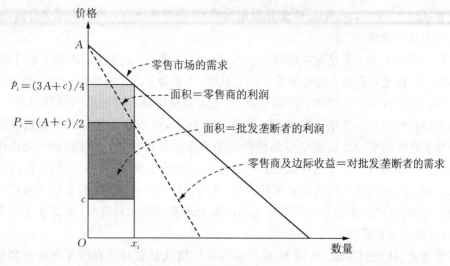

图 9.4 P_i 的最优值是 $(A+c)/2$

强迫零售商支付这项费用,不过只要他们想要从她这里购买任何 poiuyts,她就可以(而且确实)坚持让他们支付这项费用。注意,我们已经为每单位价格和特许权费都做了下标。我们将暂且假定她可以实行完全歧视。

那么要设定的最优价格 P_i 和 F_i 是什么?零售商 i 将面对总成本函数 $TC(x_i) = F_i + P_i x_i (x_i > 0)$,所以这个零售商的边际成本将是 P_i,那么,假定他购买,他将购买 $(A-P_i)/2B_i$,把它们加价到 $(A+P_i)/2$,从而实现 $(A-P_i)^2/4B_i$ 的毛利润(不算特许权费),正如之前的那样。事实上,如果他的净利润 $(A-P_i)^2/4B_i - F_i$ 是非负的,他将这么做。(我们将假定如果他刚好保本,他仍然会购买然后出售 poiuyts。如果这是错误的,那么接下来的分析会稍微改变;F_i 应该被设定得比我们下面得到的仅仅稍微低一点,留给零售商 i 一个很小的净利润,从而他将留在行业里面。)所以,相当清晰地,M 想要把特许权费 F_i 设定在 $(A-P_i)^2/4B_i$ 上,留给零售商 i 刚好是零利润。当然,随着她提高 P_i,她降低其设定的特许权费用。不过她将在每单位的销售上赚得更多。最优值在哪里?它作为以下问题的解出现:

$$\max_{P_i}(P_i - c)\left(\frac{A-P_i}{2B_i}\right) + \frac{(A-P_i)^2}{4B_i}$$

这里第一项代表她从每单位销售中获得的利润,第二项是她将收取的特许权费。为了找到最优值,我们让上述表达式的导数等于零,也就是:

$$\frac{A-P_i}{2B_i} - \frac{P_i-c}{2B_i} - \frac{2(A-P_i)}{4B_i} = 0$$

第一项和第三项抵消,于是 $(P_i-c)/2B_i = 0$ 或 $P_i = c$。

这个简单的答案可能一开始让你稍微有点吃惊,不过它确实是非常直观的。M 将把 F_i 设定在零售商 i 的毛利润上。因此,M 将最终获得等于图 9.3 中两个阴影区域的利润,所以 P_i 应该被设定来最大化那两个区域的总和。不过如果 M 直接出售商品,这两个区域的总和刚好是 M 在零售市场上要价 p_i 将会获得的利润。我们知道由 M 直接零售的最

优价格 p_i 是 $(A+c)/2$。所以 M 想要设定价格 P_i 使得零售商 i 将索要那个价格,也就是 $P_i=c$ 所实现的价格。

注意,虽然 P_i 在 i 上是独立的,但是 F_i 不是。如果 B_i 大于 B_j,市场 i 小于市场 j。因此零售商 i 相比零售商 j 将获得更少的毛利润,于是为 i 设定的特许权费不能和为 j 设定的特许权费一样大。这里我们的制造商 M 肯定会使用她的歧视能力。顺便说一句,这并非是对歧视权力的一个粗暴的使用。我们一般认为,在商品能够被一个被索要更低价格的消费者转售给另一个被索要更高价格的消费者的情形中,价格歧视将不起作用。但是出售一种产品的特许权不是可以如此轻易地被转售的东西(或者至少,给予特许权的合同可以书面规定使得特许权将很难被转售)。比如,认为在一个潜在的非常大的市场上的一个麦当劳的特许权,相比在一个潜在小的市场上的麦当劳的特许权,将必须支付更高的费用,这不是完全荒唐的。

尽管如此,让我们考虑,如果 M 被法律或者环境强制要对所有的零售商索要相同的特许权费和每单位的价格将会怎样。在这种设定下,它不是非常讲得通的,但是如果制造商 M 不能说出哪个零售商拥有哪个 B_i,但是知道 B_i 在总体中的分布,加在她行为上的这个约束将是自然的;她将不得不向她所有的顾客索要相同的(非线性)价格,然后让他们,通过他们的行动,就他们的特征来识别他们自己。也就是说,在这一点上我们将从事这种分析,对于一个垄断厂商利用非线性价格在一个异质的总体中间实行歧视,但是这个垄断厂商无法先验地说出任何一个给定的顾客属于哪种类型这种情形来说,是一个合适形式的分析。

在这一点上,我们将非常具体。假设 $A=12$, $c=0$,而且有 8 个零售商:3 个零售商有 $B_i=9$,5 个零售商有 $B_i=6$。[1]现在 M 应该如何设定 P 和 F(不带下标的)? 特别地,$P=c=0$ 将是解吗?

假设 P 被设定在 0 上。那么这 3 个 $B_i=9$ 的零售商的毛利润是 $A^2/4B_i=144/36=4$,而那 5 个 $B_i=6$ 的零售商将有 6 的毛利润。我们的制造商将仅考虑 F 的两个可能的值。她可以设定 $F=4$,从而所有 8 个零售商将与她签订合同。这将使她净赚 32 的利润(同时将留给在相对大的市场中的 5 个零售商每人 2 的利润)。或者她可以设定 $F=6$。这将会导致在较小市场中的这 3 个零售商拒绝购买特许权,不过这将使她从较大市场中的 5 个零售商的每个那里净赚 6,从而净赚 30。这里的核心问题是,$F<4$ 是愚蠢的,因为把 F 提高到 4 就会增加她的利润。而一旦 $F>4$,她也可能把 F 一路推到 6。所以,当 $P=0$ 时,最好的做法是设定 $F=4$,给她带来 32 的利润。

接下来让我们尝试 $P=1$。现在这两种类型的零售商的毛利润将是 3.361 1,对 3 个较小的零售商来说,单位销售上的利润是 0.611 1,以及 5.042,对 5 个较大的零售商来说,单位销售上的利润是 0.916 66。(确保你能重新得出这些数字。)如果 M 设定 $F=5.041$,她将获得 5 个较大的零售商的参与,从每一个那里净赚 $5.041+0.916 66=5.957 666$(特许权费加上单位销售的净利的总和),得到一个总利润 29.78(近似地)。这不足为奇——我们知道如果她将只和 5 个大的零售商交易,她可以(不用歧视)向他们索要最好的 F 和 P 的

---

[1] 如果 $c=0$ 让你困扰,设定 $A=13$ 和 $c=1$,然后你将得到同样的答案。

组合,即 $F=6$,$P=0$。所以设定 $P=1$,然后索要将只得到这 5 个零售商的无论什么样的 F 一定是次优的。

不过她也可以尝试 $F=3.3611$ 与 $P=1$ 一起。那么所有 8 个零售商将和她交易。她的净利润将大约是:

$$8 \times 3.3611 + 5 \times 1 \times 0.91666 + 3 \times 1 \times 0.6111 = 33.3$$

注意这是 8 个特许权费用,加上以每件为 1 的价格向 5 个顾客出售而从每个那里获得 0.91666 的利润,加上以每件为 1 的价格向 3 个顾客出售而从每个那里获得的 0.6111 的利润。而且,的的确确,这比 $P=0$ 时最好的方案给出更多的利润。这里正发生的是,既然 M 无法从 5 个大的零售商那里榨取所有的利润(而不失去 3 个小的零售商),她被迫回到她根本不能索要特许权费这个方向上,这里 P 不为零。

所以最优的 P 将不是 0。它将是什么? 如果你愿意,你可以把它计算出来,尽管你可能发现尝试课后习题 3 是更具挑战性的,在那里你被要求解出这个问题的一个稍微更复杂的版本。

9.5　垄断势力?

在之前所有的讨论中,我们假定垄断厂商可以决定它的价格(或者等价地,它要卖出的数量)或者可以向潜在消费者给出一个"要么接受要么拒绝"的出价。你可能正想知道为什么这点被假设是成立的。举个例子,考虑我们"幸运的"垄断厂商,它可以向每个消费者给出不同的"要么接受要么拒绝"的出价,而且它知道每个消费者的特征。假设它向消费者 X 给出这个"要么接受要么拒绝"的出价,此消费者说道"不,谢谢",于是她带着自己"要么接受要么拒绝"的出价回来了。举个例子,消费者 X 可能提出,在(慷慨的)高于垄断厂商生产 n 单位的边际成本 \$1 的价格上,从垄断厂商手上购买 n 单位。如果垄断厂商确实认为这是它可以得到的最好的交易,它会不接受这项交易吗? 如果是这样,那么在这种情况下,我们如何决定谁拥有议价能力? 为什么我们隐含地假定垄断厂商拥有全部的势力(这是当我们说消费者是价格接受者时,我们最肯定做的事情)?[①]

如果给出过,标准的故事在这一点上变得非常含糊不清。双手开始挥舞,开始支支吾吾,然后马上给下一个主题让道。挥动双手通常涉及关于怎么会有一个垄断厂商和很多消费者,垄断厂商若没有消费者中的任何一个仍可以照常运作,但是消费者们却不能没有这个垄断厂商。在某种程度上(而且这从来没有被说清楚过),垄断厂商在数量上的优势给予它一个,关于设定并坚持一个价格,或者在坚持它的"要么接受要么拒绝"的出价方面的可信性。

关于这个基本主题的一个重要的变形,探究当垄断厂商可信地坚持一个价格时,垄断厂商在何种程度上是自己最糟糕的敌人。假设一个垄断厂商能够以每件 \$1 的成本生产某种商品。对这种商品的需求由需求函数 $D(p)=25-p$ 给出。如果你求解这个垄断厂

---

① 回忆微观经济学理论或中级微观的课程,考虑这个问题的另一种方法是考虑单独和单个消费者进行交易的垄断厂商处在一个双边垄断(bilateral monopoly)的状态,你将回想起,这注定会有一个不确定的解。

商的问题,你会发现对它来说最优解就是设定 $p=13$ 然后生产 12 单位的产品。所以假定它这么做了——它以每件 \$13 的价格出售 12 单位。一旦 12 单位被售出,为什么我们的垄断厂商不决定,比如,在每件 \$8 的价格上卖出更多一些呢? 在 \$8 上,有未得到满足的需求,且我们的垄断厂商会从出售的每个额外单位中净赚 \$7。在卖出它能够在 \$8 上出售的商品之后,为什么不再一次削价,比如,以 \$4 出售,依此类推?

这点的问题是,如果你是一个对这种商品评价高的消费者(你愿意支付 \$13,或者如果那是必要的话,甚至是 \$24),而且如果你认为这个垄断厂商在一个高价上售出一些之后将减价,那么你将想要等待价格下降。如果所有的消费者都理性地预期到价格的下降,那么没有人将在 \$13 上购买。

注意,这里垄断厂商本身是真正的问题所在。一旦它在 \$13 上出售,如果它卖出任何数量(甚至如果没有),事后降价从而卖出更多是符合它自己的最大利益的。在事前被认为会以这种方式行动是不符合它自己的最大利益的。但是如果事后,每个人都明白这将是符合它利益的而且这也是它将做的,那么它就没法做什么来使人们确信它不会降价。

我们这里暗指的问题在文献中的叫法五花八门,如被称为科斯猜想(Coase conjecture)和一个耐用品垄断的问题。[耐用性的重要性来自以下的观念:(1)市场不是连续地自我再生产的,如小麦市场;(2)如果商品是耐用的,等待价格下降不会让消费者损失太多。]科斯猜想,说的比通常稍微更赤裸裸一些,就是一个垄断厂商并不拥有垄断势力。它不能阻止自己在事后降价,因此每个人都期待看到价格下降。但是就没有人会在一个高价上购买。于是(所以这种论证进行下去,当被相当严谨地计算时)一个垄断厂商不能让任何人在高于它刚好愿意出售的价格——它的边际成本之上购买。[1]

再次,这个问题是一个可信性的问题。之前我们问垄断厂商如何可信地说它不会和一个个体的顾客讨价还价。现在,这个垄断厂商如何可信地说它不会随着时间流逝而降价?

很有可能垄断厂商可以作出可信的承诺不讨价还价也不降低它的价格。如果我们正实证地检验这个理论,我们不需要知道这样的承诺为什么以及如何能够被可信地作出;在一个特定的市场上,如果一个垄断厂商以理论建议的方式来行事,那么我们假设不管怎样此厂商拥有这种可信性。不过,对于它为什么以及如何拥有这种可信性的一个更准确的分析,将帮助改进我们进行的任何经验研究。

一个更准确的分析看上去将是什么样的? 让我们给出两个粗略的例子:

(1) 某种形式的艺术,如石版画和铸造品,可以被便宜地以多个副本的方式制作。所以对制作石版画和铸造品的艺术家来说,一个惯例是在制作了一个给定数目的石版画或铸造品之后"毁掉模子"。这个惯例明显是针对耐用品问题的;否则艺术家总是有激励去生产然后销售更多(以致生产的边际成本非常低)。更一般地,一个垄断厂商力图承诺生产某个确定的数量且不会更多,它也许会试图保证使用这样一个生产技术,超过它想要生

---

① 更准确地说,一个垄断厂商能够使用它的垄断势力到何种程度取决于两个因素:垄断厂商能够限制它自己降低报价的能力到何种程度以及消费者迫不及待的程度。举个例子,如果垄断厂商不能超过每月一次地改变它的价格,而且如果一些顾客不愿意为一个稍微低点儿的价格等待一个月,那么这个垄断厂商可以"剥削"那些消费者。

产的那个水平后生产的边际成本会陡然增加。持有这样一种技术,垄断厂商能够可信地拒绝讨价还价,因为生产额外一单位(超过垄断数量的)的边际成本是让人望而却步的。

(2) 垄断厂商,出于突然的"慷慨善意",能够向所有它的顾客提供"最惠的顾客"的保证。例如,可以表述为如果垄断厂商在一个低于某个特定的顾客支付的价格上出售我们所讨论的商品,那么这个顾客有权要求退还差价(和累计的利息)。这项举措的效果是非常巨大的。要进行一个准确的分析需要一些还不能供我们自由使用的技术,不过以下的断言可能要诉诸你的直觉。如果某个单个顾客试图和垄断厂商讨价还价,这个垄断厂商将指出即使为一个顾客降价(亦即,它意味着对全部顾客降价)将会给它造成的严峻的后果。类似地,随着时间流逝进行的降价也不再有吸引力。注意,就垄断厂商的可信性问题阻止它索要垄断价格来说,对这种保证有一个普遍的禁令是符合顾客们的利益的。但是,每个消费者看到如果有这样一个保证被提供,那么接受这个保证是符合她个人利益的,所以如果条件允许它们被有效地执行的话,我们可以想象这种保证可能会被给出且被接受。[b]要让这样一个保证是可执行的,每个顾客必须能够观察到垄断厂商进行的所有交易。因此,要安排事项以使所有的交易都是公共记录,从而使得这些保证将是有效的,这是符合垄断厂商利益,同时违背顾客集体利益的。

这些仅仅是两个例子。垄断厂商想要拥有的这种类型的可信性,有其他的来源。特别地,在第 14 章我们将探讨垄断厂商的**声誉**(reputation)可以为提出然后坚持一个价格提供所需要的支柱这样的模型。

目前我们的核心问题主要是方法上的:在我们简述的两个例子中(而且,当我们关注声誉模型时,结果会证实),通过仔细研究生产和交换的制度,我们处理垄断厂商承诺一个价格的能力的问题。只要我们避开这些制度性的细节,就很难对一个垄断厂商是否能够获得需要的可信性表达什么看法。更一般地,本章提出的很多问题(但没回答的)产生于对制度环境设定的缺失。为了研究这些问题,更深入地专注于垄断环境的细节将似乎是有用的。在下一章,我们将更加坚定地接着研究这个主题。

9.6 书目提要

本章的目标是提出一些关于垄断的问题,我们希望这些问题会让你得出结论说,处理它们大多是有趣的;当然对于这个主题不仅仅是对 $MR = MC$ 的陈述。当我们讲到本书稍后部分中合适的工具时,这些问题中的其中一些将被解决。但是,就绝大部分而言,你将不得不从别处阅读来寻找对这些问题的解答。对本章涉及的各种各样的材料(以及很多没有涉及的)的一个出色的处理由 Tirole(1988)给出。Tirole 的第一部分,涉及垄断的基本理论和一大堆话题包括科斯猜想、多商品垄断、非线性定价、一个制造业垄断厂商向零售业垄断厂商出售的问题、产品选择,以及广告。第 8 章和第 9 章给出对进入遏制的处理。(在完成本书的第三部分之后,你看这两章的内容会更轻松。)

关于非线性定价和价格歧视的主题,也非常推荐 Phlips(1983)和 Wilson(1993)。

---

b 也就是说,这里我们看到为什么有一个垄断厂商和很多顾客可能重要的一个原因,就是许多的顾客可能由于他们的人数而无法集体行动。

参考文献

Phlips, L. 1983. *The Economics of Price Discrimination*. Cambridge: Cambridge University Press.

Tirole, J. 1988. *The Theory of Industrial Organization*. Cambridge, Mass.: MIT Press.

Wilson, R. 1993. *Nonlinear Pricing*. Palo Alto, Cal.: Electric Power Research Institute.

课后习题

1. 为什么图 9.2 中给出的寻找在一个数量 x 上的边际收益的值的几何步骤是正确的? 为什么我们知道一个垄断厂商(以传统方式最大化利润)将在图 9.1(1)中在大于有效规模的规模上生产,在图 9.1(2)中在小于有效规模的规模上生产?

2. 图 9.5 意在描述我知道的一个垄断厂商的情况,它有什么错误?

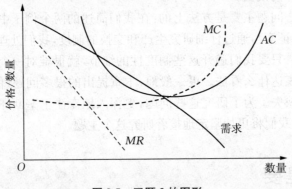

图 9.5　习题 2 的图形

3. 回想在第 9.4 节,我们考虑一个大的制造业垄断厂商向个体的零售垄断厂商出售。有 8 个零售商,其中 3 个面对 $p=12-9x$ 这种形式的需求,另外 5 个面对的是 $p=12-6x$ 形式的需求。现在,实际上有 10 个零售商——上面描述的 8 个以及另外 2 个,它们面对 $p=12-2x$ 形式的需求。生产和销售的成本是零。零售商在他们和制造商的交易中是价格接受者。制造商可以设定一个固定的费用 F 和每单位要价 P;零售商把这些当做给定的,然后决定(1)是否参与;(2)如果参与,要购买多少单位。固定的费用和每单位要价对所有的零售商必须是相同的;不允许歧视。

(1) 如果 P 被设定在零上,索要的最优的固定费用是什么?

(2) 如果 $P=1$,索要的最优的固定费用是什么?

(3) 最优的固定费用和每单位要价是什么?

4. 在习题 3(3)中,你找到制造商要采用的最优的非歧视的固定费用——每单位要价的定价方案。现在考虑一般的非歧视的方案。假设制造商能够公布她想要的任何种类的价格方案。正式地表述一下,制造商选择一个函数 $\Phi:(0, \infty) \to [0, \infty]$ 解释如下:一个零售商能够从制造商那里以一个 $\Phi(x)$ 的总成本购买数量 x。对某些数量 x 我们允许 $\Phi(x) = \infty$,解释为制造商不愿意出售那个数量。制造商能够控制这种商品的转售,所以每个零售商必须接受并忍受方案 Φ;给定 Φ,每个零售商选择要购买的水平 x,以使它卖出 x 的收益减去它的成本 $\Phi(x)$ 尽可能得大。但是制造商不能在零售商中间实行歧视;制造商必须设定一个唯一的成本计划 Φ,然后允许不同的零售商每人选择他自己的偏好点。

(1) 证明使用这样一个一般的非歧视的方案这个制造商能做到的最好的,严格劣于她被允许实行歧视(且使用一般的方案)的情况下能做到的最好的。

(2) 你在(1)中的证明在何种程度上依赖于习题3中确切的数字和参数设置?具体地,假设我们看一个例子,在其中有很多不同的零售商,它们中所有人面对的需求有着相同的 B 但是 A_i 不同。你的证明在这种情形中奏效吗?要是 A_i 和 B_i 都不同会怎样呢?你的证明将仍然在所有的情形中都奏效吗?它会不会仅在某些情形中奏效?如果是后者,你能否准确地描述,在其中一个非歧视的方案刚好可以和最优的歧视方案一样好的那些环境的特征?

(3) 回到习题3的参数设置。从制造商的角度来说,最好的一般的非歧视的方案是什么?(这是困难的。在完成第18章之后,你会有更好的状态来处理此习题的这个部分。)

5. 回想第 8 章中关于 pfillip 行业的所有问题。特别地,回想你在习题 3 中,当 kapitose 的供给函数由 $q = K/200$ 给出,对 pfillip 的需求由 $D(p) = 750 - 150p$ 给出时,求解(pfillip 和 kapitose 的)市场均衡。现在考虑如果 kapitose 的供给被一个垄断厂商控制,他生产 K 单位 kapitose 的边际成本是 $K/200$,在这两个行业中将发生什么?(你很可能需要诉诸数值解。)

在这一章我们没有以从标准模型导出可检验的命题的方式做任何事情。正是如此,没有至少尝试一下这个,你就不能脱身!

6. 考虑一个垄断厂商面对一条向下倾斜的需求曲线 $X = D(p)$ 和不变的单位成本 c。我们对这个垄断厂商将如何随着 c 的变化而调整它的要价感兴趣。

(1) 如果需求是线性的 $X = A - p$,证明传递给消费者的变化小于全部的成本变化。[这就是说,如果我们把 $p(c)$ 看作垄断价格,作为成本 c 的一个函数被给出,那么 $\mathrm{d}p(c)/\mathrm{d}c < 1$。]

(2) 假设需求采取形式 $X = p^{-\alpha}$,$\alpha > 1$。证明这个垄断厂商传递给消费者的变化高于全部的成本增加。[也就是说,$\mathrm{d}p(c)/\mathrm{d}c > 1$。]

(3) 对于哪些需求函数(如果有的话)垄断厂商将刚好传递给消费者任何成本的增加?[也就是说,对哪些需求函数将有 $\mathrm{d}p(c)/\mathrm{d}c = 1$?]你应该给出这点在每个 c 水平上都成立的需求函数。[提示:如果你由画出(1)部分的明显的图形开始,它可能会帮助你明白要在(3)部分做什么。]

既然我们在上两章中介绍了线性需求,说一下它从哪里来可能是一个不错的主意。

7. 在一个我知道的经济中,有很多消费者。这个经济中消费的其中一种商品是

phiffle,一种非麻醉性松弛剂。结果证明(由于不需要烦扰你的原因)我们可以把这个经济中每个消费者的偏好表示如下:如果消费者消费 x 单位的 phiffle 而且有剩下的 \$$z$ 来购买其他商品,它们的价格在本习题中始终保持不变,消费者的效用有如下形式:

$$u_i(x) + k_i z$$

这里下标 i 指的是消费者的编号,u_i 是一个给定的函数,k_i 是一个给定的正常数。这个消费者必须消费一个非负数量的 phiffle,而且花费在 phiffle 上的货币不能超过他拥有的货币总数,但是在其他方面是不受约束的。

(1) 假设消费者总共有 \$$w$ 可供开销,且 phiffle 的价格是每单位 \$$p$。作为一个受约束的最大化问题,创建决定消费多少 phiffle 的消费者(是一个价格接受者)问题。给出一阶条件和(如果相关)互补松弛条件。

(2) 设想在这个经济中有 10 个消费者。这些消费者中的每个都有 $u_i(x) = \sqrt{x}$。其中 3 个消费者有 $k_i = 4$,4 个有 $k_i = 3$,还有 3 个有 $k_i = 2$。每个消费者拥有 \$1 000 供开销。在这种情形中 phiffle 的市场需求曲线是什么?

(3) 继续假定来自(2)部分的数据。假设 phiffle 的生产由一个垄断厂商控制,它有由 $MC(x) = x$ 给出的上升的边际成本。这个垄断厂商的价格和供给的数量将是多少?

(4) 现在假设在这个经济中有 100 个消费者。这些消费者中的每一个有 $k_i = 1$,且每个消费者有 $u_i(x) = x - c_i x^2$,对 $x \leqslant 1/(2c_i)$ 和 $u_i(x) = 1/(4c_i)$,对 $x \geqslant 1/(2c_i)$。此外,这 100 个消费者由 $i = 1, 2, \cdots, 100$ 标记,而且对标号为 i 的消费者,有 $c_i = i$。这个行业中的所有消费者拥有初始财富(至少)为 2。在这种情形中 phiffle 的市场需求曲线是什么?

(5) 假设在一个稍微大点儿的经济中有 10 000 000 个消费者。这个经济被分成 4 个区域。在区域 1 中,是 4 000 000 个消费者;在区域 2 中,是 3 000 000 个消费者;在区域 3 中,是 2 000 000 个消费者;在区域 4 中,是 1 000 000 个消费者。在每个区域内部,消费者们是(4)部分中的 100 个消费者经济按比例增大的复制品。也就是说,例如在区域 2 中有 30 000 个 $c_i = 1$ 的消费者,有 30 000 个 $c_i = 2$ 的消费者,等等。在这些区域的每一个中对 phiffle 的需求函数是什么?

8. 假设一个垄断厂商面对着第 9.5 节中简述的那种可信性问题,如那里概述的一样,它决定对它的顾客慷慨些然后向每个顾客提供一个"最惠顾客"的合同。创建并分析一个支持我们作出的一些(或者,如果你可以,全部地)凭直觉获得的断言的正式模型。为了保持分析相对简单,你可以忽略货币的时间价值。在你完成本书的第三部分之后,你可能想要返回来继续你的分析。

在接下来的三个习题中,向你介绍模型差异化产品的需求的方法和一个垄断厂商决定提供一种商品的多少"种类"的问题。我们看这个问题的一个特别简单的情形;一个更加完整的讨论,参见 Tirole(1988, chap.2)。

9. 设想一个单个消费者对一种特别的商品有以下非常奇怪的需求模式。这种商品,我们将称作 griffle,可以以任意多种种类出现。具体地,任何 griffle 是属于一个 t 类型的,对于某个 $t \in [0, 1]$。我们的消费者对购买至多一个且刚好一个 griffle 感兴趣;如果有一种 griffle,它的价格和类型满足他设定的标准,他会这么做。他的偏好和对 griffle 的需求

行为由一个函数 r：$[0, 1]\rightarrow(0, \infty)$ 刻画如下。假设出售的 griffle 有 N 种，t_1，t_2，$\cdots$，t_N 类型。假设 $p(t_n)$ 是 t_n 类型的 griffle 的价格。那么如果对每个 n，有 $p(t_n) > r(t_n)$，我们的消费者不会购买任何 griffle。另一方面，如果对某个 t_n，$p(t_n) \leqslant r(t_n)$，那么我们的消费者将购买刚好一单位的最大化差额 $r(t_n) - p(t_n)$ 的某种类型 n 的 griffle。注意：如果有不止一个类型的 n 最大化这个差额，我们的消费者将购买刚好一单位的其中一种；他将购买哪一个是不明确的。[c]

（1）假设我们的消费者的需求行为由函数 $r(t) = r_0 + k|t - t_0|$ 刻画，对于某些常数 r_0，k，$t_0 \in [0, 1]$。非常具体地，假定 $r_0 = 5$，$k = 1$ 和 $t_0 = 0.6$。假设有三种类型的 griffle 被出售：类型 0.3、类型 0.5 和类型 0.7，分别在价格 3、3.3 和 4 上。在这些环境中，我们的消费者将做什么（就购买 griffle 来说）？

（2）把类型 0.3 和类型 0.7 的价格分别固定在 3 和 4 上。画出作为类型 0.5 的 griffle 价格函数的，这个消费者对类型 0.5 的 griffle 的需求曲线。

你可能想知道要如何解释商品的这些类型。对习题 9 中给出的特定的函数 $r(t)$ 的一个合适的解释是事实上仅有一种 griffle，但是不同的类型是指 griffle 被出售的地点。更准确地说，假设消费者们住在一条 100 英里长的高速公路沿线。我们的消费者住在 60 英里的里程碑处。我们的消费者愿意为每单位 griffle 支付 5，只要 griffle 被送货上门。但是没有 griffle 的送货服务。相反，沿着这条高速公路有出售 griffle 的商店。具体地，在里程碑 30 英里、50 英里和 70 英里处有商店。驾驶 1 英里要花费 0.05，而且她会把这个花费计入到 griffle 的购买成本中。所以如果 griffle 被在 50 英里里程碑处的商店里以价格 3 出售，这意味着一个 20 英里的往返行程，从而对她来说的一个"有效的"价格为 $3 + 0.05 \times 20 = 4$。如果 griffle 在某处被以 5 的有效价格或者更少的有效价格出售，她愿意购买一单位的 griffle，而且如果 griffle 被以这个保留价格或更少的价格出售，她从有效价格最低的地方购买。

10. 现在假设有很多的消费者，他们全都有习题 9 中描述的那种需求，但是有着不同的 r_0、k 和 t_0 的值。我们假设，事实上，有"大量的"消费者由一个定义在空间 $[0, 10] \times [0, 10] \times [0, 1]$ 上的密度函数 $\phi(r, k, t)$ 给出。也就是说，对任何子集 $\Lambda \subseteq [0, 10] \times [0, 10] \times [0, 1]$，特征 (r_0, k, t_0) 处在集合 Λ 之内的消费者的数目为 $\int_\Lambda \phi(r, k, t) \mathrm{d}r \mathrm{d}k \mathrm{d}t$。[d]

如果 ϕ 是一个均匀密度，如果类型 0.3 和类型 0.7 的 griffle 分别在价格 3 和 4 上被出售，对类型 0.5 的 griffle 的总需求函数看起来是什么样？（如果你发现这太难了，就假定所有的消费者有 $r_0 = 5$、$k = 1$ 和 t_0 在区间 $[0, 1]$ 上均匀分布。）

11. 假设消费者们如习题 10 中那样按照一个均匀密度 ϕ 分布。（如果这太难，回答此问题的两个部分都假定只有 t_0 在总体中服从在 $[0, 1]$ 上的均匀分布。）假设一个垄断厂商制造和出售 griffle。这个垄断厂商有一个不变的边际成本的技术，边际成本等于 1。

---

c 你可能担心这种需求不符合第 2 章中我们的消费者偏好和需求的模型。但是，除了一个不幸的连续性的缺失，这种需求行为可以被由一个效用函数表示的偏好所合理化。如果你喜欢十足的挑战，给出一个这样的效用函数。

d 如果你了解测度理论（measure theory），作适当地推广。

（1）如果此垄断厂商只可以出售一种 griffle，此垄断厂商会出售哪一种 griffle？在什么样的价格上出售？

（2）假设此垄断厂商可以出售和它选择的一样多种类的 griffle，但是它必须为它选择供给的每一种 griffle 支付一个固定成本 1。假设消费者的总量是 100；也就是说，对所有的 $(r, k, t) \in [0, 10] \times [0, 10] \times [0, 1]$，$\phi(r, k, t) \equiv 1$。这个垄断厂商将供给多少种类的 griffle？将供给什么样的种类？对每个种类将索要什么价格？

▶ 10

不完全竞争

接下来我们转到不完全竞争模型。在这些模型中,厂商有竞争对手,而且竞争对手的行为会影响到他们做得怎样。不过,与此同时,厂商不是价格接受者;当它们采取最优化行动时,会考虑它们的行为如何直接地影响它们面对的价格,以及它们的行为如何通过竞争对手可能的反应间接地影响它们面对的价格。

就此主题我们将仅给出一个最基本的介绍。就像在第 9 章中那样,我们将讨论基本原理,在此处即为无差别产品的双头垄断的经典模型:古诺模型、冯·斯塔克伯格模型、伯特兰模型和弯折的需求模型。然后,我们会对冲击基本模型的一部分重要问题进行非正式和简短的讨论。(课后习题展现了超越非正式讨论的可能性。)

10.1 双头垄断的经典模型

我们设想一个行业有两个卖者/厂商,每个厂商都生产和销售一种单一商品。消费者不在乎是从哪个厂商处购买的这种商品。与完全竞争和垄断理论中一样,需求由一条需求曲线给出。我们将采用一种非常具体而简单的线性需求的情形:$X = A - P$,这里 P 是价格,X 是总的需求量,A 是一个常数。我们假定这两个厂商是完全相同的,有着不变的边际生产成本 k,且没有固定成本。(我们假定 $A > k$。)

为了做好准备,我们回顾在这种设定下的竞争性的和垄断的结果。在一个竞争性的行业中,价格(在长期)将等于最小平均成本,在这个非常简单的设定中也就是边际成本 k。因此,销售数量将是 $X_c = A - k$。如果此行业是一个垄断行业,垄断厂商将会使得边际成本 k 等于边际收益 $A - 2X$,从而给出均衡价格 $P_m = (A + k)/2$ 和均衡数量 $X_m = (A - k)/2$。

使得各种双头垄断模型区别开来的是:每一个行业参与者就其对手的行为和反应作出的**猜测**(conjectures)。在典型的模型中,我们对那些猜测作出假定,然后找到对应的均衡结果,这里均衡是这样一个点,在这个点上,给定它猜测的如果它改变自己的行为其他人将会采取的行为(反应),追求利润最大化的两个厂商都不愿意改变自己的行为。

10.1.1 古诺均衡

在我们考虑的第一个模型中,每个厂商对其竞争对手的行为都持有**古诺猜测**(Cournot conjectures):两个厂商都假定另一个厂商将以保持其销售数量固定的方式行动。

如果我们假设每个厂商对另外一个厂商都持有这些猜测,我们可以计算出所谓的每一个厂商对另一个厂商的数量选择的**反应函数**(reaction function)。假设厂商 2 有产出水平 x_2。因为持有古诺猜测,厂商 1 认为企业 2 不会改变这个产出水平。所以,厂商 1 猜测,价格作为它的产出水平 x_1 的函数,是 $A-x_2-x_1$。作为 x_1 的函数的厂商 1 的利润将是 $(A-x_2-x_1)x_1-kx_1$。它在:

$$x_1^*(x_2)=(A-k-x_2)/2$$

这点上被最大化(只要 $x_2 \leqslant A-k$)。(为了弄明白这一点,只需对厂商 1 的利润函数求导)。厂商 1 对厂商 2 的这个反应函数,表达的是基于厂商 1 对厂商 2 的古诺猜测,厂商 1 对厂商 2 的数量的选择如何作出(最优地)反应。类似地,厂商 2 对厂商 1 的数量选择 x_1 的反应函数由下式给出:

$$x_2^*(x_1)=(A-k-x_1)/2$$

给定每个厂商对其他厂商反应的猜测,当没有哪个厂商想要改变它的行动时,我们就处在此行业的一个均衡上。这里厂商猜测竞争对手的反应是保持产出水平始终不变。所以,当我们处在数量水平 $(\hat{x}_1, \hat{x}_2)$ 上时,我们就处在一个均衡上,这个数量水平是处在两个(最优的)反应函数上。也就是说,$(\hat{x}_1, \hat{x}_2)$ 应满足 $\hat{x}_1=x_1^*(\hat{x}_2)$ 和 $\hat{x}_2=x_2^*(\hat{x}_1)$。既然我们有了这两个反应函数,我们就可以解出这两个(未知数的)方程,从而得到唯一的解是 $\hat{x}_1=\hat{x}_2=(A-k)/3$。或者,我们可以在 (x_1, x_2) 的空间上画出这两个反应函数,然后在图中找到这个交点;图 10.1 和图 10.2 已经为你画出。在图 10.1 中,我们画出了厂商 1 对厂商 2 的反应函数,以及厂商 1 的等利润曲线。[1]需要注意的是厂商 1 的反应函数是等利润曲线与"$x_2=$常数"这种形式的直线相切的点的轨迹。在图 10.2 中,我们把两个厂商的反应函数叠加在一起。它们的相交处就是**古诺均衡**(Cournot equilibrium)。

在这个古诺均衡上,总产出是两个均衡数量选择的总和,或 $X_C=2(A-k)/3$,价格是 $P_C=A-X_C=A/3+2k/3$。需要注意的是古诺均衡的价格高于竞争价格,但低于垄断价格。价格不是竞争性的,因为每个厂商都会考虑到它增加产出会压低价格。(也就是说,厂商不是价格接受者。)但是,通过增加产量,厂商不会承受被压低的价格带来的全部冲击;它们的竞争对手也承受此冲击的一部分。因此,这里的均衡与垄断的情形相比,是处在一个更低的价格和更高的数量上。

---

[1] 厂商 1 的一条等利润曲线是给厂商 1 带来相同利润水平的点 (x_1, x_2) 的轨迹;更确切地说,对于一个给定的常数 C,C-等利润曲线是使得 $(A-x_1-x_2-k)x_1=C$ 的点的集合。

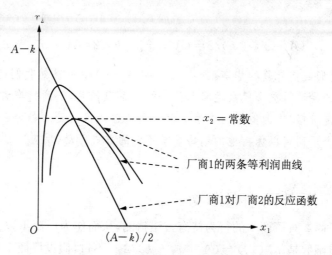

图 10.1 一个古诺反应函数以及等利润曲线

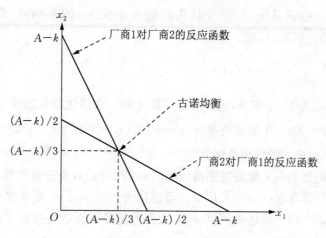

图 10.2 古诺均衡

在以上的分析中,我们把由每个厂商选择的数量作为决策变量(decision variable)。我们也可以把价格作为决策变量,不过代数处理的难度更大。冒着混淆问题的风险,让我们完成这个练习:假设厂商 2 正生产数量 x_2。厂商 1 可以为它自己选择最优的均衡价格 P,在古诺猜测下 x_2 将仍然是厂商 2 的产出。当然,并非每个价格 P 对厂商 1 都是可行的;它不能有 $P > A - x_2$ 的价格,因为这样的价格将和厂商 2 销售 x_2 不一致。而且,我们可以推测,它不会想要选择一个低于零的价格 P。事实上,它不会想要选择一个低于 k 的价格 P,因为它的平均成本将是 k。所以假设它从 $[k, A - x_2]$ 上选择一个价格 P。在它的古诺猜测下,它将卖出一个数量 $x_1 = A - x_2 - P$ 得到利润 $(P - k)(A - x_2 - P)$。作为 x_2 的函数,对 P 的最优选择是 $P^*(x_2) = (A - x_2 + k)/2$。类似地,作为 x_1 的函数,厂商 2 会希望市场价格 $P^*(x_1) = (A - x_1 + k)/2$。我们利用"在均衡价格和数量上,每一方想要的价格应该彼此相等且等于均衡价格"的条件来求解均衡。即,

$$P^*(\hat{x}_2) = P^*(\hat{x}_1) = A - \hat{x}_1 - \hat{x}_2$$

或

$$(A - \hat{x}_2 + k)/2 = (A - \hat{x}_1 + k)/2 = A - \hat{x}_1 - \hat{x}_2$$

这简化为我们之前计算的均衡：$\hat{x}_1 = \hat{x}_2 = (A-k)/3$。既然我们已经得到了这个答案，为什么还要进行这个代数运算呢？我们是希望强调，厂商持有古诺猜测不是说把数量（也不是价格）作为他们的决策变量。而是古诺猜测是对另外一个厂商反应的猜测，即另一个厂商将以保持他的销售数量不变的方式行动（反应）。[a]

10.1.2 冯·斯塔克伯格均衡

继续假设厂商2对厂商1的行为持有古诺猜测，从而作为厂商1数量选择 x_1 的函数的厂商2的反应函数是 $x_2^*(x_1) = (A - x_1 - k)/2$。不过，假设厂商1不持有古诺猜测。相反，厂商1认为（准确地说，正如事实证明的那样）厂商2将对厂商1的数量选择以古诺的形式作出反应。也就是说，厂商1认为厂商2会受 x_1 的影响；厂商2将设定 $x_2 = x_2^*(x_1)$。在这种情形下，厂商1选择 x_1：

$$\max_{x_1}\left[(A - x_1 - x_2^*(x_1))x_1 - kx_1\right]$$

替换 $x_2^*(x_1)$，然后关于 x_1 求导，这样得到厂商1的一个最优数量选择 $\hat{x}_1 = (A-k)/2$，反过来又得到厂商2的一个数量选择 $\hat{x}_2 = x_2^*((A-k)/2) = (A-k)/4$，总数量 $3(A-k)/4$，还有 $A/4 + 3k/4$ 的均衡价格。

这就是众所周知的**冯·斯塔克伯格**(von Stackelberg)双头垄断模型，厂商1就是所谓的**冯·斯塔克伯格领导者**(leader)，厂商2是**追随者**(follower)。更准确地说，我们应该把这个模型称作古诺—冯·斯塔克伯格模型，因为追随者被假定为持有古诺猜测，而领导者知道（并且利用）这一事实。

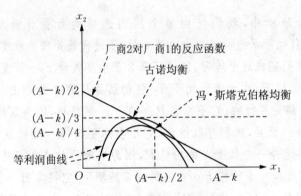

图10.3 冯·斯塔克伯格均衡

a 尽管对大多数读者来说，它看来似乎是晦涩的，对于那些在别处阅读过古诺均衡的读者来说，一个更深入的评论是合适的。刚刚的论述不会和我们将在本章结尾作出的论断相矛盾，此论断我们在第12章中会更有条理地给出，即假设厂商持有古诺猜测的一个原因是，产出数量是每个厂商的决策变量。如果对有些读者来说，这实在是晦涩难懂的话，不要恐慌，等到第12章末尾我们还会讲。

244

此均衡的"图形"在图 10.3 中给出。这里我们看到厂商 2 的反应函数,还有厂商 1 的等利润曲线。厂商 1 从厂商 2 的反应函数上选择最大化其自身利润的那个点。

10.1.3 两个冯·斯塔克伯格领导者和在均衡处猜测的一致性

假设两个厂商都持有上述厂商 1 的那种猜测。也就是说,厂商 1 猜测厂商 2 将以 $x_2^*(x_1)$ 对 x_1 作出反应,而厂商 2 猜测厂商 1 将以 $x_1^*(x_2)$ 对 x_2 作出反应。在这种情形下,均衡将是什么?

想来,均衡若存在,唯一的可能是在两个厂商都生产 $(A-k)/2$ 的地方。但是,这是一个均衡吗? 如果厂商 1 看到厂商 2 生产 $(A-k)/2$,它自己也正生产这个数量,它肯定会意识到它对厂商 2 的猜测是错误的,对厂商 2 来说也类似。因为这点,我们不会把它称作是一个均衡。一般而言,当以下两个条件被满足的时候,我们会说我们有一个均衡:给定它们的猜测,没有哪个厂商想要改变它的行为;而且这两个厂商的均衡行为和每个厂商被假设持有的猜测是一致的。在古诺和单一领导者的冯·斯塔克伯格的故事中,均衡数量(和价格)和厂商的猜测是一致的。在古诺的情形中,这是默认的;每个厂商都猜测另外一个厂商不会改变其数量,这是和两个厂商的任何一对数量相一致的。在冯·斯塔克伯格的情形下,这点稍微复杂一些:厂商 2 对厂商 1 的猜测(厂商 1 将不会改变它的数量)默认成立;而厂商 1 对厂商 2 的猜测成立,是因为厂商 2 的猜测和相应的反应。但是在两个冯·斯塔克伯格领导者的情形中,不存在均衡。厂商对彼此的猜测和此情形相一致的唯一的点是每个厂商都生产 $(A-k)/3$。而在那个点上,给定它们的猜测,两个厂商都想要增加它们的产出。

除了一个地方之外,在以后的内容中,我们不会再强调这种一致性条件(consistency condition)。但是一路上你应该检查一下我们描述的均衡,给出了每个厂商对另外一个厂商的猜测都没有被均衡活动水平证明为不成立的情形。

10.1.4 伯特兰均衡

如果两个厂商中的每一个都认为另外一个厂商不会改变它的报价,这两个厂商就被称作持有**伯特兰猜测**(Bertrand conjectures)。现在这造成一种窘境。假设一种商品的均衡价格是 \$10。我们通常假定这意味着这两个厂商(在一个双头垄断中的)都要价 \$10。假设你是其中一个厂商,然后假设你(1)持有伯特兰猜测,而且(2)考虑把你的价格降到 \$9(或者另外采取行动使得市场价格降到 \$9)。你的竞争对手将维持一个 \$10 的价格,确切地说,这意味着什么呢?

想来,因为我们所讨论的商品是无差别的,如果你真的以 \$9 的价格出售,而你的竞争对手以 \$10 出售,那么每个消费者都宁愿从你这里购买而不从你的竞争对手那里购买。于是我们就假设这样:在这些情况下,如果你考虑把你的价格降到 \$9,而且你预计你的对手将维持 \$10 的价格,那么你预期在 \$9 上的全部市场需求都将在你门外排队等候,大声吵着要从你这里购买。与此同时,你的对手将面对一支没有顾客的队伍。现在,你将愿意为所有这些客户提供商品吗？也许会，也许不会——这取决于有多少消费者在排队，以及你的边际成本在哪个点上等于 $9。不过，目前我们将假设由于某种原因（也许是法律上的）你被迫出售来到你家门口的全部需求。

与此同时，如果在一个给定的情况下市场价格是 $10，你持有伯特兰猜测，而且你考虑提高你的价格，于是你预料你所有的客户都会到你的对手那里去，而你没有任何销量。

现在假设你处在一个均衡的情况下，这里两个厂商索要相同的价格，比如 $10。假设在 $10 的价格上，有 $A - 10$ 的需求。这个需求在两个厂商中间是如何划分的呢？这是相当不明确的。市场需求在这两个厂商之间的任何数量划分，都是和 $10 的价格相一致的。所以在寻找伯特兰均衡的过程中，我们将就厂商索要的价格和它们供给的需求来描述不同的情形，这里价格和供给的需求必须和以下的规则相一致：如果这两个厂商索要不等的价格，由低价厂商供给的需求一定等于在那个价格上的全部市场需求（而高价厂商没有任何销量）；而如果这两个厂商索要相同的价格，在那个价格上的总市场需求被在两个厂商中间以某种任意、但具体的方式划分。

为什么在古诺均衡和冯·斯塔克伯格均衡的情形中，我们不需要担心这点？也就是说，为什么我们仅仅假设两个厂商都想索要市场出清价格，从而我们可以在一个均衡上就两个产出数量水平来讨论？首先，在两个厂商都卖出严格正数量的任何情况下，它们一定是在相同的价格上出售，至少在我们考虑的模型中是这样的。不过我们可能仍然会担心一个厂商比另外一个厂商索要更高的价格而没有任何销量的均衡；如果你想要慎重起见，你可以回过头去查看之前的内容然后使自己放心，这种情况在之前的两种情形中都不会是一个均衡。[1]

接下来，我们可以像关于古诺猜测的子节中那样尝试构建"反应函数"来找到均衡。不过在这种情形中，每个厂商对一个特定"情况"的反应是稍微更复杂的，因为在两个厂商索要相同价格的情况下，一个厂商如何对某种情况作出反应，可能依赖于需求在它们中间是如何划分的。在这种情形中，试着直接推断什么样的情况能够令人信服地成为一个均衡是更容易的。

一个均衡将包括一对价格 $(\hat{p}_1, \hat{p}_2)$ 和一对数量 $(\hat{x}_1, \hat{x}_2)$，这里：

(1) 如果 $\hat{p}_1 < \hat{p}_2$，那么 $x_1 = A - \hat{p}_1$ 且 $\hat{x}_2 = 0$；

(2) 如果 $\hat{p}_2 < \hat{p}_1$，那么 $\hat{x}_2 = A - \hat{p}_2$ 且 $\hat{x}_1 = 0$；

(3) 如果 $\hat{p}_1 = \hat{p}_2$，那么 $\hat{x}_1 + \hat{x}_2 = A - \hat{p}_1$；

还有，最关键的(4)给定它们持有伯特兰猜测，两个厂商都不会想要改变这个局面。

现在我们继续分情况讨论。

(1) 会不会存在这样一个均衡，两个价格不相等且其中较小的那个价格大于 k？

不会，因为在这种情况下，索要较高价格的厂商没有任何销量，而通过索要低于竞争对手的价格，它将获得整个市场；只要它的要价低于对手但仍然超过 k，它就获得正的利润。

---

[1] 再次，对于那些之前看过伯特兰"故事"并且记得它是没这么复杂的读者们来说，对这个复杂的故事请耐心些。相比直接谈及你可能听过的不那么复杂的故事，这种方式最终会把你带到对于确切地正在发生什么的一个更好的理解上面。

（2）会不会存在这样一个均衡，两个价格不相等且其中较小的那个小丁或等丁 k？

不会，因为在这种情况下，要价较低的厂商会希望将它的价格至少提高一点点。如果高价厂商索要的价格高于 k，那么低价厂商可以从亏损或零利润（这是由索要低于或等于 k 的价格造成的）移动到正的利润（通过索要超过 k 但稍低于另一个厂商的价格），如果高价厂商索要 k 或更少，低价厂商索要的价格严格低于 k，因而它遭受亏损，它可以通过索要任何高于高价厂商的价格来避免此亏损。

（3）会不会存在这样一个均衡，两个价格彼此相等且等于小于 k 的某个值？

不会，因为那样的话，其中一个厂商会遭受亏损（我们无法说出是哪一个，因为我们不知道是否两者都有正的销量，但至少一个厂商是有的），而那个厂商如果提高价格进而获得零利润就能做得更好。

（4）会不会存在这样一个均衡，两个价格彼此相等且等于超过 k 的某个值？

不会，因为那样的话，两个厂商中的至少一个厂商可以通过稍微削减价格而做得更好。为了弄清这一点，注意在均衡价格上，其中一个厂商的销量是不超过市场需求的一半的，所以那个厂商认为，通过稍微降低价格，它可以使自己的销量增加超过一倍。这会造成每单位的销售利润下降，不过如果它把自己的价格只削减一点点，那么每单位的利润不至于下降一半，因此总利润会增加。

所以剩下的唯一可能是 $\hat{p}_1 = \hat{p}_2 = k$ 的情况。而且在这些价格上，两个厂商之间的任何市场需求的划分都是一个均衡。之所以如此，是因为在这种安排下每个厂商刚好获得零利润，这是在给定对于竞争对手的伯特兰猜测的情况下，它能做得最好的。如果它降低价格，它会在出售的任何单位上都遭受亏损。而如果它提高价格，它将没有任何销量，因而继续获得零利润。即使它可以改变自己的市场需求份额（我们还没有说明它如何能够做到这一点），它也没有激励这样做，因为它在可能卖出的每个单位上都获得零利润。

这个子节余下的部分是有点儿深奥的，即使虔诚地阅读下来前面章节小字体部分的读者，可能也希望在第一次阅读的时候避开它。以上给出的分析假定厂商必须供给送至门口的任何需求。如果我们修改这个假定，分析就会看起来稍有不同。不过，为了准确起见，我们必须具体说明此市场的"机制"（mechanics）——如果一个厂商拒绝供给送至门口的其中一些需求会发生什么。理解这个问题最好的方式是考虑这样一种情形，一个厂商出价 p_1 而另一个厂商出价 p_2，$p_1 < p_2$。那么在较低价格上的需求就是 $A - p_1$。假设，无论出于何种原因，厂商1仅愿意满足 $x_1 < A - p_1$ 价值的需求。未被满足的需求的其中一些可能愿意在价格 p_2 上购买。这些已经被厂商1拒绝的消费者，有机会去厂商2那里吗？如果答案是肯定的，那么会有多少需求出现在厂商2的门前？举个例子，如果我们假设所有的消费者都拥有相同的效用函数，厂商1把它的产出 x_1 平均地配给给所有出现的消费者，那么假定转到厂商2的需求是 $A - p_2 - x_1$ 是"自然"的，只要这个值是正的。（为什么这是自然的解？这里我们不详述，不过这是一个很好的家庭作业问题。）另一方面，厂商1可能进行如下的配给方案（rationing scheme）：所有出现的消费者被给予数字。然后随机抽取数字；其数字被第一个抽取的消费者得以请求他或她在价格 p_1 上想要的尽可能多的产品。然后，抽取

第二个数字,依此类推,直到所有的 x_1 单位被卖光。这种配给方案导致如下这种推论,厂商2的需求是 $(A-p_1-x_1)(A-p_2)/(A-p_1)$。(又一个好的家庭作业问题!事实上,这里有两个好的家庭作业问题。因为如果我们所讨论的商品可以被转售,那么假定这是厂商2的需求就不是那么自然的。)此外,当我们分析每个厂商对另外一个厂商的猜测时,我们不得不具体说明每个厂商认为另一个厂商将在各种价格上供给多少需求。目前这太困难了,所以我们将保留已经给出的简单分析。不过,如果你已经读到这里,请小心注意:为了弄清楚这个故事,我们不得不着手对此市场的"结构"进行非常具体的说明。事实证明,这将是对各种经典寡头垄断故事进行分类的关键。

我们讨论到这里,现在到了提及另一个有关伯特兰故事变形的好时机,对于第一次阅读来说,这也是很难的。这就是**埃奇沃思—伯特兰模型**(Edgeworth-Bertrand model),在其中厂商对彼此持有伯特兰猜测(没有哪个厂商会改变它索要的价格),但每个厂商关于它能够供给的需求数量都有生产能力限制(capacity constraints)。厂商被假定为满足它能够满足的所有需求,直到达到它们的生产能力限制。不过因为生产能力限制,在某些价格上可能有未被满足的需求。那么我们就需要具体说明,那些需求去哪里了?到另一个厂商那里去了吗?有多少数量?完全是以上给出的那些考虑因素闯入了。

这里要作的另一个评论是,每个厂商被"强制"满足来到它门前的所有需求的这个假定,在我们已经考虑过的——不变的边际成本的情形下是合理的。之所以这样是因为没有厂商会(我们预计)报出一个低于它边际成本的价格,因此它愿意供给到来的任何需求。但是假设我们试图在一个边际成本上升的情境中重新进行我们的分析。非常具体地说,假设我们有两个完全相同的厂商,它们在生产水平 x 上的边际生产成本是 x^2。(也就是说,x 单位的总生产成本是 $x^3/3$。)假设需求函数中的常数 A 是12。一个伯特兰均衡,在价格等于两个厂商的边际成本的地方出现,这是和完全竞争的情况类似的。这就是使得 $12-(x_1+x_2)=x_1^2=x_2^2$,或者(近似地)$x_1=x_2=2.605$,价格为6.789。注意在这个伯特兰均衡中,每个厂商都获得正利润,因为它有着严格递增的边际成本,而在均衡处价格等于边际成本。同样也注意为什么这是一个伯特兰均衡:如果任何一个厂商提高它的价格,那么它会失去所有它的需求从而获得零利润。(它造成它的竞争对手遭受相当程度的损失,不过这个故事中的厂商对此并不在乎。)如果它把自己的价格只降低一点点,它可以使自己的需求(不只是)加倍。但是被需求的每一额外单位都处在一个低于此单位的边际成本的价格上。所以利润会下降。

现在考虑这种情况,每个厂商报价8,总需求为4单位,或者每个厂商2单位。(事实证明,如果这两个厂商就如同一个单个的垄断厂商那样行动,把产量在它们中间进行有效率地分割,这将是行业供给。)在这一点上,每个厂商都有16的收益和8/3的成本,得到13.333的利润。现在,如果任何一个厂商从这点上提高价格,它会一点儿需求都得不到。而如果一个厂商把它的价格降低一点点,它将(预期)得到稍微超过两倍于自己的需求。忽略"一分钱"(penny)这个单位,如果它把价格削减1分钱,它将使自己的收入加倍到32。不过它的成本迅速猛增到21.333,得到净利润为

10.667。所以我们得到另一个"伯特兰"均衡。

当然,这第二个均衡假设一个厂商必须满足在它的报价上到它这里来的所有的需求。如果此厂商能够把它的价格从 8 削减 1 分钱,然后只满足它想要满足的订单(直到它的边际成本等于 8),那么它实际上将增加自己的利润。所以如果厂商可以拒绝需求,我们的第二个"伯特兰"均衡会崩溃。但那样的话,我们的第一个均衡也会崩溃。回想一下,在那里两个厂商都报价 6.789,没有哪个厂商想要降低自己的价格。但是,假设其中一个厂商提高了它的价格。另外一个厂商,在 6.789 的价格上,不愿意供给超过 2.605 单位,因为任何额外的单位(在 6.789 的价格上)都会降低它的利润。(回想,在 2.605 单位上边际成本为 6.789。)那么提价的厂商将面对什么样的需求?这再一次取决于,另外一个厂商配给它将出售的 2.605 单位所使用的配给规则(rationing rule)。但无论配给规则是什么,只要第一个厂商看到随着自己提高价格,产出有某个平稳的下降,在某种程度上它就会想要提高价格。为什么呢?让第一个厂商的边际收益等于边际成本,然后把边际收益重新表示为价格乘以 $(1 + 1/\epsilon)$,这里 ϵ 是随着第一个厂商提高它的价格,它所面对的需求弹性。只要此弹性是有限的(本质上,只要它的需求平稳地下降)而且边际成本是非递减的,第一个厂商就会由边际成本处提高价格。大多数合理的配给规则,包括以上我们所讨论的两个,都会有需求平稳地下降。因此,当厂商可以拒绝某些需求而且边际成本是(严格)递增时,价格等于边际成本不会是一个伯特兰均衡。

那么伯特兰均衡将是什么呢?在这个例子中没有哪对价格是均衡,至少当厂商有着相同的成本函数时。因为假设有一对价格和一对数量是伯特兰均衡。一种情况是两个价格是相同的。那么此价格要么是处在两个厂商的边际成本上,而我们看到这是不可能的;要么是高于厂商的边际成本的。这也是不可能的,因为至少其中一个厂商,能够通过把价格仅削减一点点,而使它的需求得到不连续的增加。只要价格高于边际成本,这种举动就会使利润严格增加。而如果两个厂商要价不同,较低的价格将必须是对一个厂商来说的垄断价格或者更高,因为它"好像"它自己拥有整个的行业需求曲线那样行动。[b] 但是那样的话,索要较高价格的厂商,通过把自己的价格削减到刚好低于低价厂商,必定会做得更好。此时此刻,我们最好离开伯特兰竞争。

10.1.5 弯折的需求

我们要关注的最后一个经典模型是关于**弯折的需求**(kinked demand)的。对于这个模型,一种版本是从"价格猜测"的角度来表述,另一种版本是从"数量猜测"的角度来表述。我们将采用后一种,因为它稍微更容易讲得通。

在这个模型中,每个厂商对另一个厂商的猜测取决于已经获得的均衡。假设我们处在这样一种情况下,两个厂商,分别在生产 $\hat{x}_1$ 和 $\hat{x}_2$。此时此刻,厂商 1 猜测厂商 2 将继

---

b   对于"严谨狂们"来说,这隐含地假定这个行业的收益曲线是凹的。如果这个假定不成立,你能明白这里的论点吗?

续生产 $\hat{x}_2$，只要厂商 1 生产的数量不超过 $\hat{x}_2$。但是如果厂商 1 试图生产一个超过 $\hat{x}_2$ 的数量 x_1，厂商 1 猜测厂商 2 将增加产出以使其产量与厂商 1 生产的任何数量等同。厂商 2 对厂商 1 持有对称的猜测。

这些猜测从何而来？和到目前为止我们所讨论过的所有其他猜测一样，它们仅仅是假设的。目前我们还没有看到支持它们是合理的猜测这一假说的任何理由。这并不是说它们是不合理的——每个厂商可能刚好以这种方式来反应。我们唯一要说的是，我们没有任何理论上的依据来假设这将会是如此。

我们立刻注意到，之前在关于两个冯·斯塔克伯格领导者的子节中讨论过的一致性条件在这里起作用：仅有的与厂商的猜测相一致的点是在 $\hat{x}_1 = \hat{x}_2$ 处的点。之所以如此是因为，如果 $\hat{x}_1 < \hat{x}_2$，那么厂商 2 猜测厂商 1 会把数量增加到 $\hat{x}_2$，而如果 $\hat{x}_2 < \hat{x}_1$，情况是对称的。因此，我们可以把注意力限定在两厂商选择相同的产出水平的情况，我们使用 $\hat{x}$ 来表示这一水平。

在这种情况下，反应函数可以再次被使用。反应函数在这种情况下看起来会是怎样的？假设厂商 2 处在产出水平 $\hat{x} = x_2$ 上。那么，厂商 1 的问题就是要：

$$\max_{x_1}(A - x_1 - y_2(x_1, \hat{x}) - k)x_1$$

这里 $y_2(x_1, \hat{x}) = \max\{x_1, \hat{x}\}$。（也就是说，$y_2$ 给出假定的厂商 2 对 x_1 的反应，即如果厂商 1 生产 $\hat{x}$ 或者更少，它将生产 $x_2 = \hat{x}$，如果厂商 1 产量高于 $\hat{x}$，它将使自己的产量和厂商 1 等同。）这给出厂商 1 一条不连续的边际收益曲线。对于 $x_1 < x_2$，厂商 1 的边际收益是 $A - x_2 - 2x_1$。对于 $x_1 > x_2$，厂商 1 的边际收益曲线是 $A - 4x_1$。厂商 1 的最优反应由使得边际收益等于边际成本 k 的 x_1 的水平给出。即：

$$x_1^*(x_2) = \begin{cases} (A - k - x_2)/2, \text{如果}(A - k - x_2)/2 \leqslant x_2 (\text{i.e. } x_2 \geqslant (A-k)/3) \\ (A-k)/4, \text{如果}(A-k)/4 \geqslant x_2 \\ x_2, \text{对于}(A-k)/4 \leqslant x_2 \leqslant (A-k)/3 \end{cases}$$

我们可以为这个混乱的情况画出一些图形。首先，对于固定的 $\hat{x} = x_2$，厂商 1 把它自己的需求曲线看作是图 10.4 给出的曲线。注意那个弯折 (kink)——这就是为什么这被称作弯折的需求曲线理论的原因。这个弯折刚好落在 $x_1 = x_2$ 的地方，也就是厂商 2 的（被假设的）行为改变的地方。这条需求曲线给出了我们已经说明过的边际收益曲线。注意边际收益曲线上的间断，它落在弯折的位置上。现在我们来看为什么我们得到上述有趣的反应曲线（绘制在图 10.5 中）。如果 x_2 足够小，那么边际收益曲线在自己的"底部"穿过 k 水平。如果 x_2 是相当大的，那么边际收益曲线在自己的"顶部"穿过 k 水平。对于某个范围内的 x_2，边际收益在它的间断点 (discontinuity point) 处从高于 k 的值跳到低于 k 的值。对于这些 x_2 的值，厂商 1 的最优反应就是使自己的产出和厂商 2 的相同。

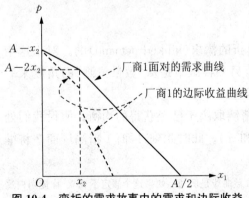

图 10.4　弯折的需求故事中的需求和边际收益

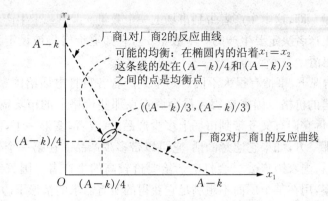

图 10.5 弯折的需求的两个反应曲线

那么均衡是什么呢？在图 10.5 上我们也画出了厂商 2 对厂商 1 产出数量选择的反应函数。这两条反应曲线在许多点上相交，即在 $(A-k)/4$ 和 $(A-k)/3$ 之间的 $x_1 = x_2 (= \hat{x})$ 的那些点。这些点中的任何一个都给出一个均衡。注意这里的均衡结果在从垄断的结果[总供给为 $(A-k)/2$，价格是 $(A+k)/2$]下至古诺的结果[总供给是 $2(A-k)/3$，价格是 $A/3 + 2k/3$]之间变动。

10.1.6 双头垄断经典模型中的哪一个是正确的

我们已经看到，古诺模型、伯特兰模型和冯·斯塔克伯格模型，对于在我们描述的双头垄断的情况下会发生什么，全都作出明显不同的预测。弯折的需求曲线模型作出了许多不同的预测，其中任何一个都可能发生，这进一步拓宽了预测的集合。如果有的话，这些预测中的哪些将被数据证实呢？

最后，这个问题的答案必须是经验的，而且将可能是没有一个模型在所有现实的寡头垄断情形下都是正确的。作为替代，我们也许能够发展诸如此类的命题：在一系列行业中，一个行业越是具有＿＿＿＿＿＿＿（填空）的特征，长期均衡越是近于类似，比如，古诺模型的预测。为了形成对这种命题的一个更好的检验，我们想要知道为什么，由于理论上的原因，某些特征可能和某个经典模型相配。

可能要被研究的特征是有关在一个行业中价格被设定及需求被满足的实际机制的那类特征。在这方面，上述这些经典模型是相当不足的。需求是给定的，而且对于偏离均衡的反应的均衡猜测是具体指定的。但是（除了当我们在伯特兰模型中讨论配给制度时）对于均衡是如何实现的却置之不理。

列举五个极端的情形，假设行业的机制是下列的其中之一：

（1）两个生产者独立运作，准备它们要带到市场上的数量。它们根据对市场结构的先见之明和对需求特征的了解来决定这些数量，但是任何一方都无法得知另一方正在生产多少。生产完成后，每一方都把它生产的数量带到一个中心市场，在那里这个数量被移交给一个"国家销售委员会"，这个委员会设定价格从而使得带到市场上的总数量刚好是在设定的价格下被需求的数量。

（2）我们有和以上相同的两个生产者以及相同的国家销售委员会，但一个生产者能够先生产自己的数量。即,这个生产者带到市场上一个数量 x_1,第二个生产者观察到这个数量。然后第二个生产者决定要生产的一个数量 x_2,它知道价格将被设定为使得市场在总数量 $x_1 + x_2$ 上出清。

(3) 在这种情况下,事情有很大不同。两个生产者各自打电话给国家销售委员会,给出一个它愿意出售的价格。国家销售委员会调查在那些价格上的市场需求,然后回电话给两个生产者,告诉它们有义务带到市场上多少产品。(或者,变形一下,国家销售委员会告诉要价较低的那一方,如果它愿意的话,它可以带多少产品。在第一个生产者说出它将满足多少需求之后,国家销售委员会打电话给要价较高的生产者。国家销售委员会有一个特别的配给方案,用在某个厂商不想满足它获得的所有需求的情形下。)

(4) 回到我们的两个生产者独立地生产自己数量的情况。不过现在它们提前给国家销售委员会打电话,说它们计划带多少。如果一个生产者说它将比另外一个生产者带更多,国家销售委员会就给予第二个厂商许可,允许它带多达第一个生产者要带的数量。

(5) 这个情形是非常复杂的。这两个生产者必须首先为生产设置生产能力(capacity)。生产能力花费十分昂贵,设置的每单位的生产能力要花费 k_1。这两个生产者同时且独立地设置生产能力,然后彼此看到对方设置了多少生产能力。而后,每个生产者都打电话给国家销售委员会,报出一个它愿意出售的价格。生产最多能达到生产能力的水平,每单位额外的边际成本为 k_2,这里 $k = k_1 + k_2$。超出生产能力的产量是不可能的。当价格被确定后,如果一个生产能力约束束紧了,国家销售委员会将用某种方法来配给需求。这种商品在消费者中间是可以转卖的,而且所有的消费者都了解市场需求状况。

在情况(1)中,古诺猜测特别容易讲得通。每一方都认为,面对由一方造成的一个"变化",另一方不会改变它的数量,是因为任何一方都没有机会改变自己的数量这个简单的原因。在情况(2)中,冯·斯塔克伯格模型似乎是合理的。第二个厂商(想必)把第一个厂商的数量供给当作给定的,既然它是给定的,于是最大化它自己的利润。所以它利用自己的反应曲线来行动。而如果第一个厂商明白这一点,它将选择一个初始数量,这个数量能够使得它在第二个厂商选择来自那条反应曲线的最优反应的情况下,最大化自己的利润。情况(3)自然地导致伯特兰猜测,这与情况(1)导致古诺猜测是出于同样的原因。情况(4)可能让你想起弯折的需求,但并不十分相同;我们必须核实,如果一个厂商在生产上超过第二个,第二个厂商将希望通过一对一地增加产出来回应。(这将如何证实,有没有什么猜测?听起来像是一个好的家庭作业习题。)另外情况(5)可能不会让你想起任何之前见过的东西。但是,事实证明,它相当自然地导致一个古诺结果的预测。明白这是如此,是相当困难的。[c]

这些模型中,有没有和你能想到的任何行业的市场机制相匹配的? 可能没有。一方面(很重要的),它们中的每一个都是两个厂商单回合相遇的故事。通过补充"……同样的事情每个月都会再次发生,这两个厂商以(比如)每年 10% 的比率贴现利润",它们中的任何一个都可以变得复杂。我们将在第 14 章中看到这种复杂情况是极其重要的。

---

c 而且如果在接下来的两章之后,你希望弄清楚这是如何实现的,请参阅 Kreps 和 Scheinkman(1983)。祝你好运!

这个子节一开始提出的那个问题的答案是,没有哪个经典模型将给出在每种情况下的准确预测。如果你考虑某个特别详细的关于市场如何运作的机制,每个模型都讲得通(而且应该会给出准确的预测,尽管这依然是一个经验问题)。如果你考虑某些不同的机制,没有一个模型将是说得通的。通过查看市场机制的细节,你也许能够说出某个模型是否(或者何时)可能给出一个好的预测。不过这需要一个关于如何从市场机制转到结果的理论。

为了实现这一目的,我们将使用来自非合作博弈理论(non-cooperative game theory)的技术。这些技术的关键是,我们对竞争性互动的机制非常清楚,能够准确地说出,谁在什么时候行动、行动的时候有多少信息。通过这种方式的精确,我们有时获得相当敏锐的预测。(正如我们将看到的,在另外一些时候,预测一点儿也不敏锐。)我们将在第 11 章开始阐释这些技术,然后在第 12 章的末尾我们将回到双头垄断的经典模型。不过在这样做之前,我们讨论几个来自不完全竞争理论的更基本的概念。

10.2　书目提要及讨论

我们已经给出的对于无差别产品的双头垄断的处理,对于我们目前的阐释微观经济理论的基本工具的目的是足够的。但是,这里的处理不仅对于经典的参考文献自身是有点儿不公平的,这些经典文献对于各式各样的猜测可能来自哪里给出了一个合理得多的解释,而且作为一个对于寡头理论,更一般地,不完全竞争理论的重要内容的选录,这里的处理是很不完的。读者可以通过阅读以下的经典文献来弥补这个不公正:Cournot (1838)、Bertrand(1883)、von Stackelberg(1934)、Hall 和 Hitch(1939)以及 Sweezy (1939)(最后两篇是关于弯折的需求的)。另外,最好在完成本书之后,读者通过研读 Tirole(1988)能够非常高效地投身到不完全竞争的丰富理论中去。(只推荐 Tirole,我的意思不是说要忽视其他书籍。不过,Tirole 对于最重要的理论问题给出了一个全面的处理,所有的处理都是以最现代的风格完成的,这种风格正是本书的其余部分想要让你为之做准备的。)

我们将在后面的章节中,返回到一些与寡头垄断和不完全竞争相联系的问题。但这些问题都是需要很多篇幅来做到恰如其分的,所以通常我们不继续讨论关于上述基本模型的重要变形。话说回来,为了激发你的兴趣,我们以提及一些更加重要的变形来结束讨论。

10.2.1　寡头垄断

我们仅仅仔细研究了双头垄断(duopoly)的情况,而且是两个相同的厂商的情形。许多寡头垄断有不止两个厂商以及/或者厂商是不同的;相应地扩展我们的模型显然是恰当的。求解 N 个厂商情况下对称的古诺和伯特兰均衡,这里厂商是相同的,需求曲线是线性的,而且生产技术是线性的,是一个非常简单的练习。(事实上,这就是课后习题 5。)当厂商是不相同的时候,寻找非对称均衡是必要的,它是更难一点儿的,不过也仅仅是一点儿。

（参见课后习题 6 和课后习题 7）。

10.2.2　进入和退出

为什么在一个寡头垄断中只有给定数目的厂商？尤其当行业中的厂商获得利润时，我们有可能好奇为什么此行业没有吸引进入。在垄断的情形中，我们可以给出一个基于法律限制的理由。对于寡头垄断来说，在某些情况下我们可以给出类似的理由——只有一定数目的厂商可以被许可生产一种特定的产品。这些许可证可能来自政府，比如在药物或杀虫剂的生产或者甚高频广播（VHF broadcasting）的制作方面，或者它们可能来自某个专利工艺流程的一个垄断持有者的许可。[①]

不过在大多数情况下，原因是存在经济的（而非法律的）**进入障碍**（barriers to entry）。由在位厂商发出的残酷无情竞争的威胁，能够保持其他厂商不进入这个行业。（当被杜撰成一个模型时，这个故事就变成了，在第 9 章中被夸张地描述的垄断情形中的进入遏制故事的一个更复杂的版本。）可能存在技术上的或"知识"上的进入壁垒；至少可以这样说，对一个没有制造喷气式飞机经验的厂商来说，顺利进入制造大型商业喷气式飞机机身的行业是困难的。而且它们本身的固定成本可能成为进入壁垒——参见下面的课后习题 8。

更仔细地查看一个行业，可能存在细分市场（segments），其中一些被某些厂商占据，另外的被其他的厂商占据。那么进入壁垒（entry barrier）的概念就被转换为流动障碍（mobility barrier）的概念——阻止厂商 A 移动到被厂商 B 占据的此行业的有利可图的领域的东西。关于进入和流动壁垒的一个规范的讨论，参见 Porter（1980）。[②]

当我们问为什么在一个特定的行业中只有四五个（或不管多少）厂商时，我们可以把这个行业看作是静态的；问题的焦点在于一个长期的稳定状态，即在这种情况下没有新厂商进入（也没有在位厂商离开）。从某种意义上来说，这些不是进入的理论，而是没有进入的理论。一个不同的视角来自于更加动态地看待一个行业或一种产品；想象那些成长的行业和那些衰落的行业。关于在这种行业中的厂商的进入和退出的决定，已经有许多研究（具有不同的正式程度），这些研究是关于哪些厂商在行业成长的哪个阶段进入，以及哪些厂商随着市场缩水而离开。

10.2.3　差异化商品

在本章讨论的正式模型中，双头垄断者被假定为生产和销售无差别的商品。尤其要注意的是，正是商品无差别的特性导致了伯特兰竞争的极端结果，因为一个厂商的要价低一分钱就意味着这个厂商得到了所有的需求。

---

①　为什么一个专利持有者会许可另一家厂商来生产它持有专利的产品，而不是作为一个垄断者生产这种产品？一个故事，参见第 12 章中的课后习题 19。

②　也就是说，Porter 是为寡头垄断者写文章的，说明如何建立和维持进入和流动壁垒。

一些寡头生产几乎无差别的商品——比如,工业化学品的生产者。[1]但在许多寡头垄断中,出售的产品(或被制作得看起来好像)是不同的。尺寸和性能大致相同的一辆雪佛兰汽车和一辆福特汽车或者一辆丰田汽车和一辆本田汽车可能是类似的,但消费者注意到了它们之间的差别;如果对于一种类似的小轿车,丰田比本田要价低 $500,它也许能够以牺牲本田的利益为代价增加它的需求,但一些忠诚的客户仍然会坚持选择本田。

如果我们把寡头垄断者生产差异化的商品当作既定的,这里的差别(以及相应的需求的交叉弹性)是外生强加的,我们可以重做我们以上阐释的简单的双头垄断理论的大部分。(你将在课后习题 9 中完成这个工作。)不过,考虑寡头是否将内生地力图使它们的产品有差别,是愈加有趣的。致力于差异化的原因应该是清楚的:尤其是如果我们相信伯特兰模型的话,不过在寡头互相"竞争"的任何模型中,它们越是使自己的产品与别人的不同,竞争就会越少,每个厂商就越能够从事类似垄断定价的活动。(一个例子,参见课后习题 10)。另一方面,如果你的竞争对手,就产品特性来说,已经把他的产品固定在一个确定的"位置"上了,通过让你的产品特性更接近于他的,你就为你自己提供了一个更广阔的市场。以 Hotelling(1929)作为开始,对于寡头们从事故意的产品差异化到何种程度以及提供的产品多样化的数量是多于还是少于社会合意的数量,曾经有过极大的兴趣。Tirole(1988,chap.7)给出了一个好的概述。

10.2.4 研发

本书中我们没有在哪一个地方考虑过(或者将会考虑,除了在最末尾)研发的动态过程,即新产品和生产技术被发现、发展以及改良的过程。这些问题超出了寡头垄断的背景。我们可以调查竞争性行业和垄断厂商将从事多少 R&D,不过,对于这些问题的调查,寡头垄断是一块尤其肥沃的土壤,因为寡头之间的对抗注定为从事 R&D 提供强烈的激励。(在垄断的情况下,这种激励至多是更弱的,除了专利权以更进一步的垄断来奖励成功研发的情形之外。)与此同时,寡头有着从事大规模 R&D 所需的资金。像往常一样,我们的建议是由 Tirole(1988,chap.10)开始来研究这些主题。

10.2.5 垄断竞争

最后我们来讲关于不完全竞争厂商之间竞争的"另一个"模型,就像 Chamberlin(1933)阐释的那样,**垄断竞争**(monopolistic competition)模型。关于中级微观经济学的大多数书籍(以及许多基本原理类的书籍)都详细地阐释了这一理论,和寡头垄断一样详细或者更详细。与寡头垄断相比,此理论是异常确定的——它给出简单且清晰的答案,包括一幅非常有趣的图形(见图 10.6)。要不是为了让这一理论在大多数较低水平的教科书中出现,我们将在这里完全忽略它。不过,既然很多读者将会看到

---

[1] 即使在这种情况下,也存在一些"商品"上的差别,这些差别与生产者和客户厂商之间的关系有关。对存在多少差别的检验是非常简单的:一个厂商要从它的竞争对手那里偷来几乎所有的市场,它必须要比所有其他厂商索要低多少的价格?

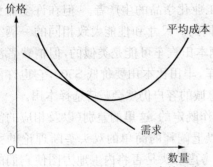

图 10.6 一个垄断竞争行业中的均衡

它,从而好奇它如何与这里呈现的一般化的图形相适合,我们将给出一个非常快速的简要介绍,然后是一些评论。

垄断竞争的故事运行如下:我们假设一个行业生产某种产品,这种产品可以被生产成很多不同的品种。在这个行业中有很多厂商,还有更多厂商在局外等待着,当进入看起来是有利可图的时候进入此行业。每个厂商生产我们所讨论的产品的一个特定的(独一无二的)品种。每个厂商的技术由一条 U 形平均成本曲线所刻画,比如,这条曲线是由一个固定成本加上递增的边际成本的技术给出。如果我们通过在保持其他价格不变的情况下改变一个厂商索要的价格这种方式,来为每个厂商计算需求,那么每个厂商面对一条向下倾斜的需求曲线。这条向下倾斜的需求曲线之所以产生,是因为每个厂商都生产有着独一无二特征的一种产品,因此(在某种程度上)吸引到它自己的客户。

每个厂商都认为,它可以把它的价格/数量调整到自己需求曲线上的任意一点,而不引起它许多竞争对手中任何一个的价格变化,所以每个厂商就如一个垄断者那样对待自己的需求曲线;每个厂商都设定边际收益等于边际成本,找到要设定的价格和要卖出的数量。对于这个假定通常的解释是,如果一个厂商降低它自己的价格,所有其他厂商看到它们需求上的变化微乎其微,所以根本不会作出反应。

关于进入和退出,如果此行业中的任何一个厂商遭受亏损,它将退出这个行业。而如果此行业中任何一个厂商获得正的利润,对此行业的进入将会发生。这些新进入者(entrants)都选择它们自己独一无二的产品品种来出售,而且任何新进入者对已经在行业中的任何厂商的需求曲线的影响都微不足道。但是,随着大量新进入者进入,这种对行业参与者的影响是累积的;需求曲线向左下方移动。

我们接受这个故事就像上文中讲的那样,一个均衡看起来会是什么样的?这个行业中的每个活跃的厂商都将获得零利润;这一定是对的,因为获得负利润的厂商会退出,而如果厂商获得正利润,进入就会发生。如果均衡是一种没有厂商流入或流出的情形,剩下的唯一可能是零利润。这意味着,每个厂商面对的需求曲线一定是与此厂商的平均成本曲线相切,要不然就低于它;如果需求曲线整个低于平均成本曲线,该厂商无论做什么都将会遭受亏损,而如果此需求曲线是(在任何数量水平上)高于平均成本的,该厂商可以在该数量上获得严格为正的利润。如果在均衡中,厂商面对向下倾斜的需求,唯一可能的图形是图 10.6 给出的图形。此厂商的需求曲线与平均成本曲线相切,切点是处在一个小于有效规模(efficient scale)的数量上。以专业术语来讲就是,厂商(在均衡上)是在一个它们有着**超额生产能力**(excess capacity)的水平上生产。

接着对这个理论的基本原理的阐述,通常要对这个市场结构的"效率"作出评论;一方面,厂商在一个无效率的规模上生产(糟糕的),但消费者因此而得到某种东西,即种类繁多的产品(商品)。垄断竞争行业的效率问题变得相当复杂,我们在这里不试图总结那些争论。(Tirole, 1988, chap.7)作为替代,我们问,这可能是什么行业的一个模型?

给出的经典回答是零售或服务行业。旨在使这许多商店区别开来的特征,首先是位置;每个商店独自占有一个特定街区的一个特定的位置,从这个方面来说,每个厂商都是独一无二的,于是尽管在世界上有大量的商店,每个厂商面对一条向下倾斜的需求曲线,因为它"实际上"只和自己附近的商店竞争。如果某人居住在第 10 大街和第 11 大街之间的第二大道上,他不太可能考虑去一个位于城市另一边的商店,即使这家商店的产品价格比附近商店都便宜很多。这名消费者的实际选择集包括第二大道与第 10 大街拐角处的商店,以及第二大道与第 11 大街拐角处的商店,也许还有第三大道和第 10 大街拐角处的商店,如果它确实有划算的价格的话。因此,每家商店即使把自己的价格提高到比竞争价格高一点点,仍然会吸引一些客户。

零售业是否接近垄断竞争的结论是一个经验问题。至少,美国的零售业通常是一个利润率非常低的行业,这是支持垄断竞争的理论之一。但是,反对因为纯粹理论的原因,而把此模型应用到位于各个拐角处的商店上,是有价值的。(也就是说,我们可能得到正确的结论,但是由于错误的理论原因而得到的。)反对的理由是,位于第二大道和第 10 大街的拐角处商店的行为,不能被假设为,对附近商店做得怎样以及做什么有无足轻重的影响。位于第二大道和第 11 大街拐角处的商店,清楚地知道它的竞争者就在一个街区之外,那么如果位于第二大道和第 10 大街拐角处的商店经营一种特色苹果,位于第二大道和第 11 大街拐角处的商店会以经营一种特色香蕉作为回应。此外,如果第二大道上的商店获得利润,作为对此的回应,一家新商店会设立在第二大道和第 12 大街的拐角处,这将显著影响第二大道上的商店(邻近第 12 大街的)的需求,而这对于城对面的那些商店的需求,影响很小或者没有影响。这种情况不像垄断竞争模型中描述的那样;它是一个带有进入的局部寡头垄断模型。

得到一个局部寡头垄断的理论没有什么问题,除了正如寡头垄断理论不是确定的那样,一个局部寡头垄断的理论也不是。在垄断竞争的故事里,每个店主都认为,他可以改变自己的价格而不引起任何一个竞争对手的反应。给出的原因是,当他改变自己的价格时,竞争对手都不会看到对自己的需求有太多的影响。这对局部寡头垄断者来说显然是错误的。我们可以假定在一个局部寡头垄断中,所有的店主都持有伯特兰猜测,但(在这一点上)那仅仅是我们可以作的许多假定中的一个。

有没有哪个行业符合垄断竞争的条件?我们把这个问题留给读者作为一个挑战。你能否想到一个行业,在其中(1)厂商面对向下倾斜的需求,(2)任意一对厂商的需求的交叉弹性都是低的,而且(3)存在自由进入?这里有一个要仔细考虑的案例:考虑在一个大都市商业区的午间餐饮业(或私人俱乐部)。你能否构建一个在大量餐馆上的消费者需求模型,使得如果任何一个餐馆降低它的价格,它会从其他每个餐馆那里都吸引来一点点客户,而且使得一个进入这个行业的新餐馆从所有在位者那里都夺走一点生意,但不会迫使任何一个(或几个)在位者显著地更接近于倒闭?[d]

---

d 我很感谢 Drew Fudenberg 提示此行业作为一种可能。如果你想要在构建具有要求的属性的偏好方面获得一些帮助,而且稍微难懂一点的数学不会阻挡你,那么参见 Hart(1985),他给出了这个评论的大部分内容。

参考文献

Bertrand, J. 1883. "Théorie Mathématique de la Richesse Sociale." *Journal des Savants*, 499—508.

Chamberlin, E. 1933. *The Theory of Monopolistic Competition*. Cambridge, Mass.: Harvard University Press.

Cournot, A. 1838. *Recherches sur les Principes Mathématiques de la Théorie des Richesses*. English ed., N. Bacon, ed., *Researches into the Mathematical Principles of the Theory of Wealth*. New York: Macmillan, 1897.

Hall, R., and C. Hitch. 1939. "Price Theory and Business Behavior." *Oxford Economic Papers*, 2:12—45.

Hart, O. 1985. "Monopolistic Competition in the Spirit of Chamberlin: A General Model." *Review of Economic Studies*, 51:63—82.

Hotelling, H. 1929. "Stability in Competition." *Economic Journal*, 39:41—57.

Kreps, D., and J. Scheinkman. 1983. "Quantity Precommitment and Bertrand Competition Yield Cournot Outcomes." *Bell Journal of Economics*, 14:326—337.

Novshek, W. 1984. "Finding All n-Firm Cournot Equilibria." *International Economic Review*, 25:61—70.

Porter, M. 1980. *Competitive Strategy: Techniques for Analyzing Industries and Competitors*. New York: The Free Press.

Sweezy, P. 1939. "Demand under Conditions of Oligopoly." *Journal of Political Economy*, 47:568—573.

Tirole, J. 1988. *The Theory of Industrial Organization*. Cambridge, Mass.: MIT Press.

Von Stackelberg, H. 1934. *Marktform and Gleichgewicht*. Vienna: Julius Springer.

课后习题

1. 在产品无差别的双头垄断模型中,一个厂商持有古诺猜测,第二个厂商持有伯特兰猜测。你能找到一个均衡吗?

2. 在弯折的需求的模型中,厂商的猜测使得仅有的可能的均衡都是对称的。如果我们改变厂商猜测的性质,那么或许我们可以找到不对称均衡。对于下面描述的两种类型的猜测,找到所有是均衡的 $(\hat{x}_1, \hat{x}_2)$。

(1) 在均衡 $(\hat{x}_1, \hat{x}_2)$ 上,厂商 1 认为只要 $x_1 < \hat{x}_1$,厂商 2 就会继续生产 $\hat{x}_2$,但厂商 2 会使自己产出的增加一对一地等同于厂商 1(超出 $\hat{x}_1$)的任何产出的增加;反之亦然。也就是说,厂商 1 认为厂商 2 会生产 $\hat{x}_2 + \max\{0, x_1 - \hat{x}_1\}$。厂商 2 对厂商 1 持有对称

的猜测。

(2) 在均衡 $(\hat{x}_1, \hat{x}_2)$ 上,厂商 1 认为只要自己生产一个低于 $\hat{x}_1$ 的水平 x_1,厂商 2 就会继续生产 $\hat{x}_2$。但是,作为对厂商 1 产量增加的反应,厂商 2 将以保持它们的相对市场份额与在均衡处一样的方式来增加自己的产量。也就是说,厂商 1 相信厂商 2 将生产 $\max\{\hat{x}_2, (\hat{x}_2/\hat{x}_1)x_1\}$。厂商 2 对厂商 1 持有对称的猜测。

3. 我知道的一个经济有 1 000 个相同的消费者和两种商品。这两种商品是 phiffle,一种非麻醉兴奋剂,和 manna,一种基本食品。每个消费者有一个形如 $u(x, z) = w(x) + z$ 的关于 phiffle 和 manna 的效用,这里 x 是消费的 phiffle 的数量,z 是消费的 manna 的数量。假定 w 是严格凹且连续可微的。函数 w 是凹的,且满足 $w'(0) = 100$ 和 $w'(100) = 1$。manna 的价格始终是 \$1,而且每个消费者都有着超过 \$10 000 的财富,被全部花费在 phiffle 和 manna 上。

(1) 对于 \$1 和 \$100 之间的价格,phiffle 的市场需求曲线的形状是什么样的?

两个厂商出售 phiffle。由于某种原因,一个厂商愿意在 \$2 的价格上出售,而另一个厂商坚持在 \$3 的价格上出售。此外,第一个厂商只愿意出售 50 000 单位的 phiffle。第二个厂商愿意向所有的来者出售。假定 $w'(90) = 2$,且 $w'(75) = 3$。

(2) 假设用下面的机制分配 phiffle。第一个厂商询问每个消费者在 \$2 的价格上想要购买多少 phiffle。如果总订单少于 50 000 单位,则每个消费者都被给予他要求的任何数量。否则,厂商 1 的 phiffle 就被平均地配给给每个想要的人,最多可达那个人想要的数量。也就是说,我们把这 50 000 单位在所有的消费者中间平均分配,然后询问是否有哪些消费者得到了超过他想要的数量。假如这样的话,那些要求较少数量的消费者被给予他们想要的数量,然后他们份额的剩余部分,被平均分配给那些仍然被配给的消费者,依此类推。这个配给方案完成之后,如果消费者们愿意的话,他们可以去第二个厂商那里,然后在 \$3 的价格上购买和他们想要购买的一样多(更多)的 phiffle。这个方案的结果将是什么?

(3) 假设 phiffle 被按照如下的方式分配。第一个厂商询问每个消费者她想要多少 phiffle,然后把 phiffle 分配如下:随机抽取一名消费者,然后给予她要求的任何数量,最多可达 50 000 单位。然后,如果 50 000 单位仍有剩余,就随机抽取第二个消费者,依此类推,直到所有的消费者都得到供给或者 50 000 单位被用光。在这个分配之后,消费者们可以在每单位 \$3 的价格上从另一个厂商那里购买 phiffle。如果 phiffle 不能被转售,这种分配制度的结果将是什么?

(4) 如果 phiffle 可以被转售,(3)部分中的分配制度的结果将是什么?(假定这个经济中的消费者们都是非常懂行的人。)

(5) 如果你想要一个挑战,增加问题的复杂性,在经济中居住着大量异质的消费者的情况下,考虑这三个方案。你将需要为自己确切阐述这个问题的一些部分。

4. 回到一个制造业垄断厂商的情形,它在不变的单位成本 k 上生产商品,而且这个厂商必须把这些商品卖给零售商,零售商出售这种商品不产生额外的费用(即超过零售商从垄断厂商那里购入此产品的费用)。假设有两个零售商,它们按照古诺猜测行动,需求是(还用问吗)$P = A - Q$。

(1) 假设垄断厂商按照简单的线性价格向零售商要价——在此垄断厂商设定的某个价格上。这个垄断厂商要设定的最优价格是什么？

(2) 假设垄断厂商可以使用一个两部收费方案(two-part tariff scheme)，它向每个零售商收取一个固定费用，外加对零售商购买的每单位产品收取单位费用。对这个垄断厂商来说，最优的定价方案是什么？

(3) 现在考虑如果这两个双头垄断者以伯特兰猜测进行竞争，将会发生什么？

5. 考虑一个行业，在其中 N 个厂商都生产一种无差别的产品。对这种产品的需求由 $X = A - P$ 给出。每个生产者都是相同的，有着不变的平均成本 k。

(1) 假设所有 N 个生产者都持有古诺猜测：每个厂商都猜测，它可以改变它生产的数量，而它所有的竞争对手，都将继续生产它们正生产的数量。在这种情况下的对称均衡是什么？（如果所有的厂商都生产相同的数量，这个均衡就是对称的。）随着 N 趋近于无穷大，均衡价格会怎样？

(2) 假设所有 N 个生产者都持有伯特兰猜测：每个厂商都猜测，它可以改变自己的要价，而不引起竞争对手在要价上的任何反应。在这种情况下的对称均衡是什么？

(3) 假设一个厂商是斯塔克伯格领导者，而所有其他的厂商都持有古诺猜测。也就是说，$N-1$ 个追随者中的每一个都认为，它可以改变自己的生产数量而不招致任何其他厂商在数量上的任何反应。这个唯一的领导者明白这一点，然后最优地选择自己的数量。你能找到什么样的均衡？随着 N 趋近于无穷大，价格会怎样？

(4) 假设这 N 个厂商被编号为 1, 2, …, N，而且它们持有以下这种类型的猜测：厂商 N 持有古诺猜测。厂商 $N-1$ 对厂商 1 到厂商 $N-2$ 持有古诺猜测，而且认为厂商 N 利用它的古诺反应曲线来行动。厂商 n 对厂商 1 至 $n-1$ 持有古诺猜测，而且认为厂商 $n+1$ 到 N 利用由它们的猜测给出的反应曲线来行动。你能找到什么样的均衡？随着 N 趋近于无穷大，价格会怎样？

(5) 为有着 N 个厂商的寡头垄断情形，构造一个与弯折的需求相一致的模型。

6. 这里有一个寻找古诺均衡的替代方案。在本章的讨论中，我们为每个厂商计算了形如"如果其他厂商生产 x'，该厂商将选择生产什么样的数量 x"的反应函数。假设作为替代，我们回答这个问题：由一个厂商生产的什么样的数量 x，是和两个厂商生产的总产量 X 相一致的？我们将通过以下方式来找到这个问题的答案，研究问题：

$$\max_{\delta}(A - k - X - \delta)(x + \delta)$$

然后找到，对于一个给定的 X，使得 $\delta = 0$ 的数量 x 作为一个解。为什么呢？因为我们这里是计算，如果当这个厂商选择 x 时总产出是 X，该厂商将选择如何从 x 开始改变它的产出；当一个 0 的变化是最优的，x 就是和 X 一致的。把这个问题完成（这样你将看到它起作用），关于 δ 的一阶条件是 $A - k - X - x = 2\delta$，如果 $A - k - X = x$，它就在 $\delta = 0$ 处被满足。也就是说，$x(X) = A - k - X$ 是由一个厂商生产的和两个厂商的总产量 X 相一致的产量。在一个均衡 $2x(X) = X$ 上，或 $2(A - k - X) = X$，或 $2(A - k) = 3X$，或 $X = 2(A - k)/3$，于是得出 $x = (A - k)/3$，我们的古诺均衡。[这个技巧应归于 Novshek(1984)。]

(1) 在习题 5 的(1)部分，你被要求找到一个有 N 个厂商的寡头垄断的对称均衡，那里厂商都持有古诺猜测。使用刚刚介绍的技巧，找到所有的均衡，包括任何可能存在的非对称均衡。

（2）现在重复本习题的（1）部分，但是是在组成寡头垄断的 N 个厂商可能有着不同的单位成本的情况下；对每个 n 来说，让 k_n 代表厂商 n 的单位成本。

7. 假设在一个生产无差别产品的双头垄断中，需求由 $X = A - P$ 给出，而且厂商持有伯特兰猜测，还有着不同的单位成本。具体来说，厂商 1 有不变的平均成本 k_1，而厂商 2 有不变的平均成本 k_2，$k_1 < k_2$。均衡是什么（哪些）？

8. 假设一个行业生产一种无差异产品，市场需求由 $X = A - P$ 给出。有很多这种产品的潜在生产者，它们中每一个都有如下形式的生产函数：进入运营必须要支付的固定成本 F，以及每单位生产的边际成本是一个常数 k。我们假设厂商是在这样的假设下决定是否进入此行业，在所有打算进入的厂商都进入之后，竞争将是依照古诺模型的。也就是说，如果 N 个厂商在市场中，每个厂商都持有古诺猜测。行业中的每个厂商都持有古诺猜测的情况下，如果当行业中有 N 个厂商时，每个厂商都不会比保本差，然而若是有另外一个厂商进入，使得此行业变成一个有着 $N+1$ 个厂商的古诺寡头垄断，则所有的厂商都将赔钱，那么一个在行业中有着 N 个厂商的均衡被实现了。在这种情形中的均衡是什么？如果厂商自始至终持有伯特兰猜测，均衡将是什么（如果有的话）？（注意：厂商的数目被设定，然后厂商进行竞争。这个练习并不是，比方说，厂商索要某个价格，然后，在假定已经在行业中的厂商将坚持那个价格的情况下，其他厂商能够进入。但是，既然我们正在简述这种替代情形，在此种情形下的带有进入的古诺和伯特兰均衡将是什么？）

9. 假设两个双头垄断者生产给定的差异化产品。每个厂商在均衡上获得的价格取决于每个厂商的产出数量（或者，换一种说法，每个厂商的均衡需求数量取决于每个厂商索要的价格），根据反需求函数：

$$p_1 = A - x_1 - bx_2 \text{ 和 } p_2 = A - x_2 - bx_1$$

其中，A 和 b 是常数。常数 b 被限制在区间 $(-1, 1)$ 内，这里 $b > 0$ 意味着我们所讨论的商品是"替代品"，而 $b < 0$ 意味着它们是"互补品"。（这里我们使用引号，因为我们并非是用这些术语的准确定义来处理的；参见第 2 章。）

（1）给出这个模型的古诺均衡、冯·斯塔克伯格均衡和伯特兰均衡。如果你发现这里的代数变得太过分了，那么就求解在参数 $A = 10$，$k = 1$，和 $b = 0.9, 0.5, 0.1$ 还有 -0.5 时的均衡值（数量、价格、利润）。需要注意的是，对于 $b < 0$ 的情形，这两个厂商在伯特兰的情形下比在古诺的情形下做得更好。对此你能否给出一个直观的解释？

（2）在（1）部分的冯·斯塔克伯格均衡中，追随者持有古诺猜测，然后给定追随者的反应函数，领导者采取最优化的行动。同样地，我们可以设想追随者持有伯特兰猜测的情形，然后给定由此产生的反应函数，领导者采取最优化的行动。这被称作伯特兰—冯·斯塔克伯格均衡。［于是（1）部分中的冯·斯塔克伯格均衡就被称作古诺—冯·斯塔克伯格均衡。］求出它，至少求出在之前给出的四个参数设定下的伯特兰—冯·斯塔克伯格均衡。

（3）在两类冯·斯塔克伯格均衡中，相比根本没有领导者的情况，领导者获得更高的利润。证明确实如此。（证明一个弱不等式就足够了。）

（4）在 $b > 0$ 的古诺—冯·斯塔克伯格和 $b < 0$ 的伯特兰—冯·斯塔克伯格中，相比没有领导者的情况，追随者获得更少的利润，而对于 $b > 0$ 的伯特兰均衡和 $b < 0$ 的古诺均

衡,相比没有领导者的情况,追随者获得更多的利润。对于这些观察,你能给出什么样的直观解释?

这整个习题是标题"策略性的替代品和互补品"下的冰山一角。如果你阅读 Tirole (1988)或其他的对不完全竞争的处理,密切注意那个名称下面的内容。

10. 设想一个双头垄断,其中的厂商为居住在一条 100 英里长的高速公路沿线的消费者生产一种"相同的商品"。我们假设(按照第 9 章中习题 10 那样)消费者们以每英里 10 个消费者的密度,在高速公路沿线均匀分布。每个消费者对一单位的这种商品有着 \$100 的保留价格,但是,每个消费者往返商店也要支付一个成本,在对保留价格进行比较时,这个成本也必须添加到商品的价格中去。这种商品每单位的生产成本,对两个厂商来说都是 \$1。每个厂商都被允许在高速公路沿线的某处开办一个商店。如果该厂商位于距离某个消费者 d 英里的地方,该消费者需要为从家到此商店的往返路途支付 $\$(d/50)^2$。这两个厂商设立好它们的商店(这是用来在消费者头脑中表明它们商品的差别,如果它们不是把商店设立在对方的头顶上的话),然后它们以伯特兰猜测进行竞争。在这种情形下的均衡是什么?(在具体描述这个模型的过程中我们有一点不准确,所以要十分清楚你在作什么样的假定。如果你想要一个挑战,考虑如果旅行费用是线性的而不是二次的会怎样。如果你接受挑战,那么要为巨大的挫败感做好准备。)

关于双头垄断经典模型的变形的更进一步的问题在第 12 章给出。

第三部分　非合作博弈理论

▶ 11

竞争情景的建模

序言

在第三部分中,将会介绍一些非合作博弈理论的专业术语和概念。虽然我们没有缜密并完整地介绍非合作博弈理论的全部知识,但还是希望能为接下来的课程学习和讨论提供足够的理论背景,同时也希望能够激发学生更多的好奇心并学得更好。

在章节的开始部分,我们首先重点学习非合作博弈理论的均衡概念,尤其是纳什均衡(Nash equilibrium)。从 1950 年开始到 60 年代发展的大量博弈理论都是关于合作博弈理论(cooperative game theory)的,而在近些年,学者开始将研究重点转移到非合作博弈理论了。更确切地说,非合作博弈理论已经成为微观经济学家的重要工具。但是不要被"非合作"的专业术语所误导,经济学家并不是对不合作的行为越来越感兴趣,而是越来越关注合作行为(或其他群体行为)如何实现。基于个体自利的行为人在一些既定的"规则"下行动,而这正是非合作博弈理论的定义特征,在第 14 章中会有具体的阐释。所以我们仅需要将它看作一个专业术语并去发现非合作博弈理论能呈现出什么样的结论。尽管如此,我们事先声明并不是要讨论大量的博弈理论,有关合作博弈的介绍可以参考其他的资料。

在本章中,我们将学习传统的非合作博弈理论如何描述竞争环境的。这里用了两种描述博弈的形式,即所谓的扩展式(extensive form)和标准式(normal form)或者说战略式(strategic form)。我们会描述这两种形式的一些基本概念并介绍两种形式如何相互转换。第 12 章我们会详细介绍本章出现的解的概念,且重点放在纳什均衡解的分析。然后,第 13、14、15 章我们研究了该理论的三个重要应用:不完全信息模型(incomplete information)、重复博弈模型(repeated play)和双边要价模型(bilateral bargaining)。

11.1　博弈的扩展式:一个例子

11.1.1　故事

来看这个故事:你作为 Jokx 玩具和游戏公司的总经理,你正在考虑推出一种叫做"寡头垄断"的游戏,该游戏旨在将不完全竞争的基本原理教给 8—12 岁的孩子。你必须要很快地决定是否推出这个游戏。如果推出,你将会在游戏的设计、宣传和生产方面花费 40 000 美元。

"寡头垄断"游戏的市场有多大是非常不确定的。你需要考虑两种可能:市场很大并会给你带来 20 000 单位的总销售,也可能很小只带来 6 000 单位的总销售,你估算这两种可能性分别为 0.4 和 0.6。产品销售的价格为每单位 12 美元,提高价格会使销量大幅下降,然而价格的下降并不会使需求明显地增加。

另外一个不确定性的来源是你的竞争对手 Beljeau 玩具和游戏公司,它正在考虑推出"里根经济"游戏并直接和你的"寡头垄断"游戏竞争。事实上,如果你推出"寡头垄断"而 Beljeau 公司同时推出"里根经济"游戏,由于竞争的存在使得你们两家公司都只能将价格定在每单位 10 美元上,而市场销量的总体要么是 20 000 单位要么是 6 000 单位,且不会随着价格的下降而增大,而你们都只能得到市场份额的一半。

除了上文中提高的 40 000 美元的固定成本,你还需要花费每单位 5 美元的可变成本。你的游戏生产多少就能销售出去多少(或者说按需求生产)。

而 Beljeau 公司所面临的情况和你一样,你们坐下来讨论是否推出"寡头垄断"的游戏时,Beljeau 公司的管理者也坐着在讨论是否推出"里根经济"的游戏。游戏必须在圣诞节前推出迫使你来不及知道竞争对手的行动就要推出游戏,同样 Beljeau 公司也必须在知道你是否推出游戏前考虑是否推出"里根游戏"。但是他们有一个优势——他们做了一个市场调查,市场调查的结果可以使他们在是否推出游戏前准确地知道市场是大还是小。

Beljeau 公司开发"里根经济"游戏的固定成本为 60 000 美元加上每单位 3 美元的可变成本(也是按需生产)。同时,"里根经济"游戏卖的价格和"寡头垄断"的游戏一样——当市场中只有一种游戏产品时,批发价格为 12 美元;当市场中同时存在两种游戏产品时,批发价格为 10 美元每单位。

11.1.2 决策树

从你的角度看这个问题,你可以构建一个决策树(decision tree)来代表你所面临的博弈问题,见图 11.1。我们会给第一次看到决策树的人提供一些解释。从左边小方框开始的两个分支代表了你的行动,推出游戏或者不推出游戏,方框被称作决策结或选择结(decision or choice nodes)。如果你决定推出"垄断游戏",随后你会知道市场的大小,同时

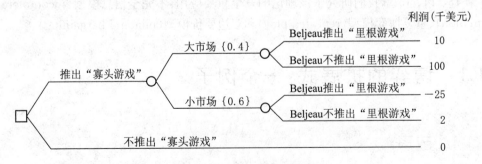

图 11.1 Jokx 公司的决策树

也知道 Beljeau 公司是否推出"里根经济"游戏。这些事情不由你控制,从你的角度来讲可以称作"机会事件"(尽管你可能知道 Beljeau 公司会如何决策)。因此我们在决策树中用圆圈表示机会节(chance nodes)。当然,如果你不想推出"寡头垄断"游戏,那么从你的角度来讲博弈就结束了。

图中的决策树有 5 个决策分支,每一条分支代表了你(Jokx)的一个独立选择和不受你控制的博弈结果(也显示了 Beljeau 公司的决策路径)。注意到对于不同的市场大小,对手 Beljeau 公司会有 4 个不同的选择,所以当我们决定进入市场时面临着 4 种不同的博弈结果。

然后我们分别对这 5 个结果进行评估我们能得到多少利润。例如,如果你决定推出"寡头垄断"游戏,市场也是大的,同时 Beljeau 公司也决定推出"里根经济"游戏(最上面的分支),你将会以每单位 10 美元的价格卖出 10 000 个单位并得到 100 000 美元的收入,并花费 40 000 美元的固定成本和 10 000 美元的生产成本,或者说花费总成本为 90 000 美元并得到 10 000 美元的利润,其他同理。最后的收益写在最右边的分支末尾。在最后,我们知道了市场是大或小的概率,因此我们将概论标在适当的分支下面。

那么我们还可以以用其他形式表示决策树吗? 图 11.2 给出了两种可能。在图 11.2(1)中我们交换了其中的两个机会结,先将 Beljeau 公司的决策放在前面,市场的大小放在后面;在图 11.2(2)中我们将两个机会结结合起来写成 4 种结果形式。在构建决策树时我们需要遵循的规则是:

决策树的基本规则 一个机会结在决策结前时,当且仅当那个机会结代表的不确定性在他必须作出选择之前都只存在该决策者的脑海里。

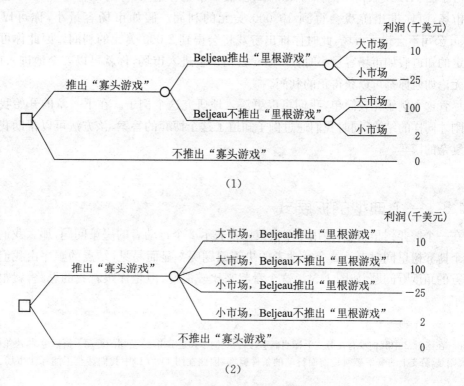

图 11.2 Jokx 公司两种不同的典型决策树

因此你必须在不确定性解决之前决定是否推出"寡头垄断"游戏,因为你的决策结在最左端首先出现,你只能服从这样苛刻的规则。[a]

现在来看 Beljeau 公司的决策树,他在作出决定前就知道了市场的大小,因此描述市场大小的机会结首先出现在决策树的左端。同时他们不知道你是否推出"寡头垄断",因此你的机会结在他们的决策结之后。和市场大小有关的所有可能利润如图 11.3 所示。

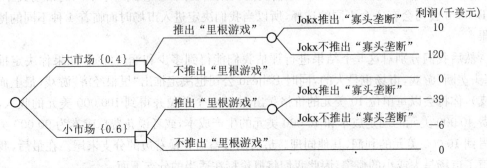

图 11.3　Beljeau 公司的决策树

这是一个相对简单的例子,我们可以通过观察决策树并得到博弈的"答案"。首先来看图 11.3,假如市场容量大,不管 Jokx 公司是否进入市场,Beljeau 公司推出"里根游戏"都会得到正的利润,因此他们肯定会推出游戏。然而市场容量小时,不管 Jokx 公司如何行动,Beljeau 公司推出游戏都会造成损失,因此 Beljeau 公司就很有可能决定不推出游戏。那么对于图 11.1 决策树中的你(Jokx)来说,假如市场容量大,你可以肯定 Beljeau 公司会进入市场,而你推出游戏会得到 10 000 美元的利润。假如市场容量小,你可以肯定 Beljeau 公司不会进入市场,此时你推出游戏将会得到 2 000 美元的利润。因此你可以非常肯定的知道假如市场容量小时,Beljeau 公司不会进入市场,你就可以安全地进入市场。此时无论如何你都可以获得正的利润。

尽管这个例子比较简单,我们可以更深入地研究这个例子。在下一章的开始我们会得到刚才同样的结论,同时我们通过例子知道了这个博弈的答案,该方法可以帮助我们讨论更复杂的博弈。[①]

11.1.3　一个典型的扩展式

在一个博弈树里,我们使用一个决策树来表示 2 个行动者的决策问题,那么我们如何在一个博弈树里同时表示 2 个行动者的决策问题呢? 显而易见,结点的顺序由我们站在哪一方的角度看问题,如图 11.4。这个看起来比较混乱,但是你跟着我的思路,就很容易明白了。

---

a　在图 11.2 中我们没有在分支上标明概率,因为我们不知道 Beljeau 公司的行动。概括地讲,决策树上的概率规则是,分支上的概率必须是前面行动的条件概率,因此在图 11.2(1)中我们甚至不能标注市场大小的概率。

①　课后习题 1 给出了一个很好的例子。如果你想练习如何解决问题,请看课后习题 1(1)。

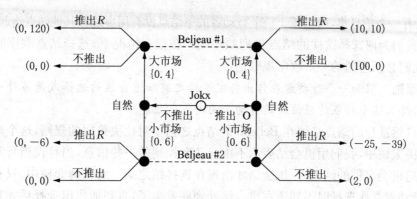

图 11.4　博弈的扩展式

博弈从中间的空心圆或结点开始(在这种类型的图中博弈通常从空心圆开始),空心圆上的 Jokx 表示从这个点开始必须选择如何行动。Jokx 被限制从这个决策结开始可以选择两种行动,推出 O(推出"寡头游戏")或不推出 O。

在选择推出游戏后紧接着的是一个实心圆结点。(空心圆将用来只表示起始结点[b]),这个结点表示自然,表示在这个结点后面的路径选择由自然决定而不受任何一个行动者所控制。自然选择市场容量大或小以及相应的概率标示在分支上。接下来的结点表示 Beljeau 必须作出行动选择的结点,推出 R(推出"里根游戏")或不推出 R,在博弈树的每个分支结尾有一系列支付向量,在这里用利润表示,第一个数字表示 Jokx 的利润,第二个表示 Beljeau 的利润。比如,如果 Jokx 推出垄断经济(往右边走),市场是小的(向下走),且 Beljeau 推出"里根经济",得到的向量(−25,−39),表示 Jokx 损失 25 000 美元且 Beljeau 损失 39 000 美元;相似地,如果 Jokx 推出"寡头游戏",市场是大的,且 Beljeau 不推出"里根游戏",得到向量(100,0),意味着 Jokx 得到 100 000 且 Beljeau 得到 0。

唯一的"问题"是我们将 Beljeau 的决策放到 Jokx 后面了。注意到,当轮到 Beljeau 要做选择时,他并不知道 Jokx 的选择,我们用虚线将两个结点连接起来。Beljeau 无法分辨出到底处于哪个结点,这被称为一个信息集(information set)。总的来说,处在同一个信息集里的所有结点,表示参与人并不清楚接下来的行动到底是从哪个结点开始的。

回过头来看,在初始结点我们标注 Jokx,因为 Jokx 从这里开始行动,而在随后的两个结点标注自然,表示这两个结点开始的行动不受任何一个参与人的控制;而在接下来的结点上我们并不直接标注 Beljeau,而是在虚线的信息集上标注,表示两个信息集中的四个结点都是参与人 Beljeau 有可能选择的行动。

更需要注意的是,Beljeau 含有两个信息集并分别标注 Beljeau♯1 和 Beljeau♯2,这分别对应着 Beljeau 两个不同的行动:(♯1)假如市场大时是否推出"里根游戏";(♯2)假如市场小时是否推出"里根游戏"。

当然,图 11.4 的扩展式博弈树和图 11.1、图 11.3 的决策树密切相关。特别指出,在决策树中行动者的每个决策结对应着博弈树中的一个信息集。因此在图 11.3 中 Beljeau 的两个决策结对应着图 11.4 的两个信息集。在图中 11.1 中 Jokx 只有一个决策结,因此在图 11.4

b　或者说结点集——见下文。

中 Jokx 只有一个信息集,所以属于一个行动者的单结点没有用虚线和其他结点连起来。

那么我们为何选择这样的结点排列顺序呢? 在很多情况下,选择结点顺序时有很多自由,但我们必须遵循的一条顺序规则是:

顺序原则 假如一个行动者在作出特定选择之前知道自然的选择或是另外一个行动者的行动,那么这个结点就应该在该行动者的决策点之前。

因此自然选择的结点必须在 Beljeau 的结点之前。对比决策树的规则,这个规则更像定义。在决策树中,我们用机会结表示不由行动者控制的一些信息,当且仅当行动者在作决定前知道机会事件的结果时,机会结才出现在选择结之前。而在博弈树中,只有一个暗示:只有行动者在作选择时不知道在机会结处到底发生了,直到他作出选择后才知道发生了什么的时候我们才允许将“机会结”写在“选择结”前面。我们用信息集的概念来补充这样的错误顺序。

在这个特殊的例子中,我们产生了三种新的结点:一种代表 Jokx 的决策,一种代表 Beljeau 的决策,一种代表自然的选择。以上的顺序规则限定自然选择的结点必须在 Beljeau 的结点前。但这只是其中的一种形式,除了图 11.4 中使用 J→n→B 的顺序之外,我们也可以写成 n→B→J 或 n→J→B 的形式。画出决策树的其他两种顺序是一个很好的练习,但很明显练习的关键是要将信息集准确的表示出来。

这里有一点非常重要,在表示博弈的单个博弈树中,我们需要传达这样的信息:每个参与者都知道在每个时点上各自的行动,同时包括博弈从头至尾的所有“顺序”步骤。“顺序”用双引号是因为没有更好地表示特定时序的词——用事件的集合可能会更好。实际的日历时间只在一个行动者知道什么时候开始行动了才起作用。但是没有理由假定一个参与者了解前面所有发生的事件——实际的情况也很难描述。——这是知识,而不是在此类博弈树中描述的行动时间问题。

11.2 博弈的扩展式:正式形式

图 11.4 所代表的博弈树被称为博弈的扩展式。对照这个例子,我们来看博弈扩展式的正式结构,接下来的内容会比较正式且数学化,对于不精通数学的读者可能会比较难。大部分的例子我们都会相当直接,而且如果你理解了前面部分的例子,接下来正式的表示方式可能感觉是多余的,但是非常值得一读,即使不想学习全部细节(一直钻研下去会感觉非常深奥),也能在总体上了解全貌。我们会将正式形式限制在有限的博弈参与人、有限的行动集合和有限的博弈树,并在最后对博弈扩展式引申到更一般的假定做一些总结。

一个非合作博弈的扩展式包括如下要素:一系列参与人、一个博弈树、参与人或自然的决策结、决策结上每个参与人可选择的行动、信息集、各参与人在终结点时的收益和每个结点处参与人选择不同行动的概率和自然选择的概率。这里的要素清单很长且遵循特定的规律,因此接下来每一步讲一个要素。

(1) 有限的博弈参与人集。我们用阿拉伯数字 $1, 2, \cdots, I$ 表示 I 个参与人。一个特定的参与人用 i 标示,除了这些参与人之外还有一个“自然力量”,它会像一个参与人一样行动,我们称之为自然,我们用 N 表示。

（2）一个博弈树。这个包括有限的时间集 T 和 T 上的二元关系"$<$"。T 中一个特定的时刻用 t 表示并称为一个节点,二元关系称为"优先序"(precedence),在 T 中所有"$<$"组成一个树状结构,这意味着"$<$"是非对称的、可传递的并具有如下附加性质:

$$如果\ t < t'',\ t' < t'',\ 且\ t \neq t',\ 则存在\ t < t'\ 或\ t' < t$$

为理解这个性质,来看下面的构造和定义:

当 $t \in T$, $P(t) = \{t' \in T : t' < t\}$ 时,将 $P(t)$ 称为 t 的优先结集合(set of predecessors);

当 $t \in T$, $S(t) = \{t' \in T : t < t'\}$ 时,将 $S(t)$ 称为 t 的后续结集合(set of successors)。

① 用 W 表示没有优先结的结点集合,即 $W := \{t \in T : P(t) = \varnothing\}$,我们通常将 W 称为博弈树的初始结集合(initial nodes)。

用 Z 表示没有后续结的结点集合,即 $Z := \{t \in T : S(t) = \varnothing\}$。$Z$ 中的结点被称为终点结(terminal nodes)。

② 用 X 表示除终点结之外的集合,即 $X := T \backslash Z$。其中的结点为了表述更清晰,通常被称为决策结(decision nodes)。

现在让我们来理解"$<$"列举的非对称性、传递性及附加的性质。首先,我们用语言来描述附加的性质。也就是说如果有两个不同的结点在第三个结点之前且两个结点也有先后顺序,则称给定的优先结集合通过"$<$"关系完全排序了,即集合内的任何两个结点的二元关系只有单向的。

回想前面一节我们画的图,结点(T 中的元素)用黑圆圈表示,用有箭头的直线从一个结点指向另外的结点。我们称 $t < t'$ 时,则从 t 开始可以找到一条箭头路径从 t 到 t_1,t_2 到 t_3,一直到 t'。注意到这个路径由"$<$"定义的,自然就有传递性了。优先序"$<$"的非对称性告诉我们在这些结点和箭头直线中没有循环也不能倒过来。同样给定的结点由"$<$"完全排序时排除了图 11.5(1)中类似的情况,标有 x 的结点有两个优先结点而这两个优先结之间没有通过"$<$"排序。

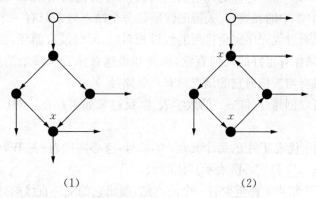

（1）　　　　　　　　　　　　　（2）

注:(1)中 X 有两个(直接)优先结点,且两个结点没有先后顺序,这违反了"$<$"定义的完全排序性质。(2)中的 X 结点产生了循环。

图 11.5　博弈树中两种不允许的情况

再看这个假设更正式的表示,考虑如下命题:

命题 11.1　对每个 $t \in T$ 不在 W 时,存在单独的结点 $p(t) \in T$ 使得 $p(t) \prec t$,同时 $t' \prec t$ 且 $t' \neq p(t)$,则 $t' \prec p(t)$。

我们称 $p(t)$ 为 t 的直接优先结。如果存在则很容易证实 $p(t)$ 的唯一性。假如存在两个结点 t' 和 t'' 满足定义,则 $t' \prec t''$ 和 $t'' \prec t'$ 同时成立,这和非对称性矛盾。对于存在性,因为 $p(t)$ 是个有限集且由"$\prec$"的非对称性和传递性完全排序,那么肯定存在某些 $p(t)$ 集中的元素不在任何 $p(t)$ 集中元素之前,这个元素即 $p(t)$。(如果你喜欢这样的逻辑问题,请证明。)

在任何结点 t 之前的优先结由"$\prec$"完全排列的,我们可以得到:任何存在优先结的结点只有一个直接优先结。因此从结点 t 开始,它要么就是初始结,要么就是只存在一个单独的直接优先结 $p(t)$;如果 $p(t)$ 也不是初始结,则也只存在单独的直接优先结 $p(p(t))$,依次推理。从 t 开始,我们只可以按照单独的路径追溯回某个初始结(或单独的结点)。(因为 T 是有限集合,因此我们最终可以达到初始结,因为定义排除了循环。)这解释了我们为什么将这种结构称为树状结构。想象一颗真实的树,假如我们从树的某个小树枝开始循着大树枝到大躯干再到根的路径,则只存在单独的路径。反过来看,树从根开始往上长,它不会又重新长回根部去。

注意到我们并没有规定在博弈树 T 中只存在单独的初始结,也就是说在 W 集合中允许存在多个结点元素。图 11.4 只有一个初始结(空心圆),但是我们希望保持博弈树 T 有多个初始结的可能性。因此如果要继续用植物学的隐喻,将博弈树 T 称为"小树林"而不是树则更合适。(但我们还是坚持沿用传统的术语"树"。)

实际上,让我们将图 11.4 中的各元素和博弈树的数学表达式紧密联系起来。在图中,有三种类型的结点:空心圆、实心圆和数字向量组,结点之间都用有箭头的直线连接。没有多于一个的箭头会同时指向给定的结点。空心圆实际上没有箭头指向它,箭头只从它开始指向外边。每一对数字向量组也只有一个箭头指向它,而没有箭头从它开始指向外边。除了数字向量组结点外,其他的所有结点都至少有一个箭头,从该结点指出,且没有任一条路径是循环的。按照这样的几何惯例,我们称空心圆为初始结(W 中的元素),数字向量组结为终点结(Z 中的元素)。关键的性质是每个结点最多只有一个箭头指向它这和给定的优先结点集通过优先序完全排列的假设相对应,同时没有循环,也和优先序的非对称性相对应。(如果你有很好的几何直觉,你便知道这意味着从哪个结点开始,沿着指向它的箭头返回到没有箭头指向它的结点只有一条路径。)

从图中我们可以创建 T 和"$\prec$"的数学表述,反过来如果存在一对 $(T, \prec)$,我们可以得到:

(1) 在纸上画出代表 T 中的每个元素 t 的符号:空心圆代表 $t \in W$,一系列圆括号(将填入数字)代表 $t \in Z$,且实心圆表示其他的 t。

(2) 然后对每个结点 t 都至少有一个前列结,画出它的唯一直接前列结 $p(t)$ 指向 t 的箭头。完成!

我们发现使用另外一个符号也是非常有用的,对于任何结点 $t \in X$(任何不是终结点的结点),用 $s(t)$ 表示集合 $\{t' \in T: t = p(t')\}$,$s(t)$ 称为 t 的直接后续结点集合 (immediate successor)。

（3）每个决策结指派一个参与人（或自然）。这可由一对一的映射正式表示 $\iota: X \rightarrow \{N, 1, 2, \cdots, I\}$，表示参与人 $\iota(x)$ 在结点 x 选择接下来的行动。注意到我们允许自然也可以做这样的选择。在图 11.4 中，博弈的初始结（空心圆）标着 Jokx，表示 Jokx 从该结点开始行动。它的两个直接后续结属于自然，因此在这两个结点参与人 ι 为 N。接在 N 的两个结点后的 4 个后续结的行动属于 Beljeau。

（4）对每个 $t \in X$，存在有限的可能行动集 $A(t)$，同时函数 $\alpha: s(t) \rightarrow A(t)$ 是一对一映射且满射的（one to one and onto）。这里为博弈中的每个箭头或步骤指定了一个名称，代表着从一个结点到它的一个后续结的行动。α 是 $s(t)$ 到 $A(t)$ 的双映射要求意味着从一个既定的结点 t 开始，有对应的可能行动并能到达下一个结点。每个行动确定 t 到后续结的唯一的行动[c]。

（5）$t \in X$ 中的结点的被分割在不同的信息集中，在同一信息集中，对于任一对 t 和 t' 符合如下三个要求：

（1）$t \notin P(t')$ 且 $t' \notin P(t)$；

（2）$\iota(t) = \iota(t')$；且

（3）$A(t) = A(t')$。

这里的意思是某些决策结的子集中参与人在其中的一个结点选择行动时并不知道他们自身处在哪个结点上。参考图 11.4，所有的决策结被分到 5 个信息集里。初始结属于 Jokx，且自身是一个信息集（单元素集）。接下来的 2 个后续结为自然的（按照惯例，自然所在的结点通常也是单元素集，下文也都按照这个惯例）。然后在信息集 Beljeau ♯1 中有两个结点，在 Beljeau ♯2 中也有两个结点。在图中，我们将属于同一个信息集的结点用虚线相连（其他教材会将一个信息集中的结点用"圆圈"圈在一起）。

信息集的构建意味着参与人在一个结点选择行动时不可能完全知道"前面"的所有行动（"前面"加引号是因为博弈树中结点的顺序并不是必须按照现在这样画），但是在正式的构建中我们必须对这种通用的表述给出一些限制。首先，我们要求信息集能够区分决策结集，也就是说每个决策结只属于一个信息集。这里的关键在于，假如在决策结 t 参与人 $\iota(t)$ 不知道自己是处在 t 还是 t'（因此 t' 和 t 在同一信息集里），同样在 t' 时，该参与人也不知道自己是不是处在结点 t 上。现在我们可以来想象这样的情况：当一个参与人在博弈的某个结点时他完全意识不到自己是在其他不同的结点上；然后当他在第二个结点时，他又分不清楚他前面的结点。这样的情景不能用传统的博弈论直接建模。（存在间接的建模方式，详见第 13 章如何对"非理性"行为进行建模。）

除了以上的这个基础假设，我们预先再做三个假设。假设（1）参与人在任何结点都知道自己前面的行动；假设（2）在同一信息集中的任何 2 个结点上，都是由同一个参与人来行动；也就是说参与人不会搞混自己和其他参与人的行动；假设（3）在同一个信息集中的 2 个结点，参与人具有同样的可能行动。否则（逻辑上说）参与人可以根据不同的可能行动从而区分出同一信息集的 2 个结点。

在某种意义上说，这样的信息集构造和三个假设反映了该模型的基础假设，换句话说

---

c 如果非常正式，我们应该写成 α_t，但是我们不需要那样严格。

参与人知道博弈的结构。像图 11.4 这样的结构每个参与人都知道,同时每个参与人都有足够的智慧从图中分辨出该结构的含义。除了以上三个假设,还有其他更多的假设,比如假设(1)中包含了参与人完全知道他前面的行动的假设。这个假设作为基础假设在这个正式的限定中发挥了重要的作用。现在人们可以抱怨说还存在很多竞争环境,在那样的环境下参与人有可能会忽略掉博弈结构中的某一部分。比如,一个参与人可能不知道在一个特定情景下的可能选项。我们将这类情形归为参与人并不真正地拥有这些选项。一个更困难的案例如下所述:在一个给定的情形,一个参与人确信自己并不拥有特定的选项,而不能明确地区分现在的情形和另外一个情形,因此他在当前相信在另外一个情形下他并不拥有这些选项。但是在这第二个情形下,他实际上可以知道这些选项是可行的,因此他能区分这两种情形。这个我们不能直接建模(这很难表述)。或者说第三种情况,在某个情形,你的对手拥有一些可能的行动而你却不知道他有这样的行动。我们会在第 13 章讨论如何对这些问题建模;因为暂时超出了我们正式模型的范围了。

我们用 H 表示一个给定博弈的所有信息集的集合,h 表示特定的某个信息集。换句话说,H 是 X 的一部分且每个 h 是 X 的一个子集。由性质(2)和性质(3)可知,对于给定的 h 中的每个结点 t,都有相同的参与人和相同的可行行动集。也就是说如果 $t, t' \in h$,则有 $\iota(t) = \iota(t')$ 和 $A(t) = A(t')$。因此,我们将用 $\iota(h)$ 表示在 h 中所有结点上轮到行动的参与人,用 $A(h)$ 表示 h 中任何结点上参与人 $\iota(h)$ 的可行行动集合。最后,对于 $x \in X$,我们用 $h(x)$ 表示包含 x 的信息集合。

除了上文提到的三点假设之外,传统上经常会要求 t 和 t' 不在同一个信息集中,即 $A(t) \bigcap A(t') = \varnothing$。这个假定可以使符号表示更统一且不失一般性,因此我们会随时使用它。

(6) 博弈中的每个终结点上给定了参与人的收益。正式地说,函数 $u:\{1, 2, \cdots, I\} \times Z \to R$ 是给定的,其中 $u(i, z)$ 是终结点上参与人 i 在博弈结束的结点 z 的收益值。我们通常将该函数写成下标形式 $u_i(z)$。在我们的图中,我们在每个终结点用支付向量表示参与人的收益,向量的第一个元素表示参与人 1 的收益,以此类推。在博弈中如果有不确定性的问题存在时,我们认为参与人是最大化预期效用的,而且我们定义支付是以效用为单位的。当参与人随着博弈的进行只获得部分的收益时,这部分收益会在最后通过函数 u 进行加总并转换成效用单位数。

(7) 初始结 W 处的概率分布 ρ 和在每个结点 $t \in X$ 参与人 $\iota(t) = N$ 定义在 $A(t)$ 上的概率分布 ρ_t 是给定的。在初始结自然的选择根据概率分布 ρ 来确定。如果要求后续博弈路径上的概率,我们可以说在结点 t,自然采取行动 $a \in A(t)$ 的概率由 ρ_t 给定。在我们的图中,用括号里的数字表示概率,并标注在博弈的初始结上(如图 11.7,见下文)或是标在由自然行动引出的路径上(如图 11.4)。(而当博弈中如图 11.4 一样只有唯一的初始结,其中显而易见的概率 1 我们就忽略不表示了。)

我们对于以上概率的定义做两个关键说明。首先,按照传统,假设所有的参与人都能分享自然选择行动的概率。这个惯例也通常被其他博弈理论学家当作"宗教信仰"一样所采用。(回顾我们第 3 章关于海萨尼定理的讨论。)当然一个人会质疑另外一个人的"宗教信仰",但是对于我来说这个惯例在哲学和逻辑上都没有任何偏差。因此,有些人会更喜

欢在 ρ 和 ρ_i 加上索引 i 来表示每个参与人不同的主观概率,但在本书的大部分中,我们都会忽略这个额外的结构而采用惯例的假设,除非有必要提及的时候并会注明。但是遵循传统惯例并不意味着我赞同他背后的教条主义。

其次,对于这个主题的处理通常认为博弈的初始结集 W 是单元素集合或者是自然不分配给任何结点。如果 W 超过一个元素,我们可以在 W 前再画一个"超级初始结"(super-initial node),表示自然在该超级初始结后选择一条路径并开始 W。或者说,在任何博弈中如果自然的行动在结点上已经给定,我们可以将那个结点去除而使博弈有更多的初始结。两种处理方式都不失一般性,你可以只用一种,就可以不用另外一种了。但在这里我们两种形式都用,因为有些时候一些图示会采用这种表示方式,而有时候却和另外一种方式比较接近。

就这样了。(难道还不够吗?)这就是如何正式地描述博弈的扩展式了。[①]正如上面所提到的,这种表示形式已经对你能捕捉到的信息做了一些限制,但仍然可以展示更多的情形。五种情形需要在这里做特别的说明。

11.2.1 同时行动

想象有 2 个参与人的博弈,参与人 1 和参与人 2 同时做出决策。特别地,参与人 1 只能选择行动 L 和 R,而参与人 2 必须在 l 和 r 之间选择,然后确定收益。比如,如果参与人 1 选择 L 且参与人 2 选择 r,参与人 1 得到 2 且参与人 2 得到 3。因为他们必须同时行动,所以在参与人各自做决定时他们忽略了对方选择哪个行动。

我们可以用博弈的扩展式表示,如图 11.6(1)或图 11.6(2)。注意到在图 11.6(1)中我们将参与人 1 的结点画在参与人 2 的两个结点前,在图 11.6(2)中我们将参与人 2 的结点画在参与人 1 的两个结点前。在每个图中,我们都用信息集来记录这样的事实,即"后面行动者"在行动时并不知道"前面行动者"的行动。同时也要注意这两幅图中的支付向量都为 $(2,3)$,在图 11.6(1)中是写在 $L—r$ 路径下,而在图 11.6(2)中是写在 $r—L$ 路径下的。

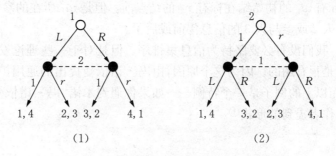

(1)   (2)

图 11.6　两种表示同时行动的博弈扩展式

冒着被一棍子打死的风险,注意到图 11.6(1)和图 11.6(2)都跟故事是一致的。参与

---

① 你可能会遇到一个术语,就是除了最后两个(收益和自然的概率)其他的所有形式一起时叫做扩展形式的博弈式。

人1在9：00AM从L和R之中选择一个行动，而参与人2在9：10AM从l和r中选择一个行动，但是当参与人2选择时他并不知道参与人1的选择。即使没有同时进行选择，但使用物理时间的"同时"概念来表示这样的优先次序并没有什么不合理；但是博弈扩展式中的优先次序并不意味着事件发生的次序只能如图中的次序所表示。因此使用这样的表示方法对于同时行动来说并没有问题。

11.2.2 优先次序和信息集

考虑如下的情形和图11.7的博弈树。三个参与人分别被称为1、2和3。参与人1或

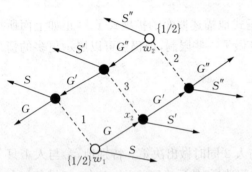

图11.7 一个带有特殊行动顺序的博弈扩展式

者参与人2被告知先行动，然后轮到参与人3行动（通过选择G或G''）或结束博弈（通过选择S或S''）。假如参与人3在给定的行动后行动，她可以结束博弈（通过选择S'）或者让接下来的参与人2或参与人1来行动（通过选择G'）。随后，轮到参与人2或参与人1行动（参与人1可以选择G和S，参与人2可以选择G''和S''）。参与人1被要求首先行动的概率为1/2。（注意在此图中我们使用了多个初始结。）

这个例子诡异的部分在于两个初始结分别和该参与人的另外一个结点在同一个信息集中。换句话说，如果参与人1被告知选择行动时，他并不知道自己是首先行动的，因为他并不知道是自然让他首先行动还是自然先让参与人2行动后，接下来参与人3行动后再轮到参与人1行动的——对于参与人2也是同样情况。同时对于参与人3，假如给定的行动时轮到他行动时，他也并不知道参与人1或参与人2谁先开始行动。

在一个博弈中，就结点而言都有一个完全定义的行动顺序：一个非常清楚的结点链（行动）链接初始结到终点结。但是就信息集而言，信息集里的行动顺序是不确定的。比如，我们可以说标有w_1的初始结在标有x_2的结点前。但是w_1所在的参与人1的信息集就不能说在参与人2或参与人3的信息集前或后了。

在这本书中，我们没有必要坚持为信息集排序。但是对于一些理论发展的角度，信息集这样的排序还是很有用的。因为这个原因，由冯·诺依曼提出的通用扩展式中，信息集是可以排序的，而以上的例子是一个特例——如果你遇到术语"冯·诺依曼意义上的扩展式"，就是（可能）作者提到的形式[1]。

11.2.3 完美记忆

接下来看图11.8的结构树，每幅图都比较特别。图11.8（1）特别之处在于，当参与人

---

[1] 关于这个观点，更精确地说是冯·诺依曼扩展式先提出来的，然后再推广到信息集不需要排序的博弈理论中的。

1首先行动后,当再次轮到他行动时,她的信息集表明她已经忘了她前面所选择的具体行动。也就是说,她无法分辨行动序列(l, R)、(r, L)、(r, R)。对于后面两个行动顺序集合无法分辨我们可以理解,因为参与人2在R和L之间进行选择,而参与人1是无法知道参与人2到底选择哪一个行动的。但是为什么参与人1不能分辨(l, R)和后面两个行动顺序呢?如果她记得她选择了l而不是r,那么她就不应该糊涂了。

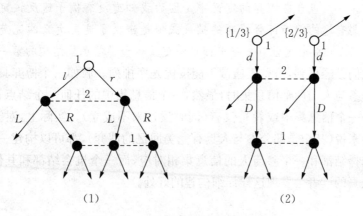

图 11.8   两种"健忘"类型的参与人

图 11.8(2)也很有意思,在博弈开始时,参与人1第一次做选择时意识到自然可以帮她做出选择。图中的两个初始结没有用虚线连接起来的事实表明,每个信息集中只有一个单结点。但是当参与人1选择d(从任何一个初始结开始)然后参与人2选择D,再次轮到参与人1时,信息集的虚线表明参与人好像忘记了当初自然的选择,而先前她是知道自然的选择的。

上面描述的这两个例子表明,到目前为止我们所做的假设都排除了参与人会忘记一些事情。一个参与人不允许忘记她先前行动的事实;有关信息集的假设(1)中就排除了这种情况。但通常来说,参与人是可以忘记她前面做过什么或者忘记她前面所知道的事情。

在很多博弈分析中,假设参与人不会忘记这两种情况是非常有用的。如果参与人能回忆他前面所做的选择,我们称该博弈符合**完美回忆**(perfect recall)的。

这里给出这个假设的正式表述。

定义 11.1   给定一个博弈的信息集 H,假如对于任何三个结点 x、x' 和 x'' 且 $\iota(x) = \iota(x') = \iota(x'') = i$,使得 $x \prec x'$ 且 $h(x') = h(x'')$,博弈被称为满足完美回忆的。然后:

(1) $P(x'') \bigcap h(x)$ 是一个单元素集。我们用 x^0 表示这个交集的结点($x^0 = x$ 的情形很清楚没有被排除)。

(2) 让 $\{y^0\} = s(x^0) \bigcap [P(x'') \bigcup \{x''\}]$ 和 $\{y\} = s(x) \bigcap [P(x') \bigcup \{x'\}]$,则 $\alpha(y^0) = \alpha(y)$。

(1)部分概略地表明了参与人记得他先前知道的所有的信息。因为 x' 和 x'' 在同一个信息集里,且 x 在 x' 之前,那么必然存在某些结点在 x'' 之前的,而此时参与人的信息正好与在结点 x'' 的信息相同。同时,基于这两点,她记得她之前做的选择,她肯定会选择同样的行动[(2)部分的内容]。

如果这个定义比较神秘,对形式主义感兴趣的读者应该了解该定义比它最初的定义已经简单多了。经典文献中有关完美回忆并构建博弈扩展式的是 Kuhn(1953)。Kuhn 的定义和这里的稍微有点区别:他有关完美回忆的定义比我们的定义稍弱且更不易理解。他的定义是为他的定理服务的(参见第 11.4 节),因此数学上当然是"对的"。但是太难懂了,所以我们这里采用了更强的概念。这里关于信息集的限制——如果 $x < x'$,则 $x \notin h(x')$ ——经常被放到完美回忆的定义中而不是放到博弈扩展式的定义中。这里包含在博弈的定义中是因为我知道没有例子违反该定义,但是在其他存在一些有趣的例子符合博弈的扩展式但是违反了这里定义的完美回忆;参见课后习题 5。必须指出这里有关完美回忆的定义暗含了信息集结构的第一个限制。

在前面我们已经提到,信息集通常不能按优先序排列。假如一个博弈具有完美回忆,我们查看单个参与人的两个信息集时,显然,一个信息集中的任何一个结点肯定有一个前列结在另外一个信息集中或者是没有(同时反过来不成立)。实际上,对于任何具有完美回忆的博弈来说(甚至是部分参与人具有完美回忆的博弈),都可以构建一个决策树,每个参与人的选择结都和一个参与人的信息集相对应,而一个机会结都和其他参与人的行动相对应。认真的读者会发现这样详细构建的好处。

11.2.4 无限多的参与人或无限多的行动

当博弈中有无限多的参与人或者行动时(包括无限多的初始结或者无限多的由自然选择的行动),则以上的正式定义就不满足了。比如在一些无限多的参与人同时行动的博弈中,一个参与人"首先"行动,第二个人行动时却不知道第一个人到底选择哪个行动,同时第三个人不知道前面两个人到底选择了哪个行动,如此下去,博弈树就很难描绘了。因此,为处理这个无限性,在博弈的扩展式中数学语言必须经过"调整"。这种"调整"并没有最好或者一般化的处理方式,但存在一些特殊设计的扩展式博弈。Aumann(1964)值得推荐给非常认真的读者。

11.2.5 严格且具体化的规则

前面我们已经提到了一些并不能用扩展式表示的模糊情况,同时还有其他一些情况也不能用上面提到的形式来表示。

想象一个煤矿公司和发电公司缔结了合同的情况。合同中明确了一些条款,如发电公司每个月需要不超过 X 吨的煤(既定的价格 p/吨),但是发电公司在运走煤之前必须先付 Y 吨的煤款($Y < X$)。当遇到电力需求下降时,电力公司知道并不需要 Y 吨的煤了,如果对方答应放松先购买 Y 吨的条款时,则他会更愿意支付高于 p 的价格。因此两个公司安排了会议来商议相互之间是否能达成共识。我们对谈判过程的建模很感兴趣。

谁先行动?谁后行动?什么样的相互认可的交易会达成?在这些谈判中,谈判协议的细节不会全部在扩展式博弈中精确地表述。

此时我们面临两个选择。一个是放弃尝试将谈判构建成扩展式博弈,而只是用一些原则方法来表示我们猜想谈判会有什么结果。该原则的一个例子是:两个公司采取"折

"中"的方式达成比在原来合同条款更有效率的结果,这个方式会使博弈理论从非合作转向合作理论,其中参与人都会寻找更通用的原则来达成合作的结果,而不是违反这些规则使得交易中止。

另外一个选择是,我们可以坚持用非合作博弈理论的"规则",而我们必须对这个规则了解得非常精确。我们可能将两个公司的谈判看作是轮流提议的过程,而首先提议的公司由抛硬币决定。我们也可以将两个公司的谈判看作是两个公司必须同时提议直到相互之间的提议都能接受为止(与此同时还受到原来合同的限制)。实际上,我们将在第 15 章学习这类讨价还价协议的博弈知识。而现在的关键是,我们现在发展的方法学需要非常精确和严格的协议,这在某些情况下可能是非常不真实的。①

11.3 博弈的标准式或战略式

从第 11.1 节中的例子表明,有些博弈可以用若干不同的扩展式表示。正因为这些不同的扩展式代表的是同一个"博弈",我们可能会怀疑存在另外一种形式可以更清晰地表示该博弈情形的本质。

那么 Jokx vs.Beljeau 博弈不同扩展式情形背后所暗含的通用形式是什么,这个通用形式应该可以表示双方之间相同的战略问题。假想你是 Jokx 的管理人,同时你决定去佛罗里达去度假。有关"寡头垄断"的决策必须在你回来之前做出,但是你又不想在酒店的房间通过电话下指令而影响度假,因此你必须在度假前留下有关"寡头垄断"完全清晰的指令。

这也比较容易——你只需要决定是否继续推行"寡头垄断"。你将得到一些无用的信息,因此实际上你只需要留下两种可能的指令集:

$s1$:继续推行垄断游戏。

$s2$:不推行。

同时,更有趣的是 Beljeau 的管理层也面临着同样的问题。假如他们的管理人也离开公司去度假,他们需要留下的指令则是是否推行"里根游戏",这个需要根据市场调研的结果来定。他们可以留下四种可能的指令集:

$t1$:不管市场大小,都推行"里根游戏"。

$t2$:如果市场大,则推行"里根游戏",如果小就不推行。

$t3$:如果市场小,则推行"里根游戏",如果大则不推行。

$t4$:不管市场大小,都不推行"里根游戏"。

现在你可以发现战略 $t3$ 是相当愚蠢的(实际上,在第 11.1 节的最后我们已经指明战略 $t2$ 似乎是最明智的)。我们会在下一章中讨论在这四个战略中如何做选择。而此时我们先全部保留,因为这四个指令代表了 Beljeau 在度假前留下的所有可能指令。

仔细看图 11.9 的扩展式,博弈的具体过程如下:你(Jokx)正准备去佛罗里达,因此你在你的两个战略中选择了一个;在不知道你的选择情况下(注意信息集),Beljeau 在他的四

---

① 我们有可能希望精确的协议结果并不重要,如果这样,那么第 15 章在某种程度上是比较虚无缥缈的。

个战略中选择了一个。然后自然开始行动选择两种市场情况的其中一个,最后给出每方的收益。举个例子,如果你选择 $s2$,Beljeau 选择 $t2$ 且市场是大的,则你离开市场,而 Beljeau 知道市场是大的并选择推行"里根游戏"(根据 $t2$),因此你得到 $0,而 Beljeau 得到 120 000 美元。注意到我们可以假定 Beljeau 先行动而你后行动,你的信息集表明轮到你做选择的时候你并不知道 Beljeau 选择了哪个行动。

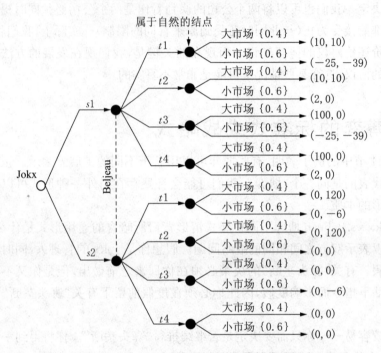

图 11.9　Jokx vs. Beljeau 的另外一个博弈扩展式

还剩最后一步,我们就能得到所谓的标准式或战略式博弈了。让我们假设你和 Beljeau 都是风险中性的——你以期望值来评估未来的风险收益。(通常因为博弈的最后收益以参与人的冯·诺依曼—摩根斯坦效用函数来表示,所以预期收益就等同于预期效用。)也就是说,如果你选择战略 $s1$ 且 Beljear 选择 $t2$,你有 0.4 的概率获得 10 000 美元,0.6 的概率获得 2 000 美元,所以你的预期收益为 5 200 美元;同时,Beljeau 在同样的战略选择下预期收益为 4 000 美元。

在图 11.10 中,我们给出了所谓的标准式或战略式博弈。在这种情况下,因为有两个参与人,所以有时候也将这种博弈称为**双矩阵博弈**(bimatrix)。表中的每一行表示你的两个行动中的一个,每一列表示 Beljeau 的四个行动中的一个,表中的单元格前面的表示你的预期收益,后面的表示 Beljeau 的预期收益。

		Beljeau 的战略			
		$t1$	$t2$	$t3$	$t4$
Jokx 的战略	$s1$	$-11, -19.4$	$5.2, 4$	$35, -23.4$	$41.2, 0$
	$s2$	$0, 44.4$	$0, 48$	$0, -3.6$	$0, 0$

图 11.10　Jokx vs. Beljeau 的标准式博弈

一般来说,一个标准式或战略式博弈可以这样表示:一系列参与人 $i = 1, 2, \cdots, I$;所有参与人 $i = 1, 2, \cdots, I$ 可能采取的一系列战略 S_i;每个 I 组成的战略组合 $(s_1, s_2, \cdots, s_I)$,在该战略组合下每个参与人的收益由函数 $u_i : \prod_{j=1}^{I} S_j \to R$ 表示。当只列出参与人和他们的战略时,通常称为该标准形式的博弈形式。

在讲扩展式博弈转换为标准式博弈时,我们需要经历如下两个步骤。首先,对于每个参与人 $i = 1, 2, \cdots, I$,参与人 i 的战略集可以表示成:

$$S_i = \prod_{\langle h \in H : \iota(h) = i \rangle} A(h)$$

也就是说,参与人 i 的一个战略 s_i 明确了参与人在每个属于该参与人的信息集下会采取的行动。

其次,对于不同参与人的每一个**战略组合**(strategy profile),每个参与人都有预期效用,该预期效用由初始结的随机行动或后面由自然选择的随机行动的概率分布 ρ 或者博弈扩展式里给出的 ρ_t 求期望值得到。

考虑图 11.11 描绘的扩展式博弈。注意到参与人 1 有两个信息集而参与人 2 只有一个信息集。在参与人 1 的第一个信息集中,她有两个行动,同样在第二个信息集中也有两个行动。根据前面给定的战略空间定义,她应该有四种战略即:Aa、Ad、Da 和 Dd。但是如果在第一个信息集中她选择 D,那么就不需要考虑她在第二个信息集会如何选择(因为到不了第二个信息集),因此从某种意义上说,Da 和 Dd 对她来说是同样的战略。

图 11.11 同时也给出了该博弈的标准式。我们已经画出了参与人 1 的四个战略,同时你会很快发现,在最后的两行中,与战略 Da 和 Dd 对应的收益是一样的。不管参与人 2 如何选择,参与人 1 选择两个战略时的收益都是一样的。

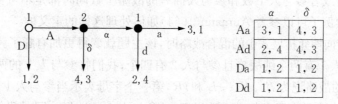

图 11.11　一个博弈的扩展式和它的标准式

通常来说,当一个参与人在给定其他参与人的战略下的两个战略得到的收益是一样时,我们说这两个战略是等价的(equivalent),而且有时候我们在标准式中将"它们"只列一次。这种应用很普遍,但它更多地会出现在如图 11.11 类似的例子中,这些例子中参与人先前的行动会使得后面信息集中的行动变得没有意义,因为他前面的行动意味着不会到达后面的信息集。更准确地说,当我们按照这个逻辑将等价的战略去掉以后,我们就生成了所谓的简化的标准式(reduced normal form)。

另一方面,将博弈从标准式转换成扩展式的方法通常并不止有一种。一个很明显的扩展式中参与人同时选择完全战略时,但是通常也可以从一个给定的标准式转换成其他

的扩展式博弈。[e]

11.4 混合战略和库恩定理

出于很多原因,直到下一章开始,这部分我们还会遇到比较深奥的问题,我们会考虑参与人可能会希望按照某种随机过程的方式选择战略的可能性。

总体而言,用标准式构造博弈还是比较简单的。对于有限多个参与人的标准式博弈,每个参与人有有限多个战略,这样的博弈可以具体描述为一系列参与人$\{1, 2, \cdots, I\}$,每个参与人的(有限多个的)战略集S_i和收益函数$u_i: \prod_{j=1}^{I} S_j \to R$。用$\sum_i$来表示在$S_i$上的概率分布集。一个元素$\sigma_i \in \sum_i$被称为参与人$i$的一个混合战略,它表示如果参与人$i$选择$\sigma_i$,也就是参与人$i$以概率$\sigma_i(s_i)$选择战略$s_i \in S_i$。我们称$s_i$为"混合"战略($\sum_i$中的元素),当参与人以概率1选择$s_i$时——我们就将它称为一个**纯战略**(pure strategies)。假如参与人选择混合战略,则参与人之间的战略是独立的。因此如果参与人选择混合战略组合$\sigma = (\sigma_1, \sigma_2, \cdots, \sigma_I)$,时,选择纯战略组合$s = (s_1, s_2, \cdots, s_I)$实际发生的概率为$\prod_{i=1}^{I} \sigma_i(s_i)$。因此如果参与人使用混合战略组合$\sigma$,参与人$i$的预期收益为:

$$u_i(\sigma) = \sum_{s=(s_1, s_2, \cdots, s_I) \in \prod_{j=1}^{I} S_j} \left[\prod_{j=1}^{I} \sigma_j(s_j) \right] u_i(s)$$

然而原理上是很简单的(我们马上就会有一个例子,同时也出现在第12章),刚刚给出的构造必须依靠假设存在有限多个参与人,每个参与人有有限个(纯)战略s_i。我们对于下面这类定义必须非常小心,即有不可数的非常多的参与人或者参与人拥有不可数的非常多的战略或者参与人个数和参与人拥有的战略个数同时都是不可数非常多的。如果你想看具体的例子可以参考Aumann(1964)如何处理这样的定义的。

当我们转向博弈扩展式中的混合战略时,该主题就变得更加有趣了。考虑图11.12(1),在图中,参与人1有两个纯战略且参与人2有四个;我们将参与人1的两个战略记为U和D,参与人2的战略记为lL、lR、rL和rR,第一个字母表示当参与人1选择U时参与人2的选择,第二个字母表示参与人1选择D时参与人2的选择。同时我们可以将这个博弈转换为相应的标准式博弈,见图11.12(2),同样按照前面叙述的混合战略定义;参与人1的混合战略是在她的一对战略上的概率分布,而参与人2是在她的四个战略上的概率分布。

但是考虑参与人2的混合战略还有另外的一种方式。假设参与人2在必须选择的时候仅仅是随机选择的。如果参与人1选择U,则参与人2在l和r中随机选择;而当参与人1选择D时,参与人2在L和R中随机选择。也就是说,用参与人2在每个信息集随

---

e 实际上,前面叙述扩展式博弈时已经提到过这个问题了;对于一个给定的扩展式博弈,就同样的(简化)标准式博弈而言,它的另外一种扩展式博弈形式是怎样的? 对于这个感兴趣的读者,推荐阅读经典文献 Dalkey(1953)和 Thompson(1952)。

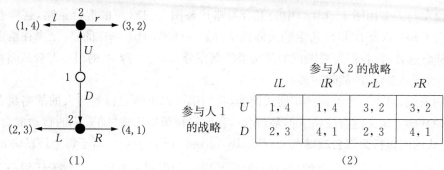

图 11.12　博弈的扩展式和标准式

机选择可选的行动来代替参与人 2 随机的选择战略。

　　参与人 2 的四个纯战略上对应的概率分布对应着在每个信息集中随机的选择行动。举个例子，如果参与人 2 考虑如下的混合战略：以 1/3 的概率选择 lL，1/3 的概率选择 rR，1/3 的概率选择 rL（因此选择 lR 的概率为 0）。这"等同"于：如果参与人 1 选择 U，参与人 2 以 1/3 的概率选择 l 并以 2/3 的概率选择 r。如果参与人 1 选择 D，参与人 2 以 2/3 选择 L 且 1/3 选择 R。我们说这两种方式是一样的，意味着：对于参与人 1 的任何（混合）战略，不管我们认为参与人 2 在开始时就在他的四个战略中随机选择还是我们认为参与人 2（两种不同类型）在需要时在不同信息集中选择行动，对参与人 2 给定的两个混合战略都会使博弈的结果达到相同的分布。

　　那我们怎么知道这是正确的？图 11.13(1) 和图 11.13(2) 暗示了这个"证明"。我们会按照我们的方式来解释，而具体的正式表述则留给你们。在图 11.13(1) 中，我们给出了参与人 2 在他的每个信息集中选择行动的联合概率表。比如，左下角的格子对应着 rL 的纯战略，1/3 表示他选择 rL 的概率。而表格右边和下面的数字表示边际概率；如右边上的 2/3 表示他会选择 r 的边际概率。因此你就明白了我们如何得到列出来的混合战略中对应于参与人 2 的"随着你的行动混合"(mix as you go) 的战略。现在来想象在参与人 1 的混合战略下，我们正尝试如何求得最后结果的概率分布。特别地，假设参与人 1 以概率 α 选择 U 时，随后为了弄明白会发生什么，很自然地可以将概率树写成图 11.13(2) 的形式，表示参与人 1 先选择，然后参与人 2 再选择。请注意（这也是全部的重点）：参与人 1 选择 U 和参与人 2 选择 lL 的结果和参与人 1 选择 U 和参与人 2 选择 lR 的结果是一样的；如果参与人 1 选择 U，所有应该注意的是参与人 2 在 l 和 r 之间的边际概率；同样，如果参与人 1 选择 D，结果只和参与人 2 在 L 和 R 上的边际概率有关。

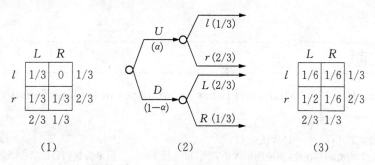

图 11.13　混合和行为混合战略

假设参与人 2 用图 11.13(3) 中的混合策略代替图 11.13(1) 的混合策略，这样有区别吗？尽管 l 和 r 以及 L 和 R 边上的边际概率都是一样的，但不一样的是，至少在给定参与人 1 的战略选择时，我们所要考虑的是结果的概率分布。参与人 2 的很多混合战略都会和"随着你的行动混合"的战略一样。

总的来说，对于一个给定的扩展式博弈，我们都可以重新获得参与人的战略集合并在纯战略的基础上定义混合战略。但是，相反，我们同样可以考虑"随着你的行动混合"的战略，更正式的叫做**行为混合战略**(behaviorally mixed strategies)。对于每个信息集 h，我们用 $\Delta(A(h))$ 表示在 h 上所有的可行行动集合 $A(h)$ 的概率分布集合。对于任何一个参与人 i，他的一个行为混合战略是 $\prod_{h \in H: \iota(h)=i} \Delta(A(h))$ 中的一个元素。解释为：参与人 i 在到达信息集 h 并符合 $\iota(h)=i$ 时，选择概率分布向量中的第 h 个元素的行动。

至此我们有机会如何在扩展式博弈中构建混合战略了。那么我们需要用到什么？至少在完美回忆的博弈中，要使行动选择不失通用性，便利性就是我们的宗旨。下面的结果被称为库恩定理(Kuhn's theorem)[首先由 Kuhn(1953) 证明]。

定理 11.1　在一个具有完美回忆的扩展式博弈里，对于每个混合战略，都有一个相应的行为混合战略与之"等价"。对于每个行为混合战略，至少存在(经常有很多)一个"等价"的混合战略。如果我们列举所有参与人的战略，"等价"的意思是"得到同样的结果分布"。

这是一个重要的结论。特别地，当博弈不具有完美回忆时该定理是不成立的。如果你进行合约桥牌*(contract bridge)，你会在做课后习题 5 时发现这个问题。

我们之所以关心这两种类型的混合战略是因为他们在不同类型的博弈中都有各自的便利性。对于简单的博弈和确定的分析结果，用标准形式处理混合战略会更方便。而在复杂的例子中，用行为战略博弈处理会更方便。[f] 同时知道这是两个等价的概念也是很有用的(具有完美回忆的博弈)。

11.5　书目提要

本章的内容我已经尽量表述得更正式和更完整，因为我不知道有哪些"更高级"的教材可以推荐给你们。本章我们提供了参考文献，认真的读者应该去原始的研究论文中继续学习这个主题。而在另外一个方向，读者可以查阅 Holloway(1979) 去了解有关决策树的理论，而对于非合作博弈不太正式的表述可以参考 Dixit 和 Nalebuff(即将出版)。

参考文献

Aumann，R. 1964. "Mixed and Behavior Strategies in Infinite Extensive Games." In

---

* 扑克牌游戏的一种。——译者注

f　证明一个均衡的存在性，前面的形式更方便，可参见下一章。但是当我们分析第 14 章中的具有不完全信息的蜈蚣博弈时，我们本质上是在处理行为混合战略。

Advances in Game Theory, M.Dresher, L.Shapley, and A.Tucker, eds., 627—50. Princeton, N.J.: Princeton University Press.

Dalkey, N. 1953. "Equivalence of Information Patterns and Essentially Determinate Games." In *Contributions to the Theory of Games*, vol.2, H.Kuhn and A.Tucker, eds., 217—45. Princeton, N.J.: Princeton University Press.

Dixit, A., and B. Nalebuff. Forthcoming. *Thinking Strategically*. New York: W.W.Norton.

Holloway, C. 1979. *Decision Making Under Uncertainty: Models and Choices*. Englewood Cliffs, N.J.: Prentice-Hall.

Kuhn, H. 1953. "Extensive Games and the Problem of Information." In *Contributions to the Theory of Games*, vol.2, H.Kuhn and A.Tucker, eds., 193—216. Princeton, N.J.: Princeton University Press.

Thompson, F. 1952. "Equivalence of Games in Extensive Form." The Rand Corporation. Mimeo.

课后习题

务必去做课后习题 4,它会在后面的文中不断地出现。

1. 让我们来对 Jokx 和 Beljeau 的故事做较大地复杂化修改,假设他们两个必须决定是否委托进行能知道市场大小的调研。对 Jokx 来说,该调研会花费 5 000 美元;如果他选择花这个钱,Jokx 就能在他做出是否退出"寡头游戏"之前准确地知道市场的大小。同时 Beljeau 也必须决定是否委托进行调研,同样也会花费 5 000 美元。两边的公司都必须决定是否委托进行调研,然后在不知道对方的行动时决定自己是否推出产品。

(1) 画出这种新情况下 Jokx 和 Beljeau 的决策树。

(2) 画出一个代表这种情况下两个公司的博弈树(这是一个单调乏味的练习)。

(3) 列出两个公司各自的所有战略。(根据等价的战略做出的你会如何做选择,他们分别会有 6 到 16 个战略。)

(4) 给出该博弈的简化标准式(又是非常单调乏味)。

2. 在习题 1 的变形下,如果 Beljeau 必须决定在知道 Jokx 的行动前是否需要知道市场大小的信息,而如果他决定知道时,他们了解到了 Jokx 也是否知道市场大小,此时的扩展式和标准式博弈是怎样的?

3. 两个企业同时生产一个产品的产量,生产产品的单位成本为 5 美元,他们可以在 0 到 500 个单位之间生产。(为了使博弈是有限的,假设他们必须选择整数的单位)然后市场按照他们两家的总产量确定价格并出清,需求曲线为 $P = 1\,000 - 2Q$,Q 表示市场中的总产量。每个企业根据市场的均衡价格和自己的销量获得收入。这个博弈的扩展式是怎样的? 这个博弈的标准式是怎样的? 如果一个企业比如 A 在决定自身产量前知道另外一个企业 B 的产量时,博弈树会如何变化?

4. 考虑如下博弈,我们称之为"真相博弈"。有两个参与人 1 和 2 及一个游戏大师。游戏大师有一个硬币,该硬币是随机投掷的,抛掷硬币 80% 的时间里都是出现"头像"(两个参与人都知道硬币的这种偏离)。游戏大师开始投掷硬币,硬币投掷的结果给参与人 1 看,然后参与人 1 通告参与人 2 硬币投掷的结果。参与人 1 允许说"头像"或"背面"(或者都不是)。参与人 2 在听到参与人 1 的通告下,但没有亲眼见到硬币的投掷结果,因此参与人 2 必须猜测硬币的结果——"头像"还是"背面"。博弈结束。收益情况如下,参与人 2 非常简单,如果参与人 2 的猜测和实际情况一样,他得到 1 美元,否则得到 0 美元。参与人 1 就复制一点。如果参与人 2 的猜测是"头像"那么参与人 1 就得到 2 美元,如果参与人 2 猜测是"背面"就得到 0 美元,不管实际的结果如何。此外,如果她(参与人 1)通告他(参与人 2)的结果和实际结果一样,她会得到 1 美元(或更多),而如果通告结果和实际结果不一样时,她得到 0 美元:画出该博弈的一个典型的扩展式。你能画出更多的扩展式形式吗?然后将这个典型的扩展式转化为标准式。(如果你希望检验你的直觉,回答一下:如果你作为参与人 2 参与这个游戏,你会选择什么战略?如果你作为参与人 1,你又会怎么做?记录下你的理由,在本书的后面我们会根据博弈理论的程序来分析这个博弈。)

5. 如果你阅读并理解了第 11.2 节和第 11.4 节的内容且如果你知道合约桥牌的游戏规则,给出如下表述的具体细节:该合约桥牌游戏被认为是有 4 个参与人的游戏且具有完美回忆。但是如果被认为是 2 个人(两队,两个人组成一队)的游戏则是不具有完美回忆的。在两个人的情形下,库恩定理就不成立了。一种方式是如果你能从对方的表现读懂对方的心理,那么你就会有非常大的优势。

▶ 12

非合作博弈的解概念

我们已经用扩展式或标准式形式对博弈进行了建模,接下来的目标是分析模型并预测会发生什么的目的。这一章中关注非合作博弈的分析过程和"解"概念,同时本章比较长且深奥,你应该在你理解之前反复阅读。

12.1 开场白

我们以两个开场白开始并以一个练习作为预备。

12.1.1 主题概况

我们对一个博弈如何进行的任何预测都必须依赖于博弈参与人的个体特性,而不能期望在每一组的参与人中都观察到相同的行为。

在我们继续推进的理论中,我们假设所有的参与人都是"理性的"(随着章节的进行我们会做更精确的假设),且每个人认为对方是理性的,且对方相信对方认为自己是理性的,如此循环。我们的目标是预测在博弈设置下人们会如何行动,而且也必须思考基于理性的强假设基础上的理论有多大用处。有些参与人在有些情况下并不符合理性的假设,如果你和这类人博弈,或者说你怀疑你可能会这样,此时你假设对方是理性时会使你感觉自己很傻。我们会在第 13 章中看到这个有趣的变化情形:如果你的对手怀疑你是非理性的,甚至他们怀疑你怀疑他们认为你是非理性的,你的"理性"行为就和你如果忽略了这个可能时的行为完全不一样了。也就是说,非理性的人就在那的,同时他们的非理性会在许多竞争的环境下产生很大的影响,包括对理性行为人行动的影响。如果我们不将非理性考虑进来,我们就得不到一个从规范或实证来看都有用的理论。在第 13 章中我们才会考虑非理性的情形(为此延误表示抱歉),但是在目前,我们假设没有参与人是非理性的,且没有参与人认为其他参与人是非理性的,等等。

这个假设仍然比标准的假设稍微弱点,我们有些参数是建立在标准的假设基础上的。标准的假设是:每个参与人是绝对理性,每个人绝对地认为其他参与人是理性的,每个人绝对地认为其他人绝对地认为所有参与人是理性的,等等。我必须承认(大概没有多少争议),这个绝对理性的理想条件是不符合现实世界的。因此我们在绝对理性基础上发展来的理论显然是没有用处的,因为将在绝对理性的基础上发展而来的理论推广到"近乎理性"的时候,可能是不稳健的。我们必须关注参与人不理性的微小可能性情形下理论的稳健性,即存在这样微小的可能性,有一个或多个参与人是不理性的,或者一个或多个参与人认为其他参与人可能不理性,等等。我们在随后的内容中会涉及少量的这些内容,但是这是一个比较复杂的话题,而且只在最近才得到很多的关注。

12.1.2　一些基本规则和"廉价磋商"

在非合作博弈理论里最基本的规则是博弈的描述必须包含参与人所有相关的机会。也就是说,假如参与人存在协商的可能并达成具有约束力的协议时,或者是一个参与人可以预先提交一个特定的行动序列,则这些都必须在博弈的扩展式中反映出来并出现在可能的战略集中。

就这点而言,最难处理的一件事情是参与人之间可以沟通的可能性。这里我们可以想象两种不同类型的沟通。一种可能是参与人以支出一个显著的成本发送信号。对于这类沟通,我们遵循在正式建模时将这类沟通的全部可能性都考虑进去。①

但是也存在另外一种"廉价磋商"(cheap talk)——单边的沟通或双边的沟通不需要成本。尽管如此,在协调行动中还是有用的。参与人可以经常沟通,而当参与人可以进行"廉价磋商"时,我们就不希望将所有的可能性都建模进去。如一方有多少次发言,而另一方又有多少次回复? 在这一问一回中,又有多少次反复迭代地进行着? 因此在分析非合作博弈时忽略这些类型沟通的做法是比较典型的。但这并不意味着这些类型的沟通不会影响博弈的结果,相反它们在不同的情形下可能有重要的影响,而且在我们需要注意时我们也会去关注这些结果的。但是再次说明一下,关于这一点我们的评议还是远远不够全面的。这是另外一个新的主题且在最近才得到关注,而且对于"廉价磋商"博弈也还没有固定的"传统智慧"(定论)。

12.1.3　练习

我们将要给出的理论检验在最后都必须是可以实证检验的。有很多的实验工作都专注于各种各样的参与人在不同类型的"玩具游戏"(toy games)中如何行动,而很少有人关注个体在一些实际生活情形下的行动,我们希望借助这些理论工具将实际生活的情形考虑进来并进行分析。

我们不会关注这类实证的文献,相反我们依赖于你对人们在竞争环境下如何行动的直觉(毫无疑问很犀利的直觉)。为了公平地测试一下你的直觉(或者说公平的测试一下理论),现在你想象下自己如何进行博弈。在图 12.1 中有 13 种标准式博弈和 2 个扩展式

---

① 特别关注第 17 章,其中详细地介绍了这个主题。

博弈。图中的博弈为了简化都只有两个参与人，但是它们已经包含了本章我们要讲述的所有基本要点。

在所有的例子中，两个参与人之间没有单边支付也没有的强制合约可能性，你可以而且只能博弈一次。支付的数字单位应该是表示参与人的效用单位。但是，如果你喜欢，你可以将它看作"小"的货币支付，如便士或美分。你的对手也和你非常相似——你的同学或者像你一样阅读这本书的人。

在继续阅读之前，轮流思考这些博弈并回答以下问题：

（1）你作为参与人 1 或参与人 2 会如何行动？

（2）对于你对手的行动你会做怎样的预测？假设你的对手战略选择的概率分布，如图 12.1(1)，如果对手在 s1 和 s2 之间做选择，他会以 0.1 的概率选择 s1 和 0.9 的概率选择 s2，而如果你的对手作为参与人 2 时，他会以 0.6 的概率选择 t1，0.35 的概率选择 t2 和 0.05 的概率选择 t3。（这只是一个例子，你对于博弈的估计概率可以完全不一样，在我们后续的讲述中你将会看到。）当然，你对(2)部分的答案应该会和(1)部分的答案有某些联系，你可能希望将你对每个博弈的评估和评估过程都写下来。随着章节的循序渐进，我们会讨论每个博弈，因此你可以将我们的分析和你的笔记做对比，并学到理论教你"应该"怎么做。

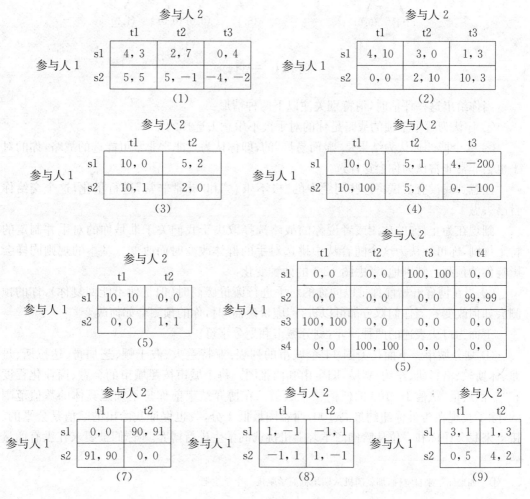

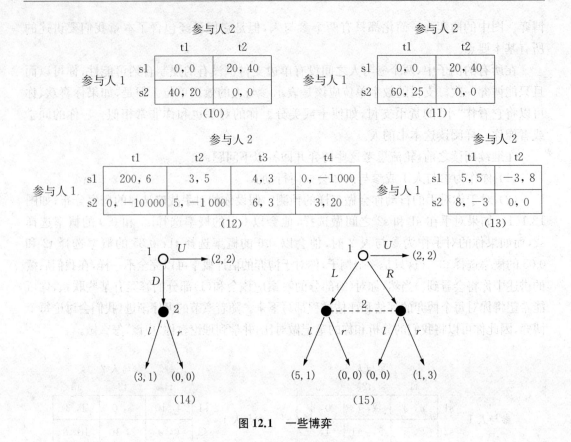

图 12.1 一些博弈

当你给出这些评估时,请特别关注以下两种情形:

① 你认为哪个单独的战略是你的对手极不乐意去选择的?

② 哪个博弈你认为结果是"显而易见"的,即你认为是非常非常可能选的战略,你的对手也会非常非常认为你会这样选。

注意到我没有尝试将这些问题中的"极不乐意"和"非常非常"进行量化,这个交给你自己去做了。

到现在为止,你的预测或者说你的战略选择取决于我们关于谁是你的对手并制定的特定规则,你可能认为这会随着从中挑选对手的群体改变时而改变。基本的规则同样会影响你的预测。特别地,考虑图 12.1 的两种变化:

③ 当在博弈开始前你可以向你的对手进行廉价磋商时(但是他不能回复你),你的预测会如何改变?当你们双方都可以进行"廉价磋商"时,你的预测会如何改变?

下面为口头表述的两种博弈:划分城市和划分字母。

① 划分城市。下面是美国 11 个城市的列表:亚特兰大、波士顿、芝加哥、达拉斯、丹弗、休斯敦、洛杉矶、纽约、费城、旧金山和西雅图。每个城市按照城市的金融、商业化程度和"生活质量"赋值 1—100 的任何一个数值。在博弈结束前你是不知道具体的数值范围的,除了我现在告诉你纽约最高 100,西雅图最低 1 分,我也保证我给出的赋值是公平的。接下来我会让你和一位从哈佛商学院随机挑选的学生进行博弈。①你们被要求在没有商量

---

① 如果你是来自哈佛,那就随机从斯坦福商学院挑一个学生吧。

的前提下同时说出 11 个城市的一些子集名单。你的名单上必须包含旧金山,你的对手名单上必须包含波士顿。然后因为你们参与这个博弈我会给你们每个人 100 美元,同时会按照如下规则进行加或减:如果一方的名单里列出的城市在另一方名单里一个都没有的,则列出名单的那位将获得我赋值的相应城市点数的美元。而当每个城市都出现在你们双方的名单上时,我会从你每个人身上拿走城市点数两倍的美元。最后,如果你们两个成功划分了城市——如果每个城市只出现在一方的名单里——我会奖励你们城市代表点数值三倍的钱。现在你会选择哪些城市?

　　② 划分字母。下面是 11 个字母:A、B、C、D、E、H、L、N、P、S、T,每个字母都依据某种随即方案赋予 1—100 的数值,除了我告诉你 N 被赋值最高的 100 和 T 被赋值 1,其他的你都不知道。同样我会让你和一位哈佛大学商学院随机挑选的学生进行博弈。规则如下:你们必须同时说出 11 个字母的一些子集,你的单子上必须包含 S,而对手的单子上必须包含 B,然后我会给每人 100 美元。然后我会按照下面的规则进行加减:如果每个字母都只出现在一个人的名单上,则那个列出名单的人会尽可能多地得到字母代表的数值相等的美元。如果每个字母都出现在两个人的名单上,我会拿走字母代表的双倍的金额。最后,如果你们能划分出字母——即每个字母都只出现在一个人的名单上——我会奖励相当于字母代表数值三倍的钱。你会选择那些字母?

12.2　标准博弈的占优策略和重复占优策略

　　让我们以图 12.2 中 Jokx-Beljeau 的标准式博弈开始。这个博弈有没有暗示博弈如何进行呢?

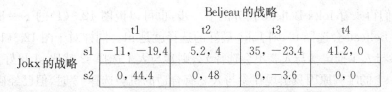

| | | Beljeau 的战略 | | |
	t1	t2	t3	t4
Jokx 的战略　s1	−11, −19.4	5.2, 4	35, −23.4	41.2, 0
s2	0, 44.4	0, 48	0, −3.6	0, 0

图 12.2　**Jokx vs. Beljeau** 的标准式博弈

　　以上问题的答案对于 Beljeau 来说是非常肯定的。如果 Jokx 选择行动 s1,那么 Beljeau 的最优反应选择是 t2;如果 Jokx 选择行动 s2,那么 Beljeau 的最优选择还是 t2,所以不管 Jokx 如何选择,Beljeau 的最优选择都是 t2。因此我有理由相信 Beljeau 总会选择 t2 。①

　　你可能会很快得到以下的推论:即如果 Jokx 都知道这些(就是说 Jokx 知道 Beljeau 肯定会选择战略 t2),则 Jokx 会选择 s1。但这样做之前,让我们来逐步分析背后的逻辑。在这个例子中,预测 Beljeau 会怎么做是我们一个很强的标准,也就是说他对 Jokx 的最优反应是独立于 Jokx 的行动。当博弈中一个参与人具有这么明确的选择时,我们就有理由认为该参与人会以非常高的概率选择这个战略行动,假设我们已经正确地对参与人的情况进行了建模。

---

　　①　这个一点都不惊奇。你可以画出 Beljeau 的决策树并反向推出这个结论。

再来考虑从 12.1(1)中复制过来的博弈图 12.3(1)。如果参与人 1 选择 s1,参与人 2 的最优选择是 t2;如果参与人 1 选择 s2,则参与人 2 的最优选择是 t1;这样参与人 2 就得不到像上面那么确定的推断了。同样我们也得不到参与人 1 确定的推断:s2 是参与人 1 在参与人 2 选择 t1 和 t2 时的最优选择,但是 s1 是参与人 1 在参与人 2 选择 t3 时的最优选择。尽管如此,我们还是可以得到参与人 2 的"部分"推论:可以肯定参与人 2 不会选择 t3。这是因为不管参与人 1 选择 s1 还是 s2,t2 都比 t3 更优,参与人 1 选择 s1 时,参与人 2 选择 t2 得到的 7 大于从 t3 中得到的 4,参与人 1 选择 s2 时,参与人 2 选择 t2 得到−1 大于选择 t3 时得到的 −2。我们不能确切地说参与人 2 会做什么,但我们可以肯定地说参与人 2 不会做什么。

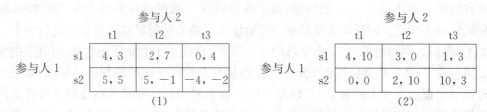

图 12.3 具有占有策略的两个标准式博弈

这里我们引出**严格占优**(strict dominance)的标准:不管其他参与人如何选择,参与人的第一个战略都优于第二个战略时,就说第一个战略是严格占优战略。当战略严格占优于另外一个战略时,我们肯定会总结说第二个策略肯定不会被选择(如果不是,那么我就应该想想我们的建模是否不正确)。

注意到我们的第一个、非常严格的标准(如 Beljeau 的战略)是严格占优的一个极端例子,这个严格占优战略都完全优于其他任何战略,所以我们认为其他的战略是以 0 概率被选中,而这个严格占优战略是以概率 1 被选择的。

现在我们再来看 Jokx-Beljeau 博弈的下一步,也可以说图 12.3(1)的下一步。如果我们可以预测 Beljeau 会选择 t2,则 Jokx 最好的选择就是 s1。同样对于图 12.3(1)中的参与人 1,如果参与人 1 推定参与人 2 不会选择 t3,则参与人 1 选择 s2 就比 s1 更好。参与人 1 会考虑选择 s1 的唯一原因只出现在参与人 2 有合适的机会选择 t3 时,但已经确定这种情况不可能时,参与人 1 的 s2 就比 s1 占优。再进一步,当参与人 2 推测参与人 1 认为自己不会选择 t3 时他只会选择 s2,那么在参与人 1 选择 s2 时,参与人 2 最优的选择是 t1 而不是 t2。如果都按照这个思路进行博弈,那最后的结果是参与人 1 选择 s2,参与人 2 选择 t1。(如果是你来参与这个博弈,你会怎么选择呢?)

我们已经用"连续严格占优"(successive strict dominace)策略"解答"了 Jokx-Beljeau 和图 12.3(1)的博弈。当一方用严格占优的标准逐个剔除了其他战略,而对方也在同样的信念基础上按照这样的策略去选择时,我们就可以如此反复地剔除其他战略。有时候我们会只剩一个单元格的时候结束,这种情况下我们就可以总结一个理性的对手如何是如何选择的。[a]

---

a 你可能会认为这个是路径依赖的——如果按其他不同的顺序逐个剔除劣战略(dominated strategies)可能会得到不同的结果,但这个答案是否定的,在按照严格占优的基础上,你每次剔除的都只有一个对手的劣战略,所以结果还是一样的。

　　在这里，对"理性参与人"的定义要非常小心。我们假设理性的参与人不会选择劣战略，这个假设看起来也比较安全合理。但是当我们从占优转到重复占优时，我们就提高了赌注。在第二轮的重复占优选择时，我们假设参与人假设对手不会选择劣战略，也就是说参与人相信对手是"理性"的。在第三轮时，参与人假设他的所有对手都是理性的，如此递进。随着迭代链的加长，这样的预测开始变得可疑了，而且在很多轮的反复剔除劣战略时，我们就会感到不那么快乐了。

　　那么这里需要参与人非常确定对手是理性的吗？我们只需要确信参与人不会选择劣战略就是"非常确定"他是理性的。在图 12.3(1) 中，如果我们假设参与人 2 有 0.9 的概率是理性的（不会选择劣战略），就是说我们认为参与人 2 会以 0.9 或更高的概率不选择 t3。但是当我们考虑重复占优时，其他的顾虑开始出现。假设图 12.3(1) 中 s2-t3 单元格的 −4 提高到 −400 美元，然后参与人 1 认为参与人 2 只有 0.9 的概率是理性的，那么她可能会选择 s1 而不是 s2。或者让 −4 收益变成 −40，让 s1-t1 的收益 3 变成 −30。假设参与人 2 是理性的，参与人 1 认为参与人 2 有 0.99 的概率是理性的，但假设参与人 2 并不知道参与人有这么高的概率认为自己是理性的。这样的话参与人 2 就很有可能认为参与人 1 为了"安全"而选择 s1；至少参与人 2 会有很高的概率是这么想的。随后，参与人 2 就有可能选择 t2 而不是 t1 了。

　　运用重复占优策略所做的预测具有某种稳健性，即假设所有的参与人都是绝对理性的，所有的参与人都认为其他参与人是绝对理性的，如此循环（因为在重复占优策略链中有很多步骤）。也就是说，存在一个小于 1 的概率每个参与人是理性的，且每个参与人都以这个概率相信另外的参与人也至少以这个概率是理性的，如此等等，那么我们同样可以从重复占优的策略中预测博弈的结果。但是，(1) 如果重复迭代的次数非常大，我们对这种预测就感到不那么快乐了；(2) 接近于 1 的概率让犯"错误"的成本也越来越高。在这一章的最后我们会回到这个问题上。

　　现在来看图 12.3(2) 的博弈[和图 12.1(2) 一样]，这里我们能用占优策略做些什么吗？好像不能，没有一个战略严格优于另外一个战略。但是，在参与人 2 是最大化主观效用的假设下时，我们就可以排除 t3。为什么？不管参与人 2 认为参与人 1 以什么样的概率做选择，参与人 2 选择 t1 或 t2（或混合）都比选择 t3 要好。有时候 t1 比 t3 好（如果选择 s1 的概率大于 0.3），有时候 t2 比 t3 好（如果选择 s1 的概率小于 0.7），所以 t3 永远都跟最优的选择搭不上边。所以，如果我们接受这样的假设且剔除 t3（更确切地说，我们认为参与人 1 接受这样的假设并剔除 t3），随后我们就能剔除 s2，博弈的最后结果是 s1-t1。

　　这就是"一个混合战略严格优于另外一个战略"，通常这个规则比直观地找到一个战略优于另外一个战略的情况更加困难，但是在任何时候我们需要用到它的时候还是很合理。关于这点的两个评论如下：如果博弈的奖励是以百万美元为单位，且参与人 2 是风险厌恶的，那么参与人 2 在博弈中更倾向于确定的 300 万美元；但是我们假设两个参与人都是风险中性的且收益都是冯·诺依曼效用单位，则在理论上这个不会是个问题。其次，我们将上面的评论换个说法：参与人 2 不管参与人 1 如何行动，都会选择 t1 或 t2 来最大化自身的效用。也可以用另外一种说法得到相同的结论：如果参与人 2 随机抛掷硬币，出现正面头像时选 t1 出现背面时选 t2，此时参与人 2 的战略就是如果参与人 1 选择 s1 时得到预期效用 5,参与人 1 选择 s2 时也得到预期效用 5,这个战略都严格优于 t3。换句话说,t3 劣于 t1 和 t2 的混合战略。我自己更喜欢第一种评论,但是两个评论的结果都一样。[b]

现在来看和图 12.1(3)一样的图 12.4(1),没有一个战略严格优于另外一个。但是 s1 **弱优于**(weakly dominate)s2;因为参与人 2 选 t1 时,s1 和 s2 无差别,参与人 2 选择 t2 时,s1 优于 s2。总的来说,一个战略弱优于第二个战略的意思就是说当对手选择一个战略时,参与人的第一个战略和第二个战略无差别,而当对手选择其他战略时,参与人的第一个战略则严格优于第二个战略。

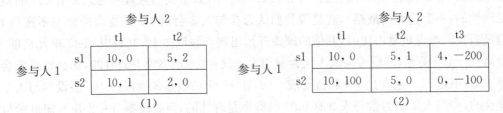

图 12.4 弱优于的例子

但是持续应用弱优于则会产生问题,请看和图 12.1(4)一样的例子图 12.4(2)。s1 弱优于 s2,而在将严格劣于其他两个的 t3 首先剔除后,我们就没法继续下去了,因为 s1 和 s2 完全相同。参与人 2 当然最希望参与人 1 选择 s2,那么参与人 2 就可以在自己的公告牌上说"s2 是安全的"。[①][c]

正如图 12.4(4)中所描述的那样,使用弱优于(连续弱优于)的概念可能比严格优于(连续)的概念争论更多。[②]但是经济学家还是会在需要的时候使用弱优于的概念。当博弈可以用严格优于或弱优于重复剔除其他战略而使每个参与人都只剩下一个战略时,我们就说这个博弈是**占优可解的**(dominance solvable)。[③]

那么弱占优如何与参与人并不完全理性相互作用的? ——有两种情况,取决于谁试图去猜测他的对手是否是理性的。假设一部分给定的参与人称为 i',拥有既定的战略 s 弱劣于其他战略。如果 i' 并不完全肯定他的对手是理性的,他就可能不会排除他的对手不会做任何事情。也就是说,他关于对手的预测的各种可能性的概率都

---

[b] 更准确地说,在只有两个参与人的博弈中,这两种评论必然得到相同的结果。在超过两个参与人的博弈中,如果参与人猜测对手的战略是和自己的行动相关的,那么也是同一回事。而如果在超过两个参与人的博弈中,参与人猜测对手的行动都是相互独立时,那么我更喜欢的第一种评论则更强。如果你了解分离超平面定理(separating hyperplane theorem),你就可以自己去证明它。

[①] 当然,参与人 2 认为参与人 1 会选择 s2 也在参与人 1 的兴趣中,所以我们可以想象参与人 1 可能会租个公告牌写明,使参与人 2 相信自己会选择 s2。但是假如参与人 2 很多疑,则他会想,参与人 1 会不会假装让参与人 2 相信参与人 1 会选择 s2,但实际上参与人 1 是想选择 s1 的,而此时参与人 2 只能选择 t1 了。在这种情况下,如果你作为参与人 2,你会如何在博弈开始前进行廉价磋商使得参与人 1 确定会选择 s2?

[c] 这个例子使你学到哪些有关路径依赖和弱优于的知识?

[②] 回顾这章开始时同学们做的作业,在我的经验中,在图 12.4(2)中,s2-t1 再弱优于的"逻辑"下是最好的响应。必须承认,这是个非常特殊的博弈,随后我们会看到更稳健的例子。

[③] 很多有趣的博弈都是占优可解的。如第 12.8 节中古诺博弈和第 15 章中的鲁宾斯坦议价博弈(Rubinstein's bargaining game)。

为正。在这种情况下，s 不会最大化 i' 的期望效用，即使比较弱的，因此我们可以总结 i' 不会选择 s。但是这个结论是假设 i' 是理性的，而如果另外一个参与人 i'' 对 i' 的理性有一点点怀疑时，则 i'' 就可能不会认为 i' 会避免选择 s 了。实际上，因为 s 对 i' 来说是弱劣于的，而这一点对于不完全理性的 i' 可能还认识不到。因此，如果 s 必须在重复占优中被剔除或者其他人怀疑 i' 的理性时，这个重复占优链就会变得更加令人怀疑。

12.3　完全和完美信息博弈的逆向推导法

到现在为止，我们讨论了标准博弈的占优和弱占优概念，这个准则在扩展式博弈中也有重要意义。考虑下面的图 12.5(1)［和图 12.1(2)一样］。你会如何预测这个博弈？

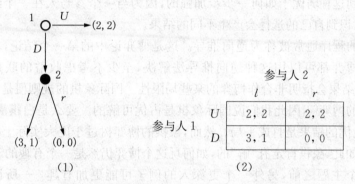

图 12.5　一个简单的扩展式博弈和相应的标准式博弈

很多人会预测这个博弈的结果是参与人 1 更倾向于选择 D 而参与人 2 选择 l。支持这个结果的理由如下：如果参与人 1 选择 D，则参与人 2 如果选择 l 得到净效用 1，选择 r 则得到 0，那么最优的选择是 l，因此我们预测如果参与人 1 选择 D，则参与人 2（假设参与人 2 是理性的）会选择 l。而如果参与人 1 相信参与人 2 是理性的，参与人 1 会遵循这样的逻辑而选择 D 并得到 3 的（预期的）收益，而不是选择 U 得到 2 的收益。

这个结果和图 12.5(2) 中的连续弱占优看起来很相似，它是从图 12.5(1)转变过来的标准式。在标准式中，参与人 2 的 l 弱优于 r。我们一旦剔除参与人 2 的 r 战略，则 D 是参与人 1 的占优策略。注意到在这个过程的第一步只有弱占优，如果参与人 1 选择 U，则 l 和 r 对于参与人 2 都是一样的。

通常情况下，扩展式下的弱优于比标准式下的弱优于更能让人信服。这个说法的逻辑在于：如果我们认为参与人 1 和参与人 2 同时且独立地做出选择，我们会认为参与人 2 在确信参与人 1 选择 U 的情况下选择 r。但是在扩展式中，参与人 2 就不具有这样的自由。如果他知道参与人 1 选择 D 时，在轮到他做选择时，那么他的选择就能决定博弈的结果了。

不管你认为这两种论据都是同样令人信服还是扩展式的版本更令人信服，它们之间的联系是很明显的。我们可以更加充分地归纳如下：一个完全且完美信息的扩展式博弈，它的每个行动结都有一个信息集。想象任何一个只有有限个节点的博弈树，我们来看"倒数第二个"(next to final)的结点——它的后续结都是终点结。(因为博弈树是有限的,必定存在这样的结点,你如果喜欢可以证明一下。)不管谁在这个结点上,我们都能迅速做出判断该参与人会如何行动,他会选择后续结点能使他自己效用最大化的行动。(如果在后续的终点结上和自己效用有联系时怎么办? 我们会忽略这种不太令人愉快的可能性,因为这种情况很复杂且不能给我们提供更多的见解。)对于弱优于,这个参与人也不会在倒数第二结点上时选择其他行动。再来看任何处在不是终点结也不是在倒数第二个结点的行动,他们同样会按照这样最大化的原则去选择如何行动,然后依次逆推。最后,在每个结点上我们都可以得到参与人如何行动,并预测整个博弈的解。

如果前面的表述并不是非常清楚,你可以从创造并解决例子中得到深入的了解。记住最基本的原则:每个行动结的本身只有一个信息集;只有有限个结点,且参与人收益之间的联系性是被避免的。(为了防止你忘记,请记住博弈树是不存在循环的。)

同时注意到这种弱优于如何一步步加强的,因为当一个参与人在一个给定的结点做选择时,他会意识到自己的选择会产生不同的结果。

以上提及的程序通常被称为逆向推导。这是博弈论中的第一个结论,本质上来说完全且完美信息博弈都可以用这种逆向推导法解决,至少不考虑收益的联系性时是这样的。[①]应用这个结果会指明非合作博弈的某些局限性。国际象棋的规则便是一个有限的完全且完美信息的博弈[②],因此我们说国际象棋是占优可解的。要么是白棋赢,要么是就是黑棋赢,或者最优的结果是打成平局。然而,象棋的博弈树过于庞大实际上很难应用逆向推导法。尽管如此,象棋肯定有"解"的,如何玩这个博弈仍然是一个有趣的谜题。[③]

在离开这个主题之前,另外一个更深入的例子可能更加有趣——所谓的蜈蚣博弈(centipede game),由 Rosenthal(1981)提出,见图 12.6。如果我们运用逆向推导法,我们可以看到在倒数第一个结点时,参与人 2 肯定会选择 D 得到 101 而不是选择 A 得到 100,同时参与人 1 得到 98 而不是 100。因此再往前一个结点,参与人 1 会选择 D 得到 99 而不是选择 A 而在最后只得到 98,而此时参与人 2 只能选择 D,因此再往前一个结点,参与人 2 最好的选择是 D 得到 100 而不是后面的 99。一直往前推导,参与人 1 和参与人 2 都会选择 D 而不是 A,博弈的结果是选择 D,各自得到 1 的收益。(博弈理论学家,像经济学家一样,通常都不是最好的逻辑学者,顺着博弈树往上走通常被认为是往博弈树根部的方向往前走,对于这点表示遗憾。)

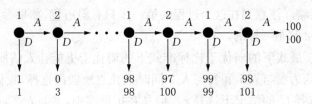

图 12.6　罗森塔尔的蜈蚣博弈

①　这个结果的最初证明是来自于两个参与人的零和博弈,在该博弈中,终结点上两个参与人的收益之和为零。在这种情况下,联系是不相关的。
②　如果特定的情况重复出现三次,博弈结束。
③　我们会在本书的最后回到象棋的例子。

因为有那么多更好的收益被排除在博弈树的结果之外，这个结果看起来很遗憾。更准确地说，从不定期收集的证据上来看，这个结果是很可怜的推测。如果一个更复杂的参与人被要求玩这个博弈，他可能会在另外一个人选择 D 之前走到博弈树更远的地方。

这里需要说明两点。首先，预测参与人 1 会选择 D 来开始博弈是建立在 200 回合的重复占优的基础之上的。要使参与人非常肯定地确信对手是理性的和对手认为自己也是理性的，这一点是相当难的，但是我们可以相信在重复占优基础上做出的预测。其次，假如你是参与人 2，你非常肯定你的对手是理性的，也确信你的对手非常肯定你是理性的，也确信你的对手认为你确信你的对手是理性的，如此递进，经过多次重复占优选择后，你会确信你的对手会在博弈开始时选择 D。然而，不管你多确定，你的对手在博弈开始时选择 A 呢，这时你又会怎么想？此时你会有充足的证据表明你最初的假设是错误的。但是你自己会在随后选择 D，你会认为后面的选择同样还是符合理论假设的（有很高的概率）。毕竟，如果你的对手是不理性的，或者认为你是不理性，或认为你认为对手是不理性的等等，……他就会选择 A 然后看看你到底会如何选择并在这个博弈树上走多远。然后，再将自己放到参与人 1 的位置思考一下，如果对手选择 A，你会如何选择？看看博弈树后面那些更大的收益，难道你不想给 A 一次机会吗？

这个例子我们以后还会回顾好几次，但到目前为止，只简单地注意到很多回合的重复占优通常因为太长了而难以相信。特别是在扩展式博弈中，重复占优通常会因为在博弈开始阶段的"错误预测"导致参与人在随后阶段来重新审视所有参与人都是理性的假设（尤其是做了"错误的事"的参与人），而使它变得有点难以让人相信。

12.4 纳什均衡

在前面两部分内容中，我们通过问如下两个问题而试图去预测博弈的结果：参与人的哪些行动可以剔除？这只是"参与人会做什么"的另外一个问法，但如果这样问，可能也不会给我们更多的正面预测。尽管如此，这个问题是一种直接的逻辑，在接下来的第四部分我们还会做些比较。

考虑图 12.7，和图 12.1(5)、图 12.1(6)、图 12.1(7)一样。回顾在这章开始练习的第二个问题：在这个博弈中，有一个"明显的博弈路径"吗，一个你认为非常可能的结果，也是你的对手认为非常可能的结果吗？

对于图 12.7(1)来说，答案是肯定的，即 s1-t1，而对于图 12.7(2)答案是否定的，而对于 12.7(3)则可能取决于特定条件。对于最后一个博弈，我听到的最典型的答案是：如果参与人之间不能相互沟通，那么 s2-t4 看起来比较可能，虽然不是那么非常的确定。背后的原因是参与人会认识到这是协调他们行动的共同利益，虽然 s2-t4 不是绝对最好的结果，但它看起来是最"安全"和"明确"的协调路径。如果参与人可以在博弈开始前进行廉价磋商，则 s1-t3、s3-t1 和 s4-t2 都很有可能成为博弈的结果，虽然只有在真的磋商之后才能确定是哪一个。也就是说，他们都不会反对磋商，只要有机会进行磋商，他们就会通过磋商来达到三个"最好"的结果之一。

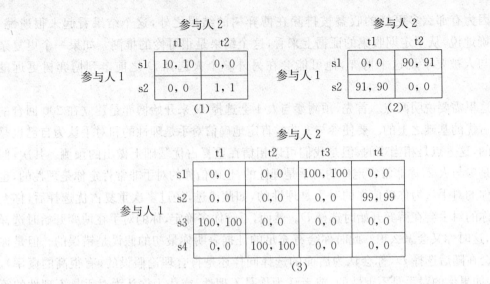

图 12.7　三个标准式博弈

来看图 12.7(1) 和图 12.7(3)，直觉告诉我们有一个"解决这个博弈的明显路径"。按照具体问题具体分析的原则，我们会解释为什么这个结果是"显而易见"的，尽管显而易见取决于具体情况——如参与人是否可以进行廉价磋商。即使我们的直觉依赖于具体的博弈，但是也存在"明显路径博弈"的通用的正式表述：如果这个战略组合很明显，则所有参与人都会清楚这个战略组合，并根据自己的利益去选择相应的战略组合。换句话说，参与人所做的选择都会是对方选择的最优反应。下面给出该表述的正式定义。我们定义一个有限的标准式博弈，其中博弈参与人用 $i=1, 2, \cdots, I$ 表示，他们可行的战略集用 S_i 表示，且 $s=(s_1, s_2, \cdots, s_I) \in \prod_{j=1}^{I} S_j$，$u_i(s)$ 是参与人 i 选择战略 s 时的收益。

定义 12.1　一个战略组合 $\hat{s}=(\hat{s}_1, \hat{s}_2, \cdots, \hat{s}_I)$ 是纳什均衡时符合对于每个参与人 i 和 $s_i \in S_i$：

$$u_i(\hat{s}) \geqslant u_i(\hat{s}_1, \hat{s}_2, \cdots, \hat{s}_{i-1}, s_i, \hat{s}_{i+1}, \cdots, \hat{s}_I)$$

或者概括来说，纳什均衡就是这样的一组战略组合，每个参与人的战略都是对方战略的最优反应。

这个定义是针对标准式博弈的，但它的基本概念同样适用于扩展式博弈——最简单的转述就是扩展式博弈的纳什均衡也是它相应的标准式博弈的纳什均衡。这个转述隐藏了扩展式博弈均衡中的一些有趣事实，这点我们只会在第 12.7 节中说明。目前为止我们会集中在标准式博弈上。

争论在于，如果博弈存在明显的路径，纳什均衡只是它的一个必要条件。实际上，在图 12.7(1) 和图 12.7(3) 中，其他潜在的"明显路径"都是纳什均衡。但是这里需谨慎地注意到：

(1) 纳什均衡并不是一个博弈明显路径解的充分条件。在图 12.7(1) 中，s2-t2 是另外一个纳什均衡，但是我们很难说这是博弈的一个明显路径。

(2) 没有理由认为每个博弈都有一个明显的路径。举个例子，在图 12.7(2) 中，如果参与人 1 和参与人 2 不能交流,则该博弈就没有一个明显的解,尽管它存在两个纳什均衡,s2-t1 和 s1-t2。①

大部分非合作博弈理论应用到经济学的模式都是均衡分析。在这些分析中,分析者找出纳什均衡(有些时候多于一个),然后再去判断其中一个(或多个?)是不是"博弈的解"。我想强调的是,这个练习是比较草率的且可能不是最好的。②我们将纳什均衡的正式定义推进一步:这个正式的概念是如下问题的答案:如果博弈存在一个明显的路径,那么"解"的性质有哪些? 在既定的"明显路径"的宽松定义下——即这个性质所有的参与人都能发现,而如果没有被发现——那就是纳什均衡也很难去发现的结果。

但是这是一个很弱的问题,有了纳什均衡之后对于解决博弈来说还是一碗稀粥。我们所要做的就是用从其他方法中得到的解去验证。一些显而易见的问题就出现了:

(1) 如果"纳什均衡"是这个问题的唯一解,我们还能做什么? 我们可以使这个必要条件更清晰吗? 关于这一点,注意到一个纳什均衡包括了弱劣于的战略。如图 12.5(2)的例子,U-r 是一个纳什均衡,即使 l 弱劣于 r。在我们认为参与人会避免选择弱劣于的战略时,我们可以在必要条件上加上,"解"也应该是纳什均衡。除了这个(尽管还要等到第12.7 节的内容),还有其他需要补充的吗?

(2) 我们分辨"博弈的明显路径"的方法是什么?

(3) 什么会使得参与人认为一个给定的博弈有一个"明显路径"? 如果我们知道这类解为什么可能会存在,这个问题就和(2)问题很接近了。

(4) 如果一个博弈没有一个"解"时参与人会说什么? 如果这样,纳什均衡的概念会涉及这类博弈吗?

毫无疑问,在某些情况下,一些博弈是没有"解"的。至少在没有交流的条件下,图12.1(10)是一个很好的例子,图 12.1(11)是另外一个例子,而 12.1(12)是关于如上问题(4)的一个很有趣的例子。在和学生讨论这个例子时,我发现很多学生作为参与人 2 时会选择 t3,且大部分人也期望参与人 2 选择 t3。相应地,大部分学生作为参与人 1 时会选择s2,且当学生作为参与人 2 时大部分学生期望参与人 1 选择 s2。但是因为参与人 2 在其他单元格有比较大的负收益,参与人 2 在选择 t3 之前必须非常明确地知道参与人 1 会如何选择。也就是说"非常确定"的标准是要确保错误的结果不会出现。但是我猜测在所有80% 的次数里,学生的选择都是 s2-t3 作为结果,这仍然不够"明显"地符合"博弈显而易见路径"的要求,在给定错误的结果上。③这个博弈没有给出一个明显的路径。

关键是这个博弈实际上有三个纳什均衡,第一个是 s1-t1,第二个是 s2-t4,第三个是一个混合均衡,这个我们会在下一节中介绍。但是在这里,我首先说明一下:t3 不会单独出现在任何的纳什均衡中。实际上,t3 是唯一一个在纳什均衡中不被选择的行动。因此回答上面的问题(4):当一个博弈不存在一个"明显路径"时,只关注纳什均衡会得到错误的

---

① 实际上,我们可以马上发现,该博弈还有第三个纳什均衡,同样也不是一个明显路径。

② 很抱歉,在后面的章节中,我可能都会采用这种简化的表述。

③ 实际上,我的日常经验告诉我,参与人 1 会选择 s1(在 10%—20% 之间)使得 t3 成为参与人 2 的最优选择。我在玩这个博弈的时候我也肯定会这样做的。

答案。因此,纳什均衡的概念在博弈没有"解"时我们就不应该去考虑了。[1]

现在只剩下问题(1)、问题(2)和问题(3)了,在我们回答问题之前,我们先来了解一下有关纳什均衡的其他秘事。

12.5　混合战略均衡

有些博弈不存在纳什均衡,至少,他们不存在像我们上面定义的(宽松的)均衡。来看图 12.8[和图 12.1(8)和图 12.1(9)一样]。[2]在两个博弈中,s1-t1 都不是纳什均衡,因为如果参与人 1 选择 s1,则参与人 2 会希望选择 t2。而在 s1-t2 时,参与人 1 又希望转移选择 s2。在 s2-t2 时,参与人 2 又希望转移选择回到 t1。在 s2-t1 时,参与人 1 又希望转移选择 s1,因此穷尽了纳什均衡的各种可能。

但不管前面怎么说,这个博弈还是存在纳什均衡的。刚才说的只是不存在纯战略纳什均衡。考虑图 12.8(2),参与人 1 以 0.6 的概率选择 s1 和 0.4 的概率选择 s2,那么参与人 2 选择 t1 的期望收益为 2.6,选择 t2 的期望收益也是 2.6。因此对于参与人 2 来说,该混合战略或纯战略都是参与人 1 的战略选择下的最优反应。特别地,一个最优的反应是参与人 2 以 0.5 的概率选择 t1 和 0.5 的概率选择 t2,而这个战略使得参与人 1 从选择 s1 中得到 2 的净效用,从选择 s2 中得到 2,从混合战略 s1 和 s2 中得到 2。因此,以 0.6 的概率选择 s1 和以 0.4 的概率选择 s2 是参与人 1 对参与人 2 战略的最优反应。我们得到了一个混合战略组合(对于每个参与人都是一个混合战略),双方的战略组合都是对方的最优反应,因此,我们得到一个纳什均衡。同样,在图 12.8(1)中,每个参与人都以 0.5 的概率混合他们的纯战略的混合战略组合是一个纳什均衡。

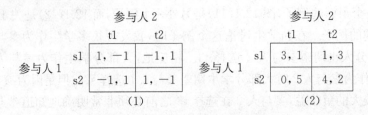

图 12.8　两个只有混合均衡的博弈

在这两个例子中,参与人是在他们各自的纯战略中随机选择的。来看图 12.1(12),我们已经知道这个博弈有两个纳什均衡了,s1-t1 和 s2-t4。因为这几个均衡不涉及任何随机性,他们被称为**纯战略均衡**(pure strategy equilibria)。现在来看下面的战略组合。参与人 1 以 9 000/9 001 的概率选择 s1 和以 1/9 001 的概率选择 s2,参与人 2 以概率 1/101 选择 t1 和 100/101 的概率选择 t2,给定参与人 2 的战略,参与人 1 的净收益为:

选择 s1 的净收益 $=200\times(1/101)+3\times(100/101)+4\times0+0\times0=500/101$

选择 s2 的净收益 $=0\times(1/101)+5\times(100/101)+6\times0+3\times0=500/101$

[1]　见第 12.6 节的另外一个例子,该例子只有唯一的纳什均衡,虽然如此,这个博弈也不是很常见的。

[2]　图 12.8(1)称为"猜谜游戏"(matching pennies),后面也叫"儿童游戏"。

因此参与人 1 愿意选择混合战略。同样对于参与人 2,给定参与人 1 的战略,他的净收益为:

选择 t1 的净收益 $= 6 \times (9\,000/9\,001) + (-10\,000) \times (1/9\,001) = 44\,000/9\,001$

选择 t2 的净收益 $= 5 \times (9\,000/9\,001) + (-1\,000) \times (1/9\,001) = 44\,000/9\,001$

选择 t3 的净收益 $= 3 \times (9\,000/9\,001) + 3 \times (1/9\,001) = 27\,003/9\,001$

选择 t4 的净收益 $= (-1\,000) \times (9\,000/9\,001) + 20 \times (1/9\,001) = -8\,999\,980/9\,001$

所以参与人 2 选择 t1 和 t2 无差别,但严格优于 t3 和 t4。我们可以说参与人 2 以概率 0 选择 t3 和 t4 和其他概率选择 t1 和 t2 的混合战略组合。

注意到在这类均衡混合战略中,决定参与人收益的概率不是由参与人自己决定的而是由其他参与人的概率决定的。举个例子,在图 12.8(2) 中我们将参与人 2 从 s1-t1 得到的收益变为 2,那么纳什均衡就变为参与人 2 以 0.5—0.5 的概率选择两个行动,参与人 1 以 0.75 的概率选择 s1 和 0.25 的概率选择 s2。混合战略中的随机分布的关键在于保持其他参与人在各自战略选择的无差异性。一个参与人的随机选择不会改变对方的猜测并对自己有直接的好处。换种说法,在一个混合战略纳什均衡里,每个参与人都没有正的激励去偏离这个混合的概率;只要其他参与人满足了他那部分均衡,那么相应的反应就有很多种。

也正因为这个原因,很多人认为混合战略纳什均衡不是太可信。难道我们应该相信一个人在面对实际的经济决策时通过掷硬币来决定吗?如果是这样,那我们会进一步相信他们这样做对自己不是特别有利时,他们的随机选择会对吗?到现在为止还没有什么可以说这个答案是肯定的。注意到如果这个路径存在的话,纳什均衡只是"博弈有明显路径"的必要条件。而在参与人(或分析者)眼中一个混合战略究竟是否可以组成博弈的明显路径。

在有些情况下,怀疑参与人选择随机策略看起来不是不合理的。比如打牌,一个好的玩牌人会随机地出牌(使诈吓唬)以防止对方猜到自己的打牌思路。在一个参与人检查另一个参与人的博弈中——如审计和质量检查这两个例子——随机检查的策略就经常被使用。

诚然,如果你自己总结混合战略均衡经常看起来不是很直观且不能作为给定博弈的候选"解"时,在这里你也就不会争论太多了。

但是,无论如何,知道混合战略的含义还是有好处的。我们给出一个更数学化的表示:

推论 12.1 每个包含有限参与人和有限个战略的博弈,如果承认混合战略和纯战略均衡,那么都至少存在一个纳什均衡。

这个结论在某些情况下可以推广到具有无限参与人和无限个战略的博弈中,但是在这里我们不会考虑这样的拓展。

如果你知道第 6 章的卡库塔尼不动点定理(Kakutani's fixed point theorem),这个结论就很容易证明。用 $i = 1, 2, \cdots, I$ 表示参与人,S_i 表示参与人 i 的纯战略空间,Σ_i 表示参与人 i 的混合战略空间(如,Σ_i 可以表示 S_i 上的概率分布空间)。$\Sigma = \prod_{i=1}^{I} \Sigma_i$;也就是说,$\Sigma$ 是混合战略组合的空间集。

对于每个 $\sigma = (\sigma_1, \sigma_2, \cdots, \sigma_I) \in \Sigma$, 定义:

$$\phi(\sigma) = \{\hat{\sigma} = (\hat{\sigma}_1, \hat{\sigma}_2, \cdots, \hat{\sigma}_I) \in \Sigma \mid \hat{\sigma}_i$$
是每个参与人 i 对 $(\sigma_1, \sigma_2, \cdots, \sigma_{i-1}, \sigma_{i+1}, \cdots, \sigma_I)$ 的最优反应}

也就是说，$\phi(\sigma)$ 给出了参与人对 σ 的最优反应的向量集。ϕ 是一个上界连续和凸的 (upper semi-continuous and convex-valued)，这个证明留作作业。然后由卡库塔尼不动点定理，存在一些 σ 使 $\sigma \in \phi(\sigma)$。再有 ϕ 的定义可知 σ 是一个纳什均衡。

混合战略的使用会使另一些外行人甚至是博弈论专家感到困惑，难道我们真的认为参与人在选择行动时需要掷骰子吗？关于这一点，已经有人试图去建立相应的概念了。最为流行的一个说法是混合战略是概括现实的不自然粗糙模型的一种巧妙的办法。就是说，在很多现实应用中，每个参与人都有很多他自己知道的个体偏好差异而其他人不知道——如他从床的哪一边下、他对风险的容忍程度等。一般建模时都不希望去考虑那么多的细节，因为那样会使模型很复杂，但是有些细节"的的确确"存在，这些细节包括一个个体在战略中做出选择时由什么决定的，每个参与人参照其他人的选择做决定时如何达到均衡。一个参与人可以根据自身的因素在所有的战略中做出一个明确的选择，但是他不能预测其他人会如何选择，因为他不清楚其他人的具体因素的值。这个哲学立场在数学上可以称为纯化理论（purification theorems）。关于这个议题的一个经典的文献就是 Harsanyi(1973)；对此感兴趣的读者我也推荐 Aumann 等(1983)。

12.6　为什么博弈可能存在一个明显的路径

我们已经说过如果博弈存在一个明显路径，那么必定存在一个纳什均衡。但是我们也说过只有存在一个明显路径时，纳什均衡的概念才会引起我们注意，而且我们也看了好几个没有明显路径的博弈例子了。因此如果有什么理由需要我们关注纳什均衡时，我们最好有理由先去想一想为什么有些博弈看起来就有"解"的？

当然，我们已经看过具有类似解的例子了，如 Jokx-Beljeau 博弈和图 12.7(1)和图 12.7(3)的博弈，图 12.7(3)取决于参与人如何跟另外一个人沟通。占优可解的博弈是具有明显路径博弈的另外一类博弈，至少在重复占优迭代的次数不是很大的时候：图 12.3(1)和图 12.5 符合，尽管图 12.6 不符合。关于这些博弈或者其他类似的博弈是什么呢？

对这类问题的答案不是唯一，而且在很多时候，只能给出非正式的回答，这也是为什么正式的纳什均衡概念比较有用的原因。作为候选解的一个必要条件，不管解存在时背后有什么样的故事，纳什均衡都可以应用。这个正式的表述提供了对解的有用的检验，其他人也可能推荐给你。同时它也给我们在讨论问题时提供了一个正式的语言，但是该正式概念的用处也并不是说在一个博弈有解时，我们就只用正式的概念而忽略背后的故事，因此我们回到文献中提到的一些故事。

12.6.1 博弈前的磋商

有人认为"博弈的一个明显路径"存在的很重要的一点是在博弈开始前参与人之间有清楚的磋商或者是廉价的磋商。如果博弈前的磋商发生了,我们不能保证参与人会达成协议或者什么样的协议。但是如果参与人确实磋商了且达成了一个协议,随后我们就会期望他们按照商定的行动以"自执行"(self-enforcing)的形式去实行自己那部分的行动,同样也期望其他人按照商定的行动去行动,双方都没有激励去偏离。如果这样,我们就说和这个协定是一个纳什均衡。

这里需补充一个很重要的提醒。如果参与人可以有博弈前的磋商,那么他们会超越博弈的正式规则给定的概率去行动,尤其这种偏离会使双方都更好的情况下。我们可以将这种可能性放到博弈的正式规则里,从而考虑所有的可能性。但是一些可能性有时候是"间接"建模的,如博弈的正式规则里没有包含这些可能性,但解的概念已经发生了变化以包含这些可能性。关于这一点最著名的是 Aumann 的相关均衡。Aumann(1974)考虑了如果参与人可以建立这样的机械协调设备或雇佣一个客观的团体作为协调员时会发生什么。举个例子,看图 12.9 中的两个参与人。这个博弈只有单个的混合战略纳什均衡,在这个均衡中,双方的预期收益都为 3.75。现在来思考下,如果有事前的磋商,参与人同意下面的方案。一个第三方的团队来掷骰子,如果骰子是 1 点或 2 点,那么参与人 1 被告知选择 s2。如果骰子是 6 点,第三方团队告知参与人 1 选择 s1。与此同时,如果骰子是 1 到 4 点,参与人 2 被告知选择 t1,如果是 5 或 6 点,参与人 2 被告知选择 t2。每个参与人都只是被告知应该怎么选,而不是骰子的点数。这个方案是可以"自执行"的:如果参与人 1 被告知选择 s2,那她知道参与人 2 被告知选择 t1,所以 s2 是 t1 的最优反应。如果参与人 1 被告知选择 s1,她会预测参与人 2 以 0.5 的概率选择 t1 和 0.5 的概率选择 t2。假如参与人 2 执行了他的指示,s1 是最优反应。对于参与人 2 也是同样的情况。掷骰子和第三方团体的"干预"重点是可以使参与人 1 和参与人 2 以自执行的方式关联他们的行动。在这个关联的均衡中,每个参与人都有 4 的预期收益,这个收益比博弈的单一纳什均衡高。那两个参与人能不能在有事前磋商但没有第三方团体服务下达到同样的目的呢? 如果他们可以以这种方式关联他们的行动,则自执行协议的范围就比纳什均衡的集合更大,这需要假定它们选择行动时是相互独立的。关于这一点,可以参考 Aumann(1974),更丰富的内容可参考 Forges(1986)和 Myerson(1986)。

		参与人 2	
		t1	t2
参与人 1	s1	4, 4	3, 5
	s2	5, 3	0, 0

图 12.9 一个具有关联均衡的博弈

12.6.2 惯例

考虑图 12.7(2),按照如下的条件去博弈:有很多参与人在随机的时间里随机地被分配为不同参与人参加博弈且必须进行博弈。(一个人有可能被分配为参与人 1,也可能被分配为参与人 2。)但参与人都分配好后就不能相互交流了。在这种情况下,就不难想象有关该博弈如何进行的一些惯例是如何发展而来——总是选择 s2-t1。这个惯例表面上看很难有相反的例子。这个和为什么红灯停绿灯行一样,也是不需要理由的。这就是惯例,且能得到很多"好的结果"。

由"惯例"而来的一些有趣的均衡有时候似乎和过去的一些总结不相符。"似乎不相关"在我的意思是:这些事情并不影响参与人拥有的战略范围,或者不影响参与人由各种不同的战略组合得到的支付。但是这些事情也会变得相关因为惯例能使他们变得相关。交通信号灯就是个经典的例子。或者考虑图 12.1(10)的博弈。有大量的人参与,不同的参与人之间随机匹配,但是他们没有参与人 1 或参与人 2 作为标签并进行协调。想象每个参与人都带着过去经营得到的成果——他在博弈中赢得的所有支付,并想象两种"社会",且由下面的两种惯例区分:在第一个社会中,当两个参与人相遇时,过去表现不好的参与人会给予支持优势;也就是说,如果参与人 1 过去表现不好时,我们选择 s2-t1。(如果参与人表现和过去一样,按照惯例就不理会了。)在第二个社会中,却正好相反:不管过去哪个团体表现得更好都会给予支持优势。有人可能会争论到底哪个社会更好,但是两个惯例至少都使得参与人达到一个纳什均衡。[关于这类情况的分析的文献可参考 Rosenthal 和 Landau(1979)。]

12.6.3 习得行为

惯例的一个小变化是有关习得行为。回顾图 12.7(2),考虑一对参与人进行这个博弈多次。我们可能不会认为在博弈的第一回合或第二回合他们就开始协调行动,但是不难想象在经过一定回合后一些妥协之计就会在他们中间涌现。(假设参与人都固定角色,也就是说一个参与人扮演 1 就一直扮演参与人 1,是扮演 2 就一直扮演参与人 2。有一个有趣的问题:两个参与人的收益只相差 1,而如果协调失败就会失去 90,这时参与人会继续坚持协调的方案还是转换方案?或者换句话说,如果图中的两个收益 91 都变为 1,我们就有可能认为参与人会改变行动了。但是像图 12.1(10)或图 12.1(11)这些收益差比较折中的例子,又会发生什么?)

有关习得行为的一个早期描述是"虚构博弈"(fictitious play)模型。想象两个参与人按照如下的决策规则进行一个标准式博弈。从任何一个战略开始,在随后的每一个回合中,选择你的对手在前面回合中使用的"平均对策"的最优反应对策,即如果你的对手前面 100 个回合中选择 39 次 s1、22 次 s2、16 次 s3 和 23 次 s4,那么你就选择这个混合战略的最优反应对策(0.39, 0.22, 0.16, 0.23)。而如果双方都认识到这点,那么他们会达成什么均衡?(如何达成了,很明显这会是一个纳什均衡。)结果表明这类行为并不一定达成一个均衡;一个著名的例子可见 Shapley(1964)。但是肯定还会有人会想参与人到底会学习到什么程度并根据对方的选择来选择自己的最优行动的,尤其是在扩展式博弈中,Fudenberg 和 Kreps(1989)发展了这类故事。

尽管在学习第 14 章以后,再来了解习得行为的"问题"会更有意义,但目前为止我们可以将它应用到两个参与人对一个博弈重复进行多次,该重复博弈可以扩大可能的纳什均衡集合。(如果你不理解这一点,不要担心,可以等到第 14 章再学习。)假定一个参与人面对同一个对手不停地重复一个博弈行动并因此"学习"到一些静态的纳什均衡时,则要求参与人在一定程度上是目光短浅者的。如果一部分个体是随机匹配的,这个故事就会更有趣了,但是我们也走进了习得行为和惯例之间的一个灰色地带。

12.6.4　聚点均衡和原则

最后的故事是讲有关和前面两节提到的既定博弈的"解"如何而来的,我们可以回到图 12.7(1)和图 12.7(3)。在图 12.7(1)中,s1-t1 很明显看起来就是一个"解",尽管还存在另外一个纳什均衡;因为 s1-t1 使双方参与人在这个博弈中都能得到最多,而且双方参与人都知道这不会使他们的收益反而更少。即使参与人不被允许沟通,每个人很明显都能意识到(至少,以很高的概率)这点并按照这点行动。

在图 12.7(3)中,如果参与人不能沟通,s2-t4 不言自明不是最优的,但是它是这个协调模式的"唯一"。这就像每个参与人看着这个博弈在想,通过协调如何使这个唯一成为自己的最优选择(当然也期望对方能注意到这点并这样想)。

现在来考虑第一部分中的语言博弈。首先来看 11 个城市的博弈,即使我们只关注纯战略纳什均衡,这个博弈也有相当多的纳什均衡。因为波士顿和旧金山已经预先被设定了,其他 9 个城市有 512 个分区也就有 512 个纯战略均衡。而且,每一个均衡都是严格均衡,参与人都有足够的激励不去偏离。相应地,你可能会认为玩这个博弈会导致很多混乱,但是从我在斯坦福大学的学生博弈结果来看并没有混乱。超过 80% 的学生(包括有美国国籍的和其他常住美国的)被要求分配到了同样的城市列表,罕见的是不超过一个人偏移了列表。对于斯坦福大学的学生,这个列表是达拉斯、丹弗、休斯敦、洛杉矶、西雅图和旧金山。很明显,学生用东一西分区来区分城市。因为有 11 个城市,所以学生希望他们能得到 5 或 6。纽约具有最高的值而西雅图最低,很明显这是这两个城市"专有"的,因此典型的平均思维认为西部名单应该是 6,所以东一西分区原则就正好是 5—6 分区。

但这不总是一样的。将城市名单变一下,事情就变得稍微差一点了。举个例子,当一个参与人是来自美国以外且另外一个参与人来自美国本土,美国本土的学生会担心其他人到底对美国的地理有多了解。(这种担心只允许在博弈开始后,因为担心更准确地说是:因为地理是个很技巧的事,一个学生也会担心对手是否知道英文字母表的顺序。)如果将亚特兰大和费城从列表上去掉,将凤凰城和圣迭哥加上去,即使对美国本土的学生,博弈也变得更难预测了。

当然,实际上这些城市很关键。如果博弈涉及一列字母而不是城市,按照字母顺序分区就变成压倒性选择:有 T 的列表总会有 S、P 和 N,经常有 L,但几乎没有 H。再一次,很多人又很容易弄糊涂了。如果使 N(100 点的字母)成为列表中的第六个字母,事情又变得棘手了。一个列表以 A 开始,第二列表以 C 开始,结果就混乱了。在这里所发生的事情只出现在特定的情况下,但是,关键的是,当它发生了,参与人希望知道为什么会出现这样。

关键的是,在很多博弈中,一个均衡意味着它本身就是因为参与人从对称或最优或像这两个故事的其他数量原则得到的。同时,参与人的身份、背景和其他模糊的因素都在均衡中扮演着重要的角色。这在某种程度上和习惯或习得行为很相似:尽管这是总体上学习关于"人们如何思考"的,而不是学习关于在一个特定情形下"人们按照传统惯例如何行动"或是"个人 X 在这种情形下如何行动"的,但这仍然是由社会期望和行为驱动的整体表现。人们有时候刚好自然的聚焦得到的均衡被称为**聚点**或**聚点均衡**(focal points or focal qulibria),同时在这里我们将组织原则(公正、唯一性、地理、字母顺序等)当作**聚点原则**(focal principle)。

什么组成了一个好的聚点原则的正式表述的工作,博弈理论家的工作做得还不够好,而且这些想法现在还是非正式和不严密的。关于这点最好的讨论(可能是唯一真正好的)可参见 Schelling(1980)。

12.6.5 一个"无故事"

接下来的故事是关于为什么一个博弈可能拥有一个"解"。这里可能存在博弈前的磋商,也可能是惯例和习得行为的结果,也可能就是简单的聚点。在这个补充部分的开始,博弈可能是占优可解的,这和一个参与人不需要使用很多回合的重复占优一样是个好故事。

我们以一个不同的故事来结束本章,那就是参与人偶尔被告知他所听到的应该有怀疑地去看问题。这个故事就是战略组合 X 是唯一的纳什均衡,且它必须是博弈的一个明显路径。[1]然而我承认,只有均衡的唯一性却不是一个令人折服的故事。

想知道为什么,我们来考虑图 12.7(1)的变化。首先,将两个 10s 都改成 100s,现在博弈的解看起来更像是 s1-t1。但是加上下面的复杂情况:参与人 1 选择一行(s1 或 s2)和一个非负整数,也就是说参与人 1 的战略空间是{s1, s2}×{0, 1, 2, …}。参与人 2 选择一列(t1 或 t2)和一个非负整数。如果参与人 1 选择 s2 或参与人 2 选择 t2,收益则和原来一样。但是如果参与人 1 选择 s1 且参与人 2 选择 t1,则谁命名了更大的整数将得到 101 而另外一个将得到 100,如果整数命名是独立的,则每个人都得到 99。如果你自己思考这个博弈,你会发现只有一个纳什均衡 s2-t2,而且即使有这些整数的东西,我还会怀疑 s2-t2 是一个"解"。我比较确定地预测,这个博弈的结果会部分地用 s1-t1 来描述。我没有特别的预测最大的整数会解决这个问题。或者说,在一个没有"解"的博弈但存在一个非常可靠的"部分解"时,这个"部分解"包含了非纳什均衡的部分结果。

因为这个博弈的奇怪本性可能会让你不是非常高兴,"命名一个大的整数"不是一个

---

① 在下一章中,你还会听到在一个给定的博弈中,战略组合 X 是唯一的精炼均衡,且因此 X 必须是博弈的一个明显路径。除了其他可以支持的论据,这是比朴素纳什均衡更令人信服的故事了。

直实的应用,且一个便士的区别并不显著。我们可以将它看作是两个博弈的组合:第一个是图 12.7(1)中的 10s 变成 99s。这个博弈有两个纳什均衡和一个明显路径。第二个博弈是个奇怪的博弈,就是只有我们在第一个博弈中得到 99s 时才有这个博弈,这个博弈的赌注是 1 或 2 个便士,所以这个博弈没有纳什均衡也没有一个明显路径。如果我们将原来的博弈"分解"成这两个部分,则没有理由认为第二个奇怪的博弈的出现会影响第一个博弈选择 99 均衡的合理性。

在建立这个概念立场之后,我们来拆解它:这正是问题的关键。将这个博弈分解成两个部分并不是很正式,我们所做的是基于对博弈如何进行的直觉。当正式的准则如均衡的唯一性支持某个人的直觉时,甚至均衡的唯一性直觉上看起来就像在特定情形下特定参与人博弈出现的聚点原则,那样是最好的。然而正式标准本身是不适当的。

万一你还是不高兴,我们可以用图 12.6 的蜈蚣博弈建立稍微弱一点的论据。这个博弈具有不止一个纳什均衡。但是每个纳什均衡都得到同样的结果,所谓的参与人 1 在博弈开始时选择 D(证明这是个很好的练习)。假如某人倾向于相信任何只有唯一纳什均衡的博弈的博弈结果必定也是明显的,就像蜈蚣博弈中的参与人 1 在开始时选择 D 那么明显时,而我们前面的观点和后面的观点一点都不明显。

12.7　精炼纳什均衡

如果纳什均衡是一个特定博弈的"明显路径"的必要条件,那么它可能还可以通过其他更强的检验。举个例子,我们已经在第 12.3 节中已经谈论了弱纳什均衡概念,即所谓的参与人可以用弱占优战略得到的纳什均衡。因此有人会期望寻找另外一个更好的必要条件,这个纳什均衡具有额外的精炼条件使得弱占优战略以正的概率被选择。(随后我们会对这一纳什均衡的精炼做评论,现在我先来考虑一个我们可能会做什么的例子。)

在文献中,比纳什均衡要求更高的"解"的通用程序最广为熟悉的是完美或精炼纳什均衡(perfecting or refining nash equilibrium)。关于这个主题,文献可以分为两个脉络:一个是从标准式博弈中引申的精炼条件,正如我们在弱占优的例子中提到的,另外一个是基于扩展式博弈的引申。我们已经提到过完全和完美标准式博弈中的弱占优和扩展式博弈中"逆向推导"之间的联系,因此你可以想象这两个脉络之间的紧密联系。在这节中,我们会在这两个脉络之间来回切换,尽管重点还是在扩展式博弈上,因为考虑扩展式博弈更直观。从头至尾,在考虑扩展式博弈时,我们都只考虑博弈具有完美回忆的,因此可以应用库恩定理。

这个章节比较长且复杂,所以我将它划成很多子节,以便看起来不像没有结尾的样子。务必仔细阅读第 12.7.1 节和第 12.7.2 节,后面的部分慢慢变成"选读"内容,尽管本书后面的一些讨论(尤其第 13 章和第 17 章)会依赖该部分。

最后,我给出两点忠告:关于精炼纳什均衡没有一个固定的说法。实际上,关于精炼的合理与不合理存在很多矛盾的意见。接下的内容不可避免地会反映我个人的一些偏见和对非合作博弈理论纳什均衡的理解,因此我试图用代词"我"来表明。当然,整本书中你都会被我的个人哲学洗脑。尽管如此,这一主题讨论的范围很广,而我的观点会有一点点极端。其次,为了更全面地阐释我的这些观点,在下一章我会运用一些工具。因此,在这章中,我会问很多问题并只给出一些隐秘的答案。在第 13 章的最后部分会提供更满意的答案。

12.7.1 弱占优

我们已经描绘了第一种精炼:对于标准式博弈,考虑纳什均衡时并不只是使用弱占优策略。我发现这个精炼是相当无可争议的,除非在一些非常特殊和极端的例子中。[如图 12.1(4),我会非常怀疑任何用弱占优战略得出的"解"。]

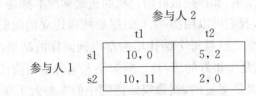

图 12.10　弱占优的精炼

因为我认为这个精炼是无可争议的,因此这里可以开始讨论有关精炼争议的根源。考虑图 12.10 的博弈,它是图 12.1(3)中 s2-t1 中参与人 2 支付提高后的变型。正如在图 12.1(3)中,s1 弱占优与 s2,因此重复弱占优的解为 s1-t2,注意到这是一个纳什均衡,同样 s2-t1 也是。但是 s2-t1 包含弱劣于战略,因此我们会将它"精炼"剔除。当然,问题在于 s2-t1 对于两个参与人都好于 s1-t2。

现在来看这个特殊的博弈,我会非常乐意地假设这个博弈没有"解",尤其在如果参与人不能沟通的情况下。但假设参与人在博弈前可以商量时,难道我们不应该期望结果是 s2-t1 吗? 同时也并不意味着弱占优标准不是一个很好的精炼吗?

参与人 1 选择弱劣于战略 s2 的反对理由是,如果她不确定参与人 2 会选择 t1,她选择 s2 就不是最优的。如果参与人 1 估算参与人 2 会以任何概率选择 t2,虽然很小的概率,那么她选择 s1 就能得到更高的预期效用。但是博弈前的协商能使参与人 2 消除参与人 1 在这个点上的恐惧,此时参与人 1 能得到参与人 2 行动的保证。如果没有事前沟通,我们可以得到一个类似的观点:如果 s2-t1 被推进作为"解",则参与人 1 也被认为假设参与人 2 也知道这点。而如果参与人 2 知道这点,那么他就会选择 t1,这样就会消除参与人 1 的疑虑而使参与人 1 选择 s2。而一旦这个论据被摒弃时,也不会觉得的 s2-t1 作为解有什么不对。

这里问题的关键:在于"解"中包含的完全信念是非常、非常确定,但还不是必定无疑的,参与人也会根据这种信念去做战略选择。如果参与人完全确信,则选择弱劣于战略没有任何错误。如果是非常确信但还有不确定时,那么他们会理性地避开弱劣于战略,因此问题在于:纳什均衡是适应于参与人非常接近确信的例子还是只适用于参与人完全确信的例子? 如果是后者,则弱占优精炼处于弱势地位。即使是前者,这个精炼和那些完全确定的例子比较也是处于弱势地位的。

我更倾向于认为博弈模型不会有完全确信的,因此接近确信的参与人不会排除对手任何可能的行动,从而使理论更具有适用性。如果是这样的话,弱占优看起来就是个有用的精炼纳什均衡。

同时,我急着补充的是,在图 12.10 的特殊例子中,我的立场是该博弈没有"明确的解"。图 12.1(3)的支付改变后而来的博弈比较难解,尽管在占优战略下有唯一的均衡。通常的限制适用于:由弱占优精炼的纳什均衡是一个"解"的必要条件。

刚刚提到的冲突正是文献中有关精炼的焦点。在标准式博弈中,一个参与人关心如果对方在均衡中以"0"的概率选择行动时自己的战略如何选择;他必须推出他认为即将不以显著概率发生的事情的相对可能性。在扩展式博弈中,这个冲突以如下形式出现:大多数的精炼是在考虑"均衡之外"将会发生什么的基础之上的——也就是说,在博弈树的均衡时不会到达的节点。但是我们如何推出在开始就会有条件发生的事情呢?如果这个问题比较晦涩,那么先让它停留在脑海里。在接下来的章节里,会不断地唠叨它所对应的一些事情。

12.7.2   子博弈完美(和重复弱占优)

现在我们转到扩展式博弈。回想图 12.1(14)的第一个博弈,并将它重新绘制成图 12.11(1)。在这个博弈中有两个纳什均衡:U-r 和 D-l。让我们来说得更具体一些。首先,为什么 U-r 是一个均衡?因为如果参与人 2 选择 r,则参与人最优选择 U 而不是 D。给定参与人 1 选择 U,参与人 2 并不关心他选择哪个行动了,因为参与人 2 没有机会选择了,他们各自得到收益 2。同时,D-l 也是一个均衡,是因为如果参与人 2 选择 l,则参与人 1 最优选择是 D 而不是 U,此时如果参与人 1 选择 D,则参与人 2 最优选择是 l 而不是 r。

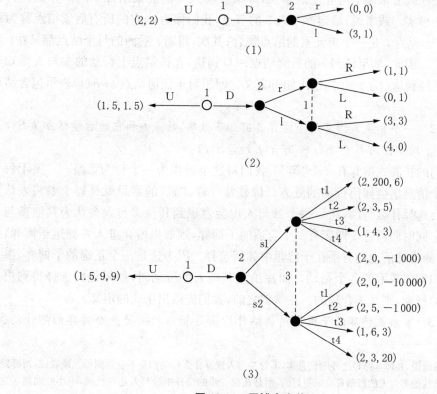

图 12.11   子博弈完美

在 U-r 例子的基础上,是时候提出扩展式博弈中一个很重要的发现且和有关纳什均衡的术语了。如果参与人 1 选择 U,则参与人 2 的信息集(单节)无法到达,我们说参与人 2 的信息集是在均衡之外的或者博弈的路径之外的。在这种情况下,参与人 2 如何选择对他自身的预期收益都是没有影响的,因为他根本没有机会去做选择来影响最后的收益(给定其他参与人的战略下)。稍微不严密地说,参与人在博弈路径之外的信息集的行动选择已经不受纳什均衡标准的限制了,因为信息集里的行动已经不会影响参与人最后的收益了。[e]但是参与人在均衡之外信息集中的战略会影响其他参与人在均衡内信息集中的战略选择,因为这些参与人会考虑如果他们将博弈引向均衡之外后可能会发生什么。在 U-r 均衡中,参与人 1 不选择 D 是因为参与人 2 在均衡之外的信息集中的选择会影响参与人 1 的收益。

然而即使 U-r 和 D-l 都是纳什均衡,我们前面就讨论过 U-r 不是一个合理的预测。如果参与人 2 在别人给定了行动后,他选择 l 是更合理的,前面我们说这是弱占优的一个特殊例子,但是现在让我们提出一个不同的扩展式博弈精炼,它同样能作为一个特例抓住这个争论。

为了这样做,我们来考虑图 12.11(2)和图 12.11(3)。注意到,在图 12.11(2)中,U-r-R 是一个纳什均衡。给定参与人 1 选择 U,参与人 2 信息集中的行动是没有约束的。给定参与人 2 选择 r,U 和 R 是参与人 1 的最优选择。在图 12.11(3)中,U-s2-t3 是一个纳什均衡。参与人 2 和参与人 3 的行动是无约束的;给定参与人 1 选择 U,参与人 2 和参与人 3 的信息集是在博弈路径之外的。同时给定他们选择 s2 和 t3,参与人 1 的最优选择是 U。

我希望关注接下来每个博弈里的事实,即从参与人 2 的决策结开始的博弈是他自己的一个博弈的事实。或者说,给定参与人 2 的节点,我们称为 t,它的所有后续结点称为集合 $S(t)$。首先,结点 t 是一个单元素的结点集合;其次,跟随 t 后面的每个结点都只在 t 后续的信息集中。因此,如果任何 t 的后续结点一旦到达,在该结点上行动的参与人便知道结点 t 肯定已经到达过了。我们给出如下定义。回想对于任何结点 t,$h(t)$ 表示包含结点 t 的信息集。

定义 12.2 一个扩展式博弈的子博弈具有如下性质:结点 t 和它的后续结点集 $S(t)$,有 $h(t)=\{t\}$;对于任何 $t'\in S(t)$,有 $h(t')\subseteq S(t)$。

假设我们的扩展式博弈有一个“解”。我们将这个看作为一个行为策略——关于每个参与人在每个信息集会如何行动的处方。像往常一样,“解”的意思就是每个参与人认为其他参与人会选择什么行动,然后每个参与人也会意识到其他参与人会认为其他参与人会如何行动。同时假设这个博弈有一个合适的子博弈,则如果博弈进入并到达子博弈,参与人会非常、非常确信他的对手在子博弈中如何选择。因为这是一个正确的子博弈,参与人会评估他们即将采取的各个行动。而在给定其他人的行动时,如果他们选择得到更少的预期效用的行动,则是不合理的。在举例之前,我们先给出正式的定义。

定义 12.3 扩展式博弈的子博弈精炼纳什均衡是指该均衡是整个博弈的纳什均衡,

---

e 更准确地说,在博弈路径之外的信息集,不管参与人选择什么行动都是不会达到的。或者说,博弈路径之外的信息集里其他参与人的行动肯定最更好的,而是在前一步的选择中参与人还在犹豫,不小心偏离了这个信息集。

同时也是每个子博弈的纳什均衡。

作为例子,先来考虑图 12.11 的博弈。在图 12.11(1)中 U-r 是一个纳什均衡,但它不是一个子博弈精炼,因为在子博弈中从参与人 2 的节点开始的 r 行动并不是一个"均衡"。换句话说,从这个结点开始,参与人 2 选择 l 得到 1 个收益,选择 r 得到 0 的收益,因此在到达该结点前,参与人 2 在 U 的选择中得到 2 比选择 l 得到的 1 更好。

再看图 12.11(2),U-r-R 是一个纳什均衡,但对于参与人 1 选择 D 后的子博弈来说,r-R 不是一个纳什均衡。如果假设参与人 2 选择 r,则参与人 1 选择 R 是子博弈的最优反应。但是如果参与人 1 选择 R,则参与人 2 选择 l 才是最优的。很容易看到,如果参与人 1 选择 U,则参与人 2 根本不关心在后面是选择 l 还是 r,因为参与人 2 的选择和最后的收益不相关了。但是真的轮到参与人 2 选择时,他知道他的选择是和收益相关的。给定参与人 2 认为参与人 1 在随后会选择 R,则他的最优选择是 l。因为 r-R 在参与人 2 的节点开始的子博弈中不是纳什均衡,所以 U-r-R 不是一个子博弈精炼纳什均衡。

在图 12.11(3)中,U-s2-t3 是一个纳什均衡。而从参与人 2 的节点开始的子博弈中,s2-t3 不是一个纳什均衡,因此 U-s2-t3 不是一个子博弈精炼。

在完全和完美信息博弈中,子博弈精炼的概念被广泛应用:因为每个结点,都是单元素集且都只属于一个信息集,所以每个结点开始都可以组成一个合适的子博弈。很直观的表述是,在一个有限的完全和完美信息博弈中,如果逆推法(如重复占优策略)之间没有关联,则用逆推法得到的战略组合是唯一的子博弈精炼纳什均衡。

在大多数博弈论应用到经济学的时候,子博弈精炼都被认为是纳什均衡的完全精炼。不仅如此,当一个给定的博弈具有唯一的子博弈精炼均衡时,通常情况下这个唯一性被认为这个均衡就是该博弈的"解"。读者会慢慢认识到我肯定不会归因于第二个论断。一个具有单一纳什均衡的例子已经给出了,我不会再次去用这个例子了,我必须承认。同时我们也已经有一个完全和完美信息博弈的例子,即蜈蚣博弈,这个博弈我没有找到单一的子博弈精炼均衡可以作为一个明显的解。但是,除了这些,我会坦言还有一些博弈的结果是相当明确的,而这些均衡结果并不是一个子博弈精炼均衡的一部分。

图 12.11(3)就是这样的博弈。如果你忘记了,你可以回看,参与人 2 结点开始的参与人 2 和参与人 3 之间的博弈和标准式博弈图 12.1(12)是一样的。当我们考虑标准式时,我们可以得到(而不是我断言)这个博弈没有一个明显路径,因为如果行动错误(在这个博弈中指参与人 3)的惩罚是非常大的。我的经验促使我评估参与人 3 会以一个很高的概率选择 t3,如果我是参与人 1,很明显我会选择 U。而且我会期望大部分理性的参与人都认为我是参与人 1 时会选择 U。然后我就可以舒适地预测博弈的结果就是选择 U 来结束博弈过程。

尽管如此,正如我们前面所提到的(同时你也被要求证明课后习题 3),该博弈的子博弈的唯一纳什均衡包含行动 t1、t2 和 t4。如果参与人 3 以 0 的概率选择 t3,则参与人 1 会选择 D。因此在该博弈的所有子博弈精炼中(有三个),参与人 1 会选择 D。

接下来会发生什么?简要的回答是,子博弈精炼的应用需要两个事情:(1)博弈在博弈树的任何一部分必须有一个"解"。如图 12.11(3),结果 U 并不是这种意义上的解,因为这个结果没有给出如果参与人 2 的行动给定后会发生什么。(同时,正如我前面提到的,我没有发现从参与人 2 的结点开始的子博弈有任何显而易见的解。)(2)一个参与人必须在给定他的对手的行动下选择能最大化自己收益的行动,即使在部分博弈不太可能到达时,如果这个解是正确的。至此,在应用子博弈精炼时,我们都保持了"解"的有效性的信念。在蜈蚣博弈中,这稍微有点难以接受。

或者给出一个更短的回答,子博弈精炼可以有理由表明在一定条件下,一件事"不应该"发生。这个假设至少引起关注。

这个简短的回答并不能对精炼的概念做很好的评判。虽然需要大量的其他知识才能更好地给出答案,尤其对于刚接触纳什均衡精炼的读者来说。因此我们这里将这个知识暂且搁置,在第 13 章的最后一部分再提。

12.7.3 序贯均衡

在这小节的全部内容中,我们继续探讨具有完美回忆的扩展式博弈。

考虑图 12.12(1)。[1]参与人 1 选择 D,参与人 2 选择 a,参与人 3 选择 L 是该博弈的一个纳什均衡。那么为什么这是一个纳什均衡呢? 在给定参与人 2 选择 a 和参与人 3 选择 L 时,D 是参与人 1 的最优选择。给定参与人 1 选择 D 时,此时左端的信息集是参与人 3 的节点所在,L 是 3 的最优选择。参与人 2 的选择是最优的是因为当参与人 1 选择 D 时,参与人 2 的信息集在博弈路径之外,2 的选择和结果无关。

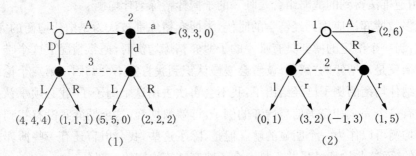

图 12.12 两个扩展式博弈

正如上面提到的,一个参与人做选择时需要考虑另外参与人在非路径上的选择。这也是在这个例子中为什么要考虑参与人 2 的选择。对于参与人 2,如果他可以选择,而且他也保持参与人 3 会选择 L 的假设时,那么他就"应该"选择 d,因为在参与人 3 选择 L 时他选择 d 可以得到 5 个收益,大于选择 a 的 3 个收益。此时在参与人 2 选择 d 和参与人 3 选择 L 时,参与人的最优选择是 A 而不是 D。但当参与人 1 选择 A 和参与人 2 选择 d 时,轮到参与人 3 选择时,他就会选择 R。如果参与人 2 意识到这点,他就会选择 a。(尽管此时,如果参与人 3 选择 R 而参与人 2 选 a,参与人 1 只能选择 A,此时我们得到第二个纳什均衡。)

和往常一样,在 D-a-L 的均衡里,处在非路径上的 a 是值得怀疑的。相应地,我们可能会尝试用精炼纳什均衡去剔除这个潜在的解。子博弈精炼的标准在这个博弈中对我们是没用的,因为该博弈没有子博弈。除了参与人 1 的起始结之外,只有参与人 2 的信息集有

---

[1] 这个例子最初由 Selten(1975)提出。

单个结点,但是它的一个后续结点处在不是它后续结点集的信息集中。虽然子博弈精炼不适用,但是子博弈精炼的原理在这里已经很明显了:一个参与人在给定其他参与人的行动和其他参与人会认为均衡的结果时(序贯的)所做的行动,应该是最优的,甚至在该参与人在没有预期的情况下轮到做选择。

在将这个新的精炼纳什均衡概念正式化之前,我们来考虑图 12.12(2)。这里参与人 1 选择 A 和参与人 2 选择 l 是一个纳什均衡,因为如果给定参与人 2 选择 l,则参与人 1 的最优选择是 A 而不是 L 或 R;给定参与人 1 选择 A,参与人 2 在路径之外的选择和结果没有相关。但是参与人 2 的选择"合理"吗?再一次,子博弈精炼作为正式的标准对我们没有帮助。因为参与人 2 的信息集包含两个结点,这不是一个合适的子博弈。同时在对参与人 2 应用子博弈精炼时存在一个技术困难:通常我们会估算在轮到参与人 2 做选择时,他选择 r 或 l 时的事后预期收益。但这里我们没法估算参与人 2 的事后预期收益,因为我们不知道古怪的参与人 2 是估算左边信息集中的收益还是右边的收益。我们也不能用贝叶斯方法和参与人 1 的均衡战略得到他的估算,因为参与人 2 预估到参与人 1 只会给他留下 0 概率的选择机会。但有一点是肯定的:不管参与人 2 的在他的信息集中的估算是怎样的,r 总是优于 l 的。(因为如果参与人 2 选择 r,则参与人 1 应该选择 L)。

序贯均衡的概念则被认为能包含这两个例子。一个序贯均衡包含两个部分。第一部分是,在任何的纳什均衡战略组合中,(是指行为战略)信息集中的可行行动都指定了一个概率分布。我们会用 π 表示一个典型的战略组合,用 π^i 表示参与人 i 的行为战略。

序贯均衡的第二个部分是信念,用 μ 表示。信念分配了每个信息集 h 中的结点 $x \in h$ 一个概率分布,该概率解释了参与人 $l(h)$ 在信息集中所处的位置。正式地,μ 是结点集 X 的一个函数,且 $\mu \in [0,1]$,使得对于每个信息集,都有 $h \in H, \sum_{x \in h} \mu(x) = 1$。

以图 12.12(1)为例,该博弈有三个信息集。第一个是参与人 1 的单节信息集,因此参与人 1 的信念是他以 1 的概率处在这个信息集中。第二个是参与人 2 的单节信息集,因此参与人 2 也以 1 的概率确信自己处在这个信息集中。但是对于参与人 3 的信息集,具有两个结点,因此信念会制定参与人 3 在每个结点的概率。同样,在图 12.12(2)中,参与人 2 的信息集有两个结点,结点上的信念是非常重要的。

粗略地讲,一个序贯均衡就是:一个战略组合 π 和信念 μ,在给定先前已经发生的行动 $\mu(h)$ 和在后续的属于其他参与人的结点 π,使得从博弈树 $l(h)$ 的每个信息集 h 开始的行动都是最优的。这个条件就称为**序贯理性**(sequential rationality)。

为了考察序贯理性如何行动的,来看图 12.12(1)的例子。参与人 1 选择 D,参与人 2 选择 a 和参与人 3 选择 L 的战略组合,同时参与人 3 在他的信息集左侧结点上的信念概率为 1。(正如前面提到的,参与人 1 和参与人 2 的信念是不重要的。)给定参与人 1 的信念,他的行动是最优的。给定参与人 3 的信念,他的选择是最优的,因为如果确定参与人 3 左边结点的概率为 1,那么他选择 L 得到 4 单位收益而选择 R 得到 1 单位。(注意到只要左边的概率大于 2/5,参与人 3 选择 L 都是最优的。)但是参与人 2 的战略不是序贯理性的;他的信念已经给定,如果他维持参与人 3 会选择 L 的假设,那么他选择 d 能得到 5 而选择 a 只能得到 3。

再来看图 12.12(2)中参与人 1 选择 A 和参与人 2 选择 l 的战略组合,以及参与人 2 信

313

息集左边结点的信念(条件)概率为 α。不管 α 为多少,参与人 2 选择 l 不是序惯理性的。给定 α,他选择 l 的预期效用为 $\alpha+3(1-\alpha)$,选择 r 的预期收益为 $2\alpha+5(1-\alpha)$。因为无论 α 多大,后面的式子总是大于前面的式子,所以参与人 2 选择 l 肯定不是序贯理性的,因此 A-l 也不是任何序贯理性的战略组合。

这里我们学习的都是简单的例子,但是不要被这个简单所误导。在一些信息集包含多个结点(其他参与人在这些结点之后选择行动)时,信念(关于到目前为止发生了什么)和战略组合(将来会发生什么)都需要拿来检验是否序贯理性。如图 12.13 的例子,假如我们指定参与人 1 选择 L,参与人 2 选择 d 和参与人 3 选择 D。对于参与人 2(唯一具有非奇异信息集的参与人),给定他信息集顶上的结点以 0.3 的概率,则 d 对参与人 2 来说不是序贯理性的;因为如果他选择 d,他的收益为 $0.3\times4+0.7\times2=2.6$,而选择 u 的收益为 $0.3\times(0\times2+1\times8)+0.7\times1=3.1$。可以看到参与人 3 的 D 选择如何影响参与人 2 的收益计算;如果参与人 3 以 0.5 的概率选择 D 和 0.5 的概率选择 U,则参与人 2 的收益为 $0.3\times(0.5\times2+0.5\times8)+0.7\times1=2.2$,这个比给定参与人 2 的信念时选择 d 的收益要少。因此,在给定参与人 2 的信念和参与人 3 战略的改变下,参与人 2 的行动开始序贯理性了。另一方面,如果我们保留参与人 3 的战略,并调整参与人 2 的信念,如信息集上面的结点的概率为 0.7,则 d 的选择(固定 3 的战略)又不是序贯理性了。(解决这个问题吧!)

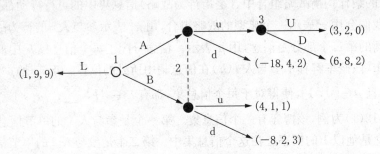

图 12.13　一个扩展式博弈

序贯理性是序贯均衡定义的一部分,此外,我们还需要让信念和战略一起发挥作用。举个例子如图 12.12(1),参与人 1 选择 A,参与人 2 选择 d 和参与人 3 选择 L;而且,参与人 3 在信息集的信念是给定的左边结点概率为 0.95。你可以很容易地证实每个参与人的这个战略都是序贯理性的,但是这还不是一个纳什均衡,更不要说任何的精炼纳什均衡了。问题在于,给定参与人 1 和参与人 2 的假定战略,参与人 3 的信念太疯狂了。如果博弈从 A 开始再到 d,则参与人 3 应该确信他在右边结点上的概率是 1。贝叶斯规则会非常肯定地告诉他这个。

但至少,我们会坚持战略组合 π 和信念 μ 是和贝叶斯规则一致的:给定战略组合 π,对于任何能以正的概率到达的信息集 h(如果参与人使用了由 π 给定的战略),在 h 的信念是通过贝叶斯规则确定的。

[万一你对贝叶斯规则比较模糊,让我们来看图 12.12(1)的例子。假定参与人 1 以 1/3 的概率选择 A 和 2/3 的概率选择 D,参与人 2 以 1/4 选择 a 和 3/4 选择 d。然后,在博弈的路径上,我们会以概率 2/3(先念概率)到达参与人 3 信息集左边的结点上和以 $1/3\times$

3/4＝1/4 的概率(先念)到达右边的结点。也就是说,参与人 3 有 11/12 的先念概率轮到做选择(1/12 的概率不会到达 3 的信息集而结束博弈)。应用贝叶斯规则后,他有机会在左边结点做选择的概率为 2/3×11/12＝8/11 和以 1/4×11/12＝3/11 概率在右边的结点做选择。]

但是贝叶斯规则不适用那些不以正的概率到达的信息集,而恰恰在这些信息集中信念确实很重要的。①因此我们应该更加坚持贝叶斯规则的一致性而不是刚刚好坚持这个规则。假设,将图 12.12(1)调整如下:在参与人前面加一个参与人 4 开始博弈,她要么选择行动 E 结束博弈或者选择行动 G 再轮到参与人 1 选择,其他的和图 12.12(1)一样。对于参与人 4 选择 E,参与人 1 选择 D,参与人 2 选择 a 和参与人 3 选择 R 这样的战略组合,参与人 3 的信息集没有以正的概率到达;在博弈的开始参与人 4 也注意到这点了。但是我们应该允许参与人 3 没有任何信念吗？或者说参与人 3,还需要坚信:如果参与人 4 足够耐心而选择 G 且参与人 1 也仍然倾向选择 D,那么博弈就能以 1 的概率到达他信息集左边的结点？

让我们来设置一些术语。一个行为战略组合 π 是指在任何信息集中以一个正的概率选择的行动的严格混合。给定一个严格混合战略组合 π,每个信息集 h 都能以正的概率到达,因此贝叶斯规则可以定义唯一(严格正的)的信念系统 μ,也就是和 π 贝叶斯一致的。

定义 12.4　一个战略组合 π 和信念 μ 被称为和序贯理性一致的是指,如果一列严格混合战略组合 {π_n},使得严格正的信念 μ_n 是贝叶斯一致的,在 n 中的向量是 (π_n, μ_n) 的极限 (π, μ)。②

一个序贯均衡是指战略组合 π 和信念系统 μ 像如上定义的相互保持一致性,同时在每个信息集都满足序贯理性的。

上面的一致性说法可能看起来无关痛痒,如果它看起来没有那么神秘,那么它是很重要的(它很可能是相当神秘的)。相当多的人都被一致性的定义埋葬了(意思很多人都搞不清楚),你如果想把下面的尸骨挖出来看看定义到底是什么,我会在课后习题中给出一些联系帮助你找答案(也可以看第 13 章结尾部分的讨论)。

这里的一致性表述中暗示的限制条件被很多人认为过于严格。即便这样,你也可以保持序贯理性并尝试去发现能将战略和信念联系起来的稍弱限制条件的方法。ᶠ特别是在一些文献中,我们会发现有另外一个均衡术语来代替,叫做**完美贝叶斯均衡**(perfect bayes equilibrium),它同时包含了序贯理性(一些信念)和弱一致性的概念。③

序贯均衡很好地体现在:

推论 12.2　每个序贯均衡都是一个子博弈精炼均衡。

我要求你在问题中去证明这个。

很明显,我在前面攻击了子博弈精炼的"可信度",同样在这里我也会攻击序贯均衡的可信度。实际上,尽管我会将攻击放到后面一章,但在这里我会先攻击一致性和序贯理性。

在这里可以给出一个简单的攻击精炼序贯均衡和子博弈精炼均衡的理由。我们

①　参考课后习题 7。

②　一部分读者如果不知道极限是什么,我表示很遗憾。

f　有理由怀疑一致性说法的人同样也有理由怀疑序贯理性。关于这点,可参考 Kreps 和 Ramey(1987)。

③　贝叶斯均衡是和序贯均衡同时提出的,但是只有在最近才被正式化;参考 Fudenberg 和 Tirole(1988)。

将图 12.12(2)的博弈调整一下,使参与人 1 的选择分成两个阶段:首先参与人 1 在 A 和非 A 之间做选择,如果他选择非 A,再在 L 和 R 之间进行选择,如图 12.14。注意到,这个博弈和图 12.12(2)的扩展式博弈是战略等价的,意味着这两个博弈能得到相同的简化的标准式博弈。但是在第二个扩展式博弈中,参与人 1 的第二个结点不是开启一个子博弈。因此,在任何的子博弈完美均衡中,参与人 1 会选择 L 且参与人 2 选择 r。也就是说,在这类博弈中,A-L-r 不是唯一的子博弈完美均衡,序贯均衡也是同样情况。如果我们将图 12.12(2)参与人 2 的 R-r 的收益从 5 变成 1,则 A-l 是图 12.12(2)中的一个序贯均衡,但是如果我们将参与人的选择分成像图 12.14 中的 A、L 和 R 后,就不是一个序贯均衡了(解释一下)。

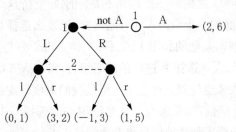

图 12.14　和图 12.12(2)战略等价的博弈

这里不需要将精炼均衡从一个扩展式变战略等价变化到另外一种形式。这被理解为一个子博弈精炼和序贯均衡精炼的弱化。但是反对的理由认为这些精炼要比"解"的必要条件更高级。满足这些精炼要求并不满足充分性,因此满足一个博弈的条件并不一定适用另外一个博弈。

12.7.4　均衡之外的信念限制

粗略地讲,在纳什均衡之上再增加一个序贯均衡概念,要求博弈路径之外所采取的行动必须由一些在该点必须做什么行动的信念进行理性化。这也仅仅是粗糙的解释,因为信念和战略组合的一致性确实限制了可以保持的信念范围,但这个粗糙的解释包含了精炼的"本意"。

然而,这个空泛的序贯均衡没有包含的是很多有关信念的考虑都或多或少地缺少合理性。图 12.15[和图 12.1(15)一样]提供了这样的例子。[①]考虑参与人 1 选择 U 和参与人 2 选择 r 的纳什均衡。(证明这是一个纳什均衡。)我们必须思考参与人 2 选择 r 是否合理,毕竟这个选择是在参与人 1 选择 U 后处在博弈路径之外的。这个行动选择是序贯理性的吗?是的,如果参与人 2 的信念是他在信息集中的任一一个结点的选择都是一样的话,那么 r 就比 l 要好。

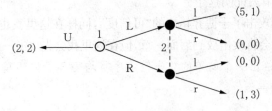

图 12.15　一个扩展式博弈

---

① 这个博弈由 Kohlberg 和 Mertens(1986)提供。

因此我们接着考虑这个问题：假设参与人 2 保持 r 好于 l 的信息时，参与人 1 会选在 U，是否合理？这个问题非常简单：参与人 1 选择 U 可以保证他自己得到 2。如果参与人 1 选择 R，他最好的收益是 1，而如果选择 L，他有机会得到 5。而如果参与人 2 看不到这点，在给定参与人 2 的选择下，参与人 1 是否应该必须选择 l 试图去得到 5 呢？而如果参与人 2 认识到这点的话，他就应该相信他会以概率 1（或接近 1）到达他信息集上面的结点，此时 2 会选择 l 而不是 r。（而如果他将会选择 l，则参与人 1 又会考虑选择 U 而不是 L。）

这个例子中我们所做的是找出一个参与人在路径之外的信息集上的信念是怎样的。为了这样做，我们来看一个特殊的序贯均衡，这个均衡只能由信念维持而直觉上感觉却不是那么合理。这个例子中这个讨论可能会比较尖锐。在博弈中，U 严格优于 R，因此认为参与人 1 选择 R 会被认为非常荒唐，即使作为一个均衡之外的选择也是荒唐的。①即使参与人 2 在开始认为参与人 1 会选择 U，在面对 L 和 R 不可辩驳地被选择时，参与人 2 肯定会认为 L 应该被 1 选择，这样便形成了参与人 2 在信息集中的信念。

图 12.16 给出了一个更复杂的例子，这是第 11 章中课后习题 4 的"真相博弈"。（如果你做了那个题目，你现在可以检查一下你的答案了。）考虑该博弈中的如下纳什均衡：不管掷硬币的结果如何，参与人 1 都选择"反面"；如果参与人 1 选择"反面"则参与人 2 选择"头像"，以及如果参与人 1 选择"头像"则参与人 2 选择"反面"。

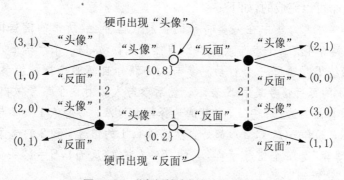

图 12.16 "真相博弈"的扩展式形式

首先，让我们来检验这是一个纳什均衡。对于参与人 1，给定参与人 2 对参与人 1 选择"头像"的反应是"反面"和参与人 1 选择"反面"时的反应是"头像"的情况下，那么参与人 1 选择"反面"和参与人 2 的反应选择"头像"（如果掷硬币的实际结果是头像的话）比告诉真相更重要。同时对于参与人 2，如果参与人 1 不管掷硬币的结果如何都选择"反面"，那么参与人 2 选择"反面"没有任何差别；这里硬币实际结果出现头像的概率和前面一样为 0.8。因此参与人 2 选择"头像"应对参与人 1 选择"反面"是最优的。然而"反面"对"头像"在博弈的路径下都是最优反应；因为参与人 1 会选择"反面"（0 的先念概率），此时参与人 2 只能选择"头像"，因此所有对"头像"的反应都是一样好的。

正如你想的一样，我们会仔细考虑参与人 2 在路径之外对"头像"的反应，这是一个合理的反应吗？我们可以问，举个例子，参与人 2 是否会对"反面"的反应是选择"头像"保持序贯理性呢？也就是说，我们已经考虑了序贯理性中一部分的战略组合了？是的。如果

---

① 在第 12.7.6 小节中会给出一个相反的论据。

参与人 2 已经听到是"头像"了,他就相信硬币的实际结果是正面的概率是低于 0.5 了,则选择"反面"是一个序贯理性的反应。[1]

因此我们会问,这些信念合理吗? 如果参与人 2 期望参与人 1 说"反面",而参与人 1 意外地说成了"头像",此时参与人 2 推断掷硬币的结果是反面有 50% 或更高的可能,这样是否合理? 这是不合理的,一个证据如下:参与人 1 在掷硬币的结果为头像时比结果为反面时更倾向于说"头像",因为参与人 1 从告诉真相中得到 1 单位收益。不管怎样猜想参与人 1 对参与人 2 对"头像"或"反面"的反应,参与人 1 在当硬币为头像时说"头像"和硬币为反面时说"反面"都是不恰当的。因此如果参与人 2 听到"头像",我们可以得到结论掷硬币结果为头像的可能性不会超过先前 0.8 的预测,这个结论是合理的。但是如果参与人 2 的信念是:如果参与人 2 从参与人 1 中听到是"头像"时猜想硬币的结果是头像的概率为 0.8 或更高的话,我们不能保持他的"反面"对"头像"的反应的信念,因此我们的均衡也被破坏了。

在这两个例子中,我们都采用了如下的分析模式:给定一个均衡,如果按照均衡去博弈,至少有一些信息集中的行动是不会到达的。因此按照惯例,这些行动是不受纳什均衡限制的。此外,我们可以对参与人所采取的行动保持或合理化成信念。但是有必要支持行动的信念看起来不直观或不合理的。当然有人希望将信念的不合理性正式化,比我们还更正式化。这个可以完成的,如下。[2]

我们会将注意力集中在一类特殊的扩展式博弈上,所谓的**信号博弈**(signalling game)。这类博弈有两个参与人 1 和 2,自然首先行动,以一个严格正的概率分布 ρ 从可能的初始结 T 中选择一个行动。参与人 1 获知自然的选择并给参与人 2 一个信号;参与人 1 的可行信号集用 S 表示。然后参与人 2 对这个信号做出反应选择行动 a,但不知道自然的选择 $t \in T$,自然的选择集合为 A。参与人 1 和参与人 2 的效用分别为 $u(t, s, a)$ 和 $v(t, s, a)$,都是自然选择 t、1 的信号 s 和 2 的选择 a 的函数。注意到"真相博弈"是一个信号博弈,它的 $T=\{$头像,反面$\}$,$S=\{$"头像","反面"$\}$ 和 $A=\{$"头像","反面"$\}$。

一个信号博弈的均衡包括了参与人 1 和参与人 2 的(行为)战略。我们用 π_1 表示参与人 1 的战略,用 $\pi_1(s; t)$ 表示如果自然选择了 t 后参与人 1 发送信号 s 的概率,对于每个 t 有 $\sum_{s \in S} \pi_1(s; t)=1$。同时用 π_2 表示参与人 2 的战略,$\pi_2(a; s)$ 表示参与人 2 听到信号 s 后选择行动 a 的概率,对于每个 s 有 $\sum_{a \in A} \pi_2(a; s)=1$。

如果 $\sum_{t \in T} \rho(t)\pi_1(s; t) > 0$,则说 s 是在"博弈的路径上的",也就是说信号 s 是由 1 发出的。对于任何信号 s,我们都可以用贝叶斯规则去计算参与人 2 在听到 s 后关于自然选择 t 的信念,她的概率估计为:

$$\mu(t \mid s) = \frac{\rho(t)\pi_1(s; t)}{\sum\limits_{t' \in T}\rho(t')\pi_1(s; t')}$$

---

[1] 这个信念和前面一节说的意思一样的。

[2] 随你自己喜欢去阅读接下来的内容,这些内容在第 17 章只作为选读内容。但是如果你计划成为一个真正的经济学理论家的话,至少在经济理论的惯例改变之前,你有必要去熟悉接下来的内容。

同时,如果战略对(π_1,π_2)满足如下条件就是一个纳什均衡:

(1) 对于任何t,如果$\pi_1(s;t)>0$,则s最大化$\sum_{a\in A}u(t,s',a)\pi_2(a;s')$(在$s'$中);

(2) 对于任何在路径上的s,$\pi_2(a;s)>0$意味着在a'中a最大化$\sum_{t\in T}v(t,s,a')u(t\mid s)$,此时$\mu$由上面的贝叶斯规则从$\pi_1$中计算而来。

而且,如果上面的条件(1)和条件(2)成立,那么π_1和π_2是序贯均衡的一部分;而且还有,对于任何不在博弈路径上的s,都有一些信念$\mu(t\mid s)$使得条件(2)成立。当然这些信念必须符合贝叶斯法则且是序贯均衡中的一部分。(你可以证明一致性的限制并不限制非博弈路径上的信念。)

现在假设我们有序贯均衡π_1和π_2。(也就是说,一些路径外的信念理性化了π_2对路径外的概述。)我们会检验伴随这些战略的信念是直观理性的。

假设对一些$t\in T$和s和$s'\in S$,有:

$$\min_{a\in A}u(t,s,a)>\max_{a\subset A}u(t,s',a)$$

则我们可以知道在自然选择t时,参与人1发送s'选择的战略严格劣于他发送s的战略。这里参与人2如何对s和s'做出反应是没有关系的,不管参与人2的反应(临时)如何,参与人1选择发送s都是严格优于s'的。相应地,我们希望限制参与人2的信念,即当自然他接受到是s'时,他会认为自然不是选择t。那么参与人什么时候会再自然选择t时选择发送s',什么时候这个严格占有的s是可行的。正式的表述如:

序贯均衡战略 π_1和π_2会通不过劣于信息检验,让参与人2保持如果选择t而发送s'的概率为零的信念。

(注意到,因为给定t下,s'是劣于的,不可能使$\pi_1(s';t)>0$成立。因此如果s'在博弈的路径上,用贝叶斯法则计算的当以t开始时s'上的条件概率是0。这个检验会比路径之外的简单序贯均衡上的s'检验限制性更强。)

这个检验并不适用于真相博弈,因为没有任何一个信息劣于另外一个,不管自然如何选择开始博弈。[g]但是我们可以构建一个适用于真相博弈更强的检验。对于每个$t\in T$,固定的均衡战略π_1和π_2,使得$u^*(t)=\max_{s\in S}\sum_{a\in A}u(t,s,a)\pi_2(a;s)$;或者说$u^*(t)$给出了参与人1在自然选择$t$开始博弈时均衡时的条件预期收益。如何$u^*(t)>\max_{a\in A}u(t,s',a)$,然后可以说$s'$是在$t$上均衡劣于的。

序贯均衡战略 π_1和π_2通不过均衡占优检验,如果对于一些t和s'在t上均衡劣于,则很难支持说参与人2对s'的反应的信念是在t上给定s'的概率为0。

不管参与人1得到掷硬币的结果如何,他都发送信号"反面"的均衡通不过这个检验。为了理解这个,我们来看,在这个均衡中如果掷硬币结果是背面,参与人1她说"反面",而确实是真相,同时参与人2的反应是"头像"时,参与人1的均衡收益是3;而如果参与人1说是"头像",他最优的结果是2。因此,在这个均衡里,在$t=$反面

---

g 可以看课后习题12。

时，$s=$"头像"是均衡劣于的。为了能通过这个检验，我们必须给出参与人 2 对 $s=$"头像"的反应的信念是 $t=$反面时给出"头像"的概率为 0。正如我们的非正式讨论一样，我们得不到这一点。

和文献中的概念对比，你应该知道均衡占优的检验是参考文献中的"直观标准"，这个意思是说对于任何合理的解，这个检验是那么直观以至于都能通过检验的。然而正如该概念的发明者自己所说，在均衡占优的检验的适应性上会存在一些争议，我也不会在这里列举支持或反对的论据，相反我会在本章的最后给出参考文献。为了能更好地理解消化文献，你至少还应该进一步知道（在后面的参考文献中也会给出）：均衡占优的检验经常会进一步加强，当你发现有人提到神圣（divine）或普遍神圣（universally divine）均衡时，作者就是在提出这种加强。

12.7.5　颤抖手精炼

在前面几节我们都集中在扩展式博弈上，这里我们回归到标准式博弈。

我们不止一次地提到一个既定博弈的"解"优于一个战略组合，在其中，所有的参与人都有相当的自信作为一个预言家来预言每个人会如何选择。在某种完整严格的意义上，我们没有解决的是，对于一些参与人会偏离解的解释是什么。有些人会给出很多例子（我们会在下一章的结尾看到一些），但最简单的解释就是参与人有时候会犯错误。一个参与人面对若干个选择时，他本来想选择这个的，但因为一不小心手滑了却选择了另外一个。

如果这些错误的概率是比较显著的，我们就对"解"是一个确定的预测缺乏信心了。但是错误确实会发生，因此我们希望尽可能地去除一些由于错误带来的"不安全"的预测。

弱劣于战略均衡提供了一个最简单、标准的例子。如图 12.1(3)，战略 s2-t1 是一个纳什均衡；如果 t2 没有机会被选中时，参与人 1 选择 s2 是很满意的。但是如果 t2 有机会被选择，特别是在一些情况下，参与人 2 犯了错误选择了 t2 时，那么 s2 对于参与人 1 就不是最优了。这个是次优的，但是参与人 1 的确会担心参与人 2 会选择 t2，而此时最优的是 s1。而如果参与人 2 意识到这点，那么他对 s1 的最优反应就是 t2 了。

我们用如下正式的定义概括上面的想法。一个有 I 个参与人，每个参与人都具有有限个战略的标准式博弈，我们用 S_i 表示参与人 i 的可行战略集合，$i=1, 2, \cdots, I$。用 Σ_i 表示参与人的可行混合战略集，包含典型的元素 σ_i。用 $\sigma=(\sigma_1, \sigma_2, \cdots, \sigma_I)$ 表示一个典型的混合战略组合。用 $\bar{\Sigma}^i$ 表示 n 的严格混战略——每个 $\sigma^i \in \bar{\Sigma}^i$ 是在 S^i 中的每个纯战略并附带正的概率组合而成的混合战略。

定义 12.5　一个纳什均衡组合 $\sigma=(\sigma^1, \sigma^2, \cdots, \sigma^I)$ 是一个（颤抖手）精炼，满足如果对于每个在一系列严格混合战略集 $\{\sigma_n^i\}$ 中的参与人 i，使得：

(1) 对于每个 i 都有，$\lim_{n\to\infty}\sigma_n^i=\sigma^i$；

(2) 对每个 i 和 $n=1, 2, \cdots$，σ^i 是最优的战略组合，在后面我们将 $(\sigma_n^1, \sigma_n^2, \cdots, \sigma_n^{i-1}, \sigma_n^{i+1}, \cdots, \sigma_n^I)$ 写成 σ_n^{-i}。

这个定义的关键是 σ_n^i 必须严格混合。参与人 i 想选择 σ^i，同时他认为其他参与人会选择 σ^{-i}。但是其他参与人，会被怀疑有可能犯错误。如果其他参与人想选择 σ^{-i}，而实际上他们选择了"更宽"n的σ^{-i},在这个战略组合是i对手的任何行动的组合都是可能的,但是在这个组合战略中,i的对手自己认为会"近似"地确信选择他们的预期行动。[后面的说法遵循(1)]。同时,均衡条件是i试图选择的行动(如果他不偏移)必须是对他对手的实际行动的最优反应[(2)],而不仅仅是他对手试图选择行动的最优反应(这是纳什均衡标准)。

关于这个定义我们可以讲很多。首先,为什么限制在n中?如果参与人发生错误,我们应该得到函数$\phi^j:\Sigma^j\to\bar{\Sigma}^j$,该函数给出了$j$实际选择$j$(包括错误)时的意向函数。我们希望$j$是"本地"的——$j$意图去选择的和实际选择的行动不应该相差的太大。但是参与人选择时都会犯一定的、非零的错误,而不是想象中0错误的行动。然而,确定临时函数ϕ^j却比较麻烦。请记住我们在找必要条件。如果我们在一个特定的博弈中,知道一些精确的"技术性错误",我们就可以明确其中的必要条件并将这个技术建模到我们的模型中。(举个例子,往下看。)这个定义给出了我们的"解"可以用一些技术性错误理性化,不管我们认为这个错误的概率有多低的最低要求。

其次,我们要求对于每个n,每个σ^i都是σ_n^{-i}的最优反应。这个虽然不明确,但是暗含了σ_n^{-i}是由i对手的独立混合战略组成的。这意味着,i对手之间犯错误的概率是相互独立的。该假设也是传统惯例了,但是如果考虑到犯错误的原因时,人们又会期望错误之间是有联系的,这个在豪华版的颤抖手均衡中允许出现。

第三,在这个定义中我们暗含了所有参与人对其他参与人行动时犯错误的想法都是一样的。也就是说,对于每个参与人j,一个单一的严格混合战略序列σ_n^j,形成了每个参与人i的意向选择的行动σ^i的"检验"。再一次,我们又可以想象去除这个隐秘假设并做些修改。

第四,关于这点的定义是(颤抖手)精炼,注意括号中的调整。作为这个概念的创造者,Selten(1975)只是简单地使用了"精炼"一词而没有使用"颤抖手"。但是为了和Selten(1965)早期的子博弈精炼,习惯上已经使用"颤抖手"这个调整的词了,它表示在行动时手的滑动。

第五,我们用一个弱劣于战略下的均衡的例子来支持这个提法。同时,你应该很容易证明,对于只有两个人的博弈,弱劣于战略从来都不是颤抖手均衡的一部分。[h]但是颤抖手精炼并不扩大到那些被重复弱占优排除的战略。举例如图12.17(1)的标准式博弈。注意到参与人1的Ba是弱劣于Bb的。在去除Ba以后,Y弱优于X。同时,如果参与人2选择Y,则参与人1最好选择Bb。尽管如此,A-X是一个颤抖手精炼纳什均衡:毫无疑问,如果参与人2"接近"肯定选择X时,参与人1的最优选择是A。同时相对严格混合战略参与人1以$1-2/n$的概率选择A,$1/n$的概率选择Ba,$1/n$的概率选择Bb,参与人2选择X的收益为$1\times(1-2/n)+2\times(1/n)+2\times(1/n)=1+2/n$,选择Y的收益为$1\times(1-2/n)+0\times(1/n)+3\times(1/n)=1+1/n$。因此X更优。让$n$趋于无穷,我们通过了颤抖手精炼的检验。

---

h 你可以自己去推测类似的超过两个参与人的博弈。提示一下,回到本章前面的一些章节并找到有关分离超平面的文献。

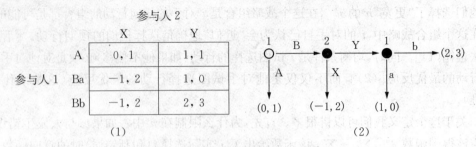

图 12.17　一个博弈的标准式和扩展式

第六(也是最后),根据标准式博弈的(颤抖手)均衡,你现在应该想到他的第二种辅助变形。考虑图 12.17(2),它是图 12.17(1)的扩展式形式。注意到这是一个完全完美信息博弈,因此它可以用逆向推导法得到一个解,当然也可以由重复弱占优得到解:Bb-Y。当然这也是唯一的子博弈精炼均衡。因此我们可以从前面的段落中得到颤抖手精炼并不适用于子博弈精炼。

尽管如此,稍微想象一下参与人可能会犯的错误。参与人 1 有两种机会犯错误,至少在扩展式博弈中是这样的。如果不管参与人 1 预想选择还是犯错误选择了 B,而参与人 2 的反应是 Y 时,参与人 1 再选择 a 时则明显犯了一次更大的错误。如果我们考虑,不管参与人 1 在博弈开始怎么如何选择,在后面再轮到他选择时,他都更喜欢选择 b 而不是 a,那么参与人 2 轮到做选择时就会选择 Y,则参与人 1 在开始应该选择 B。那么我们前面说的 A-X 颤抖手精炼会发生什么?为了说明这个问题,我们需要假设参与人 1 错误地选择 Bb 的概率和错误地选择 Ba 是一样的。但是如果我们认为 Ba 组合了两次错误而 Bb 只有一次,同时如果(结果)我们认为 Ba 不太可能超过 Bb,即使这两个也不太可能相同(因为参与人 1 更希望选 A),则我们不能得到参与人 2 会选择 X 的结论。

正式的表述如下。对于任何扩展式博弈,考虑构建一个新的扩展式博弈,在这个新的博弈中,每个参与人的信息集都属于另外一个不同参与人的信息集,也就是说标准式博弈中有多少个参与人就有多少个信息集。用 h 表示新扩展式博弈中的一个参与人的典型信息集,且 h 的收益函数和原博弈的收益 $\iota(h)$ 完全一样。考虑下面的情况:参与人 i 可以"控制"不止一个信息集,但是他将自己在每个信息集的决定权授予不同的人。这些 i 的代理人具有和 i 同样的收益,因此他们可以根据自己的利益行动。但是我们将每个人都看作独立的参与人,然后我们转到这个新的扩展式博弈的标准式形式,它被称为原扩展式博弈的**代理标准式博弈**(agent normal form)。

现在来看代理标准式博弈的颤抖手精炼均衡。因为我们在颤抖手精炼的定义中暗示了每个参与人的颤抖是独立的,因此在将定义应用到代理标准式博弈时,我们也假定不同的"代理人"的颤抖是独立的;这样的话,在原扩展式博弈中,我们假设在一个信息集中 i 犯的错误和不影响在其他信息集犯的错误。特别地,如图 12.17(2)中的例子,即使参与人 1 的第一个代理人预想选择 A,第二个代理人肯定更喜欢 Bb 而不是 Ba,因为参与人 1 的第二个代理人选择 b 的话是第二次错误了。

Selten(1975)提出了这个版本的(颤抖手)精炼均衡——代理博弈的精炼。我们采用 Selten 的定义并用"标准式"的第二种变形来表示一个参与人不适用原博弈的代理标准式博弈的精炼。在课后习题13中你需要去证明下面的定义：

定义 12.6 扩展式博弈中的每个（颤抖手）精炼纳什均衡都是一个序贯均衡，因此也是一个子博弈精炼。

你也可以看到每个（有限）的扩展式博弈都有一个颤抖手精炼均衡；实际上，每个有限的标准式博弈都有一个颤抖手精炼均衡，不过这稍微有点难看出来。[i]

12.7.6 严密均衡和稳定的均衡集

再一次来考虑图 12.1(15) 的博弈，在本节图 12.15 复制这个博弈。正如我们前面指出的，均衡战略 U-r 是一个序贯均衡，同时它是一个颤抖手精炼均衡。先前我们说它作为一个序贯均衡不是太明显，因为如果要使参与人 2 选择 r 行动，必须给参与人 2 有 1/4 或更高的概率选择 R 行动的信念才能支持他在随后选择 r。但是对于参与人 1 来说 R 是劣于 U（而 L 不是），因此要使参与人 2 保持这样的均衡外的信念似乎是不合理的。

现在我们有个关于参与人可能看到均衡路径之外行动的故事，即这个行动是因为错误的选择造成的结果，我们随后会进一步探讨这个论点。Myerson(1978) 提出了一个加强的精炼概念，叫做**严密**(properness)，它去除了该论点中的疑问之处。

Myerson 的理由如下：如果参与人 2 选择 r，则参与人 1 选择 L 得到 0 选择 R 得到 1。当然选择 U 得到 2 是参与人 1 的最优选择。但是给定如果参与人 2 选择 r，则参与人 1 选择 L 比选择 R 犯的错误"更大"，因为这个犯错误的成本更高。假如我们假定参与人都倾向于犯更小的错误，则轮到参与人 2 做选择时，他认为参与人 1 错误地选择 R 比错误地选择 L 更合理，因此这种情况下，参与人 2 的最优反应是选择 r。

我在这里不会给出 Myerson 关于严密的精确定义。粗略地讲，该定义就像在颤抖手均衡上再加一个条件，即如果参与人认为一个行动被选中的错误大于另外一个行动的错误（用预期收益衡量），那么犯错误小的那个行动被选中。严密均衡定义了一个给定的标准式博弈（尽管你可以将这个定义应用到代理标准式博弈）。正如在图 12.15 的例子中，一些博弈可以通过重复剔除来解答，这样得到的均衡（而不是解）是严密的。

在纳什精炼的数学武器库中，最复杂的要属 Kohlberg 和 Mertens(1986) 的**稳定**(stability)概念。他们指出，包括前面提到的，组成了下面解概念的"心愿单"：

(1) 每个（有限）博弈应该都有一个解。

(2) 这个解应该是颤抖手均衡。

(3) 这个解应该只取决于博弈简化的标准式。如果改成没有导致"战略"变化的扩展式形式，结果也不影响。

(4) 参与人在任何时候都不会选择劣（弱）劣于战略。

(5) 任何的解都经得起重复占有剔除的检验。

他们用一个例子指出这些要求并不能完全满足任何一个单一战略组合的解概念，他们转向一个"集值"解概念。也就是说一组战略组合的集合组成了一个解。这

---

i   同样很难看出来，扩展式博弈和标准式博弈之间的紧密联系，"多数"扩展式的"多数"序贯均衡是颤抖手精炼。你应该参考 Kreps 和 Wilson(1982) 去学习这是什么意思。

样的话,就需要对条件(2)和条件(5)进行修改,条件(2)改为:每个解都应该包括一个精炼均衡。条件(5)改为:一个博弈的解应该包含第一个博弈中用重复剔除劣战略得到的解。同时他们加了第六个条件:

(6) 解(现在应该是一个战略组合集合了)应该是拓扑关联的。

精炼,正如我们上面提到的,不符合条件(3)和条件(5),而严密(对标准式博弈来说)不符合条件(5)。Kohlberg 和 Mertens 通过转到集值解概念,提供了一系列(非常复杂)正式地符合这个急需事物的各种子集的定义;稳定性用来表示符合条件(1)、(3)、(4)和(5)。这个定义的本质应该比博弈的绝大多数的"解"都更稳定;换句话说,解是战略组合的集合时,如果博弈稍微被改动一下(因此,所有的参与人也会轻微地受到某种影响),则改动后的博弈有一个接近于原来解中的战略组合的解。

我不试图给出这个正式描述的概要,你们可以参考 Kohlberg 和 Mertens(1986)的论文或者 van Damme(1987)的书。此外,你还可以阅读 Banks 和 Sobel(1987)或者 Cho 和 Kreps(1987)中关于在均衡路径之外的信念基础上的稳定性于第 12.7.4 节中提到的精炼的联系。

12.8 重述:经典的双寡头垄断

我们已经知道了博弈论和纳什均衡,现在可以来回顾经典的双寡头垄断模型了。前面我们将这些不同的猜想都留做疑问放在那,并说竞争"法则"可以帮助我们解决这些疑问。特别地,我们建议的如古诺博弈是很有意义的,博弈情形描述如下:

两个厂商同时独自选择生产各自的产量并投放到市场中。两个厂商事先都知道市场的结构,但是都不知道对方的具体产量。每个厂商将自己的产量拿到一个中央市场,该市场由一个"州立销售委员会"控制。该委员会按照总产量刚好等于需求设定价格(价格由总产量决定并市场出清)。

上面提到的竞争结构意味着在古诺博弈中,厂商会先假定对方的固定产量再调整自身的产量,因为第一个厂商必须在不知道对方产量的情况下生产自己的产量。

另外,下面的竞争结构阐述了斯塔克伯格博弈:

同上面的两个厂商一样,但是第一个厂商首先决定生产产量,即第一个厂商会先投入 x_1 产量到市场;此时第二个厂商观察到产量 x_1 并开始决定自己的产量 x_2,而市场的价格由总产量 $x_1 + x_2$ 决定。

此时,这样的竞争结构意味着第二个厂商会根据第一个厂商的产量来生产自己的产量而使利润最大化。当第一个厂商意识到这一点时,他也会根据第二个厂商的战略再开始做出自己的最优产量。

还有第三种情况,我们称其为伯川德博弈:

在这种情况,情况会非常不一样。在这种情况下,两个厂商各自独立地将自己的报价提交给委员会。委员会在这两种价格下调查市场需求然后通知这两个厂商,告诉他们市场的价格应该是怎样的。(同时选择如何制定自己的产品价格最大化自己的利益。)

此时伯川德博弈要求两个厂商必须同时决定价格,而没有任何的机会根据对方的价格策略再来制定自己的价格。

当然,这三个"故事"描绘了三种不同的扩展式博弈。第一个,第一个厂商选择自己的产量,"然后"第二个厂商在不知道第一个厂商产量的前提下决定自己的产量。如图 12.18(1)(这里有个复杂的情况是,每个厂商都有无限种行动可供选择,且有无限种产量可供选择。)斯塔克伯格和古诺博弈类似,区别在于第二个厂商选择行动时已经知道了第一个厂商的产量了,如图 12.18(2)。伯川德博弈和古诺博弈类似,只是这个时候每个厂商是选择价格竞争。

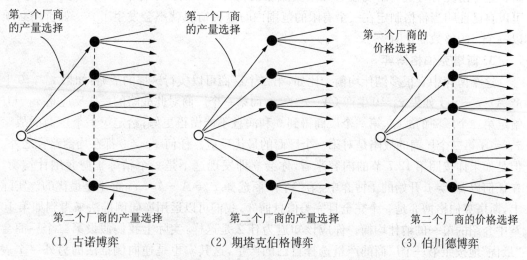

图 12.18　古诺博弈、斯塔克伯格博弈和伯川德博弈的扩展式

实际上,在伯川德博弈中有一个复杂的情况。在第 10 章的分析中,我们没有明确地指出在厂商制定同样的价格时需求是如何被分配给两个厂商的。作为一个博弈,我们需要明确每个终结点的支付,且这个支付取决于厂商在同样价格下他们如何瓜分市场。通常情况下,我们按照传统假定市场同时被分割——每个厂商分别得到一半的市场份额。

比较自然的,我们可以发现古诺均衡、伯川德均衡和斯塔克伯格均衡在各自的博弈中都是纳什均衡。给定线性需求曲线 $P = A - X$ 和固定的单位成本 k,我们可以得到:

1. 古诺博弈

古诺均衡是单一纳什均衡且占有可解的。注意到,不管哪个厂商都不会生产超过 $A - k$ 的产量,因为如果这样做的话会使价格低于 k 而使得利润总是为负。而且,厂商也绝不会生产超过 $(A-k)/2$ 的产量,因为不管对手的产量如何(只要为正),自身生产任何高于 $(A-k)/2$ 的产量利润都更大。但当你的对手的产量肯定不会超过 $(A-k)/2$ 时,你的产量就不会低于 $(A-k)/4$,同样你的对手也不会这样做。而如果你的对手的产量不会低于 $(A-k)/4$ 时,你的产量就不会高于 $3(A-k)/8$。(这里检查下我的数学。)你的对手也面临这样的问题,而如果你的对手的产量不会高于 $3(A-k)/8$,那么你的产量就不会低于 $5(A-k)/16$,如此循环下去,直到最后双方各自都生产 $(A-k)/3$ 的产量。这里经过了无限次的占优迭代过程,因为有无限多的战略被剔除了,但是在最后,只有古诺均衡 $(A-k)/3$ 幸存下来。

2. 伯川德博弈

我们同样得到单一的纳什均衡(每个厂商选择价格 $P=k$)。第 10 章中的论证在这里也同样适用。这里我们必须注意一个特殊的情况:选择价格 k 弱劣于选择其他任何的价格战略。因为 $P=k$ 意味着不管你的对手如何行动自己的利润都为 0。那么 $P=k+1$ 可以得到正的利润。而如果你的对手也是 $P=k+1$,则这个价格肯定不会导致负的利润。(当然,在你对手选择 $P=k$ 时,会导致你的利润为 0。)该单一的纳什均衡包含了弱劣于战略。这个情况有时候会出现在有无限的战略的博弈中。而如果你非常关心这个问题,你可以自己证明当价格制定在一个有限的范围内时这种情况就不会发生了——如价格必须以一个正的整数变化时。

3. 斯塔克伯格博弈

这个博弈中有很多纳什均衡。比如,第二个厂商可以实行这样的战略:如果 $x_1 \neq 0$ 生产 $A-k-x_1$,如果 $x_1=0$ 生产 $(A-k)/2$。而第一个厂商对此战略的最优反应是 $x_1=0$:给定第二个厂商的战略,第一个厂商得到 0 利润且不能做得更好;给定第一个厂商的战略 $x_1=0$,第二个厂商的战略是对第一个厂商的最优反应。任何 $x_1 \neq 0$ 都在均衡路径之外。但是如果你按照第 12.7 节的内容来看,你会立即发现这不是一个精炼子博弈纳什均衡。在任何以 $x_1 \neq 0$ 开始的子博弈中,第二个厂商选择 $x_2=A-k-x_1$ 都不是最优的。实际上,斯塔克伯格博弈是一个完全且完美信息博弈,我们可以运用逆向倒推法来得到如第 10 章中介绍的单一的纳什均衡。你应该知道为什么是这样:实际上我们假设第二个厂商会"最优"地按照第一个厂商的产量选择自己的产量,这其实也是逆向倒推法的另外一个表述(或者说子博弈)。

上面的三个博弈并没有穷尽所有的可能性,比如:

> 回到两个厂商各自独立的决定产量。但是现在情况是,他们提前告知州立销售委员会计划生产的产量。当一个厂商的产量高于另外一个厂商时,州立销售委员会就批准报低产量的厂商生产报高产量的厂商所报的产量。

或者是如下非常复杂的情况:

> 两个厂商必须事先固定生产能力。生产的单位成本为 $k_1>0$,两个厂商独立且同时做决定,在他们做完决定后,双方都能观察到对方的生产能力。然后各自通知州立销售委员会各自愿意出售商品的价格。在生产能力边界之下的生产可能都是可行的,额外的边际成本为 $k_2 \geqslant 0$ 每单位。如果生产能力约束和价格绑定了,则州立销售委员会通过某种系统配给各个厂商需求。该商品在消费者中间还可以转卖,且所有的消费者都知道市场的需求情况。

如果你喜欢挑战,试着找出这两个博弈的所有子博弈精炼纳什均衡。[①]

我们可以从这里继续。我们可以考虑这些故事的所有变化类型包括:在决定产量或价格前可以选择技术;考虑知道多少关于对方的需求情况和生产函数的信息;或者从开始

---

① 可以事先告知,第二个博弈给出了一个很好的答案:古诺均衡 k_1+k_2 是唯一一均衡。要得出这个结论相对比较难,具体可以参考 Kreps 和 Scheinkman(1983)。

就有很多不确定性。从 20 世纪 70 年代开始，关于这些情形已经有大量的研究了，这些研究的目标都是运用这些"寡头"博弈模型来考察不同竞争者在不同结构下在均衡时如何经营。在这些情形中，最后竞争者必须去竞争，而且竞争的模式不仅限于前面提到的三种情况。因此当你看到论文中说"厂商以古诺形式博弈"，作者通常的意思是厂商同时且独立选择产量竞争，然后在市场出清时决定了价格。如果是"厂商以伯川德形式竞争"则意味着同时选择价格竞争；当是斯塔克伯格博弈时，意味着一个厂商首先选择产量，其他厂商再根据第一个厂商的决策做出自己的最优反应。在这些问题中，你就会感受到寡头博弈的不同博弈理论模型了。

在最后我们回到第 10 章的那个大问题：哪个经典的双寡头是"正确的"？很明显，具体情况要具体分析。对于真实的寡头厂商来说，任何一个模型的竞争结构都不是特别现实，因此模型的结论对我们没有太多指导性。因为他们实际上并不是确定了产量或价格后就不更改了，更有可能是今天设定了产量和价格，明天就根据对手前一天的价格或产量改变自己的决定。这个竞争的动态特征使得均衡的状态有很多种可能性，这个问题我们会在第 14 章中阐述。

在结束这个话题之前，让我们先期待一下第 14 章，并对经典双寡头模型提供一些辩护。上面描述的"博弈"对经典模型预测的有用性并不是必要的。它对于对手具有关于他们对手的某些猜测并达到一个均衡来说，已经足够。这些理论模型给出了为什么这类猜测可能是合理的，但是也没有什么可以阻止参与人保持特定的猜测，甚至这些猜测用竞争结构来证明是不正确的。实际上，我们会在第 14 章中看到，在竞争结构上增加动态考虑可以使我们回到参与人最初持有的猜测上。而在最后，经典模型的检验必须是可以实证的。这类理论对我们将要检测的实证预测可能会有用，但是我们不应该拒绝因为有理由怀疑"最好"的理论模型背景下的预测。

12.9 书目提要

散布于这章中的文献我就不再赘述了。本章中提到的一些基础概念如占优、占优可解和纳什均衡在其他优秀的教科书中也有出现，我就不一一列举了。对于本章中提到的前沿主题，我会提供一些比较新的文献。我在下面列了一些文献给那些有兴趣的同学。

占优和重复占优准则的使用，开始于 Bernheim(1984) 和 Pearce(1984)。

相关均衡在过去只是顺便提了一下，但是认真的同学应该参考 Aumann(1974)。

各种纳什均衡的合理性在很多地方出现过，但是 Schelling(1980) 是对于非合作博弈理论感兴趣的同学的必读参考书。Schelling 的书并没有太多数学内容，但是却充满想法且更形象。关于"习得行为"的模型，我最喜欢的是 Fudenberg 和 Kreps(1989)。

对于精炼纳什均衡，van Damme(1987) 给了一个统一且最新的处理。Selten(1965，1975) 作为先锋定义了子博弈精炼和（颤抖手）精炼，随后 Myerson(1978) 提出了适合均衡的概念。Kreps 和 Wilson(1982) 分析了序贯均衡，Kohlberg 和 Mertens(1986) 发展了稳定性概念，且 Fuednberg 和 Tirole(1988) 定义了贝叶斯精炼均衡。均衡路径外的信念的正式限定由 McLennan(1985) 提出；Banks 和 Sobel(1987) 以及 Chot 和 Kreps(1987) 给出了第 12.7.4 节的分析。均衡占优的精炼的异议者可参考 Okuno-Fujiwara 和 Postlewaite (1986)。

参考文献

Aumann, R. 1974. "Subjectivity and Correlation in Randomized Strategies." *Journal of Mathematical Economics* 1:67—96.

Aumann, R., Y.Katznelson, R.Radner, R.Rosenthal, and B.Weiss. 1983. "Approximate Purification of Mixed Strategies." *Mathematics of Operations Reseach* 8:327—41.

Banks, J., and J.Sobel. 1987. "Equilibrium Selection in Signaling Games." *Econometrica* 55:647—62.

Bernheim, D. 1984. "Rationalizable Strategic Behavior." *Econometrica* 52:1007—28.

Cho, I-k, and D.Kreps. 1987. "Signaling Games and Stable Equilibria." *Quarterly Journal of Economics* 102:179—221.

Forges, F. 1986. "An Approach to Communication Equilibria." *Econometrica* 54:1375—86.

Fudenberg, D. and D.Kreps. 1989. *A Theory of Learning, Experimentation, and Equilibrium in Games*. Stanford University. Mimeo.

Fudenberg, D., and J.Tirole. 1988. "Perfect Bayesian and Sequential Equilibrium." Massachusetts Institute of Technology. Mimeo.

Harsanyi, J. 1973. "Games with Randomly Disturbed Payoffs: A New Rationale for Mixed-Strategy Equilibrium Points." *International Journal of Game Theory* 2:1—23.

Kohlberg, E., and J.-F. Mertens. 1986. "On the Strategic Stability of Equilibria." *Econometrica* 54:1003—38.

Kreps, D., and G.Ramey. 1987. "Structural Consistency, Consistency, and Sequential Rationality." *Econometrica* 55:1331—48.

Kreps, D., and J. Scheinkman. 1983. "Quantity Precommitment and Bertrand Competition Yield Cournot Outcomes." *Bell Journal of Economics* 14:326—37.

Kreps, D., and R. Wilson. 1982. "Sequential Equilibrium." *Econometrica* 50:863—94.

McLennan, A. 1985. "Justifiable Beliefs in Sequential Equilibrium." *Econometrica* 53:889—904.

Myerson, R. 1978. "Refinements of the Nash Equilibrium Concept." *International Journal of Game Theory* 7:73—80.

——. 1986. "Multistage Games with Communication." *Econometrica* 54:322—58.

Okuno-Fujiwara, M., and A.Postlewaite. 1986. "Forward Induction and Equilibrium Refinements." University of Pennsylvania. Mimeo.

Pearce, D. 1984. "Rationalizable Strategic Behavior and the Problem of Perfection." *Econometrica* 52:1029—50.

Rosenthal, R. 1981. "Games of Perfect Information, Predatory Pricing, and the Chain-store Paradox." *Journal of Economic Theory* 25:92—100.

Rosenthal, R., and H. Landau. 1979. "A Game Theoretic Analysis of Bargaining with Reputations." *Journal of Mathematical Psychology* 20:233—55.

Selten, R. 1965. "Spieltheoretische Behandlung eines Oligopolmodells mit Nach-fragetragheit." *Zeitschrift für die gesamte Staatswissenschaft* 121:301—24.

——. 1975. "Re-examination of the Perfectness Concept for Equilibrium Points in Extensive Games." *International Journal of Game Theory* 4:25—55.

Schelling, T. 1980. *The Strategy of Conflict*, 2d ed. Cambridge, Mass.: Harvard University Press.

Shapley, L. 1964. "Some Topics in Two-Person Games." In *Advances in Game Theory*, M.Dresher, L.Shapley, and A.Tucker, eds., 627—50. Princeton, N.J.: Princeton University Press.

Van Damme, E. 1987. *Stability and Perfection of Nash Equilibrium*. Berlin: Springer-Verlag.

课后习题

1. 证明在任何完全且完美信息，具有有限节点的博弈中，至少有一个决策节，其直接的后续节点是终节点。

2. 证明如果一个博弈是占优可解的，那么这个"解"是一个纳什均衡。证明如果一个占优可解的博弈在每一步都严格占优策略得到最终的解，那么这个结果将是唯一的纳什均衡。

3. 在图 12.1(12)的博弈中，我们在文中给出了两个纯战略和一个混合战略均衡。证明这个博弈没有其他的混合战略或者是纯战略均衡了。

4. 证明在蜈蚣博弈中（如图 12.6），每一个纳什均衡都以参与人 1 以 1 的概率选择 D 行动开始。

5. 一个两个参与人的标准式博弈的相关均衡可以认为是，该均衡可以作为战略空间中的一个概率分布，在这样的一个分布下，对于每个参与人以及每个参与人的纯战略（有正的概率）来说，这个战略是，给定博弈的另外一方依据本方策略的条件分布下做出的取决于本方的策略选择，本方做出的最优反应。找出在图 12.9 里所有的相关均衡。

6. (1) 在图 12.13 描述的博弈中，我们令 α 为参与人 2 在他的信息集中处于顶端的节点上的概率。给定他的行动，令 β 为参与人 2 认为参与人 3 选择行动 U 的概率。那么要使参与人 2 选择行动 u 是序贯理性的，α 和 β 的值分别是多少？

(2) 对于这个博弈来说，所有序贯均衡的集合是什么？

7. 考虑一个扩展式博弈，在其中，没有任何一个博弈参与人会沿着博弈树的路径行动超过一次。（如果你想的话，就举一个简单的例子，在其中，每一个参与人都有单一信息集。）假设我们有行为策略 π 与信念 μ，它们在如下都是贝叶斯一致的：给定策略组合 π，对任意信息集 h 而言，将以正的概率到达（如果参与人选择以 π 给出的策略），那么在 h 的信念将通过贝叶斯准则从策略中计算出来。证明：如果在每一个给定 π 的以正概率满足的信息集处，给定 μ 下 π 都是序贯理性的，那么对于这个博弈而言，π 是一个纳什均衡。没有参与人移动超过一次的条件是必要的呢？（提示：最后一个问题的答案依赖于你对序贯理性的准确定义。）

相反地，假设对于给定的扩展式博弈，我们有一个纳什均衡 π。在通过贝叶斯准则以正概率给定 π 下满足的信息集上计算信念。证明在这些信息集 π 与计算得到的信念是序贯理性的。

习题8和习题9是关注于序贯均衡中的一致性概念的。它们仅仅是为了在数理上做装饰而用。

8. 在扩展式博弈中固定策略 π，同时在序贯均衡的情况下，保持信念 μ 与 π 的一致性。

(1) 在任何合适的子博弈中，我们可以说，在子博弈的信息集 h，能以贝叶斯准则计算并以正的概率到达的。证明：就在这种形式里，在每一个合适的子博弈中，μ 与贝叶斯准则都是一致的。

(2) 定义一个几乎合适(almost-proper)的子博弈，其定义为在信息集 h 及 h 上的结点的所有后续节点，用 $S(h)$ 来表示，其性质为如果 $x \in S(h)$ 且 $x' \in h(x)$，那么 $x' \in S(x)$。对一个几乎合适的子博弈[该子博弈的"根"（即初始结）为 h]来说，给定 h 中的结点一个特定的信念和策略组合 π，那么你就可以使用贝叶斯准则来计算 $S(h)$ 上信息集的信念，如果 π 是被采取的策略，那么根据在 h 上的信念 μ，基于 h 被满足的条件，此计算也就可以完成了。

9. 固定一个（有限）扩展式博弈与该博弈的一个行为策略 π。简单地说，考虑一个没有自然选择的博弈。将一对映射 $\kappa: A \to \{0, 1, 2, \cdots\}$ 与 $\zeta: A \to (0, \infty)$ 定义为博弈的一个 π 标签(π-labeling)，此处 A 是博弈的行动集，以使得(1)当且仅当 $\pi(a) > 0$ 时 $\kappa(a) = 0$ 以及(2)当 $\kappa(a) = 0$ 时 $\zeta(a) = \pi(a)$。（按照习惯，每一个行动都是在单一的信息集中被选择的。）给定一个 π 标签，定义两个新的映射 $\lambda: X \to \{0, 1, 2, \cdots\}$ 与 $\xi: X \to (0, \infty)$，此处 X 是决定结点的集合，有如下性质：如果 x 是初始结点，那么 $\lambda(x) = 0$ 以及 $\xi(x) = 1$。（回忆一下有单一初始结点的情况，因为我们已经假定了没有自然的行动选择了。）另外，$\lambda(x)$ 是对行动 a 来说，所有由初始点至 x 所产生的 $\kappa(a)$ 的加总，$\xi(x)$ 是对相同序贯行动来说 $\zeta(a)$ 的产物。对一个给定的信息集 h 而言，让 $\lambda(h) = \min_{\{x \in h\}} \lambda(x)$。同时对于结点 $x \in h$ 而言，如果 $\lambda(x) > \lambda(h)$，那么让 $\mu(x) = 0$，同时 $\mu(x)$ 由下式给出：

$$\frac{\xi(x)}{\sum_{\{x' \in h: \lambda(x') = \lambda(h)\}} \xi(x')}$$

(1) 证明：对于任意 π 标签而言，如果我们在这个形式中定义 μ，μ 与序贯均衡中的 π 是一致的。

（2）（非常难！）证明：如果 μ 和 π 在序贯均衡中是一致的，那么就有一个 π 标签使得 μ 可以通过此贴标签过程得到。

换句话说，这个贴标签的过程已经刻画出了所有与所给定的 π 一致的信念特征。（如果你对此感到模糊不清，那么你应当尝试去修正某些东西以使得自然的行动被允许。）

10. 证明：每一个序贯均衡都是一个子博弈精炼纳什均衡。（如果你证明了其是一个纳什均衡，那么你已经成功了 90%。）

11. 考虑在第 12.7.4 节中所讲的信号博弈的内容。证明：任何与所给定的策略组合是贝叶斯一致的信念在序贯均衡中也是一致的。（不要使用习题 9，除非你已经证明了它。）

12. 考虑图 12.16 的真相博弈。

（1）在其中的序贯均衡中，参与人 1 总是说"反面"的会在均衡占优测试中失败。那么请找出一个均衡以通过这个测试。

（2）写出这个博弈的标准式形式。证明：如果我们允许在混合策略中使用占优法则，那么这个博弈是占优可解的。你是否可以修正博弈的支付以使得在剔除一个序贯均衡后，这个问题虽然不是占优可解但是均衡占优依然是有效的。

13. 证明：（对代理人的标准式而言）每一个颤抖手精炼均衡都是序贯的。可以通过反例证伪来证明。

本章其余的习题是关注于寡头垄断经典模型的博弈理论变化。它们是这类模型的重要形式，且与其他章节的材料关系可能更大，但是它们只有在我们提出纳什均衡与子博弈精炼以后才会给出来。

14. 证明：在伯川德博弈中，如果价格必须被设定为一便士的整数倍数，那么就总是至少有一个纳什均衡，在该均衡中参与人可以不使用弱占优策略。

15. 先生 X 和小姐 Y 已经进入 Kreps 安排的结构中了。在现在和下个星期结束这段时间，他们每个人都会配置产品 P 的生产能力。然后 Kreps 会假设控制先生的供应能力和生产能力并销售产品 P。对 P 的需求曲线为 $D=10-p$。（为了使事情简单化，假设那样的生产只发生一个期数。）产品 P 的边际成本为 0，该边际成本是在 X 和 Y 配置的总产量上来说的。也就是说，如果 X 的配置生产能力为 k_x，Y 的配置为 k_y，则 Kreps 可以生产 k_x+k_y 的产品 P 然后卖掉它们，以 0 的额外成本。当然，如果 Kreps 选择生产少一点，他也可以生产少一点。

X、Y 和 Kreps 签订合同并要求 Kreps 的行为要使 X 和 Y 的利益最大化。（Kreps 可以从该行为中得到一笔小费，大小你可以自己想象。）因此 X 和 Y 利益最大化的情形就没有疑问了，也就是合同要求 Kreps 将产量设定在使得毛利润（收入）最大化的水平。（Kreps 对线性需求系统和 0 边际成本生产函数非常了解，所以他可以很好地计算。）该毛利润按照 X 和 Y 配置的生产能力比例分别分配给 X 和 Y。也就是说，如果 $k_x=2k_y$，则 X 得到 2/3 的毛利润而 Y 得到 1/3。

生产能力对 X 和 Y 是需要成本的。更精确地说，单位的生产能力配置需要恒定的边际成本 2。因此 X 从总体的安排中计算利润，即如果 X 的配置为 k_x，Y 配置为 k_y 且 Kreps 生产 $Q \leqslant k_x+k_y$，他的利润为：

$$\frac{k_x}{k_x+k_y}(10-Q)Q-2k_x$$

对 Y 也一样。

(1) 假设 X 和 Y 就他们配置的生产能力进行合谋。也就是说 k_x 和 k_y 是在这个安排下使得 X 和 Y 的净利润总和最大化设定的。(为了更清楚,假设 $k_x = k_y$)那么 X 和 Y 会配置多少生产能力?

(2) (祝你好运!)非常不幸,现在 X 和 Y 不能合谋了。他们配置的生产能力 k_x 和 k_y 按照古诺形式,同时且独立的选择他们的生产能力。此时均衡是怎样的?

(3) 如果需求为 $P = A - Q$ 且边际的成本为 r,你能找到符合在均衡时总的生产能力超过 A 的 A 和 r 的值吗?

16. 因为你已经知道了完全竞争、垄断和寡头垄断,我们可以找出各种类型的公司,这些公司可能会因为生产要素和产量的原因而使价格存在不确定。考虑一个利润最大化的公司,用若干生产要素生产单一的产品。该企业的生产函数为 $y = f(x_1, x_2, \cdots, x_n)$,$y$ 表示从投入要素 $x_1, x_2, \cdots, x_n$ 生产得到的总产出水平。我们用 p 表示产品的价格,w_f 表示投入要素 i 的价格。当这些价格存在一个先念的不确定时,允许企业在解决这些价格的不确定后再选择他的生产计划。

(1) 假设企业在产品市场或投入要素市场都是完全竞争市场。也就是说,产品价格和投入要素价格 $p, w_1, w_2, \cdots, w_n$ 都是给定的。考虑两个可能的价格向量 $(p, w_1, w_2, \cdots, w_n)$ 和 $(p', w_1', w_2', \cdots, w_x')$,并且用 $(p'', w_1'', w_2'', \cdots, w_n'')$ 表示两个价格的简单算术平均:$p'' = (p+p')/2$,$w_1'' = (w_1+w_1')/2$ 等等。用 π 表示在价格为 $p_1, w_1, w_2, \cdots$ 时的企业利润,π' 表示 $p', w_1', w_2', \cdots$ 时的利润,π'' 表示 $p'', w_1'', w_2'', \cdots$。证明 $\pi'' \leqslant (\pi + \pi')/2$。(也就是说,就企业的预期利润而言,企业面对价格时风险偏好的。)

(2) 现在我们假设企业在它的产品市场是垄断的,而在要素市场是完全竞争的。因此,企业自己决定 p, p' 等。假设面对价格 $(w_1, w_2, \cdots, w_n)$ 时的利润为 π,面对 $(w_1', w_2', \cdots, w_n')$ 时的利润为 π',面对 $(w_1'', w_2'', \cdots, w_n'')$ 时且 $w_i'' = (w_i+w_i')/2$ 的利润为 π''。我们可以说 $\pi'' \leqslant (\pi + \pi')/2$ 吗?如果是,提供一个证明。如果为了得到这个答案你需要做出进一步的假设时,请给出假设并说明为什么?如果没有希望得到这样的结果,也请给出为什么会这样?

(c) 最后,考虑斯塔克伯格双寡头垄断的问题。两个企业生产一种没有任何不同的产品,需求曲线由 $P = A - X$,其中 P 为价格,X 是总供给,且需求是不变的。每个企业在生产任何产品时都需支出固定成本 F,且每单位的可变生产成本为 c。非常清楚如果企业生产 0 单位的产品时就可以避免支出成本 F。企业 1 首先行动,他选择是否生产;如果生产,他会生产并供应 x_1。企业 2 观察到企业 1 的决策,然后决定是否生产;如果生产,生产多少。(当企业 2 的两种选择没有差异时,你可以假设他会像企业 1 那样行动并使利润最大化。)企业将"生产要素成本"F 和 c 看作是给定的,且他们的行动不影响这些成本。

那么对于企业 1,这个结果和本题(1)问题中的正确结果相似吗?(如果(2)是正确的,是否也是正确的。)也就是说,对于所有的 (F, c) 和 (F', c'),给定这两种成本时企业的平均利润是否至少和在成本为 $((F+F')/2, (c+c')/2)$ 时的利润一样大?如果一样大,你能猜想这里得到的命题应用时的通用性如何?如果不一样大,你能简要地说出哪个地方错了吗?

17. （1）部分应该比较简单。（2）部分会向你介绍不确定性在经典模型里是如何处理的。问题（3）预示一些将来会发展的内容，该内容在现在你可能会完全错过。

（1）考虑一个双寡头垄断市场，两个企业生产同质产品。产品的需求函数是 $P=A-X$，X 表示两个企业的总产出，每个企业都有一个简单的成本函数：$TC_i(x_i)=C_i x_i$，下标 i 表示企业，x_i 是企业的产出，C_i 是一个常数，$0<C_i<A$。企业以古诺模式竞争。均衡是什么？给定均衡价格，产出水平和利润呢？（在这个问题里，你可以一直假设 $A+C_1>2C_2$，和 $A+C_2>2C_1$；但是如果你想挑战自己，尝试着脱离这个假设来解答整个问题。）

（2）现在假设两个企业都跟之前描述的一样，企业 2 不确定企业 1 的成本函数。特别是，C_1 是有限数值中的一个，即 C_{11}，C_{12}，…，C_{1n} 的概率分别为 P_1，P_2，…，P_n。企业 2 在选择他的产出水平 x_2 时保持这样的概率评估；企业 1 当他选择产量 x_1 时知道 C_1 的值（且允许以 C_1 为条件来调整产出 x_1）。另外，两个企业进行古诺竞争。这就意味着：均衡是企业 2 选择产量 $\hat{x}_2$ 且对于任意企业 1 的成本水平，都有 $\hat{x}_1(C_1)$，且企业 2 相信企业 1 会根据给定的 $\hat{x}_1$ 函数设定产出，并根据最大化预期利润来确定 $\hat{x}_2$，同样，企业 1 相信企业 2 会生产 $\hat{x}_2$ 的产量，且它知道自己的成本为 C_1，会根据这些选择自己的产量 $\hat{x}_1(C_1)$。

（3）和（2）中的假设一样，但是在选择 x_1 和 x_2 之前，企业 1 可以向企业 2 提供关于自己的成本结构的确凿证据，如果它选择这么做的话。那么这种情况下你觉得会发生什么？

18. 现在重新考虑习题 17，假设这两个寡头企业生产有差异的产品。（如果像在习题 20 中假设的需求系统来给这里做假设是很好的。）同样考虑，如果两家在伯川德竞争中会发生什么？

19. Xyllip 是由法律控制生产的一种物资，只能由 ABC 化学公司和 XYZ 药厂生产。每个公司生产 Xyllip 都需要同时使用 K 和 L 两种原料，生产函数为：

$$X=k^{1/2}l^{1/2}$$

其中 X 是 Xyllip 的产出量，k 是 K 的投入量，l 是 L 的投入量。（假设这两个公司只生产 Xyllip 没有什么不妥；虽然现实不太可能这样，但是考虑他们还生产其他产品对本题的答案并没有影响。）两个公司在 K 和 L 的市场上是价格接受者，K 和 L 售价每单位为 1 美元。生产 Xyllip 没有固定成本。对 Xyllip 的需求曲线为 $P=14-X$。

（1）这个作为一个热身的练习：ABC 和 XYZ 在销售 Xyllip 时进行古诺双寡头博弈。也就是，你可以假设他们同时且独立的向市场提供产品数量，然后决定产品价格并使市场出清。这种情况下的 Xyllip 的市场均衡是什么？

第三个公司 Kinetiks，掌握了 Legusude 的合成生产技术且持有该技术的专利，其中 Legusude 唯一的用途就是在生产 Xyllip 时可以替代 L。如果企业用 Legusude 替代 L 时，则生产函数为：$X=k^{1/2}L^{1/2}$。其中 L 表示 Legusude 的投入量。

马上我们就会讨论 Xyllip 生产过程中的固定成本。Legusude 的生产非常简单，Kinetiks 公司可以以 0 边际成本生产尽可能多的 Legusude。（可能在生产 Legusude 时有些固定成本，但是你应该忽略。）

Kinetiks 公司已经宣布他会供应 Legusude 给 ABC 公司或 XYZ 公司。Kinetiks 不允许生产 Xyllip，所以他只有销售 Legusude 的市场。

为了用 Legusude 代替 L 生产 Xyllip，ABC 公司和 XYZ 公司都必须改变生产工艺。

这是一个非常直接的过程,但是如果公司改变工艺就要支出一个固定成本为 1 美元。为了能利用 Legusude 进行生产,如果一个公司(或者两个)改变工艺时,如果 L 产品的价格低于 Legusude 时,他仍然可以选择使用 L,但是即使此时再使用 L,他仍需要支出固定成本。

想象如下的事件顺序:在 Kinetiks 公司宣布可以生产 Legusude 以后,ABC 公司和 XYZ 公司必须同时且独立地决定是否改变生产工艺以便利用 Legusude。这是一个不可逆的转变过程:如果一个企业决定改变生产工艺时,随后他就会支出 1 美元。两个企业的转变决定都可以被所有参与者观察到,然后(如果任何一个公司决定转变时)Kinetiks 公司宣布愿意出售 Legusude 的价格。在 Kinetiks 公司和 ABC 公司之间或者 Kinetiks 公司和 XYZ 公司之间没有讨价还价的余地。但是,与此同时,Kinetiks 公司必须遵循法律的要求只能定一个价格,而且必须在该价格下满足任何一个公司的购买需求。Kinetiks 公司宣布的价格可以被所有的参与者知道,然后 ABC 公司和 XYZ 公司同时且独立的进行 Xyllip 的生产。也就是说,一旦生产条件被两个企业所熟悉,他们进行古诺博弈。

(2) 使用图 12.18 中的符号,给出"代表"该博弈的一个扩展式博弈。

(3) 我们非常感兴趣的是这个博弈的所有子博弈精炼均衡是什么(或者是,如果只有一个的话,一个均衡)。假设在阶段 1,ABC 公司和 XYZ 公司同时转变技术,且然后 Kinetiks 公司宣布 Legusude 的价格 p。那么在 ABC 公司和 XYZ 公司的古诺博弈的最后阶段会出现什么样的结果? 如果两个公司都转变了,Kinetiks 公司对 Legusude 应该收取的是什么价格?

(4) 重复问题(3)的过程,但是此时博弈以 ABC 公司决定转变同时 XYZ 公司决定不转变为开始。

(5) 该博弈的扩展式形式的子博弈精炼均衡是什么?

(6) 假设你是 Kinetiks 公司的 CEO。你可能会做什么来改变这样的战略交互"规则",以便使你自己比问题(5)中做得更好? 你不应该说你应该直接去生产 Xyllip,这个回答是不允许的。然而你应该尝试去发明合理的变化规则,然后研究 Kinetiks 公司结果的利润。

20. 考虑一个两个厂商的产业,其中任一厂商都有一个单一产出,而且两家厂商的产出是合理地接近于相互替代。更准确地说,如果 x_1 是厂商 1 的产出水平,x_2 是厂商 2 的产出水平,那么厂商 1 的市场价格是 $p_1 = 10 - x_1 - 0.5x_2$,厂商 2 得到的价格是 $p_2 = 10 - x_2 - 0.5x_1$。

厂商 2 拥有一个非常简单的技术,由这项技术所生产的每一单位产品都有恒定的边际成本 2。厂商 1 将很快会拥有一个恒定边际成本的技术,但是首先必须要选择安装哪种技术。事实上,厂商 1 要在四种技术中做出选择。第一种技术有 12 的固定成本以及恒定为 1 的边际成本。第二种技术有 8.1 的固定成本以及恒定为 2 的边际成本。对第三种而言,固定成本是 5,边际成本是 3。对第四种而言,固定成本是 2.7,边际成本是 4。厂商 1 必须在这四种技术中选择一种来安装;完成这个后,两家厂商将会进行双寡头竞争。

(1) 设想事件顺序与竞争变量为:厂商 1 选择四种技术中第一种去安装;厂商 2 可以看到厂商 1 选择哪种技术;然后厂商 1 和厂商 2 同时且独立的选择产出量。(这就是说,他们进行的是古诺竞争。)将技术选择阶段也包括在内后,这个博弈的纳什均衡是什么？如果你可以找到超过一个均衡,那么你是否可以找到他们其中的一个有特别的说服力,为什么？

(2) 假设事件顺序与竞争变量为:厂商 1 选择四种技术中第一种去安装;厂商 2 可以看到厂商 1 选择哪种技术;然后厂商 1 和厂商 2 同时且独立的选择他们要报出的价格。(这就是说,他们进行的是伯川德竞争。请回忆,这些商品是可分的,所以这并不是伯川德竞争一定带来零利润的例子。)将技术选择阶段也包括在内后,这个博弈的纳什均衡是什么？如果你可以找到超过一个均衡,那么你是否可以找到他们其中的一个有特别的说服力,为什么？

(3) 设想事件顺序与竞争变量为:厂商 1 选择四种技术中第一种去安装;厂商 2 看不到厂商 1 选择哪种技术;然后厂商 1 和厂商 2 同时且独立的选择产出量。(这就是说,他们进行的是古诺竞争。)将技术选择阶段也包括在内后,这个博弈的纳什均衡是什么？如果你可以找到超过一个均衡,那么你是否可以找到他们其中的一个有特别的说服力,为什么？

(4) 假设事件顺序与竞争变量为:厂商 1 选择四种技术中第一种去安装;厂商 2 看不到厂商 1 选择哪种技术;然后厂商 1 和厂商 2 同时且独立的选择他们要报出的价格。(这就是说,他们进行的是伯川德竞争。)将技术选择阶段也包括在内后,这个博弈的纳什均衡是什么？如果你可以找到超过一个均衡,那么你是否可以找到他们其中的一个有特别的说服力,为什么？

贯穿这道习题始终的是,你要将自己限制在纯战略纳什均衡下。你将可能会发现这个结果是有些令人惊讶的。你能解释此处发生了什么吗？

21. 想像一个有 N 个企业的寡头垄断销售"名字差异"的产品。也就是说,这 N 个厂商中的每个厂商都生产的产品"表面"上看起来和其他厂商的产品都不一样,而"实际上"没有任何区别。因此,每个厂商都可以愚弄广大购买者。特别地,N 个厂商的每个厂商(他们都完全一样且具有零边际生产成本)都有一个垄断市场——消费者只能从那个厂商购买。由每个这样的垄断市场产生的需求曲线为 $P_n = A - x_N$,其中,x_n 表示单个垄断市场的供给量,P_n 是第 n 个厂商的产品价格。同时也存在一群聪明的消费者,他们知道这些产品并没有任何区别。这些消费者由需求曲线 $p = A - X/B$ 代表,其中 P 是卖给这些消费者的产品价格,X 是他们的需求。(如果 $x_n > A$ 或 $X/B > A$,则单个市场中的价格为 0。价格不会为负数。)

厂商进行古诺博弈。单个厂商 n 提供总的产量为 X_n,其中一部分卖个非常忠诚的消费者,一部分卖个那些从任何厂商购买都无所谓的消费者。如果我们让 x_n 表示是 X_n 中非常忠诚的消费者的产量,则产品 n 的价格应该为 $P_n = A - x_N$,而对其他"购物者"的价格为 $P = A - \left(\sum_n (X_n - x_n) \right)/F$。在均衡时,$P_n \geqslant P$,同时如果 $X_n > x_n$,则 $P_n = P$。(也就是说,一个厂商可以为他自己的产量定一个"高于市场"的价格,但是这些只销售给他们自己的忠实顾客。)进行古诺博弈,我们的意思是每个厂商 n 都假设其他的厂商会保持固定的总产量。

(1) 给定所有厂商的一个给定的产量向量 $(X_1, X_2, \cdots, X_n)$,是否存在一个均衡的价格集(同时也是每个厂商产量的一个区分),该价格集满足上面均衡给定的条件? 如果有,你是如何找到这些价格的? 如果没有,你能描述一下所有的市场均衡吗?

(2) 找出这个模型尽可能多的古诺均衡,均衡是关于参数 N 和 B 的函数。(警告:不要假设一阶条件的解是全局最优的必要条件。)

▶13

不完全信息和非理性

这章中我们给出一个方法论创新,关于**不完美信息博弈**(game of incomplete information),这个对很多经济现象的建模都非常有用。作为例子,我们再次用垄断厂商进入阻挠博弈的例子。我们用不完全信息博弈来构建一个或多个参与人"不理性"的情形。在我们掌握这个工具之后,我们最后一次回到有关精炼纳什均衡的问题。

13.1 不完全信息博弈

接下来的故事为我们的主题提供了一个非常优秀的例子。想象两个参与人 1 和参与人 2,不幸的是参与人 2 有点霸道,喜欢和懦弱的人打架,同时他讨厌和勇敢的人打架;而且如果另外一个人超过 0.5 的概率是懦夫时他才会选择和他打架。(在 0.5 的概率时,他选择打架与不打架是没有区别的。)他想和参与人 1 打架,但是他不确定参与人 1 是个懦夫还是勇士。最初他评估参与人 1 勇敢的概率为 0.8,懦夫的概率为 0.2(唯一的可能性),那么他就不会选择和他打架了。

在考虑是否和参与人 1 打架前,参与人 2 获得了关于参与人 1 性格的一个信号:她早餐会吃什么。参与人 1 会在啤酒和法式蛋饼之间选择一个作为早餐。如果参与人 1 是勇敢的人,她就倾向于啤酒,如果她是懦弱的,她就倾向于法式蛋饼。因此参与人 2 需要观察参与人 1 早餐吃什么再做出总结:如果参与人 1 选择法式蛋饼,那么她肯定是个懦夫,此时他就选择打架;但是如果选择啤酒,那么她肯定是个勇士,他就选择不打架。但是比较复杂的是不管参与人 1 是勇士还是懦夫,她都不希望参与人 2 选择和他打架,而且她更关心结果而不关心自己的早餐选择什么。她也同时意识到参与人 2 正隐藏在街角仔细观察着她的早餐会选择什么。

我们希望对这种情况发明一个理论博弈模型来分析参与人 1 早餐"应该"吃什么且参与人 2"应该"如何对这个信号做出反应。我们会遇到的困难是参与人 2 对参与人 1 性格的不确定:参与人 1 对打架的态度是怎样的?而且我们也没有过多地描述这方面。然后参与人 1 知道参与人 2 对自己性格存在不确定吗?但是这又导致了更多的问题。比如,参与人 1 是否事先精确地知道参与人 2 评估自己是勇敢的概率?

为了回答这些问题,考虑图 13.1(1)和图 13.1(2)给出的情形。先来看图 13.1(1),自然决定了参与人 1 是勇士还是懦夫,且为勇士的概率为 0.8。参与人 1 知道自己的性格并选择早餐吃什么(可能依赖于他的性格)。参与人 2 观察到参与人 1 早餐的选择但不是自然开始的选择,然后他决定是否和参与人 1 打架,收益如图所示。参与人 2 和懦夫打架或者避免和勇士打架得到 1 个效用,如果他做错了就得到 0。因此,正如前面我们说的,参与人 2 只在评估参与人 1 大于 0.5 的概率为懦夫时才选择打架,如果对方为懦夫的概率小于 0.5 他就选择不打架,当概率为 0.5 时,他选择打架与不打架没有差异。参与人 1 如果避免了打架就得到 2 单位效用,即在 1 单位效用的基础上加上她偏爱的早餐(取决于由自然决定的她的性格)。

在这个模型中,我们用自然的选择来描述参与人 2 对参与人 1 性格的不确定性。自然首先选择 1 的性格,参与人 1 知道自然的选择且知道参与人 2 对自己的评估存在不确定(请仔细注意)。同时,参与人 2 也知道参与人 1 知道参与人 2 对参与人 1 存在不确定,如此循环。

再对比图 13.1(2)的扩展式。这里有四个初始结,bo、bp、co 和 cp。第一个字母表示参与人 1 的类型——勇敢或懦夫。

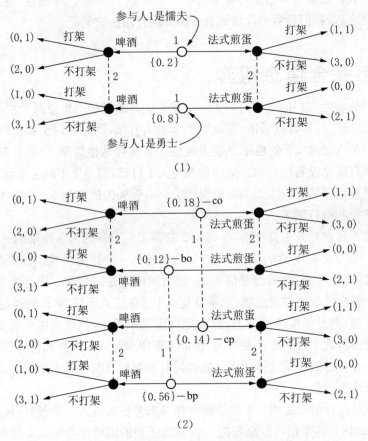

图 13.1 不完全信息:啤酒—法式煎蛋博弈的两种版本

在这个博弈中,参与人 1 选择早餐类型,在模型中用初始结的第一个字母但并不是第二个字母,也就是说{bo, bp}是参与人 1 的一个信息集,{co, cp}是另一个信息集。然后参与人 2 根据信息集的不同选择是否和参与人 1 打架——参与人 1 早餐选择啤酒还是法式煎蛋，或是初始结的第二个字母是 o 还是 p。也就是说参与人 2 有四个信息集：{bo-啤酒，co-啤酒}；{bp-啤酒，cp-啤酒}；{bo-法式煎蛋，co-法式煎蛋}和{bp-法式煎蛋，cp-法式煎蛋}。

　　该扩展式博弈概括了如下的情形。参与人 2 具有和第一个模型一样的不确定性——参与人 1 是勇士还是懦夫。但是现在参与人 1 也有不确定性了。她知道参与人 2 对自己的性格存在不确定，但是并不清楚参与人 2 的具体评估。如参与人 1 认为参与人 2 开始是比较悲观的，认为参与人 1 以 0.8 的概率为勇士（实际上也是这样的），或者参与人 2 开始是比较乐观的，以 0.4 的概率认为参与人 1 为勇士。参与人 1 以 0.7 的概率评估参与人 2 具有悲观的评估和 0.3 的概率具有乐观的评估。初始结中的字母 o 和 p 表示乐观和悲观，因此初始结 bo 表示自然开始选择参与人 1 为勇士且参与人 2 是乐观的，这个结点的概率为 0.12。注意到在模型中参与人 1 总是知道（不管有没有轮到她行动）博弈是从 b 类的初始结开始还是 c 类的初始结开始的，且 1 总是知道自己的性格。同时轮到参与人 2 行动时，他知道博弈是从 o 类初始结开始还是 p 类初始结开始的，他知道自己最初的评估。最后，参与人 1 知道参与人 2 会有那种评估，参与人 2 知道参与人 1 也知道自己的评估。参与人 2 知道参与人 1 对自己的评估，且参与人 1 也知道参与人 2 知道对自己的评估，如此循环，博弈结束。

　　这些即所谓的不完全信息博弈的一个例子。这类博弈通常对有些参与人开始对其他参与人的信息知道多或者少情况时的建模。第一个参与人知道自己的效用函数，第二个参与人知道自己的可选择行动，第三个知道对这两个事物的评估，同时前面两个参与人对这个评估又有个评估。如果我们希望更复杂一点时，我们可以想象参与人 3 评估参与人 2 评估参与人 3 对参与人 1 效用函数的评估。（如果你认为这很难理解，你可以画出相应的扩展式帮助理解。）

　　博弈的形式是：自然首先决定这些所有的事情，同时参与人的"初始"信息状态由自然的初始选择得到的信息给定。这里模型并不是完全通用的，尤其是他们假定：

　　（1）所有参与人的脑子里都有一个一致的"基础模型"。每个人都同意初始结上自然的选择。没有一个参与人完全不知道另外一个参与人所知道的情况，尽管一个参与人可能会以比较低的概率评估其他参与人知道某件事的具体情况。（随后你可以以你自己的方式来对这种限制情形进行建模。）

　　（2）参与人都同意初始结上的先念概率分布。这个模型中已经暗示了，我们在初始结中只给出了自然选择的单一概率分布。理论上我们没有理由做这样的假设，比如我们可以假设不同的参与人对自然的初始选择有不同的先念概率，尽管我们仍然可以假设每个参与人都知道由其他人决定的先念概率。（注意到，这并不是说每个人都知道其他人评估的后念概率。）但是通常都假设参与人具有共同的先念概率——这也是我们一直在第 2 章和第 11 章强调的惯例。

　　（3）模型在某个点"结束"。这点的意思是：假设参与人 2 不知道参与人 1 的一些特性，则参与人 2 会对这些特性以一定的概率进行评估。在图 13.1(2)中我们可以看到模型是如何构建参与人 1 对参与人 2 不确定的评估的，同时可以进一步使模型更复杂地表示参与人 2 对参与人 1 关于参与人 2 评估的不确定性,或者是参与人 1 对参与人 2 关于参与人 1 对参与人 2 评估的不确定(嵌套循环)。(这样的模型会相当复杂,所以你不用担心,我们不会去研究这样的问题。)但是,在最后这个链以这样的方式结束——参与人 1 知道参与人 2 对参与人 1 对参与人 2 对参与人 1 对参与人 2 对参与人 1 不知道特性的评估。在图 13.1(1)中模型结束得更早,参与人 2 对参与人 1 的特性有一个评估,且参与人 1 知道参与人 2 的评估。图 13.1(2)中的模型增加了一步然后结束。

这样的闭合循环理论不是必须的。用一些非常高深的数学,可以将这种无限递归的评估形式进行建模。但老实说,一个无限没有结束的模型是没有太多应用价值的,所以大家写下来并分析的模型都是很快结束的。

尽管这种不完全信息的建模方法有它的局限性,但是应用中证明该方法对考察竞争状态下的行为有很好的作用。要想知道布丁是什么味道就要去吃它,因此,不需要太多麻烦我们可以继续推出这类模型的一个应用。

在这之前,我们做一个小的总结。图 13.1(1)中的模型会让你回想到第 11 章中课后问题 3 和第 12.7.4 节中讨论的"真相博弈"。两个模型的故事发生了变化,但是博弈模型的扩展式是相似的。这也为我们介绍一些传统表述提供了一个机会。在真相博弈的故事中,自然的随机选择(掷硬币决定)是完全在博弈之中的。因为参与人 1 被告知掷硬币的结果而参与人 2 没有被告知,两个参与人处在不同的信息集中。这种情形在文献中被称为**不完美信息博弈**(game with imperfect information)。相比之下,啤酒—法式煎蛋博弈中的自然是作为一个外部条件引入的。这种情形在文献中被称为**不完全信息博弈**(game with incomplete information)。而从数学模型上看,这两种情况是一样的,不同的名称是根据不同的故事来的(在我脑子里,有些糊涂了)。

> 关于这个多讲一点:注意到真相博弈是两个参与人的博弈是很常见了,参与人 1 的期望收益由掷硬币的两种可能结果求平均计算得到,没有人对此怀疑。但是在啤酒—法式煎蛋中,情况并不这样直白了。这是两个人的博弈吗?还是参与人 1 的两种表现可以被看作不同的参与人,因此在某种程度上可以看作一个三人博弈呢?如果我们身处参与人 1 时的处境,我们的期望效用是怎样的?一些博弈理论认为这会有些不一样,如课后习题 1。这没有通用的惯例。只要有一点的好处,我的偏见是将它当作一个三人博弈。

13.2 一个应用:进入阻挠博弈

为了描述文献中这类模型的应用,我们简要的考虑第 9.2 节讨论的一个垄断者进入阻挠博弈。[①]这并不是要完全讨论阻挠进入博弈[相关的文献可参考 Tirole(1988)],而是同时为了更好地介绍该博弈的应用。我们需要在本章的中心主题上思考得更多一点,因此需要你的耐心。

首先回顾第 9.2 节的简单故事。一个垄断者面临需求曲线 $D(p)=9-p$ 和固定的边

---

① 因为有一个垄断企业和进入者,使用不同性别的人称名词比较方便。因此我们用"她"表示垄断者,用"他"表示进入者。

际生产成本,固定的边际生产技术且边际的生产成本为 1。同时她需要支付 2.25 美元的固定成本。标准的垄断理论表明垄断者的边际收入等于边际成本,或者说在产出 X 时,边际收入 $9-2X=1$,得到 $X=4$,$P=5$ 美元且利润为 13.75 美元。

尽管如此,故事进展时我们发现垄断者将产量定为 $X=5$,同时 $P=4$ 美元,利润为 12.75 美元。当垄断被要求解释时,她的解释是这样的:

> 一个潜在的竞争者在市场外观望并期望进入市场。该竞争者具有和我一样的生产技术。如果该进入者相信我会生产 4 个单位,那么他面临的剩余需求为 $5-X_2=P$,这将导致进入者如果进入就生产 $X_2=2$,从而将价格压到 3 美元并获得 $4-2.25=1.75$ 美元的利润。因此该竞争者就会进入。而如果他进入,我会得到 $8-2.25=5.75$ 美元的净利润。

> 但是如果我生产 5 个单位且进入者相信我会继续这样做,则他面临的剩余需求为 $4-X_2$,这导致如果他进入就会生产 $X_2=1.5$。这又将价格压低到 2.5 美元,给他带来 2.25 美元的毛利润(毛固定成本),净利润为 0。因此他就不会进入,同时我可以继续生产并得到 12.75 美元的利润。因此我生产产量水平 5 的确是更好的。

正如我们在第 9 章中提到的,为什么潜在进入者会相信如果他进入市场,垄断者(现在是双寡头垄断)会继续生产他未进入前的产量呢? 证明这个也不难。例如,可以想象如果在位的垄断者承诺生产一个固定水平的产量并能被潜在进入者观察到,则进入者随后就可以决定是否进入并生产多少。或者说,我们想象了一个斯塔克伯格的扩展式博弈。但是现实的竞争细节并不像模型那样,可能其中一个希望看得更远,尤其是模型中的在位垄断者只有在进入者决定进入后才会开始竞争。

进入阻挠博弈的这类模型也展示了一个问题。进入者决定是否进入,如果在位者能观察到这个,则进入后的两个竞争者之间的竞争可以看作一个子博弈。同时没有理由认为垄断者在未进入前的价格或数量决策对进入者的计算有任何影响。来看下面竞争的细节:首先,垄断者利用自己的垄断力量进行决策;进入者观察到这个并选择是否进入。垄断者观察到进入者的决策,并进行第二期的生产/销售决策,要么继续垄断(进入者未进入),要么双寡头竞争(进入者进入)。如果进入者进入,第二期的博弈形式为古诺竞争。两个厂商同时且独立地做出数量选择。(如果你对此没有疑问,可以给出刚才描述博弈的扩展式。)

关键在于,在这个博弈中,如果进入者进入后,接下来的就正好是一个子博弈。这是一个古诺双寡头博弈,我们也知道该古诺均衡为,每个厂商生产 8/3 单位产品,价格为 11/3,每个厂商的利润为 4.86 美元。(在我们继续之前,你应该对这个非常熟悉。)

现在整个博弈有很多纳什均衡了。比如在位垄断者威胁说如果进入者进入她就会在第二期生产 5.01 单位,此时进入者选择不进入,这就是一个纳什均衡。因为进入者没有进入,所以该威胁是在博弈的路径之外并成为纳什均衡的一部分。但是这依赖于不完美子博弈的行动;该博弈只有唯一的一个子博弈纳什均衡。如果进入者进入,在位垄断者根据既成事实调整自身的战略并生产 8/3 单位,并得到 4.86 美元的净利润;进入者也是。然后再回到第一阶段,如果在位垄断者意识到她在第一阶段不做任何行动也会影响这个,所以她(最优)选择生产 4 单位,即使知道她的垄断日子持续不了多久但同时也知道她不能对这个做任何事情。①

因此我们如何修正进入—阻挠博弈的故事呢？文献中提供了至少三种途径。第一，你可以继续进行第三次、第四次到无穷的博弈规划，每一期的利润用折现值来计算。这类方法也是第 14 章的主题，的确可以为我们提供足够的杠杆来让故事复活。我们将它留到下一章。

第二，可以发明一种方法使得垄断者在第一阶段做的决策能影响第二阶段的决策。这样的主题有很多个变形的版本，但是基本的思想是一样的：在位垄断者在第一阶段做一些行动并能被进入者观察到的，该行动能影响她第二阶段的行动并使她在进入者进入后的博弈中更加"激进"——足够激进到使自己能够先发制人。这一点我不会举例，但是可以推荐你去看课后习题 2。

第三(也是最关键的点)，我们可以认为潜在的进入者可以从在位垄断者第一阶段的行动中学习到一些东西。为了描述这个，我们将数字稍微做一些改变。假设进入者对在位者的边际成本不清楚，进入者自己面临着 3 单位的边际成本；在位者可能面临着 3 单位或 1 单位的边际成本，并假设进入者和在位者的固定成本都为 3 美元，而且相互都知道。

这些选择的数字使得如果进入者确信在位者的边际成本为 3 美元的话就进入，但是如果他确信她的边际成本为 1 美元时就不进入。特别地，如果进入者知道垄断者的成本为 3 美元的话，古诺博弈使得两个厂商都生产 2 单位并得到 4 美元的毛利润，且(减去 3 美元的固定成本)进入者进入后得到 1 美元的利润。然而当进入者知道垄断者是 1 美元的成本时，如果进入则古诺博弈使得进入者生产 4/3 单位，垄断者生产 10/3 单位，价格为 13/3，同时进入者的毛利润为 16/9 单位且净利润为 −11/9 单位，所以进入者选择不进入。

假设垄断者在第一阶段的行动是按照标准的垄断理论进行单期数量最优化决策。如果她的成本为每单位 1 美元，她将产品定价在 5 美元。如果她的成本为 3 美元，定价是 6 美元。因此如果进入者预期到垄断者会在第一阶段按照这种方式行动时，进入者就会学习到垄断者在第一阶段的决策并选择是否进入。但是如果垄断者成本实际上是 3 美元，她可能会期望将价格定在 5 美元以误导进入者认为进入是一个错误的选择(这将会成为进入—阻挠博弈第一阶段的定价现象)。但是进入者可能也会无视垄断者第一阶段的决策。

我们如何对这个进行建模并分析呢？毫无疑问，合适的模型取决于垄断者对进入者不确定性的了解程度和进入者对垄断者的了解程度。我们可以用不完全信息的模型来描述一个简单的例子。

假设进入者预测在位者以 ρ 的概率具有 3 美元的边际成本，而且在位者也知道进入者的预测，进入者也知道在位者知道自己的预测，如此循环。考虑如下不完全信息博弈，自然首先选择在位者的生产函数(边际成本)，以 ρ 概率选择 3 美元，并让垄断者知道。根据这个，垄断者在第一阶段做出产量选择和价格。进入者观察到垄断者的选择(但不是她的成本结构)然后决定是否进入。如果进入者进入，进入者和垄断者同时做选择并进入古诺博弈。因为进入者可能对垄断者的成本不确定，所以他自身的成本也不确定，我们假设他

---

① 如果你喜欢不相关逻辑问题，试着建立一个(子博弈精炼)纳什均衡，该博弈中在位垄断者在第一阶段生产 5 单位产品。在这个均衡中，垄断者会在第二阶段必要地生产多少呢(假设这是最后的博弈)？

力求最大化自身的期望利润。因为垄断者在两个阶段都会获得利润,我们必须知道她是如何衡量不同期美元的价值,所以我们简单地假设她最大化不贴现利润的总和(引入一个折现因子也不是难事)。

我们将这个扩展式博弈表述为图 13.2。可以看到我们知道在位者的 6 个信息集——根据她的不同"类型"分类。她必须决定在第一阶段生产多少,如果进入者不进入在第二阶段生产多少和如果进入者进入生产多少。(实际上,她有很多的信息集,同时根据她第一阶段的产出进行第二阶段的生产。)我们给出了进入者的两个信息集:是否进入,如果进入应该选择生产多少。这非常具有迷惑性。进入者对垄断者第一阶段的选择都有一对信息集,同时练习的关键点在于,在位者第一阶段的决策如何影响进入者的决策?

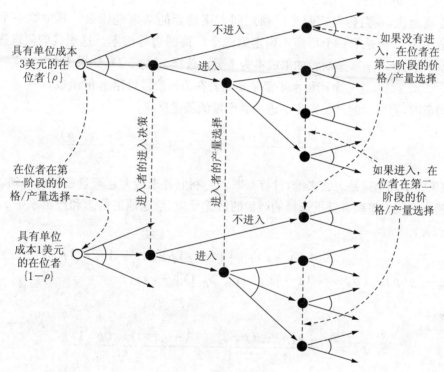

图 13.2　进入阻挠博弈

我们接下来用序贯均衡的解概念来分析这个扩展式博弈。[a] 这个分析对很多读者来说可能很难;这是我们第一次用非合作理论来探讨"严肃"的问题。我们会逐步讲得很详细,虽然仍然会感觉比较难,你应该锲而不舍;微观经济学最新的进展都是基于这类讨论进行的。如果,看完这个分析你还是云里雾里,最好马上去看第 17 章然后再回到这里的分析。

首先,我们先解释为什么使用序贯均衡概念。我们已经讨论过没有不完全信息的进入博弈,其中垄断者可以用生产很多的数量来对进入者施加"进入威胁",这是一个纳什均

---

a　更严格地讲,序贯均衡的概念并不真正适合这里,因为序贯均衡只出现在有限博弈的定义中。但是我们的分析的确按照序贯均衡的"理念"进行。

衡。为了避免这种"威胁"均衡,我需要调用子博弈精炼。我们不会在这里引入子博弈精炼,因为该博弈由于不完全信息,没有子博弈。运用序贯均衡概念,我们假设垄断者是序贯理性的,也就是说她不能用生产一个不可置信的产量来威胁进入者进入;她必须假设如果进入者进入后,自己的最优反应。

1. 第一步:给定进入者的信念时的古诺博弈

当然,序贯均衡的概念比垄断者避免使用威胁战略更加丰富,这还和进入者在观察到垄断者第一阶段的价格/产量选择后对垄断者的成本信念有关。更准确地说,假设我们赋予进入者认为垄断者的边际成本为 3 美元的信念为 $\mu(p)$,是垄断者第一阶段价格 p 的函数。给定这个信念,如果进入者决定进入,则博弈就按照最后一章课后习题 17 中的形式固定该信念 $\mu(p)$ 进行。

更准确地说,我们会问这两个厂商之间古诺博弈的结果是什么? 其中第一个厂商的边际成本为 c,但是第一个厂商不确定第二个厂商的边际成本。这里我们假设进入者选择产量水平为 $x_e(p)$,垄断者如果成本为 1 美元选择 $x_m(p, 1)$,如果成本为 3 美元选择 $x_m(p, 3)$。注意到,这三个产量水平都是垄断者在第一阶段价格 p 的函数。

在均衡时,垄断者的产量肯定是进入者产量的最优反应:

$$x_m(p, 1) = \frac{9-1-x_e(p)}{2} \text{ 和 } x_m(p, 3) = \frac{9-3-x_e(p)}{2}$$

(如果你不知道这是怎么来的,计算垄断者的利润并求最大化产量就可以得到。)进入者的产量也必须是垄断者随机选择的产量的最优反应,给定他的信念和产出水平 x,他的期望利润为:

$$[\mu(p)][(9-3-x_m(p, 3)-x)x] + [1-\mu(p)][(9-3-x_m(p, 1)-x)x]$$
$$= (6 - [\mu(p)x_m(p, 3) + (1-\mu(p))x_m(p, 1)] - x)x$$

最大化时:

$$x_e(p) = \frac{6 - [\mu(p)x_m(p, 3) + (1-\mu(p))x_m(p, 1)]}{2}$$

他预期垄断者以 $\mu(p)$ 的概率成本为 3 美元并选择 $x_m(p, 3)$,以 $1-\mu(p)$ 的概率成本为 1 美元并选择 $x_m(p, 1)$。

这样我们得到三个方程:

$$x_e(p) = \frac{2(6 - 3\mu(p) - 4(1-\mu(p)))}{3} = \frac{2(2+\mu(p))}{3}$$

$$x_m(p, 1) = \frac{6 + 3\mu(p) + 4(1-\mu(p))}{3} = \frac{10 - \mu(p)}{3}$$

$$x_m(p, 3) = \frac{3 + 3\mu(p) + 4(1-\mu(p))}{3} = \frac{7 - \mu(p)}{3}$$

如果你再计算一下,就可以得到进入者的利润(不包括固定成本)为 $4(2+\mu(p))^2/9$。

这是一个数学泥潭,但是有一点很合理:$\mu(p)$越大,进入者就越乐观。越高的$\mu(p)$意味着他预期垄断者有更高的概率具有高的成本,这鼓舞了他,同时他的产量随着$\mu(p)$上升。而他产量的上升导致均衡时垄断者的产量下降。

当读者第一次看到这种形式时,有时候就会明白并认为进入者应该"选择乐观信念"。这里应该强调一下,参与人不能选择他的信念,他们具有的信念是基于他们生活经验中的类似情况等。当参与人在给定信念下选择乐观的行为时,我们不能认为参与人选择乐观,而是乐观就是他本身的信念。选择优势信念就像今年选择花椰菜是因为今年花椰菜价格低。

让我们来评价一下我们现在所处的情景。我们在找给定的扩展式博弈的序贯均衡,期望抓住进入—阻挠的一些特点。我们已经指出在垄断者选择价格p后,如果进入者认为垄断者以$\mu(p)$的概率成本为3美元就选择进入,这意味着在均衡时进入者的毛利润为$4(2+\mu(p))^2/9$。

刚刚提到的内容有一个框架被忽略,应该好好挖掘并做解释。在这个博弈的任何序贯均衡中,进入者在决定是否进入的信息集中的信念和他选择进入以后的信息集中的信念是相互独立的,不管在均衡时他被认为是否进入还是不进入。这是序贯均衡中的信念一致性准则。而且这也很合理。为什么进入者所做的与没做的会影响到他对垄断者成本的信念呢?

2. 第二步:给定进入者信念的进入决策

因此,当进入者认为在位者成本为3美元的概率为$\mu(p)$时,是否就应该选择进入呢?当他的期望毛利润大于固定成本3美元时,他就会进入。比较$4(2+\mu)^2/9$和3的大小时,可以得到$\mu(p)$大概为0.598[b];所以如果进入者认为在位垄断者的边际成本为3美元的概率大于0.598,他就选择进入,如果小于0.598,就选择不进入。(如果他确定的认为是0.598时,那么进入与不进入是没有差异的。)

至此,根据前面的内容我们可以问,该博弈的序贯均衡是什么?实际上有很多。我们不会全部都讲,相反我们会讨论不是均衡的一组战略,我们会给出$\rho < 0.598$时的一组均衡和$\rho > 0.598$时的一组均衡。这样,我们就能知道为什么非均衡不是均衡,均衡之所以为均衡以及这两种均衡如何解释进入阻挠博弈的。在完成第17章以后,你会被要求回过来并对这个问题进行一个更全面的分析。

3. 第三步:一个非均衡

不管ρ为任何值,垄断者的成本为1美元时设定价格为5美元和成本为3美元时定价为6美元都不会成为一个均衡。如果他这么做,进入者就会根据他定价为6美元时推测成本为3美元,定价为5美元时推测成本为1美元。也就是说$\mu(6)=1$和$\mu(5)=0$,这些信念由贝叶斯法则得到;如果垄断者在第一阶段定价为5美元或6美元时,则这些观察都是在博弈的路径之上的,同时适用贝叶斯规则。[c]

然而给定这些新念,我们知道进入者观察到第一阶段定价5美元时就不会选择进

---

b   准确地应为$\frac{3\sqrt{3}}{2}-2$。

c   这个在序贯均衡中也总是对的。

入,而定价为 6 美元时就进入。如果这就是进入者的战略,再来考虑垄断者成本实际上为 3 美元时的战略。如果她按照上面说的战略定价 6 美元就能在第一阶段得到 6 美元的净利润(减去固定成本),但是进入者就会进入,随后在第二阶段只能得到 1 美元净利润。或者是,如果她在第一阶段定价 5 美元假装自己的成本为 1 美元,则她在第一阶段的利润由 6 美元降为 5 美元,但是随后进入者就不会进入,从而在第二阶段定价 6 美元并得到 6 美元的净利润。这个战略比上面提到的战略更好,但不是均衡战略组合的一部分。

4. 第四步:一个混同均衡

现在假设 $\rho < 0.598$,我们要求以下是序贯均衡:不管她的成本是多少,垄断者在第一期都定价 5 美元。进入者基于信念 $\mu(p)=1$ 且 $p > 5$ 美元,只要垄断者第一阶段定价高于 5 美元时都选择进入,而在信念 $\mu(p)=\rho$ 且 $p \leqslant 5$ 美元时,垄断者定价低于 5 美元时都选择不进入。(如果进入,两个参与人根据该方案中的第一步进行博弈;如果没有进入,垄断者在第二阶段继续实行垄断价格。)

为什么这是一种序贯均衡呢? 首先,进入者在给定他推定的信念时以最优的方式进行博弈。他根据第二步中的分析,在应该进入时选择进入,不该进入时就在博弈之外。其次,注意到他的信念与均衡策略是一致的,至少是在博弈路径之上的。在第一个阶段使用的唯一价格是 5 美元(在这些战略中),并且两种类型的垄断者都收取这个一样的价格,因此对垄断者类型的后念评估应该和事先一样。其他所有的价格都是在博弈路径之外的,所以信念可以是任意的。[d] 但他们也有些道理:垄断者定价越高,我们更应该是怀疑她的成本越高。至少,我们具有的信念应该有这种单调特性。[①]

最后,垄断者在给定进入者的战略时选择自己的最优行动。如果垄断者的成本为 1 美元,她会在第一阶段选择她最优的价格并阻止进入者进入,没有其他战略比这个更好了。而如果她的成本为 3 美元,她就更倾向于在第一阶段定价更高,但这会使进入者进入。因此,更好的方式是在第一阶段接受更少的利润并在第二阶段保持更高的利润,以此作为平衡。

这个均衡的“直觉”我们放到最后。因为 ρ 比较小,进入者如果不能从垄断者第一阶段的定价中学习到什么,他将选择放弃进入。因此如果垄断者的成本为 3 美元时,她希望隐藏这个事实。在这个均衡中她通过第一阶段定价 5 美元来隐藏事实,就像第 9.2 节中的故事一样。

5. 第五步:一个分离均衡

这个均衡在 $\rho > 0.598$ 时不起作用。在这种情况下,混同均衡是无效的,根本无法阻止进入者进入。那么成本为 3 美元的垄断者预感到无论如何都有进入时,她在第一阶段选择一个短期次优的定价关键是什么?

当 $\rho > 0.598$,我们说下面的战略是一个均衡:如果垄断者的成本为 3 美元,她在第一阶段定价 6 美元;如果她的成本为 1 美元,她在第一阶段定价 3.76 美元。进入者在信念 $p > 3.76$ 且 $\mu(p)=1$ 基础上,只要垄断者定价高于 3.76 就选择进入;在信念 $p \leqslant 3.76$ 且 $\mu(p)=0$ 基础上只要垄断者定价低于 3.76 就选择不进入。(如果进入了,两个参与人就按

---

d 他们必须和序贯均衡的理念一致。

① “啊哈”,读者会说,“在这里信念都是被选定的,而如果所有的事都没有信念呢?”为了让清楚的读者不糊涂,我们对此做了明确。一个序贯均衡描述了一个人的行动和信念,包括博弈路径上和非路径上的。

照第一步进行博弈。如果不进入,垄断者继续在第二阶段实行垄断价格。)

为什么这是一个均衡? 首先,进入者在给定的信念下,根据第二步选择最优的行动,而且这些信念也是在给定垄断者战略下时有意义的信念:第一阶段定价 6 美元肯定意味着垄断者的成本为 3 美元,而第一阶段定价为 3.76 美元时肯定表明垄断者的成本为 1 美元。其他的定价和信念都是在博弈路径之外的。我们也正确地选择了适当的单调特性了。

那么垄断者的战略也是最优的吗? 如果垄断者的成本为 1 美元,她在第一阶段更倾向于选择高于 3.76 美元的价格,但是那样会导致进入。在定价高于 3.76 美元时她更倾向于牺牲一点第一阶段的利润以阻止进入者进入,这个分析就留给读者了。

更有趣的例子是如果她的成本为 3 美元时,她按照上面所讲的定价在第一阶段可以得到 6 美元的利润(减去固定成本),进入者进入后,在第二阶段得到 1 美元的利润。她只有定价在 3.76 美元以下时才能阻止进入者进入,那样她在第二阶段可以得到 6 美元的利润。但是当她定价正好是 3.76 美元时的情况又是怎样呢? 她可以以每单位 0.76 美元的价格售出 5.24 单位并得到 3.98 美元的毛利和 0.98 美元的净利润。这刚刚小于阻止进入所需要的 1 美元临界值。因此我们得到一个纳什均衡,如果垄断者的成本为 3 美元,她企图定价 3.76 美元以假装自己是低成本垄断者并阻止进入的策略就会失败。

显然,在该均衡中,成本为 1 美元的垄断者要是想传达自己的成本为 1 时就必须在第一阶段选择很低的价格——该价格要足够低,低到成本为 3 美元的垄断者也会放弃得到如此低的利润。这被称为**分离均衡**(screening equilibrium),因为两种类型的垄断者在第一阶段都选择了两种行动。

这个例子的目的不是分析进入—阻挠博弈的,关键是该模型给出了不完全信息的形式和分析范式,在此基础上还可以拓展很多。特别地,垄断者知道进入者对自身成本存在不确定,她可以利用这个不确定性作为自己的优势。如果我们认为垄断者也对进入者的评估存在不确定,那么就更需要更复杂的模型了。我们可以进行拓展,比如垄断者对进入者的固定和边际成本不确定,则垄断者不知道自己的定价是否会阻止进入者进入,因此在进入者进入后她会更新自己对进入者成本结构的评估。(一个高成本的进入者就会有更高的激励选择进入以误导垄断者认为自己是低成本的进入者。)

该模型的拓展还有很多其他的方式。一个明显的例子是假设垄断者有点糊涂——不知道进入者对她自身的成本结构存在不确定,或者是不知道他会观察她第一阶段的定价来显示成本结构。这样糊涂的垄断者不是完全理性的,至少她不是非常清楚自己行动释放的暗示。因此接下来我们来对这类"不理性"进行建模。

13.3 不理性的建模

不完全信息博弈模型可以对此情形进行建模:一个参与人对另外一个参与人的"不理性"有一个显著的概率估计。

问题的关键是我们如何区分"非理性"。首先来看最简单的例子,考虑图 13.3(1)。用逆向归纳法求解该博弈,我们看到参与人 1 在最后一个节点处选择 d,因此参与人 2 在他的节点处应该选择 α,然后参与人 1 在最开始的节点处应该选择 D。但是,假设参与人 2

认为参与人 1 会出于一些原因选择 Aa,比如参与人 1 心怀恶意(让对方得到更少的支付)或者干脆说参与人 1 对数字 D 就有恐惧感;更具体点,假设参与人 2 认为参与人 1 会以 0.3 的概率在开始选择 A 行动,而在随后如果参与人 1 还有机会选择时,继续选择 a,即使最后的支付(很明显)只有参与人 1。

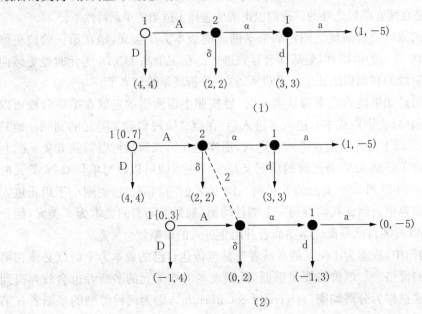

图 13.3　非理性的建模

那么如果对这个进行建模呢? 考虑图 13.3(2),我们针对原模型构建了两个不同"版本"的不完全信息博弈模型,在最开始都由自然做出选择。两个版本中的参与人 2 的支付都和原模型一样,在上面的模型中,参与人 1 的支付和原模型一样,但是下面的模型中参与人 1 的支付使得 Aa 成为严格占优战略。因为我们可以给定参与人 1 的战略 Aa,再去计算在参与人 1 的信息集处偏离该战略所能得到的支付是否大于该战略得到的支付;[①]可以知道,在参与人 1 的任何信息集处,给定参与人 2 的任何战略,参与人 1 选择 Aa 战略都是严格占优的选择。

当然,图 13.3(2)还有更多的内容;首先,自然分别以 0.7 和 0.3 的概率选择两个版本的博弈,这主要是先构建参与人 2 对参与人 1(不管参与人 1 是否理性)的最初评估。在每个信息集,参与人 1 都清楚自然的选择,也就是说参与人 1 知道自己是否理性。但是在参与人 2 的信息集中并未给出这样的信息(参与人 2 不知道参与人 1 是否理性。)

然后要构建某个参与人不理性的技巧是,给定参与人能获得支付的不确定性,给出他占优的战略,然后强迫他选择不占优的战略。参与人知道自己的支付,也"知道"什么样的行动是不理性的,但是另外一个参与人则被蒙在鼓里。

我们是这样构建非理性的:参与人不管对手的任何行动,都按照自己特定的行动路径进行选择。当然对于这类只有一个参与人是非理性的博弈形势,我们可以有很多种形式

---

① 为了更好地理解这个规则,如果给定参与 1 的战略 Dd。你可以考虑图 13.4(3)中最下面的模型并检验你的答案。

构建非理性——如果参与人 2 评估参与人 1 以 0.1 的概率非理性地选择 Aa，或者是 0.15 的概率非理性地选择 Ad，0.25 的概率非理性地选择 D，或者参与人 1 以 0.5 的概率是"理性的"，这样就有 4 种不完全信息的博弈形式了。前面三种会根据模型构建的支付强迫参与人 1 选择特定的行动，第 4 种则按照原博弈的支付进行。

我再对构建的模型中自然的非理性多说几句。在这个特殊的博弈中，参与人 1 总是选择 D。虽然在下面的段落中，我会提到参与人 2 会评估参与人 1 以 0.25 的概率选择 D。这里的所说的"理性"意味着参与人在考虑对手的预期行动时，按照原博弈给定的支付进行行动选择。"非理性"意味着不会太多地考虑对方行动就选择行动。在这里，可以很明显地知道参与人 1 在给定原博弈的支付下选择 D 是理性的，但是我们也可以认为她仅仅讨厌字母 A 而选择 D 的。

因此，在某个瞬间我们可以看到参与人不顾"最有利的"理性支付计算而选择特定的不理性行为。那么其他形式的非理性是怎样的？有些是比较容易处理的，比如一个参与人可能会按照最大化和对手支付之间的差异来做选择。很难说这是一种不理性，可能一个更好的描述是参与人按照另外一种偏好（因此有不同的支付集）去做选择的；但不管你怎么去称呼它，这也很容易用不完全信息博弈去构建的。再举一个稍微复杂点的例子，如参与人可能会以一个正的概率评估对手的目的是使另外的参与人得到的支付最小的原则去选择行动的。可以分两个步骤建模：首先定义按照这个标准可能会导致的战略，然后按照上面提到的方法将"行为"构建进去。总的来说，我们试图去减少任何"行为"上的不理性，这样我们就可以按照前面的理论去建模，很多情况下，这样做是有好处的。（在后面会看到一些特别狡猾的方式。）

我们应该指出图 13.3(2)还暗示了其他的一些假设。最重要的是，它假设参与人 1 知道参与人 2 不清楚参与人 1 的理性状况。参与人 1 知道博弈的结构，知道参与人 2 认为参与人 1 会以 0.3 的概率选择严格占优策略。参与人 2 也清楚参与人 1 知道这些，如此递归。模型以参与人 2 的不确定性结束，我们可以说两点：

(1) 只有图 13.3(2)上面的博弈，参与人这样做才是可行的。也就是说，如果自然选择了下面的节点，参与人 1 不管参与人 2 会如何选择，都会选择 Aa。因此当我们说参与人 1 清楚参与人 2 的不确定性时，我们实际上可以这样说：如果参与人 1 是理性的，她就知道参与人 2 的不确定性。

(2) 当然，我们也可以假设参与人 2 不清楚参与人 1 的理性状况，同时参与人 1 不清楚参与人 2 的评估。这种类型的模型我们可以这样结束：参与人 2 知道参与人 1 知道参与人 2 关于参与人 1 的理性状况的评估，等等。理论上，我们不需要结束任何有限的博弈，但实际上，我们只关注模型给出的形式。

现在让我们改变图 13.3 中的一些支付和概率来做一些总结。来看图 13.4(1)的第一个博弈，它的区别在于参与人 1 选择 A 后参与人 2 选择 δ 的支付由 2 变成了 5。很显然，如果参与人 2 有很高的概率选择 δ 时，参与人 1 当然很高兴会选择 A。同时，如果参与人 2 确定参与人 1 是理性且在最后节点会选择 d 时，那么参与人 2 会选择 α；此时，参与人 1 是理性的话就应该选择 D。因此参与人 1 选择 A 看起来是不理性的，所以参与人 2 会担心参与人 1 的不理性而选择 δ。因此参与人 1 选择 A 是不理性的，参与人 2 选择 δ 也是不理性的,如此循环。

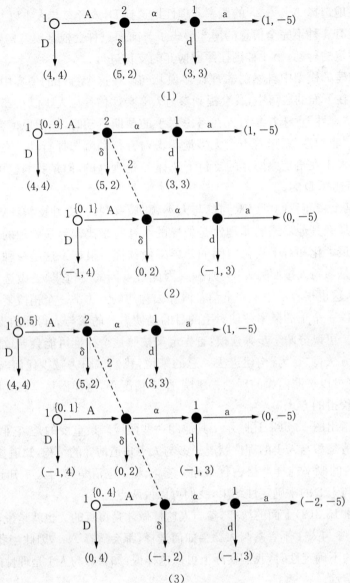

图 13.4　非理性的建模(续)

那么如何对这种情况进行建模?也就是说参与人 2 在开始时不知道参与人 1 是否是理性的,同样也认为参与人 1 在结尾也是否会理性的选 d。我们可以假设参与人 2 认为参与人 1 在开始时以 0.1 的概率"非理性"的选择 Aa,如图 13.4(2)所示。

图 13.4(2)的分析会稍微有点复杂,而且我也不认为从均衡分析中得到的"答案"对这个博弈来说会非常清晰,但是还是让我们来分析一下并看看最后会有什么意义。

首先看下面部分的博弈,参与人 1 会按照严格占优策略选择 Aa,因此我们只需要关心上面部分的博弈参与人 1 的行动。其次,该博弈有一个不明显的纯战略纳什均衡:在该均衡中,参与人 1 选择 Aa(和下面的博弈一样),参与人 2 的回应是 δ。很明显参与人 2 为什么选择 δ,因为如果他不选择 δ 而轮到参与人 1 选择 a 时,他只能得到 -5 的支付;然后参与人 1 在给定参与人 2 选择 δ 时选择 A 是优于 D 的,而 a 优于 d 是不相关的。但是这取决于轮到参与人 1 选择时她会选择 a 的假设,而当真的轮到参与人 1 选择时认为她真的会选择 a 似乎不可信的。为什么能得到 3 的时候她反而选择得到 1? 或者按纳什精炼的术语来说,上面博弈中的 a 不是序贯理性的。因此,我们随后将限定参与人 1 选择 d 的情形(当然,下面的博弈是 a)。

现在来看,参与人 2 认为自己以概率 μ 处在上面的博弈。如果他选择 δ,他肯定得到 2。如果他选择 α,他以 μ 的概率得到 3 和 1−μ 的概率得到 −5,预期收益为 $3μ−5(1−μ)$ $=8μ−5$;和肯定能得到 2 比较,如果 μ＜7/8 时,他会选择 δ,而在 μ＞7/8 时选择 α,而在 μ＝7/8 时没有区别。(也可以是任何的混合战略。)

假设该博弈的解是参与人肯定选择 δ,则参与人 1 在上面的博弈中肯定会选 A。这意味着参与人 2 应该认为自己以 0.9 的概率处在上面的博弈中,这又会使他肯定会选择 α,这不是一个均衡。

假设该博弈的解是参与人肯定选择 α,则参与人 1 在上面的博弈中最优的选择是 D。但是如果能轮到 2 选择,他知道自己肯定处在下面的博弈中,所以他的最优选择是 δ,这也不是一个均衡。

因此唯一可能的均衡是(参与人 1 在上面的博弈中选择 d)参与人 2 在 α 和 δ 之间随机选择。为了使整个最优,他必须评估自己有 7/8 的概率处在上面的博弈中。这是怎么发生的? 想象参与人 1 在上面的博弈中随机选择 A 和 D, A 的概率为 π,然后根据贝叶斯法则轮到参与人 2 选择的概率为 $\frac{0.9π}{0.9π+0.1}$ 认为在上面的博弈中。此时如果 π ＝ 7/9 就得到 7/8。

那么对于博弈树上面的参与人 1 来说什么样的随机战略是最优的? 假设参与人在他的信息集时以概率 ø 选择 α,以 1−ø 选择 δ,然后处在上面的参与人 1 要么选择 D 肯定得到 4,要么选择 A 时以概率 ø 得到 3 和以 1−ø 的概率得到 5;当以 ø＝1/2 时,参与人 1 在选择 A 和 D 之间没有区别。

在这里,如果我们假设处在博弈树上面的参与人 1 选择 d 时则没有纯战略均衡。唯一可能的均衡是参与人 1 选择 A 和 D 的混合战略使得参与人 2 在 α 和 δ 之间无差异,然后参与人 2 在 α 和 δ 之间无差异使得参与人 1 在 A 和 D 之间无差异,上面已经计算了合适的混合概率。你也可以自己决定是否将它作为一个"解",但是这是唯一的候选答案。(总是假设博弈树上面的参与人 1 会选择 d。)

为了让你能更好地理解,我们可以提高参与人 2 认为参与人 1 不理性的概率为 0.2,或者将最右端终结点的支付 −5 降低为 −10。但不管是哪种改变,即使参与人 2 认为博弈树上面的参与人 1 会选择 A,当他意识到如果他选择 α,不管参与人 1 是否理性,他都有可能会得到非常差的结果,他宁可选择 δ;而如果这样,参与人 1 也会希望参与人 2 选择 δ。

接下来我们再对图 13.3 进一步分析。在图 13.4(2)中我们假设参与人 2 不确定参与人 1 的理性状况且参与人 1 也知道这个情况。想象参与人 2 采取如下更加复杂的初始信念:和前面的一样,参与人 1 有 0.1 的概率不理性地选择 Aa 战略,支付也一样;但是还有一个额外的 0.4 概率认为参与人 1 不清楚参与人 2 不清楚参与人 1 的理性状况。因为这个额外的概率,参与人 1 认为参与人 2 会以 0.4 的概率按照图 13.3(1)的博弈进行,而另外的 0.5 概率表示参与人 1 知道参与人 2 对自己的不确定性,包括他的三种可能性:0.1 的概率认为参与人 1 是不理性的,0.4 的概率认为参与人 1 是"理性的但很天真",0.5 的概率认为参与人 1 是"理性的非常有经验的"，我们如何对这些进行建模？

对这个进行建模前我们不禁要问，其中的"理性的但很天真"的参与人 1 会如何行动？该类型的参与人 1 像图 13.4(1)那样所示。如果我们总结一下，我们就可以构建像图 13.4(3)的博弈：最上面的表示参与人 1 是理性的且非常有经验，中间的代表参与人 1 会不理性地选择 Aa，而最底下的表示理性但很天真的参与人 1——他会因为节点上的支付而迫使 D 成为他的占优策略。

但是还有另外一种情况——参与人会以 0 的概率选择某个行动且其他参与人也认为这是可能的。我们首先尝试通过这类参与人的视角去观察他们会怎么做，如果我们观察到了他们会怎么做，然后我们按照不理性模型的简单版本将模型构建得更复杂。

该两个步骤(或者是多步骤)的程序可以构建很多情况，但是还有另外一种更复杂的方式也可以达到相同的效果。这又回到了基本的不完全信息博弈，来考虑该博弈的两种情况：(1)在初始结处，参与人有不同的先念概率分布；(2)这些先念的概率有不同情况，也就是说一个参与人可能会认为某些初始结具有 0 概率，而其他参与人却认为博弈是从该初始结开始的。你能用这种类型的模型描述刚才说的"理性但很天真"的参与人 1 吗？

我们已经分别用例子解释了参与人 1 对参与人 2 的"理性"存在不确定，但是参与人 2 明确知道参与人 1 的状况，这样做可以保持简化。但这完全没有必要，因为可以很容易地对参与人 1 不清楚参与人 2 的理性状况，且参与人 2 也不清楚参与人 1 的理性状况的情形进行建模。为了检验你解决这类模型的能力，考虑图 13.5 并尝试去描述我们刚才提到的情况。(参考课后习题 5 以得到更多有针对性的问题。)

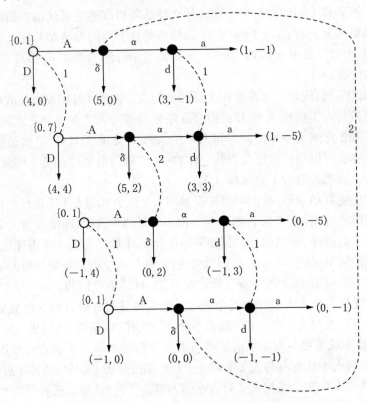

图 13.5 一个不完全信息博弈的扩展式

我们所说的"天真的理性"是另外一种非理性的形式,至少是有限理性。这类参与人可能并不能完全地了解到将会发生什么——参与人并不知道另外一个参与人所持有的可能性。

13.4 关于精炼的更多内容:完全理论①

最后一次来考虑图 12.1(15)的博弈,我们将它复制为图 13.6。关于这个博弈我们可以很容易概括:这是占优可解的。U 严格占优于 R,一旦 R 被剔除,l 弱占优 r,导致 L-l 成为解。当然,这也是一个纳什均衡。但是 U-r 也是一个纳什均衡而且还是序贯均衡。要支持 U-r 成为均衡,在参与人 1 选择 R 的节点上,参与人 2 路经之外的信息集的信念必须是参与人 1 至少有 1/4 或更高的概率选择 R 而不是 L。

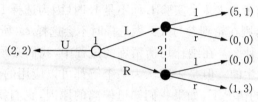

图 13.6 一个扩展式博弈

这样的信念可行吗? 在第 12 章中我们给出了两个论证,一个是支持的,一个是反对的。

(1) 反对这个信念的论述是 R 劣于 U 但 L 不劣于 U。换句话说,他选择 R 都不会好过 U,而且她也有可能选择 L。因为如果当 2 回应选择 l,那么 1 选择 L 就好过 U。因此当轮到 2 选择时,他"应该"能总结出 1 是选择 L 的,从而 2 会选择 l。

(2) 支持这个信念的是迈尔森合理准则(Myerson's properness criterion)。他的观点是均衡路径之外的是一个"错误"——颤抖手。在人会犯错误有多严重时,参与人则希望避免更大的错误。如果参与人 2 选择 r,那么参与人 1 错误地选择 L 明显比错误地选择 R 所犯的错误更大。因此当轮到参与人 2 做选择时,他会总结到参与人 1 更愿意错误地选择 R,因此 2 选择 r 是个理性的。[e]

可见,这里的两个观点不是一样的。第一个观点是完全地限定了答案。如果你接受这样的观点,那么 L-l 是唯一可能的答案。第二个观点就有点含蓄(circular),使得 U-r 成为一个"解"。也就是说在第二种观点中,只有参与人 2 会选择 r 的前提下,L 才有可能会错误地被选择。

在一定程度上,我对第二个观点更感兴趣,其中还有个故事。这个故事就是:偏离一个解是犯错误的结果(颤抖手),而且犯大错误不太可能超过小错误。

第一个观点没有相似的故事,但是不难构建这样的故事。比如单一的纳什均衡 L-l,假如我们说这样一个故事,大部分的参与人来自一个都知道"解"的社区,而一小部分参与人来自的社区,在该社区中其他"解"比较流行,来自这两个社区的参与人随机匹配。而当发现一个

---

① 这部分内容是选读的。书中的任何部分都没有以这部分内容作为基础,对于初次接触这部分内容的读者可能会觉的比较难。

e 迈尔森合理准则还可以拓展更多。他要求在犯错误时应该选择无限渐近更小的错误而不是无限渐近更大的错误,而在这里我们不需要这么强的概念。

均衡之外的行动时,可以认为该行动是来自另外一个具有不同"解"社区的参与人所做的行动。而如果还不找不到这样的例子,那么就说均衡之外的行为是一个错误行动的结果。

按照该故事的逻辑,因为 L-l 是唯一的"其他"可能解。当轮到参与人 2 做行动时,他会更倾向于认为前面的参与人来自认为 L-l 是解的社区。但是这就不会使 U-r 成为解的可能。

而另外一个故事我们可以用来补充第一个观点,那就是均衡路径之外的行动是用来"检验"均衡路径之外的反应。参与人都被假设按照传统的方式都非常确定接下来会发生什么,他们也非常清楚如果他们偏离会发生什么。但是通过检验发现,参与人有时候还是会偏离传统的方式。这样的偏离并不是偶然的,相反,有时候参与人更倾向于选择偏离,因为他们认为偏离后能击败按照传统方式进行博弈的结果。如果该博弈的解为 U-r,如果参与人 2 相信参与人 1 会偏离 U 从而来检验传统的方式。传统的方式认为参与人 2 会选择 r,而当参与人 2 相信参与人 1 会实验 L 而不是 R 时(因为选择 L 会有一定可能得到比选择 R 时更高的支付),则在轮到参与人 2 做选择时不会选择 r。所以 U-r 不是一个解。

这些故事的关键是什么? 在纳什均衡精炼的过程中,我们必须要思考如果"解"被篡改了什么是最有可能发生的。但是一定认为某个解都可以应用的话也是愚蠢的(至少是武断的)。在一些特殊的情况下,如果我们知道偏离的原因,我们就能更好地讨论如何推测参与人在遇到偏离时如何行动。然后,我们可以得到哪类精炼是可以接受的。[f]

带着这个疑问,让我们来检验子博弈精炼和序贯均衡的逻辑。考虑图 13.7(1)的完全和完美信息博弈。运用逆向倒推法,可以得到参与人 1 会在他的第二个结点选择 a,因此参与人 2 会选择 α,同时参与人 1 会选择 A;这是唯一的子博弈精炼均衡。但是 Da-δ 是另外一个纳什均衡,而且它对参与人 2 来说还非常"安全"。那么是什么阻止它不能成为这个博弈的解呢?

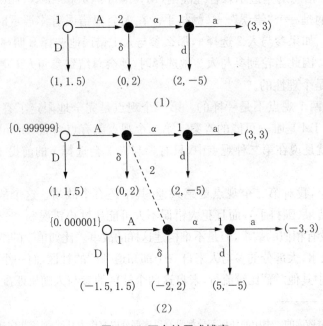

图 13.7 两个扩展式博弈

---

f 这是最近的研究主题,第一个案例可参考 Suehiro(1989),第二个案例可参考 Fudenberg 和 Kreps(1989)。

如果参与人 2 认为偏离一个给定的解是一个很简单的错误，而且在这个信息集犯的错误不影响其他信息集犯的错误，那么如果参与人 1 选择 A，他就应该耸耸肩并假设参与人 1 会给出另外一个选择的机会，这样就会将 δ 排除出去。

但是让我们来看看参与人 2 另外一个不同的分析。假设他认为他的对手有一个小的机会想找茬——1/1 000 000——但是这个概率足够了，不管他观察到什么，都会被认为他的对手犯了一个预期之外的错误。我们可以参考图 13.7(2) 中的博弈。我们将 13.7(1) 的博弈做些变化，并假设自然在开始时选择其中的一个博弈。首先，在第一个博弈中参与人 1 的"动机"还是由原来的收益给定，但在第二个博弈中，有一个先验的概率 0.000 001，且参与人 1 的收益是简单地减去参与人 2 的收益。

现在假设参与人 2 认为博弈的解"可能"是参与人 1 选择 D，轮到参与人 2 时选择 δ，如果再轮到参与人 1 时选择 a。这"可能"是一个解，是因为这概括了参与人 1 的行动非常像参与人 1 不找参与人 2 茬时的例子。但是如果参与人 1 找参与人 2 的茬，则参与人 1 会选择 A，然后选择 d。

如果这是参与人 2 看待博弈的思路，那么他的思路就能通过均衡的内部一致性检验。首先，如果轮到他行动时，如果他认为参与人 1 有 0.000 001 的概率找茬，更她犯简单错误的概率差不多，然后他的后念概率就会认为参与人 1 是恶意的。因此他的后念期望是，当参与人 1 再次轮到行动时，就更倾向于选择 d 而不是 a 了，因此他就会谨慎地（且最优的）选择 δ。而且假设参与人 1 也清楚这一点，则对参与人 1 来说，上面的 D 和下面的 A 是她的最优选择。

当然，图 13.7(2) 的博弈还有另外一个均衡。参与人 1 在下面的博弈中选择 A，参与人 2 选择 α，同时参与人 1 在上面的博弈中选择 a，在下面的博弈中选择 d。注意到为什么参与人 2 在这种情况下倾向于选择 α。因为参与人 1 被认为在两个博弈中都会选择 A，同时参与人 2 轮到选择时认为博弈处在上面博弈的概率为 0.999 999。这就是说如果他选择 α，他会选择 d 来回应，这个概率为 0.000 001。但是要使 δ 成为一个更好的选择这个概率还不够大。

我并没有说参与人 2 选择 δ 的均衡是一个明显的解。但是在这个不完全信息博弈里，很难将参与人 2 选择 δ 用一些不合理的理由排除出均衡之外。因此，如果这类不完全信息博弈如图 13.7(1) 中能将参与人 2 的偏离原因写得更具体一点时，我就不会轻易将图 13.7(1) 中参与人 2 选择 δ 排除在均衡之外了。

13.5　书目提要

介绍不完全信息博弈的经典文献可参考 Harsanyi(1967—1968)。Harsanyi 的模型中很早就给出了参与人的先念概率，这个概率是共同知识，同时我们将它称为海萨尼准则，实际上这是该准则首次提出后的应用。提出参与人具有不同先念概率甚至是先念概率具有不同支持的不完全信息博弈要归功于 Harsanyi 和 Selten，尽管我没有给出一个参考文献。关于无限回合预测但不完全信息的博弈如何"结束"的问题，最早的文献是 Mertens 和 Zamir(1985)。Brandenburger 和 Dekel(1985) 的文章可能相对更容易理解。（"相对"

一词必须强调一下：这个主题对数学要求非常高，如果你的数学技能不是很好的话，可能不太容易学习。）

我认为要想知道不完全信息博弈如何构建的最好方式就是去看它的应用。在第13.2节中我们讨论了进入—阻挠博弈的例子，这是一个很好的开端，这点可以参见 Milgrom 和 Roberts(1982)。其他的一些应用可以看第17章中的市场信号博弈，第18章机制设计中的问题也用到了不完全信息博弈。

Tirole(1988)的文献概述了进入—阻挠博弈这一主题。

纳什均衡的精炼这个哲学问题，请你理解这是一个具有争议的问题，且我支持的哲学内容也还远远不是统一的，在 Fudenberg 和 Kreps(1989)、Kreps(1989)以及 Kreps 和 Ramey(1987)中进一步发展了。Fudenberg、Kreps 和 Levine(1988)发展了伴有小概率的不同收益的"数学"形式，尽管结论的表述和我们描述得不太一样。Reny(1988)独立地得到这个结论，他用更直接的语言描述了我们这里提到的问题。McLennan(1985)、Hillas(1987)和 Suehiro(1989)特别从完全理论的角度在参与人可能会存在错误的角度发展该理论。当然，Selten(1975)和 Myerson(1978)发展了"偏离成为颤抖"均衡理论。最后，Kohlberg 和 Mertens(1986)以及 Mertens(1987)给出了整个主题的不同观点。

参考文献

Brandenburger, A., and E. Dekel. 1985. "Hierarchies of Beliefs and Common Knowledge." University of California at Berkeley. Mimeo.

Fudenberg, D. and D. Kreps. 1989. *A Theory of Learning, Experimentation, and Equilibrium in Games*. Stanford University. Mimeo.

Fudenberg, D., D. Kreps, and D. Levine. 1988. "On the Robustness of Equilibrium Refinements." *Journal of Economic Theory* 44:354—80.

Harsanyi, J. 1967—1968. "Games with Incomplete Information Played by Bayesian Players, Ⅰ, Ⅱ, and Ⅲ." *Management Science* 14:159—82, 320—34, 486—503.

Hillas, J. 1987. "Sequential Equilibria and Stable Sets of Beliefs." Stanford University. Mimeo.

Kohlberg, E., and J.-F. Mertens. 1986. "On the Strategic Stability of Equilibria." *Econometrica* 54:1003—38.

Kreps, D. 1989. "Out-of-equilibrium Beliefs and Out-of-equilibrium Behaviour." In *The Economics of Missing Markets, Information, and Games*, F. H. Hahn, ed., 7—45. Oxford: Clarendon Press.

Kreps, D., and G. Ramey. 1987. "Structural Consistency, Consistency, and Sequential Rationality." *Econometrica* 55:1331—48.

McLennan, A. 1985. "Justifiable Beliefs in Sequential Equilibrium." *Econometrica* 53:889—904.

Mertens, J.-F. 1987. "Ordinality in Noncooperative Games." CORE, Université Catholique de Louvain. Mimeo.

Mertens, J.-F., and S. Zamir. 1985. "Formulation of Bayesian Analysis for Games with Incomplete Information." *International Journal of Game Theory* 10:619—32.

Milgrom, P., and J. Roberts. 1982. "Limit Pricing and Entry Under Incomplete Information: An Equilibrium Analysis." *Econometrica* 50:443—59.

Myerson, R. 1978. "Refinements of the Nash Equilibrium Concept." *International Journal of Game Theory* 7:73—80.

Reny, P. 1988. "Backward Induction, Normal Form Perfection, and Explicable Equilibria." University of Western Ontario. Mimeo.

Selten, R. 1975. "Re-examination of the Perfectness Concept for Equilibrium Points in Extensive Games." *International Journal of Game Theory* 4:25—55.

Suehiro, H. 1989. *On "Mistaken Theories" Refinements*. Ph.D.diss., Stanford University.

Tirole, J. 1988. *The Theory of Industrial Organization*. Cambridge, Mass.: MIT Press.

课后习题

1. (1) 考虑图 13.1(1) 中给出的啤酒—法式煎蛋博弈。如果我们认为这是一个两人博弈,它的标准式是怎样的?

下面(2)、(3)和(4)部分需要你知道迈尔森合理均衡的正式定义才能准确地完成,在这里我们对有些东西会有所保留。你可能希望在这里给定的文献中找到那个定义,或者你可以使用这里我们给出的非正式刻画来获得问题的主旨,即一个参与人应该相对倾向于犯一个更小的错误,而不是很糟糕的错误。

(2) 根据我们在第 12.7.4 节标记的内容,该博弈的一个"自然"序贯均衡是参与人 1 不管是懦夫还是勇士在早餐都选择啤酒,参与人 2 在观察到参与人 1 早餐选择啤酒时避免和他打架,而观察到参与人 1 早餐选择煎蛋时就和他打架。使用在(1)部分你创造的标准式博弈来做,这个均衡是迈尔森意义的合理均衡吗?如果我们将它看作一个三人博弈(三个参与人分别是"1 懦夫"、"1 勇士"和参与人 2)时,这个均衡是合理均衡吗?(为了回答这个,你必须考虑如果自然选择从博弈下面开始时"1 懦夫"的收益是什么?且下面部分开始的"1 懦夫"的收益会影响答案吗?)

(3) 假如我们重新调整博弈树上面部分参与人 1 的收益,将每个收益都乘以一个乘子 50。也就是说,如果参与人 1 是懦夫并选择煎蛋,同时参与人 2 选择打架的收益变为(50,1)。注意到我们没有调整参与人 2 的收益,也没有调整博弈树下面参与人 1 的收益。这样的调整是否改变了博弈的战略性质?(这个问题没有正确或错误的回答。你的问题的质量取决于你如何辩护你选择的位置,而不是哪个位置你必须去反抗)。在完成这样的调整以后,这个均衡还是如(2)部分所说的迈尔森合理均衡吗?（为了回答这个,你必须决定将这个博弈看作是二人博弈还是三人博弈。）

（4）你能找到该博弈和第一部分一样结果的均衡吗,该均衡不管我们如何调整博弈树中参与人1的上面还是下面部分的收益,博弈的均衡总是迈尔森合理均衡（看作两人博弈）?（当你得到了这个问题的答案时,如果你学过 Kohlberg 和 Mertens 的稳定性时,在你脑子里就应该有一个非常重要的例子了。）

问题2给出了一个标准类型的故事,该故事是关于在位垄断者选择行动后可以使她在进入后更好斗的进入—阻挠博弈。这类故事有很多,其他的可以参考 Tirole(1988)。

2. 考虑一个产业中有个在位垄断者,当前只有他在生产,同时有个潜在进入者,他可能选择进入也可能选择不进入。

生产产品的技术处在一个范围内,不同的技术具有不同的边际和固定成本。每一种技术都是有在 1—3 美元/单位的固定边际成本。具有边际成本 c 的技术（来自于 1—3）,具有 $15-4c$ 的固定成本。也就是说,越低的边际成本需要越高的固定成本。产业中的任何厂商都可以选择任意的技术,但只能选择一次。任何厂商的技术选择对所有的潜在和实际厂商都是完全信息的。

我们想象具有两阶段的生产过程。每个阶段的需求曲线由 $D(P)=9-P$ 决定。在第一阶段,在位垄断者是实实在在的垄断者。垄断者在这个阶段选择技术并进行生产。在第二阶段,进入者决定是否进入。如果他进入了,他选择他的生产技术,然后两个厂商进行古诺博弈,同时进行产量选择。如果他不进入,垄断者继续垄断并选择她希望出手的产量。我们假设进入者只有在进入后能得到正的利润才选择进入,同时在位者选择两个阶段的利润总和最大化来做选择。（增加一个贴现因子只会增加数学上的复杂程度。）

（1）假如没有进入的威胁,在位者会选择哪种技术?

（2）加入在位者选择问题(1)中的技术,此时进入者会进入吗?如果进入,他会选择哪种技术?

（3）如果垄断者在第一阶段选择的技术可以阻止进入者在第二阶段进入,我们说垄断者具有进入阻却。是否有这样的技术使得垄断者在第一阶段选择后能产生进入阻却?如果有,该技术的范围是什么?

（4）给定进入的威胁,垄断者的最优行动路径是什么?进入者如何对这个做出反应?（你使用的是什么解概念?）

3. 分析图 13.3(2)中的博弈,假如这个模型描述了那样的场景,你认为你会非常清晰地测会发生什么吗?

4.（1）对比图 13.2 中的进入—阻挠博弈和图 13.4(2)中的分析。在什么情况下,这两个博弈比较相似?他们的不同之处是什么?你认为你会非常清晰地预测会发生什么吗?

（2）分析图 13.4(3)中的博弈。假设如模型所描述的情景,你认为你会非常清晰地预测会发生什么吗?

5. 考虑图 13.5 种的扩展式博弈。

（1）如果我们将连接参与人2在博弈树中上面和下面信息集的虚线移除,博弈的分析会有什么不同吗?如果有不同,不同点在哪里?如果没有,那么参与人1的信息集和移除后的信息集相似吗?

(2) 分析四个可能初始结上的先念概率。假设我们说如果上面两个初始结占上风时参与人 1 是"理性的",同时在中间两个初始结占上风时参与人 2 是"理性的",那么这两个参与人的理性之间有联系吗? 该联系是正面的还是负面的?

(3) 假设如模型所描述的情景,你认为你会非常清晰地预测将发生什么吗? 分析该博弈。

重复博弈：合作与声誉

在本章开始前,我想先表示歉意。相比其他任何章节,这一章的内容会在深奥和浅显的内容之间经常切换,单单学习深奥内容的读者也应该对其中的基本思想有所了解。当然如果你能从头到尾学习博弈如何正式且精确的描述的话,是值得称赞的。这并不是为了后面的内容而颠覆所有的技术性资料,而是意味着要重复很多在前面谈过的内容。我已经让那些非技术性读者感受到些许受挫了,他们经常希望跳过这些页面去学习下一个高深的内容。但我希望这些挫折激励这些读者尝试理解整个章节,如果你能理解附录 2,这应该是可能的。但对于那些不能理解附录 2 的人,我表示抱歉。

14.1 囚徒困境

图 12.1 的博弈及还有待讨论的图 12.1(13) 的博弈,复制在这里如图 14.1。这个博弈叫做囚徒困境。故事是这样的:参与人 1 和参与人 2,都已被警方扣押在了单独的牢房里。警察知道两人(一起)犯了罪但缺乏足够的证据来定罪。所以警察分别给他们提供以下协议:每个人都被要求招供他们的同伴。如果两个人都没有招供,那两个人都不会被捕入狱。如果每个人都供出自己的同伴,那两人都得进监狱待一段时间。如果一个人招供出同伴但自己没有被同伴招供出来,那他就被释放(并获得更大份额的赃物),而被供认出来的同伴就得在监狱度过一段较长的时间。每个参与者排列四种可能的结果:最好的就是供认出同伴且没有被同伴供认出自己(所以获得更大份额的赃物),次优结果是没有招供出同伴也没有被同伴供认出来(避免监禁),接下来是供认出了同伴也

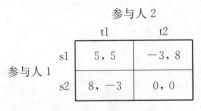

参与人 2

		t1	t2
参与人 1	s1	5, 5	−3, 8
	s2	8, −3	0, 0

图 14.1 囚徒困境

被同伴供认出了(面临短时间的监禁),最坏的结果就是被同伴供认出来而没有供认出自己的同伴(面临较长时间的监禁)。如果我们把 s1 和 t1 看作是"不坦白"策略,把 s2 和 t2 看作"坦白"策略,图 14.1 的标准式博弈和故事描述是一致的。(当然,通过给出回报,我们可以关注各种更具体的结果。)在接下来的论述中,我们将策略 s1 和 t1 称作**合作**(cooperation)(囚犯之间相互合作而不是与警察合作),而对于策略 s2 和 t2,将使用同义术语**不合作**(noncooperation)来表示。

虽然这个故事是虚构的,但是和该博弈具有类似的选择与支付基本结构的案例在经济学中却是经常发生的。在这个基本博弈结构中,参与人可以选择或高或低程度的合作。如果其中一个参与人单方面地降低合作程度,那么她会从中受益而她的同伴则会面临更坏的处境。但是,如果两个人同时降低合作程度,则两个人都变得更糟。考虑下面的情况,例如,在古诺双寡头垄断市场中,每个寡头(独立地)选择一个产量并参与市场竞争。如果一个公司提高产量(不合作策略),会增加自己的利润,并至少在一段时间内使其竞争对手的利润减少。但(超过垄断产量水平)如果两家公司都提高产量,则他们都会更糟。我们将在第 14.4 节重新讨论这个特殊的经济应用问题。

使用非合作的博弈理论来分析囚徒困境博弈似乎很简单:s2 严格占优 s1,t2 严格占优 t1。因此,通过应用一轮严格占优得到的结果就是 s2-t2。当然,这也是唯一的纳什均衡解。不过,发生这样的结果看起来确实相当遗憾,因为这一结果是相当低效率的。(也就是说,存在另一个结果,即 s1-t1,对双方都更好。)出现这种低效率的结果可能一点都不奇怪,但是你或许还是想知道如何来避免这种特殊的效率低下情况的发生。

14.2 重复博弈可以产生合作:民间定理

设想两个囚徒面临的监禁时间很短(只是小偷小摸),并且这两个囚徒将一次又一次地参与这种博弈。也就是说假设参与者参与博弈不是一次,而是反复很多次,且每期支付都加总在一起,这种情况已经成为实验经济学的主题了。大学二年级的学生(通常)彼此搭配组成一组参与实验,他们被告知,他们将进行这种博弈很多次而不是一次,且没有固定的次数范围考虑。实验结果显示,只要参与人不知道博弈进行的次数,他们往往会选择合作(选择策略 s1-t1)。这种不考虑短期最优结果的解释通常是,在重复博弈中他们更关心长期的博弈收益。比如说,如果参与人 1 想通过选择 s2 而不是 s1 并试图在短期得到更多的收益,参与人 2 随后可能会选择 t2 而不是 t1 以作应对。参与人 1 可能会认为短期最优行动相比长期博弈的损失支付更少,因而会选择合作策略。如果参与人 2 也这样认为,则他也会选择合作策略。注意,合作结果的产生并不是因为利他主义,也不是因为对另一参与人的喜爱,而是参与人以自利心理权衡从合作这种"礼貌"行为中的支付和损失的结果。

这一点的正式分析即所谓的重复博弈。假设两个参与人一遍又一遍地重复进行囚徒困境博弈。我们可以设想两个参与人永不停歇地进行博弈,且整个博弈的支付是他们在每个阶段博弈支付的平均值。也就是说,参与人 1 的支付用一个序列数表示为 $\{u_1(1), u_1(2), u_1(3), \cdots\}$,其中,下标表示参与人,括号中的参数表示博弈回合;然后,我们可以将这个序列中的全部收益记为 $\lim_{t\to\infty}(1/t)\sum_{i=1}^{t}u_1(i)$。[a]或者,我们可以假设他们永远地重复博弈下去,且他们收益用每个回合的贴现值加总来表示。也就是说,存在 $\alpha \in (0,1)$,参与人 1 的 $\{u_1(1),u_1(2),u_1(3),\cdots\}$ 的博弈总收益可以用 $\sum_{i=1}^{\infty}\alpha^{i-1}u_1(i)$ 表示。或者,我们假设第三种情形,博弈次数是有限的,但次数是不定的。例如,假设我们在每一次博弈后都旋转轮盘来决定接下来进行博弈的次数。如果指针指到 0 或者 00(有 2/38 的机会),那就停止博弈,否则我们重新旋转轮盘,以此类推。更一般地,当一轮旋转完之后,如果停止不再继续,则以 $1-q$ 作为该事件的概率,如果要继续旋转,则以 q 作为该事件的概率。那么,对于参与人 1 来说,序列支付 $\{u_1(1),u_1(2),u_1(3),\cdots\}$ 的期望收益就是 $\sum_{i=1}^{\infty}q^{i-1}u_1(i)$。对于任意 $q \in (0,1)$,假设参与者要最大化他们总的期望收益和,这在数学上就相当于将公式中的 α 用 q 代替,并将公式折现。对于有很多形式的超级博弈,也叫做阶段博弈,即有两个或两个以上的参与人一遍又一遍地重复进行这个特定博弈。不管是第一种还是后两种情况(等同地)的超级博弈都已有丰富的文献进行了阐述。我们在这一章将主要阐释后面两种情况,即以一系列收益的期望值或贴现值总和作为参与者在整个博弈过程中的收益。

如果我们将囚徒困境从一次性博弈变成重复博弈,结果将会是怎样呢?正如我们所预想的:合作会成为唯一的均衡结果。设想一下,参与人 1 宣称只要参与人 2 选择行动 t1,她就一直选择 s1。但只要参与人 2 一旦选择行动 t2,她也会一直选择行动 s2。如果参与人 2 相信参与人 1 所说的,他会发现要确定一个最优的应对策略是很容易的。只要选择行动 t1,则每个阶段都会有 5 单位的收益,这也会带来一个 5 单位的稳定的、永续的收益流,其期望值或贴现值为 $5/(1-q)$。但是,如果参与人 2 以行动 t2 开始这一轮博弈,他将在这一阶段立即获得 8 单位的支付,但在以后各阶段的收益(最多)将为 0。对于合理的 q 值(在本例中只要超过 3/8),参与人 2 在这一轮中就没有激励选择行动 t2。并且,有一些争论将会显示,对于这些 q 值,对参与人 2 不会有任何激励去采取策略 t2。[b]为了得到一个均衡,我们也应该让参与人 1 有激励采取上面的策略,这也是很容易实现的。只要参与人 2 宣称他会一直采取策略 t1 只要参与人 1 也选择行动 s1。但是,如果参与人 1 愚蠢地想要尝试选择 s2,那么他在随后就会一直选择行动 s2。

问题的关键在于这两种策略使参与人 1 和参与人 2 在进行重复博弈的过程中达到了一个纳什均衡。每个人的应对策略都是另一个人的最优反应,并在最后得到了合作的结果。[c]

这个简单的故事(至少)有四个问题需要注意：

1. 太多的均衡结果

我们已经在这个重复博弈中得到了一个纳什均衡，但还有很多其他的均衡。例如，假设参与人1宣布将采取以下策略：只要参与人2选择行动 t1，她将轮流选择 s1 和 s2，并一直持续下去；但是如果参与人2偏离行动 t1 而选择行动 t2，则在随后她会一直选择行动 s2。这样的结果就是，参与人2一直交替获得5单位和−3单位的收益，或者(最多)获得一次8单位的收益且之后支付一直为0。对于足够高的 q 值，采取"合作的"策略是较好的。这使得我们能够构建一个均衡，只要参与人2提出一个威胁能使参与人1足够诚实。例如，参与人2宣称只要参与人1交替选择行动 s1 和 s2，他将一直选择 t1，而一旦参与人1偏离这种交替策略之后他会一直选择行动 t2。或者考虑下面一组策略：参与人1宣称她将交替选择 s1 和 s2，只要参与人2和她采取的策略一样，这种策略选择就会持续下去；一旦参与人2偏离了上面的策略，她就会一直采取策略 s2，同样，如果参与人1偏离了原来的策略，参与人2也会选择行动 t2。同样地，在 q 足以接近1的时候，我们又得到一个均衡，在这个均衡点上，参与人1和参与人2交替地获得5单位和0单位的支付。(或者，如果他们采取的策略不同步的话，则支付分别为8单位和−3单位。)相较第一个均衡，这个均衡上的双方都变得更糟；但不管怎样，这仍是个均衡，在这个均衡里，双方一直采取策略 s2 − t2。[d]

重复博弈的构想是对均衡(equilibria)概念的一种丰富。只是哪些才有可能成为一个均衡(equilibrium)？我们知道，如果参与人1和参与人2的预期收益小于0时就不会得到一个均衡。为什么？因为如果选择 s2 或者 t2，每个人至少可以保证获得不低于0的收益。但他们的对手可以制约他们获得更多收益并以降低收益作为对他们背离原有策略的惩罚。因此，粗略地讲，任何一对报酬都是可行的，只要给予每个参与人的报酬大于0，都可以维持在一个均衡。在无限次数范围内的无贴现形式中，这个表述是完全正确的。但是对于有贴现或有限但次数不确定的情况，我们需要做一些微小的改动。如果一个参与人的期望收益太接近于0，则他就不能够维持一个均衡，每个参与人都必须有足够的报酬使其维持均衡。因此，某一阶段的背离结果并不比从始至终的遵守协议要好。后续的收益永远为0。

在一般重复博弈中得到的这个结果，当你仔细去考虑的时候会发现它是很显然的。大致来说，任何一个可行的期望收益最后都可以维持在一个均衡点，只要每个参与者的期望收益至少和自己能够保证获得的支付一样大，即使所有的其他参与者联合起来对付她。这个命题的证明实际上非常简单。每个参与人都被其他人警告说一定要遵守协议，否则其他人会联合起来对付她。这样，就没有人会有背离协议的动机尝试去单独行动；这也是纳什均衡的必要条件。这个结果就被称为民间(无名氏)定理，之所以这样命名是因为它的表述常出现在大量的博弈论文献中，也没有人可以傲慢地去为宣称是他先声明的，因为这个命名在刊印之前就已经广为人知啦。

更精确地，假设我们给定一个有 I 个参与人的标准形式(normal form game)的博弈作为阶段博弈，参与者 i 有一个有限的策略集 S_i 且其策略组合的支付由 $u_i(s_1, s_2, \cdots,$

---

d (1)我们继续认为该均衡不是子博弈精炼的，一些技术精通的读者可能希望去修正它。(2)我们重复地说"q足够接近于1"，但是有多接近？问题1和该节末尾的材料可以参考。

s_l) 表示。用 $\sum_i$ 来表示参与者 i 的混合策略空间,并定义参与人采取混合策略组合 $(\sigma_1, \sigma_2, \cdots, \sigma_l)$ 的预期收益是 $u_i(\sigma_1, \sigma_2, \cdots, \sigma_l)$。对每个参与者 i,做如下定义:

$$\underline{v_i} = \min_{(\sigma_1, \cdots, \sigma_{i-1}, \sigma_{i+1}, \cdots, \sigma_l)} \max_{s_i} u_i(\sigma_1, \sigma_2, \cdots, \sigma_{i-1}, s_i, \sigma_{i+1}, \cdots, \sigma_l)$$

请仔细观察这个公式是如何定义的。我们将除了参与人 i 之外的所有参与者的混合策略组合保持不变,这样就能找出参与人 i 对这些策略组合的最好的应对策略。然后,在给定其他参与人的战略之后最小化参与人 i 的收益,即所谓的参与者 i 的最小最大值。

设想一下,参与人一遍又一遍地重复进行这种标准式博弈,在每一轮博弈之后,每个人的已选策略都是已知的。简略地讲,民间定理陈述了这样一个观点,在每个参与人的可实现收益等于或大于他们的最小最大值时都可以达到一个纳什均衡。当然这只是粗略的讲述,我们还需要通过以下步骤来使它更加准确。

(1) 很容易证明,在任何一个纳什均衡点,参与人都可以得到比她的最小最大值更多的收益。如果,不管对手采取何种策略,她在每一轮中都采取对自己最好的策略,那她可以至少获得不比最小最大值差的收益。

(2) 假使在一个为贴现的平均报酬公式中,由于一些参与人采取纯策略战略,我们试图将每个参与人的支付提高到至少和他们的最小最大值一样大。这很容易,每个参与人都将采取这种纯策略战略只要其他人也这样做。一旦有人背离,其他人随后就会在背离者采取最小最大收益策略时联合起来,即做出应对。(对于一个纳什均衡,如果有不止一个人背离,这跟我们的规定是无关紧要的,因此,不用做任何规定。)注意,没有理由相信这是子博弈的精炼均衡,对此我们只是稍微转换了一下而已。

(3) 如果我们用选择混合策略实现的收益,那我们就不能从观察到的行为中分辨出到底有没有发生背离行为。假如我们用没有贴现的平均收益形式,因为纯策略随着时间具有凸性,我们可以使用纯策略来避免这一难题。比如说,如果我们想得到这样一个支付,其 2/3 来自于纯策略组合,1/3 来自于其他策略,则我们在第 $3n+1$、$3n+2$ 次时采取纯策略组合战略,在第 $3n$ 次时采取其他战略即可,其中,$n = 1, 2, \cdots$。如果混合概率是非理性的,要实现这一点是有点困难的,尽管它仍然是可能的。请注意,通过此方案我们不仅能得到混合策略的支付值还能得到纯策略相关混合后策略组合的支付值。

(4) 如果我们使用贴现收益形式,则我们不得不担心参与人背离的情况,由于相对于她在均衡时的所得,采取背离策略显得更加有利可图,尽管她会受到仅获得最小最大值的威胁。因此,民间定理则可以这样表述:对于所有不小于参与人最小最大值的每一个可实现收益,如果 q 值(贴现因子或持续的可能性)充分接近 1,则对所有大于 q 的贴现因子或持续可能性都能够实现纳什均衡。当然,我们不得不担心时间的凸性问题,在这种情况下纳什均衡的实现是比较困难的。

详细的讨论和精确的陈述,参见第 14.7 节引用的文章。

你可能会担心,对其他参与人来说,联合起来对付一个背离者,其代价是相当大的。一个参与人可能会造成另一个参与人受到严重的惩罚,但是其带给自己的代价也是相当巨大的。在这种情况下，参与人可能不太希望实行惩罚。也就是说，这些惩罚策略也许并不能带来子博弈精炼纳什均衡。让我们举个例子，想象图 14.2 中的标准博弈。在这个博弈中，参与人 2 可以通过选择行动 t2 使得参与人 1 获得（不大于）0 支付的方式对参与人 1 形成威胁。因此，其结果是一个纳什均衡；参与人 1 始终采取策略 s1。只要参与人 1 选择行动 s1，则参与人 2 也一直选择行动 t1；而一旦参与人 1 试图选择 s2，则参与人 2 会迅速转向行动 t2。问题是，当参与人 1 相信参与人 2 会执行威胁策略而自己不愿采取行动 s2 时，她也许会觉得很难确信参与人 1 会真正执行威胁策略。毕竟，如果执行威胁策略 t2，参与人 2 将获得不多于 −2 的支付，而参与人 1 因策略 s1 而得到的支付至少是 −1。所以，参与人 1 可能选择 s2 而免受惩罚，同时猜想参与人 2 将永远不会对他实施惩罚措施。

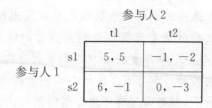

图 14.2　一个双矩阵博弈

然而，可以看到的是，如果把注意力局限在子博弈完美纳什均衡，那么民间定理的结论将被驳回。[e] 细节是相当复杂并且不会在这里被重复。但是在一个完美均衡里面，说明如何在图 14.2 中的博弈里得到 s1-t1 的结果是具有指导意义的。假设参与人 1 与参与人 2 使用下面的策略。他们从 s1 和 t1 开始，并一直持续下去除非或者直到出现了偏差。如果任何一方（或者双方）偏离了这个，那么他们就在下一轮里选择 s2 和 t2。如果两个都这么做了，那么他们将返回到 s1 和 t1 的策略。但是如果其中一方在"惩罚"的回合中违背最初的策略，那么他们就需要再次使用 s2 和 t2，并且他们每一方都要坚持这么做直到双方都服从（他们可以返回到最初的 s1 和 t1 的状态）。给定参与人 2 正在使用这样的策略，那么参与人 1 会违规吗？答案是不会，至少在足够高的 q 的情况下。如果博弈进行到这个阶段，参与人 1 打算选择 s1，转换到 s2 她得到 6 而不是 5，但是她在下次就会得到 0 而不是 5。对于一个足够高的 q 这并不值得。并且在惩罚的阶段，参与人 1 偏向于在短期和长期内去结束这个阶段，并返回到合作的阶段。而对于参与人 2，当双方都是合作的时候，无论如何他将没有动力转换到 t2，并触发一轮惩罚（或者更多）。可问题是，参与人 2 会实施惩罚措施吗，这对他来说成本很高？在给定参与人 1 预想的策略的情况下，答案是肯定的；参与人 2 可以选择得到 −3 然后返回到 5，或者是得到 −1 后延迟一轮（至少一轮）再返回到合作阶段。对于足够大的 q，参与者 2 值得去结束惩罚阶段。

　　仅仅是为了说明其是如何做到的，我们解释下什么是"足够大的 q"，并正式地说明这是一个均衡。实际上，我们将说明这个均衡是子博弈完美的，使用附录 2 的技术。

　　这个博弈特有的子博弈符合阶段博弈 t＝1, 2, … 时期的每次的开始，给定一个

---

e　这个受限于贴现案例中的技术局限。参考 Fudenberg 和 Maskin(1986)。

直到阶段 t 的博弈,我们用 h_t 标记,它是 $t-1$ 对的 (sx, ty) 的形式,其中 x 和 y 都可以是 1 或者 2。设想这个博弈是在 ϕ 和 ψ 状态中的其中一个的每个时期的开始时,其中 ϕ 代表参与者实施"合作"的状态,ψ 代表参与者被"惩罚"的阶段。在这种状态中每个时期之间的转换取决于该时期开始时的状态和其中选择的策略。如果在一个时期的开始是 ϕ 的状态,选择的是 s1-t1 的策略,那么下一个时期的开始状态将是 ϕ。

如果一个时期是在 ψ 状态开始的,选择的是 s2-t2 的策略,那么下一时期的开始状态就是 ϕ。在所有其他的情况下,下一时期都是从 ψ 状态开始的。

注意到,有了这些规则,根据设想的均衡策略在 t 时期选择的策略将只取决于当前的状态。参与人 1 被假定在状态 ϕ 中选择 s1,而在 ψ 状态中选择 s2,在参与人 2 身上也是相类似的做法。正如已经说明过的,在任何一个时期中的状态只取决于以前时期的状态和那个时期选择的策略。所以我们可以得出结论,根据假定的策略,t 时期选择的策略取决于之前的历史选择仅是通过当前的状态。因此,在检验子博弈完美过程中,足够去证明每一个参与者在 ϕ 状态和 ψ 状态的开始都得到了最好的回应。

我们有四项需要去检验。参与人 1 在状态 ϕ 的开始通过选择 s1 得到了最好的回应了吗?在均衡的假设下,参与人 2 遵守他设想的策略,如果参与者 1 在 ϕ 状态的开始选择了 s1 并且在随后也继续遵守这个,那么状态将永远持续在 ϕ,参与者 1 将一直得到 5 的收益,期望价值/现值是 $5+5q+5q^2+\cdots=5/(1-q)$。在另一方面,如果参与者 1 在这个时期选择了 s2,然后返回到原来设想的策略,她将立刻得到 6,状态也会转换到 ψ,那么她将在下一轮中得到 0(在往后继续遵守)和在博弈的余下阶段都得到 5(在 ϕ 状态后就将因此恢复)。期望价值/现值比是 $6+0q+5q^2+5q^3+\cdots=6+5q^2/(1-q)$。要使得参与者 1 在 ϕ 状态的策略在一个单一的步骤中是不可改进的,那么它必须满足:

$$\frac{5}{1-q} \geq 6+\frac{5q^2}{1-q} \quad \text{或者是} \quad q \geq \frac{1}{5} \qquad (\phi 1)$$

接下来,就是参与者 1 在 ψ 状态中选择了 s2 策略而得到了最好的回应了吗?遵守规则的话,参与者 1 在这轮中将无所获,而在博弈的余下环节都得到 5。在这轮中违反规则但后来又遵守的话,参与者 1 将在这轮中得到 -1 的净值,下一轮中收获为 0,然后都是 5。对于所有的 q,这比遵守规则情况收益要少。这看起来很愚蠢,但是在形式方面,我们将写下这个限定条件:

$$q \geq 0 \qquad (\psi 1)$$

那参与者 2 在 ϕ 状态中选择了 t1 策略而得到了很好的回应了吗?对于这个,你应该是确定无疑的——违规的人通常只会被惩罚一步,接下来都是遵守规则:

$$q \geq 0 \qquad (\phi 2)$$

那参与者 2 在 ψ 状态中选择了 t2 策略而得到了很好的回应了吗?永远遵守规定将给予他 -3 的收益,接下来都是 5,期望价值/现值比是 $-3+5q/(1-q)$,当在一个阶段中违背了规则而选择 t1,然后遵守就得到了 -1,再是 -3,最后都是 5,期望价值/现值比是 $(-1)+(-3)q+5q^2/(1-q)$。

如果你通过代数的方式来计算，你将会发现为保证第一个公式跟第二个一样大，q 的条件必须是：

$$q \geqslant \frac{1}{4} \qquad (\psi 2)$$

只要以上所述的四个限定条件都满足，也就是只要 $q \geqslant \frac{1}{4}$，没有参与者会有动力去违反他之前设想的策略，然后再返回遵守规定。在附录 2 中的第四个主题，任何不可改进的策略在无限的水平都是最优的、有限的回报、已经贴现的动态规划问题。因此我们可以知道对于这些 q，没有参与者会有动力去违反他之前所设想的策略。这样，我们就可以得到了一个子博弈完美均衡。

这里以及大部分的正式文献中，用现值表示无名定理的关键是(1)他们会用一小类"状态"来表示参与人在各个时期以及在该时点后会发生什么的战略，然后(2)使用动态规划的理论，特别是使用不可改进策略去证明在给定的策略情况下可以得到均衡的这个结果。我们将在这一章节后面给你提供更为详细的关于这个类型的分析的例子。

2. 聚点的缺乏

任何时候都有多重的纳什均衡，我们需要知道如果存在解，哪一个会是解。在上面的描述中，我们有其中一方宣布他的策略，邀请另一方做出一个最优的回应。如果我们假设参与人在博弈开始前可以进行沟通那就最好了，尽管随后我们会想知道为什么其中一方占有优势还要沟通。当参与人都可以在博弈开始前进行沟通时，无名理论的最好解释就是重复博弈可以很好地扩展对每个参与人的自我实施条件。如果参与人曾经参与过囚徒困境博弈（永远不再见面，那么这个博弈将不再包含更大型的博弈），那么博弈前的谈判并不能让他们去合作。要达到合作，他们需要在博弈范围之外寻找方法用强制机制建立起合作协议。而如果这情况是重复的，那么他们将会达成许多自我强制实施的激励。我们不知道他们会选择哪一种情况（如果有），并且我们可以设想一个他们之间更加有活力的协商，但是我们的确知道他们会（合理的）达到很多的协议。

如果沟通是不可能的呢，那怎么办？在第 12 章中我们说过，纳什均衡概念给出了清晰的博弈路径的一个必要条件；如果存在纳什均衡，不需要去判断博弈是否有一个清晰的路径。没有了博弈前的磋商，我们就依靠传统习惯，或者习得行为，或者是焦点，或者是其他一些类似的概念。你可以找到一些明显的/直觉的/聚焦的方法去得到博弈的均衡解吗？

在比较简单和对称的囚徒困境的例子中，对称和效率的标准让我们将 s1－t1 作为一个可能的候选结果。在其他没有那么对称的博弈中，参与者也可能会寻找聚点均衡。或者参与人也可能尝试用社会规范或传统来解释特别的均衡。就现在的标准博弈理论来讲，重复博弈可以用来解释一系列聚点或传统均衡，但我们肯定没有太多正式的标准来解释特定的均衡。

3. 太多均衡之外的威胁

第三个问题实际上就是第一个问题的其中一部分。不仅有均衡的多样性，还有很多"均衡之外"的回应存在。在我们上面所说的囚徒困境的均衡里面，参与人 1 告诉参与人 2，如果参与人 2 选择了 t2，那么参与人 1 将永远选择 s2。但是，只要 q 足够大，参与人 1

就完全可以威胁参与人2"如果你在任何一轮中选择了t2,那么我将在下一轮中选择s2"。(在参与人1使用上述做法的时候,那究竟q要有多大才可以让参与人2愿意在每一轮中选择t1呢?)确实,参与人1可以在整体策略中建立威胁,这是很容易说明白的:"我(参与者1)将在开始时选择s1,而在随后的每一轮中我将做出参与人2在之前做过的事。"参与人1这个特别的策略就是所谓的"以牙还牙"。其中的关键就是一个永远不合作的威胁将使参与人2不再尝试选择t2策略,但是除了以牙还牙的威胁,其他的威胁也有那样的效果,当q接近于1的时候。这么多可能的威胁中哪一个是实际上存在的呢?这很难说,特别是当你考虑到威胁可能是有效的,那我们将不再看到它发生!

4. 明确的有限次数博弈

重复博弈的第四个问题就是当存在明确的有限次数时,重复博弈可能就不起作用了。我们来看重复的囚徒困境,设想博弈进行不多于100次。那就是,如果我们达到了100次,那么就不会有太多的随机性去决定是否存在101次。如果博弈次数达到了100次,那将确定是最后一次了。

如果我们到达了第100次,两个参与者都知道那可能是最后一次,所以,参与人1将选择s2,参与人2选择t2;并不存在长期损失去衡量短期的收益。现在如果我们达到了99次,那就有可能有再多一轮。但是我们知道,双方都会在第100次中选择不合作,所以双方都没有动力在第99次合作;不合作的短期收益在随后将不能被推翻,因为我们将在随后选择不合作。因此,我们在第99次和第100次都不合作。那么如果我们在第98次呢?因为无论在第1轮到第98轮中发生什么,我们在第99次和第100次都不合作,这将使我们在第98轮中也是不合作的。整体的合作计划将从后面被推翻。要想合作,未来的收益一定超过当前决定所能得到的收益。

如果你对这些东西都非常地在意,那你将会发现我们仅仅证明的是存在一个独特的没有合作的子博弈完美均衡。我们也得出了一个不一样的结果:在任何的纳什均衡中的每一步都是非合作的。

支持该论述的其他结果的论断如下。设想在一些纳什均衡中,存在一些阶段中出现合作的几率是正的情况。T表示这个博弈中最后一个阶段;也就是,在均衡路径中的T+1,T+2,…,100中合作的可能性为零。现在检验在T阶段中参与者想要合作得到均衡的动力。在为达到均衡的接下来的阶段中,这个参与者将得到比0更少的收益,因为他的对手在达到均衡的路径上的随后阶段中将不会合作。通过在T阶段和随后的阶段中采取非合作,参与者在当前将比他遵循达到均衡描述的策略得到更多,而且在随后也不会得到低于零的收益。因此这个参与者将不会在T阶段中合作,自相矛盾了。

如果这个听起来很熟悉,回想下第12章中的蜈蚣博弈。在蜈蚣博弈中,我们看到一个类似的"逆向求解"的情况。确实,除了参与人是轮流行动的和第一次的"非合作"行为将结束博弈,蜈蚣博弈和重复的囚徒困境博弈非常相似。因为这两个特征(但是多数时候指第一个),蜈蚣博弈是从后逆向求解的(例如,重复弱占优剔除),然而在这里还有一点小小的争议需要再讨论。但是基本的思路是相同的且都有着相同的故事。

因为有了我们对蜈蚣博弈的分析,我们得到的结论不再是直觉上或者是经验上的支持了。进行囚徒困境 100 次,在大部分情况下(和大学二年级的学生,或者和 MBA 的学生)博弈会达成"合作"。我们对于有限重复的囚徒困境博弈的理论分析不是非常全面,我们将在第 14.6 节中对缺失的部分再做讨论。

14.3 可观察的噪声

值得注意的是,在我们的均衡里面,合作的缺点可以立刻被对方发现,并且被总结后解决。在应用这些观点的过程中,我们可能会注意到这种情况,一方并不知道另一方在干什么。可观测的数据显示另一方可能并没有服从一些合作性的安排,但是观察的数据有时候并不能完美地进行概括。

以上所述情况我们用各种方法来模拟。比如,我们进行前面所说的囚徒困境的博弈,但是加入了如下的"噪音"。在图 14.1 中的数字仅仅给出了参与人收益的均值。实际的收益是服从这些均值和标准差的正态分布,即 5 个单位。每一方都可以清楚双方的收益,但不知道对方选择的行动。[f] 例如,如果在同一轮中,参与人 1 选择 s2,参与人 2 选择 t1,那么,参与人 1 得到了正态分布下均值为 8、标准差为 5 的收益,参与人 2 得到正态分布下均值为 −3、标准差为 5 的收益。(误差项不管在截面或时间序列上都假定是各自独立的。)[g]

假设你是博弈中的参与人 2,在第一轮中你选择了 t1,得到了 6.2 的收益,而你的对手得到了 5.2 的收益;在第二轮中,你还是选择了 t1,得到了 4.8 的收益,你的对手得到了 3.9 的收益;在第三轮中,你选择了 t1,得到了 −1.3 的收益,而你的对手得到了 6.8 的收益。(我只会公布你的收益直到第十轮。)你并不确定参与人 1 之前选择什么策略,所以你会尝试最大化可能的估计值;你可能会估计参与人 1 之前选择了 s1、s1、s2。但是当这些数据跟参与人 1 选择 s1、s1、s1 并不一致时,你会惩罚参与人 1 吗?你的惩罚措施将有多严厉?如果 −1.3 的收益将是足够低的收益而触发惩罚,那 −0.3 的收益又怎么样?你的惩罚措施又是否符合一个罪行——如果你得到的是 −1.3 的收益是否会比得到 −0.3 的收益实施更多的惩罚?

你可能会考虑简单地"原谅"参与人 1 而不实施任何惩罚措施。但是,如果你这样做了,参与人 1 将毫无动力去选择 s1——她可以每次都选择 s2,而将你的收益怪罪于坏运气。同时,你也不希望你的惩罚被触发地过于频繁或过少。即使参与人 1 每次都选择 s1,你也可以看见,由于运气的存在,偶然还是有不好的收益出现。无论什么时候,如果当你的收益是 1 或者低于 1 时你实施惩罚措施,而且惩罚措施持续了很长时间,那么你都将花费很多时间惩罚你的对手(可以预测到,你的对手也会花费大量时间惩罚你),最后合作的

---

f 双方都能清楚对方的收益在这里非常重要,尽管这不是很自然。在后面我们会解释这为什么重要。

g 该效应可以用另外一个不同的模型来表示,假设有时不按照指定指示行动的参与人是通过一个中间人来传递指令。也就是说,在每一回合中,参与人 1 和 2 都将行动指令传给一个中间人。这个中间人会按照指令传递;但有时候会做"错事"。在任何一个回合中,中间人会以 0.8 的概率传递参与人的指令且会以 0.2 的概率传递"其他"行动。同样,中间人对另外一个参与人也会以同样方式传递。这里假设中间人的每一次传递独立于另外一个人和前面的传递行为。这里所有的关键是,参与人只知道中间人的行动,而不知道另外一个参与人给中间人具体的指令。

收益将会丢失。

我们将立刻对这个问题给出准确的分析,但是你需要轻而易举地知道基本的利益权衡;惩罚太少,触发的次数太少,就会使你的对手更有激励选择非合作的策略。你需要有足够多和严厉的惩罚,迫使你的对手选择 s1 而不是 s2。但是惩罚的次数越多、越严厉,合作中所获得的收益就越少。即使你惩罚到了一定程度,让你了解到了你的对手(出于他个人的兴趣)每次都会选择 s1(除了他在接受惩罚),你也需要偶尔去实施"惩罚"以保持你对手的忠诚。

这里我们给出两个观点(下面将予以支持)。回忆前面一节中的第三个问题:在无名定理中,存在很多可以维持一个均衡的威胁,并且在任一种情况下,我们也没有理由在他们之中选择。如果存在观察值的噪声,我们就会有理由在各种威胁中进行选择;我们希望我们所选择的威胁(现在随时都可能被执行)可以足够严厉以警告其他的成员不要做出"欺骗"的行为,但是严厉的程度要适中并且次数不能过多,因为频繁严厉的威胁将会增加在实施了不可避免的惩罚后得到的共谋中的损失。

第二,如果我们在这样的设定中寻找均衡,然后改变不同水平的噪声(指正态分布中的标准差),那么我们希望发现噪音越高,双方在均衡中所获得的收益就越少。随着噪音(标准差)的增加,去了解对方的行动就越不可能,并且双方都倾向于采取非合作的策略(s2 和 t2)。当噪音降到零,我们将越来越接近理想的状态,每个人都是 5。

现在,我们转到这个问题的技术分析上。我们不可能在这个问题上做到绝对的公正——这是该种形式博弈的前沿问题——但是我们可以引导读者去理解文献中所说的结论。我们的分析分为两个部分:首先我们来学习"触发式均衡",然后再学习形式更复杂的均衡。

14.3.1 触发式均衡

开始,我们将集中在每个参与人都有非常简单的博弈策略。我们假定每个参与人在开始的时候都是相互合作的,分别选择 s1 和 t1。他们一直保持合作直到其中一方的收益处于甚至低于一些关键的触发性水平 T。如果在一个给定的回合中,其中一方的收益低于或者等于 T,那么在接下来的 N 个回合中,双方将不再合作,即选择 s2 和 t2。在 N 个回合之后,无论在这些回合中发生了什么,双方都会返回到合作中,直到下一次的收益低于或者等于 T 的时候才会再次终止合作。

在这种策略中有两个参数,触发性水平 T 和惩罚阶段的持续时间 N。首先我们对这个问题感兴趣:在给定的战略中,N 和 T 的值如何决定一个均衡?

为了回答这个问题,我们开始计算使用这种策略的参与者的期望收益。(那么我们将采用一般的动态规划技术去检验这些策略是否是不可改进的。)在我们的技术中为求精确,我们可以假设一个 $N+1$ 的状态空间:$\{\phi, \psi_1, \psi_2, \cdots, \psi_N\}$,$\phi$ 代表双方合作的状态,ψ_n 代表双方并没有合作并打算在 $N-n+1$ 轮中都这么做下去直到恢复到合作的状态。然后我们从 ϕ 这个状态开始,并一直持续下去直到第一次的收益看起来低于或者等于 T,这个时候我们转换到状态 ψ_1 并顺着继续下去到 ψ_n,直到 ψ_N 后我们又会返回到了最初的 ϕ 状态。我们不会尝试随时都这么正式,但是读者应该要注意我们所说的是能达到这种正式的。

在合作的过程中，双方都打算去选择 s1 和 t1。他们的即时收益是随机的且每人的期望收益都有 5。但是不确定的是他们在下一轮中是否会继续进行共谋；如果我们假设 ϵ_i，$i=1,2$ 表示两个独立的正态分布的随机变量，均值为 0，标准差为 5，那么共谋将继续下去的可能性是：

$$\pi_e = \text{Prob}(5+\epsilon_1 > T, 5+\epsilon_2 > T)$$

那么实施非合作的可能性将是 $1-\pi$。

（我们将使用折现后的公式表示，所以 q 代表折现率而并不代表这个博弈完全结束的可能性。）我们强调，假设他的对手做得非常好，根据上面所提到的策略行动的其中一方的价值是这个等式中 v 的解：

$$v = 5 + q[\pi_e v + (1-\pi_e)q^N v]$$

我们来解释一下：公式中第一部分的 5 代表即刻的期望收益；q 代表折现因子，应用在未来的期望收益的计算。那么未来的期望收益就是 π_e 乘以 v，表示保持共谋的概率乘以在共谋阶段中获得的期望价值，再加上 $(1-\pi_e)$ 乘以 $q^N v$，这个表示非共谋开始的概率乘以在非共谋阶段中的价值。这个最终的价值需要加以解释。在第 N 阶段中，每个参与者都得到零的期望回报，然后返回到共谋策略中。因此共谋的价值只是简单地延迟了 N 个阶段，因此要使用 q^N 进行折旧。

我们可以将这个递归式反转可以发现：

$$v = \frac{5}{1-q[\pi_e + q^N(1-\pi_e)]}$$

注意到因为 π_e 内在地由 T 决定，所以 v 就是 T 和 N 的函数，内在地由 T 决定，外在地由 N 决定。因为 π_e 随着 T 而减少，v 也是随着 T 和 N 而减少（这需要一些证明）；触发性的阶段出现越快或者惩罚性的阶段时间越长，参与者所获得的收益就越少。

总的来说，我们需要去计算参与者在每个可能的状态中开始的期望收益，在这个例子中，在 ψ_1，ψ_2，…，ψ_N 的状态中跟在 ϕ 的状态中是一样的。但是在这个例子是很容易的：在 ψ_1 状态开始的价值是 $q^N v$；在 ψ_2 状态开始的价值是 $q^{N-1}v$，下面的如此类推。

我们得到的是哪些价值呢？考虑参数化的 $q=0.9$。对于 $T=0$ 和 $T=-1$，还有 $N=1,2,3,4$，其相应的 v 的价值可见表 14.1（精确到 0.01）。需要注意的是，正如期望的那样，价值随着 T 的增加而下降（太快实施惩罚），也随着 N 的增加而下降（惩罚过于严厉）。

表 14.1 根据给定策略的收益

	$N=$	1	2	3	4
$T=0$:	$v=$	39.59	33.34	29.20	26.26
$T=-1$:	$v=$	41.83	36.47	32.70	29.92

在给定其他条件的情况下，每一个策略都是不可改进的吗？读者可能想知道这是否为一个有用的问题而去回答它。因为收益现在是无限的，我们不能简单地将"不可改进"等同于"最优"加入到我们的结论中。但是这个结果在这里却是有理有据的。参与者可以在任何一轮中使用选择的行动中的条件性期望值来代替实际的收益，而那些条件性的期望值是无限的。所以这个问题是有用的并且等同于在问是否每一个策略在给定其他条件的时候是最优的，也就是，是否我们达到了均衡。

我们认为在一个惩罚阶段中，使用非共谋的策略明显是最优的；如果参与者在这些时间段内进行共谋，在短时间内共谋的收益很少并且参与者的即刻期望收益也不多。但是当共谋被假定使用时，这将会出现一个真正的利益权衡。通过使用非共谋，你可以增加你的即刻期望收益（从5到8），并且你也可以增加你触发一轮惩罚的几率。特别的是，如果你在一个阶段中使用了非共谋，然后返回到了之前描述过的策略，你的期望收益将计算如下。假定 $\pi_d = \mathrm{Prob}(8 + \epsilon_1 > T, -3 + \epsilon_2 > T)$，那么 π_d 代表的是如果你不合作，你的收益不能触发到一个惩罚阶段的概率。你的期望收益是 $v' = 8 + q[\pi_d v + (1 - \pi_d) q^N v]$。

注意：这样的估算是假定你立刻返回到之前所描述的策略中；你的偏离值的唯一作用只是增加你即时的收益并改变你触发和不触发惩罚的概率。因此我们使用 v 和 $q^N v$ 作为"继续"的收益。

我们存在一个均衡，然后，如果上述计算的 v 是少于或者等于 v，因为这表明了这个策略里面的每一个不可改进步骤都是相互对抗的，所以它是最优的。在表 14.2 中我们给定 v 和 v'，$q = 0.9$，$T = 0$，$N = 1, 2, 3, 4$，这样，我们得到了一个 $N = 3$ 和 4 但不是 $N = 1$ 或者 2 的均衡：在一个 $T = 0$ 的触发水平上，在假定共谋的阶段中，这需要三个回合的惩罚去阻止参与者使用非共谋的策略。

表 14.2　均衡的检验：$T = 0$

$N =$	1	2	3	4
$v =$	39.59	33.34	29.20	26.26
$v' =$	40.99	33.79	29.00	25.61

我们现在可以问，N 和 T 的最佳组合应该是多少呢？"最佳"在这里有一个清晰的定义：我们正在讨论一个对称的均衡，所以我们会更加关心是否能找到一个 N 和 T 的组合能让双方的期望收益都达到最大值。去寻找这个最佳的 N 和 T 的计划是清楚的，至少在计算上：固定 T。对于 $N = 1$，计算相应的 v 和 v' 的值。找出是否 $v' \leqslant v$——我们是否达到了均衡。如果不是，那就尝试假定 $N = 2$，继续，直到你找到给定的 T 下最小的 N（因此是最好的 N）去支持达到一个均衡。我们称这个为 $N(T)$。（你可能会发现对于给定的 T，没有 N 可以帮助达到均衡。）这样做随着你在通过一些数学的过程去寻找到最优的 T 的水平。

对于这样一个研究，表 14.3 提供了部分的结果，例如 $q = 0.9$ 的情况。表中的每一行都对应着一个不同的 T 的水平。

表 14.3　寻找有效率的触发式均衡

T	$N(T)$	v	T	$N(T)$	v
2	11	12.76	-8	6	48.11
1	4	23.01	-9	10	48.55
0	3	29.29	-10	20	48.96
-1	3	32.70	-10.1	23	48.99
-2	3	36.28	-10.2	26	49.02
-3	3	39.68	-10.3	34	49.05
-4	3	42.66	-10.33	38	49.06
-5	3	45.05	-10.35	43	49.069
-6	4	46.06	-10.37	52	49.071 6
-7	5	47.16	-10.38	67	49.074 6

　　第一列表示 T，第二列表示 $N(T)$，第三列表示在 T 和 $N(T)$ 上的 v 的期望价值。当 $N=100$ 时，对于支持均衡的 N 的寻找将会停止，而对于表格中列的范围之外的 T 的值（例如 $T=3$ 和 $T=-10.39$），在 $N=100$ 的时候并不存在均衡。注意：对于一些没有对应的 N 的 T，不管 T 有多大，都可以得到一个均衡。这可以在 T 特别小的时候轻易地看出来。当 T 取值特别小的时候，触发惩罚的几率将接近于零，因此，采取非共谋措施，参与者并没有收到任何的惩罚在即刻得到了 8 而不是 5。

　　有两件事非常的惊人。首先，$N(T)$ 减少然后随着 T 的减少又开始增加。当 T 特别小的时候其增加是相当直观的。对于比较小的 T，触发惩罚的概率也是很小的，那么这就促使惩罚的力度增大以阻止在共谋阶段中的参与者使用非共谋的策略。但是，随着一个较大的 T 的减少，$N(T)$ 也随之减少的这种现象就会比较出乎意料。直观在这里就是对于一个大 T，惩罚在其中一种情况中被触发的概率很高，所以需要一个公平的惩罚措施去保证参与者做出共谋的行为。另一种表达方式，在一个大 T 的前提下，共谋和不共谋触发惩罚的可能性的比率是相当高的，所以非共谋下触发惩罚的可能性的边际影响是比较低的。因此，为了使参与者保持忠诚，惩罚的措施必须足够严厉。[h]

　　第二件惊人的事情就是，v 的值随着 T 的减少而增加。（实际上，如果我们连续地减少 T，在 $N(T)$ 增加的同时，T 的价值会减少。但是总体的影响是 v 随着 T 的降低而增加。）T 的最优值是与均衡一直的最低可能值，即 $N=\infty$（尽管我们的数字过于分散去证明这个）。

　　这不是一个侥幸的结果。在这些触发式策略均衡中给定我们在这部分中的限定条件，可以证明在这个限制性的环节中的有效均衡值是与均衡状态一致的最小的 T 值，有 $N(T)=\infty$。展示这个需要非常先进的方法；必需的方法（并且，你曾经在公式里面做过一些明智的改动，结果本身）可以在 Abreu、Pearce 和 Stacchetti(1989) 的文献中找到。技术上非常熟练的人就会发现去证明已经宣称过的东西是非常有趣的练

---

h　仔细的读者会思考相对相似性（relative likelihoods），下面的提示可能会有所帮助：如果一个参与人在她不接近于 0 时怎样合作，触发惩罪的相似程序就会被认为 $T \to -\infty$，这是由正态分布的尾部性质决定的。

习,它们会使用已有的结果,并且证明使用比我们在这里运用的方法更为复杂一点的"触发式均衡"可以获得或许更好的结果(更高的 v),在触发惩罚的收益范围内,均衡不再是简单地每当其中一方的收益低于一些简单值的时候达到。

14.3.2 更为复杂和有效率的均衡

对于我们已经使用过的参数化的方法,我们已经将共谋均衡的价值推到 49.074 6。这是非常好的结果,特别是考虑到我们知道 50 是不可能得到的。(为什么我们会知道这个呢?)但是我们可以通过更为复杂的均衡来获得更好的结果。

考虑接下来的这个策略,我们使用参数化的 a 和 b 来表示。这个博弈中有三个阶段,分别用 ϕ、ψ_1、ψ_2 表示。ϕ 阶段是"共谋的";在这阶段中,参与人各自选择 s1 和 t1。ψ_1 阶段是"惩罚参与人 1,奖励参与人 2",参与人 1 设想选择 s1,但是参与人 2 选择了 t2。在给定这些选择的时候,参与人 1 将得到即刻的期望收益 -3,而参与人 2 得到收益 8。ψ_2 阶段是与 ψ_1 阶段对称的;我们奖励参与人 1 而惩罚参与人 2。

由一个阶段转换到另一个阶段主要取决于开始阶段的状态和参与者双方的收益。

在 ϕ 的阶段下开始,如果参与者 1 得到的收益比 a 多,而参与者 2 得到的比 a 少,我们将转换到 ψ_1 的状态中。(这个主要是参与者 1 得到较多是与参与者 2 相关,并且参与者 1 将会受到惩罚。)如果参与者 1 得到少于 a 而参与者 2 得到多于 a,我们就会转换到 ψ_2。否则我们将一直维持在最初的 ϕ 阶段。

如果是在 ψ_1 的阶段下开始博弈,所有的问题就是参与者 1 是怎么做的。如果她得到多于 b,那么我们将维持在 ψ_1 阶段。(参与者 1 表现得太好,所以必须再次接受惩罚。)如果她得到少于 b,我们将重新回到 ϕ 阶段。

如果是在 ψ_2 的阶段下开始博弈,所有的东西都将与在 ψ_1 的阶段下开始是对称的。

博弈在 ϕ 阶段开始。在这个阶段开始,再加上上面给定的规则,参与者常常可以在博弈树上发现他们打算去做的每一步的对应点。这个递归的结构以一种公平的不透明的方式指明了参与者双方的策略。

对于一个固定的 a 和 b,这些策略可以构成一个均衡吗?到目前为止,寻找均衡的技术应该是相当清楚的了。首先,如果参与者都遵循所描述的规则,我们要计算出分别在 ϕ、ψ_1、ψ_2 三个阶段中开始博弈的参与者的期望收益。我们将参与者 1 在三个阶段中的值表示为 $v(\phi)$、$v(\psi_1)$、$v(\psi_2)$。这三个值满足下面的三个联立方程:

$$v(\phi) = 5 + q[\pi_1 v(\psi_1) + \pi_2 v(\psi_2) + (1 - \pi_1 - \pi_2)v(\phi)]$$
$$v(\psi_1) = -3 + q[\rho v(\phi) + (1 - \rho)v(\psi_1)]$$
$$v(\psi_2) = 8 + q[\mu v(\phi) + (1 - \mu)v(\psi_2)]$$

在这里,π_1 表示如果参与者遵循我们所描述的策略,我们从 ϕ 转换到 ψ_1 的概率,等等。(要注意的是在后面的两个联立方程中只包含了两种状态;给定策略和转换的规则,我们直接从 ψ_1 转换到 ψ_2 是不可能的,反之亦然。)在 π_1 和 π_2 的情形下,当 ρ 和

μ 是简单的正态累积量的时候，转换的概率就是正态累积量的结果。例如，

$$\pi_1 = \mathrm{Prob}(5+\epsilon_1 > a) \times \mathrm{Prob}(5+\epsilon_2 \leqslant a)$$

所以，例如，如果当 $a=-9.4$，$b=-8.2$ 的时候，你可以计算出 $v(\phi)=49.6245$，$v(\psi_1)=15.6337$，$v(\psi_2)=62.5915(q=0.9)$。

我们通过检验在给定其他条件的情况下，每一个策略是否是不可改进的来判断是否达到均衡。对于参与者 1，我们需要判断她是否在 ϕ 阶段中偏向于 s1 而不是 s2？在目前正常的阶段中，这也包括了检验是否符合下面的不等式，$v(\phi) \geqslant 8 + q[\pi_1' v(\psi_1)+\pi_2' v(\psi_2)+(1-\pi_1'-\pi_2')v(\phi)]$，$\pi_1'$ 和 π_2' 分别表示当参与者 1 选择 s2 而非 s1，参与者 2 坚持选择 t1 的情况下的转换概率。例如，

$\pi_1'=\mathrm{Prob}(8+\epsilon_1 > a) \times \mathrm{Prob}(-3+\epsilon_2 \leqslant a)$。在 ψ_2 阶段中，参与者 1 偏向于 s2 而不是 s1 吗？这一点并不重要——虽然参与者 1 确实这么做了。（为什么确实是这样的呢？）那么参与者 1 在阶段中偏向于 s1 而不是 s2 吗？这就需要看是否满足以下的不等式，$v(\psi_1) \geqslant 0 + q[\rho' v(\phi)+(1-\rho')v(\psi_1)]$，当 $\rho'=\mathrm{Prob}(0+\epsilon_1 \leqslant b)$。

例如，如果 $a=-9.4$，$b=-8.2$，上面的两个检验都通过了。（如果你感兴趣，在 ϕ 阶段中偏离一个阶段可以得到 49.597，在 ψ_1 阶段中偏离一个阶段可以得到 15.61。）因为在这里，参与者 1 和参与者 2 的所有条件都是对称的，我们得到一个 $a=-9.4$，$b=-8.2$ 的均衡，这个均衡比最优的触发式策略均衡还要好。

在这里发生了什么呢？在触发式策略均衡里面，惩罚是无效率的；参与者会惩罚表面上的违规者（虽然我们知道，在一个均衡里面，并没有人违规），但是与此同时表面上对抗违规者的人也会受到惩罚。惩罚违规者而奖励对抗违规者可以得到更高的效率。如果很认真地确保那个表面上的违规者将接受他的惩罚，那么你可以这样做。

在上面提到的这个均衡确实不是能达到的均衡中最优的。所以，让我给读者提出一个挑战：在一个对称的均衡中，你可以将这个博弈中的每个参与者的期望收益推到多高的程度上？

我们以两个评论作为结束。首先，在这个练习中，我们可以通过改变在噪音中的标准差来参数化地改变不同的噪音。随着标准差的增加，从这种合作获得的任何可能的收益会消失为零，因为不久惩罚就会减少。那么随着标准差的下降，从这种合作中获得的收益就达到了一种状态，没有噪音（在这个 $q=0.9$ 的情况中，理论上的高值 $5/0.1=50$），这需要是清楚的，因为惩罚的下降将会在未来更进一步。（这些东西也有形式上的证明。）

第二，我们在开始就规定双方看到各自的收益是非常重要的。如果每一方只能看到自己的收益，一方就会设想达到共谋的均衡是可以建立起来的，但是这些均衡将变得非常复杂——至少我们计算起来就会特别复杂。这是因为一个得到低收益的参与者将会对其他的参与者发起惩罚，而其他参与者并不知道惩罚已经开始了；他将要去推测惩罚已经开始了。从另一方面来说，在上面的均衡的清白和不稳定的阶段中，参与者双方从一个阶段转换到另一个阶段将是不可得的。我们不太清楚这将会怎么发展。

14.3.3 原谅

在所有的这些均衡里面,我们说到的惩罚好像是对不良行为实施惩罚,但是在均衡里面是没有惩罚的。当有噪声时我们不可能去判断一个不好的结果究竟是由于参与人对手的不良行为还是坏运气导致的,这时就需要"惩罚"。但是在均衡里面,参与人双方都"知道"那不是不良行为,那么为何还要实施惩罚呢? 为什么不"原谅"你的对手并且继续进行合作呢,特别是当你知道其实并不存在什么需要你去原谅的时候?

原因很简单:如果你那样做了,而且如果你的对手预期到你会这么做,那么她将会做出不良的行为。[i]

14.4 寡头垄断的隐性共谋

在经济学科中很早就出现了寡头合谋的说法。在 1776 年,亚当·斯密(Adam Smith, 1976, I:144)就写道:"同一行业的人聚会,即便是为了嬉戏娱乐,最终必定以针对公众的密谋而结束。"

这样的密谋如何实现的理论案例,很明显可以从前面章节的内容拓展得到。考虑双寡头垄断的古诺博弈,两个厂商同时决定产量并供应市场。我们可以看到,均衡时厂商的产量水平比他们共谋时的产量要少。通过共谋,每个厂商可以分别供应垄断时的一半产量,同时他们可以一起获得垄断的利润;但是这不是一个均衡;如果一方供应垄断产量的一半,则另外一方就有激励供应更多产量;这样便降低了总的利润,但却提高了自身的利润(因为降低对方利润的幅度比提高自身利润的幅度要大。)这和囚徒困境博弈不一样,因为囚徒困境中每一方都有一个严格占优策略;但是在这里,(在均衡)时任何一方采取行动都会使双方比合谋时的结果更糟。

现在考虑古诺博弈重复进行且利润进行贴现加总。无名氏定理的简单应用可以保证(对于一个足够大的折现率来说)我们得到合谋的结果。每一方都和对方沟通,他们会倾向于采取这样的战略:只要对方一直生产垄断产量的一半时自己也生产垄断产量的一半;当对方偏离该产量时就选择古诺产量。只有生产垄断产量一半时获得的折现现值利润超过偏离那一轮得到的利润加上随后所有的古诺利润之和时,我们就能得到合谋的均衡。

在某种程度上说,这是弯折的需求曲线的简单变化。在弯折的需求曲线的故事里,一家厂商对另外一家厂商提高产量供应(或降低价格)的反应调整是瞬间完成的,但这里反应调整需要滞后一个回合。但是只要滞后时间不是太长(在数学上可以用折现因子接近于 1 表示),我们可以得到同样的结果,即一个潜在的合谋均衡。

---

i   另外一个答案是,在少部分的讨论里指出,在一些均衡中,对一位参与人进行惩罚意味着另外一位参与人正享受美好时光。与其将它称为惩罚,倒不如可以将它看作是对不知情受害者的补偿。这不是你对手的错误,但是让你的对手放弃一些东西来补偿你自己因为坏运气导致的结果,那样做合理吗? 当然,这个故事不会深入探讨什么东西会让你重新回到合作的状态。同时在这里也包括接下来的故事会提到,惩罚一方必引起另外一参与人的损失对这个解释也没有帮助。

当然，在弯折的需求曲线故事里我们面临着均衡的多重性问题，但我们也没有关于这一点的理论现状。尽管我们没有提到（除了第 10 章课后习题 2）这样的理论，但是我们可能已经提及弯折需求曲线的结果是不对称的。而在这里，无名氏定理告诉我们存在很多均衡：一方坚持占有超过 50% 的市场份额组成了一个非对称均衡；厂商决定获取的利润少于合谋时最多的利润也组成了一个非对称均衡。而对于两个对称的厂商，"垄断产量的一半"的均衡看起来像一个聚点，但是对于非对称的厂商，我们就没有特别的理论来表明哪个均衡会实现了。

某种程度上说，所有经典的垄断模型都可以用无名氏定理进行重新阐释。从合谋的结果到竞争的结果，包括任何形式的非对称结果，在折现因子足够接近 1 时，无名氏定理都能说是纳什均衡的结果。同时注意到我们（正式地）假定参与人在每个回合中的产量选择是相互独立的。如果我们设想他们选择价格，我们可以得到类似的均衡结果范围。如果厂商选择价格同样也能得到合谋结果。每个厂商选择合谋价格，并暗示威胁对方如果对方偏离这样的价格他会迅速降低价格，这样同样会达到所谓的古诺价格均衡（同时供应古诺产量）。同样，任意地接近伯川德博弈价格的价格也能得到一个均衡（对于足够大的折现因子），即使对方同时选择产量，不过这个分析稍微有点复杂。①

那么，这么多均衡中哪个均衡是最后的"解"（如果有解）？当然这取决于每一方参与人如何猜测对方对自己的行动的反应，这是一个均衡预期的问题。这和经典的古诺博弈、伯川德博弈或冯·斯塔克伯格博弈不一样，但是相差得不远。

当然，现实世界中的垄断者比我们第 12 章中提到的重复博弈的模型更复杂，在书中的重复博弈中，厂商会一次性同时选择产量或价格。现实中多数的垄断者会随着时间推移博弈，且会随时观察对方如何对自己的行动作出反应并选择自己的行动，即使他们没有像重复博弈中描述得那么自由。从这个角度来说，对这类竞争中的"制度细节"做过多的探讨并不会对我们理解其中庞大的分支有帮助。

14.4.1　隐秘合谋和噪声

我们可以在寡头垄断竞争的模型中增加第二种现实的因素——可观察的噪声，这样可以使模型重新获得更多的价值。设想古诺博弈按照如下的变化形式重复进行：你能观察到的是市场的出清价格而不是对方供应市场的产量（当然你知道自己供应市场的产量）。如果你只知道自己的产量和市场出清价格，随后知道你对手在市场中的价格——这都没有问题。你有足够多的信息来观测到任何偏离隐秘合约的行为，一旦你发现有偏离，你就可以作出惩罚。因此我们将合谋作为一个均衡结果。但是现在假设这个产品的需求曲线服从不可观测的噪声，比如，在 t 时期的需求为 $P = A(t) - X$，其中 X 是总的产量，$A(t)$ 是你不知道值的常数；假设 $A(t)$ 随着时间服从一定的分布。然后如果你供应协商（均衡的）的产量，同时发现价格比预期市场出清价格低时，很有可能是你的对手供应了比协商供应的更高的产量或者也可能是 $A(t)$ 小于它的平均值，此时你应该惩罚你的对手

---

① 　参见 Abreu(1986)中对该问题的解释。

吗？此时不一定是你对手的错误。但是如果你真的一点也不惩罚，随后你的对手就会偏离交易并提供一个更高的产量。为了保持双方的诚实性，有时候惩罚是必须的。必须注意到：即使有限时间的惩罚也会缩短合谋的时间，因为有时候偏离是由"错误"引起的。但是另外一方面，你的惩罚又不能过轻，使得惩罚的时间过短，或者说只有在价格下降非常大的时候才触发惩罚。因为那样的话，每一方都会偏离合谋并使合谋的利润减少。

下面的表述建议你看下：

(1) 在任何的合谋协议中，任何一方都能控制另外一方的行动是很有必要的。

(2) 有时候这样的控制是比较难的(或者说至少要付出成本的)。

(3) 协议中的任何一方都有激励偏离协议，并将偏离的结果归咎为系统中的噪声。

(4) 必须有惩罚，即使"欺骗"可能是因为某些事故引起的，防止没有欺骗时，全部博弈失去控制。

(5) 从合谋到便宜时必要惩罚阶段损失的利益必须和从偏离到合谋时的损失相平衡。

(6) 控制和惩罚阶段的必须成本随着参与人的增加而增加，因此产业中厂商数量越多合谋的难度越大。

(7) 可观察的噪声越少合谋计划的效果越好。

在噪声情况下的垄断合谋模型比我们在第 14.3 节中讨论的正式模型出现得更早，如 Stigler(1964)。而在新的文献，如 Green 和 Porter(1984)以及 Abreu、pearce 和 Stacchetti(1986)又开始提及。

剩下的便是讨论文献原文中对这个问题的正式描述。但是读者如果在脑子里对这个正式描述有个框架的话，那还是有帮助的。

我们先对 Green 和 Porter 的内容进行概括。他们提到 I 个典型的厂商生产同质的产品，进行无限次的博弈，收益用贴现形式表示。模型中，t 阶段的价格用 $\theta_t(A - X)$ 表示，其中 θ_t 是一个随机分布项且 X 是总的产量。在均衡时：一个触发价格为 P'，当均衡价格高于 P' 时，每个厂商都生产 x'；当均衡价格低于 P' 时，接下来就会发生一段惩罚时期：每个厂商都选择生产古诺产量并持续 N 个阶段。在这 N 个阶段之后，厂商重新生产 x'，直到下一次发现价格又低于 P'。假设 N 和 P' 即厂商的生产决策都是外生给定的。假设其他厂商都生产 x' 时，则生产 x 的厂商他的分布为 $P(t) = \theta_t(A - (I-1)x' - x)$。同时，我们发现 $P(t)$ 要小于 P'，这就允许我们计算惩罚阶段的时间跨度，也允许我们计算单个厂商在合谋阶段生产 x 时的贴现利润(是 x、x'、P' 和 N 的函数)，对 x 求最优化。我们得到均衡时最优的 x 等于 x'。参数 P' 和 N 在整个分析中都是固定不变的；随后我们会调整这些参数以得到"最有效率"的均衡——使厂商能获得最高可能平均收益的均衡。

由 Green 和 Porter 得到的结论正是我们想要的：降低 P' 或(和同时)降低 N 的值，也就是说降低"惩罚"的严厉程度，提高了均衡时的 x' 的值；更低的惩罚意味着更高的欺骗。从厂商的角度来讲，最优的均衡来自当高 P' 和 N 的成本和低 θ_t 的成本能平衡阻止欺骗所获得的收益。如果我们增加厂商数量(增加 I)，事情就变得更遭了；每个厂商对 P_t 影响就很小，因此欺骗的欲望越强烈，合谋的水平就会下降。

Abreu、Pearce 和 Stacchetti(1986)运用动态规划和最优化理论来分析这个问题。

　　我们认为在模型中增加可观测的噪声可以在竞争的制度细节中获得　定帮助，为什么？上面提到的(7)是关键。有些人期望在环境允许的情况下，垄断企业倾向于表现得更加合作。至少，在噪声比较少的时候，他们会表现得更加合作。同时竞争中的一些制度安排天生就具有更多噪声，因此我们期望在制度可以更加精确地控制对手的产业领域里有更高水平的合谋。

　　Sultan(1975)和Porter(1983)给出了一个经典的案例，是有关通用电气和西屋电气竞争涡轮发电机的生产和销售。1963年，一个非常大的订单经过旷日持久的"秘密谈判"确定下来了。一个电气部门首先和通用公司谈判，然后和西屋公司谈判，再和通用公司进行第二轮谈判，如此等等。在整个过程中，任何一个公司都不确定另外的公司的投标价格。而当订单确定时，失败的公司仍然不清楚投标获胜的公司的出价。这种情况下，价格非常低且竞争也非常激烈。然而，通用公司找到了一个方法"重建"了他和西屋公司的竞争，他们使自己的投标变得可预测并且让自己的投标发布成公开信息。你应该可以咨询到这种精妙方法的出处。通用公司通过一个公开的财务公司来披露自己的审计和核查信息，这样就能使西屋公司注意到自己的信息，并让西屋公司明白自己意在合谋的暗示——合谋很成功以至于美国反垄断部分介入后最终也放弃调查并支持通用公司的计划。

14.4.2　博弈理论方法错在哪里？

　　上面的讨论集中在控制的可能性(或不可能性)，但是面对它的应用时，还有另外一个问题，你想控制什么？当我们有对称的企业时，似乎"很明显"我们应该关注对称均衡，该均衡时企业的行动都一样。[①]但是在一个非对称的企业中，就没有非常清晰的"规则"来说明企业应该怎么做。(这也是说我们将关起门来的密谋排除了——一些政府盯得很牢的情况)。当企业A发现他的利润低于预期时，他必须考虑如下原因：(1)A的对手是否完全控制不了一些东西了，(2)对"密谋协议"对手是否犯了"诚实的错误"，(3)对手欺骗了自己。Stigler以及Green和Porter讨论了(1)和(3)。但是(2)和(3)在现实生活中同样重要——尤其是对手可能欺骗自己但在随后却声称这只是一个错误。

　　我们已经回到这个方法的两个弱点了：这个问题具有太多的均衡和如何从其中筛选合适的均衡。对比本章中提到的古诺或伯川德或冯·斯塔克伯格模型。在这三个经典的模型中，给出了一个确定的预测什么情况会发生。而在重复博弈的范围中考虑时，经典模型给出了一个特殊的假设相当于给出了假设哪个均衡可以得到。因此在给出一个特殊的假设的情况下是没有用处的，除非给出哪类猜想能得到特定的均衡才有用处。(但是至少经典模型给出了一些预测可以让你去反驳。)

---

　　① 但是即使这样，答案也太过理想。设想可口可乐和百事可乐在所有方面都相同(当然，他们是不同的)，然后他们应该合谋并出现在美国市场的每一个角落吗？或者是他们应该秘密地合谋分割美国的国内市场吗？比如可口可乐负责南部和西部的市场，而百事可乐控制东北部和中西部市场。或者更复杂地说：如果有潜在的进入者，哪种计谋能更好地阻止进入者进入？他们的这种合谋在海外市场会不一样吗？如果你认为自己已经弄清楚软饮料市场，再考虑(对比)民航如何？因为这是关于微观经济学的书，我们会将这些有趣的案例留到产业组织和竞争策略的内容里，并期望你在这里学到的工具能帮助你解决这些问题。

一个更好的对比是一般均衡和局部均衡的对比,如经常举例的向上倾斜的供给曲线和向下倾斜的供给曲线。在后面这类的模型中,都给出了一个明确的预测均衡。在一般均衡中,可能得不到一个特殊的预测。但正如在第 5 章中提到的,运用一些高深的数学,在很多经济体中可以得到一些"局部特殊"的均衡。

设想,尝试在无名氏理论可以应用的情况下做局部比较静态。如果你只知道均衡如何随着参数的变化而变化,我们需要知道的是理论中预期均衡是如何而来的,并且他们怎么样随着环境的变化而变化的。

14.5 声誉

迄今为止,我们已经学习了重复博弈的好处。设想下面的故事:一个垄断者销售一个特殊产品,该产品可以是高质量的也可以是低质量的,需求由该产品的质量决定。如果产品质量高,需求为 $P=10-X$;如果质量低则需求为 $P=4-X$。生产高质量产品的成本为每单位 2 美元,低质量产品为每单位 1 美元。消费者在购买时观察不到产品质量,只有在购买之后才能知道产品质量。

如果我们将这个看作一次性购买的市场,我们可以得到图 14.3 的扩展式博弈,同时我们得到一个无效率的均衡。不管消费者的战略如何,厂商最优的选择都是销售低质量的产品;因为生产高质量的产品不会改变消费者的购买决策因为他们不知道厂商的产品质量如何。消费者意识到这个并且预期厂商会生产劣质产品。最后厂商将价格设定在 2.5 美元,销售 1.5 单位产品(低质量)并得到 2.25 美元的利润。

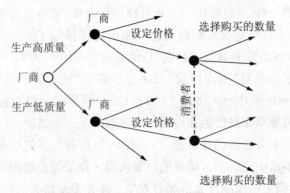

注:厂商选择质量并设定一个价格。消费者知道价格但不知道厂商产品的质量。

图 14.3 质量选择博弈

现在设想厂商不是一次性销售产品而是多次重复销售。正式地,厂商在时期 $t=1$,2,… 都销售产品,且假设同样的消费者或者每期都有一批新的消费者,并假设:消费者在知道时期 $t-1$,$t-2$,…,1 厂商都销售高质量产品时,他在时期 t 就选择购买产品。最后厂商最大化贴现利润和,贴现因子为 α。在这种新情况下,厂商生产劣质产品,将价格设定在 2.5 美元并在每期销售 1.5 单位仍然是一个均衡,但是还有其他更有趣的均衡。

设想消费者接受这样的规则:假设厂商在前三个阶段都是生产高质量产品时,消费者认为这期也生产高质量的产品;否则,认为厂商这期生产低质量产品。然后一直生产高质量的厂商就可以在每一期将价格设在 6 美元,销售 4 单位并实现 16 美元的利润。当然,厂商可以在任何阶段生产低质量产品来而使消费者受到损害,从而使自己在这一期中的利润从 16 美元上升到 20 美元;但是随后他就会付出代价,在随后的三个阶段他最多能得到 2.25 美元的利润,即使又回到 16 美元的利润,他还是得不偿失。因此,有个合适的 α 值使得厂商一直生产高质量的产品,且消费者期望厂商一直生产高质量产品愿望也实现了。

这里并没有什么深奥和复杂的东西。我们只是简单地将这个博弈理论术语称为声誉。厂商可以拥有生产高质量产品的声誉或低质量产品的声誉。消费者通过观察厂商最近的生产情况形成自己的预期。在这种情况下,保持生产高质量产品的声誉作为一个声誉就是可行的。声誉的长期价值通常要高于短期的利益。实际上,如果 α 足够接近于 1,厂商会更愿意投资于声誉,它会持续一些阶段生产高质量的产品即使成本比较大,但目的是希望消费者相信它是生产高质量产品的。

这里的关键是厂商相信现在的行动能够影响未来的声誉和未来的需求。如果 t 阶段的质量完全不能被未来的消费者感知,或者会之后很长一段时间才能知道,那样的话,厂商投资声誉可能就不会成为一个均衡了。

这和无名氏定理的建立很相似,同时也遇到了类似的问题。首先,这里有很多典型的"声誉均衡"。不难想象,如果将上面的例子中的厂商的产品拓展为很多种质量水平时,也就能得到很多种关于质量的(均衡)声誉了。(参考课后习题 3)而这完全仅仅依赖于消费者如何预期厂商在前面阶段的产品质量并如何做出选择。

其次,当有多重均衡时,我们会和前面一样担心缺少聚点均衡。[①]

第三,如果有一个固定且有限的次数,这个声誉的建立过程会崩溃。很简单,消费者在最后一期会理性地预期厂商生产低质量产品,不管以前厂商的产品质量如何。因此在倒数第二阶段,厂商就没有激励生产高质量的产品,然后消费者又预期倒数第三阶段,和前面一样,声誉建议就会崩溃。

第四,可观察的噪声使事情更复杂了。如果我们的厂商不能完美地控制自己产品的质量,我们就会遇到困难了。设想当厂商试图生产一个低质量产品时,每个产品以 0.9 的概率生产低质量产品和 0.1 的概率生产高质量的产品,概率之间相互独立。而如果厂商试图生产一个高质量产品时,每个产品以 0.8 的概率生产高质量产品和 0.2 的概率生产低质量产品。然后当厂商出售 4 单位产品时,其中 2 单位是高质量产品,2 单位是低质量产品,此时消费者应该如何选择? 如果消费者不"惩罚"厂商,那么厂商肯定就会一直生产低质量产品,而将这个全部归咎于一系列难以置信的坏运气。但是如果厂商试图生产高质量产品,总会有时候遇到坏运气的,就像我们前面讲的那样。

你不应该寄希望于声誉模型能和标准的重复博弈一样解决很多问题。如果我们设想一个参与人和一系列对手博弈囚徒困境,而且这些对手都是目光短浅的人(或者说他们只博弈一次或者说他们不在乎自己的声誉),然后即使这个参与人注重自己声誉也无济于事。不管她的声誉如何,她所有的对手都会选择不合作的策略,因为非合作策略在静态的囚徒困境博弈中是严格占优的。因此对这个参与人来说,自己也没有必要采取合作策略

---

① 尽管一些参与人会和目光短浅的对手竞争,也存在非常自然的聚点;参考 Fudenberg 和 Levine(1988)。

来维持声誉了。

这就引出了一个问题,能不能在声誉均衡中得到类似无名氏定理的整齐的性质。关于声誉均衡更精确的描述和相关结果可参考 Fudenberg, Kreps 和 Maskin(1989)。

这类声誉的建立在经济学中有很多应用。上面刻画的声誉对双方都是"有益的",但还有另外的情况,就是一方建立声誉对另外的参与人是有害的。用虚构的市场领导者的故事来举个例子(因为它给出了相对于无名氏定理的受限制之处)。设想一个长期存在的企业在时期 $t = 1, 2, \cdots$ 和一系列的对手进行寡头博弈。就是说,在时期 t 厂商和对手竞争双寡头市场;然后在时期 $t+1$ 和一个新的对手竞争;假设每个阶段两个厂商之间进行古诺竞争。无差异的产品市场有线性的需求曲线 $P = A - X$ 和常数边际成本 c。

如果两个厂商在时期 t 和 $t+1$ 且在未来都一起竞争(贴现他们的利润),然后无名氏定理表明只要有足够高的贴现因子,这两个厂商就会维持垄断利润。但是其中一个厂商在时期 t 只关心长期存在的厂商的产量而不管未来的产量来决定自身的产量。在均衡中长期存在的厂商的产量为 x_L,随后短期存在的厂商会选择最优的产量回应 $x_t^*(x_L) = (A - c - x_L)/2$。[1]因此当长期存在的厂商和他的对手分享垄断利润时我们不会得到均衡,除非长期存在的厂商一点也不生产。你可以很容易地得到 $x_L + x_t^*(x_L) > (A - c)/2$,$x_L > 0$。

但是现在来考虑下面的均衡:长期存在的厂商每一期生产 $(A - c)/2$,在过去也同样生产 $(A - c)/2$。如果长期存在的厂商要偏离上面的生产计划,他会在随后生产 $(A - c)/3$。如果长期存在的厂商在过去生产 $(A - c)/2$,短期存在的厂商就生产 $(A - c)/4$,而一旦长期存在厂商不是生产 $(A - c)/2$ 时,短期存在的厂商就生产 $(A - c)/3$。

你可以得到当贴现因子 α 足够接近于 1 构成了一个均衡($> 9/17$),以及一个生动的故事伴随这个均衡。我们长期存在的厂商具有成为斯塔克伯格领导者的声誉,他的产量设定为 $(A - c)/2$,期望他的对手的反应为 $(A - c)/4$。当然,在一个给定的单期中期望对手生产 $(A - c)/4$ 时,他最优的选择是生产 $3(A - c)/8$。但是当他真的这样做的时候,他就失去了作为斯塔克伯格领导者的声誉,毕竟他所有的对手都假设他会生产标准的古诺产量 $(A - c)/3$,他们也按照这个产量进行最优决策。这里注意到两点:首先,在这个均衡中,我们认为短期存在的厂商会一直按照长期存在的厂商的产量的最优反应生产。其次,如果长期存在的厂商不建立声誉时,短期存在的厂商则会更糟。

我们可以将这个故事做一些变化。我们可以把故事转换成进入阻挠博弈,并假设所有的厂商都有固定的成本。比如,设想需求为 $P = 9 - X$,边际成本 $c = 1$,固定成本为 2.25 美元。考虑如下均衡:长期存在的厂商生产 5 单位,过去一直生产 5 单位。如果他不生产 5 单位,随后他就生产 8/3 单位。而当长期存在的厂商一直生产 5 单位时,短期存在的厂商不生产(我们假设没有固定成本),当然长期存在的厂商偏离生产 5 单位的计划时,短期存在的厂商就选择进入并生产 8/3 单位。这个作为一个均衡你应该没有疑问吧。

我们会在第 20 章学习该声誉建立的重要应用。

---

① 在这个问题中,即使长期存在的厂商随机选择产量,那么它对 x_L 的反应函数也总是小于或等于 $A - c$。

14.6 声誉的再议:不完全信息

本节的内容比较难,对于初次接触的读者可以当作选读内容。

本章中声誉的建立严重依赖于未来的行动能影响当下的行为,这算是一个不足吧。这里没有必要要有无限期的博弈,在有限期的博弈中至少有概率 q 超过一轮博弈就够了——但是不能假设参与人能预期博弈会在某个确定的时间结束。一旦博弈有一个明确的结束期限,那么我们构建的合作和声誉均衡就可能会瓦解,因为最后一期的行为知道了,随后倒数第二期的行为也确定了,则所有期的行为都确定了。[①]

因此该理论暗示着这些构建的过程关键依赖于博弈的若隐若现。但是,正如我们多次注意到的,这看起来不是非常直观,当然也难以实证。比如说如果学生知道囚徒困境只博弈 20 回合,通常在早几期会出现合作。

或者考虑图 14.4 的博弈。参与人 2 是在位垄断者,参与人 1 是潜在的进入者。首先参与人 1 要决定是否进入参与人 2 所在的市场。如果参与人 1 进入,参与人 2 就必须决定默许进入还是选择反抗(如降低价格等)。该博弈有两个纯战略纳什均衡;第一个是参与人 1 进入参与人 2 默许;第二个是参与人 1 不进入和如果参与人 1 进入参与人 2 就选择反抗(实际上没有进入)。现在你知道只有第一个是子博弈精炼纳什均衡,而且也是参与人 1 和参与人 2 经常会预期的博弈结果。

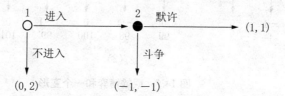

图 14.4 连锁店的阶段博弈

但是现在增加如下的复杂性。参与人 2 不是博弈一次而是每一期都和不同的对手博弈并进行 20 次博弈,参与人 2 的对手仅仅博弈一次。博弈的次序已经设定好,后面参加博弈的都能观察到前面回合发生的事情。故事是这样的:参与人 2 作为垄断者在很多城市拥有 20 家连锁店,在每一个城市里有且只有一个潜在的厂商想进入。而且,进入者必须决定是否进入,然后其他城市的进入者也需要决定是否进入。

理论证明这个复杂性并没有改变什么。在最后一回合,进入者进入,在位连锁店唯一的子博弈精炼反应是默许;同时在第 19 轮,同样事情发生,然后是往前都一样。唯一的子博弈精炼均衡就是每个进入者都选择进入,而在位者都选择默许。

如果我们延长这个阶段博弈成无限的博弈,我们可以像前面一样得到一个声誉

---

① 实际上,这个只出现在只有一个均衡的静态博弈中。如果有多重均衡,即使在有限博弈中,你也可以构建合作或声誉均衡。详细内容可参考 Benoit 和 Krishna(1985)。

建立的均衡。均衡是这样的:只要在位者不默许,就没有进入者进入;如果在位者一旦默许,进入者都陆续选择进入。即在位者一直选择反抗,或者偶尔选择默许了,那随后也选择默许。你可以证实这是一个子博弈精炼的。虽然选择反抗在短期上看成本更高,但是如果所有的城市都选择默许时,长期来讲,成本会更高。

再来看第12章中的蜈蚣博弈,重新复制如图14.5(1),有一个子博弈精炼均衡:在每个结点两个参与人都选择D。

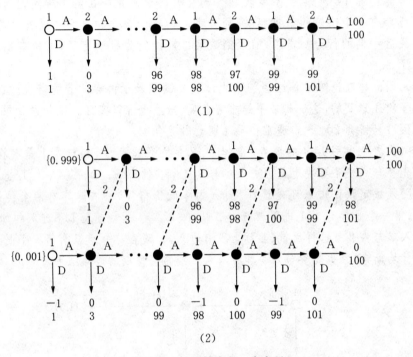

图 14.5 蜈蚣博弈和一个变形

他同样有一些子博弈精炼均衡,但是每个纳什均衡必须以参与人1选择D开始。尽管如此,这并不是该博弈的一个非常直观的解。当这个博弈让学生去实践或者让其他实验对象去博弈时,他们在最开始也不总是以参与人1选择D。我们说这是同一类事物的另外一个例子,因为该博弈的唯一子博弈精炼均衡还是:参与人2在最后一个结点选择D,所以参与人1在倒数第二结点选择D,如此逆向倒推。

接下来我会解释为什么这个均衡看起来不是很直观,然后再回到声誉的概念。图14.5(2)给出了包含有不完全信息的变化博弈形式。在该博弈中,我们假设参与人1的收益由自然决定,他有0.999的概率按照原蜈蚣博弈的收益进行,0.001的概率按照下面的博弈进行,下面的博弈中参与人选择A是占优策略。设想,参与人2在开始时认为他的对手会充满人性关怀并以千分之一的概率选择A,同时参与人1也知道参与人2是这样设想自己的,但同时参与人1也知道参与人2只有千分之一的概率认为自己会这样做。

在这里参与人1在开始时选择D当然不会是均衡的一部分,为什么?因为如果参与人1这样做按照上面的博弈进行的话,轮到参与人2行动时,他会相信(运用贝叶斯规则)他处于下面的博弈之中，他就会选择 A 直到最后一个结点并认为参与人 1 也会在她的每个结点选择 A。

这个博弈的均衡看起来会是怎样的呢？很抱歉，接下来的东西可能不是那么的直观[j]，但是我知道，我不能绕过它。

该博弈有唯一的序贯均衡，你可以从最后一轮逆向倒推得到。[①]首先，我们在每个结点标示 1x，2x，3x，…，198x，t 表示上面的(top)，b 表示下面的(bottom)，1x 表示序列的最后一个结点，2x 表示倒数第二个结点，等等。因此结点表示奇数的是参与人 2 的结点，偶数的是参与人 1 的结点。因为参与人 2 的信息集包含 $(2n+1)$t 和 $(2n+1)$b 的结点，他在这些结点上的行动也一样，我们可以说他在信息集 $2n+1$ 上的行动。

因为参与人 1 在下面的博弈树中肯定会选 A 而且先念概率为 0.001，因此参与人 2 轮到选择时他也会选择 A 这一点也不惊奇。这意味着参与人 2 在每个结点信念可以用贝叶斯法则计算。我们用 μ_{2n+1} 表示参与人 2 认为自己在上面博弈中的概率。注意到对于所有 n，$\mu_{2n+1} \leqslant 0.999$。（因为在下面的博弈中参与人 1 肯定选择 A。）

在信息集 1 中，参与人 2 选择 D 肯定是占优的，因此在结点 2t，参与人 1 选择 D。

现在进行到信息集 3。参与人 2 会计算：如果他选择 D，他会得到 100；如果选择 A，如果在下面的博弈中他会得到 101，而在上面的博弈中他会得到 99。用 μ_2 表示他认为自己在上面博弈树的概率，他选择 A 的净预期收益为 $99\mu_3 + 101(1-\mu_3)$，因此如果 $\mu_3 < 1/2$，选择 A；如果 $\mu_3 > 1/2$ 选择 D，在 $\mu_3 = 1/2$ 处无差别。

（1）因为 $\mu_3 < 1$，因此他相信 $\mu_3 > 1/2$ 不会成为均衡的一部分，因为如果她相信这个信念，她会在 4t 选择 D，然后贝叶斯规则会使他认为他的信念 $\mu_3 = 0$，和 $\mu_3 > 1/2$ 矛盾了。

（2）那么 $\mu_3 < 1/2$ 会是博弈的一部分吗？如果 $\mu_5 < 1/2$，他会在信息集 3 处选择 A。因此她会在信息集 4t 选择 A。因此，按照贝叶斯规则，$\mu_5 = \mu_3$。因此如果 $\mu_3 < 1/2$，则均衡时 $\mu_5 < 1/2$。相反，如果 $\mu_5 < 1/2$，则贝叶斯规则意味着 $\mu_3 \leqslant \mu_5 < 1/2$，因此他会在信息集 3 选择 A，所以她会在信息集 4t 选择 A(且，$\mu_3 = \mu_5$)。

（3）现在剩下 $\mu_5 \geqslant 1/2$ 的情况了。我们得不到 $\mu_3 < 1/2$，也得不到 $\mu_3 > 1/2$，那就只有 $\mu_3 = 1/2$。用 π_4 表示均衡时参与人 1 在 4t 时选择 A 的概率，给定 π_4 和 μ_5，按照贝叶斯规则：

$$\mu_3 = \frac{\mu_5 \pi_4}{\mu_5 \pi_4 + (1-\mu_5)}$$

因为我们需要 $\mu_3 = 1/2$，则得到 $\pi_4 = (1-\mu_5)/\mu_5$。这说明了一些东西。首先，在信息集 5 中，参与人 2 估计参与人 1 下一次选择 A 的概率为 $1 - \mu_5 + \pi_4\mu_5 = 2(1-\mu_5)$。因此如果 $\mu_5 < 3/4$，他肯定希望在信息集 5 中选择 A。如果，$\mu_5 > 3/4$，他肯定希望在信息集 5 中选择 D，而在 $\mu_5 = 3/4$ 时无差别。（回想如果 $\mu_3 = 1/2$，他从信息

---

[j] 你应该意识到这个例子在第 1 章中就已经警告过你了。

① 实际上，该博弈只有唯一的纳什均衡；留作习题。

集 3 开始的期望收益为 100。)下一步，除非 $\mu_5 = 1/2$，我们能得到 $\mu_3 = 1/2$ 的唯一条件是 $0 < \pi_4 < 1$。这就要求参与人 1 在结点 4t 时选择 A 和 D 没有差异，而这样的话又要求参与人 2 在信息集 3 中以"五五开"的概率随机选择 A 和 D。

这就使在结点 4t 和信息集 3 中的全部情况都确定了，除了一个刀锋例子 $\mu_5 = 1/2$。在这种情况下，只有如果参与人 1 在 4t 肯定选择 A 时，才有 $\mu_3 = 1/2$。同时参与人 1 只要参与人 2 在信息集 3 中以 1/2 或更大的概率选择 A 时肯定选择 A；因此在刀锋值时，我们还是有一点自由去选择的。①

现在回到信息集 5。如果 $\mu_5 > 3/4$，参与人 2 肯定会选择 D。如果 $\mu_5 < 3/4$，他肯定会选择 A。如果 $\mu_5 = 3/4$，他是无差异的，同时他的预期收益为 99。

然后再回到结点 6t。这个和 4t 中的分析很像*，只是用 $\mu_5 = 3/4$ 代替 $\mu_3 = 1/2$。实际上，如果 $\mu_7 < 3/4$，则参与人 2 在信息集 5 种肯定会选择 A，而参与人 1 会在 6t 中选择 A，所以 $\mu_5 = \mu_7$。如果 $\mu_7 \geqslant 3/4$，得到一个均衡的唯一途径是在信息集 6t 中参与人 1 的 $\mu_5 = 3/4$。如果 $\mu_7 = 3/4$，参与人 2 在信息集 5 中如何选择就有一定余地了。而如果 $\mu_7 > 3/4$，参与人 1 必须在 6t 上随机选择。

当我们计算从 $\mu_7 \geqslant 3/4$ 到 $\mu_5 = 3/4$ 时参与人 1 在 6t 中必须选择时，我们开始又回到信息集 7 了。如果 $\mu_7 < 7/8$ 时，参与人 2 肯定会选择 A；如果 $\mu_7 > 7/8$，他肯定会选择 D，如果 $\mu_7 = 7/8$，没有差异。

分析的模式就是这样的。关键要注意到的是如果 $\mu_9 < 15/16$，参与人 2 会在信息集 9 中选择 A，如此等等。特别地，如果 $\mu_{2n+1} < 1023/1024$ 且 $n \geqslant 10$，参与人 2 在信息集 $2n+1$ 中肯定会选择 A。然后，在这个之前，参与人 1 会在结点 $(2n)t$，$n > 11$ 时选择 A。但是对于每一个 n，$\mu_{2n+1} \leqslant 0.999 < 1\,023/1\,024$ 时，因为 0.999 在前面。对于博弈的大部分过程，直到最后 22 步，参与人 1 和参与人 2 都会选择 A，这和他们在简单的蜈蚣博弈中的子博弈精炼要采取的行动是完全相反的。

当然，这是相当复杂的。最后的 22 步包括了很复杂的混合战略，使得参与人 2 会随机选择同时参与人 1 也会随机选择，等等。我不是说精确的均衡是比较直观的。但是，将这最后的 22 步放在一边，其中"主要的思想"是有一个直观感受的。

参与人 2 选择 D 而不选择 A 会有失去 1 单位收益的风险，潜在的收益也是可持续的。如果有一个合适的机会得到这些收益，尝试一下 A 也是值得的。但是这还不够。注意到潜在的收益最多只有 100，而参与人 1 一直选择 A 的概率才只有 0.001。因此如果参与人 1 在上面的博弈中一直选择 D，参与人 2 就不值得冒险去选择 A 了。而如果在上面的博弈中参与人 1 使参与人 2 相信自己会一直选择 A，那么参与人就值得去选择 A 了。

不要被这个讨论误导认为是很简单或直接的。实际上在原始的蜈蚣博弈中这样的讨论也适用。可能最好的表述是：参与人 1 和参与人 2 直到接近博弈的最后都选择 A 才有意思。但是每个人只有相信她会先发制人才会这样做（在均衡时）。在一个均

---

① 为了保证我们前面说的唯一的序贯均衡，我们在随后会讨论如果给定博弈一个特定的初始条件，这个刀锋例子就不会出现了。

* 原文为 6t，疑为打印错误。——译者注

衡中,他们的信念必须一致,但是这和原始博弈中每个人都认为自己能看透对方又是不相一致的。但是当我们在参与人 1 上添加一些不完全信息时,参与人 2 就认为他能"猜透"对方了,因为参与人 1 有一个小的概率使对方能猜透自己。如果这样的话,我们就可以很高兴地得到双方都会在博弈结束前选择 A。

这和我们提到的不完全信息博弈有什么联系? 当然博弈的回合次数不是特别重要。如果你自己看证明,博弈有 198 个还是 28 还是 199 998 个结点都不重要,重要的是在最后 22 回合中,每个参与人都肯定选择 A。参与人 1 是仁慈的概率有多大也不重要。如果我们将 0.001 换成 0.000 1,只会在双方都以概率 1 选择 A 前增加 4 轮的博弈。参与人 1 的"不理性"的特性也不是关键,如果参与人 2 猜测参与人 1 在最后几轮之前有小的概率选择 A,我们还是会得到同样的基本结论,甚至都没有必要去关注参与人 2 是否认为参与人 1 是否是理性的。设想有三个初始结的不完全信息博弈。第一个结点上,参与人 1 以 0.998 的概率开始原始的蜈蚣博弈,第二个结点以 0.001 的概率变化的蜈蚣博弈收益进行,第三个结点以 0.001 的概率参与人 1 是"仁慈的"。参与人 2 知道第一个结点,但是不确定后面两个结点如何进行。换句话说,参与人 1 以 0.998 的概率是"理性的"且参与人 2 也知道这一点。参与人 1 认为有一个小的概率参与人 2 认为参与人 1 是仁慈的。在这种情况下,参与人 1 就会给参与人 2 一个机会来"看看"他是否比较糊涂,而轮到参与人 2 行动时,即使他不糊涂,他也会继续让参与人 1 选择行动。这样博弈就能不断进行下去了。

这是非常复杂的博弈并且有非常复杂的均衡。我也不想给出一些具体的解。如果要看原始的文献,请参考 Camerer 和 Weigelt(1988)。

同时,我想到了为什么原始的蜈蚣博弈的解不是非常直观了。0.001 的概率认为一个参与人的对手是宽宏大量的,其实对整个博弈来说没有太大"变化",但是他的确改变了理论分析的过程。在任何博弈中,这么微小的变化能引起理论分析那么大的改变,有人就会非常担心理论预测的可靠性了。为了不让你犯迷糊,我们有必要回到第 13 章中的子博弈精炼均衡的讨论上。如果参与人的偏离可以归咎于一个微小的先念概率变化引起非常大的收益变化时,子博弈精炼和序贯均衡背后的动机可能就会被忽略了。这里我们看到一些更糟的事:对于这类转来转去的博弈结构,这种特性会导致参与人的行为和纳什均衡时的行为完全不一样,因为有一些合理性的扰动。

然后将这个再和声誉与有限重复博弈联系起来,在有限的重复囚徒困境博弈中,假设一个参与人认为第二个参与人以一个小的概率会"非理性"地选择针锋相对策略(tit for tat):就是你的对手在前面回合中怎么做,你在这一回合中也怎么做。在一个足够长的重复博弈中(但仍然是有限的),如果你认为你的对手选择针锋相对策略,你会尝试一下合作策略。即使你的对手不是不理性的,在这种情况下,她"理性的"做法就是假装隐藏自己的行为并使合作可以继续。或者说在连锁店博弈中,设想长期存在的参与人 2 以一个小的概率对抗任何进入者。一个"理性"的参与人 2 会伪装这种情况以使进入者认为自己肯定会反抗从而阻止进入者进入。当进入者看到这个时,不管参与人 2 是真的不理性还是看起来不理性,他都会选择不进入。

我们可以将这个效应看作"声誉",因为一个参与人希望表现的"不理性"以使自己在不理性时能生存下去,如果她认为不理性会给自己带来好处。在这种情况下,参与人必须权衡短期利益和长期利益之间。我将这个短期对比长期的权衡看作是声誉的特质所在。

14.7 书目提要

关于这个主题的文献地图按如下分类是有帮助的。(1)第 14.2 节到第 14.6 节的内容,依赖于无限的情况,同时(2)其中运用一些不完全信息的内容使得在有限的情况下模型也能奏效。下一步,可以分为①两个或多个参与人进行重复博弈同时②其中一个或多个参与人是目光短浅的。然后再分成三类:a 按照平均收益分析(更直观一点);b 按照贴现收益准则分析,一个固定的小于 1 的贴现因子;c 在贴现收益形式下分析随着贴现因此趋近于 1 时有限的均衡集合。最后我们可以分为两种形式:无噪声的和有噪声的。

用平均收益表示且没有噪声的重复博弈和无名氏定理,可以参考 Rubinstein(1979)。有噪声的最早文献可以参考 Radner(1985)、Rubinstein(1979)以及 Rubinstein 和 Yaari(1983)。

用贴现收益且无噪声的可参考 Abreu(1988),关于古诺竞争的最早文献可以参考 Friedman(1971),随后的有 Abreu、Pearce 和 Stacchetti(1989)。有噪声的重复古诺博弈可以参考 Green 和 Porter(1984)以及 Abreu、Pearce 和 Stacchetti(1986)。我们必须提到经典的合谋垄断的文章 Stigler(1964)。

Fudenberg 和 Maskin(1986)最早提到了贴现收益下有限的均衡,随后有噪声的可参考 Fudenberg、Levine 和 Maskin(1989)以及 Matsushima(1988)。

关于短视的参与人,最早的文献至少可以回溯到 Simon(1951),这在第 20 章中会提到。其他的应用文献可参考 Fudenberg、Kreps 和 Maskin(1989)以及 Fudenberg 和 Levine(1989)。

在有限情况下的声誉和合作模型可参考 Selten(1978),Rosenthal(1981)[1]在随后对理论的发展做了很大贡献。Benoit 和 Krishna(1985)给出了阶段博弈具有多重均衡。带有不完全信息的最早文献出现在 Kreps、Milgrom、Roberts 和 Wilson(1982)(两个长期存在的参与人的合作囚徒困境博弈),Kreps 和 Wilson(1982)以及 Milgrom 和 Roberts(1982)(一个长期存在的参与人和一系列对手的进入—阻挠博弈)。Fudenberg 和 Maskin(1986)提到了所有都是长期存在的参与人时的无名氏理论应用结果,同时只有一个长期存在的参与人的参考 Levine(1988)。一个参与人和很多参与人同时博弈而不是序贯博弈的声誉模型可参考 Fudenberg 和 Kreps(1987)。Hart(1985)分析了一方具有不完全信息且没有贴现的重复博弈的一般形式。

还有其他大量的文献我们没有提到。Aumann(1985)提供了一个很好的综述。

---

[1] 该文献也是最早提出蜈蚣博弈的。

参考文献

Abreu, D. 1986. "Extremal Equilibria of Oligopolistic Supergames." *Journal of Economic Theory* 39:191—225.

____ 1998. "On the Theory of Infinitely Repeated Games with Discounting." *Econometrica* 56:383—96.

Abreu, D., D. Pearce, and E. Stacchetti. 1986. "Optimal Cartel Equilibria with Imperfect Monitoring." *Journal of Economic Theory* 39:251—69.

____ 1989. "Toward a Theory of Discounted Repeated Games with Imperfect Monitoring." Harvard University. Mimeo. Forthcoming in *Econometrica*.

Aumann, R. 1985. "Repeated Games." In *Issues in Contemporary Microeconomics and Welfare*, G. Feiwel, ed., 209—42. London: Macmillan.

Benoit, J.-P., and V. Krishna. 1985. "Finitely Repeated Games." *Econometrica* 53:905—22.

Camerer, C., and K. Weigelt. 1988. "Experimental Tests of a Sequential Equilibrium Reputation Model." *Econometrica* 56:1—36.

Friedman, J. 1971. "A Noncooperative Equilibrium for Supergames." *Review of Economic Studies* 28:1—12.

Fudenberg, D., and D. Kreps. 1987. "Reputation in the Simultaneous Play of Multiple Opponents." *Review of Economic Studies* 54:541—68.

Fudenberg, D., D. Kreps, and E. Maskin. 1989. "Repeated Games with Long-run and Short-run Players." Massachusetts Institute of Technology. Mimeo.

Fudenberg, D., and D. Levine. 1988. "Reputation and Equilibrium Selection in Games with a Single Patient Player." Massachusetts Institute of Technology. Mimeo. Forthcoming in *Econometrica*.

____ 1989. "Equilibrium Payoffs with Long-run and Short-run Players and Imperfect Public Information." Massachusetts Institute of Technology. Mimeo.

Fudenberg, D., D. Levine, and E. Maskin. 1989. "The Folk Theorem with Imperfect Public Information." Massachusetts Institute of Technology. Mimeo.

Fudenberg, D., and E. Maskin. 1986. "The Folk Theorem in Repeated Games with Discounting or with Incomplete Information." *Econometrica* 54:532—54.

Green, E., and R. Porter. 1984. "Non-cooperative Collusion Under Imperfect Price Information." *Econometrica* 52:975—94.

Hart, S. 1985. "Nonzero Sum Two-person Repeated Games with Incomplete Information." *Mathematics of Operations Research* 10:117—53.

Kreps, D., P. Milgrom, J. Roberts, and R. Wilson. 1982. "Rational Cooperation in the Finitely Repeated Prisoners' Dilemma." *Journal of Economic Theory* 27:245—52.

Kreps, D., and R. Wilson. 1982. "Reputation and Imperfect Information." *Journal of Economic Theory* 27:253—79.

Matsushima, H. 1988. "Efficiency in Repeated Games with Imperfect Monitoring." University of Tsukuba. Mimeo. Forthcoming in *Journal of Economic Theory*.

Milgrom, P., and J. Roberts. 1982. "Predation, Reputation, and Entry Deterrence." *Journal of Economic Theory* 27:280—312.

Porter, M. 1983. "General Electric versus Westinghouse in Large Turbine Generators." In *Cases in Competitive Strategies*, 102—18. New York: Free Press.

Radner, R. 1985. "Repeated Partnership Games with Imperfect Monitoring and No Discounting." *Review of Economics Studies* 53:43—58.

Rosenthal, R. 1981. "Games of Perfect Information, Predatory Pricing, and the Chain-store Paradox." *Journal of Economic Theory* 25:92—100.

Rubinstein, A. 1979. "An Optimal Conviction Policy for Offences that May Have Been Committed by Accident." in *Applied Game Theory*, S. Brams, A. Schotter, and G. Schwodiauer, eds. Wurzburg: Physica-Verlag.

Rubinstein, A., and M. Yaari. 1983. "Repeated Insurance Contracts and Moral Hazard." *Journal of Economic Theory* 30:74—97.

Selten, R. 1978. "The Chain-store Paradox." *Theory and Decision* 9:127—59.

Simon, H. 1951. "A Formal Theory of the Employment Relationship." *Econometrica* 19:293—305.

Smith, A. [1776] 1976. *The Wealth of Nations*. Chicago: University of Chicago Press.

Stigler, G. 1964. "A Theory of Oligopoly." *Journal of Political Economy* 72:44—61.

Sultan, R. 1975. *Pricing in the Electrical Oligopoly*. Harvard Graduate School of Business Administration, Division of Research, research report.

课后习题

1. 在本章中的很多地方,我使用了短语如"如果 q(博弈会进行到下一轮的概率)或 α(贴现因子)足够大时,XYZ 是一个均衡"。在这个问题中,要求你回答,怎么样才算足够大?

(1) 在囚徒困境博弈中,我们说只要 $q \geqslant 3/8$,满足不合作的参与人在面对永远不合作的威胁下也会保持合作。我们给出了支持 $3/8$ 的计算。我们也说对于足够大的 q,它可以足够威慑单轮非合作满足从而转向合作。更精确地说,假设每个参与人实行这样的战略:除非对手选择不合作时自己也选择不合作,然后选择一轮的非合作行为,然后再回到合作行为即使你的对手在单独的"惩罚"这轮中选择非合作行为。同时如果意外地,一个参与人突然在某个时间点不合作时惩罚也没有,则参与人在该惩罚阶段选择不合作。在

390

这种情况下,q 为多少时构成了一个均衡?

(2) 在声誉中的斯塔克伯格领导模型的讨论中(大概在第 14.5 节的结果部分)提到,一个"足够大"的 α 应该大于 9/17,给出得出这个数字的计算过程。

2. 在第 14.3 节中的可观察噪声的讨论中,我们提议通过囚徒困境的重复博弈模型来讨论,这类模型中参与人在每一轮选择他们自己想选择的战略,传给一个裁判进行实行。然后该裁判"有噪声"地实行这类战略:如果他被告知选择非合作战略,则裁判以 0.8 的概率选择该战略,以 0.2 的概率选择合作。如果被告知选择合作战略,裁判以 0.8 的概率选择合作战略,以 0.2 的概率选择不合作。参与人知道他们自己发送的指令,在每轮博弈的最后,裁判的两种战略执行方案都会向两个参与人披露。但是参与人不知道他的对手传递了什么指令。假设 $q=0.9$ 且博弈可以任何一个回合随机结束,且裁判的随机战略执行作为一个随机变量是相互且连续的。

(1) 证明:参与人总是发送进行不合作行动的指令是一个纳什均衡。在该均衡中参与人的预期收益是什么?

(2) 假设参与人选择如下战略:指示裁判一直选择合作,直到有任何一方参与人不合作时然后指示裁判选择不合作。这是一个均衡吗? 如果是,均衡中参与人的预期收益是什么?

(3) 假设参与人选择如下战略:指示裁判一直选择合作,直到有任何一方参与人不合作时,则指示裁判选择非合作 N 期。随后再指示裁判又选择合作直到下一次不合作的出现。那么 N 为多少时是一个均衡? 对于最小的 N,均衡中的参与人的预期收益是多少?

(4) 现在假设我们有一个任性的裁判——它只是以 0.95 的概率按照指示行动。重新做(1)、(2)、(3)部分。

3. 关于质量的声誉,想象我们有一个企业可以在[0,1]的产品质量水平之间生产,其中 0 意味低质量,1 意味着高质量。产品的需求取决于消费者对于产品质量的预期。如果消费者预期产品质量为 q,则他们的需求曲线为 $P=4+6q-X$,X 是产品的需求量。生产的成本取决于产品的质量,单位质量为 q 的产品的生产成本为 $2+6q^2$,考虑第 14.5 节中描述的重复博弈:在每个阶段,企业选择一个产品质量水平和价格。消费者可以观察到产品价格但是不知道产品质量(直到他们购买以后才知道)。但是消费者知道企业前面时期生产的产品质量。假设企业的贴现因子 $\alpha=0.9$,那么什么样的 q 是一个可行的声誉均衡,也就是说,在均衡中每个阶段企业都生产质量为 q 的产品。

4. 回想我们讨论过的囚徒困境,而此时的博弈情形是一个特别的参与人和一列对手进行博弈。每个对手只博弈一次,但是他能观察到特别参与人前面的行动。在这种情况下我们认为虽然特别的参与人具有声誉,但是对他的对手也没有帮助,因为他的对手没有声誉同时不管他前面如何行动都选择非合作。鉴于此,假设我们改变囚徒困境的规则使得对手在特别参与人的注视下首先行动,然后特别参与人反应。此时声誉会有帮助吗?

5.(1) 在第 14.5 节最后部分的斯塔克伯格博弈中,如果每个阶段的竞争是伯川德博弈而不是古诺博弈,会发生什么?

(2) 如果我们在该博弈中再加入 Green 和 Porter 的噪声又会发生什么? 也就是说,企业选择他们的产量,同时价格是总产量的一个随机函数。这是一个非常开放的问题,但是至少要考虑:假设我们尝试去构造一个"触发价格"均衡,此时如果价格高于触发价格时,我们就转到标准的古诺博弈一段时间。那么"触发价格"是应该高于还是低于"平均"的均衡价格呢?

6. 证明图 14.5(2)中蜈蚣博弈变化形式的单一序贯均衡,实际上,是唯一的纳什均衡。[提示:给定一些假定的纳什均衡并假设 $2n+1$(对参与人 2 来说)的信息集是首先到达的信息集。获得一个直接的反证。然后假设 $(2n)t$ 是首先到达的信息集,从前面获得的直接反证去掉一个自由度再获得一个反证。]

7. 这个问题的目的是探讨当垄断者可以实行两步收费时,双寡头垄断中会发生什么。

(1) 想象两种商品——snaffle 和 manna。一个单独的消费者具有 $u(x,z)=x-bx^2+z$ 的效用函数,x 是 snaffle 的消费量,z 是 manna 的消费量。manna 的价格总是被设定为 1。这个效用函数对于任何水平的 snaffle 都适用,表明太多的 snaffle 会是一件坏事情。

两家公司 Ace Snaffle Vendors(ASV)和 United Zeus Snaffle(UZS)销售 snaffle。两个公司都有一个简单的生产技术,他们可以生产任意产量水平的 snaffle,单位的可变成本为 0.1。此外,当他们决定生产时还面临着 K 的固定成本,我们并不排除 $K=0$ 的可能性。每个公司实行两步收费;如果一个消费者从购买 snaffle,他必须事先支付 k_i 的价格,此外在他消费 snaffle 后需支付每单位 c_i 的价格。这里 $i=1$ 表示 ASV,$i=2$ 表示 UZS。(你可以假设 k_i 和 c_i 都是非负的。)

假设我们这个单独的消费者面临 ASV 的价格为 k_1 和 c_1,面临 UZS 的价格为 k_2 和 c_2。Snaffle 就是 Snaffle——不管从哪家公司买都一样。尽你所能的描述消费者的需求。

(2) 在整个经济体中有很多个这样的单独消费者——可以说 100 000 个。假设 snaffle 的市场操纵如下:首先,ASV 和 UZS 必须声明(同时且独立的)他们是否希望生产 snaffle。如果他们决定生产,他们就支付固定成本 K。每个公司都能观察到对方决定生产与否,然后决定生产的公司(同时且独立的)声明两步收费价格 k_i 和 c_i。消费者看到了两步收费的价格然后决定是否购买 snaffle,并决定从哪家公司购买。消费者最大化他自己的效用。公司最大化他们的(预期)利润。

找出这个博弈的所有子博弈和纯战略均衡,它们都是 K 的一个函数。

(3) 现在假设该博弈无限重复进行。[注意:在每个阶段,两个公司决定是否"生产"还是不生产(这样每个阶段就有固定成本了);一个公司在一个阶段选择生产而在下一个阶段不生产。]消费者最大化预期效用,每期的贴现因子为 0.9,公司也以同样的贴现因子最大化预期利润。当 $K=1$ 时,下面的论述描述了子博弈精炼均衡的结果。说明你的理由。

① 每个公司在每个阶段都会生产,且每个公司都生产只有一个公司垄断市场下的产量的一半。

② 在每个阶段只有一个企业生产(如 UZS),且该企业生产垄断市场下的产量。

③ 每个阶段只有一个企业生产(如 ASV),且该企业每个阶段都得到 0 利润。

▶ 15

双边竞价

很多初级和中级的微观经济学教材在讨论完垄断后,都会转向**买方垄断**(monopsony)(一个买方和很多的卖方)和**双边垄断**(bilateral monopoly)(一个买方和一个卖方)的研究,这样的一个研究顺序是非常自然的。垄断者把它面临的供给曲线 $S(x)$ 视为给定,这条供给曲线也等于在边际要素成本[即 $S(x) + xS'(x)$]时要素的边际价值。接下来,有一到两段内容是关于双边垄断的。和其他一些教科书不一样的是,这里有一个概括版本如下:

> 在双边垄断的案例中,关于什么会发生的敏锐预测是没有给出的。当卖方的边际成本等于买方的要素边际价值时,我们可以认为一个有效率的交易会发生(很多书本上介绍的会比这个更加复杂,一般是指由于讨价还价过程会使无效率的交易发生)。但是交易达成时候的价格却是不确定的。我们可以很确定地假设,如果一个交易的价格给交易双方带来的收益比在交易没有达成时反而要低,这样的交易价格是不可能达成的。一般来说,很多价格都要满足这个假设,并且很多价格的达成都要依赖于心理因素。这些决定着交易双方谈判能力的心理因素常常超出了经济学的知识范围。

以上的这类讨论并不仅仅局限于双边垄断。在介绍埃奇沃斯盒状图并且把它作为分析两个参与人之间交换的一个模型时,我们可以得到契约曲线(不同有效率点的轨迹),并且参与者的禀赋如果没有在无差异曲线的切点时,交易就会发生使得帕累托改进发生,但是最后交易结果处于契约曲线上的哪一个有效率的点是没法确定的。

在这个简短的章节中,我们将看到非合作博弈有利于解决这样的困境。有人可能会希望,通过更加精确的讨价还价的协议——即与出价的促成、接受和拒绝相关的规则——我们能够得到更加确切的结果。我们将会看到制度会很重要(根据理论)而不是看起来很重要,尽管我们在理论中看到的非直观清楚的制度形式可能跟我们关于参与人相互了解的模型的完全性有关。

15.1 同时出价与不确定性

为了使双边竞价问题尽可能简单化,我们考虑下面的一维问题。有两个参与人 1 和 2

处于同一个房间里面并对如何划分一美元进行协商。如果参与双方就如何划分这一美元达成了一致（在一定的时期内），那么参与双方按照这个达成的一致协议拿到各自的钱，如果没有达成一致，双方都得到 0。

事实上，这个问题的严谨程度与一般的埃奇沃斯盒状图竞价问题不相上下。如果你把初始禀赋当成"没有协议"的点时，一美元的划分代表着由无差异曲线定义的契约曲线上不同的点。如果我们让交易双方在桌子上留下钱的方式来划分这一美元——比如说，参与人 1 得到 50 美分，参与人 2 得到 25 美分——那么我们将看到交易所代表的分配点并不在契约曲线上。

这里会发生什么呢？为了使问题更清楚，而不仅仅是答案，让我们使该讨价还价博弈的规则更加具体化。假定博弈如下进行：博弈双方同时并且独立地出价。比如参与人小姐 1 说她想要 75 美分，然而参与人先生 2 想要 50 美分。如果两个人的出价是相容的（这个也包括了把一些钱留在桌子上的可能性），那这种出价被执行，博弈结束。如果出价不相容，参与的每一方在知道其他参与方出价的条件下，决定要么**坚定立场**（standfirm），即坚持原来的出价，要么接受对方的出价，这些决策也是同时并且独立地做出的。如果双方都还是坚持原来的要价，那么双方都得到零的收益，博弈结束。如果双方都同意，每个人得到他（她）对手原先要价剩余的部分，这就不可避免会留下一些钱在桌上。

我们在这里所做的是从一个对讨价还价模糊的描述转向一个具体、正式的讨价还价规则的描述。把我们刚刚所讲的这个博弈描述成是一个扩展式博弈，对于读者来说应该不是问题了，尤其是如果我们坚持认为第一轮博弈中要价必须是美分的倍数的时候（这样每个人参与人都有有限多个策略），这样就使得我们能够用非合作博弈的工具来分析讨价还价。

比如说，我们可以问，我们描述的这个博弈的纳什均衡是什么？想象参与人 1 的策略：在第一轮出价 n 美分，同时在第二轮坚持这个出价，如果有第二轮的话。参与人 2 对于参与人 1 最优的回应是在第一轮出价 $100-n$ 美分，或者在第一轮出价多于 $100-n$ 美分时在第二轮选择参与人 1 在第一轮中的出价。反过来参与人 1 的策略也是对参与人 2 的这个策略的最优反应，我们将有这样的一个纳什均衡结果：参与人 1 得到 n 美分，2 得到 $100-n$ 美分。[a] 我们将看到任何一个一美元的划分都可能是纳什均衡的可能的结果（我们也可以构造即使是在第二轮划分也没有达成的均衡）。

因此我们给讨价还价博弈过程提供了一个更加精确的描述，但是这个博弈的结果还是不确定的。考虑到这个博弈协议的简单特性，我们可能不能够说这个结果决定于参与人的"相对讨价还价能力"。但是假设参与人都朝着均衡选择行动，那么参与人均衡时的期望就非常重要了。

这个不是唯一能够导致这种不确定性结果的博弈协议，其他相同基本性质的协议包括：

（1）与上面给定的规则不同，参与人同时做出价。如果出价是相容的，这 1 美元就按

---

a　这样的均衡不是子博弈精炼纳什均衡。要使得这个博弈精炼，加入：如果参与人 1 在第一轮要价比 n 要多，则参与人 1 同意参与人 2；如果参与人 2 在第一轮要价高于 $100-n$ 并且参与人 1 要价 n 或者更少，则参与人 2 同意参与人 1 的要价。你可以想明白为什么这些修正是必须的吗？

照这个要价划分。如果出价不相容(出价总和大于 1 美元),参与双方再次出价,如此反复 M 轮。如果在 M 轮结束还是没有一致的出价达成,博弈结束,双方各自得到零收益。

(2)与(1)其他都一样,除了没有最后一轮。他们可以一直出价直到达到一个协议为止。如果没有一致达成,双方都得零收益。或者是在每一轮的结尾,每一方都可以直接退出博弈。

(3)其他与(1)一样,除了在每一轮结束后盆子里的钱就会被拿走 1 美分。在第一轮,参与双方就 1 美元进行讨价还价划分,在第二轮,他们就 99 美分进行讨价还价的划分;如此重复下去,直到所有的钱都被拿走为止(这个时候博弈结束)。

在任何给定的规则下,划分任何 1 美元,第一轮得到的钱数都可以是纳什均衡。你可以看到无论是我们最开始给定的博弈规则还是在像(1)和(2)这样的博弈规则下,纯策略纳什均衡结果总是有效的,唯一不会达成协议的纯战略均衡是非常特殊的。(3)规则给出了其他的可能性,比如可以考虑如下战略:

> 前面两轮博弈都出价 60 美分。如果你的对手在前面两轮都出价 60 美分,在第三轮出价 40 美分。如果你的对手在前两轮不是都出价 60 美分,那就出与盆子里剩下钱数相同的出价,直到所有的钱都拿完为止。

你应该有能力知道这个策略是该策略本身的一个最优反应,这样的策略将会导致在博弈的(只有)第三轮划分 98 美分的结果。[b]

15.2 聚点均衡

如果你让实际的参与人精确地根据上述的规则采取行动进行博弈(第一轮出价,第二轮则坚持原来的出价或者选择对手的出价),你将会发现在很多情况下,博弈的结果是博弈双方各得到 50 美分。该均衡的对称性使得它成了一个聚点。在一系列的博弈实验中,Alvin Roth 和他的合作者试图寻找什么能成为一个好的聚点均衡。Roth(1983)总结了这样一系列的实验,在这里我们汇报其中的一个实验[这个实验是和 Schoumaker 一起完成的,发表在 Roth 和 Schoumaker(1983)]。

首先,我们稍微改变一下博弈的规则。与原来就划分一美元进行讨价还价的博弈不同,我们假定博弈双方就 100 个扑克筹码进行划分。博弈的规则同样是:一轮同时出价,一轮同时决定坚持原来出价还是选择对手的出价。但是现在博弈最后的奖励有一点点的不同,在一开始,博弈的每一方都给予他(她)可能赢得的钱的数量的奖励。举例来说,如果参与人 1 可能赢了 20 美元,而参与人 2 可能赢了 5 美元。博弈的双方都知道对方的奖励,每一方都知道对方知道自己知道对方的奖励,等等(在其他的实验中,Roth 做了其他的一些实验,在这些实验中,乙方知道双方的奖励,但是另外一方只知道自己的奖励而不知道对方的奖励)。假定双方同意划分这些筹码:60 个筹码归给参与人 1,35 个筹码归给参与人 2,还有 5 个筹码留在桌子上。那么现在参与人 1 拥有了 0.6 的率概去赢得他的 20 美元的奖励,参与人 2 将有 0.35 的几率去赢得 5 美元。换句话说,无论奖励是什么,每一个

---

b 那么这个战略是否构成一个子博弈精炼均衡? 如果不是,又是为什么? 你是否可以在保持基本的收益结果时对这个战略做一些调整,使得它变为一个子博弈精炼均衡?

扑克筹码都意味着百分之一的几率去赢得奖励(如果没有达成一致,博弈双方都没有任何的机会去赢得奖励)。

就如划分一美元的简单博弈一样,任何扑克筹码的划分都将是博弈的一个纳什均衡;你将旧的论证应用到这个新的博弈中来应该不会存在任何问题。但是现在 50 对 50 划分不再是一个明显的"聚点"。现在至少有两个地方可能会使得 50 对 50 的划分不是一个聚点均衡:

(1) 把所有的筹码都给参与人 1,因此她能得到更多的奖励。

(2) 将 20 个筹码给参与人 1,80 个筹码给参与人 2。这样划分的优点在于,它给了参与人 1 一个期望的奖励 $0.2 \times 20 = 4$(美元),给了参与人 2 期望的奖励 $0.8 \times 5 = 4$(美元)。也就是说,这样的一个划分使得参与双方的期望奖励相等。

在先前的实验中,我们考察了 50 对 50 的聚点均衡和 20 对 80 的聚点均衡。(假定给参与人 1 的所有筹码都没有被观察到)所以 Roth 和 Schoumaker 尝试了如下的实验。所有讨价还价的过程都在一台电脑上进行一段时间,这意味着参与的双方永远也不会再见面。这样 Roth 和 Schoumaker 能够通过计算机模拟的讨价还价过程"决定"他们的研究主题。一个主题包括很多次讨价还价的博弈(通过计算机)。在博弈的刚开始几轮,参与人并不知道博弈的对手都是计算机。在一些研究的主题中,通过计算机程序可以使得 50 对 50 的划分能够实现。通过这个方法,这些"决定的"被试使得研究人员相信 50 对 50 的划分是公平并且也是合适的,然而其他的被试的行动使得研究者更相信 20 对 80 的划分。这些不同的被试使得研究者有这样确切的预期:当两个被试在能兼容的情况下成为一组,他们最终高兴地达到了他们所指示的博弈的结果。当对两个被试为一组时,两个被试中的一个想到他只应该得到 20 的赌注,而另外一个被试愿意将 50 的赌注暂时留在桌上。当一些通过训练得到他们相信能期望得到 80 筹码的被试与一些通过训练使他们相信 50 对 50 划分才正确的被试一起进行实验时,博弈双方就筹码划分不能达成一致的结果就会出现。

这个实验加强了这样的一个概念:讨价还价博弈的结果取决于博弈双方对于博弈结果的期望。事实上,该实验非常生动地展示了这些期望如何通过实验进行操作的。到目前为止,非合作博弈理论没有提及关于参与人的均衡期望来源的主题(或者是近似没有提及),基础的教科书关于双边垄断和讨价还价的评论似乎是正确的。

15.3 鲁宾斯坦模型

在非合作博弈在讨价还价的应用被放弃之前,让我们回到划分一美元的讨价还价博弈,看一下另外一个讨价还价的规则。想象两个参与人轮流地出价和还价。比如说参与者 1 先开始行动,她提出了一个分配的方案。参与者 2 可以立即接受这个方案或者在 5 秒钟之后进行还价。接下来参与人 1 可能会马上接受参与人 2 的还价或者在 5 秒钟之后针对参与人 2 的还价再进行还价,这样的过程可以一直持续下去。

增加一个未来可能的特征:参与人更希望在现在拿到钱而不是将来。我们假定两个参与人对未来的所有钱都有一个一样的年贴现率 10%。所以,如果参与人 1 在她的第一次出价后得到 n,此时的钱就值 n;如果参与人 1 在参与人 2 的第一次还价后得到 n,那么她得到的钱会少一些,这些钱的贴现值是 $n\delta$;根据连续复利计算的规则,δ 约等于 0.999 999 985。如果她在第三轮(她的第二次出价)得到 n,对她来说贴现值将是 $\delta^2 n$。对于参与人 2 来说同样也是这样。

你可能会想,这个过程可能会有一些小的变化。比如说,假设参与人 1 采取这样的策略:在第一轮出价 n 并且拒绝任何能给予她少于 n 的出价。这似乎意味着,无论 n 是什么,参与人 2 对参与人 1 给定的这个策略最好的回应就是立马让步同意。但是这个策略组合不构成子博弈精炼均衡,比方说,$n=60$。为了弄清楚为什么是这样,我们首先注意到:

$$\frac{40}{\delta} + 60\delta < 100$$

为了更清楚地进行说明,我们给出一个证明。考虑函数 $f(x) = \frac{x}{\delta} + (100-x)\delta$。这个函数的导数是 $1/\delta - \delta$,$0 < \delta < 1$。现在我们令 $n^* = 100\delta/(1+\delta)$。考虑到我们在我们所设定的 δ 中,n^* 比 50 要稍小,更加确切地我们可以得到 $n^* > 40$,使用一些简单的代数,我们可以得到:

$$\frac{n^*}{\delta} + (100-n^*)\delta = 100$$

(自己动手去做一下!)所以得到:

$$\frac{40}{\delta} + 60\delta = f(40) < f(n^*) = \frac{n^*}{\delta} + (100-n^*)\delta = 100$$

令 ε 为 100 与 $\frac{40}{\delta} + 60\delta$ 之差的一半,同时考虑参与人 2 采取的如下策略:拒绝在第一轮接受 40,代之以在第二轮出价 $\frac{40}{\delta+\varepsilon}$。如果这个出价被参与人 2 接受,参与人 2 就会得到比 40 多出 $\delta\varepsilon$ 的收益,而不是接受 40。此时参与人 1 会接受吗?如果她拒绝这个出价,她将在第三轮出价中得到 60 的净收益,参与人 1 接受参与人 2 的出价将是更好的选择。通过接受参与人 2 的出价,参与人 1 得到已经贴现到博弈初始时的收益为:$\delta(100 - 40/\delta - \varepsilon) = \delta(60\delta + \varepsilon)$。如果她拒绝了参与人 2 的出价,并且她期望在其出价的时候期望得到 60,她将得到贴现到博弈初始状态时为 $60\delta^2$ 的净收益。所以参与人 1 接受参与人 2 的出价对她来说是更优的,对于参与人 2 来说采取这个策略要比刚开始第一轮就要价 40 更优。

15.3.1 带有证明的基本结果

60 对 40 的博弈在我们这个论证中唯一起作用的地方在于,它让我们给出了 $40/\delta + 60\delta < 100$。这个在参与人 1 得到多于 $100/(1+\delta)$ 的任何划分博弈中都是正确的。同时也给出了如下非常有益的结果:

命题 15.1(Rubinstein,1982) 在这个刚刚我们给定的轮流出价模型里面,子博弈精炼纳什均衡总是出现在参与人总是出价使得自己得到 $100/(1+\delta)$,留给另外的参与人 $100\delta/(1+\delta)$;并且另外的参与人接受这个出价或者比这个更高的出价,同时拒绝任何比这个差的出价。

我们必须指出这是一个子博弈精炼纳什均衡并且是唯一的。说明这是一个子博弈精炼纳什均衡并不难:想象现在轮到你来出价。如果你出价并接受 $100/(1+\delta)$,你的出价将被另外的参与人接受。那么你没有任何理由出更低的价格。如果你想出更高的价格,你将会被你的对手拒绝,而且你的对手在下一轮将只出价 $100-100/(1+\delta)=100\delta/(1+\delta)$。你打算接受这个出价,因此在你出价的那个时刻,上面所描述的策略对你来说就是最好的策略了。

考虑在你出价的时候你的策略是否是最优的更是一件有趣的事情。假设你的对手要价 n,留下 $100-n$ 给你。如果你拒绝这个要价并且与上面的均衡相符合,那么你将在下一轮得到 $100/(1+\delta)$,这意味着你现在可以增加 $100\delta/(1+\delta)$ 的贴现价值。所以你将在 $100-n>100\delta/(1+\delta)$ 时接受要价,$100-n<100\delta/(1+\delta)$ 时拒绝要价。$100-n=100\delta/(1+\delta)$ 时拒绝和接受对于你来说没有任何的差别,但是如果你通过代数计算,你将会知道这就是你打算要实施的策略。当 $100-n=100\delta/(1+\delta)$ 时,我们将通过你同意要价去解决这个紧要的问题。

因此我们这里可以得到子博弈精炼纳什均衡。这个命题中非常值得注意的部分就是子博弈精炼纳什均衡的唯一性。Shaked 和 Sutton(1984)一个简要的论证过程如下:

第一步:令 ν 表示当参与人在博弈中要价时,在子博弈精炼纳什均衡中所能得到的最大的收益。并且限定 $\nu\leqslant 100/(1+\delta)$。这个证明本质上要用到我们之前所用的论证过程。首先,如果 ν 表示博弈中轮到某一个参与人要价时,她(他)在子博弈精炼纳什均衡中所能得到的最大的收益,那么任何的要价使得参与人得到 $\delta\nu+\varepsilon(\varepsilon>0)$ 都将被该参与人接受。一个参与者在这个博弈的下一轮中出价所能得到的最大的收益是 ν,净现值将是 $\delta\nu$,这个净现值将会比得到的 $\delta\nu+\varepsilon$ 要少。

第二步:如果 ν 表示博弈中轮到某一个参与人要价时,她(他)在子博弈精炼纳什均衡中所能得到的最大收益,必须在博弈的第一轮中通过叫出一个可以接受的要价来实现,然后第二个参与人比如说可以出价 $(\delta\nu+\nu)/2$,通过推理我们可以知道,这个出价一定会被第一个参与人接受[因为 $(\delta\nu+\nu)/2>\delta\nu$]。但是如果 $(\delta\nu+\nu)/2<\nu$,因为要价延后了一期,所以它的现值是更少的一个数值,即 $\delta(\delta\nu+\nu)/2$。

所以,ν 必须是在刚开始的要价就被接受的条件下实现的。[c]假定 $\nu>100/(1+\delta)$ 并且第一个参与人要价 ν。第二个参与人可以拒绝对手的要价,并且出价 $\delta\nu+\varepsilon$,因为 ε 表示 100 与 $\delta\nu+(100-\nu)/\delta$ 之差的一半,如果 $\nu>100/(1+\delta)$,那么 ε 将是一个正值。通过第一段我们可以知道,这个出价肯定是会被接受的,并且我们可以知道这个出价被接受的过程会使得第二个参与人得到的支付为 $100-\delta\nu-\varepsilon=(100-\nu)/\delta+\varepsilon$,现值为 $100-\nu+\delta\varepsilon$,这个支付要比一开始就接受第一个参与人的出价所得到的 $100-\nu$ 要高。因此,如果 $\nu>100/(1+\delta)$,ν 的要价将会被拒绝。因此 $\nu>100/(1+\delta)$ 不会成为子博弈精炼纳什均衡中对第一个参与人的支付。

第二步:假定任何一个参与人都确定任何比 $100\delta/(1+\delta)$ 的出价都会被接受。通过

---

c 这有一点点的草率,因为这个过程假定了子博弈精炼支付的最小的上界在子博弈精炼纳什均衡的时候取得。如果我们更加小心谨慎的话,只要让 ν 是所有子博弈精炼支付的上确界,我们就可以发现当 $\nu>100/(1+\delta)$ 的时候,任何接近 ν 的要价都会被拒绝。

拒绝这个出价,对手通过开始下一轮的出价所能得到最大的收益是 $100/(1+\delta)$,这个收益对于任何 $\varepsilon > 0$ 来说,都是严格地比 $100\delta/(1+\delta)$ 要少。

第三步:第一个出价的另外一方的收益将不会超过 $100\delta/(1+\delta)$。这是因为如果这一方的收益超过了这个数值,那么第一个出价的一方将得到少于 $100/(1+\delta)$,这与第二步是相矛盾的。

第四步:在均衡的时候,任何少于 $100\delta/(1+\delta)$ 的出价将会被拒绝。事实上,第一个出价的另外一方能保证至少得到 $100\delta/(1+\delta)$(现值)。如果一方出价少于 $100\delta/(1+\delta)$,另外一方可以拒绝这个出价,并且下一次出价比 $100\delta/(1+\delta)$ 稍微高一点。那么由第二步可知,这个出价肯定是会被接受的。但是这样意味着你将肯定在下一轮会得到严格小于 $100/(1+\delta)$,这要比现在接受 $100\delta/(1+\delta)$ 要好。

第五步:在这个唯一的子博弈精炼纳什均衡里面,第一个出价的人出价想自己得到 $100/(1+\delta)$ 而给另外一方 $100\delta/(1+\delta)$,这个出价将肯定会被另外一个参与人接受。没有更高的出价能够成为均衡的一部分。这个将肯定会被第四步所否决,并且从下轮博弈开始,对于一个参与人来说得到最多的收益将少于 $100\delta/(1+\delta)$(通过第三步),这个收益将会比接受少于 $100/(1+\delta)$ 的要价要得到的更少,因为由于第二步可以知道 $100/(1+\delta)$ 这个要价肯定会被接受。所以唯一可能均衡的要价是 $100/(1+\delta)$,这个要价也必须会在任何的均衡中被接受:如果不被接受的话,第一个出价的一方只要要价稍微少于 $100/(1+\delta)$,该参与者的这个出价一定会被接受,并且其收益也会变得更多。

你可以会问,哪里用到了子博弈精炼? 我们在第一步和第二步中有用到。当我们说一个出价肯定会被接受的时候,即使这个出价不是属于均衡范围内的出价,因为第一个出价的另外一方通过拒绝对方的出价将会增加其收益。如果我们只考虑纳什均衡,参与人的对手的那些不属于均衡范围内的出价的反应没有收到理性约束的限制。

虽然可能会做得有点过头,我们还是在这里声明一个进一步的结果:我们上面描述的博弈是重复剔除占优策略剩下的唯一策略。[1]我们将只进行论证刚开始的一部分,剩下的论证将交由读者自己完成。

(1) 假定参与人 1 向参与人 2 出价使得参与人 2 可以得到比 100δ 更多的一个钱数。接下来参与人 2 肯定会接受参与人 1 的出价,如果他拒绝,那么她必须等到下一轮(我们这里假设一轮博弈的时间是 5 秒钟)才能得到最多的整个一美元,对于现在来说的贴现值肯定不会超过 100δ 的。这也意味着,我们可以不用考虑这种会拒绝如此慷慨出价的策略。

(2) 我们假设参与人 1 对参与人 2 的出价要少于 $(100-100\delta)\delta$。那么参与人 2 肯定会拒绝这个出价,因为他能够在轮到他出价的时候出价使得参与人 1 得到 100δ 并且参与人 1 接受他的出价,这样的一个出价在下一轮将使得他得到不少于 $(100-100\delta)\delta$。由于任何一个参与人没有任何理由在今天选择更少的钱,我们也不用考虑包含接受这种吝啬出价的策略。

(3) 在(2)中的论证意味着一个参与人不会得到多于 $100(1-\delta+\delta^2)$。假设某一个参与人对手的出价高于 $100(1-\delta+\delta^2)$,如果另外一个参与人拒绝了这个出价,那么这个参与人在下一轮考试的时候将不会得到多于 $100(1-\delta+\delta^2)$,这对于另外一个参与人来说是

---

① 我第一次从 Drew Fudenberg 那里听到此论证。

一个更差的结果。所以另外一个参与人一定会接受这个出价。因此我们可以不用考虑包含了拒绝这种慷慨出价的策略[但是要比(1)中的出价没那么慷慨]。

(4)既然你现在知道有更多的一些出价肯定是会被接受的,我们现在回到(2),并且来考虑更多的一定会被拒绝的那些策略。在最后,所有的接受比 $100\delta/(1+\delta)$ 少或拒绝比 $100\delta/(1+\delta)$ 多的策略都会被排除在外,均衡也相应的得到加强。

15.3.2 一般问题上的讨价还价

我们刚刚讨论的结果比划分一美元扩展了很多。现在我们可以想象两个参与人就很多不同的商品或者在一个合同中很多不同的条款进行讨价还价。一般来说,我们可以认为在一些合同可以让 X 代表一致协议的范围,比如说,现在博弈双方就如何划分一组商品 $e \in R^k$,我们会有 $X = \{(x_1, x_2) \in R^{2k} : x_1 + x_2 \leqslant e\}$,现在我们知道 $x = (x_1, x_2)$ 代表第一个参与人得到一组商品而 x_1,而参与人2得到一组商品 x_2 并且有 $e - x_1 - x_2$ 留在桌子上。或者我们可以想象博弈双方就一个劳动合同进行讨价还价。那么 x 的不同组合代表基本的工资、加班的工资和长度、健康福利的水平和特性、工作相关条款规则等。现在博弈的双方都从这些不同的 x 得到效用,我们可以用 $u_i(x)$ 来表示第 i 个参与人从 x 这个协议中得到的效用。如果这个协议被延迟到了 t 时期,那么 i 参与人得到的现值将是 $\delta^t u_i(x)$(这里 u_i 会被标准化,从而没有任何协议会产生零的效用)。最终,我们可以想象交替出价的讨价还价博弈:第一个参与人首先在0时期出价(以表明 x 的方式来出价),这个协议 x 第二个参与人可以选择不同意或者同意。如果第二个参与人不同意这个出价,那么第二个参与人可以反过来在第二期出另外一个价,这个时候第一个参与人可以选择同意或者拒绝,这个过程可以一直持续下去。

只要两个参与者的偏好(效用函数)对于他们来说是共同知识,这个时候的情况不会比基本的划分一美元博弈更加复杂。这里有一个可行的效用集,X 是在向量函数 (u_1, u_2) 下到 R^2 的映射(如果你已经忘记效用的表示方法,参考5.1节),同时两个参与人(必要条件)在以上的效用集中选择一点进行讨价还价。我们将 V 表示成可行的效用集合空间(space of feasible utility impatations),V^* 表示和没有达成协议结果时一样好的可行效用集合空间;比如,$v = (v_1, v_2) \in V^*$,如果对有些 $x \in X$ 且 $v_1, v_2 \geqslant 0$ 时有 $v = (u_1(x), u_2(x))$。

假设,V^* 是一个闭且凸的集合(compact, convex set),假设 V^* 的帕累托边界是严格向下倾斜的,且假设在 V^* 中存在一些点 v^*,对两个参与人来说都严格比没有达成协议更好。(你可能会希望考虑更多基础的假设来证明这些假设。)

命题 15.2 该讨价还价博弈的唯一子博弈精炼均衡是(必要条件):参与人1提供 x_1,参与人2提供 x_2,且双方都接受各自的出价,其中 x_1 和 x_2 是帕累托有效的且满足方程:

$$\delta u_1(x^1) = u_1(x^2) \quad \text{且} \quad \delta u_2(x^2) = u_2(x^1)$$

我们已经称该均衡是唯一的是因为效用函数 $v^1 = (u_1(x^1), u_2(x^1))$ 和 $v^2 = (u_1(x^2), u_2(x^2))$ 是唯一的。但是可能存在不止一对的组合点 x_1 和 x_2 满足以上的效用函数。

这个证明留作一个练习,或可参考 Binmore, Osbome 和 Rubinstein(即出)。如果你做了这个习题,你就会发现当 δ 接近 1 时解会发生什么变化,这很有趣。(假设 V'' 的帕累托边界是由另外的曲线给定。)

15.3.3 变形

如果用这些规则我们能得到更有意思的预测,那就让我们观察一下会得到什么结果。我们会在命题 15.1 上给出 5 个变形(因此我们回到 1 美元划分博弈),每个变形你都可以用前面描述的技术去证明它。

1. 外部的选择

我们假设讨价还价的博弈除了第一个参与人有一个外部的选择外,其他方面都跟以前的是一样的。更加具体地,第一个参与人在听到第一个参与人的出价后,可以选择接受或者选择拒绝在下一轮自己进行出价(在 5 秒钟以后),或者参与人 1 退出博弈并且接受外部的选择,这个外部选择可以是 45 美分并且让参与人 2 得到零。

你的直觉可能觉得这会强化参与人 1 讨价还价的能力,但是在理论方面这种强化是不会发生的。这个旧的子博弈精炼均衡在这种情况下还是一个唯一的子博弈精炼纳什均衡[这个决定于我们对折旧率 δ 的选择,一般来说,这个需要 $\delta/(1+\delta) > 0.45$]。

2. 不同的折旧率

假设讨价还价的博弈除了第一个参与人面临的年折旧率 δ 是 5% 以及第二个参与人面临的年折旧率 δ 是每一年 15% 以外,博弈的其他部分都和上述的博弈是完全一样的。那么这个唯一的子博弈精炼均衡大概给了参与人 75 美分,并且给参与人 25 美分。

这个可能看起来对你来说完全是不符合直觉的。参与人 1 更加有耐心使得她在谈判中有更多优势。但是,当每一轮的出价都是间隔 5 秒钟做出的时候,这就使得博弈的结果会有如此大的差别还是很让人惊奇的。

3. 不同的回应速度

假设现在的博弈除了参与人 1 在听到参与人 2 出价后 2 秒钟做出回应,而参与人 2 则要花费 6 秒钟做出回应以外,其他的方面都和以前的博弈是一样的。那么我们这个子博弈精炼均衡会大概使得参与人 1 得到 75 美分,而参与人 2 得到 25 美分。

4. 不同相应速度的另外一个例子

假设现在博弈在其他方面与我们以前的博弈都是一样的,除了在两个方面有变化:参与人 1 在参与人 2 出价后的 2 秒钟后做出回应,并且参与人 2 在参与人 1 出价后则要花费 6 秒钟做出回应;另外就是接受要价与反出价(拒绝要加再出价)一样被延迟。那么这个子博弈精炼均衡会大概使得参与人 1 得到 75 美分,而参与人 2 得到 25 美分。

5. 拒绝要价而不是折旧的成本

假设现在参与人就如何划分 10 美元去博弈。在这种情况下,参与人轮流出价,但是没有任何的折旧。相反,每当参与人 1 拒绝参与人 2 的出价时,他必须支付 0.10 美元的费用;而每当参与人 2 拒绝参与人 1 的出价时,他必须支付 0.11 美元的费用。那么这个唯一的子博弈精炼均衡是:如果参与人 1 出价,那么他提出要整个的 10 美元,并且这个时候参与人 2 会同意这个出价。如果参与人 2 出价,那么他出价 0.10 美元,并且给参与人 1 留下

9.90 美元,这个时候参与人 1 也会同意这个出价。

尽管我们没有指出,但是所有这些变化的例子中,子博弈精炼均衡都有共同的一个特点,就是刚开始的要价以 1 的概率被接受。

读者们通常都觉得上文第 5 部分中变化的结果很让人吃惊,让我们在这里简单地说明一个论证的过程。令 x 表示参与人 2 在做出第一次出价时所能得到的最大收益。假定 $x \geqslant 0.11$ 美元。那么如果参与人 1 做出最开始的出价的话,她能够出价 $x - 0.11 + \varepsilon$,并且这时对于任何 $\varepsilon > 0$ 参与人 2 一定会接受这个出价。如果参与人 2 拒绝,他能得到最大的收益将是 $x - 0.11$,如果参与人 2 提出,当他出价时自己得到 x 并且参与人 1 得到 $10 - x$,参与人 1 将拒绝这个出价,因为她在下一轮能够以 0.10 美元的成本得到 $10 - x + 0.11 - \varepsilon$,这样会使得参与人 2 在下一轮得到比 x 要少的 $x - 0.11 + \varepsilon$。所以 x 不可能超过或者等于 0.11 美元。[d] 假定 $x < 0.11$,那么当参与人 1 来出价是,如果他想拿到全部的 10 美元,她肯定会确保对方会接受。因此,当参与人来出价时,参与人 1 不会接受任何她得到少于 0.99 元的出价。这个时候她可以拒绝并且拿到全部的 10 美元。剩下的论证就很简单了。

15.3.4　这些结果背后的原因

如果唯一的子博弈精炼均衡的结果是在意料之外的话,上面列举的一些结果也会让人感到十分吃惊。你在对第 1 部分进行论证的时候,可能会觉得违反直觉是怪异的事情。尽管在在折旧率方面的不同似乎会使得结果大为不同,我们也会觉得第 2 部分的论证过程有一些奇怪。但是我们在对第 3—5 部分做了什么样的论证? 这个答案在于讨价还价协议之间显著的不同。不管怎么样,你可能会想知道为什么我们刚刚讨论的这个讨价还价的博弈与我们以前讨论的瞬时讨价还价博弈相比,结果会有如此大的差异。这个是变化的本身所带来的吗?

为了弄明白导致鲁宾斯坦模型结果背后的动力以及在我们上面这些变化版本中出现超乎寻常结果的原因,我们考虑以下划分亿美元的一个非常简单的形式。我们假定参与人的年折现率是 10%,参与人 1 首先提出划分的解决方案,并且同时出价,并且参与人 1 能够锁定这个出价,锁定的时间也是参与人 1 自己选定的,比如说是 100 年。这就是说,当参与人 1 说,我现在提议自己拿 95 美分,给你留下 5 美分。并且现在我通过修改这个慷慨的出价或者通过接受别人 98 年后的出价,使得我自己不利。你的回应是什么?

参与人 2 在面临这样的一个出价的时候将会接受这个价格(如果他没有疯,在我们交易的一点点中是不用,我们是可以忽略的)。如果他拒绝这个出价,他将没法去等待 98 年。即使在是在 98 年后他能够得到整个 1 美元,那么就折现值来说,也要远远低于今年的 5 美分。

现在主要值得考虑的地方就是,参与人 1 通过锁定她的出价,使得责任全部归在了参与人 2 身上。如果参与人 2 等待一个更好的出价,他必须要等;同时他也能够通过等待参与人 1 的出价来避免等待。

---

d　最后一步显得略为草率,我们让认真仔细的读者自己去完成它。

这个就是在鲁宾斯坦模型里面所发生的一切,一旦某一方出价,另外一方可以通过接受出价而去避免等待。如果这个对方的出价对自己来说非常不利,那么参与人也可能希望去承担等待的成本。但是在均衡中,出价的一方总是出价使得另外一方在接受这个出价和等待必要长时间并且出价使得开始一方的参与人在选择接受该出价和等待……这个唯一的结果是不那么满足直觉或者明显的,你应该相信这些均衡背后的动力是当他们在出价的时候,参与的每一方都能够出价使得等待的责任完全归于另外一方。

我们可以用这些只是去考虑上面的第 3 部分和第 4 部分。在第 3 部分中,参与人 1 出价使得参与人 2 能够接受或者立马拒绝。但是如果参与人 2 希望还价,那他必须要等 6 秒钟。另一方面,参与人 1 必须在还价之前等待 2 秒钟。因此,在听到参与人 1 的出价后,如果参与人 2 希望还价,他必须花费如果参与人 1 希望还价时等待时间的三倍。在第 4 部分中,参与人 1 的出价不能被参与人 2 在 6 秒钟之内接受,这个时间和参与人 2 花费去还价的时间是一样的。所以对于参与人 2 来说"等待的成本"不是 6 秒钟——无论如何他都必须等待那么长的时间——但是参与人 1 还是必须得花费额外的 2 秒钟去接受或者还价。由参与人 1 拒绝参与人 2 的出价所导致的等待时间是参与人 2 花费的在任何形式下去回应的时间。因此在第 4 部分里面,参与人 1 支付更多的等待成本,她在博弈中的地位也更弱。

轮流出价的本身在这里并不是关键。这一点我们可以通过考虑 Perry 和 Reny(1989)的模型得到确认。在这个变化的版本中,参与人能够在任何他们想出价的时候出价。这就是,即使某一个参与人的对手在某一时刻出价,该参与人也能够在这个时间点出价。但是我们这里有一个限制:如果参与人 1 在 t 时间出价,那么她不能够在一定的时间内(比如说 6 秒钟)对她的出价进行修改。同时参与人 2 也在一定的时间内(比如说 2 秒钟)改变他的出价。其他方面在参与人出价的时候就完全决定于参与双方了。该博弈也没有其他的结构了。当博弈双方的出价相容时博弈结束。[e] 并且我们假定双方的支付都按照一定的贴现率进行折现,为了表达方便,我们假设贴现率对于双方都是一样的。

这个博弈没有唯一的子博弈精炼均衡,但是它也快接近于有这个结果了。更加具体地,每一个子博弈精炼均衡给予参与人 1 的支付大概是 75 美分,而给与参与人 2 的支付大概是 25 美分。这个是如何形成的呢?我们假定每一个最优的均衡结果都使得参与人 1 得到明显多于 75 美分的钱。我们再看看其他支持这个结果的均衡。参与人 2 可以在当参与人 1 能够自由行动或者将要行动的时候,提出一个对自己来说稍微更好的协议,就可以使得自己偏离均衡。通过这样的偏离,参与人 2 限制自己行动时间在 2 秒钟内。现在所有的事情都取决于参与人 1,她能够同意参与人 2 提出的协议或者她能够进行还价,但是她知道参与 2 不能够在 2 秒钟之内回应,所以等待这 2 秒钟的成本完全由参与人 1 来承担;参与人 2 致力于这段时间。这个仅仅是在改变版本中我们之前所拥有的引子,即使一系列的行动和瞬时的出价在理论上是不可行的,它在这里也同样成立。无论是在鲁宾斯坦模型还是在其他变化版本的模型中,某参与人讨价还价能力的关键在于把等待的责任完全

---

e　为了确保所有相关的东西都定义明确,我们这里需要一些数学上的细节来进行补充。子博弈精炼的定义是完全不那么直接的,我们这里只给予了一个简述。读者们应该去查阅 Perry 和 Reny(1989),以了解更多的细节。

地归于其他的参与人。

15.4 轮流出价的实验性证据

即使我们现在认定鲁宾斯坦模型在逻辑上是清楚的,但这个也并不能够说明它在经验上有效。打个比方,我们可能知道为什么蜈蚣博弈中唯一的子博弈精炼均衡是第一个参与人结束博弈,但与此同时我们并没有过多的认为,分析性结论能够当成一个经验上的预测。因此,我们有动力去研究当参与人以轮流讨价还价的形式进行博弈时,在博弈中会出现什么样的事情。

Ochs 和 Roth(1989)就他们所关心的轮流出价讨价还价博弈进行了实验调查并且提供了一些新的结果。在他们所调查的论文和他们的实验中,博弈讨价还价协议与鲁宾斯坦模型在这一方面是不相同的:在所有的实验中,时间范围非常短——有时候是两轮,有时候是三轮,最多的时候(非常少见)是五轮博弈。这意味着,有可能一个参与人出价,第二个参与人还价,第一个参与人有可能在第二个参与人还价的基础上再还价,但是这就是博弈所有的内容了。如果第三个出价没有被接受,那么博弈结束,双方的支付都是零。

这与理论是不太相容的,如果有相容的地方,那就是它使得这个交易比较简单。在有限的时间范围内,如果你已经接受了完全信息博弈讨价还价的模型,对于轮流出价的讨价还价模型我们可以用逆向归纳法回答这个问题(见课后习题 6 和课后习题 7)。[1]所以,这个过程实际上就是逆向归纳法在这个讨价还价博弈中得到了检验。

Ochs 和 Roth 利用他们报告的数据得出,轮流出价的讨价还价博弈中的结果比那些逆向归纳法的理论考量要更加复杂。比如说公平侵害的概念:在一些情况下,逆向归纳法会得到一个不太公平的结果,那些公平的提议都被拒绝了,即使在这个过程中拒绝其他参与人的要价一定会使得某一参与人受损。

比如说,考虑如下的一个遵守下列规则的两轮博弈:参与人 1 可以提出任何她想如何划分 10 美元的提议。参与人 2 可以拒绝或者接受。除了 9 美元和 10 美元不在出价范围内,参与人 2 可以提出自己想得到 1 美元(这个就像是自己的贴现率是 0.1)。如果参与人 1 拒绝了参与人 2 的提议,那么双方都得到零收益。在这种情况下,逆向归纳法告诉我们,参与人 2 有机会提出一个自己能够得到 1 美元或者 0.99 美元并且参与人 1 也会同意的方案。[2]因为在第二轮博弈的时候,参与人 2 不可能得到多于 1 美元的钱,因此参与人 1 将在第一轮提出她将得到 9 美元或者 8.99 美元,而这个出价参与人 2 是会同意的。但是,实验的结果并没有遵从这个预测。在一些参与人 1 提出要 8.99 美元的情况下,参与人 2 基于参与人 1 过于贪婪而不应该得到奖励的原因,有时会拒绝参与人 1 的这个出价。

当然,这个结果的思考与我们前面理论所描述的相比,对讨价还价博弈会有不一样的意义和解释。如果在所描述情况下的参与人 2 对"公平"和"贪婪"这些概念有一些个人的理解,并且参与人 1 并不知道这些概念的话。那么参与人 1 最开始的出价与他对参与人 2 关于这些概念评价的关系,应该与如果参与人 2 还价的时候留在桌子上的钱的关系是同

---

① 有限博弈的理论,轮流出价的讨价还价博弈被 Stahl(1972)所发展。

② 因为在博弈树中有"平局"并且钱事实上并不是完美地划分的,这个预测并不是十分准确。

样密切的。在这种范围内,因为一个参与人不知道其对手是如何看待"赏罚"和"公平"等,我们所分析过的完全信息的简单模型就会少了一些令人困惑的东西。

我们先不考虑到目前为止我们已经收集到的实证方面的证据,假设我们现在实行一个有限期的博弈,这个博弈的实验里参与人的贴现率是不同的。我们如何在实验的条件下控制贴现率?在接下来的某一个实验中我们可以让博弈实验的两个参与者的贴现率分别是 0.99 和 0.97,我们将看到这样的贴现率设置过程是很容易描述的。首先(我们将在后面说明原因),我们不像以前一样让博弈双方就划分一定数目的钱进行博弈,我们现在让他们就某一单位的可能性进行博弈。如果他们划分了这一单位的可能性,使得某一个参与人得到 0.63 的概率,而另外一个参与人得到 0.324 的概率(实际上留下了 0.033 的概率在桌子上),那么参与人得到 0.643 概率的机会赢得奖励的钱,而参与人 2 得到 0.324 概率的机会去赢得其他的一些奖励。从理论的角度来看,即使参与人知道对方会得到什么样的奖励,这些奖励到底是什么或者双方的奖励是否一样都不重要。本质上,因为赢得一些奖励总是比什么都没赢得要好,参与人总是就期望效用进行博弈,这个时候我们以上的理论就能应用到这里了。但为了更加清楚明白地说明问题,我们这里假设都相互知道对方的奖励,并且知道对方知道自己的奖励,等等。参与人通过电脑终端进行谈判,参与人 1 把她的出价输入电脑,这个出价会显示在参与人 2 的电脑屏幕上,参与人 2 可以接受参与人 1 的出价或者还价,接下来参与人 1 可以接受参与人 2 的还价或者提出新的出价,这个过程一直持续下去。比如说,参与人 1 现在开始出价,提出自己得到 x_1 对方得到 x_2 的出价协议($x_1 + x_2 \leq 1$)。如果参与人 2 接受这个出价,那么参与人 1 得到 x_1 的概率赢得奖励,而参与人 2 得到 x_2 的概率赢得奖励。或者参与人 2 可以还价,提出他自己得到 y_2 而参与人 1 得到 y_1,如果参与人 1 接受了参与人 2 的这个还价,那么参与人 2 将得到 $0.97y_1$ 的概率去赢得奖励,而参与人 1 得到的 $0.99y_2$ 概率去赢得她的奖励。或者参与人 1 能够拒绝参与人 2 的还价的话,并且再次出价自己得到 z_1 参与人 2 得到 z_2,如果这个出价被参与人 2 接受那么参与人 1 将得到 $0.97^2 z_1$ 的概率赢得奖励,参与人 2 将得到 $0.99^2 z_2$ 的概率赢得奖励,等待这个过程一直持续下去(当然,如果参与人认为他们花费在实验博弈中的时间也是有价值的话,那么我们并没有完全控制这种来回博弈中的所有成本,对任何因素都能进行完全控制的实验是不可能的。)

如果我们像上面描述得一样去做这个实验,在该实验中参与人 1 和参与人 2 能够分别以一定概率得到的奖励分别是 20 美元和 5 美元。理论预测参与人通过博弈最终使得参与人 1 最终以 0.75 的概率得到她的奖励,而参与人 2 以 0.25 的概率得到他的奖励。[①]如果我们现在改变贴现率使得参与人 1 的贴现率为 0.97 而参与人 2 的贴现率是 0.99,同时他们奖励的数额保持不变。理论将会预测他们最终得到奖励的概率与贴现率改变之前相比反过来。

因为就笔者所知道的知识范围来说,这个实验是没有做的,所以我们不可能看到真实

---

① 我们已经有参与人在概率上进行博弈的模型,以至于他们可以以边际单位代表不同货币价值的形式进行讨价还价。我们也可以让参与人就 100 个筹码进行博弈,当然这些筹码对于不同参与人来说能换成美元的比率是不同的。比方说,对于参与人 1 来说,每一个筹码值 0.2 美元,而对于参与人 2 来说每个筹码的价值是 0.05 美元。就理论上的理由来说,因为对风险的态度被限制在实验中了,让参与双方就概率进行博弈是更加可靠的。更一般的结论请参考 Roth(1985)。

的实验结果。但是我个人的猜想是实际实验的结果将不会肯定理论的结果。

现在我们考虑一下的详细阐述：在 Roth 和 Schoumaker(1983) 的想法里，如果参与人通过电脑就像 Roth 和 Schoumaker(1983) 训练的实验者一样地进行博弈，通过实验中的参与人首先与电脑程序进行博弈，训练某几组实验参与人相信 0.2—0.8 的结果才是他们要得到的结果(0.8 的概率归于参与人 2，因为他的奖励要更少)，另外一方面也训练其他实验组的参与人相信 0.5—0.5 的结果才是他们在实验中最终的结果。这些实验都是在轮流行动规则下的博弈规则下完成的，这些博弈中的贴现率都是变化的(但是贴现率很接近1)。这个详细的阐述提出了条件相位所发展的"均衡期望"假说，同时这个阐述也将组织随后讨价还价博弈数据，组织的这些数据比我们基于完全信息模型所做出的预测要更好。在这些实际的博弈中，参与人到底采用什么样的贴现率和讨价还价博弈采用的规则等"制度细节"将完全被某一个参与人能得到多少数目以及某个参与人为了取得一致协议期望得到的数目等期望所掩盖。

15.5 不完全信息模型

假定我们刚刚的猜测是正确的，理论研究者的回应非常清楚：超越完全信息模型。通过转向完全信息模型，某人可能期望均衡结果对博弈规则微小变化极端并且不符合直觉敏感性将会消失。

与此同时，鲁宾斯坦模型均衡的一个显著特点就是，它总是帕累托有效率的；更具体地说，协议是立即达成的。回想一下我们这章开始部分关于教科书中的删减以及某人可能会因为交易过程而得到无效率交易的话语。在鲁宾斯坦模型中，我们没有看到这样的话语，我们没有看到任何没有效率的形式。考虑到在现实中，劳动纠纷以及其他形式的协议(假定也是浪费的)谈判，通过这点看起来鲁宾斯坦模型似乎缺少一些东西。理论研究者对这个的回应是，鲁宾斯坦模型缺少在于缺少对博弈如何构想出的考察，在这个博弈进行的过程中博弈参与人的偏好都是双方的共同知识；需要推迟同意和其他一些无效率的东西是一些非完全的信息。

于是，很多最近有关讨价还价博弈尤其是轮流出价的讨价还价博弈模型的文献都很关心非完全信息的问题。在这些文献的分析中，典型的做法是把非完全信息建立在一些关于参与人有形信息的基础上。例如，我们可以相信博弈双方就出卖某一资产的价格进行博弈，在这里潜在买者对于资产的评估价值对于卖方来说是未知的。如果买方对资产的价值估价很高，他(买方)将在博弈的过程中更加不耐心，这使得买方在任何的谈判中都处于弱势的地位。也有一些模型是讨论双边非完全信息的，在这些模型中，除了买方对资产的评价对于卖方来说是未知的，资产对卖方的价值对于买方来说也是未知的。

这些博弈的构想没有直接处理我们在实验文献中看到的问题，但是我们在随后的实验中将发现我们所猜想的内容。在 Ochs 和 Roth 的实验中没有任何有形的不确定性。在这里起作用的似乎是某一个参与人关于"公平"和"贪婪"的信念以及其他参与人对于这些信念的评价。我们所研究的非完全信息是否能够导致我们考虑的影响是不确定的。但是任何关于这个问题的观点都是不确定的。这是一个非常活跃的、正在进行中的领域，我们在这里呈现出来的观点可能在很短的时间内就会过时。

在任何的情况下,对于非完全信息讨价还价博弈的分析都将变得非常复杂(如果你想证实一下,你可以试一下课后习题 8 的最后一问和课后习题 9)——或者我们有另外一个更加复杂的例子,我们在第 14 章所讨论的蜈蚣博弈的分析(这个之所以复杂,是因为当某一参与人有着在蜈蚣博弈中反复来回的结构时,现在某个参与人在他的行动时能做的,比方说是出价,选择要比在单纯的蜈蚣博弈中两个的选择要丰富得多)。因此,我们将不再进一步地讨论这个问题,有兴趣的读者可以查考相关的文献。

15.6 书目提要

讨价还价的非合作博弈模型已经成为过去十年微观经济学和博弈论领域最为重要和活跃的领域之一。这里有太多的相关论文要列在这里。最早的文献来自纳什(Nash,1950),他在文中有注意到在同时出价的讨价还价博弈中基本的非确定性问题。当然,Rubinstein (1982)关于轮流出价的讨价还价的博弈也不应该被忽视。我建议读者去跟踪 Osborne 和 Rubinstein(即将出版)的论文,他们的论文提供了这个领域全面的一个研究综述,这些研究中就包括非完全信息讨价还价的研究。此外,Osborne 和 Rubinstein 研究了我们这里没有讨论的一个主题——讨价还价博弈和瓦尔拉斯均衡(Walrasian)的"制度基础"之间的关系。

对于讨价还价博弈实验中的结果,我们所引用的 Ochs 和 Roth(1983)是我们相关研究很好的起点。

考虑到在同时出价竞价中缺乏准确的预测,讨价还价博弈的公理性分析已经被很多的研究所关注。在典型的分析中,某一个参与人有着很多令人满意的特征,然后这个参与人看到(1)是否这些特征能够被满足;(2)阻止这些"解决方案"。这种类型分析的经典例子是首先由 Nash 发展出的纳什讨价还价博弈结果。这种形式的分析,大多是采用合作博弈的分析框架,读者可以参阅 Roth(1979)对于这类研究的综述。

参考文献

Binmore, K., M. Osborne, and A. Rubinstein. Forthcoming. "Noncooperative Bargaining Models." In *The Handbook of Game Theory*, R. Aumann and S. Hart, eds. Amsterdam: North Holland.

Nash, J. 1950. "The Bargaining Problem." *Econometrica* 18:155—62.

____. 1953. "Two-person Cooperative Games." *Econometrica* 21:128—40.

Ochs, J., and A. Roth. 1989. "An Experimental Study of Sequential Bargaining." *American Economic Review* 79:355—84.

Osborne, M., and A. Rubinstein. Forthcoming. *Bargaining and Markets*. Boston: Academic Press.

Perry, M., and P. Reny. 1989. "Non-cooperative Bargaining without Procedures."

University of Western Ontario. Mimeo.

Roth，A. 1979. *Axiomatic Models of Bargaining*，Lecture Notes in Economics and Mathematical Systems no.170. Berlin：Springer-Verlag.

____. 1983. "Toward a Theory of Bargaining：An Experimental Study in Economics." *Science* 220：687—91.

____. 1985. "Laboratory Experimentation in Economics." In *Advances in Economic Theory*，T. Bewley, ed.，269—99. Cambridge：Cambridge University Press.

Roth，A.，and F. Schoumaker. 1983. "Expectations and Reputations in Bargaining：An Experimental Study." *American Economic Review* 73：362—72.

Rubinstein，A. 1982. "Perfect Equilibrium in a Bargaining Model." *Econometrica* 50：97—109.

Shaked，A.，and J. Sutton. 1984. "Involuntary Unemployment as a Perfect Equilibrium in a Bargaining Model." *Econometrica* 52：1351—64.

Stahl，I. 1972. *Bargaining Theory*. Stockholm：Economics Research Institute.

课后习题

1. 现在考虑两个公司，一个公司生产另外一个公司所生产产品需要的唯一的生产要素。这种产品的厂商遵从边际成本递增规律，当消费者增加这种产品使用规模时，产品的使用者得到递减的收益（由对利润的影响来衡量）。每个厂商都遵循利润最大化的原则（你可以假设生产第一单位这种产品的边际成本比使用这一单位产品给使用者带来的边际价值要少，并且对于大量的这种产品的消费，边际成本要超过边际价值。你也可以假设边际成本函数和边际收益函数都是连续的）。

我们在这一章的开头就有讲到，我们这里讲的实际上是埃奇沃思盒状图的一个特殊的例子。这个例子的特殊性体现在哪里呢？（提示：你的首要任务就是识别出第二种商品。）

2. 考虑我们在第 15.1 节中所描述的讨价还价博弈的规则——一轮同时出价，然后博弈双方同时决定是拒绝还是接受对方的出价（如果这个交易并没有困在第一轮的话）。

（1）对于在第一轮并没有达成一致协议的博弈规则，建立一个子博弈精炼的纯策略均衡，并且这个博弈的结果是，让参与人 1 得到 n，让参与人 2 得到 $100-n$。在描述战略的时候要十分小心，这个过程并不难，但是很繁琐。

（2）你可以试着说明，对于任何的达成一致协议的纯策略均衡，没有任何的钱会留在桌子上。我们在第 15.1 节的(1)和(2)中也可以得到类似的结果。你可以试着描述会留在桌子上钱的那些纯策略均衡，这些你所描述的均衡是不是子博弈精炼均衡？

（3）建立一个子博弈精炼均衡，在这个均衡里面对于博弈的最终协议来说是有钱留在桌子上的，并且在均衡的时候是各参与人得到正的概率去获取奖励[根据(2)部分，这个将会包括混合策略]。

3.（1）为命题 15.2 提供一个证明。在你证明之前你可以会希望先研究一下（3）部分。

（2）我们假设帕累托边界 V^* 是边长为 1 的正方形并且是可微分。当贴现率趋近于 1 的时候，我们在命题 15.2 中的均衡会是什么样的呢？（如果帕累托边界不可微会怎么样？）

（3）在命题 15.2 中，我们考虑 V^* 是边长为 1 的正方形，这就是说 $V^* = \{(v_1, v_2): 0 \leqslant v_1 \leqslant 1, 0 \leqslant v_2 \leqslant 1\}$。那么在这种情况下，轮流出价的讨价还价博弈的子博弈精炼均衡的是什么？

4. 在第 15.3 节中列出的在基础的鲁宾斯坦模型上变化的版本中，请说明这些情况中，是有一个会使我们得到之前声称结果的唯一的子博弈精炼均衡（如果你从变化版本第 5 部分开始，你将会有一个好的开始）。

5. 现在我们假定，除了对一美元划分的时候，参与人出价和还价必须得到 0.01 美元的整数倍。其他的条件都和基本的鲁宾斯坦模型相同，并且假定贴现率是 0.999 9，那么命题 15.1 将会发生什么变化？

6. 现在我们考虑，在讨价还价博弈过程中双方参与人对博弈的每一期都有相同贴现率的简单的鲁宾斯坦轮流出价的结构。但是，想象一下，现在博弈只有两轮就结束了。参与人 1 出价，参与人 2 可以接受或者拒绝。如果参与人 2 拒绝了参与人 1 最初的出价，他可以进行还价；参与人 1 就参与人 2 的还价，也可以选择接受还是拒绝。在这个博弈过程中，子博弈精炼均衡有哪些（或者哪一个）？

7. 重做习题 6，我们现在假定博弈可以进行 N 轮。当 N 趋向于无穷的时候，博弈结果的极限是什么？在我们第 5.3 节中给出的基本鲁宾斯坦模型的五个变化的版本中，重复这个练习。

8. 假设现在考虑的是单边博弈。比如说参与人 1 提出一个出价，这个出价参与人 2 可以选择接受或者拒绝。如果参与人 2 拒绝，那么参与人 1 可以提出另外的一个出价，这个过程可以一直持续下去直到双方达成一致。每当参与人 1 出一次价，最后的奖励会以 δ 的贴现率进行贴现（$\delta < 1$）。

这个博弈的子博弈精炼均衡是哪些（哪一个）？你是否认为这些均衡和实际的预测相符合？（一个真正的挑战是：建立一个这种类型讨价还价博弈的模型，在这些模型里面参与人 2 会有一个"进入门槛"，并且参与人 1 并不知道参与人 2 的"进入门槛"。）

9. 考虑如下的一个关于鲁宾斯坦模型非完全信息的一个变化的版本，两个参与人就 10 美元的划分进行讨价还价的博弈。他们轮流出价，并且每当某个参与人的出价被拒绝时，一轮博弈的贴现率是 0.999 999。参与人 1 寻求他期望支付的最大化。对于参与人 2 来说有一个非完全信息。参与人 1 对参与人 2 寻求期望支付最大化的可能进行评估，认为参与人 2 有 π 的概率可能寻求期望支付最大化，$1-\pi$ 的概率在每次他出价的时候都要求得到 8 美元并且当对手出价留给他少于 8 美元时，他都会拒绝对手的出价。

（1）在 $\pi = 0.2$ 的情况下，为这个博弈建立一个序贯均衡（这个问题会很难，但是也不是不可能）。

（2）对于每一个 π 的可能的值，为这个博弈建立一个序贯均衡。（更加具体地，找出当 π 接近于 1 的情况。）（祝你们好运！）

（3）对于每一个可能的 π 值构建一个序贯均衡（同时特别的是，对 π 非常接近于 1）。（祝你好运！）

第四部分　信息经济学专题

道德风险与激励

我们接下来将进入以信息经济学（information economics）为主题的部分。信息经济学所包含的分支与主题十分广泛，在此部分中，我们将不会涵盖其全部内容。在本章中，我们将考虑道德风险（moral hazard）的问题。在这类问题中，交易的一方所许诺的确定性行为首先将对另一方对于交易的估值产生影响，而交易另一方却无法对此种确定性的行为做出完美的监督或执行。在此，一个经典的例子是火灾保险，投保人在有火灾保险的情况下，将不会对易燃材料的存放表现出足够的小心。激励是解决道德风险问题的一个办法，通过激励机制的设计，构建一个一方采取行动可以获得最佳利益，同时另一方也相应偏好的交易。举例来说，火灾保险通常只是部分保障性的，以使得投保人可以有防止火灾发生的财务利益激励。

在第 17 章中，我们将关注逆向选择（adverse selection）问题。在此类问题中，交易一方拥有关于交易的一些信息，而交易的另一方却对这些相关信息不得而知。有一个典型的例子是人寿保险，投保人了解自身的身体健康，而保险公司却并不知晓。解决逆向选择的办法是市场信号（market signaling），占优信息的拥有方通过行为发出表征这些信息的信号。举例而言，在投保人愿意接受如果其在前两三年执行合同只能获得有限回报的条件下，保险公司愿意提供一个更优厚的回报条款。这样的政策实际上暗含一个前提假设，即一个已经处于病中将要去世（或者实际上有很大可能去世）的人是不愿意接受这样的有限回报的。

每当有这样或那样的信息问题时总会自然而然地问到——最优的合约设计到底是什么呢？在本章中我们将会在一些简单的假定下来研究最优激励设计，但是一个更一般框架下的包含逆向选择问题的最优合约（optimal contract）与机制设计（mechanism design），需要用到显示原理（revelation principle），将会在第 18 章中来介绍。

尽管这三个主题都是重要的，但是他们还不能穷尽所有来自信息经济学的重要模型与概念。除这三个主题之外，特别需要关注的是最优搜寻（optimal search）模型，在此有交换意愿的一方必须寻找潜在的交易方；协调失败（coordination failures）模型，在此搜寻的意愿阻碍了其他确定性的获利交易活动；理性预期（rational expectation）模型，在此模型中交易的某方有一些将对其他人有用的信息，信息将至少部分以其均衡价格本身来传递。

所有这些以及其他类似情形均被归入信息经济学的范畴,因为在每一种情形中,其驱动因素都是部分市场参与者信息的缺乏,无论这些信息是关于其他人做什么、其他人知道什么还是最佳交易机会在哪里。这个特征在本身的第二部分是被忽略的(有一个小例外,在分析价格歧视中曾被关注到),现在这个特征将成为关注的中心。

16.1 引言

本章所关注的交易行为是在道德风险的条件下发生的,或有时被称为隐藏行为(hidden action)。[1]我们已经介绍了这样一个例子:在火灾保险业务中,保险公司希望投保人可以十分小心地存储易燃材料,比如保证高质量的灭火器在场等。再举一些其他的例子,如果我从你那里租用一辆汽车,三年后返还,你对我会有诸如我能定期去做车子的保养、可以小心驾驶(没有违章)之类的希望。如果你雇用我来做一项特别艰巨的工作,你会希望我可以像任务中对我的要求那样来努力工作。

在任何一个例子中,来监督实现这样的小心存放、定期保养或者是否努力工作都是有可能的。保险公司将会派出检查员,并在某些保险合同中注明,如果投保人不能提供足够的证据来表明其足够小心,那么保险公司将不会支付任何的赔偿。在一个汽车的出租合同中一般会要求日常的维修要定期进行。同样地,如果我为你工作,你会雇用监督人来判定我努力的程度。

但是在任何一个例子中,完美的监督与实现又是不可能的,因此交易将会这样被设定,在这个交易中一方将会有相对较大的激励来采取交易另一方更为偏好的行为。保险公司可能仅为这栋建筑的90%来下保单。如果出租的汽车在租期后出售,出租合同会规定租车方可以从汽车的出售中分得一杯羹。[2]在最后一个例子中,你会将我的薪资与那些可以表征我努力程度的可观测指标联系在一起。

从提供激励的视角出发,我可以这样来设定交易,以使得采取隐藏行为的一方将完全地承担起行为带来的后果。保险公司将会拒绝提供保险;对于租车,取而代之的是,你会将车直接简单地卖给我;你给我的报酬将是我生产产出的函数,比如采用一个计件系统,在这个系统中我每生产一件将得到一定的报酬。但是在每一个情形中,在这样的合同形式中都有无效率的存在:一家公司拥有一件仓库,如果是一些临近的个人建立的,那么在承担仓库烧毁的风险的能力上,将不如一家拥有许多股东的保险公司。一个租赁合约相

---

① 信息经济学的术语,如道德风险、逆向选择、隐藏行为、隐藏信息、信号、显示等等,不同的作者在使用上有所不同,所以当你在书中或者文献中读到此类术语时必须要非常小心。举例来说,我们一般将道德风险与隐藏行为认为是等价的;同时你也会在一些其他地方读到在他们二者之间有一些重要区别(我个人的观点是他们之间有区别,但是几乎可以忽略不计)。我不希望您被牵制在一个精确分类中,而应该将更多的精力投入到那些十分有趣的问题而不是纠结于一个形式,或者是我们怎样称呼它们的问题上。作为一名文献的消费者,你应当将更少的精力投入于关注这些标签上,而更应该关注那些作者详细讲述的游戏规则上——谁在什么时候知道什么,谁又在什么时候做了什么。

② 在美国的多数租车合同中将见不到这一条,主要因为出租的动机来自于税收方面的考虑,这样的一个合同会避免税收规避。

对于直接的出售将会出现税收规避问题,这归咎于税收体系的特质。[①]计件系统也许是不可行的,因为工作是机器调节的,或是因为产品的质量与产品的数量同等重要,抑或是因为计件系统将使得工人受制于风险,而没有很好培训的工人将比他所供职的公司承担更多这种风险。所以,在一个特别的设定中,必须在提供激励与利用交易中所有的好处之间寻求平衡。

16.2　有效激励:一个简单的例子

　　所有这些语句和模糊的概念都有一点儿难以理解,所以让我们用一个例子来说明。假想一个情况,在这里其中的一方被称为委托人(principal),雇用的另外一方被称为代理人(agent),来完成一定的任务。被雇用的一方来自于大量一样的代理人,他期望能够承担这项任务,只要他从这项任务中获得的净效用与他在下一个最佳机会中得到的效用一样多就可以;我们将这种效用水平称为代理人的保留效用水平(reservation level of utility)。代理人一旦被雇用之后,必须要决定是否会在这项工作中尽职尽责。尽职尽责不是针对特定的代理人的兴趣,而是对其他人也一样,他将会偏好不努力工作。委托人从代理人这份工作中得到的价值是由代理人是否努力工作而决定的。如果一个代理人不努力工作,那么委托人将从这个交易中获利很少,以至于都不足以支付代理人的保留工资(是一种足够高的工资,与代理人不努力工作的净效用一起,得以超过他的保留效用)。但是,如果代理人尽职尽责的工作,那么委托人将会从交易中获利足够多来使得委托代理双方都感到值得付出。

　　具体来说,假设代理人的保留效用水平是9(完全是任意假定,数字的大小不代表任何含义)。代理人的效用来自于他被支付多少报酬 w,以及他多努力的工作 a。a 的水平可以被设定为"努力"或者"很高",所对应的我们以 $a=5$ 来表示这个含义,同时也可以是"不努力"或者"很低",用 $a=0$ 来表示。代理人来自 w 与 a 的总(冯·诺依曼—摩根斯坦)效用,由下式给出:

$$U(w, a) = \sqrt{w} - a$$

如果代理人努力工作,完成的任务对委托人来说价值 270 美元。如果代理人工作不努力,那么对委托人来说将仅价值 70 美元。

　　为了让代理人保持比较低的热情工作,委托人必须支付足够的工资,以使得 $\sqrt{w} \geqslant 9$,或者是 $w \geqslant 81$ 美元。如果代理人以较低的努力去做使这项任务,使其对委托人来说仅价值 70 美元,那么这样的交易将不会出现。

　　但是,如果代理人被劝说付出高的热情与精力去工作,那么委托人所要支付的足够高的工资就将是 $\sqrt{w} - 5 \geqslant 9$,$\sqrt{w} \geqslant 14$,或 $w \geqslant 196$ 美元。由于委托人认为在代理人努力工作时这项工作能够价值 270 美元,这对她来说是有利可图的交易。那么她将会尽力达成这项交易。

---

① 你也许想了解为何会有这样的一个税收体系,但是这确实已经超出了本书关注的范畴。

怎么做到呢? 也许她应该写一份合同, 为代理人完成这项工作提供 197 美元报酬(慷慨些!), 并且相信代理人将会确实很努力。信任是美好的并且是可以起作用的(虽然我们应该尽力思考为什么会), 但是本章的题目是"道德风险", 所以我们假定信任是不起作用的。如果代理人提供给委托人一份固定收入的合同, 那么我们假定代理人将会拿着这些钱, 但是并不努力工作, 使得委托人要为一份对她仅价值 70 美元的工作而支付 197 美元。

另外一种可能, 是来提供一个合同, 说明代理人能够获得的报酬与他付出的努力是相关的。这份合同通常会这样来写"我(委托人)愿意在代理人努力工作的前提下, 支付 197 美元, 如果不是, 将支付 25 美元"。如果这份合同生效, 那么代理人将会尽可能的努力——这样会给他带来(略多于)9 效用, 而同意合同但是不努力工作, 将只能获得 $\sqrt{25} - 5 = 0$ 的净效用, 这个低于他的保留效用水平。

但是这份合同能够生效吗? 假设代理人在合同上签字, 却不努力工作, 但是宣称他已经很用心了。委托人需要一些有形证据来证明他并没有全力付出, 这些证据将会在某些司法程序中被出示。但是有形证据可能不存在, 或者甚至代理人都不能确定任何有关代理人如何努力的确凿证据。(这可能会让你感到奇怪, 因为委托人对工作的估价依赖于委托人的努力程度。但是, 稍后, 我们将会看到为什么会没有确凿的证据。)也许是有确凿的证据, 但是没有那种可以被法庭, 或者是可以让使合同生效的人接受的证据。抑或是这样的法律成本太高以至于不能使任何一方愿意去签署这样的合同。基于这些原因, 这种类型的合同将不会有作用。

我们应当允许委托人来监督代理人的努力程度, 如果他不全心全意工作那么依据合同赋予委托人的权利可以解雇代理人(以一个低的遣散费)。当然, 委托人已然需要去法庭裁决合同的终止, 所以刚刚提到的问题依然将会出现。同时, 监督代理人将会产生一定的成本; 假设委托人有更好的事情可以去做。如果委托人的时间非常宝贵, 那么她将会考虑雇用某些第三方机构来监督代理人。但是这样她就需要支付给监督方报酬, 并且需要特别小心监督方与代理人串谋欺骗她; 代理人可以给监督方一定的好处, 如果监督方表示代理人确实很努力的工作。最终, 代理人将不会签订这样的合同, 因为担心委托人在工作即将完成之前将其解雇。(在第 20 章, 我们将会考虑到委托人如何注重她在工人中的声誉, 这一般可以给特定的工人以安全感。)

纵使委托人不能将工人工资与他的努力程度直接挂钩, 也可以找到一些间接的对努力程度的测量指标, 这些可以与工人的工资挂钩而写在合同中, 将来在法庭上将是有效的。为了在此以例子来说明, 我们需要更具体地来说明这位代理人正在做什么。我们将代理人设定为一名售货员, 他将代表委托人面对特定的顾客。在交易中有三种可能的情况: 顾客没有任何订购要求给委托人; 顾客可以下一个对委托人(总)价值 100 美元的订单; 或者是(总)价值 400 美元的订单。代理人的工作用心程度将会影响三种不同情况的可能性。如果在推销过程中代理人十分努力, 那么得到 400 美元订单的可能性是 0.6, 将有 0.3 的可能性得到 100 美元销售额, 有 0.1 的可能性没能获得订单。如果代理人并不努力工作, 那么获得 400 美元订单的可能性将只有 0.1, 获得 300 美元订单的可能性是 0.3, 而得不到订单的可能性是 0.6。销售额是可以观测的, 并且(我们假定)代理人工资的水平可以与这个变量相关联。

这个原则是风险中性。要特别注意的是,例子中70美元与270美元是与低努力,高努力相对应的从销售中带来的期望总利润。同样要看到,除非委托人能够直接观测到代理人的努力程度,除此之外接收到的数据(在此例中,是可能有的订单数额)将不能确凿地反映出代理人的真实投入程度。一份400美元的订单可以有比较大的可能性代表一个高的努力程度,但是这并不是确凿无疑的。

16.2.1 案例1:一个风险中性的代理人

现在我们将代理人想象为是风险中性的。(注:这并不是我们在上文中假定的,我们要回到早先的假设当中。)通过这个假定意味着代理人的效用函数是 $u(w, a) = w - a$。在这个案例中,我们假设代理人的保留效用水平是81,高与低的努力程度分别对应 $a = 25$ 和 $a = 0$。在这些新的设定下,按照我们之前对同样问题的做法:代理人将会雇用代理人并且支付比106美元略多的报酬,如果代理人承诺努力工作。这可以让委托人有 $270 - 106 = 164$ 美元的净收益。但是如果代理人不全心全意付出,那么委托人就不愿意支付超过81美元让代理人去工作。并且,如果她以106美元雇用一个不努力付出的代理人,她将会十分不开心。

但是,现在有一种简单的解决办法。向代理人提供如下的附加合同:"如果你没有任何的销售额,那么你应该支付给我164美元。如果你只有很少的销售额(总价值100美元),你仅仅需要支付给我64美元。在如果你获得了很大的销售额,你将会得到 $400 - 164 = 236$ 美元的报酬。被提供这样合同的代理人,可以在以下三种情形中选择一种:

(1) 驳回这份合同,得到81的保留效用。

(2) 签订这份合同之后以低付出来对待工作,这将会得到的期望净效用为:

$$0.1 \times 236 + 0.3 \times (-64) + 0.6 \times (-164) - 0 = -94$$

(3) 签订这份合同并努力工作,得到的期望净效用为:

$$0.6 \times 236 + 0.3 \times (-64) + 0.1 \times (-164) - 25 = 81$$

代理人在选择(1)与(3)中是无差异的,而如果委托人使合同变得更好一点,代理人将会偏好方案(3)。如果是这样的话委托人将会非常高兴。代理人将会从其自身的意愿出发而去努力工作。委托人从支付给代理人报酬的净收入将确定为164美元(少一点儿好处)!

委托人所做的是让代理人内在化地去影响自身努力程度的决定。当前代理人最担心的是付出的成本低于其努力程度。

16.2.2 案例2:一个风险厌恶的代理人

现在让我们回到最初的公式,代理人的效用函数是 $U(w, a) = \sqrt{w} - a$,他的保留效应水平是9,并且努力工作时 $a = 5$,不努力时 $a = 0$。如果我们可以制订一个可以依赖于代理人努力程度的合同,那么对委托人来说的最优合同是代理人努力工作获得196美元

（可以略加一点），不努力工作将获得很低的收入（比如 0 美元）。这对于委托人来说有一个 $270-196=74$ 美元的期望净收益。

但是我们假设委托人决定代理人工资仅仅取决于（总）的销售额。在案例 1 中，我们仍然可以找到一个与签订一个以实际努力程度为根据的合同时所达成的状况一样的合同。但是在这个案例中我们不能，两个相互抵消的势力在本案例中有效：

（1）委托人在这个案例中是风险中性的，代理人是风险厌恶的，最"有效"的安排是代理人的工资是确定的。为什么？一般来说，如果在交易中一方是风险厌恶的，另一方是风险中性的，那么对风险中性的一方来说承担所有的风险是有效的。在第 5 章略有不同的辛迪加理论中，你可以看到这个正式的证明。同样正式的技术在此也有效。所以不再让你第二次经受正式的证明，让我们给出直觉：如果委托人支付给代理人一个随机的工资，那么代理人根据他的期望效用来评价这个工资。在风险厌恶的情况下，如果工资是有完全风险的，代理人对于此的估值将低于它的期望价值。但是委托人是风险中性，对支付工资的成本等同于他们的期望价值。如果我们想象一下，代理人工资的期望价值是 $\bar{w}$，那么委托人将支付的工资视为等价于 $\bar{w}$ 的资金从她口袋的流出，但是只要有任何风险存在，那么代理人就认为流入他口袋的资金少于 $\bar{w}$。

（2）另一方面，如果我们给代理人一个无风险的工资，那么代理人就失去了努力工作的激励，如果代理人不努力工作，那么委托人就不想参与这个交易。

为了使代理人努力工作，我们将不得不放弃一些将所有风险归于委托人而得来的有效性。问题是，我们怎样做才能尽可能的有效？

为了回答这个问题，假设我们制定一个合同，在其中如果没有任何销售额那么代理人将获得 x_0^2 美元，如果销售额比较小将获得 x_1^2 美元，如果销售额比较大将获得 x_2^2 美元。将这个值平方，是为了在每一种情况下应用代理人的效用函数计算他的效用时得到 x_i-a，$i=0,1,2$。因此，提供这个合同后，代理人有三个选择：

（1）拒绝这个合同，得到保留效用 9；

（2）接受合同，但是却不努力工作，有期望效用：

$$0.6x_0+0.3x_1+0.1x_2$$

（3）接受合同，同时努力工作，有期望效用：

$$0.1x_0+0.3x_1+0.6x_2-5$$

假设此时我们希望签订最有可能的合同（从委托人的视角），此合同要代理人接受合同并努力工作。然后我们希望：

$$\min 0.1x_0^2+0.3x_1^2+0.6x_2^2$$
$$\text{s.t.} \quad 0.1x_0+0.3x_1+0.6x_2-5 \geqslant 9$$
$$0.1x_0+0.3x_1+0.6x_2-5 \geqslant 0.6x_0+0.3x_1+0.1x_2$$

我们期望在两个约束条件下最小化期望工资的支出（因为我们站在委托人的视角）；两个约束条件：一是让代理人能够在合同上签字，二是代理人选择努力工作。（我们还应该增加一个约束条件，所有的 x_i 都是必须是非负的，但是着手开始时将没有这个，在之后如果有需要将加上。)这两个约束条件有名字:第一个约束条件经常被称为个人理性(individual rationality)或者参加(participation)约束,第二个被称为激励(incentive)约束。

你不应该有任何问题来解这个约束条件下的最优化问题。为了节省下你所有不必要的付出,让我们在此给出解答: $x_0 = 5.428\ 57$, $x_1 = 14$, $x_2 = 15.428\ 57$。相当好理解的是,两个约束取值在边界:委托人不愿意比能使代理人工作的最小支付多哪怕一点点,同时她不想给代理人任何多于使其努力工作所必须的风险,因为将风险归置到代理人身上对她来说是昂贵的。因此我们有如下最优合同,如果我们的目标是使代理人接受合同并努力工作:

如果没有销售额,工资为 $5.428\ 57^2 = 29.46$(美元)

如果销售额是 100 美元,工资为 $14^2 = 196$(美元)

如果销售额是 400 美元,工资为 $15.428\ 57^2 = 238.040\ 7$(美元)

所以期望工资是: $0.1 \times 29.46 + 0.3 \times 196 + 0.6 \times 238.040\ 7 = 204.56$ 美元,委托人则有 $270 - 204.56 = 65.44$ 美元的期望收益。

将这个结果与"首要最优"合同进行比较。在此"首要最优"合同是委托人给以代理人一个恒定工资 196 美元,并且依赖于信任或者强制监督来确保代理人努力工作。为了给代理人正确的激励,我们不得不在某些如果他付出更多努力就使结果更可能时给以奖励,以此来让他承担一些风险。委托人对此的期望成本是 8.56 美元。

16.3 有限的多次行动与结果

16.3.1 一般公式

这个技术恰好可以非常好地应用在归纳委托代理问题的一堂课。我们设想一个会同意为委托人完成一项任务的代理人,之后他会在一些有限集 $A = \{a_1, a_2, \cdots, a_N\}$ 中选择行动 a。这个由代理人做出的行动选择是无法被委托人观测到的;取而代之的是委托人可以看到一个关于代理人做了什么的非完美信号。我们通过表明委托人(与代理人)观察到一个来自于有限集 $S = \{s_1, s_2, \cdots, s_M\}$ 的信号 s 来将此模型化。如果代理人选择行动 a_n,那么发出信号 s_m 的概率为 π_{nm},在此对任意 n 来说 $\sum_{m=1}^{M} \pi_{nm} = 1$。委托人不能订立一个合同使得代理人的补偿直接依赖于 a;她(委托人)所能做到的最好的是使他的补偿是 s 的一个函数。

特别小心地注意到,我们指出代理人行为的选择而不是他的努力程度的选择。我们不排除以努力程度来作为对 a 的解释,在之后的章节中我们将会具体到一个例子,在这个例子中这个解释是十分自然的。但是对现在来说我们不排除其他解释。

为拓展的方便也为某些我们之后给出的结果,我们做出我们的第一个假设:

假设 6.1 对所有的 n 和 m 来说,概率 $\pi_{nm} > 0$。

也就是说,在每一种行动中每一种结果都是有可能的。

代理人的效用依赖于他所获得的收入 w,和他所采取的行动 a。有关其收入的彩票偏好服从与冯·诺依曼—摩根斯坦公理，$U(w, a) = u(w) - d(a)$ 是他的冯·诺依曼—摩根斯坦效用函数。特别要注意的是我们假设 $U(w, a)$ 是可加可分的（additively separable），它的一部分依赖于工资，$u(w)$，一部分依赖于所选择的行动，$-d(a)$。（字母 d 在此处是无意义的，只是为了好记。）我们假设代理人有一个保留效用水平 u_0，同时我们增加了如下无害假设。

假设 16.2 u 是严格递增的，连续可微的凹函数。

u 的凹性仅仅是为了我们代理人的风险规避（考虑到关于他工资的彩票）。我们不排除 u 是线性的。

委托人关心代理人所选择的行为以及她支付给他的工资。具体来说，我们假设如果代理人选择了行动 a，那么对某些函数 B 来说 $B(a)$ 表示雇用代理人的委托人所能获得的总收益，那么委托人的净收益就是 $B(a)$ 减去她必须支付的期望工资。

这个公式与一般性相距甚远。我们假设委托人是风险中性的，我们为代理人设定了一个非常特殊的效用函数形式。之后的很多可以稍微拓展以包含更多一般公式。特别地，从 Grossman 和 Hart(1983)开始采用如下的假设，假设贯穿代理人的效用函数是更加一般的形式 $U(w, a) = f(a)u(w) - d(a)$，$f$ 是一个严格正函数。你将会在习题中以更加一般的公式来分析这个问题。

16.3.2　解基本问题

基本问题是找到委托人提供给代理人的最优激励框架。为了解决这个问题，我们做如下工作。

步骤 1：对任意 $a_n \in A$，介绍代理人来接受这份工作并选择 a_n 的最便宜方式是什么？此处的最便宜是以必须支付的期望工资来表示。与之前章节中我们的例子形式一致，我们通过解一个受约束的最大化问题来解决这个问题。

在这个最大化问题中的变量是代理人获得的"工资效用"的水平，这个是信号 s 的方程。我们使用变量 x_m，$m = 1, 2, \cdots, M$，此处如果信号是 s_m，如果支付代理人的工资是 $w(s_m)$，那么：

$$x_m = u(w(s_m))$$

我们假设 $u(\cdot)$ 是严格递增的连续函数，同时我们让 v 是 u 的反函数；如果 $u(w) = z$，那么 $v(z) = w$。因此如果发出了 s_m 的信号，那么支付给代理人的工资作为一个变量 x_m 的函数，是：

$$w(s_m) = v(x_m)$$

因此，作为变量 $\{x_1, x_2, \cdots, x_M\}$ 的函数，如果代理人采取 a_n 的行动，那么委托人必须支付的期望工资是：

$$\sum_{m=1}^{M} \pi_{nm} v(x_m)$$

如果提供给代理人的工资是来自于 $v(x_m)$ 的信号的函数,那么必须要被满足以确认他会选择行动 a_n,限制是什么呢?我们首先必须确认随着选择 a_n,代理人至少要获得他的保留效用水平:

$$\sum_{m=1}^{M} \pi_{nm} x_m - d(a_n) \geqslant u_0$$

在此处要注意到两个事情。第一,给代理人的工资的期望效用是 $\sum_{m=1}^{M} \pi_{nm} u(v(x_m))$,因为 v 是 u 的反函数,那么可以写作 $\sum_{m=1}^{M} \pi_{nm} x_m$。第二,我们有这个弱不等式,这意味着如果约束是有限制的,那么在是否接受工作之间是无差异的。对弱不等式进行标准处理,假定如果无差异的话,那么代理人将会决定与委托人的利益保持一致。(有关博弈的理论联系可以参见之后的章节。)

我们必须确信选择 a_n 是比选择其他 n' 的行动更好。在引入约束的情况下模型化这个:

$$\sum_{m=1}^{M} \pi_{nm} x_m - d(a_n) \geqslant \sum_{m=1}^{M} \pi_{n'm} x_m - d(a_{n'}), \quad n'=1, 2, \cdots, N$$

前一段中做出的两个注解在此处也同样适用。注意到我们已经包含了 $n'=n$ 的限制,即使它可以容易地被满足。

也有些在要支付工资水平上的限制,一个标准约束是工资被约束为非负的。举例来说,在我们的例子中,这暗含着代理人效用函数的平方根是对负工资有定义的。在这样的例子中我们可以增加比如 $x_m > 0$ 的约束。虽然在某一点上,我们知道这样的限制有某些作用,但是我们将不会在公式中代入这样的约束。

所以,我们有了步骤1:对任一行动 a_n 而言:

$$\min \sum_{m=1}^{M} \pi_{nm} v(x_m)$$

$$\text{s.t.} \quad \sum_{m=1}^{M} \pi_{nm} x_m - d(a_n) \geqslant u_0$$

$$\sum_{m=1}^{M} \pi_{nm} x_m - d(a_n) \geqslant \sum_{m=1}^{M} \pi_{n'm} x_m - d(a_{n'}), \quad n'=1, 2, \cdots, N$$

把这个问题的值(是目标效用函数在最优解上的值)叫做 $C(a_n)$。这是介绍代理人去选择行为 a_n 的最小期望成本。我们将会使用符号(Cn)来表示这个问题,有助于表示行动 n 的成本。第一个限制被称为参与约束,另一个限制被称为相对激励约束。

对于了解以下事情的读者而言:因为 u 是凹的,v 是凸的,那么在数学的规划问题中这是很好的性质。我们在线性约束下最小化一个凸函数,以使得一阶方程满足以及补充的松弛条件(与问题限制)是问题解的充分必要条件。一般性的凸规划问题可以求出其数值解。

对于给定的 a_n,有可能在给定的范围内没有解,满足所有限制条件的 x_m 的值所组成的集合是空集。例子是很容易举出的。在这个例子中我们将会说 $C(a_n) = +\infty$。注意到 $C(a_n)$ 对至少一个 n 是有限的。如果我们设定 $x_m \equiv u_0 + \min_n d(a_n)$，那么对于问题 (Cn^*) 来说这些限制都将被满足，此处的 n^* 是表征最小无效用水平的努力程度系数。事实上，对许多例子而言，u 是一个凹的，这个对于 (Cn^*) 的解，利用第 5 章或者一阶方程应当十分容易证明（稍后看到）。

关注于由 Cn 带来的解的存在性问题时，对于这些约束不存在任何解的问题仅仅是其中第一类问题：如果有一些变量 (x_m) 的集合，每一个都满足所有的约束，那么就有一个最优解。在课后习题 9 中你会被要求去证明这个问题；怎样证明这个问题的提示会在题目里给出。有一个问题是值得注意的，就是这个结果对于所有的 n 和 m 是很大程度上依赖于 $\pi_{nm} > 0$ 这个假设的；参见课后习题 7。

步骤 2：对哪一个 $a \in A$ 是可以让 $B(a) - C(a)$ 最大化？这是一个简单的最大化问题。

由于我们知道 $C(a_{n^*})$ 是有限的，此处 n^* 与之前一样，同时由于 $C(a_n)$ 要么是有限的要么是等于 $+\infty$，这对于委托人的总问题就总是有解。

如果我们期望很小心地处理这个，我们将不得不需要知道如果对所有的 a 而言，如果 $B(a) < C(a)$ 时将会发生什么。对于委托人来说拒绝雇用代理人完全是可以生存的吗？或者对于委托人来说提供工资给代理人就一定是使情况变坏吗？我们将不能梳理好这种可能性，但是却可利用某些暗含的假设，可以以一种成本足够小的方式使某些努力水平 a 可以被选择，同时委托人也愿意这样做。

这个技术的关键是选取一步一步来处理这个问题的方式。首先我们为任意 $a \in A$ 来找到一种成本最小化的方式来引入行动 a，之后通过对比收益与成本我们来选择最优的 a。

16.3.3 基本结果与分析

在包含有稍微一般化公式的下文中，我们可以沿着之前章节中所刻画的路线来得到结果。

为了设定一个参照系，我们考虑如下问题的解，指明（并执行选择的）合同中的行动是否是可能的。来自于第 5 章的结果，由于代理人是风险规避的（可能是风险中性的），同时委托人是风险中性的，那么保证代理人付出给定的效用水平的最便宜的方式是给以固定的支付。（如果代理人在某些区间是风险中性的，其他方案将是同等便宜的，但是没有更便宜的。）所以让代理人接受一个具体说明要选择行动 a_n 合同的最便宜的方式，是支付给他：

$$C^0(a_n) \equiv v(u_0 + d(a_n))$$

对这一点是非常正式的，这是从下面问题的解中得到的：

$$\min \sum_{m=1}^{M} \pi_{nm} v(x_m)$$

$$\text{s.t.} \quad \sum_{m=1}^{M} \pi_{nm} x_m - d(a_n) \geqslant u_0$$

除去将相对激励约束省略外，这是与(Cn)的问题"一样的"。我们并不需要他们，因为通过假设，合同可以具体化被采用的行动。由于该问题仅仅省略了某些约束，是类似于(Cn)的，那么对所有 n 而言 $C^0(a_n) \leqslant C(a_n)$ 是显而易见的。我们可以继续：

$$\max B(a_n) - C^0(a_n)$$

由此问题解出的努力程度被称为首要最优努力程度(first-best level of effort)。

然而，我们给以假设，委托人是不能订立一个具体说明了首要最优或其他努力程度的可执行合同的。如同在之前章节的合同，我们得到了如下结果：

命题 16.1 如果代理人是严格风险厌恶的，那么对任意行动 a_n，这个 a_n 是比其他行动更麻烦(有偿)的，$C^0(a_n) < C(a_n)$；比如 $d(a_n) > \min_a d(a')$。

这个证明是十分简单的。如果代理人是严格风险厌恶的，那么唯一的有效风险分担安排是由委托人来承担所有的风险，代理人拿到一个确定的工资。但是如果代理人获得的工资是独立于信号的，那么他将会选择最不麻烦的行动。[①]

我接下来要提出的问题是参与约束在最优解处是有约束力的吗？答案是(有限定的)肯定的。事实上，对任意努力水平 a_n 而言，定义(Cn)的约束是可以被满足的，在(Cn)的解中，参与约束是有(合理的)约束力。为了明白为什么，假定 (X_m) 是(Cn)的解，如 $\sum_{m=1}^{M} \pi_{nm} x_m - d(a_n) = u' \geqslant u_0$。考虑到另一种以 $x'_m = x_m - u' + u_0$ 给出的激励方案。这个很明确地满足参与激励(以相等的形式！)，而且由于我们以相同的幅度减低了每一个 x_m，相对激励约束的满足被保证了。但是如果 v 是严格递增的，这降低了委托人的成本，这与 (x_m) 是(Cn)的解的假设是相矛盾的。此处没有什么非常不可思议的。在每一个结果上，我们简单地从代理人那抽取相同的工资效用，这完全不会影响到他的相对激励。

限制是什么？假定随着 $x_m \geqslant u(0)$，有一些在变量 x_m 上的约束。那么我们就不能确信比 x_m 小一些的 x'_m 将连续满足这些约束。事实上，可以很容易构建一个例子，因为有诸如 $x_m \geqslant u(0)$ 这样的约束，参与约束才不会有约束力。为了确信这样的问题不会出现，我们需要确信我们总能降低代理人的效用水平；从本质上来说，u 应当有一个下界无约束的区间。(如果 u 的范围是全体实数，那么由于 u 是凹的，这将会自动满足。所以这个限制属于那些 u 的范围是有受限下界的案例。)

作为基本分析的最后一部分，我们关注到(Cn)问题的一阶条件(与补充的松弛条件)。我们对这些条件感兴趣的原因是很直接的。因为我们在之前注意到，假设 2 隐含着满足(Cn)一阶条件与补充松弛条件对(Cn)最优解来说是充分而必要的。

λ 表示参与约束乘子，η'_n 表示对于行动 a'_n 的相对激励约束的乘子，对 x_m 而言的一阶条件是：

---

① 在之前的章节中，我们曾经做过一些关于此命题的凸性问题，换句话说如果代理人是风险中性的，那么选择 $\max_a B(a) - C^0(a) = \max_a B(a) - C(a)$；委托人可以获得她的首要最优结果。在这个一般公式中我们不能得到这个结果；必须在下一节中给出一个具体说明才可以。

$$v'(x_m) = \lambda + \sum_{n'=1}^{N} \eta_{n'} \left(1 - \frac{\pi_{n'm}}{\pi_{nm}}\right)$$

（这来自于一些代数计算，你应当可以解出。）这有一个非常清楚与直接的解释。回忆下，所有的乘子都必须是非负的，同时从补充松弛条件来看，当且仅当在行动 $a_{n'}$ 上的相对激励约束是有约束力时，$\eta_{n'}$ 将是严格正的。注意到由于 v 是凸的，v' 是一个增函数。因此一阶条件中右边变大一点儿就意味着 x_m 的值更大。带着这些预先的观察，考虑 v 如下关于 (x_m) 的方案：

（1）以方程 $v'(x_m) = \lambda$ 给出一个（以效用衡量的）"基准支付"。如果没有相对激励约束的限制，那么这个一阶方程以及我们有的关于 x_m 的结果都将在结果 m 中是恒定的。[a] 这并不令人惊讶；我们刚刚重新得到了来自于第 15 章的结果，这个结果是当没有激励问题时，给以风险厌恶的代理人的最优安排是一个恒定的工资。

（2）但是当存在于有约束力的相对激励约束时，代理人的工资将不是恒定的。具体来说，如果 $\eta_{n'} > 0$，那么在结果 m 满足 $\frac{\pi_{n'm}}{\pi_{nm}} < 1$ 时，方程的右边也就是代理人工资是递增的，在结果 m 满足 $\frac{\pi_{n'm}}{\pi_{nm}} > 1$ 时，他们是递减的。当 $\frac{\pi_{n'm}}{\pi_{nm}} < 1$ 时，代理人选择 n' 的结果 m 是很难超过他选择期望的行动 n 的。所以这个确实是一个好的时间点来支付给他更多以使得他选择 n 而不是 n'。同时如果结果是 s_m 满足 $\frac{\pi_{n'm}}{\pi_{nm}} > 1$，那么代理人是将被"惩罚"的，那么结果是：在行动 n' 下的结果比预期中的行动 n 更可能。

这差不多就是全部。当然，"基本边际效用工资" λ 的水平与相对努力乘子 $\eta_{n'}$ 都是确定的，他们必须同时以一种方式作用，以使得所有的初始约束与补充松弛条件被满足。但是思想本质是简单的：在最优化下，相对于被限制在相对激励约束中的行为，如果他采取了期望中的行动使结果变得相对更加可能出现，那么你奖励代理人，如果结果变得相对更加不可能出现，那么你惩罚他。

16.3.4 公式：一个特殊情况

我们接下来将使用上文给出公式的一个特殊情况。首先，我们想象一下，信号 s_m 是委托人获得的总利润水平，正如在之前章节中的例子。在这个情况下 $B(a_n) = \sum_{m=1}^{M} \pi_{nm} s_m$。

具体来说，我们让前一节的命题具有凸性。

命题 16.2 对风险中性的代理人来说，选择 $\max_a B(a) - C^0(a) = \max_a B(a) - C(a)$。事实上，如果 a^* 在 $\max_a B(a) - C^0(a)$ 时获得最大值，一个履行此行动的方案是：如果总收益是 s_m，那么对委托人来说要支付给代理人 $s_m - B(a^*) + C^0(a^*)$，所以委托人将确定地收到 $B(a^*) - C^0(a^*)$，同时代理人承受所有的风险。

除了注意到如下直觉外我们将不会完整地对这个结果给出证明：如果代理人是风险

---

[a]　准确地说，如果 u 是严格凹的，这是恒定的，因此 v 是严格凸的，v' 是严格递增的。

中性的,那么在委托人与代理人之间的有效风险分担是与代理人承担所有风险是一致的,同时通过让代理人承担所有的风险,我们也让他承担了他行动选择的整个后果。这就如同委托人将"风险出售"给代理人,代理人现在是独立的所有者为其自己工作,同时他以他自己独立而最优的利益来选择行动。[b]

为了继续我们的具体说明,我们进行进一步的设想,每一个行动都是代理人选择的努力程度,以递增的无效用来进行排序。如下:

$$d(a_1) < d(a_2) < \cdots < d(a_N)$$

在这个例子中,没有理由带上方程 d 作为累赘;我们可以使用 a_n 表示选择 n 的无效用性,所以 $U(w, a) = u(w) - a$,同时条件变为 $a_1 < a_2 < \cdots < a_N$。

最后,我们设想更高(比如,更麻烦)水平的努力程度为委托人带来更高的总收益。为了写下这个假设,我们假定总收益水平 s_m 以递增的方式排序: $s_1 < s_2 < \cdots < s_M$。[c] 为了假设更高的努力水平带来更高的收益,我们可以简单地假设 $\sum_{m-1}^{M} \pi_{nm} s_m$ 是在 n 上递增的。但是通常会假设一些更严格的,即努力的递增使得获得更高收益水平的可能变大了。正式的表述如下:

假设 16.3 对所有配对的 n 与 n',假定 $n' > n$ 同时对所有 $m = 1, 2, \cdots, M$,有:

$$\sum_{i=m}^{M} \pi_{ni} \leqslant \sum_{i=m}^{M} \pi_{n'i}$$

对至少一个 m,对任意 n 与 n' 来说是一个严格不等式。

对于知晓术语的人来说,假设 16.3 表示递增的努力程度在总收益水平上是一阶随机增长的。虽然这个不能马上让你感到显而易见,但是这却隐含了 $\sum_{m=1}^{M} \pi_{nm} s_m$ 在 n 上是递增的(参见课后习题 10)。

我们通过提出如下问题来推动这个分析:工资支付或工资效用水平 x_m,随着总收益水平的增减而非递减吗? 由于委托人将会为了更高的努力水平而想去奖励代理人,同时由于更高的努力程度"伴随着"更高的收益水平,那么认为答案是肯定的貌似是很自然的。但是一般情况下答案是否定的。如下是一个容易领会的例子,在其中是一个无法达成这样的。

有三种可能的总收益水平,分别是 1 美元、2 美元与 10 000 美元,同时有两种可能的努力水平,$a_1 = 1$、$a_2 = 2$。(在这个具体化的公式中,我们以它的无效用性来识别一个努力程度。)如果代理人选择努力程度 a_1,那么结果将是获得 1 美元总收益的概率是 0.5,获得 2 美元总收益的概率是 0.3,获得 10 000 美元的概率是 0.2。如果代理人选择 a_2 的努力程度,那么结果相对应的概率将是 0.4、0.1 和 0.5。注意到之前约定的,在假设 16.3 的理解

---

b 也许现在是时候问到"为什么不能在我们具体到这个例子之前就给出这个命题呢?"如果答案不是显而易见的,那么考虑在前一节中如果信号的个数 M 是 1 时将会发生什么。

c 在此处使用这个严格不等式可能会为挑剔的读者带来麻烦。从本质上来说,我们假定订立合同所依赖的唯一信息是总收益的水平。

下,更高的努力程度很准确地带来更好结果的更高概率。

我们将这个留给你们去使这个例子变得有血有肉,代理人有一个关于工资 u 的严格凹效用函数,同时有 u_0 的保留效用水平,以使得对委托人问题的解可以被提供给代理人以使其在激励下选择 a_2。这不应当很难的做到。如果代理人选择 a_1 那么期望总收益为 2 001.5 美元,然而如果他选择 a_2,那么期望总收益将是 5 000.60 美元。这给了委托人一个很强的理由来提升有关 a_2 的激励。

当你做这个的时候,替代 a_1 而选择 a_2 的相对激励约束乘子将必须是严格正的。这是为什么呢? 因为如果不是,那么在一阶条件下,我们将会支付给代理人一个不变工资,我们知道这将使得他去选择 a_1。(在此处慢一点儿进行。我跳过某些步骤是为了要求你去思考这个。)所以三个一阶方程将会是:

$$v'(x_1) = \lambda + \eta\left(1 - \frac{0.5}{0.4}\right) = \lambda - 0.25\eta$$

$$v'(x_2) = \lambda + \eta\left(1 - \frac{0.3}{0.1}\right) = \lambda - 2\eta$$

$$v'(x_2) = \lambda + \eta\left(1 - \frac{0.2}{0.5}\right) = \lambda + 0.6\eta$$

其中,x_1 是对应于 1 美元总收益的工资效用水平,x_2 是对应于 2 美元总收益的工资效用水平,x_3 是对应于 10 000 美元总收益的工资效用水平,λ 是参与约束乘子,η 是有约束的相对激励约束乘子。非常简单的一点是,如果 $\eta > 0$,那么在 $x_1 > x_2$ 时,是一定存在的。

这里应当没有关于这个为什么的高深之处。在假设 16.3 的理解下,更高的努力程度将使得获得更高总收益的概率提高,使得结果 a_2 的概率与结果 a_1 的概率的比值先下降再上升。显而易见的是,为了得到一个对于上面所提出的问题的肯定答案,我们需要一些相对于假设 16.3 更强的设定。[d]

假设 16.4　单调似然比性质　对任意两种努力程度 a_n 与 $a_{n'}$ 来说,假定 $n < n'$,对任意两种总收益结果 s_m 与 $s_{m'}$ 来说,假定 $m < m'$,在较多努力相对于较少努力所获得的较好结果的相对似然比,至少要与较坏结果的似然比一样大。用符号表示为:

$$\frac{\pi_{n'm'}}{\pi_{nm'}} \geq \frac{\pi_{n'm}}{\pi_{nm}}$$

为了对我们所提出的问题得到一个肯定的答案,假设 16.4 是足够的吗? 虽然这的确在正确的方向上打动了我们,但是即使这样也是不够的。要知道为什么,必须回到委托人为最优化的选择执行努力程度 a_n 而对 (C_n) 求的一阶条件中。只要唯一有约束力的相对激励约束是针对小于 a_n 的努力水平的,那么我们是可以的。因为 v 是凸的,那么对 $m < m'$ 来说 $x_m - x_{m'}$ 的信号与 $v'(x_m) - v'(x_{m'})$ 的信号就是一样的。但是从一阶条件来看:

$$v'(x_m) - v'(x_{m'}) = \sum_{n'=1}^{N} \eta_{n'} \left[\frac{\pi_{n'm'}}{\pi_{nm'}} - \frac{\pi_{n'm}}{\pi_{nm}} \right]$$

---

d　你应当立即在接下来证明假设 16.4 确实是比假设 16.3 要严格强的。事实上,如果你了解一阶随机支配,你应当想要仔细考虑在这个性质与假设 16.4 之间的联系。

只要 $n' < n$，假设 16.4 讲到括号内的任意部分的符号都是非正的，因此（由于乘子都是非负的）总体是非正的，这正是我们想要的。

但是如果 $\eta_{n'}$ 对于某些 $n' > n$ 来说是正的，那么我们会感到失落；此时单调似然比的性质以一种错的方式在起作用。

这对你来说可能是难以置信的，在任何 (Cn) 的问题里，对于比某个期望更大的努力程度的相对激励约束将会是有约束力的。或者更确切地说，难以置信的是对于委托人最优的 a_n 来说，这将会在 (Cn) 的问题里成立。最终来说，如果代理人想要选择更高的努力程度，为什么委托人会想要阻止他这么做呢？这里有一个原因。虽然以方程 $B(a)$ 来说，委托人在代理人更加努力时获利更多是真实的。但是对于给定的工资方案，同样将给委托人招致一些成本：更好的结果就会被支付更高的工资，那么通过更多地提升努力程度，代理人增加了他的期望工资。可以构建一个例子，其中有三种努力程度 a_1、a_2 和 a_3，单调似然比性质成立，中等的努力程度是最优的，同时在 $(C2)$ 的问题中，两个相对激励约束都以一种方式使得最优工资在总收益上是非递减的。[e] 这个例子的细节并不做详细说明；如果你想要了解细节，参考 Grossman 和 Hart(1983, example 1)。

有一个假设需要加在假设 16.4 上，它意味着对于最优努力程度 a_n 在 (Cn) 上唯一有约束力的相对激励约束是对应于小于 a_n 的努力程度的约束。我们继续写出一个条件，Grossman 与 Hart 将其归因于 J.米尔利斯(J.Mirrlees)未发表的文章。（这个条件也将在后面的分析中扮演一个角色，这个对于还没写在小字部分是一个解释。）

假设 16.5 如果 a_n、$a_{n'}$ 和 $a_{n''}$ 是努力程度，且 $a_{n'} = \beta a_n + (1-\beta)a_{n''}$，那么对于任意 $m = 1, 2, \cdots, M$ 来说，有：

$$\sum_{i=m}^{M} \pi_{n'i} \geqslant \beta \sum_{i=m}^{M} \pi_{mi} + (1-\beta) \sum_{i=m}^{M} \pi_{n''i}$$

这个被称为分布函数的凸性条件。为了在文献的对比中提供便利，特意使用 Grossman 和 Hart(1983) 的处理，回想到这里我们以它的无效用性来识别一个努力程度。为了解释这个假设（也为了之后标记的目的），我们让 $\prod_m(a_n) = \sum_{i=m}^{M} \pi_{mi}$。$\prod_m(a_n)$ 表示如果努力程度 a_n 被采用了，那么总收益水平至少与 s_m 有一样大的概率。然后，这个假设可以大体上指出，努力程度的提升（以他们无效用性来度量）将会对更好结果的概率有递减的边际影响。你可以很容易地看到这一点，如果你考虑到 a_n、$a_{n'}$ 和 $a_{n''}$，假定 $a_n - a_{n'} = a_{n'} - a_{n''} > 0$。在这个例子中给出 $\beta = 1/2$。然后无效用性从最低的努力水平 $a_{n''}$ 上升到中等的努力水平 $a_{n'}$，与从 $a_{n'}$ 上升到 a_n 是一样的。同时根据这个假设，对于任意 m 来说，$\prod_m(a_{n'}) - \prod_m(a_{n''}) \geqslant \prod_m(a_n) - \prod_m(a_{n'})$。

这个假设为我们做了什么？

命题 16.3 如果假设 16.1、16.2、16.4 和 16.5 全都满足，同时 u 是严格凹的，那么对委托人来说最优工资激励方案有关于总收益水平函数非递减的工资。

---

e 在继续阅读之前，通过问以下问题来检验你对这个问题的理解：为什么在这个例子中，对 $(C2)$ 来说，只有对 a_3 的相对激励约束是不可能的？

对于第一次接触这个主题的人来说,这个命题的证明有一些复杂,所以我们把大多数的细节都归在引文部分。但是在转到这部分之前,我们要记录这个方法的第一步,我们将会在下一节中需要这个。我们首先给出部分记号。对任意固定的工资激励方案(w_m)来说,如果代理人选择努力程度a_n,那么让$U(a_n)$是在这个方案下他的总期望效用。有以下式子:

$$U(a_n) = \sum_{i=m}^{M} \pi_{nm} u(w_m) - a_n$$

引理 16.1 在厂商的总收益上固定一个非递减的工资激励体系($w_1 \leqslant w_2 \leqslant \cdots \leqslant w_M$)。如果命题16.5成立,那么$U(a)$是关于$a$的凹函数。[①]

特别注意:对任何非递减的工资激励体系这是正确的。随着你将在证明中看到,它一点儿也不依赖于假设16.4甚至也不依赖于假设16.3。同时所需要的来自假设16.2的全部要求就是u是非递减的就可以了。

证明:为$u(w_m)$写出x_m。如果方程u是非递减的(这个是假设条件),那么这是一个x_m的序列。让$\delta_1 = x_1$,同时对于$m = 2, 3, \cdots, M$来说,让$\delta_m = x_m - x_{m-1}$。注意对于所有$m \geqslant 2$来说,$\delta_m \geqslant 0$。那么有:

$$\sum_{m=1}^{M} \pi_{nm} u(w_m) = \sum_{m=1}^{M} \pi_{nm} x_m = \sum_{m=1}^{M} \left[\pi_{nm} \sum_{j=1}^{m} \delta_j \right]$$

$$= \sum_{m=1}^{M} \left[\delta_m \sum_{i=m}^{M} \pi_{ni} \right] = \delta_1 + \sum_{m=2}^{M} \delta_m \prod_m (a_n)$$

第一、第二与第四个等式仅仅是同一个式子的变形;第三个等式可能不是那么明显。但是如果你仔细地考虑这个问题,你将会发现这是正确的。因此:

$$U(a_n) = \delta_1 + \sum_{m=2}^{M} \delta_m \prod_m (a_n) - a_n$$

这是一个常数项、关于a_n的非负权重凹函数与a_n的线性函数的加总。因此在a_n上它是凹的。

有了这个引理,我们可以继续进行到第二个引理。为了引出这个,对于任意$n = 1, 2, \cdots, N$来考虑问题:

$$\min \sum_{m=1}^{M} \pi_{nm} v(x_m)$$

$$\text{s.t.} \quad \sum_{m=1}^{M} \pi_{nm} x_m - d(a_n) \geqslant u_0$$

$$\sum_{m=1}^{M} \pi_{nm} x_m - d(a_n) \geqslant \sum_{m=1}^{M} \pi_{n'm} x_m - d(a_{n'}), \quad n' = 1, 2, \cdots, n-1$$

为了看到这个与(Cn)之间的差异,可以更多地关注n'范围的第三行。除了将对于超

[①] 在离线区间上的凹函数概念也许是有点神秘的,但这个思想是,如果对于在U区间上的a_n、$a_{n'}$和$a_{n''}$来说,满足$a' = \beta a + (1-\beta) a''$,那么就会有$\beta U(a) + (1-\beta) U(a'') \leqslant U(a')$。

过 n 的努力水平的相对激励约束去除外,这个问题与(C_n)是一样的。我们把这个问题称为(C^*_n)。

引理 16.2 如果假设 16.1、16.2 和 16.4 成立,u 是一个严格凹的,那么关于(C^*_n)的任何解(x_m)是非递减的:$x_1 \leqslant x_2 \leqslant \cdots \leqslant x_M$。另外,如果假设 16.5 成立,那么任何($C^*_n$)的解都是($C_n$)的解。

证明:一阶条件是(C^*_n)解的必要条件。如果 u 是严格凹的,那么在一阶方程右边,x_m 在任何解上的值都是严格递增的。同时在(C^*_n)上,只要假设 16.4 成立,方程右边在 m 上是非递减的。最后一个主张是成立的,因为通过在(C^*_n)上的构建,对于努力程度小于正在施行的相对激励约束来说,我们可以有唯一这样的约束。这就给出了引理的第一个结论。

对于第二个结论,我们考虑例子。对于 $n=1$,u 的严格凹性确保了(C^*_n)与(C_n)的解都是一个等于代理人保留工资的恒定工资集。对于 $n \geqslant 2$ 来说,我们知道(C^*_n)的解中包含一个非恒定工资,因为如果是恒定工资,a_1 将会被选择。从一阶条件来看,这意味着至少有一个相对激励约束必须有正的乘子,通过补充的松弛条件这意味着这个限制一定是有约束力的。让 n' 是有约束力的限制,这就当然有 $n' < n$。固定工资激励方案来解(C^*_n),就像之前的引理一样,在这个工资激励方案中,考虑 $U(a)$ 是 a 的方程,对于 $j=1, 2, \cdots, N$ 来说。通过将引理的第一个结论与之前的引理相结合,$U(\cdot)$ 在 a 上是凹的。通过构建,$U(a_n)=U(a_{n'})$[这些对于每一个 $j \leqslant n$ 来说,至少与 $U(a_j)$ 一样大]。但是之后对所有 a 而言,$U(a)$ 在 a 上的凹性意味对于所有的 $j > n$,有着 $U(a_j) \leqslant U(a_n)$。为了明白这点,假设对于某些 $j > n$,有 $(a_j) \leqslant U(a_n)$。由于 a_n 是 a_j 与 $a_{n'}$ 的严格凸组合,我们可以知道 $U(a_n)$ 必须至少对应的是 $U(a_j)$ 与 $U(a_{n'})$ 的凸组合,这与 $U(a_{n'})=U(a_n) < U(a_j)$ 是相矛盾的。

因此我们知道在(C^*_n)的最优解上,对于所有的 $j > n$ 来说,$U(a_j) \leqslant U(a_n)$。但是这意味(C^*_n)的解解决了加在(C_n)上的附加约束,也就等于解出了(C_n)。这就完成了全部的证明。

命题 16.3 的证明:猜想一个对应于选择 a_n 努力的代理人问题的最优解。那么(C^*_n)的解也即是(C_n)的解是非递减的。u 的严格凹性意味着(C_n)的解是独一无二的。(如果有两个解,让他们进行一个凸组合。所有的约束都持续被满足,而且由于 v 是严格凸的,那么在凸组合上做支付的期望工资是小一点儿的。)这就给出了结果。

大家可以继续检验最优工资方案作为总收益的函数是凸或者凹所依赖的条件。Grossman 和 Hart(1983,proposition 9)沿着这个方法给出了结果。

16.3.5 一个更进一步的具体说明:两结果的情况

不去深究这个,我们转而关注另外一种不同的问题。到目前为止我们已经关注了最优激励工资的性质。我们得出的结果关注于子问题(C_n)的解,但却没有一个关于选择努力水平的真实应用来执行这样更大的问题。你也许想知道关于委托人最优选择的努力水平有什么可说的。一个直观的情况可能是委托人将会选择执行一个小于或者等于首要最优水平的努力程度,这是由于在委托人与代理人之间的风险分担要保护以收益水平来作为他努力程度结果的(风险厌恶的)代理人,纵使他承担了全部的无效用性。(如果你对这个"直觉"是怀疑的,不要担心;怀疑是正确的。)

我们将会在一个非常特殊的设定下来检验这个判断。如前一节中一样,在这个故事中,选择的行为将会被一个一维的无效用性大小来有效衡量,同时我们将继续假定,收到的唯一关于代理人选择怎样努力程度的信号是收到的总收益。但是我们可以通过假定总收益仅仅存在两个可能的水平:s_1 和 s_2,$s_2 > s_1$,来将其进一步具体化。也就是说,我们将代理人努力的结果设定为在某些冒险下要么成功要么失败,而收益将仅仅依赖于这个冒险是否成功。

在这个设定中,我们的假设可以做如下转化:假设 16.1 简单地说明了在任意努力程度上,成功与失败都是可能的结果;假设 16.2 没有变化或者再解释;假设 16.3 是说更高的努力程度带来成果机会的增加,同时这意味着在没有进一步的限制下,假设 16.4 成立。在给定假设 16.3 的情况下,这时候单调似然比性质就是多余的了。最后,假设 16.5 简单地说明了成果的概率是关于努力程度的凹函数。

在给定假设 16.3 的情况下,如果 u 是严格凹的,那么在这个例子中不需要假设 16.5,我们就可以获得最优工资激励方式是一个在努力程度上非递减的结果。为了明白为什么,请注意在两结果下,不能得到非递减工资激励方案的唯一方式是失败所获得的奖励比成功多。但是在给定假设 16.3 下,对于任何这样的工资激励方案,代理人都将会去选择最低的努力程度。同时我们知道,对于严格凹的 u 来说,采用最低努力程度时,一个更好的方式是采取恒定工资。

因此,仅仅只看假设 16.3 时,我们可以在这个例子中将工资考虑成一种特别简单的形式。代理人有一个基本工资,以 b_1 来表示,在这之外,在有一个成功的结果时,加上奖金 $b_2 \geq 0$。如果我们设定 $\sigma = b_2/(s_2 - s_1)$,那么代理人的工资是 b_1 和 $b_1 + \sigma(s_2 - s_1)$,或者是基本工资加上由于成功而获得的额外总收益的"分成"。我们知道 $\sigma \geq 0$,同时我们知道如果委托人想要得到在最小可能水平之上的任何努力程度,那么 σ 就要大于零(为什么呢?)。我们也能从上面来界定 σ。

命题 16.4 如果 u 是严格凹的,那么在最优工资激励方案下 $\sigma < 1$。

此处的思想是,如果 $\sigma \geq 1$,那么就意味着委托人偏好于事后的结果是失败的。这在总体最优的方案中是决不可能的。此证明是出奇困难的,在此省略。参见 Grossman 和 Hart(1983,proposition 4),他们给出了一般化的结果,可以应用在有两个结果的案例中。

现在回到我们最初提出的问题。与首要最优努力程度相比,委托人是如何选择施行的努力水平的呢?有谁可以一般性的讲一下吗?一个例题将来具体说明这里的诸多困难。

例题 16.1 第 1 部分:有两个结果与两种可能的努力程度。努力程度 $a_1 = 0$,其失败的概率为 0.9,成功的概率为 0.1;努力程度 $a_2 = 0.1$,相应的概率为 0.85 和 0.15。代理人的效用函数是 $U(w, a) = \ln(w) - a$。保留效用水平为 0。对委托人来说,成功价值 10 美元,失败值 0 美元。

对选取努力程度 a_1 来说,委托人应当直接付 1 美元的恒定工资,这使她赚 0 美元;1 美元的总预期收入刚刚能支付代理人的工资。

如果委托人可以写一个合同(以可执行的方式)来具体化努力程度 a_2,那么最优的合同将会是无论什么行动都给代理人 $e^{0.1}=1.105$ 美元的工资,对期望净收益来说是 0.395 ($=1.5-1.105$)美元。因此首要最优努力程度是 a_2。

但是为了能够有最优努力水平,委托人在成功时支付给代理人的工资必须比在失败时要高。这可以很容易地去实现最优工资激励合同。在问题(C2)中,参与单独的相对激励限制都必须是有约束力的。(为什么呢?)求解包含两个未知数的两个线性方程,解出的结果是在失败的结果下工资是 0.818 7 美元,成功的工资是 6.049 65 美元。(如果你完全不能确信这些数字是怎么算出的,那么你应当做一下这个代数计算。)这有一个(以工资为考量的)1.603 4 美元的期望成本,这意味着施行 a_2 时委托人的净收入将反而损失 0.103 4 美元。因此委托人将选择施行 a_1,支付 1 美元的不变工资。

例题 16.1 第 2 部分:现在我们增加第三种可能的努力程度,$a_3=2.27$,有 0.99 的成功机会。要注意到在这个情况下假设 16.5 是满足的。

首先,我们想看一下如果委托人可以拟一个有执行力的合同来具体说明 a_3,那么委托人将会做什么。在这样一个合同中,无论结果如何,所支付的最优工资将是 $e^{2.27}=9.679 4$ 美元,委托人的净收益是 0.220 6 ($=9.90-9.679 4$)美元。所以首要最优努力水平依然是 a_2。

(尽管并不恰当,但是我们可以问加入第三种行为是否改变了施行 a_2 的成本。如果 a_2 可以施行,那么一定是在对于 a_1 的参与和相对激励约束都有约束力时。(为什么呢?)所以我们知道了工资一定与这个例题的第 1 部分是一样的,唯一需要检验的是在这些工资下,对于代理人来说 a_2 是否比 a_3 更好。(如果在有这些工资时,a_2 的结果要比 a_3 更好将会发生什么呢? 在那个例子中 $C(a_2)$ 将是多少?)事实上,这个并不会出现——在由步骤 1 计算出的工资下,行动 a_1 和行动 a_2 给代理人的期望效用是 0,然而 a_3 给他的期望效用是 -0.49。)

施行 a_3 的成本是什么? 当解(C3)这个子问题时,我们知道参与约束一定要有限制力。我们有两个相对激励约束也只有两个未知数。所以,除非有一个巧合,这两个相对激励约束中的一个将会有约束力而另一个将会变得松弛。[在(C3)的解中为何他们两个不能同时松弛?]如果你反过来尝试任意一种可能性,你将会发现对于 a_2 的相对激励约束有限制力的话,那在失败结果下给出的工资是 0.750 1 美元,在成功结果下给出的是 9.932 7 美元。对委托人来说,为了净收益为 0.059 1 美元,那么工资上的期望成本是 9.840 9 美元。因此当有三种可能的努力水平时,这就是解。

这覆盖了所有的可能性。在仅有两种努力水平的案例中,委托人选择低于首要最优的努力程度。将第三种加上后,她选择施行比首要最优更高的努力水平。(对你来说,建立一个她选择首要最优水平本身的例子应当没有什么问题。)所有保留的都是为了说明为什么这个正在发生。

我们例子中的基本思想是,尽管努力水平 a_2 是首要最优的,但是对于选择 a_1 努力水平的假设却只能给以很弱的统计证据来反驳。相对于一个人可以从施行以总收益来表示的 a_2 中获得什么，从 a_1 中分离出 a_2 的成本才更为本质。努力程度 a_3 从另一个方面给出了关于结果的一种非常不同的统计样式，所以相对于从总收益中的所得，从其他中分离出它并不是昂贵。

为了回到这一点，想象一下确保 a_3 成功。（这打破了假设 16.1，仅仅是为了讨论的目的。）然后我们可以武断地在使施行 a_3 的花费接近于 a_3 的首要最优成本时，得到激励方案。我们可以在给以结果失败——工资非常接近零的极端可怕威胁下做这个事情。如果 a_3 能够确保成功，那么代理人可以通过选择 a_3 来规避这个威胁。但是由于随着 $w \to 0$，$\ln(w) \to -\infty$，那么在这种情况下，当代理人深思熟虑每一种有非零可能的失败机会时，这种威胁是十分可怕的。对于这点更多请参见课后习题 7。

16.3.6 联系到博弈论

我们已经进行的分析并没有以博弈论的术语进行表达，但是这样做是足够容易的。对这里进行的"博弈"可以进行如下的考虑：委托人向代理人提供一个合同，代理人要么接受要么拒绝这个合同，如果他接受合同，那么选择一个行动来实施。委托人可以提供的合同空间受到我们所假定的严格限制；他拒绝这个合同时的收益是他的保留效用水平；对于委托人与代理人的收益都以一种显而易见的方式计算。

我们所正在使用的解的概念，至少对于刚刚描述的博弈来说，就是子博弈精炼纳什均衡。注意我们使用子博弈精炼的地方：我们假设代理人接受合同并且在给定合同下最优地选择他的行动。我们可以很简单地构建一个子博弈非精炼均衡，此时代理人害怕拒绝任何合同，以不能使他得到多于他保留效用水平的一些收益。（或者他可以害怕接受这样的合同，但是会采取一个尽管对他来说是次优的，但是对委托人来说是损失惨重的行动。）我们已经隐含地排除了这种威胁。

有时会困扰读者的是在我们的均衡中，代理人在不同的行动路线下是无差异的，同时我们假定他选择一种我们或者说是委托人期待的行为。但是对于这种分析形式来说这是标准做法。将这个想象为一个博弈，对委托人来说，在我们的解中有一个连续的行动空间来促使着这个。举例来说，如果我们尽力要求委托人提供一个严格的接受比拒绝好的合同，那么将完全不会有最优合同；在任何参与约束不能有约束力的合同中，我们都可以设计一个同样没有约束力的更好的合同。同时在我们的博弈中将不会有子博弈精炼均衡。如果代理人使用拒绝合同的策略，这会给他正好的保留效用，委托人更好的反应（假定她在最优方案时会得到正的净收益）是将合同的变得好那么一点，所以代理人不是无差异的。但是没有进行改变的最优量；也没有单一的最优反馈。我们得到均衡的唯一方式是假设以一种支持先驱者们的方式来打破联系。[f] 这是分析方式的"问题"，这种我们所使用的方式你应当学习适应它，因为这在文献中是很普遍的。

---

f　或者，非常严格地说，这样做是在那些先驱者有足够丰富策略空间的例子中，以使她可以以一种消失的成本来"执行"她想要的选择。

16.4　连续行为：一阶方法

如果你去看早期关于委托代理模型的文献,你将会发现模型可能的信号与可能的行为或努力程度在数量上都不是有限的。一个典型的模型会说代理人可以选择任何来自于某 $[a_0, a_1]$ 区间上的任何努力水平,同时可行的总收益水平的范围是实数或者某些合适的子区间。

如果有无限多的可能信号或结果,那么会产生一些技术困难。这些与假设 16.1 是特别相关的:当有不可数个信号时你不能说每一种可能都有正的概率。随着我们改变信号,对于任何两个行为来说其似然比是一致有界且界限远离零的,这是假设 16.1 的重要部分。这些是技术性的困难,尽管对他们来说是有经济直觉在里面的(参见课后习题 8),在此我们将不会深究。

然而我们应当讨论的是当行为或者努力水平是在某区间里选择时所产生的技术困难。为了确定这个事情,我们使用一个有两种可能结果的模型,有成功和失败,同时选择的行动支持“努力”的解释。从一个区间 $[a_0, a_1]$ 上选择努力程度,这个区间上的努力使用无效用性的大小来衡量,即,对于满足假设 16.2 的方程 u 来说, $U(w, a) = u(w) - a$。如果努力水平 a 被选择了,那么成功结果的概率是 $\pi(a)$,在此 $\pi(\cdot)$ 是严格增函数。

在这个情况下我们怎样去构建一个类似于 (Cn) 的子问题呢? 如果我们想去发现施行 a^* 的最小成本,那么我们应该想去解对于所有 $a \in [a_0, a_1]$,有:

$$\min (1 - \pi(a^*))v(x_f) + \pi(a^*)v(x_s)$$

$$\text{s.t.} \quad (1 - \pi(a^*))x_f + \pi(a^*)x_s - a^* \geqslant u_0$$

$$(1 - \pi(a^*))x_f + \pi(a^*)x_s - a^* \geqslant (1 - \pi(a^*))x_f + \pi(a^*)x_s - a$$

其中,决定变量 x_f 和 x_s 是失败和成功相对应的效用工资水平。

这最后的“约束”,其约束的数目真的是无限的,它对于分析性处理来说是一个杀手。所以在之前的大多数文献中都使用了如下的推理。最后的“约束”可以被重新写为:

$$U(a) = (1 - \pi(a))x_f + \pi(a)x_s - a$$

应当在 $a = a^*$ 处被最大化。假定这个方程最大化的解不会落在 $[a_0, a_1]$ 的其中一个端点,那么最大值可以通过一阶条件 $U'(a) = 0$ 或 $\pi'(a)[x_f - x_s] = 1$ 得到。所以将一阶条件简单地代入到子问题的方程中来替换掉最后的约束。在最小期望成本处施行 a^* 的问题可以被重新写作:

$$\min(1 - \pi(a^*))v(x_f) + \pi(a^*)v(x_s)$$

$$\text{s.t.} \quad (1 - \pi(a^*))x_f + \pi(a^*)x_s - a^* \geqslant u_0$$

$$\pi'(a^*)[x_f - x_s] = 1$$

固定 a^*,这就给了我们包含有两个未知数的(假设两个约束都有约束力)两个方程,这一定是可以解的。

或者是,以单一的“一阶约束”来代替相对激励约束的无限集是可以的吗? 一般来说,是不行的。但是可以在给出条件的情况下使这个方法发挥作用。坚定假设 16.5 成立。在本文中，这仅仅是一个 $\pi(\cdot)$ 是凹函数的声明。那么对任何非递减的工资激励方案（在任意方案下，对成功的支付至少要与对失败的一样多）来说，我们从之前的分析中知道，代理人的期望效用函数 $U(a)$ 如之前的定义是凹的。如果此 $\pi(\cdot)$ 被设定为可微的，那么此 $U(\cdot)$ 也是可微的。那么我们可以知道一阶条件的解至少在非边界上对最优化来说是充分必要的。然而，在这个两结果情况中，可以从基本原则中很容易地提出最优激励工资体系是非递减的。所以我们确实知道如果假设 16.5 是成立的，那么这个方法在这个情况下是确实可以的。但是如果假设 16.5 不成立，通过这个过程将始终无法获得最优解。特别要说的是，一个被设计成满足参与一阶约束的方案可能不满足所有的相对激励约束；即对于最初的问题可能不是一个可行的解。

你在文献中读到关于委托代理问题一阶方法和关于这个方法的问题。

让我们从这种一阶方法中至少收获一个简单的结果。假设 $\pi(\cdot)$ 是凹的，那么这个方法是可行的，同时假设 $\pi(\cdot)$ 是连续可微的。考虑施行努力程度 a 的问题。一阶约束是：

$$\pi'(a)[x_s - x_f] = 1 \text{ 或 } x_s - x_f = \frac{1}{\pi'(a)}$$

将这个式子代入参与约束中进行替换，我们得到解：

$$x_f(a) = u_0 + a - \frac{\pi(a)}{\pi'(a)}$$

$$x_s(a) = u_0 + a - \frac{1 - \pi(a)}{\pi'(a)}$$

因此为了施行 a 而一定要支付的期望工资水平是：

$$C(a) = (1 - \pi(a))v(x_f(a)) + \pi(a)v(x_s(a))$$

特别注意：这个不能应用于 $C(a_0)$。通过这个（此时我希望是）明显的推论，委托人为了施行最低的努力程度应当支付恒定工资 $v(u_0 + a_0)$，这给出了 $C(a_0) = v(u_0 + a_0)$。 我们有：

命题 16.5 假设 u 是严格凹的，同时假设 16.1—16.5 都成立。那么：

(1) 方程 $x_f(a)$ 在 a 上是非递增的。

(2) 方程 $x_s(a)$ 在 a 上是非递减的。

(3) 方程 $C(a)$ 在 a 上是递增的。

(4) 所有的这些方程在 $a > a_0$ 时是连续的。在 $a = a_0$ 时，突变如下：x_f 变低；x_s 和 C 变高。

我们将此证明留个你，给出以下提示。对 (1) 和 (2) 来说，对这些方程求导，特别小心 a_0 的值。对 (3) 来说，使用 (1) 和 (2) 部分的事实，$(1 - \pi(a))x_f(a) + \pi(a)x_s(a) = u_0 + a$ 以及 v 的凸性。[画一幅 v 的图，为两个 a 的值标出 $x_s(a)$ 与 $x_f(a)$ 点。] 所有的这些方程在 $a > a_0$ 上的连续性是来自于它们是由连续方程组成的事实。跳跃不连续性依赖于 $\pi'(a_0) > 0$ 的事实，这来自于 π 的凹性与假设 16.3。

在这个引理中,有经济学趣味性的是 C 在 a_0 处的向上跳跃。由于 $B(a)$ 是 a 的连续函数,在施行一个相对于最低可能水平"很小"程度的努力时,我们将常常不能找到一个最优激励方案。必须支付一个离散的成本以使得代理人去做高于最小值的事情,离散的成本是被收益上的离散增加所覆盖的,这反过来需要一个代理人所选择的努力程度的离散提高。

由于你将会在许多论文中看到这个主题,让我们在此以例子中的公式来结束,这个情况下产出集是来自 R 的一个集合 $[s_0, s_1]$。(为了与下面的能够完全一致,你需要知道对于无限多个决定变量的拉格朗日算子。)我们假定作为有关 a 的方程,结果分布由累积分布函数 $\Phi(s; a)$ 给出,它被假定有一个连续的密度函数 $\phi(s; a)$。如果结果是 s,那么工资效用是 $x(s)$。对于由 $x(\cdot)$ 给出的固定的激励方案,代理人增加努力 a 的效用是:

$$\int_{s_0}^{s_1} x(s)\phi(s; a)\mathrm{d}s - a$$

所以 a^* 是最优时的一阶条件是:

$$\int_{s_0}^{s_1} x(s)\phi_a(s; a)\mathrm{d}s = 1$$

此处 $\phi_a(s; a)$ 表示 $\phi(s; a)$ 关于 a 的偏导数。将此一阶约束放入子问题中代替相对激励约束得到:

$$\min \int_{s_0}^{s_1} v(x(s))\phi(s; a)\mathrm{d}s$$
$$\text{s.t.} \int_{s_0}^{s_1} x(s)\phi(s; a)\mathrm{d}s - a \geq u_0$$
$$\int_{s_0}^{s_1} x(s)\phi_a(s; a)\mathrm{d}s = 1$$

让 λ 表示参与约束上的乘子,η 表示一阶约束上的乘子,整个问题的"一阶条件"是:

$$v'(x(s)) = \lambda + \eta\left(\frac{\phi_a(s; a)}{\phi(s; a)}\right)$$

(如果你在其他地方看到这个,你可能会看到式子的左边写为 $1/u'(w(s))$,如果总的收益水平是 s,那么此处的决定变量是支付的工资。当然,对于方程反函数的导数而言,通过这个公式得到的是一样的结果。)

我们在有两个信号的情况下关于一阶方法合适可行的讨论也被代入到这个情况里。如果假设 16.5 的一个合适的类似是成立的,那么对于任意非递减的工资激励方案来说代理人的目标函数是凹的,同时代理人的最优反应是通过一阶条件来刻画的。此外,尽管在之前章节的分析中可以证明,如果可以加上一个假设 16.5 的类似物,单调似然比性质的正确类似假设是成立的,最优工资激励方案将会是非递减的。

从这个"一阶方程"中可以得到很多有意思的结果。特别地,要提防所有的霍斯特罗姆信息条件(Holmstrom, 1979; Shavell, 1979),这关注于在最优激励方案中,信息何时被使用到。

16.5　书目提要

在第 16.2—16.4 节中讲述的故事是一个基本的委托代理问题,是有关激励问题文献的出发点。我们之前已经处理了在劳动合同中的问题,那里的概念是引入一个努力厌恶的工人去选择一个所期望的努力程度。但是探索了其他的一些来龙去脉。这些思想出现在财政领域;一个被探讨的问题是有关最大化净税收收入(或者是最大化某些特定社会福利函数)的收入税的设计,在此考虑到如果边际税率过高,工人可能会付出更少的工作。这些思想也出现在道德风险是一个问题的保险市场领域。在每一种情况下,都有原因去解释为什么不希望让"代理人"去完全内生化他的行为结果:在本章讲述的部分和道德保险领域中,是为了有效地分担风险;在财政范畴内,是为了促进平等或者提供公共产品。这些模型的特点是在让代理人完全承担其决定的结果与获得"其他"预期结果之间做出权衡。

J.米尔利斯对于这个理论的发展做出了许多卓越的贡献,但是他的贡献很多都没有发表。在此处给出的处理很大程度上依赖于 Grossman 和 Hart(1983),同时你也可以好好看一下 Holmstrom(1979)、Shavell(1979)、Rogerson(1985)和 Jewitt(1988)对这一基本模型的发展。

大量在基本模型上的变化与论述已经被分析过了,他们中的一些所产生的结果在整幅图上投射出了完全不同的光线,我们可以对一些有意思的变化提供一个简单的概述。(所提供的文献是很实用的,但是没有很详细。)你可以按照如下(或综合)四种基本线来考虑这些变化:那些行为选择不能被认为是一种简单努力的激励问题;存在于超过一个的代理人与委托人的问题;时间扮演重要角色的问题(委托人与代理人之间的交易不是一次的,而是多次相互的);当"代理们"在非完美竞争环境下的相互影响时的激励问题。

16.5.1　做出正确决定的激励

我们所给出的努力厌恶的故事在许多内容中并非都是美好的。当我们考虑向经理人提供激励时,举例来说,经理人并非必须是努力厌恶的,但是他们也可以倾向于将他们的精力集中在那些委托人不是特别期望的方向上。[关于在这一点上社会学家的观点,参见 J.Baron(1988)。]这使得研究者去考察不同道德风险问题的各种公式,在公式中激励被设计为去鼓励代理人根据委托人的期望来工作。包括在此的是有些关于条件的研究,在这些条件下,代理人将会在行动前接收到一些对于做出决定有帮助的信息。(代理人已经在他接受或者拒绝合同之前的阶段掌握了信息的情况是另外一个变化,但是这个是从本章和接下来两章中的材料结合而来的。)

第 16.3 节中的一般性"技术"可以用来分析这样的条件。本质上讲,一般没人将我们所分析的努力厌恶的故事进行具体化的说明,而是选取其他特别的一些结构。

在文献中有关于这个种类多种多样的模型,然而每一系列都受制于很不幸的不完全性。此外,许多变化被设定为与那些将马上讨论的多人或多阶段条件产生的因素相互作用。一个较短的文献列表将包括：对于管理者将资本进行有效投资而非用在福利上的激励（Grossman and Hart，1982）；投资于人力资本的激励（Holmstrom and Ricart i Costa，1986）；对获得风险资产并投资的激励（Lambert，1986）；对国防承包的激励问题（Baron and Besanko，1987）；产业管制的激励问题（Baron，1989）；对一般化的获得和使用信息的激励（Demski and Sappington，1987）。

16.5.2　多重代理人与多重委托人

假设在第 16.2 节中，委托人不是只有一个，而是有两个有不同销量的售货员。假设不能确定在给定努力水平下销量是多少的原因是有竞争力的产品更好。只要有竞争力的产品对两个售货员的售卖结果都有影响，那么可以预期他们得到的结果是相互关系的。如果一方卖得多，那么很可能这种有竞争力的产品不是那么好。这增加了另一方大卖的几率，如果他付出努力的话。在这样的情况下，委托人也许会好好构建这样一个激励，使得支付给售货员的报酬依赖于另外一个人所卖出的数量。举例来说，委托人会给他们基本工资，是针对他们自身销售水平的佣金，同时对于每个月或每年最好的销售员给以特别奖励。或者委托人可以使用一个完全顺序化的激励方案：给做得最好的代理人一定的奖励，然后是给排在第二的代理人多少奖励，等等。有关锦标赛（tournaments）的文献就是关于这种比较激励体系的。

更一般地，当影响到衡量一个代理人"绩效"的随机因素与影响到衡量其他代理人绩效的因素相互关联时，那么引入相对绩效评价就是有意义的。这类分析包括 Baiman 和 Demski（1980）、Green 和 Stokey（1983）、Holmstrom（1982b）、Lazear 和 Rosen（1981）、Mookherjee（1984），以及 Nalebuff 和 Stiglitz（1983）。所产生的一个问题是在相对绩效评价下代理人间是否会产生所期望的均衡，请参见 Demski 和 Sappington（1984）以及 Ma、Moore 和 Turnbull（1988）。[①]

对于沿着这些方向的一个例子，请参见课后习题 3。

在关于锦标赛与相对绩效评价的文献中，通常假定代理人有一个为之工作的项目，同时对于每一个项目来说，都有一些有关代理人工作得多么难的（不完美）迹象。当有一组产品时将产生不同的情况；许多人为一个单一项目共同地做出贡献，则产生一个有关他们（整体）工作得多么辛苦的信号。这先后产生了有关内部与外部监督与激励的问题，以及任务设计与工作组构成的问题。（你会将所有努力工作的人分在一组中还是让他们分布在若干组中呢？）有关这些方面的模型，参见 Holmstrom（1982b）、McAfee 和 McMillan（1986）以及 Lazear（1989）。还有一种变化是每一个代理人都有他自己的项目，但是可以空闲一些时间和精力来帮助其他代理人。委托人在这样的情况下可能会希望来提供一个能提升帮助效应的激励。参见 Itoh（1988）。

另一种不同的情况是与多人变化有关，即一个代理人同时为许多不同的委托人工作的情况。举例来说，考虑一个为许多不同公司服务的咨询师，或者是一个为不同公司销售产品

---

① 如果对此处的问题感到疑惑，请等到第 18 章。

的售货员。在这个情况下,将会有委托人间的竞争,以使代理人可以为了他们的利益付出更多的时间与精力,这是以其他委托人的利益为代价的。参见 Bernhein 和 Whinston(1986)。

16.5.3 多重阶段激励

当委托人与代理人的关系存续更长时期时,那么改善给以代理人的激励的机会就会出现。Radner(1985)指出,在许多有关代理人工作如何辛苦的独立信号下,可以采用大量提供首要最优激励的法则。Fudenberg、Holmstrom 和 Milgrom(1988)提供了有关这个的进一步分析,指出在多重阶段的设置下,结果更多地取决于将风险通过时间进行分散的能力。

我们所分析的模型指出依赖于十分良好的环境结构,最优激励方案一般来说是非常复杂的。这并不是一个可以通过实证进行证实的预测;激励方案在实践中通常十分简单。一个可能的解释是我们的模型假设委托人对于代理人行为结果(的分布)有非常准确的信息;如果条件的细节是有些模糊的(可以大概以不完全信息来建模),那么将更可能采用一个在模型的良好环境中可以更稳健地去改变的激励方案。第二种解释是Holmstrom 和 Milgrom(1987)提供的。在多重阶段的部分中,有稳定的环境,他们以合适的直觉证明了最优激励将会是线性的。从本质上说,这个思想是说随着结果的实现,代理人时间上改变他行为的能力将使他可以控制总结果的很大一部分。这先后给以代理人根据结果的良好细节来操纵任何激励方案的能力,以及避免委托人简单粗糙地以总结果来选择激励方案。

在至今所讨论过的模型中,代理人和各种各样任务的角色是保持固定的,同时假设对委托人和代理人来说都是未知的。但是在许多有趣的应用中,一项特定任务的难度是不能先验的。在多重阶段的内容里,这个的复杂性是相乘扩大的。委托人在前一个阶段来观察代理人获得的成果以此来度量任务的难度。如果代理人在前期做得很好,那么委托人会相信这个任务是相对容易,同时她将会降低她愿意支付的激励工资。一个代理人是知道这将发生什么的,所以作为回应将会在前期倾向于表现得差一些来使委托人认为工作是相对困难的。在均衡时,委托人是不能被这个欺骗的,但是代理人在均衡时仍然会像早期那样,以免使委托人相信这个工作非常容易。一般来说,如果委托人可以在事前承诺一个不会随着结果的出现而改变的激励体系,那么她会因此受益。但是当她不能这样承诺时,这种齿轮效应(ratchet effect)将会使得她所实施的激励体系与代理人对体系的反馈都复杂化。对于讨论与分析,参见 Gibbons(1987)与 MacLeod 和 Malcolmson(1988)。

硬币的另外一面,发现了委托人也无法先验地确定代理人有多少能力。我们想象一下,如在本章中,代理人可度量的成果是由代理人的努力程度和一些外部的噪声组成的,但是也应该有代理人的能力。此外,我们可以想到委托人愿意为更高能力的代理人支付相对多的报酬。(尽管将在下一段中看到,此处先想象存在着一个有关劳动服务的竞争市场。)那么只要早期中来自代理人的更高水平的成果被认为(部分)是代理人有更高能力的证据,那么代理人就有一个相对更强的个人激励去更早地努力的工作;作为回应,委托人将可能需要更少的需求为立即直接激励做准备。沿着这个思路的一个早期模型由 Holmstrom(1982a)提供。

继续沿着这个脉络,关于代理人的即刻成果如何影响对代理人以及他接下来的机会与报酬的评价问题已经成为了多数分析的主题。Holmstrom(1982a)对这个受到关注的一般性问题以及对激励结构的影响进行了研究。Milgrom（1988）以及 Milgrom 和 Roberts(1989)探究了对工人来说向他们的上级施加影响的激励和对组织设计来说的(以最优激励结构来考量的)结果。另外一个有意思的主题是所谓内部劳动市场的存在。在这个市场中,一家企业的雇员将在企业中成长；也就是说,工人以很低的"进入门槛"水平加入企业,之后通过排序取得进步。参见 Gibbons(1985)以及 MacLeod 和 Malcolmson(1988)的分析。

16.5.4 对相互影响的代理人的激励

设想一个双头垄断市场,厂商在其中以古诺方式竞争。假设一个企业由它的所有者来管理,但是另外一家企业的管理者与所有者不是同一个人。第二家企业的所有人想要为她的管理者提供一个激励合同来使她(委托人)有尽可能多的净收益。超过我们之前所考虑的问题,一个新的问题在此出现:对第二家企业的管理者所采用的激励方案将如何影响第一家企业所有人同时也是管理者的生产决策? 举一个简单的例子,如果第二家企业的所有人可以给她的经理人一个合同,合同中写明了他只有在选择了冯·斯塔克伯格水平产出水平时才可以挣到钱,同时如果第一家企业的所有人也是管理者知道这个,那么(在均衡时)如果第二家企业也有一个所有者作为经理人,则第一家企业的所有人也是管理者将不会尽可能主动地做出回应。

一般来说,当一方向可以在一个类博弈条件下向相互影响的代理人提供激励时,那么所提供的激励对这个代理人和其他代理人都有影响。这会显著地使激励设计问题变得复杂。举例参见课后习题 2,同时对于分析可以参见 Fershtman 和 Judd(1987)以及 Maksi-movic(1986)。

16.5.5 情形应用

可以在理论会计、金融、运营与营销的文献中发现许多激励理论有意思的应用。因为模型经常以脑海中十分特别的制度来构建,所以这些应用是特别有意思的。一些上文所应用的论文来自于这些文献,在此我不会去列出其他的文献。但是通过了解应用与变化,你不仅仅应当去查阅经济的期刊,也应该去查阅如《会计研究》(*Accounting Research*)这样的期刊。你的关注特别被称作情形应用——激励的免税代码效应,如 Scholes 和 Wolfson(即将出版)的研究一样。

继续用更多的篇幅列出本章中所给出的基本故事有意思的变化将会是容易的。同时一本有相当长度的书将被用来叙述其中的细节。由于没有那么多的空间,在此我们推迟讨论,虽然你将很快地意识到,本书剩余的部分就是在不同的正式水平上来处理一件或者另一件的激励问题。

参考文献

Baiman, S., and J. Demski. 1980. "Economically Optimal Performance Evaluation and Control Systems." *Supplement to the Journal of Accounting Research* 18:184—220.

Baron, D. 1989. "Design of Regulatory Mechanisms and Institutions." In *Handbook of Industrial Organization*, R. Schmalensee and R. Willig, eds. Amsterdam: North Holland.

Baron, D., and D. Besanko. 1987. "Monitoring, Moral Hazard, Asymmetric Information, and Risk Sharing in Procurement Contracting." *Rand Journal of Economics* 18: 509—32.

Baron, J. 1988. "The Employment Relation as a Social Relation." *Journal of Japanese and International Economies* 2:492—525.

Bernheim, D., and M. Whinston. 1986. "Common Agency." *Econometrica* 54: 923—42.

Demski, J., and D. Sappington. 1984. "Optimal Incentive Contracts with Multiple Agents." *Journal of Economic Theory* 33:152—71.

____. 1987. "Delegated Expertise." *Journal of Accounting Research* 25:68—79.

Fershtman, C., and K. Judd. 1987. "Equilibrium Managerial Incentives in Oligopoly." *American Economic Review* 77:927—40.

Fudenberg, D., B. Holmstrom, and P. Milgrom. 1988. "Short-term and Long-term Agency Relationships." Yale University. Mimeo. Forthcoming in *Journal of Economic Theory*.

Gibbons, R. 1985. "Incentives in Internal Labor Markets." In *Essays on Labor Markets and Internal Organizations*, Ph.D. diss., Stanford University.

____. 1987. "Piece-rate Incentive Schemes." *Journal of Labor Economics* 5:413—29.

Green, J., and N. Stokey. 1983. "A Comparison of Tournaments and Contracts." *Journal of Political Economy* 91:349—64.

Grossman, S., and O. Hart. 1982. "Corporate Financial Structure and Managerial Incentives." In *The Economics of Information and Uncertainty*, J. McCall, ed., 107—40. Chicago: University of Chicago Press.

____. 1983. "An Analysis of the Principal-Agent Problem." *Econometrica* 51:7—45.

Holmstrom, B. 1979. "Moral Hazard and Observability." *Bell Journal of Economics* 10:74—91.

____. 1982a. "Managerial Incentive Problems—A Dynamic Perspective." In *Essays in Economics and Management in Honor of Lars Wahlbeck*. Helsinki: Swedish School of Economics.

____. 1982b. "Moral Hazard in Teams." *Bell Journal of Economics* 13:324—40.

Holmstrom, B., and P. Milgrom. 1987. "Aggregation and Linearity in the Provision of Intertemporal Incentives." *Econometrica* 55:303—28.

Holmstrom, B., and J. Ricart i Costa. 1986. "Managerial Incentives and Capital Management." *Quarterly Journal of Economics* 101:835—60.

Itoh, H. 1988. "On Incentives to Help in Multi-Agent Situations." University of California at San Diego. Mimeo.

Jewitt, I. 1988. "Justifying the First-Order Approach to Principal Agent Problems." *Econometrica* 56:1177—90.

Laffont, J.-J., and J. Tirole. 1988. "The Dynamics of Incentive Contracts." *Econometrica* 56:1153—76.

Lambert, R. 1986. "Executive Effort and the Selection of Risky Projects." *Rand Journal of Economics* 16:77—88.

Lazear, E. 1989. "Pay Equality and Industrial Politics." *Journal of Political Economy* 97:561—80.

Lazear, E., and S. Rosen. 1981. "Rank-Order Tournaments as Optimum Labor Contracts." *Journal of Political Economy* 89:841—64.

Ma, C., J. Moore, and S. Turnbull. 1988. "Stopping Agents from Cheating." *Journal of Economic Theory* 46:355—72.

MacLeod, W., and J. Malcolmson. 1988. "Reputation and Hierarchy in Dynamic Models of Employment." *Journal of Political Economy* 96:832—54.

Maksimovic, V. 1986. *Optimal Capital Structure in Oligopolies*. Ph.D. diss., Harvard University.

McAfee, R., and J. McMillan. 1986. "Optimal Contracts for Teams." University of California at San Diego. Mimeo.

Milgrom, P. 1988. "Employment Contracts, Influence Activities, and Efficient Organization Design." *Journal of Political Economy* 96:42—60.

Milgrom, P., and J. Roberts. 1989. "An Economic Approach to Influence Activities in Organizations." *American Journal of Sociology* 94:154—79.

Mirrlees, J. 1975. "The Theory of Moral Hazard and Unobservable Behavior, Part I." Nuffield College, Oxford. Mimeo.

Mookherjee, D. 1984. "Optimal Incentive Schemes with Many Agents." *Review of Economic Studies* 51:433—46.

Nalebuff, B., and J. Stiglitz. 1983. "Prizes and Incentives: Towards a General Theory of Compensation and Competition." *Bell Journal of Economics* 13:21—43.

Radner, R. 1985. "Repeated Principal-Agent Games with Discounting." *Econometrica* 53:1173—98.

Rogerson, W. 1985. "The First-Order Approach to Principal-Agent Problems." *Econometrica* 53:1357—68.

Scholes, M., and M. Wolfson. Forthcoming. *Taxes and Business Strategy: A*

441

Global Planning Approach. Englewood-Cliffs, N.J.: Prentice-Hall.

    Shavell, S. 1979. "Risk Sharing and Incentives in the Principal and Agent Relationship." *Bell Journal of Economics* 10:55—73.

课后习题

    1. 为了检验你对第 16.2 节模型得到理解,考虑如下参数化。代理人的保留效用水平只有 3。$a=3$ 表示高水平的努力,$a=0$ 表示低水平的努力。(因此,如果我们可以以合同来约定努力的程度,我们会为低水平努力支付 9 美元和为高水平努力支付 36 美元。)高水平的努力没有出售的概率为 0.2,以 100 美元出售的概率为 0.4,以 400 美元销售的概率为 0.4。相应地,低水平努力的概率分别为 0.4、0.4 和 0.2。

    (1) 如果可以仅用销售量的规模来衡量偶然事件,什么才是最优的方法来驱使代理人选择较低的努力?

    (2) 什么才是最优的方法来驱使代理人选择较高的努力?

    (3) 什么才是最优的合同来雇用代理人(如果你是风险中性的代理人)?

    2. 这个问题的重点是"激励满足寡头垄断理论",考虑简单的双寡头垄断的问题,除了一个重要的方面,两个公司是相同的。他们生产一种不可分物品给出的(总)需求曲线是 $P=A-X$,其中 P 是价格,X 是总生产量。两者进行古诺竞争;两者同时且独立地确定供给量,市场价格给定使需求等于总供给。公司具有零边际成本的生产。(到目前为止,完全标准的。)

    一个企业是所有者经营的。这个企业的数量决策由所有者决定,他拥有所有的利润。这个所有者是风险中性的。

    另一个企业并不是所有者经营的。这个企业的所有者雇用了一个经理人,并给了经理人合同,合同规定向管理者支付的补偿是一个利润的线性函数,利润表示为 π,产量表示为 x_2。特别地,这个合同承诺支付给管理者 $\alpha\pi+\beta x_2$,α 和 β 都为常数。所有者保留公司利润,支付给管理者净利润。请注意,管理者做产量决定而不是所有者来做,而且管理者最大化的是自己的收益而不是所有者的净利润。

    (1) 在这个市场中什么才是古诺均衡(给定 α 和 β 的情况下)?什么是第一个企业的利润?什么是管理者的补偿?什么是第二个企业的净利润(对所有者来说),用 α 和 β 表示?

    (2) 第二个企业的所有者对如何给管理者设计"最优"合同很有兴趣。在均衡下,这个合同必须提供给管理者一个保留水平的收入 Y,其他所有者可以选择任意的他喜欢的线性合同,通过选择 α 和 β 来最大化净利润(补偿后)。第一个管理者所有的企业和第二个管理者经营的企业会在合同选择之后如何在古诺模型下选择行为。如果你担心这些事情,那么第一个管理者所有的企业会知道第二个企业的合同形式。什么才是最优合同?(提示:画图!)

    (3) 假设现在两个企业都由远离所有者的管理者来管理,两个管理者都是根据合同来支付报酬的,支付的金额是销售量和利润的线性函数,而且两个管理者都有自己的保留补偿水平。这两个所有者同时独立制定对自己管理者的合同,什么是这个博弈的均衡?

(4) 我们可以想想,在(3)中,有很多可能的博弈进行方式。下面是两个极端。

第一,这两个所有者同时声明他们针对自己管理者的合同模式。这些模式是公开的,所以每个管理者都看到了对方给予的合同。如果在下一轮的产量设定中,他们这么做就会得到他们的保留补偿水平。然后,管理者设定产量。如果只有一个管理者签约(另外一个企业没有管理者),另外一个企业也就退出了市场,这个企业也就变成了垄断者(补偿最大化)。

第二,这两个所有者同时声明合同模式,这两个管理者可以选择是否签约,且在选择产量的时候不知道另外一个企业发生了什么。如果这个管理者在这个企业没有签约,那么这个企业不能够进行生产。

我们只是在寻找(子博弈的)完美均衡。那么这样的构建重要么?特别地,(如果可以的话)哪些构建你曾在(3)答案中假设了?

3. 在这个问题中,我们会处理不同参与人的激励问题。你是一个管理两个工人的管理者。每个工人都希望完成一个特别的任务,而且每个工人都可以选择要么努力工作要么游手好闲,这工作带给你的价值为 10 美元或者 0 美元。这个价值一部分是由工人工作的努力程度来决定的,但是同时存在一些随机影响因素不受工人的控制。数据提供如下:

如果工人努力工作,那么就有 0.7 的概率你将能够得到价值 10 美元,有 0.3 的概率会得到价值 0 美元。如果工人游手好闲,那么这个概率刚好相反,就有 0.3 的概率你将能够得到价值 10 美元,有 0.7 的概率会得到价值 0 美元。

而且,在这两个工作的结果之间存在相关性:

如果工人都工作努力,那么就有 0.6 的共同概率,他们都会得到 10 美元的产出。

如果工人都很懒惰,那么就会有 0.2 的共同概率,他们能够得到 10 美元的产出。

如果一个工人懒惰,一个工人努力,那么就有 0.25 的共同概率,他们会得到 10 美元的产出。

(从把上述数据汇总的联合概率表开始。)每个工人都有个效用函数,取决于收入水平和努力程度。这个效用函数的形式是:

$$U(w, a) = \sqrt{w} - a$$

其中,W 表示收入所得,$a = 0$ 表示游手好闲,$a = 0.8$ 表示工作努力。这两个工人具有相同的效用函数,每个人的保留效用水平为 1。工人的期望效用必须达到 1 才会让这个工人来从事这个工作。

你作为雇用方,是风险中性的。你从这两个工人中寻求最大化你的净利润。

(1) 假设你可以监督这两个工人的成本为 0。你会想要让他们工作努力还是让他们懒惰?你会如何提供你的支付?

(2) 假设你不能够监督这两个工人,但是你可以通过合同模式:我同意支付 X 美元如果你能够使我赚取 10 美元,支付 Y 美元如果这个任务让我获得 0 美元。受到这样的约束,工人肯定愿意签约,且工人通过观察支付的多少来决定自己的工作努力程度,那么对你来说什么是最好的合同形式?(工人会以你受益的方式解决他效用函数中的所有约束。)

现在假设你不能够监督这两个工人,但是你可以提供给他们更加复杂的合同,如下形式:我同意支付 X 美元如果你们都生产了 10 美元的东西给我,支付 Y 美元如果你生产了 10 美元,另外一个人生产了 0 美元。支付 Z 美元如果你生产了 0 美元,而另一人生产了 10 美元,支付 W 美元如果你们都生产了 0 美元。

(3) 什么样的合同形式是最优的,如果你想让你两个工人都偷懒的话?

(4) 假设你希望提供的合同能够激励这两个工人都努力工作。考虑这意味着你必须遇到接下来的约束:每个工人必须有激励接受这个合同,且每个工人必须激励工作努力,假设在同伴工作努力的情况下,那么在这个例子中什么是最优的合同?

(5) 你担心(4)中的合同可能导致下面的行为:每个工人都会偷懒。你可能会不那么担心这个事发生的概率,如果你知道其中一个人在给定另一个人偷懒的情况下会工作努力。如果你把(4)部分的约束加入,旧的解决方法仍然有效吗?如果不是,那么新的解决方法是什么?

(6) 你能不能更好地激励一个工人努力工作而另一个人懒惰?你会在这个例子中怎么做?

4. 针对一个特别的项目我尝试决定投资的规模。这个投资的回报取决于投资的规模,而环境变量是 S 或者 F。现在我认为 S 概率为 0.7,但是在这之外有人可以通过部分努力重估资产。这个人能够通过测试计算出两个结果 s 和 f,概率分别为 0.5。如果这个测试给出了结果 s,那么 S 的后验概率为 0.9;如果测试结果为 f,那么 S 的后验概率为 0.5。

如果我雇用了这个人,我不能够观察到她是否执行了测试,或是如果她做了,那么她真实得出的结果是什么。她可以向我汇报结果,但是我不得不相信她做的这个结果和她真实地汇报了这个结果。如果对她来说这两个报告或者是否测试是没有差别的,她就会用附和我胃口的方式解决这些联系。

我可以按照她的报告和最终的环境变量的结果 S 或者 F 支付给这个人。

她的冯·诺依曼—摩根斯坦效用函数如下:

$$\sqrt{给她的支付} - f(努力程度)$$

其中,$F(不努力)=0$,$f(努力)=f>0$。她的预期保留效用水平是 f'。

我的效用按照这个形式:

期望总利益(我的投资决定,真实状态)— 期望的支付

我需要一些帮助来决定是否雇用这个人,如果我雇用他,那么薪资结构是如何。帮我写一个(最多)两页的备忘录,注明我需要做什么,以及为什么。

请注意你没有足够的数据来告诉我是否应该雇用或者应该准确地给她什么样的合同。所有这些我期望得到一个轮廓,我应该如何去解决问题(证明你建议的解决方案的方法)。

5. 考虑一个拥有仓库的人,仓库受到火灾的威胁。假设这个仓库着火了,有可能带来的破坏会是一个 10 000 美元到 190 000 美元之间的均匀分布。这个仓库的主人能够选择预防措施来防止火灾的发生——即,我们想象这个主人可以选择"照顾"或者"忽略"。这

个主人的决定是"照顾"还是"忽略"影响了是否有火灾的概率:如果她选择"照顾",火灾发生的概率为 π_1,如果她选择"忽略",那么这个概率为 $\pi_2 > \pi_1$。如果发生火灾,灾害的程度与主人行为独立。

这个主人的偏好被冯·诺依曼—摩根斯坦效用函数 U 刻画,受火灾灾害程度(如果有的话)和她采取的防范措施的影响。我们刻画她的效用函数为 $U(K-L-E)$,K 是常数,L 是损失规模。如果选择"忽略"的话 $E=0$,不然就 $E=10\,000$。注意如果没有火灾,效用函数为 $U(K-E)$。假设 U 是凹的。

这个人有机会通过保险来抵御火灾的损失。一个典型的保险合同如下:业主事前支付 P 保金;如果业主承受 L 规模的损失,那么合同声明会返还 $a(L)$。在这个情况下,业主的效用水平为 $U(K-L+a(L)-E-P)$ 如果她有火灾带来了 L 的损失,如果没有火灾那么效用为 $U(K-E-P)$。[我们具体假设 $a(0)=0$。]

可能跟她打交道的保险公司都是受到政府部分的规制,他们便要求提供保险的保费使得平均净利润为零。这说明,保费 P 必须跟保险政策的期望支付相等。(如果你想让问题更加现实,你可以改变它。假设相反,保险公司受到规制,这样它收取的固定小额保费比例可以作为利润。但是这样会使得我们得到的一些答案相较准则中不够清晰。)业主可以跟至少一家保险公司谈判。

(1) 假设保险公司被强制提供完全的损失赔偿 $a(L)=L$。那么这种政策的结果是什么,业主会承担多少程度的照顾?

(2) 假设保险公司能够提供的保险只是承担一部分损失:$a(L)=\gamma L$,$\gamma < 1$。通过数字的方法来展现,这会使得仓库主人比全额补偿下的情况更好。

(3) 假设保险公司能够提供的保险是在免税下的全额补偿:$a(L)=\max\{L-D,0\}$,D 是固定免税额。用数学方式表示这会使仓库主人比全额补偿下的情况更好。

(4) 考虑设计保险政策的问题(包括固定的保费和当损失发生时对主人的支付取决于损失程度),从而使得仓库业主的情况最好,给定保险公司平均上实现收支相抵的制约条件。你怎么样找出最优政策?你能够说出最优政策下的 $a(L)$?例如,$a(L)$ 随着 L 上升么?

(5) 假设在存在火灾的情况下,仓库主人承受的损失规模取决于他的关心程度。更具体地说,假设在存在火灾的情况下,"忽略"相较于"照顾",她更可能承受更大的损失。这会如何影响你在(4)部分的回答?

6. 考虑第 16.3 节的基本问题,但是在参与人效用函数 $U(w,a)$ 不必定是加性可分的情况下。我们假设对任意固定的 a,$w \to U(w,a)$ 是连续的、严格递增的,以及凹的。在这个例子中重新制定这个基本问题的解决方法。(在这要做的唯一的事情就是决定你将会选择的决定变量并写下来。不要为了神秘和复杂性浪费时间)

接下来的三个问题关于假设 16.1。习题 7 相对简单,每个人都应该做一下。习题 8 有一点难。习题 9 加入了数学分析中相对较高水平的技巧。

7. 假设我们有一个两行为、两结果的委托代理问题。结果由 s_1 和 s_2 表示,代表委托人的总利润,其中 $s_2 > s_1$。这两行为是努力水平,表示为 α_1 和 α_2,$\alpha_1 < \alpha_2$。代理人的效用函数为如下形式:$U(w,a)=-e^{-w}-\alpha$,α 表示努力,w 是工资支付。第一个努力水平

结果在 s_1 中概率为 0.1,在 s_2 中概率为 0.9。第二个努力水平导致在 s_2 中是确定的。说明这是可能的,在仅基于总利润水平的合同中,实施行为选择 a_2,期望工资支付跟实施 a_2 成本相近,这就能够识别行为选择。(注意:我们不约束工资支付一定要是非负的。)

8. 假设我们有一个两行为的委托代理问题,其中可能的结果范围是整个实线 R。就像在习题 7 中结果是总利润水平。代理人的效用函数也跟习题 7 一样。如果代理人选择行为 a_1,总利润水平就是均值为 μ_1 的正态分布,标准差 $\sigma > 0$。如果代理人选择行为 a_2,总利润水平就是均值为 μ_2 的正态分布,标准差为 σ,$\mu_2 > \mu_1$。这可以通过仅基于总利润水平的合同来实施行为选择 a_2,期望工资支付跟实施 a_2 成本相近,这就能够识别行为选择。

9. 证明:如果假设 16.1 和 16.2 成立,且任何决定参数 (x_m) 集满足问题 (C_n) 的约束条件,n 给定,那么问题 (C_n) 一定有(有限)解。(提示:为了证明这个,分开考虑这个例子,其中 u 是线性的和非线性的。如果 u 是线性的,考虑问题就考虑一个线性设计问题。如果我们找到了一条无限的射线,在射线上目标函数不确定地递减,那我们将找不到有限解。但是从参与约束来看,我们知道 $\sum_{m=1}^{M} \pi_{nm} v(x_m))$ 上限为 $a_m + u_0$。如果 u 不是线性的,但是凹的,你可以得出任何没有界的参与约束解序列 (x_m^k)(k 表示序列)可能有一个目标函数值趋于 $+\infty$。然后,你可以把目光放在有些约束解的序列上。)

10. 证明:如果假设 16.3 成立,那么 $\sum_{m=1}^{M} \pi_{nm} s_m$ 随 n 增长。(提示:阅读假设 16.5 后第一个论点的证明。最重要的步骤是开始附近的交换的加入顺序,如果你理解了这个步骤,你就明白该如何证明了。)

11. 考虑第 16.3 节分段中的例子的第二部分,关于两结果的例子。如果 a_3 在工资上比 a_2 好,会发生什么?(你能够改变这些数字使他发生么?)$C(a_2)$ 会怎样在这例子中?

12. 证明命题 16.5。

13. 回到有限行为、有限结果规范的第 16.3 节,a 表示努力,s 表示总利润水平。假设假设 16.1、16.2 和 16.4 都成立且 u 是严格凹的。假设 16.5 的另一种说法是:这有两个概率分布 $(\pi_1^1, \pi_2^1, \cdots, \pi_M^1)$ 和 $(\pi_1^2, \pi_2^2, \cdots, \pi_M^2)$,这样对每一个行为 a_n,都有个数字 $a_n \in [0,1]$,满足 $\pi_{nm} = a_n \pi_m^1 + (1-a_n) \pi_m^2$。(假设 a_n 随 n 递增。什么样的条件必须成立在 π^1 和 π^2 之间,以保证假设 16.4 就可以成立?)证明这个和假设 16.1、16.2 和 16.4 足够表示最优的工资激励方案并不是随着总利润增长而降低的。(提示:不要试图证明这唯一结合的相对激励约束会比努力水平得到实施的指数还要低。)

▶ 17

逆向选择与市场信号

设想一个使用金币作为货币的经济。一枚硬币的持有人可以以一种不仔细测验就察觉不到的方式去从一枚金币中刮掉一点金子;那么这样得到的金子就可用于生产新的硬币。想象一下,一些硬币被以这种方式刮过,而另一些没有。那么一些人在物品贸易使用金币时就有一种正的概率,此时给她的硬币是被刮过的,因此如果与确定没有被刮过的金币相比,这个给的要少。那么没被刮过的金币的持有者将因此将让完好的金币退出贸易;那么就只有被刮过的硬币可以流通。这个不幸的情况被称为格雷沙姆定律(Gresham's law)——劣币驱逐良币。

17.1 阿克洛夫的柠檬模型

格雷沙姆定律在阿克洛夫(Akerlof,1970)的研究中有更新的表述(在完成这一节后参见课后习题12)。在阿克洛夫的研究中,格雷沙姆定律被表述为"坏的二手车驱逐好的二手车"。它的原理如下。

假设有两种类型的二手车:桃子和柠檬。一个桃子,如果它被称为是一个桃子,那么对于买方的价值为3 000美元,对于卖方的价值为2 500美元。(我们假设汽车的供给是固定的,可能的买家需求是无限的,所以在桃子市场中均衡价格是3 000美元。)另一方面,一个柠檬对于买方的价值为2 000美元,对于卖方的价值为1 000美元。柠檬是桃子的两倍。

如果买家和卖家都可以有能力去查看汽车,并且知道是否为桃子或者柠檬,那将没有问题,结果是:桃子卖3 000美元,柠檬卖2 000美元。

或者如果买方和卖方都不知道特定的汽车是桃子还是柠檬,我们也不会有问题(至少假定风险中性,这是为了避免复杂性):结果是,一个卖方,认为她拥有一辆桃子的概率是1/3,一辆柠檬的概率是2/3,那么将有一辆(预期)价值1 500美元的汽车。一个买方,认为是桃子的概率是1/3,是柠檬的概率是2/3,那么认为这个轿车的平均价值是2 333.33美元。假定汽车的供给是无弹性的,而需求是完全弹性,那么市场在2 333.33美元处出清。

令人沮丧的是,如果是二手车那么情况就不是这样的。卖方,已经开了这辆车一段时间,知道它是桃子还是柠檬。买方很典型地不能断定类型。如果我们做一个极端的假设,买方完全不能断定,那么桃子市场将会瓦解。为了明白这个,以假定所有在售的车辆都以任何高于1 000美元的价格出售开始。所有的柠檬都会在售。因此在价格低于2 500美元高于1 000美元时,理性的买家将会假定这辆车一定是柠檬。为什么卖家会卖?给定这个,买家会得出这辆车仅仅价值2 000美元的结论。同时在价格高于2 500美元时,这辆车有2/3的机会是柠檬,因此价值是2 333.33美元。在价格高于2 000美元时没有需求,因为(1)超过2 333.33美元,将无论如何也没有需求——没有买家愿意付出那么多钱——(2)在2 500美元以下,仅仅在2 000美元开始时有需求,因为买家假定他们一定是柠檬。所以我们得到了这样的均衡:只有柠檬可以以2 000美元的价格被放入市场。由(在桃子的所有者与买家之间的)交易进一步获利是理论上的可能,但是这些获利是不能在事实上实现的,因为买家不能确信他们不会得到一辆柠檬。

注意,如果对每一辆柠檬来说有两辆桃子,那么故事将不会那么糟糕。那么只要车辆以这样的比例进入市场,那么买家就愿意支付2 666.67美元。同时,这将足够引领桃子的所有者去售卖,我们在这个价格获得市场出清,所有的车辆都卖出了。(在这个情况下需求曲线看起来是什么样子的?供给曲线呢?是否有其他市场出清的价格?参见课后习题1。)桃子的所有者对柠檬的所有者不满;如果没有他们,桃子的所有者将会为出售他们的桃子而额外得到333.33美元。但是,至少桃子是能被出售的。

这是一个高度特征化的阿克洛夫柠檬市场例子,详细说明了逆向选择的问题。假定一个特定的商品有许多不同的质量。如果在交易中,一方可以提前知道质量但另一方不行,那么另一方一定会担心由于缺乏整体信息将会出现逆向选择。有关这个的典型例子是人寿或健康保险。如果保费是将所有人作为一个整体来考虑,设定为保险统计的公平比率,那么保险对于健康人来说是一个坏的交易,他们将会拒绝购买。只有生病和生命垂危的人会签合同。那么保费比率就一定要设定到来防止这个情况发生。

上文提到的问题,在车辆质量问题方面有更多种,且在假定买卖双方有相同信息时,买卖双方认定汽车所值的价格差,也就是"估价差额"更小时,将变得更加糟糕。举例来说,想象一下,二手车的质量范围是从真实桃子——对卖方的价值为2 900美元,对买方的价值为3 000美元——下降到真实柠檬——对卖方的价值为1 900美元,对买方的价值为2 000美元。汽车在两个极端之间的每一个质量水平,对买方来说总比对卖方多100美元。假定在这两极间的质量分布是均匀的。更加具体地来说,假定有10 001辆车,其中第一辆车对它的所有人来说价值1 900.00美元,对买家来说价值2 000.00美元;第二辆对它的所有人来说价值1 900.10美元,对买方来说价值2 000.10美元,以此类推。那么均衡将是怎样的?(继续假定在每一个质量水平,供给无弹性,需求完全弹性。)

让我们首先画出供给曲线。在价格$p=1 900$美元,有一辆车在售;在$p=1 901$美元,有11辆车在售,以此类推。在$p=2 900$美元,全部10 001辆车都在售,在任何更高的价格所有的车也将在售。如果我们将每一个小的离散不平变得平滑,我们将会得到如图17.1(1)中所示的供给曲线。

在图17.1(1)中,我们有对应于柠檬市场第二种版本的供给与需求曲线。在图17.1(2)中,我们描述了一种不好的情况,需求向上倾斜,市场完全关闭。

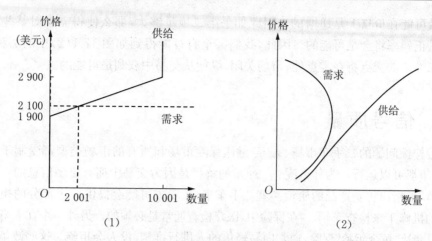

图 17.1　逆向选择下的供给与需求

对需求来说,在价格 p 处于 3 000 美元与 2 000 美元之间时,买家假定只有那些将他们的车定价在 p 或者低于 p 的卖家会愿意出售。因此,一辆以价格 p 卖出的汽车,它的质量水平使得它的价值对于买方来说在 2 000 美元与 $(p+100)$ 美元之间,在这个范围内的每一个价值的可能性是一样的。因此,所出售的车平均价值为 $(2\,000+p+100)/2$ 美元。如果 p 超过 2 100 美元,这个平均价值将比 p 稍微低一点,同时将不会有需求。如果 p 比 2 100 美元低,这个平均价值将超过 p,同时将有无限需求。在 $p=2\,000$ 美元(加减一分)时,在售车辆平均价值为 2 100 美元,对买方来说买与不买是无差异的。所以我们得到图 17.1(1)中的需求曲线——在价格超过 2 100 美元时没有需求,在 $p=2\,100$ 美元时需求是完全弹性。市场均衡在供给与需求的交点(此时 $p=2\,100$ 美元),在这个点上,10 001 辆车中的 2 001 辆车交易成功。(如果在定价中买方与卖方的 100 美元价额换成 50 美元,那么均衡的价格是 2 000 美元,所有车辆中仅有 1 001 辆车交易成功。)

(为了将这个推导更好地灌输入你的脑中)让我们在一个更加一般性的水平多次做这个推导。我们设想一下,某种商品(耐用品或者某些服务)的质量分布是以升序排列的 N 种质量水平,q^1、q^2、$\cdots$、q^N。质量 n 的供给依赖于价格 p,同时以一个向上倾斜的供给函数 $s^n(p)$ 来给出。需求依赖于价格 p 和市场中的平均质量,这个可以通过我们所做的假定,以如下公式来计算得到:

$$q^{\mathrm{avg}}(p)=\frac{\sum_n q^n s^n(p)}{\sum_n s^n(p)}$$

让 $D(p,q^{\mathrm{avg}})$ 表示需求函数,我们假定它在 p 上是递减的,在 q^{avg} 上是递增的。因此可以得到在价格 p 时的市场需求,至少在如果买家预期市场需求将会如 $D(p,q^{\mathrm{avg}})$ 所示。为了求出市场需求的斜率,我们计算:

$$\frac{\mathrm{d}D}{\mathrm{d}p}=\frac{\partial D}{\partial p}+\frac{\partial D}{\partial q}\times\frac{\mathrm{d}q^{\mathrm{avg}}(p)}{\mathrm{d}p}$$

其中,右边的第一项是负的;第二项是正的,乘以可能是正的 $\dfrac{\mathrm{d}q^{\mathrm{avg}}(p)}{\mathrm{d}p}$。那么供给的平均质量可能在价格上是递增的。因此如果第二项足够大，那么使得需求对某些价格水平来说是正斜率将会是可能的。因此，我们甚至有可能得到如图 17.1(2)中的那种图，供给与需求唯一的交点将在零点处；市场关闭，纵使从交易中获利是可能的。

17.2　信号质量

尽管柠檬问题的二手车市场、人寿/健康保险市场和所有的市场类型都受制于逆向选择，但是却都可以运行。为什么呢？[1] 通常的解释是因为交易中拥有更多信息的一方将会做出努力，来指出售卖产品的质量。就二手车来说，卖方可能会提供一个部分的担保或者请独立的机修工来检查车辆。[2]在保险中，医疗检查通常是必须的。另外一个在人寿保险领域的项目涉及"黄金年龄"保险，通常向易轻信的人进行推销，没人会拒绝。这些政策经常包含一个重要的细则："在前两年收益是大大降低的。"也就是说，如果买方知道他要去世了，那么保险公司赌这个就很可能会很快发生。这样的信号的关键，是在保险中高质量卖方或买方有将他们自身区别于更低质量卖方的激励，去做低质量卖方不值得做的事情。

可以认为逆向选择是道德风险的一个特殊情况，市场信号是激励方案的特殊情况。我们想让个人能自我识别出拥有的二手车是柠檬或者桃子、是重病还是健康，等等。但是在这样的自我识别中有道德风险；二手车的卖方不能被相信是诚实地描述了在售车辆的质量，除非有一些激励去这样做。激励可以是相对直接的；如果卖方过分地错误描述在售车辆的质量，那么他将会去坐牢。或者也可以是更间接一些，如刚刚所描述的那一类市场信号。如果说他的车是桃子，那么可以被要求给出六个月的保证期。关键点在于这样的一个"激励合同"（如果你不给我一个保证那么我就支付给你 X 美元，如果你给了就支付给 Y 美元 $> X$ 美元）。给拥有私人信息的一方以激励去诚实地自我识别，自我识别让道德风险的问题解决了。

在文献中的两个有关于此的经典模型：斯彭思(Spence，1974)的工作时长信号模型与罗斯柴尔德和斯蒂格利茨(Rothschild and Stiglitz，1976)的保险市场模型。尽管给出了不同的设置，但是两者首先是关于同一个问题的。但是他们的分析得出了不同的结论。我们将用斯彭思的设置来详细说明他们的分析(与进一步的变化)。[3]

我们设想一些工人，其中一些有较高的能力，另一些的较低。我们将用 t 来代表能力水平，$t=2$ 表示高能力，$t=1$ 表示低能力。高低能力的工人数量是相等的。有一些将(最终)雇用工人的厂商，这些工厂在竞争的劳动力市场下运营，所以(当一切尘埃落定时)由工人所产生的利润为零。

---

　　[1]　我们可以参见第 14 章中的一种可能回答——声誉。但是在本章中，我们考虑的情况是，消息灵通的一方没有能力运用声誉，因为这是一个一次性交易。通过求助于一个市场中间商，比如声誉较好的二手车经销商，我们可以间接地利用声誉。但是这将把我们代入将在第 20 章中讨论的主题。

　　[2]　由于买方不能确信这个机修工有多大的独立性，因此，在美国的二手车市场中，寻找并支付给机修工检查报酬的通常是买方。但是信号依然是由卖方来发出的，只要她允许买方的机修工去检查车辆。相对地，在其他国家，"检修公司"非常出名而且有信誉，这使得由卖方提供一张来源于他们的报告成为惯例。当我们在第 20 章讨论三边治理时，可以记起这个例子。

　　[3]　在习题中，你将会得到一些关于这两个故事在保险市场的案例中如何进行的指引。

关键部分如下：在去工作之前，工人接受教育来获得生产力。具体来说，任意工人从某个集合中来选择一个教育水平 e，即 $[0, 16]$，对应于在学校的年数。[1]对企业来说，有教育水平 e 的类型 t 工人价值 te。注意到对于每一个教育水平来说，一个更有能力的工人的价值是能力欠缺的工人的两倍。当厂商雇用一个工人的时候，他们不能判断出工人是能力高的还是欠缺的。但是他们可以去查看工人的简历，从而可以了解到工人接受了多少年的教育。因此他们可以根据工人接受教育的年数来给出工资。

工人由此想得到什么？他们想要更高的工资是确定无疑的，但是他们同样也不喜欢教育。而且能力欠缺的比能力较好的更不喜欢接受教育。具体来说，工人需要决定最大化其效用函数的工资与教育，我们将这个写作 $u_t(w, e)$，此处 w 是工资率，e 是教育水平，t 是工人的类型。我们假定 u_t 是 w 上严格递增的，e 上严格递减的，且是严格凹的。同时我们做出如下非常重要的假定：选任何一点 (e, w)，考虑通过这一点的高能力与低能力工人的两种无差异曲线。（参见图 17.2。注意到，我们对效用函数 u_t 所做的单调性与凸性假设给我们了严格凸的无差异曲线，同时递增偏好的方向如图所描述。）我们假定低能力工人的无差异曲线总是有更加陡峭的斜率（如图 17.2）。这等于说，为了补偿给出更多教育年限的员工就需要相对能力高的员工，对能力低的员工在工资上有一个更大的增长。两种类型的工人都不喜欢教育，但是能力较低的工人（以工资补偿来说）相对更不喜欢教育。这个假设对于下面的内容来说至关重要，因为它表明了一个更有能力的工人发现得到更高水平的教育是（以效用来衡量）相对便宜的，这个可以被用来区分能力较高的工人与能力相对较低的工人。这个假设通常被非正式地表述为单一交点性质（single-crossing property）。[2]形式为 $u_t(w, e) = f(w) - k_t g(e)$ 的效用函数，对 f 来说是增的凹函数，对 g 来说是增的严格凸函数，k_t 是正的常数，有 $k_2 < k_1$，以此来构建例子。

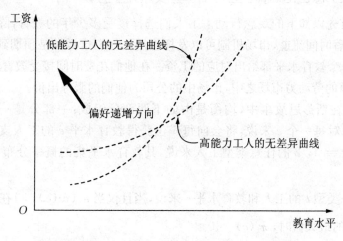

图 17.2　在工资—教育水平空间下的工人无差异曲线

---

① 为了使得描述相对简单，我们允许任何来自于 0 到 16 之间的数。在此处认为教育水平只以离散的数字来表示的处理不会是非常不同的。

② 一般来说会比我们这里写的公式更加精确一点，你会在课后习题中得到一个使其更加精确的机会。

如果一个雇员的能力水平可以被观察到,那么将会发生什么呢?那么一个有教育水平 e 的高能力工人将会被支付 $2e$ 的报酬,一个有教育水平 e' 的低能力工人将会被支付 e' 的报酬。正如图 17.3 中所示的,较高能力的工人与较低能力的工人,在给定这些工资的前提下,将会选择教育水平来最大化他们的效用。

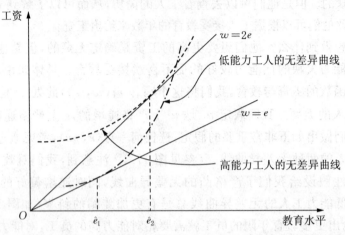

注:如果能力是可以被观察到的,那么高能力的工人将会选择教育水平 $\hat{e}_2$,同时获得 $2\hat{e}_2$ 的报酬支付;低能力的工人将会选择 $\hat{e}_1$,获得 $\hat{e}_1$ 的报酬支付。

图 17.3 完全信息均衡

但是在此处我们所感兴趣的是能力水平无法被直接观察到的情况。考虑如下的两个故事:工作市场发出信号,之后面对一系列合同工人进行自我选择。

17.2.1 斯彭思的故事:工作市场发出信号

假设工人首先以如下的观念行动。工人们选择接受多少年的教育,除了没有担保之外,他们期望随着时间流逝,市场机制可以发挥作用。他们这样做是预期到某些工资函数 $w(e)$,对于每一个教育水平都给出对应的工资。在他们花费时间接受教育之后,他们将自身置于一个竞争的劳动力市场之中,市场中的公司为他们的服务出价。

正式地说,在斯彭思故事中,均衡是由如下两部分组成:一部分是一个预期工资函数 $w(\cdot)$,表示对每一个 e 来说,将会向每一位获得教育水平 e 的工人支付工资 $w(e)$;另一部分是对 $t=1,2$ 的任意类型工人来说,其教育水平集的概率分布 π_t 满足如下两个条件:

(1) 对任一类型 t 的工人和教育水平 e 来说,当且仅当 $u_t(w(e),e)$ 在所有 e' 上,达到 $u_t(w(e'),e')$ 的最大值时,$\pi_t(e)>0$。

(2) 对任一教育水平 e 来说,$\pi_1(e)+\pi_2(e)>0$,

$$w(e)=\frac{0.5\pi_1(e)}{0.5\pi_1(e)+0.5\pi_2(e)}e+\frac{0.5\pi_2(e)}{0.5\pi_1(e)+0.5\pi_2(e)}2e \quad (\clubsuit)$$

对此有如下解释：$\pi_1(e)$ 给出了在均衡时,选择教育水平 e 的类型 t 工人的比重。a 那么条件(1)是一个自我选择条件(self-selection condition)：基于工人所预期的工资,他们仅仅会选择所对应的工资水平最大化其效用的教育水平。同时条件(2)意味着,在选择教育水平的均衡下,在工人提供教育水平的竞争性劳动力市场中,所支付的工资是合适的。得到这样的结论是因为式(♣)右边的两个比例是相应地由贝叶斯准则得到的,工人是低能力与高能力的条件概率。① 因此式(♣)的右边是一个展示出教育水平 e 的工人的条件期望价值,同时(假定)公司间的竞争将促使工人的工资趋近这个水平。

在刚刚给出的均衡的定义中,我们允许给定类型的工人选择超过一种的教育水平。但是我们将会把此处的注意力限制在所有给定类型的工人都选择同一种教育水平的均衡上。

在第一种均衡的类型下,两种类型的工人是分离的；这被称为分离均衡(separating equilibrium)。所有 $t=1$ 类型的工人选择教育水平 e_1,同时所有 $t=2$ 类型的工人选择教育水平 $e_2 \neq e_1$。企业看到教育水平 e_1 后,知道工人是第一种类型的,那么支付工资 e_1。如果他们看到教育水平 e_2,那么提供 $2e_2$ 的工资,因为他们正确地假设工人是第二种类型的。在均衡的第二种类型下,所有可选的工人都处于一个单独的教育水平；这么成为混同均衡(pooling equilibrium)。所有的工人选择某一教育水平 e^*,在这一点工资是 $1.5e^*$。

分离均衡(screening equilibrium)经常与分离均衡(separating equilibrium)互换。另外对于这些混同均衡与分离均衡来说,有一些其他形式,你将会在课后习题2中去探索。

回到关于分离均衡的描述。为了让它成为一个均衡,我们需要工人在这个情况下自愿被分离开。也就是说,第一种类型的工人将会选择工资教育组合 $(w=e_1, e=e_1)$ 而不是 $(w=2e_2, e=e_2)$,对第二种类型的工人来说,反之亦然。你仅仅会在图17.4中看到这样的一个情况。

在图中,特别注意加粗的虚线。这代表了函数 $w(e)$,工人猜想他们将会得到的工资是他们所选择的教育水平的函数。注意,这个方程一定处于工人选择的点的无差异曲线上或者在它下面；这是自我选择条件。均衡的条件(2)把 $w(e)$ 曲线固定在了两个所选的教育水平上,如图所示。

这并没有将曲线 $w(e)$ 限制在均衡时没有选择的 e 点上。在这样的点上我们希望对 $w(e)$ 设置什么样的限制呢？为此,考虑如下三种可能情况：

(1) 对于在均衡时没有选择的点 e 不做任何的限制。[我们始终要求 $w(e)$ 对每一个 e 的值来说都是非负的；也就是说,奴隶制度不是我们经济的一部分。]

---

a 如果我们想要一般化的话,那么我们将会允许一个一般性的概率分布来代替条件(1),并给出一个有关 e 的说明来支持这个分布,同时将条件(2)转变为一个有关条件概率的恰当说明。但是这个一般化是徒劳的。如果我们以这样的一个一般性公式开始,那么你可以证明,在严格凹的 u_t 的设置下,没有任何一个类型的工人会选择超过有限长度的教育水平；参见课后习题2。

① 学究式的：$0.5\pi_1(e)$ 表示工人是低能力、且他选择教育水平 e 的联合概率,它来自于一个工人是低能力的边缘概率是0.5,以及在给定他能力较低的情况下,工人选择教育水平 e 的条件概率是 $\pi_1(e)$。因此 $0.5\pi_1(e) + 0.5\pi_2(e)$ 是工人选择教育水平 e 的边缘概率。同时,根据条件概率的准则,$0.5\pi_1(e)/[0.5\pi_1(e) + 0.5\pi_2(e)]$ 是给定选择教育水平 e 时,工人是低能力的条件概率。

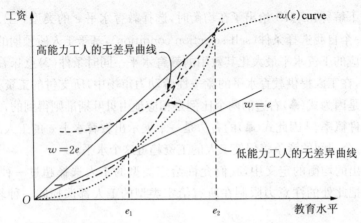

注:在这幅以及接下来所有的其他图中,加粗的虚线都表示在每一个给定的教育水平下,工人猜想他将会得到的工资。

图 17.4　一个分离均衡

(2) 我们要求对所有的 e, $e \leqslant w(e) \leqslant 2e$。

(3) 我们要求(2),另外 $w(e)/e$ 都是非递减的。

促使我们去假设情况(2)或者情况(3)的是什么呢?我们的理由如下。一个选择教育水平 e 的工人对企业来说要么价值 e 要么价值 $2e$。现在,如果企业不确定工人的能力水平,企业就不能确信 e 或者 $2e$ 哪个是正确的。同时,依赖于他们对工人价值 e 或者 $2e$ 机会的评估,他们可能愿意在这两个水平之间的任意水平上出价。但是他们将永远不会支付超过 $2e$ 的报酬,同时企业间的竞争压力意味着他们永远不会支付少于 e 而失去竞争力。工人们可以预期到全部这些,所以他们预期 $e \leqslant w(e) \leqslant 2e$。正如对情况(3)来说,将其多做一步延伸,设想一下,工人猜想企业评价一个选择教育水平 e 的工人是低能力的概率是 $\alpha(e)$。假设企业是风险中性的(我们确实是)同时他们共享评估结果,那么他们之间的竞争将使得他们以 $w(e) = \alpha(e)e + (1-\alpha(e))2e$ 来出价。[注意,这仅仅是我们给出对情况(2)的正当解释的另一种方式。]现在情况(3)可以被表述为:$\alpha(e)$ 是非递增的。或者如果工人获得了更多的教育,那么企业对于工人能力的猜想就不能为较低能力的工人提供更高的概率。

冒着(再)陈述显而易见事实的风险,让我们以这些术语来重新表述均衡条件(2)。我们要求在均衡时,通过 $\alpha(e)$ 给出的厂商的评估要在工人所选择的教育水平上得到确认。以符号表示为:

$$\alpha(e) = \frac{0.5\pi_1(e)}{0.5\pi_1(e) + 0.5\pi_2(e)}$$

如果我们设想一个稳定的人口群体,每一年有新的工人来并为了就业而展示他们的能力;同时,如果我们设想工人能力与教育水平的均衡分布是稳定的,那么我们将可以说,厂商基于他们的经验是可以知道这个分布的。我们不做限制或者仅做最小限制的是厂商在那些没有被选择的教育水平上的猜想,因此,在这些水平上厂商是没有经验的。

你可能会想到,我们不应当直接说厂商关于选择了非均衡教育水平工人能力的猜想。方程 $w(e)$ 代表了工人对于他们将得到工资的猜想。因此,至少我们应当可以说工人有关厂商对选择非均衡教育水平工人能力的猜想。那么,通过有一个单一的 $w(e)$ 函数,我们可以隐含地假设,所有工人对厂商的评估有一个相同的猜想,同时这个猜想成立,所有厂商将会有相同的评估。那么这些关于一致性的猜想与评估是必要的吗? 如果你是非常仔细的,你应当可以看到虽然我们将会保持这个隐含的假设来使得表述变得简单,但是我们将要表述的大部分内容都不依赖于此。你也许想知道为什么我们没有对所有的这些引入博弈论的术语。我们将会在下一节中做这个事情,但是此处有理由将此事放一放。

注意,图 17.4 中的方程 $w(e)$ 并不满足情况(2)或者情况(3),虽然它满足一个有些显而易见的条件,即所谓的非递减性。在图 17.5 中,我们给出了第二种分离均衡,在这个均衡中,$w(e)$ 满足(b)。

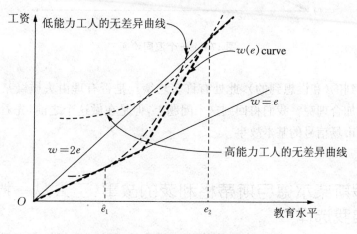

图 17.5　另外一种分离均衡

注意到,在图 17.5 中,由低能力工人所选择的点由 $\hat{e}_1$ 来表示。这个如图中所画,是沿着低能力工人最喜欢的射线 $w=e$ 的点的。相反地,在图 17.4 中,低能力工人比他们从 $(w=\hat{e}_1, e=\hat{e}_1)$ 中所得的效用更少。我们贯穿本章始终使用 $\hat{e}_1$ 来表示这个特别的切点,同时我们有以下结论:

命题 17.1 在任何方程 $w(e)$ 满足情况(2)的分离均衡中,低能力工人准确地选择 $\hat{e}_1$ 并得到相应的工资。在任何方程 $w(e)$ 满足情况(2)的(分离或非分离)均衡中,低能力工人至少得到与来自 $(w=\hat{e}_1, e=\hat{e}_1)$ 一样多的效用。

你应当对这个命题的正确性没有任何疑问。或者,你应当对这个命题的第一部分没有问题,但是对第二部分需要一点儿小小的努力。

混同均衡的图是相对容易画出的。在混同均衡中,如同以往,我们假设所有的工人选择单一的教育水平 e^*。如之前一样,厂商的意见,在观察到 e^* 后将得到确认。由于我们已经假设在人群中高低能力工人的数量是相等的,同时由于(在这个均衡中)所有的工人选择 e^*,那么我们将会发现,依据在上文的注解 $\alpha(e^*)=0.5$,那么 $w(e^*)=1.5e^*$。这种

455

类型的一个均衡在图 17.6 中给出。注意,在这个情况下,方程 $w(e)$ 满足情况(3)。也要注意到,方程 $w(e)$ 在混同点有一个弯曲。这是必要的;没有这个弯曲,我们就不能在两种类型无差异曲线下得到 $w(e)$,同时使他们在混同点相交。

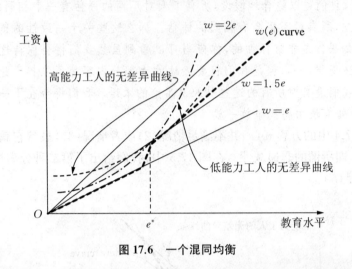

图 17.6　一个混同均衡

正如你看到的(和设想到的),此处有许多均衡。是否有理由去质疑某一种均衡是比另外的均衡更加合理呢? 我们将回到这个问题上,但是在做这个之前,先看一看以另外一种方式来讲述市场信号的基本故事。

17.2.2　罗斯柴尔德与斯蒂格利茨的故事:工人从一揽子合同中自我选择

在刚刚讲完的故事里,工人在预期来自于厂商的出价下选择教育水平,同时(我们假设)那些预期都是正确的,至少对于实际被选择了的教育水平来说是正确的。让我们改变这个,同时假设厂商将首先行动。具体来说,假设工人毕业之前,厂商提供给工人许多形如 (w,e) 的"合同"。工人考虑这一揽子所提供的合同,签订一份他们最喜欢的,之后从学校毕业,对于一旦结束学业他们能得到的工资是满意的(假设他们完成在合同中所承诺的学校学习年数)。这个故事在教育水平选择的内容下来看可能有一些问题。如果你发现这样,那么以保险市场来做替代进行考虑,罗斯柴尔德与斯蒂格利茨在这个内容中做了详细的论述。保险公司愿意以任何一种方式来确认一个人的寿命,来对应于不同的溢价、死亡收益、排除等。在给定一个消费者的偏好,以及此处最重要的是关于他对于长久健康生活展望的了解下,将选择最适合他自身的政策。

在罗斯柴尔德和斯蒂格利茨故事的均衡中由(1)和(2)两部分组成。(1)是一揽子合同,对于某些有限整数 k[b]来说,一个配对 $\{(w_1,e_1),(w_2,e_2),\cdots,(w_k,e_k)\}$ 的集合;(2)是一个选择规则,通过这个规则工人被"分配"到合同,即对于任一类型 t 来说,在{1,

---

b　为了最大程度地表述方便,我们假设所提供的一揽子合同是有限的。

$2, \cdots, k\}$上的概率分布π_t,满足三个条件:

(1) 任一类型的工人仅仅被分配到在所有一揽子合同中对此工人最优的合同。用符号表示,对于$j'=1, 2, \cdots, k$来说,当且仅当$u_t(w^j, e^j)$得到$u_t(w^{j'}, e^{j'})$的最大值时,$\pi_t(j)>0$。

(2) 对被分配的工人来说,一揽子合同中的任一合同至少与平均水平持平。(否则,提供这个合同的公司将会放弃这个合同。)用符号表示,对任意$j=1, 2, \cdots, k$,如果$\pi_1(j)+\pi_2(j)>0$,那么:

$$w^j \leqslant \frac{0.5\pi_1(j)}{0.5\pi_1(j)+0.5\pi_2(j)}e^j + \frac{0.5\pi_2(j)}{0.5\pi_1(j)+0.5\pi_2(j)}2e^j$$

(3) 假设工人在许多合同选择时,以一种与上文提到的规则(1)一致的方式来选择,那么如果将合同额外提供给能为这个厂商产生严格正收益的工人,那么没有合同可以被创造出。

我们将不会尝试正式地写出(3)——如果你痴迷于符号的变换,那么这是一个很好的练习。[c]

这个在公式上的改变具有激动人心的效应。为了开始这个分析,我们对斯彭思公司作出一些一般性的声明。

命题 17.2 在一个均衡里,每一个被工人选择的合同都一定准确地获得每个工人的零期望收益。

对于这个证明是有一点棘手的。[①]一个自然的想法用来尝试证明,如下:假设提供(w', e'),被某些工人选择,那么每个选择这个合同的工人获得一个大小为ε的期望收益。然后,某些厂商提供$(w'+\varepsilon/2, e')$。这个新合同将会吸引所有之前被(w', e')所吸引的工人,同时与均衡条件(3)相矛盾的,仍然将回到一个$\varepsilon/2$的收益。这个想法的麻烦是,这个新合同除了吸引那些之前选择(w', e')的人之外,也会吸引其他人,那么其他人会使这个合同不赚钱。

仅仅给出一个大概正确的证明,具体细节留给读者去填充。首先,如果合同(w', e')只能吸引低能力的工人,那么之前给出的想法将有作用。那么如果$(w'+\varepsilon/2, e')$用来吸引任何高能力的工人,这将使它甚至更赚钱。所以,麻烦的情况是此处(w', e')吸引了一些高能力的工人。在这一点上,等一下去读命题17.3的证明,那将证明如何打破一个混同均衡。对于那个论述的关键是合同$(w'+\varepsilon/2, e'+\delta)$,在$\delta>0$时对高能力工人有比$(w', e')$更大的吸引力,同时对低能力工人是吸引力较小,这样设计一个合同是可能的。因此,如果厂商提供这个合同,它将会吸引所有之前选择了(w', e')的高能力工人,使低能力工人还在(w', e')上(或其他合同)。如果(w', e')每一个工人产生ε的利润,那么这个新合同将产生每个工人超过$\varepsilon/2$的利润。

---

c 如果你尝试正式地写下这个,你将会碰到如下问题:在每一个与(1)一致的分配下,合同都获得了非正的收益;或者说,在某些与(1)一致的分配下产生了非正收益,那么我们应当坚持吗?这对于你所选择的理论而言是没有关系的,只要你对于接下来的论述是小心谨慎的。

① 在斯彭思公式中,通过设定这个是正确的。

现在我们将给出一个使得这个模型区别于斯彭思那个的结果。

命题 17.3 一个均衡是混同均衡是不可能的。

这个论述如下：考虑图 17.7 与混同均衡所表述的。假设厂商提供一揽子合同，如图所示这使得所有工人去选择 $(1.5e^*, e^*)$。图 17.7 中，实心点表示我们假设会提供的一揽子合同。我们在 $(1.5e^*, e^*)$ 之外增加一个新的合同，尽管他们不相关的，但（在我们的混同均衡下）合同 $(1.5e^*, e^*)$ 对所有类型的工人来说都是最优的。

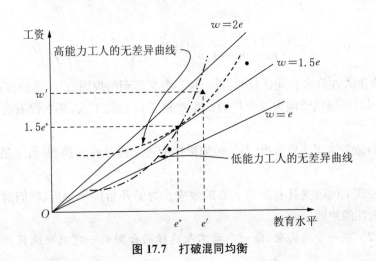

图 17.7 打破混同均衡

从这个位置，任何企业可以提供合同 (w', e')，在图中被标注为实心三角。以文字表述为：合同比 $(1.5e^*, e^*)$ 有稍微高一点儿的工资和教育水平，此处增加的工资超过补偿一个高能力工人。但是相对于混同合同，不足以补偿一个低能力工人。由于这个合同被添加到已经存在的一揽子合同中，那么将仅仅能吸引高能力的工人；所有低能力的工人更偏好提供的 e^*。但是如果所有的高能力工人蜂拥而至地选择 (w', e')，同时没有低能力工人这么做，那么每一个选择 (w', e') 的工人对提供这个合同的厂商来说将会价值 $2e'$。厂商获取利润，同时我们不能得到均衡。

相同的论述可以被用来构建命题 17.4。

命题 17.4 在均衡时，任何合同 (w, e) 同时被正的比例的高能力工人和低能力工人采纳是不可能的。换句话说，唯一可能的是分离均衡。

细节留给你们；一幅非常类似于图 17.7 的图是关键。

下面我们构建命题 17.5。

命题 17.5 对分离均衡来说有单一候选。在这个候选均衡下，低能力工人选择合同 $(\hat{e}_1, \hat{e}_1)$，此处 $\hat{e}_1$ 如之前一样定义，同时……（未完待续）

为什么一定是这样？因为如果低能力工人是分离的，同时选择任何其他合同，一个厂商可以向一揽子合同中增加一个合同 $(w = \hat{e}_1 - \delta, e = \hat{e}_1)$，对于 $\delta > 0$，足够小以使得低能力工人宁愿选择这个合同而不选择在假设均衡中他们选择的那个。但是在任何 $\delta > 0$ 时，这个合同一定是盈利的。

固定 $\hat{e}_1$ 在这个值上，定义教育水平 $\hat{f}_1$ 是使得低能力工人在 $(w = \hat{e}_1, e = \hat{e}_1)$ 与 $(w =$

$2\hat{f}_1, e = \hat{f}_1$）之间无差异的教育水平。图 17.8 画出了这一点。同时让 $\hat{f}_2$ 来解问题：在 $e \geqslant \hat{f}_1$ 的约束下，最大化 $u_2(2e, e)$。也就是说，在 $e \geqslant \hat{f}_1$ 时，如果高能力工人可以沿着射线 $w = 2e$ 得到任意的点，那么 $\hat{f}_2$ 是高能力工人将会选择的教育水平。

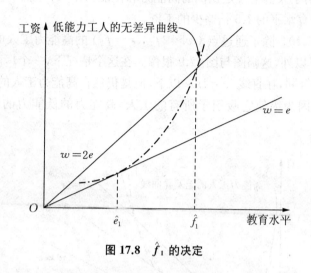

图 17.8 $\hat{f}_1$ 的决定

命题 17.5，继续。……同时（在单一候选分离均衡时）高能力工人获得（$w = 2\hat{f}_2$, $e = \hat{f}_2$）。

为什么呢？因为如果他们在任意其他合同下是分离的，某些厂商可以进入并提供一个合同（$w = 2\hat{f}_2 - \delta$, $e = \hat{f}_2$），其中 δ 足够小时将使得其对高能力工人的吸引力比在假设均衡时所选择的更大。由于 $\hat{f}_2 \geqslant \hat{f}_1$，这个合同对低能力工人来说，相对于（$w = \hat{e}_1$, $e = \hat{e}_1$）是缺乏吸引力的。因此这个合同将准确的吸引高能力工人。同时为此对于任何 $\delta > 0$ 来说，这个合同是严格盈利的。

考虑图 17.9。我们在那描述了所提出的分离均衡，在那个情况下，$\hat{f}_2 = \hat{f}_1$。这对于要说明为什么没有厂商要在诸如图中所示（w', e'）这样的位置上给出一个合同来试图打

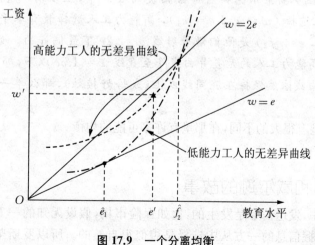

图 17.9 一个分离均衡

破这个均衡是有帮助的,此处所给出的合同中,w'比$2e'$小一点,e'比$\hat{f}_1$小一点。这个合同,添加到一揽子合同后,将确定地吸引高能力工人。同时每一个被吸引的高能力工人在他的工资上来说,都是有收益的。但是它同时也会吸引所有的低能力工人。在这个人群中,如果你同时吸引了人群中一定比例的高能力和低能力工人,你就不得不支付比他们选择来创造收益的教育水平的1.5倍略少的工资。

现在考虑图17.10。除了通过点$(w=2\hat{f}_2,e=\hat{f}_2)$的高能力工人的无差异曲线降至直线$w=1.5e$以下以外,这幅图与图17.9很像。在这个情况下,一个厂商可以提供一个诸如图示(w',e')的合同,在直线$w=1.5e$以下,但是仍然在高能力工人的无差异曲线之上。这将会打破均衡,因为纵使它吸引了所有的工人,高能力的低能力的都有,这仍然是盈利的。

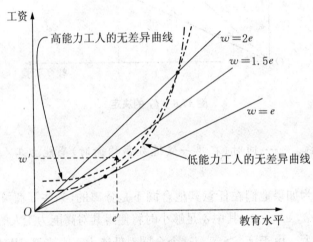

图 17.10 完全没有均衡

在图17.10中,之后就将不再有均衡。任何形式的混同与均衡都不是一致的。同时仅有的可能存在的分离均衡也被打破。相反,纵使我们不会穷尽所有细节,在诸如图17.9的情况下(或者是$\hat{f}_2>\hat{f}_1$的情况下),候选分离均衡是一个均衡。总结如下:

命题 17.6 在罗斯柴尔德和斯蒂格利茨的公式中,至多有一个均衡。在候选均衡下,低能力工人选择$(w=\hat{e}_1,e=\hat{e}_1)$,高能力工人选择教育水平$\hat{f}_2$,对于$e\geqslant\hat{f}_1$来说,$(w=2\hat{f}_2,e=\hat{f}_2)$是他们沿着射线$w=2e$下最偏好的。如果通过点$(w=2\hat{f}_2,e=\hat{f}_2)$的高能力工人的无差异曲线降至直线$w=1.5e$以下,那么将不再有均衡。如果这个无差异曲线依然保持在混同线以上(或恰好接触),那么单一候选均衡是一个均衡。

与斯彭思模型有很大的不同,在那里有许多可能的均衡。

17.2.3 莱利和威尔逊的故事

在许多市场中,发送信号是发生的,比如保险市场,假设无知的一方给出一揽子出价摆"在桌子上",掌握信息的一方从中选择是貌似很自然的。所以罗斯柴尔德和斯蒂格利茨分析的结论,即所谓的可能不存在任何均衡,是相当有疑问的。[d]许多作者已经建议到在分析中的"瑕疵"是来源于罗斯柴尔德和斯蒂格利茨提出的均衡的概念。特别地,在均衡概念中所隐含的是,如果一个新的合同被加入到一揽子中,那么将不会发生任何(有关这一揽子的)改变。取代这个,可以设想一下已经提供合同的厂商将会以一种或另一种方式作出反应,可能致使先前盈利的差值变得不盈利同时保留特定均衡。

两种对此最初模型的处理办法源自莱利(Riley,1979)与威尔逊(Wilson,1977)。莱利提出了反应均衡(reactive equilibrium)的概念,在这个概念下,为了破坏所提出的均衡,那么向现有的一揽子中增加一个合同是必须的。这个合同将会是严格盈利的,同时如果其他厂商被允许增加更多的合同到一揽子中,此合同也将不会成为不盈利的。[①]在这类框架下,我们有关为什么没有混同均衡的论述是站得住脚的;在给定了混同合同仍然吸引低能力员工的前提下,通过增加一个合同来仅仅吸引高能力工人,我们打破了这个混同均衡。只要旧的混同合同保持,那么就没有办法使得这个混同破坏合同严格地不盈利,因为只要旧的混同合同存在,那么仅仅只有高能力的工人会考虑选取新的合同。但是,当增加一个新合同,通过混同高低能力工人来试图打破分离均衡时,你将面临更大的风险。对这种情况而言,仍然有另外的合同可以被加入来从你的合同中仅仅吸引出高能力的工人,而使你(最初的背叛者)仅仅与低能力工人一起。因此,莱利认为,反应均衡总是存在,同时他们对应于单一候选分离均衡。

威尔逊从另一方面提出了一个概念,称其为预期均衡(anticipatory equilibrium)。在这个情况下,为了打破所提出的均衡,就必须使得添加一个严格盈利,且当来自于最初的一揽子的非盈利合同不被履行时,此合同也不会变得严格不盈利的合同成为可能。现在如果你试图通过撇开高能力工人打破混同均衡,那么你会处于风险之中;你打破的混同合同成为非盈利的,因为在你添加之后,它将只吸引低能力工人。但是如果这个不予履行,如果你以一个混同合同打破分离均衡,那么你不会处于风险中;因为你已经创造了一个可以吸引所有工人的合同,即使其他一些现在没被用到的合同没被履行,你也不会在意。所以,威尔逊认为预期均衡总是存在;有时有超过一个的,同时混同作为一种均衡结果也是可能的。

我们怎样在罗斯柴尔德与斯蒂格利茨、莱利与威尔逊之间进行分类呢? 这完全依赖于你认为什么是在给定市场下,有关厂商增加或者从已经提供给大众的合同中取消的能力的合理假设。考虑一个保险市场,它被一些规制机构管理。如果你认为厂商不能取消合同因为(讲到过)规制机构禁止这样做,那么莱利的均衡概念可能更加合理一些。如果你认为规制机构允许厂商取消不盈利的合同,同时增加一个潜在影响到其他人盈利的合同是十分困难的,那么威尔逊的概念就貌似十分合理了。就罗斯柴尔德和斯蒂格利茨来说,设想管制者要求厂商要同时并独立地注册他们所想要提供的合同,使得没有额外增加或者后续减少的空间。(对你来说这些听起来十分真实吗? 如果不是,请参见第17.4节的讨论。)

---

d 如果你考虑到人群中的工人的教育水平是连续分布的,那么将更加令人疑惑。那么均衡的不存在性是一个"常"态;参见 Riley(1979)。

① 此处所给出的讨论是有些粗糙的。请参阅文献来获得更加详细的关于这些结果的说明。

17.3 信号理论和博弈论

如果你注意本书的第三部分，你应该不难猜到接下来这节想讲的内容。通过整理市场制度的细节，我们可以试着来整理不同的均衡概念。也许通过指定详细的"游戏规则"，我们可以了解何时一种或另一种均衡概念更加相关。

17.3.1 博弈论术语中的斯彭思模型

要区分斯彭思模型与罗斯柴尔德和斯蒂格利茨模型并非难事。对于斯彭思的理论，考虑以下这个不完全信息的展开式博弈。一个员工的能力取决于天生，并且为他所知。就是说，这是一个关于员工能力的不完全信息博弈。基于此，这名员工决定获取多少教育。他接受教育的程度（而非他自身的能力）是可以被一些公司所观察到的，这些公司随后在伯特兰德博弈下竞标该员工的服务。[e]

除去 $w(e)$ 基本的（均衡）限制，即 $w(e)$ 必须对于被员工选入均衡中的教育程度是"正确的"，如果我们不再对 $w(e)$ 添加任何其他限制，此次博弈中的纳什均衡恰好就是斯彭思均衡。因为员工没有被设定为会去选择这些水平的 e，公司对其他 e 做出的反应是非均衡的反应，而且（正像你将要回忆起的那样）纳什均衡准则并不约束非均衡的反应。通过重新定义纳什均衡的概念，我们将对这些反应进行约束。子博弈完全性在这个例子中没多大用处；这个不完全信息博弈没有适合的子博弈。但是序贯均衡的概念对我们很有帮助。比如，如果我们要求均衡是序贯的，那么我们在 $w(e)$ 函数中恰好达到约束条件（2）；在每一个受教育水平上（包括那些非均衡的水平），每一家公司一定会有非均衡的信念 $\alpha(e)$，即员工是低能的，同时一定会依此进行竞价。[f]同时，诸如（3）:$\alpha(e)/e$ 必须是非增长的这样的约束条件，都是对信念的明确约束；例如约束条件（3），要求一家公司评估一名员工是高能力的概率就员工选择的教育程度而言是非减的。

事实上，对非均衡信念的高度约束在这一应用中是非常有力的。让我们引入三个逐渐严格的约束条件，进而看它们都导致了些什么：

(1) 均衡应该是序贯的。

(2) 假设一 t 类工人和教育程度 e 和 e'，其中 $\mu_t(e,e) > \mu_t(2e',e')$。在任何纳什均衡中，保持如下均衡结果，即其中的信念将 t 类型员工选择 e' 水平的教育的概率置于 0 必须是可能的。

(3) 修正一个序贯均衡，然后设 μ_t^* 为一名 t 类员工在此均衡下获得的均衡效用。

---

e 通过设定公司以伯特兰德形式进行博弈，我们保证了在任何均衡中员工将会被支付他的有条件的期望收益，有条件的是针对于他所选择的教育水平。在任何纳什均衡中，这对于在均衡中选择的概率为正的教育水平是有效的，而且在序贯均衡中对于所有教育水平都是有效的，在序贯均衡中我们使用公司的信念来模拟有条件的期望收益。

f 公司都有相同的非均衡的信念的事实源于序贯均衡的一致性要求。如果我们放弃这一约束而转向较弱的约束，"结果"不会有很大的变化，但分析过程会有一点更加棘手。

设对于某类型 t 和教育水平 e'，$\mu_t(2e', e') < \mu_t'$。那么保持如下均衡结果，即其中的信念将 t 类型员工选择 e' 水平的教育的概率置于 0 必须是可能的。

要求(1)是完全直接的。要求(2)背后的动机是这样进行的：依照假定修正 t、e 和 e'。在任何序贯均衡中，对于一个 t 类员工，如果他选择教育水平 e，他的效用将保证至少为 $\mu_t(e, e)$。如果他选择了 e'，不难想象他最大的效用将是 $\mu_t(2e', e')$。所以如果他预期雇主在所有教育程度上都做出序贯、理性的回应，他在选择教育程度 e' 时无论如何都没有讨价还价的余地；如果他选择 e，他将保证得到更多的收入。雇主应该把这一点搞清，同时也因此评估 t 类员工选择教育程度 e' 的概率是 0。要求(2)之意就是信念在如此约束的情况下均衡可以被保持。

要求(3)比要求(2)再深入一步。此处的检验是，t 类员工在选择 e' 时能做到最好的结果是否比均衡情况下的结果要差。若如此，要求(3)之意就是雇主应该有能力评估 t 类员工选择 e' 的概率是 0。

注意：要求(2)排除了占优策略，这里我们要求仅当公司作出符合序贯理性的反应时一个策略才会优于另一个策略。要求(3)更强一些；它属于排除均衡占优的策略的集合。从要求(2)到要求(3)走出额外的这一步是充满争议的；详见第 12 章中简要的讨论和参考文献。

这些要求导致的结果是什么？回忆上面的讨论，$\hat{e}_1$ 是使 μ_1 在射线 $\omega = e$ 上达到最大的教育水平；$\hat{f}_1$ 是使得 $\mu_1(\hat{e}_1, \hat{e}_1) = \mu_1(2\hat{f}_1, \hat{f}_1)$ 的教育水平；当 $e > \hat{f}_1$ 时；$\hat{f}_2$ 是第二类员工在射线 $\omega = 2e$ 上最为偏好的教育水平（见图 17.8）。我们区分这两种情况：在情况 1 中，高能力员工过点（$\omega = 2\hat{f}_2$，$e = \hat{f}_2$）的无差异曲线处于集合线 $\omega = 1.5e$ 之上；在情况 2 中，高能力员工过此点的无差异曲线处于集合线之下。情况 1 可以分为两类：情况 1(a)，当 $\hat{f}_2 > \hat{f}_1$；情况 1(b)，当 $\hat{f}_2 = \hat{f}_1$。在图 17.11 中，为了达到比较的目的，我们描绘了所有三种情况。

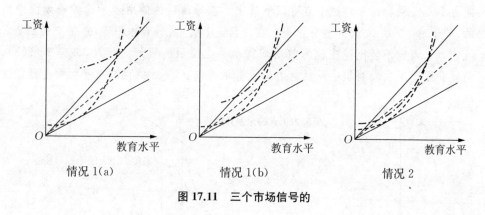

图 17.11　三个市场信号的

命题 17.7　对于这样的市场信号，其表现为一个员工选择教育程度而后公司以伯特兰德方式进行竞价的博弈，我们有：

(1) 如果我们坚持均衡是序贯的（要求 1），那么在任何独立的均衡中，低能力员工选择教育水平 $\hat{e}_1$。更一般地，在任何序贯均衡中，低能力员工得到的效用至少是 $\mu_1(\hat{e}_1, \hat{e}_1)$。

(2) 如果我们坚持除此之外同时符合要求 2，那么唯一可能的独立的均衡使得高能力

员工选择教育水平 $\hat{f}_2$。总的来说,在任何符合要求 2 的序贯均衡中,高能力员工一定会获得至少 $\mu_2(2\hat{f}_2, \hat{f}_2)$ 的效用。情况 1 中,那个独立的均衡是符合要求 2 的唯一可能的序贯均衡,不论均衡是否独立。

(3) 唯一符合要求 3 的序贯均衡是低能力员工选择 $\hat{e}_1$,高能力员工选择 $\hat{f}_2$ 的独立的均衡。

让我们简要阐述证明过程。如果均衡是序贯的,对任何教育水平 e 所反应出来的工资将不会小于 e 也不会大于 $2e$。那么如果低能力员工选择 $\hat{e}_1$,他们已经保证了效用 $\mu_1(\hat{e}_1, \hat{e}_1)$。由此可以立即推出 (1)。

对于 (2),考虑任何教育程度 $e' > \hat{f}_1$。根据 $\hat{f}_1$ 的定义 $\mu_1(\hat{e}_1, \hat{e}_1) > \mu_2(2e', e')$。因此,如果加入要求 2,我们一定能够保持这个均衡状态,认定教育水平 $e' > \hat{f}_1$ 肯定是出自高能力员工,这就意味着他们应得到 $2e'$ 的工资。因此对于任何 $e' > \hat{e}_1$,高能力员工肯定会得到 $\mu_2(2e', e')$ 的效用。在任何均衡状态下,一个高能力员工永远不需要接受小于 $\sup\{\mu_2(2e', e'): e' > \hat{f}_1\}$ 的效用,这就意味着他一定会得到至少为 $\mu_2(2\hat{f}_2, \hat{f}_2)$ 的效用。这是 (2) 的第二部分(你也许得稍微想想这一步)。在任何独立的均衡中,一个高能力员工不可能在教育程度小于 $\hat{f}_1$ 的情况下独立(为何不能?),所以我们有了 (2) 的第一部分。

(2) 的第三部分是最为困难的,给出以下提示,留给有能力的读者:我们知道,在任何均衡的结果上,低能力的员工处于或高于穿过 $(\hat{e}_1, \hat{e}_1)$ 点无差异曲线上。分开来考虑这个情况,他们处于穿过 $(\hat{e}_1, \hat{e}_1)$ 点的无差异曲线[在这个情况下使用 (2) 的第二部分],同时他们处于这条曲线之上,在这个情况下(我们提出,你一定要去证明)他们必须都是单一混同的部分,这就产生了矛盾。

对 (3) 来说,关键是证明在均衡上的任何混同都不能满足要求 (3)。考虑图 17.12,这一点以实心点表示。设想高低能力的工人同时在这一点上混同。那么,在均衡时,低能力工人必须获得穿过这个点可以参数化无差异曲线的效用水平。考虑如图中所示的,处于 $\hat{g}_1$ 与 $\hat{g}_2$ 之间的教育水平。在任何 $g > \hat{g}_1$ 的教育水平下,总是支付工资 $2g$,低能力工人也不能比他在他的效用均衡水平上所做的更好。所以,根据要求 (3),我们就必须要明白没有机会从低能力工人那里得到 $g > \hat{g}_1$ 的教育水平而需要延续这个

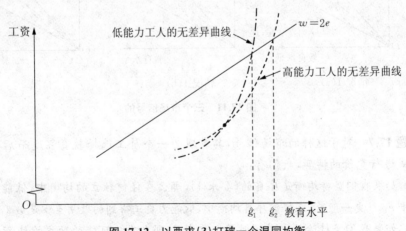

图 17.12 以要求 (3) 打破一个混同均衡

均衡。因此,对这样的教育水平而言,要支付 $2g$ 的工资。那么,一个高能力工人就将偏好于选择这样相比于 $\hat{g}_2$ 以及坚持在设定的混同上小一些的 g。证明完毕。

17.3.2 罗斯柴尔德、斯蒂格利茨和博弈论

从另一个角度,罗斯柴尔德和斯蒂格利茨均衡,可以被理解成关于如下不同拓展式的分析。公司同时且独立地来确定他们希望给出的合同(在我们的例子中,是工资—教育的模式)。然后员工以接受其中一份合同(或全部拒绝)的方式进行回应。[1]罗斯柴尔德和斯蒂格利茨均衡相当于此次博弈中纯策略的、子博弈完美的纳什均衡。特别地,如果没有罗斯柴尔德和斯蒂格利茨均衡,这次博弈便没有纯策略的、子博弈完美的纳什均衡。[g]

17.3.3 近一步的变化

对于莱利和威尔逊,我们也许会去考虑如下种类的博弈类型。对于莱利,公司同时且独立地拿出合同。合同的集合是公开的。然后公司被赋予追加合同的机会。如果任意一个公司追加一份合同,所有公司就被给予一次多出的机会进行追加,以此类推,直到没有公司再追加合同。然后员工们来选择他们想要的合同(如果公司永恒地追加合同会发生什么?我将这个问题暂时搁置)。对于威尔逊,考虑公司同时且独立提供合同。这些合同是公开的。然后公司被允许从合同的集合中撤回合同。在一轮或多轮的撤回合同后,员工们进行选择。

为莱利准备的博弈形式没有被完全明确,因为我们没有说如果持续增加合同,博弈将如何结束。而且在任何情况下,这个博弈形式允许了过多的纳什均衡。例如,考虑这样一个均衡,其中公司一开始提供员工的工资远低于其价值。我们会考虑到有一家公司通过提供稍微好一些的合约来获取所有员工的情况。但现在公司可以做出反应,而且可能被设定为所有公司得到零利润的情况。在这种情况下,没有公司会有正向激励从第一种正利润的情况改变。某种意义上说,公司间有一个"隐性的勾结",它是由像反应危险那样的超级博弈支持的。[对于这一点,或是对这个博弈以及与之相关的莱利反应均衡感兴趣的,参见 Engers and Fernandez(1987)]。

将这个对威尔逊的均衡概念进行扩展的博弈形式与上面那个博弈形式进行联系,我们把这个问题留给你;你(肯定)必须要首先研究威尔逊的论文。

为了结束这部分的讨论,我们还介绍了另一个对纳什均衡进行高度改良的博弈论形式,这种形式导出了更强的结果。考虑一个如下构造的三步博弈。公司在罗斯柴尔德和斯蒂格利茨均衡下给出报价合同。员工选择他们的教育水平,然后为他们

---

① 通过使用子博弈精炼,我们可以在此与以后都假设工人选择所提供的最喜欢的合同。我们在此处之所以可以使用子博弈精炼,是因为在厂商提供了合同后,自然移动可以被放入,在那个点,自然移动开始了一个正确的子博弈。

g 在混同策略中,如果没有纯策略均衡,那么这个博弈通常是承认纳什均衡的,(这个背后的存在性结果并不是微不足道的)一个人是否相信混同策略有任何特定相关是另一回事。

愿意接受合同的公司排队候职。但是公司可以食言；当他们了解到出现了哪些其他合同、哪些选择，公司可以决定不去给予他们一开始的出价。赫尔维格（Hellwig，1986）研究了这种博弈形式并且得到了可以总结如下的结论：如果某人在科尔伯格与默滕斯（Kohlberg and Mertens，1986）模式下寻找稳定平衡的结果，那么威尔逊模式的均衡将会被选择。

17.4 书目提要

我们可以从前述讨论中获得一些信息。首先，"柠檬问题"可以出现在这样的市场，其中，对于一笔交易，一群人有着另一群人掌握不到的信息。

其次，这些问题可能会通过市场信号或自选择的过程，被拥有私人信息的一方改善。如果消息灵通的一方按照斯彭思分析中设定的角色而行动的话，这就是所谓的"市场信号"。如果没有信息的一方提出一系列合同，消息灵通的一方在其中进行选择，这通常被称为"市场筛选"。为发送信号所使用的"工具"应该拥有这样的性能，就是"优质的"群体可以更廉价地去传达信息，就是说，应该保持某种与单交点性质相似的性质。优质群体"通常"会受到劣质群体的负面影响；优质群体要么被拉入劣质群体的行列，同样承受他们的损失，要么就是，如果没有能够把他们从劣质群体中区分开来的不对称信息，他们必须为超出愿意的支付范围的市场信号而买单。（这里我把"通常"置于引号中，因为这个结果必须精确。这是一次实质性的挑战，但你也许希望试试身手，将这个模糊的论断转化为一个精确的结果。）

对于这种信号或筛选的应用范围是很大的。除了教育作为一种信号（Spence，1974）和保险中的市场信号（Rothschild and Stiglitz，1976），部分应用如下：一个生产商提供保证作为市场信号：未经检验的商品是高质量的（Grossman，1981）；原告向庭外和解索要高额代价，这是他的案子很容易获胜的信号；（Reinganum and Wilde，1986；Sobel，forthcoming）一个交易证，为了传达相对议价能力的信号，拒绝对方的报价（Rubinstein，1985）或推迟做出自己的报价（Admati and Perry，1987）；一个垄断者，为了放出低成本信号从而阻碍潜在对手的进入，在他们进入前制定低价（Milgrom and Roberts，1982）。你可能从第13章中回忆起这最后一个应用。以免你认为自己已经看到了全局，作为信号的进入阻碍远远多于第13章中简单分析所传达的东西。特别地，米尔格罗姆和罗伯茨指出了现有的垄断者如何可能参与根本没有效果的进入阻碍定价。你可能还看出了第13章的啤酒—蛋饼博弈也是信号理论的另一个例子。

只有在最近，早期关于市场信号的模型和博弈论的关系才被发展起来。斯蒂格利茨和韦斯（即将发表）的理论应该被参考，该理论考虑了市场信号和市场筛选之间的基本区别。强调非平衡信念的限制的市场信号模型，其研究成果其他可见于 Banks 和 Sobel（1987）、Cho 和 Kreps（1987），以及 Cho 和 Sobel（1988）。对于市场筛选和博弈论之间的关系研究较少，虽然 Engers 和 Fernandez（1987）以及 Hellwig（1986）可以在一些初步研究中作为参考。

从这里讨论的很简单、很基础的模型出发，市场信号这一话题可以向许多方向进行延伸。首先,有人会想到观察有多于两种雇员的模型。这种延伸相对直观,而且上面给的大多数参考文献是研究这一方面的。更有趣的是有不止一个信号的情况下的应用[参考Engers(1987)的市场筛选还有 Cho 和 Sobel(1988)的信号模型],或者"质量"信号从多角度发出的情况(Quinzii and Rochet,1985),或信号是混乱的以至于发出信号本身也是一种奢侈信号(Hillas,1987)。

我们还未提到的一个重要的变化涉及发送信号是零成本的信号模型。就是说,参与者可以参与"廉价磋商"——磋商是没有成本的,但对可达到的均衡完全不是无关紧要的。此话题参考 Crawford 和 Sobel(1982)还有以及 Farrell(1988)。同时,全章中我们考虑了私人信息的信号。我们还可以分析先前行动的信号,或者甚至是计划未来行动的信号。[例如,见 Wolinsky(1983)或 Ben-Porath 和 Dekel(1989)。]

一个较不理论、更加"实际"的问题,是关注寡头垄断的重复博弈在市场筛选背景下对均衡的影响。即我们考虑给潜在客户提供一个合同菜单,同时我们认为这些公司参与某种形式的隐性勾结,然后关于罗斯柴尔德和斯蒂格利茨、莱利还有威尔逊的比对就要放在首位。也许公司会被残酷竞争死灰复燃的威胁团结在一起,相互勾结然后给出对于他们作为卡特尔最佳的一份合同菜单。这就让人提出疑问,如果保险业不是竞争市场而是垄断市场(或卡特尔),什么样的合同菜单会被提供?(如果保险业是被规制的,那么又如何?)。以此作为引导,我们将进入第 18 章。

参考文献

Admati, A., and M. Perry. 1987. "Strategic Delay in Bargaining." *Review of Economic Studies* 54:345—64.

Akerlof, G. 1970. "The Market for Lemons: Quality Uncertainty and the Market Mechanism." *Quarterly Journal of Economics* 89:488—500.

Banks, J., and J. Sobel. 1987. "Equilibrium Selection in Signaling Games." *Econometrica* 55:647—62.

Ben-Porath, E., and E. Dekel. 1989. "Coordination and the Potential for Self-Sacrifice." University of California at Berkeley. Mimeo.

Cho, I-k., and D. Kreps. 1987. "Signaling Games and Stable Equilibria." *Quarterly Journal of Economics* 102:179—221.

Cho, I-k., and J. Sobel. 1988. "Strategic Stability and Uniqueness in Signaling Games." University of Chicago. Mimeo.

Crawford, V., and J. Sobel. 1982. "Strategic Information Transmission." *Econometrica* 50:1431—51.

Engers, M. 1987. "Signaling with Many Signals." *Econometrica* 55:663—74.

Engers, M., and L. Fernandez. 1987. "Market Equilibrium with Hidden Knowledge and Self-selection." *Econometrica* 55:425—40.

Farrell, J. 1988. "Meaning and Credibility in Cheap-talk Games." in *Mathematical Models in Economics*, M. Dempster, ed. Oxford: Oxford University Press.

Grossman, S. 1981. "The Role of Warranties and Private Disclosure about Product Quality." *Journal of Law and Economics* 24:461—83.

Hellwig, M. 1986. "Some Recent Developments in the Theory of Competition in Markets with Adverse Selection." University of Bonn. Mimeo.

Hillas, J. 1987. *Contributions to the Theory of Market Screening*. Ph.D. diss., Stanford University.

Kohlberg, E., and J.-F. Mertens. 1986. "On the Strategic Stability of Equilibria." *Econometrica* 54:1003—38.

Milgrom, P., and J. Roberts. 1982. "Limit Pricing and Entry under Incomplete Information: An Equilibrium Analysis." *Econometrica* 50:443—59.

Quinzii, M., and J.-C. Rochet. 1985. "Multidimensional Signalling." *Journal of Mathematical Economics* 14:261—84.

Reinganum, J., and L. Wilde. 1986. "Settlement, Litigation, and the Allocation of Litigation Costs." *Rand Journal of Economics* 17:557—66.

Riley, J. 1979. "Informational Equilibrium." *Econometrica* 47:331—59.

Rothschild, M., and J. Stiglitz. 1976. "Equilibrium in Competitive Insurance Markets: An Essay on the Economics of Imperfect Information." *Quarterly Journal of Economics* 80:629—49.

Rubinstein, A. 1985. "A Bargaining Model with Incomplete Information about Time Preferences." *Econometrica* 53:1151—72.

Sobel, J. Forthcoming. "An Analysis of Discovery Rules." *Law and Contemporary Problems*.

Spence, A. M. 1974. *Market Signaling*. Cambridge, Mass.: Harvard University Press.

Stiglitz, J., and A. Weiss. Forthcoming. "Sorting Out the Differences Between Screening and Signaling Models." In *Oxford Essays in Mathematical Economics*, M. Bachrach, ed. Oxford: Oxford University Press.

Wilson, C. 1977. "A Model of Insurance Markets with Incomplete Information." *Journal of Economic Theory* 16:167—207.

Wolinsky, A. 1983. "Prices as Signals of Product Quality." *Review of Economic Studies* 50:647—58.

课后习题

1. 回忆章节开始的柠檬问题。一些把汽车当做桃子,对卖者价值 2 500 美元对买者价值 3 000 美元; 一些是当做柠檬, 对买者价值 2 000 美元对卖者价值 1 000 美元。对汽车供给是固定的, 但是需求没有限制。假设桃子是柠檬的两倍。假设买者不能辨别给定车的质量, 当卖者可以的时候, 供给曲线和需求曲线是怎么样的? 在文本中, 市场出清评估在 2 666.67 美元, 有其他市场出清的价格点么?

2. 考虑第 17.2 节中就业市场的信号模型。更加具体地说, 归因于斯彭思, 考虑的分析模式, 那么的工人选择在他们的工资会收到预期教育水平。我们探讨了在第 17.2 节中分离和混同均衡, 我们假定每一类型的员工选择和均衡教育只有一个。

(1) 是否存在分离均衡, 其中一种类型(或两种)选择多于一种的教育水平? 通过分离均衡我们的意思是说, 如果一个类型选择给定的教育水平与正的概率, 那么其他类型不是。

(2) 是否存在混同均衡, 两种类型选择超过一个教育水平? 通过这个混同均衡我们是指每种类型都通过正的概率选择每个教育水平。

(3) 混合均衡是指一些教育水平由一类选择和其他的由两类选择。是否存在混合均衡? 如果存在, 有多少种不同的"类型"可以构建?

(4) 一个低能力的劳动者可以选择在任何平衡以正的概率选择的最高教育水平是什么? 一个高能力的劳动者可以选择在任何平衡以正的概率选择的最高的教育水平是什么? 证明你的答案。

3. (1) 完成命题 17.2 的证明。

(2) 证明命题 17.4。

4. (1) 考虑第 17.2 节中就业市场的信号模型, 但有一个修改: 教育对增长的工人生产力是完全没价值的。这说明, 低能力人对企业的价值 v_1, 高能力劳动者对企业的价值 v_2, $v_1 < v_2$。另外, 如第 17.2 节中的, 工人有高工资的且不爱学习的, 他们的无差异曲线有"单一交点"等等。叙述斯彭思, 以及罗斯柴尔德和斯蒂格利茨的对修改后准则的结论。

(2) 在修改后的模型中, 很明显教育是社会性浪费; 它也没证明生产力且它降低了工人的效用。另一方面, 如果工人得到任何教育在均衡时, 从社会生产力增进角度来看, 他们肯定是过度教育了。推测你在(1)中展示的, 均衡在这个设定下会导致"过度"的教育, 分离均衡也是。在第 17.2 节的原始设定中, 相似的结论可以使用么? 是否在均衡中从没有"过少"教育? 换句话说, 下面声明的评论: "教育作为信号的模型, 基于斯彭思, 以及罗斯柴尔德和斯蒂格利茨, 说明人们对教育过度投资, 当教育作为能力信号。"

5. 回忆我们对于单一交叉性质不准确的准则。假设效用函数 $u_t(w, e)$ 是凹的, 在正确的方向上单调, 有各阶导数。你能不能对单一交叉性质给出更准确的准则, 用合适的偏微分 u_t。

6. 对单一交叉性质的一个简要概述可以如下给出: 工人的类型有限, 用 $t = 1, 2 \cdots T$ 表示出。工人能够选择教育水平 e, $e \in [0, \infty)$, 企业支付 w, $w \in [0, \infty)$。我们令 $u_t(w, e)$ 来表示类型 t 的工人接受 w 工资和 e 教育水平的效用。那么如果, 对于类型为 $t = 1, 2, \cdots, T$ 的工人 $u_t(w, e) \geq u_t(w', e')$, $e > e'$, 那么对于 $t' = t+1, t+2, \cdots, T$, $u_{t'}(w, e) \geq u_{t'}(w', e')$。简要说, 如果类型为 t 的工人(弱)喜欢 (w, e) 胜于 (w', e'), 那么更优的组合有着更高的教育水平, 且所有的有着更高指数的类型 t' 工人更

喜欢组合(w,e)。

假设我们有一个劳动市场信号准则,关于前项条款,就像在斯彭思的故事中谈到的有限的许多的工人类型。假设我们找到了均衡。假设在这个均衡里,工人猜想对于各种教育水平下的选择,他们会接受的非随机工资。(你没有看到一个例子关于非随机工资,所以这里会让你困扰,如果有就先忽略它。)假设单一交叉的准则已经给出,证明:如果t类型工人有正的概率在均衡中得到了e的教育水平,t'类型的工人得到了e',那么$t'>t$意味着$e'>e$。

7. 考虑如下博弈,不同合同下工人选择代表的博弈。企业的数量是有限的。(两个足够。)企业同时且独立命名合同[一对(w,e)];每个企业只能签订有限数量的合同。(如果你希望,假设每个企业命名的合同不超过4个。)提供的合同暂时公开,且企业同时独立决定他们是否希望退回一些他们之前提供的合同。那么新的暂时提供的合同也是公开的,如果有任何合同被解除,企业也会给予机会解除合同,等等,直到要么没有合同剩下,要么给定条件下没有合同解除。(因为这里有有限的很多企业和有限的很多合同,这个过程肯定会结束。)工人自己从剩下的(可以的话所有的)合同中自行选择。特别地,就跟本章的模型一致。

你能够如何描述这个博弈的子博弈完美均衡?你能够给出所有准确的特征么?如果不能,你能给出部分特征么?你能不能至少描述一个均衡?(这里有很多合适的子博弈,你可以找到比较简单的,如果你在工人序贯理性策略中寻找纳什均衡。这就是说,不要担心企业的子博弈完美性。)

8. 除了教育是个信号,其他经典的工具是保险市场。接下来的这个故事经常被提及。考虑一个行为人,受到随机损失的约束。特别地,这个行为人可能消费Y_1,可是她可能只有Y_2,$Y_2<Y_1$。这个行为人是严格风险规避的,可以用冯·诺依曼—摩根斯坦效用函数U来定义她对消费的效用。有概率π_t行为人只能够拥有收入Y_2(有概率$1-\pi_t$她会收到收入Y_1。)t表示H或者L,分别代表高风险和低风险。我们有$\pi_H>\pi_L$。这个行为人知道她是否是高风险的行为人还是低风险的行为人。

假设保险公司提供保险来抵御消费者的坏情况。一个消费的合同很简单:它区分行为人剩余的y_2和y_1当她消费Y_2和Y_1的时候。这样,你可以认为$y_1=Y_1-P$,P表示保费,$y_2=Y_2-P+B$,B表示当消费者收入为Y_2时的收益支付。保险公司是完全竞争的且风险中性。这意味着提供和在均衡时使用的合同是在平均破产点,表示为$\pi(Y_2-y_2)+(1-\pi)(Y_1-y_1)=0$,$\pi$表示消费者留下$Y_2$的机会。保险公司不知道消费者是什么类型的,但是知道推测均衡是基于消费者接受和拥有的合同类型。保险公司从现有对高风险消费者占$1/2$的现有评估出发。

改编斯彭思,以及罗斯柴尔德和斯蒂格利茨的设定。

关键是找到正确的"图片",我们会给你一些帮助。考虑"商品空间"[代替(w,e)空间]作为一对(y_1,y_2)的空间,y_1是消费者拥有Y_1时为意外事故预留的,y_2是消费者拥有Y_2时为意外事故预留的。从定位消费者禀赋(Y_1,Y_2)开始。然后在空间上画出消费者的无差异曲线。仔细看,无差异曲线对于不同风险的消费者是不同的,计算无差异曲线在(y_1,y_2)的斜率很有用,$y_1=y_2$。最后,找到零利润点合同(y_1,y_2)的所在位置,如果保险公司知道如何应对高风险客户、低风险客户或是高风险概率为 1/2 的客户。（我们提供的这些帮助不完全无私，如果你困住了，或者你懒，你能在下一章的开头找到答案。）

9. 在特定的人群中，每个人都随机承担着失去 1000 美元的风险。每个人的随机事件（决定了这个人是否失去 1000 美元）与他人独立发生，而且所有单个行为人会失去 1000 美元的机会取决于行为人。90% 的人会损失 1000 美元的概率是 0.1，而另外 10% 人会失去 1000 美元的概率为 0.6。每个人都知道她自己损失的概率，但是不知道其他人的。每个人对这场特别的赌博都有同样的冯·诺依曼—摩根斯坦效用函数（要么失去 1000 美元要么不失去），$u(x)=1-e^{-\lambda x}$，x 表示赌博的净利润。

一个规范的保险公司准备为这个赌博提供保险。如果行为人支付了保费 P，那么行为人可以受到保证来抵御 1000 美元的损失。从净收益的角度来看，行为人交易了风险，从两个可能结果 $x=0$ 和 $x=-1000$ 变成了固定的 $x=-P$。因为保险公司是受控制的，所以它必须设定保费使得它的期望收入为 0。

(1) 如果 $\lambda=0.002$，那么这个经济又混同均衡么？如果 $\lambda=0.005$，存在混同均衡么？那么什么样的 λ 存在混同均衡（回答最后这个问题，只当你有计算的工具或者计算机时。）作为你回答的一部分，你必须告诉我们怎样构建混同均衡？

(2) 假设 $\lambda=0.001$，且行为人承受检验有可能存在错误识别行为人是有 0.1 的可能失去 1000 美元还是 0.6。具体地说，这个测试有两个结果：H（高风险）和 L（低风险）。如果行为人是这种类型，她会以 0.1 的概率失去 1000 美元，那么这个测试结果 L 的概率为 p，H 的概率为 $1-p$；如果行为人失去 1000 美元的概率为 0.6，那么这个测试的结果 H 的概率为 p，L 的概率为 $1-p$。这个需要支付 10 美元来让管理这个测试。这个监管主体说保险公司必须向任何想要这个测试的行为人索取不可归还的 10 美元。（消费者可能只会接受一次测试），且这个公司必须在每个提供的合同上收支相抵。（这就是说，一个合同可能不被允许交叉补贴另一个。）这个保险公司可能制定这个保费基于这个测试的结果，这个经济会允许一个可视的均衡么，这个均衡的本质是什么？当 p 为何值时均衡存在？

注意：在两个一半的问题里，不要假设保险公司之间的竞争。这个单一的保险公司受到制度的约束，就像之前提到的。如果你思考到了这个，你可以考虑如果存在竞争的保险行业会发生什么？

10. 回到第 13.2 节，说的是进入威胁。如果你不理解那个均衡，你需要回去看看。（你现在能找到所有的均衡么？）

在这个博弈里面，斯彭思模型的理论分析，我们看到了混同均衡的破坏，如果我们使用标准的平衡控制。这个我们在第 13.2 节中描述的在混同均衡里面不是真的？为什么？（提示：当你概括你的结论时，从下面这行开始："在本章的模型中，如果这里有混同，那么高能力工人会承担这个，但是……"）

11. 我们已经讨论了逆向选择和道德风险的问题。在这个问题中，你可以尝试动动手，在同时存在两者的情况下。如果你发现这个问题太难了，等到下一章的结果你就会发现这个比较简单。考虑一个情况，就像售货员问题在第 16.2 节中提到的，只有一个额外的刺激。特别地，售货员有可能具有高能力也可能具有低能力。准确地说：你将雇用一个售货员来为你售货。你是风险中性的。他是风险规避的，具有冯·诺依曼—摩根斯坦效用

函数 $\sqrt{x}-a$，x 是你支付给他的，a 是他付出努力水平的指数。他可能是高能力可能不是，这个概率都是 0.5。在问题(1)和(2)中你知道他能力水平；其他问题中你不知道。你可能会付出高水平的努力或者低水平的努力，你无法观察。（注意：好和坏关于能力，高和低关于努力。）不管他的能力如何，他有保留效用 5。如果他付出高水平的努力，a 为 1，低水平时 a 为 0。

他可能会卖得出去也可能卖不出去。如果他成功了，包括你支付给他的加总在一起会让你净赚 100 美元。这个成功的机会取决于他的能力水平和努力水平。特别地：

如果他能力好、努力高，他成功的机会是 0.9。

如果他能力好、努力低，他成功的机会是 0.6。

如果他能力差、努力高，他成功的机会是 0.5。

如果他能力差、努力低，他成功的机会是 0.3。

（这就是这个社会能力比努力更重要。）

即便我注明的内容没什么意义，但是假设你只允许和一个售货员交易。你可以提供给他一个合同，他可以选择接受或者不接受，如果他拒绝，你的净收入为 0。任何时候，售货员是无差异的，他会选择对你更好的选择。（这就是说，你不用担心约束。）

(1) 假设你有能力观察他的能力，你发现这个售货员是能力差的。以你的观点，给他的最好的合同是怎样的？他会在这样的合同下努力更高还是努力更低？你的利润是多少？

(2) 假设你有能力观察他的能力，你发现这个售货员是能力好的。以你的观点，给他的最好的合同是怎样的？他会在这样的合同下努力更高还是努力更低？你的利润是多少？

(3) 现在假设你无法观察售货员的能力，你提供给他(1)和(2)的合同让他做选择，你的结果会是怎样？为什么？对这个例子中你所期望发生得要够清楚明白。

(4) 你无法观察售货员的能力，且你可以提供给他一对合同让他选择或者只提供一种合同他可以选择接受或者不接受。（如果你提供了一对合同，他同样可以拒绝接受，即便他是无差异的，但他也是假定做你想做的。）我希望你生产出一个合约给他，让他比(1)和(2)的合同更好。告诉我们这个合约是什么，你提供的结果会是怎样？你应该生产出你能想出的最好的合约——理想的，你应该提供给他最好的合约，然后你应该证明这是最优的。

12. 在本章的开头我们使用了 Gresham 法则来激励 Akerlof 的柠檬模型和逆向选择问题，但是这样的激励并不是完全合适，至少针对我们描述的 Gresham 法则。为什么？我们如何让 Gresham 法则合适？（第二个问题，这样开始回答："假设一些经济中的人是莫名其妙的反常……"）

▶ 18

显示原理与机制设计

在第 16 章中，我们已经讲过如何为想要让代理人选择某种行为的委托人设计最优激励合同。我们在那章的正文与习题中都提到了，当代理人拥有私人信息且有多个代理人时，在技术上探寻最优合同的设计。

在本章中，我们看到一种混杂的情况，在这个情况下这些技术都被采用。我们将考察的具体应用，存在逆向选择时的保险合同（或者，更普遍的是，最优非线性定价）、最优采购、与为提供公共物品的偏好诱导，就他们自身而言都是有趣的，我们将完成对他们的第一层级分析。但本章的重点是所采用的一般化分析模式，特别是从为单一方的合约设计到为多方的显示原理、合约与机制设计的发展。

18.1 为单一方设计最优合同

在上一章的最后，我们问到，如果保险产业不再是竞争性的，取而代之的要么是垄断的，要么是组成企业联盟（组成卡特尔），从而有效地表现为一个垄断体。那么在一个有逆向选择的保险市场设定下，将会发生什么？ 在第 8 章（课后习题 4）中，我们提出了一个在制造业垄断商销售给零售业垄断商的背景下，找到最优非线性定价方案的问题。在本节中，我们将看到如何去解这两个问题。

18.1.1 带逆向选择的收益最大化保险合同

首先，我们开发一个背景，以可以在这个背景下研究最大化保险的问题。[①]设想一下，一个人会得到 一笔不确定多少的钱去消费。具体来说，个人可能获得收入为 Y_1，或者她可能仅仅得到 $Y_2 < Y_1$。这两种情况到底哪一种出现是在之后的日期中决定的。这个人是严格风险厌恶的，有定义在她可以得到去消费的钱数上的冯·诺依曼效用函数 U，效用函数是严格递增且严格凹的。有概率 π_i，个人将仅仅会得到 Y_2 的禀赋，有 π_i 的概率她得到禀赋

---

① 这个分析来自于 Stiglitz(1977)。

Y_1，在此下标 i 代表要么是 H 要么是 L，帮助表示高风险和低风险。我们假定 $\pi_H > \pi_L$。个人了解她是否是高风险或者低风险个体。

因为她受制于禀赋风险的同时她是风险厌恶的，那么这个消费者就想去为她自身找寻保险，来抵御低水平禀赋。本质上说，她将在高禀赋状态时，放弃一些禀赋以获得低禀赋状态时更高的回报。假定有单一的保险公司，消费者可以与其达成协议。在保险公司与消费者间的保险合同要具体化两个数字，y_1 和 y_2，在此表示如果她的禀赋是 Y_k，$k = 1$，2，那么给以消费者的总资源是 y_k。你可以认为，$y_1 = Y_1 - P$，此处 P 是保险溢价，$y_2 = Y_2 - P + B$，此处 B 是如果个人反而仅仅得到了 Y_2 时的收益支付。之后，保险公司的"利润"在高禀赋状态时是 $Y_1 - y_1$，在低禀赋状态时是 $Y_2 - y_2$；我们将"利润"用引号引起来是因为这些数量的其中一个或另外的都将被假定为是负的。（事实上，假定 $Y_2 - y_2$ 将会是负的是合理的；保险公司在低禀赋状态下支出更多。）保险公司并不知道消费者是否是高风险或者低风险的，以消费者有概率 ρ 是高风险作为先验评估来开始。保险公司将会提供哪一种合同给消费者以产生最大的可能期望利润呢？

画一下这种情况的几幅图可能是有帮助的。消费者的"商品空间"是所有配对 (y_1, y_2) 的集合，所对应的解释是 y_1 是消费者在她（在没有保险收益时）将消费 Y_1 的自然状态下不得不花费的数量，y_2 是在她的初始禀赋是 Y_2 的自然状态下不得不花费的数量。我们可以为在 (y_1, y_2) 空间中的消费者画出无差异曲线；这些是对常数 k 来说，$(1-\pi_i)U(y_1) + \pi_i U(y_2) = k$ 形式的曲线，此处 π_i 是消费者拥有低水平禀赋的概率。在图 18.1 中，我们画出了通过禀赋点 (Y_1, Y_2) 的高风险消费者无差异曲线。

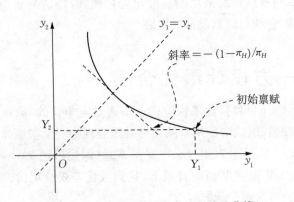

图 18.1　一个高风险消费者的无差异曲线

固定常数 k，考虑到随着 y_2 的决定，曲线成为了一个 y_1 的函数。那么，通过隐式关系定义一个函数 $y_2(y_1)$：

$$(1-\pi_i)U(y_1) + \pi_i U(y_2) = k$$

让 V 是 U 的反函数，这就有：

$$y_2(y_1) = V\left(\frac{k - (1-\pi_i)U(y_1)}{\pi_i}\right)$$

$\left[$ 我们应当对 $\left(\dfrac{k - (1-\pi_i)U(y_1)}{\pi_i}\right)$ 是否在 V 的定义范围内有所担心，但是我们将会简单

地通过给出假设来确保这个,同时我们留给你们去明白所有细节。]因此:

$$\frac{\mathrm{d}y_2}{\mathrm{d}y_1} = -V'\left(\frac{k-(1-\pi_i)U(y_1)}{\pi_i}\right)\left(\frac{1-\pi_i}{\pi_i}\right)U'(y_1)$$

或者

$$\frac{\mathrm{d}y_2}{\mathrm{d}y_1} = -V'(U(y_2))\left(\frac{1-\pi_i}{\pi_i}\right)U'(y_1)\ y_2 = V\left(\frac{k-(1-\pi_i)U(y_1)}{\pi_i}\right)$$

这看起来(是)很繁琐的,但是从这个当中我们看以收获两个对画图有帮助的事实。

(1) 如果 $y_2(y_1) = y_1$,那么通过 (y_1,y_2) 点的无差异曲线的斜率等于 $-(1-\pi_i)/\pi_i$。(得出这个因为 $V'(U(x)) = 1/U'(x)$。)

考虑高低风险两种情况下,消费者叠加无差异曲线。特别地,考虑穿过某些点 (y_1,y_2) 的消费者无差异曲线。(2)低风险消费者的无差异曲线比高风险消费者的更加陡。换种说法是,如果我们从点 (y_1,y_2) 出发,让 y_1 降低一点,那么相对于补偿低风险消费者,为补偿高风险消费者而增加的 y_2 要增加得更小一点。对此的直觉应该是很清楚的;高风险消费者出现低禀赋状态占优的可能更大,因此在那种状态下额外的收入对她的价值更大。我们也从代数的角度来看这个问题,在除了比例系数 $(1-\pi_i)/\pi_i$ 外斜率是相同的情况下;相对于低风险的消费者,对高风险消费者来说,这个系数更低。

确实,我们可以得到某些更强的,即所谓的穿过某一点的无差异曲线斜率的比率与这一点是无关的。但是我们还不需要这样强的结论。所有我们所需要的是对任何配对的无差异曲线而言的"单一交点"条件,配对的无差异曲线一条是针对高风险消费者的,一条是针对低风险的,如图 18.2 所示相交。

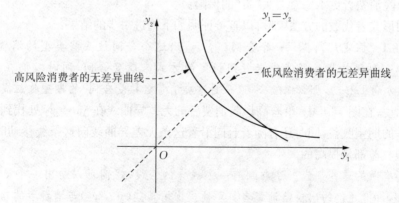

图 18.2　一对无差异曲线,分别对应一种类型

接下来考虑厂商的等期望收益线。假定厂商向消费者出售一个合同,使消费者处在点 (y_1,y_2) 上。厂商在高禀赋状态得到的收益为 Y_1-y_1,在低禀赋状态下得到是 Y_2-y_2,因此厂商的期望收益是 $(1-\pi)(Y_1-y_1)+\pi(Y_2-y_2)$,在此 π 是厂商对消费者将有低水平禀赋的可能的一个总体评价。对某些常数 k' 来说给出厂商的等期望收益线是:

$$(1-\pi)(Y_1-y_1)+\pi(Y_2-y_2)=k'$$

同时通过一点代数计算可以证明他们的斜率（以 y_2 作为纵坐标，y_1 作为横坐标来看）是 $-(1-\pi)/\pi$。

假定厂商知道正与高风险消费者打交道，那么评价为 $\pi = \pi_H$。为了最大化他的期望收益他愿意提供什么样的合同给消费者呢？如图 18.3，消费者不去签订任何合同，这将使她比在她的禀赋点上的情况更差。所以如果厂商愿意去做这个生意，那么他们被限制在图中的阴影区域中来提供合同。最高的期望收益是在沿着无差异曲线的点上，此处 $y_1 = y_2$。（我们再次发现了一个事实，首次出现是在第 5 章中，就是在风险厌恶和风险中性双方间的有效风险分担是将所有的风险转移到风险中性的一方。）

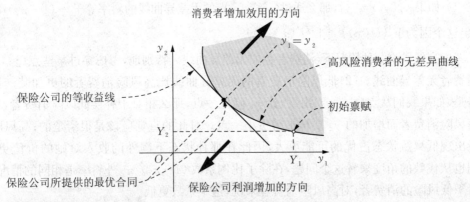

图 18.3 提供给高风险消费者的最优合同

同样地，如果厂商知道与他打交道是低风险消费者，那么沿着穿过禀赋点的低风险消费者无差异曲线在 $y_2 = y_1$ 处提供合同。由于低风险消费者有效率更加陡峭的无差异曲线，那么这将会在一个相对于高风险消费者而言，在 $y_2 = y_1$ 更上方的点。（换句话说，这是因为低风险消费者更不愿意去买"贵"的保险。）

通过图形或者代数的方法，都可以直接证明如下更进一步的结果：

引理 18.1 假定厂商提供一个合同 (y_1, y_2)，这个合同被某些类型的消费者接受。如果我们以一种保持某类型消费者效用恒定的方式来改变合同，同时我们在完全保险 $y_1 = y_2$ 的方向上移动，那么保险公司（来自这类消费者接受合同）的期望收益提高。

换句话说，在图 18.3 中，沿着高风险消费者的无差异曲线在 $y_1 = y_2$ 处找到的不仅仅是最高水平的期望收益，同时还有随着合同沿着这条无差异曲线向这条线移动时，无论从哪边其期望收益都是提高的。

所有做的这些都应当注意到有一个隐含的假设，厂商可以给出一个接受或者拒绝、不容讨价还价的出价给消费者。厂商提出用某些 (y_1, y_2) 与消费者的初始禀赋做交易，或者同等地，厂商提出缴纳 $Y_1 - y_1$ 的溢价作为交换来保障消费者在困难时期有 y_1 来消费。虽然保险公司不制定这种合同是可能的，但也许它必须命名溢价 P 和低禀赋状态支付 B，同时消费者可以选择购买多少这样的保险。我们将此留给你去发现这样讲如何改变我们所期望的故事。我们将继续在厂商可以给出接受或者拒绝、不容讨价还价的出价的假设下进行讨论。

回到我们最初开始的问题。保险公司不能判断出消费者是否是高风险或者低风险的，这种情况下保险公司应该做什么？十分清楚的是保险公司不会为两类消费者提供最优合同,并期望消费者可以选择其中对她"好"的那个。如果厂商这么做,无论是高风险消费者还是低风险消费者,将会去选择为低风险消费者最优设计的合同,因为这在两种情况下都给出了更高水平的收入。保险公司仅仅会为高风险消费提供最优合同,那么低风险消费者将会拒绝购买。

或者考虑图 18.4 中所描述的框架。我们设想一下,厂商提供如图中加粗点和方块的两个合同,允许消费者可以从中选择一个。由点来表示的合同代表完全保险;方块代表只有部分保险。我们也画在了穿过点的高风险消费者无差异曲线上以及穿过方块的低风险消费者无差异曲线上。可以看出,给定一个在点、方块或者完全没有合同(空心点)之间的选择,那么高风险消费者将会选择点,低风险消费者将会选择方块。在这个安排下,厂商将提供完全合同给高风险消费者,如果厂商知道自己正与高风险消费者打交道,或许能够给消费者提供更好的一些条款。为低风险消费者提供部分保险。对厂商来说,也许这种方式的某些方案是最优的。

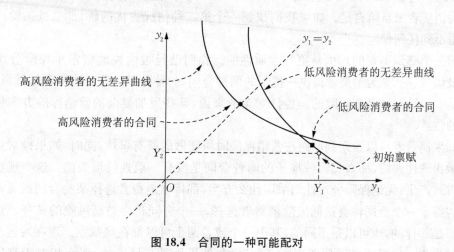

图 18.4   合同的一种可能配对

我们可以分析性地来解决厂商的问题,如下。我们设想厂商提供两个合同(y_1^H, y_2^H)与(y_1^l, y_2^l)。合同(y_1^H, y_2^H)是专门提供给高风险消费者的,合同(y_1^l, y_2^l)是专门提供给低风险消费者。如果我们假设消费者选择专门提供给她的合同,那么厂商的期望收益是:

$$\rho[(1-\pi_H)(Y_1-y_1^H)+\pi_H(Y_2-y_2^H)]+(1-\rho)[(1-\pi_L)(Y_1-y_1^l)+\pi_L(Y_2-y_2^l)]$$

这就是厂商所需要的最大化。但是我们不得不确定的是消费者要选择专门提供给她的合同。有四个约束条件添加进来:高风险消费者比起她的禀赋(Y_1, Y_2)必须更加偏好(y_1^H, y_2^H)。高风险消费者比起(y_1^l, y_2^l)必须更加偏好(y_1^H, y_2^H)。低风险消费者比起她的禀赋(Y_1, Y_2)必须更加偏好(y_1^l, y_2^l)。低风险消费者比起(y_1^H, y_2^H)必须更加偏好(y_1^l, y_2^l)。按顺序来说,四个约束是:

$$(1-\pi_H)U(y_1^H)+\pi_H U(y_2^H)\geqslant(1-\pi_H)U(Y_1)+\pi_H U(Y_2); \quad\quad (PH)$$

$$(1-\pi_H)U(y_1^H)+\pi_H U(y_2^H)\geqslant(1-\pi_H)U(y_1^l)+\pi_H U(y_2^l); \quad\quad (IH)$$

$$(1-\pi_L)U(y_1^l)+\pi_L U(y_2^l)\geqslant(1-\pi_L)U(Y_1)+\pi_L U(Y_2); \quad\quad (PL)$$

$$(1-\pi_L)U(y_1^L)+\pi_L U(y_2^L) \geqslant (1-\pi_L)U(y_1^H)+\pi_L U(y_2^H); \qquad (IL)$$

给这四种限制的命名如下:高风险类型的参与约束,高风险类型的激励约束;对低风险类型来说同样命名。

所以我们有了问题:选择四个变量 y_1^H、y_2^H、y_1^L 与 y_2^L 来最大化所示的目标函数,受制于这四个约束的限制。

对这个方程你可以会对三个方面感到一点不舒服。前两个方面是:我们可能假定了厂商向两种消费者提供不同的合同。厂商为什么不能选择通过提供单一合同而将这两类消费者混同呢? 同时,我们可能假定了厂商要服务于两种类型。厂商将愿意只为其中一种类型提供合同,同时另外一种也不会接受,使其得不到保险的情况也是可能的吗? 上文给出的方程允许这两种可能的任何一种发生。我们并不排除所找到的解 $y_1^H=y_1^L$ 和 $y_2^H=y_2^L$。 如果这成为了问题的解,那么两种类型就被混同了。同时我们也不排除所找到的解 $(y_1^H, y_2^H)=(Y_1, Y_2)$ 或者 $(y_1^L, y_2^L)=(Y_1, Y_2)$。 这些情况的第一个,就等同于使这类型的消费者来自给自足。如果我们找到一个第二种情况占优的解,那么低风险消费者就将得不到任何保险。①

第三个感到不安的理由是更加本质性的。我们已经很愉快地假定了保险公司所使用的最优"机制"是为消费者提供一揽子的两种合同,一种是专门针对消费者是低风险的,一种是专门针对她是高风险的。也许对企业来说,某些更加复杂的营销保险方案将产生更多的收益。

如果消费者可以预期到厂商在营销保险时所能做的所有事情,同时,如果她对这些事情都做出理性回应,那么我们一揽子的两种合同是没有一般性的损失的。这个观点按照如下方式产生:无论保险公司计划采用什么方案,都将以消费者选择某些合同或者其他合同而告终。一个合同将会被低风险消费者选择,一个合同将会被高风险的选择。[a] 这些合同可以是一样的,也可以是不同的,其中一个或者两个可以都在禀赋点。现在对这个观点的关键来说。如果消费者预期到所有的这些,如果她是高风险的,那么相对于高风险合同,她一定会偏好低风险合同。原因是如果她说自己是高风险的,相对于高风险合同她更喜欢低风险合同,她就可以简单地通过模仿如果她是低风险时所采取的行为来得到低风险合同。保险公司并不能辨别其中的区别。更进一步说,只要她能保留说不的权利,那么她所选择的合同就一定要至少与她的禀赋点一样好。所以任何营销方案,无论对于消费者可能选择的最终合同来说怎样复杂,都不如在起初提供一揽子合同让消费者选择来得好。

我们强调一个有关消费者一定能理性预期到厂商所采用的营销方案的附带条件。如果消费者不能通过某些方案以某种方式预期到厂商将会做的所有事情,那么厂商就可能比提供一揽子合同做得更好。如果消费者在早期就做出确定的选择,那么她可能不能预

---

① 参见下一小节中关于混合道德风险与逆向选择问题的注解,将是解决这个问题的另外一种方式。

a 在此我们应当十分小心。假设保险公司所采用的营销机制将会产生一个随机分配合同给消费者的结果;如果消费者是高风险的,那么她以某个概率得到合同 A,以其他概率得到合同 B,以此类推。在此,我们将忽略有随机结果的机制,原因是他们在这样的设定下永远也不是最优的,但是一个更加仔细的分析将会允许这种机制,然后将得出他们永远不会是最优的事实。

期到将有可能针对她的确定选项;在几个小节之后,当我们讨论在最优合同下面对保险公司的可信性问题时,我们将会回到这个问题。消费者可能被错误地引导到去考虑那些确定的针对她的选项以及那些不会针对她的选项等等。即使在一个良好的职业营销中不去旁敲侧击,有时营销方案似乎是设计混淆消费者视听的。一个立场不坚定的消费者可能会被一个复杂的营销机制混淆视听,但是简单地从一揽子中进行选择不会产生这个作用。只要是这样的,那么上文的最优化问题就可能对保险公司而言不能找到最优方案。但是我们假定作为这种(和大多数其他种)经济分析形式的基础部分,消费者不会被混淆视听。消费者对她被提供的出价做出选择,同时她会理性地回应。给定这个,一个双选择菜单方案(一个对应于两种类型消费者的任一个)对于保险公司而言将会是最优方案。

在已经明白了所给出的约束最优化问题的关联性后,我们可以投入到问题的代数形式中,看一下一阶方程与补充的松弛条件。之后,我们将用图形化的方式表达。

但是在转移到图标分析之前,需要有一个关于代数的说明。如果我们首先改变一下变量,那么问题将变得更容易分析一点。让决策变量是 $u_k^H = U(y_k^H)$ 与 $u_k^L = U(y_k^L)$,$k = 1, 2$。那么目标函数变为:

$$\rho\left[(1-\pi_H)(Y_1 - V(u_1^H)) + \pi_H(Y_2 - V(u_2^H))\right]$$
$$+ (1-\rho)\left[(1-\pi_L)(Y_1 - V(u_1^L)) + \pi_L(Y_2 - V(u_2^L))\right]$$

此处 V 是 U 的反函数。注意,如果 U 是凹的,V 是凸的,那么 $-V$ 是凹的,我们将会求解以最大化有关我们变量的凹函数。同时,四个约束变成线性的;举例来说,约束(IH)变成:

$$(1-\pi_H)u_1^H + \pi_H u_2^H \geqslant (1-\pi_H)u_1^L + \pi_H u_2^L$$

注意到,由这样的变量变化,(将被最大化的)目标函数是凹的而约束是线性的,所以我们知道对解来说,其一阶条件与松弛条件(都是可行的)是必要且充分的。变量变换的主要优势是代数通常变得更简单了。特别地,如果你是非常勤奋的,那么你会愿意去重复图形分析以可以利用一阶条件与补充松弛条件来进行代数分析。那么在这个环节,有线性的约束条件是非常好的。

命题 18.1 在这个问题的解上,约束(PL)和(IH)将会是有约束力的,同时高风险合同将会是完全保险合同;比如,$y_1^H = y_2^H$。

对这个结果的证明需要许多步骤。贯穿始终的是,我们设想 $\{(y_1^H, y_2^H), (y_1^L, y_2^L)\}$ 是问题的一个解。无论何时我们画图,都用一个空心圆圈来表示禀赋点,一个实心圆圈来表示 (y_1^H, y_2^H),一个实心方块来表示 (y_1^L, y_2^L)。

步骤1:考虑图18.5(1)。我们已经画出了低风险合同 (y_1^L, y_2^L),从那点起在无差异曲线上画出了高低风险类型的消费者。高风险合同 (y_1^H, y_2^H) 处于加了阴影的"楔形"中。

这个结果直接地来自于约束(IH)和(IL)。为了满足(IH),(y_1^H, y_2^H) 一定要在通过 (y_1^L, y_2^L) 的高风险无差异曲线上或者其上方。为了满足约束(IL),(y_1^H, y_2^H) 一定要在通过 (y_1^L, y_2^L) 的低风险无差异曲线上或者其下方。这两个区域的交集就定义出了这个楔形。

步骤2:约束(PL)满足。特别地,(Y_1, Y_2) 一定要处于沿着穿过 (y_1^L, y_2^L) 的低风险无差异曲线到 (y_1^L, y_2^L) 右侧的部分。

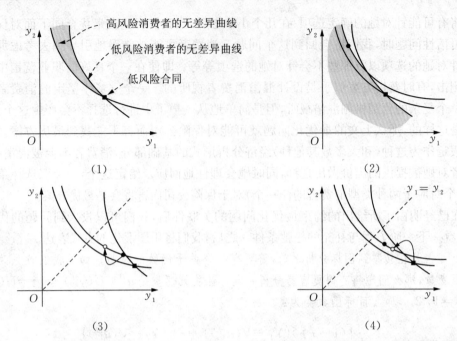

注:在图(1)中,我们画出了在与(y_1^L, y_2^L)的楔形下,(y_1^H, y_2^H)也一定要在里面。在图(2)中,我们画出了(Y_1, Y_2)一定要处于与(y_1^L, y_2^L)和(y_1^H, y_2^H)相关的区域。在图(3)中,将(y_1^H, y_2^H)移动到(Y_1, Y_2),在保持可行性下,对提高期望收益;在图(4)中,对(y_1^L, y_2^L)来说同样是对的。

图 18.5 (第一部分)利润最大化保险的图形分析

为了明白这一点,考虑图 18.5(2)。我们已经在那画出了(y_1^L, y_2^L)与(y_1^H, y_2^H),以及穿过(y_1^L, y_2^L)的两种类型的无差异曲线和穿过(y_1^H, y_2^H)的高风险类型的无差异曲线。我们首先注意到为了满足约束(PH)和(PL),(Y_1, Y_2)一定要处于图 18.5(2)的阴影区域。同样地,对于如果是这样的情况,我们可以降低来自于这两种合同的支付而确定地增加公司的期望收入,而且基本不影响可行性[要小心些以使得约束(IH)和(IL)继续满足],那么约束(PL)和(PH)都是松弛的就也是不可能的。因此(Y_1, Y_2)一定是在图 18.5(2)阴影和非阴影区域之间边界的地方。

假设(Y_1, Y_2)位于(y_1^H, y_2^H)的左边,那么一定在穿过(y_1^H, y_2^H)的高风险无差异曲线上,如图 18.5(3)所示。那么如果我们将(y_1^H, y_2^H)移动到点(Y_1, Y_2),那么所有的约束条件都将被满足,而且因为 $Y_1 > Y_2$,利润也会增加。

假设(Y_1, Y_2)处于(y_1^H, y_2^H)的右边和(y_1^L, y_2^L)的左边或者在他们上。如图 18.5(4)所示的情况。我们可以说,如果将(y_1^L, y_2^L)移动到(Y_1, Y_2),那么期望收益增加,所有的约束将仍然满足。为了明白期望收益增加,注意到这个移动包括在完全保险方向上沿着低风险无差异曲线的部分(由于 $Y_1 > Y_2$)以及(如这种情况描述的)两种支付的降低。你可以看到通过检查,我们发现所有的约束都继续满足。

因此(Y_1, Y_2)必须处于穿过(y_1^L, y_2^L)的低风险无差异曲线与(y_1^L, y_2^L)右边的地方。

步骤3:约束(IH)必须有约束力。通过步骤 1 和步骤 2,图形一定如图 18.5(5)一样。但是如果约束(IH)不能满足,如图 18.5(5)所描述的,那么(y_1^H, y_2^H)在任何向下和向左方向上的移动,都会保持在楔形区域,不会危害到可行性和提高期望收益。关键是(Y_1, Y_2)

的定位,这意味着只要(y_1^H, y_2^H)保持在楔形区域,那么约束(PH)就是满足的。

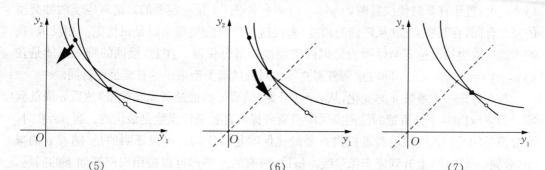

（5）　　　　　　　　　　　（6）　　　　　　　　　　　（7）

注:(Y_1, Y_2)一定处于图(5)中所标示的部分。但是在图(5)中有一个问题是约束(IH)没有约束力,将(y_1^H, y_2^H)在所指出的方向上移动提高了收益。图(6)是(y_1^L, y_2^L)包含了超额保险的情况,图中所示方向是提高收益的方向。同时在图(7)中,穿过(y_1^H, y_2^H)的高风险无差异曲线的部分处于(y_1^H, y_2^H)的左边是可行的,完全保险是最大化期望收益的点。

图 18.5　（第二部分）利润最大化保险的图形说明

步骤 4:合同(y_1^L, y_2^L)不包含过度保险;也就是说,$y_1^L > y_2^L$。为了明白这个,考虑图 18.5(6),此图描述了过度保险的一种情况。如果(y_1^L, y_2^L)沿着低风险无差异曲线向箭头方向移动直到完全保险,那么可行性是保持的(在y^H上的约束是实际被放松了的),同时借助引理,期望收益提高。

步骤 5:合同(y_1^H, y_2^H)包含完全保险。通过步骤 1 到步骤 4,图形一定是如图 18.5(7)所示的样子,在图中(y_1^H, y_2^H)处于高风险无差异曲线到(y_1^L, y_2^L)左边的部分,同时完全保险线处在(y_1^L, y_2^L)或它的左边。所有在高风险无差异曲线到(y_1^L, y_2^L)左边的点都保持可行性,同时根据引理 18.1,我们知道在这条线上完全保险最大化其期望收益。

从这个命题出发,我们可以看到问题实际上是一个维度的。考虑图 18.6。高风险合同(y_1^H, y_2^H)一定包含完全保险同时一定处于穿过禀赋点的高风险与低风险无差异曲线之间。一旦(y_1^H, y_2^H)的位置被选定,那么我们就知道约束(IH)和(PL)一定是可以满足的,所以(y_1^L, y_2^L)的位置被强制地处于穿过(y_1^H, y_2^H)的高风险无差异曲线与穿过(Y_1, Y_2)的低风险无差异曲线的交集处。当我们为高风险消费者将(y_1^H, y_2^H)置于首要最优位置时,我们就被强制要求了使得$(y_1^L, y_2^L) = (Y_1, Y_2)$。本质上来说,这对高风险消费者来说

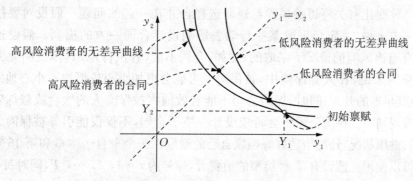

图 18.6　利润最大化保险的图形

包含了首要最优保险,对低风险消费者来说,没有包含保险。当我们为高风险消费者将 (y_1^H, y_2^H) 置于首要最优位置时,$(y_1^L, y_2^L) = (y_1^H, y_2^H)$ 是一定要的。这对应于两种类型的完全合同,在某些方面(从厂商的角度)来说这对低风险类型来说是最优的。相反地,我们为高风险类型准备完全保险为低风险类型准备部分保险。注意,混同的唯一可能是在 $(y_1^L, y_2^L) = (y_1^H, y_2^H)$,同时这两者都要等于对低风险类型来说的首要最优合同。

现在考虑一下系数 ρ 的变化,从 $\rho = 1$ 开始(消费者确信是高风险类型)然后 ρ 降低到零。当 $\rho = 1$ 时,十分清楚的是向高风险消费者提供首要最优保险是最优的。当 $\rho = 0$ 时,十分清楚的是向低风险消费者提供首要最优保险是最优的。可以证明的是,随着 ρ 的减小,合同 (y_1^H, y_2^H) 上升到完全保险线。所以,所有的这些都可以被用来回答如下的问题,在 $\rho \in (0, 1)$ 时(这就是说,对于消费者是任意一种类型都有一个严格正的概率),我们能得到其中的一个"角点"解吗,或者我们能充分地得到内点解中的一个吗?对于 ρ 在 0 附近时,这个问题是特别有意思的。正如我们在上文所注意到的,在整个内容中,只有在为低风险类型的首要最优合同中包含完整保险的情况下,我们才能有一个混同合同。如果我们知道这个,对任何 $\rho > 0$ 而言,我们将明白混同是不可能发生的。以这个为开始,接下来的分析留给你。

18.1.2　变化、延伸与复杂化

本文的分析刚刚完成了对如何在一方有私人信息的情况下,为单一方设计最优合同问题的公式化的论述。这一方面伴随一揽子的选项,每个选项对应于每一个此方可能拥有的私人信息的每一个可能方面,一揽子中的选项是被约束的,以使得对私人信息的每一方面而言,此方可以从一揽子中自行选出专门为"她"的那个。在文献中,你可以找到有关各种类型的各方的文献,就比如说在"低风险类型"或"高风险类型"下;此方可能拥有的私人信息的每一个方面都对应于一个不同的类型。

在上文的分析中,标准是保险公司的利润最大化。但是你不需要严格地限制在利润上。如果我们考虑到保险公司被监管,那么监管主体可能会期望最大化消费者期望效用的某种加权加总。或者,将持股人考虑进来,我们可能会考虑最大化某些给以公司利润正权重的标准。(如果公司是被监管的,那么它必须有某些最小的资产回报,我们可以把这个包括进来成为一种约束。)

另外一种变化有关将道德风险与逆向选择合并在一起的问题。假设对要接受所设计的合同一方来说,一定会采取某些行动去影响设计合同一方的福利。假设这种行动是在某些有道德风险的情况下采取的;比如,合同不能(有执行地)具体说明此方将会采取行动。举例来说,在人寿保险中,被保险人可能会更加小心或更加不小心地照顾她自己,以影响其早逝的几率;同时,保险公司不能有效地将被保险人的饮食或锻炼安排包含进保险政策规则中。保险公司将会希望设计一揽子合同,不仅仅能引导被保险人可以认识她自身的健康状况,还能给她好好照顾自己的激励。一个来自于本章和第 16 章的技术合并起来可以使用。假设有 T 种类型的消费者,标号为 $t = 1, 2, \ldots, T$,同时每一种类型的消费者可以采取有限集 A 中的任何行动。设想一下对任一类型的行动选择,方程 α:

$\{1, 2, \cdots, T\} \rightarrow A$。我们可以问到,厂商可以设计出一揽子合同 $c_1, c_2, \cdots, c_T$,以使得类型 t 消费者将会选择合同 c_T,之后选择行动 $\alpha(t)$ 吗? 如果是这样的,那么在这里执行 α 的情况下,最优的(可以说是利润最大化的)一揽子合同是什么呢? 仅仅因为有更多的约束就是一个更加复杂的问题。对任一类型 t 来说,我们有一个约束,少于有若干对 $(t', a') \in \{1, 2, \cdots, T\} \times A$。如果个人是 t 类型的,她一定会偏好选择合同选项 c_T,同时对任何 $t' \neq t$ 或者 $a' = \alpha(t)$ 来说,采取行动 $\alpha(t)$ 以选择任何其他的 $c_{t'}$ 并采取行动 a'。前一章的课后习题 11 就是以这种方法解出的。

本质上说,我们在本节的例子中是沿着这些方式来分析。对被保险人来说的可行的行动是为了选择一个保险或者拒绝所有提供的合同,同时约束(PH)与(PL)是为了确认代理人采取所期望的行动,即签订一个合同。(选择一个合同或者不签合同让她停留在禀赋点的选项。)我们注意到可以通过具体说明消费者将保留在其禀赋的合同包含进来的方式来模仿不签合同的选项;同样可行的,我们也可以利用刚刚所描述种类的结构,在这个结构中,在给定两个类型都签、或高风险的签低风险的不签、或是低风险的签而高风险的不签、或是都不签的情况下,依次找到最优期望收益。

正如我们在保险合同的具体例子中所注意到的,我们的公式假定设计合同的一方可以为第二方制定一个要么接受要么拒绝、不能讨价还价的合同。因为转售或者从许多不同小贩处购买的可能,特定商品或服务的卖方可能不能给出这种出价。

举例来说,设想一下保险公司是非常有效率地构建联盟的(建立卡特尔的)(因此促使我们关注利润最大化合同)。设想一下,均衡时低风险消费者仅仅获得了部分保险。我们还可以设想到,高风险消费者从许多不同公司处购买部分保险,比从一家公司购买完全保险所得的要更好。(对图形分析而言这是一个很好的联系。考虑图 18.6。如果在低禀赋状态下,写下保险策略具体说明溢价与支付,同时高风险消费者购买两种专门为低风险消费者设计的保险,那么她的消费水平将是什么呢? 与专门为她准备的完全合同相比,她认为这种合同怎么样? 保险公司对此感觉如何?)如果消费者可以这么做,那么对保险公司所假设的收益最大化合同是严重的破坏。所以保险公司会使他们的策略条款在两种不同载体下不能确信为相同风险。[①]

一般来说,这些考虑可以限制公司提供的一揽子合同。沿着我们所指出的路线去分析是可能的,但是通常是需要付出更多努力的。

最终的"一般化"是无限复杂的,包含由掌握信息的一方所设计的合同。设想一个情况,在其中政府机构期望从制造商那里采购一些物品。政府机构可能与该公司一样,不知道该公司所面临的成本结构,所以政府可能会设计一揽子合同,厂商从中做出选择。如果是一个有更高成本的厂商,它将会选择一个成本分担更多的合同,也就是说,尽管更低成本的厂商可能选择成本分担较少的合同,但是会有更高的单价。可以很容易地设想一下,在这个情况下,政府拥有厂商所没有的信息,这个信息是对特定项目的工程成本。依赖于政府所了解的信息,政府提供的最优的一揽子合同可能会改变。但是之后厂商看到政府提供了什么之后,可能会了解到一些政府所知道的。在设计一揽子提供给厂商的选项时,

---

① 如果你了解保险业务,特别是有关完全或者甚至于过度保险的道德风险问题,你将会发现保险公司将这些条款写入他们的策略的其他原因。

政府必须决定这个要如何保持神秘。这包含了要考虑厂商将会做出什么推断来作为厂商被提供给的一揽子选项的函数，以及给定他的私人信息的情况下，哪些推断将会怎样影响厂商选择的选项。

这个关于基本难题的变化可以归入"拥有信息的委托人的机制设计"的范畴。这与我们上文所描述的相比，是一个很好的同时也是更加复杂的处理，我们将把这些留给你去阅读文献。

18.1.3 可信性问题

上文给出基本故事的一个复杂化（或是一个提醒）应当被特别注意到。假设在我们的例子中，保险公司提供两个合同，一个有完全保险且专门针对她是高风险的消费者，一个是部分保险专门针对她是低风险消费者。假定她选择低风险保险合同。由于这是一个部分保险合同，仍然有一些所得来自于保险公司与被保险人之间的交易。为什么保险公司不转而提供一个完全合同以因此获取更高的期望收益而且使得消费者的境况不变差呢？

这个答案是直接的。如果被保险人预期到保险公司将会做什么，那么无论保险是高风险还是低风险，在预期将有一个有关完全保险合同之后的报价（比高风险消费者更好的条款必须再初始就提供）下，都将选择为低风险消费者设计的合同。保险公司将会做一个比最初分离合同差一些的好的买卖。

尽管是直接的，但是这个答案在两个方面还是有一点太拐弯抹角了。首先，这假定了如果消费者选择了专门为低风险消费者设计的部分保险合同，那么她就预期了之后有关完全保险的报价。如果消费者不预期到将会有出价（或者，尽可能地这么理解，如果厂商相信消费者不会预期到这个），那么如果以这种两阶段的方式来提供保险，保险公司将会预期有更高的收益。在这一点上，你应当想起之前我们有关公司问题公式原因的讨论，在那里，公司提供一个单一的一揽子合同，可能并没有给我们可以让公司使用的利润最大化营销方案。特别地，对于一个在多阶段方案中不能看到所有为她准备选项的消费者而言，我们的公式将不能必要地找到利润最大化的营销方案。

另外，（本小节的主要观点）纵使消费者可以预见到所有可行的选项（是她之前选择的函数），我们不得不想要知道，公司是否能约束它自身向那些从我们所设想的最优一揽子合同中选择部分保险的消费者提供完全保险。在事后，如果选择了部分保险，厂商就知道消费者是低风险的。也就知道了可以通过给出之后的报价来获得更多的收益。假设有能力限制其根据这个信息行事。如果不能承诺不依据这个信息行动，同时如果消费者预期到这个，那么如果消费者选择了低风险的部分保险合同，她就将会预期之后的报价。厂商在事前预期到它将会按照这种方式行动（就是说预期它不可避免地进一步报价），那么将不希望尝试着去区分消费者的类型。（但是请参见之后的小字部分。）

我们不是要通过这个暗示之前所给出的分析是错的。我们简单地希望去强调，我们的分析依赖于公司去做出并坚持在某个特定出价集的能力。厂商之所以可能有这种能力的一个原因是它们处于重复发生的情况之下,所以它有保护声誉的需要。①

或者,我们可能会希望考虑到在最优合同的设计中会发生什么。在这里,在拥有私人信息的一方采取某些行动或者做出某些决定后,设计合同的一方不得不在事后再去商讨合同。这个分析是很棘手的,因为如果之前做出了关于再协商合同成本的假设,那么可以被引导得出这样的结论,在消费者意识到自身的禀赋之前同时所有再协商的机会都错过之后的最后可能的紧急时刻上,厂商将会提供最优的分离合同。这个可以以两种方式之中的一种来复杂化:首先,可能没有"最后紧急时刻"。举例来说,如果意识(不)到风险的时刻是随机的,那么这就是可能的;一个损失可以在任何时刻发生,但是它现在不发生,那么可能在之后发生。[如果你明白这个了,那么考虑一个公式,在公式中,消费者持续损失的时间是以一个正概率随机的,这个正的概率表示永远不会出现(表示损失永远不会持续)且以损失发生为条件的,时间是对数分布的。]第二,我们可以考虑一种情况,在其中损失条件是反复的。消费者在若干期的任一期上,要么是高风险的要么是低风险的(比如,她的类型不会改变),但是在她的类型条件上,在独立于其他期损失的任一期上,她仍然会在收入上有损失。关于沿着第二种方式的(不同内容的)分析,参见 Laffont 和 Tirole(1988)。

18.1.4 为不相互影响的各方所设计的合同:最优非线性价格

在例子中,我们很小心地提到(单一)消费者,强调这个故事思想是有关为单一消费者设计合同,而且对于保险公司来说消费者的类型是未知的。当然,保险公司不会仅仅与单一个体打交道,而是与许多不同类型的个体打交道。所以我们可以假设保险公司要把保险拓展到许多消费者,他们中的每一个人都受制于我们之前提出的禀赋风险类型。在这种情况下,厂商应当提供什么样的合同来最大化它的期望收益?

为回答这个问题我们必须再多问两个问题。厂商可以辨别哪一个消费者是高风险的、哪一个消费者是低风险的吗?另外,如果可以的话,厂商是否可以根据个体类型来向任一个体提供不同的合同或一揽子合同的方式来依据信息行动?如果这两个问题的回答都是肯定的话,那么问题的解就在第 9 章了:针对任一个体要么接受要么拒绝、不讨价还价的基本情况,向任一个体都提供一个首要最优(利润最大化)的合同。但是如果任何一个问题的答案是否定的,要么因为(或者说,在法律层面)保险公司受到"歧视"报价的限制,要么因为它自己不能讲出个体的特性,那么上文所做的那类分析就变得恰如其分了。

在此应当给出一个重要的告诫。在保险的案例中,设想一下,一个被保险人从一揽子中选择一个合同是不会受到其他被保险人所作出决定的影响的,这应该是合理的。②这对

---

① 或者,按照第 9 章中我们所讨论的,可能提供给消费者"最受青睐投保人"式的合同。在这个合同中,任何给以任何投保人的出价也一定要对其他人都可行。(把这个归于脚注中是因为这个对故事来说有些超前,应当是在下一小节中,我们讨论一个保险公司同时为许多消费者提供保险的情况。)

② 实际上,如果保险公司对其责任违约是有风险时,这也不是那么合理的。从一个在地震事件风险上有一大笔资金的公司购买地震保险的满意程度,那么相比于从一个在这种特定的分割业务中没有那么大回报的公司购买相同的保险,是要有那么一点不满意。

我们所分析的模型是至关重要的。因为我们要分析消费者从给定的一揽子中做出什么样的选择,所以我们不希望被强制要求去考虑其他人做出什么样的选择。这不是要说对每一个个体消费者都必须要分别构建一个目标函数;也许这是可以的(举例来说,如果厂商希望最大化它期望收益的总和),那么这个分析将会与本节中第一小节的分析是等同的。但是纵使如所提出的那样,厂商的目标函数是消费者选择的整体(举例来说,如果厂商在保险供给上有一个非线性的成本结构,就将是这样的),那么只要可以"个体性"地构建自我选择约束,在本节中所使用的基本技术就是可以应用的。

我们可以设想到其他应用,与之相反的是,缔约方的选择与行动会影响到处于相同位置的其他各方将如何做。我们在下一节中去看一看这样的应用。

但是在这么做之前,我们注意到,本节中的分析方式完全是我们想要对最优非线性定价标准问题所做的事情。回忆下第 9 章中的例子:一个制造业垄断厂商批发式地卖东西给零售业垄断商。不同的零售垄断商面对不同的需求曲线,同时,理想化地,制造商将希望对零售商做出不同的要么接受要么拒绝、不讨价还价的出价。但是如果垄断商受到法律的约束而不能这么做,或者如果垄断商不能这么做,因为她不能辨别出特定的零售商对应于哪条需求曲线,那么在此处所采用的方法将被使用。对任一"类型"的零售商而言,垄断商设计一个详细的合同,此处的"类型"对应于零售商所面对的需求曲线。这些合同是受约束的,以使得任一类型的零售商相对于为其他类型设计的合同,更偏好于为他所设计的合同。受制于那些约束,制造商设计一个利润最大化的清单,让零售商自我识别。假如你之前没有做第 9 章的课后习题 4,在此你还有一个机会;在本章课后习题 1 中再次有这个问题。

18.2　相互影响各方的最优合同

当我们尝试着为行为与选择相互影响的各方设计最优合同时,事情将变得更加有趣。出现在文献中的例子倾向于使用大量的数学。数学(通常)不是特别高深或者复杂,但是它会阻碍理解基本问题。所以我们将仅仅仔细地对完全问题作出分析,以此来详细说明许多重要的概念问题,其余的留给你们去阅读其他有关更加现实应用的材料。

18.2.1　玩具问题

设想一下,某方必须要采购 100 单位的特定物品。我们将这一方称为"政府",你可以认为政府是要采购 100 架喷气式战斗机(虽然我们将用一个假设了这百十单位是完美可分的公式来解)。两家厂商可以供给这些单位。我们以 $i=1,2$ 来标示这两家公司。任一公司都有一个简单的线性成本结构——恒定的边际成本 c_i,没有固定成本。但是,这是一个复杂化了的性质,对任意 i 来说,c_i 的值可以要么是 1 要么是 2,每一个都是等同的。c_1 与 c_2 是统计上独立的。尽管任何一家厂商 i 都知道它自身的成本,但是无论是政府还是其他厂商都不知道厂商 i 的成本。取而代之的是,政府与另外的厂商都各自以 1/2 的概率相信 c_i 要么是 1 要么是 2。

我们做出一个贯穿始终的假设,政府有能力向两家厂商提出合同,针对这个合同他们一定要在要么接受要么拒绝、不讨价还价的基础上做出回应。同时我们假设每当这是(基本地)符合他们自身利益时,他们都会给出支持的回应。

如果政府知道两家厂商的成本,那么它的采购问题将可以很容易地解决。如果他们有相同的单位成本,那么将从其中任何一家那里购买(或者在他们之间分担订单),如果一家公司的单位成本为1,另一家的成本是2,那么从成本更低的一家厂商那里购买。由于政府提出的是一个要么接受要么拒绝、不讨价还价的出价,所以这就永远也不需要支付超过厂商的单位成本,所以对125的期望成本来说,就意味着以3/4的概率支付100,以1/4的概率支付200。

但是由于政府不知道厂商的单位成本,就不能这么做。假定尽力按照如下方案进行:厂商被要求主动披露他们的成本。如果两家厂商都提出相同的成本,那么政府将让他们两个分担订单,支付所提出的成本。如果一家提出的成本更低,那么政府将会从提出更低成本的厂商处购买,同样支付提出的成本。对此的回应是,如果厂商被限定在所提出的成本要么是1要么是2,那么无论他们的成本是多少,他们将会提出2。当一家厂商的成本是2时,那么说它的成本是1是没有意义的;这带来的结果是要么损失50(如果其他厂商说成本是1)要么损失100(如果其他厂商说是2)。当厂商的成本是1时,尽管他说自己的成本是1,这也将产生零利润,如果说成本是2同时其他厂商也说是2(另一家厂商以至少1/2的概率被限制这样做),那么第一家厂商赚50。所以,两家厂商都一定会说成本是2,政府的成本将会是200。

十分清楚的是,政府需要提供给厂商激励以使得他们可以在成本是1的时候披露他们的成本是1。考虑这样的方案:如果两家厂商都提出自己的成本是2,那么订单是被一分为二的,政府每单位支付 $x > 1$。如果一方提出1,另一方提出2,那么订单给提出为1的厂商,政府每单位支付 $y > 1$。为了让厂商能诚实地披露他们的成本,x 和 y 必须是多少呢?假设厂商1相信厂商2将会如实地披露它的成本。(假定 $x, y \leqslant 2$,所以这是合适的。)那么如果厂商1的成本是1,它可以说是2并且以1/2的概率有50的收益。或者可以说成本是2,那么以1/2的概率(如果其他厂商的成本是1)有收益 $50(x-1)$,以1/2的概率(如果其他厂商的成本是2)有收益 $100(y-1)$。假定厂商是要努力最大化他们的期望收益的,那么厂商1会如实地揭露成本1,只要:

$$\frac{1}{2} \times 50(x-1) + \frac{1}{2} \times 100(y-1) \geqslant 25$$

或者说,在这个情况下,两家厂商间都如实地披露他们的成本是一个纳什均衡。让我们在厂商如实披露他们的成本的假设下继续。那么政府的期望成本是:

$$100 \times \left(\frac{1}{4}x + \frac{1}{2}y + \frac{1}{4} \times 2\right)$$

这就是说,有1/4的概率是政府每单位支付 x,以1/2的概率的政府每单位支付 y,以1/4的概率政府每单位支付2。诚实诱导约束可以被写成是 $25x + 50y \geqslant 100$,政府的目标函数是最小化 $25x + 50y + 50$,所以很明显的是任何以相等的方式满足约束的 x 和 y 的选择都给出了政府的最小期望成本,这个期望成本是150。

假设政府选择 $x=2$, $y=1$。那么诚实披露是唯一的纳什均衡吗?假设厂商2无论它的成本是多少都披露成本是2。如果厂商1当它的成本事实上是1时提出成本为2,那么将一定赚50。(它一定会得到一半的订单,当它的成本是1时,每个单位将支付2。)如果当成本是1时提出成本为1,那么它将得到整个订单但是没有收益。(它提出1,它的对手提出2,所以所支付的就完全是它的成本。)当然了,当它的成本是2时,它将会以它的成本来如实提出2。因此如果厂商2总是提出成本是2,那么这是对厂商1总是提出它的成本是2的最佳回应。对两个厂商来说,总是提出成本是2是一个纳什均衡,同时在这个纳什均衡上,每一个厂商都有25的期望收益。通过对比,在纳什均衡处,两个厂商都总会是讲实话的,任意一方都有12.5的期望收益。如果我们相信厂商有他们的方式达到对他们双方都更好的纳什均衡,那么 $x=2$ 和 $y=1$ 就不是那么的好了。至少,政府有可能存在风险,企业找到对他们两者都更好的纳什均衡,但是对政府来说是更差的。

为了避免这个,我们十分清楚地想让 y 尽可能的大。所以考虑 $x=0$, $y=2$ 的设置。(假设 x 和 y 被限定为非负的。注意到 $x=0$ 已经足够差了;政府告诉厂商,如果一方提出低成本,那么一方将必须免费生产一半的订单。)如果 $x=0$, $y=2$,同时如果厂商2总是提出成本为2,那么对厂商1而言,当它的成本是1时,通过提出成本是2一定有50的净收入,通过提出成本是1就一定有100。因此我们不会有无论他们成本如何两个厂商都提出成本是2的均衡问题。但是现在可能有些更糟糕的出现。假设一个厂商采取总是提出它的成本是1的策略。作为回应,另一家企业将永远不比提出成本2做得好;如果它提出成本是1,它将不得不生产一半的产出还得不到任何的报酬。如同第二家厂商总是提出成本是2,那么第一家厂商最优反应将始终是提出成本是1;那么无论它的成本是多少,这都给它每单位2。我们有了第二个政府的期望成本是200的纳什均衡。

所以,y 是太大了。尝试 $y \approx 1.9$, $x=0.2$。现在我们在生意中。如果一个厂商的成本是2,那么无论它认为其他厂商在做什么,它都将不会提出1。如果它提出1了,那么它将要负责部分产出,而这将不能超过它的成本。尽管如果一家厂商的成本是1,一定得假设当它的对手成本是2时,它将会提出2。如果它认为它的对手会在它的成本是1时如实提出1,那么在提出1或者2之间将是无差异的。如果它认为它的对手在成本是1时将会提出2,那么它会严格偏好于提出1;提出2收入50,然而提出1收入90。如果我们稍微增加一点有利条件,让 $y=1.91$, $x=0.21$,那么给定政府所采取的机制下,在两个厂商之间唯一的纳什均衡是如实地披露成本。同时政府采购的期望成本是150.50。(这个额外的0.5来自于增加的有利条件。)

不过继续对这个方案进行诡辩是可能的。假设厂商1认为厂商2将总是会提出成本是1,即使这不是纳什均衡。如果厂商1的成本是1,那么如实披露意味着厂商1将会持续损失(得到一般的订单,报酬少于成本)。所以,如果厂商1确信厂商2将总是提出成本是1,那么它将更偏好与提出成本是2(或者拒绝共同参与)。

考虑如下方案。政府宣布,如果两家厂商都宣称他们的成本是2,那么订单将在他们之间分配,每一方都将得到每单位为2的报酬。如果两家都宣称他们的成本是1,那么订单将在他们之间分配,每一方都将得到每单位1.01的报酬。如果一方宣称它的成本是1,

另一方宣称成本是 2,那么宣称成本是 1 的一方将得到整个订单,同时得到每单位 1.51 的报酬。另外,每一家厂商都会因为参与而获得 0.01。

假设厂商 1 有成本 2。那么无论它认为厂商 2 将会做什么,说是 2 都比说是 1 要好,同时 0.01 的参与奖励意味着,说是 2 比拒绝参加要更好。假设厂商 1 有成本 1。如果厂商 2 说成本是 1,那么对厂商 1 来说,说成本是 1(每 15 个单位上获利 0.01)比说是 2 以及什么都不做是更好的。如果厂商 2 说成本是 2,那么对厂商 1 而言,说成本是 1 比说成本是 2 要更好;说成本是 2 将会每 15 个单位收入 1.00,然而说成本是 1 将会每 100 个单位收入 0.51。这就是说,为了应对这个方案,如数汇报对任一厂商来说都是严格占优策略。注意到,这花费了政府 $1/4 \times 101 + 1/2 \times 151 + 1/4 \times 200 + 0.02 = 150.77$。此外,通过增加(额外 0.01 的)难以察觉的小的奖励,成本下降到 150。

让我们总结一下我们所处的位置。我们发现如实汇报是纳什均衡的方案中,政府期望成本是 150。但是这个方案对两个厂商而言有多重纳什均衡,其中一个厂商如实汇报,比两个厂商都如实汇报更好。所以我们通过使如实汇报成为唯一纳什均衡的方式来修改这个方案。但是如实汇报在这个情况下并不是一个占优策略。所以我们再次修改方案,使得对任一厂商而言,如实汇报都成为占优策略。同时,除了反复给以很小的"有利条件"之外,对政府来说期望成本仍然是 150。

18.2.2 最优直接显示机制

在之前的分析中,我们对政府所采用的制定合同的机制作出了两个特别的假设。首先,我们给出了一个定性的假设,政府将要求厂商汇报他们的成本,依赖于所汇报的成本组合,有合同的量与所对应的支付。第二,我们假定合同量与对应的支付有特定的形式。如果厂商说出了相同的成本,那么合同量被一分为二,或者整个合同给以汇报更低价格的厂商。如果两家都说是 2,那么每一方每单位获得报酬 2。如果一方说是 1 另一方是 2,那么说是 1 的一方每单位得到报酬 y。同时如果两方都说是 1,那么两者每单位都得到报酬 x。

如果我们看一下不同的方案,要么是在相同的一般性定性结构下有不同种类的数量分配与支付,要么是完全不同的形式,或许我们可以找到一种方式将政府的期望成本降低到 150 以下。经过下面两个小节后,我们将会看到受制于某些条件,这个是行不通的。在本节中,我们依然沿用之前使用的一般性定性模式,只是改变一下系数。在下一节中,我们将提出一个从产出上"等价于"本节定性模式某些机制的某些(any)一般机制。这第二步,被称为显示原理,为本节命名。

我们以在之前小节中所讨论的机制的"一般定性结构"的定义为开始。一个直接的显示机制(direct revelation mechanism)就是如下的机制。对 $m=1, 2, n=1, 2$ 的四种 mn 配对组合的任一一个来说,有给定的四重数 $(x_{mn}^1, x_{mn}^2, t_{mn}^1, t_{mn}^2) \in R_+^4$,其中 $x_{mn}^1 + x_{mn}^2 \geqslant 100$。($R_+^4$ 我们意味着处于 R^4 的非负象限。)两家已经知道他们真实成本的企业,获得机会去参与。如果他们选择这样做,那么他们将同时和独立地宣布他们的成本是否是 1 或者 2。(这给出了直接显示机制的名字。)让 m 表示企业 1 的宣告,n 表示企业 2 的宣告,四重数$(x_{mn}^1, x_{mn}^2, t_{mn}^1, t_{mn}^2)$对应于他们的宣告$mn$,决定他们的责任:企业$i$必须生产$x_{mn}^i$单位的物品,为此获得报酬$t_{mn}^i$。注意到,如果$c^i$是企业$i$的真实边际成本,那么厂商的净收益是$t_{mn}^i - c^i x_{mn}^i$。

要特别小心地注意到,在厂商知道他们的真实成本之后但是在他们了解到其他厂商的宣告之前的阶段,我们已经允许厂商有拒绝参加的选项。实际上,我们正在假设,如果厂商们同意在所表明的时点上参加,那么政府可以强迫企业根据机制的"规则"去生产。我们可以考虑到其他至少两种可能性:(1)政府不能强迫厂商在任何时点去执行机制的命令;厂商仅仅需要在他们不继续期望有损失的时候,才去执行机制的命令;(2)政府可以在知道他们的成本之前向两家企业提出这个机制,如果他们在这个时点上同意,那么他们可以被强制要求去执行机制。

通过将t^i限制在非负,我们正在做出一个更深远的假设,即所谓的政府不能强迫厂商向政府付款。你可能会感觉到,这是一个跟(1)一致的但是对(1)的比较弱的替代假设;如果思想是政府不能强迫厂商承担事后的损失,那么是(1)而不是我们的非负性约束将貌似是合适的。我们在如果厂商在了解自身成本之后同意参与,那么厂商就可以被强制要求承担损失,但是不能被强制要求向政府进行货币支付的假设下继续我们的分析,牢牢记住也许对t^i的符号应当是没有约束的或者(1)或(2)应当被假定出来。

现在我们问如下的问题。

假设政府的注意力被限制在直接显示机制,这个机制如下的性质,可以以同意参与继而如实汇报成本来为这两个厂商所对应的不完全信息博弈构建纳什均衡。那么在使用这个机制的情况下,政府所期望的付给厂商的最低期望支付是多少?

你可能想知道我们为什么要问(并回答)这个问题。如果是这样,请把你的好奇心暂时收起来一会儿。

这个问题可以被变成一个线性规划问题。一个线性规划问题是一个带有目标函数与线性约束的最大化问题。对这样的问题,可以用许多方法解出数值解,其中使用最多的是单纯形算法(simplex algorithm)上的变化。如果你不知道线性规划,你应当学习一下;隆伯格(Luenberger,1984)给出了整体性的训练。在任何情况下,对本章中的所有最优化问题我们将直接给出答案。如果你不了解线性规划的话,这可能会与魔术有点儿像,但是事实上我们只是简单地汇报一下由单纯形算法得到的解而已。(去尝试用拉格朗日乘子的办法手算求解下面给出的问题是不推荐的。)

首先要做的是,我们要考虑对于给定的直接显示机制而言,如果参与如实汇报是一个纳什均衡,那么需要什么? 对于两个厂商中的任意一个而言,我们有四个约束。对厂商1而言,他们是:

(P1-1)如果厂商2参与并且讲实话,同时如果厂商1的成本是1,那么在这个机制里厂商1愿意参与并且讲实话而不是去拒绝参与,则:

$$\frac{1}{2} \times (t_{11}^1 - 1x_{11}^1) + \frac{1}{2} \times (t_{12}^1 - 1x_{12}^1) \geq 0$$

(P2 2)如果厂商 2 参与并且讲实话,同时如果厂商 1 的成本是 2,那么在这个机制里厂商 1 愿意参与并且讲实话而不是去拒绝参与,则:

$$\frac{1}{2} \times (t_{21}^1 - 2x_{21}^1) + \frac{1}{2} \times (t_{22}^1 - 2x_{22}^1) \geqslant 0$$

(I1-1)如果厂商 2 参与并且讲实话,同时如果厂商 1 的成本是 1,那么在这个机制里厂商 1 愿意参与并且讲实话而不是参与但是错误地宣称它的成本是 2,则:

$$\frac{1}{2} \times (t_{11}^1 - 1x_{11}^1) + \frac{1}{2} \times (t_{12}^1 - 1x_{12}^1) \geqslant \frac{1}{2} \times (t_{21}^1 - 1x_{21}^1) + \frac{1}{2} \times (t_{22}^1 - 1x_{22}^1)$$

(I1-2)如果厂商 2 参与并且讲实话,同时如果厂商 1 的成本是 2,那么在这个机制里厂商 1 愿意参与并且讲实话而不是参与但是错误地宣称它的成本是 1,则:

$$\frac{1}{2} \times (t_{21}^1 - 2x_{21}^1) + \frac{1}{2} \times (t_{22}^1 - 2x_{22}^1) \geqslant \frac{1}{2} \times (t_{11}^1 - 2x_{11}^1) + \frac{1}{2} \times (t_{12}^1 - 2x_{12}^1)$$

如果你仔细地看一看这四个约束的每一个,你将会有能力搞明白它们。取名(I1-2),是对当成本是 2 时对厂商 1 的激励约束的一个帮助性记忆。如果厂商参与,并如实汇报其成本是 2,同时其他厂商也参与并且讲实话,那么在方程的左边,我们有这个厂商的期望收益。如果其他厂商的成本是 1(同时也是这么披露的),以及如果其他厂商的成本是 2 的话,那么这是一个有关它收益正确的加权平均。当它的成本是 2 时,如果它参与而且错误地主张其成本只有 1,那么在方程的右边,我们有这个厂商的期望收益。注意到方程的两边,厂商被分配到的生产量被在前面乘以了 2,这是由于在这个例子中,这些是厂商的真实成本。

同样对厂商 2 有四个类似的约束。同样(由于假设)我们对所有的变量和四个约束都有非负性的约束,同时也告知了政府要采购 100 单位,则约束为:

$$x_{11}^1 + x_{11}^2 \geqslant 100$$

满足所有约束条件的,由 x_{mn}^i 与 t_{mn}^i,i,m,$n = 1,2$ 等 16 个变量具体表示的直接显示机制集合,与参与和如实汇报是纳什均衡的直接显示机制集合是完全一样的。所以为了回答我们所提出的问题,我们希望最小化:

$$\frac{1}{4} \times (t_{11}^1 + t_{11}^2) + \frac{1}{4} \times (t_{21}^1 + t_{21}^2) + \frac{1}{4} \times (t_{12}^1 + t_{12}^2) + \frac{1}{4} \times (t_{22}^1 + t_{22}^2)$$

这是受制于至今所给出的所有约束下,在给定机制的情况下,政府的期望支出量。

我们让电脑来解这个线性规划问题(在上文所有约束的限制下,最小化目标函数),电脑给出的结果是:$x_{11}^1 = x_{12}^1 = x_{21}^2 = x_{22}^2 = 100$,$t_{12}^1 = t_{21}^2 = t_{22}^2 = 200$,所有其他变量等于零。也就是说,如果厂商 1 宣称成本是 1,那么它就分配到了所有的生产任务;反过来,厂商 2 被分配到生产所有的 100 个单位。如果厂商 1 宣称它的成本是 1 厂商 2 宣称它的成本是 2,那么厂商 1 将得到 200 的报酬,如果厂商 1 宣称它的成本是 2,那么厂商 2 将得到 200 的报酬。政府的成本预期是 500。

因为我们从之前的讨论中已经知道,在直接显示博弈中,这并不是引导如实汇报成为纳什均衡的唯一途径。另一个方式是设定 $x_{11}^1=x_{11}^2=x_{22}^1=x_{22}^2=50$, $x_{12}^1=x_{21}^2=100$, $t_{11}^1=t_{11}^2=50$, $t_{22}^2=t_{22}^2=100$, $t_{12}^1=t_{21}^2=150$,所有其他变量等于零。(这对应于,当两个厂商都说成本是1时每单位支付1,当两个厂商都说成本是2时每单位支付2,如果有一家说是1另一家说是2,那么支付给说是1的每单位1.5。)我们在之后将会用到这个特别的方案,所以在此我们给它一个名字。在前一个自然段中所给出的解是更加"极端"的一个;有特别多的零元素。一般来说,线性规划倾向于产生这样的极端解。但是求出的解是多少并不是关键,那仅仅是解的值罢了:有许多在其中使得参与并讲实话是纳什均衡的直接显示方案,而其中每一个都让政府预期花费150。但是没有一个方案是可以在保证参与并讲实话是纳什均衡下,还能有更低的期望成本;这才是我们使用线性规划的方法,通过解受约束的最优化问题所了解到的。

在上文的公式中,我们把关注点限制在这样的一个直接显示机制,在其中对两个厂商的汇报 mn 的任意配对来说,一个单一的四重数 $(x_{mn}^1, x_{mn}^2, t_{mn}^1, t_{mn}^2)$ 是可行的。为了之后的分析,我们需要将这个变得更加一般化一点。考虑一个直接显示机制,在这个机制中,任意对 mn 来说,对这样的四重数有概率分布 μ_{mn}。这个思想是厂商汇报他们的成本,然后就相当于在四重数上构建了一个彩票,对汇报的配对 mn 来说,有通过 μ_{mn} 而给出的分布。之后就有了这个彩票的结果。

在这个问题的论述中,允许随机的直接显示机制不改变任何事情。由于政府与厂商是风险中性的,厂商有一个线性的生产技术,所以通过四重数的数学期望来代替任何彩票 μ_{mn} 不会影响任何一方的期望收益。因此在一个随机直接显示机制下(让参与并讲实话是纳什均衡),(以最小期望成本来衡量的)政府所能做的最好的就是它在一个非随机机制下所能做到最好的,期望成本是150。

一会儿我们将会回到这个基本公式上,但是在这样做之前,基于对政府设计直接显示机制的约束的不同概念,我们考虑另外三个可行的公式。

(1)设想一下,如果厂商生产了会有持续性的损失,那么政府就不能强迫厂商去生产。换句话说,在厂商了解到他们的订单分配与货币交换后,允许厂商拒绝参与。我们假设如果厂商对参与与否是无差异的,那么厂商将同意参加。(与这类问题中的严格不等式相比,这通常是一个较弱的问题。)

假设政府的注意力被限制在直接显示机制,这个机制有如下的性质,可以以如实汇报成本,继而事后同意参加来为在这两个厂商间的不完全信息博弈构建纳什均衡。在这样的机制中,政府必须要付出的最低期望支付是多少?

我们已经知道关于这个问题的答案;最低期望支付将会是150。通过如下的逻辑链,我们知道了这就是答案:

① 如果一家厂商一旦知道了它的成本,但是不知道竞争对手的成本后,就同意参与,那么在这些约束下的最低期望支付将不会比如果一家厂商是被强迫生产时所付出的最低期望支付更低。这是因为在任何方案下,厂商在事后都将总是同意参与,在更早的阶段,他们确信会同意。满足这个问题的检验机制也满足之前问题的检验,同时在之前约束下最小成本被发现是150。因此,在这些更严的限制下,150是我们所

能得到的结果的下限。

② 在一个非常好的[b]直接显示方案下,对政府来说,期望成本是 150,这些额外的约束也是满足的。

纵使我们已经知道了这个问题的答案,搞明白围绕于这个修改了的公式,我们将如何修正我们的受约束最优化问题也还是有益处的。这是容易的。我们现在有八个,可以代替之前得到的四个参与约束。这些当中一个典型的是:

$$t_{21}^1 - 2x_{21}^1 \geq 0 \qquad\qquad\text{(P1-21)}$$

这个约束所表达的是如果厂商 1 的成本是 2,厂商 2 的成本是 1,那么基于对政府将支付多少与这个水平的生产将花费多少的对比,厂商 1 将愿意承担 x_{21}^1 水平的生产。[c]如果我们放弃这四个旧的参与约束,而去支持这八个"事后"参与约束,可以再一次把这个问题交给线性规划代数。当我们这么做时,所使用的线性规划代数并不能解出很好的直接显示机制,取而代之的是建议如下的机制。所有的事情都依赖于厂商 1 汇报什么。如果厂商 1 汇报它的成本是 1,那么我们支付 100,并且告诉它生产 100 单位。(我们不支付任何东西给厂商 2。)但是如果厂商 1 汇报成本是 2,那么我们不支付给厂商 1 任何东西,我们支付 200 给厂商 2,同时我们分配给厂商 2 全部 100 个单位的生产。

(2) 接来下去往另外一个方向,假设在厂商了解到他们的成本之前,政府可以以某个机制接触到厂商。厂商基于他们对将有多少成本的初始评价来决定是否同意参与,一旦他们同意参与,他们可以被强迫完成任何的份额分配,以交换得到该机制最初所提出的事后同意的补偿。在这个情况下,我们将用两个"事后"参与约束来代替四个最初的参与约束。对企业 1 来说的约束将会是:

$$\frac{1}{4} \times (t_{11}^1 - 1x_{11}^1) + \frac{1}{4} \times (t_{12}^1 - 1x_{12}^1) + \frac{1}{4} \times (t_{21}^1 - 2x_{21}^1) + \frac{1}{4} \times (t_{22}^2 - 2x_{22}^2) \geq 0$$

我们可以问:如果政府可以应用这样的一个直接显示机制,在其中讲实话是纳什均衡,参与约束如上文刚刚提到的一样,那么对政府而言最小期望成本是多少?

如果我们看一下这个公司的解,我们会发现政府的成本可以被压低到 125 的首要最优水平。一个方案可以这么做:如果厂商 1 说自己的成本是 1 或者如果厂商 2 说自己的成本是 2,那么厂商 1 生产全部的 100 个单位。只有在厂商 1 说它的成本是 2,同时厂商 2 说它的成本是 1 时,厂商 2 会去生产。如果厂商 2 说它的成本是 1,厂商 1 说它的成本是 2,那么厂商 2 得到 100 的报酬;注意:由于宣称成本是 2 意味着厂商 2 将被完全拒之门外,所以在厂商 2 的部分上,这会引导它实话实说,但是当它的成本事实上是 2 时宣称成本是 1 意味着它会损失金钱(如果厂商 1 宣称成本是 2)。如果厂商 1 宣称成本是 1 同时厂商 2 宣称成本是 2,那么厂商 1 得到 250 的报酬;如果厂商 1 宣称成本是 2 同时厂商 2 也宣称成本是 2,那么厂商 1 得到 150 的报酬。反过来

---

b 如果在这里你不知道"非常好"的意思,请往前六个自然段去查找。

c 当厂商 1 的成本是 2,而它的竞争对手的是 2 时,你可以写下针对厂商 1 所对应的约束条件,然后你将这两个约束与之前得到的约束(P1-2)想对比,你会发现为什么这个公式在理论上比之前的公式更加严格。

的话,厂商 1 将一无所获。为什么通过厂商 1 引出了实话实说?如果它的成本是 1,通过宣称成本是 1,它知道它将会生产 100 个单位,同时以 1/2 的概率得到 250。如果它宣称成本是 2,它将会以 1/2 的概率生产 100 个单位,同时以 1/2 的概率得到 150。讲实话与说谎刚好一样好。但是如果它的成本是 2,那么讲实话意味着 25 的损失(以 1/2 的概率被通知去生产 100 个单位,花费 200,赚回 150),然而说谎意味着 75 的损失(一定会被通知去生产 100 个,花费 200,然后以 1/2 的概率赚 250)。

当厂商被允许决定是否参与,或者更准确地说,当厂商不再允许选择退出之前同意的机制时,变化(1)和(2)是可行的。那么在厂商了解到他们的真实成本之前,可以接触厂商吗?如果他们事后同意,那么之后厂商可以被强迫继续吗?只有在他们了解到他们的真实成本之后,才可以去接触厂商吗?或者仅仅在他们了解到成本之后,才可以强迫继续吗?或者厂商总是保有退出的权利吗?在文献中,你会找到有关事前、事中和事后的应用,(大体上)对应地讲到了变化(2)、最初的公式与变化(1)。

(3)正如之前所注意到的,我们已经限制政府对厂商要给以非负的支付。我们可能想知道如果我们允许 t^i_{mn} 是负的,那么(在我们最初的公式中)将得到什么。在此处的例子中,这个改变是很有限的,最小成本仍然是 150。事实上,计算机将求出与我们之前通过最初公式所得到的解一样的结果。(然而,在课后习题 8 中这个解将变得有意思。)

18.2.3 显示原理

现在我们知道了,通过使用一个使参与并讲真话成为纳什均衡的直接显示机制,政府不能比付出 150 的期望成本做得更好。在某些更加复杂的机制下政府能做得更好吗?

显示原理(revelation principle)告诉我们,受制于某些重要的警告是不能的。在一个(诱导实话实说的)直接显示机制下实话实说,在每一个可能的机制中去模拟出每一个可能的均衡结果,不管怎样,是非常复杂的。

显示原理是那种一旦你明白了就很直白,但是如果不明白就有些难以解释的事情。我们在这里尝试在过度的形式性与玩弄语言间达成平衡,但是适当形式性的水平是非常主观的,同时,如果你阅读此处的有关内容后,你还不能很清楚地明白其中的基本思想,那么你应当去做一些不同的练习。

一开始,我们不得不说一下通过一个一般性的机制,我们想要什么。我们已经记住了某些"博弈形式",在其中政府将会设计,之后要求两个厂商参与。对两个厂商而言,我们将这种一般性的机制看做是一个有限扩展式树,这两个厂商可能是以非合作的本性出发来作出行为。[d][e] 在博弈树的每一个分支的末端都是前一节中的那类四重数。政府设计并且将这个博弈树呈现给两家厂商,问他们是否将愿意参加这个博弈。(我们假定当面对是否参加的决定时,每一个厂商都知道自己的成本但是不知道对手的成本;在前一节中按照这个而来的变化是很直接的。)如果两者都同意,那么他们进行这个博弈,在他们所进行的

---

d   政府被假定为,从主观上与可信性上,有能力进行任何所需要的随机选择。

e   我们假定所规定的博弈树是可以完美回忆的一种,两个厂商有能力按照设计的进行博弈。

每一个分支末端的四重数决定了每一方被要求生产什么以及得到多少报酬。

因为政府被要求针对它的机制完全呈现任意有限的(有我们所描述的那类终结点的)博弈树,所以这个形式体系是围绕与我们所能设想的许多机制的。[f]

在我们所设定的背景下,对每一个这一类的一般机制而言,都针对这两个厂商有一个对应的不完全信息的博弈。每一个厂商都以拥有关于它成本的私人信息开始。考虑四种可能的初始点。给这些初始点中的每一个都赋予一个机制的副本,在每一个终结点用四重数来具体说明,通过这个带有以初始端点来具体表示厂商成本的机制,对博弈各方所计算出的支付。在博弈开始的右边,给每一个博弈方以选择拒绝参与,如果任意一方拒绝,那么对各方来说受益都是零。[g]信息集被用来模仿如下的思想,即尽管进行这个博弈,但厂商知道他们自己的成本而不知道其他厂商的成本。

一个例子可以帮助阐明这个事情。设想一下如下简单的机制。政府找到厂商1,提供给厂商1为100的支付去生产100单位的机会。如果厂商1拒绝,那么政府找到厂商2,提供给厂商2为150的支付去生产100单位的机会。如果厂商2拒绝,政府再找到厂商1,提供给厂商1为200的支付去生产100单位的机会。如果厂商1拒绝,那么规则规定厂商1和厂商2各自生产50,对每一个企业而言获得10的报酬。

我们在图18.7(1)中描述这个机制。在每一个终结点的末端是一个四重数,按照顺序所给出的是分配给厂商1的生产量,之后是给厂商2的,然后是支付给每一家厂商的报酬。然后在图18.7(2)中,我们构建了一个相关的不完全信息博弈。[①]此处,在这博弈树中,使用由初始端点所决定的厂商成本来评估终结点。

显示原理:考虑任意如上文所描述的这类机制,在两个厂商间的不完全信息相关博弈,以及这个博弈中两个厂商都同意参加的任意纳什均衡。在这个均衡中,政府的期望成本,分配的生产水平以及给厂商的支付,把这些都当做是他们成本的函数,就可以在一个参与并实话实说得到纳什均衡的直接显示博弈中去,通过参与并实话实说去准确地求出他们。

对此的证明沿着如下的路线进行。找出机制,相关的博弈以及纳什均衡。将对于两家厂商的均衡策略看作是按照如下方式给出的:如果厂商1的成本是1,那么在机制树中,厂商1采取(可能混合的)策略σ_1^1,然而如果它的成本是2,那么它采取策略σ_2^1;对厂商2而言使用相同的注解。

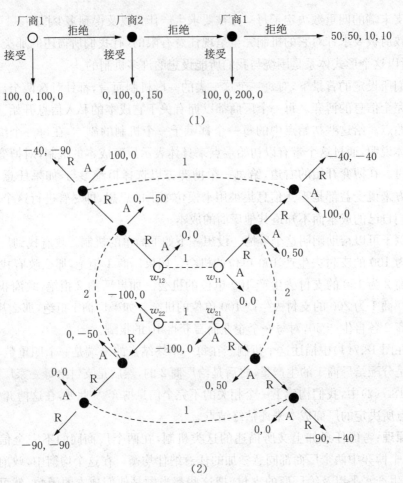

（1）

（2）

注：在图（1）中，描述了一个复杂的机制。终结点依次给出了厂商1的生产量，之后是厂商2的生产量，再是厂商1的收入，最后是厂商2的收入。在图（2）中，我们展示的是在博弈各方间所对应的不完全信息博弈，在此我们已经去掉了用图示说明在博弈开始时就放弃机会的部分。在博弈树中，四个初始的节点用 w_{mn} 来标示，此处 m 是厂商1的实际成本，n 是厂商2的实际成本。在此，我们不考虑对四个初始节点来说都是 1/4 的初始概率分布。以厂商1的收益，之后是厂商2的收益来衡量终结点。

图 18.7　一个复杂的机制以及所对应的不完全信息博弈

现在按照如下方式构建一个（可能随机的）直接显示博弈。轮流选取这四种可能的成本配对中的一个。对所对应的厂商1成本 m，厂商2成本 n 的配对而言，在产生厂商1采取策略 σ_m^1，厂商2采取策略 σ_n^2 结果的机制树中，构建一个有关结果的概率分布。这给出了一个有关四重数的概率分布，其在直接显示博弈中是 μ_{mn}。

所要提出的是，在这个直接显示博弈中，实话实说与参与是纳什均衡，如同在初始博弈中的纳什均衡一样，这也产生了一样的结果。原因是简答的（但是是难以说明白的）。通过反证的方式，假设在直接显示博弈中，当厂商1的成本是1时，它严格偏好于汇报成本是2。通过一定的构建，如果厂商1的成本是1，那么在直接显示博弈中，针对厂商2实话实说，有关宣称成本是1的结果的分布与在最初的博弈中，针对厂商2采取的策略，有关采取 σ_1^1 的结果的分布是完全一样的；同时，在直接显示博弈中，针对厂商2实话实说，宣称成本2的结果的分布与在最初的博弈中，针对厂商2的策略，来自于采取 σ_2^1 的结果的分布是完全一样的。如果在直接显示博弈中,当厂商 1 的成本是 1 时,它偏好于宣称成本是 2,那么在初始的博弈中,当它的成本是 1 时,它一定会偏好采取策略 σ_2^1。但是由于我们假设了在最初的博弈中,我们是以纳什均衡开始的,这就是不可能的了。

如果不能明白,可以尝试以这种方式来进行:在最初的博弈中,一个厂商可以总是表现得像它的成本是"其他"值。我们有一个纳什均衡的观点意味着没有一个正的激励去这么做。本质上我们的直接显示博弈是按照如下方式来构建的。两个厂商同时且独立地将他们的成本汇报给某些对此并不感兴趣的第三方。之后在这个最初的一般性机制中,第三方将厂商在最初博弈中将会做的事看做是他们所汇报的成本的函数。这就是说,如果厂商 1 汇报成本是 m,厂商汇报是 n,那么第三方针对 σ_n^2 的使用而采取 σ_m^1。由于厂商不会在初始博弈中选择表现得它的成本是其他的样子而不是它实际是的,所以厂商将不会希望有第三方去"错误地"代表它。

相同的缘由确保了在直接显示博弈中,厂商将会参与。如果在直接显示博弈中,(针对它的对手实话实说)厂商偏向于不参与,那么在初始博弈中,(针对它对手的策略)它也将偏好不参与。但是显示原理的假设是在初始博弈中,厂商选择参与。

在第 18.1 节中,当我们提出要为保险公司找到最优营销策略时,我们使用了显示原理,尽管以某些简化的形式,但是从留给消费者的一揽子中做合同的选择,已经可以足够找出要提供的最优一揽子合同了。考虑以如下方式来做出选择:保险公司说,合同 A 将提供给任何披露她是高风险的消费者,合同 B 将提供给任何披露她是低风险的消费者;然后消费被告知她所处的状态。显示原理认为,任何可以以一个复杂的营销方案得到的东西,都可以通过这个简单的直接显示机制来表示。这与让消费者直接从 A 和 B 之间做出选择不完全一样,那个是当我们去考虑来自于消费者所选择的一揽子选择时,我们所设想的。但是在一个单人问题中,归结为同一个事情。

一个关于显示原理的(可以应用于这个背景的)经常听到的释义是:任何政府可以以一般机制获得的东西,都可以通过一个实话实说是纳什均衡的直接显示机制来获得。这个与许多其他释义一样,太宽泛了。这个释义的前一部分应当是:在一般机制中,政府在两个公司之间的纳什均衡中所得到的任何东西……保持前一部分的正确在两个层面上是重要的,在一般机制中,这两个层面都与纳什分析有关系。

在第一层面上,政府有能力设计一个十分复杂的机制,以使得厂商在这个机制中不能找出它们达到纳什均衡的方式,之后与在一个直接显示博弈的实话实说均衡所给出的比,它们的行为将让政府有更低的期望成本。(在第 18.1 节的单人情况下,这正是不能完全明白所有报价的保险购买者问题。如果我们将选择问题看做是一个单人博弈,那么在单人选择问题中的理性最大化是"纳什均衡分析"。)当然,除非在厂商面对复杂到使他们无法达成纳什均衡的机制时,我们有一个关于厂商该如何行动的理论,不然的话明白政府将如何评价这样的机制将会是很困难的。这并不是要说不能得出这类有趣的理论。但是就目前的情况来说,这样的理论并没有得到很好的发展。

第二个缺点与第 14 章有关。我们可以设想一下两个厂商多次相互影响的背景。可以把厂商设置为波音和空客,100 个单位是商务客机。虽然也许不能描述出在波音与空客间的当前关系,但是我们可以设想一下,厂商是隐性共谋的,这个通过常用的无名氏定理来构建。如果是这样的,那么我们假设在一个特别的情况下,厂商将会根据在那种境遇下纳什均衡的指示来行动就不是完全合理的。我们可以预见到两个隐含共谋厂商,即使一个或另外一个的成本是1,他们中的任意一个也都将一直说成本是2,甚至在这种状态时,宣称成本是1的厂商将获得短期优势时,也会保持,因为针对于厂商间有关未来情况的长期考虑,短期优势是加权的。在这样的情况下,设计机制的一方一定会好好考虑怎么设计机制来降低厂商间共谋的能力,如可以给结果添加噪声。直接显示机制会多多少少地导致厂商间的共谋;只要直接显示支持共谋,那么政府就可能在一个更加复杂的机制中做得更好。

应当清楚地明白显示原理要被放入何种情况里使用。这可以被认为是一个关于实际上如何履行合同的说明。但是,作为一个为了发现可应用结果约束的分析方法,在不去探讨应用一个特定结果如何好的情况下,更加小心地去使用显示原理是更有益处的。[①]

我们可以以另外的方式明白这点。在某些直接显示的故事中,有一些事后的情况,在其中担当政策角色的一方了解到,可以通过与其他参与方或更多方进行交易,来获得更多的收益。我们已经看了一个有逆向选择的保险市场的例子,在那个故事中,保险公司在事后知道,如果消费者自我识别出是低风险的,那么就可以提高它的收益并改善消费者的福利。正如我们之前所说的,保险公司一定可以限制自己与识别出她自己是低风险的消费者进行再谈判。同样地,在许多显示原理的应用中,承担机制设计者的一方一定要十分可信地承诺,一旦所交易的一方了解到自己的类型,将不会有接下来后续的(再)谈判。就实际应用来说,如果最优机制是通过某些方案去实施,而不是直接显示,那么去做出这样可信的承诺的能力可能会更大一些,因为越复杂的机制给设计机制一方的(可依据此来再谈判的)信息可能就越少。所以,再次重申,在不需要认真考虑怎样应用一个给定结果的情形下,显示原理就可以很好地用于得出(令人信服的)可使用结果的范围。

有关我们的政府采购100单位的问题,我们知道了什么?在一个实话实说的直接显示机制下,所能做到的最好的是使成本降到150。如果在某些幻想的机制下可以做得更好,那么这个将不得不是一个足够混乱以使得两个厂商无法达到纳什均衡的机制。在任何他们可以达成纳什均衡的机制下,对厂商的期望支付都不会小于150。

18.2.4 多重均衡与占优策略的实现

为了继续如何实现一个特定结果的主题,我们不止一次地注意到在许多实话实说是纳什均衡的直接显示机制中,在预期上花费政府150,也有一些比其他的"更好"。回忆一下我们所描述过的一个直接显示机制,在这个机制中实话实说是纳什均衡(有150的期望成本),而另外一个(包含有说谎行为的)纳什均衡对两个厂商来说都更好,但对政府来说是变坏。我们还描述了一个实话实说是唯一(有150期望成本的)纳什均衡的直接显示机制。但是在那个机制下,如果一个厂商认为它的对手正在采用非纳什策略,那么它就将不再实话实说。在我们所构造的所有机制中,最好的那个是好的[②]机制。这个机制中,实话

---

① 在文献中,这是主要的用处。
② 如果你忘了这意味着什么,参见脚注 b。

实说对每一个厂商来说都是占优策略。

更一般地,当设计机制时,要么是一个在其中实话实说是纳什均衡的直接显示机制,要么是其他更加一般化的机制,所以很自然地去担心是否有其他的(有对机制设计者而言不是那么好的结果的)纳什均衡,或者担心这个机制的参与人是否会找到他们自己的方式以达成纳什均衡。在其他所有的都保持恒定的前提下,偏好于一个在其中设计者所期望的均衡是唯一的纳什均衡,或者至少在这个机制中对设计者而言,所有均衡都不比目标均衡差,是貌似十分自然的。然而,机制设计人可能会担心,博弈方将完全不能达成均衡,举例来说,因为对博弈方来说,环境太复杂以至于不能找到达成均衡的方式。

如果在所设计的机制中,对所有博弈人来说,其期待的行为能够构建一个占优策略,那么这些担心就可以被减轻。如果对每一个博弈方来说,期待的行为都是严格占优的,那么这当然是独一无二的纳什均衡。更进一步地说,在例子中期望博弈方能找到他们达成纳什均衡的方式可能是不合理的,但是期望他们能够认可(并采取)纳什均衡策略是合理的。即使策略不是严格占优的(那么在弱占优策略上可能有其他均衡),机制设计人也可能会对博弈方将会采取占优策略的预测感到是相对有把握的。

这些考虑催生出了占优策略机制(dominant strategy mechanism)的概念,在这个(在前面小节中所描述的一般化的)机制中,每一个参与人,对于她私人信息的每一种可能价值,都有一项行动是优于其他所有的,也无论这个机制中的其他参与人做什么。在我们的例子中,假定政府认为,如果对两个厂商而言,坚持在占优策略机制的"保险"上,就很可能看到政府的期望成本是多少。那么应当如何来继续进行这个分析呢?

当然,对于我们正在分析的问题,我们已经知道了答案的底线。政府可以构建一个直接显示机制,一个好的机制。在这个机制中,对每一个厂商而言,实话实说都是占优策略,政府的期望成本是 150。在这个例子中,坚持在一个占优策略机制上,将没有损失。但是如果我们没有被一个好的机制羁绊住的话,我们会分析性地得出这个结论吗?

我们已经可以分两个步骤这么做。第一,我们可以考虑一个直接显示机制,在这个机制中对两个厂商而言,实话实说(与参与)都是占优策略。我们会问,对哪一个直接显示机制(x_{mn}^i, t_{mn}^i)而言,实话实说与参与是占优策略?在此有比之前更多的约束,但是所有的约束都很简单。对厂商 1 而言,我们有四个参与约束和四个激励约束。参与约束是:对每一个由它的真实成本和其对手汇报成本所组成的配对而言,通过如实地汇报它的成本,它一定不会持续损失。举例来说,

$$t_{21}^1 - 2x_{21}^1 \geq 0$$

是在厂商 1 如实汇报它的成本是 2 以及厂商 2(如实或不如实)汇报成本是 1 时,厂商 1 一定不会持续损失的约束。激励约束是:对每一个由它的真实成本和其对手所汇报成本所组成的配对而言,厂商一定会偏好于实话实说,而不是在它自身成本的问题上说谎。所以,举例来说:

$$t_{21}^1 - 2x_{21}^1 \geq t_{11}^1 - 2x_{11}^1$$

所表达的约束是,当厂商 1 的成本是 2(注意到,成本在前乘以了被分配到的生产量时),同时当它的对手汇报成本是 1 时,厂商 1 更偏好与选择如实汇报它的成本是 2,而不是将它

的成本虚假汇报为 1。如果我们可以满足所有针对厂商 1 的八个约束与针对厂商 2 的八个约束，那么我们就有一个参与并实话实说是占优的直接显示机制。[h]（我们仅仅需要一个弱占优。为了百分之百的可靠，政府也许希望是严格占优，在这个情况下，我们可以通过在每个正确的方向上增加若干美分，来锐化约束。）

之后，政府可以解最小化其期望成本的问题：

$$\frac{1}{4} \times (t_{11}^1 + t_{11}^2) + \frac{1}{4} \times (t_{21}^1 + t_{21}^2) + \frac{1}{4} \times (t_{12}^1 + t_{12}^2) + \frac{1}{4} \times (t_{22}^1 + t_{22}^2)$$

受制于上文的约束以确保在这个机制中实话实说是一个占优策略。（我们可以给出任何合适的非负约束，同时我们坚持 $x_{mn}^1 + x_{mn}^2 \geqslant 100$，所以政府确保得到它的 100 单位。）一旦我们可以再一次地得到一个线性规划问题，我们就可以求助计算机而得到答案。当我们这么做时，计算机给出了政府 150 的最小成本（在给定我们已经了解的好机制后，已经几乎不算是一个令人惊讶的结果了），也给出了机制：$x_{11}^2 = x_{12}^2 = x_{22}^2 = x_{12}^1 = 100$，$t_{12}^1 = t_{22}^1 = 200$，$t_{11}^2 = t_{21}^2 = 100$，所有其他变量等于零。用文字来说是，如果厂商 2 汇报成本是 1，那么它为 100 的报酬而制造所有 100 个单位。如果厂商 2 汇报成本是 2，那么厂商 1 被分配到去制造 100 个单位同时获得 200 的报酬。（如果不是显而易见的，请讨论这些步骤以证明对任意厂商而言，这个机制中确实有实话实说并选择参与来作为占优策略。）

政府可以使用某些更加复杂的占优策略机制而做得更好吗？当然，由于我们已经知道，对于任何复杂的机制而言，150 是我们在任何纳什均衡下所能做到的最优，那么我们就知道答案是不能。但是对答案并非显然的问题而言，我们给出如下一般性的结果。

针对占优策略机制的显示原理：任何占优策略机制的结果都可以在一个实话实说与参与是占优策略的直接显示机制中得到。

这个证明留做一个练习。如果你明白我们对第一个显示原理的证明，那么这个应当是简单的。

18.2.5 一般性的讨论

在有关玩具的简单问题中，已经埋下了我们的讨论，但是我们关于直接显示机制、显示原理与针对占优策略机制的显示原理的概括性论述应当是显而易见的。

我们已经处理的问题可以被大体表述为：对于获得某些给定的结果而言，在所有可能的机制中哪一个机制才是最优的？同样地，我们大体上分两个步骤来处理这个问题。第一，我们将关注点限制在"直接显示机制"，更具体地说限制在直接显示集中的实话实说行为。那么通过显示原理，我们可以证明，把关注点从"所有可能机制"转移到"直接显示机制"不是一般性的。轮流考虑这两个步骤中的任意一个。

关于找到实话实说是纳什均衡或者是占优策略均衡的最优直接显示机制问题，是一个非常简单的数学规划问题，因为"实话实说是纳什"和"实话实说是占优"的条件可以被

---

h 把参与约束与当我们考虑厂商可以在事后选择退出机制的情况时所提出的相比较。在一个直接显示机制中，事后的退出意味着在所有博弈各方的类型成为共识之后退出，这两者是一样的。

表述为一个不等式的集合。这在比玩具问题更一般化的问题中也依然是成立的,即使玩具问题在两个方面上是特殊的,以使得我们所关注的这个问题特别的简单:

　　(1) 在玩具问题中,任何一家厂商都只有有限的类型数(比如,成本)。文献中的许多应用都处理了类型的连续性问题(比如,厂商的成本水平可以是在某个闭区间中的任意值);可以找到代数化的方法来分析整个问题,以代替数值化的分析方式。

　　(2) 在玩具问题中,成本结构的线性意味着所有的约束是线性的。如果转而让厂商有非线性的成本结构,那么我们将被加倍诅咒。一方面,我们不能再用线性规划。另一方面,即使成本函数是凸的,如果我们写下激励约束,那么我们将把一个凸函数放在不等式的两边,这意味着,从一个最优化问题的角度来看,我们将要做的事情不一定能一定做好。[i]

　　在玩具问题中,我们发现,在一个实话实说是占优机制下,政府的花费不会比在一个实话实说组成纳什均衡的机制中多。你也许想知道,这是否是某些一般化结果的特殊情况。可以这么说,都是。如果厂商有三种可能的成本,如果那些成本不是独立分布的,那么对政府来说,坚持采用占优策略将会是昂贵的。(如果你已经使用过线性规划包,你可以在课后习题8中验证这个。)我们所得到的结果是有些特别的。另一方面,有一些一般程度的问题,对他们来说,采取占优策略的成本不比采取纳什的多;举个例子,对最优拍卖设计问题的范围来说,的确如此(Bulow and Roberts,即将出版)。Mookherjee 和 Reichel-stein(1989b)给出了关于这个问题的一般性分析。

　　现在我们进入一般性分析的第二个部分:我们可以将关注点限制在直接显示博弈中实话实说的证明,以此为了明白哪个结果可以在一般机制中"采用"。

　　在此处所使用的术语结果(outcome),一般意味着某些事情状态的选择是私人信息的函数,这些信息由对他们来说机制是被设计的一方持有。在这层意思上,一个结果就无非是政府的期望成本;一个结果是具体说明每一个厂商可以生产多少以及支付给厂商多少是作为其成本的函数。在玩具问题中,以及在许多最优机制设计的问题中,所有关乎机制设计者有关实现结果的问题都是某些一维的好坏测度,比如期望成本。但是在其他的应用中,比如下一节中所讲的,我们将希望能在更加一般性的层面上看到结果的实现性。

　　术语"实现性"被引用过来是因为它可以有许多不同的含义,比如:

　　(1) 有一些有(关于不完全信息博弈的)纳什均衡的机制,其纳什均衡会给出这个结果。

　　(2) 有一些机制,对它们来说,所有的纳什均衡都给出了这个结果。

　　(3) 有一个机制,对它来说有独一无二的纳什均衡,这个纳什均衡给出了这个结果。

　　(4) 有一个机制,在其中结果来自于占优策略的采用。

　　为了让参与人有信心找到他们的方式以得到期望的结果,这里的含义是渐进的、增强的[j];同时对机制设计者来说,任意一个含义也都被假定为是渐进的、更加被期待的。重复我们之前所说的,如果一个机制承认有若干个纳什均衡,那么对设计者而言,它们中的某些相对于成为所期望的均衡是更差的(同时,更加重要的是,对参与人来说,更好),那么会

---

　　i　读者也许希望考虑一下,是否可以沿着第 16 章中分析的方式,即使目标函数是非线性的,我们也可以使用某些变量替代以使得约束成为线性的。

　　j　为了准确,在(4)中,我们一定会担心其他在弱占优策略上的均衡,所以相对于(3),(4)并不是很强的。

担心参与人找到他们的方式以得到错误的均衡。同时,即使均衡是独一无二的,那么也许会去担忧参与人是否有所需的成熟度以找到均衡策略(或者他们对其他共同的参与人的成熟度有足够的信任,以至于他们乐于实现均衡中他们的部分)。如果所期望的结果是参与人选择占优策略的产品,那么(可以推测)机制设计人对她所设计的机制有最大的信心。

这四个可能是远远没有穷尽的。在这个一般性的主题上,你可能会考虑到其他变化,你将会在文献中找到大多数的变化。

我们已经看到了两个显示原理,显示原理告诉我们,任何可以以(1)或者(4)的方式来实现的事情,都可以在直接显示博弈中,以所对应的实话实说的形式来实现。在本质性的一般化中,这些结果也是真的。

我们没有看到对应于(2)和(3)两种实现概念的显示原理。一般说来,当对解的概念的采用是来自于(2)或者(3)时,在直接显示博弈中实话实说与一般机制结果之间的一致性是不起作用的。但是通过增加参与人发出的信号(超越所披露的类型),扩张一个直接显示博弈是可能的,那么将获得"增广显示原理",就可以说在(2)和(3)的含义上实现了。这就是说,在一个一般性的机制下,对于任何以(2)的含义实现的结果而言,都有一个增广的直接显示机制,对这个机制而言,实话实说是一个给出这个结果的纳什均衡,同时,其他所有的纳什均衡也给出这个结果。对此,一个可能的观察由 Ma、Morre 和 Turnbull (1988)给出,同时所对应的一般性"增广显示原理"由 Mookherjee 和 Reichelstein(1989a)给出。

在(2)的含义下,某些结果是不能实现的,但是有某些机制使得对这个机制而言的每一个子博弈精炼纳什均衡都可以给出这个结果,尽管其他子博弈精炼不完美均衡给出其他结果。对于在(2)的含义下不能实现的结果而言,有机制可以使采取了非占优策略的所有纳什均衡都给出这个结果,尽管采取了占优策略的其他纳什均衡给出了其他结果。这就是说,如果我们不盯在纳什均衡上,而是关注在某些相配的纳什精炼上,我们就可以[以(2)的大体含义]实现更多。对于这条思路的发展,参见 Morre 和 Repullo(1988),以及 Ralfrey 和 Srivastava(1987)。

所有在第18.1节中所描述的关于最优合同设计的拓展与详细阐述,都以在这个更加一般和复杂的背景下进行。特别地,逆向选择与道德风险的混合也是可能的。我们可以设想,举例来说,我们两家厂商的成本并不完全是内生决定的,而是来自于厂商所做出的研发与投资决定。那么对政府而言,除了购买100单位之外,可能也会试图设置一个机制去引导厂商在设备与研发上做出最优投资,此处的"最优"意味着"使政府的成本尽可能得低"。特别地,可以使用显示原理去解决这样的问题;在实践中,他们将变得特别复杂。例子可以参见 Laffont 和 Tirole(1987)。

18.3 关键机制

文献中有许多关于设计最优机制好想法的应用,这些机制值得你去关注。特别地,关于最优拍卖设计的分析尤其丰富并发展良好;本章末将提供参考文献。

我们不纠缠于上述应用之一,而是将观察一类关于机制设计的不同问题,其中会用到前一章所提到的一些概念。我们不会去寻找一个"最优"的机制,而是将根据某些(大概)以其自己的兴趣来设计机制的个人兴趣,观察一个经典的机制设计例子,其中的对象要满足一系列条件。

考虑如下情况。一些农民住在一条小溪的岸边。(有些住在一侧,有些住在另一侧。)农民的数量是 I,我们将他们编号为 $i=1,2,\cdots,I$。他们考虑在小溪上建一座桥得以来回通行。能建桥的地方只有一个,桥的造价为 K。每位农民都为桥的建成赋予了一定的价值,但没人确信其他人赋予的价值多少。如果他们去建桥,那么经费必须出自他们自己的口袋。

这些农民必须决定是否建桥。我们设定,已知如果建桥,每个农民要付出 K/I,即摊派的建桥费用。但除此之外,农民会考虑他们之间的资金转移;设 t^i 为从农民 i 手中拿走的资金数,超过要建桥所交的 K/I。我们不排除 $t^i < 0$ 的情况,这意味着农民 i 得到了一笔补助。

农民 i 的效用取决于是否建桥以及任何拿走或得到的转移资金 t^i。设每一个农民给这座桥赋予了一定的价值 u^i,农民 i 的效用在金钱上,以及在这种价值评估上是线性的。即农民 i 的效用取决于(1)是否建桥;(2)如果建桥,他要交的修桥税 K/I;(3)任何追加的税或补贴,t^i,效用表示为:

$$农民\ i\ 的效用 = \begin{cases} u^i - \dfrac{K}{I} - t^i, & \text{如果建桥} \\ -t^i, & \text{如果不建桥} \end{cases}$$

注意,即使不建桥,我们也考虑转移支付。我们假定农民可能反对建桥,即 $u^i < 0$ 是可能的。实际上,我们假定 u^i 可以取到任何实数,不排除任何数值。

研究农民对桥的估价,即建桥的净贡献,或 $v^i = u^i - K/I$,在表达上会较为方便。注意,如果换成这种情况,如果建桥,农民 i 的效用是 $v^i - t^i$。

某天晚上农民们聚在一起,试图决定是否建桥,以及除了建桥所需的摊派费用以外需要实行多少税收和补贴。一个农民建议实施多数原则,并且不设转移支付:对是否建桥进行投票,如果多数人投票赞成建桥,那么每个人只付他们的摊派费用 K/I;如果多数人投票反对建桥,就不存在转移支付。如果计划被采纳,农民只会当且仅当他们的净估价 $v^i > 0$ 时投票赞成建桥。但对这个计划存在着一些反对意见。一个农民观察到,有些农民可能真的需要这座桥,如果大部分农民不是很看重这一点(即,如果对于许多农民,$u^i < K/I$),那么即使建桥会提高总社会福利,也不能建桥。另一个农民反对,表示他根本不想要这座桥,其实是他明确讨厌这座桥,但他还被评估要交一份建桥费 K/I。其中有何公正可言呢?

因此有人建议农民来"订购"这座桥。每一位要在一张纸上写上他的名字和一份抵押(一笔资金)然后扔到一个帽子里。所有抵押收取后会被加总。允许出现负的抵押,这种情况下农民们对桥被建起要求补偿。如果抵押总额超过 0,那么会建桥,每一个农民必须付出他们自己的那份抵押(加上他的摊派费用 K/I)。如果抵押总额小于 0,那么不会建桥,也没有转移支付。如果抵押数额大于 0,如何处理多出的部分?一个农民建议余下的资金平分到所有的农民中。另一个农民建议将其按比例(按照初始抵押的比例)分配给付正抵押额的农民手中。还有一个农民建议集中剩余资金并且烧掉也许是个好主意。（这最后一个建议招致了一些怀疑。）

考虑这种机制，农民们发现了一些难点。考虑一个将桥的净价值设定为 v^i 的农民。他要付多少抵押？如果他认为要让桥得到修建，他得付等于或大于 v^i 的抵押款，那么他会愿意付正好等于 v^i 的抵押。他肯定不会希望付出多于此的价钱，因为如果抵押比他设定的净价值还高的话，他将望而却步。另一方面，如果他认为付出比 v^i 少的抵押就可以，那么他会将他的那份抵押从 v^i 下调，然后搭其他农民抵押的"便车"。总之，他不确定事态属于上述哪种情况，但只要估计第二种情况的概率为正，他的最佳出价会是小于 v^i 的某个值。因此总的抵押会小于 $\sum_i v^i$，而且桥也不会在该建的时候修建。另一个农民反驳说，在任何一种情况下，在如此机制下找出应对之策对单纯的农民来讲都太过困难，种种糟糕的结果也许会找上门来。

大量的讨论后，农民们决定他们要找到某种机制来决断是否建桥，以及如何评估拥有如下性质的税收：

（a）当且仅当对社会有效率时才会去建桥；即，当且仅当 $\sum_i v^i > 0$ 时。

（b）不该有农民必须浪费时间来为如何应对这种机制进行复杂的分析。特别地，不该有农民花时间去估计其他农民的动向。换一种说法，不管其他农民怎么做，每个农民在此机制（作为农民私人估价 v^i 的函数）的最优行动应该对他可能的任何其他可能行动都要占优。

（c）如果一个农民以最优目标进行博弈，这个机制应该不能对农民自身的福利有害到他宁愿建不建桥由法令说了算的地步。就是说，农民 i 不应沦落到效用小于 $\min\{v^i, 0\}$ 的地步。

（d）由于没有局外人希望为机制的运行提供资金，所以所收的税（扣除任何补贴，且如果建桥，不包含每个农民的建设税 K/I）必须是非负的。

我们当然可以对（a）、（b）、（c）的成立吹毛求疵［之后我们将特别对（a）进行挑剔］，但让我们接受它们看看能导出什么结果。

我们可以将（b）理解成农民想要一个占优策略机制。它们希望设计一个一般机制，其中每个农民都有一个作为他自身估价 v^i 函数的占优策略去博弈。有了这一点，我们应用显示原理来建立占优策略机制：任何我们可以利用一般占优策略机制来做的，也可以利用一个直接显示机制来达成，其中讲真话是一个占优策略。所以我们可以将分析限定在直接显示机制上。

在这个背景下，一个直接显示机制为如下形式：每个农民被要求显示他的个人估价 v^i。我们把变量加上上标来区分农民们从他们的真实价值中显示的内容；即 $\hat{v}^i$ 是农民 i 显示的。作为显示估价 $\hat{v} = (\hat{v}^1, \hat{v}^2, \cdots, \hat{v}^I)$ 向量的函数，是否建桥的决定会被做出，同时决定对每一个农民收税多少。我们设 $\alpha(\hat{v})$ 为是否建桥的决定，这里 $\alpha(\hat{v}) = 1$ 意味着建桥，$\alpha(\hat{v}) = 0$ 意味着不建桥。［在一个更加一般的处理方法中，我们也许可以设 $\alpha(\hat{v})$ 在 $[0, 1]$ 区间内取任何值，以此来表示修桥的可能性。但由于有农民的要求［a］，我们知道 α 一定是什么，而这不适用于随机决定是否建桥。］同时我们设 $t^i(\hat{v})$ 为强加于农民 i 的税。（更一般地，我们可以允许随机税，但由于农民是风险中性的，因此这一点除了加上些讨厌的标记外并无任何影响。)

我们可以轻易地得到如下表示方法。我们设 $\hat{v}^{-i} = (\hat{v}_1, \hat{v}_2, \cdots, \hat{v}_{i-1}, \hat{v}_{i+1}, \cdots, \hat{v}_I)$。即 $\hat{v}^{-i}$ 是除 i 外所有农民报出估价的向量。我们有时设 $t^i(\hat{v})$ 作 $t^i(\hat{v}^i, \hat{v}^{-i})$；即我们把 i 的估价作为第一个参数。最后,我们设 $\hat{\Sigma}$ 为 $\sum_{j=1}^I \hat{v}^j$,设 $\hat{\Sigma}^{-i}$ 为 $\sum_{j \neq i} \hat{v}^j$。意思是, $\hat{\Sigma}$ 是所有已经公布的估价之和, $\hat{\Sigma}^{-i}$ 是除 i 之外所有已经公布的估价之和。

我们要寻找一个直接显示机制,其中讲真话是一个占优策略,同时当且仅当 $\sum_i \hat{v}^i \geqslant 0$ 时建桥。结合讲真话占优的概念,后面的限制条件告诉我们函数 α 一定是:

$$\alpha(\hat{v}) = \begin{cases} 1, \text{当 } \hat{\Sigma} \geqslant 0 \\ 0, \text{当 } \hat{\Sigma} < 0 \end{cases} \tag{1}$$

进一步,我们有如下结果。

引理 18.1 农民 i 交的税体现为如下形式:

$$t^i(\hat{v}^i, \hat{v}^{-i}) = \begin{cases} \bar{t}^i(\hat{v}^{-i}), \text{当 } \hat{\Sigma} \geqslant 0 \\ \underline{t}^i(\hat{v}^{-i}), \text{当 } \hat{\Sigma} < 0 \end{cases} \tag{2}$$

对于 $\bar{t}^i$ 和 $\underline{t}^i$ 关于 $\hat{v}^{-i}$ 的函数。

其中的含义是:一个农民付出的税取决于他所揭示的估价,除了这次揭示改变了是否建桥的决定。为了明白为何如此,设 v^i 和 w^i,即对 i 的两个估价,以及 $\hat{v}^{-i}$ 满足 $v^i + \hat{\Sigma}^{-i} > 0$, $w^i + \hat{\Sigma}^{-i} > 0$ 和 $t^i(v^i, \hat{v}^{-i}) > t^i(w^i, \hat{v}^{-i})$。总之,如果其他农民宣布 $\hat{v}^{-i}$,那么不论 i 宣布 v^i 还是 w^i,桥都会修建。但宣布 v^i(当其他人宣布 $\hat{v}^{-i}$ 时)导致比宣布 w^i 更高的税。在这样的情况下,此机制中讲真话并非占优策略;如果农民 i 的估价是 v^i,那么他将愿意误传他的估计为 w^i(如果他的农民兄弟们宣布 $\hat{v}^{-i}$)。这就使得引理的第一部分成立:对于满足 $\hat{\Sigma} \geqslant 0$ 的 $\hat{v}$, $t^i(\hat{v})$ 只取决于 $\hat{v}^{-i}$。一个相似的论题给出了命题的另一半。

引理 18.2

$$\bar{t}^i(\hat{v}^{-i}) - \underline{t}^i(\hat{v}^{-i}) = -\hat{\Sigma}^{-i} \tag{3}$$

为进行证明,给定 $\hat{v}^{-i}$ 然后考虑 $v^i = -\hat{\Sigma}^{-i}$ 的情况。如果农民 i 真实地显示了 v^i,而其他人显示了 $\hat{v}^{-i}$,那么农民 i 一定会偏好显示 v^i 而非 $v^i - \epsilon$,其中 $\epsilon > 0$。然而,在这种情况下,显示 v^i 意味着建桥,显示 $v^i - \epsilon$ 意味着不建桥。所以通过显示 v^i,农民 i 得到净收益 $v^i - \bar{t}^i(\hat{v}^{-i})$,而显示 $v^i - \epsilon$ 得到净收益 $-\underline{t}^i(\hat{v}^{-i})$。前者必须至少与后者一样大,因此:

$$v^i = -\hat{\Sigma}^{-i} \geqslant \bar{t}^i(\hat{v}^{-i}) - \underline{t}^i(\hat{v}^{-i})$$

现在考虑 $v^i = -\epsilon - \hat{\Sigma}^{-i}$ 的情况,其中 $\epsilon > 0$。对 v^i 的真实显示导致不建桥,前提是农民 i 的效用是 $-\underline{t}^i(\hat{v}^{-i})$。错误地显示 $v^i + \epsilon$ 导致建桥,农民 i 的效用为 $v^i - \bar{t}^i(\hat{v}^{-i})$。由于前者必须至少与后者一样大(以此支持说真话):

$$v^i = -\epsilon - \hat{\Sigma}^{-i} \leqslant \bar{t}^i(\hat{v}^{-i}) - \underline{t}^i(\hat{v}^{-i})$$

这对于任意 $\epsilon > 0$ 都是成立的,所以通过设 $\epsilon \to 0$,有:

$$-\hat{\Sigma}^{-i} \leqslant \bar{t}^i(\hat{v}^{-i}) - \underline{t}^i(\hat{v}^{-i})$$

与下一个和最后的不等式一起,它给出了令人满意的结果。

引理 18.3

$$\underline{t}^i(\hat{v}^{-i}) \leqslant \begin{cases} \hat{\Sigma}^{-i}, \text{如果 } \hat{\Sigma}^{-i} \geqslant 0 \\ 0, \text{如果 } \hat{\Sigma}^{-i} < 0 \end{cases} \tag{4}$$

首先考虑 $\hat{\Sigma}^{-i} \geqslant 0$ 的情况。设 $v^i = 0$。通过真实地表明 v^i,农民 i 使桥得到修建。他在此情况下效用为 $v^i - \underline{t}^i(\hat{v}^{-i}) = 0 - [\underline{t}^i(\hat{v}^{-i}) - \hat{\Sigma}^{-i}]$。由于(c)①要求农民 i 在说真话的情况下(效)不至于跌到 0 以下,我们有 $-[\underline{t}^i(\hat{v}^{-i}) - \hat{\Sigma}^{-i}] \geqslant 0$ 或 $\underline{t}^i(\hat{v}^{-i}) \leqslant \hat{\Sigma}^{-i}$。之后考虑 $\hat{\Sigma}^{-i} < 0$ 的情况。我们再一次设 $v^i = 0$。通过真实地显示 v^i,农民 i 将使桥不会被修建。因此他得到 $-\underline{t}^i(\hat{v}^{-i})$ 的净收益。由于他这样做不能沦落到比 0 还差的地步,我们有 $-\underline{t}^i(\hat{v}^{-i}) \geqslant 0$ 或 $\underline{t}^i(\hat{v}^{-i}) \leqslant 0$。

引理 18.4

$$\underline{t}^i(\hat{v}^{-i}) = \begin{cases} \hat{\Sigma}^{-i}, \text{如果 } \hat{\Sigma}^{-i} \geqslant 0 \\ 0, \text{如果 } \hat{\Sigma}^{-i} < 0 \end{cases} \tag{5}$$

换句话说,不等式(4)等号一定成立。

为了说明这一点,从引理 18.1 和引理 18.2,我们首先要注明,(d)以符号形式来表示为:

$$\Sigma_i \underline{t}^i(\hat{v}^{-i}) \geqslant 0, \text{当 } \hat{\Sigma} < 0 \tag{d1}$$

$$\sum_{n=1}^N \bar{t}^i(\hat{v}^{-i}) = \Sigma_i[\underline{t}^i(\hat{v}^{-i}) - \hat{\Sigma}^{-i}] \geqslant 0, \text{当 } \hat{\Sigma} \geqslant 0 \tag{d2}$$

那么假设,对于某 i 和 $\hat{v}^{-i}$,满足 $\hat{\Sigma}^{-i} \geqslant 0$,我们在式(18.4)中有严格不等式,即 $\underline{t}^i(\hat{v}^{-i}) < \hat{\Sigma}^{-i}$。选择足够大的 v^i,对所有 i' 满足 $\hat{\Sigma}^{-i} > 0$,从而 $\hat{\Sigma} > 0$。桥将会被修建,且根据引理 18.1 和引理 18.2,农民 i' 支付:

$$\bar{t}^{i'}(\hat{v}^{-i}) = \underline{t}^i(\hat{v}^{-i}) - \hat{\Sigma}^{-i'}$$

根据引理 18.3,每一个这样的项都是非正的,同时根据假定,i 的项是严格负的。因此所有支付的总和是严格负的,与式(d2)矛盾。

类似地,设对于满足 $\hat{\Sigma}^{-i} < 0$ 的 i 和 $\hat{v}^{-i}$,我们有 $\underline{t}^i(\hat{v}^{-i}) < 0$。我们可以选择足够小的 v^i 满足对于所有 i' 和 $\hat{\Sigma} < 0$、$\hat{\Sigma}^{-i} < 0$。根据刚才给出的理由,我们得出了违背式(d1)的情况。

我们现在把这些都归总在一起来提供一个逆命题:

命题 18.2 使从(1)到(4)都满足的直接显示机制只有一个,即由式(18.1)、式(18.2)、式(18.3)、式(18.5)定义的直接显示机制。这个机制还可以定义为式(18.1)和式(18.6):

$$t^i(\hat{v}) = \begin{cases} 0, \text{当 } \hat{\Sigma} \geqslant 0 \text{ 且 } \hat{\Sigma}^{-i} \geqslant 0 \\ 0, \text{当 } \hat{\Sigma} < 0 \text{ 且 } \hat{\Sigma}^{-i} < 0 \\ \hat{\Sigma}^{-i}, \text{当 } \hat{\Sigma} < 0 \text{ 且 } \hat{\Sigma}^{-i} \geqslant 0 \\ -\hat{\Sigma}^{-i}, \text{当 } \hat{\Sigma} \geqslant 0 \text{ 且 } \hat{\Sigma}^{-i} < 0 \end{cases} \tag{6}$$

---

① 为防止你忘记了,(c)所说的是,在一般意义上,农民通过讲真话的方式,其所做的不能比 $\min\{v^i, 0\}$ 更差。

证明:引理表明这是唯一候选。说明式(6)等同于式(2)、式(3)、式(5)的简单统计。从式(6)我们看到所有情况下 $t^i(\hat{v}) \geqslant 0$,所以(d)是明显成立的。所以剩下的就是表明由式(1)和式(6)定义的机制满足(b)和(c)。我们将完成一半,另一半留作作业。

假设对于某 i 和 $\hat{v}^{-i}$,$\hat{\Sigma}^{-i} \geqslant 0$,$v^i + \hat{\Sigma}^{-i} \geqslant 0$。如果 i 说真话,这个机制要求桥要被修建,同时 i 不交税。i 改变结果唯一的方式是(伪)报一个少于 $\hat{\Sigma}^{-i}$ 的估价 $\hat{v}^i$。那么桥就不会被建造,同时 i 交税 $\hat{\Sigma}^{-i}$。那么如实报告使得 i 有效用 v^i,足够改变结果的歪曲事实使得 i 有效用 $-\hat{\Sigma}^{-i}$。由于我们在这种情况下假设 $v^i + \hat{\Sigma}^{-i} \geqslant 0$,$v^i \geqslant -\hat{\Sigma}^{-i}$。因此,最好的回应是报出事实;并且,$i$ 在这种情况下拿到 v^i 的效用,因此(c)在此情况下成立。

假设对于某 i 和 $\hat{v}^{-i}$,$\hat{\Sigma}^{-i} < 0$,$v^i + \hat{\Sigma}^{-i} \geqslant 0$。如果 i 说真话,桥就被修建,同时他交税 $-\hat{\Sigma}^{-i}$,因而 i 的效用为 $v^i + \hat{\Sigma}^{-i} \geqslant 0$。所以(c)成立。并且,$i$ 可以改变结果(和他的效用)的唯一办法是报告估价 $\hat{v}^i < -\hat{\Sigma}^{-i}$。但如果他这样做,$\hat{\Sigma}^{-i} < 0$ 且 $\hat{\Sigma} < 0$,这就意味着没有转移支付,i 的效用将沦落到 0。所以歪曲事实并不划算。

(其他两种情况留待你自己去完成。)

这个特定的机制被称作关键机制,因为农民 i 只有在他的估价 v^i 是关键的时候才会交一笔税,就是说,只有当在他的估价改变了决定,而非他显示 0 的情况。并且,当 i 的估价是关键的时候,i 被收取一定的税收,正好等于他的关键估价所导致"社会困境";即,如果他导致了事实上不会被建的桥被修建,他付出 $-\hat{\Sigma}^{-i}$,即对于其他农民的建桥资金"成本";如果他导致了本该修建的桥没有被建,他付出 $\hat{\Sigma}^{-i}$,即对于其他农民的建桥资金利润。

这个机制满足我们的四个条件,事实上它是唯一满足的机制,所以如果我们把这四个条件看做是满意的标准,我们就得到了一个非常棒的结果。然而,条件(a)看起来格外可疑。它成立的理由是,我们希望得到一个"社会最优解",即此社会中效用在资金意义上是线性的意味着最大化个体效用的和。但如果有任何关键的个体,该机制就不会达到一个社会最优解,因为它产生了一个正的净税收集合。注意:转移支付都是非负的,且只有不存在关键个体时它们才能都为 0。

这就提出了疑问,如果有关键个体,一笔净剩余的资金被聚集,那么针对剩余资金会发生什么?不加考虑的回答是把剩余资金还给农民,或留下来以待下个项目的到来,或者用它来办个舞会。如果剩余资金以任何给予农民效用的方式使用,且如果农民预期是这样,那么直接显示机制就不是我们所描述的那样。我们得把他们将投入剩余资金赋予的价值也包含到农民的效用中去。但我们的独特性结果是只有能达到四个要求条件的机制才是我们描述的。这意味着如果我们希望达到从(a)到(d)四个条件,就必须寻找一个对农民没有利益(或损害)的剩余资金用途。剩余资金必须烧毁,或寄给其他某群幸运的人,这些人至少是没有农民关心的。(而且我们的农民们不能预期到会出现任何这样的慷慨援助,作为给他们的互惠礼物。也许把剩余资金都烧掉比较保险。)

那么由于其不能保证达到一个社会最优解,条件(a)可能被抨击。是否建桥的决定将以"最优"的方式做出,但如果有任何关键个体存在,就都要去浪费其他的社会资源。

我们可以换一种方式来说。条件(a)意味着如果加入如下(d)的修改,将会达成一个社会最优解:税收与转移支付的和,不包括如果桥被修建而收取的税收,正好等于 0。文献中,这个条件被称作平衡预算条件,而且从我们的分析中得知,把它和(a)、(b)、(c)放在一起是不可能成立的。事实上,我们可以说,平衡预算条件与单独的(a)和(b)是不一致的。在这个带有一个占优策略机制的封闭社会中,达成一个帕累托最优解是不可能的。

18.4 吉伯德—萨特思韦特定理

审视前一节结果的一种方式是,要一个占优策略机制也许太过。我们提醒你另一个支持这一点的结果作为结束(或至少指出要一个占优策略机制要求太多)。

回忆第 5 章阿罗一般可能性定理。背景是有有限个人 I 和有限个社会结果。我们设 X 是社会结果的集合,每一个人都有偏好 $\succ_i$,定义在 X 上,X 是非对称和负传递的。

在阿罗的定理中,我们关心社会偏好数组 $(\succ_1, \succ_2, \cdots, \succ_I)$ 向一个社会秩序 $\succ^*$ 的聚合。之前的情况是,社会成员试图设计出某种选择规则,这种规则可以适用于偏好数组 $(\succ_1, \succ_2, \cdots, \succ_I)$,同时将它们以令人满意的方式转换到社会偏好中。我们看到,一些看起来很令人满意的社会规则性质,迫使社会选择变得专制,这看上去并不令人十分满意。

所以我们可以将这个问题看做机制设计来处理。假设我们有一个令人满意的社会选择规则。事实上,我们给自己搞得容易一些:假设我们有一个令人满意的社会选择函数 Φ,它与每一个个人偏好数列 $(\succ_1, \succ_2, \cdots, \succ_I)$ 都对应着某个结果 $\Phi(\succ_1, \succ_2, \cdots, \succ_I) = x \in X$,且正是已经实现了的那个结果。我们只想知道,已知的 Φ 是否能够"可靠地"以某种机制来实现,这里,"可靠地实现"的意思是,如果个人偏好以 $(\succ_1, \succ_2, \cdots, \succ_I)$ 形式给出,那么该机制(它涉及社会成员的某种行动,且这些成员都知道自己的偏好)对于引起 $\Phi(\succ_1, \succ_2, \cdots, \succ_I)$ 结果的社会成员来说有占有策略。根据对于占优策略机制的显示原理,我们可以把它转化为如下问题:已知 Φ,有没有这样一个显示机制,其中每个人都被要求显示他在 X 上的偏好,并且讲真话是一个占优策略,同时当偏好是 $(\succ_1, \succ_2, \cdots, \succ_I)$ 时结果是 $\Phi(\succ_1, \succ_2, \cdots, \succ_I)$?

吉伯德—萨特思韦特定理 如果 Φ 的定义域是所有 X 上偏好的 I 元组的空间,Φ 范围内至少有三个元素,并且 Φ 可以通过一个占优策略机制来实现,那么 Φ 必然是专制的;存在 i,满足 $\Phi(\succ_1, \succ_2, \cdots, \succ_I)$ 是 X 上 $\succ_i$ 最优元素之一。

其精巧的证明,参见 Schmeidler 和 Sonnenschein(1978)以及 Barbera(1983)。

你可能发现吉伯德—萨特思韦特定理和命题 18.2(关于关键机制)的结合有一点不和谐。关键机制实现了一个特定的带有占优策略机制的社会选择函数,但社会选择函数基本不会是专制的。正如我们前一节所讲的,关键机制中的社会选择函数是没有效率的。但吉伯德—萨特思韦特定理对社会选择函数的效率只字未提。那么这些因素如何能够一致呢?

它们是一致的,因为吉伯德—萨特思韦特定理要求社会选择函数的定义域是所有可能的社会结果上的偏好 I 元组的集合。在农民和桥的例子中,社会结果上的偏好来源于一个严格受限的定义域。在决定是否建桥，以及农民所收的转移支付的过程中，偏好是"准线性"的，且农民根本不关心他们邻居所收的转移支付。如果我们允许农民在完整的社会结果上有各种偏好，根据吉伯德—萨特思韦特定理，命题 18.2 肯定站不住脚。

18.5　书目提要

　　一般地，关于最优合同和机制设计的论题覆盖了各类文献。本章中，我们基本没有关注逆向选择（或隐藏信息）情况下的合同设计；可与第 16 章进行比较，此章中我们研究了一些道德风险下的最优合同设计的结果。（虽然我们只是在第 16 章顺便讨论了这个问题，但特定的相互制约的代理人的特定行动集合，其实现的问题于此处显现，就像在本章那样。如果你做了第 16 章的课后习题 3，你至少对此有了尝试。）虽然我们观察了只设计道德风险或只涉及逆向选择的问题，两种情况混合的问题也可以通过混合我们探究出的方法来解决。

　　同时，本章讨论的技巧被用来研究最优合同和社会选择中的问题，而问题的目标是找出何种社会选择规则在特定的环境下能够实现。（关于后一个问题，第 18.3 节与第 18.4 节给了两个例子。）最后，这些技巧有着广泛的应用。

　　因此，放任你游弋在文献的海洋是一项艰难的任务。从何处开始是难以确定的，而且一旦形成一个列表后，知晓该停在何处将更加困难。于是我们做出这些非常有限的建议。

　　（1）一个齐整的单一组织的最优合同设计的应用见于 Baron 和 Myerson(1982)，其中他们研究了如何规制一个对于常人成本不明的垄断者。我们对于一个消息灵通团体的机制设计问题只字未提；在这一话题上，Myerson(1983)有着重大影响。

　　（2）用第 18.2 节玩具问题来解决的问题在最优拍卖领域中发展尤其良好。Myerson(1981)的研究有着重大影响，McAfee 和 McMillan(1987)还有 Milgrom(1987，1989)给出了非常不错的、最新的调查，Bulow 和 Roberts(即将出版)由于将拍卖设计归纳为一个定价理论的经典问题而值得推荐。

　　（3）对混合了逆向选择和道德风险的最优机制设计问题的分析，参见 Laffont 和 Tirole(1987)。

　　（4）关于第 18.3 节和第 18.3 节的一般问题，Green 和 Laffont(1979)是一个良好的开端。Moore 和 Repullo(1988)的引言部分提供了一个极好的关于一般社会选择背景下机制设计的最近研究成果的总结。

参考文献

Barbera，S.1983. "Strategy-proof and Pivotal Voters: A Direct Proof of the Gibbard-Satterthwaite Theorem." *International Economic Review* 24:413—18.

Baron，D.，and R.Myerson. 1982. "Regulating a Monopolist with Unknown Costs." *Econometrica* 50:911—30.

Bulow, J., and D. Roberts. Forthcoming. "The Simple Economics of Optimal Auctions." *Journal of Political Economics* 97.

Crémer, J., and R. McLean. 1988. "Full Extraction of the Surplus in Bayesian and Dominant Strategy Auctions." *Econometrica* 56:1247—58.

Green, J., and J.-J. Laffont. 1979. *Incentives in Public Decision Making*. Amsterdam: North Holland.

Laffont, J.-J., and J. Tirole. 1987. "Auctioning Incentive Contracts." *Journal of Political Economy* 95:921—37.

____. 1988. "The Dynamics of Incentive Contracts." *Econometrica* 56:1153—76.

Luenberger, D. 1984. *Linear and Nonlinear Programming*, 2d edition. Reading, Mass.: Addison-Wesley.

Ma, C., J. Moore, and S. Turnbull. 1988. "Stopping Agents from Cheating." *Journal of Economic Theory* 46:355—72.

McAfee, R.P., and J. McMillan. 1987. "Auctions and Bidding." *Journal of Economic Literature* 25:699—754.

Milgrom, P. 1987. "Auction Theory." In *Advances in Economic Theory, Fifth World Congress*, T. Bewley, ed., 1—32. Cambridge: Cambridge University Press.

____. 1989. "Auctions and Bidding: A Primer." *Journal of Economic Perspectives* 3:3—22.

Mookherjee, D., and S. Reichelstein. 1989a. "Implementation via Augmented Revelation Mechanisms." Stanford University. Mimeo.

____. 1989b. "Dominant Strategy Implementation of Bayesian Incentive Compatible Allocation Rules." Stanford University. Mimeo.

Moore, J., and R. Repullo. 1988. "Subgame Perfect Implementation." *Econometrica* 56:1191—220.

Myerson, R. 1981. "Optimal Auction Design." *Mathematics of Operations Research* 6:58—73.

____. 1983. "Mechanism Design by an Informed Principal." *Econometrica* 51:1767—98.

Palfrey, T., and S. Srivastava. 1987. "Mechanism Design with Incomplete Information: A Solution to the Implementation Problem." CarnegieMellon University. Mimeo.

Schmeidler, D., and H. Sonnenschein, H. 1978. "Two Proofs of the Gibbard-Satterthwaite Theorem on the Possibility of a Strategy-Proof Social Choice Function." In *Decision Theory and Social Ethics*, H. Gottinger and W. Leinfellner, eds. Dordrecht, Holland: D. Reidel Publishing.

Stiglitz, J. 1977. "Monopoly, Nonlinear Pricing, and Imperfect Information: The Insurance Market." *Review of Economic Studies* 44:407—30.

课后习题

1. 回想第9章,我们考虑一个巨大的制造垄断商向个人零售垄断商销售。回忆对问题的参数化,有 10 个零售商,3 个面对的需求形式为 $p = 12 - 9x$;5 个面对的需求形式是 $p = 12 - 6x$;两个面对的需求形式是 $p = 12 - 2x$。生产和销售的成本为 0。零售商是价格接受者在他们与制造业巨头交易时。

(1) 假设制造商能够制作一个接受或离开合约对每个行为人零售商以各种期望的形式。为了最大化利润,她应该怎么做?

(2) 假设制造商收到法律的约束来对 10 个零售商提供相同的合同,但是她另一方面也可以制作接受或者离开合约,向受到仅有一种菜单约束的零售商提供,等等。那么制造商应该怎能做最好?

2. 考虑第 18.1 节讨论的设计最好的保险合同的问题。证明提供给消费者"随机合同"不可能最优的,这意味着剩余 y_1 和 y_2 的消费者是随机地超越了初始禀赋风险的随机性。(你应该假设对高风险和低风险的消费者,任何额外的随机性都有相同的分布。)比较这个问题和第 3 章的课后习题 12。

3. 在第 18.2 节中提供给消费者的保险合同的菜单上,如果 $\rho > 0$,令两种类型的消费者混同是否还是最优的? 如果 $\rho < 1$,向高风险这提供完全保险、让低风险者没有保障是否仍是最优的?

4. 假设第 18.1 节中的保险公司是(在一些理由下)受约束地来提供单一的保险政策。这就是说,菜单并不允许。什么是最优的(利润最大化)保险政策? 特别地,这会加入完全保险么?(提示:如果你做习题 3,你就会有很好的开头。如果你需要一点灵感,回到第 9 章关于制造业巨头提供给零售商接受或拒绝单一合约的限制的分析。)

5. 假设,第 18.6 节中描述的保险政策菜单,大量的(卡特尔化的)企业提供这种菜单,消费者可以同时从不同的企业中购买政策。我们想象这些政策是以保费的形式在开始的时候支付,如果低禀赋状态获胜,支付就从企业到受保人。然后购买两个相同的合同会加倍保费和偶然事件的支付。(不要担心金钱的时间价值和保费必须在受保人禀赋被意识到之前的事实。)那么高风险的消费者会怎么做? 低风险的消费者会怎么做? 这会影响到保险公司的利润吗?(相似的考虑影响了第 16 章课后习题 5 你给出的答案吗?)

6. 考虑第 18.2 节的玩具问题。考虑政府建立如下流程:两个企业被询问(同时独立地)价格投标。他们可能不会制定一个高于 4 或者低于 0 的价格。(当然,每个企业都知道自己的单位成本。)如果他们制定了相同的价格,规则是在他们之间分摊。如果他们制定了不同的价格,订单完全给了价格低的企业。在这两个例子中,企业都支付了每单位它竞标的价格。

(1) 如果我们在相关博弈中构建机制,(两个企业间)不完全信息,这个博弈是否有纯策略纳什均衡?

(2) 如果没有,你能够找到一个对称的混合策略均衡吗?

(3) 如果你可以找到任何均衡,什么才是相关直接意外的机制?

7. 假设我们通过以下两个方法修改习题 6。第一个方法,假设企业成本为 1、2 或者 3,每个成本水平均等相似,每个企业的成本水平独立于另一个企业。(每个企业知道自己的成本但是不知道对手的成本。)假设政府向企业征求投标。如果他们投标同样的数量,订单是平摊的;如果一个企业更少,就把所有的订单给它。而且(这第二个方法)企业并不是支付它所竞标的,而是另一个企业所竞标的。

(1) 如果我们在相关博弈中构建机制,(两个企业间)不完全信息,这个博弈是否有纯策略纳什均衡? 均衡不止一个吗? 如果不止一个,有没有理由认为一个均衡比其他的更合理?

(2) 针对你在(1)中所找到的均衡,构建一个所对应的直接显示博弈。

(这种形式的拍卖,在这里赢家以竞标价第二的价格竞拍,叫做 Vickrey 拍卖。几乎所有的拍卖理论的练习会告诉你怎样分析这类拍卖,如果你不能够自己解决的话。)

8. (使用计算机线性编程软件做这个问题,不要尝试手动计算。)考虑一个和第 18.2 节玩具问题相类似的问题。政府必须采购了 100 单位的商品。这个商品从两个地方企业采购。每个企业有个线性的成本,技术的成本是私人信息。每个企业的成本是每单位 1、2 或 3。这三个成本各自的概率在企业里面普遍为 1/3。但是这个企业并不是数据上独立的。两个企业都为成本 1 的概率为 1/6,两个企业都为成本 2 的概率为 1/6,两个企业都为成本 3 的概率为 1/6。企业 1 为成本 1、企业 2 为成本 2、企业 3 为成本 3 的概率为 1/12,与其他不等成本的企业组合的概率一样。

如果政府指导企业的成本,它可以有 1/2 的概率得到 100 单位花费 100,1/3 的概率花费 200,1/6 的概率花费 300,期望支付为 166.67。但是,我们假设政府并不知道这两个企业的成本。另外,我们假设一个企业所有知道的关于他竞争对手的成本信息只有他自己的成本的价值。这就是说,企业 1 可能知道他的成本为 2,这意味着他有 1/4 的概率他的竞争对手成本为 1,1/2 的概率他的竞争对手成本为 2,1/4 的概率他的竞争对手成本为 3。

(1) 假设政府在一些机制的纳什均衡下寻找它所能做得到的最好情况(来最小化他的预期成本)。当企业知道他们自己的成本以后必须同意参与,但是之后他们将被限制继续参加。政府并不允许榨取企业的钱,等等,转移 t^i 必须是非负的。那么政府该做什么才是最好的呢?

(2) 假设我们去除(1)中转移必须是非负的假设。那么政府该做什么才是最好的呢? [如果你发现答案很引人注目,就参考 Cremer 和 Mclean(1988)。]

(3) 假设政府为了寻找最佳措施(来最小化在主导策略机制中的期望支付)。什么是政府必须做的最小的期望支付?

9. 考虑图 18.7(1)中描述的机制。这个机制上的纳什均衡是什么(什么使两个企业都参与进来)? 对于其中一个纳什均衡,设计相关直接以外的机制和证明参与和真实讲述是这个博弈汇总的纳什均衡。

10. 结束命题 2 的证明。

11. 在中心机制的内容中,说明(a)、(b)和平衡预算条件是不相容的。

第五部分　厂商与交易

厂商理论

在第四部分中,我们简要介绍了企业(并隐含提到其他形式的经济制度)。我们的目的是双重的。不用说,企业是大多数资本主义经济体系的重要组成部分,对他们的存在以及他们的行为的更好理解对于任何概念的经济体都很有必要。同时,对现有厂商理论的讨论为我们提供了一个很好的工具,用来发现我们在书的后半部分所提到的以及我们一直使用方法的缺点。从某种意义上说,本书这一部分,特别是接下来的补充可以代表着本书的结束。我们下面考虑正式微观经济理论所提供工具的限制。

情节如下:我们用厂商模型开始这一章,在这些模型中把正式厂商作为单位来分析。经典厂商理论把利润最大化生产的可能性集(形象生动)作为分析的出发点。首先,我们攻击的概念是利润最大化到底是企业做的什么还是应该做什么。然后,我们简要讨论了所谓的厂商管理模型,在这些模型中厂商被设想为一个生产可能性集,不(必定)追求利润最大化但是追求一些反映管理者利益的目标,如最大化销售额、资本存量、达到满意利润水平的可能性。最后,我们考虑一个非常不同的企业概念(Nelson & Winter,1982)。这种方法认为企业是动态实体,这意味着在一个给定的时间点下,已有生产程序下的企业会根据环境因素通过搜索和模拟的方式寻找更好的(并非最优的)生产程序。

虽然在这些模型中,企业是作为分析的单位,但每个企业都是基于对厂商行为的出色理解和细致分析。在第 20 章中,我们将会探索一个一般性的细致分析范式,称为交易成本经济学。在这个范式下分析的单位是个人交易,企业不是实体。在这个粗略分类的市场中,对消费者粗略分类的一些东西将替代企业成为机构。企业的作用是用来进行个人交换,这些个人交换行为发生在企业中比发生在市场中更有效率。

在这个理论下,市场和企业的界限就相当模糊了,但是界限用来表示互动的频率维度、相对稳定的某些法律和市场的关系、交易双方的连接程度。第三部分的方法,特别是第 14 章对这些关系的探究更合理。同时,第四部分提到了公司响应和调用一系列信息的复杂交易。所以,用这些技术对第 20 章提出的基本概念进行攻击就很自然了。但是企业内部交易的复杂性和重复交互制度下均衡固有的不稳定性对标准动态个人选择的模型和均衡分析的相关性提出了问题,尤其在每个个体都已经意识到了自己所要扮演的角色的情况下。

在后记中,我们会看到这个在正式理论的现有状态下的弱点和发展新理论方法的机会。

19.1 厂商作为利润最大化的实体

在新古典理论中,企业被表述为一个生产可能性集,企业被假设选择一个可行的生产计划来最大化利润。就目前而言,我们接受这样的概念,即控制公司的人知道企业生产的可能性,并且我们也考虑为什么企业会追求利润最大化。

一些通常被提及的原因是:

(1) 这是一个很好的模拟企业行为的模型。

这是很可能的情况,但如果它是可以相信的,我们需要一些经验证据或者一些导致这些结论的更加基本的理论分析。

(2) 最大化利润的企业可以挤掉其他企业,并不是通过自然选择的方式。

"自然选择"可能有用,但是仅有这种妄断很难让人信服。模型中部分细节上的自然选择过程是必要的。我们会在第 19.3 节回到这个话题。但是现在我们采取一种批判的态度,并且探究其他利润最大化的可能理由。

(3) 如果企业的经理人并没有最大化利润,这样的企业就会被企业狙击手(能够最大化企业利润的经理人)接管,之前的经理人会被炒鱿鱼。由于经理人不想被炒鱿鱼,他们就会追求利润最大化。

至少有两样东西在这个争论中失去了。首先,它要求我们对收购机制有信心,就是说,我们必须相信(或是被相信)不追求最大化利润的企业会被收购。其次,它忽略了不愉快的可能性,即为了避免被收购,企业现任的管理层会追求任何数量的战略,他们的目标是避免被收购,即使有利润的损害。至少在美国,金融媒体充斥着这样的概念:"绿色邮件",即现任管理层收买企业狙击手(可能用股东的钱)去击溃收购企图;"毒药规定",即现任管理层采取政策,仅仅是为了阻止收购;"金色降落伞",即现任管理层为自己提供雇用合同,在收购时把一大部分的利益转移给他们自己并远离公司,然后离开公司,这样(同时)减少了企业在这个收购事件中的利润,降低了改变现任管理层的激励。

在对收购机制的正式分析中把收购机制作为对现任管理层的监督。在过去的几年里,收购机制已经成为微观经济学理论领域非常热门的研究区域。我们不会在这里回顾文献,除了提供对于很多最近研究的基本观察。这些基本观察解释了这样的问题,收购目标企业会变成企业狙击者期望为自己获取利润的企业,但并不必然成为那些管理层追求利润最大化的企业。

试想一下,一个公司经营不善,其股票利润价值只有 10 美元。狙击者出现时,如果她能够成功地接管公司,大家都知道狙击者会通过各种方式提高该公司的运行效果,足以让一个公司的股票利润价值值 20 美元。要接管公司,她必须持有较多的股票。但她能成功吗? 如果已经知道她能够成功,那么一个持有公司股票的人知道她能够将股票价值变为 20 美元,那么这个人最后肯定拒绝将自己的股票以低于 20 美元的价格出售给狙击者。但是如果狙击者必须以 20 美元每股的价格收购时,她就不能通过收购企业为自己赚钱,而目如果在这个收购过程中存在成本(包括搜索收购目标、注册的投标报价、排列资本完成收购),她就不会进行收购的尝试。如果她成功了,她必须得到补偿来劝她进行尝试。

她应该如何被补偿?她可以通过津贴的形式进行补偿:过度慷慨地给自己发工资、公司的飞机、撤回在巴哈马的合作;这些都很难实现利润最大化。一旦她实现了对公司的控制,她可能从稀释股价上获利。例如,如果她拥有一家相竞争的公司,她可能会出售一些收购的公司的资产给她原来的公司,以至少低于其所有价值的价格出售。这些听起来都不像利润最大化,本质上,也不是明确的,拥有这些资产的目标包括所有经营不善的公司。她能够受益如果她已经拥有了这家公司股份中很重要的一部分(具有价值,直到她展现出来在某一点低于每股 20 美元);她在一定程度上受益于她(偷偷)以 10 美元每股购买的股票并且在她成功后上涨到了 20 美元每股。这个故事结合在一起比较好,这样企业狙击手有机会偷偷收集大量的股票,足够多以至于它们价值的提高高于收购的成本。但是,只能导致轻微改善的袭击不会让他们有钱支付给自己,当严重经营不善的公司可能成为收购对象时,相对不那么经营不善的公司就不会变成收购对象,收购的规则会导致利润最大化无法实现。

我们不会尝试正式地呈现这些想法或者文献的跟进想法;参考文献会在本章的末尾提供。我们想表达的是,理由(3)可能是完全错误的,但它如果被相信,就需要一个很好的研究。大量的研究已经进行了分析,却没有提供明确的理由支持。

(4) ①利润最大化是公司股权拥有者最大的利益。②股权拥有者能够创造了也确实创造了激励管理者的方案,督促管理者做出最利于股东的行为。所以我们得出结论:管理者最大化利润。

这个讨论的第二部分,讲股东可以(确实也是这么做的)激励管理者做股东想做的显得很模糊,从我们第四部分对激励的研究中可以看到,这应该是明确的。至少论点②本身要求非常实质性的理由是非常清楚的。

也可以这样,我们利用机会来供给①。假设管理者只是好心人,他们会自发做最有利于股东利益的事情。那么他们应该选择最大化企业利润的生产计划吗?

股东必然要求企业管理者追求最大化利润的概念,这是资本主义民间传说中长期的重要组成部分。但这个民间传说不正确,如果企业有市场势力而且企业的股东参与到市场中来,即便是间接参与,企业也会影响市场运行。考虑 xyz 股份有限公司的四个股份持有人,xyz 公司是在产品市场和要素市场都有市场势力①的企业。

1 号股东是 xyz 公司产品的消费者,如果 xyz 公司已经且想要利用自己产品市场上的市场势力来提高利润,这肯定意味着该公司消费者的支出会增加。如果 1 号股东消费了大量 xyz 公司的产品且拥有相对较小的公司股份,她在这个公司对于市场势力的运用(追求利润)中受损的程度会高于她在公司股利分配中所获取的程度。

2 号股东是 xyz 公司的要素提供者。如果 xyz 公司想要在要素市场中利用自己的市场势力最大化利润,它可能会增加 2 号股东在股份中的收益。但是它可能会在降低 2 号股东销售的要素价格中受损得更多。

---

① 回顾如果一个公司可以通过自己的行为影响它面对的价格,那么这就被认为是市场势力。如果一个企业不能够影响它面对的价格,那么这个企业就是价格接受者或者说是完全竞争的企业。

3 号股东正在修读投资组合管理的课程，并且被告知投资分散化是明智的选择。持有很多公司的股份，一些公司与 xyz 公司是竞争对手，一些是 xyz 公司的上游企业，一些是 xyz 公司的下游企业。正如 xyz 公司将会利用自己的市场势力，它可能使得其他这些公司受损（当然也可能帮助他们，即便受损是最有可能的），从而使得 3 号股东福利受损。

4 号股东不买 xyz 公司的任何东西，也不卖给 xyz 公司任何东西，也不消耗 xyz 公司的要素投入，仅仅持有 xyz 公司的股份。但是这个股东碰巧消费了一种 xyz 公司投入要素（消费者不包括 xyz 公司自己和 4 号股东）的互补品。然后 xyz 公司降低了它投入要素的价格（为了 4 号股东和其他股东追求公司利润），它也间接增加了其他来源对该要素的需求，这也增加了该要素互补要素的需求量，从而提高了该互补要素的价格，降低了 4 号股东的福利。

那么，什么才被认为是资本主义民间传说的基础？试想一个企业是竞争的，它的行为不能够影响市场中任何产品的价格。现在考虑这个企业的一个股权拥有者，想象这个股东像第 2 章描述的消费者一样，追求效用最大化，并受到预算约束。这个消费者一部分的收益来源于公司红利的支付，这样她的福利更多，状况更好，因此股东红利让这个消费者更好。进一步，更高的分红意味着更好的福利，这也是企业决定对于消费者的唯一影响，因为企业是完全竞争的。特别地，因为企业不能影响任何价格，所以它对其他企业的利润也没有影响[a]，而且它也不能间接减损消费者福利。然后，在这个例子中，企业最大化利润会毫无疑问地增加消费者福利。[1]那么前面的四个例子出现了什么问题？问题是在企业不是完全竞争的情况下，企业对于价格的影响会减损消费者/股权所有者的福利。

我们可以在第 8 章提及的企业一般均衡模型的上下文中找到回应。回忆消费者 i 的问题，最大化消费产品的效用受到预算的约束，形式如下：

$$p \cdot x \leqslant p \cdot e^i + \sum_{j=1}^{J} s^{ij} p \cdot z^j$$

其中，p 是均衡价格，x 是消费者的消费束，e^i 是 i 的禀赋，s^{ij} 是 i 持有的 j 公司股份，z^j 是 j 公司的生产计划。很明显，如果 $p \cdot z^{ij}$ 值上升，消费者 i 的状况变好（只要 $s^{ij} \geqslant 0$），而且 p 没有改变：预算约束的放松。但是，如果 z^j 改变导致了 p 的改变，那么上面这个是不对的。

如果我们知道消费者 i 面临的任何价格改变相对于消费者 i 从 j 公司利润分红分得的收入的增加来说是比较小的，那么我们可以清楚做出说明（或者说，相对清楚的）。例如，考虑一个案例，j 公司影响的唯一价格是它产出产品的价格。消费者 i 是企业 j 的一个股权持有者，且消费者 i 基本不消费 j 公司的产品，那么我们或许可以认为，她更愿意期望企业 j 的利润增加。

---

a　非价格外部性被排除。

①　我们之前已经说过：我们处在一个世界里，所有公司的利润最后都成为股份红利。这是不现实的假设，企业现实中往往会保留一部分的利润。这给接下来的讨论带来了多期的复杂性。

讨论这个问题的时候需要当心,消费者/股东 i 可能不会消费很多 j 公司的产品,但同时,她也并不会持有大量的 j 公司的股份。很粗略地说,我们需要知道她对于 j 公司产出的"分享"远小于她应得的股份规模。因为消费者可以轻松持有多样化的投资组合(金融理论告诉我们多样化的投资组合可能是最优的选择),所以这样的比较可能就不奏效。Hart(1979)对这方面做过详细的分析。

我们进一步思考,一旦我们从一期的无不确定性的环境变成充满不确定性和多期经济行为的环境时,"利润最大化"意味着什么就不清楚了。企业将会长期持有一些资本,虽然卖掉这些资本在短期内能够增加收入。为了实现长期利润最大化,我们不期望发生这样的事情。企业可能能够影响总体价格水平,比如通过引发通货膨胀的方式。利润经常是用货币来衡量的,所以我们期望企业引发或增加通货膨胀,如果这变成了可能,便能够增加货币然后提高总体利润。我们是如何比较不同时期所赚取的货币?企业应该增加现有股权所有者的股份价值。关于为什么会这样的(这是怎么形成的)方面有大批文献,这就引出当企业是价格接受者,(再次)说明这是有意义的,虽然价格接受者需要达到很多条件[Krep(1987)的文章中对文献进行了调查]。

所有这些并不是说具有市场势力的企业并不会最大化利润,只是说,"因为考虑股权所有者的利润"是一个非常难以真正让人信服的理由。

19.2　企业作为最大化实体

如果企业并不最大化利润,那么它会做什么?假设我们继续坚持这样的观点,企业的管理者认识到了企业所有的生产可能性,但是他们并没有挑选一个最大化利润的生产计划,相反他们挑选了其他的计划来提出其他(个人)的议程。

那么这个议程是什么?要知道这个,我们必须考虑,虽然不是很正式,是什么目标控制着企业。考虑不同于股权所有者的管理者的行为。股东(假设在董事会工作,董事会是另一个个人集团,需要分析这个集团的利益和激励)必然会给予管理者激励来实现股东的目标。这样对于股东的利益就不模糊了。考虑企业是完全竞争的情况,股东希望管理者能够最大化利润;相应地,我们可以想象管理者通过股票期权计划、企业利润分享红利等方式被激励最大化利润。

尽管如此,管理者会考虑到除了工资以外的其他东西。①管理者喜欢威望,而且有时认为他对于同伴的威望来源于用总收入和资本存量来衡量的组织规模的大小(用诸如"财富500强"等来衡量)。当然,对于简单的增加收入或者实体工厂、设备的追求会很快使企业破产。但是我们可以想象一个目标是集利润、销售量、资本存量组合最大化的管理者,或是需求最大化销售量或者资本存量的管理者受到最小利润的约束。

当对利润存在不确定性时,管理者必然担心创造利润机会的降低会导致股权所有者感到愤怒或者找人取代他们。一个喜欢权利和威望的管理者,可能会对她所采取的行为

---

① 管理报酬是否提供给管理人员激励来实现利润最大化是很不明确的,这值得研究。Antle 和 Smith(1986)以及 Gibbons 和 Murphy(1989)在基于管理层薪酬结构方面以及做了很好的经验性研究。

比较保守,这样就不会因为冒险行事而丢失了她的地位。这些机会可能具有很好的预期收益,虽然同时他们也有机会失去或者变得更差。

厂商管理理论就是从对上面的这些讨论开始的,然后从这些非正式的讨论到企业模型。在这些模型中,企业选择一个生产计划,也就是说在利润约束的情况下最大化企业销售量,或者在利润约束下最大化企业的资本存量,或者最大化利润留在临界水平之上的可能性。这些理论现在已经不流行了,但是他开辟了对新古典厂商模型——企业作为有定义明确的生产可能集的最大化实体——的改变。

厂商管理理论的一个变化(现在更加流行的变化)在于工人管理企业的概念。在这类模型中,企业是根据工人的"利益"来运行的;选择的生产计划是用来最大化企业的工资支付规模或者每个工人的平均支付大小。在厂商管理理论中,假设决策制定者知道企业的生产可能性,然后选择能够最大化对目标函数有明确定义的生产计划。

19.3 企业作为行为实体

为了能够从新古典模型中走得更远,我们可以把企业想象为一个特别行为的实体,但是并不(必要)描述成一个追求最大化任何东西的实体。这类模型与动态设定特别相关,因为大部分有意思的行为模式都是动态的。

为了设定场景,假定一个行业中有大量的企业,其中 6 家是精确知道的。这每个企业雇用劳动和资本来生产无差别的产品。这个产品的需求函数是 $X = 100 - P$,这里的 P 是问题中产品的价格,X 是行业供给水平。因为有太多的企业在这个行业中,企业是价格的接受者。在任何情况下,资本和劳动的价格不受行业中任何决定的影响;方便起见,我们将所有的价格设定为1。

经济产出发生在一系列的经济时期 $t = 0,1,2,\cdots$ 的每个时期,在时期 t,企业 i 的生产函数依赖于两个变量 α_t^i 和 β_t^i,公式如下:

$$y_i = \left(\min\left(\frac{K}{\alpha_t^i}, \frac{L}{1 - \alpha_t^i}\right)\right)^{\beta_t^i}$$

除了两种投入要素的成本外,每个企业还有它 100 期的固定成本。

α_t^i 和 β_t^i 每个时期都会改变。特别地,我们假设 $\alpha_t^i = 0.8\alpha_{t-1}^i + 0.05 + \varepsilon_t^i$,$\varepsilon_t^i$ 是随机变量,在区间 $(0,1)$ 上均匀分布。假设 $\beta_t^i = 0.94\beta_{t-1}^i + 0.02 + \delta_t + \gamma_t^i$,其中 δ_t 和 γ_t^i 是在 $(0, 0.01)$ 区间内均匀分布的。同样假设 ε_t^i、δ_t 和 γ_t^i 是相互独立的。注意到 α_t^i 在企业间是独立的,而 β_t^i 在不同企业之间是有相关的,因为常见的冲击 δ_t 存在。

(你要说服自己,如果我们从 $\alpha_0^i \in (0,1)$ 和 $\beta_0^i \in (0,1)$ 开始,那么任意期的 α_t^i 和 β_t^i 都会在区间 $(0,1)$ 之间。这些变量的数列看起来就像"在橡胶圈上随机游走",他们会缓慢漂移。如果有足够的推动力把他们推到 0.5,这样他们就不会在这个水平上漂移太远。在表 19.1 中,你可以看到 α_t^i 和 β_t^i 的序列,$t = 1,2,\cdots,6$,初始值 $\alpha_0^i = 0.37$,0.38,$\cdots$,0.42 和 $\beta_0^i = 0.5$,由蒙特卡罗模拟生成。)

表 19.1 序列 $\{\alpha_t^i, \beta_t^i\}$,其中 $i = 1, \cdots, 6, t = 1, \cdots, 6$

时期 1				时期 4		
企业	ALPHA	BETA		企业	ALPHA	BETA
1	0.422 308	0.500 68		1	0.476 185	0.495 287
2	0.371 998	0.505 21		2	0.398 806	0.502 979
3	0.452 288	0.501 514		3	0.408 959	0.497 389
4	0.458 984	0.501 289		4	0.459 12	0.511 639
5	0.416 701	0.500 184		5	0.456 818	0.508 136
6	0.433 592	0.500 652		6	0.492 404	0.498 119

时期 2				时期 5		
企业	ALPHA	BETA		企业	ALPHA	BETA
1	0.466 295	0.495 808		1	0.525 771	0.491 632
2	0.419 25	0.501 068		2	0.403 722	0.497 977
3	0.439 777	0.496 075		3	0.397 327	0.495 878
4	0.478 998	0.504 609		4	0.457 687	0.509 075
5	0.422 759	0.499 498		5	0.417 736	0.502 173
6	0.491 228	0.499 01		6	0.450 174	0.489 46

时期 3				时期 6		
企业	ALPHA	BETA		企业	ALPHA	BETA
1	0.522 857	0.494 829		1	0.500 224	0.494 885
2	0.395 073	0.500 286		2	0.405 354	0.496 073
3	0.421 801	0.499 734		3	0.455 182	0.495 7
4	0.447 687	0.507 847		4	0.510 295	0.510 537
5	0.467 395	0.504 796		5	0.476 586	0.497 293
6	0.450 29	0.494 539		6	0.473 573	0.493 652

在这个例子中,我们的行业中具有生产函数的企业具有不确定性和多期的特征。注意到了存在不确定性的共性和异性。一个新古典经济学家会怎样处理这样的不确定性呢?基于假定企业知道自己的生产函数,我们可以想象企业知道自己每一期的生产函数是什么。然后我们可以想象企业,作为一个价格接受者,如何决定他们的产出来最大化利润。任何单个企业的供给函数,如果企业是价格接受者,具有如下形式:$x^i(P; \alpha_t^i, \beta_t^i) = (P\beta_t^i)^{\beta_t^i/(1-\beta_t^i)}$。[b]注意到 α_t^i 没有出现在式子中,这归因于生产函数的本质以及资本价格和

---

b 你可能怀疑当企业制定产量的时候,是怎么知道均衡价格的。如果这个困扰到了你,你可以从古诺类型的模型角度出发思考,这些模型里,企业被当做知道对手的均衡产量水平。

劳动价格总是相等的(我们的假设)事实。在更加复杂的例子中,资本的价格和劳动的价格总是不相等的,α_i^t 就会出现在式子中。[c]

从我们之前提到的 6 个企业的例子和表 19.2 给出的参数值集中,我们在表 19.2 中给出了相应的均衡。我们能稍微看到这些参数的来源。

表 19.2 α_i^t 和 β_i^t 给定的情况下理论均衡值(价格:25.72 美元)

企业	ALPHA	BETA	资本	劳动	产出	利润(美元)
1	0.531 97	0.498 05	85.58	75.30	12.56	62.14
2	0.509 80	0.500 38	84.76	81.50	12.92	66.01
3	0.513 84	0.493 18	77.21	73.05	11.85	54.42
4	0.558 56	0.499 35	91.52	72.33	12.76	64.28
5	0.504 30	0.498 07	81.15	79.77	12.56	62.17
6	0.523 09	0.491 68	76.99	70.19	11.64	52.16

有些人可能会反对企业关于准确知道自己生产函数参数的假设。我们可以假设,企业只在 t 期后知道 α_i^t 和 β_i^t 的值。在这个例子中,我们可以来看看这个模型(新古典的传统),在这个模型中,企业在所有他们能够得到的信息来作出决定的基础上,选择自己的生产计划来最大化他们预期的利润水平。这能让事情很快变复杂,这样我们就不会试着解出均衡状态。

相反,我们现在来看看新古典主义对这一问题方法的总体评价,用 Nelson 和 Winter (1982)[①]提出的更加一般的新古典主义方法的评价。

Nelson 和 Winter 认为企业不太可能意识到它可能生产函数的分配。企业"知道"(加引号是因为没有单一的实体有这样认识)的是它能够跟随过去的生产活动的模式,就是它的常规。给出的模型会使得企业每一期通过改变两种要素来改变资本存量和劳动力的数量。这在现实中很难发生。企业不会频繁改变他们的生产常规,在生产常规的转换过程中,成本是需要考虑的。不但在雇用阶段也在解雇阶段,而且(更基本地)在使得组织成员能够不断适应他们的工作阶段。Nelson 和 Winter 把企业呈现得像一个在不同雇员、提供商等之间的一个协调区域。当 Nelson 和 Winter 没有深入分析协调的机制时,他们注意到,企业在任何时点所做的行为都是这个协调工作的结果,而且作为这个协调区域,一旦形成就比较难安排,企业的常规会防止企业对相对较小的机会和技术等变化进行较大的反应。

这并不是说,企业不会改变他们的行为。但是相对于新古典模型预测的,它们改变的频率不频繁。[②]企业只有意识到改变能够获得物质上的收益才会发生改变。当他们改变时,他们并不必然会在每个准确的概念上最大化。他们对于如何改变自己的方式搜索得

---

    c 我们没有说过关于企业知道对手的产量函数的事情。在这个例子里,企业 i 知道的关于 α_i^t 和 β_i^t 在两方面是不相关的;企业 j 生产函数的本质是供给函数不依靠 α_i^t;企业 j 的供给依赖于 β_i^t,但是这个价格接受的假设按时企业 i 能够对均衡价格作出"反应",且并不需要知道企业 j 的供给函数。如果我们有一个不完全竞争的更优模型,那么,企业就对对手有古诺猜想,然后我们会需要说每个企业都知道另外企业的 β^j。

    ① 接下来是对于 Nelson 和 Winter 的短暂的简要概述。想要进一步的解释可以看看他们的原文。

    ② 一个新古典模型的追随者认为,如果可以的话,可以把成本纳入新古典模型来适应要素投入水平。这就是说,问题并不在于新古典模型,而在于过度简单的规范。我们会试着处理这个问题。

很随意,而且(特别是)他们倾向于模仿那些认为自己想做更好的对手的行为。(考虑所有美国的制造业在过去的十年里试图模仿"日本制造",却并不清楚了解这些技术工作的所有制造公司。)事实上,一个企业选择运用的搜索和(或者)模仿的形式就是它这个组织的常规;如果它的这种搜索方法在过去被证明有很多成功的案例,那么它也就被证明是现在可靠的方法,而且它会一直被使用直到企业发现了有改变这种常规的需要。

然后,针对新古典的机会集和最大化利润准则这对概念,Nelson 和 Winter 提供了一对不同的组织性的概念:短期生产常规和长期对更优常规的搜寻过程。然后,他们用这对概念来定义单个企业,把企业嵌入到一个企业会根据强加的行为模型和总体的环境均衡来行为、相互影响和改变的这么一个环境中。目标是看看企业可观察的行为和总体的环境均衡如何共同变化。

来看个简单的例子。假设在有 6 个企业的行业中,每个企业如下行事。每个企业都从描述多少资本存量和雇用多少劳动开始。企业固定资本和劳动的数量选择,每个企业不同的生产函数产生不同的产出水平,然后对应一个市场(均衡)的价格和每个企业的利润。每一期中,企业的利润是公开的,而且这作为企业改变他们生产常规的线索:当一个企业的利润低于产业评价利润水平超过 15% 的时候,企业就会寻求新的生产模式。这种搜寻被分为两个部分:搜索的企业开始"反思",来看如何调整资本劳动比。然后企业模仿更加成功的竞争对手来设定资本的投入水平。

具体地说,一个搜索的企业采取最优利润的竞争对手的资本投入水平。注意企业可能会因为这么做而"犯错";正在模仿的企业可能因为它的规模系数 β_i 相对高或者甚至因为它发现了盈利(适合它的)的资本/劳动比。企业注意到他们不能认为别的企业的资本/劳动比对他们而言也是正确的,这样他们就不会陷入模仿之中;相反,企业会决定搜索(比如,如果他们的利润低于产业评价利润水平超过 15%),它会在"最优"资本比例 α_i 中引入噪音信号 λ。具体的 $\lambda = \rho \alpha_i$,ρ 是在 0.9 到 1.1 的均匀分布。如果 λ 远离企业正在使用的比例超过 5%,企业采用 λ 对应比例;否则,它维持原有的资本/劳动比。(这一点模型的理由是,改变的比例是昂贵的,企业无法做一个小的变化。)在实现了每一时期的价格和利润后,公司开始决定是否像上述一样搜索。如果他们决定这么做,他们能及时实施搜索,为下一生产阶段做准备。接下来时期的生产系数会根据由上述具体化的随机过程、公司确定的投入水平等来演化。

在这个行业里会发生什么? 企业会演变为他们的行为与利润最大化完全竞争的企业行为类似吗? 这个上面描述的行为系统是描述得非常简单的。但是它似乎对分析解决更加简单的问题来说很复杂。但是,我们能够模拟这个系统。为这个系统建立了一个 Monte Carlo 模拟机,在这里企业从"知道"正确的资本/劳动比开始,并生产理论上正确规模,如表 19.1,然后模拟 100 期。98 期、99 期、100 期的结果报告在了表 19.3 中。在开始的两列中,我们列出了企业生产系数 α_i 和 β_i;第三列是企业的利润水平;第四列是企业的资本存量和企业雇用的劳动;第五列则是总体资本和劳动比率。注意到一个企业知道自己的生产函数,并且希望最后一列和第一列相等。而且如果企业面对新古典模型并且知道他们的生产函数,他们会在一个整体规模(第四列)大约是 156.25 下生产。更加准确地,对 100 期的值,表 19.2 给出了利润均衡值。

表 19.3　模拟的结果

98 期

企业	ALPHA	BETA	利润	规模	比率
1	0.530 549	0.499 526	173.835	110.003	0.539 757
2	0.519 665	0.495 387	160.707	126.692	0.468 657
3	0.529 616	0.490 394	156.749	118.087	0.502 806
4	0.511 884	0.503 31	180.407	124.876	0.475 472
5	0.500 778	0.494 868	180.98	132.596	0.494 924
6	0.522 573	0.495 059	158.708	108.484	0.547 317

99 期

企业	ALPHA	BETA	利润	规模	比率
1	0.507 066	0.499 206	172.128	110.003	0.539 757
2	0.545 456	0.496 198	161.179	126.692	0.468 657
3	0.527 188	0.492 893	170.285	118.087	0.502 806
4	0.518 491	0.503 433	186.755	124.876	0.475 472
5	0.456 039	0.497 635	182.573	132.596	0.494 924
6	0.528 068	0.489 151	158.599	108.484	0.547 317

100 期

企业	ALPHA	BETA	利润	规模	比率
1	0.531 965	0.498 054	172.694	110.003	0.539 757
2	0.509 804	0.500 375	174.758	126.692	0.468 657
3	0.513 837	0.493 177	168.342	118.087	0.502 806
4	0.558 562	0.499 345	156.798	124.876	0.475 472
5	0.504 303	0.498 07	187.03	132.596	0.494 924
6	0.523 086	0.491 682	154.07	108.484	0.547 317

在表 19.3 表示的三个阶段中,没有一家企业从事搜索,因此没有企业改进他们的生产常规。然后,随着企业生产参数的变化,利润水平提高了。在这 100 个阶段的模拟中,进行了 51 个搜索。

我们从这个模拟中学到了什么? 这是个很简单的模型,用以解释且不用面对任何描述企业如何运行的现实模型,这样可能的解释肯定是"跟现实无关"。尽管如此,我们可以从我们建立的模型中学到一些东西。对最后期的值非常值得注意的一点是,企业生产的规模都明显低于在基于这个知道他们自身生产函数假设的新古典模型下应该生产的规模。因此,他们根据新古典模型能够得到更高的利润。[①]这个特殊的模拟过程进行了 1 000 期,而且在 100 期观察到的规模并不是典型的相对于已经经过 1 000 期的企业来说。

那么我们能知道这是为什么吗? 我们会在下一段给出答案,但是如果你喜欢侦探,这是一个很好的机会。这个我们所描述的模型存在非常严重的缺陷,而且这些缺陷,当事实发生后回头看,反映了我们对这类模型缺乏经验。你能看到我搞糟了吗?

---

① 注意:企业 i 的利润很高是因为其他企业生产的规模相对较小。给定其他企业使用的规模和价格接受者假设,一个知道自己生产函数的企业能够赚取更多的利润,通过增加自己在表 19.3 中的值。

考虑企业雇用资本水平的演化。一个企业要么保持自己资本的水平要么复制竞争对手的资本水平。我从 6 个不同资本水平的模拟开始,且当第一个企业开始搜索的时候只有 5 个企业剩下,以此类推。在表 19.3 描述的状态下,6 个中只有两个还保持了原有的资本水平,而且(比较容易证明)最终只有一个资本水平会保留。而且,我们从一开始的 6 个合适的资本水平是 0.37、0.38、0.39、0.40、0.41、0.42,这比我们看到的长期的 α 水平(在 0.5 附近)要低很多。然后我从一个"资本匮乏"的状态开始,我保证行业中进入动态资本;资本存量不可能会高于最大的初始资本水平(大约 65)或得到任何小于最小的资本的初始水平(大约 59)。没有外来的"突变"的资本水平,就不会使得企业经历一个更大的资本水平(和发现如何有利可图),也就不能够使这个行业中的企业获得新古典规模 156.25,一旦他们意识到资本/劳动比应该接近于 1 比 1。

这是个非常简单但有缺陷的例子,针对的是 Nelson 和 Winter 所采用的分析模型。他们的书可能更完整,拥有更好的分析意见和(更不用说)更好的模型。但是他们模型中的基本结构和他们对来观察事情演化的模拟模型的使用(最终的)是他们一般计划的特征。它对补充他们的模拟与分析非常有用,但即使在上面给出的简单的模型,你也能够看到作分析有如何难。[1]

我们可以把这个模型的分析和第 19.1 节里面的想法联系起来。记得一个声称可以相信企业会根据最大化利润来行事的理由是在演化的意义上说,利润最大化的企业会主导产业,至少在最初有个"混合"的企业类型,而且利润最大化企业能够声称更久且变得更壮大。据推测,可以建立这样的模型,企业的行为各异——有些更接近于在他们的生产常规、搜索行为以及其他更进一步的活动中追求利润最大化。也可以在模型中引入时期之间的强烈联系。例如,可以把模型中的资本自然看成一种耐用品,有折旧,且积累企业留存收益。这样,更加有利可图的企业就会赚得更多,这跟我们想要说的故事一致,更加有利可图的企业会发展得更加快速而且领先不太有利可图的企业。关键的一点是,这么详细的模型我要么可以做出竞争导致利润最大化企业占主导的结论,要么提供跟这个故事是理论一致的设定。沿着这条线路的一部分工作已经由 Nelson 和 Winter 完成了,仍然还有一大部分没有完成。

这是经济学领域新的分析模式,它也肯定需要通过再构建模型、运行模拟、做更准确的分析、开发过程来校准并测试模型,以进一步发展这种分析。可以肯定的是,这类行为模式植入的模型要比简单的新古典模型更加现实。一个新古典模型的真正追随者会准备好反驳这一切,有可能会是这么说:"新古典模型框架可以纳入各种调整成本、搜索成本等,Nelson 和 Winter 的行为模型完全是特定的,正确的方法就是坚持标准的模型、最大化行为、复杂化环境。"但是要在新古典模型中纳入这所有的东西肯定很难实现。如果我们不能够分析这样的模型,那么至少观察管理者能不能真正动态地最优化他们设定的相当复杂的问题就会变得很难。在任何事件中,单个管理者对整个企业生产计划的强调并不能够很好地描述企业作出决定的过程。[2]而且我们仍然没有很好的理由来相信利润最大化

---

① 事实上,我们之前给出的简单模型易于直接分析,但是仅仅因为这个模型具有很大的缺陷。

② 这并不是说这样一个模型不是一个很好的针对企业内部运行的简化模型。但是人们更喜欢要么是经验型证明模型要么是理论证明模型。

像是描述的企业追求的。任何上述的理由都足够能够推动研究朝着这类被描述的模型的方向发展。放在一起,他们使得情况相当令人信服:如果利润最大化是一个很好的模型,那么对这些事实的证明(沿着这条路线)都是可行的。

19.4　市场范畴内的企业

　　一开始我们把企业作为利润最大化的实体,然后_____(填空)最大化实体,然后定性行为。在每中情况下,企业都是一个实体。在论证模拟模型中的这类"内部"行为、论证一些替代利润最大化的标准,甚至论证利润最大化的理由,我们参见描述企业中参与人的参考文献:第 19.1 节的管理者和狙击者、第 19.2 节的管理者(和他们的目标),和第 19.3 节中企业作为协调区域。但这些都是非常不正式的观点。(在收购方面的文献是相当正式的,它也适合我们想要设计的目录。)当涉及正式建模时,这些模型都把企业和他们的行为作为分析的单位。

　　这就使得探索建模的方式非常不同,即企业像一个充满着管理者、工人、资本家、消费者等利益冲突方的竞技场而得到满足和解决。但是这同时也提出了这样的问题:为什么企业相对于其他市场会具有优势和劣势? 为了解决这个问题并解决对于企业(或其他组织)作为市场形式的实体的一般化概念,我们转到第 20 章的交易成本经济学。

19.5　书目提要

　　想要调查对管理者最大化利润的合适标准的理论工作(这同样是股东的利益)可以看看 Kreps(1987)的文章。Baumol(1959)以及 Williamson(1964)的文章是关于企业管理理论方面的。有很多文章关于收购机制对管理者的约束印象,Schleifer 和 Vishny(1988)提供了对这类文章的一个简介。更不用说,Nelson 和 Winter(1982)的文章强力推荐。就我个人的看法,他们对新古典的传统过度苛求了。(我的理由在第 1 章中给出,这里也不惜要重复。)但他们研究过程的积极方面需要引起我们的重视。

参考文献

Antle, R., and A. Smith. 1986. "An Empirical Investigation of the Relative Performance Evaluation of Corporate Executives." *Journal of Accounting Research* 24:1—39.

Baumol, W. 1959. *Business Behavior, Value and Growth*. New York: Macmillan.

Gibbons, R., and K. Murphy. 1989. "Relative Performance Evaluation for Chief Executive Officers." Massachusetts Institute of Technology. Mimeo.

Hart, O. 1979. "On Shareholder Unanimity in Large Stock Market Economies." *Econometrica* 47:1057—83.

Kreps, D. 1987. "Three Essays on Capital Markets." *Revista Espanola de Economta*

4:111—45.

Nelson, R., and S. Winter. 1982. *An Evolutionary Theory of Economic Change*. Cambridge, Mass.: Belknap/Harvard University Press.

Schleifer, A., and R. Vishny. 1988. "Value Maximization and the Acquisition Process." *Journal of Economic Perspectives* 2:7—20.

Williamson, O.1964. *The Economics of Discretionary Behavior: Managerial Objectives in a Theory of the Firm*. Englewood Cliffs, N.J.: Prentice-Hall.

课后习题

1. 考虑一个行业中所有企业生产同质商品,需求函数为 $X = 100 - P$,大量的企业生产这个商品,他们的生产函数都是

$$Y = \left(\min\left(\frac{K}{\alpha}, \frac{L}{1-\alpha}\right)\right)^{1/2}$$

其中,Y 是产出的水平,α 是 $(0, 1)$ 之间的一个常数,K 是企业雇用的资本数量,L 是企业雇用的劳动数量。资本和劳动的价格都始终设定为 1 美元。所有企业的固定成本都是 16 美元。

(1) 假设这个行业中共 6 个企业,所有企业最大化利润,且都为价格接受者,均衡是怎样的?

(2) 假设这个行业自由进入,每个企业的生产函数已经上述给出。这个情况下均衡又是怎样的?

2.(1) 假设这个行业中的企业最大化他们的销售额,是价格接受者,受到利润非负的约束,如果行业中只有 6 个企业,那么均衡是怎样的?

(2) 如果 6 个企业 3 个是最大化利润,3 个是最大化销售额,那么均衡是怎样的?

(3) 现在假设所有企业都是最大化销售额,且价格接受者,受到零利润的约束,为什么在自由进入的情况下难以实现均衡?

3. 假设行业中有 6 个企业,每个企业追求最大化自己使用的资本,受到零利润的约束。(企业继续扮演价格接受者),均衡是什么?

4. 为了修复我们在第 19.3 节中讨论和模拟的模型,需要做的一件事情就是企业需要模仿其他企业资本水平,过度模仿。这就是说,如果企业 i 模仿企业 j 的资本水平,企业 i 选择高于企业 j 资本水平3%的资本(这是因为企业 j 已经做得很好,企业 i 想要做得比企业 j 做得更好)。这也并不比我们在第 19.3 节讨论的模型要好(实际上,更差),为什么?

5. 对如何修复第 19.3 节中讨论的模型给出意见。如果你有机会接触电脑并且知道蒙特卡罗模拟如何构造,你会怎么尝试你的建议?

▶ 20

交易成本经济学与厂商

本章将继续讨论始自第 19 章的厂商模型,模型中所考虑给定的是厂商更像一个市场而非消费者。在这样的模型中,我们认为厂商是一种个人间交易在其中发生的制度——是发生在市场中交易的另外形式。为了明白这一点,我们不得不看到在厂商中发生的交易与在市场中"相同"交易间的区别,这就是交易成本经济学的主题。

在本章中同样将继续批判已经贯穿整本书的方法。为了达到第二个目的,我们采取一些迂回的方式。开始时,我们将重述 Williamson(1985)给出的交易成本经济学理论。[①]这里的叙述与之前书中讨论的主题相比将更加地口语化同时也会少用数学,在理论可以与 Williamson(1985)相一致后,我们将回头来看如何使得这里的理论能够与我们之前所做的事情进行匹配。

20.1 交易成本经济学与厂商

20.1.1 交易成本

当进行一项交易时,交易各方必须承担各种成本。事前成本是在交易发生前产生的。如果交易是在书面合同下进行的,那么合同就必须要起草。无论是受制于合同还是简单的口头约定,交易条款都必须进行商定。事后成本的产生是为了完善和保护最初已经敲定的条款。

在一些例子中,这些成本是可以忽略不计的。但是在其他一些例子中,他们是有实质意义的。对于交易可以以不同方式(使用不同的法律与社会制度、提供或多或少的合同细节、以一种形式或者其他形式来保留交易方的权利)进行设定,这些不同的方式将会有不同的成本。交易成本经济学中最基本的概念是"在有交易成本的情况下,交易倾向于'采

[①] 此处给出的释义与 Williamson(1985)在分析上、或者一些细小方面、或组织上比并不完全精确。同时,这个释义也不会有丰富的例子并且是十分精简的。

用'可以最大化其所能提供的净收益的方式"。特别地，一项交易当期（交易）成本超过所有的收益时将不会发生。

为了能更好地确定这些成本，关注那些增大交易成本的因素是十分有帮助的。威廉姆森将这一系列因素划分为两个方面：一是与进行交易的个人有关的因素，二是与特别的交易有关的特殊因素。

20.1.2　人的因素

人是有限理性（boundedly rational）与机会主义的（opportunistic）。有限理性是重要的，首先是因为这意味着对于个人来说，深思熟虑为每一种来自交易过程的可能进行缔约带来成本，这将增加事前起草合同的成本。这些成本可以非常高，以至于使得个人不能穷尽合同的所有可能性，或者不能进行必要的深思熟虑来预见所有的可能性。而且确实存在一些可能是个人完全无法预见的。①在事前不能穷尽的可能将会增加事后的成本，因为交易各方将会需要在这种可能发生时进行更多的商定。同时，只要明白有些可能是无法被预见或者在事前想到的，那么交易方会在以特殊的方法订立最初的合同，通过这种方法合同可以在需要时进行修改。这些"方法"或者治理结构（governance structures）带来了管理成本或者其他类似的成本。

说个人是机会主义的意味着人是自私而诡计多端的。如果个人的利益损失进一步加深，一个机会主义的个人将会去打破任何戒律。特别注意此处的条件"如果"。制度可以这样被设定，以至于个人"以其人格担保时"，如果按照承诺那么将损失利益，此时就会去获取一些短期利益（如果你不能明显地想出这个，请回想第14章或者读下面的部分）。

为了将机会主义与简单的利己主义区分开，考虑一个完全诚实的个人，她永远不会违背她的承诺或者歪曲她所知道的，但是她仍然会努力最大化其自身的福利。这就是利己主义，对比一个机会主义的个人，他是在合适的条件下才不会违背其承诺或者进行伪装。另外，对"机会主义"这个术语使用做一个延伸，意味着拒绝透露你所掌握的信息，以及另外一种是当别人要求你透露信息时拒绝透露。举例来说，如果你正在卖一辆二手车，它的质量你是知道的，买家问你质量如何，不透露这样的信息将会是一种机会主义的行为。[a]

根据一个3×3的表格来对个人进行分类，这其中第一个维度是个人的理性程度，第二个维度是个人的利己主义导向。

对于理性的程度而言，我们的三个种类是完全理性、有限理性与感性。一个完全理性的个人有能力预见所有可能发生的事情，同时也可去评估并且最优化地选择最可行的行动方式，而且是无成本的。一个有限理性的个人是试图最大化但是发现这样做是有成本

---

① 我们将会区分不同的可能性，一些是不能被预见的，一些是能被预见但是由于深思熟虑的成本而无法被预见。从理论的视角出发，如果认定第一类预见成本是无限的，那么这两类就可以合并。

a 这个对机会主义概念的延伸确实非常远，远到超出了其最"自然"的用法。为了详述，假设A拥有一块土地，这块地里埋了一些宝藏。A不知道宝藏在哪里，而且因为成本太高所以不可能将整块地都挖一遍来找出宝藏。然而B知道宝藏在哪儿，同时对B来说去挖宝藏是值得的（或者如果是A知道，对A也是值得的）。根据上文机会主义的定义，如果A问B，B拒绝告诉A宝藏在哪儿就是机会主义。

的,同时也不能预期到所有的可能,那么当不可预见的情况出现时,这种不可能的认识就要为所增加的(几乎不可避免的)事后时间提供事前的处理时间。一个感性个人的行为根据某些特别的行为模式,这些并不(除了巧合)与最大化某些特定的效用或者福利函数相对应。

对个人自利导向来说,有机会主义者,以及完全诚实但是自利个体都已经被讨论过,再加上乌托邦式的个人,他们努力最大化所认同的社会利益。

各种各样的经济学理论,都可以被认为是关注于由上文讲的九种个人之一所组成的社会。如果在社会中的个人是感性的,一旦他们的行为是特定的,由于(根据定义)他们一点也不表现出自利,因此他们的自利导向是无关的。[①]同样地,在基于消费者最大化的传统的正统经济学中,如这样的个体也是不相关的。诸如尼尔森与温特的演化理论,应用于消费者行为而非厂商行为,也许将可以正确地对如此个体组成的社会进行经济分析。

大多数经济理论关注于完全理性的个体。如果他们在自利导向是乌托邦似的,团队理论(team theory)可以适用,在这个理论中(假设)所有的个体都有相同的效用函数(这可以被当作社会福利)。他们也许不能有共同信息,这将使得这个主题变得有趣,但是他们都将表现出对其他同仁会根据自己所拥有信息作出决策的完美预期,并且采取行动以最大化总体福利中的某一方面。[②]

自利却非诡计多端的完全理性个人出于一般均衡的经济中。这并没有提及谎言或者私人信息。由于一个非机会主义的自利个体将不能保留相关信息,并且交易每一方都是完全理性的,那么去预期交易其他方所拥有的可能相关信息,就将完全不能有相关的私人信息(在一轮提问与诚实的回答后)。因此在进行交易时,各方知道他们得到什么,任何有关未来情况的分配都是明了的且被所有人完全知道的。[b]

完全理性与机会主义的个体存在于道德风险、激励、逆向选择与市场信号模型中;即本书的第四部分。一个人可以在其他人如何行动下进行工作并对给定的正确激励做出反馈。同时一个人也可以通过将会被带入市场的特性分布来行动,或者是与某些信号或者其他相符合的特性分布,或者是在面对一系列合同时采取合适的(均衡)行为。但是这些在此处的激励(或者采取特别的行动或者发出一个特别的信号)必须顾及个人撒谎、作弊与偷盗的能力,如果做这些都会有额外收益。

这里摒弃了有限理性。对乌托邦式的有限理性个体而言,团队理论(Marshak and Radner,1972)的某些方面适用。对自利却非诡异多端的有限理性个体而言,短暂均衡(temporary equilibrium)的文献适用(Grandmout,1988)。最终,自利且善于钻营的有限理性个体将出现在交易成本经济学的世界中。

图 20.1[完全来自于 Williamson(1985,fig.2-1)]图表化地展示了这些。(标记在演化

---

① 尽管这么说是对的,但是有一点误导,一个合适的感性模型将会反映出所设定给个体的自利导向。举例来说,在第 19.3 节中,企业在模拟模型中是"感性"的,但是他们的感性是与通过相对收益度量的"自利"所关联的。同样地,我们可以想象一个个人感性的模型,在其中,个人的激励反应是与其"自利"相关的,比如各种物品相对于其邻居的消费水平等等。

② 关于团队理论的一个延伸,参见 Marshak 和 Radner(1972)。

b 在一般均衡下,不同企业有不同的生产函数。所以,作为正式理论来说,一家厂商可以施行其他厂商所不能的生产计划的事实并不是基于之前所得到的所有人的信息。

方法上的问号表明沿着这个方向的工作相对缺乏,演化方法对于探究表格中问题的适用性是一目了然的,但是期待有更多的证据。)

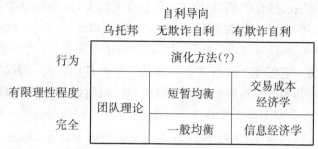

图 20.1 将经济理论与个体类型进行匹配

20.1.3 交易特性

当交易的种类被认为仅仅是用苹果交易橘子或者钱时,有限理性与机会主义并不是很多。如果我们设想一下,苹果或者橘子的买家对要买的东西是足够熟悉的,那么通过简单的查看就可以说出这些水果的质量,至少此时有限理性与机会主义不多的状况是有的。前文所讨论的人的要素与产生显著交易成本的特定交易的各种方面是相关的。Williamson 指出了交易的三个方面或者特性,它们支撑了交易成本的层次与本源:资产的特殊性、不确定的程度与频率。

如果随着交易将产生交易的一方、另一方或者双方都越来越与其他有"势力"的一方变得紧密起来,那么这是一个有高水平资产特性的交易。举一个简单的例子,一个制作玻璃杯的公司坐落于一个装瓶厂附近。在瓶子制造商使他的工厂紧挨装瓶厂旁边时,任何一方都可以与(潜在的)交易方达成协议。如果在兴建任何工厂之前在制造商与装瓶商之间有一个谈判,那么我们可以期望(如果每个类型都有很多)这个达成的交易可以反应其他方所拥有的机会。如果两个的选址是紧挨的,那么两种生产过程的技术将有有效的产出,我们可以预见到双方根据某些谈判框架,将由紧挨选址所获得的有效收益进行分配。要注意的是事前的谈判,如果装瓶商不喜欢这个由特定瓶子制造商所提出的交易,(很典型地)她可以去找其他制造商。可一旦制造商将他的厂址选定在紧挨装瓶商,装瓶商将她的装瓶生产线紧接制造商,每一方都有特定的资产风险。现在,每一方都相对于另一方有一定的垄断势力,机会主义有了用武之地。举例来说,装瓶商可以告诉瓶子制造商,尽管合同是之前签订,但是每个瓶子她想要更低的价格。对制造商而言,在这种情况下,又没有更好的交易对象。因此,预期这种可能,瓶子制造商(同时,也可以说是装瓶商)将在事前花费资源来商定一个非常刚性的合同,并且在事后有能力去执行这个合同。或者举一个有一些不那么机会主义的例子,装瓶商与制造商不能在事前预见到塑料行业对他们双方的影响。但是双方将不得不随着塑料容器技术的发展而调整他们的交易,同时他们的这种接近将会意味着在任何事后的(再)谈判中任何一方都对另一方有一些依赖。①

---

① 要使这个成为资产特性的例子,那么旧的资产提前投放到通过新技术供给而并非完全荒废的地方是重要的。

在上文的故事中,资产特性对交易的双方都是起作用的。也有一些案例,其中资产特性仅仅对其中一方或主要在一方起作用。举例来说,考虑一下研究生的窘境。在一年或者两年的学习后,学生已经在他们就读的院系上投资巨大,她在这里学习,比如满足一些特定的要求、通过一些特定的考试等等。这些中有些可以转移到另外的院系中,但是很大一部分不能。另一方面,院系却没有投资很多在特定的学生上。(当一个学生进入论文阶段时,这个平衡会在一定程度上进行调整。)作为一个在其中任何一方都有许多潜在交易对象的交易,开始后其中一方将面临更大的风险,在这样的例子中,相对更多的资源将会以交易成本的形式被花费来保护个体学生不被教授与管理者所压榨。比如,设定一个正式制度,这个学生可以向系主任、院长或者其他主管申诉不公平,包括大学在内,在法庭上,举证责任都将更多地依赖于大学而非学生。[c]

支撑交易成本的第二个特性是在交易中不确定性的程度。这与有限理性是齐头并进的。确实,不确定性导致了有限理性的主要复杂性。注意到此处的不确定性是广义的。它包括了有关可能性的不确定性,这些可能性是可以被预期的,包括需要付出成本去预期到或者包括规定通过合同去处理它们的;也包括一些可能性的不确定性,这些可能性本质上仅仅能大体(或者大体上都不能)被事前预测。同时也包括某种不确定性,在其中一方有信息而另一方缺乏。

最后,是交易的频率。交易的这个方面并不支撑它成本的绝对量,与之前两方面一样,而是表征了处理交易各种各样方式的相对成本。当一个两方交易频繁发生时,双方可以构建一个特殊的交易治理结构,即使这些结构是有成本的,然而这些结构成本可以被大量交易所摊销。但是当交易是一次性的或者仅仅很稀少的时,那么一般来说,使用一个特殊的机制来处理这种特别的交易成本是昂贵的。相对低成本的是使用"一般目的性的"治理结构,这个成本上与针对特定交易的完美型相比是较少的。

20.1.4 以治理规定来划分交易

在区分不同的交易形式时,交易成本经济学突出强调交易的条款应用于他们所带来的不同情形。交易的这些特征被称为治理条款(terms of governance)。治理条款可以在一个合同中进行准确而严格的规定,它管理着一个交易,如在主要棒球联赛中的一个准确而正规化的仲裁过程。治理条款亦可以是隐含的,来自于公认的实践与法律,如资产的所有权一般情况有限度的赋予有权支配资产使用的人。因此,当一个装瓶商从瓶子制造商那里购买整个生产厂同时为制造商雇用员工时,装瓶商在法律下所拥有的权利与她简单地与拥有生产厂的制造商订立合同购买瓶子是不一样的。在两种严格规定的资产所有权和所有权样式之间的"合同"与暗含的法律一起决定了最终的治理规定。

Williamson(1985,Chap.3)给出了如下的分类方案:

---

c 在大学与法庭的关系中,私立大学一般允许施行一致性,所谓的"院长公平",在这里院长的决定在上诉程序中是非严格的。这个概念是为了说明,如果大学施行这样的一致性,那么学生在与学校订立就学关系之初就应该知道,而且法庭是没有理由干预一个私人交易的。当然,这留下了一个问题就是为什么学生要总是信任院长公平,这一点我们将在下面的章节中讲到。

在古典契约交易的框架下,交易的条款是完全事前订立的。这包括苹果与橘子的交换内容,但是在合同中超过这个内容的,则没有可以应用于超越这些具体条款的合同。例如,在给定房地产价格下的一个复杂的购销协议将包括在这一范畴。①这样的购销协议通常包括非常具体的关于违约金的条款:如果一方不能履行购销协议,那么另一方将收取违约金。这种明确的对不履行合同行为的事前规定,是每逢不履行合同时的典型古典合同。当然,合同的实施仍然是一个问题;一方面可以依靠关联的第三方,他们履行很小的自由裁量权(如托管代理),但最终(通常这类合同,是从始至终)由法院介入争端裁决。

随着履行自由裁量权的第三方加入,我们进入新古典契约(neoclassical contracting)或三边关系(trilateral relationship)的范畴。合同上不再说明损失是由于各种违约,或者更一般地,从描述在各种可能性下什么可以被适用,到取而代之地规定第三方将根据,也许是一些特定过程来决定合适的损失与适用。举例来说,在仲裁中,大家经常看到这样一种情形,纠纷双方都提交自己的"要求",仲裁者一般是被迫地在两者中做出一个选择;而不是提出一个折中方案。

当双方的交易没有关于如何适用情形的正式协议,取而代之的是如同他们一贯以来地依靠自己的能力解决问题,我们就有了一个双边关系(bilateral relationship)。成功的双边关系让人想起囚徒困境重复博弈版本中的一个合作:任意一方都愿意与其他人配合以为了能保持合作。(这种关联将在下一节进行更充分的表述。)

正如可以产生各式各样的三边协议一样,双边合同也有许多种形式。一个极端的形式值得特别关注。在一个分层交易(hierarchical transaction)中,两方的其中一方,通过法律或习俗,拥有多数的权力来决定如何履行合同。乙方将保留一些明确的权利,比如也许在某些规定成本下废除合同。同时在法律下确定性的权利被暗含式地保留。但由于这样的限制,甲方或占优层次方(hierarchical superior)将决定事态进程。这种形式的主要例子,也是其重要的原因的是古典劳动合同:一个工人通过实现他老板的需求来争取工资,如果这些需求变得过于繁重或令人厌恶时保留(在奴隶制度和定期服务合同是非法的经济中)辞职权(Simon,1951)。

当交易的一方可以支配另一方的资产,则将交易有效地内部化,我们可以有一个统一的治理结构。这里的重点是"所有权"意味着根据惯例来控制的事实。请注意,此处奴隶制度和定期服务合同是非法的,一方无法购买另一方的人力资本;员工在公司的就业并不是一个有统一治理结构的交易,但取代的是一个分层次交易(如果没有其他形式的交易)。

20.1.5 使交易匹配治理结构

什么样的治理结构将在特定情况下最小化交易成本?威廉姆森提出了以下方案:交

---

① 在本章中提供说明性的例子的一个困难是社会习俗往往决定交易的形式。例如,在美国不同的州进行房地产交易完全不同。可以很容易地想象一个社会,它的房地产交易形式是三边(见下文),包含一个贷款机构,扮演着第三方的判决作用。贯穿本章的这个例子来源于美国惯有的习俗与实践,而其他国家的情况也许不是这样的。在这种情况下,一个明显的挑战是解释这种理论上存在差异的原因。在一般情况下,制度实践的跨社会比较对于此处理论描述的实证检验是一块非常肥沃的土壤。

易是根据所涉及的资产特异性(从非特异性过渡到中等特异性再到高度特异性)和交易频率(从偶尔到频繁)来分类的。

如果资产是非特异性的,就不需要任何花哨的治理形式,那么也就不需要复杂的长期合同。即使双方之间的关系是永续的,这种关系也可以由一个序列的短期合同来治理,因为来自市场的竞争将阻止任何一方相对于另一方占有较大优势。经典合约就是与非特异性的资产匹配。就算资产的特异性变得越来越强,更花哨的形式也会开始发挥作用。

针对这一说法有两个注意事项。首先,此处假定双方面临的何种程度的竞争关系都是不随时间而改变的。我们可以想象,A最初面临很多为B的竞争,但竞争随着时间消失,即使没有物质特定资产在此处。为了保证这个简单的结论成立,可以与这个情况相适应,我们将需要扩大特定资产的定义,将"市场势力"包含进来。

第二,我们先前提到的一个房地产交易购销协议是古典合同的一个例子。但在购买和出售房地产时,各方都对此相当重要的特定资产交易做出承诺。换句话说,他们及时找到另一家合作伙伴的机会应当在当前被抑制。在这个交易中让古典合同占优的是此处的交易是有许多经验的。一位房地产律师可能需要向你解释一切的可能,并且你将为此支付补贴,但这些可能在事前已是众所周知的;"样板"合同形式经常被使用。从此处讲到的匹配角度出发,在这个案例中出错的原因是我们没有一个针对"不确定性"或"复杂性"的第三方维度。通常的房地产交易可能是非常临时的(对有关各方),同时也可能是涉及重大的特异资产(对一小段时间),但所有可能的突发事件的范围是众所周知的;它在相关意义上并不复杂。(或者,你也可以认为在这样的一个案件中,理性的程度是相当大的,至少在如果双方采取审慎的行为,聘请专家帮助起草合同时。)因此,这类交易可以被一个古典合同所处理。

类似的条件几乎可以用在我们所提出的交易与治理结构匹配的每一方面。我们之后将避免设定这些,但要清楚的是这是一个非常简单的方案。它给出了一般的倾向同时应当以多种方式来限定。

当资产是中等特异性时,关系契约(即三边、双边、分层)脱颖而出。这是由交易频率扮演主要角色,来确定哪种关系契约是最优形式时的情况。[1]如果给定的交易在双方之间频繁重复,那么完全的双边合同可以很好地履行。如果参与的两方中其中一方从事这类交易相对频繁(第二方从事此类交易的频率较低),那么我们可以选择一个给以第一方大多数自由裁量权的双边形式,即一个分层形式可能是适当的。[2]但是当任意一方的交易频率减低时,一般的双边形式开始出现问题,这可能使得寻求扮演裁决角色的第三方来帮助成为必要。

当资产对交易来说变得更加具有特异性时,关系契约的成本增加:每一方都有更高的风险,所以必须进行更多的交易前规划、交易中的监督,以及交易后的执行。到达某一点

---

① 对于交易的频率来说,你应当记住特定交易的或一个大致类似交易的频率。可以预期将发生什么,即使双方从没重复进行过一个严谨的交易,但经常重复进行与此足够相似的交易,以使得各方可以参考行为的总体信誉。下面我们将举一个频繁交易的例子。

② 我们将在下一节中看到一个原因。

后,此处的关系契约成本是相当高的,双方会在法律允许的情况下考虑一个统一的治理结构,即一方从其他方购买,可完全地支配交易并对交易负责。

所有这些因素包含在图 20.2 中,此图来自于在威廉姆森并做了微小的适当修改(Williamson,1985,fig.3-2)。

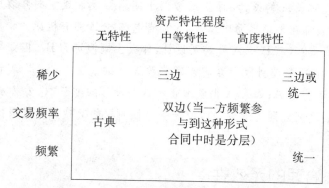

图 20.2 将治理结构与特定交易特性相匹配

20.1.6 厂商与市场

刚刚讲到的与厂商理论的联系是相对直接的。企业符合统一的治理;企业是一个法人实体,支配一系列资产,同时在他的名下各种不同的交易完成(与其他企业和个人)。①

为什么要使厂商置于市场的范畴?毕竟,在前面的内容中厂商在市场中发挥的作用,扮演某些个人消费者的角色。在下文的例子中来考虑:A 和 B 希望进行交易。A 将提供一些关于产品设计的专门技术,B 将提供产品制造的专业技术。这一交易需要特定的工具——计算机来辅助设计,以及工业车床和各种夹床来生产产品。我们可以想象,A 拥有电脑,B 拥有车床和夹床。在这个案例中,我们认为他们之间的交易是市场调节的交换。或者,我们可以这样想象(这么说,由于一旦 B 拥有夹床,他不需要很多 A 的设计能力)A 拥有电脑、车床和夹床;她控制企业,来雇用 B 为其提供劳动服务。这个关于对劳动服务与钱之间的交换是厂商中介交易,不同于(说)一个关于产品设计与钱的市场中介交换。其中 B 继续拥有车床与夹床,或者是市场中介交换,或者是一个市场中介交换,在其中 A 从 B 处获得完成的生产部件,这个生产是根据 A 给 B 的计划,之后 A 会将其卖给消费者。如果 A 控制所有资产并雇用 B,那么在第一层次的分析中 A 是否直接拥有资产或者通过某些合作的形式控制资产是不重要的;A 对资产的控制改变了交易的性质。②

在这个例子中,如果设计和/或生产技术是有所有人的,那么也许最重要的资产将会是设计或者技术,或者两者都是。这个资产的所有权是最复杂的方面。

① 在此我们将不是很精确地区分公司、独资企业、合伙企业等等。这些差异可能是显著的,但在首次接触这些理论时他们最好被忽略。

② A 的控制的法律形式可能对法律责任、税收以及与此类似的方面而言有十分重要的影响,同时在第二层次的分析中,这些因素会进入交易成本经济学的考量范围。

如果 A 拥有所有的物质资本,也有权阻止其他人使用这个设计,那么她可以控制生产量。如果 B 提供劳务,且被禁止获取他所需要的有关生产技术的知识,以来形成另一个公司或一些竞争对手,那么我们将有一个公司(由 A 控制)雇用 B 劳务服务的案例。一个等同新案例是,在其中 B 拥有所有的物质资本和设计,他有权雇用另一个设计师来修改原来 A 的设计,而且 A 被禁止使用该设计或它的修改版。现在想象一个情况,两个人都在市场界面中工作,A 拥有电脑和 B 拥有机床。谁将拥有设计?谁来控制好生产量?(若 B 从 A 处买设计,那么大概假定为 B。但如果 B 作为 A 的分包商,那么 A 有这个控制力。)谁能控制修改设计的能力?(如果 A 销售"旋转钥匙"夹床,那么这可能是 A;如果 A 彻底地售卖这个设计的细节,那么双方都有这个权利,这取决于他们之间合同的细节。)即使是一个很简单的交换也可以很快变得很复杂。

20.1.7 统一治理的无效性

这个例子暗示一个问题,这个问题带来了支撑威廉姆森所叙述理论的最后一部分:统一治理的相对无效是什么?当告诉大家图 20.2 的故事时,提出了在资产特异性程度高时我们将使用统一的治理,这大概是在合理水平上因为完成、监督与执行交易的成本,在给定一定的风险和相对低频率的交易时,变得令人望而却步。但如果通过统一治理来避免这些成本,那么为什么不专门使用统一治理?[1]

正如我们 A 和 B 的例子中所指出的,采用统一治理不能避免一起交易;相反,改变交易本质是一定会产生的。在计划与金钱或完成品与金钱的交易中,我们有一个劳务与金钱的交换。这种新的交易中本身有一系列的交易成本,它是决定我们使用哪些治理形式的各种交易成本中相对昂贵的。请注意:我们看到原来交易中的一些例子,有的是 B 在市场中从 A 处购买一个设计计划(A 是一个独立的工业设计师),有的是 A 从 B 处购买零件(B 是一个分包商),有的是 A 拥有所有的设备同时购买 B 的劳务(典型的机加工车间),有的是 B 拥有所有设备同时从 A 处购入劳动投入(雇用设计师的汽车制造商)。当然,真实世界的例子,通常会涉及超过两个个体,所以会比我们给出的简单例子更复杂。但在每一种情况下,你应该预期到各种交易形式的相对成本和收益,以决定哪种交易形式被采用。

因此,伴随着统一治理的成本是什么?威廉姆森所指出的是,高势力(high-powered)市场激励与低势力(low-powered)内部激励之间的差异。这是在一个 A 与 B 之间的完全市场界面下,B 面对有效生产的更强激励,以偏好机床等。

当 A 拥有所有的资产并雇用 B 时,有很多事情降低了激励。威廉姆森的叙述(Williamson,1985,Chap.6),比我们这里给出得更长且更详细,此处选摘如下。如果 A 购买了 B 的资产并雇用 B,然后 A 无法在她给 B 的雇用合同中匹配如此强的激励。她很难观

---

[1] 在一个更偏向宏观经济学的层次,可以问一个相关的问题。因为在世界中存在诸如市场势力与外部性的问题,我们知道市场经济将不一定能有帕累托效率的结果。难道要制定一个中心计划并使得经济运行更好吗?有什么是市场经济能做,而中央集权的经济不能做的?中央集权的低效率是什么?这些问题的答案,与我们将给出的关于单一交易统一治理问题的答案是有些许相似的,在文献中被称为兰格勒纳的争议(Lange-Lerner controversy)。

测到 B 付出的努力,同时对于 B 付出了多少努力也特别难观测到。举例来说,A 可以给 B 一个计件合同,这给 B 较强的激励去生产零部件,但很弱的激励去保护 A 现有的车床和夹床。如果 B 对于一向特别任务的难度拥有私人信息,那么 A 从他那获取这样的信息就很困难。可以想象,市场可以提供的任何激励,A 也可以提供给 B。但在这个案例中,度量是一个问题。如果 B 对车床状况良好负责,如果他的合同给了他一个金融激励来这样做,那么检查车床的成本必须由双方一起负担。如果 B 的合同中包含了一些衡量整个企业盈利性的条款,那么 B 一定会关心 A 操纵会计系统使 B 受损。有一个更人道的注意,如果 A 和 B 形成一个长期的雇佣关系,那么当一个坏的结果确实发生时 A 可以"原谅"B。但这消除市场激励的硬边界,B 将面对一个适当的市场中介交易。①

20.2　交易成本经济学的数理模型

前面的讨论,尽管(我希望)清晰,但并不符合通过贯穿本书始终的风格。现在你大概是习惯于看到以模型来详细表达观点,模型由具有特定效用函数的消费者开始,生活在一个特定的(高度特征化的)环境中,消费者以他们能用的各种方式来最大化。如何在这样的条件下讲述威廉姆森的故事呢?②

威廉姆森将交易成本经济学置于有限理性和机会主义的个人领域中。在第四部分之后(甚至第三部分),你应该对机会主义没有疑问了。但我们在本书中所分析的所有消费者都是"理性"的,至少在这个意义上,他们的选择行为是符合第 2 章、第 3 章,以及(当有动态性时的)第 4 章的基本模型的。我们应当如何对有限理性行为建模?有限理性行为意味着什么?

正如第一部分中所指出的,对这些问题没有一个一般性可接受的答案。目前有发展有限理性行为理论的趋势,但是还没有什么能被带入中心舞台作为标准模型。重新讲述先前故事中的部分以可以与本书之前部分相熟悉,我们必须依赖于个人行为模型,它们在所有标准化的方法下都是理性的。事实上,我们将交易成本经济学的理论推入了个人是非有限理性与机会主义的境地。思考这样的分析是重要的,同时一样甚至更重要的是考虑这遗失了什么。

以以上这一切作为开场白,我们提到(以不同的详细程度)了先前总框架中的一些部分,它们都已经被更多的数理公式检验过。

20.2.1　不完全合同与所有权

格罗斯曼和哈特(Grossman and Hart,1986)基于设计师和工匠的基本故事分析了其

---

①　最后一点还有另外一面。社会学家通常对经济学家基于自利来预测行为感到惊讶,而且他们可以很快指出,在一个"好"的组织中工人将内生化组织的利益,同时至少部分地表现为了这个。据推测,社会力量使老板 A 原谅和保护下属,同时这也使 B 违背自己的狭隘利益并支持 A 的利益。原谅也许是统一治理的一个成本(或者任何长期关系形式),但它可能伴随着某些潜在利益。

②　为什么我们要试图以这样的方式重铸威廉姆森的故事呢?贯穿本书的一个保留建设是,正式的数理模型将会促进思想的理解与思维的清晰,去检验这些故事的内部一致性是特别有价值的。

中的一个变化。他们的焦点是谁应该拥有哪项资产。故事大致如下：A 和 B 在一个两阶段模型中，做出在其特定资产上投资多少的决定，A 针对一个可以辅助设计的计算机系统，B 针对车床和夹床。我们让 α_A 和 α_B 分别表示这些投资水平。选择投资水平，然后再决定 q_A 和 q_B。X 方的收益（$X = A$ 或 B）依赖于最初的决定 α_X，X 也进行两个序贯决定并由一个函数 $V_X(\alpha_X、q_A、q_B)$ 所给出。[d]

在此分析的关键假设是：

（1）最初，在做出 α_X 的决定前，双方可以就两种类型资产的所有权进行谈判，这是在一个竞争市场中进行的。一项资产所有权给它的所有人以权利选择 q_X。例如，如果 B 出售自己的资产给 A，那么 A 可以在第二阶段选择 q_A 和 q_B。

（2）不论谁拥有资产，X 方必须选择 α_X。考虑到 α_X 是一个保持决定，在早期资产正被使用时做出。

（3）针对资产产权交易的支付多少并不根据 α_X、q_X 或 V_X 的值。

（4）不能订立关注于 α_X 水平的有约束力的合同。

（5）可以订立关注于 q_X 水平的有约束力的合同，但是仅仅是在关于 α_X 的决定已经做出后才行。在此假定 q_X 的有效水平将被选择。如果一方保留他资产的所有权，那么来源于选择有效 q_X 水平的收益（如果 q_X 是以非合作地选择的则超过获得的收益水平）是在两者间 50—50 对半的，这来自于一些（非模型化的）讨价还价过程。

假设（3）、（4）和（5）驱动了模型并值得评论。假设（4）对应于一个完全没有可观测性的道德风险标准故事。这也解释了为什么来源于所有权的价格为何不依赖于 α_X。在此更多地假设 V_X 是不能观测的，或者如果可以观测，是不能成为可执行合同的基础的。（如果 V_X 的水平不能被法庭或者其他所谓的调解纠纷的第三方机构所证实，那么后者的可能性将会提高。）对 q_X 而言，其概念是 q_X 包括了许多使用资产 X 可以做什么的细节，这依赖于许多事前无法预见的可能性，或者是预见成本太高而不能预见，或者是可以预见但是太昂贵了或者（因为查证的问题）不能以合同来提供。关于 q_X 的事后有约束力的合同是可以订立的，然而，由于一旦某个可能性真的发生了，那么一个简单单一的决定也就做出了。

当格罗斯曼和哈特开始分析时，他们假设两个个体是很好地明白什么样的 q_X 水平会被选择（依赖于所有权的样式）。同时，在模型中 q_X 的水平不存在不确定性。为什么在第一阶段不适合去订立有关 q_X 水平的合同，但是在第二阶段却适合以合同来具体化这些水平呢？格罗斯曼和哈特建议一个模型，在其中 q_X 是一个投资或者努力的总体水平，在事后以一种特定的形式来决定，一个人不能在事前具体说明投资或努力的多种方式中哪一种被分配，这源自对之后可能性的无能预见。但是为什么不在第一阶段写一个合同来给定投资或努力的总体水平呢？一个一致性的故事是，尽管可以订立一个可执行的合同来准确地分配投资或者努力（任务一多少，任务二多少，等等如此），但是一个人却不能在总体水平上写这样一个可执行的合同（多少努力分配给这种方式是在之后被决定的）。同

---

d 格罗斯曼和哈特针对 V_X 用了一个特别的函数形式。因为我们不会再尝试发展他们的分析，而仅仅是与他们的故事形式产生关系，所以我们不会深入这些细节。

时,在第一阶段,·个详细的基于可能性的合同是不可能的或者太昂贵的,所以不能订立。

因为所有权给以权利来选择 q_X,不同所有权的形式将产生不同的关于 α_X 的初始决定。如果 A 将她的资产卖给 B,她可以预期到 q_A 和 q_B 将会以 B 的兴趣来选择,这将会影响到她对 α_A 的选择。如果 A 拥有资产是一个类似结果的故事。如果任意一方拥有他的资产,那么设想在假设(5)的讨价还价中,α_X 的决定就是在增强任一方讨价还价能力的观点下做出的。格罗斯曼与哈特证明了不同的系数化模型如何导致了不同的最优所有权样式。事实上,他们给出了例子。对 A 来说从 B 处购买最优,对 B 来说从 A 处购买最优,对两者来说,保持一个适当的市场中介关系最优。

这个模型为在厂商理论中至关重要的交易成本经济学的若干方面提供了一个数理视角。机会主义的个人通过进行 α_X 的选择被再次展现。一旦我们通过了选择 α_X 的阶段,那么就可以通过任何一方被锁定在与他人关系中的事实来刻画资产特异性。事后的治理是由所有权决定的;合同是在第二阶段根据谁拥有资产来"订立"的。如果我们在资产所有权、统一治理与产商间做一个大体的识别,那么我们有这么一个理论,依赖于特定的情况,可以具体化什么是厂商或企业们可交易的有效范围。

20.2.2 谈判成本的重要性

米尔格罗姆和罗伯茨(Milgrom and Roberts,forthcoming)在交易成本经济学的基本框架上提供了一个重要的论述。具体地说,他们增强了人的因素对于故事的重要性。他们指出,对市场中介交易的强调应当植根于短期谈判成本(short-run bargaining costs)中。他们的观点如下:假设交易中的双方是完全理性的(特别地,他们能预见到所有未来的可能性,以及这些事件将如何发生,即使合同没有具体化这些事情)同时能够执行捆绑的短期合同。假设各方都是风险中性的,所以在它们之间的任何财富再分配只有分配结果;没有收入效应。

一般来说,如果双方进行一个长期交易,同时(因为各种各样的原因)并不订立一个长期合同来涵盖所有的可能性,那么他们将不得不在事情发生时进行谈判与再商定。一般来说,谈判是有成本的,要花费时间;同时(虽然我们并没有在第 15 章的简单设定中看到这个)在案例中交易各方都有私人信息,无效的产出是可能的。因此,谈判成本是交易成本的一个重要部分是显而易见的。

米尔格罗姆和罗伯茨认为在这个论述中,谈判成本是交易成本的唯一部分。即使有足够高的资产特异性、很大的不确定性,以及任意频率的具体化,如果短期的谈判成本是零,那么所有的交易成本也将是零;各方将会达成有效的安排只要花费时间。这对短期谈判成本为零意味着什么呢?以有约束力的合同来治理短期活动是可以以零成本进行的,同时这些合同可以产生短期的有效行为(给定固定的后续行动)。

需要正式的观点可以参见米尔格罗姆和罗伯茨(Milgrom and Roberts,forthcoming),但给出一个大体的描述是容易的。在任何交易的最后阶段,以假设来保证达成一个有效的安排。回到倒数第二阶段。因为双方是有远见的,他们知道什么安排将在最后阶段产生,同时他们知道这些安排会是有效的。因为他们都是风险中性的,任何将在最后一轮安排中进行的财富再分配都可以在当前阶段"撤消"。ᵉ再次应用无谈判成本的假设,他们获得一个在倒数第二轮的有效安排等。他们可以追溯到交易开始时,他们的短期协议将保证一直是有效的行动。

所有米尔格罗姆和罗伯茨的假设在这个论述中都扮演着一个角色,但有两点值得特别强调。双方都是理性的假设是(尤其至关重要的是,有远见的)十分关键的,它增强了威廉姆森赋予人的因素的重要性。可执行的短期合同可以达成的假设是关键的。对比米尔格罗姆和罗伯茨与格罗斯曼和哈特的结论。格罗斯曼和哈特设定了理性且有远见的个人。但是在他们的故事中,这些人不能订立一个有关 α_X 初始轮次决定的有约束力的合同。因为格罗斯曼和哈特与米尔格罗姆和罗伯茨都指出,如果把 α_X 作为一个有约束力的合同的主体,那么(在他们的设置中)资产的所有权将是不相干的。

将谈判成本作为一个热点,米尔格罗姆和罗伯茨继续研究了谈判成本与它们的源头。为了这么做,他们应用了关于谈判的正式文献——我们在第 15 章中所讨论的,我们所忽略的(比如非完全信息下的谈判)——同时也在"通过特定机制的谈判"上做了一些工作,比如拍卖。他们所讨论的是资产的特异性与度量问题如何在谈判成本中扮演角色。①

20.2.3　第 14 章与图 20.2

将第 20.1 节的讨论数理化的第三种方式是使用来自第 14 章的重复博弈理论来解释图 20.2。我们在第 14 章中看到的,在多次相互合作的条件下,合作行为会增多的,因为在这样的交易下每一方都会由于合作而在未来得到充分的收益超过任何在短期中靠机会主义所获得的收益。第 14 章的理论指出了如下内容:

(1)在维持关系中任何一方都必须有收益。或者更准确地说,如果一方因为另一方的机会主义行为而处于风险之中,第二方如果在未来依然是机会主义的,那么第二方也必须是处于风险中。此外,如果第二方由于机会主义的行为所获得的短期收益十分巨大,那么来自于连续关系中的长期收益的现值就也必须同样大。要么是合作关系多次进行的频率(以使得折现因子有效地接近于零),要么是连续合作的价值,至少有一个很高。

(2)使另一方处于风险之中的一方重复进行交易的频率要足够高,这对于任何单一交易的执行都将产生一个分量十足的收益,同时可以使她的表现被未来潜在的交易伙伴所观察到。那么将以一种特殊的行为方式与她的声誉紧密相关。

(3)在重复博弈中有许多可能的"均衡",以至于确定的预测变得困难。

至少在一次重复中,图 20.2 与这个理论表现出了契合之处。随着交易频率的降低,关系契约的性质从双边的与分层次的变为了三边的。这个可以在某些案例中以上文提到的(1)和(2)来给以直接和自然的解释。②举例来说,在证券销售中。一个个体证券销售人员

ᵉ　如果他们进行贴现,则他们看起来将不得不以相同的折现率或者在他们之间有可行的简单贷款合同,以使他们可以利用任何有效的跨时财富交易的优势。

①　他们继续研究了在统一治理下的"谈判成本"源头,这一点我们将会讲到。

②　也可以给出其他解释。比如,更低的频率,意味着特定制度成本必须在单次交易中被更多地摊销,那么因此将会产生更多使用某些"一般目的"三边关系形式的激励。关于这个观点详细的论述请参见 Milgrom 和 Roberts(forthcoming)。

也许会向特定买家(或者特定的买家群体)进行足够频率的销售,以使得没有中介成为必须。一个例子是AT&T公司直接将它的证券卖给它的持股人(尽管这有一些中介)。但是在大多数案例中,第三方,一个交易所(exchange)进入一幅画面中;交易所提供确定的承诺来促进买卖。举例来说,在远期合同中,交易所扮演了一个承诺人的角色,承诺合同可以被补偿。交易管辖了买卖的发生,监督职业生意人的行为,同时交易所也(经常)在纠纷发生时提供仲裁服务。对这项服务来说交易所会被支付一定的款项。这些支付(或者,相反,这些超过了直接的服务成本)给交易所以其名义去管辖买卖的激励,只要投资者监督交易所的声誉同时有意愿在他处进行商业活动如果交易所不能履行它谈判的部分职能。①

另外一个应用(1)和(2)来研究交易治理的例子是西蒙(Simon,1951)给出的。他考虑了一个基本的劳动交换关系,特别地,是在这个关系中雇主是典型的层次较高者的事实。在仅有一些一般性"规则"以及工人辞职权的约束下,雇主按照要做的工作,具体化工人将会做什么工作。大部分自由裁量权被雇主保有,所以声誉粘合剂将这些包含在一起(这使得工人可以信任雇主)成为了雇主的一般性声誉。

(3)也非常适合巧妙地放入伴随图20.2的评论中。以下引自威廉姆森,在一些案例中发现成功的双边关系,对任意一方所适用的条件是"外生的,相关的,易于验证的……和……结果一定要与之确信的相关"(Williamson,1985,77)。换句话说,对每一方来说清醒都需要适应是要明确的,同时所需适应的本质也必须清楚。

在本文中考虑一个在上市公司、投资者和外部审计者之间的三边关系。公司为了筹集资本,向投资者提供有关其金融健康的信息。由于一个好的对道德风险的处理与提供这些信息是息息相关的,一个第三方,审计人被介绍进来(不)保证这些公开信息。这些审计企业因为他们的服务将获得丰厚的报酬,只要他们坚持诚信的声誉。但问题是,这个声誉反映在哪里?因为每一个审计活动都是独一无二的,同时因为审计事务所做出的决定是数量巨大的,如果对每一种特定情形的审计都是非常个性化的,那么在事后决定一个审计事务所是否在他们所做的工作中是勤勉而有诚信的是非常困难的。

相应地,当某项审计的质量被质询时,非常重要的是审计事务所是否很好地遵循了由业界所制定的较好准则(在美国被称为一般公认审计标准),在某些特定的情形下,有即使遵循了这些准则也不能提供最具认可性的审计的可能。此外,审计人员根据他们接收的信息提供十分粗糙的信号。在大多数情况下,他们仅仅说,通过给一个"不合格"的肯定意见,企业所提供的信息是"基本上好的"。通过有一个固定的程序和非常粗糙的报告,在事后检查审计事务所是否做了他们应当做的是可能的,所以作为一个独立的第三方来保持有用的声誉是可能的。

---

① 声誉并不是整个故事。(1)信息的有效性扮演着一个角色。因为许多交易在交易所发生,交易所有能力集中所有商人的信息——谁是诚信的谁不是。即使个体投资者获得有关其他人的信息,同时与其他人有足够频率的双边关系交易也是可能的;对交易所来说,相对更低的信息成本将推动交易从双边形式到三边形式。(2)在两个个体间,证券交易是一个相对于简单交易更加复杂的好的交易。十分典型的是,每一个个体都有一个代理人,他来为个人执行交易。随着个体与他们的代理人间的交易频率相对低,代理人间的交易持续起来,代理人间勾结来对抗个体利益的可能是非常高的。因此,交易所的一个角色是来监督代理人的行为。

注意到第 14 章的内容并不是精确地应用在这个故事里是有价值的。第 14 章关注简单的重复博弈情况,在其中一方(或者两方)总是进行一样的博弈。在大多数应用中,交易永远不会完全一样的重复。但是发现第 14 章的理论如何应用在这些案例中不应当是困难的,这些案例中贯序的"重复交易"是一个由相同但非准确同质交易组成的序贯。只要一方能发现一些规则可以被应用于(可观察的方式)相同交易的序贯,那么声誉与通俗定理式的构建可以被用来产生作用。

尽管第 14 章的理论帮助我们理解图 20.2 的一部分,但是它并没能解释整幅图。特别地,在资产特异性是非常高的水平下,图 20.2 意味着需要统一治理。我们应该怎样解释这个呢?(1)一个可能有关系的方面是对连续关系价值的要求,要随着在引起短期机会主义表现的诱惑的增大而提高。随着更高的资产特异性水平,短期诱惑就一定越高。(2)随着资产变得更具有特异性,来自于失去合作的损失提高。只要有带噪声的观测值,那么关系契约就将需要某些"非合作"的阶段,我们也希望能随着那些阶段成本的提高而找到一种可以推进统一治理的方式。[f](3)在此处对于"策略风险规避"的概念有一个直觉上的诉求。当一个将会持续存在的合作关系或者需要花很长时间来分出合作的收益怎么分配时,契约合同的各方是害怕找到一个不合作的交易伙伴的;更高的资产特异性意味着在这些事情上的成本是增高的,因此关系交易的总体成本是提高的。这些描述可以在第 14 章中找到,但是其他描述在那并不扮演什么角色;这仍然是精炼重复博弈理论包含的那些遗失效应。

20.2.4 厂商与声誉

在之前的章节中厂商并不扮演任何角色,但是提供给他们一个角色并不是困难的。在第 14 章的整个解释中,至少一方是永续生存的。对那些永续生存的个体来说,这些解释是行得通的,但是如果我们允许厂商是有声誉的,那么这些解释的范围将大大延展。这个基本思想的一个特征化模型如下。在图 20.3 中我们设定配对双方进行序贯博弈。在 t 期,对 $t = 1, 2, \cdots$,一个个体 A_t 与 B_t 进行博弈,注意到唯一的纳什均衡是 B 选择 x',这使得双方的都获得 0 收益。

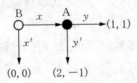

注:在这个博弈中,A 的收益被列在第一,B 的收益列在第二。

图 20.3 一个扩展形式的博弈

如果 A 与 B 进行序贯博弈,那么如果 A 以接近 1 的折现因子将她的收益进行折现,尽管第 14 章我们可以建立一个均衡,在这个均衡中 B_t 总是选择行动 x,A 选择行动 y,

---

f　要注意到这些因素在三边协议中对第三方的限制是相对不那么强的,所以我们不能完全地为了高特异性资产与低交易频率而完全放弃这种治理形势。

双方的收益均为 1：A 之所以选择 y 是因为如果她选择 y'，那么之后 B 都将选择 x'。事实上，A 会保持一个选择 y 的声誉。

但是如果每一个 A_t 只进行一次博弈，这个解释将不会奏效，同时相互收益交易 x 将跟随 y 也不能被支持（归结于 A_t 的机会主义同时不能保证她不会选择 y'）。

如果我们设想每一个 A_t 都生存和消费两期，我们可以回到声誉的解释上。在 t 期，A_t 与 B_t 进行如图 20.3 所示的博弈。在 $t+1$ 期，A_t 退休并且要靠她的储蓄生活。假设 A 的效用以 $c_t+0.95c_{t+1}$ 给出，此处 c_k 是 A_t 在 k 期（$k=t$，$t+1$）关于计价品的消费水平。

假设由 A 组成的"公司"被称为诚信 A 公司。这个公司给以 B 如下的声誉：B_t 将愿意信任 A_t（选择 x），如果 A_t 拥有诚信 A，同时之前拥有诚信 A 的 A_s 当被 B_s 信任时都没有选择 y'。这就意味着如果 A_s 曾经选择 y' 而不是选择 y，同时如果 A_s 拥有诚信 A，那么诚信 A 的声誉将被无可挽回地破坏。

如果 B_t 都在这个方式下行动，那么如果诚信 A 的声誉仍然是好的，则任意一个 A_t 都对从 A_{t-1} 中来购买诚信 A 有一个正的动机。假设只要它的声誉是好的那么诚信 A 的购买价格是 10 美元，那么 A_t 会从 A_{t-1} 中购买这个企业吗？如果 A_t 相信只要她不损害它的声誉那么她就能以 10 美元的价格将企业卖给 A_{t+1}，那么这个答案是肯定的。她的选择是：

（1）不从 A_{t-1} 购买企业。那么 B_t 将会选择 x'，A_t 将在任意 t 与 $t+1$ 期中获利为 0，折现收益为 0。①

（2）购买企业，之后当 B_t 选择 x 时，选择 y'。这使得在 t 期的收益为 $2-10$（从博弈中获得的收益小于购买价格），在 $t+1$ 期获得收益为 0（她的所有权是没有价值的，因为她玷污了企业的声誉），折现收入为 -8。

（3）购买企业，之后当 B_t 选择 x 时，选择 y。这使得在 t 期的收益为 $1-10$，在 $t+1$ 期的收益为 10，之后的过程是将企业卖给 A_{t+1}，折现收益为 0.5。

因此在给定 A_{t+1}（愿意买）和 B_t（愿意选择 x）的假定行为对 A_t 来说（3）是最优的。这就证明了之前设定的 A_{t+1} 和 B_t 的策略；我们有一个纳什均衡。

在这里没有什么复杂的东西。除去诚信 A 公司带来声誉，以及这个"公司"的任意一个所有人都愿意保护声誉以能够收回购买声誉的成本之外，这就像第 14 章的解释。如果格罗斯曼和哈特的故事是围绕着公司作为资本所有者概念的，那么这里的公司是无形的；它只包含其声誉资本。关键是，在公司的名义下做出决定的个人将因那些决定的公司声誉在最终获得奖励，这来自于将决策者的第二期消费与公司声誉的资产减值联系在一起。g

---

①　我们并不将 A_t 从其禀赋中获得效用包含进这些计算。由于我们设定了一个线性的效用函数，这是可以的。我们应当假设 A_t 在 t 期都至少有 10 单位的禀赋，所以她可以从 A_{t-1} 手中买得起诚信 A。

g　在这一章的结尾我们将不会提供任何习题，但是如果我们提供的话，有一个将会是：事实上，这些设定允许了一些在第 14 章中不可能的事情。假设，在 A 的可观测行为中有噪声。那么假设 A 可能主动选择 y，但是有一些手误的机会，使得 y' 反而被观测到了。你能以如下的形式构建一个均衡吗？如果一些 A_t 被观测到选择了 y'，那么 A_t 所有的公司价值将变为 0。但是 A_{t+1} 之后有能力形成一个新的诚信 A，这有一个全新的声誉。这家公司的声誉价值将没法立刻到 10，但是只要她的拥有人永远不被发现选择 y' 它的声誉价值就可以成长为 10。如果因为失误而选择 y' 的概率很小，你能在每一个 A_t 主动选择 y 同时每一个 B_t 选择 x 时构建一个均衡吗？对于诚信 A 的价值增值的每一种形式，这种行为是否可以在一个均衡中持续？如果 A_t 被观察到选择 y' 那么诚信 A 的声誉价值一定将跌到 0 吗？另外如果 A_{t+1} 有能力秘密地给 A_t 贿赂一些钱，那么将会发生什么？

即使以本书的特征模型标准来看,这个模型也是格外有特征的。认为厂商或者其他组织有声誉应该肯定不会令人惊讶,或者甚至对一些厂商而言,声誉与他们所拥有资产是同等价值的。(上市公司与投资银行会立即关注。)这些声誉使得交易的各种方式都以施行,在没有声誉的力量下要么是需要格外复杂的合同要么不可能交易。回到在研究生与她所在的院系之间的"合同"的例子。在这个合同中,除了管理过程几乎没有具体化其他任何东西。新学生收到一本(如多少有变化也不告知)怎样向系主任或者院长申诉的说明手册。那些有关学生项目、导师、经济援助等的具体细节全都由各方随着时间与情况而定,同时给予了院系老师与各式各样的院长和管理者巨大的自由裁量权。学生可以就教授的反复无常向系主任申诉、就系主任的反复无常向院长申诉,但是一个学生为什么要相信院长呢? 学生信任善良与关注于院系、学校对期望未来学生的声誉的结合。特征化模型证明了在均衡中这种声誉如何产生作用,至少只要退休的教师与管理者能继续享受他们原来的院系或学校的区别。

问题自然地成为了声誉是否真正地与个体管理者或企业关联。共识认为答案是两者的部分。特征化模型证明了,在一个极端例子中显示了,虽然管理者(A_i 方)是短命的声誉不会关系到她,但是关联在厂商的声誉是如何发挥替代作用的。但是在这个模型中,因为它简单的结构,忽略了故事的重要组成。特别地,这对关联在组织而非个人的声誉是具有信息功效的。记住本田生产很棒的轿车比记住那些组成带有本田标志轿车的全部发动机与机械的名字要容易。虽然以数理的方式说明(因为这包含了信息进程成本或一些非过于理性消费者模型的正式具体说明)厂商和其他组织为促成交易而选择一种有效的方式来获得声誉的力量是更加复杂的。

当然,有一种潜在的实质性搭便车问题在这里。Yamazaki 工程师可能不得不特别努力的工作来为本田的杰出设计提供他的贡献。他承受这种效应的所有成本,然而如果他偷懒的话(很可能)只能看到本田声誉很小的损失。所以使他能一直努力工作的来自于本田声誉的力量是非常低的。但是这个搭便车问题会被同事和监督压力碰上。(如果你对于在本章的结尾没有习题而感到不高兴,你可以尝试将这个故事扩展成一个丰富的模型。)

20.2.5 事前与事后激励的对比

去看威廉姆森有关统一治理无效的讨论,我们注意到两种贡献。

威廉姆森讨论中一个主要的构成是关注在分层监督对于配合市场激励的无能,因为分层监督保有了"重置"合同的条款,这是一种她可以在事后以她的利益为出发点而使用的能力。问题是对于她事后如何行动的认知阻碍了其他来自于事前发生的锋利激励。问题是无法许诺一个事前的特别激励框架和/或激励规则。

在本书中的若干地方我们已经多次见到这个主题(无能承诺),我们在此将不会对此进行细致的探讨。但是再唤醒一下你的记忆,想到我们关于齿轮效应的讨论。我们设定一个委托人,一个代理人,一个对委托人来说难度未知的任务。这个任务要进行两次(告知),同时(我们假定)委托人不能承诺一个两阶段激励框架。如果在第一阶段委托人从代理人的表现中准确地知晓了任务难度如何,那么她可以在设计第二阶段激励时使用这个信息。因此,在第一阶段时,出于代理人的利益将会使得工作比它实际上看起来更困难。注意到这个问题的根源是委托人不能承诺一个两阶段的激励合同。如果委托人可以在最初承诺一个补偿套装(同时为了限制操纵账目,只要她想就可以干涉、原谅不走运的代理人等),之后她(理论上)可以匹配高强度的市场激励。

我们可以将这个想法更进一步用于影响成本的分析。在一个统一治理结构中,做决定的权威是中央集权,被这些决定影响的个人将希望以任何可能的程度来影响中央。如果中央机构可以被腐蚀,那么将做出贿赂她的尝试。如果主动腐蚀中央机构的行为花费了来自于更多生产活动的时间,这就是统一治理的一个成本。如果腐败引起了中央机构做出无效的决定那么这些成本就将上升。当然市场间的腐败并非前所未闻,但是一个越中央集权的政府,用在腐败活动中的能量层级就越高。

也许会看到这依赖于一个腐败的中央政府。但是甚至一个"不腐败"的中央政府也是对影响负有义务的。只要中央政府缺乏做出决定的相关信息同时从下属(或从他们的表现)获取这些信息,那么这些下属将会试图通过操纵信息来影响中央政府。中央政府可能会明白地意识到这些操纵的尝试,但是只有一个办法可以完全地阻止他们就是切断信息的流动,这将大大远离最优。在均衡中,即使是一个不腐败的中央政府,浪费型的影响活动也可能是持续的。参见 Holmstrom(1982)、Holmstrom 和 Ricart i Costa(1986)、Milgrom 和 Roberts(1988),以及 Tirole(1986)对于此的正式模型。

20.3　书目提要

被威廉姆森(Williamson,1985)多次引用的参考文献是交易成本经济学的基本源头;这是一个应当被全部阅读的主题的重要总结。虽然威廉姆森的贡献已经是大量而重要的(在这其中至少是在他的书中对这个主题的进行了统一处理),但是这个主题真正的是源自于 Coase(1937)。Chandler(1977)以及 Klein、Crawford 和 Alchian(1978)提供的其他重要观点。

为了给第 20.2 节提供更多的数学分析,除了已经引用的 Grossman 和 Hart(1986)、Holmstrom(1982)、Holmstrom 和 Ricart i Costa(1986)、Milgrom 和 Roberts(1988,即将出版)、Simon(1951)以及 Tirole(1986),可以参见 Kreps(即将出版)关于一个可以将声誉世代相传的公司的概念和 Wilson(1983)的声誉在审计中的角色与性质。沿着这个线路做其他工作的文献调查,可以参见 Holmstrom 和 Tirole(1989)。

参考文献

Chandler, A. 1977. *The Visible Hand*. Cambridge, Mass.: Harvard University Press.

Coase, R. 1937. "The Nature of the Firm." *Economica* n.s. 4:386—405.

Grandmont, J.-M., ed. 1988. *Temporary Equilibrium*. Boston: Academic Press.

Grossman, S., and O. Hart. 1986. "The Costs and Benefits of Ownership: A Theory of Vertical and Lateral Integration." *Journal of Political Economy* 94:691—719.

Holmstrom, B. 1982. "Managerial Incentive Problems—A Dynamic Perspective." In *Essays in Economics and Management in Honor of Lars Wahlbeck*. Helsinki: Swedish School of Economics.

Holmstrom, B., and J. Ricart i Costa. 1986. "Managerial Incentives and Capital Management." *Quarterly Journal of Economics* 101:835—60.

Holmstrom, B., and J. Tirole. 1989. "The Theory of the Firm." In *Handbook of Industrial Organization*, R. Schmalensee and R. Willig, eds. Amsterdam: North Holland.

Klein, B., R. Crawford, and A. Alchian. 1978. "Vertical Integration, Appropriable Rents, and the Competitive Contracting Process." *Journal of Law and Economics* 21:297—326.

Kreps, D. Forthcoming. "Corporate Culture and Economic Theory." In *Postitive Perspectives on Political Economy*, J. Alt and K. Shepsle, eds. Cambridge: Cambridge University Press.

Marshak, J., and R. Radner. 1972. *The Theory of Teams*. New Haven, Conn.: Yale University Press.

Milgrom, P., and J. Roberts. 1988. "An Economic Approach to Influence Activities in Organizations." *American Journal of Sociology* 94:S154—79.

____. Forthcoming. "Bargaining Costs, Influence Costs, and the Organization of Economic Activity." In *Positive Perspectives on Political Economy*, J. Alt and K. Shepsle, eds. Cambridge: Cambridge University Press.

Simon, H. 1951. "A Formal Model of the Employment Relationship." *Econometrica* 19:293—305.

Tirole, J. 1986. "Hierarchies and Bureaucracies." *Journal of Law, Economics, and Organization* 2:181—214.

Williamson, O. 1985. *The Economic Institutions of Capitalism*. New York: Free Press.

Wilson, R. 1983. "Auditing: Perspectives from Multi-Person Decision Theory." *Accounting Review* 53:305—18.

附　记

　　当我们将第 20.1 节的交易成本经济学与第 20.2 节中更加偏重于用数学方法来表述相关理论的内容进行对比后发现，有几处数学分析中缺失的部分展现在了眼前：

　　（1）Williamson(1985)强调的是有限理性，特别是个人无法遇见所有未来的偶然事件，也无法知晓这些时间将以怎样的方式到来。Milgrom 和 Roberts(即将出版)的论证恰恰证明了这一点的重要性。

　　（2）我们依赖于无名氏定理建设来促进理性的合约行为。但是正如我们在第 14 章中看到的，仅仅这些建设无法给出十分精确的预测。在重复博弈的条件下有许多看似合理的均衡情况，而且理论也并没有告诉我们应该采用哪一种均衡情况。如果我们拿不准应该采用哪种均衡情况（或者换句话说，如果我们不清楚为什么博弈者会采用一些特地给的均衡），那么我们也就没有必要去限制对于均衡结果的重视了。当然，如果我们尝试去分析均衡将会如何随着环境微小变化而偏移时，还是会出现问题的。[事实上，Neson 和 Winter(1982)就已经指出环境中的微小变化一点都不会影响均衡的平衡。在社会学和社会心理学的文献中也有相似的预测。例如，可以查阅 Hannan 和 Freeman(1984)，以及 Stinchcombe(1965)的作品。]

　　（3）在考虑党派之间讨价还价行为时，如果遇到每一方都有一定程度上能制约另一方的垄断力量这样的情况时，一个相似的问题就又出现了。我们在第 15 章中看到通过特定类型的讨价还价机制，可以从这个讨价还价模型中得到较为准确的预测，但是这些预测从人们的直觉上来说看起来过于机智，而这些直觉在实验中又被证明是有效的。个人的讨价还价行为在一些情况下是想要得到抑制且确切的结果，但是若要推测这些结果，或者这些结果将会随着环境的微小变化产生怎样的变化时，现有的正规理论看起来并不是很有用。

　　（4）在本书的前些章节，我们已经指出博弈论的一个弱点就是它将博弈机制看做是外源性的，但并没有解释其到底从何而来。到目前为止，我们依然认为博弈论的机制是建立在最小化交易成本的基础观点上这一假设是正确的（或者更准确地来说，建立在最大化交易净利润这一观点），我们可以将交易成本经济学看做是帮助我们寻找博弈论弱点的一点线索。但是交易成本经济学中许多很重要的部分依赖于交易其本身置身的社会环境中，尤其是法律框架和人们的生活习俗。

　　在本书的许多地方，我都提出这样的观点：在(3)和(4)当中指出的多重均衡这个问题的解决方法是在于个人的策略性预期和社会的标准化环境。这个观点确实不是我原创的；Schelling(1980)已对此作出预测；许多关于讨价还价行为的实验性工作，例如 Roth 和

Schoumaker(1983)的工作[1]，证明了观点的正确性。而且在许多社会学文献中也可以找到这个观点(Granovetter，1985；Parsons，1954)。但当一个人试图用传统微观经济学中的选择理论导向来解释策略性预期问题时，却碰到了问题：如果我们将每个人的先验期望都正确设计，许多事情都可以达到均衡。个人的处理能力没有限制。没有理论上的原因来预计博弈者会选择一个简单的均衡(我们甚至连"简单"这个术语的一个可以被广泛接受的正式定义都没有)。举例来说，我们可以设想一个重复博弈，在这个博弈中，在时间 n 的行为依赖于 π 的一个八进制展开式的第 n^n 位。我们模型的参与人能够预期参与博弈的其他人会选择怎样的行为，之后他们会对此作出回应。

对我来说，上文提到的所有事件都是紧密联系的，他们的解决方法也只能通过建立更好地具有有限性理性选择的模型来实现。特别强调一句，有限性理性选择指的是个人并没有能够预见他们在标准模型中被认同这样的超能力。相反，个人从过去的经验中并不能完全了解(或者推断)将来会发生什么。正是这样的回想才形成了策略性预期，并且正是从过去事件中得到的经验才引导了(并不是完美地)博弈机制的进化。

象棋比赛就提供给我们这样一个有趣的例子。象棋比赛的参与者如果都依据书中提到经济法则，那么这比赛就会变得很无聊。参赛选手会上台，互相看看，然后无论游戏结果如何都能够接受(强制性)。当然，鉴于象棋的复杂性，没有人能够知道什么结果才是强制性的。所以选手(在很多情况下)就会循着经验以及实验法则行事：这样或那样的变化或策略看起来会产生这样或者那样的结果，而之所以这样做的证据是根据以往经验而定的。但是一个选手无法百分百确定他特定的一步棋会产生什么样的结果，而更令人激动的情形是当大师下棋时突然用一招众人皆知的惯用棋谱步法试图寻求场面的优势，而其余众人皆不知这优势何在。

从本书的观点来看，象棋是一个比较危险的例子。只有最简单的残局阶段的情形才较完美符合我们这里所运用的均衡分析。如果经济环境持续像象棋一样复杂，那我们看起来会浪费许多时间研究均衡理论。但是(当然)不确切的说法是这样的：经济环境并不是各方面都如此复杂以至于均衡分析都不相关了。经济环境的一部分和经济学家扮演的更大博弈当中的一部分都适用于我们所用的分析形式。但是当试图把这些分析形式适用于更大数量群体时问题就来了，尤其是当这些更大数量的群体在时间上有持续性，且在状态上有不确定性时。更加重要的是，我们或许在均衡分析有用的情形时(小数量案例)有较为良好的直觉，但是我们的直觉是建立在(并不准确的)关于特定情形下如何行为的一般策略性预期上的，并且对于如何建立这些策略性预期从何而来抑或如何变化的模型我们把握甚小。我们的方法在有些条件下是有用的，但是这些方法在其他时候可能会是不好使用的，即使这些时候他们有用，我们也不完全知道为什么他们产生了效果。我们仍需努力开发能够解释更大群体数据的工具理论并且将小数据群体合理地置入大群体当中去。

这些观测对我来说也并非新奇。早些时候许许多多的经济学家和社会学家也都阐释过这一观点，并且比我更有说服力。大家也都认识到困难在于寻找可接受的工具理论，可

---

[1] 同样可以参见 Roth(1985)。

以用来作为模型有限理性行为的（特别是强调回顾行为的模型）。

最近人们对于有限理性的正式模型兴趣高涨，但是由于没有一个提出的模型能够像"赢家"一样，我在这里就不做详述了。①所以用以上文字谨慎表述之后我在这里就简单地将本书完结。希望本书以后的版本中（如果还能出现）这里的后几部分将会被去掉，关于动态选择、博弈理论、公司及其他制度的资料将会与现在的大不相同并且更加令人满意。

参考文献

Granovetter，M.1985. "Economic Action and Social Structure：A Theory of Embeddedness." *American Journal of Sociology* 91：481—510.

Hannan，M.，and J.Freeman. 1984. "Structural Inertia and Organizational Change." *American Sociological Review* 49：194—64.

Milgrom，P.，and J.Roberts. Forthcoming. "Bargaining Costs, Influence Costs, and the Organization of Economic Activity." In *Positive Perspectives on Political Economy*, J.Alt and K.Shepsle, eds. Cambridge：Cambridge University Press.

Nelson，R.，and S.Winter. 1982. *An Evolutionary Theory of Economic Change*. Cambridge，Mass.：Belknap/Harvard University Press.

Parsons，T.1954. *Essays in Sociological Theory*. Glencoe，Ill.：Free Press.

Schelling，T.1980. *The Strategy of Conflict*, 2d ed.. Cambridge，Mass.：Harvard University Press.

Stinchcombe，A.1965. "Social Structure and Organizations." In *Handbook of Organizations*, J.March, ed., 153—93. Chicago：Rand McNally.

Roth，A. 1985. "Toward a Focal-point Theory of Bargaining." In *Gametheoretic Models of Bargaining*, A.Roth, ed., 259—68. Cambridge：Cambridge University Press.

Roth，A.，and F.Schoumaker. 1983. "Expectations and Reputations in Bargaining：An Experimental Study." *American Economic Review* 73：362—72.

Williamson，O.1985. *The Economic Institutions of Capitalism*. New York：Free Press.

---

① 由于在这其中我已有了自己的词目，那么很有可能因为带着偏见而无法很好地给出综述。

▶ 附录 A

约束最优化方法

这一附录旨在让你对如何解决以下这类问题有一个基本了解：

$$\max f(x)$$
$$\text{s.t.} \quad g_i(x) \leqslant c_i, \ i = 1, \cdots, n$$

函数 f，g_1，g_2，$\cdots$，g_n 的定义域为 R^k（k 为整数）；值域为 R；c_1，c_2，$\cdots$，c_n 为常数。对于不等式约束条件的最优化问题理论涉及这里所讨论过的全部内容，这一讨论并不会让你完全掌握这一理论。因此尽管这一附录会通过书中的一些应用让你足以应对这类问题，你还是应当对此作更深入的学习，我们在附录的结尾处给出了两条建议。

在这里我们作如下安排。首先，我们会像食谱一样，给出解决这类问题的方法。然后再通过一个例子来说明这一方法。最后，我们会通过一个最简单的例子来对这一方法有一个直观的了解。

A.1 解决问题的方法

我们要解决如下问题：

$$\max f(x)$$
$$\text{s.t.} \quad g_i(x) \leqslant c_i, \ i = 1, 2, \cdots, n$$

这里会告诉你该做什么。

步骤一：构造拉格朗日函数。

对于这里所给定的每一个约束条件，都给出一个乘子——它是一个实数变量。将约束条件 $g_i(x) \leqslant c_i$ 的乘子记为 λ_i，可得拉格朗日函数为：

$$f(x) - \sum_{i=1}^{n} \lambda_i g_i(x)$$

（在有些书中第 i 个约束条件项会被写成 $\lambda_i(g_i(x) - c_i)$，这和我们这里所给出的方法在形式上没有本质区别。）这是一个由 $k+n$ 个变量构成的函数，即组成 x 的 k 个变量和 n 个

λ 变量。我们将这一函数记作 $L(x,\lambda)$，这里 λ 表示向量 $(\lambda_1,\lambda_2,\cdots,\lambda_n)$。

步骤二：对于每一个 x_j，写出关于它的一阶条件。

关于变量 $x_j(j=1,\cdots,k)$ 的一阶条件为 $\partial L/\partial x_i=0$，或者，展开来写，

$$\frac{\partial f}{\partial x_j}-\sum_{i=1}^{n}\lambda_i\frac{\partial g_i}{\partial x_j}=0$$

步骤三：写出这 n 个约束条件。

这里不需要做太多事情，第 i 个约束条件为：

$$g_i(x)\leqslant c_i$$

步骤四：写出乘子的不等式约束条件。

这完全根据该方法而来；所有乘子都必须是非负的，或者说，

$$\lambda_i\geqslant 0$$

步骤五：写出互补松弛条件。

这里共有 n 个互补松弛条件——每一个约束条件都有一个。第 i 个互补松弛条件为：

$$\lambda_i(c_i-g_i(x))=0$$

在这里停留片刻。在步骤三中，我们要求 $g_i(x)\leqslant c_i$，或者说 $c_i-g_i(x)\geqslant 0$；在步骤四中，我们要求 $\lambda_i\geqslant 0$。因此乘积 $\lambda_i(c_i-g_i(x))$ 是非负的。现在，在这一步中，我们还要求这一乘积为零。也就是说，假如第 i 个约束条件不是紧束的（也就是说，$c_i>g_i(x)$），则第 i 个乘子为零；假如第 i 个乘子为正，则第 i 个约束条件必为一个等式（也就是说，第 i 个约束条件必定紧束）。请注意我们并不排除乘子为零且相应的第 i 个约束条件也紧束的可能；乘积中的两项可能同时为零。

步骤六：将以上各要素综合起来。

寻找同时满足一阶条件，以及以上两个不等式约束条件和互补松弛条件的 x 和 λ 的解，如果有解，则该解就是这一问题的解。

好了，这就是找出约束最优化问题的解的方法了。因为以下提及的一些理由（这些东西在一些关于最优化和非线性规划的经典书籍中会有恰当说明），这一方法可以解决本书中的大部分约束最优化问题。要遵照这一方法，关键是你必须保证式中"符号"的正确性。当以下情况均满足时这一方法才适用：(1)该问题是一个最大化问题；(2)约束条件被写成 $g_i(x)\leqslant c_i$ 的形式；(3)你必须仔细写出拉格朗日函数，使它的形式和上面所说的恰好一致（注意负号在加和项的前面）；(4)记住乘子必须是非负的。

当问题发生变化时，你该如何来让这一方法也能适用呢？假如你被要求最小化 $f(x)$ 的值，则这就是相当于最大化 $-f(x)$ 的值。假如你要满足的约束条件为 $g_i(x)\geqslant c_i$，则可先将该式重写成 $-g_i(x)\leqslant -c_i$。假如你要满足的约束条件是等式 $g_i(x)=c_i$，则可将它写成两个约束条件：$g_i(x)\leqslant c_i$，和 $g_i(x)\geqslant c_i$，然后你就会得到关于这两个约束条件的两个乘子。一旦你习惯了将这一基本方法套用到这类变化中去，你还会知道如何来简

化这些步骤。例如,若你没有规定乘子必须是非负的,同时再将相应的互补松弛条件改为约束条件必须取等号,你就可以只给等式约束条件设置一个单一的乘子。但是直到你习惯了这些变化时,这一基本方法才能被改编,只要你小心。

A.2 这一方法在工作中的应用:一个例子

这是一个十分令人好奇的方法。它是有效的,下文我会试着解释它要做什么以及它为何有效,但首先让我们来举一个例子,在实际操作中来看看它。

一个消费者消费了两种商品,小麦和糖果。假设 w 是他所消费的小麦的量,c 是糖果的量(它们的单位已经指定好了,我们不必担心),则该消费者所得到的效用由效用函数 $u(w,c)=3\ln(w)+2\ln(c+2)$ 给出。在给定四个约束条件的情况下,该消费者寻求能让他在本次消费中所得到的效用最大化的方法。他所消费的小麦和糖果的量都必须是非负的。该消费者有 10 美元可花,每 1 单位小麦和糖果的价格均为 1 美元。1 单位小麦所含的热量为 150 卡路里,1 单位糖果所含的热量为 200 卡路里,而该消费者所摄入的热量不能超过 1 550 卡路里。

从数学上来说,该消费者的问题是要选择 w 和 c 来解决如下问题:

$$\max 3\ln(w)+2\ln(2+c)$$
$$\text{s.t.} \quad c \geqslant 0$$
$$w \geqslant 0$$
$$w+c \leqslant 10$$
$$150w+200c \leqslant 1\,550$$

(这一数学公式对你来说是很显然的。但万一不是的话:第三个约束条件为预算约束条件,第四个约束条件为卡路里约束条件。)

现在让我们按上面所说的步骤来应用这一方法,我们先将前两个约束条件重写成我们所需要的形式:$-w \leqslant 0$ 且 $-c \leqslant 0$。接下来,我们要:

1. 构造拉格朗日函数。

我会用 μ_w 来表示约束条件 $-w \leqslant 0$ 的乘子,同理,μ_c 代表 $-c \leqslant 0$ 的乘子,λ 代表 $w+c \leqslant 10$ 的乘子,ν 代表 $150w+200c \leqslant 1\,550$ 的乘子,则拉格朗日函数为:

$$3\ln(w)+2\ln(2+c)-\lambda(w+c)-\nu(150w+200c)+\mu_w w+\mu_c c$$

(注意最后一项其实是 $-\mu_c(-c)$,这里变成了 $\mu_c c$。)

2. 写出关于 w 和 c 的一阶条件。

$$\frac{3}{w}-\lambda-150\nu+\mu_w=0$$

$$\frac{2}{2+c}-\lambda-200\nu+\mu_c=0$$

3. 写出四个约束条件。

我们之前已经做过了,这里不再重复。

4. 将所有的乘子都限定为非负的。

$$\lambda \geqslant 0, \nu \geqslant 0, \mu_w \geqslant 0, \mu_c \geqslant 0$$

5. 写出四个互补松弛条件。

$$\mu_w w = 0, \mu_c c = 0, \lambda(10 - w - c) = 0, \nu(1\,550 - 150w - 200c) = 0$$

6. 找到一个解。

找到一个解（w，c 及 4 个乘子），使得它能满足上述所有的等式和不等式。

这里要做的，通常是根据互补松弛条件（CSC）来进行检验和排错。CSC 告诉你两者中至少有一者等于零。例如，$\mu_w w = 0$ 意味着要么 $\mu_w = 0$，要么 $w = 0$。w 可以为零吗？若 $w = 0$，则第一个一阶条件不能被满足，因为它里面有 $3/w$ 这一项。因此 μ_w 必须为零，在后面我们可以将这一项全部忽略掉。

接下来，我们该如何来处理 $\mu_c c = 0$？c 可以为零吗？若 $c = 0$，则第二个一阶条件可以写成 $1 - \lambda - 200\nu + \mu_c = 0$。则要么 $\lambda > 0$，要么 $\nu > 0$，要么两者都大于零。（否则等式左边的值至少是 1；记住，在这一方法中，乘子始终是非负的。）现在由互补松弛条件可得，只有当 $w + c = 10$ 时，才有 $\lambda > 0$，由于这里我们已经假定 $c = 0$，则我们可得 $w = 10$。这并不坏，因为这样一来，卡路里约束条件可以被轻松满足：$150 \times 10 + 200 \times 0 < 1\,550$。但这样一来 ν 必须为零。（为什么？原因同样是互补松弛条件。）然后将 $w = 10$ 和 $c = 0$ 代入 FOC（一阶条件），可得：

$$0.3 - \lambda = 0$$
$$1 - \lambda + \mu_c = 0$$

前一个式子告诉我们 $\lambda = 0.3$。但这样一来，第二个式子就不对了，因为 μ_c 必须为 -0.7，而乘子不能为负数。因此（综上所述），若 $c = 0$，则 λ 不能为正。但这样一来 ν 必须为正（若 $c = 0$），这会使情况变得更糟糕；互补松弛条件告诉我们只有当 $150w + 200c = 1\,550$ 时，才有 $\nu > 0$，结合 $c = 0$，我们可得 $w = 31/3 > 10$，这与预算约束条件相违背。于是我们可以得出结论：$c = 0$ 不是一个解，故而必有 $\mu_c = 0$。

现在我们再来看第一个 FOC：$3/w - \lambda - 150\nu = 0$。我们可以忽略掉 μ_w 项，因为我们已经知道了 $\mu_w \neq 0$ 时无解。因为对于任意正数 w 都有 $3/w > 0$，故而 λ 和 ν 中至少有一个必为正。（从第二个 FOC 中我们也可得到一个类似的结论。）于是我们将会讨论三种情况，当 $\lambda > 0$ 时（只有），当 $\nu > 0$ 时（只有），或者两者均大于零时。首先讨论 $\lambda > 0$ 且 $\nu = 0$ 时的情况。这里 $w + c = 10$（又是互补松弛条件）。FOC 可以写成 $3/w - \lambda = 0$ 且 $2/(2+c) - \lambda = 0$。这是含有三个未知数的三个方程，我们可以解得 $\lambda = 3/w = 3/(10 - c)$，代入第二个 FOC 可得 $2/(2+c) = 3/(10 - c)$，$(2+c)/2 = (10-c)/3$，$3(2+c) = 2(10-c)$，$6 + 3c = 20 - 2c$，$5c = 14$，$c = 14/5$，由此可得 $w = 10 - 14/5 = 36/5$，同时（若有人在意）$\lambda = 15/36 = 5/12$。

瞧！我们得到一个解了！真的吗？FOC 都解决了，乘子都是非负的，CSC 也都成立。但我们必须回过头来再来检验初始约束条件，然后，当我们再来看卡路里约束条件时……错误出现了：$(36/5) \times 150 + (14/5) \times 200 = 1\,640$。好吧。

让我们再来讨论 $\lambda = 0$ 且 $\nu > 0$ 时的情况。由 CSC 可得：$150w + 200c = 1\,550$，另外，FOC 现在可以写成 $3/w - 150\nu = 0$ 且 $2/(2+c) - 200\nu = 0$。这是含有三个未知数的三个方程，我们可以求解。首先将两个 FOC 写成 $3/w = 150\nu$ 及 $2/(2+c) = 200\nu$，然后由于 $3/(150w) = \nu = 2/(200(2+c))$，我们可以消去 ν。将该方程重写成 $150w/3 = 200 \times (2+c)/2$，或 $50w = 200 + 100c$。两边同乘以 3，可得 $150w = 600 + 300c$，然后再和第一个方程联立以消去 w，可得：$600 + 300c + 200c = 1\,550$，$c = 950/500 = 1.9$。由此可得：$w = 4 + 3.8 = 7.8$。很好，因为这表明了这个解满足预算约束条件。它正好满足热量约束条件的上限（由于这是已经指明了的）。它同时也解决了 FOC（如果我们算出 ν 的值）和 CSC。但我们仍需检验由 FOC 算出的 ν 值是非负的。它是：$\nu = 1/(50w) = 1/390 = 0.002\,564\,10\cdots$。综上所述，我们可以得到一个解为：

$$w = 7.8,\ c = 1.9,\ \nu = 0.002\,564\,10\cdots$$

同时 $\lambda = \mu_w = \mu_c = 0$。

事实上，还有一种情况需要讨论，即 $\lambda > 0$ 且 $\nu > 0$ 时的情况。我会把这一工作留给你去做，让你来证明在这种情况下是无解的，在这里我仅留下一些提示。首先，假如两个乘子都是正的，则互补松弛条件表明，这两个约束条件都必须取等号，或者说，$w + c = 10$ 且 $150w + 200c = 1\,550$。这是含有两个未知数的两个方程，你可以直接解出 w 和 c。然后根据这两个 w 和 c 的值，两个 FOC 就变成了含有两个未知数的两个方程，这两个未知数是 λ 和 ν。你可以解出这个方程组。然后你就会发现其中一个乘子是负的——即无解。（对于以前已经看过这部分内容，现在仅仅只是作为回顾的读者来说，你应该知道，解在卡路里约束条件紧束同时预算约束条件不紧束的地方。因此在计算之前，你就应该能说出在两个约束条件都紧束的那个点上，哪个乘子是负的。）

我们已经解决了这个问题，过会我会让你对这一方法为何有效有一些直观的了解。但在这之前，我想先对这个问题作两点说明。首先，如果我们运用一些常识，我们就能节省一些工作。这是一个很典型的消费者预算问题，包含一个不太典型的热量约束条件。然而，我们可以画出各对小麦—糖果组合的可行集合图形，如图 A.1 所示。

线段 b-b 是预算约束线，c-c 是热量约束线，因此阴影部分的四边形即为可行消费束的集合。现在消费者是局部非饱和的，他的效用会随着小麦和糖果的消费量的增大而增大。因此该问题的解只可能出现在图中 x、y 和 z 的其中一点上，或线段 xy 上，或线段 yz 上。根据互补松弛条件，这些都与一个特定的紧束约束条件的集合相一致，因此也与一个特定的（可能）非负乘子的集合相一致。在这一特例中，画图并不能帮我们省去多少求解所需的代数运算，但在其他一些应用中，会画这类图并能将它同相应的紧束约束条件（以及非负乘子）的集合联系起来是有很大帮助的。（例如，假设我再加入关于该消费者可以摄入的胆固醇量的第

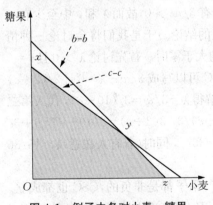

图 A.1　例子中各对小麦—糖果
组合的可行集合

三个约束条件。那么知道哪一对约束条件能同时紧束是很有帮助的。)

第二点,一件我们还没有做过的事情是在上述最优解处计算该消费者的效用。他的效用为:

$$3\ln(7.8)+2\ln(2+1.9)=8.884\ 324\ 31\cdots$$

现在我们假设该消费者节食成功,他的医生允许他每天多摄入 1 单位卡路里至 1 551 卡路里。这时,如果我们再回去解这个问题,我们会发现新的最优化小麦和糖果的消费水平为:$c=951/500=1.902$,$w=1 951/250=7.804$。相应地,他的效用为 $3\ln(7.804)+2\ln(2+1.902)=8.886\ 887\ 76\cdots$。因此他从额外 1 单位卡路里中所得到的附加效用为 $0.002\ 563\ 45\cdots$,精确到 3 位有效数字时,这一值就是乘子 ν 的值。这是巧合吗?不——请往下看。

A.3　直观内容

这一方法背后的直观内容最容易通过一个特例:当 $k=1$ 时表现出来;也就是说,当向量 x 是一维向量时的情况。当然,这一特例隐含了一些细微的差别。但是如果你明白了它在这一特例中为何有效,你就不难想象它在一般情况下也是有效的——基本原理是完全相同的——当然你最好再去查阅一些关于最优化和非线性规划的书籍来更仔细,更一般地了解这部分内容。

此外,我还将作一系列的假设,使得我们要求解的问题在总体上是"良态"的。准确地说,我将假设我们要求解的问题是:

$$\max f(x)$$
$$\text{s.t.}\quad g_1(x)\leqslant c_1,\ g_2(x)\leqslant c_2$$

我还将假设所给出的三个函数自始至终都是在任意点上可导的,满足两个约束条件的 x 的集合是有限个不相交区间的并集,不存在使两个约束条件同时紧束的点 x,并且若在点 x 上,$g_i(x)=c_i$,则 g_i 在该点上的导数不是严格为正就是严格为负。(如果你之前已经碰到过这部分内容,在这里只是作为回顾的话,你会发现我刚刚已经假设过最原始的约束条件。)

1. 回顾无约束最优化方法

但在我们呈现约束最优化问题之前,我们先来回顾一下无约束最优化问题。假定我们要在没有任何约束条件的情况下最大化函数 $f(x)$ 的值,然后你就可以通过求使函数 f 的导数为零的点来求解该问题(这一部分内容你应该已经了解)。这个被称为一阶条件,而这也是求函数 f 最大值的必要条件。为什么?因为若在点 x^0 上函数 f 的导数为正,则在 x^0 的基础上略微增大 x 的值,我们就能得到一个更大的 f 值。同理若在点 x^0 上 f 的导数为负,则在 x^0 的基础上略微减小 x 的值,f 的值就会增大。

你同样会想到找出所有使 $f'=0$ 的点可以得到全部的备选最优解,但在一般情况下,你不能保证任意满足 FOC 的解都是局部最大值点,这些被称为临界点的解也可能是最小值点。它们也可能像函数 $f(x)=x^3$ 上的 0 点那样,既不是局部最小值点,也不是局部最大值点。要确定我们所得到的是一个局部最大值点,我们再来检验二阶条件:若 f 是二阶连续可导的且在 $f'=0$ 的点上 $f''<0$,则该点就是一个局部最大值点。(为什么?如果你知道泰勒展开式的话,你就能知道为什么 $f''<0$ 是该点为局部最大值点的充分条件。注意 $f''\leqslant0$ 是必要条件,但是如果 $f''=0$,我们需要检验更高阶的导数,假定它存在的话。)

即使我们得到了一个局部最大值点,我们也不能保证该点就是整体最大值点。然而,若 f 是凹函数,它是可以得到保证的。这时,任意局部最大值点都是整体最大值点。为什么?假设函数 f 是凹函数,也就是说,对于所有的 x、y,以及 $0\leqslant a\leqslant1$,都有 $f(ax+(1-a)y)\geqslant af(x)+(1-a)f(y)$。则:若 x 不是整体最大值点,那么必定存在 y,使得 $f(y)>f(x)$。但这样一来,我们就有:$f(ax+(1-a)y)\geqslant af(x)+(1-a)f(y)>f(x)$ 对任意 $0\leqslant a\leqslant1$ 均成立。而这又表明了 x 不是局部最大值点,因为对于无限接近于 1(但小于 1)的 a 来说,$ax+(1-a)y$ 会无限接近于 x。此外,若 f 是凹函数,则任意满足 $f'=0$ 的解都是该函数的局部最大值点,因而也是整体最大值点。(如果你之前不知道这些,请记住我的话。)因此,若 f 是凹函数,我们可知某点满足 FOC 是该点为整体最大值点的充分必要条件。

2. 画图

现在回到我们约束最优化问题的简例上来:给定 $g_1(x)\leqslant c_1$ 且 $g_2(x)\leqslant c_2$,最大化 $f(x)$ 的值。回忆我们已经假设满足两个约束条件的 x 的集合是有限个不相交区间的并集。特别地,假设满足两个约束条件的 x 的集合是由 3 个区间所组成的并集,我们把中间的一个区间记为 I。也就是说,可行集合是图 A.2 中阴影部分所示的区域。现在若 x^* 是最大值点的备选解,那么区间 I 上的点 x^* 必须满足哪类条件呢?(I 是三个区间中的中间一个区间这一点对接下来的问题是完全没有影响的。)

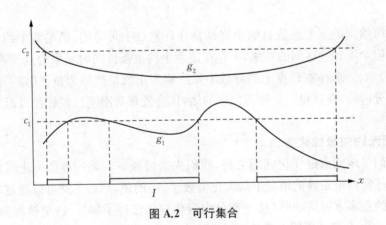

图 A.2 可行集合

首先考虑 x^* 在区间 I 内部时的情况,如图 A.3(1)所示。就像在无约束最大化情况下一样,它在满足 $f'(x^*)=0$ 的那一点上。为什么?因为在这样一个点 x^* 上,我们将该点略微上移或下移都是不会违背任何一个约束条件的(也就是说,该点停留在区间 I 的内部)。这表明若 x^* 是最优解,则它必须至少和它邻域内的点一样好,同时,就如前面所说,这也表明在点 x^* 处,f 的导数不能严格为正或严格为负。

现在假设 x^* 是区间 I 的右端点,如图 A.3(2)所示。这时即使 $f'(x^*) > 0$,x^* 也可以是 x 的最优解;我们可以将该点略微上移来增大 f 的值,但这样会与其中一个约束条件相违背。

同时,在图 A.3(3)中,我们会看到另一种"边界"可能性。若 x^* 是区间 I 的左端点,则当 $f'(x^*)$ 为负时,x^* 仍可以是一个备选最优解。

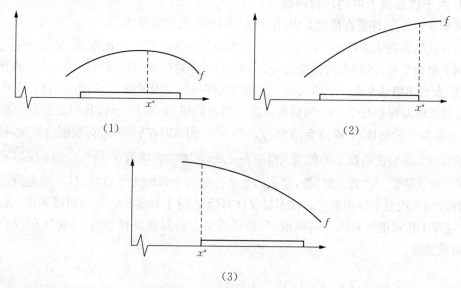

注:在(1)中,x^* 在可行区间的内部;在(2)中,x^* 在右端点上;在(3)中,x^* 在左端点上。

图 A.3　最优解可能出现的位置

3. FOC、CSC 和上述图片

现在我们将这三幅图片同 FOC 和 CSC 联系起来。设 λ_i 是约束条件 $g_i(x) \leqslant c_i$ 的乘子,$i = 1, 2$。则拉格朗日函数为 $f(x) - \lambda_1 g_1(x) - \lambda_2 g_2(x)$,FOC 为 $f'(x) - \lambda_1 g_1'(x) - \lambda_2 g_2'(x) = 0$。

情况 a:假设我们得到了同时满足 FOC、CSC(以及约束条件,包括乘子的非负约束条件)的一个解 x^*,使得没有一个约束条件在 x^* 处紧束,也就是说,x^* 在区间 I 的内部,如图 A.3(1)所示。由于 x^* 在区间 I 的内部,根据 CSC,我们可得 $\lambda_1 = \lambda_2 = 0$,这时,FOC 为 $f'(x^*) = 0$。这恰好就是在这一情况下我们想要得到的。

情况 b:假设 x^* 是满足所有等式和约束条件的解,第一个约束条件在 x^* 处紧束(第二个约束条件是松弛的;回忆我们在前面的假设),同时 $g_1'(x^*) > 0$。这样一来,x^* 就必须在区间 I 的右端点上,如图 A.3(2)所示。为什么?因为 $g_1'(x^*) > 0$,在 x^* 的基础上略微增大 x 的值就会违背约束条件 $g_1(x) \leqslant c_1$,而略微减小 x 的值则会使该约束条件变松弛(由于已经假定另一个约束条件也是松弛的,至少略微减小 x 的值是没有问题的)。现在 CSC 允许 λ_1 非负;然而 $\lambda_2 = 0$ 必须被满足。因此,现在的 FOC 是:

$$f'(x^*) - \lambda_1 g_1'(x^*) = 0$$

由于我们已经假设 λ_1 非负且 $g_1'(x^*) > 0$,则 FOC 可以写成 $f'(x^*) \geqslant 0$,关于区间右端

点上的备选解，这恰好就是我们想要得到的，如图 A.3(2)所示。

情况 c：假设在 x^* 处第一个约束条件紧束，第二个约束条件松弛，且 $g_1'(x^*) < 0$。则根据上述逻辑，x^* 必须在区间 I 的左端点上，由互补松弛条件可得，FOC 可以简化为 $f'(x^*) - \lambda_1 g_1'(x^*) = 0$，同时由于 $\lambda_1 \geqslant 0$ 且 $g_1'(x^*) < 0$，我们可以得到 $f'(x^*) \leqslant 0$，关于图 A.3(3)，这正是我们想要得到的。

4. 关于前面例子中的巧合问题

关于这个巧合，注意在情况 b 中，在 FOC 的解中，我们会发现：$\lambda_1 = f'(x^*)/g_1'(x^*)$。现在假设我们将约束条件 $g_1(x) \leqslant c_1$ 的右边略微增大一些——比方说，至 $c_1 + \varepsilon$。这会使区间 I 略微变宽；区间大约会变长 $\varepsilon/g_1'(x^*)$，下面这幅图可以帮你明白这些。在图 A.4 中，我们来更详细地考虑一下情况 b。在轴的底部我们绘出函数 g_1 的曲线，你会发现区间 I 的右端点由方程 $g_1(x) = c_1$ 的解所决定。当我们将 c_1 增大 ε 时，我们能推翻原来的右端点，再根据一阶估计，右端点会增大 $\varepsilon/g_1'(x^*)$。但这时在轴的顶部，我们会发现，将约束条件放宽这么多会使函数 f 的值增大得更多一点；它大约会增大 $f'(x^*) \times (\varepsilon/g_1'(x^*))$，即 $\lambda_1 \varepsilon$。也就是说，在"备选解"处，紧束约束条件的右边每增大 1 单位，目标函数所增大的值恰好就是该约束条件的乘子。这不仅仅针对情况 b；于对情况 c，你也可以画出一幅类似的图（这项工作可能很有用。）同样地，只要你所研究的问题是良态的，这也不仅仅只针对一维时的情况。

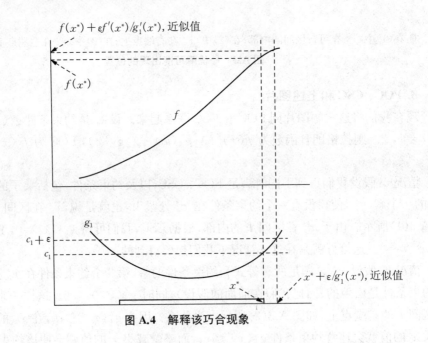

图 A.4　解释该巧合现象

5. 一些总体评论

所有的这些讨论证明不了任何东西，它只是为了表明 CSC 是如何运作的——当你在约束条件的边界点上时，通过"自然"地修饰 FOC 来解决问题。当你把问题从一维提升到高维时，画图会很困难，在这里我也不打算去试着画出它们，但基本原理是相通的；互补松弛条件告诉我们：乘子只有在相应的约束条件紧束时才能为严格正，而该乘子可以允许目

标函数 f 的值往紧束约束条件不可行的方向增大。

最后，你会注意到在这一关于直观内容的小节中（在回顾无约束最优化方法之后），我们所讨论过的所有东西都是关于求备选解的。和无约束最优化问题一样，你会想弄明白是什么保证了一个满足所有等式和不等式的解就是总体（或局部）最优解。相关的理论同无约束最优化问题中的二阶条件类似，它会告诉你备选解是局部最优解的充分条件。在这里我很乐意与你分享。一个与无约束最优化问题中关于凹函数 f 的结论相类似的理论能保证任意备选解都是总体最优解。这一理论相当简单，但我仍会与你分享。然而，我会让你确信对于这本书中所遇到的问题，至少在我们讲到寡头垄断之前，任意备选解都是总体最优解。我甚至还会告诉你在大体上该如何来注意例外的情况：注意目标函数 f 不是凹函数和/或约束条件的解集非凸时的问题。

A.4　书目提要

这里所介绍的方法和简单的直观内容并不能取代关于约束最优化问题的完整学习。因为约束最优化方法在经济学理论中扮演了一个极其重要的角色，经济学专业的学生必须认真学习（单独学习或在关于数学方法的课程中学习）这部分内容。至少，你必须知道 FOC 和 CSC 是最优解的必要条件，和所谓的约束条件、二阶条件、凸问题中 FOC 和 CSC 的充分条件，以及目标函数类凸或类凹时的问题。许多书籍都论述了这部分内容；Mangasarian(1969)概括了大部分的基本要点，尽管这本书并没有解释为什么乘子是目标函数的偏导数。Luenberger(1984)讨论了这一点并给出了很多处理凸问题时所需的东西，但是他并没有讨论类凸问题。Luenberger 还给出了关于线性规划问题的一个精彩论述，以及解决约束和非约束规划问题的一系列方法。

参考文献

Luenberger，D. 1984. *Linear and Nonlinear Programming*，2nd ed. Reading, Mass.：Addison-Wesley.

Mangasarian，O.1969. *Nonlinear Programming*. New York：McGraw-Hill.

课后习题

1. 如果上述的消费者节食问题改为他可以摄入的热量约束为 1 650 卡路里，它的解又是什么？若热量约束为 550 卡路里呢？若热量约束为 1 600 卡路里呢？

2. 假设该消费者在胆固醇水平上也有问题。1 单位小麦含有 10 单位胆固醇，而 1 单位糖果含有 100 单位胆固醇。医生告诉该消费者他一天所能摄入的胆固醇的量不能超过

260 单位,现在,加入了额外的约束条件后(每天的热量约束仍为 1 550 卡路里),该问题的最优解是什么呢? 一定要计算乘子的值。接下来求解以下问题:若该消费者(1)每天能摄入的胆固醇最多为 261 单位,热量为 1 550 单位,他能花费 10 美元;(2)每天能摄入的胆固醇最多为 260 单位,热量为 1 551 单位,他能花费 10 美元;(3)每天能摄入的胆固醇最多为 260 单位,热量为 1 550 单位,他能花费 10.10 美元。就我们在前面所观察到的巧合而言,在这些情况下又会发生什么呢?

3. 我已经告诉过你,对于你在这本书中所遇到的大部分问题,只要你得到了一个备选解,你就得到了一个总体最优解。以下事实可以为此提供部分依据:在本附录开始处所提到的一般问题中,若函数 f 是严格为凹的,且函数 g_i 都是凸函数,则该问题至多只有一个解。请证明这一点。

▶ 附录 B

动态规划

动态规划是我们在解决各类动态选择问题时要用到的一个重要方法。在这一附录中我们会向你简单介绍这一方法和一些基本结论。所有读者都必须看完本附录的前两小节,它涉及有限时域问题。这一附录剩下部分的内容只用于本书的选修(小部分)章节(主要是第 14 章),因此可以视作选读内容。但是无限时域动态规划问题在经济学研究中的应用已经越来越广泛,你们中的很多人会发现总有一天还是要学习这部分内容的。为了防止你觉得这里的论述过于神秘(这是很有可能的,在这里只介绍了一点点致力于该主题的内容),我们会在本附录的结尾处再提供一些关于更一般方法的参考内容。

B.1 一个关于有限时域问题的例子

我们先从一个关于有限时域动态规划的例子开始。[这是来源于第 4 章的课后问题(1)。]

一名消费者生活的 3 个时期分别用 $t=0,1,2$ 来表示,他每天都要消费洋蓟和西兰花。我们用 a_t 表示他在第 t 天消费的洋蓟的量,b_t 表示西兰花的量。该消费者在消费束上[这里的一个消费束是一个 6 元向量 $(a_0, b_0, a_1, b_1, a_2, b_2)$]的偏好满足冯·诺依曼—摩根斯坦公理,并且可以用冯·诺依曼—摩根斯坦效用函数来表示:

$$U(a_0, b_0, a_1, b_1, a_2, b_2) = (a_0 b_0)^{0.25} + 0.9(a_1 b_1)^{0.25} + 0.8(a_2 b_2)^{0.25}$$

该消费者每天都可以从市场上购买洋蓟和西兰花。因为这两种蔬菜变质速度很快,他每天购买的量就是他当天吃掉的量。(他所消费的每种蔬菜的量都必须是非负的。)每单位洋蓟的价格是 1 美元且每天都是不变的。而西兰花的价格比较复杂:当 $t=0$ 它的价格是每单位 1 美元。但在 $t=1$ 时,它可以是每单位 1.10 美元或 0.90 美元,这两种情况出现的概率相等。而当 $t=2$ 时,西兰花的价格同样是随机的并且受前一天价格的影响:如果 $t=1$ 时的价格是 1.10 美元,那么现在的价格就会是 1.20 美元或 1.00 美元,两者出现的几率相等。如果 $t=1$ 时的价格是 0.90 美元,那么在 $t=2$ 时的价格就会是 0.98 美元或 0.80 美元,两者出现的概率也是相等的。在 $t=0$ 时,该消费者并没有关于后续西兰花价格的信息(超出上述内容的)。在 $t=1$ 时,他仅知道当前西兰花的价格,并不知道其他信息。在 $t=2$ 时,他知道当前价格。

该消费者在这三天里共有 300 美元可以用来消费洋蓟和西兰花,他可以随意分配这些钱。他在某一天没有花掉的钱都放在他的口袋里,并不产生利息。

这是一个相当复杂的问题,因为该消费者有很多决策要做。他首先要决定在 $t=0$ 时分别消费多少洋蓟和西兰花(以及在这 300 美元中存下多少);给定 $t=1$ 时西兰花的价格,他必须决定剩下的钱里还要存下多少用于下一阶段的消费,以及在当前分别花多少钱用来消费洋蓟和西兰花,给定 $t=2$ 时的价格,他还要决定分别花多少钱用来消费洋蓟和西兰花。即使我们假定所有在 $t=0$ 和 $t=1$ 时没有花掉的钱都被保存起来(这显然是一个合理的假设)且所有存下来的钱在 $t=2$ 时都会被用来消费洋蓟和西兰花(同样是合理的),这在 $t=0$ 时也会给我们带来两个变量,$t=1$ 时则是四个变量(两个分支事件各有两个蔬菜的量),在 $t=2$ 时也是四个变量(四个分支事件各有一个蔬菜的量)。与其在全部十个变量中一起找出最优解,我们倒不如按步骤来解决这一问题。

步骤一:当 $t=2$ 时找出每个分支事件的最优决策。我们首先假设在 $t=2$ 时该消费者还剩 z 美元可花,他要决定如何在洋蓟和西兰花之间分配这 z 美元。因为他的效用函数 U 是叠加性可随时间段分离的,做这一决策时无需参考他在前面所做过的消费决策。该消费者需要解决如下问题:给定 z,

$$\max 0.8(a_2 b_2)^{0.25}$$
$$\text{s.t.} \quad a_2 + p_b b_2 \leqslant z$$

这里 p_b 是当前西兰花的价格。这是一个简单的最大化问题,经过计算,就会得到解:

$$a_2 = \frac{z}{2}, \quad b_2 = \frac{z}{2p_b}$$

也就是说,在两种蔬菜上花费的钱是相等的。①

从这里我们可以分别计算出当西兰花的价格为四种不同情况时目标函数的值,它是一个关于 z 的函数。代入 a_2 和 b_2 的最优值,则 $0.8(a_2 b_2)^{0.25}$ 的最优值为:

$$0.8\left(\frac{z}{2}\right)^{0.5}\left(\frac{1}{p_b}\right)^{0.25}$$

当 $p_b = 1.2$ 时这个值(大约)为 $0.540\,48z^{0.5}$,$p_b=1$ 时为 $0.565\,69z^{0.5}$,$p_b=0.98$ 时为 $0.568\,55z^{0.5}$,$p_b=0.8$ 时为 $0.598\,14z^{0.5}$。②

我们已经得出了 $t=2$ 时的最优分支决策,之所以这么叫是因为这些决策是依两方面情况而定的:当前西兰花的价格,和 $t=2$ 时剩下的可以用来购买蔬菜的钱。

步骤二:当 $t=1$ 时找出每个分支事件的最优决策。现在我们回到 $t=1$ 时的决策上

---

① 如果你之前没有做过这类效用函数问题,而该解对你来说又很有吸引力,你一定得去做一下得出该结论的代数运算。这类效用函数,是柯布—道格拉斯效用函数族的一部分,在经济学实例中被广泛应用。事实上,你会发现它对解决这类问题很有帮助:给定 $p_a a + p_b b + p_c c \leqslant y$,最大化 $a^\alpha b^\beta c^\gamma$ 的值。给定同样的约束条件,你还可以试着最大化 $\alpha\ln(a) + \beta\ln(b) + \gamma\ln(c)$ 的值。

② 这些当然都是非直接的效用函数,如果它们有助于你的理解,你应该像这样来考虑它们。

来。假设该消费者在这 时问点上还剩下 y 美元可花。他必须将这笔钱划分为两部分,一部分用于当前消费的洋蓟和西兰花,另一部分留到 $t=2$ 时消费。假设 $t=2$ 时该消费者所购买的蔬菜是最优化的,那么从步骤一中,我们可以知道留到 $t=2$ 时的钱的平均价值。因此我们可以利用这一值来决定 $t=1$ 时做何决策。

让我们来举例说明:假设西兰花的价格是 0.90 美元,则下一时段该价格会变为 0.98 美元或 0.80 美元,两者出现的几率相等。该消费者必须对他的 y 美元进行划分,分别用于消费洋蓟、西兰花,以及留到 $t=2$ 时消费。如果我们分别用 a_1、b_1 和 z 来表示这三个数值,则该消费者的这一决策 (a_1,b_1,z) 的期望效用(对于 $t=1$ 和 $t=2$ 这两个时期来说)为:

$$0.9(a_1b_1)^{0.25} + [0.5 \times (0.568\,55z^{0.5}) + 0.5 \times (0.598\,14z^{0.5})]$$

这是关键性的一步,让我们来慢慢处理它。该式的第一项是由当前消费的蔬菜的量所得到的效用,第二项(方括号里的所有东西)是把 z 美元的钱存到下一时段所产生的期望效用。两个 0.5 是下一时段出现的两个不同价格的概率,小括号里的项分别代表两个分支事件里由 z 美元可以得到的效用。因此当 $t=1$ 时,若西兰花的价格是 0.90 美元,则该消费者会采用决策 (a_1,b_1,z) 来使刚才所展示的效用函数最大化,给定约束条件:

$$a_1 + 0.9b_1 + z \leqslant y$$

同样地,如果西兰花的价格是 1.10 美元,则下一时段西兰花可能的价格为 1.20 美元或 1.00 美元,该消费者要求解的问题是(在 $t=1$ 时,若他有 y 美元可花):

$$\max 0.9(a_1b_1)^{0.25} + [0.5(0.540\,48z^{0.5}) + 0.5(0.565\,69z^{0.5})]$$
$$\text{s.t.} \quad a_1 + 1.1b_1 + z \leqslant y$$

你肯定有能力解决这两个问题,尽管它需要打许多草稿。我们在下一段中会给出一个解决这两个问题的方法(小字部分),但如果你是第一次看动态规划问题,相比给你帮助,这一方法(而它是以反常方式来使用动态规划的)可能会让你更加困惑。因此让我们先来明确动态规划的关键步骤就是你刚才所见到的那些,而不是在接下来的小字部分里提到的内容。关键步骤是解出 $t=2$ 时的问题,用一个关于 z 和西兰花价格的函数表示,然后用这一最优解的值(用一个关于 z 和西兰花可能价格的函数表示)来决定 $t=1$ 时做什么。因为我们已经找出了 $t=2$ 时花费 z 美元的最佳方案,我们没必要在 $t=1$ 时的问题中将它明确包括进去;我们需要的只是一个最优值,它是一个关于 z 的函数。我们想方设法解出上面所列出的两个最优化问题,可以得到从 $t=1$ 开始到结束时消费的最优值函数,用一个关于 y 和 $t=1$ 时西兰花价格的函数表示;在小字部分的后面我们会用这些值函数来解决 $t=0$ 时该消费者所面临的问题。为了准确起见,如果你解出了上述两个最优化问题,你会得到以下答案:

若西兰花的价格为 0.90 美元,令 $a_1 = 0.278\,22y$,$b_1 = 0.309\,14y$,$z = 0.443\,55y$,可得期望效用为 $0.875\,90y^{1/2}$。

若西兰花的价格为 1.10 美元,令 $a_1 = 0.278\,99y$,$b_1 = 0.253\,63y$,$z = 0.442\,01y$,可得期望效用为 $0.831\,90y^{1/2}$。

我们是如何得到这些答案的？我们这里用到的方法是把 $t=1$ 时的问题看成两部分。将 y 美元在当前消费和未来消费之间进行固定划分,用 $y-z$ 表示当前消费部分,z 表示未来消费部分。将用于当前消费的 $y-z$ 美元在洋蓟和西兰花之间最优化。这是一个简单的问题;很快你就会发现(如果你还不知道)$y-z$ 美元中的一半会被分别用来购买这两种蔬菜,得到 $a_1=(y-z)/2$,$b_1=(y-z)/(2p_b)$。这意味着 $y-z$ 美元中用于当前消费的部分产生的即时效用为:

$$0.9[(y-z)^2/(4p_b)]^{0.25}=0.9[1/p_b]^{0.25}[(y-z)/2]^{0.5}$$

这些都是关于将 y 美元在当前消费和未来消费之间进行固定划分的:我们通过最大化 $0.9[1/p_b]^{0.25}[(y-z)/2]^{0.5}+k(p_b)z^{0.5}$ 的值将这一划分最优化,这里 $k(p_b)$ 是我们从要求解的任意一个目标函数中得到的一个常数;它在 $p_b=0.90$ 时为 $0.583\,34$,$p_b=1.10$ 时为 $0.553\,08$。如果你对以上问题进行代数计算,你会发现这是一些很简单的最优化问题,从中能得出如上所述的结论。

步骤三:找出 $t=0$ 时的最优化决策。最后我们回到 $t=0$ 时的情况上来。如果我们用 a_0 表示该消费者在当前购买的洋蓟的量,b_0 表示西兰花的量,y 表示存下来的钱的量,若我们再假设,该消费者接下来会视 $t=1$ 时西兰花的价格而定,来使口袋中的 y 美元得以最优化使用,他会得到以下期望效用:

$$(a_0 b_0)^{0.25}+[0.5\times(0.875\,90 y^{0.5})+0.5\times(0.831\,90 y^{0.5})]$$

这又是当前消费的即时效用和从下一时段开始存下来的 y 美元所产生的期望效用值的和,这里我们取两个可能价格时的平均值。这一目标函数必须被最大化,给定约束条件:

$$a_0+b_0+y\leqslant 300$$

如果你实现了最大化,你可以得到解为:

$$a_0=b_0=61.02,\ y=177.96$$

既然我们已经知道了 y 的最优值,我们就可以根据西兰花的价格来重构 $t=1$ 时的最优化消费水平。例如,若 $t=1$ 时西兰花的价格为 1.10 美元,则:

$$a_1=(0.278\,99)\times(177.96)=49.65,\ b_1=(0.253\,62)\times(177.96)=45.14$$
$$z=(0.442\,02)\times(177.96)=78.66$$

并且通过这些,根据西兰花的价格,你还能得出在 $t=2$ 时该如何消费。

B.2 有限时域动态规划

我们希望这一解题技巧背后的直观内容是清晰的。我们根据所提供的分支条件计算最后时间点的最优决策。这会告诉我们从 $t=1$ 开始存下来并最优化使用的钱所产生的的期望价值,我们可以根据所提供的分支条件用它来计算出 $t=1$ 时的最优决策。这同样会告诉我们从 $t=0$ 开始存下来并最优化使用的钱所产生的的期望价值,然后我们可以用它来算出 $t=0$ 时的最优决策。

除了消费—储蓄问题外这一方法对其他各类问题也很有效。这里有另外一个典型（并且更简单一些）的例子。你在找工作，你今天依次要参加四个面试，我们可能因为某些原因不会去从事某份工作，但你一定要接受其中的一项工作。你知道（因为你的高学历）每一个你面试的公司都会给你提供一份工作；但不清楚他们会提供多少薪水。我们用 w_t 来表示公司 t 所提供的薪水，这里 $t=1,2,3,4$。你依次去每一个公司面试，在面试结束时该公司会向你提供一份薪水。如果你当场拒绝了这份工作，你不能再回去接受它。你必须当场决定是否接受某份工作。每个公司所提供的薪水均服从[0，10]上的均匀分布并且在统计上都是互相独立的。你希望使你所得到的期望薪水最大化。

这是一个最优停止问题的例子，之所以这么叫是因为你所做的每一个决策都是关于在每一个阶段是否"停止"或是继续该进程的。它被用来模拟找工作，寻找购买某一商品的最低价格，寻找面试者中水平最高的个体，决定何时收割农作物等问题。对于你不能回去接受先前所提供的东西的假设，在我们所描述的背景中可能有些不自然，你可能会考虑一个更复杂一些的模型，这里若你拒绝了一份工作，你可以再回去接受它，但它也有可能被其他人所获得。（见课后习题 3。）你还可以考虑这样一种情况，每次去另一家公司面试时你都需要花费一定的费用，但你始终可以回去接受到目前为止所提供的最好的工作。（见课后习题 1 和 2。）

我们用先前小节中所用过的同一种技巧来解决这一问题，从最后一个阶段入手再一直算到第一个阶段。如果你在去公司 4 面试之前还没有接受过任何一份工作，你就必须要接受他们所提供的工作。这带给你的期望薪水为 5。

因此当你得知公司 3 所提供的薪水时，你就很容易做出决定。如果他们提供的薪水低于 5，你最好继续去公司 4 面试，它会给你的期望薪水是 5。但如果他们提供的薪水高于5，你最好接受这份工作。

已知你没有接受公司 1 和公司 2 所提供的任何一份工作，接下来你在公司 3 和公司 4 中采用最优决策所能得到的期望薪水是多少呢？它是：

$$\int_0^{10} \max\{w, 5\}(0.1)\mathrm{d}w$$

通过将 w_3 的所有可能值平均化我们可以得到你采用最优化决策时所能得到的薪水的期望值：若 $w_3 < 5$，则你的期望薪水为5（因为你会继续去公司 4 面试），而若 $w_3 \geq 5$，则你的期望薪水为 w_3。[1]如果我们算出该积分，可得：

$$\int_0^{10} \max\{w, 5\}(0.1)\mathrm{d}w = \int_0^5 \max\{w, 5\}\{0.1\}\mathrm{d}w + \int_5^{10} \max\{w, 5\}\{0.1\}\mathrm{d}w$$
$$= \int_0^5 5(0.1)\mathrm{d}w + \int_5^{10} w(0.1)\mathrm{d}w = \frac{1}{2}5 + \frac{0.1w^2}{2}\bigg|_5^{10}$$
$$= 2.5 + 3.75 = 6.25$$

也就是说，如果你拒绝了公司 1 和公司 2 所提供的工作并继续采用最优策略的话，你的期望薪水会是 6.25。

---

[1] [0，10]上均匀分布的概率密度为 0.1，对于所有的 $w \in [0, 10]$ 均成立。

现在你应该清楚了在得知公司 2 所提供的薪水后该怎么做。假如这份工作的薪水高于 6.25,就接受它。假如它低于 6.25,就拒绝它然后去公司 3 和公司 4 寻找机会。于是从公司 2 开始采用最优策略带给你的期望薪水是:

$$\int_0^{10} \max\{w, 6.25\}(0.1)dw = \int_0^{6.25} \max\{w, 6.25\}\{0.1\}dw$$
$$+ \int_{6.25}^{10} \max\{w, 6.25\}\{0.1\}dw$$
$$= \int_0^{6.25} 6.25(0.1)dw + \int_{6.25}^{10} w(0.1)dw$$
$$= \frac{5}{8}6.25 + \frac{0.1w^2}{2}\Big|_{6.25}^{10} = 3.906\,25 + 3.046\,875$$
$$= 6.953\,125$$

于是你也应该清楚了在得知公司 1 所提供的薪水后该怎么做。如果它高于 6.953 125,就接受它。如果不是,就拒绝它然后去公司 2、公司 3 和公司 4 寻找机会。(在本例中采用最优策略你会获得的期望薪水是多少呢? 通过计算,你会发现它大约是 7.417 3。)

这次我们又是从结尾处入手来解决问题。我们用递归法依次算出从每一个时间点开始到结尾处的最优策略和最优值,这里从 $t+1$ 时刻开始的最优值被用来找出从 t 时刻开始的最优策略和最优值。我们这里用到了这样一个基本原理:

最优性原理(贝尔曼最优性原理、离散最大化原理) 给定在此后会被使用的一个最优策略,如果某一策略对于每一个时间点来说都是该时间点上的最优策略,则该策略是最优的。

为这一理论打下基础的是以下的简单数学理论。假如我们要将一个二元函数 $f(x, y)$ 最大化。对于每一个 x,固定 x 的值,我们能得出使 $f(x, y)$ 最大化的 y 的值;然后我们能通过最优化 x 的值来得出总体最大值。也就是说,首先计算 $f^*(x) = \max_y f(x, y)$,然后在 x 上最大化 f^* 的值。用符号表示为:

$$\max_{x, y} f(x, y) = \max_x [f^*(x)] = \max_x [\max_y f(x, y)] \qquad (*)$$

假如我们很清楚这一点,我们会担心这一最大值是否能被取到[a];和第一个例子中一样,我们还会担心如何来处理变量 x 和 y 的约束条件。但是式(*)传达出了基本观点。

在式(*)中没有关于在决定 x 后再决定 y 的内容;式(*)是为了表述一个一般性的双变量最优化问题。因此它是动态规划。大部分的应用,尤其是大部分经济学中的应用,都包含了随时间决策的内容。在这些例子中,从较晚的时间点入手算到较早的时间点是很自然的。这在不确定因素随时间消退的应用中尤其准确,因为这样一来较晚的决策能建立在更多信息的条件上。但是从动态规划中使用最优化理论的角度来看,这并不是必需的。例如,假如在我们的洋蓟和西兰花问题中没有不确定因素,则没有什么能阻止我们先找出 $t=1$ 时在洋蓟和西兰花之间划分 z 的最优化方法,然后再算出 $t=0$ 时在洋蓟和西兰花以及留钱给 $t=1$ 时消费之间划分 y 的最优化方法,最后再算出 $t=2$ 时在两种蔬菜

---

a 如果我们把 max 记号都换成 sup,式(*)还正确吗?

以及留钱给 $t=0$ 和 $t=1$ 时消费之间划分全部 300 美元的最优化方法。用这种方式来考虑这一问题可能不太自然,但是最优化过程还是一样会完成的。

我们在本附录剩下的部分中会就随时间决策和用动态规划解决这类最优化问题来进行讨论。但是你不要误以为在动态规划中决策必须按照这类时间顺序进行。

1. 联系过去、现在和未来的因素

前一小节中所提到的消费—储蓄问题和这一小节中所讲的找工作问题有一个区别,就是在消费—储蓄问题中,当我们分析较晚时间点上所做的决策时,我们是根据该消费者口袋中的钱的数量(z 或 y)以及当前西兰花的价格来分析的。该消费者口袋中的钱的数量是一个联系过去决策和当前机会的变量,它同样联系了当前决策和未来机会,因此也联系了未来价值。任意时间点上的西兰花价格决定了(部分地)当前机会。但它同样被用来"预测"未来西兰花的价格,因此它一方面进一步联系了过去和现在,另一方面也联系了未来。

在一般动态规划问题中,决策者的当前机会和未来机会取决于过去所做的决策。当未来有不确定因素时,过去和现在所得到的数据可以帮助我们预测未来。在分析中这些联系必须被包括进去;最优决策和最优值必须视所有相关的联系来计算。

在这点上,关于前一小节中所提到的消费—储蓄问题,我们有两点需要注意。

(1)一般而言,可以将过去和现在以及未来联系起来的其中一个因素是过去的决策可以影响决策者在做当前决策时的偏好。不难想象某一个体的偏好会使 $t=0$ 时过多的洋蓟减少他在 $t=1$ 和 $t=2$ 时从洋蓟所得的效用。这里我们规定的偏好没有这一性质;因为效用是随时间叠加性可分离的,在一个给定的日期,西兰花对洋蓟的边际替代率始终都是与到那日前的消费相互独立的。

假如我们有这样的偏好,这里某一天的消费水平会影响之后日子里的边际替代率,这时会发生什么呢?于是,为了解出 $t=2$ 时使用 z 的最优化方法,我们必须以过去的消费水平为条件。也就是说,我们要计算"继续最优化的价值",用一个关于 z 和西兰花价格的函数表示;和前面一样,这也是一个关于向量 (a_0, b_0, a_1, b_1) 的函数。根据该消费者偏好的准确详述,我们或许能避免用过去消费的整个向量参数来做条件。例如,如果所有与日期 t 和之后日子的消费偏好有关的(就先前消费而言)就是所消费的洋蓟的总量,然后我们就可以只根据条件 a_0+a_1 来决定日期 2 的决策,同时只根据 a_0 来决定日期 1 的决策。

在经济学的大部分应用中,偏好都是被假设成叠加性可分离的,就像我们这里所假设的一样。(叠加可分离性比所需要的条件要强一些,但从参数上来说更方便一些。)这里我们要理解的是,它是为了分析方便而不是必需的。从理论上来说,只要所有"联系"过去,现在和未来的因素都被考虑进去,你也可以不需要叠加可分离性就使用动态规划。(然而,对于大部分应用来说,叠加可分离性在实际应用中都是必需的,否则分析就难以进行。)

(2)假设我们重构消费—储蓄问题使它有四个时间段,在 $t=0$ 时,西兰花的价格是 1 美元;$t=1$ 时,它是 1.10 美元或 0.90 美元;$t=2$ 时,它可能是 1.20 美元,1.00 美元或 0.80 美元;$t=3$ 时它可能是 1.30 美元,1.10 美元,0.90 美元或是 0.70 美元。假定在 $t=2$ 时,西兰花的价格是 1.20 美元,该消费者口袋里有 y 美元可以用来当前消费或是存到时段 3 中

去。所存的钱的期望价值取决于未来西兰花的价格，因此 $t=2$ 时的决策取决于当前对未来价格的最佳估计。

当与预测未来西兰花价格有关的唯一数据就是当前西兰花价格时，我们不难得出西兰花价格的公式。例如，我们可以假设这样一个模型，这里西兰花价格在每一阶段或升或降 0.1 美元，两者出现的几率相等。在这一例子中，$t=2$ 时的决策在两方面取决于当前西兰花的价格：这一价格决定当前可以获得的蔬菜组合，同时它也决定了留到未来消费的钱的价值的分布。

但是如果 $t=3$ 时的西兰花价格可以根据当前和过去的西兰花价格在 $t=2$ 时就给出最佳估计，那么我们也可能得出这些公式。（假设西兰花需要过两个时段才能收割，在 $t=1$ 时种植西兰花的农民在某种程度上会视当前西兰花价格来决定种植多少。）在这种情况下，当 $t=2$ 时，在决定如何在当前和未来消费之间划分 y 时，我们必须以过去和当前的西兰花价格为条件来做决策，在这个范围内过去的价格可以帮助我们估计未来的价格。

如果我们得到了这样一个公式，从理论上来说使用动态规划就没有问题了。$t=2$ 时的决策是以过去和当前的西兰花价格以及该消费者所拥有的钱的数量为条件做出的。

然而，在实际操作中，这会使 $t=2$ 时要求解的分支问题的"数量"增多，从而增加问题的复杂性。分析实例导致经济学家建立这样的模型，在这里过去在特定的低维条件下可以用来预测未来。也就是说（如果你知道这一术语），这些模型经常假设过去的低维统计数据足以预测未来，而这些低维充分统计数据变成了"声明变量"或是动态规划公式中的各种联系。实际上，在许多公式中还会假设当前价格足以预测未来；用特定的说法是做出了马尔科夫假设。

B.3 一个关于无限时域的例子

尽管两个例子显然不能组成一个一般性的理论，这两个例子仍会让你足以用动态规划来解决有限时域问题。用动态规划来解决无限时域问题会更复杂一些。也就是说，我们假设这样一个公式，这里不存在一个"最后决策"可以让我们开始入手分析；在每个时间点上我们始终要面临更多的决策。在这一小节中我们来看一个特殊的例子；一般性的理论会在下一小节中进行讨论。

考虑对 B.1 小节中的消费—储蓄问题作如下变化。[这是第 4 章中的课后习题 3(2)。]该消费者现在要在时刻 $t=0, 1, 2, \cdots$ 时进行消费，他每天都消费洋蓟和西兰花。他的效用函数是由一系列无穷消费组合 $(a_0, b_0, a_1, b_1, \cdots)$ 定义的，记为：

$$U(a_0, b_0, a_1, b_1, \cdots) = \sum_{t=0}^{\infty} (0.95)^t (a_t b_t)^{0.25}$$

该消费者开始拥有 1 000 美元，他可以用来购买蔬菜或存到当地的银行中去。所有存到银行里的钱每一时段产生 2% 的利息，因此在 t 时刻存入的 1 美元到了 $t+1$ 时刻会变成 1.02 美元。

洋蓟的价格固定为 1 美元。西兰花的价格是随机的。它开始时为 1 美元，然后在每个时间段，它或升或降。特定地，若 t 时刻西兰花的价格是 p_t，则：

$$p_{t+1} = \begin{cases} 1.1p_t, & \text{概率为 } 0.5 \\ 0.9p_t, & \text{概率为 } 0.5 \end{cases}$$

该消费者希望用好他初始的 1 000 美元,使他的期望效用最大化。他该怎么做呢?

我们会用下面的方法来"解决"这一问题。

步骤一:推测该消费者在这个问题中应当使用什么样的策略。将你的推测称为备选策略。

步骤二:对于这一备选策略,如果该消费者遵循这一策略,计算出他会获得的期望折扣效用,用一个关于他的当前财富水平和当前西兰花价格的函数表示。

步骤三:计算出遵循这一备选策略的价值后,回答如下问题,该消费者可否找到一个更好的策略,该策略一开始是完全随意的,之后一直遵照这一备选策略进行? 如果回答是否定的,则这一备选策略是不可改进的,这里我们应当称它是单步不可改进的。如果该策略不是不可改进的,则它不是最优的。对于很多的无限时域问题来说(包括这一问题),不可改进策略就是最优的。

不可否认,这一技巧并不是很显而易见的,你不应该因为不理解它而感到绝望,直到你看到它解决了这一实例(这马上就会发生)。但有一点是容易理解的,就是你会发现它事实上不是一个直接解决该问题的技巧。如果你推测出了该问题的解,这一技巧可以让你检验你的备选策略是否就是最优的。

现在让我们在这一问题中来试用该技巧。

步骤一:推测该消费者在这一问题中所需要遵循的策略。我们推测该策略有如下形式:在每一时段该消费者都按固定比例花掉他所拥有的财富中的一部分用于当前消费,这一花掉的数额中一半用于购买洋蓟,另一半用于购买西兰花,财富中剩下的部分用于储蓄。我们并不知道这一比例是多少,因此我们暂且将它看成一个变量,记为 k。

这一推测是怎么来的? 由于这一问题的解对于本书来说不是独创的,一个确切但并不十分有用的回答是它来自于文献。但如果它不是,通过一些技巧也能得出这一推测;这些技巧我们会在下一小节的结尾处来进行探讨。现在,让我们假设这一推测是出于灵感的结果。

步骤二:对于这一备选策略,如果该消费者遵循这一策略,计算出他会获得的期望折扣效用,用一个关于他的当前财富水平和当前西兰花价格的函数表示。我们通过如下过程来进行计算:若该消费者的初始财富是 y,西兰花的起始价格是 p,让我们用 $v(y, p)$ 来表示他遵循上述策略所得到的价值。(我们所给出的初始条件是 $y=1000$,$p=1$,但这里我们采用了更一般的方式。)为了让该等式看起来更漂亮一些,让我们用 $\hat{k}$ 来表示 $1-k$,则 $v(y, p)$ 满足函数方程:

$$v(y, p) = \left(\frac{ky}{2} \frac{ky}{2p}\right)^{0.25} + 0.95[0.5v(1.02\hat{k}y, 1.1p) + 0.5v(1.02\hat{k}y, 0.9p)]$$

这来自于如下考虑。假如推测的策略被继续下去,并且假设我们从初始条件 (y, p) 开始,则该策略要求当前消费的洋蓟的量为 $ky/2$,西兰花的量为 $ky/(2p)$。当前消费的效用就是等式右边的第一项。这一策略同时也意味着 $\hat{k}y$ 数量的钱会被存到银行里,到了下一时段它会变成 $1.02\hat{k}y$。下一时段西兰花的价格会变成 $1.1p$ 或 $0.9p$,两者出现的几率相等,由于从下一时段开始我们所采用的策略(用后面一个初始条件表示的函数)与现在所采用的看起来是相同的,遵循这一策略的所得到的价值,折算到下一时段,是 $v(1.02\hat{k}y, 1.1p)$ 或 $v(1.02\hat{k}y, 0.9p)$,两者出现的几率相等。等式右边的第二项就是未来消费所得到的效用的期望值(如果我们遵循这一策略),这里额外的 0.95 将这一期望值折算到当前时段。

这是一个看起来相当令人痛苦的函数方程,但接下来发生的有点不可思议:假如该猜想的策略被继续下去,则 $v(y, p)$ 会有这样的形式,$Ky^{0.5}/p^{0.25}$,这里 K 是常数。我们是怎么知道这一点的?让我们这样想:假如该消费者的初始财富变为现在的两倍,则该策略会要求他在这一时段恰好吃掉两倍的洋蓟和西兰花,而他的财富在下一时段恰好会变成现在的两倍,因此在下一时段他的消费也会变成现在的两倍,以此类推。给定该消费者的效用函数,这意味着他的效用会扩大 $2^{0.5}$ 倍。同理,如果西兰花的价格变为现在的两倍,该消费者在每一时段会花等量的钱分别用于购买洋蓟和西兰花,但这样一来他只能买到相当于原来一半数量的西兰花,给定他的效用函数,这意味着他的效用会减少到原来的 $1/2^{0.25}$。(这些都是口头论据但它们包含了正式证明的思想起源;在课后习题 5 中你会被要求给出一个严格的证明。)

当我们知道了这就是 $v(y, p)$ 的形式时,我们可以将它代入前面的函数方程中,然后得到以下等式:

$$K\frac{y^{0.5}}{p^{0.25}} = \left(\frac{ky}{2}\frac{ky}{2p}\right)^{0.25} + 0.95\left[0.5K\frac{(1.02\hat{k}y)^{0.5}}{(1.1p)^{0.25}} + 0.5K\frac{(1.02\hat{k}y)^{0.5}}{(0.9p)^{0.25}}\right]$$

这看起来并不是很漂亮,但光看有时会误导你:它有它的价值。一方面,两边的 $\frac{y^{0.5}}{p^{0.25}}$ 项都可以被约掉,留下一个只含有变量 K 和 k 的等式。(回忆 $\hat{k}=1-k$,因此 $\hat{k}$ 并不是一个另外的变量。)根据这一等式,进行一些相当简单的代数运算你就能把 K 从等式中分离出来;我们得到(估计值):

$$K = \frac{(k/2)^{0.5}}{1 - 0.960\,961\,32\hat{k}^{0.5}} \qquad (\clubsuit)$$

注意我们做了什么:我们考虑了一个特定形式的策略,用参数 k 表示,即用于当前消费的财富的比例。因为这一策略的简单特性,我们可以证明(更确切地,你会在作业中去证明)使用该策略的期望效用有一个特定的函数形式,用第二个参数 K 表示。我们还可以找出使用该策略的期望效用的函数方程,然后我们可以从中得出 K 的值,它是用参数 k 的函数来表示的。

这一点可能没有什么价值,就是用($\clubsuit$)表示的函数在 k 的两个极端值下也是良态的,即 $k=0$ 和 $k=1$ 时。若 $k=0$,则该消费者总是把他所有的财富都用来投资,不去买吃的。显然,这会导致 $K=0$;如果你什么都不吃,你不会得到任何效用。若 $k=1$,则 $\hat{k}=0$,$K=(1/2)^{0.5}$;我们的消费者将他全部的基金都用于初始消费,显然,这带给他的效用为 $(y/2)^{0.5}(1/p)^{0.25}$。

我们现在马上能做的一件事情是回答这样一个问题:在我们所推测的所有具有这种

形式的策略中,哪一个 k 值会带给我们最高的生活效用? 也就是说,k 取何值时 K 的值最大。求函数 K 关于 k 的导数看起来没有什么吸引力,于是我们用数值方法来处理这一问题。精确到小数点后六位,当 $k^* = 0.076\,553$ 时 K 的值最大,这时 $K^* = 2.555\,651\,29$。注意:这并不意味着 k 取 k^* 时的备选策略就是总体最优策略。到目前为止我们所做的一切都只表明在这一类特殊的策略中,k^* 是最好的。(实际上,直到现在我们才真正完成了步骤一。到现在为止我们猜想了最优解的形式。现在我们终于得到了一个唯一的备选策略。)

但现在我们要说明策略 k^* 就是最优的。

步骤三:计算出遵循这一备选策略的价值后,回答如下问题,该消费者可否找到一个更好的策略,该策略一开始是完全随意的,之后一直遵照这一备选策略进行? 如果回答是否定的,则该备选策略是不可改进的,这里我们应当称它是单步不可改进的。如果该策略不是不可改进的,则它不是最优的。对于很多的无限时域问题来说(包括这一问题),不可改进策略就是最优的。

最后一行话是点睛之笔,因此请再读一遍。如果该备选策略通过了这样一个检验,它在单步中不能被改进,则它是最优的。这一点并不是对所有的动态规划问题都正确的;但充分条件会在下面给出,你可以暂且安于这一问题满足那些条件。假如我们的策略通过了不可改进性的检验,那么我们就得到了一个解。

接下来假设该消费者开始拥有财富 y,这时西兰花的价格为 p。他马上要做出的决策是花多少钱用来购买洋蓟,多少钱用来购买西兰花,多少钱用于储蓄。设 a 为当前消费的洋蓟的量,b 为西兰花的量,z 为用于储蓄的钱的量。则该消费者遵照我们的备选策略能从这三个当前决策中获得的效用为:

$$(ab)^{0.25} + 0.95 \left[0.5K^* \frac{(1.02z)^{0.5}}{(1.1p)^{0.25}} + 0.5K^* \frac{(1.02z)^{0.5}}{(0.9p)^{0.25}} \right]$$

这是当前消费所得的效用和未来消费可得的期望效用的和,折算到当前时段。注意备选解通过乘数因子 K^* 隐藏在第二项中。更一般地,第二项方括号里的东西是备选解价值的期望值,这个我们在步骤二中已经计算过,给定当前条件和当前决策,取下一时段各种可能起始条件下的平均值。给定预算约束条件 $a + pb + z \leqslant y$,我们希望最大化该式的值,我们还希望这一最优化问题的解是:

$$a = k^* y/2, \quad b = k^* y/(2p), \quad z = (1 - k^*)y$$

毫无疑问,如果你补上 $K^* = 2.555\,659\,12$,则最优解为 $a = 0.076\,553y/2$,以此类推。出于我们计算能力的限制,该备选策略是单步不可改进的。(如果我们对该问题进行代数计算,我们会发现精确的备选解是不可改进的。)因此,通过步骤三的检验,我们的备选解是最优的。

B.4 平稳马尔科夫决策问题

这些都很好,但你可能会想知道这一检验为何有效,以及我们如何把它变得更一般些。(同样悬而未决的还有我们如何设法猜想该解的性质。)我们不会给出证明,但是通过发展这一理论让它的应用变得更一般化,我们至少能给出基本的直观内容。

1. 一般问题的公式

我们假设一个决策者必须在每一个可数的时间点,$t=0,1,2,\cdots$时做出一个行动α_t。在每一个时刻t都有一个当前"事态"发生,用变量θ_t表示。[b] 事态θ_t对三个函数有影响。首先,它决定了在当前时刻哪些行动是可行的;我们用$A(\theta_t)$表示时刻t时的可行行动集合,它是一个关于事态θ_t的函数。其次,它还和可选行动变量一起决定了该决策者在t时刻所获得的收益;我们用$r(\theta_t,\alpha_t)$来表示这一收益。最后,它为t时刻之前的所有历史记录提供了充足的统计数据,我们可以用它来预测未来事态变量的值。如果该决策者在时刻t采取行动α_t,则下一个事态是θ_{t+1}的概率(给定所有到时刻t之前的可用信息)为$\pi(\theta_{t+1}|\theta_t,\alpha_t)$。

该决策者的问题是要选择在每一时刻所采取的行动,它是一个关于过去历史记录的函数,使得他所获得的收益的期望折扣总和最大化;也就是说,他寻求最大化期望:

$$\sum_{t=0}^{\infty}\gamma^t r(\theta_t,\alpha_t)$$

这里未来事态(因此,同样地,未来行动)是随机的。我们假设$\gamma\in[0,1]$。

这类问题被称为平稳马尔科夫决策问题。修饰词"马尔科夫"被用在这里是因为当前事态是预测未来事态的充分统计数据(给定当前行动)。修饰词"平稳"被用在这里是因为在每一个时刻t,该决策者所面临的问题看起来都是相同的(视事态而定)。

我们的消费—储蓄问题符合这个一般框架(有一点点勉强)。考虑$\alpha_t=(a_t,b_t,z_t)$,这里a_t是t时刻消费的洋蓟的量,b_t是消费的西兰花的量,z_t是存下来用于下一时段的钱的量。关于事态变量,考虑$\theta_t=(y_t,p_t)$,这里y_t是时段t开始时可用的钱的量,p_t是当前西兰花的价格。则:

(1) $A(\theta_t)=\{(a_t,b_t,z_t):a_t+p_tb_t+z_t\leqslant y_t,a_t,b_t,y_t\geqslant0\}$;这些是常规的预算和非负约束条件;

(2) $r(\theta_t,\alpha_t)=(a_tb_t)^{0.25}$,这里$\alpha_t=(a_t,b_t,z_t)$;也就是说,任意时段的当前收益都是该时段的消费效用;

(3) $\theta_{t+1}=(y_{t+1},p_{t+1})$是由$\theta_t=(y_t,p_t)$和$\alpha_t=(a_t,b_t,z_t)$共同决定的,如下所示:$y_{t+1}=1.02z_t$是确定的,且$p_{t+1}$的概率分布(以$p_t$为条件)为:

$$p_{t+1}=\begin{cases}1.1p_t,\text{概率为}0.5\\0.9p_t,\text{概率为}0.5\end{cases}$$

最后,$\gamma=0.95$。[c]

---

b 为了在分析上容易处理,我们假设有至多可数个θ_t的可能值。我们不会去解释为什么要作这样一个假设,除了告诉你我们不想让我们要宣布的数学结论有一点点的错误,而没有这一技术条件我们就必须担心某些我们所定义的函数的可测性。离开这一假设也是有可能的,就像在后面会指出的那样,我们必须离开这一假设来适应前一小节中提到的例子,但这样一来我们就必须在脚注里作很多类似的技术假设。

c 这里有一个问题。θ_t的可能值有无数个,因为有无数个存钱决策可做。因为这个原因,我们所宣布的结论并不是非常适用于我们的问题。或者更确切地说,这些结论是正确的,但是它们需要更多技术方面的肯定。

2. 策略和价值函数

关于马尔科夫决策问题的一个策略是一个在每一时刻 t 用来选择行动的规则，它是一个关于在 t 时刻的所有可用信息的函数，即所有先前所采取的行动以及现在和所有过去所发生的事态。我们用符号 σ 来表示一个策略，它是一个非常复杂的东西。每一个用于选择行动的策略再加上一个初始事态 θ_0 可以得出该决策者会得到的一系列收益的概率分布，于是对于每一个策略 σ 我们能（从理论上）计算出该决策者遵循 σ 会得到的收益的期望折扣总和的函数，这里 σ 是一个关于初始事态 θ_0 的函数。我们把这一期望值记作 $v(\theta_0, \sigma)$。[d]

一般来说，计算遵循某一策略所得到的期望价值是非常困难的。但是对于某些策略来说这个计算不会太困难。如果在 t 时刻，当前事态是 θ_t，由 σ 所指定的行动只取决于 θ_t，则该策略就被称为是平稳的。这里的"只"有两层意思：选择的行动不取决于当前时刻本身，它同样不取决于任何在 t 时刻之前发生的事。

对于一个平稳策略 σ，我们可以利用 σ 建立一个关于价值函数的递归方程。我们会写出这一方程然后再解释它。有一个记号是需要的：当 σ 是一个平稳策略时，若事态是 θ，我们就将由 σ 所指定的行动记作 $\sigma(\theta)$。则该递归方程是：

$$v(\theta_0, \sigma) = r(\theta_0, \sigma(\theta_0)) + \gamma \sum_\theta v(\theta, \sigma)\pi(\theta \mid \theta_0, \sigma(\theta_0))$$

得到这一递归方程的解和解决这一问题当然是两回事。再者，我们不能确定每一个递归方程的解都是价值函数 v。例如，若 r 是有界的，则 $v \equiv +\infty$ 和 $v \equiv -\infty$ 都是这一方程的解。在动态规划理论中，对于指定的特例，解的特性都是给定的。一个典型的结论是：

命题 B.1 （1）假设 r 是一个有界函数，则 $v(\cdot, \sigma)$ 是该递归方程的唯一有界解。[e]

（2）若 r 有下界，则 $v(\cdot, \sigma)$ 是该有下界递归方程的最小解。若 r 有上界，则 $v(\cdot, \sigma)$ 是该有上界递归方程的最大解。

（3）假设可能事态的范围是一个有限集合 Θ。设 Π 为 $\Theta \times \Theta$ 矩阵，它的第 (θ, θ') 项为 $\pi(\theta' \mid \theta, \sigma(\theta))$。则 $v(\cdot, \sigma)$ 是向量 $r(\sigma(\cdot), \cdot) \cdot (I - \gamma\Pi)^{-1}$，这里 I 是合适的单位矩阵。（这一表述的一部分内容是矩阵 $(I - \gamma\Pi)$ 是可逆的。）[f]

---

d 我们需要一些技术限制来确定定义这一期望的积分都是有意义的。若 r 有上界或有下界，则这些积分都是有意义的，尽管正负无穷大值没有被分别排除出去。

注意这是一个递归方程，因为未知函数 v 同时出现在等式的两边。这一方程来源如下：假如初始事态是 θ_0 且该决策者采纳了行动 σ，则他在一开始会采取行动 $\sigma(\theta_0)$，得到当前收益 $r(\theta_0, \sigma(\theta_0))$。此外，$t = 1$ 时的事态是 θ，它发生的概率为 $\pi(\theta \mid \theta_0, \sigma(\theta_0))$。下一时段开始时，若事态是 θ，则从下一时段开始所有收益的折扣总和，折算到 $t = 1$ 时刻，是 $v(\theta, \sigma)$；这是因为 σ 是平稳的。因此采用 σ 可以得到的所有未来收益的折扣期望值，折算到当前 $t = 0$ 时刻，是 $\gamma \sum_\theta v(\theta, \sigma)\pi(\theta \mid \theta_0, \sigma(\theta_0))$。该递归方程表明遵循 σ 所得到的价值是当前收益加上所有未来收益的折扣总和。根据这一递归方程以及一些运气或技巧，我们或许能找出 $v(\theta, \sigma)$（就像我们在例子中所做的那样）。

e 我们提醒那些仔细的读者 $\gamma < 1$ 是一个贯穿始终的假设。在处理动态规划问题时，若关于 γ 的限制被去掉，则（1）就会不成立。

f 如果关于无限维矩阵的逆矩阵的概念对于你来说不是太难理解的话，只要 r 是有界的，（3）部分归纳了可数事态空间。

3. 最优价值函数、最优策略和贝尔曼方程

对于每一个可能策略 σ，不管它是否平稳，我们都能计算出 $v(\cdot,\sigma)$，即采用 σ 的期望价值，用一个关于初始事态的函数表示。则最优价值函数定义为：

$$f(\theta)=\sup_\sigma v(\theta,\sigma)$$

这里的上限符号针对的是所有的可能策略 σ。若 $f(\theta)=v(\sigma,\theta)$ 对于所有的 θ 都成立，则策略 σ 是最优的。此外，我们还有如下关于 f 的递归方程。

命题 B.2 最优价值函数 f 满足递归方程：

$$f(\theta_0)=\sup_{\alpha\in A(\theta_0)}\left[r(\theta_0,\alpha)+\gamma\sum_\theta f(\theta)\pi(\theta|\theta_0,\alpha)\right]$$

这被称为贝尔曼方程或最优化方程。它所表达的意思是：若某人在第一时段采取最佳的可能行动，然后再采用一个最优策略，他就可以得到最优价值。它需要一个证明（事实上，它需要一些技术条件，与那些保证所有组成价值函数的期望都有定义的条件类似）。但它应该不难被相信。

4. 保存策略

假设我们能找到一个策略 σ，对于所有的事态 θ 它都能达到贝尔曼方程的上限。也就是说，对于所有的 θ_0，σ 均满足：

$$f(\theta_0)=r(\theta_0,\sigma(\theta_0))+\gamma\sum_\theta f(\theta)\pi(\theta|\theta_0,\sigma(\theta_0))$$

这样一个策略被称为保存策略，因为它保存了最优值；如果你在某一时段使用该策略，然后再遵照一个最优策略（它会给你值 f），你会得到最优值。

命题 B.3 （1）任意最优策略 σ 都是保存策略。

（2）若 r 有上界，则任意保存策略都是最优的。

也就是说，对于很多问题来说，成为一个保存策略与成为一个最优策略是等价的，包括所有 r 有界的情况。

该条件是需要的，就如以下简例所展示的那样：假设 $\Theta=\{0,1,2,\cdots\}$，$A(\theta)=\{\theta+1,0\}$，$\theta>0$，$A(0)=\{0\}$。从一个事态到下一个的转换非常简单；你要确定的事态和你所选择的行动有相同的标记。也就是说，从事态 $\theta>0$ 你能选择前往 $\theta+1$ 或 0。一旦你到达事态 0，你就再也出不来了。若 $\theta>0$，且 $r(0,0)=0$，则收益如下：

$$r(\theta,\alpha)=\begin{cases}0,\text{若 }\alpha=\theta+1\\(1/\gamma)^\theta,\text{若 }\alpha=0\end{cases}$$

也就是说，如果你选择从 $\theta>0$ 转换到事态 0，你可以得到一个收益，它的大小在某种程度上随 θ 增大，刚好抵消掉折扣率。在所有其他情况下，你得到零收益。你能表明在这一情况下 $f(n)=1/\gamma^n$；若你从 $t=0$ 时刻开始，这时事态 $\theta=n$，则只要你在某一时间转换到事态 0，你就会得到 $1/\gamma^n$（用当前价值表示）。但这样一来，一个保存策略是 $\sigma(\theta)=\theta+1$；它总是延期转换的。它是保存的，因为我们并不急着转换到 0，只要你会去做就行。问题是对于这一特定的保存策略你从不转换到 0，这样你就不会获得任何收益。

一旦你消化了这一例子，考虑一个简单的变化，这里从 0 到 0 的收益是 $(1/\gamma)^n - 1$。在这种情况下，你越晚转换到事态 0，情况就变得越好。但如果你从不进行转换，你就不会得到一个正的收益。在这种情况下，f 是什么呢？哪些策略是保存的？哪些策略是最优的？

命题 B.3(2) 背后的直观内容现在可以看到了。若 r 有上界，则在遥远的未来获得的收益值必然会消失（因为折扣因子）。因此"保存"最优值并不意味着延迟一个更大的收益，并且（你能证明）保存策略是最优的。

保存策略的概念如何才能有用？为了应用这一概念，你必须知道最优价值函数 f。在大部分问题中，你不会知道 f 是什么，于是作为一个寻找具体最优策略的方法，这一概念是没有用的。（在少数例子中，你能通过基本原理确定 f。有时你也能通过一系列无限时域问题来逼近一个无限时域问题从而来"计算" f；这在文献中被称为值迭代。）

但是还有一种途径可以使用保存策略的概念。假设你能通过基本原理和假设证明保存策略是存在的。例如，若每一个 $A(\theta)$ 都是有限的，则必定存在一个保存策略，其后该上限会自动成为一个最大值。这样一来，若 r 有上界，你就能知道最优策略是存在的，反之，这一点就无法得到保证。[g]

有些时候你能通过基本原理证明 f 有一个特定的形式。然后你就能得到关于最优策略形式的线索。关于这一点的一个特例是我们的消费—储蓄问题。回忆我们用来展示这一点的证明，对于我们的备选策略 σ 来说，$v(\cdot,\sigma)$ 的形式为 $Ky^{0.5}/p^{0.25}$，K 为常数。通过一个类似的证明可得：对于一些 L，最优价值函数 f 的形式为 $Ly^{0.5}/p^{0.25}$。看一下所描述的证明可能会有帮助。（在课后习题 5 中你会被要求给出完整的证明。）从 (y,p) 开始取任意可行的 y、p 和策略 σ。考虑从 λy 和 p 开始这一问题，$\lambda > 0$，同时考虑改变 σ，使得该消费者可以通过常数 λ 在所有的决策中简单地按比例增加（或减少）消费和存钱的数额。这一策略从 $(\lambda y,p)$ 开始是可行的。它的效用是 $\lambda^{0.5}v(\sigma,(y,p))$。因此对于所有的 σ，都有 $f((\lambda y,p)) \geq \lambda^{0.5}v(\sigma,(y,p))$。由于 σ 在这里是任意的，$f((\lambda y,p)) \geq \lambda^{0.5}f((y,p))$。又由于在这一不等式中，$\lambda$ 能用 $1/\lambda$ 来替换，y 能用 λy 来替换，我们可得 $f((\lambda y,p)) = \lambda^{0.5}f((y,p))$。通过一个类似的证明可得，$f((y,\lambda p)) = f((y,p))/\lambda^{0.25}$。如果你致力于这一点，你会看到这两个等式使得 f 具有我们所指出的形式。（提示：令 $L = f(1,1)$。）

知道 f 具有 $Ly^{0.5}/p^{0.25}$ 的形式在某种程度上是非常有用的。一旦我们知道了这一点，我们就能从贝尔曼方程中得出任意保存策略的形式。对于这一点你不应该感到惊讶，若 f 具有这样的形式，则保存策略必须是我们备选解的形式。按固定比例花掉 y 中的一部分用于当前消费，把剩下的钱存起来，再将用于当前消费的钱各分一半给洋蓟和西兰花。当然，在我们知道 L 的值之前，我们并不知道 y 中用于当前消费的比例常数 k 的值。但是我们知道由于最优策略是保存的，因此它必须具有这样的形式。然后我们就可以转入下一个技巧。[h]

---

g 例如，见三个段落前所描述的变化问题。

h 也许你希望反对：在前面小节的问题中，r 没有上界。但这一反对是说不通的。我们这里使用了这样一个结论：每一个最优策略都是保存的；一旦我们描述了所有保存策略的性质，我们更不必说也描述了所有最优策略的性质。

5. 不可改进策略

用 $v(\cdot, \sigma)$ 替换 f，若策略 σ 满足贝尔曼方程则它是不可改进的；也就是说，若对于所有的 θ_0，都有：

$$v(\theta_0, \sigma) = \sup_{\alpha \in A(\theta_0)} \left[r(\theta_0, \alpha) + \gamma \sum_{\theta} v(\theta, \sigma) \pi(\theta | \theta_0, \alpha) \right]$$

或者，等价地说，对于每一个 θ_0，若 $\sigma(\theta_0)$ 都能达到等式右边的上限。正如在前面小节中所指出的那样，这一性质的一个更为恰当的表述是"单步不可改进性"。

命题 B.4 （1）任意最优策略 σ 都是不可改进的。

（2）若 r 有下界，则任意不可改进策略都是最优的。

这是一个权威的例子，用来展示为什么你需要假设收益是有下界的。设 $\Theta = \{1, 2, \cdots\}$，$A(\theta) = \{C, F\}$。不管你在事态 θ 时采取了什么行动，下一步的转换都是百分之百前往 $\theta + 1$ 的。但是在这两个行动之间有个区别：$r(\theta, F) = 0$ 而 $r(\theta, C) = -(1/\gamma)^\theta$。也就是说，$F$ 是免费的，而 C 是有成本的。当然，最优策略总是选择 F，产生 $f = 0$。但是考虑总是选择 C 的极端策略 σ，这会给我们一个总折扣成本 $v(\theta, \sigma) = -\infty$。问题是 σ 是不可改进的。如果你在某一时段选择 F，然后再回到 σ 上来，你的期望价值仍就会是 $-\infty$。唯一可以做得比 σ 好的途径是在有限个时段内完全脱离它（最好是一直脱离它）；由于不可改进性只检验一步的偏差，σ 通过了不可改进性的检验。

通过这个例子，你或许能看到命题 B.4（2）背后的直观内容。如果一个策略是单步不可改进的，则（你可以通过归纳法来说明）若你在任意有限时域上替换它，它都是不可改进的。它可以是次最优的，则只有在任意遥远的未来它是"不好的"。但如果收益是有下界的（同时我们用一个严格小于 1 的折扣因子来折算），则在任意遥远的未来没有策略是不好的。因此在任意有限时域上的不可改进性即意味着最优性。

在前面的小节中，我们看到了命题 B.4 是多么有用。

B.5 书目提要

出于本书的目的，关于 $v(\cdot, \sigma)$ 的函数方程和命题 B.4（2）是重点。当我们想要使用这两点时，r 是有界的且 Θ 是有限的，这样一来我们就完全不会遇到困难了。

但是动态规划理论在经济学中的应用已经越来越广泛，它的内容远不止我们在这里所提到的这些。动态规划理论设想决策都是在离散的时间点上做出的，而控制理论是它的补充，在这里决策者是持续选择行动的。我们推荐以下书籍作为更深层次的阅读：Howard（1960）对这一主题作了很好的介绍；Ross（1983）可能更深一层；Whittle（1982）是权威的；Stokey 和 Lucas（1989）是另一本完整论述该理论的书，它格外有用，因为它致力于该方法在经济学理论中的应用。

参考文献

Howard, R.1960. *Dynamic Programming and Markov Processes*. Cambridge, Mass.: MIT Press.

Ross, S.1983. *Introduction to Stochastic Dynamic Programming*. Boston: Academic Press.

Stokey, N.; and Lucas, R.1989. *Recursive Methods in Economic Dynamics*. Cambridge, Mass.: Harvard University Press.

Whittle, P.1982. *Optimization Over Time*, vols.I, II. New York: John Wiley and Sons.

课后习题

1. 在 B.3 小节的问题中,假设你能去 4 个公司面试,每个公司都会给你提供一份薪水,它们的值服从区间 $[0,10]$ 上的均匀分布。然而,每次你去面试,你都要花费 1 美元。若你必须马上决定是否接受某份工作,就像在 B.3 小节中那样,你要遵循的最优策略是什么?若你总是能回去接受先前的工作,这时,你要遵循的最优策略又是什么?

2. 现在考虑课后习题 1,但在这里你能去无数家公司面试,每次面试都要花费 1 美元。

3. 在 B.3 小节的问题中,假设如果你拒绝了一份工作,你在之后能回去询问(免费)它是否还在,但有可能该份工作已经被别人所获得。因为这个问题很难,考虑只有三个可能工作的情形。假设如果你拒绝了工作 1,则当你得知工作 2 的薪水后它有 0.5 的概率被别人获得,当你得知工作 3 的薪水后,它有 0.75 的概率被别人获得;如果你拒绝了工作 2,则当你得知工作 3 的薪水后,它有 0.5 的概率被别人获得。你要遵循的最优策略是什么?(提示:假设工作 1 提供给你的薪水是 5,工作 2 提供的薪水是 6,你会回去询问工作 1 还在吗?如果不是针对 5 和 6,而是针对其他的数字,这里工作 1 的报酬比工作 2 少,你可能会希望这样做,而在你理解为什么之前你不会得到答案。)

4. (1) 考虑如下问题。你在停车场的一条长路上行驶,寻找一个停车位。考虑可能的停车位在点 -100, -99, -98, $\cdots$, -1, 0, 1, 2, $\cdots$ 处。你目前在点 -100 处,这个点没有被占用,你正在考虑是否要停在这里。如果你不打算停在这里,你会再向前行驶一点,去看看点 -99 是否被占用;如果它被占用了,你就必须前往点 -98;如果没有,你必须要决定是停在这里还是去点 -98 处碰碰运气,以此类推。你不能绕回到先前的空停车位上;"U"形转弯是被严格禁止的。每一个点被其他车辆占用的概率为 $\alpha < 1$,一个点是否被占用和所有其他点被占用的情况都是相互独立的。你知道 α 的值。你的目标是要把车停到尽可能靠近点 0 处的位置。更具体地说,若你把车停在点 n 处,则你的花费是 $|n|$,你要设法让你的期望花费最小化。你在同一时间只能看到一个点的占用情况。你该怎么做?你的期望花费是多少?

（2）假设当你在点 n 处时，你能看到点 n 和前面 5 个点的占用情况。你该怎么做？你的期望花费是多少？

（3）假设你不知道 α 的值。特定地，假设 $\alpha = 0.9$ 或 $\alpha = 0.7$，这两个值出现的可能性相等。（如果你知道这一术语，它会导致各个点之间的占用情况是相关的，而不是相互独立的。）你该怎么做？你的期望花费是多少？（采用你不能看到前面点时的公式。一个数值解就足够了。重要的第一步是要决定在这一问题中，什么是连接"过去"和"未来"的因素。）

5.（1）对于以下论断给出一个严格的证明：若在 B.3 小节所提到的消费—储蓄问题中，你按固定并且相等的比例花费你的财富分别用于购买洋蓟和西兰花（把剩下的钱存起来），则你的折扣期望效用的形式为 $Ky^{0.5}/p^{0.25}$，这里 y 是你的当前财富值，p 是当前西兰花的价格。

（2）对于以下论断给出一个严格的证明：在这一背景下的最优价值函数 f 的形式为 $Ly^{0.5}/p^{0.25}$。

6. 假设在 B.3 小节所提到的消费—储蓄问题中，西兰花的价格是恒定的（比方说，等于 2），但现在有两种存钱方式。你可以把钱存到银行里，这时今天存进的 1 美元到了明天会变成 1.02 美元。或者你可以把钱投资到一项风险资产上，这时每天投资的 1 美元到了第二天会变成 1.07 美元或 0.99 美元，两者出现的几率相等。（每一天风险资产的回报都是相互独立的。）在这种情况下，你要遵循的最优策略是什么？

7. 考虑在命题 B.3 后所给出的那个例子的变形。在这种情况下，保存策略存在吗？最优策略存在吗？

第二次及之后印刷版次的补遗

在本书第二次及之后的印刷版次中有若干变化。其中最重要的是索引重新修正过。在第一次印刷中有一些小的打印错误和瑕疵也得到了更正；但是没有任何实质性的改动，使用本书第一次印刷和后面印刷版次的，绝不会造成任何困扰。我非常感谢 Ben J. Heijdra 博士和 Tzong-rong Tsai 教授为我提供了打印勘误表。

我也意识到了若干本书中的错误，但我决定这次不予更正；我相信如果做过多的改动会给使用第一次印刷版次和之后印刷版次的读者带来混乱。但是我还是在这里将错误标示出来，因此不致让读者们误入歧途。(我建议你在适当的书页空白处标出这里给出的注记，或者你直接人工在书中做出更正。如果你用的是第一次印刷版次的书，请注意不要无视这些错误；你或许会希望将所有的错误一起更正。)感谢 Andrew Weiss 教授，是他警示我下面所讨论的第 17 章的问题所在。

……*

---

* 此处略去作者附上的错误更正，因为这些我们均已在中译本中予以改正了。——译者注

译后记

　　戴维·克雷普斯是美国著名的经济学家,他不仅在微观经济学多个领域内有着非凡的造诣,而且也一直以能够写出闻名遐迩的教科书而著称。在高级经济学训练课程的参考学习书目中,他的这本高级微观经济学教材《高级微观经济学教程》(*A Course in Microeconomic Theory*)总是赫然在目,享誉全美乃至全世界。这本书虽然出版于 1990 年,算起来迄于今已有二十余年,但是基本的理论框架并不过时。在这本书出版之后,高级微观经济学至少还有三本教材流行甚广,分别是 1992 年哈尔·范里安的《微观经济分析(第三版)》、1995 年马斯—科莱尔等人所著的《微观经济学》(即著名的 MWG),以及 1999 年出了第一版、2011 年出到了第三版的杰里和瑞尼所著的《高级微观经济理论》。这几本教材各擅胜场,但是比较而言,本书还是有一些特别之处。首先,本书是第一个将博弈论以及信息经济学的知识从论文形态转化为教科书的高级微观经济学教材,这项工作开风气之先,在全书的行文中也不时凸显开拓者的思想闪光之处。其次,在坚持教材写作的严格性的同时,不乏思想性的深入分析,并不过分注重体系的完备、数学细节的穷究,而是强调分析和理论的研究取向,这一点对于一本教科书而言是很难得的。第三,这本书对读者十分友好,读此书就仿佛是一位学术渊博的老人在循循善诱地引导学生走进经济学殿堂,给人如沐春风之感。

　　本书由浙江财经大学李井奎副教授以及浙江大学经济学院的王维维博士、汪晓辉博士(现已任教于浙江财经大学)和任晓猛博士组成的翻译小组负责翻译工作,具体分工如下:李井奎负责本书前言、第 1 章和第一部分(第 2—5 章),此外再加上附录 A、附录 B 等部分;王维维负责本书第二部分(第 6—10 章);汪晓辉负责本书第三部分(第 11—15 章);任晓猛负责本书第四、第五两个部分(第 16—20 章)以及附记。本书译成之后,又蒙我们四人的恩师史晋川教授审阅了部分译稿,提出了不少翻译意见,在此特向老师表达谢意! 本书译者的排位顺序,完全是按照文中翻译的文本的顺序来排列的,这一点特此说明一下。全书由李井奎负责统稿。

　　在初译稿翻译过程中,各位译者经常聚在一起,探讨翻译上遇到的一些问题。初译稿完成之后,又由李井奎将大家组织到一起,对本书进行了互校和审定。在这一过程中,各位译者相互探讨准确的译文、互相切磋,之后再由各位译者对各自的译文进行了重新校对。其间浙江财经大学 2013 级研究生陈亦政同学也协助做了不少工作。亦政同学本科毕业于浙江大学数学系,现已考入上海财经大学经济学院攻读博士学位,他勤奋而认真,令人感佩。整个翻译过程历时两年有半。我们四人都曾在或正在浙江大学史晋川教授门下攻读经济学博士学位,对现代高级微观经济学也算是接受过一些基本的学术训练,尽管如此,我们的水平毕竟有限,不足之处在所难免,还请读者多多批评,不吝赐教!

译者谨识于乙未年仲夏暑假

图书在版编目(CIP)数据

高级微观经济学教程/(美)克雷普斯
(Kreps，D.M.)著;李井奎等译.—上海:格致出版社:
上海人民出版社,2017.1
(当代经济学系列丛书/陈昕主编.当代经济学教
学参考书系)
ISBN 978-7-5432-2622-7

Ⅰ.①高…　Ⅱ.①克…②李…　Ⅲ.①微观经济学-
教材　Ⅳ.①F016

中国版本图书馆 CIP 数据核字(2016)第 080344 号

责任编辑　钱　敏
装帧设计　敬人设计工作室
　　　　　吕敬人

高级微观经济学教程

[美]戴维·克雷普斯　著

李井奎　王维维　汪晓辉　任晓猛 译

李井奎 统校

出　版	印　刷	浙江临安曙光印务有限公司
格致出版社·上海三联书店·上海人民出版社	开　本	787×1092　1/16
(200001 上海福建中路 193 号　www.ewen.co)	印　张	37.25
编辑部热线　021-63914988	插　页	3
市场部热线　021-63914081	字　数	852,000
www.hibooks.cn	版　次	2017 年 1 月第 1 版
发　行　上海世纪出版股份有限公司发行中心	印　次	2017 年 1 月第 1 次印刷

ISBN 978-7-5432-2622-7/F·927　　　　　　　　　　　　　　　定价:108.00 元

上海市版权局著作权合同登记号：图字 09-2009-450